中国人口普查
CHINA POPULATION CENSUS

2020

河南省人口普查年鉴

(下册)

HENAN POPULATION CENSUS YEARBOOK 2020

(BOOK 3)

河　南　省　统　计　局
河南省第七次全国人口普查领导小组办公室　编

Compiled by
Henan Provincial Bureau of Statistics
Office of the Leading Group of Henan Province
for the Seventh National Population Census

中国统计出版社
China Statistics Press

图书在版编目（CIP）数据

河南省人口普查年鉴. 2020. 下册 / 河南省统计局, 河南省第七次全国人口普查领导小组办公室编. -- 北京 : 中国统计出版社, 2022.12
ISBN 978-7-5037-9456-8

Ⅰ. ①河… Ⅱ. ①河… ②河… Ⅲ. ①人口普查－统计资料－河南－2020－年鉴 Ⅳ. ①C924.261-54

中国版本图书馆 CIP 数据核字(2022)第 111135 号

河南省人口普查年鉴-2020（下册）
Henan Population Census Yearbook 2020 (Book 3)

作　　者/河南省统计局　河南省第七次全国人口普查领导小组办公室
责任编辑/郭　栋　佘竞雄
封面设计/李雪燕
出版发行/中国统计出版社有限公司
通信地址/北京市丰台区西三环南路甲 6 号　邮政编码/100073
发行电话/邮购（010）63376909　书店（010）68783171
网　　址/http://www.zgtjcbs.com/
印　　刷/河南豫统印刷有限公司
经　　销/新华书店
开　　本/880mm×1230mm　1/16
字　　数/1832 千字
印　　张/57.75
版　　别/2022 年 12 月第 1 版
版　　次/2022 年 12 月第 1 次印刷
定　　价/980.00 元（全三册附光盘）

目　录

下　册

第二部分　长表数据资料

第三部分 附 录

第二部分 长表数据资料

第一卷 概要

1-1 各地区户数、

地区	户数			合计			
	合计	家庭户	集体户	合计	男	女	性别比(女=100)
河南	**3091006**	**3020318**	**70688**	**9725229**	**4859451**	**4865778**	**99.87**
郑州市	383509	351398	32111	1221942	623990	597952	104.35
开封市	143946	141616	2330	474208	239710	234498	102.22
洛阳市	222290	217481	4809	692358	345125	347233	99.39
平顶山市	149469	148259	1210	478262	241697	236565	102.17
安阳市	174290	171783	2507	525949	256345	269604	95.08
鹤壁市	46880	46365	515	159371	81134	78237	103.70
新乡市	179219	174902	4317	610476	304793	305683	99.71
焦作市	103242	101048	2194	357679	179965	177714	101.27
濮阳市	120540	119172	1368	381446	188778	192668	97.98
许昌市	134686	132717	1969	446221	224955	221266	101.67
漯河市	76231	75198	1033	252295	127505	124790	102.18
三门峡市	74928	74237	691	216364	109627	106737	102.71
南阳市	293125	288934	4191	917449	459250	458199	100.23
商丘市	270445	268046	2399	795864	395697	400167	98.88
信阳市	199352	196912	2440	585428	289247	296181	97.66
周口市	274529	271380	3149	863629	423646	439983	96.29
驻马店市	223032	219934	3098	674240	331568	342672	96.76
济源市	21293	20936	357	72048	36419	35629	102.22

人口数和性别比

单位：户、人

人口数								平均家庭户规模（人/户）
家庭户				集体户				
小计	男	女	性别比（女=100）	小计	男	女	性别比（女=100）	
9229803	**4594945**	**4634858**	**99.14**	**495426**	**264506**	**230920**	**114.54**	**3.06**
1051039	526794	524245	100.49	170903	97196	73707	131.87	2.99
452558	228533	224025	102.01	21650	11177	10473	106.72	3.20
661999	328624	333375	98.57	30359	16501	13858	119.07	3.04
468313	236466	231847	101.99	9949	5231	4718	110.87	3.16
507413	247659	259754	95.34	18536	8686	9850	88.18	2.95
156047	79164	76883	102.97	3324	1970	1354	145.49	3.37
581154	290470	290684	99.93	29322	14323	14999	95.49	3.32
343292	172267	171025	100.73	14387	7698	6689	115.08	3.40
370958	183367	187591	97.75	10488	5411	5077	106.58	3.11
430848	216813	214035	101.30	15373	8142	7231	112.60	3.25
244623	123454	121169	101.89	7672	4051	3621	111.88	3.25
211270	106712	104558	102.06	5094	2915	2179	133.78	2.85
877824	438687	439137	99.90	39625	20563	19062	107.87	3.04
765150	379989	385161	98.66	30714	15708	15006	104.68	2.85
566755	280665	286090	98.10	18673	8582	10091	85.05	2.88
829557	406100	423457	95.90	34072	17546	16526	106.17	3.06
643160	315239	327921	96.13	31080	16329	14751	110.70	2.92
67843	33942	33901	100.12	4205	2477	1728	143.34	3.24

1-1a 各地区户数、

<table>
<tr><th rowspan="3">地 区</th><th colspan="3">户 数</th><th colspan="4"></th></tr>
<tr><th rowspan="2">合计</th><th rowspan="2">家庭户</th><th rowspan="2">集体户</th><th colspan="4">合 计</th></tr>
<tr><th>合计</th><th>男</th><th>女</th><th>性别比
(女=100)</th></tr>
<tr><td>河 南</td><td>812196</td><td>781444</td><td>30752</td><td>2478185</td><td>1224922</td><td>1253263</td><td>97.74</td></tr>
<tr><td>郑州市</td><td>224552</td><td>208238</td><td>16314</td><td>664335</td><td>329974</td><td>334361</td><td>98.69</td></tr>
<tr><td>开封市</td><td>34479</td><td>33415</td><td>1064</td><td>100747</td><td>49235</td><td>51512</td><td>95.58</td></tr>
<tr><td>洛阳市</td><td>78907</td><td>76500</td><td>2407</td><td>227845</td><td>112651</td><td>115194</td><td>97.79</td></tr>
<tr><td>平顶山市</td><td>44773</td><td>44311</td><td>462</td><td>134991</td><td>67832</td><td>67159</td><td>101.00</td></tr>
<tr><td>安阳市</td><td>45432</td><td>45022</td><td>410</td><td>140632</td><td>68925</td><td>71707</td><td>96.12</td></tr>
<tr><td>鹤壁市</td><td>15934</td><td>15699</td><td>235</td><td>49128</td><td>24683</td><td>24445</td><td>100.97</td></tr>
<tr><td>新乡市</td><td>59471</td><td>56952</td><td>2519</td><td>193077</td><td>95229</td><td>97848</td><td>97.32</td></tr>
<tr><td>焦作市</td><td>34139</td><td>33421</td><td>718</td><td>108226</td><td>52800</td><td>55426</td><td>95.26</td></tr>
<tr><td>濮阳市</td><td>22110</td><td>21727</td><td>383</td><td>64482</td><td>31835</td><td>32647</td><td>97.51</td></tr>
<tr><td>许昌市</td><td>46713</td><td>45246</td><td>1467</td><td>149256</td><td>73985</td><td>75271</td><td>98.29</td></tr>
<tr><td>漯河市</td><td>21072</td><td>20635</td><td>437</td><td>64422</td><td>31720</td><td>32702</td><td>97.00</td></tr>
<tr><td>三门峡市</td><td>26846</td><td>26629</td><td>217</td><td>73461</td><td>36572</td><td>36889</td><td>99.14</td></tr>
<tr><td>南阳市</td><td>36971</td><td>35857</td><td>1114</td><td>116593</td><td>56948</td><td>59645</td><td>95.48</td></tr>
<tr><td>商丘市</td><td>37884</td><td>37186</td><td>698</td><td>122868</td><td>61202</td><td>61666</td><td>99.25</td></tr>
<tr><td>信阳市</td><td>27313</td><td>26233</td><td>1080</td><td>82572</td><td>39593</td><td>42979</td><td>92.12</td></tr>
<tr><td>周口市</td><td>29749</td><td>28872</td><td>877</td><td>101960</td><td>49943</td><td>52017</td><td>96.01</td></tr>
<tr><td>驻马店市</td><td>15348</td><td>15295</td><td>53</td><td>45751</td><td>22774</td><td>22977</td><td>99.12</td></tr>
<tr><td>济源市</td><td>10503</td><td>10206</td><td>297</td><td>37839</td><td>19021</td><td>18818</td><td>101.08</td></tr>
</table>

人口数和性别比(城市)

单位：户、人

人口数								平均家庭户规模（人/户）
家庭户				集体户				
小计	男	女	性别比（女=100）	小计	男	女	性别比（女=100）	
2287819	**1128642**	**1159177**	**97.37**	**190366**	**96280**	**94086**	**102.33**	**2.93**
583143	286505	296638	96.58	81192	43469	37723	115.23	2.80
93752	45889	47863	95.88	6995	3346	3649	91.70	2.81
213280	104244	109036	95.61	14565	8407	6158	136.52	2.79
130216	65304	64912	100.60	4775	2528	2247	112.51	2.94
137876	67524	70352	95.98	2756	1401	1355	103.39	3.06
47613	23742	23871	99.46	1515	941	574	163.94	3.03
177254	88098	89156	98.81	15823	7131	8692	82.04	3.11
102456	50218	52238	96.13	5770	2582	3188	80.99	3.07
61983	30534	31449	97.09	2499	1301	1198	108.60	2.85
138550	68697	69853	98.35	10706	5288	5418	97.60	3.06
61376	30191	31185	96.81	3046	1529	1517	100.79	2.97
71640	35517	36123	98.32	1821	1055	766	137.73	2.69
106845	52579	54266	96.89	9748	4369	5379	81.22	2.98
114670	57526	57144	100.67	8198	3676	4522	81.29	3.08
75198	37215	37983	97.98	7374	2378	4996	47.60	2.87
92662	45523	47139	96.57	9298	4420	4878	90.61	3.21
45090	22423	22667	98.92	661	351	310	113.23	2.95
34215	16913	17302	97.75	3624	2108	1516	139.05	3.35

1－1b 各地区户数、

地区	户数			合计			
	合计	家庭户	集体户	合计	男	女	性别比（女=100）
河 南	**842979**	**809746**	**33233**	**2861796**	**1447888**	**1413908**	**102.40**
郑州市	81501	69895	11606	276770	145763	131007	111.26
开封市	37982	36788	1194	140309	72077	68232	105.64
洛阳市	64947	62849	2098	215886	107290	108596	98.80
平顶山市	33444	32840	604	110266	55090	55176	99.84
安阳市	43518	41501	2017	145328	72214	73114	98.77
鹤壁市	12263	12070	193	43494	22084	21410	103.15
新乡市	41306	39619	1687	151727	77718	74009	105.01
焦作市	30370	28959	1411	110262	56231	54031	104.07
濮阳市	36933	36031	902	123938	61669	62269	99.04
许昌市	23640	23218	422	85037	43376	41661	104.12
漯河市	20669	20136	533	70198	35748	34450	103.77
三门峡市	16388	16248	140	47079	23681	23398	101.21
南阳市	106331	103697	2634	351394	176894	174500	101.37
商丘市	72619	70982	1637	237653	121734	115919	105.02
信阳市	67312	66142	1170	221519	109967	111552	98.58
周口市	73366	71285	2081	253378	126983	126395	100.47
驻马店市	77711	74828	2883	268420	134758	133662	100.82
济源市	2679	2658	21	9138	4611	4527	101.86

人口数和性别比(镇)

单位：户、人

人口数								平均家庭户规模（人/户）
家庭户				集体户				
小计	男	女	性别比（女=100）	小计	男	女	性别比（女=100）	
2603151	**1309920**	**1293231**	**101.29**	**258645**	**137968**	**120677**	**114.33**	**3.21**
214356	109477	104879	104.38	62414	36286	26128	138.88	3.07
126280	64599	61681	104.73	14029	7478	6551	114.15	3.43
201998	100696	101302	99.40	13888	6594	7294	90.40	3.21
106087	52993	53094	99.81	4179	2097	2082	100.72	3.23
130114	65294	64820	100.73	15214	6920	8294	83.43	3.14
42201	21390	20811	102.78	1293	694	599	115.86	3.50
138840	70929	67911	104.44	12887	6789	6098	111.33	3.50
102093	51462	50631	101.64	8169	4769	3400	140.26	3.53
116497	57907	58590	98.83	7441	3762	3679	102.26	3.23
81152	41143	40009	102.83	3885	2233	1652	135.17	3.50
66219	33685	32534	103.54	3979	2063	1916	107.67	3.29
45577	22843	22734	100.48	1502	838	664	126.20	2.81
325367	163077	162290	100.48	26027	13817	12210	113.16	3.14
215861	110197	105664	104.29	21792	11537	10255	112.50	3.04
211634	104683	106951	97.88	9885	5284	4601	114.84	3.20
230563	115202	115361	99.86	22815	11781	11034	106.77	3.23
239422	119873	119549	100.27	28998	14885	14113	105.47	3.20
8890	4470	4420	101.13	248	141	107	131.78	3.34

1-1c 各地区户数、

地区	户数			合计			
	合计	家庭户	集体户	合计	男	女	性别比(女=100)
河南	**1435831**	**1429128**	**6703**	**4385248**	**2186641**	**2198607**	**99.46**
郑州市	77456	73265	4191	280837	148253	132584	111.82
开封市	71485	71413	72	233152	118398	114754	103.18
洛阳市	78436	78132	304	248627	125184	123443	101.41
平顶山市	71252	71108	144	233005	118775	114230	103.98
安阳市	85340	85260	80	239989	115206	124783	92.33
鹤壁市	18683	18596	87	66749	34367	32382	106.13
新乡市	78442	78331	111	265672	131846	133826	98.52
焦作市	38733	38668	65	139191	70934	68257	103.92
濮阳市	61497	61414	83	193026	95274	97752	97.47
许昌市	64333	64253	80	211928	107594	104334	103.12
漯河市	34490	34427	63	117675	60037	57638	104.16
三门峡市	31694	31360	334	95824	49374	46450	106.29
南阳市	149823	149380	443	449462	225408	224054	100.60
商丘市	159942	159878	64	435343	212761	222582	95.59
信阳市	104727	104537	190	281337	139687	141650	98.61
周口市	171414	171223	191	508291	246720	261571	94.32
驻马店市	129973	129811	162	360069	174036	186033	93.55
济源市	8111	8072	39	25071	12787	12284	104.09

人口数和性别比(乡村)

单位：户、人

人口数								平均家庭户规模（人/户）
家庭户				集体户				
小计	男	女	性别比（女=100）	小计	男	女	性别比（女=100）	
4338833	**2156383**	**2182450**	**98.81**	**46415**	**30258**	**16157**	**187.27**	**3.04**
253540	130812	122728	106.59	27297	17441	9856	176.96	3.46
232526	118045	114481	103.11	626	353	273	129.30	3.26
246721	123684	123037	100.53	1906	1500	406	369.46	3.16
232010	118169	113841	103.80	995	606	389	155.78	3.26
239423	114841	124582	92.18	566	365	201	181.59	2.81
66233	34032	32201	105.69	516	335	181	185.08	3.56
265060	131443	133617	98.37	612	403	209	192.82	3.38
138743	70587	68156	103.57	448	347	101	343.56	3.59
192478	94926	97552	97.31	548	348	200	174.00	3.13
211146	106973	104173	102.69	782	621	161	385.71	3.29
117028	59578	57450	103.70	647	459	188	244.15	3.40
94053	48352	45701	105.80	1771	1022	749	136.45	3.00
445612	223031	222581	100.20	3850	2377	1473	161.37	2.98
434619	212266	222353	95.46	724	495	229	216.16	2.72
279923	138767	141156	98.31	1414	920	494	186.23	2.68
506332	245375	260957	94.03	1959	1345	614	219.06	2.96
358648	172943	185705	93.13	1421	1093	328	333.23	2.76
24738	12559	12179	103.12	333	228	105	217.14	3.06

1-2 各地区分性别、

地区	人口数			居住本乡、镇、街道，户口在本乡、镇、街道		
	合计	男	女	小计	男	女
河南	**9725229**	**4859451**	**4865778**	**7490833**	**3734003**	**3756830**
郑州市	1221942	623990	597952	619580	307734	311846
开封市	474208	239710	234498	402006	204049	197957
洛阳市	692358	345125	347233	512213	255092	257121
平顶山市	478262	241697	236565	396459	201470	194989
安阳市	525949	256345	269604	418578	204262	214316
鹤壁市	159371	81134	78237	134991	68972	66019
新乡市	610476	304793	305683	496698	248043	248655
焦作市	357679	179965	177714	289711	146503	143208
濮阳市	381446	188778	192668	299092	148131	150961
许昌市	446221	224955	221266	355876	179665	176211
漯河市	252295	127505	124790	209284	106119	103165
三门峡市	216364	109627	106737	170858	86831	84027
南阳市	917449	459250	458199	721024	361512	359512
商丘市	795864	395697	400167	676520	335263	341257
信阳市	585428	289247	296181	431199	214481	216718
周口市	863629	423646	439983	764406	374779	389627
驻马店市	674240	331568	342672	546606	268182	278424
济源市	72048	36419	35629	45732	22915	22817

户口登记状况的人口

单位：人

居住本乡、镇、街道，户口在外乡、镇、街道，离开户口登记地半年以上			居住本乡、镇、街道，户口待定			原住本乡、镇、街道，现在港澳台或国外工作学习		
小计	男	女	小计	男	女	小计	男	女
2212529	**1113359**	**1099170**	**14602**	**7043**	**7559**	**7265**	**5046**	**2219**
598606	314328	284278	2554	1342	1212	1202	586	616
71484	35272	36212	465	222	243	253	167	86
178287	88950	89337	882	434	448	976	649	327
80727	39687	41040	918	428	490	158	112	46
106005	51284	54721	901	414	487	465	385	80
24018	11974	12044	290	140	150	72	48	24
112516	56001	56515	776	359	417	486	390	96
67178	33020	34158	502	253	249	288	189	99
80837	39644	41193	541	247	294	976	756	220
89746	44924	44822	372	181	191	227	185	42
42469	21072	21397	392	209	183	150	105	45
45138	22580	22558	236	114	122	132	102	30
194213	96592	97621	1801	841	960	411	305	106
117911	59682	58229	1215	597	618	218	155	63
152666	73871	78795	972	451	521	591	444	147
97858	48160	49698	1022	456	566	343	251	92
126668	62880	63788	708	331	377	258	175	83
26202	13438	12764	55	24	31	59	42	17

1-2a 各地区分性别、

地区	人口数			居住本乡、镇、街道，户口在本乡、镇、街道		
	合计	男	女	小计	男	女
河南	**2478185**	**1224922**	**1253263**	**1311760**	**645754**	**666006**
郑州市	664335	329974	334361	271226	130703	140523
开封市	100747	49235	51512	64874	31766	33108
洛阳市	227845	112651	115194	128645	63031	65614
平顶山市	134991	67832	67159	88613	44680	43933
安阳市	140632	68925	71707	84167	41540	42627
鹤壁市	49128	24683	24445	36896	18442	18454
新乡市	193077	95229	97848	121552	60159	61393
焦作市	108226	52800	55426	70626	34987	35639
濮阳市	64482	31835	32647	31132	15277	15855
许昌市	149256	73985	75271	77604	38489	39115
漯河市	64422	31720	32702	40294	19786	20508
三门峡市	73461	36572	36889	46558	23164	23394
南阳市	116593	56948	59645	50901	25063	25838
商丘市	122868	61202	61666	64152	32215	31937
信阳市	82572	39593	42979	32834	16134	16700
周口市	101960	49943	52017	63492	31427	32065
驻马店市	45751	22774	22977	23270	11540	11730
济源市	37839	19021	18818	14924	7351	7573

户口登记状况的人口(城市)

单位：人

居住本乡、镇、街道，户口在外乡、镇、街道，离开户口登记地半年以上			居住本乡、镇、街道，户口待定			原住本乡、镇、街道，现在港澳台或国外工作学习		
小计	男	女	小计	男	女	小计	男	女
1160274	**575999**	**584275**	**3865**	**1994**	**1871**	**2286**	**1175**	**1111**
390640	198035	192605	1431	760	671	1038	476	562
35620	17340	18280	119	51	68	134	78	56
98469	49241	49228	254	133	121	477	246	231
46044	22966	23078	295	163	132	39	23	16
56160	27212	28948	208	111	97	97	62	35
12171	6206	5965	45	28	17	16	7	9
71199	34913	36286	253	114	139	73	43	30
37386	17699	19687	109	56	53	105	58	47
33171	16453	16718	74	38	36	105	67	38
71522	35429	36093	108	52	56	22	15	7
23882	11802	12080	218	118	100	28	14	14
26804	13360	13444	69	33	36	30	15	15
65409	31752	33657	246	111	135	37	22	15
58524	28881	29643	182	98	84	10	8	2
49621	23389	26232	92	53	39	25	17	8
38362	18467	19895	90	42	48	16	7	9
22430	11210	11220	42	19	23	9	5	4
22860	11644	11216	30	14	16	25	12	13

1-2b 各地区分性别、

地　区	人　口　数			居住本乡、镇、街道，户口在本乡、镇、街道		
	合计	男	女	小计	男	女
河　南	**2861796**	**1447888**	**1413908**	**1919117**	**970170**	**948947**
郑州市	276770	145763	131007	120659	60325	60334
开封市	140309	72077	68232	106193	54860	51333
洛阳市	215886	107290	108596	141671	70745	70926
平顶山市	110266	55090	55176	79639	40083	39556
安阳市	145328	72214	73114	99525	49943	49582
鹤壁市	43494	22084	21410	33185	17026	16159
新乡市	151727	77718	74009	113834	58186	55648
焦作市	110262	56231	54031	83278	42203	41075
濮阳市	123938	61669	62269	78226	39375	38851
许昌市	85037	43376	41661	70693	35991	34702
漯河市	70198	35748	34450	52704	27055	25649
三门峡市	47079	23681	23398	31390	15881	15509
南阳市	351394	176894	174500	229862	115909	113953
商丘市	237653	121734	115919	180305	92041	88264
信阳市	221519	109967	111552	125570	62939	62631
周口市	253378	126983	126395	197211	98903	98308
驻马店市	268420	134758	133662	167767	85000	82767
济源市	9138	4611	4527	7405	3705	3700

户口登记状况的人口(镇)

单位：人

居住本乡、镇、街道，户口在外乡、镇、街道，离开户口登记地半年以上			居住本乡、镇、街道，户口待定			原住本乡、镇、街道，现在港澳台或国外工作学习		
小计	男	女	小计	男	女	小计	男	女
937629	**475005**	**462624**	**3915**	**1891**	**2024**	**1135**	**822**	**313**
155376	85043	70333	666	353	313	69	42	27
33932	17113	16819	161	83	78	23	21	2
73814	36305	37509	245	124	121	156	116	40
30425	14916	15509	172	73	99	30	18	12
45540	22123	23417	168	69	99	95	79	16
10184	5005	5179	110	44	66	15	9	6
37593	19354	18239	203	106	97	97	72	25
26715	13878	12837	210	111	99	59	39	20
45364	22085	23279	188	90	98	160	119	41
14239	7319	6920	59	28	31	46	38	8
17424	8661	8763	52	18	34	18	14	4
15613	7755	7858	53	27	26	23	18	5
120925	60677	60248	521	248	273	86	60	26
57005	29515	27490	298	145	153	45	33	12
95477	46801	48676	386	170	216	86	57	29
55867	27919	27948	223	105	118	77	56	21
100418	49636	50782	190	94	96	45	28	17
1718	900	818	10	3	7	5	3	2

1-2c 各地区分性别、

地 区	人口数			居住本乡、镇、街道，户口在本乡、镇、街道		
	合计	男	女	小计	男	女
河 南	**4385248**	**2186641**	**2198607**	**4259956**	**2118079**	**2141877**
郑州市	280837	148253	132584	227695	116706	110989
开封市	233152	118398	114754	230939	117423	113516
洛阳市	248627	125184	123443	241897	121316	120581
平顶山市	233005	118775	114230	228207	116707	111500
安阳市	239989	115206	124783	234886	112779	122107
鹤壁市	66749	34367	32382	64910	33504	31406
新乡市	265672	131846	133826	261312	129698	131614
焦作市	139191	70934	68257	135807	69313	66494
濮阳市	193026	95274	97752	189734	93479	96255
许昌市	211928	107594	104334	207579	105185	102394
漯河市	117675	60037	57638	116286	59278	57008
三门峡市	95824	49374	46450	92910	47786	45124
南阳市	449462	225408	224054	440261	220540	219721
商丘市	435343	212761	222582	432063	211007	221056
信阳市	281337	139687	141650	272795	135408	137387
周口市	508291	246720	261571	503703	244449	259254
驻马店市	360069	174036	186033	355569	171642	183927
济源市	25071	12787	12284	23403	11859	11544

户口登记状况的人口(乡村)

单位：人

居住本乡、镇、街道，户口在外乡、镇、街道，离开户口登记地半年以上			居住本乡、镇、街道，户口待定			原住本乡、镇、街道，现在港澳台或国外工作学习		
小计	男	女	小计	男	女	小计	男	女
114626	**62355**	**52271**	**6822**	**3158**	**3664**	**3844**	**3049**	**795**
52590	31250	21340	457	229	228	95	68	27
1932	819	1113	185	88	97	96	68	28
6004	3404	2600	383	177	206	343	287	56
4258	1805	2453	451	192	259	89	71	18
4305	1949	2356	525	234	291	273	244	29
1663	763	900	135	68	67	41	32	9
3724	1734	1990	320	139	181	316	275	41
3077	1443	1634	183	86	97	124	92	32
2302	1106	1196	279	119	160	711	570	141
3985	2176	1809	205	101	104	159	132	27
1163	609	554	122	73	49	104	77	27
2721	1465	1256	114	54	60	79	69	10
7879	4163	3716	1034	482	552	288	223	65
2382	1286	1096	735	354	381	163	114	49
7568	3681	3887	494	228	266	480	370	110
3629	1774	1855	709	309	400	250	188	62
3820	2034	1786	476	218	258	204	142	62
1624	894	730	15	7	8	29	27	2

1-3 各地区分年龄、性别的人口

单位：人

地 区	合 计			0岁		
	合计	男	女	小计	男	女
河 南	**9725229**	**4859451**	**4865778**	**81850**	**42665**	**39185**
郑州市	1221942	623990	597952	10215	5404	4811
开封市	474208	239710	234498	4051	2130	1921
洛阳市	692358	345125	347233	6326	3259	3067
平顶山市	478262	241697	236565	4054	2089	1965
安阳市	525949	256345	269604	4376	2219	2157
鹤壁市	159371	81134	78237	1259	626	633
新乡市	610476	304793	305683	4887	2506	2381
焦作市	357679	179965	177714	3091	1593	1498
濮阳市	381446	188778	192668	3314	1690	1624
许昌市	446221	224955	221266	3331	1743	1588
漯河市	252295	127505	124790	1800	948	852
三门峡市	216364	109627	106737	1669	841	828
南阳市	917449	459250	458199	6749	3571	3178
商丘市	795864	395697	400167	7292	3886	3406
信阳市	585428	289247	296181	4564	2421	2143
周口市	863629	423646	439983	8715	4544	4171
驻马店市	674240	331568	342672	5436	2842	2594
济源市	72048	36419	35629	721	353	368

1-3 续表 1

单位：人

地 区	1-4岁			5-9岁			10-14岁		
	小计	男	女	小计	男	女	小计	男	女
河 南	**504403**	**262981**	**241422**	**807824**	**429471**	**378353**	**798447**	**433017**	**365430**
郑州市	65917	34517	31400	82659	44025	38634	70516	38333	32183
开封市	24560	12944	11616	40846	21945	18901	39200	21375	17825
洛阳市	37121	19042	18079	50775	26375	24400	47087	24602	22485
平顶山市	25548	13345	12203	41855	22174	19681	43980	23649	20331
安阳市	26490	13566	12924	46547	24916	21631	49492	27100	22392
鹤壁市	7028	3603	3425	11919	6357	5562	12891	7086	5805
新乡市	30508	16011	14497	51009	27450	23559	52558	29070	23488
焦作市	17122	8860	8262	23568	12278	11290	21243	11392	9851
濮阳市	20971	11210	9761	36735	19688	17047	35086	19103	15983
许昌市	21407	10876	10531	36099	19172	16927	36471	19938	16533
漯河市	11566	5909	5657	17665	9298	8367	17875	9556	8319
三门峡市	10268	5217	5051	13327	6921	6406	12791	6618	6173
南阳市	42536	22626	19910	82655	44341	38314	100568	54368	46200
商丘市	46931	24474	22457	76490	40689	35801	64327	35157	29170
信阳市	28024	15109	12915	49816	26950	22866	52459	28764	23695
周口市	49869	25793	24076	79567	41802	37765	73441	39645	33796
驻马店市	34408	17800	16608	61348	32570	28778	64278	35026	29252
济源市	4129	2079	2050	4944	2520	2424	4184	2235	1949

1-3　续表 2　　单位：人

地　区	15-19岁			20-24岁			25-29岁		
	小计	男	女	小计	男	女	小计	男	女
河　南	**696801**	**376557**	**320244**	**487340**	**249606**	**237734**	**535596**	**264816**	**270780**
郑州市	96100	52795	43305	100132	51520	48612	94989	48368	46621
开封市	36240	19964	16276	22736	12267	10469	24792	12761	12031
洛阳市	48965	25741	23224	34769	17511	17258	44297	21755	22542
平顶山市	30060	16220	13840	17085	8828	8257	21135	10587	10548
安阳市	35242	18571	16671	21788	10589	11199	24243	11823	12420
鹤壁市	12330	7043	5287	8847	4770	4077	9585	5014	4571
新乡市	44524	24004	20520	31488	15636	15852	31001	15288	15713
焦作市	23218	12521	10697	20646	11379	9267	22887	11726	11161
濮阳市	26608	14296	12312	15452	7941	7511	19353	9471	9882
许昌市	29770	16364	13406	18525	9763	8762	22777	11663	11114
漯河市	17213	9690	7523	10529	5860	4669	13901	7239	6662
三门峡市	11790	6227	5563	9192	4545	4647	12880	6553	6327
南阳市	71615	38044	33571	33943	16671	17272	31092	14885	16207
商丘市	54295	29554	24741	42832	22391	20441	50418	24495	25923
信阳市	41114	21926	19188	24230	11362	12868	28642	13607	15035
周口市	66110	35709	30401	42766	22266	20500	47425	22430	24995
驻马店市	47254	25481	21773	29469	14685	14784	31794	14895	16899
济源市	4353	2407	1946	2911	1622	1289	4385	2256	2129

1-3　续表 3　　单位：人

地　区	30-34岁			35-39岁			40-44岁		
	小计	男	女	小计	男	女	小计	男	女
河　南	**857929**	**416401**	**441528**	**573118**	**279624**	**293494**	**557152**	**273713**	**283439**
郑州市	148949	74809	74140	93203	47114	46089	73298	37274	36024
开封市	42412	20843	21569	29595	14848	14747	24251	12123	12128
洛阳市	61515	29931	31584	41090	20189	20901	40893	20292	20601
平顶山市	41148	20222	20926	27007	13425	13582	28568	14283	14285
安阳市	46779	21870	24909	30322	13997	16325	33187	15729	17458
鹤壁市	15216	7714	7502	8445	4291	4154	9755	4841	4914
新乡市	56389	27295	29094	35188	17036	18152	35920	17926	17994
焦作市	32085	16208	15877	22000	11093	10907	23174	11628	11546
濮阳市	35186	16582	18604	25081	11991	13090	21760	10455	11305
许昌市	41012	20253	20759	26614	13321	13293	26664	13285	13379
漯河市	22877	11484	11393	16792	8403	8389	15807	7880	7927
三门峡市	20132	10269	9863	12817	6588	6229	13345	6807	6538
南阳市	63995	30425	33570	52511	25029	27482	55259	26749	28510
商丘市	72866	34933	37933	43166	20993	22173	40093	19482	20611
信阳市	41986	19419	22567	24684	11421	13263	25597	11939	13658
周口市	64301	30161	34140	47470	22202	25268	46088	22069	24019
驻马店市	43711	20295	23416	32240	15191	17049	38808	18551	20257
济源市	7370	3688	3682	4893	2492	2401	4685	2400	2285

1-3　续表 4

单位：人

地　区	45-49岁			50-54岁			55-59岁		
	小计	男	女	小计	男	女	小计	男	女
河　南	**689758**	**341301**	**348457**	**785385**	**376859**	**408526**	**642147**	**304865**	**337282**
郑州市	80979	41402	39577	83758	42401	41357	66871	32723	34148
开封市	32070	15973	16097	36531	17462	19069	28332	13475	14857
洛阳市	52449	26099	26350	55023	27558	27465	47669	23468	24201
平顶山市	37109	18528	18581	41293	20296	20997	33162	16225	16937
安阳市	40153	19007	21146	41208	19020	22188	31945	14698	17247
鹤壁市	12851	6342	6509	13570	6721	6849	10214	4920	5294
新乡市	42823	21174	21649	50138	23779	26359	38732	18352	20380
焦作市	27751	13839	13912	29880	14679	15201	25301	12197	13104
濮阳市	27853	13702	14151	29272	13646	15626	20960	9735	11225
许昌市	31840	16144	15696	37391	18209	19182	30724	14719	16005
漯河市	18008	9110	8898	21460	10513	10947	17817	8485	9332
三门峡市	20913	10603	10310	20245	10384	9861	16671	8460	8211
南阳市	64194	32322	31872	76518	36454	40064	66054	30690	35364
商丘市	51503	25117	26386	63062	28988	34074	45790	21412	24378
信阳市	45386	21830	23556	55048	26142	28906	50992	23892	27100
周口市	51289	24430	26859	66638	30694	35944	54242	25176	29066
驻马店市	47320	23017	24303	58630	27035	31595	51605	23742	27863
济源市	5267	2662	2605	5720	2878	2842	5066	2496	2570

1-3　续表 5

单位：人

地　区	60-64岁			65-69岁			70-74岁		
	小计	男	女	小计	男	女	小计	男	女
河　南	**445600**	**218299**	**227301**	**511833**	**248023**	**263810**	**336991**	**163081**	**173910**
郑州市	47552	23305	24247	44065	21360	22705	27049	12883	14166
开封市	23833	11701	12132	27350	13258	14092	17157	8162	8995
洛阳市	37132	18533	18599	35372	17316	18056	22638	10753	11885
平顶山市	22931	11414	11517	24842	12197	12645	16321	8248	8073
安阳市	26601	12609	13992	28622	13501	15121	19385	8914	10471
鹤壁市	7090	3518	3572	7713	3595	4118	5043	2329	2714
新乡市	28504	13865	14639	30975	14909	16066	20942	10044	10898
焦作市	20144	9722	10422	19563	9252	10311	12077	5565	6512
濮阳市	16641	8016	8625	19432	9175	10257	13504	6293	7211
许昌市	21098	10325	10773	25649	12499	13150	16960	8183	8777
漯河市	12213	6028	6185	15639	7653	7986	9414	4518	4896
三门峡市	12799	6513	6286	11169	5556	5613	7307	3510	3797
南阳市	42445	20626	21819	52117	25072	27045	34158	17944	16214
商丘市	31792	15767	16025	41145	20132	21013	26394	12722	13672
信阳市	24118	12085	12033	34671	17044	17627	24592	12288	12304
周口市	39635	19249	20386	49914	24263	25651	34449	16303	18146
驻马店市	26994	13017	13977	39315	19129	20186	26938	13173	13765
济源市	4078	2006	2072	4280	2112	2168	2663	1249	1414

1-3 续表 6 单位：人

地 区	75-79岁			80-84岁			85-89岁		
	小计	男	女	小计	男	女	小计	男	女
河 南	**203284**	**94226**	**109058**	**118725**	**51573**	**67152**	**64779**	**24453**	**40326**
郑州市	16263	7565	8698	11007	4828	6179	5994	2466	3528
开封市	9727	4442	5285	5511	2329	3182	3381	1234	2147
洛阳市	13550	6267	7283	9045	3922	5123	4739	1867	2872
平顶山市	10484	4965	5519	6618	3048	3570	3768	1508	2260
安阳市	9753	4405	5348	5788	2427	3361	2918	1066	1852
鹤壁市	2707	1198	1509	1762	761	1001	833	318	515
新乡市	12333	5492	6841	7054	2979	4075	3719	1433	2286
焦作市	6604	3004	3600	4296	1883	2413	2244	917	1327
濮阳市	7575	3287	4288	3826	1577	2249	2027	715	1312
许昌市	9165	4244	4921	5963	2600	3363	3438	1264	2174
漯河市	5452	2446	3006	3201	1440	1761	2109	762	1347
三门峡市	4545	2050	2495	2883	1298	1585	1241	518	723
南阳市	21325	10905	10420	11781	5530	6251	5877	2349	3528
商丘市	18100	8304	9796	9840	4084	5756	6457	2342	4115
信阳市	16462	7726	8736	8278	3589	4689	3625	1369	2256
周口市	20997	9385	11612	11474	4693	6781	6386	2100	4286
驻马店市	17178	8071	9107	9669	4292	5377	5598	2079	3519
济源市	1064	470	594	729	293	436	425	146	279

1-3 续表 7 单位：人

地 区	90-94岁			95-99岁			100岁及以上		
	小计	男	女	小计	男	女	小计	男	女
河 南	**20784**	**6625**	**14159**	**4776**	**1179**	**3597**	**707**	**116**	**591**
郑州市	2001	783	1218	383	109	274	42	6	36
开封市	1312	400	912	278	68	210	43	6	37
洛阳市	1558	556	1002	315	85	230	30	4	26
平顶山市	1019	373	646	236	68	168	39	5	34
安阳市	898	271	627	184	42	142	28	5	23
鹤壁市	258	76	182	51	9	42	4	2	2
新乡市	1390	437	953	347	98	249	47	9	38
焦作市	645	190	455	128	35	93	12	4	8
濮阳市	658	175	483	130	29	101	22	1	21
许昌市	1073	333	740	223	54	169	27	3	24
漯河市	750	233	517	186	46	140	21	4	17
三门峡市	314	135	179	57	14	43	9		9
南阳市	1593	535	1058	398	100	298	66	14	52
商丘市	2308	634	1674	647	127	520	116	14	102
信阳市	933	309	624	189	52	137	18	3	15
周口市	2201	602	1599	554	115	439	98	15	83
驻马店市	1720	535	1185	445	122	323	82	20	62
济源市	153	48	105	25	6	19	3	1	2

1-3a 各地区分年龄、性别的人口(城市)

单位：人

地　区	合　计			0岁		
	合计	男	女	小计	男	女
河　南	**2478185**	**1224922**	**1253263**	**16863**	**8779**	**8084**
郑州市	664335	329974	334361	5064	2644	2420
开封市	100747	49235	51512	641	337	304
洛阳市	227845	112651	115194	1698	890	808
平顶山市	134991	67832	67159	859	447	412
安阳市	140632	68925	71707	1040	535	505
鹤壁市	49128	24683	24445	312	162	150
新乡市	193077	95229	97848	1272	661	611
焦作市	108226	52800	55426	751	370	381
濮阳市	64482	31835	32647	378	203	175
许昌市	149256	73985	75271	840	453	387
漯河市	64422	31720	32702	392	208	184
三门峡市	73461	36572	36889	501	244	257
南阳市	116593	56948	59645	622	325	297
商丘市	122868	61202	61666	738	396	342
信阳市	82572	39593	42979	475	246	229
周口市	101960	49943	52017	715	366	349
驻马店市	45751	22774	22977	261	143	118
济源市	37839	19021	18818	304	149	155

1-3a 续表 1

单位：人

地　区	1-4岁			5-9岁			10-14岁		
	小计	男	女	小计	男	女	小计	男	女
河　南	**124016**	**64767**	**59249**	**172269**	**91941**	**80328**	**157106**	**85142**	**71964**
郑州市	35853	18723	17130	43593	23203	20390	35730	19413	16317
开封市	4314	2262	2052	6470	3474	2996	5888	3227	2661
洛阳市	11395	5888	5507	13812	7214	6598	11588	6007	5581
平顶山市	6787	3583	3204	9442	5076	4366	8916	4815	4101
安阳市	7202	3737	3465	11087	5978	5109	10982	6016	4966
鹤壁市	1995	1051	944	3155	1703	1452	3498	1888	1610
新乡市	9050	4786	4264	14248	7675	6573	13796	7558	6238
焦作市	4875	2520	2355	6260	3197	3063	5695	3033	2662
濮阳市	3369	1828	1541	4966	2703	2263	4985	2754	2231
许昌市	7021	3561	3460	11031	5897	5134	10268	5613	4655
漯河市	3145	1606	1539	4295	2308	1987	4057	2195	1862
三门峡市	3727	1910	1817	4303	2257	2046	3898	1987	1911
南阳市	5347	2929	2418	9402	5015	4387	9828	5321	4507
商丘市	6193	3239	2954	9979	5446	4533	9280	5108	4172
信阳市	4088	2165	1923	5821	3153	2668	5344	2875	2469
周口市	5114	2647	2467	8260	4397	3863	7755	4198	3557
驻马店市	2194	1156	1038	3356	1824	1532	3345	1909	1436
济源市	2347	1176	1171	2789	1421	1368	2253	1225	1028

1-3a　续表 2

单位：人

地　区	15-19岁			20-24岁			25-29岁		
	小计	男	女	小计	男	女	小计	男	女
河　南	**193681**	**101350**	**92331**	**155617**	**75612**	**80005**	**155164**	**75410**	**79754**
郑州市	53998	28851	25147	56307	27202	29105	51723	25100	26623
开封市	7901	4123	3778	6161	2938	3223	4881	2328	2553
洛阳市	15656	8636	7020	12893	6695	6198	14758	7119	7639
平顶山市	9126	4824	4302	5446	2899	2547	6805	3373	3432
安阳市	8810	4708	4102	5614	2916	2698	7873	3821	4052
鹤壁市	3670	2118	1552	2400	1220	1180	2877	1418	1459
新乡市	15592	7868	7724	13803	6498	7305	10115	4883	5232
焦作市	7487	3737	3750	6001	2912	3089	6279	3071	3208
濮阳市	5114	2699	2415	2485	1228	1257	3364	1633	1731
许昌市	12019	6277	5742	7324	3654	3670	8571	4222	4349
漯河市	5140	2812	2328	2852	1467	1385	3911	1939	1972
三门峡市	4062	2149	1913	2937	1420	1517	4610	2264	2346
南阳市	11397	5558	5839	6408	3003	3405	5065	2457	2608
商丘市	10681	5460	5221	7900	3749	4151	8155	3961	4194
信阳市	6326	2709	3617	6387	2442	3945	4899	2371	2528
周口市	10495	5415	5080	6485	3127	3358	6075	2920	3155
驻马店市	2997	1621	1376	2237	1129	1108	2823	1354	1469
济源市	3210	1785	1425	1977	1113	864	2380	1176	1204

1-3a　续表 3

单位：人

地　区	30-34岁			35-39岁			40-44岁		
	小计	男	女	小计	男	女	小计	男	女
河　南	**259021**	**123521**	**135500**	**182502**	**88019**	**94483**	**173447**	**84398**	**89049**
郑州市	78921	38083	40838	55480	27151	28329	44445	22028	22417
开封市	9275	4412	4863	7181	3408	3773	6487	3133	3354
洛阳市	22517	10679	11838	16063	7698	8365	15471	7496	7975
平顶山市	13338	6444	6894	9005	4451	4554	9967	4947	5020
安阳市	14356	6587	7769	9622	4432	5190	11001	5193	5808
鹤壁市	4907	2382	2525	2972	1454	1518	3423	1683	1740
新乡市	19715	9433	10282	13080	6291	6789	12523	6181	6342
焦作市	9761	4702	5059	7037	3379	3658	8092	3865	4227
濮阳市	6602	3045	3557	5214	2412	2802	5283	2543	2740
许昌市	15965	7618	8347	10747	5235	5512	10798	5237	5561
漯河市	6483	3026	3457	5178	2434	2744	5014	2406	2608
三门峡市	7623	3678	3945	5070	2491	2579	5282	2614	2668
南阳市	9796	4512	5284	8149	3828	4321	8730	4121	4609
商丘市	13641	6504	7137	8922	4386	4536	8622	4244	4378
信阳市	8363	3946	4417	5144	2449	2695	4891	2314	2577
周口市	9309	4429	4880	7320	3460	3860	6765	3192	3573
驻马店市	4274	2034	2240	3345	1577	1768	3818	1801	2017
济源市	4175	2007	2168	2973	1483	1490	2835	1400	1435

1-3a 续表 4 单位：人

地 区	45-49岁			50-54岁			55-59岁		
	小计	男	女	小计	男	女	小计	男	女
河 南	**193650**	**95628**	**98022**	**189040**	**92528**	**96512**	**152342**	**74040**	**78302**
郑州市	45299	22601	22698	43507	21339	22168	35493	17052	18441
开封市	7562	3692	3870	7434	3591	3843	6896	3290	3606
洛阳市	18071	8803	9268	17817	8986	8831	15662	7726	7936
平顶山市	12426	6165	6261	12491	6245	6246	9324	4681	4643
安阳市	12731	6092	6639	11186	5425	5761	8480	4139	4341
鹤壁市	4478	2203	2275	4415	2207	2208	3516	1747	1769
新乡市	13897	6843	7054	14798	7157	7641	11917	5823	6094
焦作市	9402	4561	4841	9504	4656	4848	8056	3962	4094
濮阳市	6092	2961	3131	4885	2303	2582	3168	1592	1576
许昌市	11308	5640	5668	11844	5757	6087	9569	4607	4962
漯河市	5145	2494	2651	5101	2483	2618	4081	1973	2108
三门峡市	7709	3827	3882	6921	3506	3415	5253	2690	2563
南阳市	9508	4749	4759	9156	4367	4789	7365	3485	3880
商丘市	9403	4725	4678	9309	4523	4786	6220	2943	3277
信阳市	6923	3457	3466	6883	3387	3496	6281	3018	3263
周口市	6877	3379	3498	7410	3504	3906	5644	2702	2942
驻马店市	3937	1986	1951	3779	1797	1982	3199	1544	1655
济源市	2882	1450	1432	2600	1295	1305	2218	1066	1152

1-3a 续表 5 单位：人

地 区	60-64岁			65-69岁			70-74岁		
	小计	男	女	小计	男	女	小计	男	女
河 南	**105836**	**51148**	**54688**	**99764**	**46901**	**52863**	**62948**	**29185**	**33763**
郑州市	25392	12101	13291	22395	10501	11894	12965	6015	6950
开封市	5780	2783	2997	5561	2638	2923	3492	1582	1910
洛阳市	12147	5939	6208	10255	4864	5391	7209	3293	3916
平顶山市	5864	2876	2988	5582	2608	2974	4095	1974	2121
安阳市	6503	3108	3395	5828	2707	3121	3718	1661	2057
鹤壁市	2176	1089	1087	2078	945	1133	1303	582	721
新乡市	8848	4323	4525	8257	3925	4332	5125	2341	2784
焦作市	5911	2880	3031	5301	2487	2814	3219	1462	1757
濮阳市	2031	948	1083	2484	1115	1369	2019	935	1084
许昌市	6268	3012	3256	6612	3155	3457	4132	1943	2189
漯河市	2725	1304	1421	2908	1351	1557	1750	799	951
三门峡市	3744	1909	1835	2966	1444	1522	2004	936	1068
南阳市	4373	2045	2328	4549	2053	2496	3024	1476	1548
商丘市	3551	1773	1778	4123	1961	2162	2478	1186	1292
信阳市	3232	1599	1633	3273	1561	1712	1879	887	992
周口市	3972	1867	2105	4057	1920	2137	2551	1169	1382
驻马店市	1684	792	892	1985	939	1046	1076	527	549
济源市	1635	800	835	1550	727	823	909	417	492

1-3a 续表 6 单位：人

地 区	75-79岁			80-84岁			85-89岁		
	小计	男	女	小计	男	女	小计	男	女
河 南	**39597**	**17457**	**22140**	**27009**	**11590**	**15419**	**13336**	**5571**	**7765**
郑州市	8028	3631	4397	5848	2501	3347	3112	1319	1793
开封市	2133	908	1225	1566	665	901	769	326	443
洛阳市	4822	2117	2705	3600	1555	2045	1754	770	984
平顶山市	2640	1122	1518	1769	830	939	827	351	476
安阳市	2229	948	1281	1526	582	944	624	262	362
鹤壁市	929	396	533	681	300	381	261	108	153
新乡市	3267	1442	1825	2219	911	1308	1082	446	636
焦作市	2156	917	1239	1529	692	837	703	321	382
濮阳市	1109	491	618	626	306	320	246	115	131
许昌市	2253	1016	1237	1540	665	875	828	319	509
漯河市	1041	432	609	670	281	389	371	141	230
三门峡市	1349	584	765	947	413	534	424	189	235
南阳市	1994	912	1082	1195	510	685	536	226	310
商丘市	1789	837	952	1027	445	582	616	242	374
信阳市	1199	533	666	679	284	395	377	150	227
周口市	1586	691	895	919	351	568	439	144	295
驻马店市	722	325	397	397	189	208	242	94	148
济源市	351	155	196	271	110	161	125	48	77

1-3a 续表 7 单位：人

地 区	90-94岁			95-99岁			100岁及以上		
	小计	男	女	小计	男	女	小计	男	女
河 南	**4091**	**1656**	**2435**	**792**	**262**	**530**	**94**	**17**	**77**
郑州市	981	450	531	186	62	124	15	4	11
开封市	302	106	196	46	12	34	7		7
洛阳市	543	240	303	103	35	68	11	1	10
平顶山市	228	97	131	49	22	27	5	2	3
安阳市	178	65	113	38	12	26	4	1	3
鹤壁市	74	26	48	8	1	7			
新乡市	377	150	227	88	33	55	8	1	7
焦作市	176	61	115	29	14	15	2	1	1
濮阳市	50	17	33	8	4	4	4		4
许昌市	252	85	167	62	19	43	4		4
漯河市	136	54	82	25	7	18	2		2
三门峡市	109	52	57	17	8	9	5		5
南阳市	122	50	72	20	2	18	7	4	3
商丘市	193	63	130	43	11	32	5		5
信阳市	91	39	52	16	8	8	1		1
周口市	169	57	112	32	6	26	11	2	9
驻马店市	64	28	36	16	5	11			
济源市	46	16	30	6	1	5	3	1	2

1-3b 各地区分年龄、性别的人口(镇)

单位：人

地区	合计			0岁		
	合计	男	女	小计	男	女
河 南	**2861796**	**1447888**	**1413908**	**20397**	**10666**	**9731**
郑州市	276770	145763	131007	2211	1200	1011
开封市	140309	72077	68232	1027	555	472
洛阳市	215886	107290	108596	1800	910	890
平顶山市	110266	55090	55176	893	451	442
安阳市	145328	72214	73114	982	500	482
鹤壁市	43494	22084	21410	349	163	186
新乡市	151727	77718	74009	1037	545	492
焦作市	110262	56231	54031	916	471	445
濮阳市	123938	61669	62269	945	463	482
许昌市	85037	43376	41661	614	320	294
漯河市	70198	35748	34450	440	215	225
三门峡市	47079	23681	23398	328	171	157
南阳市	351394	176894	174500	2161	1177	984
商丘市	237653	121734	115919	1731	941	790
信阳市	221519	109967	111552	1411	750	661
周口市	253378	126983	126395	1971	1011	960
驻马店市	268420	134758	133662	1479	770	709
济源市	9138	4611	4527	102	53	49

1-3b 续表 1

单位：人

地区	1-4岁			5-9岁			10-14岁		
	小计	男	女	小计	男	女	小计	男	女
河 南	**143485**	**75039**	**68446**	**232080**	**124392**	**107688**	**230163**	**124796**	**105367**
郑州市	14773	7777	6996	19202	10205	8997	15269	8231	7038
开封市	6935	3622	3313	11550	6336	5214	11615	6343	5272
洛阳市	12027	6178	5849	17293	8991	8302	16242	8567	7675
平顶山市	6163	3230	2933	10144	5285	4859	10168	5416	4752
安阳市	6663	3414	3249	11802	6407	5395	12631	6978	5653
鹤壁市	1999	1043	956	3554	1923	1631	3740	2071	1669
新乡市	7108	3747	3361	11819	6475	5344	12142	6799	5343
焦作市	5324	2748	2576	7533	3991	3542	6842	3657	3185
濮阳市	6759	3626	3133	12022	6519	5503	11214	6094	5120
许昌市	4003	2064	1939	6795	3601	3194	7287	3958	3329
漯河市	3113	1598	1515	4694	2528	2166	4810	2564	2246
三门峡市	2411	1213	1198	3359	1747	1612	3237	1668	1569
南阳市	16434	8603	7831	30074	16250	13824	35379	19050	16329
商丘市	12550	6604	5946	19838	10561	9277	16968	9253	7715
信阳市	11117	6004	5113	19419	10595	8824	19959	11060	8899
周口市	13201	6839	6362	20729	11046	9683	19473	10423	9050
驻马店市	12374	6441	5933	21611	11626	9985	22644	12376	10268
济源市	531	288	243	642	306	336	543	288	255

1-3b　续表 2　　单位：人

地　区	15-19岁			20-24岁			25-29岁		
	小计	男	女	小计	男	女	小计	男	女
河　南	**260530**	**140503**	**120027**	**159630**	**84195**	**75435**	**177289**	**89409**	**87880**
郑州市	22784	13074	9710	28273	16094	12179	25529	13861	11668
开封市	14792	8123	6669	7178	4030	3148	8490	4469	4021
洛阳市	20040	10106	9934	11307	5296	6011	15254	7356	7898
平顶山市	7457	3988	3469	4807	2335	2472	5324	2595	2729
安阳市	15239	7673	7566	8685	3915	4770	7131	3595	3536
鹤壁市	3661	2031	1630	2470	1380	1090	2714	1404	1310
新乡市	15082	8243	6839	8097	4156	3941	8737	4447	4290
焦作市	9176	5032	4144	7800	4622	3178	7416	3836	3580
濮阳市	11007	5792	5215	5446	2763	2683	6998	3409	3589
许昌市	6613	3768	2845	3626	1975	1651	4480	2327	2153
漯河市	5409	2985	2424	2841	1627	1214	4150	2204	1946
三门峡市	2919	1499	1420	2098	1022	1076	2812	1379	1433
南阳市	33084	17706	15378	14718	7345	7373	14367	6848	7519
商丘市	21616	11836	9780	14716	8130	6586	17799	9109	8690
信阳市	19222	10598	8624	9428	4730	4698	13376	6393	6983
周口市	26108	14095	12013	13523	7343	6180	16036	8055	7981
驻马店市	25951	13761	12190	14331	7270	7061	16091	7814	8277
济源市	370	193	177	286	162	124	585	308	277

1-3b　续表 3　　单位：人

地　区	30-34岁			35-39岁			40-44岁		
	小计	男	女	小计	男	女	小计	男	女
河　南	**284610**	**139874**	**144736**	**188565**	**92851**	**95714**	**179883**	**89127**	**90756**
郑州市	40429	21072	19357	21544	11026	10518	15548	7944	7604
开封市	13879	6895	6984	9657	4912	4745	7698	3937	3761
洛阳市	20886	10166	10720	13756	6699	7057	13423	6716	6707
平顶山市	10285	4937	5348	6792	3345	3447	7005	3453	3552
安阳市	14858	7212	7646	9493	4582	4911	9831	4868	4963
鹤壁市	4587	2293	2294	2365	1190	1175	2722	1332	1390
新乡市	15895	7876	8019	9815	4970	4845	9742	5032	4710
焦作市	10273	5172	5101	7220	3655	3565	7074	3583	3491
濮阳市	12996	6143	6853	8988	4356	4632	7472	3645	3827
许昌市	7903	3919	3984	5272	2635	2637	5265	2681	2584
漯河市	7087	3577	3510	5124	2542	2582	4826	2415	2411
三门峡市	4592	2259	2333	3150	1546	1604	3211	1594	1617
南阳市	29972	14427	15545	23886	11562	12324	24361	12012	12349
商丘市	25568	12896	12672	15725	7950	7775	14098	6988	7110
信阳市	19155	8827	10328	11604	5329	6275	11827	5440	6387
周口市	21928	10607	11321	16337	7864	8473	15802	7765	8037
驻马店市	23321	11090	12231	17241	8396	8845	19427	9428	9999
济源市	996	506	490	596	292	304	551	294	257

1-3b 续表 4

单位：人

地区	45-49岁			50-54岁			55-59岁		
	小计	男	女	小计	男	女	小计	男	女
河南	**207442**	**104271**	**103171**	**218636**	**107559**	**111077**	**168416**	**80801**	**87615**
郑州市	16154	8321	7833	16388	8423	7965	12601	6094	6507
开封市	9551	4858	4693	10079	4912	5167	7098	3403	3695
洛阳市	16151	8150	8001	15787	7979	7808	12554	6183	6371
平顶山市	8394	4227	4167	8834	4329	4505	7007	3421	3586
安阳市	11032	5518	5514	10233	5018	5215	7498	3632	3866
鹤壁市	3264	1587	1677	3403	1672	1731	2515	1198	1317
新乡市	10992	5614	5378	11485	5775	5710	8364	4017	4347
焦作市	8177	4080	4097	8384	4134	4250	6786	3262	3524
濮阳市	8829	4422	4407	8546	4070	4476	6168	2793	3375
许昌市	6068	3105	2963	6935	3436	3499	5378	2595	2783
漯河市	5238	2662	2576	5849	2902	2947	4698	2235	2463
三门峡市	4695	2362	2333	4189	2154	2035	3252	1694	1558
南阳市	26315	13389	12926	28849	14056	14793	22742	10703	12039
商丘市	16286	8219	8067	17605	8602	9003	12185	5961	6224
信阳市	18950	9099	9851	20466	9798	10668	16846	7884	8962
周口市	16254	7977	8277	18970	9160	9810	14361	6822	7539
驻马店市	20446	10361	10085	21815	10717	11098	17696	8569	9127
济源市	646	320	326	819	422	397	667	335	332

1-3b 续表 5

单位：人

地区	60-64岁			65-69岁			70-74岁		
	小计	男	女	小计	男	女	小计	男	女
河南	**108385**	**53002**	**55383**	**118847**	**57032**	**61815**	**74480**	**35828**	**38652**
郑州市	8462	4161	4301	7556	3669	3887	4626	2227	2399
开封市	5551	2708	2843	6561	3152	3409	4100	1912	2188
洛阳市	9149	4475	4674	8855	4339	4516	5201	2473	2728
平顶山市	4772	2323	2449	4976	2394	2582	3146	1540	1606
安阳市	5987	2874	3113	5973	2853	3120	3637	1612	2025
鹤壁市	1750	846	904	1859	837	1022	1236	567	669
新乡市	5917	2884	3033	6447	3102	3345	4312	2070	2242
焦作市	5363	2543	2820	5362	2504	2858	3250	1499	1751
濮阳市	4616	2207	2409	5137	2394	2743	3316	1514	1802
许昌市	3736	1819	1917	4546	2228	2318	2941	1403	1538
漯河市	3095	1559	1536	3766	1836	1930	2225	1071	1154
三门峡市	2203	1108	1095	1975	1023	952	1226	592	634
南阳市	13313	6520	6793	14827	6918	7909	9436	4905	4531
商丘市	8034	4014	4020	9388	4623	4765	5584	2713	2871
信阳市	7261	3595	3666	8873	4235	4638	5701	2720	2981
周口市	9927	4828	5099	11664	5622	6042	7623	3628	3995
驻马店市	8685	4271	4414	10538	5033	5505	6562	3218	3344
济源市	564	267	297	544	270	274	358	164	194

1-3b　续表 6　　　　单位：人

地　区	75-79岁			80-84岁			85-89岁		
	小计	男	女	小计	男	女	小计	男	女
河　南	**44137**	**20593**	**23544**	**25491**	**11051**	**14440**	**13744**	**5181**	**8563**
郑州市	2625	1227	1398	1571	714	857	893	348	545
开封市	2269	1052	1217	1184	492	692	737	255	482
洛阳市	2982	1414	1568	1870	829	1041	910	333	577
平顶山市	1917	934	983	1218	517	701	721	286	435
安阳市	1869	837	1032	1080	477	603	507	180	327
鹤壁市	600	279	321	422	172	250	193	70	123
新乡市	2343	1035	1308	1367	572	795	675	263	412
焦作市	1663	777	886	995	414	581	491	197	294
濮阳市	1851	825	1026	956	385	571	501	201	300
许昌市	1660	759	901	1054	473	581	621	237	384
漯河市	1346	613	733	748	341	407	521	204	317
三门峡市	708	317	391	426	207	219	225	98	127
南阳市	5875	2983	2892	3350	1579	1771	1648	658	990
商丘市	3853	1793	2060	2153	908	1245	1309	473	836
信阳市	3741	1666	2075	2008	812	1196	908	351	557
周口市	4702	2148	2554	2700	1105	1595	1417	457	960
驻马店市	4003	1873	2130	2287	1009	1278	1391	543	848
济源市	130	61	69	102	45	57	76	27	49

1-3b　续表 7　　　　单位：人

地　区	90-94岁			95-99岁			100岁及以上		
	小计	男	女	小计	男	女	小计	男	女
河　南	**4385**	**1415**	**2970**	**1055**	**274**	**781**	**146**	**29**	**117**
郑州市	265	78	187	61	17	44	6		6
开封市	276	90	186	71	20	51	11	1	10
洛阳市	319	109	210	75	20	55	5	1	4
平顶山市	182	73	109	51	10	41	10	1	9
安阳市	164	58	106	30	11	19	3		3
鹤壁市	72	23	49	18	3	15	1		1
新乡市	268	76	192	73	20	53	10		10
焦作市	181	46	135	32	5	27	4	3	1
濮阳市	141	39	102	27	9	18	3		3
许昌市	202	65	137	33	7	26	5	1	4
漯河市	166	55	111	46	15	31	6		6
三门峡市	53	28	25	9		9	1		1
南阳市	461	163	298	130	36	94	12	4	8
商丘市	495	133	362	131	24	107	21	3	18
信阳市	201	70	131	41	10	31	5	1	4
周口市	493	146	347	134	35	99	25	7	18
驻马店市	417	153	264	92	32	60	18	7	11
济源市	29	10	19	1		1			

1-3c 各地区分年龄、性别的人口(乡村)

单位：人

地区	合计			0岁		
	合计	男	女	小计	男	女
河南	**4385248**	**2186641**	**2198607**	**44590**	**23220**	**21370**
郑州市	280837	148253	132584	2940	1560	1380
开封市	233152	118398	114754	2383	1238	1145
洛阳市	248627	125184	123443	2828	1459	1369
平顶山市	233005	118775	114230	2302	1191	1111
安阳市	239989	115206	124783	2354	1184	1170
鹤壁市	66749	34367	32382	598	301	297
新乡市	265672	131846	133826	2578	1300	1278
焦作市	139191	70934	68257	1424	752	672
濮阳市	193026	95274	97752	1991	1024	967
许昌市	211928	107594	104334	1877	970	907
漯河市	117675	60037	57638	968	525	443
三门峡市	95824	49374	46450	840	426	414
南阳市	449462	225408	224054	3966	2069	1897
商丘市	435343	212761	222582	4823	2549	2274
信阳市	281337	139687	141650	2678	1425	1253
周口市	508291	246720	261571	6029	3167	2862
驻马店市	360069	174036	186033	3696	1929	1767
济源市	25071	12787	12284	315	151	164

1-3c 续表 1

单位：人

地区	1-4岁			5-9岁			10-14岁		
	小计	男	女	小计	男	女	小计	男	女
河南	**236902**	**123175**	**113727**	**403475**	**213138**	**190337**	**411178**	**223079**	**188099**
郑州市	15291	8017	7274	19864	10617	9247	19517	10689	8828
开封市	13311	7060	6251	22826	12135	10691	21697	11805	9892
洛阳市	13699	6976	6723	19670	10170	9500	19257	10028	9229
平顶山市	12598	6532	6066	22269	11813	10456	24896	13418	11478
安阳市	12625	6415	6210	23658	12531	11127	25879	14106	11773
鹤壁市	3034	1509	1525	5210	2731	2479	5653	3127	2526
新乡市	14350	7478	6872	24942	13300	11642	26620	14713	11907
焦作市	6923	3592	3331	9775	5090	4685	8706	4702	4004
濮阳市	10843	5756	5087	19747	10466	9281	18887	10255	8632
许昌市	10383	5251	5132	18273	9674	8599	18916	10367	8549
漯河市	5308	2705	2603	8676	4462	4214	9008	4797	4211
三门峡市	4130	2094	2036	5665	2917	2748	5656	2963	2693
南阳市	20755	11094	9661	43179	23076	20103	55361	29997	25364
商丘市	28188	14631	13557	46673	24682	21991	38079	20796	17283
信阳市	12819	6940	5879	24576	13202	11374	27156	14829	12327
周口市	31554	16307	15247	50578	26359	24219	46213	25024	21189
驻马店市	19840	10203	9637	36381	19120	17261	38289	20741	17548
济源市	1251	615	636	1513	793	720	1388	722	666

1-3c　续表 2　　　　单位：人

地　区	15-19岁			20-24岁			25-29岁		
	小计	男	女	小计	男	女	小计	男	女
河　南	**242590**	**134704**	**107886**	**172093**	**89799**	**82294**	**203143**	**99997**	**103146**
郑州市	19318	10870	8448	15552	8224	7328	17737	9407	8330
开封市	13547	7718	5829	9397	5299	4098	11421	5964	5457
洛阳市	13269	6999	6270	10569	5520	5049	14285	7280	7005
平顶山市	13477	7408	6069	6832	3594	3238	9006	4619	4387
安阳市	11193	6190	5003	7489	3758	3731	9239	4407	4832
鹤壁市	4999	2894	2105	3977	2170	1807	3994	2192	1802
新乡市	13850	7893	5957	9588	4982	4606	12149	5958	6191
焦作市	6555	3752	2803	6845	3845	3000	9192	4819	4373
濮阳市	10487	5805	4682	7521	3950	3571	8991	4429	4562
许昌市	11138	6319	4819	7575	4134	3441	9726	5114	4612
漯河市	6664	3893	2771	4836	2766	2070	5840	3096	2744
三门峡市	4809	2579	2230	4157	2103	2054	5458	2910	2548
南阳市	27134	14780	12354	12817	6323	6494	11660	5580	6080
商丘市	21998	12258	9740	20216	10512	9704	24464	11425	13039
信阳市	15566	8619	6947	8415	4190	4225	10367	4843	5524
周口市	29507	16199	13308	22758	11796	10962	25314	11455	13859
驻马店市	18306	10099	8207	12901	6286	6615	12880	5727	7153
济源市	773	429	344	648	347	301	1420	772	648

1-3c　续表 3　　　　单位：人

地　区	30-34岁			35-39岁			40-44岁		
	小计	男	女	小计	男	女	小计	男	女
河　南	**314298**	**153006**	**161292**	**202051**	**98754**	**103297**	**203822**	**100188**	**103634**
郑州市	29599	15654	13945	16179	8937	7242	13305	7302	6003
开封市	19258	9536	9722	12757	6528	6229	10066	5053	5013
洛阳市	18112	9086	9026	11271	5792	5479	11999	6080	5919
平顶山市	17525	8841	8684	11210	5629	5581	11596	5883	5713
安阳市	17565	8071	9494	11207	4983	6224	12355	5668	6687
鹤壁市	5722	3039	2683	3108	1647	1461	3610	1826	1784
新乡市	20779	9986	10793	12293	5775	6518	13655	6713	6942
焦作市	12051	6334	5717	7743	4059	3684	8008	4180	3828
濮阳市	15588	7394	8194	10879	5223	5656	9005	4267	4738
许昌市	17144	8716	8428	10595	5451	5144	10601	5367	5234
漯河市	9307	4881	4426	6490	3427	3063	5967	3059	2908
三门峡市	7917	4332	3585	4597	2551	2046	4852	2599	2253
南阳市	24227	11486	12741	20476	9639	10837	22168	10616	11552
商丘市	33657	15533	18124	18519	8657	9862	17373	8250	9123
信阳市	14468	6646	7822	7936	3643	4293	8879	4185	4694
周口市	33064	15125	17939	23813	10878	12935	23521	11112	12409
驻马店市	16116	7171	8945	11654	5218	6436	15563	7322	8241
济源市	2199	1175	1024	1324	717	607	1299	706	593

1-3c 续表 4 单位：人

地区	45-49岁			50-54岁			55-59岁		
	小计	男	女	小计	男	女	小计	男	女
河南	**288666**	**141402**	**147264**	**377709**	**176772**	**200937**	**321389**	**150024**	**171365**
郑州市	19526	10480	9046	23863	12639	11224	18777	9577	9200
开封市	14957	7423	7534	19018	8959	10059	14338	6782	7556
洛阳市	18227	9146	9081	21419	10593	10826	19453	9559	9894
平顶山市	16289	8136	8153	19968	9722	10246	16831	8123	8708
安阳市	16390	7397	8993	19789	8577	11212	15967	6927	9040
鹤壁市	5109	2552	2557	5752	2842	2910	4183	1975	2208
新乡市	17934	8717	9217	23855	10847	13008	18451	8512	9939
焦作市	10172	5198	4974	11992	5889	6103	10459	4973	5486
濮阳市	12932	6319	6613	15841	7273	8568	11624	5350	6274
许昌市	14464	7399	7065	18612	9016	9596	15777	7517	8260
漯河市	7625	3954	3671	10510	5128	5382	9038	4277	4761
三门峡市	8509	4414	4095	9135	4724	4411	8166	4076	4090
南阳市	28371	14184	14187	38513	18031	20482	35947	16502	19445
商丘市	25814	12173	13641	36148	15863	20285	27385	12508	14877
信阳市	19513	9274	10239	27699	12957	14742	27865	12990	14875
周口市	28158	13074	15084	40258	18030	22228	34237	15652	18585
驻马店市	22937	10670	12267	33036	14521	18515	30710	13629	17081
济源市	1739	892	847	2301	1161	1140	2181	1095	1086

1-3c 续表 5 单位：人

地区	60-64岁			65-69岁			70-74岁		
	小计	男	女	小计	男	女	小计	男	女
河南	**231379**	**114149**	**117230**	**293222**	**144090**	**149132**	**199563**	**98068**	**101495**
郑州市	13698	7043	6655	14114	7190	6924	9458	4641	4817
开封市	12502	6210	6292	15228	7468	7760	9565	4668	4897
洛阳市	15836	8119	7717	16262	8113	8149	10228	4987	5241
平顶山市	12295	6215	6080	14284	7195	7089	9080	4734	4346
安阳市	14111	6627	7484	16821	7941	8880	12030	5641	6389
鹤壁市	3164	1583	1581	3776	1813	1963	2504	1180	1324
新乡市	13739	6658	7081	16271	7882	8389	11505	5633	5872
焦作市	8870	4299	4571	8900	4261	4639	5608	2604	3004
濮阳市	9994	4861	5133	11811	5666	6145	8169	3844	4325
许昌市	11094	5494	5600	14491	7116	7375	9887	4837	5050
漯河市	6393	3165	3228	8965	4466	4499	5439	2648	2791
三门峡市	6852	3496	3356	6228	3089	3139	4077	1982	2095
南阳市	24759	12061	12698	32741	16101	16640	21698	11563	10135
商丘市	20207	9980	10227	27634	13548	14086	18332	8823	9509
信阳市	13625	6891	6734	22525	11248	11277	17012	8681	8331
周口市	25736	12554	13182	34193	16721	17472	24275	11506	12769
驻马店市	16625	7954	8671	26792	13157	13635	19300	9428	9872
济源市	1879	939	940	2186	1115	1071	1396	668	728

1-3c 续表 6

单位：人

地区	75-79岁			80-84岁			85-89岁		
	小计	男	女	小计	男	女	小计	男	女
河 南	**119550**	**56176**	**63374**	**66225**	**28932**	**37293**	**37699**	**13701**	**23998**
郑州市	5610	2707	2903	3588	1613	1975	1989	799	1190
开封市	5325	2482	2843	2761	1172	1589	1875	653	1222
洛阳市	5746	2736	3010	3575	1538	2037	2075	764	1311
平顶山市	5927	2909	3018	3631	1701	1930	2220	871	1349
安阳市	5655	2620	3035	3182	1368	1814	1787	624	1163
鹤壁市	1178	523	655	659	289	370	379	140	239
新乡市	6723	3015	3708	3468	1496	1972	1962	724	1238
焦作市	2785	1310	1475	1772	777	995	1050	399	651
濮阳市	4615	1971	2644	2244	886	1358	1280	399	881
许昌市	5252	2469	2783	3369	1462	1907	1989	708	1281
漯河市	3065	1401	1664	1783	818	965	1217	417	800
三门峡市	2488	1149	1339	1510	678	832	592	231	361
南阳市	13456	7010	6446	7236	3441	3795	3693	1465	2228
商丘市	12458	5674	6784	6660	2731	3929	4532	1627	2905
信阳市	11522	5527	5995	5591	2493	3098	2340	868	1472
周口市	14709	6546	8163	7855	3237	4618	4530	1499	3031
驻马店市	12453	5873	6580	6985	3094	3891	3965	1442	2523
济源市	583	254	329	356	138	218	224	71	153

1-3c 续表 7

单位：人

地区	90-94岁			95-99岁			100岁及以上		
	小计	男	女	小计	男	女	小计	男	女
河 南	**12308**	**3554**	**8754**	**2929**	**643**	**2286**	**467**	**70**	**397**
郑州市	755	255	500	136	30	106	21	2	19
开封市	734	204	530	161	36	125	25	5	20
洛阳市	696	207	489	137	30	107	14	2	12
平顶山市	609	203	406	136	36	100	24	2	22
安阳市	556	148	408	116	19	97	21	4	17
鹤壁市	112	27	85	25	5	20	3	2	1
新乡市	745	211	534	186	45	141	29	8	21
焦作市	288	83	205	67	16	51	6		6
濮阳市	467	119	348	95	16	79	15	1	14
许昌市	619	183	436	128	28	100	18	2	16
漯河市	448	124	324	115	24	91	13	4	9
三门峡市	152	55	97	31	6	25	3		3
南阳市	1010	322	688	248	62	186	47	6	41
商丘市	1620	438	1182	473	92	381	90	11	79
信阳市	641	200	441	132	34	98	12	2	10
周口市	1539	399	1140	388	74	314	62	6	56
驻马店市	1239	354	885	337	85	252	64	13	51
济源市	78	22	56	18	5	13			

1-4 全省分年龄、性别的人口

单位：人、%

年 龄	人口数			占总人口比重			性别比
	合计	男	女	合计	男	女	(女=100)
总 计	**9725229**	**4859451**	**4865778**	**100.00**	**49.97**	**50.03**	**99.87**
0-4岁	**586253**	**305646**	**280607**	**6.03**	**3.14**	**2.89**	**108.92**
0	81850	42665	39185	0.84	0.44	0.40	108.88
1	106019	55060	50959	1.09	0.57	0.52	108.05
2	113173	58929	54244	1.16	0.61	0.56	108.64
3	138338	71950	66388	1.42	0.74	0.68	108.38
4	146873	77042	69831	1.51	0.79	0.72	110.33
5-9岁	**807824**	**429471**	**378353**	**8.31**	**4.42**	**3.89**	**113.51**
5	143792	75694	68098	1.48	0.78	0.70	111.15
6	161927	85292	76635	1.67	0.88	0.79	111.30
7	160537	85256	75281	1.65	0.88	0.77	113.25
8	175049	94015	81034	1.80	0.97	0.83	116.02
9	166519	89214	77305	1.71	0.92	0.79	115.41
10-14岁	**798447**	**433017**	**365430**	**8.21**	**4.45**	**3.76**	**118.50**
10	163167	87890	75277	1.68	0.90	0.77	116.76
11	169633	91674	77959	1.74	0.94	0.80	117.59
12	163376	88362	75014	1.68	0.91	0.77	117.79
13	150658	82301	68357	1.55	0.85	0.70	120.40
14	151613	82790	68823	1.56	0.85	0.71	120.29
15-19岁	**696801**	**376557**	**320244**	**7.16**	**3.87**	**3.29**	**117.58**
15	149100	80955	68145	1.53	0.83	0.70	118.80
16	160660	87280	73380	1.65	0.90	0.75	118.94
17	143035	77824	65211	1.47	0.80	0.67	119.34
18	124588	67719	56869	1.28	0.70	0.58	119.08
19	119418	62779	56639	1.23	0.65	0.58	110.84
20-24岁	**487340**	**249606**	**237734**	**5.01**	**2.57**	**2.44**	**104.99**
20	116329	59977	56352	1.20	0.62	0.58	106.43
21	100934	52021	48913	1.04	0.53	0.50	106.35
22	99368	50934	48434	1.02	0.52	0.50	105.16
23	87674	44569	43105	0.90	0.46	0.44	103.40
24	83035	42105	40930	0.85	0.43	0.42	102.87
25-29岁	**535596**	**264816**	**270780**	**5.51**	**2.72**	**2.78**	**97.80**
25	87075	43746	43329	0.90	0.45	0.45	100.96
26	86625	43366	43259	0.89	0.45	0.44	100.25
27	105173	52049	53124	1.08	0.54	0.55	97.98
28	121867	59715	62152	1.25	0.61	0.64	96.08
29	134856	65940	68916	1.39	0.68	0.71	95.68

1-4 续表 1

单位：人、%

年 龄	人口数			占总人口比重			性别比
	合计	男	女	合计	男	女	(女=100)
30-34岁	**857929**	**416401**	**441528**	**8.82**	**4.28**	**4.54**	**94.31**
30	193328	94808	98520	1.99	0.97	1.01	96.23
31	185587	90108	95479	1.91	0.93	0.98	94.37
32	169269	81469	87800	1.74	0.84	0.90	92.79
33	172294	83364	88930	1.77	0.86	0.91	93.74
34	137451	66652	70799	1.41	0.69	0.73	94.14
35-39岁	**573118**	**279624**	**293494**	**5.89**	**2.88**	**3.02**	**95.27**
35	109308	53241	56067	1.12	0.55	0.58	94.96
36	106096	51595	54501	1.09	0.53	0.56	94.67
37	114984	56245	58739	1.18	0.58	0.60	95.75
38	127496	62308	65188	1.31	0.64	0.67	95.58
39	115234	56235	58999	1.18	0.58	0.61	95.32
40-44岁	**557152**	**273713**	**283439**	**5.73**	**2.81**	**2.91**	**96.57**
40	108139	52788	55351	1.11	0.54	0.57	95.37
41	119933	59022	60911	1.23	0.61	0.63	96.90
42	113383	55417	57966	1.17	0.57	0.60	95.60
43	104039	51149	52890	1.07	0.53	0.54	96.71
44	111658	55337	56321	1.15	0.57	0.58	98.25
45-49岁	**689758**	**341301**	**348457**	**7.09**	**3.51**	**3.58**	**97.95**
45	113952	56164	57788	1.17	0.58	0.59	97.19
46	135981	67531	68450	1.40	0.69	0.70	98.66
47	140018	69284	70734	1.44	0.71	0.73	97.95
48	149120	73783	75337	1.53	0.76	0.77	97.94
49	150687	74539	76148	1.55	0.77	0.78	97.89
50-54岁	**785385**	**376859**	**408526**	**8.08**	**3.88**	**4.20**	**92.25**
50	163759	79739	84020	1.68	0.82	0.86	94.90
51	154016	74142	79874	1.58	0.76	0.82	92.82
52	169514	81072	88442	1.74	0.83	0.91	91.67
53	140168	66288	73880	1.44	0.68	0.76	89.72
54	157928	75618	82310	1.62	0.78	0.85	91.87
55-59岁	**642147**	**304865**	**337282**	**6.60**	**3.13**	**3.47**	**90.39**
55	142269	67794	74475	1.46	0.70	0.77	91.03
56	139486	66206	73280	1.43	0.68	0.75	90.35
57	176118	85055	91063	1.81	0.87	0.94	93.40
58	124218	58412	65806	1.28	0.60	0.68	88.76
59	60056	27398	32658	0.62	0.28	0.34	83.89
60-64岁	**445600**	**218299**	**227301**	**4.58**	**2.24**	**2.34**	**96.04**
60	74283	35753	38530	0.76	0.37	0.40	92.79
61	68023	33506	34517	0.70	0.34	0.35	97.07
62	91633	45318	46315	0.94	0.47	0.48	97.85
63	111461	54955	56506	1.15	0.57	0.58	97.26
64	100200	48767	51433	1.03	0.50	0.53	94.82

1-4 续表 2

单位：人、%

年 龄	人口数			占总人口比重			性别比
	合计	男	女	合计	男	女	(女=100)
65-69岁	**511833**	**248023**	**263810**	**5.26**	**2.55**	**2.71**	**94.02**
65	112046	54631	57415	1.15	0.56	0.59	95.15
66	109211	53240	55971	1.12	0.55	0.58	95.12
67	100440	48692	51748	1.03	0.50	0.53	94.09
68	100851	48699	52152	1.04	0.50	0.54	93.38
69	89285	42761	46524	0.92	0.44	0.48	91.91
70-74岁	**336991**	**163081**	**173910**	**3.47**	**1.68**	**1.79**	**93.77**
70	80220	38969	41251	0.82	0.40	0.42	94.47
71	74685	36221	38464	0.77	0.37	0.40	94.17
72	63657	30816	32841	0.65	0.32	0.34	93.83
73	62639	30392	32247	0.64	0.31	0.33	94.25
74	55790	26683	29107	0.57	0.27	0.30	91.67
75-79岁	**203284**	**94226**	**109058**	**2.09**	**0.97**	**1.12**	**86.40**
75	52771	25116	27655	0.54	0.26	0.28	90.82
76	41005	19399	21606	0.42	0.20	0.22	89.79
77	35749	16066	19683	0.37	0.17	0.20	81.62
78	37970	17379	20591	0.39	0.18	0.21	84.40
79	35789	16266	19523	0.37	0.17	0.20	83.32
80-84岁	**118725**	**51573**	**67152**	**1.22**	**0.53**	**0.69**	**76.80**
80	31077	13891	17186	0.32	0.14	0.18	80.83
81	23064	10098	12966	0.24	0.10	0.13	77.88
82	23173	10267	12906	0.24	0.11	0.13	79.55
83	21620	9153	12467	0.22	0.09	0.13	73.42
84	19791	8164	11627	0.20	0.08	0.12	70.22
85-89岁	**64779**	**24453**	**40326**	**0.67**	**0.25**	**0.41**	**60.64**
85	18326	7191	11135	0.19	0.07	0.11	64.58
86	15374	5880	9494	0.16	0.06	0.10	61.93
87	13776	5238	8538	0.14	0.05	0.09	61.35
88	9261	3296	5965	0.10	0.03	0.06	55.26
89	8042	2848	5194	0.08	0.03	0.05	54.83
90-94岁	**20784**	**6625**	**14159**	**0.21**	**0.07**	**0.15**	**46.79**
90	7151	2452	4699	0.07	0.03	0.05	52.18
91	4751	1513	3238	0.05	0.02	0.03	46.73
92	3953	1216	2737	0.04	0.01	0.03	44.43
93	2806	842	1964	0.03	0.01	0.02	42.87
94	2123	602	1521	0.02	0.01	0.02	39.58
95-99岁	**4776**	**1179**	**3597**	**0.05**	**0.01**	**0.04**	**32.78**
95	1750	472	1278	0.02		0.01	36.93
96	1226	289	937	0.01		0.01	30.84
97	783	198	585	0.01		0.01	33.85
98	580	133	447	0.01			29.75
99	437	87	350				24.86
100岁及以上	**707**	**116**	**591**	**0.01**		**0.01**	**19.63**

1-4a 全省分年龄、性别的人口(城市)

单位：人、%

年龄	人口数			占总人口比重			性别比
	合计	男	女	合计	男	女	(女=100)
总计	**2478185**	**1224922**	**1253263**	**100.00**	**49.43**	**50.57**	**97.74**
0-4岁	**140879**	**73546**	**67333**	**5.68**	**2.97**	**2.72**	**109.23**
0	16863	8779	8084	0.68	0.35	0.33	108.60
1	26085	13455	12630	1.05	0.54	0.51	106.53
2	27712	14473	13239	1.12	0.58	0.53	109.32
3	34998	18236	16762	1.41	0.74	0.68	108.79
4	35221	18603	16618	1.42	0.75	0.67	111.94
5-9岁	**172269**	**91941**	**80328**	**6.95**	**3.71**	**3.24**	**114.46**
5	31719	16886	14833	1.28	0.68	0.60	113.84
6	36607	19441	17166	1.48	0.78	0.69	113.25
7	34308	18147	16161	1.38	0.73	0.65	112.29
8	36882	19906	16976	1.49	0.80	0.69	117.26
9	32753	17561	15192	1.32	0.71	0.61	115.59
10-14岁	**157106**	**85142**	**71964**	**6.34**	**3.44**	**2.90**	**118.31**
10	32713	17774	14939	1.32	0.72	0.60	118.98
11	32348	17672	14676	1.31	0.71	0.59	120.41
12	31864	17192	14672	1.29	0.69	0.59	117.18
13	30274	16367	13907	1.22	0.66	0.56	117.69
14	29907	16137	13770	1.21	0.65	0.56	117.19
15-19岁	**193681**	**101350**	**92331**	**7.82**	**4.09**	**3.73**	**109.77**
15	34778	18482	16296	1.40	0.75	0.66	113.41
16	42720	22734	19986	1.72	0.92	0.81	113.75
17	39297	21138	18159	1.59	0.85	0.73	116.41
18	36846	19264	17582	1.49	0.78	0.71	109.57
19	40040	19732	20308	1.62	0.80	0.82	97.16
20-24岁	**155617**	**75612**	**80005**	**6.28**	**3.05**	**3.23**	**94.51**
20	40409	19565	20844	1.63	0.79	0.84	93.86
21	34346	16649	17697	1.39	0.67	0.71	94.08
22	30867	14927	15940	1.25	0.60	0.64	93.64
23	25916	12691	13225	1.05	0.51	0.53	95.96
24	24079	11780	12299	0.97	0.48	0.50	95.78
25-29岁	**155164**	**75410**	**79754**	**6.26**	**3.04**	**3.22**	**94.55**
25	25034	12221	12813	1.01	0.49	0.52	95.38
26	25480	12477	13003	1.03	0.50	0.52	95.95
27	30353	14784	15569	1.22	0.60	0.63	94.96
28	35259	16974	18285	1.42	0.68	0.74	92.83
29	39038	18954	20084	1.58	0.76	0.81	94.37

1-4a 续表 1

单位：人、%

年 龄	人口数			占总人口比重			性别比
	合计	男	女	合计	男	女	(女=100)
30-34岁	**259021**	**123521**	**135500**	**10.45**	**4.98**	**5.47**	**91.16**
30	55696	26667	29029	2.25	1.08	1.17	91.86
31	55222	26322	28900	2.23	1.06	1.17	91.08
32	51862	24708	27154	2.09	1.00	1.10	90.99
33	53323	25246	28077	2.15	1.02	1.13	89.92
34	42918	20578	22340	1.73	0.83	0.90	92.11
35-39岁	**182502**	**88019**	**94483**	**7.36**	**3.55**	**3.81**	**93.16**
35	34268	16474	17794	1.38	0.66	0.72	92.58
36	34032	16329	17703	1.37	0.66	0.71	92.24
37	37462	18100	19362	1.51	0.73	0.78	93.48
38	41161	19743	21418	1.66	0.80	0.86	92.18
39	35579	17373	18206	1.44	0.70	0.73	95.42
40-44岁	**173447**	**84398**	**89049**	**7.00**	**3.41**	**3.59**	**94.78**
40	33324	16196	17128	1.34	0.65	0.69	94.56
41	37845	18350	19495	1.53	0.74	0.79	94.13
42	35503	17145	18358	1.43	0.69	0.74	93.39
43	32756	16051	16705	1.32	0.65	0.67	96.09
44	34019	16656	17363	1.37	0.67	0.70	95.93
45-49岁	**193650**	**95628**	**98022**	**7.81**	**3.86**	**3.96**	**97.56**
45	33952	16616	17336	1.37	0.67	0.70	95.85
46	39167	19239	19928	1.58	0.78	0.80	96.54
47	39651	19564	20087	1.60	0.79	0.81	97.40
48	40600	20143	20457	1.64	0.81	0.83	98.47
49	40280	20066	20214	1.63	0.81	0.82	99.27
50-54岁	**189040**	**92528**	**96512**	**7.63**	**3.73**	**3.89**	**95.87**
50	42569	20873	21696	1.72	0.84	0.88	96.21
51	38908	19172	19736	1.57	0.77	0.80	97.14
52	40882	20008	20874	1.65	0.81	0.84	95.85
53	31269	15146	16123	1.26	0.61	0.65	93.94
54	35412	17329	18083	1.43	0.70	0.73	95.83
55-59岁	**152342**	**74040**	**78302**	**6.15**	**2.99**	**3.16**	**94.56**
55	33848	16579	17269	1.37	0.67	0.70	96.00
56	34160	16567	17593	1.38	0.67	0.71	94.17
57	43376	21201	22175	1.75	0.86	0.89	95.61
58	26737	12863	13874	1.08	0.52	0.56	92.71
59	14221	6830	7391	0.57	0.28	0.30	92.41
60-64岁	**105836**	**51148**	**54688**	**4.27**	**2.06**	**2.21**	**93.53**
60	19871	9626	10245	0.80	0.39	0.41	93.96
61	17233	8436	8797	0.70	0.34	0.35	95.90
62	22189	10792	11397	0.90	0.44	0.46	94.69
63	24958	11972	12986	1.01	0.48	0.52	92.19
64	21585	10322	11263	0.87	0.42	0.45	91.65

1-4a　续表 2　　　　单位：人、%

年　龄	人　口　数			占总人口比重			性别比
	合计	男	女	合计	男	女	(女=100)
65-69岁	**99764**	**46901**	**52863**	**4.03**	**1.89**	**2.13**	**88.72**
65	22724	10738	11986	0.92	0.43	0.48	89.59
66	21986	10400	11586	0.89	0.42	0.47	89.76
67	19379	9077	10302	0.78	0.37	0.42	88.11
68	18621	8833	9788	0.75	0.36	0.39	90.24
69	17054	7853	9201	0.69	0.32	0.37	85.35
70-74岁	**62948**	**29185**	**33763**	**2.54**	**1.18**	**1.36**	**86.44**
70	15280	7177	8103	0.62	0.29	0.33	88.57
71	14138	6596	7542	0.57	0.27	0.30	87.46
72	11734	5439	6295	0.47	0.22	0.25	86.40
73	11327	5173	6154	0.46	0.21	0.25	84.06
74	10469	4800	5669	0.42	0.19	0.23	84.67
75-79岁	**39597**	**17457**	**22140**	**1.60**	**0.70**	**0.89**	**78.85**
75	9876	4434	5442	0.40	0.18	0.22	81.48
76	7393	3314	4079	0.30	0.13	0.16	81.25
77	6878	2976	3902	0.28	0.12	0.16	76.27
78	7811	3427	4384	0.32	0.14	0.18	78.17
79	7639	3306	4333	0.31	0.13	0.17	76.30
80-84岁	**27009**	**11590**	**15419**	**1.09**	**0.47**	**0.62**	**75.17**
80	6795	2893	3902	0.27	0.12	0.16	74.14
81	5391	2263	3128	0.22	0.09	0.13	72.35
82	5459	2376	3083	0.22	0.10	0.12	77.07
83	4912	2148	2764	0.20	0.09	0.11	77.71
84	4452	1910	2542	0.18	0.08	0.10	75.14
85-89岁	**13336**	**5571**	**7765**	**0.54**	**0.22**	**0.31**	**71.75**
85	3900	1593	2307	0.16	0.06	0.09	69.05
86	3107	1296	1811	0.13	0.05	0.07	71.56
87	2675	1140	1535	0.11	0.05	0.06	74.27
88	1971	829	1142	0.08	0.03	0.05	72.59
89	1683	713	970	0.07	0.03	0.04	73.51
90-94岁	**4091**	**1656**	**2435**	**0.17**	**0.07**	**0.10**	**68.01**
90	1438	626	812	0.06	0.03	0.03	77.09
91	989	391	598	0.04	0.02	0.02	65.38
92	726	275	451	0.03	0.01	0.02	60.98
93	535	217	318	0.02	0.01	0.01	68.24
94	403	147	256	0.02	0.01	0.01	57.42
95-99岁	**792**	**262**	**530**	**0.03**	**0.01**	**0.02**	**49.43**
95	292	110	182	0.01		0.01	60.44
96	224	77	147	0.01		0.01	52.38
97	117	39	78				50.00
98	86	19	67				28.36
99	73	17	56				30.36
100岁及以上	**94**	**17**	**77**				**22.08**

1-4b 全省分年龄、性别的人口(镇)

单位：人、%

年 龄	人 口 数			占总人口比重			性别比
	合计	男	女	合计	男	女	(女=100)
总 计	**2861796**	**1447888**	**1413908**	**100.00**	**50.59**	**49.41**	**102.40**
0-4岁	**163882**	**85705**	**78177**	**5.73**	**2.99**	**2.73**	**109.63**
0	20397	10666	9731	0.71	0.37	0.34	109.61
1	29832	15599	14233	1.04	0.55	0.50	109.60
2	31974	16690	15284	1.12	0.58	0.53	109.20
3	39480	20639	18841	1.38	0.72	0.66	109.54
4	42199	22111	20088	1.47	0.77	0.70	110.07
5-9岁	**232080**	**124392**	**107688**	**8.11**	**4.35**	**3.76**	**115.51**
5	41333	21826	19507	1.44	0.76	0.68	111.89
6	46651	24710	21941	1.63	0.86	0.77	112.62
7	46320	24696	21624	1.62	0.86	0.76	114.21
8	50281	27292	22989	1.76	0.95	0.80	118.72
9	47495	25868	21627	1.66	0.90	0.76	119.61
10-14岁	**230163**	**124796**	**105367**	**8.04**	**4.36**	**3.68**	**118.44**
10	46585	25202	21383	1.63	0.88	0.75	117.86
11	48528	26254	22274	1.70	0.92	0.78	117.87
12	46764	25332	21432	1.63	0.89	0.75	118.20
13	43121	23551	19570	1.51	0.82	0.68	120.34
14	45165	24457	20708	1.58	0.85	0.72	118.10
15-19岁	**260530**	**140503**	**120027**	**9.10**	**4.91**	**4.19**	**117.06**
15	53311	28360	24951	1.86	0.99	0.87	113.66
16	63811	34343	29468	2.23	1.20	1.03	116.54
17	58063	31332	26731	2.03	1.09	0.93	117.21
18	45459	24971	20488	1.59	0.87	0.72	121.88
19	39886	21497	18389	1.39	0.75	0.64	116.90
20-24岁	**159630**	**84195**	**75435**	**5.58**	**2.94**	**2.64**	**111.61**
20	37802	20043	17759	1.32	0.70	0.62	112.86
21	32713	17384	15329	1.14	0.61	0.54	113.41
22	32970	17469	15501	1.15	0.61	0.54	112.70
23	28911	15027	13884	1.01	0.53	0.49	108.23
24	27234	14272	12962	0.95	0.50	0.45	110.11
25-29岁	**177289**	**89409**	**87880**	**6.20**	**3.12**	**3.07**	**101.74**
25	28738	14871	13867	1.00	0.52	0.48	107.24
26	28514	14714	13800	1.00	0.51	0.48	106.62
27	34885	17583	17302	1.22	0.61	0.60	101.62
28	40252	19967	20285	1.41	0.70	0.71	98.43
29	44900	22274	22626	1.57	0.78	0.79	98.44

1-4b 续表 1

单位：人、%

年龄	人口数			占总人口比重			性别比
	合计	男	女	合计	男	女	(女=100)
30–34岁	**284610**	**139874**	**144736**	**9.95**	**4.89**	**5.06**	**96.64**
30	64181	31864	32317	2.24	1.11	1.13	98.60
31	61583	30396	31187	2.15	1.06	1.09	97.46
32	56048	27333	28715	1.96	0.96	1.00	95.19
33	57058	27845	29213	1.99	0.97	1.02	95.32
34	45740	22436	23304	1.60	0.78	0.81	96.28
35–39岁	**188565**	**92851**	**95714**	**6.59**	**3.24**	**3.34**	**97.01**
35	36267	17981	18286	1.27	0.63	0.64	98.33
36	34907	17152	17755	1.22	0.60	0.62	96.60
37	37750	18707	19043	1.32	0.65	0.67	98.24
38	41604	20494	21110	1.45	0.72	0.74	97.08
39	38037	18517	19520	1.33	0.65	0.68	94.86
40–44岁	**179883**	**89127**	**90756**	**6.29**	**3.11**	**3.17**	**98.21**
40	35789	17513	18276	1.25	0.61	0.64	95.83
41	39072	19386	19686	1.37	0.68	0.69	98.48
42	36695	18116	18579	1.28	0.63	0.65	97.51
43	33080	16470	16610	1.16	0.58	0.58	99.16
44	35247	17642	17605	1.23	0.62	0.62	100.21
45–49岁	**207442**	**104271**	**103171**	**7.25**	**3.64**	**3.61**	**101.07**
45	35472	17625	17847	1.24	0.62	0.62	98.76
46	41719	20995	20724	1.46	0.73	0.72	101.31
47	42109	21124	20985	1.47	0.74	0.73	100.66
48	44588	22586	22002	1.56	0.79	0.77	102.65
49	43554	21941	21613	1.52	0.77	0.76	101.52
50–54岁	**218636**	**107559**	**111077**	**7.64**	**3.76**	**3.88**	**96.83**
50	47111	23569	23542	1.65	0.82	0.82	100.11
51	43432	21454	21978	1.52	0.75	0.77	97.62
52	47153	23144	24009	1.65	0.81	0.84	96.40
53	38511	18640	19871	1.35	0.65	0.69	93.81
54	42429	20752	21677	1.48	0.73	0.76	95.73
55–59岁	**168416**	**80801**	**87615**	**5.88**	**2.82**	**3.06**	**92.22**
55	38077	18431	19646	1.33	0.64	0.69	93.82
56	36890	17835	19055	1.29	0.62	0.67	93.60
57	45984	22484	23500	1.61	0.79	0.82	95.68
58	32588	15334	17254	1.14	0.54	0.60	88.87
59	14877	6717	8160	0.52	0.23	0.29	82.32
60–64岁	**108385**	**53002**	**55383**	**3.79**	**1.85**	**1.94**	**95.70**
60	17867	8576	9291	0.62	0.30	0.32	92.30
61	16795	8290	8505	0.59	0.29	0.30	97.47
62	22648	11228	11420	0.79	0.39	0.40	98.32
63	27048	13190	13858	0.95	0.46	0.48	95.18
64	24027	11718	12309	0.84	0.41	0.43	95.20

1-4b 续表 2

单位：人、%

年 龄	人口数			占总人口比重			性别比
	合计	男	女	合计	男	女	(女=100)
65-69岁	**118847**	**57032**	**61815**	**4.15**	**1.99**	**2.16**	**92.26**
65	26663	12926	13737	0.93	0.45	0.48	94.10
66	25477	12235	13242	0.89	0.43	0.46	92.40
67	23313	11234	12079	0.81	0.39	0.42	93.00
68	23188	11122	12066	0.81	0.39	0.42	92.18
69	20206	9515	10691	0.71	0.33	0.37	89.00
70-74岁	**74480**	**35828**	**38652**	**2.60**	**1.25**	**1.35**	**92.69**
70	18067	8732	9335	0.63	0.31	0.33	93.54
71	16628	7965	8663	0.58	0.28	0.30	91.94
72	13826	6641	7185	0.48	0.23	0.25	92.43
73	13714	6696	7018	0.48	0.23	0.25	95.41
74	12245	5794	6451	0.43	0.20	0.23	89.82
75-79岁	**44137**	**20593**	**23544**	**1.54**	**0.72**	**0.82**	**87.47**
75	11558	5535	6023	0.40	0.19	0.21	91.90
76	8846	4173	4673	0.31	0.15	0.16	89.30
77	7670	3495	4175	0.27	0.12	0.15	83.71
78	8240	3816	4424	0.29	0.13	0.15	86.26
79	7823	3574	4249	0.27	0.12	0.15	84.11
80-84岁	**25491**	**11051**	**14440**	**0.89**	**0.39**	**0.50**	**76.53**
80	6769	3056	3713	0.24	0.11	0.13	82.31
81	4854	2090	2764	0.17	0.07	0.10	75.62
82	4962	2203	2759	0.17	0.08	0.10	79.85
83	4608	1971	2637	0.16	0.07	0.09	74.74
84	4298	1731	2567	0.15	0.06	0.09	67.43
85-89岁	**13744**	**5181**	**8563**	**0.48**	**0.18**	**0.30**	**60.50**
85	3956	1549	2407	0.14	0.05	0.08	64.35
86	3236	1212	2024	0.11	0.04	0.07	59.88
87	2923	1128	1795	0.10	0.04	0.06	62.84
88	1925	689	1236	0.07	0.02	0.04	55.74
89	1704	603	1101	0.06	0.02	0.04	54.77
90-94岁	**4385**	**1415**	**2970**	**0.15**	**0.05**	**0.10**	**47.64**
90	1489	539	950	0.05	0.02	0.03	56.74
91	1031	304	727	0.04	0.01	0.03	41.82
92	823	257	566	0.03	0.01	0.02	45.41
93	581	171	410	0.02	0.01	0.01	41.71
94	461	144	317	0.02	0.01	0.01	45.43
95-99岁	**1055**	**274**	**781**	**0.04**	**0.01**	**0.03**	**35.08**
95	386	104	282	0.01		0.01	36.88
96	252	60	192	0.01		0.01	31.25
97	187	50	137	0.01			36.50
98	136	41	95				43.16
99	94	19	75				25.33
100岁及以上	**146**	**29**	**117**	**0.01**			**24.79**

1-4c　全省分年龄、性别的人口(乡村)

单位：人、%

年　龄	人　口　数			占总人口比重			性别比
	合计	男	女	合计	男	女	(女=100)
总　计	**4385248**	**2186641**	**2198607**	**100.00**	**49.86**	**50.14**	**99.46**
0-4岁	**281492**	**146395**	**135097**	**6.42**	**3.34**	**3.08**	**108.36**
0	44590	23220	21370	1.02	0.53	0.49	108.66
1	50102	26006	24096	1.14	0.59	0.55	107.93
2	53487	27766	25721	1.22	0.63	0.59	107.95
3	63860	33075	30785	1.46	0.75	0.70	107.44
4	69453	36328	33125	1.58	0.83	0.76	109.67
5-9岁	**403475**	**213138**	**190337**	**9.20**	**4.86**	**4.34**	**111.98**
5	70740	36982	33758	1.61	0.84	0.77	109.55
6	78669	41141	37528	1.79	0.94	0.86	109.63
7	79909	42413	37496	1.82	0.97	0.86	113.11
8	87886	46817	41069	2.00	1.07	0.94	114.00
9	86271	45785	40486	1.97	1.04	0.92	113.09
10-14岁	**411178**	**223079**	**188099**	**9.38**	**5.09**	**4.29**	**118.60**
10	83869	44914	38955	1.91	1.02	0.89	115.30
11	88757	47748	41009	2.02	1.09	0.94	116.43
12	84748	45838	38910	1.93	1.05	0.89	117.81
13	77263	42383	34880	1.76	0.97	0.80	121.51
14	76541	42196	34345	1.75	0.96	0.78	122.86
15-19岁	**242590**	**134704**	**107886**	**5.53**	**3.07**	**2.46**	**124.86**
15	61011	34113	26898	1.39	0.78	0.61	126.82
16	54129	30203	23926	1.23	0.69	0.55	126.24
17	45675	25354	20321	1.04	0.58	0.46	124.77
18	42283	23484	18799	0.96	0.54	0.43	124.92
19	39492	21550	17942	0.90	0.49	0.41	120.11
20-24岁	**172093**	**89799**	**82294**	**3.92**	**2.05**	**1.88**	**109.12**
20	38118	20369	17749	0.87	0.46	0.40	114.76
21	33875	17988	15887	0.77	0.41	0.36	113.22
22	35531	18538	16993	0.81	0.42	0.39	109.09
23	32847	16851	15996	0.75	0.38	0.36	105.35
24	31722	16053	15669	0.72	0.37	0.36	102.45
25-29岁	**203143**	**99997**	**103146**	**4.63**	**2.28**	**2.35**	**96.95**
25	33303	16654	16649	0.76	0.38	0.38	100.03
26	32631	16175	16456	0.74	0.37	0.38	98.29
27	39935	19682	20253	0.91	0.45	0.46	97.18
28	46356	22774	23582	1.06	0.52	0.54	96.57
29	50918	24712	26206	1.16	0.56	0.60	94.30

1-4c 续表 1

单位：人、%

年 龄	人口数			占总人口比重			性别比
	合计	男	女	合计	男	女	(女=100)
30-34岁	**314298**	**153006**	**161292**	**7.17**	**3.49**	**3.68**	**94.86**
30	73451	36277	37174	1.67	0.83	0.85	97.59
31	68782	33390	35392	1.57	0.76	0.81	94.34
32	61359	29428	31931	1.40	0.67	0.73	92.16
33	61913	30273	31640	1.41	0.69	0.72	95.68
34	48793	23638	25155	1.11	0.54	0.57	93.97
35-39岁	**202051**	**98754**	**103297**	**4.61**	**2.25**	**2.36**	**95.60**
35	38773	18786	19987	0.88	0.43	0.46	93.99
36	37157	18114	19043	0.85	0.41	0.43	95.12
37	39772	19438	20334	0.91	0.44	0.46	95.59
38	44731	22071	22660	1.02	0.50	0.52	97.40
39	41618	20345	21273	0.95	0.46	0.49	95.64
40-44岁	**203822**	**100188**	**103634**	**4.65**	**2.28**	**2.36**	**96.67**
40	39026	19079	19947	0.89	0.44	0.45	95.65
41	43016	21286	21730	0.98	0.49	0.50	97.96
42	41185	20156	21029	0.94	0.46	0.48	95.85
43	38203	18628	19575	0.87	0.42	0.45	95.16
44	42392	21039	21353	0.97	0.48	0.49	98.53
45-49岁	**288666**	**141402**	**147264**	**6.58**	**3.22**	**3.36**	**96.02**
45	44528	21923	22605	1.02	0.50	0.52	96.98
46	55095	27297	27798	1.26	0.62	0.63	98.20
47	58258	28596	29662	1.33	0.65	0.68	96.41
48	63932	31054	32878	1.46	0.71	0.75	94.45
49	66853	32532	34321	1.52	0.74	0.78	94.79
50-54岁	**377709**	**176772**	**200937**	**8.61**	**4.03**	**4.58**	**87.97**
50	74079	35297	38782	1.69	0.80	0.88	91.01
51	71676	33516	38160	1.63	0.76	0.87	87.83
52	81479	37920	43559	1.86	0.86	0.99	87.05
53	70388	32502	37886	1.61	0.74	0.86	85.79
54	80087	37537	42550	1.83	0.86	0.97	88.22
55-59岁	**321389**	**150024**	**171365**	**7.33**	**3.42**	**3.91**	**87.55**
55	70344	32784	37560	1.60	0.75	0.86	87.28
56	68436	31804	36632	1.56	0.73	0.84	86.82
57	86758	41370	45388	1.98	0.94	1.04	91.15
58	64893	30215	34678	1.48	0.69	0.79	87.13
59	30958	13851	17107	0.71	0.32	0.39	80.97
60-64岁	**231379**	**114149**	**117230**	**5.28**	**2.60**	**2.67**	**97.37**
60	36545	17551	18994	0.83	0.40	0.43	92.40
61	33995	16780	17215	0.78	0.38	0.39	97.47
62	46796	23298	23498	1.07	0.53	0.54	99.15
63	59455	29793	29662	1.36	0.68	0.68	100.44
64	54588	26727	27861	1.24	0.61	0.64	95.93

1-4c　续表 2　　　　单位：人、%

年　龄	人口数			占总人口比重			性别比
	合计	男	女	合计	男	女	(女=100)
65—69岁	**293222**	**144090**	**149132**	**6.69**	**3.29**	**3.40**	**96.62**
65	62659	30967	31692	1.43	0.71	0.72	97.71
66	61748	30605	31143	1.41	0.70	0.71	98.27
67	57748	28381	29367	1.32	0.65	0.67	96.64
68	59042	28744	30298	1.35	0.66	0.69	94.87
69	52025	25393	26632	1.19	0.58	0.61	95.35
70—74岁	**199563**	**98068**	**101495**	**4.55**	**2.24**	**2.31**	**96.62**
70	46873	23060	23813	1.07	0.53	0.54	96.84
71	43919	21660	22259	1.00	0.49	0.51	97.31
72	38097	18736	19361	0.87	0.43	0.44	96.77
73	37598	18523	19075	0.86	0.42	0.43	97.11
74	33076	16089	16987	0.75	0.37	0.39	94.71
75—79岁	**119550**	**56176**	**63374**	**2.73**	**1.28**	**1.45**	**88.64**
75	31337	15147	16190	0.71	0.35	0.37	93.56
76	24766	11912	12854	0.56	0.27	0.29	92.67
77	21201	9595	11606	0.48	0.22	0.26	82.67
78	21919	10136	11783	0.50	0.23	0.27	86.02
79	20327	9386	10941	0.46	0.21	0.25	85.79
80—84岁	**66225**	**28932**	**37293**	**1.51**	**0.66**	**0.85**	**77.58**
80	17513	7942	9571	0.40	0.18	0.22	82.98
81	12819	5745	7074	0.29	0.13	0.16	81.21
82	12752	5688	7064	0.29	0.13	0.16	80.52
83	12100	5034	7066	0.28	0.11	0.16	71.24
84	11041	4523	6518	0.25	0.10	0.15	69.39
85—89岁	**37699**	**13701**	**23998**	**0.86**	**0.31**	**0.55**	**57.09**
85	10470	4049	6421	0.24	0.09	0.15	63.06
86	9031	3372	5659	0.21	0.08	0.13	59.59
87	8178	2970	5208	0.19	0.07	0.12	57.03
88	5365	1778	3587	0.12	0.04	0.08	49.57
89	4655	1532	3123	0.11	0.03	0.07	49.06
90—94岁	**12308**	**3554**	**8754**	**0.28**	**0.08**	**0.20**	**40.60**
90	4224	1287	2937	0.10	0.03	0.07	43.82
91	2731	818	1913	0.06	0.02	0.04	42.76
92	2404	684	1720	0.05	0.02	0.04	39.77
93	1690	454	1236	0.04	0.01	0.03	36.73
94	1259	311	948	0.03	0.01	0.02	32.81
95—99岁	**2929**	**643**	**2286**	**0.07**	**0.01**	**0.05**	**28.13**
95	1072	258	814	0.02	0.01	0.02	31.70
96	750	152	598	0.02		0.01	25.42
97	479	109	370	0.01		0.01	29.46
98	358	73	285	0.01		0.01	25.61
99	270	51	219	0.01			23.29
100岁及以上	**467**	**70**	**397**	**0.01**		**0.01**	**17.63**

第二部分 长表数据资料

第二卷 民族

2-1　全省各民族分性别、行业的人口

单位：人

民　族	人口数			农、林、牧、渔业			采矿业		
	合计	男	女	小计	男	女	小计	男	女
总　计	**4230802**	**2412459**	**1818343**	**944626**	**469010**	**475616**	**38466**	**32404**	**6062**
汉　族	4183136	2384933	1798203	938241	465467	472774	38220	32216	6004
蒙古族	2578	1801	777	545	424	121	24	19	5
回　族	39860	23008	16852	5118	2849	2269	145	106	39
藏　族	84	30	54	18		18	1	1	
维吾尔族	175	110	65	10	7	3	1	1	
苗　族	544	253	291	124	37	87	4	3	1
彝　族	399	212	187	27		27			
壮　族	375	107	268	56	4	52	3	2	1
布依族	189	75	114	69	26	43	1	1	
朝鲜族	73	34	39	4	2	2	2		2
满　族	2111	1377	734	249	185	64	50	42	8
侗　族	131	55	76	15	1	14	1	1	
瑶　族	58	15	43	3		3	1	1	
白　族	72	28	44	13	2	11			
土家族	518	276	242	32	1	31	13	11	2
哈尼族	36	5	31	11	1	10			
哈萨克族	5	2	3						
傣　族	34	6	28	8	2	6			
黎　族	38	10	28	3		3			
傈僳族	18	4	14	6		6			
佤　族	49	13	36	15		15			
畲　族	20	11	9						
高山族	11	3	8						
拉祜族	56	2	54	30		30			
水　族	13	3	10	2		2			
东乡族	14	4	10						
纳西族	15	6	9	4	2	2			
景颇族	15	2	13	6		6			
柯尔克孜族									
土　族	12	8	4	1		1			
达斡尔族	9	3	6						
仫佬族	6	2	4	1		1			
羌　族	17	10	7	1		1			
布朗族	14	5	9	2		2			
撒拉族	25	15	10						
毛南族	4	1	3	1		1			
仡佬族	30	15	15	2		2			
锡伯族	12	8	4						
阿昌族									
普米族	1		1						
塔吉克族	1		1						
怒　族									
乌孜别克族									
俄罗斯族	6	2	4						
鄂温克族									
德昂族									
保安族									
裕固族	1	1							
京　族	1		1	1		1			
塔塔尔族									
独龙族									
鄂伦春族	5	3	2						
赫哲族									
门巴族	1	1							
珞巴族									
基诺族									
未定族称人口	21		21	4		4			
入　籍	9		9	4		4			

2-1 续表 1

单位：人

民 族	制造业			电力、热力、燃气及水生产和供应业			建筑业		
	小计	男	女	小计	男	女	小计	男	女
总 计	**589874**	**330896**	**258978**	**28341**	**20523**	**7818**	**558809**	**468670**	**90139**
汉 族	583245	326940	256305	27915	20215	7700	554868	465515	89353
蒙古族	348	249	99	18	12	6	266	244	22
回 族	5569	3356	2213	359	262	97	2723	2173	550
藏 族	14	6	8				12	5	7
维吾尔族	49	32	17	2	2		14	11	3
苗 族	75	27	48	2	2		148	116	32
彝 族	69	31	38	2	2		174	132	42
壮 族	65	19	46	3	1	2	28	13	15
布依族	25	9	16				22	16	6
朝鲜族	8	5	3				7	4	3
满 族	216	147	69	35	23	12	267	232	35
侗 族	27	16	11				20	14	6
瑶 族	14	3	11				5	3	2
白 族	6	2	4				11	6	5
土家族	77	34	43	3	3		155	130	25
哈尼族	7	2	5				4	2	2
哈萨克族	2	1	1						
傣 族	7	2	5				2	1	1
黎 族	4	2	2	1	1		6	2	4
傈僳族	4	1	3				2	2	
佤 族	11	3	8				12	7	5
畲 族	6	4	2				2	1	1
高山族							1		1
拉祜族	4		4				6	1	5
水 族	3		3	1		1	3	1	2
东乡族									
纳西族	2	1	1				3	3	
景颇族	1		1				2	2	
柯尔克孜族									
土 族	1	1					7	5	2
达斡尔族									
仫佬族							1		1
羌 族	1		1				8	8	
布朗族	2		2				6	3	3
撒拉族							1	1	
毛南族							1	1	
仡佬族	1		1				15	11	4
锡伯族	1		1				5	5	
阿昌族									
普米族									
塔吉克族									
怒 族									
乌孜别克族									
俄罗斯族	1		1						
鄂温克族									
德昂族									
保安族									
裕固族	1	1							
京 族									
塔塔尔族									
独龙族									
鄂伦春族	1	1							
赫哲族									
门巴族	1	1							
珞巴族									
基诺族									
未定族称人口	5		5						
入 籍	1		1				2		2

2-1 续表 2

单位：人

民族	批发和零售业			交通运输、仓储和邮政业			住宿和餐饮业		
	小计	男	女	小计	男	女	小计	男	女
总计	**711840**	**327781**	**384059**	**202541**	**167852**	**34689**	**218160**	**108882**	**109278**
汉族	702258	323143	379115	199743	165543	34200	211977	105462	106515
蒙古族	460	302	158	122	105	17	137	86	51
回族	8352	4016	4336	2486	2077	409	5745	3196	2549
藏族	13	4	9	1	1		4	2	2
维吾尔族	50	23	27	3	2	1	18	14	4
苗族	68	17	51	9	3	6	25	5	20
彝族	41	11	30	9	5	4	18	7	11
壮族	61	23	38	11	5	6	22	3	19
布依族	18	2	16	9	5	4	5		5
朝鲜族	17	8	9	1	1		7	5	2
满族	316	188	128	101	88	13	98	65	33
侗族	18	4	14	3	1	2	6		6
瑶族	10	1	9	5		5	5	2	3
白族	16	4	12	3	3		6	2	4
土家族	71	20	51	19	10	9	28	10	18
哈尼族	5		5	4		4			
哈萨克族							3	1	2
傣族	4		4	3	1	2	4		4
黎族	10	3	7	1		1	3	1	2
傈僳族	1		1	1		1	2	1	1
佤族	7	2	5	2		2	1	1	
畲族	8	5	3	1	1				
高山族	2		2						
拉祜族	7		7				4	1	3
水族	1		1						
东乡族							12	3	9
纳西族	3		3				1		1
景颇族	3		3	1		1			
柯尔克孜族									
土族	1		1						
达斡尔族	3	1	2						
仫佬族				1	1				
羌族	2		2				2	1	1
布朗族									
撒拉族							24	14	10
毛南族	1		1						
仡佬族	3	1	2	2		2			
锡伯族	3	2	1						
阿昌族									
普米族									
塔吉克族	1		1						
怒族									
乌孜别克族									
俄罗斯族	1	1							
鄂温克族									
德昂族									
保安族									
裕固族									
京族									
塔塔尔族									
独龙族									
鄂伦春族									
赫哲族									
门巴族									
珞巴族									
基诺族									
未定族称人口	4		4				3		3
入籍	1		1						

2-1 续表 3

单位：人

民族	信息传输、软件和信息技术服务业			金融业			房地产业		
	小计	男	女	小计	男	女	小计	男	女
总　计	**42943**	**26435**	**16508**	**46789**	**22458**	**24331**	**64850**	**39382**	**25468**
汉　族	42385	26096	16289	46109	22122	23987	64102	38898	25204
蒙古族	44	28	16	41	20	21	29	18	11
回　族	441	267	174	559	287	272	607	398	209
藏　族							1	1	
维吾尔族									
苗　族	2		2	7	3	4	13	6	7
彝　族							10	6	4
壮　族	7	5	2	8	3	5	7	3	4
布依族	3	2	1				12	8	4
朝鲜族	2	1	1				1		1
满　族	43	27	16	42	18	24	39	24	15
侗　族	3	2	1	2	1	1	3	3	
瑶　族	1		1				1	1	
白　族							2	2	
土家族	5	4	1	10	4	6	17	12	5
哈尼族	1		1						
哈萨克族									
傣　族				1		1			
黎　族				4		4			
傈僳族							1		1
佤　族									
畲　族									
高山族	1	1		1		1			
拉祜族									
水　族				1		1	1	1	
东乡族							1	1	
纳西族									
景颇族									
柯尔克孜族									
土　族									
达斡尔族	3	2	1				1		1
仫佬族							1		1
羌　族									
布朗族									
撒拉族									
毛南族									
仡佬族							1		1
锡伯族				2		2			
阿昌族									
普米族									
塔吉克族									
怒　族									
乌孜别克族									
俄罗斯族	1		1	2		2			
鄂温克族									
德昂族									
保安族									
裕固族									
京　族									
塔塔尔族									
独龙族									
鄂伦春族	1		1						
赫哲族									
门巴族									
珞巴族									
基诺族									
未定族称人口									
入　籍									

2-1　续表 4　　　　单位：人

民　族	租赁和商务服务业			科学研究和技术服务业			水利、环境和公共设施管理业		
	小计	男	女	小计	男	女	小计	男	女
总　计	**107198**	**68696**	**38502**	**41448**	**26478**	**14970**	**36473**	**20980**	**15493**
汉　族	105865	67836	38029	40956	26151	14805	36162	20793	15369
蒙古族	54	33	21	39	27	12	23	20	3
回　族	1099	721	378	357	240	117	243	143	100
藏　族	4	3	1	2	2		1		1
维吾尔族	5	5					2	2	
苗　族	22	17	5	6	5	1	3	1	2
彝　族	13	8	5	1	1				
壮　族	18	5	13	10	3	7	4	2	2
布依族	6	2	4	2		2	2		2
朝鲜族	2	1	1	1		1			
满　族	76	51	25	53	38	15	23	16	7
侗　族	3	1	2	4	2	2	1		1
瑶　族	3	1	2	2	1	1			
白　族	1		1	1	1		2	1	1
土家族	16	9	7	11	5	6			
哈尼族	2		2						
哈萨克族									
傣　族									
黎　族	1		1						
傈僳族									
佤　族	1		1						
畲　族							1		1
高山族									
拉祜族							4		4
水　族									
东乡族	1		1						
纳西族									
景颇族									
柯尔克孜族									
土　族							1	1	
达斡尔族									
仫佬族	1	1							
羌　族									
布朗族									
撒拉族									
毛南族									
仡佬族				3	2	1	1	1	
锡伯族	1	1							
阿昌族									
普米族									
塔吉克族									
怒　族									
乌孜别克族									
俄罗斯族									
鄂温克族									
德昂族									
保安族									
裕固族									
京　族									
塔塔尔族									
独龙族									
鄂伦春族	1	1							
赫哲族									
门巴族									
珞巴族									
基诺族									
未定族称人口	3		3						
入　籍									

2-1 续表 5 单位：人

民族	居民服务、修理和其他服务业			教育			卫生和社会工作		
	小计	男	女	小计	男	女	小计	男	女
总计	**161808**	**77423**	**84385**	**183150**	**62719**	**120431**	**81054**	**30985**	**50069**
汉族	160241	76733	83508	180969	62005	118964	80156	30652	49504
蒙古族	71	41	30	157	58	99	65	34	31
回族	1316	587	729	1720	567	1153	734	269	465
藏族	4	1	3	5	3	2	1		1
维吾尔族	5	4	1	5	1	4	1		1
苗族	10	2	8	17	6	11	1		1
彝族	15	3	12	13	3	10	1	1	
壮族	26	1	25	25	6	19	4		4
布依族	9	1	8	2	1	1	1		1
朝鲜族	2		2	12	3	9	2		2
满族	67	42	25	177	58	119	73	24	49
侗族	3		3	11	2	9	2		2
瑶族	2		2	3		3			
白族	3	1	2	1		1			
土家族	18	5	13	18	4	14	9	5	4
哈尼族	1		1	1		1			
哈萨克族									
傣族	2		2	2		2			
黎族	1		1	2	1	1	1		1
傈僳族									
佤族									
畲族				2		2			
高山族				2		2	1		1
拉祜族	1		1						
水族									
东乡族									
纳西族	2		2						
景颇族	1		1	1		1			
柯尔克孜族									
土族									
达斡尔族							1		1
仫佬族				1		1			
羌族	2	1	1	1		1			
布朗族	2	1	1	1		1			
撒拉族									
毛南族	1		1						
仡佬族	1		1						
锡伯族									
阿昌族									
普米族	1		1						
塔吉克族									
怒族									
乌孜别克族									
俄罗斯族									
鄂温克族									
德昂族									
保安族									
裕固族									
京族									
塔塔尔族									
独龙族									
鄂伦春族				1	1				
赫哲族									
门巴族									
珞巴族									
基诺族									
未定族称人口	1		1				1		1
入籍				1		1			

2-1　续表 6　　　　单位：人

民　　族	文化、体育和娱乐业			公共管理、社会保障和社会组织			国际组织		
	小计	男	女	小计	男	女	小计	男	女
总　计	**20590**	**11783**	**8807**	**151841**	**99102**	**52739**	**1**		**1**
汉　族	20253	11571	8682	149470	97575	51895	1		1
蒙古族	11	7	4	124	74	50			
回　族	289	183	106	1998	1311	687			
藏　族	2	1	1	1		1			
维吾尔族	3	2	1	7	4	3			
苗　族	3	3		5		5			
彝　族				6	2	4			
壮　族	4	2	2	13	7	6			
布依族	1	1		2	1	1			
朝鲜族				5	4	1			
满　族	18	11	7	168	98	70			
侗　族				9	7	2			
瑶　族				3	2	1			
白　族	4	2	2	3	2	1			
土家族				16	9	7			
哈尼族									
哈萨克族									
傣　族				1		1			
黎　族				1		1			
傈僳族	1		1						
佤　族									
畲　族									
高山族				3	2	1			
拉祜族									
水　族				1	1				
东乡族									
纳西族									
景颇族									
柯尔克孜族									
土　族				1	1				
达斡尔族				1		1			
仫佬族									
羌　族									
布朗族				1	1				
撒拉族									
毛南族									
仡佬族				1		1			
锡伯族									
阿昌族									
普米族									
塔吉克族									
怒　族									
乌孜别克族									
俄罗斯族				1	1				
鄂温克族									
德昂族									
保安族									
裕固族									
京　族									
塔塔尔族									
独龙族									
鄂伦春族	1		1						
赫哲族									
门巴族									
珞巴族									
基诺族									
未定族称人口									
入　籍									

2-2 全省各民族分性别、职业的人口

单位：人

民族	人口数			党的机关、国家机关、群众团体和社会组织、企事业单位负责人		
	合计	男	女	小计	男	女
总计	**4230802**	**2412459**	**1818343**	**74262**	**53380**	**20882**
汉族	4183136	2384933	1798203	73089	52537	20552
蒙古族	2578	1801	777	63	46	17
回族	39860	23008	16852	990	713	277
藏族	84	30	54	2	2	
维吾尔族	175	110	65	6	6	
苗族	544	253	291	5	4	1
彝族	399	212	187	2	1	1
壮族	375	107	268	6	3	3
布依族	189	75	114	2	1	1
朝鲜族	73	34	39	2		2
满族	2111	1377	734	71	55	16
侗族	131	55	76	5	2	3
瑶族	58	15	43	2	1	1
白族	72	28	44			
土家族	518	276	242	6	3	3
哈尼族	36	5	31			
哈萨克族	5	2	3			
傣族	34	6	28			
黎族	38	10	28	2	1	1
傈僳族	18	4	14			
佤族	49	13	36			
畲族	20	11	9			
高山族	11	3	8			
拉祜族	56	2	54			
水族	13	3	10			
东乡族	14	4	10			
纳西族	15	6	9	1		1
景颇族	15	2	13			
柯尔克孜族						
土族	12	8	4	2	1	1
达斡尔族	9	3	6	1	1	
仫佬族	6	2	4	1	1	
羌族	17	10	7	1		1
布朗族	14	5	9			
撒拉族	25	15	10	1		1
毛南族	4	1	3			
仡佬族	30	15	15			
锡伯族	12	8	4	1	1	
阿昌族						
普米族	1		1			
塔吉克族	1		1			
怒族						
乌孜别克族						
俄罗斯族	6	2	4			
鄂温克族						
德昂族						
保安族						
裕固族	1	1				
京族	1		1			
塔塔尔族						
独龙族						
鄂伦春族	5	3	2	1	1	
赫哲族						
门巴族	1	1				
珞巴族						
基诺族						
未定族称人口	21		21			
入籍	9		9			

2-2　续表 1

单位：人

民　族	专业技术人员			办事人员和有关人员			社会生产服务和生活服务人员		
	小计	男	女	小计	男	女	小计	男	女
总　计	**366696**	**155837**	**210859**	**231397**	**151146**	**80251**	**1496670**	**801582**	**695088**
汉　族	362332	154051	208281	227780	148801	78979	1474026	789027	684999
蒙古族	315	151	164	182	108	74	889	596	293
回　族	3386	1363	2023	3016	2012	1004	20091	11204	8887
藏　族	10	7	3	8	3	5	24	8	16
维吾尔族	11	6	5	9	4	5	92	53	39
苗　族	32	15	17	10	4	6	135	36	99
彝　族	12	4	8	10	5	5	100	35	65
壮　族	55	16	39	25	14	11	146	43	103
布依族	7	3	4	4	1	3	53	11	42
朝鲜族	21	7	14	10	7	3	26	12	14
满　族	387	165	222	268	147	121	672	434	238
侗　族	19	7	12	12	5	7	39	14	25
瑶　族	4	1	3	5	4	1	27	5	22
白　族	6	1	5	3	2	1	30	11	19
土家族	66	33	33	33	19	14	144	50	94
哈尼族	3	1	2	3	1	2	9		9
哈萨克族	1	1					4	1	3
傣　族	3		3	1		1	14	1	13
黎　族	5	1	4	2		2	17	4	13
傈僳族	1		1				5	1	4
佤　族							9	2	7
畲　族	3		3				7	4	3
高山族	3		3	4	2	2	4	1	3
拉祜族							15	1	14
水　族				1	1		2		2
东乡族	1		1				12	3	9
纳西族				1	1		5		5
景颇族	1		1				5		5
柯尔克孜族									
土　族							2	1	1
达斡尔族	2		2	1		1	4	1	3
仫佬族	1		1				2	1	1
羌　族	1		1				7	3	4
布朗族	1		1	1	1		2		2
撒拉族							23	14	9
毛南族							2		2
仡佬族	4	3	1	2		2	5	1	4
锡伯族	1	1		2	1	1	4	2	2
阿昌族									
普米族							1		1
塔吉克族							1		1
怒　族									
乌孜别克族									
俄罗斯族				2	1	1	4	1	3
鄂温克族									
德昂族									
保安族									
裕固族				1	1				
京　族									
塔塔尔族									
独龙族									
鄂伦春族	1		1	1	1		1		1
赫哲族									
门巴族							1	1	
珞巴族									
基诺族									
未定族称人口	1		1				8		8
入　籍							1		1

2−2 续表 2

单位：人

民　　族	农、林、牧、渔业生产及辅助人员			生产制造及有关人员			不便分类的其他从业人员		
	小计	男	女	小计	男	女	小计	男	女
总　计	**966606**	**478610**	**487996**	**1079607**	**762607**	**317000**	**15564**	**9297**	**6267**
汉　族	960147	475037	485110	1070358	756276	314082	15404	9204	6200
蒙古族	573	444	129	551	452	99	5	4	1
回　族	5141	2838	2303	7098	4798	2300	138	80	58
藏　族	19	1	18	21	9	12			
维吾尔族	9	7	2	45	31	14	3	3	
苗　族	124	37	87	237	157	80	1		1
彝　族	27		27	247	167	80	1		1
壮　族	51	2	49	92	29	63			
布依族	69	26	43	54	33	21			
朝鲜族	3	2	1	11	6	5			
满　族	267	204	63	435	366	69	11	6	5
侗　族	15	1	14	41	26	15			
瑶　族	3		3	17	4	13			
白　族	14	3	11	19	11	8			
土家族	34	3	31	234	168	66	1		1
哈尼族	13	1	12	8	2	6			
哈萨克族									
傣　族	10	2	8	6	3	3			
黎　族	3		3	9	4	5			
傈僳族	6		6	6	3	3			
佤　族	16		16	24	11	13			
畲　族				10	7	3			
高山族									
拉祜族	29		29	12	1	11			
水　族	3		3	7	2	5			
东乡族				1	1				
纳西族	4	2	2	4	3	1			
景颇族	6		6	3	2	1			
柯尔克孜族									
土　族	1		1	7	6	1			
达斡尔族				1	1				
仫佬族	1		1	1		1			
羌　族	1		1	7	7				
布朗族	3		3	7	4	3			
撒拉族				1	1				
毛南族	1		1	1	1				
仡佬族	2		2	17	11	6			
锡伯族				4	3	1			
阿昌族									
普米族									
塔吉克族									
怒　族									
乌孜别克族									
俄罗斯族									
鄂温克族									
德昂族									
保安族									
裕固族									
京　族	1		1						
塔塔尔族									
独龙族									
鄂伦春族				1	1				
赫哲族									
门巴族									
珞巴族									
基诺族									
未定族称人口	5		5	7		7			
入　籍	5		5	3		3			

2-3　全省各民族分性别、主要生活来源的15岁及以上人口

单位：人

民　族	15岁及以上人口			劳动收入		
	合计	男	女	小计	男	女
总　计	**7532705**	**3691317**	**3841388**	**4282390**	**2452693**	**1829697**
汉　族	7444968	3648121	3796847	4234284	2424840	1809444
蒙古族	4596	2821	1775	2614	1844	770
回　族	73332	36046	37286	40245	23282	16963
藏　族	242	84	158	84	29	55
维吾尔族	369	181	188	175	111	64
苗　族	865	345	520	544	255	289
彝　族	602	277	325	401	211	190
壮　族	781	209	572	377	104	273
布依族	300	104	196	190	75	115
朝鲜族	159	59	100	74	36	38
满　族	4078	2251	1827	2106	1383	723
侗　族	232	77	155	132	55	77
瑶　族	134	37	97	61	15	46
白　族	176	61	115	72	27	45
土家族	892	406	486	521	277	244
哈尼族	64	5	59	35	5	30
哈萨克族	33	10	23	5	2	3
傣　族	68	11	57	34	6	28
黎　族	79	19	60	38	10	28
傈僳族	37	9	28	18	4	14
佤　族	100	14	86	50	13	37
畲　族	43	22	21	21	11	10
高山族	15	3	12	11	3	8
拉祜族	114	4	110	60	3	57
水　族	24	5	19	14	3	11
东乡族	17	6	11	14	4	10
纳西族	27	8	19	14	6	8
景颇族	23	2	21	15	2	13
柯尔克孜族	2	1	1			
土　族	30	15	15	13	9	4
达斡尔族	15	5	10	9	3	6
仫佬族	10	3	7	7	3	4
羌　族	27	15	12	18	11	7
布朗族	21	5	16	13	5	8
撒拉族	29	15	14	25	15	10
毛南族	7	2	5	4	1	3
仡佬族	53	21	32	31	15	16
锡伯族	32	18	14	12	8	4
阿昌族	3	1	2			
普米族	1		1	1		1
塔吉克族	1		1	1		1
怒　族						
乌孜别克族						
俄罗斯族	9	3	6	6	2	4
鄂温克族						
德昂族	1	1				
保安族						
裕固族	1	1		1	1	
京　族	4	1	3			
塔塔尔族						
独龙族	1	1				
鄂伦春族	6	4	2	5	3	2
赫哲族						
门巴族	2	1	1	1	1	
珞巴族						
基诺族						
未定族称人口	55	7	48	24		24
入　籍	25		25	10		10

2-3 续表 1

单位：人

民族	离退休金/养老金			最低生活保障金			失业保险金		
	小计	男	女	小计	男	女	小计	男	女
总　计	**417517**	**196567**	**220950**	**105346**	**59240**	**46106**	**1435**	**910**	**525**
汉　族	408779	193069	215710	104520	58781	45739	1418	897	521
蒙古族	257	94	163	62	52	10			
回　族	7733	3129	4604	680	355	325	15	12	3
藏　族	2	1	1						
维吾尔族	19	5	14	3	3				
苗　族	20	7	13	3		3			
彝　族	6	3	3	1		1			
壮　族	41	14	27	2		2			
布依族	5	3	2	1		1			
朝鲜族	22	4	18						
满　族	558	215	343	59	48	11	2	1	1
侗　族	11	2	9						
瑶　族	5	2	3						
白　族	11	2	9	4	1	3			
土家族	26	11	15						
哈尼族				2		2			
哈萨克族									
傣　族									
黎　族	4		4						
傈僳族				3		3			
佤　族				3		3			
畲　族									
高山族	3		3						
拉祜族				2		2			
水　族									
东乡族									
纳西族									
景颇族									
柯尔克孜族									
土　族	2	1	1						
达斡尔族	1		1						
仫佬族									
羌　族									
布朗族	1		1	1		1			
撒拉族									
毛南族									
仡佬族									
锡伯族	8	4	4						
阿昌族									
普米族									
塔吉克族									
怒　族									
乌孜别克族									
俄罗斯族	1		1						
鄂温克族									
德昂族									
保安族									
裕固族									
京　族									
塔塔尔族									
独龙族									
鄂伦春族	1	1							
赫哲族									
门巴族	1		1						
珞巴族									
基诺族									
未定族称人口									
入　籍									

2-3 续表 2

单位：人

民族	财产性收入			家庭其他成员供养			其他		
	小计	男	女	小计	男	女	小计	男	女
总计	**65398**	**33227**	**32171**	**2138506**	**710773**	**1427733**	**522113**	**237907**	**284206**
汉族	64610	32797	31813	2114657	702416	1412241	516700	235321	281379
蒙古族	50	32	18	1316	631	685	297	168	129
回族	663	366	297	19399	6683	12716	4597	2219	2378
藏族				143	48	95	13	6	7
维吾尔族	2		2	153	52	101	17	10	7
苗族	5	1	4	254	68	186	39	14	25
彝族	2		2	157	59	98	35	4	31
壮族	8	3	5	313	83	230	40	5	35
布依族				95	21	74	9	5	4
朝鲜族	1		1	54	15	39	8	4	4
满族	40	23	17	1090	457	633	223	124	99
侗族	3		3	78	19	59	8	1	7
瑶族	1		1	55	18	37	12	2	10
白族	2	1	1	79	27	52	8	3	5
土家族	6	4	2	305	101	204	34	13	21
哈尼族				24		24	3		3
哈萨克族				27	8	19	1		1
傣族	2		2	25	4	21	7	1	6
黎族	1		1	33	8	25	3	1	2
傈僳族				12	4	8	4	1	3
佤族	1		1	30	1	29	16		16
畲族				20	11	9	2		2
高山族				1		1			
拉祜族	1		1	37		37	14	1	13
水族				10	2	8			
东乡族				3	2	1			
纳西族				11	2	9	2		2
景颇族				7		7	1		1
柯尔克孜族				2	1	1			
土族				15	5	10			
达斡尔族				4	2	2	1		1
仫佬族				1		1	2		2
羌族				6	3	3	3	1	2
布朗族				4		4	2		2
撒拉族				4		4			
毛南族				3	1	2			
仡佬族				20	5	15	2	1	1
锡伯族				11	5	6	1	1	
阿昌族				3	1	2			
普米族									
塔吉克族									
怒族									
乌孜别克族									
俄罗斯族				2	1	1			
鄂温克族									
德昂族				1	1				
保安族									
裕固族									
京族				4	1	3			
塔塔尔族									
独龙族				1	1				
鄂伦春族									
赫哲族									
门巴族									
珞巴族									
基诺族									
未定族称人口				26	6	20	5	1	4
入籍				11		11	4		4

2-4　全省各民族分性别、婚姻状况的15岁及以上人口

单位：人

民　族	15岁及以上人口			未　婚		
	合计	男	女	小计	男	女
总　计	**7532705**	**3691317**	**3841388**	**1507912**	**860245**	**647667**
汉　族	7444968	3648121	3796847	1489676	850036	639640
蒙古族	4596	2821	1775	1339	749	590
回　族	73332	36046	37286	14068	7987	6081
藏　族	242	84	158	123	53	70
维吾尔族	369	181	188	173	80	93
苗　族	865	345	520	236	128	108
彝　族	602	277	325	218	138	80
壮　族	781	209	572	239	101	138
布依族	300	104	196	80	48	32
朝鲜族	159	59	100	42	15	27
满　族	4078	2251	1827	1078	590	488
侗　族	232	77	155	50	25	25
瑶　族	134	37	97	44	22	22
白　族	176	61	115	53	32	21
土家族	892	406	486	272	136	136
哈尼族	64	5	59	12	2	10
哈萨克族	33	10	23	28	9	19
傣　族	68	11	57	9	6	3
黎　族	79	19	60	31	10	21
傈僳族	37	9	28	6	6	
佤　族	100	14	86	8	5	3
畲　族	43	22	21	18	12	6
高山族	15	3	12	1		1
拉祜族	114	4	110	1		1
水　族	24	5	19	9	2	7
东乡族	17	6	11	4	2	2
纳西族	27	8	19	10	5	5
景颇族	23	2	21	3	1	2
柯尔克孜族	2	1	1	2	1	1
土　族	30	15	15	12	7	5
达斡尔族	15	5	10	4	2	2
仫佬族	10	3	7	1		1
羌　族	27	15	12	7	4	3
布朗族	21	5	16	3	2	1
撒拉族	29	15	14	4	2	2
毛南族	7	2	5	2	1	1
仡佬族	53	21	32	20	11	9
锡伯族	32	18	14	6	3	3
阿昌族	3	1	2	2	1	1
普米族	1		1			
塔吉克族	1		1			
怒　族						
乌孜别克族						
俄罗斯族	9	3	6	2	1	1
鄂温克族						
德昂族	1	1		1	1	
保安族						
裕固族	1	1				
京　族	4	1	3	2	1	1
塔塔尔族						
独龙族	1	1		1	1	
鄂伦春族	6	4	2	1		1
赫哲族						
门巴族	2	1	1			
珞巴族						
基诺族						
未定族称人口	55	7	48	10	7	3
入　籍	25		25	1		1

2-4　续表　　　　单位：人

民　族	有配偶			离　婚			丧　偶		
	小计	男	女	小计	男	女	小计	男	女
总　计	**5469220**	**2637100**	**2832120**	**111929**	**62663**	**49266**	**443644**	**131309**	**312335**
汉　族	5406139	2606112	2800027	110141	61780	48361	439012	130193	308819
蒙古族	2981	1908	1073	90	59	31	186	105	81
回　族	53531	26366	27165	1544	758	786	4189	935	3254
藏　族	113	30	83	1	1		5		5
维吾尔族	181	96	85	7	2	5	8	3	5
苗　族	615	213	402	4	2	2	10	2	8
彝　族	374	138	236	4		4	6	1	5
壮　族	518	103	415	10	4	6	14	1	13
布依族	216	54	162	2	1	1	2	1	1
朝鲜族	102	41	61	6	2	4	9	1	8
满　族	2737	1552	1185	95	45	50	168	64	104
侗　族	174	51	123	3	1	2	5		5
瑶　族	90	15	75						
白　族	112	26	86	3	1	2	8	2	6
土家族	602	266	336	10	3	7	8	1	7
哈尼族	52	3	49						
哈萨克族	5	1	4						
傣　族	57	5	52				2		2
黎　族	47	9	38	1		1			
傈僳族	31	3	28						
佤　族	90	9	81				2		2
畲　族	25	10	15						
高山族	14	3	11						
拉祜族	110	4	106				3		3
水　族	15	3	12						
东乡族	13	4	9						
纳西族	11	1	10	2	2		4		4
景颇族	20	1	19						
柯尔克孜族									
土　族	18	8	10						
达斡尔族	11	3	8						
仫佬族	8	3	5	1		1			
羌　族	20	11	9						
布朗族	16	3	13				2		2
撒拉族	25	13	12						
毛南族	5	1	4						
仡佬族	31	9	22	2	1	1			
锡伯族	23	14	9	2	1	1	1		1
阿昌族	1		1						
普米族	1		1						
塔吉克族	1		1						
怒　族									
乌孜别克族									
俄罗斯族	7	2	5						
鄂温克族									
德昂族									
保安族									
裕固族	1	1							
京　族	2		2						
塔塔尔族									
独龙族									
鄂伦春族	5	4	1						
赫哲族									
门巴族	2	1	1						
珞巴族									
基诺族									
未定族称人口	44		44	1		1			
入　籍	24		24						

2−5　全省各民族分性别、初婚年龄的人口

单位：人

民　族	合　计			15岁以下		
	合计	男	女	小计	男	女
总　计	**6024793**	**2831072**	**3193721**	**9331**	**2425**	**6906**
汉　族	5955292	2798085	3157207	9208	2398	6810
蒙古族	3257	2072	1185	6	3	3
回　族	59264	28059	31205	96	23	73
藏　族	119	31	88	1		1
维吾尔族	196	101	95			
苗　族	629	217	412	3	1	2
彝　族	384	139	245	2		2
壮　族	542	108	434			
布依族	220	56	164	1		1
朝鲜族	117	44	73			
满　族	3000	1661	1339	2		2
侗　族	182	52	130			
瑶　族	90	15	75	1		1
白　族	123	29	94	1		1
土家族	620	270	350	1		1
哈尼族	52	3	49			
哈萨克族	5	1	4			
傣　族	59	5	54	1		1
黎　族	48	9	39			
傈僳族	31	3	28			
佤　族	92	9	83	1		1
畲　族	25	10	15			
高山族	14	3	11			
拉祜族	113	4	109	2		2
水　族	15	3	12			
东乡族	13	4	9			
纳西族	17	3	14			
景颇族	20	1	19	2		2
柯尔克孜族						
土　族	18	8	10			
达斡尔族	11	3	8			
仫佬族	9	3	6			
羌　族	20	11	9	1		1
布朗族	18	3	15			
撒拉族	25	13	12			
毛南族	5	1	4			
仡佬族	33	10	23	1		1
锡伯族	26	15	11			
阿昌族	1		1			
普米族	1		1			
塔吉克族	1		1			
怒　族						
乌孜别克族						
俄罗斯族	7	2	5			
鄂温克族						
德昂族						
保安族						
裕固族	1	1				
京　族	2		2			
塔塔尔族						
独龙族						
鄂伦春族	5	4	1			
赫哲族						
门巴族	2	1	1			
珞巴族						
基诺族						
未定族称人口	45		45			
入　籍	24		24	1		1

2-5　续表 1

单位：人

民　族	15岁			16岁		
	小计	男	女	小计	男	女
总　计	**37439**	**10579**	**26860**	**64904**	**17831**	**47073**
汉　族	37033	10490	26543	64136	17653	46483
蒙古族	15	6	9	31	15	16
回　族	330	77	253	628	145	483
藏　族	2	1	1	2		2
维吾尔族				6	2	4
苗　族	10	2	8	16	1	15
彝　族	4		4	8	1	7
壮　族	4		4	14		14
布依族	8	1	7	10	1	9
朝鲜族	1		1	1	1	
满　族	10	2	8	17	8	9
侗　族	1		1	2		2
瑶　族				2		2
白　族	1		1	1	1	
土家族	4		4	7		7
哈尼族				2		2
哈萨克族						
傣　族	1		1			
黎　族	1		1	2		2
傈僳族	1		1	4		4
佤　族	2		2	1		1
畲　族						
高山族						
拉祜族	4		4	5		5
水　族				1		1
东乡族				1		1
纳西族						
景颇族	1		1			
柯尔克孜族						
土　族	1		1	2	1	1
达斡尔族				1	1	
仫佬族						
羌　族						
布朗族	1		1			
撒拉族	1		1	2	1	1
毛南族						
仡佬族						
锡伯族						
阿昌族						
普米族						
塔吉克族						
怒　族						
乌孜别克族						
俄罗斯族						
鄂温克族						
德昂族						
保安族						
裕固族						
京　族						
塔塔尔族						
独龙族						
鄂伦春族						
赫哲族						
门巴族						
珞巴族						
基诺族						
未定族称人口	2		2	1		1
入　籍	1		1	1		1

2-5 续表 2

单位：人

民族	17岁			18岁			19岁		
	小计	男	女	小计	男	女	小计	男	女
总　计	**120580**	**35050**	**85530**	**217975**	**69320**	**148655**	**430205**	**162812**	**267393**
汉　族	119210	34705	84505	215466	68610	146856	425356	161069	264287
蒙古族	46	25	21	101	50	51	177	103	74
回　族	1155	297	858	2136	610	1526	4289	1544	2745
藏　族	8		8	10	1	9	9	1	8
维吾尔族	4		4	7	2	5	7	2	5
苗　族	27	5	22	35	4	31	43	8	35
彝　族	12	1	11	27	3	24	36	4	32
壮　族	17	1	16	23		23	27	1	26
布依族	5	1	4	19	2	17	22	4	18
朝鲜族	3		3				4		4
满　族	35	10	25	63	28	35	112	63	49
侗　族	6		6	9	1	8	13	1	12
瑶　族	3		3	2		2	4		4
白　族	3	1	2	6	2	4	12	2	10
土家族	15	3	12	17	2	15	44	8	36
哈尼族	4		4	5		5	1		1
哈萨克族							1		1
傣　族				5		5	2		2
黎　族				3		3	3		3
傈僳族	2		2	2		2	1	1	
佤　族	5		5	7		7	9		9
畲　族	3		3	1		1			
高山族									
拉祜族	1		1	7		7	9		9
水　族				2		2	1		1
东乡族	1		1	4		4	3	1	2
纳西族	1		1	1	1				
景颇族	2		2						
柯尔克孜族									
土　族	1		1	2		2	1		1
达斡尔族									
仫佬族	1		1						
羌　族				1		1			
布朗族	1		1	3	1	2	1		1
撒拉族	2	1	1	4	3	1	2		2
毛南族	1		1						
仡佬族	1		1	1		1	3		3
锡伯族				1		1	1		1
阿昌族							1		1
普米族									
塔吉克族							1		1
怒　族									
乌孜别克族									
俄罗斯族									
鄂温克族									
德昂族									
保安族									
裕固族									
京　族									
塔塔尔族									
独龙族									
鄂伦春族									
赫哲族									
门巴族	1		1						
珞巴族									
基诺族									
未定族称人口	2		2	1		1	4		4
入　籍	2		2	4		4	6		6

2−5 续表 3

单位：人

民族	20岁			21岁			22岁		
	小计	男	女	小计	男	女	小计	男	女
总　计	**675944**	**281243**	**394701**	**814977**	**372477**	**442500**	**883090**	**434308**	**448782**
汉　族	668667	278303	390364	806447	368535	437912	873620	429521	444099
蒙古族	309	174	135	369	245	124	422	271	151
回　族	6368	2564	3804	7472	3426	4046	8293	4186	4107
藏　族	10		10	10	1	9	7	3	4
维吾尔族	14	6	8	14	6	8	24	12	12
苗　族	80	14	66	76	36	40	57	29	28
彝　族	44	10	34	55	27	28	53	29	24
壮　族	46	4	42	35	3	32	58	11	47
布依族	42	20	22	23	6	17	21	8	13
朝鲜族	3		3	4		4	12	5	7
满　族	204	117	87	274	139	135	334	174	160
侗　族	17	1	16	24	3	21	21	9	12
瑶　族	9	1	8	11	1	10	12	1	11
白　族	12	2	10	16	5	11	10	1	9
土家族	56	23	33	74	28	46	93	41	52
哈尼族	4		4	7		7	2		2
哈萨克族	2		2						
傣　族	6		6	8	3	5	3		3
黎　族	6	1	5	7	1	6	1		1
傈僳族	7	1	6	1		1	1		1
佤　族	7	1	6	8	1	7	8	1	7
畲　族	2	1	1				2	1	1
高山族	2		2				2		2
拉祜族	8		8	8		8	12	1	11
水　族	2		2	2	1	1	2		2
东乡族	1		1						
纳西族	1		1	3		3	2		2
景颇族	3		3	1		1	2		2
柯尔克孜族									
土　族	1		1						
达斡尔族	1		1	1		1			
仫佬族				1		1			
羌　族	4		4	4	4		1	1	
布朗族				2		2			
撒拉族				5	3	2	3	1	2
毛南族	1		1						
仡佬族	1		1	3	1	2	4	1	3
锡伯族	1		1	3	2	1	2	1	1
阿昌族									
普米族				1		1			
塔吉克族									
怒　族									
乌孜别克族									
俄罗斯族									
鄂温克族									
德昂族									
保安族									
裕固族									
京　族									
塔塔尔族									
独龙族									
鄂伦春族									
赫哲族									
门巴族									
珞巴族									
基诺族									
未定族称人口	3		3	8		8	6		6
入　籍									

2-5 续表 4

单位：人

民 族	23岁			24岁			25岁		
	小计	男	女	小计	男	女	小计	男	女
总 计	**725072**	**350100**	**374972**	**566303**	**282041**	**284262**	**420800**	**219546**	**201254**
汉 族	716866	346075	370791	559575	278672	280903	415438	216633	198805
蒙古族	385	247	138	319	202	117	256	176	80
回 族	7053	3435	3618	5751	2869	2882	4541	2467	2074
藏 族	9	3	6	11	5	6	9	3	6
维吾尔族	27	14	13	25	14	11	13	8	5
苗 族	61	21	40	55	22	33	38	18	20
彝 族	42	25	17	29	14	15	15	7	8
壮 族	61	9	52	51	11	40	50	13	37
布依族	20	3	17	11	3	8	14	3	11
朝鲜族	14	7	7	8	1	7	8	4	4
满 族	380	206	174	328	182	146	289	163	126
侗 族	11	4	7	11	2	9	21	8	13
瑶 族	11	2	9	5		5	6	3	3
白 族	4	1	3	9	2	7	13	2	11
土家族	65	29	36	54	27	27	44	28	16
哈尼族	7		7	3	1	2	3	1	2
哈萨克族				1	1				
傣 族	1		1	9		9	5	1	4
黎 族	2		2	4	1	3	4		4
傈僳族	1	1		4		4			
佤 族	9	2	7	13	4	9	1		1
畲 族	4	1	3	4	2	2	3	1	2
高山族	2	2		2		2	3		3
拉祜族	4		4	3		3	5	1	4
水 族							2	1	1
东乡族	2	2		1	1				
纳西族	1		1				2	1	1
景颇族	1		1	1		1	1		1
柯尔克孜族									
土 族	3	3		2	1	1	1	1	
达斡尔族				1		1	3	1	2
仫佬族	2	1	1				1		1
羌 族	3	2	1	1		1			
布朗族	2		2				2		2
撒拉族	1	1		2	1	1			
毛南族	1		1	1	1				
仡佬族	6	2	4	4	1	3	1	1	
锡伯族	3	1	2	1		1	2		2
阿昌族									
普米族									
塔吉克族									
怒 族									
乌孜别克族									
俄罗斯族							3	1	2
鄂温克族									
德昂族									
保安族									
裕固族									
京 族	1		1						
塔塔尔族									
独龙族									
鄂伦春族	2	1	1	1	1				
赫哲族									
门巴族									
珞巴族									
基诺族									
未定族称人口	3		3	3		3	1		1
入 籍	2		2				2		2

2-5 续表 5

单位：人

民族	26岁			27岁			28岁		
	小计	男	女	小计	男	女	小计	男	女
总计	**291656**	**157614**	**134042**	**202963**	**113578**	**89385**	**141466**	**80621**	**60845**
汉族	287775	155465	132310	200250	112018	88232	139523	79484	60039
蒙古族	260	168	92	149	108	41	96	62	34
回族	3180	1770	1410	2203	1265	938	1558	917	641
藏族	9	4	5	7	4	3	1	1	
维吾尔族	13	9	4	11	8	3	10	6	4
苗族	29	14	15	12	1	11	20	9	11
彝族	11	3	8	9	7	2	10	3	7
壮族	29	6	23	31	9	22	27	9	18
布依族	2		2	5	1	4	1	1	
朝鲜族	16	6	10	12	4	8	7	5	2
满族	251	132	119	200	124	76	143	95	48
侗族	8	5	3	7	4	3	4	3	1
瑶族	2	1	1	7		7	4	2	2
白族	6	1	5	6	2	4	6	2	4
土家族	28	17	11	22	13	9	27	13	14
哈尼族				3		3	1	1	
哈萨克族							1		1
傣族	3	1	2				2		2
黎族	5	2	3	4	1	3	3	1	2
傈僳族	3		3				1		1
佤族	2		2	3		3	2		2
畲族	2	2					1		1
高山族	1		1	1		1			
拉祜族	6	1	5	2		2	3		3
水族				3	1	2			
东乡族									
纳西族	1		1				1	1	
景颇族	2	1	1				1		1
柯尔克孜族									
土族				3	2	1			
达斡尔族	1		1	1		1	1		1
仫佬族	2	2		1		1			
羌族	2	1	1	1	1				
布朗族	1		1	1		1	2	1	1
撒拉族							1	1	
毛南族									
仡佬族	2	1	1	1		1	1	1	
锡伯族	2	2		6	5	1			
阿昌族									
普米族									
塔吉克族									
怒族									
乌孜别克族									
俄罗斯族				1		1	1	1	
鄂温克族									
德昂族									
保安族									
裕固族									
京族							1		1
塔塔尔族									
独龙族									
鄂伦春族							1	1	
赫哲族									
门巴族							1	1	
珞巴族									
基诺族									
未定族称人口	2		2	1		1	3		3
入籍							1		1

2-5 续表 6

单位：人

民　族	29岁			30岁			31岁		
	小计	男	女	小计	男	女	小计	男	女
总　计	**98969**	**56955**	**42014**	**73213**	**42627**	**30586**	**53041**	**30282**	**22759**
汉　族	97656	56197	41459	72254	42070	30184	52388	29905	22483
蒙古族	87	58	29	57	40	17	39	30	9
回　族	1036	608	428	750	446	304	540	314	226
藏　族	2		2	5	2	3	1		1
维吾尔族				6	2	4	3		3
苗　族	11	5	6	13	7	6	1		1
彝　族	4	1	3	1		1	6	1	5
壮　族	14	5	9	20	10	10	7	3	4
布依族	3	1	2	3		3	1		1
朝鲜族	6	3	3	2		2	1		1
满　族	108	58	50	64	39	25	32	20	12
侗　族	10	5	5	2	2		3	1	2
瑶　族	2	1	1	2		2	2	1	1
白　族	3	1	2	2		2	2		2
土家族	11	9	2	18	8	10	4	2	2
哈尼族	1		1	1		1	1		1
哈萨克族									
傣　族	2		2	3		3			
黎　族				1		1	1	1	
傈僳族				1		1			
佤　族	4		4				2		2
畲　族				1	1		1		1
高山族									
拉祜族	2		2	5		5	1		1
水　族									
东乡族									
纳西族	1		1						
景颇族									
柯尔克孜族									
土　族	1		1						
达斡尔族							1	1	
仫佬族									
羌　族	1	1					1	1	
布朗族	1	1							
撒拉族							1	1	
毛南族									
仡佬族	2	1	1						
锡伯族							1	1	
阿昌族									
普米族									
塔吉克族									
怒　族									
乌孜别克族									
俄罗斯族				1		1			
鄂温克族									
德昂族									
保安族									
裕固族									
京　族									
塔塔尔族									
独龙族									
鄂伦春族									
赫哲族									
门巴族									
珞巴族									
基诺族									
未定族称人口							1		1
入　籍	1		1	1		1			

2-5 续表 7

单位：人

民族	32岁			33岁			34岁		
	小计	男	女	小计	男	女	小计	男	女
总 计	**40364**	**23032**	**17332**	**30066**	**16767**	**13299**	**22534**	**12957**	**9577**
汉 族	39842	22732	17110	29669	16547	13122	22238	12801	9437
蒙古族	32	19	13	17	9	8	16	12	4
回 族	406	239	167	305	179	126	230	118	112
藏 族	1	1		1		1	1		1
维吾尔族	1	1		4	2	2	2	2	
苗 族	6	2	4	11	6	5	5	1	4
彝 族	1		1	3	1	2			
壮 族	5	3	2	5	4	1	4	2	2
布依族	4	1	3	2		2	1		1
朝鲜族	1		1	4	2	2	3	2	1
满 族	35	23	12	21	13	8	19	15	4
侗 族	3		3						
瑶 族	2	2		1		1			
白 族	1		1				1		1
土家族	12	7	5	6	4	2	3	2	1
哈尼族				3		3	1		1
哈萨克族									
傣 族	1		1	1		1	1		1
黎 族									
傈僳族	1		1	1		1			
佤 族				3		3			
畲 族							1	1	
高山族									
拉祜族	4		4	7		7	3		3
水 族									
东乡族									
纳西族	1		1				1		1
景颇族	1		1				1		1
柯尔克孜族									
土 族									
达斡尔族									
仫佬族									
羌 族									
布朗族				1		1			
撒拉族	1		1						
毛南族	1		1						
仡佬族	1	1							
锡伯族	1	1							
阿昌族									
普米族									
塔吉克族									
怒 族									
乌孜别克族									
俄罗斯族									
鄂温克族									
德昂族									
保安族									
裕固族							1	1	
京 族									
塔塔尔族									
独龙族									
鄂伦春族									
赫哲族									
门巴族									
珞巴族									
基诺族									
未定族称人口				1		1	1		1
入 籍							1		1

2-5 续表 8

单位：人

民　族	35岁			36岁			37岁		
	小计	男	女	小计	男	女	小计	男	女
总　计	**17475**	**10053**	**7422**	**13386**	**7773**	**5613**	**10414**	**6089**	**4325**
汉　族	17247	9917	7330	13211	7671	5540	10298	6016	4282
蒙古族	13	5	8	13	9	4	8	7	1
回　族	164	105	59	135	80	55	86	55	31
藏　族	1	1							
维吾尔族	2	2		2	2				
苗　族	4	2	2	1	1		3	3	
彝　族	2		2	3	1	2	1		1
壮　族	1		1	3	2	1	3		3
布依族	1		1	1		1			
朝鲜族	4	3	1						
满　族	22	14	8	10	6	4	9	7	2
侗　族	1		1	2	1	1			
瑶　族	1		1						
白　族	2	1	1				1	1	
土家族	6	2	4				1		1
哈尼族	2		2						
哈萨克族									
傣　族							2		2
黎　族									
傈僳族									
佤　族	1		1				2		2
畲　族									
高山族									
拉祜族	1	1		3		3			
水　族									
东乡族									
纳西族				1		1			
景颇族									
柯尔克孜族									
土　族									
达斡尔族									
仫佬族									
羌　族									
布朗族									
撒拉族									
毛南族									
仡佬族									
锡伯族									
阿昌族									
普米族									
塔吉克族									
怒　族									
乌孜别克族									
俄罗斯族									
鄂温克族									
德昂族									
保安族									
裕固族									
京　族									
塔塔尔族									
独龙族									
鄂伦春族									
赫哲族									
门巴族									
珞巴族									
基诺族									
未定族称人口									
入　籍				1		1			

2-5　续表 9　　　　单位：人

民　族	38岁			39岁			40岁及以上		
	小计	男	女	小计	男	女	小计	男	女
总　计	**8519**	**4971**	**3548**	**7174**	**4243**	**2931**	**46933**	**25778**	**21155**
汉　族	8419	4911	3508	7092	4199	2893	46408	25488	20920
蒙古族	10	8	2	8	7	1	16	13	3
回　族	78	45	33	56	33	23	425	242	183
藏　族				1		1	1		1
维吾尔族							1	1	
苗　族	2	2					10	3	7
彝　族	1		1				5	1	4
壮　族	1		1				6	2	4
布依族									
朝鲜族							3	1	2
满　族	5	4	1	5	1	4	28	18	10
侗　族				1		1	5	2	3
瑶　族							1		1
白　族				1		1	4	2	2
土家族				2	1	1	6	3	3
哈尼族							1		1
哈萨克族									
傣　族				2		2	1		1
黎　族				1	1				
傈僳族									
佤　族							2		2
畲　族									
高山族	1	1							
拉祜族	2		2	2		2	4		4
水　族									
东乡族									
纳西族									
景颇族				1		1			
柯尔克孜族									
土　族									
达斡尔族									
仫佬族				1		1			
羌　族									
布朗族									
撒拉族									
毛南族									
仡佬族							1		1
锡伯族							2	2	
阿昌族									
普米族									
塔吉克族									
怒　族									
乌孜别克族									
俄罗斯族							1		1
鄂温克族									
德昂族									
保安族									
裕固族									
京　族									
塔塔尔族									
独龙族									
鄂伦春族				1	1				
赫哲族									
门巴族									
珞巴族									
基诺族									
未定族称人口							2		2
入　籍									

2-6 全省按民族、生育孩次分的育龄妇女人数
(2019.11.1-2020.10.31)

单位：人

民族	合计	生男孩的妇女人数	生女孩的妇女人数	一孩			二孩		
				小计	男	女	小计	男	女
总计	**88569**	**46601**	**41968**	**36039**	**19383**	**16656**	**39125**	**19683**	**19442**
汉族	87383	45967	41416	35500	19080	16420	38624	19429	19195
蒙古族	65	27	38	32	15	17	25	8	17
回族	869	489	380	382	224	158	385	207	178
藏族	4	2	2	1	1		1		1
维吾尔族	3	1	2	3	1	2			
苗族	26	13	13	10	5	5	12	6	6
彝族	24	10	14	13	6	7	7	3	4
壮族	37	16	21	18	9	9	15	5	10
布依族	15	7	8	7	4	3	6	3	3
朝鲜族	2		2	2		2			
满族	43	24	19	19	13	6	19	7	12
侗族	11	4	7	8	2	6	3	2	1
瑶族	9	2	7	3		3	5	1	4
白族	5	5		1	1		3	3	
土家族	18	5	13	6	2	4	10	3	7
哈尼族	3		3	2		2			
哈萨克族	1	1		1	1				
傣族	5	3	2	2	2		1		1
黎族	2	2		2	2				
傈僳族	1	1		1	1				
佤族	6	4	2	4	2	2	2	2	
畲族									
高山族									
拉祜族	10	6	4	5	3	2	3	2	1
水族	4	1	3	2	1	1			
东乡族	1	1							
纳西族									
景颇族									
柯尔克孜族									
土族	1		1	1		1			
达斡尔族	1		1	1		1			
仫佬族									
羌族									
布朗族	1		1						
撒拉族	1		1				1		1
毛南族									
仡佬族	3	1	2	2	1	1			
锡伯族									
阿昌族									
普米族									
塔吉克族									
怒族									
乌孜别克族									
俄罗斯族									
鄂温克族									
德昂族									
保安族									
裕固族									
京族	1		1						
塔塔尔族									
独龙族									
鄂伦春族									
赫哲族									
门巴族									
珞巴族									
基诺族									
未定族称人口	9	7	2	6	5	1	3	2	1
入籍	5	2	3	5	2	3			

2-6 续表

单位：人

民族	三孩			四孩			五孩及以上		
	小计	男	女	小计	男	女	小计	男	女
总计	**11559**	**6391**	**5168**	**1529**	**949**	**580**	**317**	**195**	**122**
汉族	11433	6325	5108	1512	939	573	314	194	120
蒙古族	7	3	4	1	1				
回族	90	52	38	9	5	4	3	1	2
藏族	2	1	1						
维吾尔族									
苗族	2	1	1	2	1	1			
彝族	4	1	3						
壮族	4	2	2						
布依族	1		1	1		1			
朝鲜族									
满族	4	3	1	1	1				
侗族									
瑶族	1	1							
白族				1	1				
土家族	1		1	1		1			
哈尼族	1		1						
哈萨克族									
傣族	2	1	1						
黎族									
傈僳族									
佤族									
畲族									
高山族									
拉祜族	2	1	1						
水族	2		2						
东乡族				1	1				
纳西族									
景颇族									
柯尔克孜族									
土族									
达斡尔族									
仫佬族									
羌族									
布朗族	1		1						
撒拉族									
毛南族									
仡佬族	1		1						
锡伯族									
阿昌族									
普米族									
塔吉克族									
怒族									
乌孜别克族									
俄罗斯族									
鄂温克族									
德昂族									
保安族									
裕固族									
京族	1		1						
塔塔尔族									
独龙族									
鄂伦春族									
赫哲族									
门巴族									
珞巴族									
基诺族									
未定族称人口									
入籍									

2-7 全省各民族15-64岁妇女平均活产子女数和平均存活子女数

单位：人、%

民族	15-64岁妇女人数	活产子女总数			存活子女总数			存活子女数占活产子女数的百分比	妇女平均活产子女数	妇女平均存活子女数
		小计	男	女	小计	男	女			
总计	**3168785**	**4625084**	**2528556**	**2096528**	**4533377**	**2470320**	**2063057**	**98.02**	**1.46**	**1.43**
汉族	3130873	4574130	2500624	2073506	4483370	2442962	2040408	98.02	1.46	1.43
蒙古族	1646	1685	915	770	1669	904	765	99.05	1.02	1.01
回族	31093	43058	23767	19291	42246	23272	18974	98.11	1.38	1.36
藏族	150	133	69	64	129	67	62	96.99	0.89	0.86
维吾尔族	179	138	68	70	138	68	70	100.00	0.77	0.77
苗族	511	709	369	340	693	359	334	97.74	1.39	1.36
彝族	322	419	220	199	414	217	197	98.81	1.30	1.29
壮族	553	723	381	342	710	374	336	98.20	1.31	1.28
布依族	194	298	162	136	288	155	133	96.64	1.54	1.48
朝鲜族	90	78	34	44	71	32	39	91.03	0.87	0.79
满族	1638	1692	883	809	1664	868	796	98.35	1.03	1.02
侗族	149	201	105	96	198	104	94	98.51	1.35	1.33
瑶族	97	127	71	56	125	70	55	98.43	1.31	1.29
白族	100	126	71	55	124	69	55	98.41	1.26	1.24
土家族	473	581	290	291	569	281	288	97.93	1.23	1.20
哈尼族	58	84	48	36	82	47	35	97.62	1.45	1.41
哈萨克族	23	6	4	2	6	4	2	100.00	0.26	0.26
傣族	57	85	49	36	83	47	36	97.65	1.49	1.46
黎族	60	60	32	28	53	31	22	88.33	1.00	0.88
傈僳族	25	44	22	22	43	21	22	97.73	1.76	1.72
佤族	84	146	87	59	146	87	59	100.00	1.74	1.74
畲族	21	24	12	12	24	12	12	100.00	1.14	1.14
高山族	10	11	4	7	10	4	6	90.91	1.10	1.00
拉祜族	106	162	84	78	160	82	78	98.77	1.53	1.51
水族	19	23	10	13	23	10	13	100.00	1.21	1.21
东乡族	11	20	10	10	20	10	10	100.00	1.82	1.82
纳西族	14	14	10	4	14	10	4	100.00	1.00	1.00
景颇族	21	36	19	17	35	18	17	97.22	1.71	1.67
柯尔克孜族	1									
土族	15	16	9	7	16	9	7	100.00	1.07	1.07
达斡尔族	9	9	3	6	9	3	6	100.00	1.00	1.00
仫佬族	7	10	5	5	10	5	5	100.00	1.43	1.43
羌族	12	15	8	7	15	8	7	100.00	1.25	1.25
布朗族	14	26	12	14	26	12	14	100.00	1.86	1.86
撒拉族	14	26	12	14	26	12	14	100.00	1.86	1.86
毛南族	5	8	7	1	8	7	1	100.00	1.60	1.60
仡佬族	32	39	21	18	39	21	18	100.00	1.22	1.22
锡伯族	12	11	8	3	10	7	3	90.91	0.92	0.83
阿昌族	2	1		1	1		1	100.00	0.50	0.50
普米族	1	1	1		1	1		100.00	1.00	1.00
塔吉克族	1	1		1	1		1	100.00	1.00	1.00
怒族										
乌孜别克族										
俄罗斯族	5	5	4	1	5	4	1	100.00	1.00	1.00
鄂温克族										
德昂族										
保安族										
裕固族										
京族	3	5		5	5		5	100.00	1.67	1.67
塔塔尔族										
独龙族										
鄂伦春族	2									
赫哲族										
门巴族	1	1	1		1	1		100.00	1.00	1.00
珞巴族										
基诺族										
未定族称人口	47	68	31	37	68	31	37	100.00	1.45	1.45
入籍	25	29	14	15	29	14	15	100.00	1.16	1.16

第二部分　长表数据资料

第三卷　教育

3-1　全省分学业完成情况、性别、受教育程度的3岁及以上人口

单位：人

学业完成情况	合计			小学		
	合计	男	女	小计	男	女
总　计	**8721099**	**4399867**	**4321232**	**2333809**	**1080374**	**1253435**
在　校	2184916	1157703	1027213	982791	526478	456313
毕　业	5949538	2960722	2988816	1132321	464836	667485
肄　业	67112	32200	34912	27896	10970	16926
辍　学	118935	54799	64136	59795	23324	36471
其　他	400598	194443	206155	131006	54766	76240

3-1　续表 1

单位：人

学业完成情况	初中			高中			大学专科		
	小计	男	女	小计	男	女	小计	男	女
总　计	**3668952**	**1902460**	**1766492**	**1522923**	**819694**	**703229**	**694717**	**354588**	**340129**
在　校	503572	276402	227170	407242	216155	191087	146057	73595	72462
毕　业	2893904	1485873	1408031	1049212	566800	482412	528759	270603	258156
肄　业	29158	15388	13770	7007	4129	2878	2012	1122	890
辍　学	49899	26093	23806	8461	4943	3518	608	341	267
其　他	192419	98704	93715	51001	27667	23334	17281	8927	8354

3-1　续表 2

单位：人

学业完成情况	大学本科			硕士研究生			博士研究生		
	小计	男	女	小计	男	女	小计	男	女
总　计	**460061**	**223341**	**236720**	**36456**	**16986**	**19470**	**4181**	**2424**	**1757**
在　校	134978	60535	74443	9137	3975	5162	1139	563	576
毕　业	315682	158086	157596	26723	12727	13996	2937	1797	1140
肄　业	972	549	423	63	38	25	4	4	
辍　学	166	97	69	6	1	5			
其　他	8263	4074	4189	527	245	282	101	60	41

3-1a 全省分学业完成情况、性别、受教育程度的3岁及以上人口(城市)

单位：人

学业完成情况	合计			小学		
	合计	男	女	小计	男	女
总 计	**2274984**	**1124167**	**1150817**	**357242**	**167303**	**189939**
在 校	545563	283058	262505	195871	105229	90642
毕 业	1646691	802067	844624	143798	55518	88280
肄 业	8488	4010	4478	2279	761	1518
辍 学	11414	5140	6274	4591	1607	2984
其 他	62828	29892	32936	10703	4188	6515

3-1a 续表 1

单位：人

学业完成情况	初中			高中			大学专科		
	小计	男	女	小计	男	女	小计	男	女
总 计	**682867**	**337535**	**345332**	**565897**	**289691**	**276206**	**365016**	**183565**	**181451**
在 校	94017	51363	42654	117781	62635	55146	62100	31409	30691
毕 业	555261	269790	285471	429727	217609	212118	294690	147994	146696
肄 业	3264	1664	1600	1699	910	789	786	424	362
辍 学	4968	2508	2460	1615	893	722	181	95	86
其 他	25357	12210	13147	15075	7644	7431	7259	3643	3616

3-1a 续表 2

单位：人

学业完成情况	大学本科			硕士研究生			博士研究生		
	小计	男	女	小计	男	女	小计	男	女
总 计	**276157**	**132690**	**143467**	**25110**	**11809**	**13301**	**2695**	**1574**	**1121**
在 校	70596	30189	40407	4627	1961	2666	571	272	299
毕 业	201007	100204	100803	20135	9681	10454	2073	1271	802
肄 业	422	227	195	36	22	14	2	2	
辍 学	57	36	21	2	1	1			
其 他	4075	2034	2041	310	144	166	49	29	20

3-1b 全省分学业完成情况、性别、受教育程度的3岁及以上人口(镇)

单位：人

学业完成情况	合计			小学		
	合计	男	女	小计	男	女
总 计	**2601084**	**1323568**	**1277516**	**595892**	**281168**	**314724**
在 校	697803	371319	326484	278650	150112	128538
毕 业	1737057	871535	865522	268952	111137	157815
肄 业	17821	8777	9044	5617	2173	3444
辍 学	30148	14255	15893	12691	4999	7692
其 他	118255	57682	60573	29982	12747	17235

3-1b 续表 1

单位：人

学业完成情况	初中			高中			大学专科		
	小计	男	女	小计	男	女	小计	男	女
总 计	**1084007**	**557352**	**526655**	**553873**	**297703**	**256170**	**216914**	**112845**	**104069**
在 校	143217	79123	64094	179495	94392	85103	45715	23461	22254
毕 业	859990	437361	422629	348883	189418	159465	163414	85258	78156
肄 业	8178	4244	3934	2695	1586	1109	865	502	363
辍 学	14050	7277	6773	3126	1820	1306	206	114	92
其 他	58572	29347	29225	19674	10487	9187	6714	3510	3204

3-1b 续表 2

单位：人

学业完成情况	大学本科			硕士研究生			博士研究生		
	小计	男	女	小计	男	女	小计	男	女
总 计	**140526**	**69890**	**70636**	**8735**	**3965**	**4770**	**1137**	**645**	**492**
在 校	47056	22584	24472	3307	1470	1837	363	177	186
毕 业	89824	45510	44314	5265	2412	2853	729	439	290
肄 业	449	261	188	16	10	6	1	1	
辍 学	73	45	28	2		2			
其 他	3124	1490	1634	145	73	72	44	28	16

3-1c 全省分学业完成情况、性别、受教育程度的3岁及以上人口(乡村)

单位：人

学业完成情况	合计			小学		
	合计	男	女	小计	男	女
总 计	**3845031**	**1952132**	**1892899**	**1380675**	**631903**	**748772**
在 校	941550	503326	438224	508270	271137	237133
毕 业	2565790	1287120	1278670	719571	298181	421390
肄 业	40803	19413	21390	20000	8036	11964
辍 学	77373	35404	41969	42513	16718	25795
其 他	219515	106869	112646	90321	37831	52490

3-1c 续表 1

单位：人

学业完成情况	初中			高中			大学专科		
	小计	男	女	小计	男	女	小计	男	女
总 计	**1902078**	**1007573**	**894505**	**403153**	**232300**	**170853**	**112787**	**58178**	**54609**
在 校	266338	145916	120422	109966	59128	50838	38242	18725	19517
毕 业	1478653	778722	699931	270602	159773	110829	70655	37351	33304
肄 业	17716	9480	8236	2613	1633	980	361	196	165
辍 学	30881	16308	14573	3720	2230	1490	221	132	89
其 他	108490	57147	51343	16252	9536	6716	3308	1774	1534

3-1c 续表 2

单位：人

学业完成情况	大学本科			硕士研究生			博士研究生		
	小计	男	女	小计	男	女	小计	男	女
总 计	**43378**	**20761**	**22617**	**2611**	**1212**	**1399**	**349**	**205**	**144**
在 校	17326	7762	9564	1203	544	659	205	114	91
毕 业	24851	12372	12479	1323	634	689	135	87	48
肄 业	101	61	40	11	6	5	1	1	
辍 学	36	16	20	2		2			
其 他	1064	550	514	72	28	44	8	3	5

3-2　全省分年龄、性别、学业完成情况的3岁及以上各种受教育程度人口

单位：人

年　龄	合计								
	合　计			在　校			毕　业		
	合计	男	女	小计	男	女	小计	男	女
总　计	**8721099**	**4399867**	**4321232**	**2184916**	**1157703**	**1027213**	**5949538**	**2960722**	**2988816**
3									
4									
5-9岁	**629346**	**335640**	**293706**	**613693**	**326926**	**286767**	**10943**	**6230**	**4713**
5	24319	12921	11398	23604	12539	11065	424	238	186
6	113643	59624	54019	110849	58083	52766	1872	1034	838
7	154726	82309	72417	150888	80223	70665	2761	1530	1231
8	172023	92526	79497	167750	90115	77635	3059	1763	1296
9	164635	88260	76375	160602	85966	74636	2827	1665	1162
10-14岁	**791937**	**429780**	**362157**	**762922**	**412634**	**350288**	**21798**	**13002**	**8796**
10	161712	87143	74569	157433	84669	72764	3032	1780	1252
11	168316	91039	77277	163420	88178	75242	3490	2058	1432
12	162159	87747	74412	156445	84417	72028	4363	2582	1781
13	149429	81704	67725	143093	77903	65190	4860	2932	1928
14	150321	82147	68174	142531	77467	65064	6053	3650	2403
15-19岁	**695332**	**375743**	**319589**	**607234**	**322689**	**284545**	**77139**	**46439**	**30700**
15	148726	80741	67985	142388	76942	65446	4856	2912	1944
16	160362	87132	73230	149718	80596	69122	8851	5463	3388
17	142806	77702	65104	126758	68077	58681	13800	8249	5551
18	124297	67550	56747	100463	53147	47316	21290	12842	8448
19	119141	62618	56523	87907	43927	43980	28342	16973	11369
20-24岁	**486053**	**248866**	**237187**	**180039**	**85468**	**94571**	**284816**	**151666**	**133150**
20	116017	59799	56218	72953	35223	37730	39360	22435	16925
21	100674	51863	48811	49091	23295	25796	47801	26431	21370
22	99127	50788	48339	31748	14742	17006	62879	33517	29362
23	87441	44441	43000	16828	7796	9032	66074	34201	31873
24	82794	41975	40819	9419	4412	5007	68702	35082	33620
25-29岁	**534027**	**263988**	**270039**	**14856**	**6958**	**7898**	**486749**	**240613**	**246136**
25	86803	43599	43204	5632	2621	3011	76119	38305	37814
26	86372	43228	43144	3458	1614	1844	77948	39064	38884
27	104854	51865	52989	2493	1210	1283	95966	47404	48562
28	121530	59545	61985	1861	850	1011	112043	54900	57143
29	134468	65751	68717	1412	663	749	124673	60940	63733
30-34岁	**855290**	**415061**	**440229**	**3204**	**1515**	**1689**	**797787**	**386996**	**410791**
30	192752	94516	98236	1301	624	677	179360	87902	91458
31	185026	89800	95226	734	355	379	172467	83672	88795
32	168746	81215	87531	474	213	261	157591	75804	81787
33	171804	83119	88685	431	189	242	160432	77626	82806
34	136962	66411	70551	264	134	130	127937	61992	65945
35-39岁	**570863**	**278570**	**292293**	**846**	**409**	**437**	**531864**	**259450**	**272414**
35	108929	53061	55868	197	103	94	101571	49491	52080
36	105701	51408	54293	152	69	83	98585	47929	50656
37	114558	56048	58510	154	80	74	106846	52259	54587
38	126962	62052	64910	191	89	102	118378	57858	60520
39	114713	56001	58712	152	68	84	106484	51913	54571
40-44岁	**554205**	**272500**	**281705**	**526**	**244**	**282**	**513427**	**252745**	**260682**
40	107644	52579	55065	114	56	58	99940	48915	51025
41	119334	58759	60575	131	57	74	110858	54586	56272
42	112785	55166	57619	105	41	64	104448	51170	53278
43	103465	50929	52536	83	35	48	95696	47170	48526
44	110977	55067	55910	93	55	38	102485	50904	51581
45-49岁	**683628**	**339302**	**344326**	**459**	**245**	**214**	**628671**	**312363**	**316308**
45	113090	55874	57216	98	58	40	104234	51532	52702
46	134905	67115	67790	95	53	42	124094	61729	62365
47	138804	68880	69924	96	51	45	127800	63495	64305
48	147692	73344	74348	86	38	48	135616	67401	68215
49	149137	74089	75048	84	45	39	136927	68206	68721
50岁及以上	**2920418**	**1440417**	**1480001**	**1137**	**615**	**522**	**2596344**	**1291218**	**1305126**

3-2 续表 1 单位：人

年 龄	合 计								
	肄 业			辍 学			其 他		
	小计	男	女	小计	男	女	小计	男	女
总 计	**67112**	**32200**	**34912**	**118935**	**54799**	**64136**	**400598**	**194443**	**206155**
3									
4									
5-9岁	**224**	**120**	**104**	**175**	**101**	**74**	**4311**	**2263**	**2048**
5	11	7	4	6	3	3	274	134	140
6	44	26	18	28	14	14	850	467	383
7	44	28	16	36	18	18	997	510	487
8	68	30	38	49	30	19	1097	588	509
9	57	29	28	56	36	20	1093	564	529
10-14岁	**391**	**233**	**158**	**811**	**523**	**288**	**6015**	**3388**	**2627**
10	51	29	22	59	34	25	1137	631	506
11	57	34	23	73	45	28	1276	724	552
12	57	35	22	104	58	46	1190	655	535
13	91	55	36	196	131	65	1189	683	506
14	135	80	55	379	255	124	1223	695	528
15-19岁	**1041**	**650**	**391**	**2952**	**1910**	**1042**	**6966**	**4055**	**2911**
15	104	62	42	474	307	167	904	518	386
16	151	92	59	564	366	198	1078	615	463
17	224	145	79	667	441	226	1357	790	567
18	258	159	99	623	399	224	1663	1003	660
19	304	192	112	624	397	227	1964	1129	835
20-24岁	**2140**	**1339**	**801**	**3597**	**2191**	**1406**	**15461**	**8202**	**7259**
20	388	262	126	720	457	263	2596	1422	1174
21	418	271	147	656	406	250	2708	1460	1248
22	435	264	171	784	494	290	3281	1771	1510
23	407	235	172	709	422	287	3423	1787	1636
24	492	307	185	728	412	316	3453	1762	1691
25-29岁	**3125**	**1709**	**1416**	**4615**	**2541**	**2074**	**24682**	**12167**	**12515**
25	501	276	225	757	449	308	3794	1948	1846
26	491	282	209	677	387	290	3798	1881	1917
27	607	323	284	862	467	395	4926	2461	2465
28	725	403	322	1067	578	489	5834	2814	3020
29	801	425	376	1252	660	592	6330	3063	3267
30-34岁	**5272**	**2766**	**2506**	**7823**	**4128**	**3695**	**41204**	**19656**	**21548**
30	1169	642	527	1710	957	753	9212	4391	4821
31	1166	615	551	1667	865	802	8992	4293	4699
32	1034	514	520	1539	794	745	8108	3890	4218
33	1065	585	480	1586	836	750	8290	3883	4407
34	838	410	428	1321	676	645	6602	3199	3403
35-39岁	**3817**	**1959**	**1858**	**5891**	**2950**	**2941**	**28445**	**13802**	**14643**
35	703	345	358	1149	571	578	5309	2551	2758
36	680	353	327	1125	553	572	5159	2504	2655
37	745	379	366	1132	594	538	5681	2736	2945
38	854	449	405	1229	607	622	6310	3049	3261
39	835	433	402	1256	625	631	5986	2962	3024
40-44岁	**4119**	**2057**	**2062**	**6800**	**3389**	**3411**	**29333**	**14065**	**15268**
40	795	397	398	1232	608	624	5563	2603	2960
41	872	465	407	1350	690	660	6123	2961	3162
42	838	416	422	1368	681	687	6026	2858	3168
43	769	380	389	1352	671	681	5565	2673	2892
44	845	399	446	1498	739	759	6056	2970	3086
45-49岁	**5882**	**2971**	**2911**	**10410**	**5010**	**5400**	**38206**	**18713**	**19493**
45	901	461	440	1589	761	828	6268	3062	3206
46	1189	594	595	1923	975	948	7604	3764	3840
47	1161	573	588	2129	1019	1110	7618	3742	3876
48	1322	680	642	2378	1147	1231	8290	4078	4212
49	1309	663	646	2391	1108	1283	8426	4067	4359
50岁及以上	**41101**	**18396**	**22705**	**75861**	**32056**	**43805**	**205975**	**98132**	**107843**

3-2　续表 2　　　　单位：人

年　龄	小　学								
	合　计			在　校			毕　业		
	合计	男	女	小计	男	女	小计	男	女
总　计	**2333809**	**1080374**	**1253435**	**982791**	**526478**	**456313**	**1132321**	**464836**	**667485**
3									
4									
5–9岁	**617595**	**328951**	**288644**	**603142**	**320968**	**282174**	**10010**	**5651**	**4359**
5	24319	12921	11398	23604	12539	11065	424	238	186
6	111663	58508	53155	109078	57094	51984	1715	939	776
7	152322	80967	71355	148733	79026	69707	2566	1415	1151
8	168772	90650	78122	164828	88448	76380	2786	1590	1196
9	160519	85905	74614	156899	83861	73038	2519	1469	1050
10–14岁	**388579**	**210906**	**177673**	**377592**	**204485**	**173107**	**7715**	**4576**	**3139**
10	154424	83074	71350	150715	80947	69768	2606	1523	1083
11	143635	77929	65706	140012	75797	64215	2551	1514	1037
12	65363	36253	29110	63299	35025	28274	1486	908	578
13	17964	9848	8116	17033	9283	7750	641	387	254
14	7193	3802	3391	6533	3433	3100	431	244	187
15–19岁	**5891**	**3275**	**2616**	**1274**	**664**	**610**	**3425**	**1918**	**1507**
15	997	543	454	434	241	193	345	184	161
16	1025	580	445	309	166	143	497	283	214
17	1084	618	466	219	112	107	637	365	272
18	1257	670	587	150	64	86	871	470	401
19	1528	864	664	162	81	81	1075	616	459
20–24岁	**7626**	**4147**	**3479**	**231**	**118**	**113**	**6108**	**3302**	**2806**
20	1518	851	667	115	57	58	1118	632	486
21	1328	763	565	46	27	19	1050	586	464
22	1526	802	724	34	17	17	1252	653	599
23	1619	867	752	22	11	11	1303	708	595
24	1635	864	771	14	6	8	1385	723	662
25–29岁	**12294**	**6118**	**6176**	**74**	**38**	**36**	**10317**	**5091**	**5226**
25	1757	913	844	20	8	12	1455	735	720
26	1803	926	877	13	7	6	1503	773	730
27	2370	1142	1228	14	5	9	1989	955	1034
28	2878	1415	1463	15	11	4	2415	1170	1245
29	3486	1722	1764	12	7	5	2955	1458	1497
30–34岁	**28839**	**13460**	**15379**	**41**	**19**	**22**	**24707**	**11482**	**13225**
30	5361	2580	2781	17	6	11	4569	2190	2379
31	5833	2752	3081	8	6	2	4974	2336	2638
32	5841	2749	3092	5		5	5017	2360	2657
33	6320	2888	3432	8	6	2	5436	2465	2971
34	5484	2491	2993	3	1	2	4711	2131	2580
35–39岁	**27530**	**11892**	**15638**	**22**	**8**	**14**	**23535**	**10106**	**13429**
35	4613	2046	2567	3	1	2	3915	1736	2179
36	4665	2064	2601	5	3	2	3973	1735	2238
37	5423	2308	3115	5	3	2	4688	1976	2712
38	6329	2685	3644	4		4	5424	2296	3128
39	6500	2789	3711	5	1	4	5535	2363	3172
40–44岁	**46484**	**19661**	**26823**	**19**	**9**	**10**	**39794**	**16758**	**23036**
40	6772	2845	3927	3		3	5799	2435	3364
41	9032	3952	5080	4	3	1	7720	3358	4362
42	9463	4014	5449	1		1	8059	3403	4656
43	9716	4121	5595	3	1	2	8305	3513	4792
44	11501	4729	6772	8	5	3	9911	4049	5862
45–49岁	**96278**	**39291**	**56987**	**32**	**13**	**19**	**82575**	**33482**	**49093**
45	13424	5609	7815	6	3	3	11443	4738	6705
46	17217	7312	9905	7	3	4	14743	6222	8521
47	19338	7941	11397	5	1	4	16629	6789	9840
48	22221	8889	13332	5	3	2	19066	7560	11506
49	24078	9540	14538	9	3	6	20694	8173	12521
50岁及以上	**1102693**	**442673**	**660020**	**364**	**156**	**208**	**924135**	**372470**	**551665**

3-2 续表 3

单位：人

年 龄	小学 肄业 小计	肄业 男	肄业 女	辍学 小计	辍学 男	辍学 女	其他 小计	其他 男	其他 女
总 计	**27896**	**10970**	**16926**	**59795**	**23324**	**36471**	**131006**	**54766**	**76240**
3									
4									
5-9岁	**214**	**115**	**99**	**162**	**93**	**69**	**4067**	**2124**	**1943**
5	11	7	4	6	3	3	274	134	140
6	42	25	17	26	12	14	802	438	364
7	44	28	16	34	17	17	945	481	464
8	64	27	37	46	28	18	1048	557	491
9	53	28	25	50	33	17	998	514	484
10-14岁	**141**	**80**	**61**	**288**	**171**	**117**	**2843**	**1594**	**1249**
10	40	22	18	56	31	25	1007	551	456
11	47	27	20	53	33	20	972	558	414
12	22	14	8	49	28	21	507	278	229
13	20	11	9	68	41	27	202	126	76
14	12	6	6	62	38	24	155	81	74
15-19岁	**89**	**54**	**35**	**375**	**234**	**141**	**728**	**405**	**323**
15	12	8	4	69	40	29	137	70	67
16	17	9	8	80	55	25	122	67	55
17	18	14	4	77	49	28	133	78	55
18	27	15	12	73	39	34	136	82	54
19	15	8	7	76	51	25	200	108	92
20-24岁	**135**	**84**	**51**	**378**	**226**	**152**	**774**	**417**	**357**
20	27	20	7	85	55	30	173	87	86
21	31	19	12	67	47	20	134	84	50
22	24	10	14	72	44	28	144	78	66
23	27	17	10	87	43	44	180	88	92
24	26	18	8	67	37	30	143	80	63
25-29岁	**219**	**114**	**105**	**524**	**297**	**227**	**1160**	**578**	**582**
25	39	23	16	70	49	21	173	98	75
26	28	14	14	73	35	38	186	97	89
27	41	20	21	105	51	54	221	111	110
28	54	33	21	121	71	50	273	130	143
29	57	24	33	155	91	64	307	142	165
30-34岁	**425**	**212**	**213**	**1101**	**570**	**531**	**2565**	**1177**	**1388**
30	77	36	41	219	121	98	479	227	252
31	101	57	44	224	105	119	526	248	278
32	73	33	40	214	118	96	532	238	294
33	89	44	45	234	118	116	553	255	298
34	85	42	43	210	108	102	475	209	266
35-39岁	**421**	**193**	**228**	**1037**	**480**	**557**	**2515**	**1105**	**1410**
35	76	24	52	193	87	106	426	198	228
36	58	27	31	192	98	94	437	201	236
37	80	39	41	177	93	84	473	197	276
38	95	46	49	226	93	133	580	250	330
39	112	57	55	249	109	140	599	259	340
40-44岁	**761**	**325**	**436**	**1826**	**830**	**996**	**4084**	**1739**	**2345**
40	113	42	71	257	121	136	600	247	353
41	148	74	74	367	172	195	793	345	448
42	147	65	82	381	178	203	875	368	507
43	159	69	90	402	170	232	847	368	479
44	194	75	119	419	189	230	969	411	558
45-49岁	**1509**	**674**	**835**	**3824**	**1635**	**2189**	**8338**	**3487**	**4851**
45	217	101	116	541	219	322	1217	548	669
46	283	134	149	649	296	353	1535	657	878
47	291	120	171	780	336	444	1633	695	938
48	336	136	200	906	388	518	1908	802	1106
49	382	183	199	948	396	552	2045	785	1260
50岁及以上	**23982**	**9119**	**14863**	**50280**	**18788**	**31492**	**103932**	**42140**	**61792**

3-2 续表 4 单位：人

年 龄	初中								
	合计			在校			毕业		
	合计	男	女	小计	男	女	小计	男	女
总 计	**3668952**	**1902460**	**1766492**	**503572**	**276402**	**227170**	**2893904**	**1485873**	**1408031**
3									
4									
5-9岁	**11737**	**6683**	**5054**	**10541**	**5954**	**4587**	**930**	**578**	**352**
5									
6	1980	1116	864	1771	989	782	157	95	62
7	2404	1342	1062	2155	1197	958	195	115	80
8	3248	1876	1372	2920	1667	1253	272	173	99
9	4105	2349	1756	3695	2101	1594	306	195	111
10-14岁	**384254**	**209550**	**174704**	**367038**	**199277**	**167761**	**13420**	**8046**	**5374**
10	7282	4064	3218	6713	3717	2996	425	257	168
11	24654	13101	11553	23387	12376	11011	934	540	394
12	96734	51465	45269	93093	49369	43724	2869	1668	1201
13	128355	70347	58008	123193	67233	55960	4026	2450	1576
14	127229	70573	56656	120652	66582	54070	5166	3131	2035
15-19岁	**175030**	**101558**	**73472**	**123367**	**69811**	**53556**	**45859**	**28205**	**17654**
15	70881	40498	30383	66169	37604	28565	3742	2290	1452
16	38219	22175	16044	30869	17545	13324	6363	4032	2331
17	23680	13762	9918	13715	7682	6033	8795	5355	3440
18	20830	12404	8426	7459	4189	3270	12100	7443	4657
19	21420	12719	8701	5155	2791	2364	14859	9085	5774
20-24岁	**134605**	**75005**	**59600**	**1331**	**727**	**604**	**122056**	**67971**	**54085**
20	22135	12927	9208	478	267	211	19755	11551	8204
21	24227	13797	10430	301	158	143	21902	12491	9411
22	29053	16365	12688	243	139	104	26431	14856	11575
23	29130	15888	13242	175	91	84	26574	14482	12092
24	30060	16028	14032	134	72	62	27394	14591	12803
25-29岁	**223130**	**112205**	**110925**	**394**	**175**	**219**	**204857**	**102968**	**101889**
25	33118	17358	15760	97	42	55	30294	15882	14412
26	34266	17609	16657	97	38	59	31512	16209	15303
27	43714	22082	21632	71	33	38	40170	20252	19918
28	52254	25795	26459	74	37	37	47917	23625	24292
29	59778	29361	30417	55	25	30	54964	27000	27964
30-34岁	**412029**	**198932**	**213097**	**222**	**106**	**116**	**379710**	**183172**	**196538**
30	90225	44616	45609	68	33	35	83146	41076	42070
31	88344	42984	45360	51	25	26	81288	39528	41760
32	81295	38714	42581	39	19	20	74971	35678	39293
33	84041	40216	43825	34	17	17	77480	37040	40440
34	68124	32402	35722	30	12	18	62825	29850	32975
35-39岁	**297407**	**143301**	**154106**	**124**	**53**	**71**	**273782**	**131777**	**142005**
35	55059	26162	28897	18	9	9	50725	24056	26669
36	53921	25725	28196	29	11	18	49640	23662	25978
37	59218	28792	30426	25	13	12	54565	26507	28058
38	67258	32609	34649	35	11	24	61960	30054	31906
39	61951	30013	31938	17	9	8	56892	27498	29394
40-44岁	**307337**	**150003**	**157334**	**89**	**46**	**43**	**282438**	**137938**	**144500**
40	58426	28311	30115	14	8	6	53673	26057	27616
41	65418	31797	33621	23	13	10	60274	29287	30987
42	62767	30499	32268	19	9	10	57670	28056	29614
43	57813	28148	29665	16	11	5	53109	25844	27265
44	62913	31248	31665	17	5	12	57712	28694	29018
45-49岁	**400298**	**200095**	**200203**	**123**	**63**	**60**	**367602**	**183542**	**184060**
45	65118	32095	33023	24	13	11	59786	29443	30343
46	78750	39292	39458	25	14	11	72218	35927	36291
47	80824	40416	40408	28	15	13	74185	37087	37098
48	86948	43563	43385	27	10	17	79890	39979	39911
49	88658	44729	43929	19	11	8	81523	41106	40417
50岁及以上	**1323125**	**705128**	**617997**	**343**	**190**	**153**	**1203250**	**641676**	**561574**

3-2 续表 5

单位：人

年 龄	初中								
	肄业			辍学			其他		
	小计	男	女	小计	男	女	小计	男	女
总 计	**29158**	**15388**	**13770**	**49899**	**26093**	**23806**	**192419**	**98704**	**93715**
3									
4									
5-9岁	**10**	**5**	**5**	**13**	**8**	**5**	**243**	**138**	**105**
5									
6	2	1	1	2	2		48	29	19
7				2	1	1	52	29	23
8	4	3	1	3	2	1	49	31	18
9	4	1	3	6	3	3	94	49	45
10-14岁	**242**	**148**	**94**	**507**	**346**	**161**	**3047**	**1733**	**1314**
10	11	7	4	3	3		130	80	50
11	10	7	3	20	12	8	303	166	137
12	35	21	14	55	30	25	682	377	305
13	69	43	26	125	89	36	942	532	410
14	117	70	47	304	212	92	990	578	412
15-19岁	**536**	**336**	**200**	**1785**	**1164**	**621**	**3483**	**2042**	**1441**
15	69	40	29	353	232	121	548	332	216
16	78	47	31	342	218	124	567	333	234
17	115	76	39	384	260	124	671	389	282
18	123	80	43	346	225	121	802	467	335
19	151	93	58	360	229	131	895	521	374
20-24岁	**1054**	**641**	**413**	**2230**	**1374**	**856**	**7934**	**4292**	**3642**
20	169	113	56	433	283	150	1300	713	587
21	196	121	75	403	253	150	1425	774	651
22	235	140	95	474	301	173	1670	929	741
23	198	110	88	450	268	182	1733	937	796
24	256	157	99	470	269	201	1806	939	867
25-29岁	**1581**	**855**	**726**	**2988**	**1625**	**1363**	**13310**	**6582**	**6728**
25	239	128	111	480	274	206	2008	1032	976
26	252	143	109	438	252	186	1967	967	1000
27	291	153	138	538	307	231	2644	1337	1307
28	360	194	166	705	366	339	3198	1573	1625
29	439	237	202	827	426	401	3493	1673	1820
30-34岁	**3019**	**1550**	**1469**	**5179**	**2714**	**2465**	**23899**	**11390**	**12509**
30	679	374	305	1116	635	481	5216	2498	2718
31	651	332	319	1118	572	546	5236	2527	2709
32	602	280	322	999	501	498	4684	2236	2448
33	597	328	269	1063	568	495	4867	2263	2604
34	490	236	254	883	438	445	3896	1866	2030
35-39岁	**2241**	**1147**	**1094**	**3964**	**1985**	**1979**	**17296**	**8339**	**8957**
35	403	210	193	762	383	379	3151	1504	1647
36	403	208	195	739	353	386	3110	1491	1619
37	428	213	215	772	399	373	3428	1660	1768
38	506	255	251	861	426	435	3896	1863	2033
39	501	261	240	830	424	406	3711	1821	1890
40-44岁	**2436**	**1219**	**1217**	**4262**	**2163**	**2099**	**18112**	**8637**	**9475**
40	469	237	232	805	396	409	3465	1613	1852
41	539	282	257	846	439	407	3736	1776	1960
42	504	244	260	857	436	421	3717	1754	1963
43	441	225	216	814	426	388	3433	1642	1791
44	483	231	252	940	466	474	3761	1852	1909
45-49岁	**3538**	**1823**	**1715**	**5901**	**2975**	**2926**	**23134**	**11692**	**11442**
45	536	274	262	948	487	461	3824	1878	1946
46	722	359	363	1127	583	544	4658	2409	2249
47	719	369	350	1227	608	619	4665	2337	2328
48	792	426	366	1327	674	653	4912	2474	2438
49	769	395	374	1272	623	649	5075	2594	2481
50岁及以上	**14501**	**7664**	**6837**	**23070**	**11739**	**11331**	**81961**	**43859**	**38102**

3-2 续表 6

单位：人

年 龄	高中								
	合计			在校			毕业		
	合计	男	女	小计	男	女	小计	男	女
总 计	**1522923**	**819694**	**703229**	**407242**	**216155**	**191087**	**1049212**	**566800**	**482412**
3									
4									
5–9岁	**14**	**6**	**8**	**10**	**4**	**6**	**3**	**1**	**2**
5									
6									
7									
8	3		3	2		2	1		1
9	11	6	5	8	4	4	2	1	1
10–14岁	**19016**	**9298**	**9718**	**18213**	**8850**	**9363**	**656**	**376**	**280**
10	5	4	1	4	4		1		1
11	24	8	16	19	4	15	4	4	
12	55	26	29	48	21	27	7	5	2
13	3097	1506	1591	2857	1385	1472	190	94	96
14	15835	7754	8081	15285	7436	7849	454	273	181
15–19岁	**388420**	**208949**	**179471**	**363129**	**193714**	**169415**	**22073**	**13272**	**8801**
15	74286	38264	36022	73308	37719	35589	694	387	307
16	115851	61405	54446	113471	60015	53456	1815	1057	758
17	105200	56740	48460	100618	54026	46592	3831	2258	1573
18	60780	34093	26687	53299	29521	23778	6673	4062	2611
19	32303	18447	13856	22433	12433	10000	9060	5508	3552
20–24岁	**101108**	**56317**	**44791**	**25140**	**13209**	**11931**	**70942**	**40217**	**30725**
20	25096	14158	10938	12321	6659	5662	11844	6951	4893
21	19606	11013	8593	5853	3051	2802	12852	7430	5422
22	20032	11259	8773	3502	1782	1720	15427	8839	6588
23	18355	10144	8211	2144	1098	1046	15186	8452	6734
24	18019	9743	8276	1320	619	701	15633	8545	7088
25–29岁	**120565**	**63116**	**57449**	**382**	**193**	**189**	**112762**	**59042**	**53720**
25	18765	10083	8682	124	67	57	17461	9371	8090
26	19141	10265	8876	73	39	34	17930	9616	8314
27	23679	12439	11240	64	34	30	22144	11646	10498
28	27964	14523	13441	59	29	30	26173	13600	12573
29	31016	15806	15210	62	24	38	29054	14809	14245
30–34岁	**190114**	**95814**	**94300**	**151**	**66**	**85**	**178655**	**90029**	**88626**
30	43982	22314	21668	53	27	26	41270	20956	20314
31	41288	20885	20403	33	12	21	38827	19660	19167
32	37359	18724	18635	29	15	14	35076	17539	17537
33	37918	19017	18901	22	5	17	35667	17917	17750
34	29567	14874	14693	14	7	7	27815	13957	13858
35–39岁	**117285**	**59206**	**58079**	**50**	**25**	**25**	**110436**	**55654**	**54782**
35	23046	11678	11368	11	6	5	21672	10992	10680
36	21769	10946	10823	10	5	5	20486	10281	10205
37	23334	11708	11626	10	5	5	21934	11009	10925
38	25789	13020	12769	12	6	6	24371	12270	12101
39	23347	11854	11493	7	3	4	21973	11102	10871
40–44岁	**108767**	**56109**	**52658**	**47**	**23**	**24**	**102823**	**52986**	**49837**
40	22033	11259	10774	11	5	6	20774	10624	10150
41	23847	12330	11517	14	7	7	22560	11634	10926
42	22189	11391	10798	11	4	7	20985	10773	10212
43	19799	10310	9489	5	2	3	18736	9758	8978
44	20899	10819	10080	6	5	1	19768	10197	9571
45–49岁	**114197**	**59979**	**54218**	**35**	**20**	**15**	**108154**	**56778**	**51376**
45	19927	10334	9593	7	4	3	18874	9788	9086
46	23142	12022	11120	8	5	3	21872	11383	10489
47	23598	12326	11272	5	5		22445	11694	10751
48	24054	12764	11290	8	3	5	22737	12031	10706
49	23476	12533	10943	7	3	4	22226	11882	10344
50岁及以上	**363437**	**210900**	**152537**	**85**	**51**	**34**	**342708**	**198445**	**144263**

3-2 续表 7

单位：人

年 龄	高中								
	肄业			辍学			其他		
	小计	男	女	小计	男	女	小计	男	女
总 计	**7007**	**4129**	**2878**	**8461**	**4943**	**3518**	**51001**	**27667**	**23334**
3									
4									
5-9岁							**1**	**1**	
5									
6									
7									
8									
9							1	1	
10-14岁	**8**	**5**	**3**	**15**	**6**	**9**	**124**	**61**	**63**
10									
11							1		1
12									
13	2	1	1	3	1	2	45	25	20
14	6	4	2	12	5	7	78	36	42
15-19岁	**338**	**215**	**123**	**745**	**486**	**259**	**2135**	**1262**	**873**
15	23	14	9	51	34	17	210	110	100
16	54	35	19	140	91	49	371	207	164
17	79	49	30	202	130	72	470	277	193
18	89	55	34	184	125	59	535	330	205
19	93	62	31	168	106	62	549	338	211
20-24岁	**524**	**356**	**168**	**872**	**520**	**352**	**3630**	**2015**	**1615**
20	106	68	38	179	102	77	646	378	268
21	105	82	23	164	93	71	632	357	275
22	91	60	31	218	139	79	794	439	355
23	97	66	31	146	93	53	782	435	347
24	125	80	45	165	93	72	776	406	370
25-29岁	**779**	**450**	**329**	**957**	**548**	**409**	**5685**	**2883**	**2802**
25	138	78	60	187	115	72	855	452	403
26	114	71	43	136	85	51	888	454	434
27	157	91	66	191	100	91	1123	568	555
28	183	106	77	210	120	90	1339	668	671
29	187	104	83	233	128	105	1480	741	739
30-34岁	**1139**	**651**	**488**	**1363**	**744**	**619**	**8806**	**4324**	**4482**
30	261	153	108	344	183	161	2054	995	1059
31	264	147	117	281	164	117	1883	902	981
32	206	122	84	290	157	133	1758	891	867
33	238	139	99	252	128	124	1739	828	911
34	170	90	80	196	112	84	1372	708	664
35-39岁	**768**	**415**	**353**	**804**	**441**	**363**	**5227**	**2671**	**2556**
35	162	78	84	176	92	84	1025	510	515
36	138	74	64	179	95	84	956	491	465
37	155	82	73	164	89	75	1071	523	548
38	167	98	69	134	82	52	1105	564	541
39	146	83	63	151	83	68	1070	583	487
40-44岁	**640**	**345**	**295**	**643**	**358**	**285**	**4614**	**2397**	**2217**
40	143	72	71	157	83	74	948	475	473
41	118	67	51	123	71	52	1032	551	481
42	134	74	60	116	60	56	943	480	463
43	113	57	56	123	68	55	822	425	397
44	132	75	57	124	76	48	869	466	403
45-49岁	**624**	**360**	**264**	**642**	**374**	**268**	**4742**	**2447**	**2295**
45	107	57	50	91	49	42	848	436	412
46	138	77	61	136	88	48	988	469	519
47	110	64	46	112	70	42	926	493	433
48	148	95	53	137	80	57	1024	555	469
49	121	67	54	166	87	79	956	494	462
50岁及以上	**2187**	**1332**	**855**	**2420**	**1466**	**954**	**16037**	**9606**	**6431**

3-2　续表 8　　　　单位：人

年　龄	大学专科								
	合　　计			在　　校			毕　　业		
	合计	男	女	小计	男	女	小计	男	女
总　计	**694717**	**354588**	**340129**	**146057**	**73595**	**72462**	**528759**	**270603**	**258156**
3									
4									
5—9岁									
5									
6									
7									
8									
9									
10—14岁	**79**	**25**	**54**	**71**	**21**	**50**	**6**	**4**	**2**
10	1	1		1	1				
11	3	1	2	2	1	1	1		1
12	6	3	3	4	2	2	1	1	
13	10	3	7	8	2	6	2	1	1
14	59	17	42	56	15	41	2	2	
15—19岁	**80186**	**41394**	**38792**	**74712**	**38469**	**36243**	**4867**	**2572**	**2295**
15	2407	1370	1037	2334	1319	1015	63	44	19
16	4820	2752	2068	4642	2658	1984	158	84	74
17	9679	5261	4418	9111	4973	4138	486	243	243
18	25841	13325	12516	24287	12478	11809	1361	720	641
19	37439	18686	18753	34338	17041	17297	2799	1481	1318
20—24岁	**123784**	**60937**	**62847**	**63981**	**31563**	**32418**	**57325**	**28108**	**29217**
20	36441	18064	18377	30382	15061	15321	5616	2756	2860
21	27059	13485	13574	16980	8436	8544	9599	4809	4790
22	23393	11393	12000	9334	4558	4776	13557	6573	6984
23	19546	9491	10055	4723	2265	2458	14298	6970	7328
24	17345	8504	8841	2562	1243	1319	14255	7000	7255
25—29岁	**98005**	**47538**	**50467**	**5208**	**2498**	**2710**	**89540**	**43424**	**46116**
25	17729	8630	9099	1887	898	989	15309	7455	7854
26	16540	8058	8482	1153	565	588	14856	7227	7629
27	19106	9301	9805	911	459	452	17548	8517	9031
28	21518	10382	11136	686	318	368	20082	9708	10374
29	23112	11167	11945	571	258	313	21745	10517	11228
30—34岁	**131195**	**63227**	**67968**	**1177**	**576**	**601**	**125495**	**60505**	**64990**
30	31296	15037	16259	494	253	241	29693	14266	15427
31	29257	13965	15292	265	132	133	27978	13364	14614
32	25975	12457	13518	172	73	99	24939	11968	12971
33	25458	12293	13165	155	69	86	24406	11793	12613
34	19209	9475	9734	91	49	42	18479	9114	9365
35—39岁	**71915**	**35686**	**36229**	**327**	**165**	**162**	**69170**	**34307**	**34863**
35	14742	7445	7297	71	39	32	14157	7150	7007
36	14012	6965	7047	57	24	33	13491	6713	6778
37	14678	7226	7452	53	28	25	14142	6947	7195
38	15416	7637	7779	76	41	35	14815	7323	7492
39	13067	6413	6654	70	33	37	12565	6174	6391
40—44岁	**55364**	**27871**	**27493**	**198**	**91**	**107**	**53307**	**26799**	**26508**
40	12100	5912	6188	49	26	23	11657	5695	5962
41	12619	6301	6318	48	18	30	12169	6074	6095
42	11125	5595	5530	35	16	19	10722	5367	5355
43	9798	4976	4822	29	8	21	9411	4778	4633
44	9722	5087	4635	37	23	14	9348	4885	4463
45—49岁	**45788**	**24355**	**21433**	**159**	**83**	**76**	**44124**	**23458**	**20666**
45	9101	4767	4334	32	16	16	8773	4597	4176
46	9959	5223	4736	28	13	15	9600	5030	4570
47	9439	4991	4448	40	24	16	9111	4811	4300
48	9070	4882	4188	27	12	15	8709	4686	4023
49	8219	4492	3727	32	18	14	7931	4334	3597
50岁及以上	**88401**	**53555**	**34846**	**224**	**129**	**95**	**84925**	**51426**	**33499**

3-2 续表 9

单位：人

年 龄	大学专科								
	肄 业			辍 学			其 他		
	小计	男	女	小计	男	女	小计	男	女
总 计	**2012**	**1122**	**890**	**608**	**341**	**267**	**17281**	**8927**	**8354**
3									
4									
5–9岁									
5									
6									
7									
8									
9									
10–14岁				**1**		**1**	**1**		**1**
10									
11									
12							1		1
13									
14				1		1			
15–19岁	**69**	**40**	**29**	**45**	**25**	**20**	**493**	**288**	**205**
15				1	1		9	6	3
16	2	1	1	2	2		16	7	9
17	11	5	6	4	2	2	67	38	29
18	16	8	8	20	10	10	157	109	48
19	40	26	14	18	10	8	244	128	116
20–24岁	**321**	**196**	**125**	**98**	**58**	**40**	**2059**	**1012**	**1047**
20	77	55	22	20	14	6	346	178	168
21	73	41	32	17	12	5	390	187	203
22	66	45	21	19	10	9	417	207	210
23	51	20	31	20	13	7	454	223	231
24	54	35	19	22	9	13	452	217	235
25–29岁	**350**	**182**	**168**	**114**	**58**	**56**	**2793**	**1376**	**1417**
25	54	28	26	18	10	8	461	239	222
26	54	29	25	25	14	11	452	223	229
27	78	36	42	18	6	12	551	283	268
28	86	51	35	26	18	8	638	287	351
29	78	38	40	27	10	17	691	344	347
30–34岁	**445**	**227**	**218**	**137**	**77**	**60**	**3941**	**1842**	**2099**
30	98	51	47	21	10	11	990	457	533
31	89	48	41	32	18	14	893	403	490
32	98	49	49	28	15	13	738	352	386
33	96	51	45	31	18	13	770	362	408
34	64	28	36	25	16	9	550	268	282
35–39岁	**233**	**124**	**109**	**59**	**28**	**31**	**2126**	**1062**	**1064**
35	40	23	17	14	6	8	460	227	233
36	48	25	23	8	4	4	408	199	209
37	44	25	19	15	9	6	424	217	207
38	55	32	23	6	4	2	464	237	227
39	46	19	27	16	5	11	370	182	188
40–44岁	**161**	**93**	**68**	**53**	**30**	**23**	**1645**	**858**	**787**
40	35	20	15	11	7	4	348	164	184
41	40	24	16	11	6	5	351	179	172
42	27	20	7	11	6	5	330	186	144
43	38	19	19	11	7	4	309	164	145
44	21	10	11	9	4	5	307	165	142
45–49岁	**132**	**71**	**61**	**33**	**19**	**14**	**1340**	**724**	**616**
45	29	19	10	5	3	2	262	132	130
46	32	16	16	9	7	2	290	157	133
47	24	11	13	8	4	4	256	141	115
48	26	13	13	7	4	3	301	167	134
49	21	12	9	4	1	3	231	127	104
50岁及以上	**301**	**189**	**112**	**68**	**46**	**22**	**2883**	**1765**	**1118**

3-2 续表 10 单位：人

年 龄	大学本科								
	合 计			在 校			毕 业		
	合计	男	女	小计	男	女	小计	男	女
总 计	**460061**	**223341**	**236720**	**134978**	**60535**	**74443**	**315682**	**158086**	**157596**
3									
4									
5－9岁									
5									
6									
7									
8									
9									
10－14岁	**9**	**1**	**8**	**8**	**1**	**7**	**1**		**1**
10									
11									
12	1		1	1		1			
13	3		3	2		2	1		1
14	5	1	4	5	1	4			
15－19岁	**45738**	**20528**	**25210**	**44694**	**19996**	**24698**	**906**	**468**	**438**
15	155	66	89	143	59	84	12	7	5
16	447	220	227	427	212	215	18	7	11
17	3155	1313	1842	3087	1276	1811	51	28	23
18	15575	7051	8524	15256	6889	8367	283	146	137
19	26406	11878	14528	25781	11560	14221	542	280	262
20－24岁	**112991**	**49991**	**63000**	**84083**	**37613**	**46470**	**27775**	**11862**	**15913**
20	30733	13750	16983	29566	13131	16435	1025	545	480
21	28063	12641	15422	25551	11471	14080	2371	1105	1266
22	23835	10426	13409	17433	7737	9696	6136	2566	3570
23	16767	7235	9532	7942	3581	4361	8531	3532	4999
24	13593	5939	7654	3591	1693	1898	9712	4114	5598
25－29岁	**69971**	**30925**	**39046**	**4784**	**2252**	**2532**	**63382**	**27869**	**35513**
25	13262	5728	7534	2032	962	1070	10926	4630	6296
26	12616	5549	7067	1112	518	594	11180	4876	6304
27	13998	6125	7873	726	339	387	12878	5616	7262
28	14950	6658	8292	535	254	281	14009	6235	7774
29	15145	6865	8280	379	179	200	14389	6512	7877
30－34岁	**82854**	**39150**	**43704**	**861**	**378**	**483**	**79890**	**37781**	**42109**
30	19512	8971	10541	370	159	211	18644	8578	10066
31	18007	8273	9734	185	83	102	17335	7953	9382
32	16236	7646	8590	113	49	64	15699	7406	8293
33	16137	7849	8288	119	50	69	15641	7618	8023
34	12962	6411	6551	74	37	37	12571	6226	6345
35－39岁	**50459**	**25344**	**25115**	**205**	**101**	**104**	**48920**	**24585**	**24335**
35	10218	5117	5101	58	30	28	9897	4967	4930
36	10085	5090	4995	32	18	14	9792	4939	4853
37	10596	5370	5226	38	19	19	10271	5206	5065
38	10812	5404	5408	42	20	22	10498	5245	5253
39	8748	4363	4385	35	14	21	8462	4228	4234
40－44岁	**32810**	**16910**	**15900**	**137**	**58**	**79**	**31730**	**16372**	**15358**
40	7413	3757	3656	27	11	16	7168	3625	3543
41	7509	3872	3637	35	12	23	7250	3741	3509
42	6561	3280	3281	31	9	22	6354	3193	3161
43	5804	3049	2755	22	10	12	5623	2963	2660
44	5523	2952	2571	22	16	6	5335	2850	2485
45－49岁	**25210**	**14370**	**10840**	**94**	**54**	**40**	**24414**	**13929**	**10485**
45	5139	2837	2302	24	18	6	4987	2740	2247
46	5417	2999	2418	20	12	8	5255	2911	2344
47	5209	2929	2280	17	6	11	5046	2846	2200
48	5046	3010	2036	17	8	9	4874	2917	1957
49	4399	2595	1804	16	10	6	4252	2515	1737
50岁及以上	**40019**	**26122**	**13897**	**112**	**82**	**30**	**38664**	**25220**	**13444**

3-2 续表 11 单位：人

年 龄	大学本科								
	肄 业			辍 学			其 他		
	小计	男	女	小计	男	女	小计	男	女
总 计	**972**	**549**	**423**	**166**	**97**	**69**	**8263**	**4074**	**4189**
3									
4									
5-9岁									
5									
6									
7									
8									
9									
10-14岁									
10									
11									
12									
13									
14									
15-19岁	**9**	**5**	**4**	**2**	**1**	**1**	**127**	**58**	**69**
15									
16							2	1	1
17	1	1					16	8	8
18	3	1	2				33	15	18
19	5	3	2	2	1	1	76	34	42
20-24岁	**98**	**57**	**41**	**18**	**13**	**5**	**1017**	**446**	**571**
20	9	6	3	3	3		130	65	65
21	13	8	5	5	1	4	123	56	67
22	19	9	10				247	114	133
23	28	19	9	6	5	1	260	98	162
24	29	15	14	4	4		257	113	144
25-29岁	**187**	**101**	**86**	**31**	**13**	**18**	**1587**	**690**	**897**
25	31	19	12	2	1	1	271	116	155
26	41	23	18	4	1	3	279	131	148
27	37	21	16	10	3	7	347	146	201
28	41	19	22	5	3	2	360	147	213
29	37	19	18	10	5	5	330	150	180
30-34岁	**223**	**115**	**108**	**43**	**23**	**20**	**1837**	**853**	**984**
30	46	23	23	10	8	2	442	203	239
31	58	31	27	12	6	6	417	200	217
32	51	28	23	8	3	5	365	160	205
33	42	21	21	6	4	2	329	156	173
34	26	12	14	7	2	5	284	134	150
35-39岁	**141**	**74**	**67**	**25**	**15**	**10**	**1168**	**569**	**599**
35	21	10	11	4	3	1	238	107	131
36	28	16	12	6	3	3	227	114	113
37	35	19	16	4	4		248	122	126
38	29	17	12	1	1		242	121	121
39	28	12	16	10	4	6	213	105	108
40-44岁	**116**	**72**	**44**	**15**	**8**	**7**	**812**	**400**	**412**
40	32	24	8	2	1	1	184	96	88
41	25	17	8	3	2	1	196	100	96
42	26	13	13	2	1	1	148	64	84
43	18	10	8	2		2	139	66	73
44	15	8	7	6	4	2	145	74	71
45-49岁	**78**	**42**	**36**	**10**	**7**	**3**	**614**	**338**	**276**
45	12	10	2	4	3	1	112	66	46
46	14	8	6	2	1	1	126	67	59
47	17	9	8	2	1	1	127	67	60
48	19	9	10	1	1		135	75	60
49	16	6	10	1	1		114	63	51
50岁及以上	**120**	**83**	**37**	**22**	**17**	**5**	**1101**	**720**	**381**

3-2 续表 12 单位：人

年 龄	硕士研究生								
	合 计			在 校			毕 业		
	合计	男	女	小计	男	女	小计	男	女
总 计	**36456**	**16986**	**19470**	**9137**	**3975**	**5162**	**26723**	**12727**	**13996**
3									
4									
5-9岁									
5									
6									
7									
8									
9									
10-14岁									
10									
11									
12									
13									
14									
15-19岁	**61**	**36**	**25**	**53**	**33**	**20**	**8**	**3**	**5**
15									
16									
17	8	8		8	8				
18	14	7	7	12	6	6	2	1	1
19	39	21	18	33	19	14	6	2	4
20-24岁	**5734**	**2378**	**3356**	**5099**	**2159**	**2940**	**583**	**195**	**388**
20	85	44	41	83	43	40	1		1
21	372	155	217	343	145	198	25	8	17
22	1249	524	725	1171	493	678	70	27	43
23	1965	795	1170	1772	732	1040	174	55	119
24	2063	860	1203	1730	746	984	313	105	208
25-29岁	**9174**	**3654**	**5520**	**3402**	**1512**	**1890**	**5630**	**2083**	**3547**
25	2054	826	1228	1376	593	783	655	223	432
26	1844	748	1096	886	391	495	931	346	585
27	1792	685	1107	569	274	295	1183	395	788
28	1751	672	1079	356	142	214	1372	523	849
29	1733	723	1010	215	112	103	1489	596	893
30-34岁	**9156**	**3885**	**5271**	**473**	**221**	**252**	**8527**	**3594**	**4933**
30	2130	871	1259	201	94	107	1896	767	1129
31	2039	813	1226	111	54	57	1893	747	1146
32	1814	797	1017	72	35	37	1710	747	963
33	1738	750	988	59	23	36	1647	708	939
34	1435	654	781	30	15	15	1381	625	756
35-39岁	**5544**	**2706**	**2838**	**69**	**28**	**41**	**5371**	**2628**	**2743**
35	1128	542	586	20	7	13	1101	533	568
36	1095	524	571	8	2	6	1065	513	552
37	1155	560	595	12	7	5	1112	538	574
38	1203	598	605	17	8	9	1164	577	587
39	963	482	481	12	4	8	929	467	462
40-44岁	**2911**	**1621**	**1290**	**25**	**10**	**15**	**2831**	**1587**	**1244**
40	765	412	353	6	2	4	742	403	339
41	756	421	335	6	3	3	738	411	327
42	592	332	260	6	2	4	574	326	248
43	452	269	183	6	2	4	436	262	174
44	346	187	159	1	1		341	185	156
45-49岁	**1565**	**1010**	**555**	**9**	**6**	**3**	**1526**	**985**	**541**
45	318	186	132	3	3		313	182	131
46	355	224	131	3	2	1	347	219	128
47	335	232	103	1		1	326	226	100
48	301	198	103	1	1		290	192	98
49	256	170	86	1		1	250	166	84
50岁及以上	**2311**	**1696**	**615**	**7**	**6**	**1**	**2247**	**1652**	**595**

3-2 续表 13 单位：人

年 龄	硕士研究生								
	肄 业			辍 学			其 他		
	小计	男	女	小计	男	女	小计	男	女
总 计	**63**	**38**	**25**	**6**	**1**	**5**	**527**	**245**	**282**
3									
4									
5－9岁									
5									
6									
7									
8									
9									
10－14岁									
10									
11									
12									
13									
14									
15－19岁									
15									
16									
17									
18									
19									
20－24岁	**8**	**5**	**3**	**1**		**1**	**43**	**19**	**24**
20							1	1	
21							4	2	2
22				1		1	7	4	3
23	6	3	3				13	5	8
24	2	2					18	7	11
25－29岁	**9**	**7**	**2**	**1**		**1**	**132**	**52**	**80**
25							23	10	13
26	2	2		1		1	24	9	15
27	3	2	1				37	14	23
28	1		1				22	7	15
29	3	3					26	12	14
30－34岁	**19**	**9**	**10**				**137**	**61**	**76**
30	6	3	3				27	7	20
31	3		3				32	12	20
32	4	2	2				28	13	15
33	3	2	1				29	17	12
34	3	2	1				21	12	9
35－39岁	**13**	**6**	**7**	**2**	**1**	**1**	**89**	**43**	**46**
35	1		1				6	2	4
36	5	3	2	1		1	16	6	10
37	3	1	2				28	14	14
38	2	1	1	1	1		19	11	8
39	2	1	1				20	10	10
40－44岁	**5**	**3**	**2**	**1**		**1**	**49**	**21**	**28**
40	3	2	1				14	5	9
41	2	1	1				10	6	4
42				1		1	11	4	7
43							10	5	5
44							4	1	3
45－49岁	**1**	**1**					**29**	**18**	**11**
45							2	1	1
46							5	3	2
47							8	6	2
48	1	1					9	4	5
49							5	4	1
50岁及以上	**8**	**7**	**1**	**1**		**1**	**48**	**31**	**17**

3-2 续表 14

单位：人

年 龄	博士研究生								
	合 计			在 校			毕 业		
	合计	男	女	小计	男	女	小计	男	女
总 计	**4181**	**2424**	**1757**	**1139**	**563**	**576**	**2937**	**1797**	**1140**
3									
4									
5–9岁									
5									
6									
7									
8									
9									
10–14岁									
10									
11									
12									
13									
14									
15–19岁	**6**	**3**	**3**	**5**	**2**	**3**	**1**	**1**	
15									
16									
17									
18									
19	6	3	3	5	2	3	1	1	
20–24岁	**205**	**91**	**114**	**174**	**79**	**95**	**27**	**11**	**16**
20	9	5	4	8	5	3	1		1
21	19	9	10	17	7	10	2	2	
22	39	19	20	31	16	15	6	3	3
23	59	21	38	50	18	32	8	2	6
24	79	37	42	68	33	35	10	4	6
25–29岁	**888**	**432**	**456**	**612**	**290**	**322**	**261**	**136**	**125**
25	118	61	57	96	51	45	19	9	10
26	162	73	89	124	56	68	36	17	19
27	195	91	104	138	66	72	54	23	31
28	215	100	115	136	59	77	75	39	36
29	198	107	91	118	58	60	77	48	29
30–34岁	**1103**	**593**	**510**	**279**	**149**	**130**	**803**	**433**	**370**
30	246	127	119	98	52	46	142	69	73
31	258	128	130	81	43	38	172	84	88
32	226	128	98	44	22	22	179	106	73
33	192	106	86	34	19	15	155	85	70
34	181	104	77	22	13	9	155	89	66
35–39岁	**723**	**435**	**288**	**49**	**29**	**20**	**650**	**393**	**257**
35	123	71	52	16	11	5	104	57	47
36	154	94	60	11	6	5	138	86	52
37	154	84	70	11	5	6	134	76	58
38	155	99	56	5	3	2	146	93	53
39	137	87	50	6	4	2	128	81	47
40–44岁	**532**	**325**	**207**	**11**	**7**	**4**	**504**	**305**	**199**
40	135	83	52	4	4		127	76	51
41	153	86	67	1	1		147	81	66
42	88	55	33	2	1	1	84	52	32
43	83	56	27	2	1	1	76	52	24
44	73	45	28	2		2	70	44	26
45–49岁	**292**	**202**	**90**	**7**	**6**	**1**	**276**	**189**	**87**
45	63	46	17	2	1	1	58	44	14
46	65	43	22	4	4		59	37	22
47	61	45	16				58	42	16
48	52	38	14	1	1		50	36	14
49	51	30	21				51	30	21
50岁及以上	**432**	**343**	**89**	**2**	**1**	**1**	**415**	**329**	**86**

3-2 续表 15

单位：人

年 龄	博士研究生								
	肄 业			辍 学			其 他		
	小计	男	女	小计	男	女	小计	男	女
总 计	**4**	**4**					**101**	**60**	**41**
3									
4									
5-9岁									
5									
6									
7									
8									
9									
10-14岁									
10									
11									
12									
13									
14									
15-19岁									
15									
16									
17									
18									
19									
20-24岁							**4**	**1**	**3**
20									
21									
22							2		2
23							1	1	
24							1		1
25-29岁							**15**	**6**	**9**
25							3	1	2
26							2		2
27							3	2	1
28							4	2	2
29							3	1	2
30-34岁	**2**	**2**					**19**	**9**	**10**
30	2	2					4	4	
31							5	1	4
32							3		3
33							3	2	1
34							4	2	2
35-39岁							**24**	**13**	**11**
35							3	3	
36							5	2	3
37							9	3	6
38							4	3	1
39							3	2	1
40-44岁							**17**	**13**	**4**
40							4	3	1
41							5	4	1
42							2	2	
43							5	3	2
44							1	1	
45-49岁							**9**	**7**	**2**
45							3	1	2
46							2	2	
47							3	3	
48							1	1	
49									
50岁及以上	**2**	**2**					**13**	**11**	**2**

3-2a 全省分年龄、性别、学业完成情况的3岁及以上各种受教育程度人口(城市)

单位：人

年龄	合计								
	合计			在校			毕业		
	合计	男	女	小计	男	女	小计	男	女
总计	**2274984**	**1124167**	**1150817**	**545563**	**283058**	**262505**	**1646691**	**802067**	**844624**
3									
4									
5-9岁	**130927**	**69795**	**61132**	**127246**	**67791**	**59455**	**2919**	**1600**	**1319**
5	3351	1763	1588	3225	1700	1525	81	42	39
6	25240	13251	11989	24557	12879	11678	534	287	247
7	33485	17724	15761	32553	17245	15308	751	384	367
8	36403	19662	16741	35343	19061	16282	853	489	364
9	32448	17395	15053	31568	16906	14662	700	398	302
10-14岁	**155851**	**84500**	**71351**	**149950**	**81123**	**68827**	**4947**	**2850**	**2097**
10	32425	17630	14795	31462	17062	14400	770	456	314
11	32119	17542	14577	31116	16986	14130	814	451	363
12	31609	17064	14545	30341	16348	13993	1105	626	479
13	30046	16262	13784	28776	15519	13257	1068	634	434
14	29652	16002	13650	28255	15208	13047	1190	683	507
15-19岁	**193447**	**101226**	**92221**	**180495**	**93493**	**87002**	**11647**	**6938**	**4709**
15	34723	18446	16277	33946	17997	15949	600	355	245
16	42668	22709	19959	41342	21873	19469	1113	702	411
17	39253	21118	18135	37029	19815	17214	1930	1112	818
18	36801	19239	17562	33220	17100	16120	3312	1970	1342
19	40002	19714	20288	34958	16708	18250	4692	2799	1893
20-24岁	**155438**	**75505**	**79933**	**80043**	**36942**	**43101**	**72319**	**36892**	**35427**
20	40367	19540	20827	32486	15199	17287	7393	4047	3346
21	34310	16625	17685	22914	10500	12414	10874	5830	5044
22	30836	14904	15932	14105	6366	7739	16083	8191	7892
23	25887	12677	13210	6882	3159	3723	18330	9172	9158
24	24038	11759	12279	3656	1718	1938	19639	9652	9987
25-29岁	**154929**	**75283**	**79646**	**5413**	**2524**	**2889**	**144243**	**70060**	**74183**
25	24986	12199	12787	2108	973	1135	22119	10819	11300
26	25450	12459	12991	1304	600	704	23328	11426	11902
27	30293	14745	15548	884	441	443	28332	13767	14565
28	35217	16955	18262	641	278	363	33327	16047	17280
29	38983	18925	20058	476	232	244	37137	18001	19136
30-34岁	**258705**	**123351**	**135354**	**1263**	**586**	**677**	**247723**	**118114**	**129609**
30	55623	26627	28996	472	213	259	53032	25392	27640
31	55154	26280	28874	293	146	147	52748	25107	27641
32	51801	24677	27124	195	83	112	49635	23656	25979
33	53269	25215	28054	188	78	110	51122	24234	26888
34	42858	20552	22306	115	66	49	41186	19725	21461
35-39岁	**182271**	**87905**	**94366**	**379**	**182**	**197**	**175044**	**84287**	**90757**
35	34226	16451	17775	87	46	41	32850	15752	17098
36	33988	16306	17682	62	26	36	32651	15644	17007
37	37422	18084	19338	66	36	30	35951	17350	18601
38	41099	19714	21385	91	41	50	39531	18949	20582
39	35536	17350	18186	73	33	40	34061	16592	17469
40-44岁	**173156**	**84257**	**88899**	**217**	**103**	**114**	**166149**	**80848**	**85301**
40	33266	16168	17098	43	23	20	31999	15539	16460
41	37799	18327	19472	52	21	31	36324	17641	18683
42	35448	17118	18330	41	18	23	33991	16426	17565
43	32700	16022	16678	40	13	27	31304	15345	15959
44	33943	16622	17321	41	28	13	32531	15897	16634
45-49岁	**193112**	**95404**	**97708**	**186**	**103**	**83**	**184362**	**91167**	**93195**
45	33873	16587	17286	40	28	12	32457	15897	16560
46	39081	19206	19875	38	22	16	37271	18339	18932
47	39539	19506	20033	40	22	18	37755	18658	19097
48	40479	20089	20390	33	16	17	38552	19151	19401
49	40140	20016	20124	35	15	20	38327	19122	19205
50岁及以上	**677148**	**326941**	**350207**	**371**	**211**	**160**	**637338**	**309311**	**328027**

3-2a 续表 1

单位：人

年 龄	合 计								
	肄 业			辍 学			其 他		
	小计	男	女	小计	男	女	小计	男	女
总 计	**8488**	**4010**	**4478**	**11414**	**5140**	**6274**	**62828**	**29892**	**32936**
3									
4									
5-9岁	**33**	**17**	**16**	**15**	**11**	**4**	**714**	**376**	**338**
5	2	1	1	2	1	1	41	19	22
6	6	5	1	2	1	1	141	79	62
7	5	3	2	2	1	1	174	91	83
8	12	4	8	4	3	1	191	105	86
9	8	4	4	5	5		167	82	85
10-14岁	**46**	**25**	**21**	**69**	**41**	**28**	**839**	**461**	**378**
10	5	3	2	8	4	4	180	105	75
11	9	6	3	8	8		172	91	81
12	7	3	4	5	2	3	151	85	66
13	11	7	4	24	16	8	167	86	81
14	14	6	8	24	11	13	169	94	75
15-19岁	**153**	**105**	**48**	**364**	**241**	**123**	**788**	**449**	**339**
15	18	12	6	52	32	20	107	50	57
16	17	14	3	68	48	20	128	72	56
17	35	24	11	94	68	26	165	99	66
18	34	21	13	76	47	29	159	101	58
19	49	34	15	74	46	28	229	127	102
20-24岁	**355**	**225**	**130**	**371**	**235**	**136**	**2350**	**1211**	**1139**
20	69	47	22	77	56	21	342	191	151
21	72	46	26	68	42	26	382	207	175
22	75	42	33	74	48	26	499	257	242
23	66	40	26	67	35	32	542	271	271
24	73	50	23	85	54	31	585	285	300
25-29岁	**506**	**292**	**214**	**508**	**297**	**211**	**4259**	**2110**	**2149**
25	82	51	31	72	46	26	605	310	295
26	89	54	35	64	41	23	665	338	327
27	93	51	42	104	55	49	880	431	449
28	119	67	52	134	81	53	996	482	514
29	123	69	54	134	74	60	1113	549	564
30-34岁	**920**	**484**	**436**	**908**	**501**	**407**	**7891**	**3666**	**4225**
30	204	115	89	204	125	79	1711	782	929
31	205	109	96	198	110	88	1710	808	902
32	186	94	92	189	100	89	1596	744	852
33	192	93	99	172	90	82	1595	720	875
34	133	73	60	145	76	69	1279	612	667
35-39岁	**619**	**316**	**303**	**652**	**346**	**306**	**5577**	**2774**	**2803**
35	107	55	52	116	69	47	1066	529	537
36	113	61	52	132	65	67	1030	510	520
37	131	65	66	137	75	62	1137	558	579
38	139	70	69	116	60	56	1222	594	628
39	129	65	64	151	77	74	1122	583	539
40-44岁	**602**	**317**	**285**	**720**	**378**	**342**	**5468**	**2611**	**2857**
40	102	58	44	142	75	67	980	473	507
41	129	64	65	146	85	61	1148	516	632
42	133	74	59	139	63	76	1144	537	607
43	124	62	62	145	75	70	1087	527	560
44	114	59	55	148	80	68	1109	558	551
45-49岁	**827**	**410**	**417**	**1015**	**495**	**520**	**6722**	**3229**	**3493**
45	129	63	66	155	72	83	1092	527	565
46	187	88	99	208	106	102	1377	651	726
47	166	85	81	210	98	112	1368	643	725
48	192	93	99	228	118	110	1474	711	763
49	153	81	72	214	101	113	1411	697	714
50岁及以上	**4427**	**1819**	**2608**	**6792**	**2595**	**4197**	**28220**	**13005**	**15215**

3-2a 续表 2　　　　单位：人

年龄	小学								
	合计			在校			毕业		
	合计	男	女	小计	男	女	小计	男	女
总计	**357242**	**167303**	**189939**	**195871**	**105229**	**90642**	**143798**	**55518**	**88280**
3									
4									
5-9岁	**128741**	**68575**	**60166**	**125301**	**66714**	**58587**	**2727**	**1478**	**1249**
5	3351	1763	1588	3225	1700	1525	81	42	39
6	24858	13045	11813	24215	12695	11520	502	270	232
7	33001	17453	15548	32112	16996	15116	718	365	353
8	35784	19310	16474	34800	18760	16040	789	444	345
9	31747	17004	14743	30949	16563	14386	637	357	280
10-14岁	**72476**	**39633**	**32843**	**70304**	**38388**	**31916**	**1738**	**998**	**740**
10	31172	16919	14253	30323	16420	13903	677	401	276
11	28080	15369	12711	27296	14932	12364	639	357	282
12	10552	5939	4613	10156	5713	4443	335	188	147
13	1893	989	904	1807	935	872	48	31	17
14	779	417	362	722	388	334	39	21	18
15-19岁	**594**	**336**	**258**	**154**	**78**	**76**	**335**	**198**	**137**
15	77	38	39	27	14	13	29	12	17
16	93	52	41	43	25	18	40	22	18
17	121	68	53	32	13	19	63	39	24
18	121	66	55	22	10	12	84	49	35
19	182	112	70	30	16	14	119	76	43
20-24岁	**762**	**464**	**298**	**35**	**21**	**14**	**643**	**385**	**258**
20	147	97	50	14	11	3	117	75	42
21	141	85	56	9	5	4	119	70	49
22	151	83	68	7	3	4	126	69	57
23	146	95	51	4	2	2	123	81	42
24	177	104	73	1		1	158	90	68
25-29岁	**1334**	**751**	**583**	**6**	**3**	**3**	**1209**	**678**	**531**
25	192	106	86	2		2	167	95	72
26	219	120	99	1	1		193	107	86
27	247	141	106	1		1	225	124	101
28	310	172	138	1	1		279	154	125
29	366	212	154	1	1		345	198	147
30-34岁	**3633**	**1925**	**1708**	**6**	**3**	**3**	**3304**	**1754**	**1550**
30	659	362	297	3	2	1	598	325	273
31	671	362	309				612	325	287
32	733	381	352	1		1	672	353	319
33	847	436	411	2	1	1	766	397	369
34	723	384	339				656	354	302
35-39岁	**3300**	**1543**	**1757**	**5**		**5**	**3009**	**1395**	**1614**
35	583	279	304	1		1	535	256	279
36	610	278	332	1		1	544	244	300
37	629	312	317				578	283	295
38	781	342	439	2		2	719	316	403
39	697	332	365	1		1	633	296	337
40-44岁	**5277**	**2391**	**2886**	**1**		**1**	**4797**	**2161**	**2636**
40	783	339	444				704	297	407
41	1037	491	546				944	447	497
42	1070	468	602				975	426	549
43	1080	506	574				984	454	530
44	1307	587	720	1		1	1190	537	653
45-49岁	**9949**	**4437**	**5512**	**4**	**2**	**2**	**9040**	**4041**	**4999**
45	1415	606	809	2	1	1	1292	555	737
46	1893	904	989	1	1		1694	808	886
47	1971	877	1094				1804	806	998
48	2254	983	1271				2036	896	1140
49	2416	1067	1349	1		1	2214	976	1238
50岁及以上	**131176**	**47248**	**83928**	**55**	**20**	**35**	**116996**	**42430**	**74566**

3-2a 续表 3

单位：人

年 龄	小学								
	肄业			辍学			其他		
	小计	男	女	小计	男	女	小计	男	女
总 计	**2279**	**761**	**1518**	**4591**	**1607**	**2984**	**10703**	**4188**	**6515**
3									
4									
5-9岁	**32**	**17**	**15**	**15**	**11**	**4**	**666**	**355**	**311**
5	2	1	1	2	1	1	41	19	22
6	6	5	1	2	1	1	133	74	59
7	5	3	2	2	1	1	164	88	76
8	11	4	7	4	3	1	180	99	81
9	8	4	4	5	5		148	75	73
10-14岁	**14**	**7**	**7**	**32**	**21**	**11**	**388**	**219**	**169**
10	4	2	2	8	4	4	160	92	68
11	8	5	3	7	7		130	68	62
12	1		1	4	2	2	56	36	20
13	1		1	11	7	4	26	16	10
14				2	1	1	16	7	9
15-19岁	**9**	**4**	**5**	**35**	**24**	**11**	**61**	**32**	**29**
15	3	1	2	8	7	1	10	4	6
16				4	2	2	6	3	3
17	2	1	1	9	7	2	15	8	7
18	2	1	1	5	2	3	8	4	4
19	2	1	1	9	6	3	22	13	9
20-24岁	**8**	**7**	**1**	**31**	**24**	**7**	**45**	**27**	**18**
20	1	1		7	6	1	8	4	4
21	2	2		7	7		4	1	3
22	2	1	1	5	4	1	11	6	5
23	1	1		8	3	5	10	8	2
24	2	2		4	4		12	8	4
25-29岁	**20**	**12**	**8**	**39**	**28**	**11**	**60**	**30**	**30**
25	8	6	2	5	2	3	10	3	7
26	6	3	3	5	4	1	14	5	9
27	2	1	1	10	10		9	6	3
28				12	9	3	18	8	10
29	4	2	2	7	3	4	9	8	1
30-34岁	**36**	**20**	**16**	**88**	**49**	**39**	**199**	**99**	**100**
30	8	6	2	19	13	6	31	16	15
31	5	3	2	18	10	8	36	24	12
32	5	2	3	14	8	6	41	18	23
33	10	4	6	19	10	9	50	24	26
34	8	5	3	18	8	10	41	17	24
35-39岁	**31**	**20**	**11**	**74**	**36**	**38**	**181**	**92**	**89**
35	4		4	10	6	4	33	17	16
36	4	2	2	15	10	5	46	22	24
37	8	6	2	18	9	9	25	14	11
38	6	5	1	16	5	11	38	16	22
39	9	7	2	15	6	9	39	23	16
40-44岁	**67**	**26**	**41**	**140**	**71**	**69**	**272**	**133**	**139**
40	9	1	8	26	14	12	44	27	17
41	11	3	8	24	16	8	58	25	33
42	8	6	2	31	11	20	56	25	31
43	15	9	6	23	12	11	58	31	27
44	24	7	17	36	18	18	56	25	31
45-49岁	**122**	**64**	**58**	**252**	**110**	**142**	**531**	**220**	**311**
45	11	4	7	37	15	22	73	31	42
46	41	22	19	53	29	24	104	44	60
47	24	12	12	41	15	26	102	44	58
48	24	9	15	62	30	32	132	48	84
49	22	17	5	59	21	38	120	53	67
50岁及以上	**1940**	**584**	**1356**	**3885**	**1233**	**2652**	**8300**	**2981**	**5319**

3-2a 续表 4

单位：人

年 龄	初 中								
	合 计			在 校			毕 业		
	合计	男	女	小计	男	女	小计	男	女
总 计	**682867**	**337535**	**345332**	**94017**	**51363**	**42654**	**555261**	**269790**	**285471**
3									
4									
5-9岁	**2184**	**1219**	**965**	**1944**	**1077**	**867**	**192**	**122**	**70**
5									
6	382	206	176	342	184	158	32	17	15
7	484	271	213	441	249	192	33	19	14
8	618	352	266	542	301	241	64	45	19
9	700	390	310	619	343	276	63	41	22
10-14岁	**78751**	**42625**	**36126**	**75246**	**40609**	**34637**	**3017**	**1750**	**1267**
10	1252	710	542	1138	641	497	93	55	38
11	4032	2169	1863	3817	2052	1765	172	92	80
12	21047	11118	9929	20175	10628	9547	770	438	332
13	27352	14882	12470	26245	14228	12017	955	574	381
14	25068	13746	11322	23871	13060	10811	1027	591	436
15-19岁	**21495**	**12677**	**8818**	**16469**	**9473**	**6996**	**4549**	**2911**	**1638**
15	10588	6105	4483	10122	5819	4303	377	240	137
16	4227	2492	1735	3490	2001	1489	636	424	212
17	2518	1476	1042	1506	846	660	910	557	353
18	2064	1277	787	800	475	325	1188	750	438
19	2098	1327	771	551	332	219	1438	940	498
20-24岁	**13967**	**8021**	**5946**	**154**	**95**	**59**	**12974**	**7426**	**5548**
20	2149	1317	832	55	34	21	1953	1194	759
21	2441	1451	990	34	22	12	2256	1341	915
22	3013	1755	1258	29	22	7	2814	1633	1181
23	3106	1764	1342	26	10	16	2924	1662	1262
24	3258	1734	1524	10	7	3	3027	1596	1431
25-29岁	**27939**	**14578**	**13361**	**55**	**24**	**31**	**26238**	**13688**	**12550**
25	3695	2003	1692	15	5	10	3463	1877	1586
26	4042	2166	1876	13	8	5	3808	2037	1771
27	5488	2901	2587	13	7	6	5116	2703	2413
28	6837	3452	3385	9	1	8	6426	3251	3175
29	7877	4056	3821	5	3	2	7425	3820	3605
30-34岁	**62041**	**30020**	**32021**	**31**	**17**	**14**	**58525**	**28317**	**30208**
30	12665	6340	6325	10	5	5	11896	5942	5954
31	13042	6423	6619	6	4	2	12289	6060	6229
32	12419	5963	6456	7	3	4	11702	5630	6072
33	13063	6146	6917	3	1	2	12370	5827	6543
34	10852	5148	5704	5	4	1	10268	4858	5410
35-39岁	**50679**	**24090**	**26589**	**18**	**10**	**8**	**47917**	**22679**	**25238**
35	8852	4160	4692	3	2	1	8381	3904	4477
36	8913	4173	4740	4	2	2	8409	3918	4491
37	10332	4980	5352	3	2	1	9756	4696	5060
38	11771	5609	6162	4	2	2	11169	5311	5858
39	10811	5168	5643	4	2	2	10202	4850	5352
40-44岁	**59497**	**28212**	**31285**	**12**	**5**	**7**	**56374**	**26738**	**29636**
40	10519	5058	5461				9989	4795	5194
41	12491	5863	6628	4	3	1	11862	5587	6275
42	12312	5806	6506	4	1	3	11630	5486	6144
43	11638	5501	6137	3	1	2	11007	5204	5803
44	12537	5984	6553	1		1	11886	5666	6220
45-49岁	**79295**	**37785**	**41510**	**17**	**8**	**9**	**74861**	**35609**	**39252**
45	13178	6275	6903	2	1	1	12456	5909	6547
46	15587	7362	8225	4	1	3	14693	6929	7764
47	16068	7627	8441	6	5	1	15147	7184	7963
48	16872	8023	8849	3		3	15896	7552	8344
49	17590	8498	9092	2	1	1	16669	8035	8634
50岁及以上	**287019**	**138308**	**148711**	**71**	**45**	**26**	**270614**	**130550**	**140064**

3-2a 续表 5 单位：人

年龄	初中								
	肄业			辍学			其他		
	小计	男	女	小计	男	女	小计	男	女
总计	**3264**	**1664**	**1600**	**4968**	**2508**	**2460**	**25357**	**12210**	**13147**
3									
4									
5-9岁	**1**		**1**				**47**	**20**	**27**
5									
6							8	5	3
7							10	3	7
8	1		1				11	6	5
9							18	6	12
10-14岁	**32**	**18**	**14**	**34**	**20**	**14**	**422**	**228**	**194**
10	1	1					20	13	7
11	1	1		1	1		41	23	18
12	6	3	3	1		1	95	49	46
13	10	7	3	12	9	3	130	64	66
14	14	6	8	20	10	10	136	79	57
15-19岁	**62**	**48**	**14**	**186**	**121**	**65**	**229**	**124**	**105**
15	9	8	1	31	16	15	49	22	27
16	11	9	2	40	28	12	50	30	20
17	18	15	3	44	33	11	40	25	15
18	9	7	2	30	20	10	37	25	12
19	15	9	6	41	24	17	53	22	31
20-24岁	**87**	**57**	**30**	**179**	**118**	**61**	**573**	**325**	**248**
20	15	8	7	37	29	8	89	52	37
21	14	12	2	34	20	14	103	56	47
22	21	10	11	31	21	10	118	69	49
23	15	9	6	33	20	13	108	63	45
24	22	18	4	44	28	16	155	85	70
25-29岁	**154**	**96**	**58**	**252**	**143**	**109**	**1240**	**627**	**613**
25	21	14	7	31	20	11	165	87	78
26	26	17	9	29	18	11	166	86	80
27	36	24	12	50	24	26	273	143	130
28	34	19	15	66	37	29	302	144	158
29	37	22	15	76	44	32	334	167	167
30-34岁	**340**	**186**	**154**	**488**	**279**	**209**	**2657**	**1221**	**1436**
30	75	48	27	115	75	40	569	270	299
31	77	37	40	105	55	50	565	267	298
32	71	33	38	96	51	45	543	246	297
33	68	36	32	97	56	41	525	226	299
34	49	32	17	75	42	33	455	212	243
35-39岁	**246**	**127**	**119**	**394**	**210**	**184**	**2104**	**1064**	**1040**
35	40	23	17	63	37	26	365	194	171
36	45	26	19	80	38	42	375	189	186
37	51	23	28	82	43	39	440	216	224
38	53	25	28	73	38	35	472	233	239
39	57	30	27	96	54	42	452	232	220
40-44岁	**266**	**145**	**121**	**417**	**225**	**192**	**2428**	**1099**	**1329**
40	41	25	16	76	43	33	413	195	218
41	61	30	31	90	50	40	474	193	281
42	70	42	28	85	41	44	523	236	287
43	48	22	26	86	44	42	494	230	264
44	46	26	20	80	47	33	524	245	279
45-49岁	**426**	**210**	**216**	**603**	**298**	**305**	**3388**	**1660**	**1728**
45	67	36	31	97	47	50	556	282	274
46	86	37	49	118	54	64	686	341	345
47	92	51	41	140	70	70	683	317	366
48	104	48	56	133	69	64	736	354	382
49	77	38	39	115	58	57	727	366	361
50岁及以上	**1650**	**777**	**873**	**2415**	**1094**	**1321**	**12269**	**5842**	**6427**

3-2a　续表 6　　　　单位：人

年　龄	高中								
	合　计			在　校			毕　业		
	合计	男	女	小计	男	女	小计	男	女
总　计	**565897**	**289691**	**276206**	**117781**	**62635**	**55146**	**429727**	**217609**	**212118**
3									
4									
5-9岁	**2**	**1**	**1**	**1**		**1**			
5									
6									
7									
8	1		1	1		1			
9	1	1							
10-14岁	**4597**	**2231**	**2366**	**4377**	**2117**	**2260**	**188**	**100**	**88**
10									
11	5	3	2	2	1	1	2	2	
12	10	7	3	10	7	3			
13	797	390	407	721	355	366	64	29	35
14	3785	1831	1954	3644	1754	1890	122	69	53
15-19岁	**112063**	**59970**	**52093**	**106936**	**56918**	**50018**	**4615**	**2732**	**1883**
15	22871	11661	11210	22628	11535	11093	179	92	87
16	36035	18857	17178	35559	18575	16984	381	224	157
17	31010	16757	14253	30105	16244	13861	766	427	339
18	15187	8632	6555	13659	7715	5944	1416	849	567
19	6960	4063	2897	4985	2849	2136	1873	1140	733
20-24岁	**24519**	**13894**	**10625**	**6281**	**3507**	**2774**	**17424**	**9921**	**7503**
20	5650	3240	2410	2985	1710	1275	2540	1455	1085
21	4717	2650	2067	1552	846	706	3033	1721	1312
22	4870	2786	2084	932	498	434	3772	2188	1584
23	4620	2640	1980	530	303	227	3903	2236	1667
24	4662	2578	2084	282	150	132	4176	2321	1855
25-29岁	**35362**	**18678**	**16684**	**66**	**35**	**31**	**33677**	**17794**	**15883**
25	5075	2773	2302	14	8	6	4829	2640	2189
26	5474	2974	2500	17	11	6	5226	2833	2393
27	6877	3637	3240	11	6	5	6542	3474	3068
28	8323	4321	4002	15	8	7	7925	4105	3820
29	9613	4973	4640	9	2	7	9155	4742	4413
30-34岁	**65848**	**32473**	**33375**	**38**	**15**	**23**	**62937**	**31047**	**31890**
30	13998	7015	6983	11	4	7	13382	6713	6669
31	13945	6903	7042	9	2	7	13297	6580	6717
32	13137	6512	6625	6	4	2	12554	6217	6337
33	13855	6765	7090	7	1	6	13260	6500	6760
34	10913	5278	5635	5	4	1	10444	5037	5407
35-39岁	**47066**	**22666**	**24400**	**16**	**6**	**10**	**45094**	**21663**	**23431**
35	8616	4158	4458	3	2	1	8219	3961	4258
36	8470	4113	4357	3	1	2	8122	3933	4189
37	9445	4503	4942	3	1	2	9064	4314	4750
38	10861	5141	5720	5	2	3	10420	4923	5497
39	9674	4751	4923	2		2	9269	4532	4737
40-44岁	**50089**	**24478**	**25611**	**18**	**11**	**7**	**48196**	**23530**	**24666**
40	9217	4486	4731	5	3	2	8878	4327	4551
41	10918	5345	5573	3	2	1	10497	5138	5359
42	10340	5057	5283	4	1	3	9953	4871	5082
43	9501	4704	4797	2	1	1	9122	4512	4610
44	10113	4886	5227	4	4		9746	4682	5064
45-49岁	**55962**	**27529**	**28433**	**12**	**8**	**4**	**53841**	**26531**	**27310**
45	9736	4740	4996	3	3		9405	4586	4819
46	11192	5416	5776	2	2		10742	5222	5520
47	11620	5760	5860	2	2		11178	5550	5628
48	11810	5822	5988	2	1	1	11362	5600	5762
49	11604	5791	5813	3		3	11154	5573	5581
50岁及以上	**170389**	**87771**	**82618**	**36**	**18**	**18**	**163755**	**84291**	**79464**

3-2a 续表 7 单位：人

年龄	高中								
	肄业			辍学			其他		
	小计	男	女	小计	男	女	小计	男	女
总计	**1699**	**910**	**789**	**1615**	**893**	**722**	**15075**	**7644**	**7431**
3									
4									
5-9岁							**1**	**1**	
5									
6									
7									
8									
9							1	1	
10-14岁				**3**		**3**	**29**	**14**	**15**
10									
11							1		1
12									
13				1		1	11	6	5
14				2		2	17	8	9
15-19岁	**50**	**32**	**18**	**132**	**92**	**40**	**330**	**196**	**134**
15	6	3	3	12	8	4	46	23	23
16	6	5	1	24	18	6	65	35	30
17	12	7	5	41	28	13	86	51	35
18	16	9	7	35	23	12	61	36	25
19	10	8	2	20	15	5	72	51	21
20-24岁	**74**	**49**	**25**	**133**	**75**	**58**	**607**	**342**	**265**
20	10	6	4	27	16	11	88	53	35
21	20	13	7	26	15	11	86	55	31
22	10	4	6	33	20	13	123	76	47
23	17	13	4	19	7	12	151	81	70
24	17	13	4	28	17	11	159	77	82
25-29岁	**149**	**89**	**60**	**175**	**105**	**70**	**1295**	**655**	**640**
25	28	17	11	31	21	10	173	87	86
26	20	14	6	24	16	8	187	100	87
27	30	15	15	39	20	19	255	122	133
28	35	22	13	43	25	18	305	161	144
29	36	21	15	38	23	15	375	185	190
30-34岁	**258**	**140**	**118**	**265**	**134**	**131**	**2350**	**1137**	**1213**
30	53	31	22	61	31	30	491	236	255
31	66	39	27	53	33	20	520	249	271
32	45	24	21	65	32	33	467	235	232
33	55	27	28	41	15	26	492	222	270
34	39	19	20	45	23	22	380	195	185
35-39岁	**188**	**95**	**93**	**152**	**85**	**67**	**1616**	**817**	**799**
35	37	17	20	39	24	15	318	154	164
36	33	18	15	29	14	15	283	147	136
37	38	19	19	29	18	11	311	151	160
38	45	21	24	24	14	10	367	181	186
39	35	20	15	31	15	16	337	184	153
40-44岁	**168**	**88**	**80**	**146**	**75**	**71**	**1561**	**774**	**787**
40	31	16	15	35	15	20	268	125	143
41	33	17	16	30	18	12	355	170	185
42	38	18	20	20	11	9	325	156	169
43	35	17	18	34	18	16	308	156	152
44	31	20	11	27	13	14	305	167	138
45-49岁	**177**	**86**	**91**	**146**	**79**	**67**	**1786**	**825**	**961**
45	33	13	20	19	10	9	276	128	148
46	41	19	22	33	20	13	374	153	221
47	31	14	17	26	12	14	383	182	201
48	41	26	15	30	17	13	375	178	197
49	31	14	17	38	20	18	378	184	194
50岁及以上	**635**	**331**	**304**	**463**	**248**	**215**	**5500**	**2883**	**2617**

3-2a 续表 8　　　　单位：人

年龄	大学专科								
	合计			在校			毕业		
	合计	男	女	小计	男	女	小计	男	女
总计	**365016**	**183565**	**181451**	**62100**	**31409**	**30691**	**294690**	**147994**	**146696**
3									
4									
5-9岁									
5									
6									
7									
8									
9									
10-14岁	**23**	**11**	**12**	**19**	**9**	**10**	**4**	**2**	**2**
10	1	1		1	1				
11	2	1	1	1	1		1		1
12									
13	2	1	1	1	1		1		1
14	18	8	10	16	6	10	2	2	
15-19岁	**35647**	**18220**	**17427**	**33685**	**17213**	**16472**	**1801**	**909**	**892**
15	1122	616	506	1105	604	501	14	10	4
16	2121	1230	891	2064	1196	868	51	31	20
17	4159	2253	1906	3967	2161	1806	172	80	92
18	11491	5909	5582	10918	5611	5307	516	258	258
19	16754	8212	8542	15631	7641	7990	1048	530	518
20-24岁	**53242**	**26378**	**26864**	**26174**	**13038**	**13136**	**26210**	**12894**	**13316**
20	15988	7881	8107	13492	6702	6790	2341	1088	1253
21	11583	5824	5759	7095	3566	3529	4319	2174	2145
22	9709	4746	4963	3313	1640	1673	6217	3012	3205
23	8262	4097	4165	1507	737	770	6575	3266	3309
24	7700	3830	3870	767	393	374	6758	3354	3404
25-29岁	**45529**	**22114**	**23415**	**1362**	**703**	**659**	**43051**	**20855**	**22196**
25	7853	3841	4012	512	266	246	7173	3487	3686
26	7617	3759	3858	299	150	149	7132	3512	3620
27	8732	4303	4429	231	130	101	8292	4064	4228
28	10120	4859	5261	168	79	89	9682	4650	5032
29	11207	5352	5855	152	78	74	10772	5142	5630
30-34岁	**68888**	**32236**	**36652**	**400**	**198**	**202**	**66596**	**31180**	**35416**
30	15376	7177	8199	152	83	69	14766	6894	7872
31	15071	7030	8041	95	51	44	14558	6788	7770
32	13876	6494	7382	64	21	43	13437	6300	7137
33	13837	6428	7409	55	22	33	13408	6232	7176
34	10728	5107	5621	34	21	13	10427	4966	5461
35-39岁	**42069**	**20185**	**21884**	**147**	**79**	**68**	**40842**	**19597**	**21245**
35	8366	4049	4317	34	22	12	8103	3915	4188
36	8128	3878	4250	24	9	15	7899	3776	4123
37	8750	4167	4583	20	12	8	8502	4045	4457
38	9207	4403	4804	36	17	19	8947	4282	4665
39	7618	3688	3930	33	19	14	7391	3579	3812
40-44岁	**33478**	**16323**	**17155**	**86**	**42**	**44**	**32587**	**15876**	**16711**
40	7064	3374	3690	17	11	6	6882	3282	3600
41	7553	3649	3904	24	8	16	7362	3558	3804
42	6749	3251	3498	12	8	4	6579	3161	3418
43	6117	2990	3127	18	4	14	5936	2904	3032
44	5995	3059	2936	15	11	4	5828	2971	2857
45-49岁	**29040**	**14946**	**14094**	**90**	**49**	**41**	**28224**	**14534**	**13690**
45	5726	2881	2845	19	12	7	5561	2806	2755
46	6337	3255	3082	16	8	8	6163	3163	3000
47	5964	3048	2916	20	12	8	5810	2971	2839
48	5779	3001	2778	19	10	9	5602	2905	2697
49	5234	2761	2473	16	7	9	5088	2689	2399
50岁及以上	**57100**	**33152**	**23948**	**137**	**78**	**59**	**55375**	**32147**	**23228**

3-2a 续表 9 单位：人

年 龄	大学专科								
	肄 业			辍 学			其 他		
	小计	男	女	小计	男	女	小计	男	女
总 计	**786**	**424**	**362**	**181**	**95**	**86**	**7259**	**3643**	**3616**
3									
4									
5-9岁									
5									
6									
7									
8									
9									
10-14岁									
10									
11									
12									
13									
14									
15-19岁	**30**	**19**	**11**	**10**	**4**	**6**	**121**	**75**	**46**
15				1	1		2	1	1
16							6	3	3
17	3	1	2				17	11	6
18	7	4	3	6	2	4	44	34	10
19	20	14	6	3	1	2	52	26	26
20-24岁	**146**	**89**	**57**	**23**	**13**	**10**	**689**	**344**	**345**
20	40	29	11	4	3	1	111	59	52
21	34	18	16	1		1	134	66	68
22	34	24	10	5	3	2	140	67	73
23	19	8	11	5	3	2	156	83	73
24	19	10	9	8	4	4	148	69	79
25-29岁	**108**	**58**	**50**	**34**	**19**	**15**	**974**	**479**	**495**
25	15	7	8	5	3	2	148	78	70
26	17	10	7	6	3	3	163	84	79
27	15	7	8	3	1	2	191	101	90
28	33	19	14	11	9	2	226	102	124
29	28	15	13	9	3	6	246	114	132
30-34岁	**173**	**79**	**94**	**50**	**27**	**23**	**1669**	**752**	**917**
30	46	20	26	5	2	3	407	178	229
31	35	16	19	16	9	7	367	166	201
32	35	17	18	11	7	4	329	149	180
33	34	15	19	12	6	6	328	153	175
34	23	11	12	6	3	3	238	106	132
35-39岁	**81**	**42**	**39**	**19**	**7**	**12**	**980**	**460**	**520**
35	13	8	5	3	1	2	213	103	110
36	13	6	7	3	1	2	189	86	103
37	21	11	10	7	4	3	200	95	105
38	22	13	9	1	1		201	90	111
39	12	4	8	5		5	177	86	91
40-44岁	**53**	**31**	**22**	**15**	**6**	**9**	**737**	**368**	**369**
40	7	5	2	4	3	1	154	73	81
41	13	8	5	2	1	1	152	74	78
42	6	4	2	3		3	149	78	71
43	20	11	9	2	1	1	141	70	71
44	7	3	4	4	1	3	141	73	68
45-49岁	**57**	**26**	**31**	**10**	**6**	**4**	**659**	**331**	**328**
45	13	6	7	1		1	132	57	75
46	10	5	5	3	3		145	76	69
47	10	4	6	3	1	2	121	60	61
48	12	4	8	2	1	1	144	81	63
49	12	7	5	1	1		117	57	60
50岁及以上	**138**	**80**	**58**	**20**	**13**	**7**	**1430**	**834**	**596**

3-2a　续表 10　　　　单位：人

年　龄	大学本科								
	合　计			在　校			毕　业		
	合计	男	女	小计	男	女	小计	男	女
总　计	**276157**	**132690**	**143467**	**70596**	**30189**	**40407**	**201007**	**100204**	**100803**
3									
4									
5-9岁									
5									
6									
7									
8									
9									
10-14岁	**4**		**4**	**4**		**4**			
10									
11									
12									
13	2		2	2		2			
14	2		2	2		2			
15-19岁	**23615**	**10004**	**13611**	**23224**	**9794**	**13430**	**341**	**186**	**155**
15	65	26	39	64	25	39	1	1	
16	192	78	114	186	76	110	5	1	4
17	1442	561	881	1416	548	868	19	9	10
18	7932	3351	4581	7815	3285	4530	108	64	44
19	13984	5988	7996	13743	5860	7883	208	111	97
20-24岁	**59960**	**25543**	**34417**	**44804**	**19207**	**25597**	**14700**	**6144**	**8556**
20	16396	6987	9409	15905	6725	9180	441	235	206
21	15255	6554	8701	14069	6006	8063	1131	519	612
22	12480	5267	7213	9252	3950	5302	3115	1275	1840
23	8715	3671	5044	3898	1738	2160	4691	1889	2802
24	7114	3064	4050	1680	788	892	5322	2226	3096
25-29岁	**38735**	**16798**	**21937**	**1874**	**867**	**1007**	**36160**	**15606**	**20554**
25	6958	2994	3964	821	379	442	6031	2559	3472
26	6938	2993	3945	446	213	233	6349	2712	3637
27	7758	3313	4445	265	126	139	7353	3132	4221
28	8411	3691	4720	202	89	113	8055	3532	4523
29	8670	3807	4863	140	60	80	8372	3671	4701
30-34岁	**51052**	**23581**	**27471**	**379**	**160**	**219**	**49627**	**22934**	**26693**
30	11377	5097	6280	141	51	90	11017	4955	6062
31	10836	4915	5921	78	36	42	10529	4765	5764
32	10169	4684	5485	53	25	28	9890	4554	5336
33	10246	4823	5423	64	27	37	9974	4697	5277
34	8424	4062	4362	43	21	22	8217	3963	4254
35-39岁	**34138**	**16936**	**17202**	**117**	**52**	**65**	**33323**	**16541**	**16782**
35	6847	3337	3510	33	15	18	6671	3257	3414
36	6889	3390	3499	19	10	9	6729	3311	3418
37	7228	3625	3603	21	11	10	7059	3538	3521
38	7361	3652	3709	27	12	15	7190	3566	3624
39	5813	2932	2881	17	4	13	5674	2869	2805
40-44岁	**22024**	**11278**	**10746**	**75**	**33**	**42**	**21474**	**11002**	**10472**
40	4954	2511	2443	12	4	8	4842	2451	2391
41	5062	2571	2491	16	5	11	4934	2509	2425
42	4425	2217	2208	16	6	10	4317	2171	2146
43	3932	2059	1873	13	5	8	3835	2014	1821
44	3651	1920	1731	18	13	5	3546	1857	1689
45-49岁	**17350**	**9719**	**7631**	**52**	**29**	**23**	**16914**	**9487**	**7427**
45	3505	1890	1615	11	9	2	3434	1849	1585
46	3730	2055	1675	11	7	4	3644	2008	1636
47	3589	1974	1615	11	3	8	3496	1931	1565
48	3481	2067	1414	7	3	4	3383	2012	1371
49	3045	1733	1312	12	7	5	2957	1687	1270
50岁及以上	**29279**	**18831**	**10448**	**67**	**47**	**20**	**28468**	**18304**	**10164**

3-2a 续表 11　　　　单位：人

年龄	大学本科								
	肄业			辍学			其他		
	小计	男	女	小计	男	女	小计	男	女
总计	**422**	**227**	**195**	**57**	**36**	**21**	**4075**	**2034**	**2041**
3									
4									
5-9岁									
5									
6									
7									
8									
9									
10-14岁									
10									
11									
12									
13									
14									
15-19岁	**2**	**2**		**1**		**1**	**47**	**22**	**25**
15									
16							1	1	
17							7	4	3
18							9	2	7
19	2	2		1		1	30	15	15
20-24岁	**35**	**20**	**15**	**5**	**5**		**416**	**167**	**249**
20	3	3		2	2		45	22	23
21	2	1	1				53	28	25
22	8	3	5				105	39	66
23	11	8	3	2	2		113	34	79
24	11	5	6	1	1		100	44	56
25-29岁	**73**	**35**	**38**	**8**	**2**	**6**	**620**	**288**	**332**
25	10	7	3				96	49	47
26	20	10	10				123	58	65
27	9	3	6	2		2	129	52	77
28	17	7	10	2	1	1	135	62	73
29	17	8	9	4	1	3	137	67	70
30-34岁	**101**	**54**	**47**	**17**	**12**	**5**	**928**	**421**	**507**
30	18	8	10	4	4		197	79	118
31	21	14	7	6	3	3	202	97	105
32	26	16	10	3	2	1	197	87	110
33	24	11	13	3	3		181	85	96
34	12	5	7	1		1	151	73	78
35-39岁	**67**	**29**	**38**	**11**	**7**	**4**	**620**	**307**	**313**
35	13	7	6	1	1		129	57	72
36	15	7	8	4	2	2	122	60	62
37	13	6	7	1	1		134	69	65
38	11	5	6	1	1		132	68	64
39	15	4	11	4	2	2	103	53	50
40-44岁	**44**	**25**	**19**	**2**	**1**	**1**	**429**	**217**	**212**
40	12	10	2	1		1	87	46	41
41	9	5	4				103	52	51
42	11	4	7				81	36	45
43	6	3	3				78	37	41
44	6	3	3	1	1		80	46	34
45-49岁	**44**	**23**	**21**	**4**	**2**	**2**	**336**	**178**	**158**
45	5	4	1	1		1	54	28	26
46	9	5	4	1		1	65	35	30
47	9	4	5				73	36	37
48	10	5	5	1	1		80	46	34
49	11	5	6	1	1		64	33	31
50岁及以上	**56**	**39**	**17**	**9**	**7**	**2**	**679**	**434**	**245**

3-2a　续表 12　　　　　单位：人

年　龄	硕士研究生								
	合　计			在　校			毕　业		
	合计	男	女	小计	男	女	小计	男	女
总　计	**25110**	**11809**	**13301**	**4627**	**1961**	**2666**	**20135**	**9681**	**10454**
3									
4									
5—9岁									
5									
6									
7									
8									
9									
10—14岁									
10									
11									
12									
13									
14									
15—19岁	**29**	**16**	**13**	**24**	**15**	**9**	**5**	**1**	**4**
15									
16									
17	3	3		3	3				
18	6	4	2	6	4	2			
19	20	9	11	15	8	7	5	1	4
20—24岁	**2895**	**1163**	**1732**	**2520**	**1040**	**1480**	**353**	**115**	**238**
20	32	16	16	31	15	16			
21	167	58	109	150	53	97	15	4	11
22	595	257	338	559	245	314	36	12	24
23	1011	399	612	895	361	534	110	36	74
24	1090	433	657	885	366	519	192	63	129
25—29岁	**5562**	**2137**	**3425**	**1749**	**755**	**994**	**3746**	**1351**	**2395**
25	1158	450	708	703	289	414	444	155	289
26	1083	418	665	470	197	273	601	216	385
27	1079	399	680	286	137	149	772	256	516
28	1102	407	695	182	74	108	910	328	582
29	1140	463	677	108	58	50	1019	396	623
30—34岁	**6571**	**2770**	**3801**	**259**	**116**	**143**	**6220**	**2618**	**3602**
30	1404	573	831	107	46	61	1279	524	755
31	1438	570	868	59	26	33	1359	539	820
32	1332	566	766	39	18	21	1271	537	734
33	1296	553	743	38	17	21	1240	527	713
34	1101	508	593	16	9	7	1071	491	580
35—39岁	**4492**	**2173**	**2319**	**48**	**21**	**27**	**4374**	**2120**	**2254**
35	883	425	458	9	4	5	868	419	449
36	865	404	461	4	1	3	846	397	449
37	925	436	489	11	6	5	894	419	475
38	1006	501	505	14	6	8	978	487	491
39	813	407	406	10	4	6	788	398	390
40—44岁	**2382**	**1324**	**1058**	**16**	**7**	**9**	**2330**	**1301**	**1029**
40	624	334	290	6	2	4	604	326	278
41	618	340	278	4	2	2	607	335	272
42	488	280	208	4	2	2	476	274	202
43	368	218	150	2	1	1	361	215	146
44	284	152	132				282	151	131
45—49岁	**1299**	**838**	**461**	**8**	**5**	**3**	**1271**	**820**	**451**
45	264	157	107	2	2		262	155	107
46	293	182	111	3	2	1	287	178	109
47	279	187	92	1		1	273	184	89
48	248	167	81	1	1		240	162	78
49	215	145	70	1		1	209	141	68
50岁及以上	**1880**	**1388**	**492**	**3**	**2**	**1**	**1836**	**1355**	**481**

3-2a 续表 13 单位：人

年 龄	硕士研究生								
	肄 业			辍 学			其 他		
	小计	男	女	小计	男	女	小计	男	女
总 计	**36**	**22**	**14**	**2**	**1**	**1**	**310**	**144**	**166**
3									
4									
5-9岁									
5									
6									
7									
8									
9									
10-14岁									
10									
11									
12									
13									
14									
15-19岁									
15									
16									
17									
18									
19									
20-24岁	**5**	**3**	**2**				**17**	**5**	**12**
20							1	1	
21							2	1	1
22									
23	3	1	2				3	1	2
24	2	2					11	2	9
25-29岁	**2**	**2**					**65**	**29**	**36**
25							11	6	5
26							12	5	7
27	1	1					20	5	15
28							10	5	5
29	1	1					12	8	4
30-34岁	**11**	**4**	**7**				**81**	**32**	**49**
30	3	1	2				15	2	13
31	1		1				19	5	14
32	4	2	2				18	9	9
33	1		1				17	9	8
34	2	1	1				12	7	5
35-39岁	**6**	**3**	**3**	**2**	**1**	**1**	**62**	**28**	**34**
35							6	2	4
36	3	2	1	1		1	11	4	7
37							20	11	9
38	2	1	1	1	1		11	6	5
39	1		1				14	5	9
40-44岁	**4**	**2**	**2**				**32**	**14**	**18**
40	2	1	1				12	5	7
41	2	1	1				5	2	3
42							8	4	4
43							5	2	3
44							2	1	1
45-49岁	**1**	**1**					**19**	**12**	**7**
45									
46							3	2	1
47							5	3	2
48	1	1					6	3	3
49							5	4	1
50岁及以上	**7**	**7**					**34**	**24**	**10**

3–2a　续表 14　　　　　　　　　　　　　　　　　　　　　　　　　　单位：人

年　龄	博士研究生								
	合　计			在　校			毕　业		
	合计	男	女	小计	男	女	小计	男	女
总　计	**2695**	**1574**	**1121**	**571**	**272**	**299**	**2073**	**1271**	**802**
3									
4									
5–9岁									
5									
6									
7									
8									
9									
10–14岁									
10									
11									
12									
13									
14									
15–19岁	**4**	**3**	**1**	**3**	**2**	**1**	**1**	**1**	
15									
16									
17									
18									
19	4	3	1	3	2	1	1	1	
20–24岁	**93**	**42**	**51**	**75**	**34**	**41**	**15**	**7**	**8**
20	5	2	3	4	2	2	1		1
21	6	3	3	5	2	3	1	1	
22	18	10	8	13	8	5	3	2	1
23	27	11	16	22	8	14	4	2	2
24	37	16	21	31	14	17	6	2	4
25–29岁	**468**	**227**	**241**	**301**	**137**	**164**	**162**	**88**	**74**
25	55	32	23	41	26	15	12	6	6
26	77	29	48	58	20	38	19	9	10
27	112	51	61	77	35	42	32	14	18
28	114	53	61	64	26	38	50	27	23
29	110	62	48	61	30	31	49	32	17
30–34岁	**672**	**346**	**326**	**150**	**77**	**73**	**514**	**264**	**250**
30	144	63	81	48	22	26	94	39	55
31	151	77	74	46	27	19	104	50	54
32	135	77	58	25	12	13	109	65	44
33	125	64	61	19	9	10	104	54	50
34	117	65	52	12	7	5	103	56	47
35–39岁	**527**	**312**	**215**	**28**	**14**	**14**	**485**	**292**	**193**
35	79	43	36	4	1	3	73	40	33
36	113	70	43	7	3	4	102	65	37
37	113	61	52	8	4	4	98	55	43
38	112	66	46	3	2	1	108	64	44
39	110	72	38	6	4	2	104	68	36
40–44岁	**409**	**251**	**158**	**9**	**5**	**4**	**391**	**240**	**151**
40	105	66	39	3	3		100	61	39
41	120	68	52	1	1		118	67	51
42	64	39	25	1		1	61	37	24
43	64	44	20	2	1	1	59	42	17
44	56	34	22	2		2	53	33	20
45–49岁	**217**	**150**	**67**	**3**	**2**	**1**	**211**	**145**	**66**
45	49	38	11	1		1	47	37	10
46	49	32	17	1	1		48	31	17
47	48	33	15				47	32	15
48	35	26	9	1	1		33	24	9
49	36	21	15				36	21	15
50岁及以上	**305**	**243**	**62**	**2**	**1**	**1**	**294**	**234**	**60**

3-2a 续表 15 单位：人

年龄	博士研究生								
	肄业			辍学			其他		
	小计	男	女	小计	男	女	小计	男	女
总计	**2**	**2**					**49**	**29**	**20**
3									
4									
5-9岁									
5									
6									
7									
8									
9									
10-14岁									
10									
11									
12									
13									
14									
15-19岁									
15									
16									
17									
18									
19									
20-24岁							**3**	**1**	**2**
20									
21									
22							2		2
23							1	1	
24									
25-29岁							**5**	**2**	**3**
25							2		2
26									
27							3	2	1
28									
29									
30-34岁	**1**	**1**					**7**	**4**	**3**
30	1	1					1	1	
31							1		1
32							1		1
33							2	1	1
34							2	2	
35-39岁							**14**	**6**	**8**
35							2	2	
36							4	2	2
37							7	2	5
38							1		1
39									
40-44岁							**9**	**6**	**3**
40							2	2	
41							1		1
42							2	2	
43							3	1	2
44							1	1	
45-49岁							**3**	**3**	
45							1	1	
46									
47							1	1	
48							1	1	
49									
50岁及以上	**1**	**1**					**8**	**7**	**1**

3-2b 全省分年龄、性别、学业完成情况的3岁及以上各种受教育程度人口(镇)

单位：人

年 龄	合计								
	合 计			在 校			毕 业		
	合计	男	女	小计	男	女	小计	男	女
总 计	**2601084**	**1323568**	**1277516**	**697803**	**371319**	**326484**	**1737057**	**871535**	**865522**
3									
4									
5-9岁	**181688**	**97831**	**83857**	**177004**	**95235**	**81769**	**3286**	**1862**	**1424**
5	6775	3652	3123	6568	3540	3028	133	75	58
6	33528	17697	15831	32694	17222	15472	549	312	237
7	44836	23938	20898	43652	23304	20348	849	469	380
8	49551	26930	22621	48278	26226	22052	915	513	402
9	46998	25614	21384	45812	24943	20869	840	493	347
10-14岁	**228319**	**123881**	**104438**	**219862**	**118842**	**101020**	**6287**	**3792**	**2495**
10	46188	24985	21203	44882	24216	20666	912	533	379
11	48178	26087	22091	46693	25206	21487	1033	626	407
12	46433	25172	21261	44735	24172	20563	1302	789	513
13	42763	23372	19391	40919	22267	18652	1409	850	559
14	44757	24265	20492	42633	22981	19652	1631	994	637
15-19岁	**260197**	**140338**	**119859**	**234031**	**124487**	**109544**	**22818**	**13821**	**8997**
15	53231	28321	24910	51481	27293	24188	1333	786	547
16	63735	34312	29423	60918	32578	28340	2341	1451	890
17	58010	31305	26705	53471	28573	24898	3913	2352	1561
18	45398	24936	20462	38243	20574	17669	6335	3841	2494
19	39823	21464	18359	29918	15469	14449	8896	5391	3505
20-24岁	**159301**	**83998**	**75303**	**59727**	**29329**	**30398**	**92344**	**50573**	**41771**
20	37729	19998	17731	23784	11805	11979	12693	7443	5250
21	32641	17331	15310	16065	7971	8094	15326	8653	6673
22	32909	17437	15472	10826	5223	5603	20558	11334	9224
23	28852	14992	13860	5803	2765	3038	21500	11392	10108
24	27170	14240	12930	3249	1565	1684	22267	11751	10516
25-29岁	**176940**	**89227**	**87713**	**5183**	**2456**	**2727**	**160434**	**80952**	**79482**
25	28676	14838	13838	1980	954	1026	24937	12921	12016
26	28457	14683	13774	1197	557	640	25493	13205	12288
27	34817	17542	17275	883	436	447	31684	15949	15735
28	40166	19925	20241	646	295	351	36883	18311	18572
29	44824	22239	22585	477	214	263	41437	20566	20871
30-34岁	**283972**	**139543**	**144429**	**1092**	**518**	**574**	**263915**	**129808**	**134107**
30	64059	31806	32253	468	224	244	59505	29566	29939
31	61430	30302	31128	230	110	120	57067	28214	28853
32	55907	27263	28644	163	78	85	52001	25317	26684
33	56941	27785	29156	149	68	81	52896	25845	27051
34	45635	22387	23248	82	38	44	42446	20866	21580
35-39岁	**188077**	**92606**	**95471**	**288**	**135**	**153**	**174440**	**85938**	**88502**
35	36191	17947	18244	68	31	37	33599	16699	16900
36	34824	17112	17712	53	27	26	32354	15925	16429
37	37660	18660	19000	54	24	30	34920	17318	17602
38	41499	20443	21056	58	26	32	38542	18975	19567
39	37903	18444	19459	55	27	28	35025	17021	18004
40-44岁	**179269**	**88840**	**90429**	**200**	**85**	**115**	**165328**	**82119**	**83209**
40	35688	17463	18225	43	21	22	32953	16179	16774
41	38948	19326	19622	47	18	29	36034	17910	18124
42	36549	18048	18501	48	13	35	33670	16697	16973
43	32970	16423	16547	28	15	13	30429	15144	15285
44	35114	17580	17534	34	18	16	32242	16189	16053
45-49岁	**206289**	**103875**	**102414**	**144**	**80**	**64**	**189471**	**95490**	**93981**
45	35309	17565	17744	33	19	14	32398	16123	16275
46	41497	20900	20597	34	19	15	38101	19187	18914
47	41882	21052	20830	30	16	14	38622	19425	19197
48	44346	22504	21842	24	10	14	40687	20651	20036
49	43255	21854	21401	23	16	7	39663	20104	19559
50岁及以上	**737032**	**363429**	**373603**	**272**	**152**	**120**	**658734**	**327180**	**331554**

3-2b 续表 1

单位：人

年 龄	合 计								
	肄 业			辍 学			其 他		
	小计	男	女	小计	男	女	小计	男	女
总 计	**17821**	**8777**	**9044**	**30148**	**14255**	**15893**	**118255**	**57682**	**60573**
3									
4									
5-9岁	**51**	**30**	**21**	**40**	**20**	**20**	**1307**	**684**	**623**
5	1	1		1		1	72	36	36
6	11	8	3	8	3	5	266	152	114
7	12	6	6	6	2	4	317	157	160
8	17	9	8	13	8	5	328	174	154
9	10	6	4	12	7	5	324	165	159
10-14岁	**86**	**56**	**30**	**173**	**111**	**62**	**1911**	**1080**	**831**
10	13	11	2	18	12	6	363	213	150
11	8	6	2	24	13	11	420	236	184
12	11	8	3	17	11	6	368	192	176
13	23	13	10	38	22	16	374	220	154
14	31	18	13	76	53	23	386	219	167
15-19岁	**273**	**163**	**110**	**805**	**531**	**274**	**2270**	**1336**	**934**
15	25	12	13	106	66	40	286	164	122
16	31	15	16	133	83	50	312	185	127
17	49	30	19	145	99	46	432	251	181
18	68	48	20	184	128	56	568	345	223
19	100	58	42	237	155	82	672	391	281
20-24岁	**745**	**478**	**267**	**1207**	**776**	**431**	**5278**	**2842**	**2436**
20	137	95	42	240	169	71	875	486	389
21	141	93	48	207	137	70	902	477	425
22	148	96	52	289	185	104	1088	599	489
23	130	72	58	231	147	84	1188	616	572
24	189	122	67	240	138	102	1225	664	561
25-29岁	**1166**	**659**	**507**	**1488**	**846**	**642**	**8669**	**4314**	**4355**
25	193	111	82	259	161	98	1307	691	616
26	174	99	75	217	122	95	1376	700	676
27	239	129	110	277	166	111	1734	862	872
28	256	153	103	332	188	144	2049	978	1071
29	304	167	137	403	209	194	2203	1083	1120
30-34岁	**1930**	**1051**	**879**	**2528**	**1337**	**1191**	**14507**	**6829**	**7678**
30	420	250	170	534	293	241	3132	1473	1659
31	401	218	183	544	274	270	3188	1486	1702
32	382	207	175	497	267	230	2864	1394	1470
33	396	229	167	562	293	269	2938	1350	1588
34	331	147	184	391	210	181	2385	1126	1259
35-39岁	**1417**	**753**	**664**	**1881**	**945**	**936**	**10051**	**4835**	**5216**
35	271	143	128	366	174	192	1887	900	987
36	262	140	122	385	188	197	1770	832	938
37	299	150	149	358	202	156	2029	966	1063
38	299	160	139	395	203	192	2205	1079	1126
39	286	160	126	377	178	199	2160	1058	1102
40-44岁	**1415**	**708**	**707**	**2154**	**1069**	**1085**	**10172**	**4859**	**5313**
40	289	143	146	373	178	195	2030	942	1088
41	312	168	144	426	222	204	2129	1008	1121
42	291	142	149	464	221	243	2076	975	1101
43	239	129	110	415	216	199	1859	919	940
44	284	126	158	476	232	244	2078	1015	1063
45-49岁	**1714**	**914**	**800**	**2920**	**1436**	**1484**	**12040**	**5955**	**6085**
45	274	151	123	468	233	235	2136	1039	1097
46	340	180	160	560	269	291	2462	1245	1217
47	322	173	149	595	285	310	2313	1153	1160
48	415	232	183	639	331	308	2581	1280	1301
49	363	178	185	658	318	340	2548	1238	1310
50岁及以上	**9024**	**3965**	**5059**	**16952**	**7184**	**9768**	**52050**	**24948**	**27102**

3-2b 续表 2 单位：人

年 龄	小 学								
	合 计			在 校			毕 业		
	合计	男	女	小计	男	女	小计	男	女
总 计	**595892**	**281168**	**314724**	**278650**	**150112**	**128538**	**268952**	**111137**	**157815**
3									
4									
5–9岁	**177884**	**95608**	**82276**	**173544**	**93236**	**80308**	**3019**	**1691**	**1328**
5	6775	3652	3123	6568	3540	3028	133	75	58
6	32871	17319	15552	32096	16883	15213	505	284	221
7	44048	23477	20571	42940	22892	20048	791	432	359
8	48506	26324	22182	47321	25674	21647	842	472	370
9	45684	24836	20848	44619	24247	20372	748	428	320
10–14岁	**107712**	**58459**	**49253**	**104555**	**56585**	**47970**	**2215**	**1339**	**876**
10	43802	23680	20122	42674	23015	19659	786	460	326
11	40780	22129	18651	39717	21480	18237	730	457	273
12	17044	9394	7650	16496	9072	7424	407	251	156
13	4337	2360	1977	4087	2212	1875	182	112	70
14	1749	896	853	1581	806	775	110	59	51
15–19岁	**1483**	**850**	**633**	**327**	**177**	**150**	**869**	**503**	**366**
15	250	137	113	106	62	44	84	45	39
16	231	132	99	73	39	34	114	65	49
17	278	164	114	64	34	30	163	98	65
18	304	168	136	33	16	17	214	120	94
19	420	249	171	51	26	25	294	175	119
20–24岁	**2180**	**1181**	**999**	**87**	**45**	**42**	**1731**	**945**	**786**
20	416	239	177	41	17	24	296	177	119
21	360	202	158	18	12	6	281	152	129
22	437	239	198	13	8	5	351	201	150
23	478	238	240	8	4	4	393	197	196
24	489	263	226	7	4	3	410	218	192
25–29岁	**3589**	**1859**	**1730**	**24**	**14**	**10**	**3063**	**1568**	**1495**
25	492	286	206	8	6	2	422	241	181
26	474	259	215	2	1	1	400	221	179
27	717	342	375	5	2	3	610	290	320
28	857	451	406	3	2	1	736	374	362
29	1049	521	528	6	3	3	895	442	453
30–34岁	**8681**	**4108**	**4573**	**16**	**6**	**10**	**7550**	**3564**	**3986**
30	1613	786	827	7		7	1405	692	713
31	1806	867	939	1	1		1561	761	800
32	1704	823	881				1495	710	785
33	1935	878	1057	5	4	1	1671	747	924
34	1623	754	869	3	1	2	1418	654	764
35–39岁	**7861**	**3610**	**4251**	**10**	**6**	**4**	**6792**	**3093**	**3699**
35	1348	652	696	1	1		1154	559	595
36	1395	657	738	4	3	1	1204	564	640
37	1537	681	856	3	1	2	1335	580	755
38	1722	777	945	1		1	1490	666	824
39	1859	843	1016	1	1		1609	724	885
40–44岁	**12921**	**5713**	**7208**	**10**	**6**	**4**	**11180**	**4918**	**6262**
40	1874	831	1043	1		1	1637	729	908
41	2552	1141	1411	2	1	1	2216	981	1235
42	2628	1179	1449	1		1	2257	1020	1237
43	2691	1201	1490	1	1		2322	1019	1303
44	3176	1361	1815	5	4	1	2748	1169	1579
45–49岁	**25069**	**10719**	**14350**	**8**	**4**	**4**	**21533**	**9159**	**12374**
45	3664	1592	2072	2	1	1	3105	1324	1781
46	4546	2039	2507	2	1	1	3920	1763	2157
47	4983	2103	2880	2	1	1	4280	1797	2483
48	5805	2463	3342				5002	2102	2900
49	6071	2522	3549	2	1	1	5226	2173	3053
50岁及以上	**248512**	**99061**	**149451**	**69**	**33**	**36**	**211000**	**84357**	**126643**

3-2b 续表 3

单位：人

年 龄	小学								
	肄业			辍学			其他		
	小计	男	女	小计	男	女	小计	男	女
总 计	**5617**	**2173**	**3444**	**12691**	**4999**	**7692**	**29982**	**12747**	**17235**
3									
4									
5-9岁	**47**	**27**	**20**	**37**	**19**	**18**	**1237**	**635**	**602**
5	1	1		1		1	72	36	36
6	10	7	3	8	3	5	252	142	110
7	12	6	6	5	2	3	300	145	155
8	15	7	8	13	8	5	315	163	152
9	9	6	3	10	6	4	298	149	149
10-14岁	**26**	**17**	**9**	**57**	**32**	**25**	**859**	**486**	**373**
10	8	7	1	16	10	6	318	188	130
11	5	4	1	14	7	7	314	181	133
12	5	3	2	8	5	3	128	63	65
13	6	2	4	8	4	4	54	30	24
14	2	1	1	11	6	5	45	24	21
15-19岁	**19**	**12**	**7**	**92**	**62**	**30**	**176**	**96**	**80**
15	3	1	2	17	9	8	40	20	20
16	3	2	1	17	12	5	24	14	10
17	4	3	1	16	13	3	31	16	15
18	6	4	2	16	7	9	35	21	14
19	3	2	1	26	21	5	46	25	21
20-24岁	**39**	**18**	**21**	**100**	**60**	**40**	**223**	**113**	**110**
20	8	6	2	21	16	5	50	23	27
21	7	1	6	13	11	2	41	26	15
22	8	1	7	21	11	10	44	18	26
23	7	4	3	24	9	15	46	24	22
24	9	6	3	21	13	8	42	22	20
25-29岁	**62**	**39**	**23**	**126**	**72**	**54**	**314**	**166**	**148**
25	12	11	1	12	7	5	38	21	17
26	4	2	2	13	6	7	55	29	26
27	9	4	5	31	13	18	62	33	29
28	20	15	5	31	22	9	67	38	29
29	17	7	10	39	24	15	92	45	47
30-34岁	**111**	**62**	**49**	**267**	**148**	**119**	**737**	**328**	**409**
30	21	14	7	53	28	25	127	52	75
31	24	12	12	58	28	30	162	65	97
32	16	6	10	45	27	18	148	80	68
33	23	14	9	65	39	26	171	74	97
34	27	16	11	46	26	20	129	57	72
35-39岁	**119**	**55**	**64**	**246**	**124**	**122**	**694**	**332**	**362**
35	21	8	13	42	18	24	130	66	64
36	21	10	11	48	24	24	118	56	62
37	29	12	17	44	28	16	126	60	66
38	24	10	14	52	29	23	155	72	83
39	24	15	9	60	25	35	165	78	87
40-44岁	**190**	**90**	**100**	**463**	**216**	**247**	**1078**	**483**	**595**
40	25	11	14	51	23	28	160	68	92
41	36	19	17	97	50	47	201	90	111
42	36	18	18	104	44	60	230	97	133
43	48	25	23	100	51	49	220	105	115
44	45	17	28	111	48	63	267	123	144
45-49岁	**350**	**165**	**185**	**944**	**422**	**522**	**2234**	**969**	**1265**
45	51	27	24	149	69	80	357	171	186
46	59	29	30	149	60	89	416	186	230
47	62	28	34	211	98	113	428	179	249
48	89	44	45	218	102	116	496	215	281
49	89	37	52	217	93	124	537	218	319
50岁及以上	**4654**	**1688**	**2966**	**10359**	**3844**	**6515**	**22430**	**9139**	**13291**

3-2b 续表 4 单位：人

年 龄	初中								
	合计			在校			毕业		
	合计	男	女	小计	男	女	小计	男	女
总 计	**1084007**	**557352**	**526655**	**143217**	**79123**	**64094**	**859990**	**437361**	**422629**
3									
4									
5-9岁	**3800**	**2219**	**1581**	**3457**	**1996**	**1461**	**266**	**170**	**96**
5									
6	657	378	279	598	339	259	44	28	16
7	788	461	327	712	412	300	58	37	21
8	1045	606	439	957	552	405	73	41	32
9	1310	774	536	1190	693	497	91	64	27
10-14岁	**111725**	**61262**	**50463**	**106697**	**58256**	**48441**	**3856**	**2320**	**1536**
10	2383	1302	1081	2205	1198	1007	126	73	53
11	7386	3956	3430	6964	3724	3240	303	169	134
12	29356	15769	13587	28207	15091	13116	895	538	357
13	37131	20415	16716	35620	19505	16115	1163	700	463
14	35469	19820	15649	33701	18738	14963	1369	840	529
15-19岁	**46589**	**27341**	**19248**	**32288**	**18488**	**13800**	**12667**	**7848**	**4819**
15	18561	10598	7963	17323	9855	7468	992	594	398
16	9722	5782	3940	7895	4614	3281	1596	1030	566
17	6162	3652	2510	3557	2055	1502	2314	1415	899
18	5848	3520	2328	2003	1140	863	3455	2133	1322
19	6296	3789	2507	1510	824	686	4310	2676	1634
20-24岁	**41731**	**23871**	**17860**	**391**	**202**	**189**	**37799**	**21614**	**16185**
20	6780	4045	2735	140	75	65	6052	3608	2444
21	7315	4236	3079	89	50	39	6616	3831	2785
22	9001	5238	3763	74	35	39	8169	4751	3418
23	9173	5146	4027	46	22	24	8356	4693	3663
24	9462	5206	4256	42	20	22	8606	4731	3875
25-29岁	**71666**	**36837**	**34829**	**121**	**58**	**63**	**65751**	**33798**	**31953**
25	10525	5673	4852	31	14	17	9593	5178	4415
26	10893	5789	5104	31	12	19	9994	5322	4672
27	14135	7352	6783	27	15	12	12981	6734	6247
28	16798	8435	8363	17	10	7	15401	7733	7668
29	19315	9588	9727	15	7	8	17782	8831	8951
30-34岁	**135446**	**65736**	**69710**	**73**	**31**	**42**	**124717**	**60561**	**64156**
30	29106	14491	14615	26	14	12	26846	13362	13484
31	28792	14066	14726	15	6	9	26468	12938	13530
32	26732	12884	13848	12	5	7	24621	11857	12764
33	27823	13340	14483	15	5	10	25605	12287	13318
34	22993	10955	12038	5	1	4	21177	10117	11060
35-39岁	**99722**	**48049**	**51673**	**48**	**20**	**28**	**91781**	**44240**	**47541**
35	18476	8805	9671	9	3	6	16986	8094	8892
36	18082	8653	9429	9	4	5	16662	7982	8680
37	19897	9743	10154	9	4	5	18329	8986	9343
38	22600	10870	11730	11	2	9	20846	10032	10814
39	20667	9978	10689	10	7	3	18958	9146	9812
40-44岁	**100668**	**48951**	**51717**	**31**	**16**	**15**	**92369**	**45020**	**47349**
40	19448	9358	10090	3	2	1	17822	8602	9220
41	21777	10558	11219	8	5	3	20049	9747	10302
42	20678	10055	10623	9	4	5	18956	9261	9695
43	18712	9103	9609	5	5		17205	8352	8853
44	20053	9877	10176	6		6	18337	9058	9279
45-49岁	**121831**	**60900**	**60931**	**37**	**23**	**14**	**111939**	**55923**	**56016**
45	20550	10030	10520	7	6	1	18860	9212	9648
46	24482	12228	12254	10	6	4	22410	11149	11261
47	24571	12303	12268	7	3	4	22644	11346	11298
48	26321	13261	13060	8	4	4	24218	12198	12020
49	25907	13078	12829	5	4	1	23807	12018	11789
50岁及以上	**350829**	**182186**	**168643**	**74**	**33**	**41**	**318845**	**165867**	**152978**

3-2b 续表 5

单位：人

年 龄	初中								
	肄业			辍学			其他		
	小计	男	女	小计	男	女	小计	男	女
总 计	**8178**	**4244**	**3934**	**14050**	**7277**	**6773**	**58572**	**29347**	**29225**
3									
4									
5-9岁	**4**	**3**	**1**	**3**	**1**	**2**	**70**	**49**	**21**
5									
6	1	1					14	10	4
7				1		1	17	12	5
8	2	2					13	11	2
9	1		1	2	1	1	26	16	10
10-14岁	**58**	**38**	**20**	**112**	**79**	**33**	**1002**	**569**	**433**
10	5	4	1	2	2		45	25	20
11	3	2	1	10	6	4	106	55	51
12	6	5	1	9	6	3	239	129	110
13	17	11	6	29	18	11	302	181	121
14	27	16	11	62	47	15	310	179	131
15-19岁	**138**	**82**	**56**	**456**	**300**	**156**	**1040**	**623**	**417**
15	13	4	9	72	46	26	161	99	62
16	14	6	8	76	45	31	141	87	54
17	28	17	11	72	49	23	191	116	75
18	34	26	8	105	74	31	251	147	104
19	49	29	20	131	86	45	296	174	122
20-24岁	**323**	**207**	**116**	**738**	**481**	**257**	**2480**	**1367**	**1113**
20	47	33	14	142	99	43	399	230	169
21	64	43	21	130	85	45	416	227	189
22	73	48	25	178	115	63	507	289	218
23	52	30	22	147	96	51	572	305	267
24	87	53	34	141	86	55	586	316	270
25-29岁	**515**	**288**	**227**	**949**	**534**	**415**	**4330**	**2159**	**2171**
25	88	42	46	158	96	62	655	343	312
26	73	41	32	145	83	62	650	331	319
27	92	52	40	165	108	57	870	443	427
28	109	64	45	215	115	100	1056	513	543
29	153	89	64	266	132	134	1099	529	570
30-34岁	**990**	**506**	**484**	**1643**	**842**	**801**	**8023**	**3796**	**4227**
30	226	129	97	332	182	150	1676	804	872
31	189	96	93	355	177	178	1765	849	916
32	200	100	100	328	169	159	1571	753	818
33	192	107	85	363	177	186	1648	764	884
34	183	74	109	265	137	128	1363	626	737
35-39岁	**771**	**407**	**364**	**1269**	**622**	**647**	**5853**	**2760**	**3093**
35	153	86	67	245	117	128	1083	505	578
36	137	71	66	249	116	133	1025	480	545
37	156	74	82	235	132	103	1168	547	621
38	161	82	79	289	140	149	1293	614	679
39	164	94	70	251	117	134	1284	614	670
40-44岁	**791**	**384**	**407**	**1384**	**681**	**703**	**6093**	**2850**	**3243**
40	153	72	81	250	118	132	1220	564	656
41	197	101	96	267	138	129	1256	567	689
42	162	70	92	295	144	151	1256	576	680
43	124	71	53	263	136	127	1115	539	576
44	155	70	85	309	145	164	1246	604	642
45-49岁	**1008**	**531**	**477**	**1706**	**870**	**836**	**7141**	**3553**	**3588**
45	155	78	77	280	144	136	1248	590	658
46	204	109	95	360	181	179	1498	783	715
47	194	103	91	338	159	179	1388	692	696
48	238	129	109	358	197	161	1499	733	766
49	217	112	105	370	189	181	1508	755	753
50岁及以上	**3580**	**1798**	**1782**	**5790**	**2867**	**2923**	**22540**	**11621**	**10919**

3-2b 续表 6

单位：人

年 龄	高中								
	合 计			在 校			毕 业		
	合计	男	女	小计	男	女	小计	男	女
总 计	**553873**	**297703**	**256170**	**179495**	**94392**	**85103**	**348883**	**189418**	**159465**
3									
4									
5-9岁	**4**	**4**		**3**	**3**		**1**	**1**	
5									
6									
7									
8									
9	4	4		3	3		1	1	
10-14岁	**8840**	**4153**	**4687**	**8572**	**3995**	**4577**	**214**	**132**	**82**
10	3	3		3	3				
11	11	2	9	11	2	9			
12	29	8	21	29	8	21			
13	1287	595	692	1206	549	657	62	37	25
14	7510	3545	3965	7323	3433	3890	152	95	57
15-19岁	**171032**	**91095**	**79937**	**162581**	**85983**	**76598**	**7288**	**4411**	**2877**
15	33628	17122	16506	33292	16935	16357	228	127	101
16	52007	27384	24623	51243	26944	24299	570	326	244
17	47278	25252	22026	45762	24350	21412	1263	750	513
18	25915	14368	11547	23507	12882	10625	2118	1299	819
19	12204	6969	5235	8777	4872	3905	3109	1909	1200
20-24岁	**35752**	**20382**	**15370**	**8058**	**4265**	**3793**	**25744**	**14970**	**10774**
20	8597	4948	3649	4077	2201	1876	4159	2527	1632
21	6659	3860	2799	1751	928	823	4564	2727	1837
22	7224	4172	3052	1112	576	536	5691	3348	2343
23	6616	3728	2888	670	344	326	5550	3156	2394
24	6656	3674	2982	448	216	232	5780	3212	2568
25-29岁	**45198**	**23887**	**21311**	**143**	**73**	**70**	**42085**	**22213**	**19872**
25	7022	3833	3189	51	31	20	6506	3527	2979
26	7235	3953	3282	28	15	13	6716	3668	3048
27	8840	4683	4157	21	10	11	8226	4364	3862
28	10434	5410	5024	22	11	11	9741	5048	4693
29	11667	6008	5659	21	6	15	10896	5606	5290
30-34岁	**70890**	**36008**	**34882**	**65**	**33**	**32**	**66168**	**33635**	**32533**
30	16461	8387	8074	27	15	12	15395	7866	7529
31	15439	7951	7488	15	7	8	14425	7462	6963
32	13963	7037	6926	11	6	5	12992	6517	6475
33	13976	6996	6980	8	3	5	13030	6528	6502
34	11051	5637	5414	4	2	2	10326	5262	5064
35-39岁	**43436**	**22209**	**21227**	**22**	**13**	**9**	**40528**	**20725**	**19803**
35	8733	4537	4196	6	3	3	8166	4261	3905
36	8136	4093	4043	6	4	2	7592	3823	3769
37	8671	4428	4243	3	1	2	8055	4121	3934
38	9353	4854	4499	4	3	1	8753	4532	4221
39	8543	4297	4246	3	2	1	7962	3988	3974
40-44岁	**38273**	**20069**	**18204**	**15**	**4**	**11**	**35719**	**18748**	**16971**
40	8201	4214	3987	3	2	1	7633	3934	3699
41	8368	4397	3971	4		4	7816	4099	3717
42	7769	4038	3731	5	1	4	7252	3778	3474
43	6832	3628	3204	2	1	1	6402	3400	3002
44	7103	3792	3311	1		1	6616	3537	3079
45-49岁	**38038**	**20316**	**17722**	**12**	**7**	**5**	**35648**	**19025**	**16623**
45	6795	3565	3230	3	1	2	6341	3329	3012
46	7895	4178	3717	2	1	1	7406	3933	3473
47	7867	4162	3705	3	3		7433	3911	3522
48	7964	4352	3612	2	1	1	7428	4038	3390
49	7517	4059	3458	2	1	1	7040	3814	3226
50岁及以上	**102410**	**59580**	**42830**	**24**	**16**	**8**	**95488**	**55558**	**39930**

3-2b 续表 7

单位：人

年 龄	高中								
	肄业			辍学			其他		
	小计	男	女	小计	男	女	小计	男	女
总 计	**2695**	**1586**	**1109**	**3126**	**1820**	**1306**	**19674**	**10487**	**9187**
3									
4									
5-9岁									
5									
6									
7									
8									
9									
10-14岁	**2**	**1**	**1**	**3**		**3**	**49**	**25**	**24**
10									
11									
12									
13				1		1	18	9	9
14	2	1	1	2		2	31	16	15
15-19岁	**97**	**61**	**36**	**238**	**159**	**79**	**828**	**481**	**347**
15	9	7	2	17	11	6	82	42	40
16	13	7	6	40	26	14	141	81	60
17	13	9	4	55	36	19	185	107	78
18	23	17	6	55	42	13	212	128	84
19	39	21	18	71	44	27	208	123	85
20-24岁	**227**	**156**	**71**	**331**	**212**	**119**	**1392**	**779**	**613**
20	52	36	16	63	44	19	246	140	106
21	36	29	7	55	36	19	253	140	113
22	44	30	14	84	57	27	293	161	132
23	37	24	13	56	38	18	303	166	137
24	58	37	21	73	37	36	297	172	125
25-29岁	**339**	**199**	**140**	**364**	**216**	**148**	**2267**	**1186**	**1081**
25	57	34	23	78	52	26	330	189	141
26	58	36	22	50	29	21	383	205	178
27	68	36	32	73	42	31	452	231	221
28	73	45	28	78	46	32	520	260	260
29	83	48	35	85	47	38	582	301	281
30-34岁	**517**	**312**	**205**	**563**	**319**	**244**	**3577**	**1709**	**1868**
30	111	71	40	140	77	63	788	358	430
31	123	72	51	120	63	57	756	347	409
32	90	61	29	116	68	48	754	385	369
33	116	69	47	122	71	51	700	325	375
34	77	39	38	65	40	25	579	294	285
35-39岁	**340**	**187**	**153**	**334**	**179**	**155**	**2212**	**1105**	**1107**
35	71	35	36	72	35	37	418	203	215
36	62	35	27	83	45	38	393	186	207
37	71	40	31	71	36	35	471	230	241
38	77	46	31	52	32	20	467	241	226
39	59	31	28	56	31	25	463	245	218
40-44岁	**295**	**147**	**148**	**280**	**157**	**123**	**1964**	**1013**	**951**
40	71	34	37	67	34	33	427	210	217
41	51	29	22	57	32	25	440	237	203
42	64	33	31	57	27	30	391	199	192
43	44	23	21	50	29	21	334	175	159
44	65	28	37	49	35	14	372	192	180
45-49岁	**261**	**162**	**99**	**252**	**134**	**118**	**1865**	**988**	**877**
45	47	29	18	34	16	18	370	190	180
46	55	30	25	47	26	21	385	188	197
47	45	30	15	43	26	17	343	192	151
48	68	47	21	60	30	30	406	236	170
49	46	26	20	68	36	32	361	182	179
50岁及以上	**617**	**361**	**256**	**761**	**444**	**317**	**5520**	**3201**	**2319**

3-2b　续表 8　　　　单位：人

年　龄	大学专科								
	合　计			在　校			毕　业		
	合计	男	女	小计	男	女	小计	男	女
总　计	**216914**	**112845**	**104069**	**45715**	**23461**	**22254**	**163414**	**85258**	**78156**
3									
4									
5–9岁									
5									
6									
7									
8									
9									
10–14岁	**40**	**6**	**34**	**37**	**5**	**32**	**1**	**1**	
10									
11	1		1	1		1			
12	4	1	3	3	1	2			
13	7	2	5	6	1	5	1	1	
14	28	3	25	27	3	24			
15–19岁	**25229**	**13347**	**11882**	**23387**	**12337**	**11050**	**1626**	**879**	**747**
15	740	437	303	715	418	297	22	16	6
16	1608	923	685	1551	894	657	51	26	25
17	3168	1740	1428	2988	1650	1338	154	76	78
18	8099	4267	3832	7592	3980	3612	439	241	198
19	11614	5980	5634	10541	5395	5146	960	520	440
20–24岁	**38792**	**19477**	**19315**	**19671**	**9871**	**9800**	**18196**	**9114**	**9082**
20	10981	5541	5440	8986	4514	4472	1823	931	892
21	8368	4236	4132	5151	2606	2545	3045	1545	1500
22	7522	3768	3754	3051	1514	1537	4292	2150	2142
23	6344	3096	3248	1579	790	789	4574	2216	2358
24	5577	2836	2741	904	447	457	4462	2272	2190
25–29岁	**32135**	**15727**	**16408**	**1890**	**896**	**994**	**28999**	**14212**	**14787**
25	5774	2889	2885	649	301	348	4921	2474	2447
26	5378	2672	2706	428	209	219	4741	2365	2376
27	6263	3011	3252	331	170	161	5695	2729	2966
28	7050	3395	3655	273	124	149	6501	3141	3360
29	7670	3760	3910	209	92	117	7141	3503	3638
30–34岁	**42233**	**20884**	**21349**	**427**	**208**	**219**	**40104**	**19863**	**20241**
30	10340	5064	5276	192	93	99	9737	4769	4968
31	9356	4637	4719	79	36	43	8894	4421	4473
32	8380	4081	4299	62	34	28	8002	3897	4105
33	8169	4062	4107	60	30	30	7757	3865	3892
34	5988	3040	2948	34	15	19	5714	2911	2803
35–39岁	**22221**	**11238**	**10983**	**114**	**51**	**63**	**21143**	**10689**	**10454**
35	4642	2413	2229	20	8	12	4424	2301	2123
36	4359	2233	2126	21	9	12	4151	2131	2020
37	4465	2240	2225	23	11	12	4252	2131	2121
38	4629	2331	2298	25	13	12	4394	2203	2191
39	4126	2021	2105	25	10	15	3922	1923	1999
40–44岁	**17209**	**8840**	**8369**	**84**	**37**	**47**	**16340**	**8395**	**7945**
40	3851	1897	1954	23	11	12	3664	1814	1850
41	3908	1989	1919	17	7	10	3726	1900	1826
42	3448	1795	1653	18	6	12	3270	1689	1581
43	2965	1555	1410	8	3	5	2810	1477	1333
44	3037	1604	1433	18	10	8	2870	1515	1355
45–49岁	**13923**	**7582**	**6341**	**44**	**20**	**24**	**13249**	**7211**	**6038**
45	2751	1492	1259	9	3	6	2615	1417	1198
46	2991	1582	1409	9	4	5	2850	1507	1343
47	2919	1571	1348	12	6	6	2785	1495	1290
48	2773	1539	1234	4		4	2627	1461	1166
49	2489	1398	1091	10	7	3	2372	1331	1041
50岁及以上	**25132**	**15744**	**9388**	**61**	**36**	**25**	**23756**	**14894**	**8862**

3-2b　续表 9　　　　单位：人

年　龄	大学专科								
	肄　业			辍　学			其　他		
	小计	男	女	小计	男	女	小计	男	女
总　计	**865**	**502**	**363**	**206**	**114**	**92**	**6714**	**3510**	**3204**
3									
4									
5-9岁									
5									
6									
7									
8									
9									
10-14岁				**1**		**1**	**1**		**1**
10									
11									
12							1		1
13									
14				1		1			
15-19岁	**14**	**6**	**8**	**18**	**9**	**9**	**184**	**116**	**68**
15							3	3	
16	1		1				5	3	2
17	4	1	3	2	1	1	20	12	8
18	2		2	8	5	3	58	41	17
19	7	5	2	8	3	5	98	57	41
20-24岁	**112**	**71**	**41**	**30**	**18**	**12**	**783**	**403**	**380**
20	25	17	8	13	9	4	134	70	64
21	25	15	10	6	5	1	141	65	76
22	17	14	3	6	2	4	156	88	68
23	23	8	15	1	1		167	81	86
24	22	17	5	4	1	3	185	99	86
25-29岁	**162**	**82**	**80**	**34**	**17**	**17**	**1050**	**520**	**530**
25	24	16	8	9	5	4	171	93	78
26	25	12	13	6	3	3	178	83	95
27	45	20	25	4	2	2	188	90	98
28	34	21	13	5	3	2	237	106	131
29	34	13	21	10	4	6	276	148	128
30-34岁	**205**	**116**	**89**	**39**	**20**	**19**	**1458**	**677**	**781**
30	39	23	16	5	3	2	367	176	191
31	34	26	8	8	4	4	341	150	191
32	53	28	25	6	3	3	257	119	138
33	47	28	19	10	5	5	295	134	161
34	32	11	21	10	5	5	198	98	100
35-39岁	**119**	**66**	**53**	**22**	**13**	**9**	**823**	**419**	**404**
35	20	13	7	6	3	3	172	88	84
36	30	16	14	4	2	2	153	75	78
37	21	12	9	5	3	2	164	83	81
38	23	14	9	2	2		185	99	86
39	25	11	14	5	3	2	149	74	75
40-44岁	**76**	**47**	**29**	**16**	**10**	**6**	**693**	**351**	**342**
40	20	12	8	4	2	2	140	58	82
41	16	10	6	4	2	2	145	70	75
42	15	12	3	5	5		140	83	57
43	14	6	8	1		1	132	69	63
44	11	7	4	2	1	1	136	71	65
45-49岁	**62**	**38**	**24**	**16**	**8**	**8**	**552**	**305**	**247**
45	14	11	3	3	2	1	110	59	51
46	17	9	8	4	2	2	111	60	51
47	13	7	6	3	2	1	106	61	45
48	11	8	3	3	2	1	128	68	60
49	7	3	4	3		3	97	57	40
50岁及以上	**115**	**76**	**39**	**30**	**19**	**11**	**1170**	**719**	**451**

3–2b 续表 10 单位：人

年龄	大学本科								
	合计			在校			毕业		
	合计	男	女	小计	男	女	小计	男	女
总计	**140526**	**69890**	**70636**	**47056**	**22584**	**24472**	**89824**	**45510**	**44314**
3									
4									
5–9岁									
5									
6									
7									
8									
9									
10–14岁	**2**	**1**	**1**	**1**	**1**		**1**		**1**
10									
11									
12									
13	1		1				1		1
14	1	1		1	1				
15–19岁	**15843**	**7693**	**8150**	**15428**	**7491**	**7937**	**367**	**179**	**188**
15	52	27	25	45	23	22	7	4	3
16	167	91	76	156	87	69	10	4	6
17	1122	495	627	1098	482	616	19	13	6
18	5226	2611	2615	5102	2554	2548	109	48	61
19	9276	4469	4807	9027	4345	4682	222	110	112
20–24岁	**38601**	**18137**	**20464**	**29475**	**14064**	**15411**	**8693**	**3870**	**4823**
20	10913	5201	5712	10498	4974	5524	363	200	163
21	9773	4724	5049	8900	4305	4595	812	396	416
22	8212	3812	4400	6096	2897	3199	2027	872	1155
23	5473	2463	3010	2790	1299	1491	2576	1117	1459
24	4230	1937	2293	1191	589	602	2915	1285	1630
25–29岁	**21550**	**9751**	**11799**	**1663**	**799**	**864**	**19122**	**8629**	**10493**
25	4158	1858	2300	699	353	346	3338	1453	1885
26	3881	1752	2129	376	164	212	3386	1530	1856
27	4335	1949	2386	270	129	141	3885	1743	2142
28	4516	2021	2495	181	90	91	4152	1862	2290
29	4660	2171	2489	137	63	74	4361	2041	2320
30–34岁	**24386**	**11779**	**12607**	**298**	**128**	**170**	**23306**	**11298**	**12008**
30	5951	2834	3117	136	60	76	5623	2680	2943
31	5489	2557	2932	68	31	37	5238	2443	2795
32	4675	2225	2450	41	14	27	4482	2145	2337
33	4625	2319	2306	34	13	21	4459	2250	2209
34	3646	1844	1802	19	10	9	3504	1780	1724
35–39岁	**13757**	**6940**	**6817**	**62**	**31**	**31**	**13187**	**6669**	**6518**
35	2762	1427	1335	17	9	8	2655	1379	1276
36	2624	1356	1268	7	5	2	2528	1310	1218
37	2849	1441	1408	12	5	7	2724	1379	1345
38	2976	1492	1484	12	5	7	2856	1434	1422
39	2546	1224	1322	14	7	7	2424	1167	1257
40–44岁	**9592**	**4926**	**4666**	**50**	**18**	**32**	**9150**	**4716**	**4434**
40	2162	1080	1082	12	5	7	2051	1020	1031
41	2181	1148	1033	14	4	10	2076	1099	977
42	1907	919	988	13	2	11	1822	887	935
43	1672	877	795	8	4	4	1602	843	759
44	1670	902	768	3	3		1599	867	732
45–49岁	**7126**	**4161**	**2965**	**38**	**21**	**17**	**6817**	**3989**	**2828**
45	1487	852	635	10	6	4	1421	810	611
46	1513	826	687	8	4	4	1451	794	657
47	1480	862	618	6	3	3	1422	829	593
48	1419	849	570	10	5	5	1349	813	536
49	1227	772	455	4	3	1	1174	743	431
50岁及以上	**9669**	**6502**	**3167**	**41**	**31**	**10**	**9181**	**6160**	**3021**

3-2b 续表 11 单位：人

年龄	大学本科								
	肄业			辍学			其他		
	小计	男	女	小计	男	女	小计	男	女
总计	**449**	**261**	**188**	**73**	**45**	**28**	**3124**	**1490**	**1634**
3									
4									
5-9岁									
5									
6									
7									
8									
9									
10-14岁									
10									
11									
12									
13									
14									
15-19岁	**5**	**2**	**3**	**1**	**1**		**42**	**20**	**22**
15									
16							1		1
17							5		5
18	3	1	2				12	8	4
19	2	1	1	1	1		24	12	12
20-24岁	**44**	**26**	**18**	**8**	**5**	**3**	**381**	**172**	**209**
20	5	3	2	1	1		46	23	23
21	9	5	4	3		3	49	18	31
22	6	3	3				83	40	43
23	11	6	5	3	3		93	38	55
24	13	9	4	1	1		110	53	57
25-29岁	**85**	**49**	**36**	**14**	**7**	**7**	**666**	**267**	**399**
25	12	8	4	2	1	1	107	43	64
26	14	8	6	2	1	1	103	49	54
27	24	16	8	4	1	3	152	60	92
28	19	8	11	3	2	1	161	59	102
29	16	9	7	3	2	1	143	56	87
30-34岁	**100**	**51**	**49**	**16**	**8**	**8**	**666**	**294**	**372**
30	21	12	9	4	3	1	167	79	88
31	29	12	17	3	2	1	151	69	82
32	23	12	11	2		2	127	54	73
33	16	9	7	2	1	1	114	46	68
34	11	6	5	5	2	3	107	46	61
35-39岁	**63**	**35**	**28**	**10**	**7**	**3**	**435**	**198**	**237**
35	6	1	5	1	1		83	37	46
36	11	7	4	1	1		77	33	44
37	19	11	8	3	3		91	43	48
38	14	8	6				94	45	49
39	13	8	5	5	2	3	90	40	50
40-44岁	**62**	**39**	**23**	**10**	**5**	**5**	**320**	**148**	**172**
40	19	13	6	1	1		79	41	38
41	12	9	3	1		1	78	36	42
42	14	9	5	2	1	1	56	20	36
43	9	4	5	1		1	52	26	26
44	8	4	4	5	3	2	55	25	30
45-49岁	**33**	**18**	**15**	**2**	**2**		**236**	**131**	**105**
45	7	6	1	2	2		47	28	19
46	5	3	2				49	25	24
47	8	5	3				44	25	19
48	9	4	5				51	27	24
49	4		4				45	26	19
50岁及以上	**57**	**41**	**16**	**12**	**10**	**2**	**378**	**260**	**118**

3-2b　续表 12　　单位：人

年　龄	硕士研究生								
	合　计			在　校			毕　业		
	合计	男	女	小计	男	女	小计	男	女
总　计	**8735**	**3965**	**4770**	**3307**	**1470**	**1837**	**5265**	**2412**	**2853**
3									
4									
5-9岁									
5									
6									
7									
8									
9									
10-14岁									
10									
11									
12									
13									
14									
15-19岁	**19**	**12**	**7**	**18**	**11**	**7**	**1**	**1**	
15									
16									
17	2	2		2	2				
18	6	2	4	6	2	4			
19	11	8	3	10	7	3	1	1	
20-24岁	**2172**	**919**	**1253**	**1980**	**852**	**1128**	**174**	**59**	**115**
20	40	23	17	40	23	17			
21	156	69	87	146	66	80	8	2	6
22	500	203	297	469	189	280	26	11	15
23	747	312	435	692	297	395	48	13	35
24	729	312	417	633	277	356	92	33	59
25-29岁	**2527**	**1044**	**1483**	**1144**	**526**	**618**	**1344**	**503**	**841**
25	663	283	380	505	235	270	153	47	106
26	538	231	307	290	135	155	242	93	149
27	476	183	293	188	90	98	277	87	190
28	442	182	260	105	38	67	330	143	187
29	408	165	243	56	28	28	342	133	209
30-34岁	**2021**	**851**	**1170**	**134**	**69**	**65**	**1843**	**757**	**1086**
30	525	207	318	53	27	26	465	177	288
31	473	188	285	30	19	11	432	164	268
32	379	173	206	24	13	11	349	157	192
33	358	156	202	15	4	11	332	144	188
34	286	127	159	12	6	6	265	115	150
35-39岁	**912**	**455**	**457**	**18**	**5**	**13**	**864**	**433**	**431**
35	197	90	107	8	1	7	189	89	100
36	193	101	92	4	1	3	184	97	87
37	203	106	97	1	1		192	102	90
38	179	89	90	3	2	1	168	82	86
39	140	69	71	2		2	131	63	68
40-44岁	**491**	**272**	**219**	**9**	**3**	**6**	**464**	**261**	**203**
40	127	69	58				124	68	56
41	131	76	55	2	1	1	124	71	53
42	96	47	49	2		2	90	47	43
43	79	47	32	4	1	3	71	43	28
44	58	33	25	1	1		55	32	23
45-49岁	**233**	**150**	**83**	**1**	**1**		**225**	**143**	**82**
45	48	26	22	1	1		45	24	21
46	54	36	18				53	35	18
47	51	41	10				48	38	10
48	48	29	19				47	28	19
49	32	18	14				32	18	14
50岁及以上	**360**	**262**	**98**	**3**	**3**		**350**	**255**	**95**

3-2b 续表 13

单位：人

年龄	硕士研究生								
	肄业			辍学			其他		
	小计	男	女	小计	男	女	小计	男	女
总计	**16**	**10**	**6**	**2**		**2**	**145**	**73**	**72**
3									
4									
5-9岁									
5									
6									
7									
8									
9									
10-14岁									
10									
11									
12									
13									
14									
15-19岁									
15									
16									
17									
18									
19									
20-24岁							**18**	**8**	**10**
20									
21							2	1	1
22							5	3	2
23							7	2	5
24							4	2	2
25-29岁	**3**	**2**	**1**	**1**		**1**	**35**	**13**	**22**
25							5	1	4
26				1		1	5	3	2
27	1	1					10	5	5
28	1		1				6	1	5
29	1	1					9	3	6
30-34岁	**7**	**4**	**3**				**37**	**21**	**16**
30	2	1	1				5	2	3
31	2		2				9	5	4
32							6	3	3
33	2	2					9	6	3
34	1	1					8	5	3
35-39岁	**5**	**3**	**2**				**25**	**14**	**11**
35									
36	1	1					4	2	2
37	3	1	2				7	2	5
38							8	5	3
39	1	1					6	5	1
40-44岁	**1**	**1**		**1**		**1**	**16**	**7**	**9**
40	1	1					2		2
41							5	4	1
42				1		1	3		3
43							4	3	1
44							2		2
45-49岁							**7**	**6**	**1**
45							2	1	1
46							1	1	
47							3	3	
48							1	1	
49									
50岁及以上							**7**	**4**	**3**

3-2b 续表 14

单位：人

年 龄	博士研究生								
	合 计			在 校			毕 业		
	合计	男	女	小计	男	女	小计	男	女
总 计	**1137**	**645**	**492**	**363**	**177**	**186**	**729**	**439**	**290**
3									
4									
5-9岁									
5									
6									
7									
8									
9									
10-14岁									
10									
11									
12									
13									
14									
15-19岁	**2**		**2**	**2**		**2**			
15									
16									
17									
18									
19	2		2	2		2			
20-24岁	**73**	**31**	**42**	**65**	**30**	**35**	**7**	**1**	**6**
20	2	1	1	2	1	1			
21	10	4	6	10	4	6			
22	13	5	8	11	4	7	2	1	1
23	21	9	12	18	9	9	3		3
24	27	12	15	24	12	12	2		2
25-29岁	**275**	**122**	**153**	**198**	**90**	**108**	**70**	**29**	**41**
25	42	16	26	37	14	23	4	1	3
26	58	27	31	42	21	21	14	6	8
27	51	22	29	41	20	21	10	2	8
28	69	31	38	45	20	25	22	10	12
29	55	26	29	33	15	18	20	10	10
30-34岁	**315**	**177**	**138**	**79**	**43**	**36**	**227**	**130**	**97**
30	63	37	26	27	15	12	34	20	14
31	75	36	39	22	10	12	49	25	24
32	74	40	34	13	6	7	60	34	26
33	55	34	21	12	9	3	42	24	18
34	48	30	18	5	3	2	42	27	15
35-39岁	**168**	**105**	**63**	**14**	**9**	**5**	**145**	**89**	**56**
35	33	23	10	7	6	1	25	16	9
36	35	19	16	2	1	1	33	18	15
37	38	21	17	3	1	2	33	19	14
38	40	30	10	2	1	1	35	26	9
39	22	12	10				19	10	9
40-44岁	**115**	**69**	**46**	**1**	**1**		**106**	**61**	**45**
40	25	14	11	1	1		22	12	10
41	31	17	14				27	13	14
42	23	15	8				23	15	8
43	19	12	7				17	10	7
44	17	11	6				17	11	6
45-49岁	**69**	**47**	**22**	**4**	**4**		**60**	**40**	**20**
45	14	8	6	1	1		11	7	4
46	16	11	5	3	3		11	6	5
47	11	10	1				10	9	1
48	16	11	5				16	11	5
49	12	7	5				12	7	5
50岁及以上	**120**	**94**	**26**				**114**	**89**	**25**

3-2b 续表 15　　　　单位：人

年龄	博士研究生								
	肄业			辍学			其他		
	小计	男	女	小计	男	女	小计	男	女
总计	**1**	**1**					**44**	**28**	**16**
3									
4									
5-9岁									
5									
6									
7									
8									
9									
10-14岁									
10									
11									
12									
13									
14									
15-19岁									
15									
16									
17									
18									
19									
20-24岁							**1**		**1**
20									
21									
22									
23									
24							1		1
25-29岁							**7**	**3**	**4**
25							1	1	
26							2		2
27									
28							2	1	1
29							2	1	1
30-34岁							**9**	**4**	**5**
30							2	2	
31							4	1	3
32							1		1
33							1	1	
34							1		1
35-39岁							**9**	**7**	**2**
35							1	1	
36									
37							2	1	1
38							3	3	
39							3	2	1
40-44岁							**8**	**7**	**1**
40							2	1	1
41							4	4	
42									
43							2	2	
44									
45-49岁							**5**	**3**	**2**
45							2		2
46							2	2	
47							1	1	
48									
49									
50岁及以上	**1**	**1**					**5**	**4**	**1**

3-2c 全省分年龄、性别、学业完成情况的3岁及以上各种受教育程度人口(乡村)

单位：人

年龄	合计								
	合计			在校			毕业		
	合计	男	女	小计	男	女	小计	男	女
总计	**3845031**	**1952132**	**1892899**	**941550**	**503326**	**438224**	**2565790**	**1287120**	**1278670**
3									
4									
5-9岁	**316731**	**168014**	**148717**	**309443**	**163900**	**145543**	**4738**	**2768**	**1970**
5	14193	7506	6687	13811	7299	6512	210	121	89
6	54875	28676	26199	53598	27982	25616	789	435	354
7	76405	40647	35758	74683	39674	35009	1161	677	484
8	86069	45934	40135	84129	44828	39301	1291	761	530
9	85189	45251	39938	83222	44117	39105	1287	774	513
10-14岁	**407767**	**221399**	**186368**	**393110**	**212669**	**180441**	**10564**	**6360**	**4204**
10	83099	44528	38571	81089	43391	37698	1350	791	559
11	88019	47410	40609	85611	45986	39625	1643	981	662
12	84117	45511	38606	81369	43897	37472	1956	1167	789
13	76620	42070	34550	73398	40117	33281	2383	1448	935
14	75912	41880	34032	71643	39278	32365	3232	1973	1259
15-19岁	**241688**	**134179**	**107509**	**192708**	**104709**	**87999**	**42674**	**25680**	**16994**
15	60772	33974	26798	56961	31652	25309	2923	1771	1152
16	53959	30111	23848	47458	26145	21313	5397	3310	2087
17	45543	25279	20264	36258	19689	16569	7957	4785	3172
18	42098	23375	18723	29000	15473	13527	11643	7031	4612
19	39316	21440	17876	23031	11750	11281	14754	8783	5971
20-24岁	**171314**	**89363**	**81951**	**40269**	**19197**	**21072**	**120153**	**64201**	**55952**
20	37921	20261	17660	16683	8219	8464	19274	10945	8329
21	33723	17907	15816	10112	4824	5288	21601	11948	9653
22	35382	18447	16935	6817	3153	3664	26238	13992	12246
23	32702	16772	15930	4143	1872	2271	26244	13637	12607
24	31586	15976	15610	2514	1129	1385	26796	13679	13117
25-29岁	**202158**	**99478**	**102680**	**4260**	**1978**	**2282**	**182072**	**89601**	**92471**
25	33141	16562	16579	1544	694	850	29063	14565	14498
26	32465	16086	16379	957	457	500	29127	14433	14694
27	39744	19578	20166	726	333	393	35950	17688	18262
28	46147	22665	23482	574	277	297	41833	20542	21291
29	50661	24587	26074	459	217	242	46099	22373	23726
30-34岁	**312613**	**152167**	**160446**	**849**	**411**	**438**	**286149**	**139074**	**147075**
30	73070	36083	36987	361	187	174	66823	32944	33879
31	68442	33218	35224	211	99	112	62652	30351	32301
32	61038	29275	31763	116	52	64	55955	26831	29124
33	61594	30119	31475	94	43	51	56414	27547	28867
34	48469	23472	24997	67	30	37	44305	21401	22904
35-39岁	**200515**	**98059**	**102456**	**179**	**92**	**87**	**182380**	**89225**	**93155**
35	38512	18663	19849	42	26	16	35122	17040	18082
36	36889	17990	18899	37	16	21	33580	16360	17220
37	39476	19304	20172	34	20	14	35975	17591	18384
38	44364	21895	22469	42	22	20	40305	19934	20371
39	41274	20207	21067	24	8	16	37398	18300	19098
40-44岁	**201780**	**99403**	**102377**	**109**	**56**	**53**	**181950**	**89778**	**92172**
40	38690	18948	19742	28	12	16	34988	17197	17791
41	42587	21106	21481	32	18	14	38500	19035	19465
42	40788	20000	20788	16	10	6	36787	18047	18740
43	37795	18484	19311	15	7	8	33963	16681	17282
44	41920	20865	21055	18	9	9	37712	18818	18894
45-49岁	**284227**	**140023**	**144204**	**129**	**62**	**67**	**254838**	**125706**	**129132**
45	43908	21722	22186	25	11	14	39379	19512	19867
46	54327	27009	27318	23	12	11	48722	24203	24519
47	57383	28322	29061	26	13	13	51423	25412	26011
48	62867	30751	32116	29	12	17	56377	27599	28778
49	65742	32219	33523	26	14	12	58937	28980	29957
50岁及以上	**1506238**	**750047**	**756191**	**494**	**252**	**242**	**1300272**	**654727**	**645545**

3-2c 续表 1

单位：人

年 龄	合 计								
	肄 业			辍 学			其 他		
	小计	男	女	小计	男	女	小计	男	女
总 计	**40803**	**19413**	**21390**	**77373**	**35404**	**41969**	**219515**	**106869**	**112646**
3									
4									
5-9岁	**140**	**73**	**67**	**120**	**70**	**50**	**2290**	**1203**	**1087**
5	8	5	3	3	2	1	161	79	82
6	27	13	14	18	10	8	443	236	207
7	27	19	8	28	15	13	506	262	244
8	39	17	22	32	19	13	578	309	269
9	39	19	20	39	24	15	602	317	285
10-14岁	**259**	**152**	**107**	**569**	**371**	**198**	**3265**	**1847**	**1418**
10	33	15	18	33	18	15	594	313	281
11	40	22	18	41	24	17	684	397	287
12	39	24	15	82	45	37	671	378	293
13	57	35	22	134	93	41	648	377	271
14	90	56	34	279	191	88	668	382	286
15-19岁	**615**	**382**	**233**	**1783**	**1138**	**645**	**3908**	**2270**	**1638**
15	61	38	23	316	209	107	511	304	207
16	103	63	40	363	235	128	638	358	280
17	140	91	49	428	274	154	760	440	320
18	156	90	66	363	224	139	936	557	379
19	155	100	55	313	196	117	1063	611	452
20-24岁	**1040**	**636**	**404**	**2019**	**1180**	**839**	**7833**	**4149**	**3684**
20	182	120	62	403	232	171	1379	745	634
21	205	132	73	381	227	154	1424	776	648
22	212	126	86	421	261	160	1694	915	779
23	211	123	88	411	240	171	1693	900	793
24	230	135	95	403	220	183	1643	813	830
25-29岁	**1453**	**758**	**695**	**2619**	**1398**	**1221**	**11754**	**5743**	**6011**
25	226	114	112	426	242	184	1882	947	935
26	228	129	99	396	224	172	1757	843	914
27	275	143	132	481	246	235	2312	1168	1144
28	350	183	167	601	309	292	2789	1354	1435
29	374	189	185	715	377	338	3014	1431	1583
30-34岁	**2422**	**1231**	**1191**	**4387**	**2290**	**2097**	**18806**	**9161**	**9645**
30	545	277	268	972	539	433	4369	2136	2233
31	560	288	272	925	481	444	4094	1999	2095
32	466	213	253	853	427	426	3648	1752	1896
33	477	263	214	852	453	399	3757	1813	1944
34	374	190	184	785	390	395	2938	1461	1477
35-39岁	**1781**	**890**	**891**	**3358**	**1659**	**1699**	**12817**	**6193**	**6624**
35	325	147	178	667	328	339	2356	1122	1234
36	305	152	153	608	300	308	2359	1162	1197
37	315	164	151	637	317	320	2515	1212	1303
38	416	219	197	718	344	374	2883	1376	1507
39	420	208	212	728	370	358	2704	1321	1383
40-44岁	**2102**	**1032**	**1070**	**3926**	**1942**	**1984**	**13693**	**6595**	**7098**
40	404	196	208	717	355	362	2553	1188	1365
41	431	233	198	778	383	395	2846	1437	1409
42	414	200	214	765	397	368	2806	1346	1460
43	406	189	217	792	380	412	2619	1227	1392
44	447	214	233	874	427	447	2869	1397	1472
45-49岁	**3341**	**1647**	**1694**	**6475**	**3079**	**3396**	**19444**	**9529**	**9915**
45	498	247	251	966	456	510	3040	1496	1544
46	662	326	336	1155	600	555	3765	1868	1897
47	673	315	358	1324	636	688	3937	1946	1991
48	715	355	360	1511	698	813	4235	2087	2148
49	793	404	389	1519	689	830	4467	2132	2335
50岁及以上	**27650**	**12612**	**15038**	**52117**	**22277**	**29840**	**125705**	**60179**	**65526**

3-2c　续表 2　　　　单位：人

年　龄	小　学								
	合　计			在　校			毕　业		
	合计	男	女	小计	男	女	小计	男	女
总　计	**1380675**	**631903**	**748772**	**508270**	**271137**	**237133**	**719571**	**298181**	**421390**
3									
4									
5-9岁	**310970**	**164768**	**146202**	**304297**	**161018**	**143279**	**4264**	**2482**	**1782**
5	14193	7506	6687	13811	7299	6512	210	121	89
6	53934	28144	25790	52767	27516	25251	708	385	323
7	75273	40037	35236	73681	39138	34543	1057	618	439
8	84482	45016	39466	82707	44014	38693	1155	674	481
9	83088	44065	39023	81331	43051	38280	1134	684	450
10-14岁	**208391**	**112814**	**95577**	**202733**	**109512**	**93221**	**3762**	**2239**	**1523**
10	79450	42475	36975	77718	41512	36206	1143	662	481
11	74775	40431	34344	72999	39385	33614	1182	700	482
12	37767	20920	16847	36647	20240	16407	744	469	275
13	11734	6499	5235	11139	6136	5003	411	244	167
14	4665	2489	2176	4230	2239	1991	282	164	118
15-19岁	**3814**	**2089**	**1725**	**793**	**409**	**384**	**2221**	**1217**	**1004**
15	670	368	302	301	165	136	232	127	105
16	701	396	305	193	102	91	343	196	147
17	685	386	299	123	65	58	411	228	183
18	832	436	396	95	38	57	573	301	272
19	926	503	423	81	39	42	662	365	297
20-24岁	**4684**	**2502**	**2182**	**109**	**52**	**57**	**3734**	**1972**	**1762**
20	955	515	440	60	29	31	705	380	325
21	827	476	351	19	10	9	650	364	286
22	938	480	458	14	6	8	775	383	392
23	995	534	461	10	5	5	787	430	357
24	969	497	472	6	2	4	817	415	402
25-29岁	**7371**	**3508**	**3863**	**44**	**21**	**23**	**6045**	**2845**	**3200**
25	1073	521	552	10	2	8	866	399	467
26	1110	547	563	10	5	5	910	445	465
27	1406	659	747	8	3	5	1154	541	613
28	1711	792	919	11	8	3	1400	642	758
29	2071	989	1082	5	3	2	1715	818	897
30-34岁	**16525**	**7427**	**9098**	**19**	**10**	**9**	**13853**	**6164**	**7689**
30	3089	1432	1657	7	4	3	2566	1173	1393
31	3356	1523	1833	7	5	2	2801	1250	1551
32	3404	1545	1859	4		4	2850	1297	1553
33	3538	1574	1964	1	1		2999	1321	1678
34	3138	1353	1785				2637	1123	1514
35-39岁	**16369**	**6739**	**9630**	**7**	**2**	**5**	**13734**	**5618**	**8116**
35	2682	1115	1567	1		1	2226	921	1305
36	2660	1129	1531				2225	927	1298
37	3257	1315	1942	2	2		2775	1113	1662
38	3826	1566	2260	1		1	3215	1314	1901
39	3944	1614	2330	3		3	3293	1343	1950
40-44岁	**28286**	**11557**	**16729**	**8**	**3**	**5**	**23817**	**9679**	**14138**
40	4115	1675	2440	2		2	3458	1409	2049
41	5443	2320	3123	2	2		4560	1930	2630
42	5765	2367	3398				4827	1957	2870
43	5945	2414	3531	2		2	4999	2040	2959
44	7018	2781	4237	2	1	1	5973	2343	3630
45-49岁	**61260**	**24135**	**37125**	**20**	**7**	**13**	**52002**	**20282**	**31720**
45	8345	3411	4934	2	1	1	7046	2859	4187
46	10778	4369	6409	4	1	3	9129	3651	5478
47	12384	4961	7423	3		3	10545	4186	6359
48	14162	5443	8719	5	3	2	12028	4562	7466
49	15591	5951	9640	6	2	4	13254	5024	8230
50岁及以上	**723005**	**296364**	**426641**	**240**	**103**	**137**	**596139**	**245683**	**350456**

3-2c 续表 3 单位：人

年龄	小学								
	肄业			辍学			其他		
	小计	男	女	小计	男	女	小计	男	女
总计	**20000**	**8036**	**11964**	**42513**	**16718**	**25795**	**90321**	**37831**	**52490**
3									
4									
5-9岁	**135**	**71**	**64**	**110**	**63**	**47**	**2164**	**1134**	**1030**
5	8	5	3	3	2	1	161	79	82
6	26	13	13	16	8	8	417	222	195
7	27	19	8	27	14	13	481	248	233
8	38	16	22	29	17	12	553	295	258
9	36	18	18	35	22	13	552	290	262
10-14岁	**101**	**56**	**45**	**199**	**118**	**81**	**1596**	**889**	**707**
10	28	13	15	32	17	15	529	271	258
11	34	18	16	32	19	13	528	309	219
12	16	11	5	37	21	16	323	179	144
13	13	9	4	49	30	19	122	80	42
14	10	5	5	49	31	18	94	50	44
15-19岁	**61**	**38**	**23**	**248**	**148**	**100**	**491**	**277**	**214**
15	6	6		44	24	20	87	46	41
16	14	7	7	59	41	18	92	50	42
17	12	10	2	52	29	23	87	54	33
18	19	10	9	52	30	22	93	57	36
19	10	5	5	41	24	17	132	70	62
20-24岁	**88**	**59**	**29**	**247**	**142**	**105**	**506**	**277**	**229**
20	18	13	5	57	33	24	115	60	55
21	22	16	6	47	29	18	89	57	32
22	14	8	6	46	29	17	89	54	35
23	19	12	7	55	31	24	124	56	68
24	15	10	5	42	20	22	89	50	39
25-29岁	**137**	**63**	**74**	**359**	**197**	**162**	**786**	**382**	**404**
25	19	6	13	53	40	13	125	74	51
26	18	9	9	55	25	30	117	63	54
27	30	15	15	64	28	36	150	72	78
28	34	18	16	78	40	38	188	84	104
29	36	15	21	109	64	45	206	89	117
30-34岁	**278**	**130**	**148**	**746**	**373**	**373**	**1629**	**750**	**879**
30	48	16	32	147	80	67	321	159	162
31	72	42	30	148	67	81	328	159	169
32	52	25	27	155	83	72	343	140	203
33	56	26	30	150	69	81	332	157	175
34	50	21	29	146	74	72	305	135	170
35-39岁	**271**	**118**	**153**	**717**	**320**	**397**	**1640**	**681**	**959**
35	51	16	35	141	63	78	263	115	148
36	33	15	18	129	64	65	273	123	150
37	43	21	22	115	56	59	322	123	199
38	65	31	34	158	59	99	387	162	225
39	79	35	44	174	78	96	395	158	237
40-44岁	**504**	**209**	**295**	**1223**	**543**	**680**	**2734**	**1123**	**1611**
40	79	30	49	180	84	96	396	152	244
41	101	52	49	246	106	140	534	230	304
42	103	41	62	246	123	123	589	246	343
43	96	35	61	279	107	172	569	232	337
44	125	51	74	272	123	149	646	263	383
45-49岁	**1037**	**445**	**592**	**2628**	**1103**	**1525**	**5573**	**2298**	**3275**
45	155	70	85	355	135	220	787	346	441
46	183	83	100	447	207	240	1015	427	588
47	205	80	125	528	223	305	1103	472	631
48	223	83	140	626	256	370	1280	539	741
49	271	129	142	672	282	390	1388	514	874
50岁及以上	**17388**	**6847**	**10541**	**36036**	**13711**	**22325**	**73202**	**30020**	**43182**

3-2c 续表 4

单位：人

年 龄	初中								
	合 计			在 校			毕 业		
	合计	男	女	小计	男	女	小计	男	女
总 计	**1902078**	**1007573**	**894505**	**266338**	**145916**	**120422**	**1478653**	**778722**	**699931**
3									
4									
5-9岁	**5753**	**3245**	**2508**	**5140**	**2881**	**2259**	**472**	**286**	**186**
5									
6	941	532	409	831	466	365	81	50	31
7	1132	610	522	1002	536	466	104	59	45
8	1585	918	667	1421	814	607	135	87	48
9	2095	1185	910	1886	1065	821	152	90	62
10-14岁	**193778**	**105663**	**88115**	**185095**	**100412**	**84683**	**6547**	**3976**	**2571**
10	3647	2052	1595	3370	1878	1492	206	129	77
11	13236	6976	6260	12606	6600	6006	459	279	180
12	46331	24578	21753	44711	23650	21061	1204	692	512
13	63872	35050	28822	61328	33500	27828	1908	1176	732
14	66692	37007	29685	63080	34784	28296	2770	1700	1070
15-19岁	**106946**	**61540**	**45406**	**74610**	**41850**	**32760**	**28643**	**17446**	**11197**
15	41732	23795	17937	38724	21930	16794	2373	1456	917
16	24270	13901	10369	19484	10930	8554	4131	2578	1553
17	15000	8634	6366	8652	4781	3871	5571	3383	2188
18	12918	7607	5311	4656	2574	2082	7457	4560	2897
19	13026	7603	5423	3094	1635	1459	9111	5469	3642
20-24岁	**78907**	**43113**	**35794**	**786**	**430**	**356**	**71283**	**38931**	**32352**
20	13206	7565	5641	283	158	125	11750	6749	5001
21	14471	8110	6361	178	86	92	13030	7319	5711
22	17039	9372	7667	140	82	58	15448	8472	6976
23	16851	8978	7873	103	59	44	15294	8127	7167
24	17340	9088	8252	82	45	37	15761	8264	7497
25-29岁	**123525**	**60790**	**62735**	**218**	**93**	**125**	**112868**	**55482**	**57386**
25	18898	9682	9216	51	23	28	17238	8827	8411
26	19331	9654	9677	53	18	35	17710	8850	8860
27	24091	11829	12262	31	11	20	22073	10815	11258
28	28619	13908	14711	48	26	22	26090	12641	13449
29	32586	15717	16869	35	15	20	29757	14349	15408
30-34岁	**214542**	**103176**	**111366**	**118**	**58**	**60**	**196468**	**94294**	**102174**
30	48454	23785	24669	32	14	18	44404	21772	22632
31	46510	22495	24015	30	15	15	42531	20530	22001
32	42144	19867	22277	20	11	9	38648	18191	20457
33	43155	20730	22425	16	11	5	39505	18926	20579
34	34279	16299	17980	20	7	13	31380	14875	16505
35-39岁	**147006**	**71162**	**75844**	**58**	**23**	**35**	**134084**	**64858**	**69226**
35	27731	13197	14534	6	4	2	25358	12058	13300
36	26926	12899	14027	16	5	11	24569	11762	12807
37	28989	14069	14920	13	7	6	26480	12825	13655
38	32887	16130	16757	20	7	13	29945	14711	15234
39	30473	14867	15606	3		3	27732	13502	14230
40-44岁	**147172**	**72840**	**74332**	**46**	**25**	**21**	**133695**	**66180**	**67515**
40	28459	13895	14564	11	6	5	25862	12660	13202
41	31150	15376	15774	11	5	6	28363	13953	14410
42	29777	14638	15139	6	4	2	27084	13309	13775
43	27463	13544	13919	8	5	3	24897	12288	12609
44	30323	15387	14936	10	5	5	27489	13970	13519
45-49岁	**199172**	**101410**	**97762**	**69**	**32**	**37**	**180802**	**92010**	**88792**
45	31390	15790	15600	15	6	9	28470	14322	14148
46	38681	19702	18979	11	7	4	35115	17849	17266
47	40185	20486	19699	15	7	8	36394	18557	17837
48	43755	22279	21476	16	6	10	39776	20229	19547
49	45161	23153	22008	12	6	6	41047	21053	19994
50岁及以上	**685277**	**384634**	**300643**	**198**	**112**	**86**	**613791**	**345259**	**268532**

3-2c 续表 5

单位：人

年龄	初中								
	肄业			辍学			其他		
	小计	男	女	小计	男	女	小计	男	女
总计	**17716**	**9480**	**8236**	**30881**	**16308**	**14573**	**108490**	**57147**	**51343**
3									
4									
5-9岁	**5**	**2**	**3**	**10**	**7**	**3**	**126**	**69**	**57**
5									
6	1		1	2	2		26	14	12
7				1	1		25	14	11
8	1	1		3	2	1	25	14	11
9	3	1	2	4	2	2	50	27	23
10-14岁	**152**	**92**	**60**	**361**	**247**	**114**	**1623**	**936**	**687**
10	5	2	3	1	1		65	42	23
11	6	4	2	9	5	4	156	88	68
12	23	13	10	45	24	21	348	199	149
13	42	25	17	84	62	22	510	287	223
14	76	48	28	222	155	67	544	320	224
15-19岁	**336**	**206**	**130**	**1143**	**743**	**400**	**2214**	**1295**	**919**
15	47	28	19	250	170	80	338	211	127
16	53	32	21	226	145	81	376	216	160
17	69	44	25	268	178	90	440	248	192
18	80	47	33	211	131	80	514	295	219
19	87	55	32	188	119	69	546	325	221
20-24岁	**644**	**377**	**267**	**1313**	**775**	**538**	**4881**	**2600**	**2281**
20	107	72	35	254	155	99	812	431	381
21	118	66	52	239	148	91	906	491	415
22	141	82	59	265	165	100	1045	571	474
23	131	71	60	270	152	118	1053	569	484
24	147	86	61	285	155	130	1065	538	527
25-29岁	**912**	**471**	**441**	**1787**	**948**	**839**	**7740**	**3796**	**3944**
25	130	72	58	291	158	133	1188	602	586
26	153	85	68	264	151	113	1151	550	601
27	163	77	86	323	175	148	1501	751	750
28	217	111	106	424	214	210	1840	916	924
29	249	126	123	485	250	235	2060	977	1083
30-34岁	**1689**	**858**	**831**	**3048**	**1593**	**1455**	**13219**	**6373**	**6846**
30	378	197	181	669	378	291	2971	1424	1547
31	385	199	186	658	340	318	2906	1411	1495
32	331	147	184	575	281	294	2570	1237	1333
33	337	185	152	603	335	268	2694	1273	1421
34	258	130	128	543	259	284	2078	1028	1050
35-39岁	**1224**	**613**	**611**	**2301**	**1153**	**1148**	**9339**	**4515**	**4824**
35	210	101	109	454	229	225	1703	805	898
36	221	111	110	410	199	211	1710	822	888
37	221	116	105	455	224	231	1820	897	923
38	292	148	144	499	248	251	2131	1016	1115
39	280	137	143	483	253	230	1975	975	1000
40-44岁	**1379**	**690**	**689**	**2461**	**1257**	**1204**	**9591**	**4688**	**4903**
40	275	140	135	479	235	244	1832	854	978
41	281	151	130	489	251	238	2006	1016	990
42	272	132	140	477	251	226	1938	942	996
43	269	132	137	465	246	219	1824	873	951
44	282	135	147	551	274	277	1991	1003	988
45-49岁	**2104**	**1082**	**1022**	**3592**	**1807**	**1785**	**12605**	**6479**	**6126**
45	314	160	154	571	296	275	2020	1006	1014
46	432	213	219	649	348	301	2474	1285	1189
47	433	215	218	749	379	370	2594	1328	1266
48	450	249	201	836	408	428	2677	1387	1290
49	475	245	230	787	376	411	2840	1473	1367
50岁及以上	**9271**	**5089**	**4182**	**14865**	**7778**	**7087**	**47152**	**26396**	**20756**

3-2c　续表 6　　　　单位：人

年　龄	高中								
	合　计			在　校			毕　业		
	合计	男	女	小计	男	女	小计	男	女
总　计	**403153**	**232300**	**170853**	**109966**	**59128**	**50838**	**270602**	**159773**	**110829**
3									
4									
5-9岁	**8**	**1**	**7**	**6**	**1**	**5**	**2**		**2**
5									
6									
7									
8	2		2	1		1	1		1
9	6	1	5	5	1	4	1		1
10-14岁	**5579**	**2914**	**2665**	**5264**	**2738**	**2526**	**254**	**144**	**110**
10	2	1	1	1	1		1		1
11	8	3	5	6	1	5	2	2	
12	16	11	5	9	6	3	7	5	2
13	1013	521	492	930	481	449	64	28	36
14	4540	2378	2162	4318	2249	2069	180	109	71
15-19岁	**105325**	**57884**	**47441**	**93612**	**50813**	**42799**	**10170**	**6129**	**4041**
15	17787	9481	8306	17388	9249	8139	287	168	119
16	27809	15164	12645	26669	14496	12173	864	507	357
17	26912	14731	12181	24751	13432	11319	1802	1081	721
18	19678	11093	8585	16133	8924	7209	3139	1914	1225
19	13139	7415	5724	8671	4712	3959	4078	2459	1619
20-24岁	**40837**	**22041**	**18796**	**10801**	**5437**	**5364**	**27774**	**15326**	**12448**
20	10849	5970	4879	5259	2748	2511	5145	2969	2176
21	8230	4503	3727	2550	1277	1273	5255	2982	2273
22	7938	4301	3637	1458	708	750	5964	3303	2661
23	7119	3776	3343	944	451	493	5733	3060	2673
24	6701	3491	3210	590	253	337	5677	3012	2665
25-29岁	**40005**	**20551**	**19454**	**173**	**85**	**88**	**37000**	**19035**	**17965**
25	6668	3477	3191	59	28	31	6126	3204	2922
26	6432	3338	3094	28	13	15	5988	3115	2873
27	7962	4119	3843	32	18	14	7376	3808	3568
28	9207	4792	4415	22	10	12	8507	4447	4060
29	9736	4825	4911	32	16	16	9003	4461	4542
30-34岁	**53376**	**27333**	**26043**	**48**	**18**	**30**	**49550**	**25347**	**24203**
30	13523	6912	6611	15	8	7	12493	6377	6116
31	11904	6031	5873	9	3	6	11105	5618	5487
32	10259	5175	5084	12	5	7	9530	4805	4725
33	10087	5256	4831	7	1	6	9377	4889	4488
34	7603	3959	3644	5	1	4	7045	3658	3387
35-39岁	**26783**	**14331**	**12452**	**12**	**6**	**6**	**24814**	**13266**	**11548**
35	5697	2983	2714	2	1	1	5287	2770	2517
36	5163	2740	2423	1		1	4772	2525	2247
37	5218	2777	2441	4	3	1	4815	2574	2241
38	5575	3025	2550	3	1	2	5198	2815	2383
39	5130	2806	2324	2	1	1	4742	2582	2160
40-44岁	**20405**	**11562**	**8843**	**14**	**8**	**6**	**18908**	**10708**	**8200**
40	4615	2559	2056	3		3	4263	2363	1900
41	4561	2588	1973	7	5	2	4247	2397	1850
42	4080	2296	1784	2	2		3780	2124	1656
43	3466	1978	1488	1		1	3212	1846	1366
44	3683	2141	1542	1	1		3406	1978	1428
45-49岁	**20197**	**12134**	**8063**	**11**	**5**	**6**	**18665**	**11222**	**7443**
45	3396	2029	1367	1		1	3128	1873	1255
46	4055	2428	1627	4	2	2	3724	2228	1496
47	4111	2404	1707				3834	2233	1601
48	4280	2590	1690	4	1	3	3947	2393	1554
49	4355	2683	1672	2	2		4032	2495	1537
50岁及以上	**90638**	**63549**	**27089**	**25**	**17**	**8**	**83465**	**58596**	**24869**

3-2c 续表 7　　单位：人

年 龄	高中								
	肄业			辍学			其他		
	小计	男	女	小计	男	女	小计	男	女
总 计	**2613**	**1633**	**980**	**3720**	**2230**	**1490**	**16252**	**9536**	**6716**
3									
4									
5-9岁									
5									
6									
7									
8									
9									
10-14岁	**6**	**4**	**2**	**9**	**6**	**3**	**46**	**22**	**24**
10									
11									
12									
13	2	1	1	1	1		16	10	6
14	4	3	1	8	5	3	30	12	18
15-19岁	**191**	**122**	**69**	**375**	**235**	**140**	**977**	**585**	**392**
15	8	4	4	22	15	7	82	45	37
16	35	23	12	76	47	29	165	91	74
17	54	33	21	106	66	40	199	119	80
18	50	29	21	94	60	34	262	166	96
19	44	33	11	77	47	30	269	164	105
20-24岁	**223**	**151**	**72**	**408**	**233**	**175**	**1631**	**894**	**737**
20	44	26	18	89	42	47	312	185	127
21	49	40	9	83	42	41	293	162	131
22	37	26	11	101	62	39	378	202	176
23	43	29	14	71	48	23	328	188	140
24	50	30	20	64	39	25	320	157	163
25-29岁	**291**	**162**	**129**	**418**	**227**	**191**	**2123**	**1042**	**1081**
25	53	27	26	78	42	36	352	176	176
26	36	21	15	62	40	22	318	149	169
27	59	40	19	79	38	41	416	215	201
28	75	39	36	89	49	40	514	247	267
29	68	35	33	110	58	52	523	255	268
30-34岁	**364**	**199**	**165**	**535**	**291**	**244**	**2879**	**1478**	**1401**
30	97	51	46	143	75	68	775	401	374
31	75	36	39	108	68	40	607	306	301
32	71	37	34	109	57	52	537	271	266
33	67	43	24	89	42	47	547	281	266
34	54	32	22	86	49	37	413	219	194
35-39岁	**240**	**133**	**107**	**318**	**177**	**141**	**1399**	**749**	**650**
35	54	26	28	65	33	32	289	153	136
36	43	21	22	67	36	31	280	158	122
37	46	23	23	64	35	29	289	142	147
38	45	31	14	58	36	22	271	142	129
39	52	32	20	64	37	27	270	154	116
40-44岁	**177**	**110**	**67**	**217**	**126**	**91**	**1089**	**610**	**479**
40	41	22	19	55	34	21	253	140	113
41	34	21	13	36	21	15	237	144	93
42	32	23	9	39	22	17	227	125	102
43	34	17	17	39	21	18	180	94	86
44	36	27	9	48	28	20	192	107	85
45-49岁	**186**	**112**	**74**	**244**	**161**	**83**	**1091**	**634**	**457**
45	27	15	12	38	23	15	202	118	84
46	42	28	14	56	42	14	229	128	101
47	34	20	14	43	32	11	200	119	81
48	39	22	17	47	33	14	243	141	102
49	44	27	17	60	31	29	217	128	89
50岁及以上	**935**	**640**	**295**	**1196**	**774**	**422**	**5017**	**3522**	**1495**

3-2c　续表 8

单位：人

年　龄	大学专科								
	合　计			在　校			毕　业		
	合计	男	女	小计	男	女	小计	男	女
总　计	**112787**	**58178**	**54609**	**38242**	**18725**	**19517**	**70655**	**37351**	**33304**
3									
4									
5–9岁									
5									
6									
7									
8									
9									
10–14岁	**16**	**8**	**8**	**15**	**7**	**8**	**1**	**1**	
10									
11									
12	2	2		1	1		1	1	
13	1		1	1		1			
14	13	6	7	13	6	7			
15–19岁	**19310**	**9827**	**9483**	**17640**	**8919**	**8721**	**1440**	**784**	**656**
15	545	317	228	514	297	217	27	18	9
16	1091	599	492	1027	568	459	56	27	29
17	2352	1268	1084	2156	1162	994	160	87	73
18	6251	3149	3102	5777	2887	2890	406	221	185
19	9071	4494	4577	8166	4005	4161	791	431	360
20–24岁	**31750**	**15082**	**16668**	**18136**	**8654**	**9482**	**12919**	**6100**	**6819**
20	9472	4642	4830	7904	3845	4059	1452	737	715
21	7108	3425	3683	4734	2264	2470	2235	1090	1145
22	6162	2879	3283	2970	1404	1566	3048	1411	1637
23	4940	2298	2642	1637	738	899	3149	1488	1661
24	4068	1838	2230	891	403	488	3035	1374	1661
25–29岁	**20341**	**9697**	**10644**	**1956**	**899**	**1057**	**17490**	**8357**	**9133**
25	4102	1900	2202	726	331	395	3215	1494	1721
26	3545	1627	1918	426	206	220	2983	1350	1633
27	4111	1987	2124	349	159	190	3561	1724	1837
28	4348	2128	2220	245	115	130	3899	1917	1982
29	4235	2055	2180	210	88	122	3832	1872	1960
30–34岁	**20074**	**10107**	**9967**	**350**	**170**	**180**	**18795**	**9462**	**9333**
30	5580	2796	2784	150	77	73	5190	2603	2587
31	4830	2298	2532	91	45	46	4526	2155	2371
32	3719	1882	1837	46	18	28	3500	1771	1729
33	3452	1803	1649	40	17	23	3241	1696	1545
34	2493	1328	1165	23	13	10	2338	1237	1101
35–39岁	**7625**	**4263**	**3362**	**66**	**35**	**31**	**7185**	**4021**	**3164**
35	1734	983	751	17	9	8	1630	934	696
36	1525	854	671	12	6	6	1441	806	635
37	1463	819	644	10	5	5	1388	771	617
38	1580	903	677	15	11	4	1474	838	636
39	1323	704	619	12	4	8	1252	672	580
40–44岁	**4677**	**2708**	**1969**	**28**	**12**	**16**	**4380**	**2528**	**1852**
40	1185	641	544	9	4	5	1111	599	512
41	1158	663	495	7	3	4	1081	616	465
42	928	549	379	5	2	3	873	517	356
43	716	431	285	3	1	2	665	397	268
44	690	424	266	4	2	2	650	399	251
45–49岁	**2825**	**1827**	**998**	**25**	**14**	**11**	**2651**	**1713**	**938**
45	624	394	230	4	1	3	597	374	223
46	631	386	245	3	1	2	587	360	227
47	556	372	184	8	6	2	516	345	171
48	518	342	176	4	2	2	480	320	160
49	496	333	163	6	4	2	471	314	157
50岁及以上	**6169**	**4659**	**1510**	**26**	**15**	**11**	**5794**	**4385**	**1409**

3-2c 续表 9

单位：人

年 龄	大学专科								
	肄 业			辍 学			其 他		
	小计	男	女	小计	男	女	小计	男	女
总 计	**361**	**196**	**165**	**221**	**132**	**89**	**3308**	**1774**	**1534**
3									
4									
5-9岁									
5									
6									
7									
8									
9									
10-14岁									
10									
11									
12									
13									
14									
15-19岁	**25**	**15**	**10**	**17**	**12**	**5**	**188**	**97**	**91**
15							4	2	2
16	1	1		2	2		5	1	4
17	4	3	1	2	1	1	30	15	15
18	7	4	3	6	3	3	55	34	21
19	13	7	6	7	6	1	94	45	49
20-24岁	**63**	**36**	**27**	**45**	**27**	**18**	**587**	**265**	**322**
20	12	9	3	3	2	1	101	49	52
21	14	8	6	10	7	3	115	56	59
22	15	7	8	8	5	3	121	52	69
23	9	4	5	14	9	5	131	59	72
24	13	8	5	10	4	6	119	49	70
25-29岁	**80**	**42**	**38**	**46**	**22**	**24**	**769**	**377**	**392**
25	15	5	10	4	2	2	142	68	74
26	12	7	5	13	8	5	111	56	55
27	18	9	9	11	3	8	172	92	80
28	19	11	8	10	6	4	175	79	96
29	16	10	6	8	3	5	169	82	87
30-34岁	**67**	**32**	**35**	**48**	**30**	**18**	**814**	**413**	**401**
30	13	8	5	11	5	6	216	103	113
31	20	6	14	8	5	3	185	87	98
32	10	4	6	11	5	6	152	84	68
33	15	8	7	9	7	2	147	75	72
34	9	6	3	9	8	1	114	64	50
35-39岁	**33**	**16**	**17**	**18**	**8**	**10**	**323**	**183**	**140**
35	7	2	5	5	2	3	75	36	39
36	5	3	2	1	1		66	38	28
37	2	2		3	2	1	60	39	21
38	10	5	5	3	1	2	78	48	30
39	9	4	5	6	2	4	44	22	22
40-44岁	**32**	**15**	**17**	**22**	**14**	**8**	**215**	**139**	**76**
40	8	3	5	3	2	1	54	33	21
41	11	6	5	5	3	2	54	35	19
42	6	4	2	3	1	2	41	25	16
43	4	2	2	8	6	2	36	25	11
44	3		3	3	2	1	30	21	9
45-49岁	**13**	**7**	**6**	**7**	**5**	**2**	**129**	**88**	**41**
45	2	2		1	1		20	16	4
46	5	2	3	2	2		34	21	13
47	1		1	2	1	1	29	20	9
48	3	1	2	2	1	1	29	18	11
49	2	2					17	13	4
50岁及以上	**48**	**33**	**15**	**18**	**14**	**4**	**283**	**212**	**71**

3-2c　续表 10　　　　　　　　　　　　　　　　　　　　　　　　　单位：人

年　龄	大学本科								
	合　计			在　校			毕　业		
	合计	男	女	小计	男	女	小计	男	女
总　计	**43378**	**20761**	**22617**	**17326**	**7762**	**9564**	**24851**	**12372**	**12479**
3									
4									
5-9岁									
5									
6									
7									
8									
9									
10-14岁	**3**		**3**	**3**		**3**			
10									
11									
12	1		1	1		1			
13									
14	2		2	2		2			
15-19岁	**6280**	**2831**	**3449**	**6042**	**2711**	**3331**	**198**	**103**	**95**
15	38	13	25	34	11	23	4	2	2
16	88	51	37	85	49	36	3	2	1
17	591	257	334	573	246	327	13	6	7
18	2417	1089	1328	2339	1050	1289	66	34	32
19	3146	1421	1725	3011	1355	1656	112	59	53
20-24岁	**14430**	**6311**	**8119**	**9804**	**4342**	**5462**	**4382**	**1848**	**2534**
20	3424	1562	1862	3163	1432	1731	221	110	111
21	3035	1363	1672	2582	1160	1422	428	190	238
22	3143	1347	1796	2085	890	1195	994	419	575
23	2579	1101	1478	1254	544	710	1264	526	738
24	2249	938	1311	720	316	404	1475	603	872
25-29岁	**9686**	**4376**	**5310**	**1247**	**586**	**661**	**8100**	**3634**	**4466**
25	2146	876	1270	512	230	282	1557	618	939
26	1797	804	993	290	141	149	1445	634	811
27	1905	863	1042	191	84	107	1640	741	899
28	2023	946	1077	152	75	77	1802	841	961
29	1815	887	928	102	56	46	1656	800	856
30-34岁	**7416**	**3790**	**3626**	**184**	**90**	**94**	**6957**	**3549**	**3408**
30	2184	1040	1144	93	48	45	2004	943	1061
31	1682	801	881	39	16	23	1568	745	823
32	1392	737	655	19	10	9	1327	707	620
33	1266	707	559	21	10	11	1208	671	537
34	892	505	387	12	6	6	850	483	367
35-39岁	**2564**	**1468**	**1096**	**26**	**18**	**8**	**2410**	**1375**	**1035**
35	609	353	256	8	6	2	571	331	240
36	572	344	228	6	3	3	535	318	217
37	519	304	215	5	3	2	488	289	199
38	475	260	215	3	3		452	245	207
39	389	207	182	4	3	1	364	192	172
40-44岁	**1194**	**706**	**488**	**12**	**7**	**5**	**1106**	**654**	**452**
40	297	166	131	3	2	1	275	154	121
41	266	153	113	5	3	2	240	133	107
42	229	144	85	2	1	1	215	135	80
43	200	113	87	1	1		186	106	80
44	202	130	72	1		1	190	126	64
45-49岁	**734**	**490**	**244**	**4**	**4**		**683**	**453**	**230**
45	147	95	52	3	3		132	81	51
46	174	118	56	1	1		160	109	51
47	140	93	47				128	86	42
48	146	94	52				142	92	50
49	127	90	37				121	85	36
50岁及以上	**1071**	**789**	**282**	**4**	**4**		**1015**	**756**	**259**

3-2c 续表 11　　　　单位：人

年龄	大学本科								
	肄业			辍学			其他		
	小计	男	女	小计	男	女	小计	男	女
总计	**101**	**61**	**40**	**36**	**16**	**20**	**1064**	**550**	**514**
3									
4									
5-9岁									
5									
6									
7									
8									
9									
10-14岁									
10									
11									
12									
13									
14									
15-19岁	**2**	**1**	**1**				**38**	**16**	**22**
15									
16									
17	1	1					4	4	
18							12	5	7
19	1		1				22	7	15
20-24岁	**19**	**11**	**8**	**5**	**3**	**2**	**220**	**107**	**113**
20	1		1				39	20	19
21	2	2		2	1	1	21	10	11
22	5	3	2				59	35	24
23	6	5	1	1		1	54	26	28
24	5	1	4	2	2		47	16	31
25-29岁	**29**	**17**	**12**	**9**	**4**	**5**	**301**	**135**	**166**
25	9	4	5				68	24	44
26	7	5	2	2		2	53	24	29
27	4	2	2	4	2	2	66	34	32
28	5	4	1				64	26	38
29	4	2	2	3	2	1	50	27	23
30-34岁	**22**	**10**	**12**	**10**	**3**	**7**	**243**	**138**	**105**
30	7	3	4	2	1	1	78	45	33
31	8	5	3	3	1	2	64	34	30
32	2		2	3	1	2	41	19	22
33	2	1	1	1		1	34	25	9
34	3	1	2	1		1	26	15	11
35-39岁	**11**	**10**	**1**	**4**	**1**	**3**	**113**	**64**	**49**
35	2	2		2	1	1	26	13	13
36	2	2		1		1	28	21	7
37	3	2	1				23	10	13
38	4	4					16	8	8
39				1		1	20	12	8
40-44岁	**10**	**8**	**2**	**3**	**2**	**1**	**63**	**35**	**28**
40	1	1					18	9	9
41	4	3	1	2	2		15	12	3
42	1		1				11	8	3
43	3	3		1		1	9	3	6
44	1	1					10	3	7
45-49岁	**1**	**1**		**4**	**3**	**1**	**42**	**29**	**13**
45				1	1		11	10	1
46				1	1		12	7	5
47				2	1	1	10	6	4
48							4	2	2
49	1	1					5	4	1
50岁及以上	**7**	**3**	**4**	**1**		**1**	**44**	**26**	**18**

3-2c　续表 12　　单位：人

年　龄	硕士研究生								
	合　计			在　校			毕　业		
	合计	男	女	小计	男	女	小计	男	女
总　计	**2611**	**1212**	**1399**	**1203**	**544**	**659**	**1323**	**634**	**689**
3									
4									
5-9岁									
5									
6									
7									
8									
9									
10-14岁									
10									
11									
12									
13									
14									
15-19岁	**13**	**8**	**5**	**11**	**7**	**4**	**2**	**1**	**1**
15									
16									
17	3	3		3	3				
18	2	1	1				2	1	1
19	8	4	4	8	4	4			
20-24岁	**667**	**296**	**371**	**599**	**267**	**332**	**56**	**21**	**35**
20	13	5	8	12	5	7	1		1
21	49	28	21	47	26	21	2	2	
22	154	64	90	143	59	84	8	4	4
23	207	84	123	185	74	111	16	6	10
24	244	115	129	212	103	109	29	9	20
25-29岁	**1085**	**473**	**612**	**509**	**231**	**278**	**540**	**229**	**311**
25	233	93	140	168	69	99	58	21	37
26	223	99	124	126	59	67	88	37	51
27	237	103	134	95	47	48	134	52	82
28	207	83	124	69	30	39	132	52	80
29	185	95	90	51	26	25	128	67	61
30-34岁	**564**	**264**	**300**	**80**	**36**	**44**	**464**	**219**	**245**
30	201	91	110	41	21	20	152	66	86
31	128	55	73	22	9	13	102	44	58
32	103	58	45	9	4	5	90	53	37
33	84	41	43	6	2	4	75	37	38
34	48	19	29	2		2	45	19	26
35-39岁	**140**	**78**	**62**	**3**	**2**	**1**	**133**	**75**	**58**
35	48	27	21	3	2	1	44	25	19
36	37	19	18				35	19	16
37	27	18	9				26	17	9
38	18	8	10				18	8	10
39	10	6	4				10	6	4
40-44岁	**38**	**25**	**13**				**37**	**25**	**12**
40	14	9	5				14	9	5
41	7	5	2				7	5	2
42	8	5	3				8	5	3
43	5	4	1				4	4	
44	4	2	2				4	2	2
45-49岁	**33**	**22**	**11**				**30**	**22**	**8**
45	6	3	3				6	3	3
46	8	6	2				7	6	1
47	5	4	1				5	4	1
48	5	2	3				3	2	1
49	9	7	2				9	7	2
50岁及以上	**71**	**46**	**25**	**1**	**1**		**61**	**42**	**19**

3-2c 续表 13　　单位：人

年龄	硕士研究生								
	肄业			辍学			其他		
	小计	男	女	小计	男	女	小计	男	女
总计	**11**	**6**	**5**	**2**		**2**	**72**	**28**	**44**
3									
4									
5-9岁									
5									
6									
7									
8									
9									
10-14岁									
10									
11									
12									
13									
14									
15-19岁									
15									
16									
17									
18									
19									
20-24岁	**3**	**2**	**1**	**1**		**1**	**8**	**6**	**2**
20									
21									
22				1		1	2	1	1
23	3	2	1				3	2	1
24							3	3	
25-29岁	**4**	**3**	**1**				**32**	**10**	**22**
25							7	3	4
26	2	2					7	1	6
27	1		1				7	4	3
28							6	1	5
29	1	1					5	1	4
30-34岁	**1**	**1**					**19**	**8**	**11**
30	1	1					7	3	4
31							4	2	2
32							4	1	3
33							3	2	1
34							1		1
35-39岁	**2**		**2**				**2**	**1**	**1**
35	1		1						
36	1		1				1		1
37							1	1	
38									
39									
40-44岁							**1**		**1**
40									
41									
42									
43							1		1
44									
45-49岁							**3**		**3**
45									
46							1		1
47									
48							2		2
49									
50岁及以上	**1**		**1**	**1**		**1**	**7**	**3**	**4**

3-2c 续表 14 单位：人

年龄	博士研究生								
	合计			在校			毕业		
	合计	男	女	小计	男	女	小计	男	女
总计	**349**	**205**	**144**	**205**	**114**	**91**	**135**	**87**	**48**
3									
4									
5-9岁									
5									
6									
7									
8									
9									
10-14岁									
10									
11									
12									
13									
14									
15-19岁									
15									
16									
17									
18									
19									
20-24岁	**39**	**18**	**21**	**34**	**15**	**19**	**5**	**3**	**2**
20	2	2		2	2				
21	3	2	1	2	1	1	1	1	
22	8	4	4	7	4	3	1		1
23	11	1	10	10	1	9	1		1
24	15	9	6	13	7	6	2	2	
25-29岁	**145**	**83**	**62**	**113**	**63**	**50**	**29**	**19**	**10**
25	21	13	8	18	11	7	3	2	1
26	27	17	10	24	15	9	3	2	1
27	32	18	14	20	11	9	12	7	5
28	32	16	16	27	13	14	3	2	1
29	33	19	14	24	13	11	8	6	2
30-34岁	**116**	**70**	**46**	**50**	**29**	**21**	**62**	**39**	**23**
30	39	27	12	23	15	8	14	10	4
31	32	15	17	13	6	7	19	9	10
32	17	11	6	6	4	2	10	7	3
33	12	8	4	3	1	2	9	7	2
34	16	9	7	5	3	2	10	6	4
35-39岁	**28**	**18**	**10**	**7**	**6**	**1**	**20**	**12**	**8**
35	11	5	6	5	4	1	6	1	5
36	6	5	1	2	2		3	3	
37	3	2	1				3	2	1
38	3	3					3	3	
39	5	3	2				5	3	2
40-44岁	**8**	**5**	**3**	**1**	**1**		**7**	**4**	**3**
40	5	3	2				5	3	2
41	2	1	1				2	1	1
42	1	1		1	1				
43									
44									
45-49岁	**6**	**5**	**1**				**5**	**4**	**1**
45									
46									
47	2	2					1	1	
48	1	1					1	1	
49	3	2	1				3	2	1
50岁及以上	**7**	**6**	**1**				**7**	**6**	**1**

3-2c 续表 15　　　　单位：人

年 龄	博士研究生								
	肄 业			辍 学			其 他		
	小计	男	女	小计	男	女	小计	男	女
总 计	**1**	**1**					**8**	**3**	**5**
3									
4									
5-9岁									
5									
6									
7									
8									
9									
10-14岁									
10									
11									
12									
13									
14									
15-19岁									
15									
16									
17									
18									
19									
20-24岁									
20									
21									
22									
23									
24									
25-29岁							**3**	**1**	**2**
25									
26									
27									
28							2	1	1
29							1		1
30-34岁	**1**	**1**					**3**	**1**	**2**
30	1	1					1	1	
31									
32							1		1
33									
34							1		1
35-39岁							**1**		**1**
35									
36							1		1
37									
38									
39									
40-44岁									
40									
41									
42									
43									
44									
45-49岁							**1**	**1**	
45									
46									
47							1	1	
48									
49									
50岁及以上									

第二部分　长表数据资料

第四卷　就业

4-1 各地区分性别、年龄的就业人口

单位：人

地区 性别	合计	16-19岁	20-24岁	25-29岁	30-34岁	35-39岁	40-44岁
河南	**4225042**	**63024**	**231828**	**402294**	**672267**	**458463**	**445176**
郑州市	556875	7758	41806	76220	121527	76112	58666
开封市	204787	3445	10947	18586	32992	23756	19503
洛阳市	293943	4441	16293	31802	46034	31767	31859
平顶山市	173495	2369	6846	13447	27649	18524	19814
安阳市	216740	2771	9706	17474	35316	23694	26288
鹤壁市	80107	1770	5636	8168	13457	7563	8601
新乡市	288923	4088	14568	25073	50365	32041	32312
焦作市	162934	1877	9092	17266	25752	18025	18990
濮阳市	175451	2695	8672	15075	28431	20912	18424
许昌市	204537	2811	9625	17565	33114	22261	22162
漯河市	106675	1288	5114	10073	17200	12992	12127
三门峡市	99483	885	3981	9323	14711	9620	10019
南阳市	376248	5973	16148	23208	49754	41641	43903
商丘市	374095	6640	24162	39009	59113	36258	33888
信阳市	235228	3181	10758	20202	30439	18239	18895
周口市	344351	6245	20888	31958	45781	35005	34668
驻马店市	298688	4661	16296	24403	34534	25923	31176
济源市	32482	126	1290	3442	6098	4130	3881
男	**2409067**	**38816**	**133670**	**226379**	**373490**	**251766**	**243888**
郑州市	325789	4919	23563	42420	68310	42842	33256
开封市	114593	2215	6677	10558	17895	12999	10484
洛阳市	175916	2604	9303	18586	26849	18236	18149
平顶山市	107506	1477	4033	8079	16633	11124	11851
安阳市	124253	1773	5778	10211	19894	12749	14223
鹤壁市	44892	1132	3321	4623	7286	4055	4526
新乡市	157889	2531	8462	13820	25956	16245	16882
焦作市	94814	1206	5558	10001	14699	10053	10469
濮阳市	97635	1727	5103	8516	15502	11298	9828
许昌市	117474	1845	5805	10182	18389	12208	12052
漯河市	62918	841	3151	5921	9952	7360	6730
三门峡市	59180	526	2202	5409	8794	5683	5850
南阳市	211988	3464	8879	12557	27104	22368	23733
商丘市	201618	3978	13845	21162	31562	19227	17733
信阳市	138966	1991	5971	11544	17427	10318	10645
周口市	192821	3716	12395	17959	25564	18972	18752
驻马店市	161638	2789	8878	12834	18266	13710	16554
济源市	19177	82	746	1997	3408	2319	2171
女	**1815975**	**24208**	**98158**	**175915**	**298777**	**206697**	**201288**
郑州市	231086	2839	18243	33800	53217	33270	25410
开封市	90194	1230	4270	8028	15097	10757	9019
洛阳市	118027	1837	6990	13216	19185	13531	13710
平顶山市	65989	892	2813	5368	11016	7400	7963
安阳市	92487	998	3928	7263	15422	10945	12065
鹤壁市	35215	638	2315	3545	6171	3508	4075
新乡市	131034	1557	6106	11253	24409	15796	15430
焦作市	68120	671	3534	7265	11053	7972	8521
濮阳市	77816	968	3569	6559	12929	9614	8596
许昌市	87063	966	3820	7383	14725	10053	10110
漯河市	43757	447	1963	4152	7248	5632	5397
三门峡市	40303	359	1779	3914	5917	3937	4169
南阳市	164260	2509	7269	10651	22650	19273	20170
商丘市	172477	2662	10317	17847	27551	17031	16155
信阳市	96262	1190	4787	8658	13012	7921	8250
周口市	151530	2529	8493	13999	20217	16033	15916
驻马店市	137050	1872	7418	11569	16268	12213	14622
济源市	13305	44	544	1445	2690	1811	1710

4-1 续表

单位：人

地区 性别	45-49岁	50-54岁	55-59岁	60-64岁	65-69岁	70-74岁	75岁及以上
河南	**530912**	**532262**	**373233**	**194316**	**189684**	**85874**	**45709**
郑州市	61462	52893	32357	13007	9524	3680	1863
开封市	24985	25311	16743	10898	10824	4653	2144
洛阳市	39554	35722	25327	13993	10833	4239	2079
平顶山市	24758	23793	15866	8307	7330	3134	1658
安阳市	30483	26946	17412	10976	9806	4401	1467
鹤壁市	11058	10324	6440	3261	2439	1005	385
新乡市	35848	37034	24910	13422	11759	5108	2395
焦作市	21853	20343	14384	7505	5365	1839	643
濮阳市	23089	21878	13984	8746	8188	3768	1589
许昌市	25541	26402	18554	9811	10150	4471	2070
漯河市	13199	13320	9041	4573	4893	1929	926
三门峡市	15429	13410	9588	5975	3966	1717	859
南阳市	49868	51650	39064	19869	20313	9509	5348
商丘市	41990	47156	31359	17838	20279	9590	6813
信阳市	32837	36105	29695	10834	13351	6804	3888
周口市	37414	43717	32065	19466	21279	10299	5566
驻马店市	37338	42480	33777	14413	18376	9366	5945
济源市	4206	3778	2667	1422	1009	362	71
男	**298245**	**310490**	**224473**	**116684**	**112802**	**51743**	**26621**
郑州市	35708	34040	22275	8712	6195	2395	1154
开封市	13674	14056	9719	6226	6170	2685	1235
洛阳市	22813	22648	16841	8979	6891	2710	1307
平顶山市	14994	15375	10543	5471	4704	2141	1081
安阳市	16896	15926	10736	6632	5895	2644	896
鹤壁市	5884	5947	3869	1982	1443	633	191
新乡市	19427	20837	14601	7770	6961	3031	1366
焦作市	12263	12279	8859	4604	3295	1131	397
濮阳市	12708	12180	7982	5039	4679	2190	883
许昌市	14425	15427	11260	5948	6085	2608	1240
漯河市	7585	8062	5652	2916	3009	1177	562
三门峡市	8939	8304	5909	3555	2366	1095	548
南阳市	28183	29583	22565	11741	12130	6192	3489
商丘市	22516	24682	16970	9973	11226	5257	3487
信阳市	19252	21855	18223	6766	8245	4302	2427
周口市	20363	24255	18264	11300	12351	5910	3020
驻马店市	20242	22643	18389	8129	10501	5416	3287
济源市	2373	2391	1816	941	656	226	51
女	**232667**	**221772**	**148760**	**77632**	**76882**	**34131**	**19088**
郑州市	25754	18853	10082	4295	3329	1285	709
开封市	11311	11255	7024	4672	4654	1968	909
洛阳市	16741	13074	8486	5014	3942	1529	772
平顶山市	9764	8418	5323	2836	2626	993	577
安阳市	13587	11020	6676	4344	3911	1757	571
鹤壁市	5174	4377	2571	1279	996	372	194
新乡市	16421	16197	10309	5652	4798	2077	1029
焦作市	9590	8064	5525	2901	2070	708	246
濮阳市	10381	9698	6002	3707	3509	1578	706
许昌市	11116	10975	7294	3863	4065	1863	830
漯河市	5614	5258	3389	1657	1884	752	364
三门峡市	6490	5106	3679	2420	1600	622	311
南阳市	21685	22067	16499	8128	8183	3317	1859
商丘市	19474	22474	14389	7865	9053	4333	3326
信阳市	13585	14250	11472	4068	5106	2502	1461
周口市	17051	19462	13801	8166	8928	4389	2546
驻马店市	17096	19837	15388	6284	7875	3950	2658
济源市	1833	1387	851	481	353	136	20

4-1a 各地区分性别、年龄的就业人口(城市)

单位：人

地区 性别	合计	16-19岁	20-24岁	25-29岁	30-34岁	35-39岁	40-44岁
河　南	**1037666**	**8685**	**56208**	**118170**	**206136**	**147354**	**138505**
郑州市	288867	3282	21823	41179	63776	44785	35034
开封市	39019	274	1560	3580	7304	5767	5260
洛阳市	93001	685	4611	11125	17566	12874	12369
平顶山市	50995	299	1686	4475	9563	6541	7148
安阳市	53648	290	2208	5302	10180	7065	8228
鹤壁市	25577	187	1410	2633	4634	2810	3218
新乡市	84315	627	4070	7948	17711	11955	11189
焦作市	42640	196	1835	4400	7480	5528	6272
濮阳市	27436	209	1057	2477	5134	4180	4331
许昌市	63584	529	2926	6509	12731	8843	8717
漯河市	25515	150	1052	2801	4880	3956	3815
三门峡市	30175	89	1048	3231	5470	3797	3919
南阳市	45552	393	2003	3825	7867	6676	7066
商丘市	61334	701	3536	6881	12007	7973	7735
信阳市	31552	186	1382	3539	6201	3905	3687
周口市	38708	376	2200	4193	6769	5510	5167
驻马店市	19357	162	1093	2191	3374	2652	2973
济源市	16391	50	708	1881	3489	2537	2377
男	**590838**	**5220**	**29950**	**63569**	**111174**	**79769**	**75308**
郑州市	162528	1961	10858	21493	34345	24499	19435
开封市	21773	195	878	1900	3876	3050	2752
洛阳市	54065	381	2467	6067	9618	7056	6733
平顶山市	30698	186	954	2515	5386	3778	4164
安阳市	32311	168	1306	3089	5840	3958	4576
鹤壁市	13649	119	710	1340	2324	1418	1627
新乡市	46681	396	2354	4307	8959	6033	5806
焦作市	24740	109	1027	2417	4156	2970	3360
濮阳市	15766	122	565	1353	2816	2266	2397
许昌市	36214	337	1684	3572	6831	4728	4652
漯河市	14416	95	566	1526	2601	2121	2056
三门峡市	18157	61	554	1830	3136	2153	2239
南阳市	25375	207	1024	2057	4064	3520	3710
商丘市	32676	426	1936	3567	6145	4169	4018
信阳市	19243	102	773	2033	3564	2257	2107
周口市	21944	225	1295	2295	3764	2972	2748
驻马店市	11218	102	596	1180	1880	1437	1644
济源市	9384	28	403	1028	1869	1384	1284
女	**446828**	**3465**	**26258**	**54601**	**94962**	**67585**	**63197**
郑州市	126339	1321	10965	19686	29431	20286	15599
开封市	17246	79	682	1680	3428	2717	2508
洛阳市	38936	304	2144	5058	7948	5818	5636
平顶山市	20297	113	732	1960	4177	2763	2984
安阳市	21337	122	902	2213	4340	3107	3652
鹤壁市	11928	68	700	1293	2310	1392	1591
新乡市	37634	231	1716	3641	8752	5922	5383
焦作市	17900	87	808	1983	3324	2558	2912
濮阳市	11670	87	492	1124	2318	1914	1934
许昌市	27370	192	1242	2937	5900	4115	4065
漯河市	11099	55	486	1275	2279	1835	1759
三门峡市	12018	28	494	1401	2334	1644	1680
南阳市	20177	186	979	1768	3803	3156	3356
商丘市	28658	275	1600	3314	5862	3804	3717
信阳市	12309	84	609	1506	2637	1648	1580
周口市	16764	151	905	1898	3005	2538	2419
驻马店市	8139	60	497	1011	1494	1215	1329
济源市	7007	22	305	853	1620	1153	1093

4-1a 续表

单位：人

地区 性别	45-49岁	50-54岁	55-59岁	60-64岁	65-69岁	70-74岁	75岁及以上
河南	**147119**	**112563**	**63428**	**19296**	**13227**	**4578**	**2397**
郑州市	33761	25172	13897	3364	1930	587	277
开封市	5900	4419	2662	967	851	315	160
洛阳市	13805	10611	6151	1824	923	293	164
平顶山市	8699	6743	3424	1035	800	337	245
安阳市	8973	6033	3208	1138	688	254	81
鹤壁市	4102	3402	1906	740	320	126	89
新乡市	11274	9429	5748	2131	1532	487	214
焦作市	6949	5257	2997	893	565	186	82
濮阳市	4903	3077	1415	288	236	87	42
许昌市	8660	7201	4284	1443	1167	423	151
漯河市	3695	2751	1465	454	326	103	67
三门峡市	5450	3825	2063	729	347	136	71
南阳市	7470	5361	3031	869	600	255	136
商丘市	8232	7180	3822	1267	1243	431	326
信阳市	4994	4004	2608	532	346	104	64
周口市	4974	4280	2613	1065	1014	350	197
驻马店市	2984	2206	1223	237	191	50	21
济源市	2294	1612	911	320	148	54	10
男	**82710**	**72591**	**45577**	**12445**	**8282**	**2836**	**1407**
郑州市	19118	16348	10310	2302	1296	384	179
开封市	3178	2771	1906	544	466	168	89
洛阳市	7597	7203	4765	1236	643	193	106
平顶山市	5094	4608	2481	675	502	212	143
安阳市	5204	4193	2506	778	470	164	59
鹤壁市	2120	2014	1264	432	176	70	35
新乡市	6176	5962	4040	1287	944	290	127
焦作市	3865	3553	2215	572	330	115	51
濮阳市	2734	1983	1102	187	156	59	26
许昌市	4882	4512	2925	967	760	269	95
漯河市	2029	1755	1041	307	209	66	44
三门峡市	3185	2621	1532	478	228	91	49
南阳市	4191	3339	2107	539	373	165	79
商丘市	4431	3962	2198	741	674	244	165
信阳市	3060	2721	1922	367	230	73	34
周口市	2788	2611	1695	644	600	204	103
驻马店市	1768	1388	885	162	126	36	14
济源市	1290	1047	683	227	99	33	9
女	**64409**	**39972**	**17851**	**6851**	**4945**	**1742**	**990**
郑州市	14643	8824	3587	1062	634	203	98
开封市	2722	1648	756	423	385	147	71
洛阳市	6208	3408	1386	588	280	100	58
平顶山市	3605	2135	943	360	298	125	102
安阳市	3769	1840	702	360	218	90	22
鹤壁市	1982	1388	642	308	144	56	54
新乡市	5098	3467	1708	844	588	197	87
焦作市	3084	1704	782	321	235	71	31
濮阳市	2169	1094	313	101	80	28	16
许昌市	3778	2689	1359	476	407	154	56
漯河市	1666	996	424	147	117	37	23
三门峡市	2265	1204	531	251	119	45	22
南阳市	3279	2022	924	330	227	90	57
商丘市	3801	3218	1624	526	569	187	161
信阳市	1934	1283	686	165	116	31	30
周口市	2186	1669	918	421	414	146	94
驻马店市	1216	818	338	75	65	14	7
济源市	1004	565	228	93	49	21	1

4-1b 各地区分性别、年龄的就业人口(镇)

单位：人

地区 性别	合计	16-19岁	20-24岁	25-29岁	30-34岁	35-39岁	40-44岁
河南	**1266434**	**19118**	**77813**	**136727**	**227312**	**153226**	**145866**
郑州市	139562	2849	13260	21471	34609	18437	13079
开封市	65266	1073	4077	6880	11600	8234	6590
洛阳市	86338	1200	5103	10534	15256	10297	10077
平顶山市	38863	466	1699	3417	6664	4575	4786
安阳市	60893	724	3029	5474	11855	7743	8108
鹤壁市	20467	466	1500	2246	3933	2026	2250
新乡市	76050	1169	4255	7379	14381	9048	8971
焦作市	50511	625	2983	5735	8495	6045	5963
濮阳市	54493	636	2813	5479	10460	7447	6277
许昌市	40925	598	2068	3635	6618	4628	4571
漯河市	30627	346	1498	3083	5409	4069	3799
三门峡市	18702	156	801	1868	3026	2135	2173
南阳市	148270	2099	7140	11146	24060	19503	19816
商丘市	116261	1885	8225	14273	21229	13466	12155
信阳市	87942	1243	4937	9611	14000	8676	8720
周口市	102012	1825	6690	11150	15909	12104	11994
驻马店市	125099	1739	7547	12899	18995	14299	16088
济源市	4153	19	188	447	813	494	449
男	**731802**	**11905**	**45695**	**77771**	**127315**	**84860**	**80533**
郑州市	83080	1867	8484	12637	19840	10313	7297
开封市	36410	679	2433	3903	6215	4481	3559
洛阳市	52651	706	2870	6127	9086	6007	5936
平顶山市	24002	270	963	2006	3971	2757	2832
安阳市	35645	481	1805	3212	6662	4228	4479
鹤壁市	11626	299	935	1287	2137	1095	1208
新乡市	42195	710	2479	4104	7553	4773	4812
焦作市	29162	402	1848	3330	4738	3356	3281
濮阳市	30790	401	1638	3072	5753	4100	3401
许昌市	23327	406	1255	2087	3657	2497	2484
漯河市	18121	234	934	1844	3132	2269	2078
三门峡市	11385	86	431	1060	1813	1254	1321
南阳市	84555	1218	3858	5921	13197	10622	10909
商丘市	65277	1141	4822	8074	11851	7420	6479
信阳市	52833	801	2717	5477	8043	4920	4929
周口市	58913	1112	3973	6488	9091	6769	6684
驻马店市	69326	1078	4138	6871	10111	7722	8583
济源市	2504	14	112	271	465	277	261
女	**534632**	**7213**	**32118**	**58956**	**99997**	**68366**	**65333**
郑州市	56482	982	4776	8834	14769	8124	5782
开封市	28856	394	1644	2977	5385	3753	3031
洛阳市	33687	494	2233	4407	6170	4290	4141
平顶山市	14861	196	736	1411	2693	1818	1954
安阳市	25248	243	1224	2262	5193	3515	3629
鹤壁市	8841	167	565	959	1796	931	1042
新乡市	33855	459	1776	3275	6828	4275	4159
焦作市	21349	223	1135	2405	3757	2689	2682
濮阳市	23703	235	1175	2407	4707	3347	2876
许昌市	17598	192	813	1548	2961	2131	2087
漯河市	12506	112	564	1239	2277	1800	1721
三门峡市	7317	70	370	808	1213	881	852
南阳市	63715	881	3282	5225	10863	8881	8907
商丘市	50984	744	3403	6199	9378	6046	5676
信阳市	35109	442	2220	4134	5957	3756	3791
周口市	43099	713	2717	4662	6818	5335	5310
驻马店市	55773	661	3409	6028	8884	6577	7505
济源市	1649	5	76	176	348	217	188

4-1b 续表

单位：人

地区 性别	45-49岁	50-54岁	55-59岁	60-64岁	65-69岁	70-74岁	75岁及以上
河南	**161842**	**148234**	**95464**	**42510**	**36700**	**14270**	**7352**
郑州市	12729	10868	6613	2850	1867	631	299
开封市	7959	7512	4655	2722	2555	978	431
洛阳市	11713	9668	6225	3085	2203	665	312
平顶山市	5534	4954	3246	1566	1203	482	271
安阳市	8704	6781	3961	2121	1602	579	212
鹤壁市	2653	2368	1489	687	560	215	74
新乡市	9562	8938	5620	2902	2436	960	429
焦作市	6586	5940	4203	1974	1345	457	160
濮阳市	7223	6041	3780	1941	1559	596	241
许昌市	5101	5262	3457	1877	1929	813	368
漯河市	3945	3697	2331	1010	983	322	135
三门峡市	3172	2429	1504	704	447	199	88
南阳市	20874	19292	12559	4878	4221	1694	988
商丘市	13485	13151	8083	3878	3833	1560	1038
信阳市	13548	12684	8558	2360	2208	908	489
周口市	11940	12151	7727	4044	3919	1677	882
驻马店市	16601	15962	11090	3749	3707	1498	925
济源市	513	536	363	162	123	36	10
男	**92632**	**89371**	**59502**	**26535**	**22603**	**8725**	**4355**
郑州市	7377	6967	4416	1982	1263	445	192
开封市	4383	4194	2687	1569	1502	570	235
洛阳市	7105	6328	4274	2070	1481	447	214
平顶山市	3385	3219	2223	1063	799	339	175
安阳市	4983	4242	2677	1398	1020	341	117
鹤壁市	1427	1398	904	435	326	138	37
新乡市	5291	5197	3340	1701	1430	560	245
焦作市	3679	3531	2505	1226	878	284	104
濮阳市	4092	3528	2193	1169	935	361	147
许昌市	2863	3046	2085	1122	1152	458	215
漯河市	2256	2272	1503	675	640	195	89
三门峡市	1907	1591	1009	443	287	124	59
南阳市	11990	11640	7761	3069	2587	1135	648
商丘市	7478	7424	4705	2255	2223	861	544
信阳市	8151	8169	5712	1579	1440	589	306
周口市	6689	7143	4702	2435	2378	954	495
驻马店市	9290	9138	6556	2232	2175	906	526
济源市	286	344	250	112	87	18	7
女	**69210**	**58863**	**35962**	**15975**	**14097**	**5545**	**2997**
郑州市	5352	3901	2197	868	604	186	107
开封市	3576	3318	1968	1153	1053	408	196
洛阳市	4608	3340	1951	1015	722	218	98
平顶山市	2149	1735	1023	503	404	143	96
安阳市	3721	2539	1284	723	582	238	95
鹤壁市	1226	970	585	252	234	77	37
新乡市	4271	3741	2280	1201	1006	400	184
焦作市	2907	2409	1698	748	467	173	56
濮阳市	3131	2513	1587	772	624	235	94
许昌市	2238	2216	1372	755	777	355	153
漯河市	1689	1425	828	335	343	127	46
三门峡市	1265	838	495	261	160	75	29
南阳市	8884	7652	4798	1809	1634	559	340
商丘市	6007	5727	3378	1623	1610	699	494
信阳市	5397	4515	2846	781	768	319	183
周口市	5251	5008	3025	1609	1541	723	387
驻马店市	7311	6824	4534	1517	1532	592	399
济源市	227	192	113	50	36	18	3

4-1c 各地区分性别、年龄的就业人口(乡村)

单位：人

地 区 性 别	合计	16-19岁	20-24岁	25-29岁	30-34岁	35-39岁	40-44岁
河 南	**1920942**	**35221**	**97807**	**147397**	**238819**	**157883**	**160805**
郑州市	128446	1627	6723	13570	23142	12890	10553
开封市	100502	2098	5310	8126	14088	9755	7653
洛阳市	114604	2556	6579	10143	13212	8596	9413
平顶山市	83637	1604	3461	5555	11422	7408	7880
安阳市	102199	1757	4469	6698	13281	8886	9952
鹤壁市	34063	1117	2726	3289	4890	2727	3133
新乡市	128558	2292	6243	9746	18273	11038	12152
焦作市	69783	1056	4274	7131	9777	6452	6755
濮阳市	93522	1850	4802	7119	12837	9285	7816
许昌市	100028	1684	4631	7421	13765	8790	8874
漯河市	50533	792	2564	4189	6911	4967	4513
三门峡市	50606	640	2132	4224	6215	3688	3927
南阳市	182426	3481	7005	8237	17827	15462	17021
商丘市	196500	4054	12401	17855	25877	14819	13998
信阳市	115734	1752	4439	7052	10238	5658	6488
周口市	203631	4044	11998	16615	23103	17391	17507
驻马店市	154232	2760	7656	9313	12165	8972	12115
济源市	11938	57	394	1114	1796	1099	1055
男	**1086427**	**21691**	**58025**	**85039**	**135001**	**87137**	**88047**
郑州市	80181	1091	4221	8290	14125	8030	6524
开封市	56410	1341	3366	4755	7804	5468	4173
洛阳市	69200	1517	3966	6392	8145	5173	5480
平顶山市	52806	1021	2116	3558	7276	4589	4855
安阳市	56297	1124	2667	3910	7392	4563	5168
鹤壁市	19617	714	1676	1996	2825	1542	1691
新乡市	69013	1425	3629	5409	9444	5439	6264
焦作市	40912	695	2683	4254	5805	3727	3828
濮阳市	51079	1204	2900	4091	6933	4932	4030
许昌市	57933	1102	2866	4523	7901	4983	4916
漯河市	30381	512	1651	2551	4219	2970	2596
三门峡市	29638	379	1217	2519	3845	2276	2290
南阳市	102058	2039	3997	4579	9843	8226	9114
商丘市	103665	2411	7087	9521	13566	7638	7236
信阳市	66890	1088	2481	4034	5820	3141	3609
周口市	111964	2379	7127	9176	12709	9231	9320
驻马店市	81094	1609	4144	4783	6275	4551	6327
济源市	7289	40	231	698	1074	658	626
女	**834515**	**13530**	**39782**	**62358**	**103818**	**70746**	**72758**
郑州市	48265	536	2502	5280	9017	4860	4029
开封市	44092	757	1944	3371	6284	4287	3480
洛阳市	45404	1039	2613	3751	5067	3423	3933
平顶山市	30831	583	1345	1997	4146	2819	3025
安阳市	45902	633	1802	2788	5889	4323	4784
鹤壁市	14446	403	1050	1293	2065	1185	1442
新乡市	59545	867	2614	4337	8829	5599	5888
焦作市	28871	361	1591	2877	3972	2725	2927
濮阳市	42443	646	1902	3028	5904	4353	3786
许昌市	42095	582	1765	2898	5864	3807	3958
漯河市	20152	280	913	1638	2692	1997	1917
三门峡市	20968	261	915	1705	2370	1412	1637
南阳市	80368	1442	3008	3658	7984	7236	7907
商丘市	92835	1643	5314	8334	12311	7181	6762
信阳市	48844	664	1958	3018	4418	2517	2879
周口市	91667	1665	4871	7439	10394	8160	8187
驻马店市	73138	1151	3512	4530	5890	4421	5788
济源市	4649	17	163	416	722	441	429

4-1c 续表

单位：人

地区 性别	45-49岁	50-54岁	55-59岁	60-64岁	65-69岁	70-74岁	75岁及以上
河南	**221951**	**271465**	**214341**	**132510**	**139757**	**67026**	**35960**
郑州市	14972	16853	11847	6793	5727	2462	1287
开封市	11126	13380	9426	7209	7418	3360	1553
洛阳市	14036	15443	12951	9084	7707	3281	1603
平顶山市	10525	12096	9196	5706	5327	2315	1142
安阳市	12806	14132	10243	7717	7516	3568	1174
鹤壁市	4303	4554	3045	1834	1559	664	222
新乡市	15012	18667	13542	8389	7791	3661	1752
焦作市	8318	9146	7184	4638	3455	1196	401
濮阳市	10963	12760	8789	6517	6393	3085	1306
许昌市	11780	13939	10813	6491	7054	3235	1551
漯河市	5559	6872	5245	3109	3584	1504	724
三门峡市	6807	7156	6021	4542	3172	1382	700
南阳市	21524	26997	23474	14122	15492	7560	4224
商丘市	20273	26825	19454	12693	15203	7599	5449
信阳市	14295	19417	18529	7942	10797	5792	3335
周口市	20500	27286	21725	14357	16346	8272	4487
驻马店市	17753	24312	21464	10427	14478	7818	4999
济源市	1399	1630	1393	940	738	272	51
男	**122903**	**148528**	**119394**	**77704**	**81917**	**40182**	**20859**
郑州市	9213	10725	7549	4428	3636	1566	783
开封市	6113	7091	5126	4113	4202	1947	911
洛阳市	8111	9117	7802	5673	4767	2070	987
平顶山市	6515	7548	5839	3733	3403	1590	763
安阳市	6709	7491	5553	4456	4405	2139	720
鹤壁市	2337	2535	1701	1115	941	425	119
新乡市	7960	9678	7221	4782	4587	2181	994
焦作市	4719	5195	4139	2806	2087	732	242
濮阳市	5882	6669	4687	3683	3588	1770	710
许昌市	6680	7869	6250	3859	4173	1881	930
漯河市	3300	4035	3108	1934	2160	916	429
三门峡市	3847	4092	3368	2634	1851	880	440
南阳市	12002	14604	12697	8133	9170	4892	2762
商丘市	10607	13296	10067	6977	8329	4152	2778
信阳市	8041	10965	10589	4820	6575	3640	2087
周口市	10886	14501	11867	8221	9373	4752	2422
驻马店市	9184	12117	10948	5735	8200	4474	2747
济源市	797	1000	883	602	470	175	35
女	**99048**	**122937**	**94947**	**54806**	**57840**	**26844**	**15101**
郑州市	5759	6128	4298	2365	2091	896	504
开封市	5013	6289	4300	3096	3216	1413	642
洛阳市	5925	6326	5149	3411	2940	1211	616
平顶山市	4010	4548	3357	1973	1924	725	379
安阳市	6097	6641	4690	3261	3111	1429	454
鹤壁市	1966	2019	1344	719	618	239	103
新乡市	7052	8989	6321	3607	3204	1480	758
焦作市	3599	3951	3045	1832	1368	464	159
濮阳市	5081	6091	4102	2834	2805	1315	596
许昌市	5100	6070	4563	2632	2881	1354	621
漯河市	2259	2837	2137	1175	1424	588	295
三门峡市	2960	3064	2653	1908	1321	502	260
南阳市	9522	12393	10777	5989	6322	2668	1462
商丘市	9666	13529	9387	5716	6874	3447	2671
信阳市	6254	8452	7940	3122	4222	2152	1248
周口市	9614	12785	9858	6136	6973	3520	2065
驻马店市	8569	12195	10516	4692	6278	3344	2252
济源市	602	630	510	338	268	97	16

4-2 各地区分性别、受教育程度的就业人口

单位：人

地区 性别	合计	未上过学	学前教育	小学	初中	高中	大学专科	大学本科	硕士 研究生	博士 研究生
河南	**4225042**	**51204**	**2438**	**596166**	**2097189**	**757756**	**420675**	**271967**	**24794**	**2853**
郑州市	556875	1961	117	36032	186024	116028	111756	90453	12986	1518
开封市	204787	4027	179	31818	110519	31819	16827	8748	717	133
洛阳市	293943	1369	100	27743	148590	56645	33737	23014	2495	250
平顶山市	173495	1377	42	21032	95273	27906	17067	10108	639	51
安阳市	216740	2319	89	30585	118719	32960	18269	12930	788	81
鹤壁市	80107	607	28	9811	43743	12867	7812	4931	296	12
新乡市	288923	1169	96	25034	142062	75430	28733	14847	1350	202
焦作市	162934	266	22	8436	81366	45877	16721	9418	696	132
濮阳市	175451	3470	106	30002	90699	23322	15473	11729	613	37
许昌市	204537	657	66	20488	121728	34279	16978	9720	585	36
漯河市	106675	797	31	10356	57355	20636	11500	5711	273	16
三门峡市	99483	356	23	11054	48679	22161	11120	5808	253	29
南阳市	376248	4774	357	75239	196128	55476	27383	15893	898	100
商丘市	374095	7845	286	69130	204549	54983	24329	12403	505	65
信阳市	235228	6187	339	61746	99611	36583	17053	12905	718	86
周口市	344351	10152	349	68066	190784	44644	20043	9847	419	47
驻马店市	298688	3803	206	57910	150247	55522	20005	10561	390	44
济源市	32482	68	2	1684	11113	10618	5869	2941	173	14
男	**2409067**	**16005**	**1096**	**295660**	**1242294**	**465867**	**232852**	**141538**	**11991**	**1764**
郑州市	325789	675	62	20116	115974	72924	61905	47024	6180	929
开封市	114593	1207	76	15122	64981	19190	9124	4455	347	91
洛阳市	175916	460	46	14451	92396	36061	18892	12146	1294	170
平顶山市	107506	552	16	11775	61359	18229	9784	5412	348	31
安阳市	124253	638	43	15121	70475	20937	10167	6472	350	50
鹤壁市	44892	168	6	4593	25542	7714	4237	2477	148	7
新乡市	157889	372	50	11797	78514	43826	15064	7553	605	108
焦作市	94814	103	11	4259	48257	27828	9186	4758	332	80
濮阳市	97635	930	43	13435	53918	14317	8649	6025	293	25
许昌市	117474	227	28	10077	71201	21235	9310	5071	299	26
漯河市	62918	275	18	5642	34705	12563	6510	3062	132	11
三门峡市	59180	149	12	5343	29713	14307	6443	3065	130	18
南阳市	211988	2059	187	40115	112585	33182	15117	8238	447	58
商丘市	201618	2113	119	30181	116556	32448	13355	6558	246	42
信阳市	138966	2338	149	33427	61774	23975	9852	7033	359	59
周口市	192821	2462	156	31945	113988	27764	11093	5180	207	26
驻马店市	161638	1247	73	27443	83578	32792	10761	5518	202	24
济源市	19177	30	1	818	6778	6575	3403	1491	72	9
女	**1815975**	**35199**	**1342**	**300506**	**854895**	**291889**	**187823**	**130429**	**12803**	**1089**
郑州市	231086	1286	55	15916	70050	43104	49851	43429	6806	589
开封市	90194	2820	103	16696	45538	12629	7703	4293	370	42
洛阳市	118027	909	54	13292	56194	20584	14845	10868	1201	80
平顶山市	65989	825	26	9257	33914	9677	7283	4696	291	20
安阳市	92487	1681	46	15464	48244	12023	8102	6458	438	31
鹤壁市	35215	439	22	5218	18201	5153	3575	2454	148	5
新乡市	131034	797	46	13237	63548	31604	13669	7294	745	94
焦作市	68120	163	11	4177	33109	18049	7535	4660	364	52
濮阳市	77816	2540	63	16567	36781	9005	6824	5704	320	12
许昌市	87063	430	38	10411	50527	13044	7668	4649	286	10
漯河市	43757	522	13	4714	22650	8073	4990	2649	141	5
三门峡市	40303	207	11	5711	18966	7854	4677	2743	123	11
南阳市	164260	2715	170	35124	83543	22294	12266	7655	451	42
商丘市	172477	5732	167	38949	87993	22535	10974	5845	259	23
信阳市	96262	3849	190	28319	37837	12608	7201	5872	359	27
周口市	151530	7690	193	36121	76796	16880	8950	4667	212	21
驻马店市	137050	2556	133	30467	66669	22730	9244	5043	188	20
济源市	13305	38	1	866	4335	4043	2466	1450	101	5

4-2a 各地区分性别、受教育程度的就业人口(城市)

单位：人

地区 性别	合计	未上过学	学前教育	小学	初中	高中	大学专科	大学本科	硕士 研究生	博士 研究生
河南	**1037666**	**2183**	**167**	**42947**	**315930**	**265978**	**221891**	**168155**	**18451**	**1964**
郑州市	288867	442	43	8599	58574	61498	79198	68939	10461	1113
开封市	39019	188	4	2386	12419	10070	7819	5411	607	115
洛阳市	93001	93	10	2617	28762	24026	19937	15300	2052	204
平顶山市	50995	135	14	2179	17777	13703	10293	6484	382	28
安阳市	53648	46	4	2315	19769	13940	9602	7518	441	13
鹤壁市	25577	82	2	1377	9533	6178	4683	3499	217	6
新乡市	84315	115	11	3386	28777	26698	14831	9387	950	160
焦作市	42640	46	4	1046	12250	14553	8736	5553	411	41
濮阳市	27436	91	3	955	6611	7212	6262	5926	346	30
许昌市	63584	68	10	2596	25726	16478	11052	7156	470	28
漯河市	25515	40	2	758	7589	7296	5920	3691	211	8
三门峡市	30175	24	5	892	9464	9367	6449	3784	174	16
南阳市	45552	84	16	2745	16623	10810	8564	6166	481	63
商丘市	61334	255	21	3999	25219	16065	9412	6001	325	37
信阳市	31552	69	4	2184	9806	8180	5793	4999	450	67
周口市	38708	372	12	3780	16865	8302	5362	3769	223	23
驻马店市	19357	16	2	816	6550	6006	3728	2138	99	2
济源市	16391	17		317	3616	5596	4250	2434	151	10
男	**590838**	**857**	**84**	**23427**	**187854**	**159660**	**121514**	**87224**	**8994**	**1224**
郑州市	162528	164	24	4881	36105	37446	42831	35355	5039	683
开封市	21773	74	1	1233	7195	5862	4264	2773	295	76
洛阳市	54065	45	5	1516	17471	14710	10997	8107	1069	145
平顶山市	30698	67	7	1242	11029	8670	5935	3504	227	17
安阳市	32311	17	2	1394	12582	8845	5428	3848	188	7
鹤壁市	13649	33		617	5114	3517	2518	1740	107	3
新乡市	46681	35	8	1746	16457	15344	7731	4844	433	83
焦作市	24740	22	2	599	7485	8757	4795	2857	203	20
濮阳市	15766	27	3	488	3969	4361	3577	3142	179	20
许昌市	36214	38	8	1456	14916	9767	6037	3740	231	21
漯河市	14416	22	1	471	4420	4184	3264	1945	103	6
三门峡市	18157	12	2	501	5933	5864	3722	2019	92	12
南阳市	25375	38	8	1554	9350	6255	4669	3231	231	39
商丘市	32676	92	7	1756	13452	9097	4983	3105	156	28
信阳市	19243	32	2	1386	6320	5175	3340	2725	217	46
周口市	21944	123	3	1889	9971	4960	2924	1952	111	11
驻马店市	11218	6	1	520	3958	3518	2047	1117	50	1
济源市	9384	10		178	2127	3328	2452	1220	63	6
女	**446828**	**1326**	**83**	**19520**	**128076**	**106318**	**100377**	**80931**	**9457**	**740**
郑州市	126339	278	19	3718	22469	24052	36367	33584	5422	430
开封市	17246	114	3	1153	5224	4208	3555	2638	312	39
洛阳市	38936	48	5	1101	11291	9316	8940	7193	983	59
平顶山市	20297	68	7	937	6748	5033	4358	2980	155	11
安阳市	21337	29	2	921	7187	5095	4174	3670	253	6
鹤壁市	11928	49	2	760	4419	2661	2165	1759	110	3
新乡市	37634	80	3	1640	12320	11354	7100	4543	517	77
焦作市	17900	24	2	447	4765	5796	3941	2696	208	21
濮阳市	11670	64		467	2642	2851	2685	2784	167	10
许昌市	27370	30	2	1140	10810	6711	5015	3416	239	7
漯河市	11099	18	1	287	3169	3112	2656	1746	108	2
三门峡市	12018	12	3	391	3531	3503	2727	1765	82	4
南阳市	20177	46	8	1191	7273	4555	3895	2935	250	24
商丘市	28658	163	14	2243	11767	6968	4429	2896	169	9
信阳市	12309	37	2	798	3486	3005	2453	2274	233	21
周口市	16764	249	9	1891	6894	3342	2438	1817	112	12
驻马店市	8139	10	1	296	2592	2488	1681	1021	49	1
济源市	7007	7		139	1489	2268	1798	1214	88	4

4-2b　各地区分性别、受教育程度的就业人口(镇)

单位：人

地　区 性　别	合　计	未上过学	学前教育	小　学	初　中	高　中	大学专科	大学本科	硕　士 研究生	博　士 研究生
河　南	**1266434**	**7941**	**519**	**130047**	**633492**	**269871**	**137473**	**81310**	**5035**	**746**
郑州市	139562	456	20	8741	57861	31471	22193	16402	2050	368
开封市	65266	766	24	7819	35298	12673	6033	2562	82	9
洛阳市	86338	159	23	6105	44271	18550	10412	6415	363	40
平顶山市	38863	160	9	3578	21039	6840	4251	2769	198	19
安阳市	60893	268	17	5667	33328	10613	6225	4404	309	62
鹤壁市	20467	129	8	2282	11480	3471	2027	1018	51	1
新乡市	76050	196	22	4853	34161	23315	9027	4112	333	31
焦作市	50511	60	3	2117	25112	14818	5199	2891	228	83
濮阳市	54493	632	25	6090	27183	8837	6566	4932	223	5
许昌市	40925	124	13	3890	25900	6610	2911	1418	57	2
漯河市	30627	144	2	2302	16048	7105	3590	1389	42	5
三门峡市	18702	44	4	1487	8488	4657	2591	1376	50	5
南阳市	148270	778	69	17306	75842	30124	15304	8455	356	36
商丘市	116261	1093	67	14583	63561	21651	10183	4983	124	16
信阳市	87942	968	68	16204	37343	18153	8538	6459	193	16
周口市	102012	1432	91	13529	54875	18701	9041	4220	112	11
驻马店市	125099	528	54	13317	60038	30775	12795	7302	254	36
济源市	4153	4		177	1664	1507	587	203	10	1
男	**731802**	**2804**	**244**	**68603**	**374027**	**164091**	**76696**	**42537**	**2354**	**446**
郑州市	83080	161	8	4955	34719	20160	12969	8964	921	223
开封市	36410	227	12	3808	20261	7546	3227	1282	41	6
洛阳市	52651	63	11	3581	27703	11812	5926	3343	189	23
平顶山市	24002	76	4	2150	13437	4421	2366	1444	91	13
安阳市	35645	85	9	3117	20049	6659	3414	2135	139	38
鹤壁市	11626	39	2	1110	6710	2124	1109	505	26	1
新乡市	42195	66	9	2392	19206	13477	4805	2073	146	21
焦作市	29162	28	2	1106	14768	8768	2902	1435	100	53
濮阳市	30790	178	10	2839	16130	5399	3677	2459	95	3
许昌市	23327	44	4	1950	14993	3995	1582	726	33	
漯河市	18121	57	2	1304	9661	4293	2041	743	17	3
三门峡市	11385	19	3	783	5327	3026	1499	700	25	3
南阳市	84555	372	39	9716	43733	17722	8438	4335	182	18
商丘市	65277	345	27	6839	36897	12696	5723	2682	62	6
信阳市	52833	418	35	9260	22822	11746	4890	3550	102	10
周口市	58913	422	44	6837	32858	11460	4996	2240	51	5
驻马店市	69326	201	23	6780	33703	17841	6807	3819	133	19
济源市	2504	3		76	1050	946	325	102	1	1
女	**534632**	**5137**	**275**	**61444**	**259465**	**105780**	**60777**	**38773**	**2681**	**300**
郑州市	56482	295	12	3786	23142	11311	9224	7438	1129	145
开封市	28856	539	12	4011	15037	5127	2806	1280	41	3
洛阳市	33687	96	12	2524	16568	6738	4486	3072	174	17
平顶山市	14861	84	5	1428	7602	2419	1885	1325	107	6
安阳市	25248	183	8	2550	13279	3954	2811	2269	170	24
鹤壁市	8841	90	6	1172	4770	1347	918	513	25	
新乡市	33855	130	13	2461	14955	9838	4222	2039	187	10
焦作市	21349	32	1	1011	10344	6050	2297	1456	128	30
濮阳市	23703	454	15	3251	11053	3438	2889	2473	128	2
许昌市	17598	80	9	1940	10907	2615	1329	692	24	2
漯河市	12506	87		998	6387	2812	1549	646	25	2
三门峡市	7317	25	1	704	3161	1631	1092	676	25	2
南阳市	63715	406	30	7590	32109	12402	6866	4120	174	18
商丘市	50984	748	40	7744	26664	8955	4460	2301	62	10
信阳市	35109	550	33	6944	14521	6407	3648	2909	91	6
周口市	43099	1010	47	6692	22017	7241	4045	1980	61	6
驻马店市	55773	327	31	6537	26335	12934	5988	3483	121	17
济源市	1649	1		101	614	561	262	101	9	

4-2c 各地区分性别、受教育程度的就业人口(乡村)

单位：人

地区 性别	合计	未上过学	学前教育	小学	初中	高中	大学专科	大学本科	硕士 研究生	博士 研究生
河南	**1920942**	**41080**	**1752**	**423172**	**1147767**	**221907**	**61311**	**22502**	**1308**	**143**
郑州市	128446	1063	54	18692	69589	23059	10365	5112	475	37
开封市	100502	3073	151	21613	62802	9076	2975	775	28	9
洛阳市	114604	1117	67	19021	75557	14069	3388	1299	80	6
平顶山市	83637	1082	19	15275	56457	7363	2523	855	59	4
安阳市	102199	2005	68	22603	65622	8407	2442	1008	38	6
鹤壁市	34063	396	18	6152	22730	3218	1102	414	28	5
新乡市	128558	858	63	16795	79124	25417	4875	1348	67	11
焦作市	69783	160	15	5273	44004	16506	2786	974	57	8
濮阳市	93522	2747	78	22957	56905	7273	2645	871	44	2
许昌市	100028	465	43	14002	70102	11191	3015	1146	58	6
漯河市	50533	613	27	7296	33718	6235	1990	631	20	3
三门峡市	50606	288	14	8675	30727	8137	2080	648	29	8
南阳市	182426	3912	272	55188	103663	14542	3515	1272	61	1
商丘市	196500	6497	198	50548	115769	17267	4734	1419	56	12
信阳市	115734	5150	267	43358	52462	10250	2722	1447	75	3
周口市	203631	8348	246	50757	119044	17641	5640	1858	84	13
驻马店市	154232	3259	150	43777	83659	18741	3482	1121	37	6
济源市	11938	47	2	1190	5833	3515	1032	304	12	3
男	**1086427**	**12344**	**768**	**203630**	**680413**	**142116**	**34642**	**11777**	**643**	**94**
郑州市	80181	350	30	10280	45150	15318	6105	2705	220	23
开封市	56410	906	63	10081	37525	5782	1633	400	11	9
洛阳市	69200	352	30	9354	47222	9539	1969	696	36	2
平顶山市	52806	409	5	8383	36893	5138	1483	464	30	1
安阳市	56297	536	32	10610	37844	5433	1325	489	23	5
鹤壁市	19617	96	4	2866	13718	2073	610	232	15	3
新乡市	69013	271	33	7659	42851	15005	2528	636	26	4
焦作市	40912	53	7	2554	26004	10303	1489	466	29	7
濮阳市	51079	725	30	10108	33819	4557	1395	424	19	2
许昌市	57933	145	16	6671	41292	7473	1691	605	35	5
漯河市	30381	196	15	3867	20624	4086	1205	374	12	2
三门峡市	29638	118	7	4059	18453	5417	1222	346	13	3
南阳市	102058	1649	140	28845	59502	9205	2010	672	34	1
商丘市	103665	1676	85	21586	66207	10655	2649	771	28	8
信阳市	66890	1888	112	22781	32632	7054	1622	758	40	3
周口市	111964	1917	109	23219	71159	11344	3173	988	45	10
驻马店市	81094	1040	49	20143	45917	11433	1907	582	19	4
济源市	7289	17	1	564	3601	2301	626	169	8	2
女	**834515**	**28736**	**984**	**219542**	**467354**	**79791**	**26669**	**10725**	**665**	**49**
郑州市	48265	713	24	8412	24439	7741	4260	2407	255	14
开封市	44092	2167	88	11532	25277	3294	1342	375	17	
洛阳市	45404	765	37	9667	28335	4530	1419	603	44	4
平顶山市	30831	673	14	6892	19564	2225	1040	391	29	3
安阳市	45902	1469	36	11993	27778	2974	1117	519	15	1
鹤壁市	14446	300	14	3286	9012	1145	492	182	13	2
新乡市	59545	587	30	9136	36273	10412	2347	712	41	7
焦作市	28871	107	8	2719	18000	6203	1297	508	28	1
濮阳市	42443	2022	48	12849	23086	2716	1250	447	25	
许昌市	42095	320	27	7331	28810	3718	1324	541	23	1
漯河市	20152	417	12	3429	13094	2149	785	257	8	1
三门峡市	20968	170	7	4616	12274	2720	858	302	16	5
南阳市	80368	2263	132	26343	44161	5337	1505	600	27	
商丘市	92835	4821	113	28962	49562	6612	2085	648	28	4
信阳市	48844	3262	155	20577	19830	3196	1100	689	35	
周口市	91667	6431	137	27538	47885	6297	2467	870	39	3
驻马店市	73138	2219	101	23634	37742	7308	1575	539	18	2
济源市	4649	30	1	626	2232	1214	406	135	4	1

4-3　全省分年龄、性别、受教育程度的就业人口

单位：人

年龄组 性　别	合　计	未上过学	学前教育	小　学	初　中	高　中	大学专科	大学本科	硕　士 研究生	博　士 研究生
总　计	**4225042**	**51204**	**2438**	**596166**	**2097189**	**757756**	**420675**	**271967**	**24794**	**2853**
16-19岁	63024	68	55	1987	33872	20842	4965	1229	5	1
20-24岁	231828	200	84	4589	97204	58815	48067	22279	569	21
25-29岁	402294	368	70	7946	164568	92631	75402	55968	5079	262
30-34岁	672267	713	125	19622	313782	150301	106939	71888	8116	781
35-39岁	458463	760	65	19270	232812	94587	60185	44983	5155	646
40-44岁	445176	1160	80	33217	242299	88072	47237	29871	2734	506
45-49岁	530912	2811	160	67604	306861	89757	39069	22920	1448	282
50-54岁	532262	4894	278	107035	311694	69319	23164	14680	1009	189
55-59岁	373233	5428	276	91495	200401	55827	12004	7045	609	148
60-64岁	194316	7236	300	72226	89166	22764	1958	611	43	12
65-69岁	189684	12708	440	93694	71027	10469	1028	298	16	4
70-74岁	85874	8168	276	50432	23563	2983	345	102	4	1
75岁及以上	45709	6690	229	27049	9940	1389	312	93	7	
男	**2409067**	**16005**	**1096**	**295660**	**1242294**	**465867**	**232852**	**141538**	**11991**	**1764**
16-19岁	38816	36	27	1222	21629	12683	2587	629	2	1
20-24岁	133670	130	46	2776	61031	35745	24145	9589	198	10
25-29岁	226379	200	35	4653	98128	55425	40111	25759	1929	139
30-34岁	373490	386	57	10870	177768	86687	57525	36235	3530	432
35-39岁	251766	356	33	9677	128395	53771	32812	23747	2587	388
40-44岁	243888	503	36	16243	133482	50328	25535	15911	1536	314
45-49岁	298245	955	74	32530	175137	52825	22155	13438	939	192
50-54岁	310490	1400	133	49388	186315	47274	15445	9678	715	142
55-59岁	224473	1337	115	41060	124034	41801	9782	5707	504	133
60-64岁	116684	1851	121	34885	60353	17505	1464	465	31	9
65-69岁	112802	3808	188	48178	51269	8344	776	224	11	4
70-74岁	51743	2727	133	28729	17408	2397	270	76	3	
75岁及以上	26621	2316	98	15449	7345	1082	245	80	6	
女	**1815975**	**35199**	**1342**	**300506**	**854895**	**291889**	**187823**	**130429**	**12803**	**1089**
16-19岁	24208	32	28	765	12243	8159	2378	600	3	
20-24岁	98158	70	38	1813	36173	23070	23922	12690	371	11
25-29岁	175915	168	35	3293	66440	37206	35291	30209	3150	123
30-34岁	298777	327	68	8752	136014	63614	49414	35653	4586	349
35-39岁	206697	404	32	9593	104417	40816	27373	21236	2568	258
40-44岁	201288	657	44	16974	108817	37744	21702	13960	1198	192
45-49岁	232667	1856	86	35074	131724	36932	16914	9482	509	90
50-54岁	221772	3494	145	57647	125379	22045	7719	5002	294	47
55-59岁	148760	4091	161	50435	76367	14026	2222	1338	105	15
60-64岁	77632	5385	179	37341	28813	5259	494	146	12	3
65-69岁	76882	8900	252	45516	19758	2125	252	74	5	
70-74岁	34131	5441	143	21703	6155	586	75	26	1	1
75岁及以上	19088	4374	131	11600	2595	307	67	13	1	

4-3a 全省分年龄、性别、受教育程度的就业人口(城市)

单位：人

年龄组 性别	合计	未上过学	学前教育	小学	初中	高中	大学专科	大学本科	硕士研究生	博士研究生
总计	**1037666**	**2183**	**167**	**42947**	**315930**	**265978**	**221891**	**168155**	**18451**	**1964**
16-19岁	8685	7	9	171	3283	3393	1501	317	3	1
20-24岁	56208	25	15	445	9950	13586	20930	10974	273	10
25-29岁	118170	52	12	915	20505	26567	35368	31300	3308	143
30-34岁	206136	100	24	2524	46767	50722	55515	44101	5900	483
35-39岁	147354	91	13	2313	38617	36844	34541	30269	4188	478
40-44岁	138505	90	9	3758	45167	39079	27925	19843	2244	390
45-49岁	147119	212	16	6805	56657	42143	24254	15626	1194	212
50-54岁	112563	290	20	8591	50100	28888	13540	10185	819	130
55-59岁	63428	230	19	5582	27027	18108	6943	4931	481	107
60-64岁	19296	283	9	4197	9238	4404	775	352	33	5
65-69岁	13227	422	9	4539	6190	1552	349	156	6	4
70-74岁	4578	209	4	2049	1698	427	131	57	2	1
75岁及以上	2397	172	8	1058	731	265	119	44		
男	**590838**	**857**	**84**	**23427**	**187854**	**159660**	**121514**	**87224**	**8994**	**1224**
16-19岁	5220	1	5	118	2159	2028	719	189		1
20-24岁	29950	16	8	291	6345	8174	10386	4635	89	6
25-29岁	63569	29	4	585	12714	16077	18750	14102	1225	83
30-34岁	111174	57	14	1590	26783	28990	29187	21747	2550	256
35-39岁	79769	45	7	1267	21493	20311	18439	15841	2081	285
40-44岁	75308	51	6	1999	24864	21532	14812	10542	1258	244
45-49岁	82710	102	10	3653	31920	23641	13433	9033	773	145
50-54岁	72591	117	9	4642	31450	20055	8989	6645	581	103
55-59岁	45577	73	11	3067	18036	14061	5800	4027	407	95
60-64岁	12445	81	4	2199	6123	3183	567	261	25	2
65-69岁	8282	137	2	2358	4298	1108	250	121	4	4
70-74岁	2836	82	2	1120	1175	314	100	42	1	
75岁及以上	1407	66	2	538	494	186	82	39		
女	**446828**	**1326**	**83**	**19520**	**128076**	**106318**	**100377**	**80931**	**9457**	**740**
16-19岁	3465	6	4	53	1124	1365	782	128	3	
20-24岁	26258	9	7	154	3605	5412	10544	6339	184	4
25-29岁	54601	23	8	330	7791	10490	16618	17198	2083	60
30-34岁	94962	43	10	934	19984	21732	26328	22354	3350	227
35-39岁	67585	46	6	1046	17124	16533	16102	14428	2107	193
40-44岁	63197	39	3	1759	20303	17547	13113	9301	986	146
45-49岁	64409	110	6	3152	24737	18502	10821	6593	421	67
50-54岁	39972	173	11	3949	18650	8833	4551	3540	238	27
55-59岁	17851	157	8	2515	8991	4047	1143	904	74	12
60-64岁	6851	202	5	1998	3115	1221	208	91	8	3
65-69岁	4945	285	7	2181	1892	444	99	35	2	
70-74岁	1742	127	2	929	523	113	31	15	1	1
75岁及以上	990	106	6	520	237	79	37	5		

4-3b　全省分年龄、性别、受教育程度的就业人口(镇)

单位：人

年龄组 性别	合计	未上过学	学前教育	小学	初中	高中	大学专科	大学本科	硕士研究生	博士研究生
总计	**1266434**	**7941**	**519**	**130047**	**633492**	**269871**	**137473**	**81310**	**5035**	**746**
16–19岁	19118	16	9	549	9518	6890	1623	512	1	
20–24岁	77813	64	32	1392	31386	21825	15547	7352	206	9
25–29岁	136727	87	24	2450	54675	35567	25133	17472	1243	76
30–34岁	227312	196	47	6114	104927	57202	35292	21535	1764	235
35–39岁	153226	179	16	5622	79089	35747	19126	12454	845	148
40–44岁	145866	263	25	9267	79862	31798	15149	8935	457	110
45–49岁	161842	536	32	17359	93956	30761	12279	6628	226	65
50–54岁	148234	870	59	25376	86584	23092	7923	4106	166	58
55–59岁	95464	974	44	19982	51575	16881	3948	1911	111	38
60–64岁	42510	1106	66	13827	20384	6141	755	216	8	7
65–69岁	36700	1752	88	16349	15113	2847	432	116	3	
70–74岁	14270	1075	42	7790	4464	725	135	37	2	
75岁及以上	7352	823	35	3970	1959	395	131	36	3	
男	**731802**	**2804**	**244**	**68603**	**374027**	**164091**	**76696**	**42537**	**2354**	**446**
16–19岁	11905	10	7	343	6130	4317	859	238	1	
20–24岁	45695	43	18	813	19885	13579	8039	3244	72	2
25–29岁	77771	52	12	1502	32813	21253	13417	8214	480	28
30–34岁	127315	107	20	3461	59537	32963	19301	11038	753	135
35–39岁	84860	96	10	3038	43714	20428	10484	6567	432	91
40–44岁	80533	125	11	4874	44002	18276	8219	4705	255	66
45–49岁	92632	215	12	9016	53965	18260	7021	3954	146	43
50–54岁	89371	316	26	13103	52561	15245	5214	2748	120	38
55–59岁	59502	300	20	9883	32358	12212	3087	1522	84	36
60–64岁	26535	315	33	7173	13735	4560	538	169	5	7
65–69岁	22603	568	40	8753	10694	2156	310	80	2	
70–74岁	8725	366	20	4424	3244	545	97	27	2	
75岁及以上	4355	291	15	2220	1389	297	110	31	2	
女	**534632**	**5137**	**275**	**61444**	**259465**	**105780**	**60777**	**38773**	**2681**	**300**
16–19岁	7213	6	2	206	3388	2573	764	274		
20–24岁	32118	21	14	579	11501	8246	7508	4108	134	7
25–29岁	58956	35	12	948	21862	14314	11716	9258	763	48
30–34岁	99997	89	27	2653	45390	24239	15991	10497	1011	100
35–39岁	68366	83	6	2584	35375	15319	8642	5887	413	57
40–44岁	65333	138	14	4393	35860	13522	6930	4230	202	44
45–49岁	69210	321	20	8343	39991	12501	5258	2674	80	22
50–54岁	58863	554	33	12273	34023	7847	2709	1358	46	20
55–59岁	35962	674	24	10099	19217	4669	861	389	27	2
60–64岁	15975	791	33	6654	6649	1581	217	47	3	
65–69岁	14097	1184	48	7596	4419	691	122	36	1	
70–74岁	5545	709	22	3366	1220	180	38	10		
75岁及以上	2997	532	20	1750	570	98	21	5	1	

4-3c　全省分年龄、性别、受教育程度的就业人口(乡村)

单位：人

年龄组 性别	合　计	未上过学	学前教育	小　学	初　中	高　中	大学专科	大学本科	硕　士 研究生	博　士 研究生
总　计	**1920942**	**41080**	**1752**	**423172**	**1147767**	**221907**	**61311**	**22502**	**1308**	**143**
16-19岁	35221	45	37	1267	21071	10559	1841	400	1	
20-24岁	97807	111	37	2752	55868	23404	11590	3953	90	2
25-29岁	147397	229	34	4581	89388	30497	14901	7196	528	43
30-34岁	238819	417	54	10984	162088	42377	16132	6252	452	63
35-39岁	157883	490	36	11335	115106	21996	6518	2260	122	20
40-44岁	160805	807	46	20192	117270	17195	4163	1093	33	6
45-49岁	221951	2063	112	43440	156248	16853	2536	666	28	5
50-54岁	271465	3734	199	73068	175010	17339	1701	389	24	1
55-59岁	214341	4224	213	65931	121799	20838	1113	203	17	3
60-64岁	132510	5847	225	54202	59544	12219	428	43	2	
65-69岁	139757	10534	343	72806	49724	6070	247	26	7	
70-74岁	67026	6884	230	40593	17401	1831	79	8		
75岁及以上	35960	5695	186	22021	7250	729	62	13	4	
男	**1086427**	**12344**	**768**	**203630**	**680413**	**142116**	**34642**	**11777**	**643**	**94**
16-19岁	21691	25	15	761	13340	6338	1009	202	1	
20-24岁	58025	71	20	1672	34801	13992	5720	1710	37	2
25-29岁	85039	119	19	2566	52601	18095	7944	3443	224	28
30-34岁	135001	222	23	5819	91448	24734	9037	3450	227	41
35-39岁	87137	215	16	5372	63188	13032	3889	1339	74	12
40-44岁	88047	327	19	9370	64616	10520	2504	664	23	4
45-49岁	122903	638	52	19861	89252	10924	1701	451	20	4
50-54岁	148528	967	98	31643	102304	11974	1242	285	14	1
55-59岁	119394	964	84	28110	73640	15528	895	158	13	2
60-64岁	77704	1455	84	25513	40495	9762	359	35	1	
65-69岁	81917	3103	146	37067	36277	5080	216	23	5	
70-74岁	40182	2279	111	23185	12989	1538	73	7		
75岁及以上	20859	1959	81	12691	5462	599	53	10	4	
女	**834515**	**28736**	**984**	**219542**	**467354**	**79791**	**26669**	**10725**	**665**	**49**
16-19岁	13530	20	22	506	7731	4221	832	198		
20-24岁	39782	40	17	1080	21067	9412	5870	2243	53	
25-29岁	62358	110	15	2015	36787	12402	6957	3753	304	15
30-34岁	103818	195	31	5165	70640	17643	7095	2802	225	22
35-39岁	70746	275	20	5963	51918	8964	2629	921	48	8
40-44岁	72758	480	27	10822	52654	6675	1659	429	10	2
45-49岁	99048	1425	60	23579	66996	5929	835	215	8	1
50-54岁	122937	2767	101	41425	72706	5365	459	104	10	
55-59岁	94947	3260	129	37821	48159	5310	218	45	4	1
60-64岁	54806	4392	141	28689	19049	2457	69	8	1	
65-69岁	57840	7431	197	35739	13447	990	31	3	2	
70-74岁	26844	4605	119	17408	4412	293	6	1		
75岁及以上	15101	3736	105	9330	1788	130	9	3		

4-4 各地区分性别、行业大类的就业人口

单位：人

地区 性别	合计	农、林、牧、渔业						采矿业	
		小计	农业	林业	畜牧业	渔业	农、林、牧、渔专业及辅助性活动	小计	煤炭开采和洗选业
河　南	**4225042**	**943704**	**858670**	**10229**	**50541**	**3345**	**20919**	**38463**	**25314**
郑州市	556875	47953	44205	552	2066	494	636	6301	5007
开封市	204787	61419	57591	301	2720	94	713	234	23
洛阳市	293943	55410	50224	1090	3064	174	858	4190	1613
平顶山市	173495	44081	40497	327	2398	123	736	8859	8068
安阳市	216740	45591	41467	268	2589	40	1227	757	420
鹤壁市	80107	12341	9860	295	1812	26	348	1922	1568
新乡市	288923	56941	52079	533	3686	84	559	670	285
焦作市	162934	21490	17526	487	2074	83	1320	1504	1254
濮阳市	175451	38978	34166	285	2988	101	1438	3297	28
许昌市	204537	48753	43736	909	1389	55	2664	1573	1289
漯河市	106675	24998	23225	368	840	68	497	92	27
三门峡市	99483	28372	26831	246	995	16	284	2941	2164
南阳市	376248	111948	103760	1074	5545	333	1236	1800	43
商丘市	374095	92214	84582	681	5766	201	984	3314	3161
信阳市	235228	72097	65579	1229	3349	998	942	243	14
周口市	344351	98448	93083	673	3633	188	871	133	42
驻马店市	298688	78703	67132	844	4956	233	5538	210	60
济源市	32482	3967	3127	67	671	34	68	423	248
男	**2409067**	**468473**	**417296**	**6574**	**30772**	**2398**	**11433**	**32401**	**21566**
郑州市	325789	24469	21943	361	1435	310	420	5567	4534
开封市	114593	31065	28723	217	1638	69	418	199	22
洛阳市	175916	28629	25213	661	2061	146	548	3641	1435
平顶山市	107506	24258	21806	249	1643	104	456	7167	6486
安阳市	124253	19675	17259	168	1712	29	507	656	365
鹤壁市	44892	5997	4588	159	1051	18	181	1545	1265
新乡市	157889	26602	23666	331	2186	59	360	599	270
焦作市	94814	11727	9254	312	1317	56	788	1310	1092
濮阳市	97635	17034	14338	207	1832	80	577	2642	23
许昌市	117474	24343	21525	514	928	45	1331	1456	1206
漯河市	62918	13436	12234	274	556	52	320	76	23
三门峡市	59180	15284	14230	178	674	14	188	2472	1800
南阳市	211988	57934	52736	681	3519	243	755	1394	39
商丘市	201618	43181	38833	478	3193	132	545	2806	2680
信阳市	138966	37997	34044	812	1830	714	597	212	12
周口市	192821	47182	43868	448	2238	134	494	105	36
驻马店市	161638	37527	31474	481	2508	164	2900	178	56
济源市	19177	2133	1562	43	451	29	48	376	222
女	**1815975**	**475231**	**441374**	**3655**	**19769**	**947**	**9486**	**6062**	**3748**
郑州市	231086	23484	22262	191	631	184	216	734	473
开封市	90194	30354	28868	84	1082	25	295	35	1
洛阳市	118027	26781	25011	429	1003	28	310	549	178
平顶山市	65989	19823	18691	78	755	19	280	1692	1582
安阳市	92487	25916	24208	100	877	11	720	101	55
鹤壁市	35215	6344	5272	136	761	8	167	377	303
新乡市	131034	30339	28413	202	1500	25	199	71	15
焦作市	68120	9763	8272	175	757	27	532	194	162
濮阳市	77816	21944	19828	78	1156	21	861	655	5
许昌市	87063	24410	22211	395	461	10	1333	117	83
漯河市	43757	11562	10991	94	284	16	177	16	4
三门峡市	40303	13088	12601	68	321	2	96	469	364
南阳市	164260	54014	51024	393	2026	90	481	406	4
商丘市	172477	49033	45749	203	2573	69	439	508	481
信阳市	96262	34100	31535	417	1519	284	345	31	2
周口市	151530	51266	49215	225	1395	54	377	28	6
驻马店市	137050	41176	35658	363	2448	69	2638	32	4
济源市	13305	1834	1565	24	220	5	20	47	26

4-4 续表 1

单位：人

地 区 性 别	采矿业 石油和天然气开采业	采矿业 黑色金属矿采选业	采矿业 有色金属矿采选业	采矿业 非金属矿采选业	采矿业 开采专业及辅助性活动	采矿业 其他采矿业	制造业 小计	制造业 农副食品加工业	制造业 食品制造业
河 南	**1732**	**746**	**2633**	**2639**	**4705**	**694**	**589361**	**43931**	**31350**
郑州市	115	35	84	313	676	71	85100	3079	3858
开封市	106	1	12	26	65	1	24002	3206	1093
洛阳市	66	105	1806	299	132	169	45172	1715	1145
平顶山市	5	304	43	238	153	48	19213	1225	707
安阳市	17	88	9	81	114	28	30854	2904	1148
鹤壁市	8	15	9	78	150	94	11834	981	429
新乡市	75	7	7	185	90	21	49584	2701	3418
焦作市	26	8	17	81	81	37	32944	2208	2385
濮阳市	1015	21	2	33	2189	9	23972	1955	1462
许昌市	6	3	8	172	68	27	34815	1905	950
漯河市	6	4	1	29	21	4	18804	3302	3742
三门峡市	13	89	407	141	47	80	9236	550	344
南阳市	250	29	187	517	730	44	43064	5778	1548
商丘市	5	10	12	51	65	10	59449	4252	2967
信阳市	3		2	156	39	29	20467	2114	771
周口市	8	1	4	52	21	5	42029	2863	2480
驻马店市	2	7	4	91	37	9	29766	2918	2672
济源市	6	19	19	96	27	8	9056	275	231
男	**1317**	**646**	**2226**	**2259**	**3801**	**586**	**330601**	**23524**	**14064**
郑州市	76	30	67	257	547	56	54928	1762	1854
开封市	84	1	9	23	60		12997	1506	482
洛阳市	54	89	1532	270	111	150	29668	930	527
平顶山市	4	266	41	198	132	40	12609	683	371
安阳市	17	72	9	73	96	24	16623	1348	484
鹤壁市	6	14	8	66	120	66	6500	528	174
新乡市	64	7	6	159	74	19	27362	1332	1183
焦作市	19	8	16	71	74	30	18307	1098	938
濮阳市	776	20	2	31	1781	9	10483	896	581
许昌市	5	3	6	152	61	23	20295	1021	449
漯河市	4	4	1	23	17	4	10847	1931	1726
三门峡市	11	75	346	127	39	74	6435	321	165
南阳市	179	25	155	419	540	37	24728	3138	717
商丘市	5	7	9	43	53	9	26370	2296	1414
信阳市	2		2	138	32	26	11570	1235	382
周口市	7	1		44	14	3	18997	1652	1198
驻马店市	2	6	1	78	27	8	16029	1703	1319
济源市	2	18	16	87	23	8	5853	144	100
女	**415**	**100**	**407**	**380**	**904**	**108**	**258760**	**20407**	**17286**
郑州市	39	5	17	56	129	15	30172	1317	2004
开封市	22		3	3	5	1	11005	1700	611
洛阳市	12	16	274	29	21	19	15504	785	618
平顶山市	1	38	2	40	21	8	6604	542	336
安阳市		16		8	18	4	14231	1556	664
鹤壁市	2	1	1	12	30	28	5334	453	255
新乡市	11		1	26	16	2	22222	1369	2235
焦作市	7		1	10	7	7	14637	1110	1447
濮阳市	239	1		2	408		13489	1059	881
许昌市	1		2	20	7	4	14520	884	501
漯河市	2			6	4		7957	1371	2016
三门峡市	2	14	61	14	8	6	2801	229	179
南阳市	71	4	32	98	190	7	18336	2640	831
商丘市		3	3	8	12	1	33079	1956	1553
信阳市	1			18	7	3	8897	879	389
周口市	1		4	8	7	2	23032	1211	1282
驻马店市		1	3	13	10	1	13737	1215	1353
济源市	4	1	3	9	4		3203	131	131

4-4　续表 2　　单位：人

地区 性别	制造业								
	酒、饮料和精制茶制造业	烟草制品业	纺织业	纺织服装、服饰业	皮革、毛皮、羽毛及其制品和制鞋业	木材加工和木、竹、藤、棕、草制品业	家具制造业	造纸和纸制品业	印刷和记录媒介复制业
河　南	**8302**	**1500**	**21876**	**55633**	**23788**	**18636**	**14057**	**9462**	**6152**
郑州市	945	302	905	3608	539	707	1138	1151	1224
开封市	154	12	756	1715	450	2874	994	169	187
洛阳市	465	193	972	1843	4128	570	3229	356	323
平顶山市	153	76	1965	1097	337	260	497	143	121
安阳市	131	140	988	5923	126	455	738	212	203
鹤壁市	48	4	295	1212	125	229	155	85	45
新乡市	469	6	2173	3098	288	779	651	1626	552
焦作市	482	35	696	749	4725	576	268	1747	391
濮阳市	137	12	670	3139	781	1716	864	476	192
许昌市	140	197	1135	1196	1591	1416	661	523	485
漯河市	493	100	370	1032	834	1212	345	601	274
三门峡市	281	94	125	185	60	114	113	62	99
南阳市	532	213	2616	2623	938	935	717	672	449
商丘市	1117	11	2252	12681	3622	3066	980	650	409
信阳市	1199	18	1215	2868	718	1144	435	110	138
周口市	669	8	3896	9756	2495	1589	1049	338	829
驻马店市	344	71	763	2862	1973	956	1188	466	204
济源市	543	8	84	46	58	38	35	75	27
男	**4840**	**918**	**8046**	**13066**	**9624**	**10629**	**9112**	**5106**	**3464**
郑州市	579	194	425	1442	232	511	782	722	746
开封市	83	9	268	415	277	1379	612	97	105
洛阳市	249	108	396	369	1803	378	2321	201	192
平顶山市	93	50	1064	347	146	194	375	88	74
安阳市	71	93	314	684	47	286	401	95	103
鹤壁市	27		103	262	53	165	99	34	27
新乡市	248	3	774	430	86	465	407	840	309
焦作市	255	23	236	162	1806	354	181	998	178
濮阳市	74	5	177	295	243	625	514	154	102
许昌市	67	112	356	294	638	848	431	262	273
漯河市	298	68	138	377	335	835	250	366	155
三门峡市	160	50	60	61	24	90	82	43	54
南阳市	329	128	1088	753	414	604	486	332	265
商丘市	729	6	830	3068	1503	1648	571	317	247
信阳市	706	11	477	793	295	763	321	65	81
周口市	404	2	1062	2497	926	932	716	175	424
驻马店市	202	50	253	804	775	526	537	279	111
济源市	266	6	25	13	21	26	26	38	18
女	**3462**	**582**	**13830**	**42567**	**14164**	**8007**	**4945**	**4356**	**2688**
郑州市	366	108	480	2166	307	196	356	429	478
开封市	71	3	488	1300	173	1495	382	72	82
洛阳市	216	85	576	1474	2325	192	908	155	131
平顶山市	60	26	901	750	191	66	122	55	47
安阳市	60	47	674	5239	79	169	337	117	100
鹤壁市	21	4	192	950	72	64	56	51	18
新乡市	221	3	1399	2668	202	314	244	786	243
焦作市	227	12	460	587	2919	222	87	749	213
濮阳市	63	7	493	2844	538	1091	350	322	90
许昌市	73	85	779	902	953	568	230	261	212
漯河市	195	32	232	655	499	377	95	235	119
三门峡市	121	44	65	124	36	24	31	19	45
南阳市	203	85	1528	1870	524	331	231	340	184
商丘市	388	5	1422	9613	2119	1418	409	333	162
信阳市	493	7	738	2075	423	381	114	45	57
周口市	265	6	2834	7259	1569	657	333	163	405
驻马店市	142	21	510	2058	1198	430	651	187	93
济源市	277	2	59	33	37	12	9	37	9

4-4 续表 3

单位：人

地　区 性　别	制造业								
	文教、工美、体育和娱乐用品制造业	石油、煤炭及其他燃料加工业	化学原料和化学制品制造业	医　药制造业	化学纤维制造业	橡胶和塑　料制品业	非金属矿　物制品业	黑色金属冶炼和压延加工业	有色金属冶炼和压延加工业
河　南	**23082**	**3544**	**17384**	**13220**	**1473**	**13859**	**41281**	**10421**	**10539**
郑州市	925	107	1579	1329	33	1220	8204	443	3041
开封市	543	33	1119	238	5	620	983	73	57
洛阳市	519	455	929	454	84	1189	3368	417	1601
平顶山市	268	620	749	191	224	342	2026	1213	57
安阳市	359	569	1059	704	13	596	2088	3439	353
鹤壁市	230	114	467	93	17	329	1023	48	36
新乡市	294	78	2445	5393	859	1326	2439	270	468
焦作市	249	77	1518	1040	18	1798	2953	247	733
濮阳市	1323	245	1298	150	66	860	1036	215	31
许昌市	3955	395	376	637	60	692	5461	410	397
漯河市	405	23	519	147	11	345	468	43	24
三门峡市	98	194	271	92	11	193	579	54	1655
南阳市	4319	170	1042	1197	11	854	3369	649	251
商丘市	6400	119	1847	338	4	1395	1981	949	274
信阳市	841	28	288	200	10	308	1531	635	47
周口市	1362	16	768	462	29	735	1137	102	44
驻马店市	932	24	682	499	13	951	2000	120	29
济源市	60	277	428	56	5	106	635	1094	1441
男	**7533**	**2665**	**11500**	**5328**	**898**	**7659**	**29984**	**8420**	**8337**
郑州市	522	79	1008	680	18	762	6280	374	2447
开封市	232	26	752	143	4	362	675	65	47
洛阳市	236	349	624	205	51	675	2574	350	1301
平顶山市	122	470	505	82	155	231	1487	990	43
安阳市	87	448	750	265	9	322	1504	2657	268
鹤壁市	86	77	312	22	9	178	674	45	18
新乡市	110	53	1657	1649	539	711	1806	213	320
焦作市	89	62	1082	449	12	1073	1954	216	576
濮阳市	128	164	885	72	35	366	766	192	25
许昌市	1281	322	224	271	11	406	3489	337	310
漯河市	122	16	361	72	1	211	361	36	17
三门峡市	51	127	194	53	7	127	459	45	1289
南阳市	2613	111	622	532	8	455	2515	532	204
商丘市	903	85	1184	188	3	638	1485	741	216
信阳市	272	21	178	114	4	196	1171	516	35
周口市	322	10	400	224	19	386	775	84	28
驻马店市	330	17	470	282	10	511	1605	105	18
济源市	27	228	292	25	3	49	404	922	1175
女	**15549**	**879**	**5884**	**7892**	**575**	**6200**	**11297**	**2001**	**2202**
郑州市	403	28	571	649	15	458	1924	69	594
开封市	311	7	367	95	1	258	308	8	10
洛阳市	283	106	305	249	33	514	794	67	300
平顶山市	146	150	244	109	69	111	539	223	14
安阳市	272	121	309	439	4	274	584	782	85
鹤壁市	144	37	155	71	8	151	349	3	18
新乡市	184	25	788	3744	320	615	633	57	148
焦作市	160	15	436	591	6	725	999	31	157
濮阳市	1195	81	413	78	31	494	270	23	6
许昌市	2674	73	152	366	49	286	1972	73	87
漯河市	283	7	158	75	10	134	107	7	7
三门峡市	47	67	77	39	4	66	120	9	366
南阳市	1706	59	420	665	3	399	854	117	47
商丘市	5497	34	663	150	1	757	496	208	58
信阳市	569	7	110	86	6	112	360	119	12
周口市	1040	6	368	238	10	349	362	18	16
驻马店市	602	7	212	217	3	440	395	15	11
济源市	33	49	136	31	2	57	231	172	266

4-4　续表 4　　　　单位：人

地区 性别	制造业 金属制品业	通用设备制造业	专用设备制造业	汽车制造业	铁路、船舶、航空航天和其他运输设备制造业	电气机械和器材制造业	计算机、通信和其他电子设备制造业	仪器仪表制造业	其他制造业
河南	**31219**	**36515**	**17595**	**12644**	**6260**	**16637**	**75769**	**4157**	**7446**
郑州市	3790	4957	3664	4423	748	2847	27542	603	534
开封市	1085	1164	565	611	92	333	4147	189	136
洛阳市	2815	5696	3034	517	2608	1359	3795	192	281
平顶山市	1333	769	744	192	205	941	2010	66	110
安阳市	2483	1254	832	692	210	595	1649	80	251
鹤壁市	627	576	482	772	42	267	2709	84	90
新乡市	3041	8616	1680	985	442	2222	1911	202	435
焦作市	1969	1912	681	828	101	998	2042	119	863
濮阳市	1315	608	503	451	93	743	2621	54	504
许昌市	2609	3047	999	678	168	1499	2025	165	277
漯河市	715	659	401	105	53	225	1833	82	188
三门峡市	486	407	360	274	64	179	1948	76	40
南阳市	2281	2760	990	944	152	1288	3644	752	589
商丘市	2254	1024	575	295	417	1489	4600	1185	1420
信阳市	971	701	419	138	185	352	1849	131	202
周口市	2056	1058	625	223	202	389	5040	68	1144
驻马店市	1088	1070	850	489	466	571	4141	96	336
济源市	301	237	191	27	12	340	2263	13	46
男	**24827**	**27184**	**11883**	**9348**	**4693**	**10672**	**42253**	**2549**	**3156**
郑州市	2994	3946	2730	3632	562	2025	15482	401	393
开封市	874	832	353	384	66	209	2229	132	70
洛阳市	2337	4312	2270	421	1978	978	2447	133	188
平顶山市	1090	593	509	149	158	662	1270	46	73
安阳市	2111	1017	555	547	154	383	911	58	113
鹤壁市	515	400	332	403	36	154	1479	66	48
新乡市	2442	6407	1051	656	311	1286	1068	156	245
焦作市	1445	1371	450	609	84	647	1220	88	216
濮阳市	1106	421	296	216	73	367	1208	36	75
许昌市	2070	2311	668	520	129	1090	1235	107	156
漯河市	582	529	219	80	43	160	1187	59	96
三门峡市	426	321	235	234	59	133	1279	58	25
南阳市	1743	1914	624	651	125	712	1769	374	330
商丘市	1681	679	326	198	287	817	2460	637	554
信阳市	782	515	239	102	153	237	1035	80	114
周口市	1546	752	369	153	167	269	2723	46	266
驻马店市	835	672	522	378	299	334	2123	64	184
济源市	248	192	135	15	9	209	1128	8	10
女	**6392**	**9331**	**5712**	**3296**	**1567**	**5965**	**33516**	**1608**	**4290**
郑州市	796	1011	934	791	186	822	12060	202	141
开封市	211	332	212	227	26	124	1918	57	66
洛阳市	478	1384	764	96	630	381	1348	59	93
平顶山市	243	176	235	43	47	279	740	20	37
安阳市	372	237	277	145	56	212	738	22	138
鹤壁市	112	176	150	369	6	113	1230	18	42
新乡市	599	2209	629	329	131	936	843	46	190
焦作市	524	541	231	219	17	351	822	31	647
濮阳市	209	187	207	235	20	376	1413	18	429
许昌市	539	736	331	158	39	409	790	58	121
漯河市	133	130	182	25	10	65	646	23	92
三门峡市	60	86	125	40	5	46	669	18	15
南阳市	538	846	366	293	27	576	1875	378	259
商丘市	573	345	249	97	130	672	2140	548	866
信阳市	189	186	180	36	32	115	814	51	88
周口市	510	306	256	70	35	120	2317	22	878
驻马店市	253	398	328	111	167	237	2018	32	152
济源市	53	45	56	12	3	131	1135	5	36

4-4 续表 5 单位：人

地区 性别	制造业		电力、热力、燃气及水生产和供应业				建筑业		
	废弃资源综合利用业	金属制品、机械和设备修理业	小计	电力、热力生产和供应业	燃气生产和供应业	水的生产和供应业	小计	房屋建筑业	土木工程建筑业
河南	**5628**	**6001**	**28336**	**18995**	**4492**	**4849**	**558518**	**333328**	**31017**
郑州市	538	1117	4641	2989	799	853	51907	23998	7111
开封市	235	164	974	603	181	190	30515	20594	1034
洛阳市	307	613	2907	2180	318	409	36503	19434	4201
平顶山市	162	410	1732	1205	215	312	20496	12894	990
安阳市	272	388	1900	1258	341	301	38917	25820	1575
鹤壁市	55	165	742	542	114	86	12723	8138	651
新乡市	305	412	1737	1198	294	245	41254	24849	1768
焦作市	274	262	1735	1329	195	211	19349	11939	1000
濮阳市	181	271	1969	1119	611	239	32062	21750	1338
许昌市	466	300	1106	736	162	208	20771	11996	1088
漯河市	70	183	622	421	102	99	12037	6850	586
三门峡市	35	193	1060	809	97	154	9605	5640	1060
南阳市	395	386	1881	1205	239	437	39423	23497	1838
商丘市	499	377	1323	903	142	278	50928	33179	1661
信阳市	684	217	1205	748	201	256	32764	18869	1742
周口市	383	214	1140	710	176	254	62463	35329	1327
驻马店市	715	277	1158	682	242	234	43789	27146	1698
济源市	52	52	504	358	63	83	3012	1406	349
男	**4104**	**5215**	**20518**	**14396**	**3054**	**3068**	**468437**	**279087**	**26484**
郑州市	378	966	3308	2231	537	540	43171	20415	5710
开封市	171	138	685	441	128	116	25091	16810	911
洛阳市	228	537	2160	1678	224	258	32553	17525	3621
平顶山市	132	357	1251	928	144	179	18199	11507	869
安阳市	191	347	1323	923	216	184	34220	22696	1450
鹤壁市	39	135	535	408	67	60	10215	6434	581
新乡市	247	358	1248	903	188	157	34856	20605	1541
焦作市	194	241	1315	1018	147	150	15564	9484	862
濮阳市	150	236	1415	846	427	142	27878	18726	1179
许昌市	344	263	804	558	116	130	17644	10147	943
漯河市	54	162	464	331	73	60	10601	6026	514
三门峡市	30	173	774	613	57	104	8171	4720	935
南阳市	295	345	1334	894	178	262	33522	20065	1623
商丘市	354	305	963	678	106	179	41440	27131	1421
信阳市	489	188	904	587	140	177	28780	16491	1592
周口市	288	182	877	575	129	173	49489	27877	1049
驻马店市	476	235	813	517	145	151	34479	21231	1382
济源市	44	47	345	267	32	46	2564	1197	301
女	**1524**	**786**	**7818**	**4599**	**1438**	**1781**	**90081**	**54241**	**4533**
郑州市	160	151	1333	758	262	313	8736	3583	1401
开封市	64	26	289	162	53	74	5424	3784	123
洛阳市	79	76	747	502	94	151	3950	1909	580
平顶山市	30	53	481	277	71	133	2297	1387	121
安阳市	81	41	577	335	125	117	4697	3124	125
鹤壁市	16	30	207	134	47	26	2508	1704	70
新乡市	58	54	489	295	106	88	6398	4244	227
焦作市	80	21	420	311	48	61	3785	2455	138
濮阳市	31	35	554	273	184	97	4184	3024	159
许昌市	122	37	302	178	46	78	3127	1849	145
漯河市	16	21	158	90	29	39	1436	824	72
三门峡市	5	20	286	196	40	50	1434	920	125
南阳市	100	41	547	311	61	175	5901	3432	215
商丘市	145	72	360	225	36	99	9488	6048	240
信阳市	195	29	301	161	61	79	3984	2378	150
周口市	95	32	263	135	47	81	12974	7452	278
驻马店市	239	42	345	165	97	83	9310	5915	316
济源市	8	5	159	91	31	37	448	209	48

4-4　续表 6　　　　单位：人

地　区 性　别	建筑业		批发和零售业			交通运输、仓储和邮政业			
	建　筑 安装业	建筑装饰、装修和其他建筑业	小计	批发业	零售业	小计	铁　路 运输业	道　路 运输业	水　上 运输业
河　南	**29907**	**164266**	**711114**	**191645**	**519469**	**202447**	**7344**	**139518**	**849**
郑州市	3801	16997	103722	32082	71640	32338	2132	20590	73
开封市	1236	7651	32977	7954	25023	7626	153	4861	50
洛阳市	2588	10280	45253	10189	35064	15210	1405	9972	46
平顶山市	1033	5579	25683	5736	19947	8217	431	5863	23
安阳市	3192	8330	32018	7683	24335	10075	257	7666	34
鹤壁市	700	3234	12949	3514	9435	4174	63	3230	13
新乡市	2449	12188	49091	13188	35903	12680	514	8964	99
焦作市	1147	5263	26755	7315	19440	13238	318	10628	30
濮阳市	1257	7717	21556	4719	16837	8317	95	6767	49
许昌市	1457	6230	33113	10893	22220	9283	140	6699	47
漯河市	671	3930	17255	4195	13060	5826	194	3511	24
三门峡市	479	2426	14511	2787	11724	5683	280	3833	13
南阳市	2247	11841	68975	20538	48437	15840	286	10395	76
商丘市	2122	13966	73257	21247	52010	15726	197	10804	56
信阳市	1988	10165	37895	9800	28095	9735	545	5916	83
周口市	1847	23960	52966	13103	39863	15212	112	11247	70
驻马店市	1397	13548	59386	15948	43438	11417	174	7087	60
济源市	296	961	3752	754	2998	1850	48	1485	3
男	**26481**	**136385**	**327434**	**108906**	**218528**	**167787**	**5687**	**122323**	**669**
郑州市	3235	13811	52043	18766	33277	26067	1642	17446	52
开封市	1081	6289	14611	4367	10244	6166	120	4241	45
洛阳市	2371	9036	20969	6095	14874	12720	1078	8873	39
平顶山市	947	4876	12914	3610	9304	6983	343	5193	20
安阳市	2968	7106	14745	4613	10132	8702	205	7035	25
鹤壁市	595	2605	5217	1915	3302	3433	43	2771	6
新乡市	2153	10557	20059	7152	12907	10569	406	7962	88
焦作市	1006	4212	11928	4255	7673	11544	257	9628	24
濮阳市	1159	6814	9033	2689	6344	7088	57	6071	39
许昌市	1285	5269	15835	6302	9533	7949	112	6005	42
漯河市	601	3460	8123	2473	5650	4751	156	3096	13
三门峡市	433	2083	6572	1709	4863	4801	218	3373	8
南阳市	1946	9888	32118	11451	20667	12902	216	9104	70
商丘市	1813	11075	32972	11078	21894	12714	145	9288	42
信阳市	1807	8890	18274	5743	12531	8202	432	5308	58
周口市	1644	18919	24738	7629	17109	12519	75	9644	54
驻马店市	1188	10678	25632	8595	17037	9065	140	5943	42
济源市	249	817	1651	464	1187	1612	42	1342	2
女	**3426**	**27881**	**383680**	**82739**	**300941**	**34660**	**1657**	**17195**	**180**
郑州市	566	3186	51679	13316	38363	6271	490	3144	21
开封市	155	1362	18366	3587	14779	1460	33	620	5
洛阳市	217	1244	24284	4094	20190	2490	327	1099	7
平顶山市	86	703	12769	2126	10643	1234	88	670	3
安阳市	224	1224	17273	3070	14203	1373	52	631	9
鹤壁市	105	629	7732	1599	6133	741	20	459	7
新乡市	296	1631	29032	6036	22996	2111	108	1002	11
焦作市	141	1051	14827	3060	11767	1694	61	1000	6
濮阳市	98	903	12523	2030	10493	1229	38	696	10
许昌市	172	961	17278	4591	12687	1334	28	694	5
漯河市	70	470	9132	1722	7410	1075	38	415	11
三门峡市	46	343	7939	1078	6861	882	62	460	5
南阳市	301	1953	36857	9087	27770	2938	70	1291	6
商丘市	309	2891	40285	10169	30116	3012	52	1516	14
信阳市	181	1275	19621	4057	15564	1533	113	608	25
周口市	203	5041	28228	5474	22754	2693	37	1603	16
驻马店市	209	2870	33754	7353	26401	2352	34	1144	18
济源市	47	144	2101	290	1811	238	6	143	1

4-4 续表 7

单位：人

地区 性别	交通运输、仓储和邮政业					住宿和餐饮业		
	航空运输业	管道运输业	多式联运和运输代理业	装卸搬运和仓储业	邮政业	小计	住宿业	餐饮业
河南	**1361**	**156**	**4040**	**18021**	**31158**	**217562**	**16709**	**200853**
郑州市	759	36	869	2469	5410	30009	3310	26699
开封市	45	4	130	1079	1304	9130	656	8474
洛阳市	97	16	342	1245	2087	16733	1695	15038
平顶山市	25	5	128	679	1063	8127	562	7565
安阳市	30	13	110	830	1135	8814	620	8194
鹤壁市	22	8	96	275	467	4528	309	4219
新乡市	42	20	276	1053	1712	12994	949	12045
焦作市	26	6	280	638	1312	8454	647	7807
濮阳市	39	16	71	486	794	7445	326	7119
许昌市	19	4	201	987	1186	10894	775	10119
漯河市	52	3	86	534	1422	5518	349	5169
三门峡市	28	4	134	452	939	6219	792	5427
南阳市	60	7	329	2063	2624	18416	1463	16953
商丘市	33	4	234	1509	2889	19625	847	18778
信阳市	31	3	214	1035	1908	12312	932	11380
周口市	21	1	270	1192	2299	19391	1102	18289
驻马店市	28	6	236	1383	2443	17391	1231	16160
济源市	4		34	112	164	1562	144	1418
男	**848**	**129**	**3121**	**13213**	**21797**	**108466**	**7361**	**101105**
郑州市	469	28	630	1924	3876	16120	1541	14579
开封市	30	4	105	686	935	4601	280	4321
洛阳市	68	13	261	939	1449	8080	711	7369
平顶山市	17	4	104	565	737	4295	255	4040
安阳市	20	13	87	577	740	4271	278	3993
鹤壁市	14	4	74	193	328	1934	119	1815
新乡市	27	18	214	725	1129	5913	396	5517
焦作市	13	5	231	500	886	3947	296	3651
濮阳市	19	14	54	357	477	3369	131	3238
许昌市	12	3	148	765	862	5558	324	5234
漯河市	33	2	68	433	950	2946	170	2776
三门峡市	23	3	115	357	704	3053	338	2715
南阳市	34	7	263	1450	1758	9082	665	8417
商丘市	15	3	171	1008	2042	10130	366	9764
信阳市	21	1	174	782	1426	6283	418	5865
周口市	15	1	210	882	1638	10018	500	9518
驻马店市	15	6	185	976	1758	8218	535	7683
济源市	3		27	94	102	648	38	610
女	**513**	**27**	**919**	**4808**	**9361**	**109096**	**9348**	**99748**
郑州市	290	8	239	545	1534	13889	1769	12120
开封市	15		25	393	369	4529	376	4153
洛阳市	29	3	81	306	638	8653	984	7669
平顶山市	8	1	24	114	326	3832	307	3525
安阳市	10		23	253	395	4543	342	4201
鹤壁市	8	4	22	82	139	2594	190	2404
新乡市	15	2	62	328	583	7081	553	6528
焦作市	13	1	49	138	426	4507	351	4156
濮阳市	20	2	17	129	317	4076	195	3881
许昌市	7	1	53	222	324	5336	451	4885
漯河市	19	1	18	101	472	2572	179	2393
三门峡市	5	1	19	95	235	3166	454	2712
南阳市	26		66	613	866	9334	798	8536
商丘市	18	1	63	501	847	9495	481	9014
信阳市	10	2	40	253	482	6029	514	5515
周口市	6		60	310	661	9373	602	8771
驻马店市	13		51	407	685	9173	696	8477
济源市	1		7	18	62	914	106	808

4-4　续表 8　　单位：人

地　区 性　别	信息传输、软件和信息技术服务业 小计	电信、广播电视和卫星传输服务	互联网和相关服务	软件和信息技术服务业	金融业 小计	货币金融服务	资本市场服务	保险业	其他金融业
河　南	**42911**	**12157**	**15008**	**15746**	**46779**	**17905**	**1853**	**23400**	**3621**
郑州市	14503	2764	4223	7516	12543	4666	957	5612	1308
开封市	1819	447	851	521	1706	608	60	922	116
洛阳市	3743	1254	1198	1291	4081	1586	175	1982	338
平顶山市	1209	470	423	316	1720	911	45	684	80
安阳市	1769	656	578	535	2209	1078	72	940	119
鹤壁市	760	265	258	237	751	264	12	390	85
新乡市	2362	662	987	713	2856	918	86	1658	194
焦作市	1617	526	672	419	2231	783	39	1292	117
濮阳市	1382	482	479	421	1823	697	38	954	134
许昌市	1572	426	625	521	2132	674	68	1207	183
漯河市	1143	339	540	264	1158	495	35	559	69
三门峡市	881	366	226	289	1133	587	44	450	52
南阳市	2314	817	845	652	3320	1162	59	1899	200
商丘市	2136	656	983	497	2422	803	33	1446	140
信阳市	1740	611	664	465	2048	940	51	874	183
周口市	1947	620	788	539	1943	766	25	1043	109
驻马店市	1634	628	547	459	2178	735	32	1226	185
济源市	380	168	121	91	525	232	22	262	9
男	**26417**	**6681**	**9024**	**10712**	**22452**	**9577**	**1127**	**9732**	**2016**
郑州市	9262	1593	2578	5091	6037	2358	597	2341	741
开封市	966	254	386	326	807	326	37	375	69
洛阳市	2242	597	749	896	1926	820	106	821	179
平顶山市	768	271	264	233	857	503	20	292	42
安阳市	1124	384	361	379	1067	592	46	356	73
鹤壁市	414	132	132	150	383	150	6	177	50
新乡市	1358	351	545	462	1337	501	57	660	119
焦作市	908	277	345	286	952	418	22	450	62
濮阳市	877	269	310	298	763	357	22	313	71
许昌市	1042	231	420	391	1023	347	49	535	92
漯河市	722	203	336	183	539	265	13	228	33
三门峡市	542	193	149	200	574	323	24	200	27
南阳市	1364	447	489	428	1585	635	33	795	122
商丘市	1282	354	584	344	1233	459	16	687	71
信阳市	1111	355	429	327	1074	551	33	371	119
周口市	1268	351	548	369	1000	444	17	483	56
驻马店市	960	347	325	288	1082	420	16	560	86
济源市	207	72	74	61	213	108	13	88	4
女	**16494**	**5476**	**5984**	**5034**	**24327**	**8328**	**726**	**13668**	**1605**
郑州市	5241	1171	1645	2425	6506	2308	360	3271	567
开封市	853	193	465	195	899	282	23	547	47
洛阳市	1501	657	449	395	2155	766	69	1161	159
平顶山市	441	199	159	83	863	408	25	392	38
安阳市	645	272	217	156	1142	486	26	584	46
鹤壁市	346	133	126	87	368	114	6	213	35
新乡市	1004	311	442	251	1519	417	29	998	75
焦作市	709	249	327	133	1279	365	17	842	55
濮阳市	505	213	169	123	1060	340	16	641	63
许昌市	530	195	205	130	1109	327	19	672	91
漯河市	421	136	204	81	619	230	22	331	36
三门峡市	339	173	77	89	559	264	20	250	25
南阳市	950	370	356	224	1735	527	26	1104	78
商丘市	854	302	399	153	1189	344	17	759	69
信阳市	629	256	235	138	974	389	18	503	64
周口市	679	269	240	170	943	322	8	560	53
驻马店市	674	281	222	171	1096	315	16	666	99
济源市	173	96	47	30	312	124	9	174	5

4-4 续表 9 单位：人

地区 性别	房地产业		租赁和商务服务业			科学研究和技术服务业			
	小计	房地产业	小计	租赁业	商务服务业	小计	研究和试验发展	专业技术服务业	科技推广和应用服务业
河南	**64835**	**64835**	**107106**	**7767**	**99339**	**41428**	**4728**	**23643**	**13057**
郑州市	20194	20194	24714	1843	22871	12833	1899	8600	2334
开封市	2410	2410	3404	235	3169	2124	121	689	1314
洛阳市	5308	5308	7855	675	7180	3880	889	2357	634
平顶山市	2025	2025	4178	387	3791	918	78	645	195
安阳市	2812	2812	4728	343	4385	1492	167	950	375
鹤壁市	1049	1049	2528	104	2424	681	54	440	187
新乡市	3789	3789	7436	560	6876	2876	367	1270	1239
焦作市	1920	1920	4261	250	4011	993	78	689	226
濮阳市	2332	2332	3681	229	3452	1410	135	1014	261
许昌市	3078	3078	5465	515	4950	1790	134	961	695
漯河市	1591	1591	2946	146	2800	636	68	444	124
三门峡市	1104	1104	2357	169	2188	635	49	485	101
南阳市	3552	3552	8441	612	7829	3691	242	1486	1963
商丘市	3897	3897	6149	462	5687	1898	112	879	907
信阳市	2568	2568	5852	360	5492	1592	77	870	645
周口市	2742	2742	4958	342	4616	1322	95	735	492
驻马店市	4091	4091	7452	444	7008	2399	139	927	1333
济源市	373	373	701	91	610	258	24	202	32
男	**39372**	**39372**	**68647**	**6772**	**61875**	**26468**	**3067**	**16178**	**7223**
郑州市	12154	12154	15031	1603	13428	8204	1170	5599	1435
开封市	1491	1491	2191	198	1993	1038	84	455	499
洛阳市	3266	3266	5062	586	4476	2667	611	1639	417
平顶山市	1260	1260	2964	348	2616	685	53	489	143
安阳市	1718	1718	3072	308	2764	975	119	639	217
鹤壁市	591	591	1525	92	1433	444	37	301	106
新乡市	2314	2314	4540	470	4070	1771	238	900	633
焦作市	1147	1147	2749	221	2528	680	50	481	149
濮阳市	1187	1187	2366	207	2159	987	88	750	149
许昌市	1967	1967	3556	436	3120	1155	95	666	394
漯河市	1000	1000	2004	120	1884	434	47	308	79
三门峡市	687	687	1598	150	1448	446	36	334	76
南阳市	2167	2167	5469	531	4938	2284	142	1029	1113
商丘市	2384	2384	4020	401	3619	1177	71	619	487
信阳市	1667	1667	3796	335	3461	1027	50	648	329
周口市	1703	1703	3413	305	3108	877	67	526	284
驻马店市	2474	2474	4825	377	4448	1457	98	666	693
济源市	195	195	466	84	382	160	11	129	20
女	**25463**	**25463**	**38459**	**995**	**37464**	**14960**	**1661**	**7465**	**5834**
郑州市	8040	8040	9683	240	9443	4629	729	3001	899
开封市	919	919	1213	37	1176	1086	37	234	815
洛阳市	2042	2042	2793	89	2704	1213	278	718	217
平顶山市	765	765	1214	39	1175	233	25	156	52
安阳市	1094	1094	1656	35	1621	517	48	311	158
鹤壁市	458	458	1003	12	991	237	17	139	81
新乡市	1475	1475	2896	90	2806	1105	129	370	606
焦作市	773	773	1512	29	1483	313	28	208	77
濮阳市	1145	1145	1315	22	1293	423	47	264	112
许昌市	1111	1111	1909	79	1830	635	39	295	301
漯河市	591	591	942	26	916	202	21	136	45
三门峡市	417	417	759	19	740	189	13	151	25
南阳市	1385	1385	2972	81	2891	1407	100	457	850
商丘市	1513	1513	2129	61	2068	721	41	260	420
信阳市	901	901	2056	25	2031	565	27	222	316
周口市	1039	1039	1545	37	1508	445	28	209	208
驻马店市	1617	1617	2627	67	2560	942	41	261	640
济源市	178	178	235	7	228	98	13	73	12

4-4　续表 10　　　　　　　　　　　　　　　　　　　　　　　　　　　　单位：人

地区 性别	水利、环境和公共设施管理业					居民服务、修理和其他服务业			
	小计	水利管理业	生态保护和环境治理业	公共设施管理业	土地管理业	小计	居民服务业	机动车、电子产品和日用产品修理业	其他服务业
河南	**36462**	**1891**	**1750**	**32384**	**437**	**161382**	**88718**	**39749**	**32915**
郑州市	6545	344	381	5758	62	21204	12369	4850	3985
开封市	1469	77	69	1273	50	6312	3205	1720	1387
洛阳市	2956	181	152	2594	29	11418	6637	2599	2182
平顶山市	1405	88	50	1243	24	6095	3640	1482	973
安阳市	2233	114	111	1989	19	8302	4390	1964	1948
鹤壁市	932	46	30	847	9	3435	1667	881	887
新乡市	2371	114	118	2110	29	13617	8244	2609	2764
焦作市	1757	83	73	1594	7	6089	3253	1659	1177
濮阳市	1992	89	85	1811	7	6271	3480	1557	1234
许昌市	1715	85	63	1542	25	8343	4302	2466	1575
漯河市	679	54	32	588	5	3406	1772	950	684
三门峡市	733	67	52	608	6	3981	2031	1143	807
南阳市	2598	156	117	2265	60	15262	8592	4176	2494
商丘市	2464	52	75	2298	39	13604	6852	3784	2968
信阳市	1604	116	105	1372	11	8693	4812	1729	2152
周口市	1664	48	94	1497	25	11968	6503	3244	2221
驻马店市	2968	160	122	2659	27	12080	6127	2648	3305
济源市	377	17	21	336	3	1302	842	288	172
男	**20972**	**1361**	**1260**	**18071**	**280**	**77148**	**30764**	**32511**	**13873**
郑州市	4107	238	272	3562	35	10148	4447	3957	1744
开封市	823	56	48	692	27	2996	1078	1404	514
洛阳市	1776	131	116	1509	20	5345	2251	2235	859
平顶山市	864	63	33	751	17	3043	1360	1247	436
安阳市	1256	91	86	1064	15	4034	1524	1633	877
鹤壁市	469	32	22	408	7	1617	573	740	304
新乡市	1206	86	82	1022	16	5234	2057	2111	1066
焦作市	923	66	55	796	6	3053	1108	1340	605
濮阳市	1002	63	55	880	4	2861	1091	1268	502
许昌市	1009	66	46	882	15	4349	1634	2045	670
漯河市	409	36	26	345	2	1727	626	814	287
三门峡市	458	44	42	369	3	1945	655	950	340
南阳市	1587	111	90	1344	42	6988	2598	3340	1050
商丘市	1371	31	57	1260	23	6895	2744	2977	1174
信阳市	1010	80	69	853	8	4389	1947	1486	956
周口市	1001	36	65	883	17	6496	2766	2648	1082
驻马店市	1504	117	81	1286	20	5495	2069	2080	1346
济源市	197	14	15	165	3	533	236	236	61
女	**15490**	**530**	**490**	**14313**	**157**	**84234**	**57954**	**7238**	**19042**
郑州市	2438	106	109	2196	27	11056	7922	893	2241
开封市	646	21	21	581	23	3316	2127	316	873
洛阳市	1180	50	36	1085	9	6073	4386	364	1323
平顶山市	541	25	17	492	7	3052	2280	235	537
安阳市	977	23	25	925	4	4268	2866	331	1071
鹤壁市	463	14	8	439	2	1818	1094	141	583
新乡市	1165	28	36	1088	13	8383	6187	498	1698
焦作市	834	17	18	798	1	3036	2145	319	572
濮阳市	990	26	30	931	3	3410	2389	289	732
许昌市	706	19	17	660	10	3994	2668	421	905
漯河市	270	18	6	243	3	1679	1146	136	397
三门峡市	275	23	10	239	3	2036	1376	193	467
南阳市	1011	45	27	921	18	8274	5994	836	1444
商丘市	1093	21	18	1038	16	6709	4108	807	1794
信阳市	594	36	36	519	3	4304	2865	243	1196
周口市	663	12	29	614	8	5472	3737	596	1139
驻马店市	1464	43	41	1373	7	6585	4058	568	1959
济源市	180	3	6	171	—	769	606	52	111

4-4 续表 11　　单位：人

地区 性别	教育		卫生和社会工作			文化、体育和娱乐业				
	小计	教育	小计	卫生	社会工作	小计	新闻和出版业	广播、电视、电影和录音制作业	文化艺术业	体育
河南	**181239**	**181239**	**81035**	**78338**	**2697**	**20558**	**2034**	**2795**	**5248**	**2830**
郑州市	34756	34756	16522	16203	319	6431	998	1162	1407	958
开封市	7351	7351	3723	3619	104	699	63	80	210	72
洛阳市	13339	13339	6552	6295	257	1839	152	217	484	251
平顶山市	7343	7343	3622	3480	142	703	49	85	139	91
安阳市	10255	10255	4585	4431	154	995	69	106	329	122
鹤壁市	3503	3503	1482	1410	72	348	25	40	107	38
新乡市	12617	12617	5204	5002	202	1143	76	148	281	192
焦作市	7440	7440	3194	3080	114	822	76	100	185	119
濮阳市	7651	7651	3486	3344	142	711	56	78	240	95
许昌市	8100	8100	3451	3347	104	978	59	194	228	114
漯河市	3887	3887	1811	1754	57	463	38	44	111	80
三门峡市	3975	3975	2048	1960	88	395	29	54	108	58
南阳市	15172	15172	6433	6181	252	1150	83	129	354	135
商丘市	11752	11752	4581	4464	117	1046	48	70	283	130
信阳市	10418	10418	3717	3581	136	745	63	91	157	112
周口市	11848	11848	5164	4964	200	964	61	111	314	120
驻马店市	10078	10078	4728	4521	207	907	70	73	254	112
济源市	1754	1754	732	702	30	219	19	13	57	31
男	**61654**	**61654**	**30977**	**29917**	**1060**	**11759**	**1041**	**1700**	**2806**	**1586**
郑州市	11219	11219	5156	5048	108	3514	472	681	703	547
开封市	2459	2459	1387	1357	30	408	35	51	113	41
洛阳市	4375	4375	2427	2312	115	1069	85	122	266	134
平顶山市	2424	2424	1390	1332	58	409	28	60	71	43
安阳市	3037	3037	1762	1700	62	557	38	56	179	65
鹤壁市	1132	1132	567	547	20	187	15	26	60	21
新乡市	4100	4100	2009	1929	80	637	41	89	144	93
焦作市	2478	2478	1193	1160	33	482	45	65	90	75
濮阳市	2188	2188	1358	1288	70	408	31	46	133	54
许昌市	2614	2614	1327	1288	39	620	31	159	128	56
漯河市	1408	1408	710	688	22	281	21	25	67	44
三门峡市	1395	1395	705	674	31	242	16	33	64	34
南阳市	5380	5380	2848	2746	102	642	47	70	191	72
商丘市	4556	4556	1976	1907	69	628	25	42	155	87
信阳市	4113	4113	1606	1545	61	431	31	55	88	54
周口市	4435	4435	2335	2259	76	594	33	69	176	82
驻马店市	3811	3811	1986	1912	74	530	38	42	150	65
济源市	530	530	235	225	10	120	9	9	28	19
女	**119585**	**119585**	**50058**	**48421**	**1637**	**8799**	**993**	**1095**	**2442**	**1244**
郑州市	23537	23537	11366	11155	211	2917	526	481	704	411
开封市	4892	4892	2336	2262	74	291	28	29	97	31
洛阳市	8964	8964	4125	3983	142	770	67	95	218	117
平顶山市	4919	4919	2232	2148	84	294	21	25	68	48
安阳市	7218	7218	2823	2731	92	438	31	50	150	57
鹤壁市	2371	2371	915	863	52	161	10	14	47	17
新乡市	8517	8517	3195	3073	122	506	35	59	137	99
焦作市	4962	4962	2001	1920	81	340	31	35	95	44
濮阳市	5463	5463	2128	2056	72	303	25	32	107	41
许昌市	5486	5486	2124	2059	65	358	28	35	100	58
漯河市	2479	2479	1101	1066	35	182	17	19	44	36
三门峡市	2580	2580	1343	1286	57	153	13	21	44	24
南阳市	9792	9792	3585	3435	150	508	36	59	163	63
商丘市	7196	7196	2605	2557	48	418	23	28	128	43
信阳市	6305	6305	2111	2036	75	314	32	36	69	58
周口市	7413	7413	2829	2705	124	370	28	42	138	38
驻马店市	6267	6267	2742	2609	133	377	32	31	104	47
济源市	1224	1224	497	477	20	99	10	4	29	12

4-4　续表 12　　　　单位：人

地　区 性　别	娱乐业	公共管理、社会保障和社会组织							国际组织	
		小计	中国共产党机关	国家机构	人民政协、民主党派	社会保障	群众团体、社会团体和其他成员组织	基层群众自治组织	小计	国际组织
河　南	**7651**	**151801**	**3399**	**116259**	**296**	**883**	**10528**	**20436**	**1**	**1**
郑州市	1906	24659	454	20501	36	118	1179	2371		
开封市	274	6893	166	5292	12	56	583	784		
洛阳市	735	11593	246	8653	27	90	902	1675	1	1
平顶山市	339	7869	249	6203	33	31	452	901		
安阳市	369	8434	170	6678	19	27	90	1450		
鹤壁市	138	3425	105	2346	9	22	267	676		
新乡市	446	9701	244	7027	30	51	697	1652		
焦作市	342	7141	175	5372	17	34	719	824		
濮阳市	242	7116	214	5636	20	51	260	935		
许昌市	383	7605	132	5547	6	34	810	1076		
漯河市	190	3803	95	3084	17	17	234	356		
三门峡市	146	4614	98	3831	7	23	230	425		
南阳市	449	12968	222	9203	21	77	1282	2163		
商丘市	515	8310	162	6646	8	56	572	866		
信阳市	322	9533	243	6886	15	62	841	1486		
周口市	358	8049	189	6149	5	38	339	1329		
驻马店市	398	8353	206	5855	12	83	977	1220		
济源市	99	1735	29	1350	2	13	94	247		
男	**4626**	**99084**	**2367**	**76687**	**212**	**439**	**5724**	**13655**		
郑州市	1111	15284	293	12806	29	64	597	1495		
开封市	168	4612	121	3560	8	22	331	570		
洛阳市	462	7341	163	5480	20	51	488	1139		
平顶山市	207	5166	171	4077	21	15	256	626		
安阳市	219	5436	108	4299	14	8	45	962		
鹤壁市	65	2187	81	1551	5	11	142	397		
新乡市	270	6175	175	4536	24	23	347	1070		
焦作市	207	4607	112	3504	12	13	399	567		
濮阳市	144	4696	147	3734	14	24	130	647		
许昌市	246	4928	99	3690	5	18	427	689		
漯河市	124	2440	69	1986	12	11	122	240		
三门峡市	95	3026	68	2508	7	12	140	291		
南阳市	262	8660	155	6359	16	45	710	1375		
商丘市	319	5520	110	4398	3	31	306	672		
信阳市	203	6520	168	4851	10	31	489	971		
周口市	234	5774	156	4422	4	15	202	975		
驻马店市	235	5573	156	4049	7	40	536	785		
济源市	55	1139	15	877	1	5	57	184		
女	**3025**	**52717**	**1032**	**39572**	**84**	**444**	**4804**	**6781**	**1**	**1**
郑州市	795	9375	161	7695	7	54	582	876		
开封市	106	2281	45	1732	4	34	252	214		
洛阳市	273	4252	83	3173	7	39	414	536	1	1
平顶山市	132	2703	78	2126	12	16	196	275		
安阳市	150	2998	62	2379	5	19	45	488		
鹤壁市	73	1238	24	795	4	11	125	279		
新乡市	176	3526	69	2491	6	28	350	582		
焦作市	135	2534	63	1868	5	21	320	257		
濮阳市	98	2420	67	1902	6	27	130	288		
许昌市	137	2677	33	1857	1	16	383	387		
漯河市	66	1363	26	1098	5	6	112	116		
三门峡市	51	1588	30	1323		11	90	134		
南阳市	187	4308	67	2844	5	32	572	788		
商丘市	196	2790	52	2248	5	25	266	194		
信阳市	119	3013	75	2035	5	31	352	515		
周口市	124	2275	33	1727	1	23	137	354		
驻马店市	163	2780	50	1806	5	43	441	435		
济源市	44	596	14	473	1	8	37	63		

4-4a 各地区分性别、行业大类的就业人口(城市)

单位：人

地区 性别	合计	农、林、牧、渔业						采矿业	
		小计	农业	林业	畜牧业	渔业	农、林、牧、渔专业及辅助性活动	小计	煤炭开采和洗选业
河　南	**1037666**	**35789**	**30149**	**1073**	**2468**	**326**	**1773**	**19750**	**14094**
郑州市	288867	4237	3336	221	324	83	273	2117	1259
开封市	39019	3768	3539	22	167	12	28	78	8
洛阳市	93001	1608	1255	71	158	35	89	361	137
平顶山市	50995	3031	2793	21	171	18	28	6470	6151
安阳市	53648	1808	1654	19	92	4	39	177	95
鹤壁市	25577	1586	1224	161	123	8	70	1675	1468
新乡市	84315	3516	3096	82	243	14	81	217	56
焦作市	42640	1543	894	27	115	5	502	910	811
濮阳市	27436	474	364	17	62	6	25	2674	6
许昌市	63584	3663	3157	101	161	14	230	359	274
漯河市	25515	1059	751	70	115	23	100	19	8
三门峡市	30175	1883	1686	47	116	4	30	1337	1112
南阳市	45552	2033	1887	17	108	1	20	479	3
商丘市	61334	2261	1724	112	236	46	143	2686	2637
信阳市	31552	605	464	31	48	29	33	42	2
周口市	38708	1883	1665	26	150	8	34	20	8
驻马店市	19357	467	397	8	25	9	28	14	4
济源市	16391	364	263	20	54	7	20	115	55
男	**590838**	**18142**	**14531**	**674**	**1639**	**219**	**1079**	**15751**	**11284**
郑州市	162528	2232	1656	140	224	48	164	1661	995
开封市	21773	1674	1537	12	99	10	16	60	7
洛阳市	54065	948	705	50	111	26	56	289	106
平顶山市	30698	1543	1379	18	118	11	17	5044	4779
安阳市	32311	894	775	15	72	2	30	150	78
鹤壁市	13649	769	559	75	86	6	43	1337	1172
新乡市	46681	1561	1297	52	152	10	50	186	51
焦作市	24740	858	475	21	78	5	279	770	685
濮阳市	15766	248	180	11	43	4	10	2104	4
许昌市	36214	1910	1600	62	104	9	135	303	231
漯河市	14416	622	414	47	79	17	65	15	6
三门峡市	18157	1057	913	34	82	3	25	1083	908
南阳市	25375	1036	934	11	73	1	17	346	2
商丘市	32676	1102	771	78	135	25	93	2241	2199
信阳市	19243	361	262	19	31	24	25	37	2
周口市	21944	866	730	13	101	6	16	16	6
驻马店市	11218	269	220	6	16	5	22	11	4
济源市	9384	192	124	10	35	7	16	98	49
女	**446828**	**17647**	**15618**	**399**	**829**	**107**	**694**	**3999**	**2810**
郑州市	126339	2005	1680	81	100	35	109	456	264
开封市	17246	2094	2002	10	68	2	12	18	1
洛阳市	38936	660	550	21	47	9	33	72	31
平顶山市	20297	1488	1414	3	53	7	11	1426	1372
安阳市	21337	914	879	4	20	2	9	27	17
鹤壁市	11928	817	665	86	37	2	27	338	296
新乡市	37634	1955	1799	30	91	4	31	31	5
焦作市	17900	685	419	6	37		223	140	126
濮阳市	11670	226	184	6	19	2	15	570	2
许昌市	27370	1753	1557	39	57	5	95	56	43
漯河市	11099	437	337	23	36	6	35	4	2
三门峡市	12018	826	773	13	34	1	5	254	204
南阳市	20177	997	953	6	35		3	133	1
商丘市	28658	1159	953	34	101	21	50	445	438
信阳市	12309	244	202	12	17	5	8	5	
周口市	16764	1017	935	13	49	2	18	4	2
驻马店市	8139	198	177	2	9	4	6	3	
济源市	7007	172	139	10	19		4	17	6

4-4a　续表 1　　　　单位：人

地　区 性　别	采矿业						制造业		
	石油和天然气开采业	黑色金属矿采选业	有色金属矿采选业	非金属矿采选业	开采专业及辅助性活　动	其　他采矿业	小计	农副食品加工业	食　品制造业
河　南	**1203**	**295**	**304**	**408**	**3215**	**231**	**124531**	**6499**	**6406**
郑州市	101	31	56	77	565	28	21936	991	1790
开封市	48	1		4	17		3774	249	204
洛阳市	48	11	54	35	52	24	17611	382	407
平顶山市	1	186	2	42	59	29	6567	228	197
安阳市	9	15	2	14	33	9	7793	186	254
鹤壁市	1	13	4	25	98	66	2967	82	74
新乡市	66	2	1	47	42	3	14978	542	877
焦作市	11	5	3	21	44	15	6359	315	297
濮阳市	809	2	1	3	1847	6	2010	95	134
许昌市	4	1		35	30	15	9959	476	300
漯河市	2			4	4	1	3412	1328	399
三门峡市	3	9	164	18	17	14	3185	95	95
南阳市	86	2		23	363	2	4997	278	285
商丘市	2	4	8	7	22	6	6603	576	329
信阳市	2			28	4	6	2087	162	97
周口市	5			4	3		3998	247	380
驻马店市	1			5	4		1901	150	154
济源市	4	13	9	16	11	7	4394	117	133
男	**907**	**260**	**238**	**331**	**2545**	**186**	**79079**	**3775**	**3061**
郑州市	68	26	43	58	451	20	14770	602	828
开封市	35	1		1	16		2351	131	97
洛阳市	40	9	42	30	42	20	11812	216	198
平顶山市		164	2	32	44	23	4497	139	102
安阳市	9	13	2	12	28	8	5267	118	117
鹤壁市		12	3	23	78	49	1771	48	26
新乡市	57	2	1	36	36	3	9567	294	378
焦作市	9	5	3	16	40	12	4205	175	150
濮阳市	611	2	1	3	1477	6	1259	56	64
许昌市	3	1		31	25	12	5902	266	145
漯河市	2			3	3	1	2041	788	214
三门峡市	2	8	129	13	12	11	2322	59	45
南阳市	61	2		20	259	2	2942	174	141
商丘市	2	3	6	7	18	6	2812	318	155
信阳市	2			25	2	6	1393	98	48
周口市	4			4	2		1988	147	203
驻马店市	1			2	4		1275	88	87
济源市	1	12	6	15	8	7	2905	58	63
女	**296**	**35**	**66**	**77**	**670**	**45**	**45452**	**2724**	**3345**
郑州市	33	5	13	19	114	8	7166	389	962
开封市	13			3	1		1423	118	107
洛阳市	8	2	12	5	10	4	5799	166	209
平顶山市	1	22		10	15	6	2070	89	95
安阳市		2		2	5	1	2526	68	137
鹤壁市	1	1	1	2	20	17	1196	34	48
新乡市	9			11	6		5411	248	499
焦作市	2			5	4	3	2154	140	147
濮阳市	198				370		751	39	70
许昌市	1			4	5	3	4057	210	155
漯河市				1	1		1371	540	185
三门峡市	1	1	35	5	5	3	863	36	50
南阳市	25			3	104		2055	104	144
商丘市		1	2		4		3791	258	174
信阳市				3	2		694	64	49
周口市	1				1		2010	100	177
驻马店市				3			626	62	67
济源市	3	1	3	1	3		1489	59	70

4-4a 续表 2 单位：人

地 区 性 别	制造业								
	酒、饮料和精制茶制造业	烟 草制品业	纺织业	纺织服装、服饰业	皮革、毛皮、羽毛及其制品和制鞋业	木材加工和木、竹、藤、棕、草制品业	家 具制造业	造纸和纸制品业	印刷和记录媒介复制业
河 南	**2028**	**833**	**4065**	**7137**	**4196**	**1134**	**1508**	**1531**	**2189**
郑州市	570	223	399	1001	129	120	304	265	748
开封市	56	10	98	247	36	34	44	14	45
洛阳市	114	74	432	408	2606	83	198	123	139
平顶山市	40	7	782	185	38	28	63	22	41
安阳市	27	117	221	966	21	24	64	30	86
鹤壁市	13		90	126	66	11	25	19	10
新乡市	131	1	645	290	61	81	120	219	176
焦作市	147	4	74	118	350	41	49	77	77
濮阳市	23	2	62	61	10	26	24	32	34
许昌市	58	137	296	266	285	151	176	272	303
漯河市	54	76	46	67	217	35	31	248	56
三门峡市	46	14	46	38	9	30	29	18	42
南阳市	192	129	274	318	98	106	100	37	118
商丘市	122	1	186	1873	107	144	113	51	183
信阳市	119	1	36	78	20	52	79	22	36
周口市	39		313	1010	112	140	54	23	55
驻马店市	63	29	42	67	14	15	22	26	24
济源市	214	8	23	18	17	13	13	33	16
男	**1197**	**546**	**1799**	**1818**	**1967**	**782**	**1017**	**906**	**1277**
郑州市	343	142	186	379	57	88	202	162	450
开封市	29	8	36	30	13	26	31	12	31
洛阳市	72	45	196	128	1261	55	145	74	82
平顶山市	23	5	439	56	24	19	43	15	18
安阳市	14	82	92	227	15	18	43	21	49
鹤壁市	6		25	18	29	8	13	6	5
新乡市	71	1	288	85	25	59	90	125	108
焦作市	81	2	29	35	187	28	28	58	38
濮阳市	16	1	32	12	7	14	16	26	15
许昌市	31	87	116	63	75	104	117	127	169
漯河市	36	48	23	31	103	24	20	159	31
三门峡市	29	10	21	17	3	22	19	13	23
南阳市	121	86	108	95	53	65	70	19	62
商丘市	67	1	63	325	35	85	61	28	115
信阳市	60	1	15	24	10	45	64	17	24
周口市	27		103	268	55	99	33	12	32
驻马店市	49	21	19	18	5	13	13	15	14
济源市	122	6	8	7	10	10	9	17	11
女	**831**	**287**	**2266**	**5319**	**2229**	**352**	**491**	**625**	**912**
郑州市	227	81	213	622	72	32	102	103	298
开封市	27	2	62	217	23	8	13	2	14
洛阳市	42	29	236	280	1345	28	53	49	57
平顶山市	17	2	343	129	14	9	20	7	23
安阳市	13	35	129	739	6	6	21	9	37
鹤壁市	7		65	108	37	3	12	13	5
新乡市	60		357	205	36	22	30	94	68
焦作市	66	2	45	83	163	13	21	19	39
濮阳市	7	1	30	49	3	12	8	6	19
许昌市	27	50	180	203	210	47	59	145	134
漯河市	18	28	23	36	114	11	11	89	25
三门峡市	17	4	25	21	6	8	10	5	19
南阳市	71	43	166	223	45	41	30	18	56
商丘市	55		123	1548	72	59	52	23	68
信阳市	59		21	54	10	7	15	5	12
周口市	12		210	742	57	41	21	11	23
驻马店市	14	8	23	49	9	2	9	11	10
济源市	92	2	15	11	7	3	4	16	5

4-4a　续表 3　　　　单位：人

地　区 性　别	制造业								
	文教、工美、体育和娱乐用品制造业	石油、煤炭及其他燃料加工业	化学原料和化学制品制造业	医　药制造业	化学纤维制造业	橡胶和塑　料制品业	非金属矿　物制品业	黑色金属冶炼和压延加工业	有色金属冶炼和压延加工业
河　南	**3205**	**1695**	**6170**	**3504**	**994**	**3197**	**9230**	**4852**	**3562**
郑州市	448	58	784	649	19	439	2244	202	647
开封市	38	14	665	164	3	70	214	8	20
洛阳市	90	342	418	155	58	541	1054	153	570
平顶山市	52	407	537	63	198	111	360	1016	8
安阳市	44	81	394	108	9	72	429	1967	185
鹤壁市	11	99	307	8	3	103	272	4	24
新乡市	85	28	511	1306	652	361	850	75	86
焦作市	45	29	812	126	7	616	521	50	256
濮阳市	82	82	443	26	5	43	92	8	3
许昌市	1086	28	133	114	19	309	1485	96	65
漯河市	25	7	57	43	1	62	108	9	4
三门峡市	26	167	127	35	6	74	212	18	980
南阳市	91	92	317	185	4	70	407	18	5
商丘市	827	84	125	51	1	60	293	356	150
信阳市	20	5	48	30	3	47	250	34	11
周口市	195	2	60	140	3	98	135	6	9
驻马店市	26	5	199	273	2	65	87	5	3
济源市	14	165	233	28	1	56	217	827	536
男	**1011**	**1233**	**4064**	**1723**	**628**	**2001**	**6735**	**3824**	**2756**
郑州市	232	45	491	339	10	274	1750	177	504
开封市	18	11	450	93	2	46	163	6	17
洛阳市	46	257	274	81	41	321	807	129	444
平顶山市	23	302	355	30	133	77	246	819	7
安阳市	23	62	255	55	5	46	345	1496	139
鹤壁市	4	65	205	2	1	65	187	4	12
新乡市	41	17	346	549	411	202	615	59	59
焦作市	17	19	587	66	4	434	368	46	208
濮阳市	10	60	284	13	4	23	73	7	1
许昌市	357	23	77	63	5	185	952	77	50
漯河市	9	3	31	27		41	77	6	4
三门峡市	11	106	96	20	4	47	164	16	750
南阳市	50	61	192	71	2	43	261	16	4
商丘市	93	60	65	29	1	35	226	249	113
信阳市	12	3	25	20	2	29	182	27	9
周口市	48	2	46	78	2	55	107	4	6
驻马店市	11	5	138	173		46	63	3	2
济源市	6	132	147	14	1	32	149	683	427
女	**2194**	**462**	**2106**	**1781**	**366**	**1196**	**2495**	**1028**	**806**
郑州市	216	13	293	310	9	165	494	25	143
开封市	20	3	215	71	1	24	51	2	3
洛阳市	44	85	144	74	17	220	247	24	126
平顶山市	29	105	182	33	65	34	114	197	1
安阳市	21	19	139	53	4	26	84	471	46
鹤壁市	7	34	102	6	2	38	85		12
新乡市	44	11	165	757	241	159	235	16	27
焦作市	28	10	225	60	3	182	153	4	48
濮阳市	72	22	159	13	1	20	19	1	2
许昌市	729	5	56	51	14	124	533	19	15
漯河市	16	4	26	16	1	21	31	3	
三门峡市	15	61	31	15	2	27	48	2	230
南阳市	41	31	125	114	2	27	146	2	1
商丘市	734	24	60	22		25	67	107	37
信阳市	8	2	23	10	1	18	68	7	2
周口市	147		14	62	1	43	28	2	3
驻马店市	15		61	100	2	19	24	2	1
济源市	8	33	86	14		24	68	144	109

4-4a 续表 4 单位：人

地 区 性 别	制造业								
	金 属 制品业	通用设备 制造业	专用设备 制造业	汽 车 制造业	铁路、船舶、航空航天和其他运输设备制造业	电气机械和器材制造业	计算机、通信和其他电子设备制造业	仪器仪表 制造业	其 他 制造业
河 南	**6876**	**13360**	**6518**	**4014**	**3167**	**5247**	**6001**	**1172**	**961**
郑州市	1237	2132	1694	1134	552	725	1151	205	206
开封市	219	415	133	270	26	83	161	148	26
洛阳市	814	2731	1902	214	1891	601	526	73	98
平顶山市	226	266	346	49	74	679	280	19	20
安阳市	790	400	217	344	96	105	253	18	50
鹤壁市	171	213	237	402	9	92	325	50	25
新乡市	892	4380	493	502	211	760	235	62	106
焦作市	408	587	158	336	36	348	218	54	93
濮阳市	114	92	200	19	10	58	99	12	20
许昌市	636	902	323	222	63	988	387	76	94
漯河市	99	100	91	12	12	34	90	14	27
三门峡市	154	160	203	115	29	54	226	39	10
南阳市	229	370	159	57	24	341	233	302	42
商丘市	227	121	110	24	43	68	168	27	16
信阳市	157	161	60	40	58	73	203	52	36
周口市	256	129	51	86	10	45	245	9	66
驻马店市	117	65	55	173	18	62	53	7	23
济源市	130	136	86	15	5	131	1148	5	3
男	**5473**	**10070**	**4649**	**2989**	**2355**	**3676**	**3728**	**744**	**605**
郑州市	948	1695	1244	909	409	524	776	135	156
开封市	181	310	91	181	16	58	99	102	16
洛阳市	629	2035	1447	173	1391	433	375	50	74
平顶山市	192	206	253	39	57	484	177	14	16
安阳市	698	335	159	292	79	79	171	16	33
鹤壁市	128	151	170	216	8	50	189	39	16
新乡市	712	3242	311	349	153	507	151	40	69
焦作市	309	423	112	248	30	229	135	39	37
濮阳市	97	73	131	12	9	40	59	6	12
许昌市	471	671	228	159	48	722	242	48	53
漯河市	72	79	39	6	10	25	60	10	14
三门峡市	131	127	140	101	27	38	171	29	7
南阳市	183	262	107	43	16	233	125	152	27
商丘市	184	83	69	18	30	48	100	21	7
信阳市	130	125	34	32	46	54	135	29	21
周口市	207	93	26	50	8	30	149	7	27
驻马店市	96	50	31	153	15	39	38	5	18
济源市	105	110	57	8	3	83	576	2	2
女	**1403**	**3290**	**1869**	**1025**	**812**	**1571**	**2273**	**428**	**356**
郑州市	289	437	450	225	143	201	375	70	50
开封市	38	105	42	89	10	25	62	46	10
洛阳市	185	696	455	41	500	168	151	23	24
平顶山市	34	60	93	10	17	195	103	5	4
安阳市	92	65	58	52	17	26	82	2	17
鹤壁市	43	62	67	186	1	42	136	11	9
新乡市	180	1138	182	153	58	253	84	22	37
焦作市	99	164	46	88	6	119	83	15	56
濮阳市	17	19	69	7	1	18	40	6	8
许昌市	165	231	95	63	15	266	145	28	41
漯河市	27	21	52	6	2	9	30	4	13
三门峡市	23	33	63	14	2	16	55	10	3
南阳市	46	108	52	14	8	108	108	150	15
商丘市	43	38	41	6	13	20	68	6	9
信阳市	27	36	26	8	12	19	68	23	15
周口市	49	36	25	36	2	15	96	2	39
驻马店市	21	15	24	20	3	23	15	2	5
济源市	25	26	29	7	2	48	572	3	1

4-4a 续表 5 单位：人

地区 性别	制造业		电力、热力、燃气及水生产和供应业				建筑业		
	废弃资源综合利用业	金属制品、机械和设备修理业	小计	电力、热力生产和供应业	燃气生产和供应业	水的生产和供应业	小计	房屋建筑业	土木工程建筑业
河南	**1001**	**2279**	**14662**	**9932**	**2206**	**2524**	**95714**	**43614**	**10579**
郑州市	216	654	3287	2141	558	588	23207	8776	3679
开封市	21	39	526	335	78	113	4502	2400	310
洛阳市	116	298	1464	1074	174	216	7967	2872	1716
平顶山市	39	186	1073	744	94	235	3846	1943	367
安阳市	93	142	932	593	153	186	7553	4987	390
鹤壁市	8	88	458	339	65	54	1840	1024	181
新乡市	62	178	864	591	124	149	7768	3326	591
焦作市	65	45	918	716	94	108	3273	1367	247
濮阳市	17	82	924	456	361	107	2699	1275	313
许昌市	107	106	667	476	75	116	5265	2286	465
漯河市	14	46	266	172	46	48	2120	1056	149
三门峡市	14	74	677	554	37	86	2875	1459	513
南阳市	43	73	664	421	89	154	4113	1788	303
商丘市	39	128	613	467	48	98	5004	2632	526
信阳市	56	41	405	269	58	78	4593	1975	329
周口市	39	41	340	218	40	82	5766	3125	176
驻马店市	23	34	270	158	74	38	1973	822	163
济源市	29	24	314	208	38	68	1350	501	161
男	**731**	**1939**	**10022**	**7085**	**1451**	**1486**	**79468**	**36906**	**8426**
郑州市	154	559	2258	1551	357	350	18635	7276	2863
开封市	16	31	335	222	51	62	3812	2055	264
洛阳市	86	247	1038	785	125	128	6503	2439	1311
平顶山市	28	156	732	543	62	127	3193	1626	280
安阳市	63	120	604	401	97	106	6718	4493	340
鹤壁市	6	69	306	242	30	34	1546	865	147
新乡市	50	160	590	411	83	96	6479	2741	489
焦作市	43	40	679	529	72	78	2614	1059	203
濮阳市	15	71	591	297	242	52	2247	1074	255
许昌市	79	92	458	339	51	68	4378	1930	378
漯河市	12	39	169	119	27	23	1701	835	127
三门峡市	11	65	493	415	24	54	2487	1264	439
南阳市	32	68	422	277	65	80	3471	1540	247
商丘市	27	101	412	323	31	58	4172	2284	408
信阳市	37	35	296	201	38	57	4002	1744	286
周口市	29	35	242	162	29	51	4769	2588	141
驻马店市	18	29	194	121	48	25	1638	685	121
济源市	25	22	203	147	19	37	1103	408	127
女	**270**	**340**	**4640**	**2847**	**755**	**1038**	**16246**	**6708**	**2153**
郑州市	62	95	1029	590	201	238	4572	1500	816
开封市	5	8	191	113	27	51	690	345	46
洛阳市	30	51	426	289	49	88	1464	433	405
平顶山市	11	30	341	201	32	108	653	317	87
安阳市	30	22	328	192	56	80	835	494	50
鹤壁市	2	19	152	97	35	20	294	159	34
新乡市	12	18	274	180	41	53	1289	585	102
焦作市	22	5	239	187	22	30	659	308	44
濮阳市	2	11	333	159	119	55	452	201	58
许昌市	28	14	209	137	24	48	887	356	87
漯河市	2	7	97	53	19	25	419	221	22
三门峡市	3	9	184	139	13	32	388	195	74
南阳市	11	5	242	144	24	74	642	248	56
商丘市	12	27	201	144	17	40	832	348	118
信阳市	19	6	109	68	20	21	591	231	43
周口市	10	6	98	56	11	31	997	537	35
驻马店市	5	5	76	37	26	13	335	137	42
济源市	4	2	111	61	19	31	247	93	34

4-4a 续表 6 单位：人

地区 性别	建筑业		批发和零售业			交通运输、仓储和邮政业			
	建筑安装业	建筑装饰、装修和其他建筑业	小计	批发业	零售业	小计	铁路运输业	道路运输业	水上运输业
河南	**7897**	**33624**	**220295**	**53308**	**166987**	**61509**	**5807**	**39293**	**230**
郑州市	1787	8965	65982	20551	45431	15907	1948	9411	49
开封市	259	1533	7425	1358	6067	1947	113	1265	11
洛阳市	789	2590	17745	3988	13757	6279	1307	3516	12
平顶山市	340	1196	9079	1643	7436	2730	302	1828	5
安阳市	559	1617	9812	2151	7661	3104	126	2302	8
鹤壁市	140	495	5360	1057	4303	1277	37	923	3
新乡市	846	3005	19305	4677	14628	4724	412	3061	37
焦作市	304	1355	8206	2118	6088	3139	231	2213	3
濮阳市	222	889	4527	825	3702	1399	40	1085	5
许昌市	519	1995	12701	3370	9331	3482	94	2414	25
漯河市	172	743	5576	941	4635	1928	128	1105	5
三门峡市	162	741	5394	883	4511	2040	195	1301	3
南阳市	423	1599	10629	2091	8538	2763	184	1788	17
商丘市	400	1446	15265	2889	12376	3899	131	2567	26
信阳市	402	1887	6374	1437	4937	2337	404	1275	11
周口市	300	2165	9423	1858	7565	2514	55	1803	7
驻马店市	120	868	5100	1040	4060	1129	69	730	3
济源市	153	535	2392	431	1961	911	31	706	
男	**6812**	**27324**	**102924**	**31192**	**71732**	**49601**	**4512**	**33283**	**185**
郑州市	1469	7027	33055	11867	21188	12492	1494	7704	36
开封市	223	1270	3372	794	2578	1544	89	1045	11
洛阳市	686	2067	8464	2424	6040	4970	1008	2901	8
平顶山市	302	985	4281	1010	3271	2142	235	1480	4
安阳市	521	1364	4737	1348	3389	2628	95	2041	6
鹤壁市	128	406	2039	630	1409	1070	25	825	2
新乡市	712	2537	8233	2694	5539	3867	329	2658	31
焦作市	261	1091	3797	1307	2490	2594	186	1940	3
濮阳市	198	720	1956	482	1474	1142	25	947	4
许昌市	442	1628	6089	2003	4086	2919	77	2120	22
漯河市	149	590	2589	554	2035	1494	104	922	2
三门峡市	149	635	2355	545	1810	1756	157	1162	3
南阳市	366	1318	4744	1187	3557	2239	149	1534	17
商丘市	345	1135	6367	1515	4852	3051	95	2138	17
信阳市	357	1615	3155	870	2285	1953	330	1121	11
周口市	271	1769	4279	1093	3186	2035	34	1509	5
驻马店市	110	722	2348	609	1739	928	54	611	3
济源市	123	445	1064	260	804	777	26	625	
女	**1085**	**6300**	**117371**	**22116**	**95255**	**11908**	**1295**	**6010**	**45**
郑州市	318	1938	32927	8684	24243	3415	454	1707	13
开封市	36	263	4053	564	3489	403	24	220	
洛阳市	103	523	9281	1564	7717	1309	299	615	4
平顶山市	38	211	4798	633	4165	588	67	348	1
安阳市	38	253	5075	803	4272	476	31	261	2
鹤壁市	12	89	3321	427	2894	207	12	98	1
新乡市	134	468	11072	1983	9089	857	83	403	6
焦作市	43	264	4409	811	3598	545	45	273	
濮阳市	24	169	2571	343	2228	257	15	138	1
许昌市	77	367	6612	1367	5245	563	17	294	3
漯河市	23	153	2987	387	2600	434	24	183	3
三门峡市	13	106	3039	338	2701	284	38	139	
南阳市	57	281	5885	904	4981	524	35	254	
商丘市	55	311	8898	1374	7524	848	36	429	9
信阳市	45	272	3219	567	2652	384	74	154	
周口市	29	396	5144	765	4379	479	21	294	2
驻马店市	10	146	2752	431	2321	201	15	119	
济源市	30	90	1328	171	1157	134	5	81	

4-4a 续表 7

单位：人

地区 性别	交通运输、仓储和邮政业					住宿和餐饮业		
	航空运输业	管道运输业	多式联运和运输代理业	装卸搬运和仓储业	邮政业	小计	住宿业	餐饮业
河南	**740**	**63**	**1419**	**3842**	**10115**	**66969**	**6390**	**60579**
郑州市	453	24	428	900	2694	18270	2280	15990
开封市	23		47	105	383	2639	254	2385
洛阳市	69	5	159	345	866	5483	625	4858
平顶山市	8	1	41	171	374	2893	201	2692
安阳市	19	2	43	175	429	2608	270	2338
鹤壁市	11	8	34	70	191	1743	203	1540
新乡市	28	8	103	280	795	4859	376	4483
焦作市	11	2	75	114	490	2853	213	2640
濮阳市	13	6	14	70	166	1420	115	1305
许昌市	8		92	306	543	4002	304	3698
漯河市	25	1	27	161	476	1749	119	1630
三门峡市	5	1	74	143	318	2041	301	1740
南阳市	34	2	41	216	481	3232	267	2965
商丘市	15	2	67	312	779	5097	263	4834
信阳市	8		76	218	345	2400	225	2175
周口市	5		51	150	443	3170	211	2959
驻马店市	2	1	28	56	240	1604	87	1517
济源市	3		19	50	102	906	76	830
男	**447**	**47**	**1019**	**2826**	**7282**	**34426**	**2828**	**31598**
郑州市	276	17	289	677	1999	10023	1100	8923
开封市	13		34	64	288	1323	113	1210
洛阳市	46	4	114	263	626	2846	262	2584
平顶山市	5	1	29	132	256	1541	96	1445
安阳市	13	2	33	133	305	1335	127	1208
鹤壁市	7	4	24	47	136	655	71	584
新乡市	17	7	82	188	555	2347	146	2201
焦作市	5	2	51	79	328	1384	93	1291
濮阳市	5	5	12	52	92	735	36	699
许昌市	4		64	243	389	2017	136	1881
漯河市	14	1	23	127	301	944	46	898
三门峡市	4		64	123	243	1022	127	895
南阳市	16	2	28	157	336	1635	117	1518
商丘市	9	1	41	174	576	2534	106	2428
信阳市	5		60	166	260	1253	101	1152
周口市	3		33	122	329	1605	91	1514
驻马店市	2	1	22	38	197	853	39	814
济源市	3		16	41	66	374	21	353
女	**293**	**16**	**400**	**1016**	**2833**	**32543**	**3562**	**28981**
郑州市	177	7	139	223	695	8247	1180	7067
开封市	10		13	41	95	1316	141	1175
洛阳市	23	1	45	82	240	2637	363	2274
平顶山市	3		12	39	118	1352	105	1247
安阳市	6		10	42	124	1273	143	1130
鹤壁市	4	4	10	23	55	1088	132	956
新乡市	11	1	21	92	240	2512	230	2282
焦作市	6		24	35	162	1469	120	1349
濮阳市	8	1	2	18	74	685	79	606
许昌市	4		28	63	154	1985	168	1817
漯河市	11		4	34	175	805	73	732
三门峡市	1	1	10	20	75	1019	174	845
南阳市	18		13	59	145	1597	150	1447
商丘市	6	1	26	138	203	2563	157	2406
信阳市	3		16	52	85	1147	124	1023
周口市	2		18	28	114	1565	120	1445
驻马店市			6	18	43	751	48	703
济源市			3	9	36	532	55	477

4-4a 续表 8

单位：人

地区 性别	信息传输、软件和信息技术服务业				金融业				
	小计	电信、广播电视和卫星传输服务	互联网和相关服务	软件和信息技术服务业	小计	货币金融服务	资本市场服务	保险业	其他金融业
河南	**22039**	**6803**	**6528**	**8708**	**27049**	**11077**	**1406**	**12254**	**2312**
郑州市	10532	2165	3012	5355	10002	3936	834	4172	1060
开封市	587	259	165	163	916	371	37	439	69
洛阳市	2229	785	630	814	2498	1016	130	1135	217
平顶山市	589	281	159	149	938	512	30	360	36
安阳市	802	334	226	242	1171	610	43	452	66
鹤壁市	412	160	134	118	428	169	8	190	61
新乡市	1282	426	480	376	1556	580	59	786	131
焦作市	574	260	167	147	1204	406	27	712	59
濮阳市	402	158	107	137	699	291	21	319	68
许昌市	916	297	302	317	1423	475	49	757	142
漯河市	493	182	203	108	652	310	21	283	38
三门峡市	427	192	106	129	687	366	26	266	29
南阳市	691	293	201	197	1157	455	35	603	64
商丘市	646	272	253	121	1223	404	25	694	100
信阳市	503	231	144	128	885	444	20	350	71
周口市	456	243	115	98	693	348	15	303	27
驻马店市	265	145	68	52	510	187	8	248	67
济源市	233	120	56	57	407	197	18	185	7
男	**13551**	**3660**	**3984**	**5907**	**13026**	**5776**	**834**	**5140**	**1276**
郑州市	6689	1236	1828	3625	4844	1980	513	1756	595
开封市	348	138	103	107	454	200	22	186	46
洛阳市	1306	354	388	564	1148	496	79	461	112
平顶山市	347	154	88	105	456	273	12	154	17
安阳市	521	202	147	172	575	335	29	171	40
鹤壁市	212	76	66	70	210	91	3	81	35
新乡市	738	221	277	240	761	318	36	334	73
焦作市	330	134	101	95	536	211	16	275	34
濮阳市	242	82	70	90	291	141	11	105	34
许昌市	587	161	197	229	702	241	36	355	70
漯河市	303	108	125	70	299	173	5	105	16
三门峡市	263	102	67	94	342	196	12	121	13
南阳市	397	147	121	129	539	236	17	246	40
商丘市	362	140	143	79	614	223	11	332	48
信阳市	324	134	98	92	459	258	10	147	44
周口市	288	137	85	66	361	202	9	133	17
驻马店市	174	84	47	43	251	104	3	106	38
济源市	120	50	33	37	184	98	10	72	4
女	**8488**	**3143**	**2544**	**2801**	**14023**	**5301**	**572**	**7114**	**1036**
郑州市	3843	929	1184	1730	5158	1956	321	2416	465
开封市	239	121	62	56	462	171	15	253	23
洛阳市	923	431	242	250	1350	520	51	674	105
平顶山市	242	127	71	44	482	239	18	206	19
安阳市	281	132	79	70	596	275	14	281	26
鹤壁市	200	84	68	48	218	78	5	109	26
新乡市	544	205	203	136	795	262	23	452	58
焦作市	244	126	66	52	668	195	11	437	25
濮阳市	160	76	37	47	408	150	10	214	34
许昌市	329	136	105	88	721	234	13	402	72
漯河市	190	74	78	38	353	137	16	178	22
三门峡市	164	90	39	35	345	170	14	145	16
南阳市	294	146	80	68	618	219	18	357	24
商丘市	284	132	110	42	609	181	14	362	52
信阳市	179	97	46	36	426	186	10	203	27
周口市	168	106	30	32	332	146	6	170	10
驻马店市	91	61	21	9	259	83	5	142	29
济源市	113	70	23	20	223	99	8	113	3

4-4a　续表 9

单位：人

地　区 性　别	房地产业		租赁和商务服务业			科学研究和技术服务业			
	小计	房地产业	小计	租赁业	商　务 服务业	小计	研究和 试验发展	专业技术 服务业	科技推广 和应用 服务业
河　南	**32143**	**32143**	**44988**	**2299**	**42689**	**19484**	**3095**	**13006**	**3383**
郑州市	12810	12810	16783	795	15988	9235	1453	6086	1696
开封市	980	980	1455	75	1380	501	64	325	112
洛阳市	3118	3118	3456	219	3237	2466	755	1443	268
平顶山市	939	939	1500	78	1422	449	35	345	69
安阳市	1295	1295	2008	120	1888	650	82	466	102
鹤壁市	602	602	1290	34	1256	323	34	228	61
新乡市	1816	1816	3446	154	3292	1097	217	631	249
焦作市	862	862	1827	66	1761	405	43	285	77
濮阳市	903	903	1153	57	1096	736	93	540	103
许昌市	1908	1908	2773	184	2589	889	85	589	215
漯河市	704	704	1108	44	1064	239	26	187	26
三门峡市	586	586	1059	60	999	308	18	247	43
南阳市	1118	1118	1564	81	1483	587	43	468	76
商丘市	1655	1655	2152	136	2016	445	44	312	89
信阳市	932	932	1285	59	1226	519	34	416	69
周口市	768	768	964	64	900	276	27	177	72
驻马店市	865	865	759	34	725	179	22	122	35
济源市	282	282	406	39	367	180	20	139	21
男	**19322**	**19322**	**27292**	**1913**	**25379**	**12879**	**2009**	**8743**	**2127**
郑州市	7728	7728	9710	656	9054	5858	895	3927	1036
开封市	607	607	914	58	856	325	44	209	72
洛阳市	1902	1902	2065	174	1891	1670	524	974	172
平顶山市	563	563	969	64	905	325	19	258	48
安阳市	824	824	1306	110	1196	447	57	318	72
鹤壁市	309	309	743	30	713	210	22	153	35
新乡市	1094	1094	2053	126	1927	757	148	446	163
焦作市	523	523	1120	54	1066	270	28	189	53
濮阳市	423	423	693	52	641	521	63	397	61
许昌市	1193	1193	1740	151	1589	586	59	399	128
漯河市	412	412	727	33	694	159	17	125	17
三门峡市	373	373	690	52	638	211	14	167	30
南阳市	653	653	1015	68	947	409	27	332	50
商丘市	954	954	1328	113	1215	315	27	231	57
信阳市	570	570	788	58	730	372	21	304	47
周口市	482	482	683	53	630	205	20	138	47
驻马店市	568	568	487	26	461	134	17	93	24
济源市	144	144	261	35	226	105	7	83	15
女	**12821**	**12821**	**17696**	**386**	**17310**	**6605**	**1086**	**4263**	**1256**
郑州市	5082	5082	7073	139	6934	3377	558	2159	660
开封市	373	373	541	17	524	176	20	116	40
洛阳市	1216	1216	1391	45	1346	796	231	469	96
平顶山市	376	376	531	14	517	124	16	87	21
安阳市	471	471	702	10	692	203	25	148	30
鹤壁市	293	293	547	4	543	113	12	75	26
新乡市	722	722	1393	28	1365	340	69	185	86
焦作市	339	339	707	12	695	135	15	96	24
濮阳市	480	480	460	5	455	215	30	143	42
许昌市	715	715	1033	33	1000	303	26	190	87
漯河市	292	292	381	11	370	80	9	62	9
三门峡市	213	213	369	8	361	97	4	80	13
南阳市	465	465	549	13	536	178	16	136	26
商丘市	701	701	824	23	801	130	17	81	32
信阳市	362	362	497	1	496	147	13	112	22
周口市	286	286	281	11	270	71	7	39	25
驻马店市	297	297	272	8	264	45	5	29	11
济源市	138	138	145	4	141	75	13	56	6

4-4a 续表 10

单位：人

地区 性别	水利、环境和公共设施管理业					居民服务、修理和其他服务业			
	小计	水利管理业	生态保护和环境治理业	公共设施管理业	土地管理业	小计	居民服务业	机动车、电子产品和日用产品修理业	其他服务业
河南	**10644**	**942**	**640**	**8925**	**137**	**45047**	**26158**	**10498**	**8391**
郑州市	2944	270	242	2391	41	12264	7762	2493	2009
开封市	457	46	19	382	10	1453	783	380	290
洛阳市	1051	70	45	929	7	3820	2278	820	722
平顶山市	509	38	20	435	16	1786	984	470	332
安阳市	765	50	45	665	5	2184	1206	565	413
鹤壁市	286	26	11	249		1137	553	203	381
新乡市	636	74	50	497	15	4172	2426	930	816
焦作市	471	29	34	405	3	1629	879	437	313
濮阳市	367	44	23	295	5	975	602	228	145
许昌市	697	57	31	600	9	3062	1703	752	607
漯河市	276	41	9	224	2	934	516	216	202
三门峡市	277	42	24	208	3	1448	678	380	390
南阳市	433	50	13	368	2	2056	1228	558	270
商丘市	508	28	16	456	8	3129	1599	859	671
信阳市	284	36	20	225	3	1607	991	343	273
周口市	343	20	19	303	1	1735	972	447	316
驻马店市	170	10	5	149	6	922	513	258	151
济源市	170	11	14	144	1	734	485	159	90
男	**6280**	**635**	**446**	**5116**	**83**	**20571**	**8761**	**8532**	**3278**
郑州市	1879	178	167	1511	23	5619	2715	2013	891
开封市	264	33	15	211	5	682	276	309	97
洛阳市	601	47	33	517	4	1714	743	675	296
平顶山市	296	28	10	247	11	794	291	385	118
安阳市	447	40	32	370	5	1048	389	485	174
鹤壁市	151	20	6	125		444	166	167	111
新乡市	376	50	31	286	9	1720	683	753	284
焦作市	261	21	27	211	2	830	326	344	160
濮阳市	187	26	14	145	2	453	194	190	69
许昌市	406	42	24	336	4	1435	595	625	215
漯河市	156	28	6	121	1	401	152	176	73
三门峡市	173	26	18	128	1	691	194	313	184
南阳市	239	31	9	197	2	943	394	457	92
商丘市	273	13	12	243	5	1343	496	646	201
信阳市	182	23	15	141	3	843	447	300	96
周口市	211	13	12	186		817	329	354	134
驻马店市	92	7	5	75	5	493	227	212	54
济源市	86	9	10	66	1	301	144	128	29
女	**4364**	**307**	**194**	**3809**	**54**	**24476**	**17397**	**1966**	**5113**
郑州市	1065	92	75	880	18	6645	5047	480	1118
开封市	193	13	4	171	5	771	507	71	193
洛阳市	450	23	12	412	3	2106	1535	145	426
平顶山市	213	10	10	188	5	992	693	85	214
安阳市	318	10	13	295		1136	817	80	239
鹤壁市	135	6	5	124		693	387	36	270
新乡市	260	24	19	211	6	2452	1743	177	532
焦作市	210	8	7	194	1	799	553	93	153
濮阳市	180	18	9	150	3	522	408	38	76
许昌市	291	15	7	264	5	1627	1108	127	392
漯河市	120	13	3	103	1	533	364	40	129
三门峡市	104	16	6	80	2	757	484	67	206
南阳市	194	19	4	171		1113	834	101	178
商丘市	235	15	4	213	3	1786	1103	213	470
信阳市	102	13	5	84		764	544	43	177
周口市	132	7	7	117	1	918	643	93	182
驻马店市	78	3		74	1	429	286	46	97
济源市	84	2	4	78		433	341	31	61

4-4a 续表 11

单位：人

地区 性别	教育		卫生和社会工作			文化、体育和娱乐业				
	小计	教育	小计	卫生	社会工作	小计	新闻和出版业	广播、电视、电影和录音制作业	文化艺术业	体育
河　南	**74553**	**74553**	**39411**	**38627**	**784**	**10879**	**1596**	**1770**	**2620**	**1582**
郑州市	23311	23311	13091	12866	225	4891	874	980	1115	727
开封市	2923	2923	1620	1578	42	338	52	49	105	39
洛阳市	6034	6034	3353	3257	96	1067	126	148	276	160
平顶山市	2890	2890	1766	1738	28	336	38	49	72	38
安阳市	4168	4168	2039	1992	47	517	51	59	174	62
鹤壁市	1548	1548	711	691	20	171	19	22	39	21
新乡市	5865	5865	2719	2670	49	517	44	88	119	103
焦作市	2951	2951	1558	1518	40	358	45	59	87	49
濮阳市	2265	2265	1132	1118	14	235	33	23	61	32
许昌市	4416	4416	2049	2021	28	468	51	52	95	71
漯河市	1630	1630	859	842	17	214	32	30	39	34
三门峡市	2021	2021	1095	1078	17	186	17	25	48	30
南阳市	3306	3306	1999	1958	41	368	52	50	114	45
商丘市	3955	3955	1692	1664	28	419	35	41	101	55
信阳市	2425	2425	1068	1039	29	245	44	41	42	44
周口市	2477	2477	1274	1240	34	249	34	33	53	31
驻马店市	1113	1113	845	827	18	156	33	12	38	25
济源市	1255	1255	541	530	11	144	16	9	42	16
男	**24356**	**24356**	**12937**	**12656**	**281**	**6043**	**810**	**1025**	**1311**	**903**
郑州市	7577	7577	3883	3809	74	2665	419	561	555	428
开封市	1004	1004	518	501	17	195	30	30	56	21
洛阳市	1895	1895	1054	1019	35	614	71	85	147	89
平顶山市	911	911	585	574	11	186	17	34	40	22
安阳市	1218	1218	682	661	21	278	24	28	85	33
鹤壁市	482	482	237	231	6	84	12	14	17	12
新乡市	2030	2030	955	941	14	298	28	56	58	51
焦作市	965	965	538	525	13	196	26	37	40	28
濮阳市	645	645	361	354	7	130	21	11	27	17
许昌市	1437	1437	718	706	12	258	28	28	42	34
漯河市	532	532	294	288	6	131	18	13	24	21
三门峡市	699	699	357	350	7	111	11	17	25	17
南阳市	1160	1160	788	773	15	194	31	26	55	27
商丘市	1377	1377	667	655	12	245	16	27	49	34
信阳市	823	823	370	357	13	133	20	25	19	25
周口市	842	842	458	449	9	151	15	21	27	20
驻马店市	375	375	308	302	6	93	16	7	24	14
济源市	384	384	164	161	3	81	7	5	21	10
女	**50197**	**50197**	**26474**	**25971**	**503**	**4836**	**786**	**745**	**1309**	**679**
郑州市	15734	15734	9208	9057	151	2226	455	419	560	299
开封市	1919	1919	1102	1077	25	143	22	19	49	18
洛阳市	4139	4139	2299	2238	61	453	55	63	129	71
平顶山市	1979	1979	1181	1164	17	150	21	15	32	16
安阳市	2950	2950	1357	1331	26	239	27	31	89	29
鹤壁市	1066	1066	474	460	14	87	7	8	22	9
新乡市	3835	3835	1764	1729	35	219	16	32	61	52
焦作市	1986	1986	1020	993	27	162	19	22	47	21
濮阳市	1620	1620	771	764	7	105	12	12	34	15
许昌市	2979	2979	1331	1315	16	210	23	24	53	37
漯河市	1098	1098	565	554	11	83	14	17	15	13
三门峡市	1322	1322	738	728	10	75	6	8	23	13
南阳市	2146	2146	1211	1185	26	174	21	24	59	18
商丘市	2578	2578	1025	1009	16	174	19	14	52	21
信阳市	1602	1602	698	682	16	112	24	16	23	19
周口市	1635	1635	816	791	25	98	19	12	26	11
驻马店市	738	738	537	525	12	63	17	5	14	11
济源市	871	871	377	369	8	63	9	4	21	6

4－4a 续表 12

单位：人

地区 性别	娱乐业	公共管理、社会保障和社会组织							国际组织	
		小计	中国共产党机关	国家机构	人民政协、民主党派	社会保障	群众团体、社会团体和其他成员组织	基层群众自治组织	小计	国际组织
河 南	**3311**	**72210**	**1698**	**61678**	**184**	**339**	**3883**	**4428**		
郑州市	1195	18061	340	15718	32	78	798	1095		
开封市	93	3130	88	2657	6	20	185	174		
洛阳市	357	5391	136	4433	16	32	255	519		
平顶山市	139	3604	95	3170	20	11	113	195		
安阳市	171	4262	100	3758	7	13	45	339		
鹤壁市	70	1763	60	1433	4	9	120	137		
新乡市	163	4978	134	4002	23	28	365	426		
焦作市	118	3600	94	2869	13	14	407	203		
濮阳市	86	2442	116	2106	11	16	47	146		
许昌市	199	4885	86	4049	5	25	475	245		
漯河市	79	2277	47	2048	8	7	81	86		
三门峡市	66	2649	67	2264	7	17	166	128		
南阳市	107	3363	66	2911	11	14	146	215		
商丘市	187	4082	97	3572	7	14	262	130		
信阳市	74	2956	56	2534	9	13	196	148		
周口市	98	2359	66	2127	3	8	40	115		
驻马店市	48	1115	28	920		17	109	41		
济源市	61	1293	22	1107	2	3	73	86		
男	**1994**	**45168**	**1114**	**39240**	**134**	**162**	**2010**	**2508**		
郑州市	702	10950	212	9702	25	41	387	583		
开封市	58	1991	59	1733	3	8	96	92		
洛阳市	222	3226	83	2718	14	16	107	288		
平顶山市	73	2293	66	2024	13	6	61	123		
安阳市	108	2632	61	2359	4	2	12	194		
鹤壁市	29	1074	46	885	3	5	56	79		
新乡市	105	3069	93	2512	17	13	183	251		
焦作市	65	2270	61	1850	10	6	234	109		
濮阳市	54	1538	79	1335	8	8	27	81		
许昌市	126	3176	63	2697	4	11	256	145		
漯河市	55	1427	31	1299	6	3	36	52		
三门峡市	41	1672	45	1444	7	9	101	66		
南阳市	55	2203	45	1949	9	8	76	116		
商丘市	119	2507	56	2214	2	6	141	88		
信阳市	44	1929	29	1706	6	6	111	71		
周口市	68	1646	51	1482	2	4	23	84		
驻马店市	32	727	22	618		9	55	23		
济源市	38	838	12	713	1	1	48	63		
女	**1317**	**27042**	**584**	**22438**	**50**	**177**	**1873**	**1920**		
郑州市	493	7111	128	6016	7	37	411	512		
开封市	35	1139	29	924	3	12	89	82		
洛阳市	135	2165	53	1715	2	16	148	231		
平顶山市	66	1311	29	1146	7	5	52	72		
安阳市	63	1630	39	1399	3	11	33	145		
鹤壁市	41	689	14	548	1	4	64	58		
新乡市	58	1909	41	1490	6	15	182	175		
焦作市	53	1330	33	1019	3	8	173	94		
濮阳市	32	904	37	771	3	8	20	65		
许昌市	73	1709	23	1352	1	14	219	100		
漯河市	24	850	16	749	2	4	45	34		
三门峡市	25	977	22	820		8	65	62		
南阳市	52	1160	21	962	2	6	70	99		
商丘市	68	1575	41	1358	5	8	121	42		
信阳市	30	1027	27	828	3	7	85	77		
周口市	30	713	15	645	1	4	17	31		
驻马店市	16	388	6	302		8	54	18		
济源市	23	455	10	394	1	2	25	23		

4-4b　各地区分性别、行业大类的就业人口(镇)

单位：人

地　区 性　别	合计	农、林、牧、渔业						采矿业	
		小计	农业	林业	畜牧业	渔业	农、林、牧、渔专业及辅助性活动	小计	煤炭开采和洗选业
河　南	**1266434**	**127075**	**109975**	**2360**	**9193**	**830**	**4717**	**8218**	**4549**
郑州市	139562	7433	6769	101	338	100	125	1508	1332
开封市	65266	6983	5816	94	771	13	289	131	9
洛阳市	86338	7420	6530	214	404	34	238	1655	582
平顶山市	38863	6141	5558	50	389	26	118	1037	866
安阳市	60893	6076	5456	50	409	5	156	347	207
鹤壁市	20467	2225	1741	45	376	9	54	115	30
新乡市	76050	8204	7384	70	636	15	99	86	16
焦作市	50511	3843	3076	114	438	36	179	328	257
濮阳市	54493	5518	4666	79	564	30	179	490	12
许昌市	40925	7105	6078	287	189	10	541	275	232
漯河市	30627	3993	3570	94	190	15	124	41	9
三门峡市	18702	3158	2880	86	96	3	93	922	760
南阳市	148270	14903	13218	121	1108	98	358	849	20
商丘市	116261	9472	8102	128	989	73	180	145	115
信阳市	87942	10558	9157	321	537	182	361	76	7
周口市	102012	14551	13059	233	800	75	384	28	7
驻马店市	125099	9128	6639	264	901	95	1229	89	18
济源市	4153	364	276	9	58	11	10	96	70
男	**731802**	**65476**	**54725**	**1613**	**5781**	**583**	**2774**	**6986**	**4003**
郑州市	83080	3819	3367	71	239	62	80	1369	1231
开封市	36410	3552	2838	65	458	9	182	117	9
洛阳市	52651	4138	3519	146	283	31	159	1381	510
平顶山市	24002	3510	3108	39	264	23	76	861	716
安阳市	35645	2667	2250	38	285	4	90	299	176
鹤壁市	11626	1096	800	25	235	5	31	90	29
新乡市	42195	4041	3555	43	372	8	63	72	14
焦作市	29162	2063	1562	81	292	21	107	288	227
濮阳市	30790	2402	1887	60	345	23	87	412	11
许昌市	23327	3451	2909	168	128	9	237	254	217
漯河市	18121	2276	1978	69	135	11	83	33	7
三门峡市	11385	1728	1547	60	63	2	56	776	637
南阳市	84555	7973	6826	95	741	74	237	652	18
商丘市	65277	4812	4017	92	556	47	100	126	106
信阳市	52833	5855	4925	232	344	130	224	71	7
周口市	58913	7199	6252	144	503	52	248	20	7
驻马店市	69326	4698	3249	178	499	64	708	77	18
济源市	2504	196	136	7	39	8	6	88	63
女	**534632**	**61599**	**55250**	**747**	**3412**	**247**	**1943**	**1232**	**546**
郑州市	56482	3614	3402	30	99	38	45	139	101
开封市	28856	3431	2978	29	313	4	107	14	
洛阳市	33687	3282	3011	68	121	3	79	274	72
平顶山市	14861	2631	2450	11	125	3	42	176	150
安阳市	25248	3409	3206	12	124	1	66	48	31
鹤壁市	8841	1129	941	20	141	4	23	25	1
新乡市	33855	4163	3829	27	264	7	36	14	2
焦作市	21349	1780	1514	33	146	15	72	40	30
濮阳市	23703	3116	2779	19	219	7	92	78	1
许昌市	17598	3654	3169	119	61	1	304	21	15
漯河市	12506	1717	1592	25	55	4	41	8	2
三门峡市	7317	1430	1333	26	33	1	37	146	123
南阳市	63715	6930	6392	26	367	24	121	197	2
商丘市	50984	4660	4085	36	433	26	80	19	9
信阳市	35109	4703	4232	89	193	52	137	5	
周口市	43099	7352	6807	89	297	23	136	8	
驻马店市	55773	4430	3390	86	402	31	521	12	
济源市	1649	168	140	2	19	3	4	8	7

4-4b 续表 1

单位：人

地区 性别	采矿业						制造业		
	石油和天然气开采业	黑色金属矿采选业	有色金属矿采选业	非金属矿采选业	开采专业及辅助性活动	其他采矿业	小计	农副食品加工业	食品制造业
河南	**453**	**183**	**1032**	**917**	**906**	**178**	**218643**	**16651**	**13271**
郑州市	6		12	107	35	16	42415	912	972
开封市	57		11	16	38		9557	1516	560
洛阳市	12	61	784	121	38	57	13204	567	379
平顶山市	1	45	7	91	22	5	3837	330	194
安阳市	7	49	5	26	44	9	9305	751	443
鹤壁市	5		1	31	27	21	3712	449	191
新乡市	3		4	42	17	4	14666	1015	1215
焦作市	7		12	18	20	14	11484	680	809
濮阳市	184	3		11	277	3	7786	652	506
许昌市			5	28	7	3	7866	389	196
漯河市	2	3	1	14	11	1	7848	986	2038
三门峡市	6	9	84	36	10	17	1901	107	104
南阳市	161	8	92	235	313	20	20918	2287	858
商丘市		2	3	13	12		23776	1882	1458
信阳市				54	13	2	9010	903	426
周口市	1		2	16	2		13664	1380	914
驻马店市	1	2	3	43	17	5	16314	1805	1983
济源市		1	6	15	3	1	1380	40	25
男	**348**	**156**	**823**	**772**	**742**	**142**	**125056**	**9285**	**6190**
郑州市	3		9	87	27	12	26136	537	499
开封市	48		9	16	35		5163	742	251
洛阳市	8	50	623	105	34	51	8938	291	165
平顶山市	1	40	7	75	18	4	2554	184	107
安阳市	7	43	5	24	37	7	5495	399	208
鹤壁市	5		1	25	19	11	2014	257	83
新乡市	2		3	38	11	4	8102	516	407
焦作市	4		11	16	19	11	6418	338	363
濮阳市	144	3		10	241	3	3888	323	209
许昌市			3	26	6	2	4741	222	92
漯河市	2	3	1	10	9	1	4548	576	948
三门峡市	5	7	70	32	10	15	1289	53	54
南阳市	117	7	71	184	242	13	12416	1289	392
商丘市			3	10	7		11806	1059	759
信阳市				50	12	2	5057	532	208
周口市	1			12			6585	853	428
驻马店市	1	2	1	38	12	5	8999	1097	1009
济源市		1	6	14	3	1	907	17	8
女	**105**	**27**	**209**	**145**	**164**	**36**	**93587**	**7366**	**7081**
郑州市	3		3	20	8	4	16279	375	473
开封市	9		2		3		4394	774	309
洛阳市	4	11	161	16	4	6	4266	276	214
平顶山市		5		16	4	1	1283	146	87
安阳市		6		2	7	2	3810	352	235
鹤壁市				6	8	10	1698	192	108
新乡市	1		1	4	6		6564	499	808
焦作市	3		1	2	1	3	5066	342	446
濮阳市	40			1	36		3898	329	297
许昌市			2	2	1	1	3125	167	104
漯河市				4	2		3300	410	1090
三门峡市	1	2	14	4		2	612	54	50
南阳市	44	1	21	51	71	7	8502	998	466
商丘市		2		3	5		11970	823	699
信阳市				4	1		3953	371	218
周口市			2	4	2		7079	527	486
驻马店市			2	5	5		7315	708	974
济源市				1			473	23	17

4-4b 续表 2

单位：人

地 区 性 别	制造业								
	酒、饮料和精制茶制造业	烟 草制品业	纺织业	纺织服装、服饰业	皮革、毛皮、羽毛及其制品和制鞋业	木材加工和木、竹、藤、棕、草制品业	家 具制造业	造纸和纸制品业	印刷和记录媒介复制业
河 南	**3232**	**336**	**8006**	**17544**	**8716**	**5980**	**5628**	**4019**	**2082**
郑州市	224	48	235	940	124	251	306	398	288
开封市	53		421	781	235	854	530	104	113
洛阳市	162	53	208	479	243	117	1680	83	91
平顶山市	76	47	261	240	68	50	87	28	23
安阳市	74	16	254	1454	29	136	211	96	72
鹤壁市	16	1	114	493	19	99	66	34	20
新乡市	177	2	508	811	53	287	266	632	200
焦作市	132	16	357	233	1941	228	69	921	173
濮阳市	72	4	234	785	225	337	425	136	81
许昌市	34	5	260	259	525	171	163	62	57
漯河市	321	15	104	323	197	809	110	203	171
三门峡市	147	7	20	27	9	12	26	9	19
南阳市	258	78	1666	1133	320	358	312	404	243
商丘市	681	7	944	4401	2204	1026	289	328	116
信阳市	220	15	777	1387	297	335	160	38	72
周口市	300	1	1252	2436	823	488	316	195	219
驻马店市	205	21	374	1356	1384	418	608	340	119
济源市	80		17	6	20	4	4	8	5
男	**1969**	**205**	**3129**	**4842**	**3827**	**3654**	**3677**	**2258**	**1163**
郑州市	143	30	111	388	55	179	204	256	188
开封市	34		161	202	174	456	341	60	54
洛阳市	87	30	80	85	71	85	1199	44	54
平顶山市	44	33	131	87	35	39	65	19	15
安阳市	41	11	99	193	8	91	134	44	32
鹤壁市	10		49	115	6	68	46	16	12
新乡市	98	1	200	130	16	177	169	331	109
焦作市	83	11	138	54	818	130	52	554	85
濮阳市	39	2	76	105	95	163	238	55	45
许昌市	15	2	71	64	236	114	111	33	35
漯河市	195	13	44	114	94	553	79	128	91
三门峡市	83	3	11	5	4	11	23	9	13
南阳市	158	39	729	365	141	231	204	203	153
商丘市	466	4	404	1351	1034	585	179	177	72
信阳市	137	9	320	410	145	229	117	20	40
周口市	183	1	365	725	313	292	198	94	98
驻马店市	110	16	134	447	574	248	315	210	65
济源市	43		6	2	8	3	3	5	2
女	**1263**	**131**	**4877**	**12702**	**4889**	**2326**	**1951**	**1761**	**919**
郑州市	81	18	124	552	69	72	102	142	100
开封市	19		260	579	61	398	189	44	59
洛阳市	75	23	128	394	172	32	481	39	37
平顶山市	32	14	130	153	33	11	22	9	8
安阳市	33	5	155	1261	21	45	77	52	40
鹤壁市	6	1	65	378	13	31	20	18	8
新乡市	79	1	308	681	37	110	97	301	91
焦作市	49	5	219	179	1123	98	17	367	88
濮阳市	33	2	158	680	130	174	187	81	36
许昌市	19	3	189	195	289	57	52	29	22
漯河市	126	2	60	209	103	256	31	75	80
三门峡市	64	4	9	22	5	1	3		6
南阳市	100	39	937	768	179	127	108	201	90
商丘市	215	3	540	3050	1170	441	110	151	44
信阳市	83	6	457	977	152	106	43	18	32
周口市	117		887	1711	510	196	118	101	121
驻马店市	95	5	240	909	810	170	293	130	54
济源市	37		11	4	12	1	1	3	3

4−4b 续表 3

单位：人

地区 性别	制造业 文教、工美、体育和娱乐用品制造业	石油、煤炭及其他燃料加工业	化学原料和化学制品制造业	医药制造业	化学纤维制造业	橡胶和塑料制品业	非金属矿物制品业	黑色金属冶炼和压延加工业	有色金属冶炼和压延加工业
河南	**6588**	**1073**	**6804**	**4763**	**176**	**5114**	**14516**	**2969**	**3806**
郑州市	206	28	398	412	6	334	2764	93	1262
开封市	262	12	258	51		342	395	32	24
洛阳市	161	65	332	172	3	173	1305	134	702
平顶山市	44	61	87	53	15	79	589	78	11
安阳市	80	304	452	297	3	286	680	1038	77
鹤壁市	112	5	58	48	12	129	215	12	5
新乡市	80	21	1238	1798	29	552	606	84	254
焦作市	81	22	356	407	6	438	1137	127	347
濮阳市	347	110	485	69	47	428	481	62	9
许昌市	430	299	95	296	4	95	1619	126	127
漯河市	181	7	347	50	7	86	170	12	12
三门峡市	18	5	65	17	1	39	92	9	361
南阳市	2150	59	545	442	3	426	1609	442	174
商丘市	1362	13	1175	176		547	938	92	65
信阳市	365	11	136	135	4	137	531	455	15
周口市	274	10	417	194	23	359	490	44	15
驻马店市	413	7	302	140	10	652	791	47	13
济源市	22	34	58	6	3	12	104	82	333
男	**2721**	**832**	**4451**	**2152**	**103**	**2866**	**10284**	**2382**	**3014**
郑州市	105	16	236	208	3	215	2025	68	1018
开封市	108	10	183	37		202	245	29	20
洛阳市	73	52	227	76		118	959	103	577
平顶山市	25	51	62	25	12	56	446	62	7
安阳市	26	248	336	157	3	169	551	806	63
鹤壁市	54	4	47	10	7	76	154	11	2
新乡市	26	17	855	680	20	302	460	66	176
焦作市	22	21	236	177	4	262	730	109	263
濮阳市	36	73	349	40	23	201	349	56	7
许昌市	156	239	57	137	1	59	986	98	97
漯河市	50	5	247	25	1	53	127	10	7
三门峡市	10	4	42	12	1	24	74	7	281
南阳市	1385	35	324	217	2	232	1190	358	145
商丘市	230	9	725	106		278	645	82	59
信阳市	128	9	86	79	1	92	396	362	10
周口市	70	5	191	94	14	177	279	41	9
驻马店市	206	4	201	68	9	346	604	40	7
济源市	11	30	47	4	2	4	64	74	266
女	**3867**	**241**	**2353**	**2611**	**73**	**2248**	**4232**	**587**	**792**
郑州市	101	12	162	204	3	119	739	25	244
开封市	154	2	75	14		140	150	3	4
洛阳市	88	13	105	96	3	55	346	31	125
平顶山市	19	10	25	28	3	23	143	16	4
安阳市	54	56	116	140		117	129	232	14
鹤壁市	58	1	11	38	5	53	61	1	3
新乡市	54	4	383	1118	9	250	146	18	78
焦作市	59	1	120	230	2	176	407	18	84
濮阳市	311	37	136	29	24	227	132	6	2
许昌市	274	60	38	159	3	36	633	28	30
漯河市	131	2	100	25	6	33	43	2	5
三门峡市	8	1	23	5		15	18	2	80
南阳市	765	24	221	225	1	194	419	84	29
商丘市	1132	4	450	70		269	293	10	6
信阳市	237	2	50	56	3	45	135	93	5
周口市	204	5	226	100	9	182	211	3	6
驻马店市	207	3	101	72	1	306	187	7	6
济源市	11	4	11	2	1	8	40	8	67

4-4b 续表 4

单位：人

地 区 性 别	制造业								
	金 属 制品业	通用设备 制造业	专用设备 制造业	汽 车 制造业	铁路、船舶、航空航天和其他运输设备制造业	电气机械和器材制造业	计算机、通信和其他电子设备制造业	仪器仪表 制造业	其 他 制造业
河 南	**10428**	**10508**	**5642**	**4933**	**1732**	**6179**	**40240**	**1429**	**2720**
郑州市	1219	1292	1077	2483	118	1400	23920	226	134
开封市	395	425	269	79	30	116	1507	17	28
洛阳市	1009	1657	619	147	452	442	1417	54	77
平顶山市	313	180	146	64	54	119	392	10	25
安阳市	695	351	368	91	36	204	559	29	60
鹤壁市	180	132	105	237	7	74	800	9	29
新乡市	832	1383	551	241	148	736	542	53	175
焦作市	518	592	270	167	31	283	699	22	236
濮阳市	463	219	116	83	36	384	724	17	105
许昌市	576	641	227	175	34	183	553	34	74
漯河市	283	224	152	29	28	92	699	38	70
三门峡市	110	60	83	43	8	27	395	10	14
南阳市	1257	1608	480	618	82	555	1529	366	317
商丘市	847	398	225	185	193	960	1701	427	853
信阳市	406	304	202	62	87	138	837	46	78
周口市	714	353	170	43	49	149	1572	19	269
驻马店市	555	656	544	185	336	265	2090	48	173
济源市	56	33	38	1	3	52	304	4	3
男	**8226**	**7745**	**3680**	**3729**	**1282**	**3853**	**22521**	**887**	**1296**
郑州市	930	984	759	2054	88	988	13332	145	99
开封市	313	298	171	54	23	76	781	12	12
洛阳市	853	1265	447	121	364	319	898	38	58
平顶山市	264	141	91	47	43	84	257	7	14
安阳市	594	280	248	70	26	130	328	21	42
鹤壁市	158	89	75	122	5	40	445	5	15
新乡市	667	1065	343	164	94	405	328	44	96
焦作市	366	429	177	124	25	193	426	16	62
濮阳市	392	162	75	46	28	190	355	13	22
许昌市	474	491	147	128	26	135	323	21	40
漯河市	227	179	84	22	21	60	463	24	37
三门峡市	96	51	42	35	8	22	242	9	8
南阳市	934	1140	304	415	74	307	819	174	184
商丘市	636	273	128	120	124	493	948	277	367
信阳市	325	217	115	42	74	100	455	32	49
周口市	525	238	105	31	43	115	865	10	83
驻马店市	427	420	337	133	214	163	1108	36	107
济源市	45	23	32	1	2	33	148	3	1
女	**2202**	**2763**	**1962**	**1204**	**450**	**2326**	**17719**	**542**	**1424**
郑州市	289	308	318	429	30	412	10588	81	35
开封市	82	127	98	25	7	40	726	5	16
洛阳市	156	392	172	26	88	123	519	16	19
平顶山市	49	39	55	17	11	35	135	3	11
安阳市	101	71	120	21	10	74	231	8	18
鹤壁市	22	43	30	115	2	34	355	4	14
新乡市	165	318	208	77	54	331	214	9	79
焦作市	152	163	93	43	6	90	273	6	174
濮阳市	71	57	41	37	8	194	369	4	83
许昌市	102	150	80	47	8	48	230	13	34
漯河市	56	45	68	7	7	32	236	14	33
三门峡市	14	9	41	8		5	153	1	6
南阳市	323	468	176	203	8	248	710	192	133
商丘市	211	125	97	65	69	467	753	150	486
信阳市	81	87	87	20	13	38	382	14	29
周口市	189	115	65	12	6	34	707	9	186
驻马店市	128	236	207	52	122	102	982	12	66
济源市	11	10	6		1	19	156	1	2

4-4b 续表 5 单位：人

地区 性别	制造业		电力、热力、燃气及水生产和供应业				建筑业		
	废弃资源综合利用业	金属制品、机械和设备修理业	小计	电力、热力生产和供应业	燃气生产和供应业	水的生产和供应业	小计	房屋建筑业	土木工程建筑业
河南	**1808**	**1750**	**8613**	**5800**	**1252**	**1561**	**167419**	**98555**	**8539**
郑州市	130	215	742	467	126	149	12989	6360	1867
开封市	91	57	264	165	56	43	11681	7973	345
洛阳市	60	161	992	770	85	137	11546	6537	882
平顶山市	16	97	382	290	46	46	4322	2655	213
安阳市	52	107	654	454	107	93	10217	6369	413
鹤壁市	17	24	165	114	30	21	3426	2160	159
新乡市	93	84	515	380	76	59	11479	6925	420
焦作市	85	101	515	407	43	65	5606	3431	335
濮阳市	59	85	687	426	160	101	9097	5813	427
许昌市	72	85	185	114	43	28	3686	2062	166
漯河市	19	65	221	152	28	41	2876	1509	174
三门峡市	13	44	203	135	33	35	1871	1039	189
南阳市	151	188	883	546	104	233	16210	9039	760
商丘市	176	107	464	287	39	138	14859	9447	393
信阳市	337	94	564	345	82	137	13572	8192	566
周口市	104	72	458	317	72	69	16811	9372	336
驻马店市	321	153	674	401	114	159	16802	9486	863
济源市	12	11	45	30	8	7	369	186	31
男	**1289**	**1544**	**6271**	**4450**	**843**	**978**	**140198**	**82256**	**7318**
郑州市	91	182	548	356	90	102	10772	5366	1469
开封市	63	51	189	125	37	27	9198	6230	302
洛阳市	50	149	755	612	57	86	10350	5879	805
平顶山市	14	87	282	227	29	26	3805	2338	199
安阳市	39	98	456	340	55	61	8943	5554	383
鹤壁市	13	20	127	88	24	15	2838	1769	150
新乡市	73	67	366	291	43	32	9754	5821	367
焦作市	55	95	381	308	31	42	4531	2742	289
濮阳市	44	77	510	331	113	66	7935	5049	373
许昌市	58	73	143	96	31	16	3120	1738	154
漯河市	12	59	168	120	21	27	2534	1332	138
三门峡市	12	40	139	96	18	25	1586	895	160
南阳市	104	169	639	416	85	138	13745	7651	663
商丘市	126	90	342	222	32	88	11995	7656	351
信阳市	238	80	408	264	57	87	11887	7112	521
周口市	78	62	346	250	55	41	13465	7360	292
驻马店市	209	135	441	285	61	95	13422	7604	672
济源市	10	10	31	23	4	4	318	160	30
女	**519**	**206**	**2342**	**1350**	**409**	**583**	**27221**	**16299**	**1221**
郑州市	39	33	194	111	36	47	2217	994	398
开封市	28	6	75	40	19	16	2483	1743	43
洛阳市	10	12	237	158	28	51	1196	658	77
平顶山市	2	10	100	63	17	20	517	317	14
安阳市	13	9	198	114	52	32	1274	815	30
鹤壁市	4	4	38	26	6	6	588	391	9
新乡市	20	17	149	89	33	27	1725	1104	53
焦作市	30	6	134	99	12	23	1075	689	46
濮阳市	15	8	177	95	47	35	1162	764	54
许昌市	14	12	42	18	12	12	566	324	12
漯河市	7	6	53	32	7	14	342	177	36
三门峡市	1	4	64	39	15	10	285	144	29
南阳市	47	19	244	130	19	95	2465	1388	97
商丘市	50	17	122	65	7	50	2864	1791	42
信阳市	99	14	156	81	25	50	1685	1080	45
周口市	26	10	112	67	17	28	3346	2012	44
驻马店市	112	18	233	116	53	64	3380	1882	191
济源市	2	1	14	7	4	3	51	26	1

4-4b　续表 6　　　　单位：人

地区/性别	建筑业		批发和零售业			交通运输、仓储和邮政业			
	建筑安装业	建筑装饰、装修和其他建筑业	小计	批发业	零售业	小计	铁路运输业	道路运输业	水上运输业
河　南	**9595**	**50730**	**263717**	**61150**	**202567**	**72219**	**938**	**49942**	**322**
郑州市	978	3784	21642	6662	14980	8556	81	5668	13
开封市	422	2941	15360	3132	12228	3269	27	1998	19
洛阳市	786	3341	16117	3170	12947	4817	44	3466	16
平顶山市	216	1238	6996	1530	5466	2268	96	1672	11
安阳市	909	2526	11251	2311	8940	3385	97	2511	11
鹤壁市	210	897	3401	790	2611	1248	15	996	4
新乡市	602	3532	14387	3501	10886	3589	59	2548	28
焦作市	328	1512	9019	2340	6679	4445	44	3585	10
濮阳市	425	2432	8781	1657	7124	3246	32	2615	17
许昌市	349	1109	8211	2495	5716	2040	18	1481	6
漯河市	201	992	5595	1265	4330	1889	42	1190	9
三门峡市	127	516	2996	477	2519	1192	40	856	6
南阳市	1019	5392	36961	8438	28523	8174	83	5376	42
商丘市	767	4252	31368	8259	23109	6190	34	4199	11
信阳市	826	3988	19075	3817	15258	4736	111	2958	47
周口市	642	6461	20594	4052	16542	6477	38	4707	33
驻马店市	752	5701	31502	7144	24358	6405	69	3892	38
济源市	36	116	461	110	351	293	8	224	1
男	**8414**	**42210**	**120193**	**34992**	**85201**	**60005**	**703**	**44082**	**256**
郑州市	828	3109	10721	3908	6813	6788	65	4759	8
开封市	364	2302	6483	1730	4753	2643	23	1773	15
洛阳市	719	2947	7275	1934	5341	4096	31	3159	16
平顶山市	194	1074	3538	940	2598	1990	79	1536	9
安阳市	847	2159	5123	1448	3675	2900	80	2307	8
鹤壁市	184	735	1345	416	929	1026	9	855	3
新乡市	532	3034	5995	1968	4027	2931	43	2228	27
焦作市	279	1221	3897	1315	2582	3917	36	3258	8
濮阳市	395	2118	3667	981	2686	2792	15	2366	15
许昌市	302	926	3751	1428	2323	1777	11	1349	6
漯河市	181	883	2580	773	1807	1577	33	1072	6
三门峡市	107	424	1380	305	1075	1038	31	779	3
南阳市	880	4551	17092	4733	12359	6641	52	4699	40
商丘市	633	3355	14769	4417	10352	5085	28	3661	10
信阳市	755	3499	8943	2275	6668	3991	77	2639	28
周口市	566	5247	9647	2401	7246	5356	27	4073	27
驻马店市	616	4530	13798	3953	9845	5202	56	3366	26
济源市	32	96	189	67	122	255	7	203	1
女	**1181**	**8520**	**143524**	**26158**	**117366**	**12214**	**235**	**5860**	**66**
郑州市	150	675	10921	2754	8167	1768	16	909	5
开封市	58	639	8877	1402	7475	626	4	225	4
洛阳市	67	394	8842	1236	7606	721	13	307	
平顶山市	22	164	3458	590	2868	278	17	136	2
安阳市	62	367	6128	863	5265	485	17	204	3
鹤壁市	26	162	2056	374	1682	222	6	141	1
新乡市	70	498	8392	1533	6859	658	16	320	1
焦作市	49	291	5122	1025	4097	528	8	327	2
濮阳市	30	314	5114	676	4438	454	17	249	2
许昌市	47	183	4460	1067	3393	263	7	132	
漯河市	20	109	3015	492	2523	312	9	118	3
三门峡市	20	92	1616	172	1444	154	9	77	3
南阳市	139	841	19869	3705	16164	1533	31	677	2
商丘市	134	897	16599	3842	12757	1105	6	538	1
信阳市	71	489	10132	1542	8590	745	34	319	19
周口市	76	1214	10947	1651	9296	1121	11	634	6
驻马店市	136	1171	17704	3191	14513	1203	13	526	12
济源市	4	20	272	43	229	38	1	21	

4-4b 续表 7 单位：人

地区 性别	交通运输、仓储和邮政业					住宿和餐饮业		
	航空运输业	管道运输业	多式联运和运输代理业	装卸搬运和仓储业	邮政业	小计	住宿业	餐饮业
河南	**429**	**53**	**1471**	**6738**	**12326**	**83392**	**6153**	**77239**
郑州市	224	6	258	710	1596	6781	674	6107
开封市	9	2	52	631	531	4164	312	3852
洛阳市	19	9	89	418	756	6190	571	5619
平顶山市	11	1	34	164	279	2282	173	2109
安阳市	6	5	39	309	407	3374	220	3154
鹤壁市	6		32	69	126	1201	43	1158
新乡市	9	6	89	359	491	4083	250	3833
焦作市	9	2	97	253	445	2731	227	2504
濮阳市	17	9	40	182	334	3035	134	2901
许昌市	4	3	46	218	264	2886	203	2683
漯河市	24	1	24	180	419	1775	92	1683
三门峡市	18	2	10	81	179	1170	162	1008
南阳市	19	3	206	986	1459	9920	735	9185
商丘市	4		98	540	1304	8489	401	8088
信阳市	20	1	85	404	1110	6349	468	5881
周口市	9		109	493	1088	8188	565	7623
驻马店市	21	3	158	711	1513	10551	906	9645
济源市			5	30	25	223	17	206
男	**271**	**47**	**1131**	**4914**	**8601**	**41688**	**2712**	**38976**
郑州市	139	5	187	549	1076	3495	285	3210
开封市	8	2	46	389	387	2101	125	1976
洛阳市	15	8	62	296	509	2904	240	2664
平顶山市	7	1	27	135	196	1209	86	1123
安阳市	3	5	30	221	246	1667	93	1574
鹤壁市	4		26	50	79	525	16	509
新乡市	5	5	62	245	316	1873	118	1755
焦作市	4	1	82	210	318	1245	100	1145
濮阳市	9	9	27	142	209	1327	61	1266
许昌市	4	2	31	176	198	1422	83	1339
漯河市	16	1	16	143	290	960	60	900
三门峡市	14	2	6	68	135	589	67	522
南阳市	13	3	165	683	986	5017	344	4673
商丘市	1		77	393	915	4510	173	4337
信阳市	14		73	310	850	3288	213	3075
周口市	5		86	373	765	4372	251	4121
驻马店市	10	3	125	504	1112	5089	392	4697
济源市			3	27	14	95	5	90
女	**158**	**6**	**340**	**1824**	**3725**	**41704**	**3441**	**38263**
郑州市	85	1	71	161	520	3286	389	2897
开封市	1		6	242	144	2063	187	1876
洛阳市	4	1	27	122	247	3286	331	2955
平顶山市	4		7	29	83	1073	87	986
安阳市	3		9	88	161	1707	127	1580
鹤壁市	2		6	19	47	676	27	649
新乡市	4	1	27	114	175	2210	132	2078
焦作市	5	1	15	43	127	1486	127	1359
濮阳市	8		13	40	125	1708	73	1635
许昌市		1	15	42	66	1464	120	1344
漯河市	8		8	37	129	815	32	783
三门峡市	4		4	13	44	581	95	486
南阳市	6		41	303	473	4903	391	4512
商丘市	3		21	147	389	3979	228	3751
信阳市	6	1	12	94	260	3061	255	2806
周口市	4		23	120	323	3816	314	3502
驻马店市	11		33	207	401	5462	514	4948
济源市			2	3	11	128	12	116

4-4b 续表 8 单位：人

地区 性别	信息传输、软件和信息技术服务业				金融业				
	小计	电信、广播电视和卫星传输服务	互联网和相关服务	软件和信息技术服务业	小计	货币金融服务	资本市场服务	保险业	其他金融业
河南	**13039**	**3788**	**4935**	**4316**	**13913**	**5326**	**314**	**7327**	**946**
郑州市	2849	380	806	1663	1693	498	82	942	171
开封市	728	145	391	192	580	202	21	325	32
洛阳市	944	300	346	298	1196	485	40	575	96
平顶山市	298	113	125	60	520	320	7	166	27
安阳市	577	241	179	157	748	355	21	336	36
鹤壁市	177	67	60	50	194	74	3	105	12
新乡市	639	160	294	185	848	243	19	549	37
焦作市	552	187	221	144	639	259	6	337	37
濮阳市	595	246	192	157	834	321	10	446	57
许昌市	275	68	131	76	343	108	13	197	25
漯河市	343	105	172	66	316	132	8	160	16
三门峡市	207	95	46	66	258	156	10	78	14
南阳市	1184	447	452	285	1772	629	16	1020	107
商丘市	942	266	441	235	824	309	5	480	30
信阳市	845	289	337	219	941	437	27	392	85
周口市	842	255	394	193	762	298	5	399	60
驻马店市	992	411	323	258	1401	486	20	791	104
济源市	50	13	25	12	44	14	1	29	
男	**8032**	**2120**	**2950**	**2962**	**6688**	**2949**	**212**	**2989**	**538**
郑州市	1812	212	480	1120	781	257	57	369	98
开封市	372	88	160	124	268	107	14	133	14
洛阳市	586	150	224	212	594	277	24	236	57
平顶山市	190	70	77	43	266	179	4	69	14
安阳市	369	141	119	109	356	192	14	128	22
鹤壁市	106	37	32	37	94	43	2	43	6
新乡市	364	90	150	124	385	133	16	206	30
焦作市	322	103	114	105	273	143	1	108	21
濮阳市	383	137	130	116	373	176	7	159	31
许昌市	196	43	93	60	149	52	10	75	12
漯河市	223	63	112	48	144	63	5	67	9
三门峡市	122	48	31	43	132	93	8	23	8
南阳市	705	253	259	193	867	351	11	436	69
商丘市	588	148	267	173	414	178	4	215	17
信阳市	539	168	218	153	492	258	19	159	56
周口市	550	138	273	139	398	167	4	197	30
驻马店市	574	225	194	155	694	278	11	361	44
济源市	31	6	17	8	8	2	1	5	
女	**5007**	**1668**	**1985**	**1354**	**7225**	**2377**	**102**	**4338**	**408**
郑州市	1037	168	326	543	912	241	25	573	73
开封市	356	57	231	68	312	95	7	192	18
洛阳市	358	150	122	86	602	208	16	339	39
平顶山市	108	43	48	17	254	141	3	97	13
安阳市	208	100	60	48	392	163	7	208	14
鹤壁市	71	30	28	13	100	31	1	62	6
新乡市	275	70	144	61	463	110	3	343	7
焦作市	230	84	107	39	366	116	5	229	16
濮阳市	212	109	62	41	461	145	3	287	26
许昌市	79	25	38	16	194	56	3	122	13
漯河市	120	42	60	18	172	69	3	93	7
三门峡市	85	47	15	23	126	63	2	55	6
南阳市	479	194	193	92	905	278	5	584	38
商丘市	354	118	174	62	410	131	1	265	13
信阳市	306	121	119	66	449	179	8	233	29
周口市	292	117	121	54	364	131	1	202	30
驻马店市	418	186	129	103	707	208	9	430	60
济源市	19	7	8	4	36	12		24	

4-4b 续表 9

单位：人

地区 性别	房地产业		租赁和商务服务业			科学研究和技术服务业			
	小计	房地产业	小计	租赁业	商务服务业	小计	研究和试验发展	专业技术服务业	科技推广和应用服务业
河　南	**21448**	**21448**	**34742**	**2497**	**32245**	**10864**	**1063**	**6499**	**3302**
郑州市	4671	4671	4437	440	3997	2523	304	1759	460
开封市	939	939	976	60	916	381	35	198	148
洛阳市	1491	1491	2683	218	2465	896	95	609	192
平顶山市	658	658	1161	121	1040	232	29	158	45
安阳市	1102	1102	1485	107	1378	412	57	268	87
鹤壁市	228	228	534	34	500	142	9	101	32
新乡市	1245	1245	2111	138	1973	782	95	349	338
焦作市	605	605	1158	78	1080	316	21	228	67
濮阳市	1082	1082	1335	104	1231	397	25	308	64
许昌市	538	538	1100	137	963	360	20	126	214
漯河市	490	490	825	60	765	161	19	106	36
三门峡市	197	197	588	44	544	154	13	109	32
南阳市	1753	1753	4493	294	4199	1424	132	711	581
商丘市	1381	1381	2235	150	2085	584	43	298	243
信阳市	1283	1283	2991	175	2816	571	30	316	225
周口市	1176	1176	2030	108	1922	467	35	271	161
驻马店市	2574	2574	4504	213	4291	1030	100	556	374
济源市	35	35	96	16	80	32	1	28	3
男	**12792**	**12792**	**22759**	**2167**	**20592**	**7146**	**683**	**4496**	**1967**
郑州市	2725	2725	2810	377	2433	1611	185	1139	287
开封市	576	576	649	54	595	223	26	132	65
洛阳市	905	905	1790	194	1596	635	55	445	135
平顶山市	403	403	816	102	714	174	24	119	31
安阳市	632	632	947	93	854	286	41	184	61
鹤壁市	128	128	328	31	297	89	7	64	18
新乡市	731	731	1276	116	1160	490	58	248	184
焦作市	341	341	763	70	693	220	16	166	38
濮阳市	559	559	847	91	756	287	16	228	43
许昌市	346	346	745	119	626	224	15	94	115
漯河市	311	311	570	49	521	106	14	71	21
三门峡市	126	126	393	37	356	113	7	78	28
南阳市	1054	1054	2892	254	2638	916	76	493	347
商丘市	895	895	1515	126	1389	386	28	205	153
信阳市	839	839	1980	158	1822	371	19	237	115
周口市	721	721	1439	101	1338	310	22	184	104
驻马店市	1481	1481	2941	181	2760	686	73	391	222
济源市	19	19	58	14	44	19	1	18	
女	**8656**	**8656**	**11983**	**330**	**11653**	**3718**	**380**	**2003**	**1335**
郑州市	1946	1946	1627	63	1564	912	119	620	173
开封市	363	363	327	6	321	158	9	66	83
洛阳市	586	586	893	24	869	261	40	164	57
平顶山市	255	255	345	19	326	58	5	39	14
安阳市	470	470	538	14	524	126	16	84	26
鹤壁市	100	100	206	3	203	53	2	37	14
新乡市	514	514	835	22	813	292	37	101	154
焦作市	264	264	395	8	387	96	5	62	29
濮阳市	523	523	488	13	475	110	9	80	21
许昌市	192	192	355	18	337	136	5	32	99
漯河市	179	179	255	11	244	55	5	35	15
三门峡市	71	71	195	7	188	41	6	31	4
南阳市	699	699	1601	40	1561	508	56	218	234
商丘市	486	486	720	24	696	198	15	93	90
信阳市	444	444	1011	17	994	200	11	79	110
周口市	455	455	591	7	584	157	13	87	57
驻马店市	1093	1093	1563	32	1531	344	27	165	152
济源市	16	16	38	2	36	13		10	3

4-4b　续表 10　　　　　　　　　　　　　　　　　　　　单位：人

地区 性别	水利、环境和公共设施管理业					居民服务、修理和其他服务业			
	小计	水利管理业	生态保护和环境治理业	公共设施管理业	土地管理业	小计	居民服务业	机动车、电子产品和日用产品修理业	其他服务业
河　南	**11527**	**654**	**448**	**10298**	**127**	**57952**	**31934**	**14967**	**11051**
郑州市	1676	44	59	1563	10	4774	2583	1174	1017
开封市	523	18	26	479		2843	1494	768	581
洛阳市	928	74	56	789	9	3966	2306	969	691
平顶山市	272	28	4	237	3	1599	984	385	230
安阳市	504	27	20	455	2	2907	1527	669	711
鹤壁市	248	13	7	224	4	818	386	270	162
新乡市	554	19	25	498	12	4357	2786	833	738
焦作市	654	33	15	603	3	2041	1128	600	313
濮阳市	689	38	23	626	2	2401	1347	628	426
许昌市	351	12	10	328	1	2017	947	702	368
漯河市	171	7	12	150	2	1046	535	296	215
三门峡市	163	21	15	124	3	738	380	225	133
南阳市	1188	84	46	1026	32	8092	4720	2208	1164
商丘市	976	21	25	915	15	5423	2692	1573	1158
信阳市	619	63	30	520	6	4145	2324	863	958
周口市	590	17	26	535	12	4433	2368	1316	749
驻马店市	1365	131	45	1178	11	6155	3300	1440	1415
济源市	56	4	4	48		197	127	48	22
男	**6514**	**476**	**308**	**5651**	**79**	**27646**	**11253**	**12099**	**4294**
郑州市	1043	34	41	962	6	2297	977	929	391
开封市	282	12	16	254		1281	478	620	183
洛阳市	554	50	38	460	6	1893	811	842	240
平顶山市	172	20	3	147	2	815	396	316	103
安阳市	293	20	19	253	1	1397	555	540	302
鹤壁市	118	8	6	102	2	436	139	226	71
新乡市	264	16	18	225	5	1645	710	665	270
焦作市	337	27	11	296	3	1012	374	478	160
濮阳市	337	30	10	295	2	1040	401	491	148
许昌市	206	8	6	191	1	1077	368	561	148
漯河市	101	3	9	88	1	524	192	248	84
三门峡市	95	14	12	67	2	361	125	187	49
南阳市	739	62	33	624	20	3588	1390	1764	434
商丘市	526	15	20	483	8	2850	1191	1238	421
信阳市	390	44	17	326	3	2074	898	733	443
周口市	334	13	18	293	10	2483	1076	1065	342
驻马店市	695	96	29	563	7	2785	1130	1157	498
济源市	28	4	2	22		88	42	39	7
女	**5013**	**178**	**140**	**4647**	**48**	**30306**	**20681**	**2868**	**6757**
郑州市	633	10	18	601	4	2477	1606	245	626
开封市	241	6	10	225		1562	1016	148	398
洛阳市	374	24	18	329	3	2073	1495	127	451
平顶山市	100	8	1	90	1	784	588	69	127
安阳市	211	7	1	202	1	1510	972	129	409
鹤壁市	130	5	1	122	2	382	247	44	91
新乡市	290	3	7	273	7	2712	2076	168	468
焦作市	317	6	4	307		1029	754	122	153
濮阳市	352	8	13	331		1361	946	137	278
许昌市	145	4	4	137		940	579	141	220
漯河市	70	4	3	62	1	522	343	48	131
三门峡市	68	7	3	57	1	377	255	38	84
南阳市	449	22	13	402	12	4504	3330	444	730
商丘市	450	6	5	432	7	2573	1501	335	737
信阳市	229	19	13	194	3	2071	1426	130	515
周口市	256	4	8	242	2	1950	1292	251	407
驻马店市	670	35	16	615	4	3370	2170	283	917
济源市	28		2	26		109	85	9	15

4-4b 续表 11 单位：人

地区 性别	教育		卫生和社会工作			文化、体育和娱乐业				
	小计	教育	小计	卫生	社会工作	小计	新闻和出版业	广播、电视、电影和录音制作业	文化艺术业	体育
河南	**65951**	**65951**	**26119**	**25305**	**814**	**5798**	**313**	**670**	**1365**	**774**
郑州市	7687	7687	2078	2030	48	964	88	127	173	143
开封市	2710	2710	1378	1349	29	210	3	20	41	17
洛阳市	4939	4939	2177	2097	80	489	18	51	106	60
平顶山市	2404	2404	1090	1051	39	214	7	26	35	25
安阳市	3795	3795	1553	1516	37	299	14	36	83	39
鹤壁市	1024	1024	516	474	42	105	3	13	28	12
新乡市	3710	3710	1466	1392	74	333	16	32	85	58
焦作市	2724	2724	1052	1013	39	263	26	25	49	38
濮阳市	3387	3387	1425	1394	31	296	18	42	91	37
许昌市	1540	1540	632	618	14	183	6	34	50	21
漯河市	1299	1299	584	559	25	138	4	10	43	23
三门峡市	1029	1029	438	427	11	111	9	19	38	12
南阳市	8670	8670	3178	3045	133	539	27	70	138	75
商丘市	4058	4058	1748	1709	39	370	8	23	82	45
信阳市	5622	5622	1775	1737	38	323	17	41	66	49
周口市	4720	4720	2069	2039	30	406	17	51	121	52
驻马店市	6451	6451	2899	2799	100	527	31	50	128	63
济源市	182	182	61	56	5	28	1		8	5
男	**23466**	**23466**	**10195**	**9890**	**305**	**3318**	**169**	**405**	**744**	**400**
郑州市	2499	2499	712	695	17	514	37	86	86	70
开封市	873	873	517	512	5	131		12	23	11
洛阳市	1722	1722	813	778	35	278	10	24	58	29
平顶山市	816	816	397	380	17	127	7	18	15	11
安阳市	1148	1148	588	573	15	175	11	20	50	20
鹤壁市	330	330	191	181	10	51	2	7	14	6
新乡市	1201	1201	561	539	22	181	7	14	46	26
焦作市	937	937	400	391	9	158	17	17	20	23
濮阳市	1036	1036	537	521	16	162	9	26	49	20
许昌市	500	500	254	248	6	119	3	29	34	9
漯河市	511	511	233	222	11	78	2	8	23	11
三门峡市	367	367	147	145	2	64	3	11	23	5
南阳市	3135	3135	1339	1286	53	299	15	38	75	34
商丘市	1668	1668	714	691	23	221	6	14	43	30
信阳市	2320	2320	738	723	15	187	10	24	36	21
周口市	1866	1866	914	903	11	245	10	28	68	35
驻马店市	2486	2486	1120	1083	37	313	20	29	77	37
济源市	51	51	20	19	1	15			4	2
女	**42485**	**42485**	**15924**	**15415**	**509**	**2480**	**144**	**265**	**621**	**374**
郑州市	5188	5188	1366	1335	31	450	51	41	87	73
开封市	1837	1837	861	837	24	79	3	8	18	6
洛阳市	3217	3217	1364	1319	45	211	8	27	48	31
平顶山市	1588	1588	693	671	22	87		8	20	14
安阳市	2647	2647	965	943	22	124	3	16	33	19
鹤壁市	694	694	325	293	32	54	1	6	14	6
新乡市	2509	2509	905	853	52	152	9	18	39	32
焦作市	1787	1787	652	622	30	105	9	8	29	15
濮阳市	2351	2351	888	873	15	134	9	16	42	17
许昌市	1040	1040	378	370	8	64	3	5	16	12
漯河市	788	788	351	337	14	60	2	2	20	12
三门峡市	662	662	291	282	9	47	6	8	15	7
南阳市	5535	5535	1839	1759	80	240	12	32	63	41
商丘市	2390	2390	1034	1018	16	149	2	9	39	15
信阳市	3302	3302	1037	1014	23	136	7	17	30	28
周口市	2854	2854	1155	1136	19	161	7	23	53	17
驻马店市	3965	3965	1779	1716	63	214	11	21	51	26
济源市	131	131	41	37	4	13	1		4	3

4-4b 续表 12 单位：人

地区 性别	娱乐业	公共管理、社会保障和社会组织						国际组织	
		小计	中国共产党机关	国家机构	人民政协、民主党派	社会保障	群众团体、社会团体和其他成员组织	基层群众自治组织	小计	国际组织
河南	**2676**	**55784**	**1253**	**44970**	**96**	**333**	**4000**	**5132**	**1**	**1**
郑州市	433	4144	59	3324	4	26	200	531		
开封市	129	2589	44	2158	5	10	183	189		
洛阳市	254	4687	89	3691	10	49	452	396	1	1
平顶山市	121	3150	128	2573	12	15	233	189		
安阳市	127	2902	60	2448	11	10	30	343		
鹤壁市	49	988	32	725	2	7	87	135		
新乡市	142	2996	60	2357	7	8	209	355		
焦作市	125	2536	56	2049	4	14	176	237		
濮阳市	108	3412	82	2970	9	17	102	232		
许昌市	72	1332	31	1006	1	6	91	197		
漯河市	58	1016	35	798	5	3	71	104		
三门峡市	33	1406	26	1254		4	40	82		
南阳市	229	7159	136	5527	9	33	689	765		
商丘市	212	2957	31	2530		33	167	196		
信阳市	150	4887	153	3816	5	39	473	401		
周口市	165	3746	78	3170		12	140	346		
驻马店市	255	5736	149	4480	12	45	646	404		
济源市	14	141	4	94		2	11	30		
男	**1600**	**37373**	**901**	**30570**	**69**	**182**	**2215**	**3436**		
郑州市	235	2628	40	2125	4	13	101	345		
开封市	85	1792	32	1489	4	6	111	150		
洛阳市	157	3044	69	2390	6	33	261	285		
平顶山市	76	2077	85	1717	8	8	126	133		
安阳市	74	1904	40	1616	10	4	24	210		
鹤壁市	22	694	24	530	1	3	44	92		
新乡市	88	1963	48	1559	7	6	101	242		
焦作市	81	1659	34	1343	2	6	99	175		
濮阳市	58	2296	55	2001	6	6	57	171		
许昌市	44	852	24	637	1	4	47	139		
漯河市	34	644	28	516	4	1	39	56		
三门峡市	22	940	18	834		1	23	64		
南阳市	137	4846	93	3886	6	17	374	470		
商丘市	128	2055	26	1767		21	90	151		
信阳市	96	3403	113	2737	3	22	281	247		
周口市	104	2663	63	2270		6	84	240		
驻马店市	150	3825	107	3095	7	25	346	245		
济源市	9	88	2	58			7	21		
女	**1076**	**18411**	**352**	**14400**	**27**	**151**	**1785**	**1696**	**1**	**1**
郑州市	198	1516	19	1199		13	99	186		
开封市	44	797	12	669	1	4	72	39		
洛阳市	97	1643	20	1301	4	16	191	111	1	1
平顶山市	45	1073	43	856	4	7	107	56		
安阳市	53	998	20	832	1	6	6	133		
鹤壁市	27	294	8	195	1	4	43	43		
新乡市	54	1033	12	798		2	108	113		
焦作市	44	877	22	706	2	8	77	62		
濮阳市	50	1116	27	969	3	11	45	61		
许昌市	28	480	7	369		2	44	58		
漯河市	24	372	7	282	1	2	32	48		
三门峡市	11	466	8	420		3	17	18		
南阳市	92	2313	43	1641	3	16	315	295		
商丘市	84	902	5	763		12	77	45		
信阳市	54	1484	40	1079	2	17	192	154		
周口市	61	1083	15	900		6	56	106		
驻马店市	105	1911	42	1385	5	20	300	159		
济源市	5	53	2	36		2	4	9		

4-4c 各地区分性别、行业大类的就业人口(乡村)

单位：人

地区 性别	合计	农、林、牧、渔业						采矿业	
		小计	农业	林业	畜牧业	渔业	农、林、牧、渔专业及辅助性活动	小计	煤炭开采和洗选业
河　南	**1920942**	**780840**	**718546**	**6796**	**38880**	**2189**	**14429**	**10495**	**6671**
郑州市	128446	36283	34100	230	1404	311	238	2676	2416
开封市	100502	50668	48236	185	1782	69	396	25	6
洛阳市	114604	46382	42439	805	2502	105	531	2174	894
平顶山市	83637	34909	32146	256	1838	79	590	1352	1051
安阳市	102199	37707	34357	199	2088	31	1032	233	118
鹤壁市	34063	8530	6895	89	1313	9	224	132	70
新乡市	128558	45221	41599	381	2807	55	379	367	213
焦作市	69783	16104	13556	346	1521	42	639	266	186
濮阳市	93522	32986	29136	189	2362	65	1234	133	10
许昌市	100028	37985	34501	521	1039	31	1893	939	783
漯河市	50533	19946	18904	204	535	30	273	32	10
三门峡市	50606	23331	22265	113	783	9	161	682	292
南阳市	182426	95012	88655	936	4329	234	858	472	20
商丘市	196500	80481	74756	441	4541	82	661	483	409
信阳市	115734	60934	55958	877	2764	787	548	125	5
周口市	203631	82014	78359	414	2683	105	453	85	27
驻马店市	154232	69108	60096	572	4030	129	4281	107	38
济源市	11938	3239	2588	38	559	16	38	212	123
男	**1086427**	**384855**	**348040**	**4287**	**23352**	**1596**	**7580**	**9664**	**6279**
郑州市	80181	18418	16920	150	972	200	176	2537	2308
开封市	56410	25839	24348	140	1081	50	220	22	6
洛阳市	69200	23543	20989	465	1667	89	333	1971	819
平顶山市	52806	19205	17319	192	1261	70	363	1262	991
安阳市	56297	16114	14234	115	1355	23	387	207	111
鹤壁市	19617	4132	3229	59	730	7	107	118	64
新乡市	69013	21000	18814	236	1662	41	247	341	205
焦作市	40912	8806	7217	210	947	30	402	252	180
濮阳市	51079	14384	12271	136	1444	53	480	126	8
许昌市	57933	18982	17016	284	696	27	959	899	758
漯河市	30381	10538	9842	158	342	24	172	28	10
三门峡市	29638	12499	11770	84	529	9	107	613	255
南阳市	102058	48925	44976	575	2705	168	501	396	19
商丘市	103665	37267	34045	308	2502	60	352	439	375
信阳市	66890	31781	28857	561	1455	560	348	104	3
周口市	111964	39117	36886	291	1634	76	230	69	23
驻马店市	81094	32560	28005	297	1993	95	2170	90	34
济源市	7289	1745	1302	26	377	14	26	190	110
女	**834515**	**395985**	**370506**	**2509**	**15528**	**593**	**6849**	**831**	**392**
郑州市	48265	17865	17180	80	432	111	62	139	108
开封市	44092	24829	23888	45	701	19	176	3	
洛阳市	45404	22839	21450	340	835	16	198	203	75
平顶山市	30831	15704	14827	64	577	9	227	90	60
安阳市	45902	21593	20123	84	733	8	645	26	7
鹤壁市	14446	4398	3666	30	583	2	117	14	6
新乡市	59545	24221	22785	145	1145	14	132	26	8
焦作市	28871	7298	6339	136	574	12	237	14	6
濮阳市	42443	18602	16865	53	918	12	754	7	2
许昌市	42095	19003	17485	237	343	4	934	40	25
漯河市	20152	9408	9062	46	193	6	101	4	
三门峡市	20968	10832	10495	29	254		54	69	37
南阳市	80368	46087	43679	361	1624	66	357	76	1
商丘市	92835	43214	40711	133	2039	22	309	44	34
信阳市	48844	29153	27101	316	1309	227	200	21	2
周口市	91667	42897	41473	123	1049	29	223	16	4
驻马店市	73138	36548	32091	275	2037	34	2111	17	4
济源市	4649	1494	1286	12	182	2	12	22	13

4-4c　续表 1　　　　　　　　　　　　　　　　　　　　　　　单位：人

地　区 性　别	采矿业						制造业		
	石油和天然气开采业	黑色金属矿采选业	有色金属矿采选业	非金属矿采选业	开采专业及辅助性活　动	其　他采矿业	小计	农副食品加工业	食　品制造业
河　南	**76**	**268**	**1297**	**1314**	**584**	**285**	**246187**	**20781**	**11673**
郑州市	8	4	16	129	76	27	20749	1176	1096
开封市	1		1	6	10	1	10671	1441	329
洛阳市	6	33	968	143	42	88	14357	766	359
平顶山市	3	73	34	105	72	14	8809	667	316
安阳市	1	24	2	41	37	10	13756	1967	451
鹤壁市	2	2	4	22	25	7	5155	450	164
新乡市	6	5	2	96	31	14	19940	1144	1326
焦作市	8	3	2	42	17	8	15101	1213	1279
濮阳市	22	16	1	19	65		14176	1208	822
许昌市	2	2	3	109	31	9	16990	1040	454
漯河市	2	1		11	6	2	7544	988	1305
三门峡市	4	71	159	87	20	49	4150	348	145
南阳市	3	19	95	259	54	22	17149	3213	405
商丘市	3	4	1	31	31	4	29070	1794	1180
信阳市	1		2	74	22	21	9370	1049	248
周口市	2	1	2	32	16	5	24367	1236	1186
驻马店市		5	1	43	16	4	11551	963	535
济源市	2	5	4	65	13		3282	118	73
男	**62**	**230**	**1165**	**1156**	**514**	**258**	**126466**	**10464**	**4813**
郑州市	5	4	15	112	69	24	14022	623	527
开封市	1			6	9		5483	633	134
洛阳市	6	30	867	135	35	79	8918	423	164
平顶山市	3	62	32	91	70	13	5558	360	162
安阳市	1	16	2	37	31	9	5861	831	159
鹤壁市	1	2	4	18	23	6	2715	223	65
新乡市	5	5	2	85	27	12	9693	522	398
焦作市	6	3	2	39	15	7	7684	585	425
濮阳市	21	15	1	18	63		5336	517	308
许昌市	2	2	3	95	30	9	9652	533	212
漯河市		1		10	5	2	4258	567	564
三门峡市	4	60	147	82	17	48	2824	209	66
南阳市	1	16	84	215	39	22	9370	1675	184
商丘市	3	4		26	28	3	11752	919	500
信阳市			2	63	18	18	5120	605	126
周口市	2	1		28	12	3	10424	652	567
驻马店市		4		38	11	3	5755	518	223
济源市	1	5	4	58	12		2041	69	29
女	**14**	**38**	**132**	**158**	**70**	**27**	**119721**	**10317**	**6860**
郑州市	3		1	17	7	3	6727	553	569
开封市			1		1	1	5188	808	195
洛阳市		3	101	8	7	9	5439	343	195
平顶山市		11	2	14	2	1	3251	307	154
安阳市		8		4	6	1	7895	1136	292
鹤壁市	1			4	2	1	2440	227	99
新乡市	1			11	4	2	10247	622	928
焦作市	2			3	2	1	7417	628	854
濮阳市	1	1		1	2		8840	691	514
许昌市				14	1		7338	507	242
漯河市	2			1	1		3286	421	741
三门峡市		11	12	5	3	1	1326	139	79
南阳市	2	3	11	44	15		7779	1538	221
商丘市			1	5	3	1	17318	875	680
信阳市	1			11	4	3	4250	444	122
周口市			2	4	4	2	13943	584	619
驻马店市		1	1	5	5	1	5796	445	312
济源市	1			7	1		1241	49	44

4-4c 续表 2 单位：人

地区 性别	制造业								
	酒、饮料和精制茶制造业	烟草制品业	纺织业	纺织服装、服饰业	皮革、毛皮、羽毛及其制品和制鞋业	木材加工和木、竹、藤、棕、草制品业	家具制造业	造纸和纸制品业	印刷和记录媒介复制业
河南	**3042**	**331**	**9805**	**30952**	**10876**	**11522**	**6921**	**3912**	**1881**
郑州市	151	31	271	1667	286	336	528	488	188
开封市	45	2	237	687	179	1986	420	51	29
洛阳市	189	66	332	956	1279	370	1351	150	93
平顶山市	37	22	922	672	231	182	347	93	57
安阳市	30	7	513	3503	76	295	463	86	45
鹤壁市	19	3	91	593	40	119	64	32	15
新乡市	161	3	1020	1997	174	411	265	775	176
焦作市	203	15	265	398	2434	307	150	749	141
濮阳市	42	6	374	2293	546	1353	415	308	77
许昌市	48	55	579	671	781	1094	322	189	125
漯河市	118	9	220	642	420	368	204	150	47
三门峡市	88	73	59	120	42	72	58	35	38
南阳市	82	6	676	1172	520	471	305	231	88
商丘市	314	3	1122	6407	1311	1896	578	271	110
信阳市	860	2	402	1403	401	757	196	50	30
周口市	330	7	2331	6310	1560	961	679	120	555
驻马店市	76	21	347	1439	575	523	558	100	61
济源市	249		44	22	21	21	18	34	6
男	**1674**	**167**	**3118**	**6406**	**3830**	**6193**	**4418**	**1942**	**1024**
郑州市	93	22	128	675	120	244	376	304	108
开封市	20	1	71	183	90	897	240	25	20
洛阳市	90	33	120	156	471	238	977	83	56
平顶山市	26	12	494	204	87	136	267	54	41
安阳市	16		123	264	24	177	224	30	22
鹤壁市	11		29	129	18	89	40	12	10
新乡市	79	1	286	215	45	229	148	384	92
焦作市	91	10	69	73	801	196	101	386	55
濮阳市	19	2	69	178	141	448	260	73	42
许昌市	21	23	169	167	327	630	203	102	69
漯河市	67	7	71	232	138	258	151	79	33
三门峡市	48	37	28	39	17	57	40	21	18
南阳市	50	3	251	293	220	308	212	110	50
商丘市	196	1	363	1392	434	978	331	112	60
信阳市	509	1	142	359	140	489	140	28	17
周口市	194	1	594	1504	558	541	485	69	294
驻马店市	43	13	100	339	196	265	209	54	32
济源市	101		11	4	3	13	14	16	5
女	**1368**	**164**	**6687**	**24546**	**7046**	**5329**	**2503**	**1970**	**857**
郑州市	58	9	143	992	166	92	152	184	80
开封市	25	1	166	504	89	1089	180	26	9
洛阳市	99	33	212	800	808	132	374	67	37
平顶山市	11	10	428	468	144	46	80	39	16
安阳市	14	7	390	3239	52	118	239	56	23
鹤壁市	8	3	62	464	22	30	24	20	5
新乡市	82	2	734	1782	129	182	117	391	84
焦作市	112	5	196	325	1633	111	49	363	86
濮阳市	23	4	305	2115	405	905	155	235	35
许昌市	27	32	410	504	454	464	119	87	56
漯河市	51	2	149	410	282	110	53	71	14
三门峡市	40	36	31	81	25	15	18	14	20
南阳市	32	3	425	879	300	163	93	121	38
商丘市	118	2	759	5015	877	918	247	159	50
信阳市	351	1	260	1044	261	268	56	22	13
周口市	136	6	1737	4806	1002	420	194	51	261
驻马店市	33	8	247	1100	379	258	349	46	29
济源市	148		33	18	18	8	4	18	1

4-4c 续表 3

单位：人

地 区 性 别	制造业								
	文教、工美、体育和娱乐用品制造业	石油、煤炭及其他燃料加工业	化学原料和化学制品制造业	医 药制造业	化学纤维制造业	橡胶和塑 料制品业	非金属矿 物制品业	黑色金属冶炼和压延加工业	有色金属冶炼和压延加工业
河 南	**13289**	**776**	**4410**	**4953**	**303**	**5548**	**17535**	**2600**	**3171**
郑州市	271	21	397	268	8	447	3196	148	1132
开封市	243	7	196	23	2	208	374	33	13
洛阳市	268	48	179	127	23	475	1009	130	329
平顶山市	172	152	125	75	11	152	1077	119	38
安阳市	235	184	213	299	1	238	979	434	91
鹤壁市	107	10	102	37	2	97	536	32	7
新乡市	129	29	696	2289	178	413	983	111	128
焦作市	123	26	350	507	5	744	1295	70	130
濮阳市	894	53	370	55	14	389	463	145	19
许昌市	2439	68	148	227	37	288	2357	188	205
漯河市	199	9	115	54	3	197	190	22	8
三门峡市	54	22	79	40	4	80	275	27	314
南阳市	2078	19	180	570	4	358	1353	189	72
商丘市	4211	22	547	111	3	788	750	501	59
信阳市	456	12	104	35	3	124	750	146	21
周口市	893	4	291	128	3	278	512	52	20
驻马店市	493	12	181	86	1	234	1122	68	13
济源市	24	78	137	22	1	38	314	185	572
男	**3801**	**600**	**2985**	**1453**	**167**	**2792**	**12965**	**2214**	**2567**
郑州市	185	18	281	133	5	273	2505	129	925
开封市	106	5	119	13	2	114	267	30	10
洛阳市	117	40	123	48	10	236	808	118	280
平顶山市	74	117	88	27	10	98	795	109	29
安阳市	38	138	159	53	1	107	608	355	66
鹤壁市	28	8	60	10	1	37	333	30	4
新乡市	43	19	456	420	108	207	731	88	85
焦作市	50	22	259	206	4	377	856	61	105
濮阳市	82	31	252	19	8	142	344	129	17
许昌市	768	60	90	71	5	162	1551	162	163
漯河市	63	8	83	20		117	157	20	6
三门峡市	30	17	56	21	2	56	221	22	258
南阳市	1178	15	106	244	4	180	1064	158	55
商丘市	580	16	394	53	2	325	614	410	44
信阳市	132	9	67	15	1	75	593	127	16
周口市	204	3	163	52	3	154	389	39	13
驻马店市	113	8	131	41	1	119	938	62	9
济源市	10	66	98	7		13	191	165	482
女	**9488**	**176**	**1425**	**3500**	**136**	**2756**	**4570**	**386**	**604**
郑州市	86	3	116	135	3	174	691	19	207
开封市	137	2	77	10		94	107	3	3
洛阳市	151	8	56	79	13	239	201	12	49
平顶山市	98	35	37	48	1	54	282	10	9
安阳市	197	46	54	246		131	371	79	25
鹤壁市	79	2	42	27	1	60	203	2	3
新乡市	86	10	240	1869	70	206	252	23	43
焦作市	73	4	91	301	1	367	439	9	25
濮阳市	812	22	118	36	6	247	119	16	2
许昌市	1671	8	58	156	32	126	806	26	42
漯河市	136	1	32	34	3	80	33	2	2
三门峡市	24	5	23	19	2	24	54	5	56
南阳市	900	4	74	326		178	289	31	17
商丘市	3631	6	153	58	1	463	136	91	15
信阳市	324	3	37	20	2	49	157	19	5
周口市	689	1	128	76		124	123	13	7
驻马店市	380	4	50	45		115	184	6	4
济源市	14	12	39	15	1	25	123	20	90

4-4c 续表 4 单位：人

地区 性别	制造业								
	金属制品业	通用设备制造业	专用设备制造业	汽车制造业	铁路、船舶、航空航天和其他运输设备制造业	电气机械和器材制造业	计算机、通信和其他电子设备制造业	仪器仪表制造业	其他制造业
河　南	**13915**	**12647**	**5435**	**3697**	**1361**	**5211**	**29528**	**1556**	**3765**
郑州市	1334	1533	893	806	78	722	2471	172	194
开封市	471	324	163	262	36	134	2479	24	82
洛阳市	992	1308	513	156	265	316	1852	65	106
平顶山市	794	323	252	79	77	143	1338	37	65
安阳市	998	503	247	257	78	286	837	33	141
鹤壁市	276	231	140	133	26	101	1584	25	36
新乡市	1317	2853	636	242	83	726	1134	87	154
焦作市	1043	733	253	325	34	367	1125	43	534
濮阳市	738	297	187	349	47	301	1798	25	379
许昌市	1397	1504	449	281	71	328	1085	55	109
漯河市	333	335	158	64	13	99	1044	30	91
三门峡市	222	187	74	116	27	98	1327	27	16
南阳市	795	782	351	269	46	392	1882	84	230
商丘市	1180	505	240	86	181	461	2731	731	551
信阳市	408	236	157	36	40	141	809	33	88
周口市	1086	576	404	94	143	195	3223	40	809
驻马店市	416	349	251	131	112	244	1998	41	140
济源市	115	68	67	11	4	157	811	4	40
男	**11128**	**9369**	**3554**	**2630**	**1056**	**3143**	**16004**	**918**	**1255**
郑州市	1116	1267	727	669	65	513	1374	121	138
开封市	380	224	91	149	27	75	1349	18	42
洛阳市	855	1012	376	127	223	226	1174	45	56
平顶山市	634	246	165	63	58	94	836	25	43
安阳市	819	402	148	185	49	174	412	21	38
鹤壁市	229	160	87	65	23	64	845	22	17
新乡市	1063	2100	397	143	64	374	589	72	80
焦作市	770	519	161	237	29	225	659	33	117
濮阳市	617	186	90	158	36	137	794	17	41
许昌市	1125	1149	293	233	55	233	670	38	63
漯河市	283	271	96	52	12	75	664	25	45
三门峡市	199	143	53	98	24	73	866	20	10
南阳市	626	512	213	193	35	172	825	48	119
商丘市	861	323	129	60	133	276	1412	339	180
信阳市	327	173	90	28	33	83	445	19	44
周口市	814	421	238	72	116	124	1709	29	156
驻马店市	312	202	154	92	70	132	977	23	59
济源市	98	59	46	6	4	93	404	3	7
女	**2787**	**3278**	**1881**	**1067**	**305**	**2068**	**13524**	**638**	**2510**
郑州市	218	266	166	137	13	209	1097	51	56
开封市	91	100	72	113	9	59	1130	6	40
洛阳市	137	296	137	29	42	90	678	20	50
平顶山市	160	77	87	16	19	49	502	12	22
安阳市	179	101	99	72	29	112	425	12	103
鹤壁市	47	71	53	68	3	37	739	3	19
新乡市	254	753	239	99	19	352	545	15	74
焦作市	273	214	92	88	5	142	466	10	417
濮阳市	121	111	97	191	11	164	1004	8	338
许昌市	272	355	156	48	16	95	415	17	46
漯河市	50	64	62	12	1	24	380	5	46
三门峡市	23	44	21	18	3	25	461	7	6
南阳市	169	270	138	76	11	220	1057	36	111
商丘市	319	182	111	26	48	185	1319	392	371
信阳市	81	63	67	8	7	58	364	14	44
周口市	272	155	166	22	27	71	1514	11	653
驻马店市	104	147	97	39	42	112	1021	18	81
济源市	17	9	21	5	7	64	407	1	33

4-4c 续表 5 单位：人

地区 性别	制造业		电力、热力、燃气及水生产和供应业				建筑业		
	废弃资源综合利用业	金属制品、机械和设备修理业	小计	电力、热力生产和供应业	燃气生产和供应业	水的生产和供应业	小计	房屋建筑业	土木工程建筑业
河　南	**2819**	**1972**	**5061**	**3263**	**1034**	**764**	**295385**	**191159**	**11899**
郑州市	192	248	612	381	115	116	15711	8862	1565
开封市	123	68	184	103	47	34	14332	10221	379
洛阳市	131	154	451	336	59	56	16990	10025	1603
平顶山市	107	127	277	171	75	31	12328	8296	410
安阳市	127	139	314	211	81	22	21147	14464	772
鹤壁市	30	53	119	89	19	11	7457	4954	311
新乡市	150	150	358	227	94	37	22007	14598	757
焦作市	124	116	302	206	58	38	10470	7141	418
濮阳市	105	104	358	237	90	31	20266	14662	598
许昌市	287	109	254	146	44	64	11820	7648	457
漯河市	37	72	135	97	28	10	7041	4285	263
三门峡市	8	75	180	120	27	33	4859	3142	358
南阳市	201	125	334	238	46	50	19100	12670	775
商丘市	284	142	246	149	55	42	31065	21100	742
信阳市	291	82	236	134	61	41	14599	8702	847
周口市	240	101	342	175	64	103	39886	22832	815
驻马店市	371	90	214	123	54	37	25014	16838	672
济源市	11	17	145	120	17	8	1293	719	157
男	**2084**	**1732**	**4225**	**2861**	**760**	**604**	**248771**	**159925**	**10740**
郑州市	133	225	502	324	90	88	13764	7773	1378
开封市	92	56	161	94	40	27	12081	8525	345
洛阳市	92	141	367	281	42	44	15700	9207	1505
平顶山市	90	114	237	158	53	26	11201	7543	390
安阳市	89	129	263	182	64	17	18559	12649	727
鹤壁市	20	46	102	78	13	11	5831	3800	284
新乡市	124	131	292	201	62	29	18623	12043	685
焦作市	96	106	255	181	44	30	8419	5683	370
濮阳市	91	88	314	218	72	24	17696	12603	551
许昌市	207	98	203	123	34	46	10146	6479	411
漯河市	30	64	127	92	25	10	6366	3859	249
三门峡市	7	68	142	102	15	25	4098	2561	336
南阳市	159	108	273	201	28	44	16306	10874	713
商丘市	201	114	209	133	43	33	25273	17191	662
信阳市	214	73	200	122	45	33	12891	7635	785
周口市	181	85	289	163	45	81	31255	17929	616
驻马店市	249	71	178	111	36	31	19419	12942	589
济源市	9	15	111	97	9	5	1143	629	144
女	**735**	**240**	**836**	**402**	**274**	**160**	**46614**	**31234**	**1159**
郑州市	59	23	110	57	25	28	1947	1089	187
开封市	31	12	23	9	7	7	2251	1696	34
洛阳市	39	13	84	55	17	12	1290	818	98
平顶山市	17	13	40	13	22	5	1127	753	20
安阳市	38	10	51	29	17	5	2588	1815	45
鹤壁市	10	7	17	11	6		1626	1154	27
新乡市	26	19	66	26	32	8	3384	2555	72
焦作市	28	10	47	25	14	8	2051	1458	48
濮阳市	14	16	44	19	18	7	2570	2059	47
许昌市	80	11	51	23	10	18	1674	1169	46
漯河市	7	8	8	5	3		675	426	14
三门峡市	1	7	38	18	12	8	761	581	22
南阳市	42	17	61	37	18	6	2794	1796	62
商丘市	83	28	37	16	12	9	5792	3909	80
信阳市	77	9	36	12	16	8	1708	1067	62
周口市	59	16	53	12	19	22	8631	4903	199
驻马店市	122	19	36	12	18	6	5595	3896	83
济源市	2	2	34	23	8	3	150	90	13

4-4c 续表 6

单位：人

地区 性别	建筑业		批发和零售业			交通运输、仓储和邮政业			
	建筑安装业	建筑装饰、装修和其他建筑业	小计	批发业	零售业	小计	铁路运输业	道路运输业	水上运输业
河　南	**12415**	**79912**	**227102**	**77187**	**149915**	**68719**	**599**	**50283**	**297**
郑州市	1036	4248	16098	4869	11229	7875	103	5511	11
开封市	555	3177	10192	3464	6728	2410	13	1598	20
洛阳市	1013	4349	11391	3031	8360	4114	54	2990	18
平顶山市	477	3145	9608	2563	7045	3219	33	2363	7
安阳市	1724	4187	10955	3221	7734	3586	34	2853	15
鹤壁市	350	1842	4188	1667	2521	1649	11	1311	6
新乡市	1001	5651	15399	5010	10389	4367	43	3355	34
焦作市	515	2396	9530	2857	6673	5654	43	4830	17
濮阳市	610	4396	8248	2237	6011	3672	23	3067	27
许昌市	589	3126	12201	5028	7173	3761	28	2804	16
漯河市	298	2195	6084	1989	4095	2009	24	1216	10
三门峡市	190	1169	6121	1427	4694	2451	45	1676	4
南阳市	805	4850	21385	10009	11376	4903	19	3231	17
商丘市	955	8268	26624	10099	16525	5637	32	4038	19
信阳市	760	4290	12446	4546	7900	2662	30	1683	25
周口市	905	15334	22949	7193	15756	6221	19	4737	30
驻马店市	525	6979	22784	7764	15020	3883	36	2465	19
济源市	107	310	899	213	686	646	9	555	2
男	**11255**	**66851**	**104317**	**42722**	**61595**	**58181**	**472**	**44958**	**228**
郑州市	938	3675	8267	2991	5276	6787	83	4983	8
开封市	494	2717	4756	1843	2913	1979	8	1423	19
洛阳市	966	4022	5230	1737	3493	3654	39	2813	15
平顶山市	451	2817	5095	1660	3435	2851	29	2177	7
安阳市	1600	3583	4885	1817	3068	3174	30	2687	11
鹤壁市	283	1464	1833	869	964	1337	9	1091	1
新乡市	909	4986	5831	2490	3341	3771	34	3076	30
焦作市	466	1900	4234	1633	2601	5033	35	4430	13
濮阳市	566	3976	3410	1226	2184	3154	17	2758	20
许昌市	541	2715	5995	2871	3124	3253	24	2536	14
漯河市	271	1987	2954	1146	1808	1680	19	1102	5
三门峡市	177	1024	2837	859	1978	2007	30	1432	2
南阳市	700	4019	10282	5531	4751	4022	15	2871	13
商丘市	835	6585	11836	5146	6690	4578	22	3489	15
信阳市	695	3776	6176	2598	3578	2258	25	1548	19
周口市	807	11903	10812	4135	6677	5128	14	4062	22
驻马店市	462	5426	9486	4033	5453	2935	30	1966	13
济源市	94	276	398	137	261	580	9	514	1
女	**1160**	**13061**	**122785**	**34465**	**88320**	**10538**	**127**	**5325**	**69**
郑州市	98	573	7831	1878	5953	1088	20	528	3
开封市	61	460	5436	1621	3815	431	5	175	1
洛阳市	47	327	6161	1294	4867	460	15	177	3
平顶山市	26	328	4513	903	3610	368	4	186	
安阳市	124	604	6070	1404	4666	412	4	166	4
鹤壁市	67	378	2355	798	1557	312	2	220	5
新乡市	92	665	9568	2520	7048	596	9	279	4
焦作市	49	496	5296	1224	4072	621	8	400	4
濮阳市	44	420	4838	1011	3827	518	6	309	7
许昌市	48	411	6206	2157	4049	508	4	268	2
漯河市	27	208	3130	843	2287	329	5	114	5
三门峡市	13	145	3284	568	2716	444	15	244	2
南阳市	105	831	11103	4478	6625	881	4	360	4
商丘市	120	1683	14788	4953	9835	1059	10	549	4
信阳市	65	514	6270	1948	4322	404	5	135	6
周口市	98	3431	12137	3058	9079	1093	5	675	8
驻马店市	63	1553	13298	3731	9567	948	6	499	6
济源市	13	34	501	76	425	66		41	1

4-4c 续表 7

单位：人

地区 性别	交通运输、仓储和邮政业					住宿和餐饮业		
	航空运输业	管道运输业	多式联运和运输代理业	装卸搬运和仓储业	邮政业	小计	住宿业	餐饮业
河　南	**192**	**40**	**1150**	**7441**	**8717**	**67201**	**4166**	**63035**
郑州市	82	6	183	859	1120	4958	356	4602
开封市	13	2	31	343	390	2327	90	2237
洛阳市	9	2	94	482	465	5060	499	4561
平顶山市	6	3	53	344	410	2952	188	2764
安阳市	5	6	28	346	299	2832	130	2702
鹤壁市	5		30	136	150	1584	63	1521
新乡市	5	6	84	414	426	4052	323	3729
焦作市	6	2	108	271	377	2870	207	2663
濮阳市	9	1	17	234	294	2990	77	2913
许昌市	7	1	63	463	379	4006	268	3738
漯河市	3	1	35	193	527	1994	138	1856
三门峡市	5	1	50	228	442	3008	329	2679
南阳市	7	2	82	861	684	5264	461	4803
商丘市	14	2	69	657	806	6039	183	5856
信阳市	3	2	53	413	453	3563	239	3324
周口市	7	1	110	549	768	8033	326	7707
驻马店市	5	2	50	616	690	5236	238	4998
济源市	1		10	32	37	433	51	382
男	**130**	**35**	**971**	**5473**	**5914**	**32352**	**1821**	**30531**
郑州市	54	6	154	698	801	2602	156	2446
开封市	9	2	25	233	260	1177	42	1135
洛阳市	7	1	85	380	314	2330	209	2121
平顶山市	5	2	48	298	285	1545	73	1472
安阳市	4	6	24	223	189	1269	58	1211
鹤壁市	3		24	96	113	754	32	722
新乡市	5	6	70	292	258	1693	132	1561
焦作市	4	2	98	211	240	1318	103	1215
濮阳市	5		15	163	176	1307	34	1273
许昌市	4	1	53	346	275	2119	105	2014
漯河市	3		29	163	359	1042	64	978
三门峡市	5	1	45	166	326	1442	144	1298
南阳市	5	2	70	610	436	2430	204	2226
商丘市	5	2	53	441	551	3086	87	2999
信阳市	2	1	41	306	316	1742	104	1638
周口市	7	1	91	387	544	4041	158	3883
驻马店市	3	2	38	434	449	2276	104	2172
济源市			8	26	22	179	12	167
女	**62**	**5**	**179**	**1968**	**2803**	**34849**	**2345**	**32504**
郑州市	28		29	161	319	2356	200	2156
开封市	4		6	110	130	1150	48	1102
洛阳市	2	1	9	102	151	2730	290	2440
平顶山市	1	1	5	46	125	1407	115	1292
安阳市	1		4	123	110	1563	72	1491
鹤壁市	2		6	40	37	830	31	799
新乡市			14	122	168	2359	191	2168
焦作市	2		10	60	137	1552	104	1448
濮阳市	4	1	2	71	118	1683	43	1640
许昌市	3		10	117	104	1887	163	1724
漯河市		1	6	30	168	952	74	878
三门峡市			5	62	116	1566	185	1381
南阳市	2		12	251	248	2834	257	2577
商丘市	9		16	216	255	2953	96	2857
信阳市	1	1	12	107	137	1821	135	1686
周口市			19	162	224	3992	168	3824
驻马店市	2		12	182	241	2960	134	2826
济源市	1		2	6	15	254	39	215

4-4c　续表 8　　　　单位：人

地区 性别	信息传输、软件和信息技术服务业				金融业				
	小计	电信、广播电视和卫星传输服务	互联网和相关服务	软件和信息技术服务业	小计	货币金融服务	资本市场服务	保险业	其他金融业
河　南	**7833**	**1566**	**3545**	**2722**	**5817**	**1502**	**133**	**3819**	**363**
郑州市	1122	219	405	498	848	232	41	498	77
开封市	504	43	295	166	210	35	2	158	15
洛阳市	570	169	222	179	387	85	5	272	25
平顶山市	322	76	139	107	262	79	8	158	17
安阳市	390	81	173	136	290	113	8	152	17
鹤壁市	171	38	64	69	129	21	1	95	12
新乡市	441	76	213	152	452	95	8	323	26
焦作市	491	79	284	128	388	118	6	243	21
濮阳市	385	78	180	127	290	85	7	189	9
许昌市	381	61	192	128	366	91	6	253	16
漯河市	307	52	165	90	190	53	6	116	15
三门峡市	247	79	74	94	188	65	8	106	9
南阳市	439	77	192	170	391	78	8	276	29
商丘市	548	118	289	141	375	90	3	272	10
信阳市	392	91	183	118	222	59	4	132	27
周口市	649	122	279	248	488	120	5	341	22
驻马店市	377	72	156	149	267	62	4	187	14
济源市	97	35	40	22	74	21	3	48	2
男	**4834**	**901**	**2090**	**1843**	**2738**	**852**	**81**	**1603**	**202**
郑州市	761	145	270	346	412	121	27	216	48
开封市	246	28	123	95	85	19	1	56	9
洛阳市	350	93	137	120	184	47	3	124	10
平顶山市	231	47	99	85	135	51	4	69	11
安阳市	234	41	95	98	136	65	3	57	11
鹤壁市	96	19	34	43	79	16	1	53	9
新乡市	256	40	118	98	191	50	5	120	16
焦作市	256	40	130	86	143	64	5	67	7
濮阳市	252	50	110	92	99	40	4	49	6
许昌市	259	27	130	102	172	54	3	105	10
漯河市	196	32	99	65	96	29	3	56	8
三门峡市	157	43	51	63	100	34	4	56	6
南阳市	262	47	109	106	179	48	5	113	13
商丘市	332	66	174	92	205	58	1	140	6
信阳市	248	53	113	82	123	35	4	65	19
周口市	430	76	190	164	241	75	4	153	9
驻马店市	212	38	84	90	137	38	2	93	4
济源市	56	16	24	16	21	8	2	11	
女	**2999**	**665**	**1455**	**879**	**3079**	**650**	**52**	**2216**	**161**
郑州市	361	74	135	152	436	111	14	282	29
开封市	258	15	172	71	125	16	1	102	6
洛阳市	220	76	85	59	203	38	2	148	15
平顶山市	91	29	40	22	127	28	4	89	6
安阳市	156	40	78	38	154	48	5	95	6
鹤壁市	75	19	30	26	50	5		42	3
新乡市	185	36	95	54	261	45	3	203	10
焦作市	235	39	154	42	245	54	1	176	14
濮阳市	133	28	70	35	191	45	3	140	3
许昌市	122	34	62	26	194	37	3	148	6
漯河市	111	20	66	25	94	24	3	60	7
三门峡市	90	36	23	31	88	31	4	50	3
南阳市	177	30	83	64	212	30	3	163	16
商丘市	216	52	115	49	170	32	2	132	4
信阳市	144	38	70	36	99	24		67	8
周口市	219	46	89	84	247	45	1	188	13
驻马店市	165	34	72	59	130	24	2	94	10
济源市	41	19	16	6	53	13	1	37	2

4-4c 续表 9

单位：人

地区 性别	房地产业		租赁和商务服务业			科学研究和技术服务业			
	小计	房地产业	小计	租赁业	商务服务业	小计	研究和试验发展	专业技术服务业	科技推广和应用服务业
河 南	**11244**	**11244**	**27376**	**2971**	**24405**	**11080**	**570**	**4138**	**6372**
郑州市	2713	2713	3494	608	2886	1075	142	755	178
开封市	491	491	973	100	873	1242	22	166	1054
洛阳市	699	699	1716	238	1478	518	39	305	174
平顶山市	428	428	1517	188	1329	237	14	142	81
安阳市	415	415	1235	116	1119	430	28	216	186
鹤壁市	219	219	704	36	668	216	11	111	94
新乡市	728	728	1879	268	1611	997	55	290	652
焦作市	453	453	1276	106	1170	272	14	176	82
濮阳市	347	347	1193	68	1125	277	17	166	94
许昌市	632	632	1592	194	1398	541	29	246	266
漯河市	397	397	1013	42	971	236	23	151	62
三门峡市	321	321	710	65	645	173	18	129	26
南阳市	681	681	2384	237	2147	1680	67	307	1306
商丘市	861	861	1762	176	1586	869	25	269	575
信阳市	353	353	1576	126	1450	502	13	138	351
周口市	798	798	1964	170	1794	579	33	287	259
驻马店市	652	652	2189	197	1992	1190	17	249	924
济源市	56	56	199	36	163	46	3	35	8
男	**7258**	**7258**	**18596**	**2692**	**15904**	**6443**	**375**	**2939**	**3129**
郑州市	1701	1701	2511	570	1941	735	90	533	112
开封市	308	308	628	86	542	490	14	114	362
洛阳市	459	459	1207	218	989	362	32	220	110
平顶山市	294	294	1179	182	997	186	10	112	64
安阳市	262	262	819	105	714	242	21	137	84
鹤壁市	154	154	454	31	423	145	8	84	53
新乡市	489	489	1211	228	983	524	32	206	286
焦作市	283	283	866	97	769	190	6	126	58
濮阳市	205	205	826	64	762	179	9	125	45
许昌市	428	428	1071	166	905	345	21	173	151
漯河市	277	277	707	38	669	169	16	112	41
三门峡市	188	188	515	61	454	122	15	89	18
南阳市	460	460	1562	209	1353	959	39	204	716
商丘市	535	535	1177	162	1015	476	16	183	277
信阳市	258	258	1028	119	909	284	10	107	167
周口市	500	500	1291	151	1140	362	25	204	133
驻马店市	425	425	1397	170	1227	637	8	182	447
济源市	32	32	147	35	112	36	3	28	5
女	**3986**	**3986**	**8780**	**279**	**8501**	**4637**	**195**	**1199**	**3243**
郑州市	1012	1012	983	38	945	340	52	222	66
开封市	183	183	345	14	331	752	8	52	692
洛阳市	240	240	509	20	489	156	7	85	64
平顶山市	134	134	338	6	332	51	4	30	17
安阳市	153	153	416	11	405	188	7	79	102
鹤壁市	65	65	250	5	245	71	3	27	41
新乡市	239	239	668	40	628	473	23	84	366
焦作市	170	170	410	9	401	82	8	50	24
濮阳市	142	142	367	4	363	98	8	41	49
许昌市	204	204	521	28	493	196	8	73	115
漯河市	120	120	306	4	302	67	7	39	21
三门峡市	133	133	195	4	191	51	3	40	8
南阳市	221	221	822	28	794	721	28	103	590
商丘市	326	326	585	14	571	393	9	86	298
信阳市	95	95	548	7	541	218	3	31	184
周口市	298	298	673	19	654	217	8	83	126
驻马店市	227	227	792	27	765	553	9	67	477
济源市	24	24	52	1	51	10		7	3

4-4c 续表 10 单位：人

地区 性别	水利、环境和公共设施管理业					居民服务、修理和其他服务业			
	小计	水利管理业	生态保护和环境治理业	公共设施管理业	土地管理业	小计	居民服务业	机动车、电子产品和日用产品修理业	其他服务业
河南	**14291**	**295**	**662**	**13161**	**173**	**58383**	**30626**	**14284**	**13473**
郑州市	1925	30	80	1804	11	4166	2024	1183	959
开封市	489	13	24	412	40	2016	928	572	516
洛阳市	977	37	51	876	13	3632	2053	810	769
平顶山市	624	22	26	571	5	2710	1672	627	411
安阳市	964	37	46	869	12	3211	1657	730	824
鹤壁市	398	7	12	374	5	1480	728	408	344
新乡市	1181	21	43	1115	2	5088	3032	846	1210
焦作市	632	21	24	586	1	2419	1246	622	551
濮阳市	936	7	39	890		2895	1531	701	663
许昌市	667	16	22	614	15	3264	1652	1012	600
漯河市	232	6	11	214	1	1426	721	438	267
三门峡市	293	4	13	276		1795	973	538	284
南阳市	977	22	58	871	26	5114	2644	1410	1060
商丘市	980	3	34	927	16	5052	2561	1352	1139
信阳市	701	17	55	627	2	2941	1497	523	921
周口市	731	11	49	659	12	5800	3163	1481	1156
驻马店市	1433	19	72	1332	10	5003	2314	950	1739
济源市	151	2	3	144	2	371	230	81	60
男	**8178**	**250**	**506**	**7304**	**118**	**28931**	**10750**	**11880**	**6301**
郑州市	1185	26	64	1089	6	2232	755	1015	462
开封市	277	11	17	227	22	1033	324	475	234
洛阳市	621	34	45	532	10	1738	697	718	323
平顶山市	396	15	20	357	4	1434	673	546	215
安阳市	516	31	35	441	9	1589	580	608	401
鹤壁市	200	4	10	181	5	737	268	347	122
新乡市	566	20	33	511	2	1869	664	693	512
焦作市	325	18	17	289	1	1211	408	518	285
濮阳市	478	7	31	440		1368	496	587	285
许昌市	397	16	16	355	10	1837	671	859	307
漯河市	152	5	11	136		802	282	390	130
三门峡市	190	4	12	174		893	336	450	107
南阳市	609	18	48	523	20	2457	814	1119	524
商丘市	572	3	25	534	10	2702	1057	1093	552
信阳市	438	13	37	386	2	1472	602	453	417
周口市	456	10	35	404	7	3196	1361	1229	606
驻马店市	717	14	47	648	8	2217	712	711	794
济源市	83	1	3	77	2	144	50	69	25
女	**6113**	**45**	**156**	**5857**	**55**	**29452**	**19876**	**2404**	**7172**
郑州市	740	4	16	715	5	1934	1269	168	497
开封市	212	2	7	185	18	983	604	97	282
洛阳市	356	3	6	344	3	1894	1356	92	446
平顶山市	228	7	6	214	1	1276	999	81	196
安阳市	448	6	11	428	3	1622	1077	122	423
鹤壁市	198	3	2	193		743	460	61	222
新乡市	615	1	10	604		3219	2368	153	698
焦作市	307	3	7	297		1208	838	104	266
濮阳市	458		8	450		1527	1035	114	378
许昌市	270		6	259	5	1427	981	153	293
漯河市	80	1		78	1	624	439	48	137
三门峡市	103		1	102		902	637	88	177
南阳市	368	4	10	348	6	2657	1830	291	536
商丘市	408		9	393	6	2350	1504	259	587
信阳市	263	4	18	241		1469	895	70	504
周口市	275	1	14	255	5	2604	1802	252	550
驻马店市	716	5	25	684	2	2786	1602	239	945
济源市	68	1		67		227	180	12	35

4-4c 续表 11 单位：人

地 区 性 别	教育		卫生和社会工作			文化、体育和娱乐业				
	小计	教育	小计	卫生	社会工作	小计	新闻和出版业	广播、电视、电影和录音制作业	文 化艺术业	体育
河 南	**40735**	**40735**	**15505**	**14406**	**1099**	**3881**	**125**	**355**	**1263**	**474**
郑州市	3758	3758	1353	1307	46	576	36	55	119	88
开封市	1718	1718	725	692	33	151	8	11	64	16
洛阳市	2366	2366	1022	941	81	283	8	18	102	31
平顶山市	2049	2049	766	691	75	153	4	10	32	28
安阳市	2292	2292	993	923	70	179	4	11	72	21
鹤壁市	931	931	255	245	10	72	3	5	40	5
新乡市	3042	3042	1019	940	79	293	16	28	77	31
焦作市	1765	1765	584	549	35	201	5	16	49	32
濮阳市	1999	1999	929	832	97	180	5	13	88	26
许昌市	2144	2144	770	708	62	327	2	108	83	22
漯河市	958	958	368	353	15	111	2	4	29	23
三门峡市	925	925	515	455	60	98	3	10	22	16
南阳市	3196	3196	1256	1178	78	243	4	9	102	15
商丘市	3739	3739	1141	1091	50	257	5	6	100	30
信阳市	2371	2371	874	805	69	177	2	9	49	19
周口市	4651	4651	1821	1685	136	309	10	27	140	37
驻马店市	2514	2514	984	895	89	224	6	11	88	24
济源市	317	317	130	116	14	47	2	4	7	10
男	**13832**	**13832**	**7845**	**7371**	**474**	**2398**	**62**	**270**	**751**	**283**
郑州市	1143	1143	561	544	17	335	16	34	62	49
开封市	582	582	352	344	8	82	5	9	34	9
洛阳市	758	758	560	515	45	177	4	13	61	16
平顶山市	697	697	408	378	30	96	4	8	16	10
安阳市	671	671	492	466	26	104	3	8	44	12
鹤壁市	320	320	139	135	4	52	1	5	29	3
新乡市	869	869	493	449	44	158	6	19	40	16
焦作市	576	576	255	244	11	128	2	11	30	24
濮阳市	507	507	460	413	47	116	1	9	57	17
许昌市	677	677	355	334	21	243		102	52	13
漯河市	365	365	183	178	5	72	1	4	20	12
三门峡市	329	329	201	179	22	67	2	5	16	12
南阳市	1085	1085	721	687	34	149	1	6	61	11
商丘市	1511	1511	595	561	34	162	3	1	63	23
信阳市	970	970	498	465	33	111	1	6	33	8
周口市	1727	1727	963	907	56	198	8	20	81	27
驻马店市	950	950	558	527	31	124	2	6	49	14
济源市	95	95	51	45	6	24	2	4	3	7
女	**26903**	**26903**	**7660**	**7035**	**625**	**1483**	**63**	**85**	**512**	**191**
郑州市	2615	2615	792	763	29	241	20	21	57	39
开封市	1136	1136	373	348	25	69	3	2	30	7
洛阳市	1608	1608	462	426	36	106	4	5	41	15
平顶山市	1352	1352	358	313	45	57		2	16	18
安阳市	1621	1621	501	457	44	75	1	3	28	9
鹤壁市	611	611	116	110	6	20	2		11	2
新乡市	2173	2173	526	491	35	135	10	9	37	15
焦作市	1189	1189	329	305	24	73	3	5	19	8
濮阳市	1492	1492	469	419	50	64	4	4	31	9
许昌市	1467	1467	415	374	41	84	2	6	31	9
漯河市	593	593	185	175	10	39	1		9	11
三门峡市	596	596	314	276	38	31	1	5	6	4
南阳市	2111	2111	535	491	44	94	3	3	41	4
商丘市	2228	2228	546	530	16	95	2	5	37	7
信阳市	1401	1401	376	340	36	66	1	3	16	11
周口市	2924	2924	858	778	80	111	2	7	59	10
驻马店市	1564	1564	426	368	58	100	4	5	39	10
济源市	222	222	79	71	8	23			4	3

4-4c 续表 12

单位：人

地区 性别	娱乐业	公共管理、社会保障和社会组织							国际组织	
		小计	中国共产党机关	国家机构	人民政协、民主党派	社会保障	群众团体、社会团体和其他成员组织	基层群众自治组织	小计	国际组织
河　南	**1664**	**23807**	**448**	**9611**	**16**	**211**	**2645**	**10876**		
郑州市	278	2454	55	1459		14	181	745		
开封市	52	1174	34	477	1	26	215	421		
洛阳市	124	1515	21	529	1	9	195	760		
平顶山市	79	1115	26	460	1	5	106	517		
安阳市	71	1270	10	472	1	4	15	768		
鹤壁市	19	674	13	188	3	6	60	404		
新乡市	141	1727	50	668		15	123	871		
焦作市	99	1005	25	454		6	136	384		
濮阳市	48	1262	16	560		18	111	557		
许昌市	112	1388	15	492		3	244	634		
漯河市	53	510	13	238	4	7	82	166		
三门峡市	47	559	5	313		2	24	215		
南阳市	113	2446	20	765	1	30	447	1183		
商丘市	116	1271	34	544	1	9	143	540		
信阳市	98	1690	34	536	1	10	172	937		
周口市	95	1944	45	852	2	18	159	868		
驻马店市	95	1502	29	455		21	222	775		
济源市	24	301	3	149		8	10	131		
男	**1032**	**16543**	**352**	**6877**	**9**	**95**	**1499**	**7711**		
郑州市	174	1706	41	979		10	109	567		
开封市	25	829	30	338	1	8	124	328		
洛阳市	83	1071	11	372		2	120	566		
平顶山市	58	796	20	336		1	69	370		
安阳市	37	900	7	324		2	9	558		
鹤壁市	14	419	11	136	1	3	42	226		
新乡市	77	1143	34	465		4	63	577		
焦作市	61	678	17	311		1	66	283		
濮阳市	32	862	13	398		10	46	395		
许昌市	76	900	12	356		3	124	405		
漯河市	35	369	10	171	2	7	47	132		
三门峡市	32	414	5	230		2	16	161		
南阳市	70	1611	17	524	1	20	260	789		
商丘市	72	958	28	417	1	4	75	433		
信阳市	63	1188	26	408	1	3	97	653		
周口市	62	1465	42	670	2	5	95	651		
驻马店市	53	1021	27	336		6	135	517		
济源市	8	213	1	106		4	2	100		
女	**632**	**7264**	**96**	**2734**	**7**	**116**	**1146**	**3165**		
郑州市	104	748	14	480		4	72	178		
开封市	27	345	4	139		18	91	93		
洛阳市	41	444	10	157	1	7	75	194		
平顶山市	21	319	6	124	1	4	37	147		
安阳市	34	370	3	148	1	2	6	210		
鹤壁市	5	255	2	52	2	3	18	178		
新乡市	64	584	16	203		11	60	294		
焦作市	38	327	8	143		5	70	101		
濮阳市	16	400	3	162		8	65	162		
许昌市	36	488	3	136			120	229		
漯河市	18	141	3	67	2		35	34		
三门峡市	15	145		83			8	54		
南阳市	43	835	3	241		10	187	394		
商丘市	44	313	6	127		5	68	107		
信阳市	35	502	8	128		7	75	284		
周口市	33	479	3	182		13	64	217		
驻马店市	42	481	2	119		15	87	258		
济源市	16	88	2	43		4	8	31		

4-5　全省分年龄、性别、行业大类的就业人口

单位：人

年龄组 性　别	合计	农、林、牧、渔业						采矿业	
		小计	农业	林业	畜牧业	渔业	农、林、牧、渔专业及辅助性活动	小计	煤炭开采和洗选业
总　计	**4225042**	**943704**	**858670**	**10229**	**50541**	**3345**	**20919**	**38463**	**25314**
16-19岁	63024	8394	7772	62	333	20	207	74	39
20-24岁	231828	22633	20374	275	1153	100	731	567	290
25-29岁	402294	37383	33178	530	2241	205	1229	2020	1304
30-34岁	672267	68496	60695	944	4310	411	2136	5631	3739
35-39岁	458463	50998	44856	754	3610	324	1454	4596	3048
40-44岁	445176	60208	52861	890	4291	362	1804	5930	3925
45-49岁	530912	100280	89036	1419	6688	501	2636	8508	5487
50-54岁	532262	150122	136053	1774	8372	569	3354	7011	4837
55-59岁	373233	137732	126410	1468	6860	435	2559	2907	1825
60-64岁	194316	99071	92357	830	4122	177	1585	655	428
65-69岁	189684	115667	108225	777	4679	154	1832	325	213
70-74岁	85874	59680	55920	350	2444	68	898	130	89
75岁及以上	45709	33040	30933	156	1438	19	494	109	90
男	**2409067**	**468473**	**417296**	**6574**	**30772**	**2398**	**11433**	**32401**	**21566**
16-19岁	38816	5290	4847	47	239	19	138	59	32
20-24岁	133670	12706	11189	193	803	73	448	474	243
25-29岁	226379	18969	16209	354	1506	147	753	1672	1077
30-34岁	373490	32999	28063	625	2764	310	1237	4569	3046
35-39岁	251766	24068	20325	478	2197	238	830	3725	2471
40-44岁	243888	28134	23790	544	2544	261	995	4859	3290
45-49岁	298245	46657	40112	930	3855	351	1409	6971	4605
50-54岁	310490	67838	59826	1142	4744	388	1738	6340	4430
55-59岁	224473	64031	57470	888	4042	302	1329	2675	1671
60-64岁	116684	51673	47555	530	2616	129	843	584	374
65-69岁	112802	63001	58374	505	3030	113	979	279	183
70-74岁	51743	34343	31995	229	1587	51	481	102	68
75岁及以上	26621	18764	17541	109	845	16	253	92	76
女	**1815975**	**475231**	**441374**	**3655**	**19769**	**947**	**9486**	**6062**	**3748**
16-19岁	24208	3104	2925	15	94	1	69	15	7
20-24岁	98158	9927	9185	82	350	27	283	93	47
25-29岁	175915	18414	16969	176	735	58	476	348	227
30-34岁	298777	35497	32632	319	1546	101	899	1062	693
35-39岁	206697	26930	24531	276	1413	86	624	871	577
40-44岁	201288	32074	29071	346	1747	101	809	1071	635
45-49岁	232667	53623	48924	489	2833	150	1227	1537	882
50-54岁	221772	82284	76227	632	3628	181	1616	671	407
55-59岁	148760	73701	68940	580	2818	133	1230	232	154
60-64岁	77632	47398	44802	300	1506	48	742	71	54
65-69岁	76882	52666	49851	272	1649	41	853	46	30
70-74岁	34131	25337	23925	121	857	17	417	28	21
75岁及以上	19088	14276	13392	47	593	3	241	17	14

4-5 续表 1

单位：人

年龄组 性别	采矿业						制造业		
	石油和天然气开采业	黑色金属矿采选业	有色金属矿采选业	非金属矿采选业	开采专业及辅助性活动	其他采矿业	小计	农副食品加工业	食品制造业
总计	**1732**	**746**	**2633**	**2639**	**4705**	**694**	**589361**	**43931**	**31350**
16-19岁			7	18	7	3	10896	471	628
20-24岁	22	17	50	110	67	11	40057	1690	1906
25-29岁	66	40	176	208	175	51	65629	3033	3371
30-34岁	224	113	436	436	585	98	116491	5835	6056
35-39岁	240	71	281	286	577	93	74379	4450	4248
40-44岁	323	107	315	328	837	95	69088	4834	3863
45-49岁	444	150	591	448	1249	139	76736	6463	4389
50-54岁	272	158	445	392	785	122	65515	6882	3502
55-59岁	124	63	239	252	348	56	37306	4625	1901
60-64岁	9	18	58	98	33	11	14917	2266	696
65-69岁	5	5	28	45	21	8	11704	2108	568
70-74岁	3	4	6	13	11	4	4434	871	162
75岁及以上			1	5	10	3	2209	403	60
男	**1317**	**646**	**2226**	**2259**	**3801**	**586**	**330601**	**23524**	**14064**
16-19岁			5	13	6	3	6861	320	341
20-24岁	18	16	44	93	52	8	25694	1085	1011
25-29岁	53	36	139	185	142	40	40202	1803	1715
30-34岁	169	91	342	372	469	80	66492	3254	2774
35-39岁	174	62	230	247	470	71	39292	2289	1810
40-44岁	243	94	253	259	646	74	34619	2414	1532
45-49岁	303	119	490	374	956	124	39388	3159	1736
50-54岁	230	146	402	346	673	113	36721	3494	1445
55-59岁	115	59	234	224	323	49	22316	2483	893
60-64岁	8	15	55	92	30	10	8904	1288	360
65-69岁	3	4	26	38	18	7	6612	1174	319
70-74岁	1	4	5	11	9	4	2451	535	99
75岁及以上			1	5	7	3	1049	226	29
女	**415**	**100**	**407**	**380**	**904**	**108**	**258760**	**20407**	**17286**
16-19岁			2	5	1		4035	151	287
20-24岁	4	1	6	17	15	3	14363	605	895
25-29岁	13	4	37	23	33	11	25427	1230	1656
30-34岁	55	22	94	64	116	18	49999	2581	3282
35-39岁	66	9	51	39	107	22	35087	2161	2438
40-44岁	80	13	62	69	191	21	34469	2420	2331
45-49岁	141	31	101	74	293	15	37348	3304	2653
50-54岁	42	12	43	46	112	9	28794	3388	2057
55-59岁	9	4	5	28	25	7	14990	2142	1008
60-64岁	1	3	3	6	3	1	6013	978	336
65-69岁	2	1	2	7	3	1	5092	934	249
70-74岁	2		1	2	2		1983	336	63
75岁及以上					3		1160	177	31

4-5　续表 2

单位：人

年龄组 性　别	制造业								
	酒、饮料和精制茶制造业	烟　草制品业	纺织业	纺织服装、服饰业	皮革、毛皮、羽毛及其制品和制鞋业	木材加工和木、竹、藤、棕、草制品业	家　具制造业	造纸和纸制品业	印刷和记录媒介复制业
总　计	**8302**	**1500**	**21876**	**55633**	**23788**	**18636**	**14057**	**9462**	**6152**
16–19岁	69	7	289	1281	551	151	196	103	90
20–24岁	410	37	959	4097	1465	650	758	423	418
25–29岁	789	81	1606	6236	2387	1204	1482	888	711
30–34岁	1492	168	3439	11599	4276	2208	2771	1703	1406
35–39岁	1078	141	2611	7532	3061	1713	1783	1329	842
40–44岁	1048	205	2915	7122	3124	1848	1651	1268	808
45–49岁	1208	317	3425	7220	3310	2705	1856	1392	770
50–54岁	1002	256	3046	5564	2769	3220	1714	1148	599
55–59岁	643	179	1753	2679	1612	2170	1005	652	322
60–64岁	243	50	767	1044	592	1091	417	269	88
65–69岁	173	44	626	847	434	1061	269	177	67
70–74岁	103	11	279	268	149	429	116	65	22
75岁及以上	44	4	161	144	58	186	39	45	9
男	**4840**	**918**	**8046**	**13066**	**9624**	**10629**	**9112**	**5106**	**3464**
16–19岁	40	5	136	456	334	109	148	70	59
20–24岁	264	26	434	1403	847	441	551	282	271
25–29岁	493	53	708	1880	1166	806	1055	540	423
30–34岁	855	98	1306	2932	1905	1312	1826	971	793
35–39岁	604	83	890	1604	1188	947	1085	648	469
40–44岁	564	110	908	1367	1051	996	973	619	434
45–49岁	638	176	1102	1233	1104	1421	1124	641	384
50–54岁	620	164	1099	1020	950	1739	1077	591	306
55–59岁	402	136	749	587	594	1276	646	384	208
60–64岁	155	29	306	254	236	659	317	189	55
65–69岁	110	28	235	214	166	625	197	114	46
70–74岁	71	7	116	74	62	219	89	33	12
75岁及以上	24	3	57	42	21	79	24	24	4
女	**3462**	**582**	**13830**	**42567**	**14164**	**8007**	**4945**	**4356**	**2688**
16–19岁	29	2	153	825	217	42	48	33	31
20–24岁	146	11	525	2694	618	209	207	141	147
25–29岁	296	28	898	4356	1221	398	427	348	288
30–34岁	637	70	2133	8667	2371	896	945	732	613
35–39岁	474	58	1721	5928	1873	766	698	681	373
40–44岁	484	95	2007	5755	2073	852	678	649	374
45–49岁	570	141	2323	5987	2206	1284	732	751	386
50–54岁	382	92	1947	4544	1819	1481	637	557	293
55–59岁	241	43	1004	2092	1018	894	359	268	114
60–64岁	88	21	461	790	356	432	100	80	33
65–69岁	63	16	391	633	268	436	72	63	21
70–74岁	32	4	163	194	87	210	27	32	10
75岁及以上	20	1	104	102	37	107	15	21	5

4-5 续表 3

单位：人

年龄组 性别	制造业								
	文教、工美、体育和娱乐用品制造业	石油、煤炭及其他燃料加工业	化学原料和化学制品制造业	医药制造业	化学纤维制造业	橡胶和塑料制品业	非金属矿物制品业	黑色金属冶炼和压延加工业	有色金属冶炼和压延加工业
总计	**23082**	**3544**	**17384**	**13220**	**1473**	**13859**	**41281**	**10421**	**10539**
16-19岁	429	15	118	172	5	160	275	52	52
20-24岁	1207	131	835	852	53	781	1492	383	386
25-29岁	1946	333	1877	1458	146	1296	3128	903	1155
30-34岁	3770	679	3577	2740	367	2619	6652	1961	2122
35-39岁	2712	465	2274	1900	234	1869	4790	1383	1516
40-44岁	2468	500	2294	1721	227	1799	5115	1499	1428
45-49岁	2676	602	2660	1703	206	2015	6800	1812	1715
50-54岁	2951	471	1995	1256	160	1685	6428	1447	1268
55-59岁	1896	249	1076	757	56	862	3825	690	609
60-64岁	976	62	326	305	7	394	1503	161	174
65-69岁	1084	27	236	231	10	263	913	84	81
70-74岁	554	9	78	87	2	82	269	29	22
75岁及以上	413	1	38	38		34	91	17	11
男	**7533**	**2665**	**11500**	**5328**	**898**	**7659**	**29984**	**8420**	**8337**
16-19岁	253	9	69	81	4	107	201	43	42
20-24岁	636	108	497	416	32	509	1125	323	311
25-29岁	785	257	1221	680	94	782	2334	757	929
30-34岁	1413	479	2321	1092	204	1497	4731	1584	1663
35-39岁	1001	339	1418	674	133	994	3281	1096	1167
40-44岁	780	346	1389	596	117	898	3439	1094	1057
45-49岁	786	417	1723	612	122	1010	4663	1398	1314
50-54岁	773	405	1481	508	129	915	4733	1257	1083
55-59岁	437	223	846	371	46	501	3082	618	527
60-64岁	212	53	261	137	5	231	1306	143	145
65-69岁	249	23	180	106	10	149	788	69	68
70-74岁	125	5	67	40	2	46	230	22	21
75岁及以上	83	1	27	15		20	71	16	10
女	**15549**	**879**	**5884**	**7892**	**575**	**6200**	**11297**	**2001**	**2202**
16-19岁	176	6	49	91	1	53	74	9	10
20-24岁	571	23	338	436	21	272	367	60	75
25-29岁	1161	76	656	778	52	514	794	146	226
30-34岁	2357	200	1256	1648	163	1122	1921	377	459
35-39岁	1711	126	856	1226	101	875	1509	287	349
40-44岁	1688	154	905	1125	110	901	1676	405	371
45-49岁	1890	185	937	1091	84	1005	2137	414	401
50-54岁	2178	66	514	748	31	770	1695	190	185
55-59岁	1459	26	230	386	10	361	743	72	82
60-64岁	764	9	65	168	2	163	197	18	29
65-69岁	835	4	56	125		114	125	15	13
70-74岁	429	4	11	47		36	39	7	1
75岁及以上	330		11	23		14	20	1	1

4-5 续表 4 单位：人

年龄组 性 别	制造业								
	金 属 制品业	通用设备 制造业	专用设备 制造业	汽 车 制造业	铁路、船舶、航空航天和其他运输设备制造业	电气机械和器材制造业	计算机、通信和其他电子设备制造业	仪器仪表 制造业	其 他 制造业
总 计	**31219**	**36515**	**17595**	**12644**	**6260**	**16637**	**75769**	**4157**	**7446**
16–19岁	326	476	238	254	59	324	3794	77	107
20–24岁	1466	2085	1085	980	374	1211	12726	308	369
25–29岁	3178	3955	1871	1851	767	2231	15490	546	723
30–34岁	6688	7765	3728	3399	1234	4176	20200	913	1228
35–39岁	4316	4849	2285	1727	821	2339	9439	613	873
40–44岁	3933	4468	2099	1324	785	1928	6203	462	850
45–49岁	4441	4853	2378	1388	977	1907	4396	489	927
50–54岁	3694	4420	2057	936	636	1424	2021	357	904
55–59岁	1890	2268	1144	473	391	684	857	223	642
60–64岁	698	739	342	160	106	205	306	80	353
65–69岁	416	437	248	103	60	150	218	58	300
70–74岁	124	130	77	34	27	44	79	26	119
75岁及以上	49	70	43	15	23	14	40	5	51
男	**24827**	**27184**	**11883**	**9348**	**4693**	**10672**	**42253**	**2549**	**3156**
16–19岁	281	357	173	227	45	221	2521	51	53
20–24岁	1215	1633	742	835	311	938	8624	193	186
25–29岁	2648	3072	1273	1478	594	1532	9565	363	363
30–34岁	5497	5820	2479	2601	923	2723	10887	543	589
35–39岁	3363	3511	1486	1194	603	1329	4444	347	358
40–44岁	2949	3110	1326	869	532	1057	2503	264	325
45–49岁	3345	3358	1499	876	670	1085	1825	286	366
50–54岁	2894	3399	1523	657	507	954	1036	236	359
55–59岁	1576	1820	874	372	328	521	468	169	255
60–64岁	572	601	254	121	86	163	184	50	123
65–69岁	351	348	179	86	52	107	126	32	112
70–74岁	99	104	52	24	22	33	47	15	48
75岁及以上	37	51	23	8	20	9	23		19
女	**6392**	**9331**	**5712**	**3296**	**1567**	**5965**	**33516**	**1608**	**4290**
16–19岁	45	119	65	27	14	103	1273	26	54
20–24岁	251	452	343	145	63	273	4102	115	183
25–29岁	530	883	598	373	173	699	5925	183	360
30–34岁	1191	1945	1249	798	311	1453	9313	370	639
35–39岁	953	1338	799	533	218	1010	4995	266	515
40–44岁	984	1358	773	455	253	871	3700	198	525
45–49岁	1096	1495	879	512	307	822	2571	203	561
50–54岁	800	1021	534	279	129	470	985	121	545
55–59岁	314	448	270	101	63	163	389	54	387
60–64岁	126	138	88	39	20	42	122	30	230
65–69岁	65	89	69	17	8	43	92	26	188
70–74岁	25	26	25	10	5	11	32	11	71
75岁及以上	12	19	20	7	3	5	17	5	32

4-5 续表 5

单位：人

年龄组 性别	制造业		电力、热力、燃气及水生产和供应业				建筑业		
	废弃资源综合利用业	金属制品、机械和设备修理业	小计	电力、热力生产和供应业	燃气生产和供应业	水的生产和供应业	小计	房屋建筑业	土木工程建筑业
总计	**5628**	**6001**	**28336**	**18995**	**4492**	**4849**	**558518**	**333328**	**31017**
16-19岁	40	87	102	51	37	14	5304	2812	229
20-24岁	151	369	982	635	192	155	23250	11748	1409
25-29岁	317	670	2546	1634	500	412	45166	21967	3061
30-34岁	542	1178	5007	3268	958	781	82669	41679	5225
35-39岁	441	745	3628	2357	603	668	56687	29207	3490
40-44岁	577	722	4049	2645	630	774	60785	33908	3509
45-49岁	876	860	5074	3525	693	856	84408	52046	4603
50-54岁	992	711	3929	2881	445	603	91818	61271	4626
55-59岁	741	432	2147	1498	272	377	59997	41937	2956
60-64岁	384	113	468	292	86	90	25362	19071	1062
65-69岁	327	84	261	137	52	72	17159	13234	640
70-74岁	148	19	88	39	18	31	4414	3360	160
75岁及以上	92	11	55	33	6	16	1499	1088	47
男	**4104**	**5215**	**20518**	**14396**	**3054**	**3068**	**468437**	**279087**	**26484**
16-19岁	28	77	86	46	28	12	4546	2343	210
20-24岁	121	324	702	462	139	101	19698	9777	1207
25-29岁	244	589	1772	1165	345	262	37976	18302	2546
30-34岁	391	1029	3526	2419	625	482	69426	34701	4402
35-39岁	302	635	2496	1730	389	377	46886	24142	2884
40-44岁	392	608	2626	1814	392	420	49560	27616	2886
45-49岁	606	709	3412	2518	425	469	69144	42573	3876
50-54岁	713	654	3259	2456	349	454	76968	51112	4069
55-59岁	541	383	1906	1366	227	313	51922	36212	2696
60-64岁	303	106	404	251	74	79	22499	16989	963
65-69岁	273	76	219	110	46	63	14964	11631	578
70-74岁	114	18	72	36	10	26	3709	2858	133
75岁及以上	76	7	38	23	5	10	1139	831	34
女	**1524**	**786**	**7818**	**4599**	**1438**	**1781**	**90081**	**54241**	**4533**
16-19岁	12	10	16	5	9	2	758	469	19
20-24岁	30	45	280	173	53	54	3552	1971	202
25-29岁	73	81	774	469	155	150	7190	3665	515
30-34岁	151	149	1481	849	333	299	13243	6978	823
35-39岁	139	110	1132	627	214	291	9801	5065	606
40-44岁	185	114	1423	831	238	354	11225	6292	623
45-49岁	270	151	1662	1007	268	387	15264	9473	727
50-54岁	279	57	670	425	96	149	14850	10159	557
55-59岁	200	49	241	132	45	64	8075	5725	260
60-64岁	81	7	64	41	12	11	2863	2082	99
65-69岁	54	8	42	27	6	9	2195	1603	62
70-74岁	34	1	16	3	8	5	705	502	27
75岁及以上	16	4	17	10	1	6	360	257	13

4-5　续表 6

单位：人

年龄组 性别	建筑业		批发和零售业			交通运输、仓储和邮政业			
	建筑安装业	建筑装饰、装修和其他建筑业	小计	批发业	零售业	小计	铁路运输业	道路运输业	水上运输业
总　计	**29907**	**164266**	**711114**	**191645**	**519469**	**202447**	**7344**	**139518**	**849**
16−19岁	346	1917	11549	2064	9485	1822	26	808	4
20−24岁	1540	8553	47687	9386	38301	10285	418	5621	34
25−29岁	3386	16752	82134	17431	64703	20749	658	12778	101
30−34岁	6285	29480	141625	31090	110535	38744	913	26159	203
35−39岁	4084	19906	95155	22412	72743	30272	825	22345	121
40−44岁	3916	19452	85156	21319	63837	29456	931	22452	74
45−49岁	4140	23619	87794	24944	62850	31327	1318	23209	89
50−54岁	3447	22474	71868	24325	47543	22839	1298	15933	79
55−59岁	1854	13250	42716	16389	26327	11208	796	7119	57
60−64岁	541	4688	18461	8252	10209	2973	81	1670	36
65−69岁	278	3007	16350	8172	8178	1915	44	1009	34
70−74岁	62	832	6816	3723	3093	581	15	276	10
75岁及以上	28	336	3803	2138	1665	276	21	139	7
男	**26481**	**136385**	**327434**	**108906**	**218528**	**167787**	**5687**	**122323**	**669**
16−19岁	329	1664	5510	1291	4219	1446	13	675	3
20−24岁	1404	7310	21914	5562	16352	8386	291	4875	26
25−29岁	3036	14092	37356	10084	27272	17044	472	11208	88
30−34岁	5646	24677	61579	17544	44035	31731	685	22864	182
35−39岁	3575	16285	41012	12504	28508	25079	620	19632	106
40−44岁	3320	15738	36411	11615	24796	24443	699	19620	58
45−49岁	3582	19113	39300	13817	25483	25772	904	20137	65
50−54岁	3077	18710	35574	13843	21731	19526	1141	14237	57
55−59岁	1677	11337	22663	9447	13216	9719	736	6439	29
60−64岁	509	4038	10358	4874	5484	2467	62	1467	23
65−69岁	254	2501	9394	4772	4622	1533	34	846	22
70−74岁	50	668	4105	2296	1809	443	12	220	7
75岁及以上	22	252	2258	1257	1001	198	18	103	3
女	**3426**	**27881**	**383680**	**82739**	**300941**	**34660**	**1657**	**17195**	**180**
16−19岁	17	253	6039	773	5266	376	13	133	1
20−24岁	136	1243	25773	3824	21949	1899	127	746	8
25−29岁	350	2660	44778	7347	37431	3705	186	1570	13
30−34岁	639	4803	80046	13546	66500	7013	228	3295	21
35−39岁	509	3621	54143	9908	44235	5193	205	2713	15
40−44岁	596	3714	48745	9704	39041	5013	232	2832	16
45−49岁	558	4506	48494	11127	37367	5555	414	3072	24
50−54岁	370	3764	36294	10482	25812	3313	157	1696	22
55−59岁	177	1913	20053	6942	13111	1489	60	680	28
60−64岁	32	650	8103	3378	4725	506	19	203	13
65−69岁	24	506	6956	3400	3556	382	10	163	12
70−74岁	12	164	2711	1427	1284	138	3	56	3
75岁及以上	6	84	1545	881	664	78	3	36	4

4-5 续表 7

单位：人

年龄组 性别	交通运输、仓储和邮政业					住宿和餐饮业		
	航空运输业	管道运输业	多式联运和运输代理业	装卸搬运和仓储业	邮政业	小计	住宿业	餐饮业
总　计	**1361**	**156**	**4040**	**18021**	**31158**	**217562**	**16709**	**200853**
16-19岁	9	1	30	175	769	6658	420	6238
20-24岁	154	6	222	686	3144	16197	1312	14885
25-29岁	314	20	450	1229	5199	22621	1840	20781
30-34岁	316	38	782	2411	7922	38356	2854	35502
35-39岁	164	22	617	1766	4412	27254	1967	25287
40-44岁	89	18	609	1992	3291	26529	2060	24469
45-49岁	139	20	587	2971	2994	29906	2426	27480
50-54岁	103	17	430	3064	1915	25448	1955	23493
55-59岁	51	8	224	1986	967	14394	1114	13280
60-64岁	15	4	48	843	276	5258	399	4859
65-69岁	6	1	29	618	174	3443	264	3179
70-74岁		1	9	200	70	1061	72	989
75岁及以上	1		3	80	25	437	26	411
男	**848**	**129**	**3121**	**13213**	**21797**	**108466**	**7361**	**101105**
16-19岁	5	1	28	129	592	4743	279	4464
20-24岁	79	5	168	527	2415	10569	680	9889
25-29岁	180	16	330	900	3850	13654	910	12744
30-34岁	209	33	582	1713	5463	20847	1246	19601
35-39岁	100	16	479	1208	2918	13746	849	12897
40-44岁	55	15	463	1382	2151	11993	773	11220
45-49岁	92	16	446	2137	1975	12068	855	11213
50-54岁	70	15	353	2313	1340	9923	805	9118
55-59岁	41	8	195	1561	710	6024	540	5484
60-64岁	13	3	43	672	184	2418	219	2199
65-69岁	4		25	469	133	1689	149	1540
70-74岁		1	6	147	50	582	45	537
75岁及以上			3	55	16	210	11	199
女	**513**	**27**	**919**	**4808**	**9361**	**109096**	**9348**	**99748**
16-19岁	4		2	46	177	1915	141	1774
20-24岁	75	1	54	159	729	5628	632	4996
25-29岁	134	4	120	329	1349	8967	930	8037
30-34岁	107	5	200	698	2459	17509	1608	15901
35-39岁	64	6	138	558	1494	13508	1118	12390
40-44岁	34	3	146	610	1140	14536	1287	13249
45-49岁	47	4	141	834	1019	17838	1571	16267
50-54岁	33	2	77	751	575	15525	1150	14375
55-59岁	10		29	425	257	8370	574	7796
60-64岁	2	1	5	171	92	2840	180	2660
65-69岁	2	1	4	149	41	1754	115	1639
70-74岁			3	53	20	479	27	452
75岁及以上	1			25	9	227	15	212

4-5 续表 8

单位：人

年龄组 性 别	信息传输、软件和信息技术服务业				金融业				
	小计	电信、广播电视和卫星传输服务	互联网和相关服务	软件和信息技术服务业	小计	货币金融服务	资本市场服务	保险业	其他金融业
总 计	**42911**	**12157**	**15008**	**15746**	**46779**	**17905**	**1853**	**23400**	**3621**
16-19岁	902	139	496	267	226	36	8	157	25
20-24岁	6002	874	2611	2517	2664	825	134	1386	319
25-29岁	9771	1799	3765	4207	7584	2886	328	3639	731
30-34岁	11580	3200	4081	4299	11616	4113	502	6004	997
35-39岁	5904	2133	1773	1998	6588	1967	345	3824	452
40-44岁	3643	1566	992	1085	4980	1545	179	2965	291
45-49岁	2591	1242	678	671	6057	2679	191	2814	373
50-54岁	1471	709	359	403	4291	2289	102	1636	264
55-59岁	768	379	177	212	2203	1284	55	727	137
60-64岁	143	50	48	45	329	160	5	144	20
65-69岁	91	45	18	28	150	75	1	66	8
70-74岁	29	14	7	8	55	21	1	29	4
75岁及以上	16	7	3	6	36	25	2	9	
男	**26417**	**6681**	**9024**	**10712**	**22452**	**9577**	**1127**	**9732**	**2016**
16-19岁	521	75	289	157	131	18	4	94	15
20-24岁	3678	445	1568	1665	1411	376	77	793	165
25-29岁	6015	903	2248	2864	3817	1359	180	1911	367
30-34岁	6905	1547	2405	2953	5475	1964	301	2630	580
35-39岁	3535	1117	1042	1376	2847	969	222	1400	256
40-44岁	2292	900	638	754	1959	791	112	912	144
45-49岁	1617	765	428	424	2563	1365	112	898	188
50-54岁	1045	525	236	284	2292	1457	65	600	170
55-59岁	604	320	118	166	1592	1075	48	360	109
60-64岁	107	38	33	36	206	116	4	72	14
65-69岁	66	32	11	23	92	49	1	37	5
70-74岁	20	10	6	4	39	16		20	3
75岁及以上	12	4	2	6	28	22	1	5	
女	**16494**	**5476**	**5984**	**5034**	**24327**	**8328**	**726**	**13668**	**1605**
16-19岁	381	64	207	110	95	18	4	63	10
20-24岁	2324	429	1043	852	1253	449	57	593	154
25-29岁	3756	896	1517	1343	3767	1527	148	1728	364
30-34岁	4675	1653	1676	1346	6141	2149	201	3374	417
35-39岁	2369	1016	731	622	3741	998	123	2424	196
40-44岁	1351	666	354	331	3021	754	67	2053	147
45-49岁	974	477	250	247	3494	1314	79	1916	185
50-54岁	426	184	123	119	1999	832	37	1036	94
55-59岁	164	59	59	46	611	209	7	367	28
60-64岁	36	12	15	9	123	44	1	72	6
65-69岁	25	13	7	5	58	26		29	3
70-74岁	9	4	1	4	16	5	1	9	1
75岁及以上	4	3	1		8	3	1	4	

4-5 续表 9

单位：人

年龄组 性　别	房地产业		租赁和商务服务业			科学研究和技术服务业			
	小计	房地产业	小计	租赁业	商　务 服务业	小计	研究和 试验发展	专业技术 服务业	科技推广 和应用 服务业
总　计	**64835**	**64835**	**107106**	**7767**	**99339**	**41428**	**4728**	**23643**	**13057**
16-19岁	693	693	1595	99	1496	427	36	239	152
20-24岁	4853	4853	8459	537	7922	3137	307	2108	722
25-29岁	9319	9319	14590	992	13598	6178	716	4107	1355
30-34岁	13309	13309	20971	1759	19212	9047	1047	5870	2130
35-39岁	7444	7444	12503	1031	11472	5428	819	3350	1259
40-44岁	5894	5894	10967	896	10071	3949	474	2370	1105
45-49岁	6929	6929	11812	980	10832	4151	513	2335	1303
50-54岁	6915	6915	11061	828	10233	3758	403	1834	1521
55-59岁	4906	4906	7834	429	7405	2646	318	1039	1289
60-64岁	2314	2314	3458	130	3328	966	44	205	717
65-69岁	1676	1676	2665	58	2607	962	17	126	819
70-74岁	437	437	844	22	822	479	9	32	438
75岁及以上	146	146	347	6	341	300	25	28	247
男	**39372**	**39372**	**68647**	**6772**	**61875**	**26468**	**3067**	**16178**	**7223**
16-19岁	486	486	1085	93	992	293	24	166	103
20-24岁	3012	3012	4919	490	4429	1948	180	1342	426
25-29岁	5572	5572	8410	891	7519	3922	444	2690	788
30-34岁	7548	7548	12345	1568	10777	5809	645	3914	1250
35-39岁	4252	4252	7517	886	6631	3541	544	2280	717
40-44岁	3224	3224	6597	746	5851	2519	319	1563	637
45-49岁	3859	3859	7560	830	6730	2594	320	1590	684
50-54岁	4438	4438	8065	705	7360	2438	279	1427	732
55-59岁	3559	3559	6286	378	5908	1801	248	884	669
60-64岁	1740	1740	2831	116	2715	566	29	162	375
65-69岁	1259	1259	2116	49	2067	566	12	110	444
70-74岁	332	332	661	18	643	288	6	28	254
75岁及以上	91	91	255	2	253	183	17	22	144
女	**25463**	**25463**	**38459**	**995**	**37464**	**14960**	**1661**	**7465**	**5834**
16-19岁	207	207	510	6	504	134	12	73	49
20-24岁	1841	1841	3540	47	3493	1189	127	766	296
25-29岁	3747	3747	6180	101	6079	2256	272	1417	567
30-34岁	5761	5761	8626	191	8435	3238	402	1956	880
35-39岁	3192	3192	4986	145	4841	1887	275	1070	542
40-44岁	2670	2670	4370	150	4220	1430	155	807	468
45-49岁	3070	3070	4252	150	4102	1557	193	745	619
50-54岁	2477	2477	2996	123	2873	1320	124	407	789
55-59岁	1347	1347	1548	51	1497	845	70	155	620
60-64岁	574	574	627	14	613	400	15	43	342
65-69岁	417	417	549	9	540	396	5	16	375
70-74岁	105	105	183	4	179	191	3	4	184
75岁及以上	55	55	92	4	88	117	8	6	103

4-5 续表 10

单位：人

年龄组 性别	水利、环境和公共设施管理业					居民服务、修理和其他服务业			
	小计	水利管理业	生态保护和环境治理业	公共设施管理业	土地管理业	小计	居民服务业	机动车、电子产品和日用产品修理业	其他服务业
总计	**36462**	**1891**	**1750**	**32384**	**437**	**161382**	**88718**	**39749**	**32915**
16-19岁	91	3	9	76	3	5195	3481	1460	254
20-24岁	660	56	62	524	18	12697	8031	3940	726
25-29岁	1443	163	126	1115	39	17585	10973	5321	1291
30-34岁	2701	261	223	2141	76	27389	16416	8594	2379
35-39岁	2139	224	165	1710	40	17117	10050	5157	1910
40-44岁	2690	269	157	2215	49	15884	8620	4520	2744
45-49岁	4337	322	257	3694	64	17689	9342	4017	4330
50-54岁	5584	265	240	5023	56	17802	8711	3243	5848
55-59岁	5419	203	219	4962	35	12411	5888	1824	4699
60-64岁	4474	52	135	4259	28	7004	2814	766	3424
65-69岁	4635	48	102	4470	15	6601	2614	578	3409
70-74岁	1692	13	42	1629	8	2678	1099	201	1378
75岁及以上	597	12	13	566	6	1330	679	128	523
男	**20972**	**1361**	**1260**	**18071**	**280**	**77148**	**30764**	**32511**	**13873**
16-19岁	56	3	5	47	1	3208	1678	1362	168
20-24岁	424	41	42	332	9	7332	3388	3522	422
25-29岁	957	104	99	726	28	9294	4153	4466	675
30-34岁	1716	188	168	1319	41	13675	5479	7064	1132
35-39岁	1281	160	108	989	24	8012	3102	4096	814
40-44岁	1461	173	106	1149	33	7091	2651	3520	920
45-49岁	2227	206	186	1792	43	7242	2831	3080	1331
50-54岁	2868	204	175	2454	35	7040	2682	2517	1841
55-59岁	2905	174	160	2548	23	5069	1910	1491	1668
60-64岁	2539	48	98	2371	22	3360	1052	625	1683
65-69岁	2938	40	68	2819	11	3534	1077	491	1966
70-74岁	1179	10	35	1128	6	1533	455	172	906
75岁及以上	421	10	10	397	4	758	306	105	347
女	**15490**	**530**	**490**	**14313**	**157**	**84234**	**57954**	**7238**	**19042**
16-19岁	35		4	29	2	1987	1803	98	86
20-24岁	236	15	20	192	9	5365	4643	418	304
25-29岁	486	59	27	389	11	8291	6820	855	616
30-34岁	985	73	55	822	35	13714	10937	1530	1247
35-39岁	858	64	57	721	16	9105	6948	1061	1096
40-44岁	1229	96	51	1066	16	8793	5969	1000	1824
45-49岁	2110	116	71	1902	21	10447	6511	937	2999
50-54岁	2716	61	65	2569	21	10762	6029	726	4007
55-59岁	2514	29	59	2414	12	7342	3978	333	3031
60-64岁	1935	4	37	1888	6	3644	1762	141	1741
65-69岁	1697	8	34	1651	4	3067	1537	87	1443
70-74岁	513	3	7	501	2	1145	644	29	472
75岁及以上	176	2	3	169	2	572	373	23	176

4-5 续表 11

单位：人

年龄组 性别	教育		卫生和社会工作			文化、体育和娱乐业				
	小计	教育	小计	卫生	社会工作	小计	新闻和出版业	广播、电视、电影和录音制作业	文 化艺术业	体育
总 计	**181239**	**181239**	**81035**	**78338**	**2697**	**20558**	**2034**	**2795**	**5248**	**2830**
16-19岁	7400	7400	429	414	15	616	2	75	125	95
20-24岁	17184	17184	6143	6067	76	2407	98	342	406	500
25-29岁	27188	27188	12412	12288	124	3281	249	498	646	669
30-34岁	33757	33757	17077	16824	253	4168	401	581	953	661
35-39岁	26312	26312	10853	10652	201	2449	351	388	568	303
40-44岁	23560	23560	9206	8963	243	2049	321	273	578	194
45-49岁	18829	18829	8885	8527	358	2082	297	284	622	160
50-54岁	13930	13930	7071	6679	392	1776	206	201	665	126
55-59岁	8493	8493	4566	4185	381	1072	87	107	450	83
60-64岁	2285	2285	1843	1611	232	317	9	19	103	21
65-69岁	1382	1382	1494	1266	228	216	9	15	83	13
70-74岁	534	534	650	555	95	89	2	8	36	5
75岁及以上	385	385	406	307	99	36	2	4	13	
男	**61654**	**61654**	**30977**	**29917**	**1060**	**11759**	**1041**	**1700**	**2806**	**1586**
16-19岁	3457	3457	156	145	11	421	1	55	80	54
20-24岁	4078	4078	1473	1446	27	1456	43	192	193	332
25-29岁	6202	6202	3239	3206	33	1886	103	310	323	402
30-34岁	8211	8211	4790	4704	86	2260	178	332	470	323
35-39岁	7849	7849	4030	3966	64	1344	183	215	283	159
40-44岁	8412	8412	3724	3653	71	1074	157	159	290	85
45-49岁	7758	7758	3910	3820	90	1102	164	176	320	76
50-54岁	6834	6834	3636	3480	156	1052	129	138	379	75
55-59岁	5628	5628	2945	2792	153	725	69	88	303	54
60-64岁	1581	1581	1190	1068	122	199	5	16	69	12
65-69岁	992	992	1078	942	136	147	6	10	55	11
70-74岁	380	380	516	453	63	68	2	6	31	3
75岁及以上	272	272	290	242	48	25	1	3	10	
女	**119585**	**119585**	**50058**	**48421**	**1637**	**8799**	**993**	**1095**	**2442**	**1244**
16-19岁	3943	3943	273	269	4	195	1	20	45	41
20-24岁	13106	13106	4670	4621	49	951	55	150	213	168
25-29岁	20986	20986	9173	9082	91	1395	146	188	323	267
30-34岁	25546	25546	12287	12120	167	1908	223	249	483	338
35-39岁	18463	18463	6823	6686	137	1105	168	173	285	144
40-44岁	15148	15148	5482	5310	172	975	164	114	288	109
45-49岁	11071	11071	4975	4707	268	980	133	108	302	84
50-54岁	7096	7096	3435	3199	236	724	77	63	286	51
55-59岁	2865	2865	1621	1393	228	347	18	19	147	29
60-64岁	704	704	653	543	110	118	4	3	34	9
65-69岁	390	390	416	324	92	69	3	5	28	2
70-74岁	154	154	134	102	32	21		2	5	2
75岁及以上	113	113	116	65	51	11	1	1	3	

4-5　续表 12　　　　单位：人

年龄组 性　别	娱乐业	公共管理、社会保障和社会组织 小计	中国共产党机关	国家机构	人民政协、民主党派	社会保障	群众团体、社会团体和其他成员组织	基层群众自治组织	国际组织 小计	国际组织
总　计	**7651**	**151801**	**3399**	**116259**	**296**	**883**	**10528**	**20436**	**1**	**1**
16-19岁	319	651	14	400		9	160	68		
20-24岁	1061	5964	124	4796	12	30	643	359		
25-29岁	1219	14695	290	12334	12	116	1163	780		
30-34岁	1572	23633	563	19458	25	169	1749	1669		
35-39岁	839	18757	488	15479	25	127	1216	1422		
40-44岁	683	21152	513	17495	39	100	1226	1779	1	1
45-49岁	719	23517	479	18580	41	124	1435	2858		
50-54岁	578	20053	459	14777	64	96	1267	3390		
55-59岁	345	14508	337	9479	67	60	842	3723		
60-64岁	165	4018	69	1605	6	21	338	1979		
65-69岁	96	2988	33	1032	4	13	304	1602		
70-74岁	38	1183	17	456		6	111	593		
75岁及以上	17	682	13	368	1	12	74	214		
男	**4626**	**99084**	**2367**	**76687**	**212**	**439**	**5724**	**13655**		
16-19岁	231	461	10	312		5	91	43		
20-24岁	696	3796	89	3215	3	15	305	169		
25-29岁	748	8420	182	7326	4	54	535	319		
30-34岁	957	13587	337	11565	16	77	858	734		
35-39岁	504	11254	304	9549	15	48	598	740		
40-44岁	383	12890	373	10841	29	46	624	977		
45-49岁	366	15101	322	12176	26	62	777	1738		
50-54岁	331	14633	355	10942	52	54	772	2458		
55-59岁	211	12103	283	8160	59	47	601	2953		
60-64岁	97	3058	57	1163	4	13	228	1593		
65-69岁	65	2323	29	784	3	7	211	1289		
70-74岁	26	920	14	360		4	69	473		
75岁及以上	11	538	12	294	1	7	55	169		
女	**3025**	**52717**	**1032**	**39572**	**84**	**444**	**4804**	**6781**	**1**	**1**
16-19岁	88	190	4	88		4	69	25		
20-24岁	365	2168	35	1581	9	15	338	190		
25-29岁	471	6275	108	5008	8	62	628	461		
30-34岁	615	10046	226	7893	9	92	891	935		
35-39岁	335	7503	184	5930	10	79	618	682		
40-44岁	300	8262	140	6654	10	54	602	802	1	1
45-49岁	353	8416	157	6404	15	62	658	1120		
50-54岁	247	5420	104	3835	12	42	495	932		
55-59岁	134	2405	54	1319	8	13	241	770		
60-64岁	68	960	12	442	2	8	110	386		
65-69岁	31	665	4	248	1	6	93	313		
70-74岁	12	263	3	96		2	42	120		
75岁及以上	6	144	1	74		5	19	45		

4－5a 全省分年龄、性别、行业大类的就业人口(城市)

单位：人

年龄组 性别	合计	农、林、牧、渔业						采矿业	
		小计	农业	林业	畜牧业	渔业	农、林、牧、渔专业及辅助性活动	小计	煤炭开采和洗选业
总　计	**1037666**	**35789**	**30149**	**1073**	**2468**	**326**	**1773**	**19750**	**14094**
16－19岁	8685	194	179	1	5		9	20	16
20－24岁	56208	823	637	33	70	16	67	218	165
25－29岁	118170	1711	1304	79	158	31	139	975	778
30－34岁	206136	3694	2912	175	282	38	287	3102	2351
35－39岁	147354	2744	2114	138	267	39	186	2665	1890
40－44岁	138505	2990	2262	132	276	48	272	3321	2296
45－49岁	147119	4309	3451	165	369	52	272	4481	3016
50－54岁	112563	5520	4686	140	397	49	248	3272	2343
55－59岁	63428	4698	4121	105	290	33	149	1248	862
60－64岁	19296	3387	3118	54	144	9	62	203	176
65－69岁	13227	3420	3186	30	146	8	50	118	94
70－74岁	4578	1508	1425	13	48	3	19	65	51
75岁及以上	2397	791	754	8	16		13	62	56
男	**590838**	**18142**	**14531**	**674**	**1639**	**219**	**1079**	**15751**	**11284**
16－19岁	5220	133	124	1	3		5	13	11
20－24岁	29950	480	358	24	45	9	44	170	133
25－29岁	63569	924	658	46	116	21	83	774	614
30－34岁	111174	1875	1378	102	194	27	174	2403	1821
35－39岁	79769	1370	972	80	178	28	112	2043	1439
40－44岁	75308	1502	1060	81	178	31	152	2597	1815
45－49岁	82710	2220	1664	101	240	37	178	3433	2347
50－54岁	72591	2664	2128	101	254	28	153	2866	2063
55－59岁	45577	2233	1852	72	186	23	100	1114	754
60－64岁	12445	1724	1549	37	96	6	36	163	139
65－69岁	8282	1780	1623	14	111	6	26	86	72
70－74岁	2836	814	763	11	28	3	9	43	34
75岁及以上	1407	423	402	4	10		7	46	42
女	**446828**	**17647**	**15618**	**399**	**829**	**107**	**694**	**3999**	**2810**
16－19岁	3465	61	55		2		4	7	5
20－24岁	26258	343	279	9	25	7	23	48	32
25－29岁	54601	787	646	33	42	10	56	201	164
30－34岁	94962	1819	1534	73	88	11	113	699	530
35－39岁	67585	1374	1142	58	89	11	74	622	451
40－44岁	63197	1488	1202	51	98	17	120	724	481
45－49岁	64409	2089	1787	64	129	15	94	1048	669
50－54岁	39972	2856	2558	39	143	21	95	406	280
55－59岁	17851	2465	2269	33	104	10	49	134	108
60－64岁	6851	1663	1569	17	48	3	26	40	37
65－69岁	4945	1640	1563	16	35	2	24	32	22
70－74岁	1742	694	662	2	20		10	22	17
75岁及以上	990	368	352	4	6		6	16	14

4-5a 续表 1

单位：人

年龄组 性 别	采矿业						制造业		
	石油和天然气开采业	黑色金属矿采选业	有色金属矿采选业	非金属矿采选业	开采专业及辅助性活动	其他采矿业	小计	农副食品加工业	食品制造业
总 计	**1203**	**295**	**304**	**408**	**3215**	**231**	**124531**	**6499**	**6406**
16-19岁				1	3		785	38	111
20-24岁	9	3	2	14	22	3	5219	217	342
25-29岁	32	10	18	30	96	11	12056	521	749
30-34岁	159	42	52	69	391	38	24789	1055	1351
35-39岁	183	28	31	60	432	41	17364	846	951
40-44岁	235	45	54	46	614	31	17109	920	856
45-49岁	305	73	82	77	885	43	19678	1080	901
50-54岁	185	71	50	63	523	37	15360	900	640
55-59岁	83	18	12	29	226	18	7927	552	297
60-64岁	5	4	1	5	6	6	2124	171	101
65-69岁	4	1	2	9	6	2	1381	144	74
70-74岁	3			5	6		467	39	23
75岁及以上					5	1	272	16	10
男	**907**	**260**	**238**	**331**	**2545**	**186**	**79079**	**3775**	**3061**
16-19岁					2		515	23	52
20-24岁	6	3		11	14	3	3542	142	162
25-29岁	27	10	13	26	74	10	8057	327	398
30-34岁	116	37	42	55	303	29	15757	628	656
35-39岁	135	25	24	48	343	29	10513	457	442
40-44岁	174	40	40	34	472	22	9848	498	396
45-49岁	212	56	59	60	665	34	11532	583	381
50-54岁	152	68	46	58	444	35	10654	552	301
55-59岁	78	17	11	26	211	17	5890	333	161
60-64岁	4	4	1	5	5	5	1447	108	55
65-69岁	2		2	5	4	1	881	85	40
70-74岁	1			3	5		293	30	14
75岁及以上					3	1	150	9	3
女	**296**	**35**	**66**	**77**	**670**	**45**	**45452**	**2724**	**3345**
16-19岁				1	1		270	15	59
20-24岁	3		2	3	8		1677	75	180
25-29岁	5		5	4	22	1	3999	194	351
30-34岁	43	5	10	14	88	9	9032	427	695
35-39岁	48	3	7	12	89	12	6851	389	509
40-44岁	61	5	14	12	142	9	7261	422	460
45-49岁	93	17	23	17	220	9	8146	497	520
50-54岁	33	3	4	5	79	2	4706	348	339
55-59岁	5	1	1	3	15	1	2037	219	136
60-64岁	1				1	1	677	63	46
65-69岁	2	1		4	2	1	500	59	34
70-74岁	2			2	1		174	9	9
75岁及以上					2		122	7	7

4-5a 续表 2

单位：人

年龄组 性别	制造业								
	酒、饮料和精制茶制造业	烟草制品业	纺织业	纺织服装、服饰业	皮革、毛皮、羽毛及其制品和制鞋业	木材加工和木、竹、藤、棕、草制品业	家具制造业	造纸和纸制品业	印刷和记录媒介复制业
总　计	**2028**	**833**	**4065**	**7137**	**4196**	**1134**	**1508**	**1531**	**2189**
16-19岁	13		10	82	40	7	7	7	9
20-24岁	90	18	98	338	201	38	72	50	112
25-29岁	207	49	181	642	414	85	166	123	219
30-34岁	438	96	546	1356	803	148	340	266	472
35-39岁	326	86	493	1025	588	131	207	239	326
40-44岁	285	120	615	1074	602	137	193	206	311
45-49岁	304	200	804	1119	677	178	204	261	311
50-54岁	207	147	650	817	476	174	164	196	254
55-59岁	98	96	421	388	229	126	104	97	136
60-64岁	34	8	115	144	94	42	32	45	17
65-69岁	15	11	79	99	48	44	10	31	16
70-74岁	6		39	40	20	16	7	3	4
75岁及以上	5	2	14	13	4	8	2	7	2
男	**1197**	**546**	**1799**	**1818**	**1967**	**782**	**1017**	**906**	**1277**
16-19岁	7		3	42	24	5	3	7	5
20-24岁	60	11	52	122	130	32	49	34	75
25-29岁	123	33	93	214	232	71	115	78	131
30-34岁	255	54	239	370	405	97	237	168	275
35-39岁	182	56	195	256	277	85	135	128	180
40-44岁	159	67	230	221	231	89	116	117	178
45-49岁	165	115	292	213	246	121	136	141	156
50-54岁	141	109	327	176	217	112	112	108	153
55-59岁	67	85	259	117	111	92	77	64	105
60-64岁	21	5	58	42	56	35	23	32	7
65-69岁	10	9	26	28	27	32	7	23	9
70-74岁	3		22	12	9	8	6	2	2
75岁及以上	4	2	3	5	2	3	1	4	1
女	**831**	**287**	**2266**	**5319**	**2229**	**352**	**491**	**625**	**912**
16-19岁	6		7	40	16	2	4		4
20-24岁	30	7	46	216	71	6	23	16	37
25-29岁	84	16	88	428	182	14	51	45	88
30-34岁	183	42	307	986	398	51	103	98	197
35-39岁	144	30	298	769	311	46	72	111	146
40-44岁	126	53	385	853	371	48	77	89	133
45-49岁	139	85	512	906	431	57	68	120	155
50-54岁	66	38	323	641	259	62	52	88	101
55-59岁	31	11	162	271	118	34	27	33	31
60-64岁	13	3	57	102	38	7	9	13	10
65-69岁	5	2	53	71	21	12	3	8	7
70-74岁	3		17	28	11	8	1	1	2
75岁及以上	1		11	8	2	5	1	3	1

4-5a　续表 3　　　　单位：人

年龄组 性　别	制造业								
	文教、工美、体育和娱乐用品制造业	石油、煤炭及其他燃料加工业	化学原料和化学制品制造业	医　药制造业	化学纤维制造业	橡胶和塑　料制品业	非金属矿　物制品业	黑色金属冶炼和压延加工业	有色金属冶炼和压延加工业
总　计	**3205**	**1695**	**6170**	**3504**	**994**	**3197**	**9230**	**4852**	**3562**
16-19岁	17	3	14	22	1	12	26	11	5
20-24岁	116	43	215	171	29	121	241	132	94
25-29岁	295	165	607	424	79	288	696	388	320
30-34岁	589	321	1158	805	222	654	1676	876	655
35-39岁	494	229	838	604	164	450	1156	658	487
40-44岁	476	249	920	445	169	461	1279	771	542
45-49岁	402	307	1115	495	162	488	1627	932	719
50-54岁	394	243	755	301	122	406	1394	713	500
55-59岁	202	104	390	163	37	190	740	282	197
60-64岁	74	17	87	44	2	75	214	48	28
65-69岁	89	8	42	17	5	37	128	28	10
70-74岁	25	5	15	10	2	10	34	8	3
75岁及以上	32	1	14	3		5	19	5	2
男	**1011**	**1233**	**4064**	**1723**	**628**	**2001**	**6735**	**3824**	**2756**
16-19岁	13	3	7	15	1	7	19	6	5
20-24岁	54	34	124	91	13	82	177	109	72
25-29岁	120	123	394	241	49	169	518	324	241
30-34岁	200	216	738	359	128	413	1189	679	505
35-39岁	163	163	521	256	97	286	799	513	361
40-44岁	134	161	535	197	93	269	876	543	387
45-49岁	108	207	706	234	101	295	1108	699	540
50-54岁	110	209	588	170	105	266	1093	619	435
55-59岁	52	95	326	119	33	134	627	258	175
60-64岁	23	13	67	22	1	50	183	40	24
65-69岁	25	6	32	10	5	21	108	22	6
70-74岁	3	2	14	8	2	6	26	7	3
75岁及以上	6	1	12	1		3	12	5	2
女	**2194**	**462**	**2106**	**1781**	**366**	**1196**	**2495**	**1028**	**806**
16-19岁	4		7	7		5	7	5	
20-24岁	62	9	91	80	16	39	64	23	22
25-29岁	175	42	213	183	30	119	178	64	79
30-34岁	389	105	420	446	94	241	487	197	150
35-39岁	331	66	317	348	67	164	357	145	126
40-44岁	342	88	385	248	76	192	403	228	155
45-49岁	294	100	409	261	61	193	519	233	179
50-54岁	284	34	167	131	17	140	301	94	65
55-59岁	150	9	64	44	4	56	113	24	22
60-64岁	51	4	20	22	1	25	31	8	4
65-69岁	64	2	10	7		16	20	6	4
70-74岁	22	3	1	2		4	8	1	
75岁及以上	26		2	2		2	7		

4-5a　续表 4　　单位：人

年龄组 性　别	制造业								
	金　属 制品业	通用设备 制造业	专用设备 制造业	汽　车 制造业	铁路、船舶、 航空航天和 其他运输 设备制造业	电气机械 和器材 制造业	计算机、 通信和其 他电子设 备制造业	仪器仪表 制造业	其　他 制造业
总　计	**6876**	**13360**	**6518**	**4014**	**3167**	**5247**	**6001**	**1172**	**961**
16-19岁	21	70	26	36	16	33	121	10	3
20-24岁	225	537	229	219	175	276	591	61	38
25-29岁	576	1257	549	494	386	610	1095	102	105
30-34岁	1438	2719	1300	1016	575	1260	1706	229	196
35-39岁	940	1794	859	571	407	783	995	195	131
40-44岁	939	1731	883	508	383	692	610	163	146
45-49岁	1189	2051	1062	534	520	692	517	192	111
50-54岁	925	1882	921	356	359	512	239	114	107
55-59岁	418	921	507	182	222	269	93	71	70
60-64岁	126	197	93	54	61	59	22	15	16
65-69岁	57	129	60	30	32	37	8	11	23
70-74岁	12	46	17	9	13	17	1	5	9
75岁及以上	10	26	12	5	18	7	3	4	6
男	**5473**	**10070**	**4649**	**2989**	**2355**	**3676**	**3728**	**744**	**605**
16-19岁	17	59	20	31	11	24	84	7	2
20-24岁	185	429	151	187	147	234	414	37	23
25-29岁	481	981	373	383	288	466	719	69	77
30-34岁	1191	2011	902	771	418	891	1071	130	128
35-39岁	749	1295	615	415	310	477	598	116	81
40-44岁	699	1193	582	347	249	425	337	95	84
45-49岁	895	1441	677	361	342	441	245	120	70
50-54岁	742	1543	765	264	294	397	160	90	73
55-59岁	352	793	426	156	194	232	79	60	41
60-64岁	102	166	73	40	49	43	14	11	9
65-69岁	44	104	47	26	28	31	4	7	9
70-74岁	9	38	11	5	9	12		2	6
75岁及以上	7	17	7	3	16	3	3		2
女	**1403**	**3290**	**1869**	**1025**	**812**	**1571**	**2273**	**428**	**356**
16-19岁	4	11	6	5	5	9	37	3	1
20-24岁	40	108	78	32	28	42	177	24	15
25-29岁	95	276	176	111	98	144	376	33	28
30-34岁	247	708	398	245	157	369	635	99	68
35-39岁	191	499	244	156	97	306	397	79	50
40-44岁	240	538	301	161	134	267	273	68	62
45-49岁	294	610	385	173	178	251	272	72	41
50-54岁	183	339	156	92	65	115	79	24	34
55-59岁	66	128	81	26	28	37	14	11	29
60-64岁	24	31	20	14	12	16	8	4	7
65-69岁	13	25	13	4	4	6	4	4	14
70-74岁	3	8	6	4	4	5	1	3	3
75岁及以上	3	9	5	2	2	4		4	4

4-5a 续表 5

单位：人

年龄组 性 别	制造业		电力、热力、燃气及水生产和供应业				建筑业		
	废弃资源综合利用业	金属制品、机械和设备修理业	小计	电力、热力生产和供应业	燃气生产和供应业	水的生产和供应业	小计	房屋建筑业	土木工程建筑业
总 计	**1001**	**2279**	**14662**	**9932**	**2206**	**2524**	**95714**	**43614**	**10579**
16-19岁	3	11	23	15	6	2	460	188	32
20-24岁	28	102	390	254	76	60	3647	1437	442
25-29岁	56	208	1230	777	233	220	8970	3576	1051
30-34岁	108	415	2585	1711	461	413	17601	7233	2019
35-39岁	96	295	2024	1334	320	370	12378	4890	1422
40-44岁	114	309	2355	1530	362	463	12541	5328	1426
45-49岁	140	384	2827	1972	389	466	15157	7137	1645
50-54岁	174	318	1953	1431	219	303	13497	7063	1398
55-59岁	147	178	1041	738	113	190	7627	4239	844
60-64岁	56	33	136	104	13	19	2293	1511	164
65-69岁	41	18	57	40	8	9	1184	790	89
70-74岁	24	5	21	13	5	3	260	171	23
75岁及以上	14	3	20	13	1	6	99	51	24
男	**731**	**1939**	**10022**	**7085**	**1451**	**1486**	**79468**	**36906**	**8426**
16-19岁	2	11	18	11	5	2	388	160	29
20-24岁	23	87	256	167	53	36	2897	1161	355
25-29岁	43	183	781	506	154	121	7220	2931	813
30-34岁	80	353	1705	1177	297	231	14398	6009	1568
35-39岁	70	235	1313	917	203	193	10061	4069	1071
40-44岁	74	266	1449	978	221	250	10154	4412	1076
45-49岁	102	291	1810	1341	227	242	12466	5988	1288
50-54岁	123	300	1599	1193	176	230	11587	6062	1201
55-59岁	105	162	911	662	97	152	6867	3813	776
60-64岁	43	32	115	89	10	16	2079	1385	142
65-69岁	36	14	39	25	7	7	1063	730	74
70-74岁	18	4	16	12	1	3	219	152	15
75岁及以上	12	1	10	7		3	69	34	18
女	**270**	**340**	**4640**	**2847**	**755**	**1038**	**16246**	**6708**	**2153**
16-19岁	1		5	4	1		72	28	3
20-24岁	5	15	134	87	23	24	750	276	87
25-29岁	13	25	449	271	79	99	1750	645	238
30-34岁	28	62	880	534	164	182	3203	1224	451
35-39岁	26	60	711	417	117	177	2317	821	351
40-44岁	40	43	906	552	141	213	2387	916	350
45-49岁	38	93	1017	631	162	224	2691	1149	357
50-54岁	51	18	354	238	43	73	1910	1001	197
55-59岁	42	16	130	76	16	38	760	426	68
60-64岁	13	1	21	15	3	3	214	126	22
65-69岁	5	4	18	15	1	2	121	60	15
70-74岁	6	1	5	1	4		41	19	8
75岁及以上	2	2	10	6	1	3	30	17	6

4-5a 续表 6

单位：人

年龄组 性别	建筑业		批发和零售业			交通运输、仓储和邮政业			
	建筑安装业	建筑装饰、装修和其他建筑业	小计	批发业	零售业	小计	铁路运输业	道路运输业	水上运输业
总计	**7897**	**33624**	**220295**	**53308**	**166987**	**61509**	**5807**	**39293**	**230**
16-19岁	33	207	1975	339	1636	261	6	109	1
20-24岁	280	1488	12934	2659	10275	2422	250	1187	6
25-29岁	763	3580	26356	5862	20494	5772	464	3174	21
30-34岁	1561	6788	49208	11097	38111	11234	700	6844	64
35-39岁	1162	4904	34963	8299	26664	9208	665	6198	44
40-44岁	1214	4573	31577	7567	24010	9526	767	6723	24
45-49岁	1227	5148	29723	7502	22221	10744	1103	7386	31
50-54岁	996	4040	19090	5422	13668	7407	1087	4771	16
55-59岁	504	2040	9214	2936	6278	3706	666	2175	4
60-64岁	99	519	2669	823	1846	685	59	414	6
65-69岁	49	256	1699	512	1187	378	20	225	8
70-74岁	5	61	573	188	385	105	9	55	2
75岁及以上	4	20	314	102	212	61	11	32	3
男	**6812**	**27324**	**102924**	**31192**	**71732**	**49601**	**4512**	**33283**	**185**
16-19岁	30	169	987	190	797	212	4	83	
20-24岁	246	1135	6031	1484	4547	1845	169	948	5
25-29岁	647	2829	12606	3378	9228	4537	336	2643	15
30-34岁	1351	5470	21890	6284	15606	8902	526	5736	58
35-39岁	993	3928	15476	4702	10774	7300	503	5219	37
40-44岁	1005	3661	13701	4258	9443	7561	574	5621	20
45-49岁	1044	4146	13239	4289	8950	8440	745	6142	26
50-54岁	885	3439	10233	3535	6698	6491	961	4306	13
55-59岁	463	1815	5680	2033	3647	3327	622	1979	3
60-64岁	96	456	1563	540	1023	566	42	359	3
65-69岁	45	214	987	317	670	306	14	187	3
70-74岁	3	49	348	125	223	76	7	40	1
75岁及以上	4	13	183	57	126	38	9	20	1
女	**1085**	**6300**	**117371**	**22116**	**95255**	**11908**	**1295**	**6010**	**45**
16-19岁	3	38	988	149	839	49	2	26	1
20-24岁	34	353	6903	1175	5728	577	81	239	1
25-29岁	116	751	13750	2484	11266	1235	128	531	6
30-34岁	210	1318	27318	4813	22505	2332	174	1108	6
35-39岁	169	976	19487	3597	15890	1908	162	979	7
40-44岁	209	912	17876	3309	14567	1965	193	1102	4
45-49岁	183	1002	16484	3213	13271	2304	358	1244	5
50-54岁	111	601	8857	1887	6970	916	126	465	3
55-59岁	41	225	3534	903	2631	379	44	196	1
60-64岁	3	63	1106	283	823	119	17	55	3
65-69岁	4	42	712	195	517	72	6	38	5
70-74岁	2	12	225	63	162	29	2	15	1
75岁及以上		7	131	45	86	23	2	12	2

4-5a 续表 7

单位：人

年龄组 性　别	交通运输、仓储和邮政业					住宿和餐饮业		
	航　空 运输业	管　道 运输业	多式联运 和运输 代理业	装卸搬运 和仓储业	邮政业	小计	住宿业	餐饮业
总　计	**740**	**63**	**1419**	**3842**	**10115**	**66969**	**6390**	**60579**
16-19岁	3		6	12	124	1597	110	1487
20-24岁	67	2	55	107	748	4483	437	4046
25-29岁	150	5	152	224	1582	6877	665	6212
30-34岁	188	13	277	520	2628	12315	1107	11208
35-39岁	111	13	205	388	1584	8957	765	8192
40-44岁	54	5	215	497	1241	9060	873	8187
45-49岁	89	11	226	750	1148	10036	1036	9000
50-54岁	47	9	174	661	642	7740	788	6952
55-59岁	25	3	89	445	299	3830	412	3418
60-64岁	4	2	9	128	63	1191	110	1081
65-69岁	1		9	79	36	652	63	589
70-74岁			1	24	14	173	20	153
75岁及以上	1		1	7	6	58	4	54
男	**447**	**47**	**1019**	**2826**	**7282**	**34426**	**2828**	**31598**
16-19岁	2		5	10	108	1162	67	1095
20-24岁	36	2	37	76	572	2929	213	2716
25-29岁	75	5	107	157	1199	4233	323	3910
30-34岁	121	10	189	364	1898	6910	491	6419
35-39岁	68	9	140	249	1075	4662	339	4323
40-44岁	34	3	151	323	835	4219	327	3892
45-49岁	55	7	155	540	770	4175	357	3818
50-54岁	34	7	141	535	494	3366	364	3002
55-59岁	18	3	78	376	248	1782	237	1545
60-64岁	4	1	8	109	40	547	61	486
65-69岁			7	65	30	320	34	286
70-74岁				18	10	95	13	82
75岁及以上			1	4	3	26	2	24
女	**293**	**16**	**400**	**1016**	**2833**	**32543**	**3562**	**28981**
16-19岁	1		1	2	16	435	43	392
20-24岁	31		18	31	176	1554	224	1330
25-29岁	75		45	67	383	2644	342	2302
30-34岁	67	3	88	156	730	5405	616	4789
35-39岁	43	4	65	139	509	4295	426	3869
40-44岁	20	2	64	174	406	4841	546	4295
45-49岁	34	4	71	210	378	5861	679	5182
50-54岁	13	2	33	126	148	4374	424	3950
55-59岁	7		11	69	51	2048	175	1873
60-64岁		1	1	19	23	644	49	595
65-69岁	1		2	14	6	332	29	303
70-74岁			1	6	4	78	7	71
75岁及以上	1			3	3	32	2	30

4-5a 续表 8 单位：人

年龄组 性别	信息传输、软件和信息技术服务业				金融业				
	小计	电信、广播电视和卫星传输服务	互联网和相关服务	软件和信息技术服务业	小计	货币金融服务	资本市场服务	保险业	其他金融业
总计	**22039**	**6803**	**6528**	**8708**	**27049**	**11077**	**1406**	**12254**	**2312**
16-19岁	236	42	129	65	71	10	6	47	8
20-24岁	2642	387	1074	1181	1306	424	89	619	174
25-29岁	4630	870	1603	2157	4218	1665	222	1883	448
30-34岁	5927	1735	1780	2412	6779	2571	380	3188	640
35-39岁	3478	1306	870	1302	4008	1294	268	2138	308
40-44岁	2240	990	496	754	2993	1003	146	1651	193
45-49岁	1567	770	348	449	3773	1779	160	1564	270
50-54岁	790	409	144	237	2507	1461	85	779	182
55-59岁	416	230	61	125	1203	766	45	310	82
60-64岁	55	28	13	14	117	67	2	42	6
65-69岁	40	28	5	7	49	25	1	22	1
70-74岁	13	7	4	2	14	6	1	7	
75岁及以上	5	1	1	3	11	6	1	4	
男	**13551**	**3660**	**3984**	**5907**	**13026**	**5776**	**834**	**5140**	**1276**
16-19岁	123	22	65	36	42	5	3	29	5
20-24岁	1588	196	630	762	692	192	52	350	98
25-29岁	2839	428	970	1441	2104	787	115	984	218
30-34岁	3532	802	1073	1657	3248	1221	222	1432	373
35-39岁	2088	663	528	897	1765	623	163	806	173
40-44岁	1394	543	329	522	1203	496	93	520	94
45-49岁	982	464	224	294	1588	860	88	504	136
50-54岁	585	302	105	178	1350	883	55	306	106
55-59岁	343	196	46	101	927	648	40	173	66
60-64岁	37	20	7	10	63	40	1	16	6
65-69岁	27	18	3	6	28	13	1	13	1
70-74岁	9	5	4		7	3		4	
75岁及以上	4	1		3	9	5	1	3	
女	**8488**	**3143**	**2544**	**2801**	**14023**	**5301**	**572**	**7114**	**1036**
16-19岁	113	20	64	29	29	5	3	18	3
20-24岁	1054	191	444	419	614	232	37	269	76
25-29岁	1791	442	633	716	2114	878	107	899	230
30-34岁	2395	933	707	755	3531	1350	158	1756	267
35-39岁	1390	643	342	405	2243	671	105	1332	135
40-44岁	846	447	167	232	1790	507	53	1131	99
45-49岁	585	306	124	155	2185	919	72	1060	134
50-54岁	205	107	39	59	1157	578	30	473	76
55-59岁	73	34	15	24	276	118	5	137	16
60-64岁	18	8	6	4	54	27	1	26	
65-69岁	13	10	2	1	21	12		9	
70-74岁	4	2		2	7	3	1	3	
75岁及以上	1		1		2	1		1	

4-5a 续表 9 单位：人

年龄组 性　别	房地产业		租赁和商务服务业			科学研究和技术服务业			
	小计	房地产业	小计	租赁业	商　务 服务业	小计	研究和 试验发展	专业技术 服务业	科技推广 和应用 服务业
总　计	**32143**	**32143**	**44988**	**2299**	**42689**	**19484**	**3095**	**13006**	**3383**
16-19岁	202	202	341	10	331	85	7	56	22
20-24岁	1998	1998	3276	107	3169	1271	151	872	248
25-29岁	4481	4481	6369	238	6131	2946	405	1989	552
30-34岁	6796	6796	9476	535	8941	4635	648	3126	861
35-39岁	4026	4026	6083	349	5734	3195	590	2100	505
40-44岁	3215	3215	5251	331	4920	2271	351	1515	405
45-49岁	3839	3839	5323	302	5021	2149	383	1445	321
50-54岁	3430	3430	4423	250	4173	1641	287	1110	244
55-59岁	2367	2367	2833	128	2705	1016	223	663	130
60-64岁	959	959	859	29	830	139	22	73	44
65-69岁	619	619	518	14	504	69	4	36	29
70-74岁	157	157	168	3	165	23	3	6	14
75岁及以上	54	54	68	3	65	44	21	15	8
男	**19322**	**19322**	**27292**	**1913**	**25379**	**12879**	**2009**	**8743**	**2127**
16-19岁	155	155	221	10	211	60	5	39	16
20-24岁	1216	1216	1713	90	1623	762	77	537	148
25-29岁	2678	2678	3368	190	3178	1795	237	1238	320
30-34岁	3873	3873	5216	457	4759	2948	385	2026	537
35-39岁	2310	2310	3477	279	3198	2107	398	1390	319
40-44岁	1723	1723	3039	270	2769	1500	238	1002	260
45-49岁	2047	2047	3289	247	3042	1417	239	976	202
50-54岁	2244	2244	3278	214	3064	1232	210	858	164
55-59岁	1767	1767	2406	115	2291	857	183	571	103
60-64岁	704	704	716	27	689	104	19	58	27
65-69岁	456	456	401	12	389	50	3	30	17
70-74岁	118	118	125	2	123	17	2	6	9
75岁及以上	31	31	43		43	30	13	12	5
女	**12821**	**12821**	**17696**	**386**	**17310**	**6605**	**1086**	**4263**	**1256**
16-19岁	47	47	120		120	25	2	17	6
20-24岁	782	782	1563	17	1546	509	74	335	100
25-29岁	1803	1803	3001	48	2953	1151	168	751	232
30-34岁	2923	2923	4260	78	4182	1687	263	1100	324
35-39岁	1716	1716	2606	70	2536	1088	192	710	186
40-44岁	1492	1492	2212	61	2151	771	113	513	145
45-49岁	1792	1792	2034	55	1979	732	144	469	119
50-54岁	1186	1186	1145	36	1109	409	77	252	80
55-59岁	600	600	427	13	414	159	40	92	27
60-64岁	255	255	143	2	141	35	3	15	17
65-69岁	163	163	117	2	115	19	1	6	12
70-74岁	39	39	43	1	42	6	1		5
75岁及以上	23	23	25	3	22	14	8	3	3

4-5a 续表 10 单位：人

年龄组 性 别	水利、环境和公共设施管理业					居民服务、修理和其他服务业			
	小计	水 利 管理业	生态保护 和环境 治理业	公共设施 管理业	土 地 管理业	小计	居 民 服务业	机动车、 电子产品 和日用产 品修理业	其 他 服务业
总 计	**10644**	**942**	**640**	**8925**	**137**	**45047**	**26158**	**10498**	**8391**
16-19岁	17		3	14		1015	766	218	31
20-24岁	202	21	21	154	6	3083	2100	761	222
25-29岁	580	91	65	411	13	4966	3288	1275	403
30-34岁	1104	123	106	836	39	8561	5514	2290	757
35-39岁	907	121	75	695	16	5696	3514	1568	614
40-44岁	1112	153	80	858	21	5431	3079	1458	894
45-49岁	1583	160	113	1292	18	5844	3141	1284	1419
50-54岁	1638	135	73	1416	14	4836	2383	883	1570
55-59岁	1418	106	47	1260	5	2847	1310	471	1066
60-64岁	952	12	27	911	2	1347	511	135	701
65-69岁	839	15	19	802	3	962	353	98	511
70-74岁	233	1	6	226		328	136	37	155
75岁及以上	59	4	5	50		131	63	20	48
男	**6280**	**635**	**446**	**5116**	**83**	**20571**	**8761**	**8532**	**3278**
16-19岁	11		3	8		578	351	208	19
20-24岁	136	17	14	101	4	1611	813	674	124
25-29岁	373	57	53	256	7	2490	1230	1053	207
30-34岁	690	81	77	513	19	4066	1820	1871	375
35-39岁	555	75	46	424	10	2550	1042	1233	275
40-44岁	637	93	51	481	12	2357	897	1153	307
45-49岁	836	96	79	649	12	2278	895	989	394
50-54岁	937	100	55	771	11	1984	766	710	508
55-59岁	885	91	35	756	3	1278	514	397	367
60-64岁	516	11	19	484	2	652	209	115	328
65-69岁	517	12	8	494	3	493	141	82	270
70-74岁	148		3	145		166	55	31	80
75岁及以上	39	2	3	34		68	28	16	24
女	**4364**	**307**	**194**	**3809**	**54**	**24476**	**17397**	**1966**	**5113**
16-19岁	6			6		437	415	10	12
20-24岁	66	4	7	53	2	1472	1287	87	98
25-29岁	207	34	12	155	6	2476	2058	222	196
30-34岁	414	42	29	323	20	4495	3694	419	382
35-39岁	352	46	29	271	6	3146	2472	335	339
40-44岁	475	60	29	377	9	3074	2182	305	587
45-49岁	747	64	34	643	6	3566	2246	295	1025
50-54岁	701	35	18	645	3	2852	1617	173	1062
55-59岁	533	15	12	504	2	1569	796	74	699
60-64岁	436	1	8	427		695	302	20	373
65-69岁	322	3	11	308		469	212	16	241
70-74岁	85	1	3	81		162	81	6	75
75岁及以上	20	2	2	16		63	35	4	24

4-5a 续表 11

单位：人

年龄组 性别	教育		卫生和社会工作			文化、体育和娱乐业				
	小计	教育	小计	卫生	社会工作	小计	新闻和出版业	广播、电视、电影和录音制作业	文化艺术业	体育
总 计	**74553**	**74553**	**39411**	**38627**	**784**	**10879**	**1596**	**1770**	**2620**	**1582**
16-19岁	879	879	172	169	3	221		27	36	44
20-24岁	5911	5911	2907	2883	24	1161	59	183	200	280
25-29岁	11149	11149	6404	6352	52	1760	171	329	331	367
30-34岁	14632	14632	9508	9397	111	2301	306	370	509	379
35-39岁	12194	12194	5908	5833	75	1445	273	265	343	166
40-44岁	10565	10565	4469	4373	96	1242	272	191	328	119
45-49岁	8636	8636	4080	3946	134	1180	250	196	328	94
50-54岁	6099	6099	3074	2954	120	903	173	122	307	73
55-59岁	3379	3379	1921	1828	93	481	74	67	179	48
60-64岁	595	595	499	459	40	87	8	9	28	6
65-69岁	298	298	297	274	23	59	6	6	18	6
70-74岁	111	111	105	96	9	26	2	4	8	
75岁及以上	105	105	67	63	4	13	2	1	5	
男	**24356**	**24356**	**12937**	**12656**	**281**	**6043**	**810**	**1025**	**1311**	**903**
16-19岁	290	290	69	67	2	144		22	21	27
20-24岁	1366	1366	649	642	7	672	27	97	87	179
25-29岁	2620	2620	1543	1531	12	981	69	189	151	229
30-34岁	3679	3679	2377	2335	42	1189	136	198	226	190
35-39岁	3570	3570	1950	1923	27	785	140	145	159	93
40-44岁	3595	3595	1574	1549	25	637	126	101	163	55
45-49岁	3335	3335	1522	1497	25	611	136	118	154	45
50-54岁	2873	2873	1380	1326	54	534	105	80	171	43
55-59岁	2321	2321	1277	1231	46	366	60	60	137	33
60-64岁	371	371	294	274	20	56	4	8	19	4
65-69岁	195	195	184	171	13	38	4	3	11	5
70-74岁	75	75	75	70	5	20	2	3	7	
75岁及以上	66	66	43	40	3	10	1	1	5	
女	**50197**	**50197**	**26474**	**25971**	**503**	**4836**	**786**	**745**	**1309**	**679**
16-19岁	589	589	103	102	1	77		5	15	17
20-24岁	4545	4545	2258	2241	17	489	32	86	113	101
25-29岁	8529	8529	4861	4821	40	779	102	140	180	138
30-34岁	10953	10953	7131	7062	69	1112	170	172	283	189
35-39岁	8624	8624	3958	3910	48	660	133	120	184	73
40-44岁	6970	6970	2895	2824	71	605	146	90	165	64
45-49岁	5301	5301	2558	2449	109	569	114	78	174	49
50-54岁	3226	3226	1694	1628	66	369	68	42	136	30
55-59岁	1058	1058	644	597	47	115	14	7	42	15
60-64岁	224	224	205	185	20	31	4	1	9	2
65-69岁	103	103	113	103	10	21	2	3	7	1
70-74岁	36	36	30	26	4	6		1	1	
75岁及以上	39	39	24	23	1	3	1			

4-5a 续表 12 单位：人

年龄组 性别	娱乐业	公共管理、社会保障和社会组织 小计	中国共产党机关	国家机构	人民政协、民主党派	社会保障	群众团体、社会团体和其他成员组织	基层群众自治组织	国际组织 小计	国际组织
总 计	**3311**	**72210**	**1698**	**61678**	**184**	**339**	**3883**	**4428**		
16-19岁	114	131	1	101		2	20	7		
20-24岁	439	2315	54	1987	8	4	173	89		
25-29岁	562	6720	124	5864	6	43	421	262		
30-34岁	737	11889	290	10276	16	67	695	545		
35-39岁	398	10111	303	8780	18	57	503	450		
40-44岁	332	11237	272	9827	27	45	508	558		
45-49岁	312	12190	252	10437	24	53	607	817		
50-54岁	228	9383	221	7981	38	35	497	611		
55-59岁	113	6256	151	5160	40	28	295	582		
60-64岁	36	999	15	637	4	2	75	266		
65-69岁	23	588	8	351	3	2	50	174		
70-74岁	12	228	3	153		1	20	51		
75岁及以上	5	163	4	124			19	16		
男	**1994**	**45168**	**1114**	**39240**	**134**	**162**	**2010**	**2508**		
16-19岁	74	99	1	81		1	12	4		
20-24岁	282	1395	37	1239	1	1	82	35		
25-29岁	343	3646	76	3268	2	16	176	108		
30-34岁	439	6516	160	5794	9	30	308	215		
35-39岁	248	5874	178	5231	12	25	220	208		
40-44岁	192	6618	195	5855	21	20	259	268		
45-49岁	158	7490	153	6588	17	21	305	406		
50-54岁	135	6734	164	5782	31	21	315	421		
55-59岁	76	5346	125	4481	37	22	229	452		
60-64岁	21	728	13	455	2	2	54	202		
65-69岁	15	431	7	259	2	2	29	132		
70-74岁	8	172	2	113		1	11	45		
75岁及以上	3	119	3	94			10	12		
女	**1317**	**27042**	**584**	**22438**	**50**	**177**	**1873**	**1920**		
16-19岁	40	32		20		1	8	3		
20-24岁	157	920	17	748	7	3	91	54		
25-29岁	219	3074	48	2596	4	27	245	154		
30-34岁	298	5373	130	4482	7	37	387	330		
35-39岁	150	4237	125	3549	6	32	283	242		
40-44岁	140	4619	77	3972	6	25	249	290		
45-49岁	154	4700	99	3849	7	32	302	411		
50-54岁	93	2649	57	2199	7	14	182	190		
55-59岁	37	910	26	679	3	6	66	130		
60-64岁	15	271	2	182	2		21	64		
65-69岁	8	157	1	92	1		21	42		
70-74岁	4	56	1	40			9	6		
75岁及以上	2	44	1	30			9	4		

4-5b 全省分年龄、性别、行业大类的就业人口(镇)

单位：人

年龄组 性别	合计	农、林、牧、渔业						采矿业	
		小计	农业	林业	畜牧业	渔业	农、林、牧、渔专业及辅助性活动	小计	煤炭开采和洗选业
总 计	**1266434**	**127075**	**109975**	**2360**	**9193**	**830**	**4717**	**8218**	**4549**
16-19岁	19118	969	855	14	47	1	52	15	7
20-24岁	77813	3291	2791	78	236	22	164	124	35
25-29岁	136727	5964	4899	151	532	48	334	441	220
30-34岁	227312	11036	9083	269	952	140	592	1228	627
35-39岁	153226	8289	6831	215	769	84	390	853	504
40-44岁	145866	9330	7727	228	774	100	501	1243	708
45-49岁	161842	14436	12125	358	1186	133	634	1849	984
50-54岁	148234	20051	17314	400	1512	125	700	1551	954
55-59岁	95464	17869	15799	279	1168	94	529	653	346
60-64岁	42510	12236	11057	161	702	37	279	151	93
65-69岁	36700	13621	12400	142	763	25	291	70	44
70-74岁	14270	6479	5906	44	351	16	162	27	18
75岁及以上	7352	3504	3188	21	201	5	89	13	9
男	**731802**	**65476**	**54725**	**1613**	**5781**	**583**	**2774**	**6986**	**4003**
16-19岁	11905	617	523	11	43	1	39	13	7
20-24岁	45695	1894	1560	53	157	18	106	108	31
25-29岁	77771	3240	2533	106	352	33	216	349	177
30-34岁	127315	5669	4371	187	641	98	372	999	525
35-39岁	84860	4319	3352	147	509	59	252	711	429
40-44岁	80533	4640	3672	142	465	71	290	1016	611
45-49岁	92632	7281	5838	267	706	92	378	1520	849
50-54岁	89371	9717	8081	272	892	90	382	1425	898
55-59岁	59502	8531	7282	185	705	64	295	604	324
60-64岁	26535	6479	5721	99	469	29	161	140	86
65-69岁	22603	7430	6663	97	501	16	153	65	41
70-74岁	8725	3682	3314	32	239	9	88	24	16
75岁及以上	4355	1977	1815	15	102	3	42	12	9
女	**534632**	**61599**	**55250**	**747**	**3412**	**247**	**1943**	**1232**	**546**
16-19岁	7213	352	332	3	4		13	2	
20-24岁	32118	1397	1231	25	79	4	58	16	4
25-29岁	58956	2724	2366	45	180	15	118	92	43
30-34岁	99997	5367	4712	82	311	42	220	229	102
35-39岁	68366	3970	3479	68	260	25	138	142	75
40-44岁	65333	4690	4055	86	309	29	211	227	97
45-49岁	69210	7155	6287	91	480	41	256	329	135
50-54岁	58863	10334	9233	128	620	35	318	126	56
55-59岁	35962	9338	8517	94	463	30	234	49	22
60-64岁	15975	5757	5336	62	233	8	118	11	7
65-69岁	14097	6191	5737	45	262	9	138	5	3
70-74岁	5545	2797	2592	12	112	7	74	3	2
75岁及以上	2997	1527	1373	6	99	2	47	1	

4-5b 续表 1

单位：人

年龄组 性别	采矿业						制造业		
	石油和天然气开采业	黑色金属矿采选业	有色金属矿采选业	非金属矿采选业	开采专业及辅助性活动	其他采矿业	小计	农副食品加工业	食品制造业
总计	**453**	**183**	**1032**	**917**	**906**	**178**	**218643**	**16651**	**13271**
16-19岁			2	5		1	4374	203	223
20-24岁	9	5	19	39	13	4	16988	728	729
25-29岁	22	12	66	75	34	12	26733	1281	1403
30-34岁	49	37	208	179	104	24	46076	2503	2565
35-39岁	47	20	110	81	74	17	28708	1868	1907
40-44岁	77	29	117	139	148	25	25864	1931	1711
45-49岁	132	35	239	148	268	43	26663	2432	1898
50-54岁	80	23	160	134	166	34	21302	2504	1477
55-59岁	36	17	88	77	76	13	12190	1555	834
60-64岁	1	4	13	23	15	2	4649	718	267
65-69岁			7	13	4	2	3387	608	192
70-74岁		1	3	2	2	1	1162	205	46
75岁及以上				2	2		547	115	19
男	**348**	**156**	**823**	**772**	**742**	**142**	**125056**	**9285**	**6190**
16-19岁			1	4		1	2869	138	121
20-24岁	9	5	16	35	11	1	11394	478	402
25-29岁	16	11	46	64	27	8	16686	779	714
30-34岁	40	29	148	154	85	18	26523	1457	1217
35-39岁	32	17	86	70	63	14	15281	992	856
40-44岁	60	27	83	105	111	19	13010	1030	697
45-49岁	85	26	189	123	208	40	13776	1220	789
50-54岁	72	21	144	115	147	28	12148	1342	665
55-59岁	33	15	88	65	71	8	7415	884	425
60-64岁	1	4	13	21	13	2	2931	417	146
65-69岁			7	12	3	2	2033	354	120
70-74岁		1	2	2	2	1	710	132	28
75岁及以上				2	1		280	62	10
女	**105**	**27**	**209**	**145**	**164**	**36**	**93587**	**7366**	**7081**
16-19岁			1	1			1505	65	102
20-24岁			3	4	2	3	5594	250	327
25-29岁	6	1	20	11	7	4	10047	502	689
30-34岁	9	8	60	25	19	6	19553	1046	1348
35-39岁	15	3	24	11	11	3	13427	876	1051
40-44岁	17	2	34	34	37	6	12854	901	1014
45-49岁	47	9	50	25	60	3	12887	1212	1109
50-54岁	8	2	16	19	19	6	9154	1162	812
55-59岁	3	2		12	5	5	4775	671	409
60-64岁				2	2		1718	301	121
65-69岁				1	1		1354	254	72
70-74岁			1				452	73	18
75岁及以上					1		267	53	9

4-5b　续表 2　　　　单位：人

年龄组 性　别	制造业								
	酒、饮料和精制茶制造业	烟　草制品业	纺织业	纺织服装、服饰业	皮革、毛皮、羽毛及其制品和制鞋业	木材加工和木、竹、藤、棕、草制品业	家　具制造业	造纸和纸制品业	印刷和记录媒介复制业
总　计	**3232**	**336**	**8006**	**17544**	**8716**	**5980**	**5628**	**4019**	**2082**
16–19岁	21	2	101	381	228	53	56	38	29
20–24岁	138	10	346	1235	554	252	299	169	126
25–29岁	322	16	619	2004	934	474	598	409	211
30–34岁	596	38	1293	3779	1610	832	1117	739	495
35–39岁	431	31	997	2412	1157	630	766	600	316
40–44岁	443	45	1113	2300	1163	627	726	581	266
45–49岁	502	67	1334	2280	1165	833	763	579	264
50–54岁	392	54	1082	1685	931	990	681	468	201
55–59岁	235	40	559	826	597	663	366	256	106
60–64岁	94	21	238	306	181	281	140	85	33
65–69岁	37	7	196	214	134	234	72	69	27
70–74岁	17	4	86	78	44	78	36	18	7
75岁及以上	4	1	42	44	18	33	8	8	1
男	**1969**	**205**	**3129**	**4842**	**3827**	**3654**	**3677**	**2258**	**1163**
16–19岁	11	1	56	140	144	44	41	25	19
20–24岁	95	7	176	478	332	176	218	114	77
25–29岁	200	11	279	685	460	327	432	250	128
30–34岁	347	24	532	1123	735	532	728	437	281
35–39岁	263	15	368	599	462	355	462	304	185
40–44岁	237	24	353	534	416	360	435	283	148
45–49岁	285	39	453	465	448	460	470	288	130
50–54岁	265	34	411	414	388	582	452	257	88
55–59岁	159	30	249	220	266	415	229	170	58
60–64岁	64	13	108	94	83	191	120	63	23
65–69岁	28	5	86	57	62	141	54	48	19
70–74岁	14	1	37	24	20	51	30	14	6
75岁及以上	1	1	21	9	11	20	6	5	1
女	**1263**	**131**	**4877**	**12702**	**4889**	**2326**	**1951**	**1761**	**919**
16–19岁	10	1	45	241	84	9	15	13	10
20–24岁	43	3	170	757	222	76	81	55	49
25–29岁	122	5	340	1319	474	147	166	159	83
30–34岁	249	14	761	2656	875	300	389	302	214
35–39岁	168	16	629	1813	695	275	304	296	131
40–44岁	206	21	760	1766	747	267	291	298	118
45–49岁	217	28	881	1815	717	373	293	291	134
50–54岁	127	20	671	1271	543	408	229	211	113
55–59岁	76	10	310	606	331	248	137	86	48
60–64岁	30	8	130	212	98	90	20	22	10
65–69岁	9	2	110	157	72	93	18	21	8
70–74岁	3	3	49	54	24	27	6	4	1
75岁及以上	3		21	35	7	13	2	3	

4-5b 续表 3 单位：人

年龄组 性别	制造业								
	文教、工美、体育和娱乐用品制造业	石油、煤炭及其他燃料加工业	化学原料和化学制品制造业	医药制造业	化学纤维制造业	橡胶和塑料制品业	非金属矿物制品业	黑色金属冶炼和压延加工业	有色金属冶炼和压延加工业
总计	**6588**	**1073**	**6804**	**4763**	**176**	**5114**	**14516**	**2969**	**3806**
16-19岁	131	5	50	73	3	55	110	21	13
20-24岁	373	57	344	367	4	321	637	130	170
25-29岁	596	93	792	558	27	500	1176	248	429
30-34岁	1214	194	1530	964	41	976	2491	584	830
35-39岁	847	148	907	628	26	731	1783	390	564
40-44岁	742	152	887	626	25	677	1787	407	503
45-49岁	779	187	970	656	19	720	2247	501	575
50-54岁	765	129	727	424	15	572	2039	377	390
55-59岁	486	77	353	257	12	315	1316	201	205
60-64岁	235	20	105	99	1	136	486	64	66
65-69岁	238	9	95	74	3	80	316	30	41
70-74岁	108	2	31	25		23	105	11	13
75岁及以上	74		13	12		8	23	5	7
男	**2721**	**832**	**4451**	**2152**	**103**	**2866**	**10284**	**2382**	**3014**
16-19岁	93	3	26	35	2	41	76	18	11
20-24岁	231	48	203	192	4	215	471	111	137
25-29岁	293	73	499	270	18	311	868	198	354
30-34岁	531	142	1004	455	19	554	1738	473	643
35-39岁	400	114	560	264	13	388	1215	309	430
40-44岁	300	113	545	259	9	344	1173	302	379
45-49岁	300	129	637	249	14	357	1510	383	444
50-54岁	262	113	517	197	12	317	1446	320	332
55-59岁	138	70	267	133	8	187	1017	175	177
60-64岁	67	18	86	47	1	81	403	58	54
65-69岁	58	7	74	35	3	50	259	24	34
70-74岁	34	2	26	12		15	88	7	13
75岁及以上	14		7	4		6	20	4	6
女	**3867**	**241**	**2353**	**2611**	**73**	**2248**	**4232**	**587**	**792**
16-19岁	38	2	24	38	1	14	34	3	2
20-24岁	142	9	141	175		106	166	19	33
25-29岁	303	20	293	288	9	189	308	50	75
30-34岁	683	52	526	509	22	422	753	111	187
35-39岁	447	34	347	364	13	343	568	81	134
40-44岁	442	39	342	367	16	333	614	105	124
45-49岁	479	58	333	407	5	363	737	118	131
50-54岁	503	16	210	227	3	255	593	57	58
55-59岁	348	7	86	124	4	128	299	26	28
60-64岁	168	2	19	52		55	83	6	12
65-69岁	180	2	21	39		30	57	6	7
70-74岁	74		5	13		8	17	4	
75岁及以上	60		6	8		2	3	1	1

4-5b 续表 4

单位：人

年龄组 性别	制造业								
	金属制品业	通用设备制造业	专用设备制造业	汽车制造业	铁路、船舶、航空航天和其他运输设备制造业	电气机械和器材制造业	计算机、通信和其他电子设备制造业	仪器仪表制造业	其他制造业
总计	**10428**	**10508**	**5642**	**4933**	**1732**	**6179**	**40240**	**1429**	**2720**
16–19岁	123	148	67	101	17	133	1882	26	44
20–24岁	508	642	385	374	109	461	7107	104	146
25–29岁	1095	1160	679	813	214	904	8370	200	270
30–34岁	2258	2358	1238	1479	331	1641	11020	355	448
35–39岁	1523	1437	791	682	261	881	5059	233	318
40–44岁	1326	1354	691	480	239	699	3483	161	289
45–49岁	1403	1319	695	477	265	664	2060	142	357
50–54岁	1145	1147	562	315	153	444	714	98	337
55–59岁	631	584	306	127	105	205	314	68	241
60–64岁	221	210	112	39	19	72	117	19	130
65–69岁	136	104	81	25	12	56	89	17	88
70–74岁	47	25	22	11	5	14	17	5	36
75岁及以上	12	20	13	10	2	5	8	1	16
男	**8226**	**7745**	**3680**	**3729**	**1282**	**3853**	**22521**	**887**	**1296**
16–19岁	109	106	52	98	14	84	1294	20	19
20–24岁	415	492	281	325	87	352	4988	70	83
25–29岁	893	914	469	656	168	617	5257	141	143
30–34岁	1816	1769	792	1167	245	1041	5810	220	222
35–39岁	1158	1047	491	493	178	483	2283	133	149
40–44岁	988	934	425	321	174	359	1332	81	129
45–49岁	1076	871	437	291	189	366	833	84	165
50–54岁	902	865	368	217	114	283	405	63	148
55–59岁	532	457	217	102	81	151	172	49	113
60–64岁	178	174	79	30	15	61	76	13	57
65–69岁	114	83	51	18	10	42	60	9	38
70–74岁	38	18	11	6	5	10	9	4	19
75岁及以上	7	15	7	5	2	4	2		11
女	**2202**	**2763**	**1962**	**1204**	**450**	**2326**	**17719**	**542**	**1424**
16–19岁	14	42	15	3	3	49	588	6	25
20–24岁	93	150	104	49	22	109	2119	34	63
25–29岁	202	246	210	157	46	287	3113	59	127
30–34岁	442	589	446	312	86	600	5210	135	226
35–39岁	365	390	300	189	83	398	2776	100	169
40–44岁	338	420	266	159	65	340	2151	80	160
45–49岁	327	448	258	186	76	298	1227	58	192
50–54岁	243	282	194	98	39	161	309	35	189
55–59岁	99	127	89	25	24	54	142	19	128
60–64岁	43	36	33	9	4	11	41	6	73
65–69岁	22	21	30	7	2	14	29	8	50
70–74岁	9	7	11	5		4	8	1	17
75岁及以上	5	5	6	5		1	6	1	5

4-5b　续表 5　　　　单位：人

年龄组 性　别	制造业		电力、热力、燃气及水生产和供应业				建筑业		
	废弃资源综合利用业	金属制品、机械和设备修理业	小计	电力、热力生产和供应业	燃气生产和供应业	水的生产和供应业	小计	房屋建筑业	土木工程建筑业
总　计	**1808**	**1750**	**8613**	**5800**	**1252**	**1561**	**167419**	**98555**	**8539**
16-19岁	17	20	36	18	14	4	1468	792	68
20-24岁	46	117	340	228	54	58	7107	3570	424
25-29岁	138	200	831	553	153	125	14215	6888	927
30-34岁	198	359	1555	992	301	262	26333	13246	1516
35-39岁	147	237	1110	727	157	226	17982	9312	1000
40-44岁	200	230	1189	793	165	231	19171	10599	1003
45-49岁	286	224	1522	1075	165	282	25319	15524	1187
50-54岁	300	184	1139	831	114	194	26488	17635	1172
55-59岁	241	109	607	421	83	103	16769	11652	773
60-64岁	97	37	153	97	24	32	6659	4917	270
65-69岁	77	26	84	40	16	28	4417	3317	147
70-74岁	39	4	26	12	5	9	1059	802	38
75岁及以上	22	3	21	13	1	7	432	301	14
男	**1289**	**1544**	**6271**	**4450**	**843**	**978**	**140198**	**82256**	**7318**
16-19岁	10	18	30	17	10	3	1254	655	59
20-24岁	33	103	246	167	39	40	5950	2920	363
25-29岁	107	172	591	404	104	83	11969	5741	756
30-34岁	141	328	1127	762	196	169	22093	10995	1285
35-39岁	99	213	790	556	98	136	14963	7696	861
40-44岁	141	185	780	558	107	115	15812	8691	861
45-49岁	193	201	1012	760	102	150	20939	12865	1001
50-54岁	206	163	930	709	81	140	22207	14757	1041
55-59岁	170	94	536	387	67	82	14349	9973	692
60-64岁	76	35	123	76	21	26	5781	4285	235
65-69岁	64	26	71	33	14	24	3731	2815	129
70-74岁	32	4	20	11	3	6	835	645	27
75岁及以上	17	2	15	10	1	4	315	218	8
女	**519**	**206**	**2342**	**1350**	**409**	**583**	**27221**	**16299**	**1221**
16-19岁	7	2	6	1	4	1	214	137	9
20-24岁	13	14	94	61	15	18	1157	650	61
25-29岁	31	28	240	149	49	42	2246	1147	171
30-34岁	57	31	428	230	105	93	4240	2251	231
35-39岁	48	24	320	171	59	90	3019	1616	139
40-44岁	59	45	409	235	58	116	3359	1908	142
45-49岁	93	23	510	315	63	132	4380	2659	186
50-54岁	94	21	209	122	33	54	4281	2878	131
55-59岁	71	15	71	34	16	21	2420	1679	81
60-64岁	21	2	30	21	3	6	878	632	35
65-69岁	13		13	7	2	4	686	502	18
70-74岁	7		6	1	2	3	224	157	11
75岁及以上	5	1	6	3		3	117	83	6

4-5b　续表 6　　　　　　　　　　　　　　　　　　　　　　　　　　单位：人

年龄组 性　别	建筑业		批发和零售业			交通运输、仓储和邮政业			
	建　筑 安装业	建筑装饰、装修和其他建筑业	小计	批发业	零售业	小计	铁　路 运输业	道　路 运输业	水　上 运输业
总　计	**9595**	**50730**	**263717**	**61150**	**202567**	**72219**	**938**	**49942**	**322**
16－19岁	110	498	3829	616	3213	631	10	279	
20－24岁	516	2597	17046	2981	14065	3794	88	2051	9
25－29岁	1056	5344	30523	5821	24702	7646	108	4702	37
30－34岁	2047	9524	53006	10479	42527	14004	131	9442	76
35－39岁	1334	6336	35839	7399	28440	11029	112	8135	47
40－44岁	1277	6292	31921	7025	24896	10509	111	7998	26
45－49岁	1370	7238	32990	8127	24863	10937	142	8160	42
50－54岁	1051	6630	27281	7756	19525	7922	132	5610	32
55－59岁	557	3787	16087	5047	11040	3761	72	2497	29
60－64岁	158	1314	6535	2332	4203	1040	14	573	9
65－69岁	90	863	5393	2189	3204	672	8	365	12
70－74岁	18	201	2067	866	1201	187	6	85	3
75岁及以上	11	106	1200	512	688	87	4	45	
男	**8414**	**42210**	**120193**	**34992**	**85201**	**60005**	**703**	**44082**	**256**
16－19岁	106	434	1853	389	1464	485	5	232	
20－24岁	462	2205	7893	1818	6075	3135	60	1778	7
25－29岁	945	4527	13679	3407	10272	6310	75	4135	32
30－34岁	1819	7994	23034	6038	16996	11473	95	8296	69
35－39岁	1159	5247	15271	4165	11106	9222	79	7263	43
40－44岁	1080	5180	13564	3806	9758	8770	81	7036	18
45－49岁	1176	5897	14721	4534	10187	9089	105	7172	28
50－54岁	925	5484	13293	4449	8844	6663	116	4968	23
55－59岁	492	3192	8272	2896	5376	3225	61	2264	21
60－64岁	145	1116	3636	1396	2240	882	12	514	5
65－69岁	81	706	3072	1283	1789	549	6	323	8
70－74岁	15	148	1221	517	704	139	5	68	2
75岁及以上	9	80	684	294	390	63	3	33	
女	**1181**	**8520**	**143524**	**26158**	**117366**	**12214**	**235**	**5860**	**66**
16－19岁	4	64	1976	227	1749	146	5	47	
20－24岁	54	392	9153	1163	7990	659	28	273	2
25－29岁	111	817	16844	2414	14430	1336	33	567	5
30－34岁	228	1530	29972	4441	25531	2531	36	1146	7
35－39岁	175	1089	20568	3234	17334	1807	33	872	4
40－44岁	197	1112	18357	3219	15138	1739	30	962	8
45－49岁	194	1341	18269	3593	14676	1848	37	988	14
50－54岁	126	1146	13988	3307	10681	1259	16	642	9
55－59岁	65	595	7815	2151	5664	536	11	233	8
60－64岁	13	198	2899	936	1963	158	2	59	4
65－69岁	9	157	2321	906	1415	123	2	42	4
70－74岁	3	53	846	349	497	48	1	17	1
75岁及以上	2	26	516	218	298	24	1	12	

4-5b 续表 7

单位：人

年龄组 性别	交通运输、仓储和邮政业					住宿和餐饮业		
	航空运输业	管道运输业	多式联运和运输代理业	装卸搬运和仓储业	邮政业	小计	住宿业	餐饮业
总计	**429**	**53**	**1471**	**6738**	**12326**	**83392**	**6153**	**77239**
16-19岁	2	1	8	57	274	1940	123	1817
20-24岁	58	2	85	247	1254	5743	436	5307
25-29岁	115	5	152	490	2037	8546	705	7841
30-34岁	82	15	279	907	3072	14823	1029	13794
35-39岁	38	6	244	706	1741	10739	777	9962
40-44岁	24	11	238	762	1339	10331	770	9561
45-49岁	37	5	210	1121	1220	11625	856	10769
50-54岁	46	4	156	1153	789	10008	734	9274
55-59岁	18	4	69	690	382	5644	422	5222
60-64岁	6		17	321	100	2017	155	1862
65-69岁	3		7	200	77	1379	115	1264
70-74岁			5	59	29	425	21	404
75岁及以上			1	25	12	172	10	162
男	**271**	**47**	**1131**	**4914**	**8601**	**41688**	**2712**	**38976**
16-19岁	1	1	7	36	203	1370	81	1289
20-24岁	29	1	66	194	1000	3668	226	3442
25-29岁	70	4	107	355	1532	5140	346	4794
30-34岁	58	14	210	646	2085	8016	444	7572
35-39岁	20	4	192	478	1143	5535	348	5187
40-44岁	14	10	189	539	883	4797	296	4501
45-49岁	26	5	154	791	808	4854	314	4540
50-54岁	30	4	127	862	533	4034	302	3732
55-59岁	16	4	57	536	266	2372	193	2179
60-64岁	5		13	263	70	917	83	834
65-69岁	2		5	154	51	679	64	615
70-74岁			3	42	19	221	11	210
75岁及以上			1	18	8	85	4	81
女	**158**	**6**	**340**	**1824**	**3725**	**41704**	**3441**	**38263**
16-19岁	1		1	21	71	570	42	528
20-24岁	29	1	19	53	254	2075	210	1865
25-29岁	45	1	45	135	505	3406	359	3047
30-34岁	24	1	69	261	987	6807	585	6222
35-39岁	18	2	52	228	598	5204	429	4775
40-44岁	10	1	49	223	456	5534	474	5060
45-49岁	11		56	330	412	6771	542	6229
50-54岁	16		29	291	256	5974	432	5542
55-59岁	2		12	154	116	3272	229	3043
60-64岁	1		4	58	30	1100	72	1028
65-69岁	1		2	46	26	700	51	649
70-74岁			2	17	10	204	10	194
75岁及以上				7	4	87	6	81

4-5b　续表 8　　　　单位：人

年龄组 性　别	信息传输、软件和信息技术服务业				金融业				
	小计	电信、广播电视和卫星传输服务	互联网和相关服务	软件和信息技术服务业	小计	货币金融服务	资本市场服务	保险业	其他金融业
总　计	**13039**	**3788**	**4935**	**4316**	**13913**	**5326**	**314**	**7327**	**946**
16−19岁	280	40	162	78	80	16	1	52	11
20−24岁	1876	284	855	737	832	288	22	430	92
25−29岁	3076	612	1220	1244	2276	891	71	1119	195
30−34岁	3666	1059	1377	1230	3377	1182	79	1876	240
35−39岁	1657	620	561	476	1902	554	65	1170	113
40−44岁	1006	448	320	238	1470	447	25	918	80
45−49岁	734	362	226	146	1715	749	27	848	91
50−54岁	451	223	127	101	1329	677	15	571	66
55−59岁	208	105	61	42	698	403	6	249	40
60−64岁	46	13	18	15	139	68	2	57	12
65−69岁	26	12	6	8	60	34		22	4
70−74岁	8	6	2		21	8		11	2
75岁及以上	5	4		1	14	9	1	4	
男	**8032**	**2120**	**2950**	**2962**	**6688**	**2949**	**212**	**2989**	**538**
16−19岁	175	27	104	44	48	9	1	30	8
20−24岁	1178	149	518	511	440	138	15	247	40
25−29岁	1909	313	745	851	1156	416	45	593	102
30−34岁	2179	532	800	847	1542	563	50	789	140
35−39岁	984	339	312	333	818	290	51	410	67
40−44岁	630	269	194	167	594	243	14	294	43
45−49岁	450	220	142	88	736	411	20	258	47
50−54岁	301	157	78	66	730	460	9	209	52
55−59岁	161	86	41	34	467	327	5	105	30
60−64岁	35	11	12	12	93	53	2	32	6
65−69岁	22	11	3	8	39	25		12	2
70−74岁	5	4	1		16	7		8	1
75岁及以上	3	2		1	9	7		2	
女	**5007**	**1668**	**1985**	**1354**	**7225**	**2377**	**102**	**4338**	**408**
16−19岁	105	13	58	34	32	7		22	3
20−24岁	698	135	337	226	392	150	7	183	52
25−29岁	1167	299	475	393	1120	475	26	526	93
30−34岁	1487	527	577	383	1835	619	29	1087	100
35−39岁	673	281	249	143	1084	264	14	760	46
40−44岁	376	179	126	71	876	204	11	624	37
45−49岁	284	142	84	58	979	338	7	590	44
50−54岁	150	66	49	35	599	217	6	362	14
55−59岁	47	19	20	8	231	76	1	144	10
60−64岁	11	2	6	3	46	15		25	6
65−69岁	4	1	3		21	9		10	2
70−74岁	3	2	1		5	1		3	1
75岁及以上	2	2			5	2	1	2	

4-5b 续表 9

单位：人

年龄组 性 别	房地产业		租赁和商务服务业			科学研究和技术服务业			
	小计	房地产业	小计	租赁业	商 务 服务业	小计	研究和 试验发展	专业技术 服务业	科技推广 和应用 服务业
总 计	**21448**	**21448**	**34742**	**2497**	**32245**	**10864**	**1063**	**6499**	**3302**
16-19岁	247	247	494	38	456	130	12	76	42
20-24岁	1643	1643	2577	166	2411	955	76	685	194
25-29岁	2969	2969	4520	326	4194	1798	187	1255	356
30-34岁	4432	4432	6694	566	6128	2548	260	1728	560
35-39岁	2382	2382	3922	354	3568	1300	161	822	317
40-44岁	1896	1896	3549	280	3269	970	95	592	283
45-49岁	2117	2117	3807	324	3483	1029	105	603	321
50-54岁	2353	2353	3780	258	3522	910	78	434	398
55-59岁	1724	1724	2735	129	2606	606	68	206	332
60-64岁	840	840	1247	32	1215	235	10	41	184
65-69岁	639	639	988	18	970	213	8	44	161
70-74岁	168	168	305	5	300	109	2	9	98
75岁及以上	38	38	124	1	123	61	1	4	56
男	**12792**	**12792**	**22759**	**2167**	**20592**	**7146**	**683**	**4496**	**1967**
16-19岁	165	165	350	35	315	89	9	51	29
20-24岁	1015	1015	1564	154	1410	615	51	443	121
25-29岁	1693	1693	2709	300	2409	1195	123	852	220
30-34岁	2423	2423	4028	500	3528	1693	161	1173	359
35-39岁	1316	1316	2428	309	2119	892	100	589	203
40-44岁	1014	1014	2150	231	1919	639	64	395	180
45-49岁	1235	1235	2487	268	2219	659	67	412	180
50-54岁	1468	1468	2744	219	2525	592	50	337	205
55-59岁	1211	1211	2152	107	2045	399	47	168	184
60-64岁	624	624	1003	23	980	130	4	29	97
65-69岁	479	479	811	15	796	129	4	36	89
70-74岁	127	127	238	5	233	73	2	7	64
75岁及以上	22	22	95	1	94	41	1	4	36
女	**8656**	**8656**	**11983**	**330**	**11653**	**3718**	**380**	**2003**	**1335**
16-19岁	82	82	144	3	141	41	3	25	13
20-24岁	628	628	1013	12	1001	340	25	242	73
25-29岁	1276	1276	1811	26	1785	603	64	403	136
30-34岁	2009	2009	2666	66	2600	855	99	555	201
35-39岁	1066	1066	1494	45	1449	408	61	233	114
40-44岁	882	882	1399	49	1350	331	31	197	103
45-49岁	882	882	1320	56	1264	370	38	191	141
50-54岁	885	885	1036	39	997	318	28	97	193
55-59岁	513	513	583	22	561	207	21	38	148
60-64岁	216	216	244	9	235	105	6	12	87
65-69岁	160	160	177	3	174	84	4	8	72
70-74岁	41	41	67		67	36		2	34
75岁及以上	16	16	29		29	20			20

4-5b 续表 10

单位：人

年龄组 性别	水利、环境和公共设施管理业					居民服务、修理和其他服务业			
	小计	水利管理业	生态保护和环境治理业	公共设施管理业	土地管理业	小计	居民服务业	机动车、电子产品和日用产品修理业	其他服务业
总 计	**11527**	**654**	**448**	**10298**	**127**	**57952**	**31934**	**14967**	**11051**
16-19岁	25	1	4	20		1624	1088	432	104
20-24岁	206	26	22	153	5	4441	2831	1383	227
25-29岁	472	52	31	377	12	6488	4068	1970	450
30-34岁	839	101	68	652	18	10250	6061	3332	857
35-39岁	668	74	54	523	17	6438	3812	2001	625
40-44岁	754	91	37	608	18	5890	3213	1768	909
45-49岁	1298	119	54	1103	22	6242	3257	1528	1457
50-54岁	1760	88	65	1589	18	6379	3096	1282	2001
55-59岁	1708	57	48	1591	12	4426	2087	701	1638
60-64岁	1445	24	33	1385	3	2336	948	273	1115
65-69岁	1568	14	24	1528	2	2169	898	183	1088
70-74岁	574	4	6	564		856	361	66	429
75岁及以上	210	3	2	205		413	214	48	151
男	**6514**	**476**	**308**	**5651**	**79**	**27646**	**11253**	**12099**	**4294**
16-19岁	15	1	1	13		1015	539	396	80
20-24岁	130	17	16	95	2	2557	1226	1205	126
25-29岁	323	34	22	259	8	3462	1575	1647	240
30-34岁	558	76	48	423	11	5125	2032	2709	384
35-39岁	410	58	36	305	11	3027	1212	1566	249
40-44岁	423	63	23	324	13	2673	1033	1376	264
45-49岁	635	77	36	509	13	2640	1025	1176	439
50-54岁	888	65	48	763	12	2547	989	992	566
55-59岁	876	48	35	786	7	1739	641	567	531
60-64岁	805	22	21	760	2	1046	351	217	478
65-69岁	947	10	16	921		1109	378	154	577
70-74岁	365	2	5	358		472	152	56	264
75岁及以上	139	3	1	135		234	100	38	96
女	**5013**	**178**	**140**	**4647**	**48**	**30306**	**20681**	**2868**	**6757**
16-19岁	10		3	7		609	549	36	24
20-24岁	76	9	6	58	3	1884	1605	178	101
25-29岁	149	18	9	118	4	3026	2493	323	210
30-34岁	281	25	20	229	7	5125	4029	623	473
35-39岁	258	16	18	218	6	3411	2600	435	376
40-44岁	331	28	14	284	5	3217	2180	392	645
45-49岁	663	42	18	594	9	3602	2232	352	1018
50-54岁	872	23	17	826	6	3832	2107	290	1435
55-59岁	832	9	13	805	5	2687	1446	134	1107
60-64岁	640	2	12	625	1	1290	597	56	637
65-69岁	621	4	8	607	2	1060	520	29	511
70-74岁	209	2	1	206		384	209	10	165
75岁及以上	71		1	70		179	114	10	55

4-5b 续表 11 单位：人

年龄组 性别	教育		卫生和社会工作			文化、体育和娱乐业				
	小计	教育	小计	卫生	社会工作	小计	新闻和出版业	广播、电视、电影和录音制作业	文化艺术业	体育
总计	**65951**	**65951**	**26119**	**25305**	**814**	**5798**	**313**	**670**	**1365**	**774**
16-19岁	2400	2400	141	138	3	190		27	30	26
20-24岁	5808	5808	1974	1954	20	730	22	84	114	128
25-29岁	9479	9479	4139	4094	45	897	49	97	154	180
30-34岁	11995	11995	5418	5331	87	1182	67	140	252	193
35-39岁	9576	9576	3349	3273	76	683	57	89	144	95
40-44岁	9198	9198	3047	2975	72	535	41	62	154	53
45-49岁	7340	7340	2963	2859	104	575	37	68	162	44
50-54岁	5381	5381	2289	2176	113	483	27	57	166	28
55-59岁	3144	3144	1425	1312	113	303	11	29	117	16
60-64岁	807	807	593	528	65	117		9	34	5
65-69岁	510	510	461	400	61	71	2	3	27	3
70-74岁	177	177	199	169	30	26		3	10	3
75岁及以上	136	136	121	96	25	6		2	1	
男	**23466**	**23466**	**10195**	**9890**	**305**	**3318**	**169**	**405**	**744**	**400**
16-19岁	1209	1209	47	45	2	127		16	18	12
20-24岁	1391	1391	538	531	7	450	10	47	59	86
25-29岁	2230	2230	1160	1149	11	524	24	67	84	93
30-34岁	3060	3060	1661	1637	24	666	30	82	135	87
35-39岁	2989	2989	1284	1260	24	375	30	44	78	49
40-44岁	3447	3447	1261	1241	20	269	24	38	68	19
45-49岁	3202	3202	1312	1280	32	301	23	39	84	20
50-54岁	2759	2759	1180	1135	45	291	19	40	100	20
55-59岁	2046	2046	876	831	45	181	8	20	72	9
60-64岁	560	560	358	327	31	66		7	19	1
65-69岁	366	366	297	265	32	46	1	2	19	2
70-74岁	113	113	142	123	19	19		2	8	2
75岁及以上	94	94	79	66	13	3		1		
女	**42485**	**42485**	**15924**	**15415**	**509**	**2480**	**144**	**265**	**621**	**374**
16-19岁	1191	1191	94	93	1	63		11	12	14
20-24岁	4417	4417	1436	1423	13	280	12	37	55	42
25-29岁	7249	7249	2979	2945	34	373	25	30	70	87
30-34岁	8935	8935	3757	3694	63	516	37	58	117	106
35-39岁	6587	6587	2065	2013	52	308	27	45	66	46
40-44岁	5751	5751	1786	1734	52	266	17	24	86	34
45-49岁	4138	4138	1651	1579	72	274	14	29	78	24
50-54岁	2622	2622	1109	1041	68	192	8	17	66	8
55-59岁	1098	1098	549	481	68	122	3	9	45	7
60-64岁	247	247	235	201	34	51		2	15	4
65-69岁	144	144	164	135	29	25	1	1	8	1
70-74岁	64	64	57	46	11	7		1	2	1
75岁及以上	42	42	42	30	12	3		1	1	

4-5b 续表 12

单位：人

年龄组 性别	娱乐业	公共管理、社会保障和社会组织							国际组织	
		小计	中国共产党机关	国家机构	人民政协、民主党派	社会保障	群众团体、社会团体和其他成员组织	基层群众自治组织	小计	国际组织
总　计	**2676**	**55784**	**1253**	**44970**	**96**	**333**	**4000**	**5132**	**1**	**1**
16-19岁	107	245	8	161		3	48	25		
20-24岁	382	2338	48	1899	4	16	261	110		
25-29岁	417	5714	117	4846	1	40	489	221		
30-34岁	530	8850	206	7430	7	64	670	473		
35-39岁	298	6800	149	5736	5	46	476	388		
40-44岁	225	7992	206	6777	10	43	486	470	1	1
45-49岁	264	8681	173	7190	16	47	548	707		
50-54岁	205	7377	178	5872	25	33	449	820		
55-59岁	130	4907	118	3550	24	19	297	899		
60-64岁	69	1265	29	674	2	9	116	435		
65-69岁	36	972	7	449	1	5	107	403		
70-74岁	10	395	8	210		3	34	140		
75岁及以上	3	248	6	176	1	5	19	41		
男	**1600**	**37373**	**901**	**30570**	**69**	**182**	**2215**	**3436**		
16-19岁	81	174	5	121		2	30	16		
20-24岁	248	1529	36	1304	2	10	123	54		
25-29岁	256	3446	75	3019	1	23	234	94		
30-34岁	332	5446	130	4697	5	31	339	244		
35-39岁	174	4245	98	3660	2	17	247	221		
40-44岁	120	5044	151	4345	7	22	244	275		
45-49岁	135	5783	126	4862	8	27	305	455		
50-54岁	112	5454	139	4420	20	20	281	574		
55-59岁	72	4090	101	3030	20	16	216	707		
60-64岁	39	926	22	476	2	7	81	338		
65-69岁	22	728	5	328	1	2	76	316		
70-74岁	7	303	7	164		1	22	109		
75岁及以上	2	205	6	144	1	4	17	33		
女	**1076**	**18411**	**352**	**14400**	**27**	**151**	**1785**	**1696**	**1**	**1**
16-19岁	26	71	3	40		1	18	9		
20-24岁	134	809	12	595	2	6	138	56		
25-29岁	161	2268	42	1827		17	255	127		
30-34岁	198	3404	76	2733	2	33	331	229		
35-39岁	124	2555	51	2076	3	29	229	167		
40-44岁	105	2948	55	2432	3	21	242	195	1	1
45-49岁	129	2898	47	2328	8	20	243	252		
50-54岁	93	1923	39	1452	5	13	168	246		
55-59岁	58	817	17	520	4	3	81	192		
60-64岁	30	339	7	198		2	35	97		
65-69岁	14	244	2	121		3	31	87		
70-74岁	3	92	1	46		2	12	31		
75岁及以上	1	43		32		1	2	8		

4-5c 全省分年龄、性别、行业大类的就业人口(乡村)

单位：人

年龄组 性别	合计	农、林、牧、渔业						采矿业	
		小计	农业	林业	畜牧业	渔业	农、林、牧、渔专业及辅助性活动	小计	煤炭开采和洗选业
总　计	**1920942**	**780840**	**718546**	**6796**	**38880**	**2189**	**14429**	**10495**	**6671**
16-19岁	35221	7231	6738	47	281	19	146	39	16
20-24岁	97807	18519	16946	164	847	62	500	225	90
25-29岁	147397	29708	26975	300	1551	126	756	604	306
30-34岁	238819	53766	48700	500	3076	233	1257	1301	761
35-39岁	157883	39965	35911	401	2574	201	878	1078	654
40-44岁	160805	47888	42872	530	3241	214	1031	1366	921
45-49岁	221951	81535	73460	896	5133	316	1730	2178	1487
50-54岁	271465	124551	114053	1234	6463	395	2406	2188	1540
55-59岁	214341	115165	106490	1084	5402	308	1881	1006	617
60-64岁	132510	83448	78182	615	3276	131	1244	301	159
65-69岁	139757	98626	92639	605	3770	121	1491	137	75
70-74岁	67026	51693	48589	293	2045	49	717	38	20
75岁及以上	35960	28745	26991	127	1221	14	392	34	25
男	**1086427**	**384855**	**348040**	**4287**	**23352**	**1596**	**7580**	**9664**	**6279**
16-19岁	21691	4540	4200	35	193	18	94	33	14
20-24岁	58025	10332	9271	116	601	46	298	196	79
25-29岁	85039	14805	13018	202	1038	93	454	549	286
30-34岁	135001	25455	22314	336	1929	185	691	1167	700
35-39岁	87137	18379	16001	251	1510	151	466	971	603
40-44岁	88047	21992	19058	321	1901	159	553	1246	864
45-49岁	122903	37156	32610	562	2909	222	853	2018	1409
50-54岁	148528	55457	49617	769	3598	270	1203	2049	1469
55-59岁	119394	53267	48336	631	3151	215	934	957	593
60-64岁	77704	43470	40285	394	2051	94	646	281	149
65-69岁	81917	53791	50088	394	2418	91	800	128	70
70-74岁	40182	29847	27918	186	1320	39	384	35	18
75岁及以上	20859	16364	15324	90	733	13	204	34	25
女	**834515**	**395985**	**370506**	**2509**	**15528**	**593**	**6849**	**831**	**392**
16-19岁	13530	2691	2538	12	88	1	52	6	2
20-24岁	39782	8187	7675	48	246	16	202	29	11
25-29岁	62358	14903	13957	98	513	33	302	55	20
30-34岁	103818	28311	26386	164	1147	48	566	134	61
35-39岁	70746	21586	19910	150	1064	50	412	107	51
40-44岁	72758	25896	23814	209	1340	55	478	120	57
45-49岁	99048	44379	40850	334	2224	94	877	160	78
50-54岁	122937	69094	64436	465	2865	125	1203	139	71
55-59岁	94947	61898	58154	453	2251	93	947	49	24
60-64岁	54806	39978	37897	221	1225	37	598	20	10
65-69岁	57840	44835	42551	211	1352	30	691	9	5
70-74岁	26844	21846	20671	107	725	10	333	3	2
75岁及以上	15101	12381	11667	37	488	1	188		

4-5c 续表 1

单位：人

年龄组 性 别	采矿业						制造业		
	石油和天然气开采业	黑色金属矿采选业	有色金属矿采选业	非金属矿采选业	开采专业及辅助性活动	其 他采矿业	小计	农副食品加工业	食 品制造业
总 计	**76**	**268**	**1297**	**1314**	**584**	**285**	**246187**	**20781**	**11673**
16-19岁			5	12	4	2	5737	230	294
20-24岁	4	9	29	57	32	4	17850	745	835
25-29岁	12	18	92	103	45	28	26840	1231	1219
30-34岁	16	34	176	188	90	36	45626	2277	2140
35-39岁	10	23	140	145	71	35	28307	1736	1390
40-44岁	11	33	144	143	75	39	26115	1983	1296
45-49岁	7	42	270	223	96	53	30395	2951	1590
50-54岁	7	64	235	195	96	51	28853	3478	1385
55-59岁	5	28	139	146	46	25	17189	2518	770
60-64岁	3	10	44	70	12	3	8144	1377	328
65-69岁	1	4	19	23	11	4	6936	1356	302
70-74岁		3	3	6	3	3	2805	627	93
75岁及以上			1	3	3	2	1390	272	31
男	**62**	**230**	**1165**	**1156**	**514**	**258**	**126466**	**10464**	**4813**
16-19岁			4	9	4	2	3477	159	168
20-24岁	3	8	28	47	27	4	10758	465	447
25-29岁	10	15	80	95	41	22	15459	697	603
30-34岁	13	25	152	163	81	33	24212	1169	901
35-39岁	7	20	120	129	64	28	13498	840	512
40-44岁	9	27	130	120	63	33	11761	886	439
45-49岁	6	37	242	191	83	50	14080	1356	566
50-54岁	6	57	212	173	82	50	13919	1600	479
55-59岁	4	27	135	133	41	24	9011	1266	307
60-64岁	3	7	41	66	12	3	4526	763	159
65-69岁	1	4	17	21	11	4	3698	735	159
70-74岁		3	3	6	2	3	1448	373	57
75岁及以上			1	3	3	2	619	155	16
女	**14**	**38**	**132**	**158**	**70**	**27**	**119721**	**10317**	**6860**
16-19岁			1	3			2260	71	126
20-24岁	1	1	1	10	5		7092	280	388
25-29岁	2	3	12	8	4	6	11381	534	616
30-34岁	3	9	24	25	9	3	21414	1108	1239
35-39岁	3	3	20	16	7	7	14809	896	878
40-44岁	2	6	14	23	12	6	14354	1097	857
45-49岁	1	5	28	32	13	3	16315	1595	1024
50-54岁	1	7	23	22	14	1	14934	1878	906
55-59岁	1	1	4	13	5	1	8178	1252	463
60-64岁		3	3	4			3618	614	169
65-69岁			2	2			3238	621	143
70-74岁					1		1357	254	36
75岁及以上							771	117	15

4-5c 续表 2 单位：人

年龄组 性别	制造业								
	酒、饮料和精制茶制造业	烟草制品业	纺织业	纺织服装、服饰业	皮革、毛皮、羽毛及其制品和制鞋业	木材加工和木、竹、藤、棕、草制品业	家具制造业	造纸和纸制品业	印刷和记录媒介复制业
总计	**3042**	**331**	**9805**	**30952**	**10876**	**11522**	**6921**	**3912**	**1881**
16-19岁	35	5	178	818	283	91	133	58	52
20-24岁	182	9	515	2524	710	360	387	204	180
25-29岁	260	16	806	3590	1039	645	718	356	281
30-34岁	458	34	1600	6464	1863	1228	1314	698	439
35-39岁	321	24	1121	4095	1316	952	810	490	200
40-44岁	320	40	1187	3748	1359	1084	732	481	231
45-49岁	402	50	1287	3821	1468	1694	889	552	195
50-54岁	403	55	1314	3062	1362	2056	869	484	144
55-59岁	310	43	773	1465	786	1381	535	299	80
60-64岁	115	21	414	594	317	768	245	139	38
65-69岁	121	26	351	534	252	783	187	77	24
70-74岁	80	7	154	150	85	335	73	44	11
75岁及以上	35	1	105	87	36	145	29	30	6
男	**1674**	**167**	**3118**	**6406**	**3830**	**6193**	**4418**	**1942**	**1024**
16-19岁	22	4	77	274	166	60	104	38	35
20-24岁	109	8	206	803	385	233	284	134	119
25-29岁	170	9	336	981	474	408	508	212	164
30-34岁	253	20	535	1439	765	683	861	366	237
35-39岁	159	12	327	749	449	507	488	216	104
40-44岁	168	19	325	612	404	547	422	219	108
45-49岁	188	22	357	555	410	840	518	212	98
50-54岁	214	21	361	430	345	1045	513	226	65
55-59岁	176	21	241	250	217	769	340	150	45
60-64岁	70	11	140	118	97	433	174	94	25
65-69岁	72	14	123	129	77	452	136	43	18
70-74岁	54	6	57	38	33	160	53	17	4
75岁及以上	19		33	28	8	56	17	15	2
女	**1368**	**164**	**6687**	**24546**	**7046**	**5329**	**2503**	**1970**	**857**
16-19岁	13	1	101	544	117	31	29	20	17
20-24岁	73	1	309	1721	325	127	103	70	61
25-29岁	90	7	470	2609	565	237	210	144	117
30-34岁	205	14	1065	5025	1098	545	453	332	202
35-39岁	162	12	794	3346	867	445	322	274	96
40-44岁	152	21	862	3136	955	537	310	262	123
45-49岁	214	28	930	3266	1058	854	371	340	97
50-54岁	189	34	953	2632	1017	1011	356	258	79
55-59岁	134	22	532	1215	569	612	195	149	35
60-64岁	45	10	274	476	220	335	71	45	13
65-69岁	49	12	228	405	175	331	51	34	6
70-74岁	26	1	97	112	52	175	20	27	7
75岁及以上	16	1	72	59	28	89	12	15	4

4-5c 续表 3

单位：人

年龄组 性别	制造业								
	文教、工美、体育和娱乐用品制造业	石油、煤炭及其他燃料加工业	化学原料和化学制品制造业	医药制造业	化学纤维制造业	橡胶和塑料制品业	非金属矿物制品业	黑色金属冶炼和压延加工业	有色金属冶炼和压延加工业
总计	**13289**	**776**	**4410**	**4953**	**303**	**5548**	**17535**	**2600**	**3171**
16-19岁	281	7	54	77	1	93	139	20	34
20-24岁	718	31	276	314	20	339	614	121	122
25-29岁	1055	75	478	476	40	508	1256	267	406
30-34岁	1967	164	889	971	104	989	2485	501	637
35-39岁	1371	88	529	668	44	688	1851	335	465
40-44岁	1250	99	487	650	33	661	2049	321	383
45-49岁	1495	108	575	552	25	807	2926	379	421
50-54岁	1792	99	513	531	23	707	2995	357	378
55-59岁	1208	68	333	337	7	357	1769	207	207
60-64岁	667	25	134	162	4	183	803	49	80
65-69岁	757	10	99	140	2	146	469	26	30
70-74岁	421	2	32	52		49	130	10	6
75岁及以上	307		11	23		21	49	7	2
男	**3801**	**600**	**2985**	**1453**	**167**	**2792**	**12965**	**2214**	**2567**
16-19岁	147	3	36	31	1	59	106	19	26
20-24岁	351	26	170	133	15	212	477	103	102
25-29岁	372	61	328	169	27	302	948	235	334
30-34岁	682	121	579	278	57	530	1804	432	515
35-39岁	438	62	337	154	23	320	1267	274	376
40-44岁	346	72	309	140	15	285	1390	249	291
45-49岁	378	81	380	129	7	358	2045	316	330
50-54岁	401	83	376	141	12	332	2194	318	316
55-59岁	247	58	253	119	5	180	1438	185	175
60-64岁	122	22	108	68	3	100	720	45	67
65-69岁	166	10	74	61	2	78	421	23	28
70-74岁	88	1	27	20		25	116	8	5
75岁及以上	63		8	10		11	39	7	2
女	**9488**	**176**	**1425**	**3500**	**136**	**2756**	**4570**	**386**	**604**
16-19岁	134	4	18	46		34	33	1	8
20-24岁	367	5	106	181	5	127	137	18	20
25-29岁	683	14	150	307	13	206	308	32	72
30-34岁	1285	43	310	693	47	459	681	69	122
35-39岁	933	26	192	514	21	368	584	61	89
40-44岁	904	27	178	510	18	376	659	72	92
45-49岁	1117	27	195	423	18	449	881	63	91
50-54岁	1391	16	137	390	11	375	801	39	62
55-59岁	961	10	80	218	2	177	331	22	32
60-64岁	545	3	26	94	1	83	83	4	13
65-69岁	591		25	79		68	48	3	2
70-74岁	333	1	5	32		24	14	2	1
75岁及以上	244		3	13		10	10		

4-5c 续表 4 单位：人

年龄组 性别	制造业								
	金属制品业	通用设备制造业	专用设备制造业	汽车制造业	铁路、船舶、航空航天和其他运输设备制造业	电气机械和器材制造业	计算机、通信和其他电子设备制造业	仪器仪表制造业	其他制造业
总计	**13915**	**12647**	**5435**	**3697**	**1361**	**5211**	**29528**	**1556**	**3765**
16-19岁	182	258	145	117	26	158	1791	41	60
20-24岁	733	906	471	387	90	474	5028	143	185
25-29岁	1507	1538	643	544	167	717	6025	244	348
30-34岁	2992	2688	1190	904	328	1275	7474	329	584
35-39岁	1853	1618	635	474	153	675	3385	185	424
40-44岁	1668	1383	525	336	163	537	2110	138	415
45-49岁	1849	1483	621	377	192	551	1819	155	459
50-54岁	1624	1391	574	265	124	468	1068	145	460
55-59岁	841	763	331	164	64	210	450	84	331
60-64岁	351	332	137	67	26	74	167	46	207
65-69岁	223	204	107	48	16	57	121	30	189
70-74岁	65	59	38	14	9	13	61	16	74
75岁及以上	27	24	18		3	2	29		29
男	**11128**	**9369**	**3554**	**2630**	**1056**	**3143**	**16004**	**918**	**1255**
16-19岁	155	192	101	98	20	113	1143	24	32
20-24岁	615	712	310	323	77	352	3222	86	80
25-29岁	1274	1177	431	439	138	449	3589	153	143
30-34岁	2490	2040	785	663	260	791	4006	193	239
35-39岁	1456	1169	380	286	115	369	1563	98	128
40-44岁	1262	983	319	201	109	273	834	88	112
45-49岁	1374	1046	385	224	139	278	747	82	131
50-54岁	1250	991	390	176	99	274	471	83	138
55-59岁	692	570	231	114	53	138	217	60	101
60-64岁	292	261	102	51	22	59	94	26	57
65-69岁	193	161	81	42	14	34	62	16	65
70-74岁	52	48	30	13	8	11	38	9	23
75岁及以上	23	19	9		2	2	18		6
女	**2787**	**3278**	**1881**	**1067**	**305**	**2068**	**13524**	**638**	**2510**
16-19岁	27	66	44	19	6	45	648	17	28
20-24岁	118	194	161	64	13	122	1806	57	105
25-29岁	233	361	212	105	29	268	2436	91	205
30-34岁	502	648	405	241	68	484	3468	136	345
35-39岁	397	449	255	188	38	306	1822	87	296
40-44岁	406	400	206	135	54	264	1276	50	303
45-49岁	475	437	236	153	53	273	1072	73	328
50-54岁	374	400	184	89	25	194	597	62	322
55-59岁	149	193	100	50	11	72	233	24	230
60-64岁	59	71	35	16	4	15	73	20	150
65-69岁	30	43	26	6	2	23	59	14	124
70-74岁	13	11	8	1	1	2	23	7	51
75岁及以上	4	5	9		1		11		23

4-5c　续表 5　　　　单位：人

年龄组 性　别	制造业		电力、热力、燃气及水生产和供应业				建筑业		
	废弃资源综合利用业	金属制品、机械和设备修理业	小计	电力、热力生产和供应业	燃气生产和供应业	水的生产和供应业	小计	房屋建筑业	土木工程建筑业
总　计	**2819**	**1972**	**5061**	**3263**	**1034**	**764**	**295385**	**191159**	**11899**
16-19岁	20	56	43	18	17	8	3376	1832	129
20-24岁	77	150	252	153	62	37	12496	6741	543
25-29岁	123	262	485	304	114	67	21981	11503	1083
30-34岁	236	404	867	565	196	106	38735	21200	1690
35-39岁	198	213	494	296	126	72	26327	15005	1068
40-44岁	263	183	505	322	103	80	29073	17981	1080
45-49岁	450	252	725	478	139	108	43932	29385	1771
50-54岁	518	209	837	619	112	106	51833	36573	2056
55-59岁	353	145	499	339	76	84	35601	26046	1339
60-64岁	231	43	179	91	49	39	16410	12643	628
65-69岁	209	40	120	57	28	35	11558	9127	404
70-74岁	85	10	41	14	8	19	3095	2387	99
75岁及以上	56	5	14	7	4	3	968	736	9
男	**2084**	**1732**	**4225**	**2861**	**760**	**604**	**248771**	**159925**	**10740**
16-19岁	16	48	38	18	13	7	2904	1528	122
20-24岁	65	134	200	128	47	25	10851	5696	489
25-29岁	94	234	400	255	87	58	18787	9630	977
30-34岁	170	348	694	480	132	82	32935	17697	1549
35-39岁	133	187	393	257	88	48	21862	12377	952
40-44岁	177	157	397	278	64	55	23594	14513	949
45-49岁	311	217	590	417	96	77	35739	23720	1587
50-54岁	384	191	730	554	92	84	43174	30293	1827
55-59岁	266	127	459	317	63	79	30706	22426	1228
60-64岁	184	39	166	86	43	37	14639	11319	586
65-69岁	173	36	109	52	25	32	10170	8086	375
70-74岁	64	10	36	13	6	17	2655	2061	91
75岁及以上	47	4	13	6	4	3	755	579	8
女	**735**	**240**	**836**	**402**	**274**	**160**	**46614**	**31234**	**1159**
16-19岁	4	8	5		4	1	472	304	7
20-24岁	12	16	52	25	15	12	1645	1045	54
25-29岁	29	28	85	49	27	9	3194	1873	106
30-34岁	66	56	173	85	64	24	5800	3503	141
35-39岁	65	26	101	39	38	24	4465	2628	116
40-44岁	86	26	108	44	39	25	5479	3468	131
45-49岁	139	35	135	61	43	31	8193	5665	184
50-54岁	134	18	107	65	20	22	8659	6280	229
55-59岁	87	18	40	22	13	5	4895	3620	111
60-64岁	47	4	13	5	6	2	1771	1324	42
65-69岁	36	4	11	5	3	3	1388	1041	29
70-74岁	21		5	1	2	2	440	326	8
75岁及以上	9	1	1	1			213	157	1

4-5c 续表 6

单位：人

年龄组 性别	建筑业		批发和零售业			交通运输、仓储和邮政业			
	建筑安装业	建筑装饰、装修和其他建筑业	小计	批发业	零售业	小计	铁路运输业	道路运输业	水上运输业
总　计	**12415**	**79912**	**227102**	**77187**	**149915**	**68719**	**599**	**50283**	**297**
16-19岁	203	1212	5745	1109	4636	930	10	420	3
20-24岁	744	4468	17707	3746	13961	4069	80	2383	19
25-29岁	1567	7828	25255	5748	19507	7331	86	4902	43
30-34岁	2677	13168	39411	9514	29897	13506	82	9873	63
35-39岁	1588	8666	24353	6714	17639	10035	48	8012	30
40-44岁	1425	8587	21658	6727	14931	9421	53	7731	24
45-49岁	1543	11233	25081	9315	15766	9646	73	7663	16
50-54岁	1400	11804	25497	11147	14350	7510	79	5552	31
55-59岁	793	7423	17415	8406	9009	3741	58	2447	24
60-64岁	284	2855	9257	5097	4160	1248	8	683	21
65-69岁	139	1888	9258	5471	3787	865	16	419	14
70-74岁	39	570	4176	2669	1507	289		136	5
75岁及以上	13	210	2289	1524	765	128	6	62	4
男	**11255**	**66851**	**104317**	**42722**	**61595**	**58181**	**472**	**44958**	**228**
16-19岁	193	1061	2670	712	1958	749	4	360	3
20-24岁	696	3970	7990	2260	5730	3406	62	2149	14
25-29岁	1444	6736	11071	3299	7772	6197	61	4430	41
30-34岁	2476	11213	16655	5222	11433	11356	64	8832	55
35-39岁	1423	7110	10265	3637	6628	8557	38	7150	26
40-44岁	1235	6897	9146	3551	5595	8112	44	6963	20
45-49岁	1362	9070	11340	4994	6346	8243	54	6823	11
50-54岁	1267	9787	12048	5859	6189	6372	64	4963	21
55-59岁	722	6330	8711	4518	4193	3167	53	2196	5
60-64岁	268	2466	5159	2938	2221	1019	8	594	15
65-69岁	128	1581	5335	3172	2163	678	14	336	11
70-74岁	32	471	2536	1654	882	228		112	4
75岁及以上	9	159	1391	906	485	97	6	50	2
女	**1160**	**13061**	**122785**	**34465**	**88320**	**10538**	**127**	**5325**	**69**
16-19岁	10	151	3075	397	2678	181	6	60	
20-24岁	48	498	9717	1486	8231	663	18	234	5
25-29岁	123	1092	14184	2449	11735	1134	25	472	2
30-34岁	201	1955	22756	4292	18464	2150	18	1041	8
35-39岁	165	1556	14088	3077	11011	1478	10	862	4
40-44岁	190	1690	12512	3176	9336	1309	9	768	4
45-49岁	181	2163	13741	4321	9420	1403	19	840	5
50-54岁	133	2017	13449	5288	8161	1138	15	589	10
55-59岁	71	1093	8704	3888	4816	574	5	251	19
60-64岁	16	389	4098	2159	1939	229		89	6
65-69岁	11	307	3923	2299	1624	187	2	83	3
70-74岁	7	99	1640	1015	625	61		24	1
75岁及以上	4	51	898	618	280	31		12	2

4-5c　续表 7　　　　单位：人

年龄组 性　别	交通运输、仓储和邮政业					住宿和餐饮业		
	航　空 运输业	管　道 运输业	多式联运 和运输 代理业	装卸搬运 和仓储业	邮政业	小计	住宿业	餐饮业
总　计	**192**	**40**	**1150**	**7441**	**8717**	**67201**	**4166**	**63035**
16−19岁	4		16	106	371	3121	187	2934
20−24岁	29	2	82	332	1142	5971	439	5532
25−29岁	49	10	146	515	1580	7198	470	6728
30−34岁	46	10	226	984	2222	11218	718	10500
35−39岁	15	3	168	672	1087	7558	425	7133
40−44岁	11	2	156	733	711	7138	417	6721
45−49岁	13	4	151	1100	626	8245	534	7711
50−54岁	10	4	100	1250	484	7700	433	7267
55−59岁	8	1	66	851	286	4920	280	4640
60−64岁	5	2	22	394	113	2050	134	1916
65−69岁	2	1	13	339	61	1412	86	1326
70−74岁		1	3	117	27	463	31	432
75岁及以上			1	48	7	207	12	195
男	**130**	**35**	**971**	**5473**	**5914**	**32352**	**1821**	**30531**
16−19岁	2		16	83	281	2211	131	2080
20−24岁	14	2	65	257	843	3972	241	3731
25−29岁	35	7	116	388	1119	4281	241	4040
30−34岁	30	9	183	703	1480	5921	311	5610
35−39岁	12	3	147	481	700	3549	162	3387
40−44岁	7	2	123	520	433	2977	150	2827
45−49岁	11	4	137	806	397	3039	184	2855
50−54岁	6	4	85	916	313	2523	139	2384
55−59岁	7	1	60	649	196	1870	110	1760
60−64岁	4	2	22	300	74	954	75	879
65−69岁	2		13	250	52	690	51	639
70−74岁		1	3	87	21	266	21	245
75岁及以上			1	33	5	99	5	94
女	**62**	**5**	**179**	**1968**	**2803**	**34849**	**2345**	**32504**
16−19岁	2			23	90	910	56	854
20−24岁	15		17	75	299	1999	198	1801
25−29岁	14	3	30	127	461	2917	229	2688
30−34岁	16	1	43	281	742	5297	407	4890
35−39岁	3		21	191	387	4009	263	3746
40−44岁	4		33	213	278	4161	267	3894
45−49岁	2		14	294	229	5206	350	4856
50−54岁	4		15	334	171	5177	294	4883
55−59岁	1		6	202	90	3050	170	2880
60−64岁	1			94	39	1096	59	1037
65−69岁		1		89	9	722	35	687
70−74岁				30	6	197	10	187
75岁及以上				15	2	108	7	101

4-5c 续表 8 单位：人

年龄组 性别	信息传输、软件和信息技术服务业				金融业				
	小计	电信、广播电视和卫星传输服务	互联网和相关服务	软件和信息技术服务业	小计	货币金融服务	资本市场服务	保险业	其他金融业
总计	**7833**	**1566**	**3545**	**2722**	**5817**	**1502**	**133**	**3819**	**363**
16-19岁	386	57	205	124	75	10	1	58	6
20-24岁	1484	203	682	599	526	113	23	337	53
25-29岁	2065	317	942	806	1090	330	35	637	88
30-34岁	1987	406	924	657	1460	360	43	940	117
35-39岁	769	207	342	220	678	119	12	516	31
40-44岁	397	128	176	93	517	95	8	396	18
45-49岁	290	110	104	76	569	151	4	402	12
50-54岁	230	77	88	65	455	151	2	286	16
55-59岁	144	44	55	45	302	115	4	168	15
60-64岁	42	9	17	16	73	25	1	45	2
65-69岁	25	5	7	13	41	16		22	3
70-74岁	8	1	1	6	20	7		11	2
75岁及以上	6	2	2	2	11	10		1	
男	**4834**	**901**	**2090**	**1843**	**2738**	**852**	**81**	**1603**	**202**
16-19岁	223	26	120	77	41	4		35	2
20-24岁	912	100	420	392	279	46	10	196	27
25-29岁	1267	162	533	572	557	156	20	334	47
30-34岁	1194	213	532	449	685	180	29	409	67
35-39岁	463	115	202	146	264	56	8	184	16
40-44岁	268	88	115	65	162	52	5	98	7
45-49岁	185	81	62	42	239	94	4	136	5
50-54岁	159	66	53	40	212	114	1	85	12
55-59岁	100	38	31	31	198	100	3	82	13
60-64岁	35	7	14	14	50	23	1	24	2
65-69岁	17	3	5	9	25	11		12	2
70-74岁	6	1	1	4	16	6		8	2
75岁及以上	5	1	2	2	10	10			
女	**2999**	**665**	**1455**	**879**	**3079**	**650**	**52**	**2216**	**161**
16-19岁	163	31	85	47	34	6	1	23	4
20-24岁	572	103	262	207	247	67	13	141	26
25-29岁	798	155	409	234	533	174	15	303	41
30-34岁	793	193	392	208	775	180	14	531	50
35-39岁	306	92	140	74	414	63	4	332	15
40-44岁	129	40	61	28	355	43	3	298	11
45-49岁	105	29	42	34	330	57		266	7
50-54岁	71	11	35	25	243	37	1	201	4
55-59岁	44	6	24	14	104	15	1	86	2
60-64岁	7	2	3	2	23	2		21	
65-69岁	8	2	2	4	16	5		10	1
70-74岁	2			2	4	1		3	
75岁及以上	1	1			1			1	

4-5c 续表 9

单位：人

年龄组 性 别	房地产业		租赁和商务服务业			科学研究和技术服务业			
	小计	房地产业	小计	租赁业	商 务 服务业	小计	研究和 试验发展	专业技术 服务业	科技推广 和应用 服务业
总 计	**11244**	**11244**	**27376**	**2971**	**24405**	**11080**	**570**	**4138**	**6372**
16–19岁	244	244	760	51	709	212	17	107	88
20–24岁	1212	1212	2606	264	2342	911	80	551	280
25–29岁	1869	1869	3701	428	3273	1434	124	863	447
30–34岁	2081	2081	4801	658	4143	1864	139	1016	709
35–39岁	1036	1036	2498	328	2170	933	68	428	437
40–44岁	783	783	2167	285	1882	708	28	263	417
45–49岁	973	973	2682	354	2328	973	25	287	661
50–54岁	1132	1132	2858	320	2538	1207	38	290	879
55–59岁	815	815	2266	172	2094	1024	27	170	827
60–64岁	515	515	1352	69	1283	592	12	91	489
65–69岁	418	418	1159	26	1133	680	5	46	629
70–74岁	112	112	371	14	357	347	4	17	326
75岁及以上	54	54	155	2	153	195	3	9	183
男	**7258**	**7258**	**18596**	**2692**	**15904**	**6443**	**375**	**2939**	**3129**
16–19岁	166	166	514	48	466	144	10	76	58
20–24岁	781	781	1642	246	1396	571	52	362	157
25–29岁	1201	1201	2333	401	1932	932	84	600	248
30–34岁	1252	1252	3101	611	2490	1168	99	715	354
35–39岁	626	626	1612	298	1314	542	46	301	195
40–44岁	487	487	1408	245	1163	380	17	166	197
45–49岁	577	577	1784	315	1469	518	14	202	302
50–54岁	726	726	2043	272	1771	614	19	232	363
55–59岁	581	581	1728	156	1572	545	18	145	382
60–64岁	412	412	1112	66	1046	332	6	75	251
65–69岁	324	324	904	22	882	387	5	44	338
70–74岁	87	87	298	11	287	198	2	15	181
75岁及以上	38	38	117	1	116	112	3	6	103
女	**3986**	**3986**	**8780**	**279**	**8501**	**4637**	**195**	**1199**	**3243**
16–19岁	78	78	246	3	243	68	7	31	30
20–24岁	431	431	964	18	946	340	28	189	123
25–29岁	668	668	1368	27	1341	502	40	263	199
30–34岁	829	829	1700	47	1653	696	40	301	355
35–39岁	410	410	886	30	856	391	22	127	242
40–44岁	296	296	759	40	719	328	11	97	220
45–49岁	396	396	898	39	859	455	11	85	359
50–54岁	406	406	815	48	767	593	19	58	516
55–59岁	234	234	538	16	522	479	9	25	445
60–64岁	103	103	240	3	237	260	6	16	238
65–69岁	94	94	255	4	251	293		2	291
70–74岁	25	25	73	3	70	149	2	2	145
75岁及以上	16	16	38	1	37	83		3	80

4-5c 续表 10

单位：人

年龄组 性 别	水利、环境和公共设施管理业					居民服务、修理和其他服务业			
	小计	水 利 管理业	生态保护 和环境 治理业	公共设施 管理业	土 地 管理业	小计	居 民 服务业	机动车、 电子产品 和日用产 品修理业	其 他 服务业
总 计	**14291**	**295**	**662**	**13161**	**173**	**58383**	**30626**	**14284**	**13473**
16-19岁	49	2	2	42	3	2556	1627	810	119
20-24岁	252	9	19	217	7	5173	3100	1796	277
25-29岁	391	20	30	327	14	6131	3617	2076	438
30-34岁	758	37	49	653	19	8578	4841	2972	765
35-39岁	564	29	36	492	7	4983	2724	1588	671
40-44岁	824	25	40	749	10	4563	2328	1294	941
45-49岁	1456	43	90	1299	24	5603	2944	1205	1454
50-54岁	2186	42	102	2018	24	6587	3232	1078	2277
55-59岁	2293	40	124	2111	18	5138	2491	652	1995
60-64岁	2077	16	75	1963	23	3321	1355	358	1608
65-69岁	2228	19	59	2140	10	3470	1363	297	1810
70-74岁	885	8	30	839	8	1494	602	98	794
75岁及以上	328	5	6	311	6	786	402	60	324
男	**8178**	**250**	**506**	**7304**	**118**	**28931**	**10750**	**11880**	**6301**
16-19岁	30	2	1	26	1	1615	788	758	69
20-24岁	158	7	12	136	3	3164	1349	1643	172
25-29岁	261	13	24	211	13	3342	1348	1766	228
30-34岁	468	31	43	383	11	4484	1627	2484	373
35-39岁	316	27	26	260	3	2435	848	1297	290
40-44岁	401	17	32	344	8	2061	721	991	349
45-49岁	756	33	71	634	18	2324	911	915	498
50-54岁	1043	39	72	920	12	2509	927	815	767
55-59岁	1144	35	90	1006	13	2052	755	527	770
60-64岁	1218	15	58	1127	18	1662	492	293	877
65-69岁	1474	18	44	1404	8	1932	558	255	1119
70-74岁	666	8	27	625	6	895	248	85	562
75岁及以上	243	5	6	228	4	456	178	51	227
女	**6113**	**45**	**156**	**5857**	**55**	**29452**	**19876**	**2404**	**7172**
16-19岁	19		1	16	2	941	839	52	50
20-24岁	94	2	7	81	4	2009	1751	153	105
25-29岁	130	7	6	116	1	2789	2269	310	210
30-34岁	290	6	6	270	8	4094	3214	488	392
35-39岁	248	2	10	232	4	2548	1876	291	381
40-44岁	423	8	8	405	2	2502	1607	303	592
45-49岁	700	10	19	665	6	3279	2033	290	956
50-54岁	1143	3	30	1098	12	4078	2305	263	1510
55-59岁	1149	5	34	1105	5	3086	1736	125	1225
60-64岁	859	1	17	836	5	1659	863	65	731
65-69岁	754	1	15	736	2	1538	805	42	691
70-74岁	219		3	214	2	599	354	13	232
75岁及以上	85			83	2	330	224	9	97

4-5c 续表 11

单位：人

年龄组 性别	教育		卫生和社会工作			文化、体育和娱乐业				
	小计	教育	小计	卫生	社会工作	小计	新闻和出版业	广播、电视、电影和录音制作业	文化艺术业	体育
总 计	**40735**	**40735**	**15505**	**14406**	**1099**	**3881**	**125**	**355**	**1263**	**474**
16-19岁	4121	4121	116	107	9	205	2	21	59	25
20-24岁	5465	5465	1262	1230	32	516	17	75	92	92
25-29岁	6560	6560	1869	1842	27	624	29	72	161	122
30-34岁	7130	7130	2151	2096	55	685	28	71	192	89
35-39岁	4542	4542	1596	1546	50	321	21	34	81	42
40-44岁	3797	3797	1690	1615	75	272	8	20	96	22
45-49岁	2853	2853	1842	1722	120	327	10	20	132	22
50-54岁	2450	2450	1708	1549	159	390	6	22	192	25
55-59岁	1970	1970	1220	1045	175	288	2	11	154	19
60-64岁	883	883	751	624	127	113	1	1	41	10
65-69岁	574	574	736	592	144	86	1	6	38	4
70-74岁	246	246	346	290	56	37		1	18	2
75岁及以上	144	144	218	148	70	17		1	7	
男	**13832**	**13832**	**7845**	**7371**	**474**	**2398**	**62**	**270**	**751**	**283**
16-19岁	1958	1958	40	33	7	150	1	17	41	15
20-24岁	1321	1321	286	273	13	334	6	48	47	67
25-29岁	1352	1352	536	526	10	381	10	54	88	80
30-34岁	1472	1472	752	732	20	405	12	52	109	46
35-39岁	1290	1290	796	783	13	184	13	26	46	17
40-44岁	1370	1370	889	863	26	168	7	20	59	11
45-49岁	1221	1221	1076	1043	33	190	5	19	82	11
50-54岁	1202	1202	1076	1019	57	227	5	18	108	12
55-59岁	1261	1261	792	730	62	178	1	8	94	12
60-64岁	650	650	538	467	71	77	1	1	31	7
65-69岁	431	431	597	506	91	63	1	5	25	4
70-74岁	192	192	299	260	39	29		1	16	1
75岁及以上	112	112	168	136	32	12		1	5	
女	**26903**	**26903**	**7660**	**7035**	**625**	**1483**	**63**	**85**	**512**	**191**
16-19岁	2163	2163	76	74	2	55	1	4	18	10
20-24岁	4144	4144	976	957	19	182	11	27	45	25
25-29岁	5208	5208	1333	1316	17	243	19	18	73	42
30-34岁	5658	5658	1399	1364	35	280	16	19	83	43
35-39岁	3252	3252	800	763	37	137	8	8	35	25
40-44岁	2427	2427	801	752	49	104	1		37	11
45-49岁	1632	1632	766	679	87	137	5	1	50	11
50-54岁	1248	1248	632	530	102	163	1	4	84	13
55-59岁	709	709	428	315	113	110	1	3	60	7
60-64岁	233	233	213	157	56	36			10	3
65-69岁	143	143	139	86	53	23		1	13	
70-74岁	54	54	47	30	17	8			2	1
75岁及以上	32	32	50	12	38	5			2	

4-5c 续表 12

单位：人

年龄组 性 别	娱乐业	公共管理、社会保障和社会组织						国际组织	
		小计	中国共产党机关	国家机构	人民政协、民主党派	社会保障	群众团体、社会团体和其他成员组织	基层群众自治组织	小计	国际组织
总 计	**1664**	**23807**	**448**	**9611**	**16**	**211**	**2645**	**10876**		
16-19岁	98	275	5	138		4	92	36		
20-24岁	240	1311	22	910		10	209	160		
25-29岁	240	2261	49	1624	5	33	253	297		
30-34岁	305	2894	67	1752	2	38	384	651		
35-39岁	143	1846	36	963	2	24	237	584		
40-44岁	126	1923	35	891	2	12	232	751		
45-49岁	143	2646	54	953	1	24	280	1334		
50-54岁	145	3293	60	924	1	28	321	1959		
55-59岁	102	3345	68	769	3	13	250	2242		
60-64岁	60	1754	25	294		10	147	1278		
65-69岁	37	1428	18	232		6	147	1025		
70-74岁	16	560	6	93		2	57	402		
75岁及以上	9	271	3	68		7	36	157		
男	**1032**	**16543**	**352**	**6877**	**9**	**95**	**1499**	**7711**		
16-19岁	76	188	4	110		2	49	23		
20-24岁	166	872	16	672		4	100	80		
25-29岁	149	1328	31	1039	1	15	125	117		
30-34岁	186	1625	47	1074	2	16	211	275		
35-39岁	82	1135	28	658	1	6	131	311		
40-44岁	71	1228	27	641	1	4	121	434		
45-49岁	73	1828	43	726	1	14	167	877		
50-54岁	84	2445	52	740	1	13	176	1463		
55-59岁	63	2667	57	649	2	9	156	1794		
60-64岁	37	1404	22	232		4	93	1053		
65-69岁	28	1164	17	197		3	106	841		
70-74岁	11	445	5	83		2	36	319		
75岁及以上	6	214	3	56		3	28	124		
女	**632**	**7264**	**96**	**2734**	**7**	**116**	**1146**	**3165**		
16-19岁	22	87	1	28		2	43	13		
20-24岁	74	439	6	238		6	109	80		
25-29岁	91	933	18	585	4	18	128	180		
30-34岁	119	1269	20	678		22	173	376		
35-39岁	61	711	8	305	1	18	106	273		
40-44岁	55	695	8	250	1	8	111	317		
45-49岁	70	818	11	227		10	113	457		
50-54岁	61	848	8	184		15	145	496		
55-59岁	39	678	11	120	1	4	94	448		
60-64岁	23	350	3	62		6	54	225		
65-69岁	9	264	1	35		3	41	184		
70-74岁	5	115	1	10			21	83		
75岁及以上	3	57		12		4	8	33		

4-6 各地区分性别、职业中类的就业人口

单位：人

地区 性别	合计	党的机关、国家机关、群众团体和社会组织、企事业单位负责人						
		小计	中国共产党机关负责人	国家机关负责人	民主党派和工商联负责人	人民团体和群众团体、社会组织及其他成员组织负责人	基层群众自治组织负责人	企事业单位负责人
河南	**4225042**	**74256**	**191**	**3006**	**10**	**3660**	**2521**	**64868**
郑州市	556875	21208	18	467	3	476	228	20016
开封市	204787	3027	9	163		159	69	2627
洛阳市	293943	5607	17	227	1	314	235	4813
平顶山市	173495	1569	5	117		128	102	1217
安阳市	216740	3156	11	178	1	256	129	2581
鹤壁市	80107	1075	5	78	1	72	44	875
新乡市	288923	4650	10	191		231	170	4048
焦作市	162934	2846	7	159	2	192	131	2355
濮阳市	175451	3150	17	151	2	127	139	2714
许昌市	204537	3703	14	130		166	127	3266
漯河市	106675	1477	11	73		131	39	1223
三门峡市	99483	1555	9	117		51	187	1191
南阳市	376248	4620	12	246		355	153	3854
商丘市	374095	4396	9	126		181	136	3944
信阳市	235228	3456	14	225		218	181	2818
周口市	344351	4011	9	127		325	219	3331
驻马店市	298688	4100	9	195		226	176	3494
济源市	32482	650	5	36		52	56	501
男	**2409067**	**53377**	**147**	**2376**	**4**	**2441**	**2075**	**46334**
郑州市	325789	15171	12	338	2	313	189	14317
开封市	114593	2174	9	129		114	62	1860
洛阳市	175916	4152	13	181	1	216	192	3549
平顶山市	107506	1171	5	97		78	88	903
安阳市	124253	2394	6	137	1	182	111	1957
鹤壁市	44892	771	3	58		45	31	634
新乡市	157889	3380	8	149		161	140	2922
焦作市	94814	2025	5	123		123	110	1664
濮阳市	97635	2364	14	128		95	117	2010
许昌市	117474	2627	10	108		110	97	2302
漯河市	62918	1034	7	53		85	33	856
三门峡市	59180	1134	8	90		33	148	855
南阳市	211988	3369	11	209		239	129	2781
商丘市	201618	2981	6	99		112	122	2642
信阳市	138966	2568	11	183		149	146	2079
周口市	192821	2833	9	115		202	187	2320
驻马店市	161638	2734	6	149		147	124	2308
济源市	19177	495	4	30		37	49	375
女	**1815975**	**20879**	**44**	**630**	**6**	**1219**	**446**	**18534**
郑州市	231086	6037	6	129	1	163	39	5699
开封市	90194	853		34		45	7	767
洛阳市	118027	1455	4	46		98	43	1264
平顶山市	65989	398		20		50	14	314
安阳市	92487	762	5	41		74	18	624
鹤壁市	35215	304	2	20	1	27	13	241
新乡市	131034	1270	2	42		70	30	1126
焦作市	68120	821	2	36	2	69	21	691
濮阳市	77816	786	3	23	2	32	22	704
许昌市	87063	1076	4	22		56	30	964
漯河市	43757	443	4	20		46	6	367
三门峡市	40303	421	1	27		18	39	336
南阳市	164260	1251	1	37		116	24	1073
商丘市	172477	1415	3	27		69	14	1302
信阳市	96262	888	3	42		69	35	739
周口市	151530	1178		12		123	32	1011
驻马店市	137050	1366	3	46		79	52	1186
济源市	13305	155	1	6		15	7	126

4-6 续表 1 单位：人

地区 性别	专业技术人员 小计	科学研究人员	工程技术人员	农业技术人员	飞机和船舶技术人员	卫生专业技术人员	经济和金融专业人员	法律、社会和宗教专业人员	教学人员	文学艺术、体育专业人员
河南	**366023**	**1581**	**64764**	**4573**	**167**	**68652**	**57390**	**6138**	**149757**	**5476**
郑州市	85197	698	17718	372	74	13428	19358	1856	27640	1498
开封市	15453	41	2664	950	8	3128	1978	214	6033	173
洛阳市	30072	170	6917	191	27	5420	4771	574	10915	455
平顶山市	14423	32	2450	100	2	3075	1845	249	6246	145
安阳市	20441	63	3632	328	6	3771	2861	339	8782	253
鹤壁市	6789	15	1164	100	2	1245	1019	90	2905	115
新乡市	24425	91	4287	372	7	4373	3890	333	10241	352
焦作市	13796	51	2280	132	3	2654	2034	244	5917	192
濮阳市	15641	51	3015	134	5	2899	2126	210	6664	274
许昌市	15632	36	2532	177	3	3072	2293	263	6576	339
漯河市	7973	25	1257	60	1	1630	1288	143	3288	138
三门峡市	8096	40	1404	56	3	1753	1015	147	3392	97
南阳市	27611	66	4045	519	11	5679	3293	412	12783	333
商丘市	21364	46	3428	282	3	4061	3002	262	9732	329
信阳市	17621	51	2411	278	4	3242	2129	276	8784	161
周口市	19673	42	2300	178	3	4483	1782	224	10145	316
驻马店市	18181	53	2515	314	4	4158	2105	237	8265	255
济源市	3635	10	745	30	1	581	601	65	1449	51
男	**155499**	**975**	**53544**	**2660**	**151**	**24807**	**18059**	**3654**	**44525**	**3145**
郑州市	35252	415	14551	249	63	3768	5416	1015	7717	849
开封市	6445	26	2193	346	7	1111	635	131	1743	110
洛阳市	13215	116	5675	131	26	1876	1387	300	3119	256
平顶山市	6191	19	2093	69	2	1157	693	165	1757	81
安阳市	8606	44	3159	227	5	1384	956	193	2274	133
鹤壁市	2784	8	955	59	2	442	318	53	804	69
新乡市	10055	57	3598	210	6	1593	1116	211	2816	189
焦作市	5502	28	1847	71	3	905	620	140	1611	105
濮阳市	6463	31	2533	77	5	1050	698	120	1653	149
许昌市	6499	22	2128	103	3	1134	747	171	1772	227
漯河市	3412	14	1056	42	1	613	396	76	1048	90
三门峡市	3542	30	1178	41	3	588	376	92	1079	54
南阳市	12069	39	3321	329	10	2449	1154	281	4026	204
商丘市	9511	29	2764	183	3	1645	1069	192	3343	156
信阳市	8058	31	2018	194	4	1339	871	180	3140	108
周口市	8517	30	1798	123	3	1918	726	155	3471	184
驻马店市	7921	31	2087	184	4	1652	742	146	2752	150
济源市	1457	5	590	22	1	183	139	33	400	31
女	**210524**	**606**	**11220**	**1913**	**16**	**43845**	**39331**	**2484**	**105232**	**2331**
郑州市	49945	283	3167	123	11	9660	13942	841	19923	649
开封市	9008	15	471	604	1	2017	1343	83	4290	63
洛阳市	16857	54	1242	60	1	3544	3384	274	7796	199
平顶山市	8232	13	357	31		1918	1152	84	4489	64
安阳市	11835	19	473	101	1	2387	1905	146	6508	120
鹤壁市	4005	7	209	41		803	701	37	2101	46
新乡市	14370	34	689	162	1	2780	2774	122	7425	163
焦作市	8294	23	433	61		1749	1414	104	4306	87
濮阳市	9178	20	482	57		1849	1428	90	5011	125
许昌市	9133	14	404	74		1938	1546	92	4804	112
漯河市	4561	11	201	18		1017	892	67	2240	48
三门峡市	4554	10	226	15		1165	639	55	2313	43
南阳市	15542	27	724	190	1	3230	2139	131	8757	129
商丘市	11853	17	664	99		2416	1933	70	6389	173
信阳市	9563	20	393	84		1903	1258	96	5644	53
周口市	11156	12	502	55		2565	1056	69	6674	132
驻马店市	10260	22	428	130		2506	1363	91	5513	105
济源市	2178	5	155	8		398	462	32	1049	20

4-6 续表 2

单位：人

地区 性别	专业技术人员		办事人员和有关人员				社会生产服务和生活服务人员		
	新闻出版、文化专业人员	其他专业技术人员	小计	办事人员	安全和消防人员	其他办事人员和有关人员	小计	批发与零售服务人员	交通运输、仓储和邮政业服务人员
河南	**4851**	**2674**	**231330**	**181016**	**47753**	**2561**	**1494678**	**707877**	**237269**
郑州市	1966	589	53029	44445	8154	430	233915	108303	35947
开封市	151	113	8976	7087	1804	85	63504	32491	9058
洛阳市	421	211	19019	14854	3930	235	105595	44879	18290
平顶山市	153	126	11171	8515	2216	440	57802	26611	9833
安阳市	208	198	12246	9648	2404	194	70459	32534	11598
鹤壁市	79	55	4848	3657	1158	33	28729	11786	5000
新乡市	223	256	15032	11223	3662	147	103829	49837	15567
焦作市	179	110	10425	7924	2396	105	65033	27303	15297
濮阳市	151	112	9584	7780	1694	110	53693	22037	10064
许昌市	161	180	10426	7867	2430	129	69791	31845	11484
漯河市	82	61	5700	4352	1301	47	37913	18149	6564
三门峡市	113	76	6517	5088	1346	83	35349	14405	6739
南阳市	291	179	15960	12268	3534	158	125210	61923	18101
商丘市	154	65	12186	9085	3031	70	136090	73252	19606
信阳市	162	123	11435	9196	2151	88	76998	38373	10845
周口市	150	50	10531	7682	2797	52	110436	53612	17143
驻马店市	156	119	11440	8127	3204	109	109150	56359	13710
济源市	51	51	2805	2218	541	46	11182	4178	2423
男	**2120**	**1859**	**151110**	**107136**	**42369**	**1605**	**800393**	**323049**	**197305**
郑州市	783	426	31191	23746	7189	256	133456	54892	29932
开封市	66	77	6021	4315	1652	54	32451	13965	7241
洛阳市	177	152	12275	8637	3479	159	57077	20577	15211
平顶山市	68	87	7527	5285	1953	289	33231	13228	8434
安阳市	98	133	8058	5859	2084	115	38257	15066	9947
鹤壁市	39	35	3150	2134	998	18	14043	4476	4043
新乡市	92	167	9840	6462	3289	89	50551	20742	12660
焦作市	88	84	6830	4663	2101	66	36204	11862	13329
濮阳市	68	79	6307	4778	1459	70	27865	9123	8434
许昌市	73	119	7007	4756	2165	86	38925	14937	9827
漯河市	38	38	3807	2615	1171	21	21382	8730	5446
三门峡市	42	59	4306	3089	1166	51	19452	6382	5691
南阳市	138	118	10940	7732	3098	110	64958	27635	14722
商丘市	84	43	8444	5672	2736	36	71273	33100	15892
信阳市	81	92	7976	5987	1933	56	41872	18138	9266
周口市	75	34	7616	5066	2514	36	60118	24731	14194
驻马店市	91	82	8034	5052	2918	64	53282	23593	10910
济源市	19	34	1781	1288	464	29	5996	1872	2126
女	**2731**	**815**	**80220**	**73880**	**5384**	**956**	**694285**	**384828**	**39964**
郑州市	1183	163	21838	20699	965	174	100459	53411	6015
开封市	85	36	2955	2772	152	31	31053	18526	1817
洛阳市	244	59	6744	6217	451	76	48518	24302	3079
平顶山市	85	39	3644	3230	263	151	24571	13383	1399
安阳市	110	65	4188	3789	320	79	32202	17468	1651
鹤壁市	40	20	1698	1523	160	15	14686	7310	957
新乡市	131	89	5192	4761	373	58	53278	29095	2907
焦作市	91	26	3595	3261	295	39	28829	15441	1968
濮阳市	83	33	3277	3002	235	40	25828	12914	1630
许昌市	88	61	3419	3111	265	43	30866	16908	1657
漯河市	44	23	1893	1737	130	26	16531	9419	1118
三门峡市	71	17	2211	1999	180	32	15897	8023	1048
南阳市	153	61	5020	4536	436	48	60252	34288	3379
商丘市	70	22	3742	3413	295	34	64817	40152	3714
信阳市	81	31	3459	3209	218	32	35126	20235	1579
周口市	75	16	2915	2616	283	16	50318	28881	2949
驻马店市	65	37	3406	3075	286	45	55868	32766	2800
济源市	32	17	1024	930	77	17	5186	2306	297

4-6 续表 3 单位：人

地区 性别	社会生产服务和生活服务人员								
	住宿和餐饮服务人员	信息传输、软件和信息技术服务人员	金融服务人员	房地产服务人员	租赁和商务服务人员	技术辅助服务人员	水利、环境和公共设施管理服务人员	居民服务人员	电力、燃气及水供应服务人员
河南	**203687**	**21268**	**24560**	**17631**	**21035**	**22982**	**79824**	**87351**	**13344**
郑州市	25870	6656	5507	4974	5787	7280	12760	10784	1639
开封市	8479	803	899	571	797	790	3346	3293	522
洛阳市	15529	2060	2222	1581	2091	1877	5519	6256	1110
平顶山市	7782	661	1054	604	925	984	2820	3503	795
安阳市	8518	1001	1251	643	958	976	4200	4763	982
鹤壁市	4457	357	437	342	387	315	2213	1869	262
新乡市	12870	1155	1478	1231	1247	1382	6212	8178	837
焦作市	8427	757	1199	426	754	883	3513	3295	713
濮阳市	7015	749	1030	685	826	739	4067	3417	748
许昌市	10460	845	1064	810	755	901	3457	4174	709
漯河市	5314	549	718	467	572	487	1405	1881	386
三门峡市	6084	541	768	351	506	530	1515	1961	403
南阳市	17660	1199	1844	1091	1466	1339	5420	8621	1084
商丘市	17546	1097	1358	1146	963	1433	7084	6835	861
信阳市	11754	871	1076	741	799	873	3565	4860	664
周口市	18055	959	1160	870	938	1059	4973	6716	752
驻马店市	16283	818	1224	1019	1101	899	7046	6249	706
济源市	1584	190	271	79	163	235	709	696	171
男	**98924**	**14019**	**11396**	**10079**	**14869**	**14212**	**32204**	**27821**	**10900**
郑州市	13495	4695	2554	2846	3573	4485	5435	3591	1393
开封市	4229	529	399	316	596	522	1284	1011	427
洛阳市	7173	1223	998	957	1504	1222	2047	1929	909
平顶山市	4032	416	506	368	733	651	1314	1138	608
安阳市	3973	682	586	374	673	593	1684	1504	798
鹤壁市	1877	211	223	187	254	193	719	605	219
新乡市	5645	712	659	694	897	809	2262	1793	703
焦作市	3780	485	480	230	545	511	1349	1105	571
濮阳市	3082	467	414	295	592	467	1580	1004	598
许昌市	5268	592	485	485	574	553	1482	1479	586
漯河市	2825	358	342	279	443	298	568	625	320
三门峡市	2857	344	379	213	381	334	649	634	338
南阳市	8603	772	862	609	1078	820	2370	2401	855
商丘市	9035	695	682	633	707	851	2724	2416	699
信阳市	5764	587	546	453	623	577	1485	1802	541
周口市	9160	641	584	497	736	636	2209	2712	630
驻马店市	7510	505	601	612	853	564	2792	1896	570
济源市	616	105	96	31	107	126	251	176	135
女	**104763**	**7249**	**13164**	**7552**	**6166**	**8770**	**47620**	**59530**	**2444**
郑州市	12375	1961	2953	2128	2214	2795	7325	7193	246
开封市	4250	274	500	255	201	268	2062	2282	95
洛阳市	8356	837	1224	624	587	655	3472	4327	201
平顶山市	3750	245	548	236	192	333	1506	2365	187
安阳市	4545	319	665	269	285	383	2516	3259	184
鹤壁市	2580	146	214	155	133	122	1494	1264	43
新乡市	7225	443	819	537	350	573	3950	6385	134
焦作市	4647	272	719	196	209	372	2164	2190	142
濮阳市	3933	282	616	390	234	272	2487	2413	150
许昌市	5192	253	579	325	181	348	1975	2695	123
漯河市	2489	191	376	188	129	189	837	1256	66
三门峡市	3227	197	389	138	125	196	866	1327	65
南阳市	9057	427	982	482	388	519	3050	6220	229
商丘市	8511	402	676	513	256	582	4360	4419	162
信阳市	5990	284	530	288	176	296	2080	3058	123
周口市	8895	318	576	373	202	423	2764	4004	122
驻马店市	8773	313	623	407	248	335	4254	4353	136
济源市	968	85	175	48	56	109	458	520	36

4-6　续表 4　　　　单位：人

地　区 性　别	社会生产服务和生活服务人员				农、林、牧、渔业生产及辅助人员				
	修理及制作服务人　员	文化、体育和娱乐服务人员	健康服务人　　员	其他社会生产和生活服务人　员	小计	农业生产人　　员	林业生产人　　员	畜牧业生产人员	渔业生产人　　员
河　南	**48302**	**5559**	**2539**	**1450**	**965672**	**882100**	**8866**	**51009**	**3281**
郑州市	6432	1202	578	196	46137	42877	544	1906	430
开封市	2081	230	107	37	62625	59386	253	2531	75
洛阳市	3246	517	251	167	56537	51622	778	3290	194
平顶山市	1898	181	96	55	43930	40743	274	2435	104
安阳市	2485	310	141	99	45648	40966	253	2458	36
鹤壁市	1131	87	55	31	12744	10531	105	1810	19
新乡市	3226	373	160	76	58962	53745	477	3785	87
焦作市	1992	223	108	143	21010	18000	335	2094	61
濮阳市	1903	229	99	85	38462	34033	170	2870	97
许昌市	2801	312	115	59	51747	46808	907	1457	48
漯河市	1183	131	71	36	23915	22467	169	779	38
三门峡市	1327	131	58	30	28396	27026	219	959	14
南阳市	4778	397	206	81	123423	111981	1553	6121	354
商丘市	4419	325	128	37	93606	85943	427	5836	185
信阳市	2097	257	116	107	72877	67008	820	3331	1049
周口市	3766	287	97	49	99006	93848	665	3623	215
驻马店市	3184	287	121	144	82772	72087	830	5033	250
济源市	353	80	32	18	3875	3029	87	691	25
男	**40593**	**3260**	**940**	**822**	**478067**	**428691**	**5622**	**31015**	**2405**
郑州市	5585	673	184	123	23401	21216	339	1329	282
开封市	1732	134	47	19	31519	29556	162	1515	61
洛阳市	2833	317	81	96	29155	25857	552	2209	161
平顶山市	1620	112	39	32	24064	21904	194	1678	91
安阳市	2089	169	56	63	19714	17169	152	1628	31
鹤壁市	945	52	24	15	6172	4915	64	1043	16
新乡市	2699	196	47	33	27399	24380	279	2257	68
焦作市	1677	144	42	94	11441	9558	230	1345	46
濮阳市	1590	133	40	46	16682	14250	109	1765	74
许昌市	2375	209	40	33	25717	22910	524	969	41
漯河市	1031	75	25	17	12760	11872	135	523	30
三门峡市	1122	86	22	20	15270	14358	155	651	14
南阳市	3897	217	76	41	64057	57104	971	3846	272
商丘市	3555	210	56	18	43668	39420	291	3208	129
信阳市	1825	151	57	57	38231	34694	561	1799	754
周口市	3130	184	47	27	47304	44137	403	2249	150
驻马店市	2590	159	48	79	39436	33893	440	2537	163
济源市	298	39	9	9	2077	1498	61	464	22
女	**7709**	**2299**	**1599**	**628**	**487605**	**453409**	**3244**	**19994**	**876**
郑州市	847	529	394	73	22736	21661	205	577	148
开封市	349	96	60	18	31106	29830	91	1016	14
洛阳市	413	200	170	71	27382	25765	226	1081	33
平顶山市	278	69	57	23	19866	18839	80	757	13
安阳市	396	141	85	36	25934	23797	101	830	5
鹤壁市	186	35	31	16	6572	5616	41	767	3
新乡市	527	177	113	43	31563	29365	198	1528	19
焦作市	315	79	66	49	9569	8442	105	749	15
濮阳市	313	96	59	39	21780	19783	61	1105	23
许昌市	426	103	75	26	26030	23898	383	488	7
漯河市	152	56	46	19	11155	10595	34	256	8
三门峡市	205	45	36	10	13126	12668	64	308	
南阳市	881	180	130	40	59366	54877	582	2275	82
商丘市	864	115	72	19	49938	46523	136	2628	56
信阳市	272	106	59	50	34646	32314	259	1532	295
周口市	636	103	50	22	51702	49711	262	1374	65
驻马店市	594	128	73	65	43336	38194	390	2496	87
济源市	55	41	23	9	1798	1531	26	227	3

4-6 续表 5 单位：人

地区 性别	农林牧渔生产辅助人员	其他农、林、牧、渔业生产加工人员	生产制造及有关人员 小计	农副产品加工人员	食品、饮料生产加工人员	烟草及其制品加工人员	纺织、针织、印染人员	纺织品、服装和皮革、毛皮制品加工制作人员	木材加工、家具与木制品制作人员
河南	**19224**	**1192**	**1078808**	**22618**	**24463**	**941**	**12607**	**82060**	**29408**
郑州市	328	52	115939	1383	2444	168	252	4696	2640
开封市	343	37	50633	1696	950	9	395	2316	3807
洛阳市	593	60	75966	739	1094	185	500	5636	1254
平顶山市	365	9	44030	721	603	47	611	2015	773
安阳市	1688	247	64256	2051	840	52	500	6202	1539
鹤壁市	201	78	25415	535	415		177	1288	610
新乡市	849	19	80826	1204	2752		1448	4241	1402
焦作市	500	20	49039	963	1527	6	439	4957	674
濮阳市	1273	19	54571	1410	1120	5	287	4161	2416
许昌市	2511	16	52530	953	819	123	609	3434	1600
漯河市	430	32	29117	1599	2239	69	130	1962	1376
三门峡市	160	18	19177	378	379	84	57	315	202
南阳市	3184	230	78346	2651	1315	124	1745	4256	1575
商丘市	1186	29	105544	1811	1924	5	1296	15410	3356
信阳市	557	112	51403	1240	1208	8	710	3845	1474
周口市	632	23	99804	1591	2029	2	3012	12149	2674
驻马店市	4387	185	71999	1557	2434	51	411	5031	1921
济源市	37	6	10213	136	371	3	28	146	115
男	**9737**	**597**	**762086**	**11766**	**11234**	**539**	**3362**	**21728**	**20736**
郑州市	209	26	86432	780	1214	105	99	1893	2246
开封市	206	19	35631	759	432	7	106	683	2124
洛阳市	342	34	59350	393	530	95	165	1765	1009
平顶山市	191	6	34965	404	309	29	240	767	652
安阳市	650	84	46907	867	343	33	124	604	1174
鹤壁市	95	39	17690	244	181		36	277	489
新乡市	402	13	55985	593	958		263	696	1059
焦作市	252	10	32372	459	611	4	83	1548	475
濮阳市	477	7	37757	604	432		52	501	1691
许昌市	1263	10	36250	482	377	60	148	1071	1021
漯河市	184	16	20179	861	1048	49	47	658	1020
三门峡市	82	10	15229	218	201	42	23	117	173
南阳市	1718	146	55964	1445	656	66	548	1395	1196
商丘市	598	22	65226	956	951	2	421	3883	2150
信阳市	361	62	39293	724	684	5	210	1134	1091
周口市	352	13	65937	942	1020	2	688	3179	1906
驻马店市	2328	75	49623	961	1145	38	107	1522	1166
济源市	27	5	7296	74	142	2	2	35	94
女	**9487**	**595**	**316722**	**10852**	**13229**	**402**	**9245**	**60332**	**8672**
郑州市	119	26	29507	603	1230	63	153	2803	394
开封市	137	18	15002	937	518	2	289	1633	1683
洛阳市	251	26	16616	346	564	90	335	3871	245
平顶山市	174	3	9065	317	294	18	371	1248	121
安阳市	1038	163	17349	1184	497	19	376	5598	365
鹤壁市	106	39	7725	291	234		141	1011	121
新乡市	447	6	24841	611	1794		1185	3545	343
焦作市	248	10	16667	504	916	2	356	3409	199
濮阳市	796	12	16814	806	688	5	235	3660	725
许昌市	1248	6	16280	471	442	63	461	2363	579
漯河市	246	16	8938	738	1191	20	83	1304	356
三门峡市	78	8	3948	160	178	42	34	198	29
南阳市	1466	84	22382	1206	659	58	1197	2861	379
商丘市	588	7	40318	855	973	3	875	11527	1206
信阳市	196	50	12110	516	524	3	500	2711	383
周口市	280	10	33867	649	1009		2324	8970	768
驻马店市	2059	110	22376	596	1289	13	304	3509	755
济源市	10	1	2917	62	229	1	26	111	21

4-6　续表 6　　　　　　　　　　　　　　　　　　　　单位：人

地区 性别	生产制造及有关人员								
	纸及纸制品生产加工人员	印刷和记录媒介复制人员	文教、工美、体育和娱乐用品制造人员	石油加工和炼焦、煤化工生产人员	化学原料和化学制品制造人员	医药制造人员	化学纤维制造人员	橡胶和塑料制品制造人员	非金属矿物制品制造人员
河　南	**5073**	**4610**	**21203**	**1596**	**7853**	**3780**	**1129**	**7726**	**19072**
郑州市	603	713	379	51	359	349	16	442	2918
开封市	96	162	428	16	463	151	3	346	421
洛阳市	214	291	376	234	432	206	63	540	1387
平顶山市	71	122	230	358	362	78	177	204	951
安阳市	132	165	347	293	387	174	6	295	832
鹤壁市	39	51	227	52	111	33	9	186	462
新乡市	897	398	269	27	2013	421	607	610	1085
焦作市	846	222	268	52	616	682	14	949	1501
濮阳市	398	157	1598	164	516	78	51	554	523
许昌市	267	285	3140	77	134	137	50	246	3024
漯河市	286	173	291	8	246	64	21	191	197
三门峡市	36	110	90	40	91	47	5	80	261
南阳市	305	330	4086	56	532	595	21	424	2040
商丘市	382	352	6321	36	492	180	3	1542	911
信阳市	74	143	911	18	103	104	14	148	756
周口市	171	690	1421	4	502	201	58	347	546
驻马店市	221	219	784	9	323	248	4	498	997
济源市	35	27	37	101	171	32	7	124	260
男	**2476**	**2543**	**6359**	**1269**	**5423**	**1730**	**566**	**3821**	**13595**
郑州市	354	413	219	43	254	162	11	251	2300
开封市	52	92	148	14	314	94	1	194	327
洛阳市	108	164	181	187	321	84	42	292	1062
平顶山市	39	70	106	278	255	28	123	136	712
安阳市	59	79	57	246	253	87	5	153	549
鹤壁市	15	23	83	42	78	12	4	88	276
新乡市	380	198	97	20	1586	183	296	314	814
焦作市	448	105	92	46	450	275	9	508	938
濮阳市	91	85	99	116	339	36	23	184	377
许昌市	124	170	934	67	83	63	16	137	1849
漯河市	176	103	65	8	179	35	5	98	150
三门峡市	23	61	44	32	65	24	3	43	212
南阳市	163	190	2519	38	310	256	9	219	1418
商丘市	193	203	833	25	285	95	3	619	682
信阳市	41	87	305	16	70	57	7	86	592
周口市	78	355	339	2	237	95	5	172	351
驻马店市	124	129	222	6	218	131	2	283	825
济源市	8	16	16	83	126	13	2	44	161
女	**2597**	**2067**	**14844**	**327**	**2430**	**2050**	**563**	**3905**	**5477**
郑州市	249	300	160	8	105	187	5	191	618
开封市	44	70	280	2	149	57	2	152	94
洛阳市	106	127	195	47	111	122	21	248	325
平顶山市	32	52	124	80	107	50	54	68	239
安阳市	73	86	290	47	134	87	1	142	283
鹤壁市	24	28	144	10	33	21	5	98	186
新乡市	517	200	172	7	427	238	311	296	271
焦作市	398	117	176	6	166	407	5	441	563
濮阳市	307	72	1499	48	177	42	28	370	146
许昌市	143	115	2206	10	51	74	34	109	1175
漯河市	110	70	226		67	29	16	93	47
三门峡市	13	49	46	8	26	23	2	37	49
南阳市	142	140	1567	18	222	339	12	205	622
商丘市	189	149	5488	11	207	85		923	229
信阳市	33	56	606	2	33	47	7	62	164
周口市	93	335	1082	2	265	106	53	175	195
驻马店市	97	90	562	3	105	117	2	215	172
济源市	27	11	21	18	45	19	5	80	99

4-6 续表 7

单位：人

地区 性别	生产制造及有关人员 采矿人员	金属冶炼和压延加工人员	机械制造基础加工人员	金属制品制造人员	通用设备制造人员	专用设备制造人员	汽车制造人员	铁路、船舶、航空设备制造人员	电气机械和器材制造人员
河南	**22119**	**9927**	**42980**	**14641**	**7242**	**4280**	**6639**	**1931**	**6930**
郑州市	3791	1425	5903	1531	854	458	1815	189	1182
开封市	115	103	1190	675	373	114	416	18	194
洛阳市	2384	1206	7169	1096	1254	285	375	847	530
平顶山市	5254	464	1599	656	236	177	128	35	356
安阳市	470	1827	3500	647	557	145	253	49	247
鹤壁市	1279	57	845	243	136	58	449	14	115
新乡市	424	427	5966	1196	1025	1895	527	59	859
焦作市	833	437	2348	796	400	101	529	33	438
濮阳市	1674	194	1491	585	212	58	328	29	413
许昌市	1184	478	3270	1041	499	372	363	36	336
漯河市	50	73	763	345	146	84	73	19	112
三门峡市	1540	475	744	198	93	31	125	16	91
南阳市	1091	524	2479	1363	547	118	573	50	505
商丘市	1482	602	1709	1563	213	71	203	84	712
信阳市	96	417	729	672	153	52	121	85	181
周口市	81	114	1449	1157	260	89	163	89	180
驻马店市	151	93	1244	766	210	164	182	274	336
济源市	220	1011	582	111	74	8	16	5	143
男	**19748**	**8255**	**37752**	**10178**	**6225**	**1746**	**4863**	**1439**	**4282**
郑州市	3597	1237	5305	1192	750	308	1561	143	852
开封市	108	84	1066	474	303	64	262	17	130
洛阳市	2184	1053	6308	823	1057	199	289	630	405
平顶山市	4535	387	1417	498	202	106	102	29	253
安阳市	419	1462	3201	450	526	45	200	43	146
鹤壁市	1117	47	742	167	118	30	227	10	64
新乡市	382	317	5074	799	856	403	338	44	468
焦作市	749	374	1987	500	346	64	406	29	276
濮阳市	1402	163	1410	307	183	29	159	22	181
许昌市	1121	403	2797	745	435	170	280	28	233
漯河市	45	54	706	255	135	35	51	16	79
三门峡市	1375	399	698	158	85	27	105	14	70
南阳市	853	416	2085	952	454	55	416	48	261
商丘市	1385	485	1463	990	173	39	131	60	363
信阳市	81	336	639	518	136	27	85	71	116
周口市	66	90	1250	752	216	51	111	68	110
驻马店市	127	78	1081	525	185	88	126	163	184
济源市	202	870	523	73	65	6	14	4	91
女	**2371**	**1672**	**5228**	**4463**	**1017**	**2534**	**1776**	**492**	**2648**
郑州市	194	188	598	339	104	150	254	46	330
开封市	7	19	124	201	70	50	154	1	64
洛阳市	200	153	861	273	197	86	86	217	125
平顶山市	719	77	182	158	34	71	26	6	103
安阳市	51	365	299	197	31	100	53	6	101
鹤壁市	162	10	103	76	18	28	222	4	51
新乡市	42	110	892	397	169	1492	189	15	391
焦作市	84	63	361	296	54	37	123	4	162
濮阳市	272	31	81	278	29	29	169	7	232
许昌市	63	75	473	296	64	202	83	8	103
漯河市	5	19	57	90	11	49	22	3	33
三门峡市	165	76	46	40	8	4	20	2	21
南阳市	238	108	394	411	93	63	157	2	244
商丘市	97	117	246	573	40	32	72	24	349
信阳市	15	81	90	154	17	25	36	14	65
周口市	15	24	199	405	44	38	52	21	70
驻马店市	24	15	163	241	25	76	56	111	152
济源市	18	141	59	38	9	2	2	1	52

4-6 续表 8

单位：人

地区 性别	生产制造及有关人员								不便分类的其他从业人员
	计算机、通信和其他电子设备制造人员	仪器仪表制造人员	废弃资源综合利用人员	电力、热力、气体、水生产和输配人员	建筑施工人员	运输设备和通用工程机械操作人员及有关人员	生产辅助人员	其他生产制造及有关人员	
河　南	**88582**	**1041**	**1927**	**3960**	**506497**	**24568**	**86923**	**4482**	**14275**
郑州市	23334	60	139	528	36763	4281	15761	512	1450
开封市	4975	66	52	126	27766	764	2258	169	569
洛阳市	5078	39	147	583	31023	2517	7973	309	1147
平顶山市	2853	29	57	283	18952	1313	4171	144	570
安阳市	2222	38	91	367	33803	1560	4473	192	534
鹤壁市	3599	13	23	88	11867	509	1852	73	507
新乡市	4241	51	86	224	36637	2106	7374	355	1199
焦作市	3155	29	92	303	18843	1044	5283	659	785
濮阳市	2956	33	54	245	28878	880	2851	252	350
许昌市	3727	33	165	142	19710	1128	4618	530	708
漯河市	2320	4	22	85	11209	677	4163	120	580
三门峡市	2259	18	17	148	8223	810	2162	52	393
南阳市	5967	43	131	219	37272	1685	5341	383	1078
商丘市	5853	506	105	126	49200	1247	7756	91	909
信阳市	2741	22	213	148	31564	1272	2052	129	1438
周口市	5808	17	110	115	59944	1055	3648	128	890
驻马店市	5833	13	377	121	42355	1281	3622	269	1046
济源市	1661	27	46	109	2488	439	1565	115	122
男	**50471**	**566**	**1399**	**3070**	**426294**	**22688**	**53468**	**2495**	**8535**
郑州市	13146	38	97	436	32112	3874	11101	339	886
开封市	2676	45	41	97	22800	717	1297	103	352
洛阳市	3363	32	118	468	28094	2344	5381	204	692
平顶山市	1794	19	48	209	16873	1226	3023	96	357
安阳市	1300	27	69	263	29660	1403	2928	132	317
鹤壁市	1974	5	19	68	9487	469	1252	46	282
新乡市	2454	33	64	185	30960	1916	4017	218	679
焦作市	1989	20	69	237	15148	952	2960	215	440
濮阳市	1384	27	42	172	25111	834	1656	45	197
许昌市	2416	13	114	107	16727	1051	2674	334	449
漯河市	1475	3	15	66	9917	638	2123	64	344
三门峡市	1510	11	15	116	6965	752	1607	41	247
南阳市	3146	22	95	170	31530	1581	3213	239	631
商丘市	3210	230	78	99	40054	1126	3987	52	515
信阳市	1561	7	146	112	27660	1219	1385	85	968
周口市	3140	12	88	88	47629	991	1849	55	496
驻马店市	3111	8	248	85	33388	1199	1991	157	608
济源市	822	14	33	92	2179	396	1024	70	75
女	**38111**	**475**	**528**	**890**	**80203**	**1880**	**33455**	**1987**	**5740**
郑州市	10188	22	42	92	4651	407	4660	173	564
开封市	2299	21	11	29	4966	47	961	66	217
洛阳市	1715	7	29	115	2929	173	2592	105	455
平顶山市	1059	10	9	74	2079	87	1148	48	213
安阳市	922	11	22	104	4143	157	1545	60	217
鹤壁市	1625	8	4	20	2380	40	600	27	225
新乡市	1787	18	22	39	5677	190	3357	137	520
焦作市	1166	9	23	66	3695	92	2323	444	345
濮阳市	1572	6	12	73	3767	46	1195	207	153
许昌市	1311	20	51	35	2983	77	1944	196	259
漯河市	845	1	7	19	1292	39	2040	56	236
三门峡市	749	7	2	32	1258	58	555	11	146
南阳市	2821	21	36	49	5742	104	2128	144	447
商丘市	2643	276	27	27	9146	121	3769	39	394
信阳市	1180	15	67	36	3904	53	667	44	470
周口市	2668	5	22	27	12315	64	1799	73	394
驻马店市	2722	5	129	36	8967	82	1631	112	438
济源市	839	13	13	17	309	43	541	45	47

4-6a 各地区分性别、职业中类的就业人口(城市)

单位：人

地区 性别	合计	党的机关、国家机关、群众团体和社会组织、企事业单位负责人						
		小计	中国共产党机关负责人	国家机关负责人	民主党派和工商联负责人	人民团体和群众团体、社会组织及其他成员组织负责人	基层群众自治组织负责人	企事业单位负责人
河　南	**1037666**	**35944**	**72**	**1608**	**7**	**1372**	**289**	**32596**
郑州市	288867	15138	11	392	3	300	49	14383
开封市	39019	1292	4	103		66	5	1114
洛阳市	93001	3158	6	111	1	131	25	2884
平顶山市	50995	585	1	42		46	19	477
安阳市	53648	1465	2	95		88	17	1263
鹤壁市	25577	613	1	59		39	13	501
新乡市	84315	2201	3	107		85	28	1978
焦作市	42640	1044	4	92	2	51	18	877
濮阳市	27436	1026	4	67	1	20	7	927
许昌市	63584	1891	8	100		69	18	1696
漯河市	25515	762	9	46		69	7	631
三门峡市	30175	811	3	78		31	20	679
南阳市	45552	1229	2	68		44	19	1096
商丘市	61334	1490	3	55		55	14	1363
信阳市	31552	830	2	79		44	4	701
周口市	38708	1101	6	47		144	7	897
驻马店市	19357	863	1	35		57	6	764
济源市	16391	445	2	32		33	13	365
男	**590838**	**25415**	**56**	**1225**	**3**	**866**	**210**	**23055**
郑州市	162528	10650	7	282	2	185	34	10140
开封市	21773	927	4	78		50	4	791
洛阳市	54065	2274	5	86	1	83	19	2080
平顶山市	30698	413	1	34		28	15	335
安阳市	32311	1109	2	75		60	15	957
鹤壁市	13649	431	1	42		23	5	360
新乡市	46681	1569	2	82		52	21	1412
焦作市	24740	727	4	68		30	13	612
濮阳市	15766	775	3	55		14	6	697
许昌市	36214	1325	4	81		43	9	1188
漯河市	14416	523	6	30		45	5	437
三门峡市	18157	593	3	64		19	18	489
南阳市	25375	884	1	58		30	13	782
商丘市	32676	968	2	37		38	11	880
信阳市	19243	594	2	61		27	2	502
周口市	21944	758	6	40		84	6	622
驻马店市	11218	564	1	25		35	4	499
济源市	9384	331	2	27		20	10	272
女	**446828**	**10529**	**16**	**383**	**4**	**506**	**79**	**9541**
郑州市	126339	4488	4	110	1	115	15	4243
开封市	17246	365		25		16	1	323
洛阳市	38936	884	1	25		48	6	804
平顶山市	20297	172		8		18	4	142
安阳市	21337	356		20		28	2	306
鹤壁市	11928	182		17		16	8	141
新乡市	37634	632	1	25		33	7	566
焦作市	17900	317		24	2	21	5	265
濮阳市	11670	251	1	12	1	6	1	230
许昌市	27370	566	4	19		26	9	508
漯河市	11099	239	3	16		24	2	194
三门峡市	12018	218		14		12	2	190
南阳市	20177	345	1	10		14	6	314
商丘市	28658	522	1	18		17	3	483
信阳市	12309	236		18		17	2	199
周口市	16764	343		7		60	1	275
驻马店市	8139	299		10		22	2	265
济源市	7007	114		5		13	3	93

4-6a 续表 1 单位：人

地区 性别	专业技术人员 小计	科学研究人员	工程技术人员	农业技术人员	飞机和船舶技术人员	卫生专业技术人员	经济和金融专业人员	法律、社会和宗教专业人员	教学人员	文学艺术、体育专业人员
河　南	**172202**	**1027**	**31987**	**602**	**95**	**32659**	**32487**	**3776**	**62613**	**2537**
郑州市	60165	575	11407	162	45	10448	14217	1535	18718	1133
开封市	6203	24	1066	23	6	1350	937	138	2402	85
洛阳市	16156	131	4113	55	22	2733	2970	352	5122	248
平顶山市	6983	14	1360	28		1539	1074	118	2614	78
安阳市	8944	30	1573	38	5	1620	1496	212	3638	98
鹤壁市	3314	5	560	8	1	623	589	58	1372	40
新乡市	11946	62	2051	53	4	2285	2018	185	4908	165
焦作市	5979	26	993	24	2	1294	918	135	2387	71
濮阳市	5581	27	1366	16	1	944	906	105	2048	43
许昌市	8829	26	1409	33	2	1831	1405	194	3603	107
漯河市	3560	12	458	23	1	757	612	91	1471	58
三门峡市	4405	17	776	16	3	969	622	96	1754	52
南阳市	7263	17	1182	37	1	1644	1133	147	2851	96
商丘市	7775	14	1247	19		1475	1328	111	3387	77
信阳市	5041	15	909	20	1	902	828	116	2084	54
周口市	4625	13	541	22		1106	543	89	2181	58
驻马店市	2790	12	467	7		718	436	48	1001	42
济源市	2643	7	509	18	1	421	455	46	1072	32
男	**70519**	**628**	**25931**	**389**	**81**	**9796**	**9706**	**2133**	**18241**	**1407**
郑州市	24202	340	9181	111	35	2743	4047	829	5383	623
开封市	2541	14	878	14	5	393	292	75	734	48
洛阳市	6878	91	3244	39	21	786	754	174	1430	133
平顶山市	2980	9	1133	17		486	386	69	761	43
安阳市	3622	18	1353	18	4	499	503	112	946	46
鹤壁市	1291	3	454	2	1	184	167	36	392	24
新乡市	4946	40	1721	31	3	736	568	108	1522	95
焦作市	2351	15	793	13	2	396	303	76	641	38
濮阳市	2381	17	1113	12	1	275	286	59	524	26
许昌市	3530	13	1153	21	2	602	436	127	1000	63
漯河市	1400	6	371	17	1	249	201	45	442	35
三门峡市	1886	15	626	10	3	313	215	61	562	28
南阳市	3093	11	937	28	1	613	372	94	911	54
商丘市	3187	9	1008	11		518	405	80	1054	36
信阳市	2163	8	742	16	1	288	304	70	635	35
周口市	1858	8	447	11		359	217	65	681	32
驻马店市	1184	7	384	4		239	143	30	316	29
济源市	1026	4	393	14	1	117	107	23	307	19
女	**101683**	**399**	**6056**	**213**	**14**	**22863**	**22781**	**1643**	**44372**	**1130**
郑州市	35963	235	2226	51	10	7705	10170	706	13335	510
开封市	3662	10	188	9	1	957	645	63	1668	37
洛阳市	9278	40	869	16	1	1947	2216	178	3692	115
平顶山市	4003	5	227	11		1053	688	49	1853	35
安阳市	5322	12	220	20	1	1121	993	100	2692	52
鹤壁市	2023	2	106	6		439	422	22	980	16
新乡市	7000	22	330	22	1	1549	1450	77	3386	70
焦作市	3628	11	200	11		898	615	59	1746	33
濮阳市	3200	10	253	4		669	620	46	1524	17
许昌市	5299	13	256	12		1229	969	67	2603	44
漯河市	2160	6	87	6		508	411	46	1029	23
三门峡市	2519	2	150	6		656	407	35	1192	24
南阳市	4170	6	245	9		1031	761	53	1940	42
商丘市	4588	5	239	8		957	923	31	2333	41
信阳市	2878	7	167	4		614	524	46	1449	19
周口市	2767	5	94	11		747	326	24	1500	26
驻马店市	1606	5	83	3		479	293	18	685	13
济源市	1617	3	116	4		304	348	23	765	13

4-6a 续表 2

单位：人

地区 性别	专业技术人员		办事人员和有关人员				社会生产服务和生活服务人员		
	新闻出版、文化专业人员	其他专业技术人员	小计	办事人员	安全和消防人员	其他办事人员和有关人员	小计	批发与零售服务人员	交通运输、仓储和邮政业服务人员
河南	**3185**	**1234**	**122776**	**100858**	**20577**	**1341**	**478900**	**231050**	**69676**
郑州市	1539	386	39098	33959	4865	274	138087	69057	16460
开封市	104	68	4635	3726	861	48	16074	7674	2280
洛阳市	297	113	10658	8632	1893	133	41604	18530	7005
平顶山市	100	58	6013	4663	986	364	20593	9581	3233
安阳市	140	94	6308	5101	1108	99	21811	9882	3620
鹤壁市	46	12	2998	2331	652	15	11703	5393	1689
新乡市	126	89	8150	6334	1764	52	39459	20404	5549
焦作市	90	39	5221	4162	1022	37	19536	8943	3507
濮阳市	72	53	3982	3395	554	33	10902	4748	1785
许昌市	117	102	7026	5587	1368	71	28721	13921	4189
漯河市	52	25	2990	2448	509	33	12594	6458	1950
三门峡市	61	39	3793	3110	620	63	13353	5663	2491
南阳市	122	33	4734	3763	949	22	22299	10799	3268
商丘市	94	23	6072	4853	1194	25	32108	15960	4788
信阳市	84	28	3843	3157	665	21	15028	6963	2419
周口市	62	10	3356	2571	781	4	18552	9227	2896
驻马店市	42	17	1780	1289	483	8	10156	5224	1385
济源市	37	45	2119	1777	303	39	6320	2623	1162
男	**1364**	**843**	**76166**	**57386**	**17977**	**803**	**256735**	**107748**	**56944**
郑州市	639	271	22490	18112	4221	157	77116	35113	13522
开封市	45	43	2965	2157	781	27	8298	3358	1829
洛阳市	126	80	6534	4791	1654	89	22719	8905	5595
平顶山市	36	40	3848	2770	847	231	11186	4470	2579
安阳市	61	62	4061	3028	977	56	12171	4727	3103
鹤壁市	20	8	1874	1303	563	8	5170	1914	1342
新乡市	57	65	5170	3580	1562	28	19844	8893	4421
焦作市	44	30	3322	2400	896	26	10564	3994	2931
濮阳市	31	37	2449	1981	452	16	5664	2026	1470
许昌市	51	62	4631	3386	1205	40	15570	6553	3549
漯河市	20	13	1912	1453	446	13	6827	3082	1548
三门峡市	21	32	2418	1847	535	36	7327	2487	2098
南阳市	55	17	3111	2288	809	14	11542	4738	2603
商丘市	51	15	3922	2865	1043	14	15889	6520	3800
信阳市	42	22	2564	1967	584	13	8440	3391	2067
周口市	30	8	2340	1637	699	4	9704	4063	2362
驻马店市	22	10	1233	783	443	7	5394	2326	1125
济源市	13	28	1322	1038	260	24	3310	1188	1000
女	**1821**	**391**	**46610**	**43472**	**2600**	**538**	**222165**	**123302**	**12732**
郑州市	900	115	16608	15847	644	117	60971	33944	2938
开封市	59	25	1670	1569	80	21	7776	4316	451
洛阳市	171	33	4124	3841	239	44	18885	9625	1410
平顶山市	64	18	2165	1893	139	133	9407	5111	654
安阳市	79	32	2247	2073	131	43	9640	5155	517
鹤壁市	26	4	1124	1028	89	7	6533	3479	347
新乡市	69	24	2980	2754	202	24	19615	11511	1128
焦作市	46	9	1899	1762	126	11	8972	4949	576
濮阳市	41	16	1533	1414	102	17	5238	2722	315
许昌市	66	40	2395	2201	163	31	13151	7368	640
漯河市	32	12	1078	995	63	20	5767	3376	402
三门峡市	40	7	1375	1263	85	27	6026	3176	393
南阳市	67	16	1623	1475	140	8	10757	6061	665
商丘市	43	8	2150	1988	151	11	16219	9440	988
信阳市	42	6	1279	1190	81	8	6588	3572	352
周口市	32	2	1016	934	82		8848	5164	534
驻马店市	20	7	547	506	40	1	4762	2898	260
济源市	24	17	797	739	43	15	3010	1435	162

4-6a　续表 3

单位：人

地　区 性　别	社会生产服务和生活服务人员								
	住宿和餐饮服务人员	信息传输、软件和信息技术服务人员	金融服务人员	房地产服务人员	租赁和商务服务人员	技术辅助服务人员	水利、环境和公共设施管理服务人员	居民服务人员	电力、燃气及水供应服务人员
河　南	**58665**	**10345**	**12926**	**8630**	**9508**	**11028**	**20859**	**23564**	**5304**
郑州市	14675	4511	4162	3278	3561	4953	5432	6430	919
开封市	2381	282	426	234	286	286	663	783	166
洛阳市	4684	1131	1249	900	1150	989	1954	2036	456
平顶山市	2650	321	555	272	466	340	971	980	474
安阳市	2352	448	649	326	465	461	1172	1087	343
鹤壁市	1644	156	241	222	191	131	959	604	118
新乡市	4631	600	772	537	610	672	1692	2183	342
焦作市	2751	297	582	200	241	330	807	820	305
濮阳市	1210	219	333	270	238	231	593	559	280
许昌市	3735	462	663	506	360	499	1337	1572	354
漯河市	1568	216	400	221	196	172	368	553	118
三门峡市	1909	250	437	169	223	255	503	635	237
南阳市	2855	350	585	353	472	418	854	1183	317
商丘市	4499	377	611	461	359	438	1602	1568	305
信阳市	2171	241	444	266	200	276	502	861	173
周口市	2755	250	343	207	206	262	730	902	176
驻马店市	1339	103	275	151	189	170	430	415	121
济源市	856	131	199	57	95	145	290	393	100
男	**29180**	**6796**	**5981**	**4881**	**6282**	**6755**	**7479**	**7290**	**4067**
郑州市	7834	3148	1947	1921	2096	3019	2182	2073	742
开封市	1171	186	193	133	186	183	234	229	128
洛阳市	2320	660	546	522	794	625	632	605	364
平顶山市	1353	182	268	156	355	206	408	280	337
安阳市	1148	315	306	198	330	287	424	293	256
鹤壁市	591	80	123	117	127	72	245	183	99
新乡市	2178	361	363	301	446	396	545	548	278
焦作市	1299	190	245	107	164	204	308	302	226
濮阳市	602	135	127	116	149	146	199	178	185
许昌市	1813	328	310	300	251	301	517	493	275
漯河市	825	130	192	127	137	103	143	176	86
三门峡市	894	158	210	104	158	165	206	193	189
南阳市	1448	219	258	184	333	245	294	362	224
商丘市	2245	229	308	221	262	275	459	442	239
信阳市	1084	168	215	151	133	170	154	361	136
周口市	1343	170	162	107	157	164	300	282	135
驻马店市	693	64	129	95	142	115	143	175	93
济源市	339	73	79	21	62	79	86	115	75
女	**29485**	**3549**	**6945**	**3749**	**3226**	**4273**	**13380**	**16274**	**1237**
郑州市	6841	1363	2215	1357	1465	1934	3250	4357	177
开封市	1210	96	233	101	100	103	429	554	38
洛阳市	2364	471	703	378	356	364	1322	1431	92
平顶山市	1297	139	287	116	111	134	563	700	137
安阳市	1204	133	343	128	135	174	748	794	87
鹤壁市	1053	76	118	105	64	59	714	421	19
新乡市	2453	239	409	236	164	276	1147	1635	64
焦作市	1452	107	337	93	77	126	499	518	79
濮阳市	608	84	206	154	89	85	394	381	95
许昌市	1922	134	353	206	109	198	820	1079	79
漯河市	743	86	208	94	59	69	225	377	32
三门峡市	1015	92	227	65	65	90	297	442	48
南阳市	1407	131	327	169	139	173	560	821	93
商丘市	2254	148	303	240	97	163	1143	1126	66
信阳市	1087	73	229	115	67	106	348	500	37
周口市	1412	80	181	100	49	98	430	620	41
驻马店市	646	39	146	56	47	55	287	240	28
济源市	517	58	120	36	33	66	204	278	25

4-6a 续表 4

单位：人

地区 性别	社会生产服务和生活服务人员				农、林、牧、渔业生产及辅助人员				
	修理及制作服务人员	文化、体育和娱乐服务人员	健康服务人员	其他社会生产和生活服务人员	小计	农业生产人员	林业生产人员	畜牧业生产人员	渔业生产人员
河南	**13366**	**2318**	**1247**	**414**	**32347**	**28579**	**625**	**2122**	**235**
郑州市	3304	827	448	70	2983	2567	106	202	35
开封市	492	73	37	11	3747	3489	40	170	11
洛阳市	1087	251	118	64	1348	1072	58	127	35
平顶山市	616	76	45	13	3032	2792	28	165	13
安阳市	771	138	73	24	1827	1546	23	84	3
鹤壁市	299	30	22	4	964	831	18	105	4
新乡市	1188	149	87	43	3897	3528	48	231	16
焦作市	577	67	60	49	1051	847	13	128	8
濮阳市	322	61	35	18	469	381	6	50	8
许昌市	893	140	62	28	3404	3102	56	151	5
漯河市	267	58	30	19	712	563	44	85	3
三门峡市	471	60	33	17	1728	1573	38	101	2
南阳市	696	93	52	4	2095	1952	27	86	5
商丘市	984	90	54	12	1785	1522	16	177	34
信阳市	392	75	31	14	572	455	24	43	25
周口市	510	56	23	9	1962	1742	34	141	16
驻马店市	302	29	19	4	451	398	15	18	5
济源市	195	45	18	11	320	219	31	58	7
男	**11420**	**1294**	**373**	**245**	**16184**	**13755**	**402**	**1405**	**179**
郑州市	2890	455	131	43	1513	1239	60	148	23
开封市	406	42	12	8	1656	1510	18	99	9
洛阳市	939	151	22	39	795	600	43	90	26
平顶山市	516	52	17	7	1554	1396	18	114	10
安阳市	667	75	24	18	898	730	16	62	2
鹤壁市	251	17	7	2	453	365	10	72	4
新乡市	1004	71	21	18	1756	1530	31	142	14
焦作市	494	41	22	37	581	453	9	85	8
濮阳市	277	29	14	11	236	187	2	33	4
许昌市	767	83	15	15	1752	1563	35	101	4
漯河市	230	33	7	8	425	309	36	63	2
三门峡市	402	38	13	12	978	865	30	71	2
南阳市	579	43	11	1	1065	962	23	53	5
商丘市	797	61	24	7	831	679	10	95	22
信阳市	354	39	10	7	347	261	18	28	23
周口市	415	30	11	3	907	772	14	96	10
驻马店市	268	14	9	3	268	232	9	14	4
济源市	164	20	3	6	169	102	20	39	7
女	**1946**	**1024**	**874**	**169**	**16163**	**14824**	**223**	**717**	**56**
郑州市	414	372	317	27	1470	1328	46	54	12
开封市	86	31	25	3	2091	1979	22	71	2
洛阳市	148	100	96	25	553	472	15	37	9
平顶山市	100	24	28	6	1478	1396	10	51	3
安阳市	104	63	49	6	929	816	7	22	1
鹤壁市	48	13	15	2	511	466	8	33	
新乡市	184	78	66	25	2141	1998	17	89	2
焦作市	83	26	38	12	470	394	4	43	
濮阳市	45	32	21	7	233	194	4	17	4
许昌市	126	57	47	13	1652	1539	21	50	1
漯河市	37	25	23	11	287	254	8	22	1
三门峡市	69	22	20	5	750	708	8	30	
南阳市	117	50	41	3	1030	990	4	33	
商丘市	187	29	30	5	954	843	6	82	12
信阳市	38	36	21	7	225	194	6	15	2
周口市	95	26	12	6	1055	970	20	45	6
驻马店市	34	15	10	1	183	166	6	4	1
济源市	31	25	15	5	151	117	11	19	

4-6a 续表 5

单位：人

地区 性别	农林牧渔生产辅助人员	其他农、林、牧、渔业生产加工人员	生产制造及有关人员 小计	农副产品加工人员	食品、饮料生产加工人员	烟草及其制品加工人员	纺织、针织、印染人员	纺织品、服装和皮革、毛皮制品加工制作人员	木材加工、家具与木制品制作人员
河 南	**739**	**47**	**192054**	**2553**	**4739**	**452**	**1809**	**10965**	**3029**
郑州市	69	4	32590	348	1097	128	85	1023	816
开封市	22	15	6920	137	167	8	20	305	121
洛阳市	49	7	19762	134	339	39	248	2331	257
平顶山市	34		13719	122	145	5	299	381	116
安阳市	171		13199	58	165	47	119	933	156
鹤壁市	4	2	5799	30	69		43	186	60
新乡市	70	4	18230	156	674		305	639	182
焦作市	55		9709	127	247		16	455	69
濮阳市	24		5389	40	114		16	104	50
许昌市	88	2	13436	217	275	79	173	745	234
漯河市	14	3	4706	585	296	49	14	264	44
三门峡市	14		5879	42	105	7	17	83	40
南阳市	23	2	7890	137	251	62	128	454	177
商丘市	33	3	11991	121	267	3	96	1848	230
信阳市	23	2	6129	75	123	1	12	130	110
周口市	28	1	9008	129	190		204	934	261
驻马店市	13	2	3240	44	81	24	11	103	54
济源市	5		4458	51	134		3	47	52
男	**413**	**30**	**143776**	**1456**	**2370**	**288**	**557**	**3303**	**2510**
郑州市	40	3	26081	212	532	80	29	387	726
开封市	12	8	5293	62	85	7	7	52	112
洛阳市	33	3	14671	73	178	25	78	990	210
平顶山市	16		10670	70	76	4	124	160	95
安阳市	88		10394	31	73	29	34	154	137
鹤壁市	2		4338	14	31		6	46	48
新乡市	36	3	13151	86	279		78	198	158
焦作市	26		7134	66	119		6	187	55
濮阳市	10		4205	27	63		6	29	44
许昌市	47	2	9236	120	150	44	54	236	173
漯河市	13	2	3220	321	167	34	8	116	36
三门峡市	10		4832	29	63	5	4	43	35
南阳市	21	1	5655	90	133	37	41	162	136
商丘市	22	3	7811	74	128	1	40	221	156
信阳市	15	2	5060	45	73	1	4	43	92
周口市	14	1	6318	83	106		35	233	204
驻马店市	7	2	2535	30	50	21	1	32	48
济源市	1		3172	23	64		2	14	45
女	**326**	**17**	**48278**	**1097**	**2369**	**164**	**1252**	**7662**	**519**
郑州市	29	1	6509	136	565	48	56	636	90
开封市	10	7	1627	75	82	1	13	253	9
洛阳市	16	4	5091	61	161	14	170	1341	47
平顶山市	18		3049	52	69	1	175	221	21
安阳市	83		2805	27	92	18	85	779	19
鹤壁市	2	2	1461	16	38		37	140	12
新乡市	34	1	5079	70	395		227	441	24
焦作市	29		2575	61	128		10	268	14
濮阳市	14		1184	13	51		10	75	6
许昌市	41		4200	97	125	35	119	509	61
漯河市	1	1	1486	264	129	15	6	148	8
三门峡市	4		1047	13	42	2	13	40	5
南阳市	2	1	2235	47	118	25	87	292	41
商丘市	11		4180	47	139	2	56	1627	74
信阳市	8		1069	30	50		8	87	18
周口市	14		2690	46	84		169	701	57
驻马店市	6		705	14	31	3	10	71	6
济源市	4		1286	28	70		1	33	7

4-6a 续表 6

单位：人

地区 性别	生产制造及有关人员								
	纸及纸制品生产加工人员	印刷和记录媒介复制人员	文教、工美、体育和娱乐用品制造人员	石油加工和炼焦、煤化工生产人员	化学原料和化学制品制造人员	医药制造人员	化学纤维制造人员	橡胶和塑料制品制造人员	非金属矿物制品制造人员
河南	**696**	**1457**	**2233**	**804**	**2381**	**983**	**637**	**1259**	**3013**
郑州市	82	388	172	23	127	173	3	101	504
开封市	11	47	29	8	249	102	1	43	70
洛阳市	67	118	57	178	172	47	50	211	318
平顶山市	9	52	41	229	257	28	145	53	142
安阳市	9	71	29	54	150	49	2	24	93
鹤壁市	3	16	8	48	48	9		63	45
新乡市	123	137	57	7	545	120	399	164	226
焦作市	29	47	41	17	335	75	3	248	203
濮阳市	14	25	80	93	114	15	4	22	17
许昌市	137	151	691	11	40	43	15	80	716
漯河市	122	42	12	3	12	22	1	47	40
三门峡市	7	43	17	24	36	20	2	24	58
南阳市	20	86	82	24	95	52	3	38	235
商丘市	19	115	595	21	30	25	2	12	94
信阳市	13	36	20	3	12	16	3	20	102
周口市	8	45	276	2	29	63	2	45	64
驻马店市	11	27	10	1	50	111		25	22
济源市	12	11	16	58	80	13	2	39	64
男	**376**	**810**	**639**	**615**	**1711**	**515**	**366**	**737**	**2140**
郑州市	51	219	99	17	83	83	2	54	419
开封市	8	31	14	7	167	59	1	25	55
洛阳市	36	66	31	140	131	20	39	119	245
平顶山市	6	23	18	169	178	10	97	41	96
安阳市	8	38	16	48	94	26	2	18	73
鹤壁市		5	3	38	33	3		30	35
新乡市	57	72	25	2	450	64	207	84	167
焦作市	19	21	18	15	255	37	2	173	143
濮阳市	11	12	7	68	67	8	3	7	15
许昌市	53	86	188	10	24	27	4	42	423
漯河市	82	26	6	3	5	14		21	28
三门峡市	5	25	7	19	25	9	1	14	46
南阳市	7	49	40	16	60	17	2	24	129
商丘市	9	67	58	15	16	14	2	7	79
信阳市	11	23	10	2	8	9	3	12	73
周口市	5	26	88	1	20	39		24	54
驻马店市	6	14	7	1	36	71		19	15
济源市	2	7	4	44	59	5	1	23	45
女	**320**	**647**	**1594**	**189**	**670**	**468**	**271**	**522**	**873**
郑州市	31	169	73	6	44	90	1	47	85
开封市	3	16	15	1	82	43		18	15
洛阳市	31	52	26	38	41	27	11	92	73
平顶山市	3	29	23	60	79	18	48	12	46
安阳市	1	33	13	6	56	23		6	20
鹤壁市	3	11	5	10	15	6		33	10
新乡市	66	65	32	5	95	56	192	80	59
焦作市	10	26	23	2	80	38	1	75	60
濮阳市	3	13	73	25	47	7	1	15	2
许昌市	84	65	503	1	16	16	11	38	293
漯河市	40	16	6		7	8	1	26	12
三门峡市	2	18	10	5	11	11	1	10	12
南阳市	13	37	42	8	35	35	1	14	106
商丘市	10	48	537	6	14	11		5	15
信阳市	2	13	10	1	4	7		8	29
周口市	3	19	188	1	9	24	2	21	10
驻马店市	5	13	3		14	40		6	7
济源市	10	4	12	14	21	8	1	16	19

4-6a　续表 7　　　　　　　　　　　　　　　　　　　　　　单位：人

地区 性别	生产制造及有关人员								
	采矿人员	金属冶炼和压延加工人员	机械制造基础加工人员	金属制品制造人员	通用设备制造人员	专用设备制造人员	汽车制造人员	铁路、船舶、航空设备制造人员	电气机械和器材制造人员
河　南	**10281**	**3328**	**11309**	**2667**	**2076**	**877**	**1785**	**951**	**1438**
郑州市	887	315	1865	410	259	118	321	157	157
开封市	38	21	392	80	85	15	181	8	35
洛阳市	112	378	2386	298	459	164	131	652	207
平顶山市	3701	284	488	116	81	91	29	12	240
安阳市	91	1057	1009	167	207	18	93	12	27
鹤壁市	1073	19	286	58	47	6	207		28
新乡市	155	103	1857	391	396	284	250	26	259
焦作市	563	146	464	174	110	21	246	10	100
濮阳市	1316	8	165	27	22	11	7	1	18
许昌市	210	60	701	306	125	45	81	12	109
漯河市	8	21	83	38	19	20	7	10	20
三门峡市	636	293	239	57	30	20	46	6	14
南阳市	272	18	333	118	74	25	39	7	99
商丘市	1103	166	266	103	33	17	16	6	23
信阳市	17	28	142	116	47	10	31	18	23
周口市	16	8	199	111	23	9	60	5	16
驻马店市	11	4	146	44	30	2	33	5	39
济源市	72	399	288	53	29	1	7	4	24
男	**8806**	**2749**	**9804**	**1951**	**1767**	**510**	**1322**	**707**	**1011**
郑州市	790	273	1663	315	229	85	268	116	123
开封市	33	17	349	59	69	12	125	7	29
洛阳市	91	333	2035	224	372	122	105	471	161
平顶山市	3099	246	421	91	63	66	22	10	166
安阳市	70	818	907	128	199	14	83	12	16
鹤壁市	942	15	230	37	37	4	109		18
新乡市	130	88	1530	270	336	89	177	19	175
焦作市	500	123	406	114	98	12	189	8	65
濮阳市	1084	8	157	17	18	6	6	1	9
许昌市	181	48	604	227	107	29	58	12	78
漯河市	7	17	73	23	18	12	5	9	17
三门峡市	564	241	228	44	27	17	42	5	10
南阳市	194	17	269	88	57	17	26	7	63
商丘市	1027	134	244	69	28	12	10	5	12
信阳市	13	20	124	94	36	5	24	15	19
周口市	14	6	169	83	19	6	37	3	11
驻马店市	9	3	141	33	30	1	30	4	26
济源市	58	342	254	35	24	1	6	3	13
女	**1475**	**579**	**1505**	**716**	**309**	**367**	**463**	**244**	**427**
郑州市	97	42	202	95	30	33	53	41	34
开封市	5	4	43	21	16	3	56	1	6
洛阳市	21	45	351	74	87	42	26	181	46
平顶山市	602	38	67	25	18	25	7	2	74
安阳市	21	239	102	39	8	4	10		11
鹤壁市	131	4	56	21	10	2	98		10
新乡市	25	15	327	121	60	195	73	7	84
焦作市	63	23	58	60	12	9	57	2	35
濮阳市	232		8	10	4	5	1		9
许昌市	29	12	97	79	18	16	23		31
漯河市	1	4	10	15	1	8	2	1	3
三门峡市	72	52	11	13	3	3	4	1	4
南阳市	78	1	64	30	17	8	13		36
商丘市	76	32	22	34	5	5	6	1	11
信阳市	4	8	18	22	11	5	7	3	4
周口市	2	2	30	28	4	3	23	2	5
驻马店市	2	1	5	11		1	3	1	13
济源市	14	57	34	18	5		1	1	11

4-6a 续表 8 单位：人

地区 性别	生产制造及有关人员								不便分类的其他从业人员
	计算机、通信和其他电子设备制造人员	仪器仪表制造人员	废弃资源综合利用人员	电力、热力、气体、水生产和输配人员	建筑施工人员	运输设备和通用工程机械操作人员及有关人员	生产辅助人员	其他生产制造及有关人员	
河　南	**10398**	**271**	**247**	**1973**	**72796**	**6704**	**26715**	**1228**	**3443**
郑州市	1504	22	44	319	13946	1575	5493	128	806
开封市	321	63	7	70	3364	200	681	41	148
洛阳市	910	22	27	298	5025	729	3269	129	315
平顶山市	537	21	12	207	3072	434	2340	30	70
安阳市	404	19	17	158	5848	472	1586	55	94
鹤壁市	644	9	4	58	1543	217	956	16	186
新乡市	1171	12	20	113	6230	730	2347	152	432
焦作市	744	13	17	157	3450	260	1219	103	100
濮阳市	133	28	10	96	1956	125	747	11	87
许昌市	1218	15	27	64	4617	419	1527	293	277
漯河市	157	1	3	20	1778	174	756	38	191
三门峡市	360	10	6	106	2221	286	995	29	206
南阳市	443	11	7	82	3341	170	992	15	42
商丘市	231	5	6	47	4472	311	1697	11	113
信阳市	322	4	6	47	4023	190	400	29	109
周口市	291		11	45	5213	149	561	39	104
驻马店市	153	3	4	29	1660	120	360	23	77
济源市	855	13	19	57	1037	143	789	86	86
男	**6895**	**180**	**194**	**1489**	**62361**	**6077**	**18764**	**796**	**2043**
郑州市	1080	16	32	249	12137	1450	4169	93	476
开封市	215	43	7	52	2922	180	460	22	93
洛阳市	676	16	23	237	4391	647	2299	87	194
平顶山市	350	17	9	150	2620	390	1763	20	47
安阳市	304	14	12	110	5271	416	1195	44	56
鹤壁市	397	4	4	42	1288	191	713	15	92
新乡市	776	5	17	91	5244	650	1520	107	245
焦作市	501	9	14	118	2721	229	857	54	61
濮阳市	91	24	9	57	1673	117	555	6	56
许昌市	826	6	22	48	3846	390	934	186	170
漯河市	94	1	1	15	1446	158	440	17	109
三门峡市	258	4	5	84	1925	260	766	22	123
南阳市	266	6	6	55	2867	157	607	10	25
商丘市	153	4	4	36	3802	278	1100	6	68
信阳市	208	1	5	39	3558	180	292	18	75
周口市	168		8	36	4345	140	337	18	59
驻马店市	105	3	4	23	1418	109	228	17	40
济源市	427	7	12	47	887	135	529	54	54
女	**3503**	**91**	**53**	**484**	**10435**	**627**	**7951**	**432**	**1400**
郑州市	424	6	12	70	1809	125	1324	35	330
开封市	106	20		18	442	20	221	19	55
洛阳市	234	6	4	61	634	82	970	42	121
平顶山市	187	4	3	57	452	44	577	10	23
安阳市	100	5	5	48	577	56	391	11	38
鹤壁市	247	5		16	255	26	243	1	94
新乡市	395	7	3	22	986	80	827	45	187
焦作市	243	4	3	39	729	31	362	49	39
濮阳市	42	4	1	39	283	8	192	5	31
许昌市	392	9	5	16	771	29	593	107	107
漯河市	63		2	5	332	16	316	21	82
三门峡市	102	6	1	22	296	26	229	7	83
南阳市	177	5	1	27	474	13	385	5	17
商丘市	78	1	2	11	670	33	597	5	45
信阳市	114	3	1	8	465	10	108	11	34
周口市	123		3	9	868	9	224	21	45
驻马店市	48			6	242	11	132	6	37
济源市	428	6	7	10	150	8	260	32	32

4-6b 各地区分性别、职业中类的就业人口(镇)

单位：人

地 区 性 别	合计	党的机关、国家机关、群众团体和社会组织、企事业单位负责人						
		小计	中国共产党机关负责人	国家机关负责人	民主党派和工商联负责人	人民团体和群众团体、社会组织及其他成员组织负责人	基层群众自治组织负责人	企事业单位负责人
河 南	**1266434**	**25159**	**60**	**1102**	**3**	**1365**	**559**	**22070**
郑州市	139562	4195	4	53		110	61	3967
开封市	65266	1188	4	43		46	28	1067
洛阳市	86338	1660	6	103		129	50	1372
平顶山市	38863	511	3	60		38	21	389
安阳市	60893	1131	6	62	1	103	25	934
鹤壁市	20467	288	2	17	1	15	7	246
新乡市	76050	1493	1	57		62	26	1347
焦作市	50511	1111	2	52		70	42	945
濮阳市	54493	1418	5	73	1	63	36	1240
许昌市	40925	934	2	19		40	35	838
漯河市	30627	381	1	21		19	9	331
三门峡市	18702	411	2	30		12	43	324
南阳市	148270	2452	5	158		220	32	2037
商丘市	116261	1825	1	44		100	22	1658
信阳市	87942	1791	7	118		94	44	1528
周口市	102012	1793	2	52		123	26	1590
驻马店市	125099	2511	6	138		115	43	2209
济源市	4153	66	1	2		6	9	48
男	**731802**	**17936**	**46**	**899**	**1**	**899**	**464**	**15627**
郑州市	83080	3050	4	39		76	54	2877
开封市	36410	851	4	36		32	26	753
洛阳市	52651	1257	5	85		95	41	1031
平顶山市	24002	378	3	48		18	17	292
安阳市	35645	836	2	47	1	71	24	691
鹤壁市	11626	205	1	14		12	6	172
新乡市	42195	1075	1	46		47	24	957
焦作市	29162	776	1	43		47	36	649
濮阳市	30790	1066	4	62		50	30	920
许昌市	23327	644	2	18		27	23	574
漯河市	18121	268		17		11	6	234
三门峡市	11385	280	1	19		7	35	218
南阳市	84555	1768	5	135		143	27	1458
商丘市	65277	1209	1	36		51	19	1102
信阳市	52833	1332	6	98		64	37	1127
周口市	58913	1236	2	47		71	22	1094
驻马店市	69326	1653	3	107		72	28	1443
济源市	2504	52	1	2		5	9	35
女	**534632**	**7223**	**14**	**203**	**2**	**466**	**95**	**6443**
郑州市	56482	1145		14		34	7	1090
开封市	28856	337		7		14	2	314
洛阳市	33687	403	1	18		34	9	341
平顶山市	14861	133		12		20	4	97
安阳市	25248	295	4	15		32	1	243
鹤壁市	8841	83	1	3	1	3	1	74
新乡市	33855	418		11		15	2	390
焦作市	21349	335	1	9		23	6	296
濮阳市	23703	352	1	11	1	13	6	320
许昌市	17598	290		1		13	12	264
漯河市	12506	113	1	4		8	3	97
三门峡市	7317	131	1	11		5	8	106
南阳市	63715	684		23		77	5	579
商丘市	50984	616		8		49	3	556
信阳市	35109	459	1	20		30	7	401
周口市	43099	557		5		52	4	496
驻马店市	55773	858	3	31		43	15	766
济源市	1649	14				1		13

4-6b 续表 1

单位：人

地区 性别	专业技术人员									
	小计	科学研究人员	工程技术人员	农业技术人员	飞机和船舶技术人员	卫生专业技术人员	经济和金融专业人员	法律、社会和宗教专业人员	教学人员	文学艺术、体育专业人员
河南	**121820**	**338**	**19317**	**1436**	**52**	**22350**	**17395**	**1671**	**55697**	**1599**
郑州市	16590	98	4135	100	24	1767	3624	216	6003	223
开封市	5549	9	950	242	2	1147	778	42	2266	51
洛阳市	9508	24	1810	48	4	1805	1293	161	4082	139
平顶山市	4148	14	497	29	2	882	495	87	2042	31
安阳市	7083	25	1089	190	1	1277	932	87	3285	85
鹤壁市	1974	6	263	29	1	395	291	22	889	33
新乡市	7040	14	1217	74	2	1217	1189	105	2957	108
焦作市	4794	14	740	50	1	833	726	79	2197	56
濮阳市	6274	15	899	38	1	1194	867	74	2988	106
许昌市	2983	3	471	41	1	568	418	42	1312	70
漯河市	2662	4	428	22		534	422	31	1149	36
三门峡市	1996	13	296	21		368	260	39	932	23
南阳市	14908	33	1967	188	7	2845	1756	213	7505	153
商丘市	7687	8	1125	110	1	1544	1152	109	3453	127
信阳市	8765	22	981	84	2	1568	972	111	4839	69
周口市	8037	9	944	71		1775	753	92	4190	138
驻马店市	11458	26	1434	93	3	2587	1404	153	5452	142
济源市	364	1	71	6		44	63	8	156	9
男	**51816**	**211**	**16025**	**917**	**50**	**8110**	**5805**	**1079**	**17612**	**916**
郑州市	7190	61	3453	57	23	542	972	124	1656	131
开封市	2285	7	772	113	2	403	249	32	634	36
洛阳市	4164	15	1538	37	4	614	444	91	1264	76
平顶山市	1667	6	426	20	2	309	198	63	583	19
安阳市	2918	19	943	150	1	452	294	54	884	50
鹤壁市	774	4	217	21	1	133	98	13	246	16
新乡市	2844	8	1007	47	2	445	339	75	795	51
焦作市	1925	4	585	22	1	289	227	48	654	32
濮阳市	2436	10	759	23	1	407	282	43	801	55
许昌市	1300	3	411	26	1	219	148	30	372	48
漯河市	1165	2	360	14		194	113	17	419	26
三门峡市	857	9	252	16		117	111	27	294	10
南阳市	6349	20	1604	117	6	1150	615	149	2456	96
商丘市	3516	7	909	74	1	593	490	78	1274	54
信阳市	3937	15	836	60	2	604	406	73	1823	48
周口市	3495	7	694	48		710	313	60	1547	78
驻马店市	4860	14	1205	67	3	917	498	97	1869	83
济源市	134		54	5		12	8	5	41	7
女	**70004**	**127**	**3292**	**519**	**2**	**14240**	**11590**	**592**	**38085**	**683**
郑州市	9400	37	682	43	1	1225	2652	92	4347	92
开封市	3264	2	178	129		744	529	10	1632	15
洛阳市	5344	9	272	11		1191	849	70	2818	63
平顶山市	2481	8	71	9		573	297	24	1459	12
安阳市	4165	6	146	40		825	638	33	2401	35
鹤壁市	1200	2	46	8		262	193	9	643	17
新乡市	4196	6	210	27		772	850	30	2162	57
焦作市	2869	10	155	28		544	499	31	1543	24
濮阳市	3838	5	140	15		787	585	31	2187	51
许昌市	1683		60	15		349	270	12	940	22
漯河市	1497	2	68	8		340	309	14	730	10
三门峡市	1139	4	44	5		251	149	12	638	13
南阳市	8559	13	363	71	1	1695	1141	64	5049	57
商丘市	4171	1	216	36		951	662	31	2179	73
信阳市	4828	7	145	24		964	566	38	3016	21
周口市	4542	2	250	23		1065	440	32	2643	60
驻马店市	6598	12	229	26		1670	906	56	3583	59
济源市	230	1	17	1		32	55	3	115	2

4-6b 续表 2

单位：人

地区 性别	专业技术人员		办事人员和有关人员				社会生产服务和生活服务人员		
	新闻出版、文化专业人员	其他专业技术人员	小计	办事人员	安全和消防人员	其他办事人员和有关人员	小计	批发与零售服务人员	交通运输、仓储和邮政业服务人员
河南	**1182**	**783**	**77936**	**60408**	**16852**	**676**	**550707**	**267638**	**86223**
郑州市	303	97	9146	7301	1756	89	54548	23156	10048
开封市	32	30	3248	2559	674	15	28422	14680	4050
洛阳市	86	56	6302	4912	1326	64	36325	15898	6073
平顶山市	35	34	3628	2952	635	41	15774	7468	2731
安阳市	48	64	4173	3368	758	47	24932	11983	3920
鹤壁市	25	20	1240	963	267	10	7620	3192	1413
新乡市	62	95	4493	3463	1015	15	30887	14701	4563
焦作市	61	37	3531	2778	710	43	21948	9397	5071
濮阳市	59	33	4240	3458	731	51	21496	9147	3951
许昌市	26	31	1813	1322	469	22	16389	7495	2598
漯河市	19	17	1822	1356	458	8	12349	6020	2142
三门峡市	30	14	1878	1512	350	16	7302	2967	1480
南阳市	140	101	9031	7023	1914	94	68804	35949	9455
商丘市	42	16	4364	3139	1198	27	57891	32566	7791
信阳市	62	55	5997	4848	1105	44	38956	20063	5438
周口市	48	17	4903	3545	1340	18	44630	21333	7382
驻马店市	99	65	7865	5732	2064	69	60914	31092	7777
济源市	5	1	262	177	82	3	1520	531	340
男	**550**	**541**	**52691**	**37182**	**15068**	**441**	**291766**	**120277**	**71468**
郑州市	101	70	5422	3801	1570	51	31268	11585	8193
开封市	14	23	2247	1623	614	10	14032	5991	3155
洛阳市	39	42	4216	2999	1173	44	19187	6991	5056
平顶山市	20	21	2483	1884	569	30	9116	3674	2410
安阳市	27	44	2746	2067	652	27	13377	5509	3340
鹤壁市	14	11	843	603	234	6	3874	1230	1168
新乡市	23	52	2966	2034	925	7	14950	6194	3691
焦作市	35	28	2319	1663	628	28	12084	4012	4480
濮阳市	30	25	2866	2197	631	38	10952	3721	3323
许昌市	16	26	1203	778	412	13	8840	3286	2226
漯河市	9	11	1235	818	412	5	6952	2861	1805
三门峡市	13	8	1270	945	312	13	4124	1341	1283
南阳市	67	69	6258	4493	1693	72	35434	16051	7636
商丘市	24	12	3176	2054	1110	12	31079	15373	6377
信阳市	29	41	4235	3211	998	26	20833	9208	4596
周口市	27	11	3564	2353	1196	15	24634	9805	6152
驻马店市	61	46	5477	3561	1874	42	30221	13219	6285
济源市	1	1	165	98	65	2	809	226	292
女	**632**	**242**	**25245**	**23226**	**1784**	**235**	**258941**	**147361**	**14755**
郑州市	202	27	3724	3500	186	38	23280	11571	1855
开封市	18	7	1001	936	60	5	14390	8689	895
洛阳市	47	14	2086	1913	153	20	17138	8907	1017
平顶山市	15	13	1145	1068	66	11	6658	3794	321
安阳市	21	20	1427	1301	106	20	11555	6474	580
鹤壁市	11	9	397	360	33	4	3746	1962	245
新乡市	39	43	1527	1429	90	8	15937	8507	872
焦作市	26	9	1212	1115	82	15	9864	5385	591
濮阳市	29	8	1374	1261	100	13	10544	5426	628
许昌市	10	5	610	544	57	9	7549	4209	372
漯河市	10	6	587	538	46	3	5397	3159	337
三门峡市	17	6	608	567	38	3	3178	1626	197
南阳市	73	32	2773	2530	221	22	33370	19898	1819
商丘市	18	4	1188	1085	88	15	26812	17193	1414
信阳市	33	14	1762	1637	107	18	18123	10855	842
周口市	21	6	1339	1192	144	3	19996	11528	1230
驻马店市	38	19	2388	2171	190	27	30693	17873	1492
济源市	4		97	79	17	1	711	305	48

4-6b 续表 3

单位：人

地区 性别	社会生产服务和生活服务人员								
	住宿和餐饮服务人员	信息传输、软件和信息技术服务人员	金融服务人员	房地产服务人员	租赁和商务服务人员	技术辅助服务人员	水利、环境和公共设施管理服务人员	居民服务人员	电力、燃气及水供应服务人员
河　南	**77526**	**6918**	**8174**	**5929**	**6852**	**7574**	**26926**	**31373**	**4455**
郑州市	6191	1581	882	1133	1295	1689	3788	2442	346
开封市	3790	343	339	226	403	337	1572	1443	180
洛阳市	5692	572	743	449	583	610	1690	2180	372
平顶山市	2173	168	329	159	228	242	624	902	180
安阳市	3242	320	408	220	300	313	1233	1696	312
鹤壁市	1168	95	124	69	95	91	437	462	73
新乡市	3996	307	443	412	267	426	1624	2751	234
焦作市	2724	259	354	132	283	311	1249	1139	239
濮阳市	2802	337	493	318	313	313	1397	1261	275
许昌市	2713	169	197	127	186	163	855	897	122
漯河市	1783	180	201	114	207	145	444	553	127
三门峡市	1145	120	178	74	117	134	312	373	68
南阳市	9497	632	1041	554	625	696	2328	4615	536
商丘市	7317	488	524	455	394	676	2674	2585	355
信阳市	5906	409	534	364	453	460	1405	2310	313
周口市	7410	388	549	426	444	404	1903	2369	303
驻马店市	9737	530	808	692	640	537	3281	3291	393
济源市	240	20	27	5	19	27	110	104	27
男	**37955**	**4620**	**3810**	**3319**	**5037**	**4720**	**10111**	**10135**	**3605**
郑州市	3108	1165	403	615	800	1059	1604	856	304
开封市	1903	223	153	117	332	234	538	410	140
洛阳市	2543	353	348	266	442	405	594	700	298
平顶山市	1150	110	156	94	175	162	270	322	146
安阳市	1553	211	188	118	198	182	455	607	240
鹤壁市	519	64	56	41	60	55	158	149	55
新乡市	1755	196	188	211	185	251	576	604	191
焦作市	1164	167	137	70	210	170	472	378	192
濮阳市	1190	208	206	138	231	191	487	339	231
许昌市	1327	116	85	71	149	99	357	330	102
漯河市	971	120	87	66	167	88	156	168	105
三门峡市	550	76	84	46	89	86	128	116	59
南阳市	4770	411	505	315	447	435	947	1242	430
商丘市	3885	324	246	272	304	396	979	1038	281
信阳市	2945	274	278	229	378	317	508	799	248
周口市	3895	258	284	248	358	237	715	1032	256
驻马店市	4628	331	403	400	501	335	1124	1018	305
济源市	99	13	3	2	11	18	43	27	22
女	**39571**	**2298**	**4364**	**2610**	**1815**	**2854**	**16815**	**21238**	**850**
郑州市	3083	416	479	518	495	630	2184	1586	42
开封市	1887	120	186	109	71	103	1034	1033	40
洛阳市	3149	219	395	183	141	205	1096	1480	74
平顶山市	1023	58	173	65	53	80	354	580	34
安阳市	1689	109	220	102	102	131	778	1089	72
鹤壁市	649	31	68	28	35	36	279	313	18
新乡市	2241	111	255	201	82	175	1048	2147	43
焦作市	1560	92	217	62	73	141	777	761	47
濮阳市	1612	129	287	180	82	122	910	922	44
许昌市	1386	53	112	56	37	64	498	567	20
漯河市	812	60	114	48	40	57	288	385	22
三门峡市	595	44	94	28	28	48	184	257	9
南阳市	4727	221	536	239	178	261	1381	3373	106
商丘市	3432	164	278	183	90	280	1695	1547	74
信阳市	2961	135	256	135	75	143	897	1511	65
周口市	3515	130	265	178	86	167	1188	1337	47
驻马店市	5109	199	405	292	139	202	2157	2273	88
济源市	141	7	24	3	8	9	67	77	5

4-6b　续表 4

单位：人

地　区 性　别	社会生产服务和生活服务人员				农、林、牧、渔业生产及辅助人员				
	修理及制作服务人员	文化、体育和娱乐服务人员	健康服务人员	其他社会生产和生活服务人员	小计	农业生产人员	林业生产人员	畜牧业生产人员	渔业生产人员
河　南	**17980**	**1820**	**804**	**515**	**129610**	**113600**	**1866**	**9257**	**772**
郑州市	1600	231	82	84	7047	6431	103	301	97
开封市	901	104	38	16	7187	6305	58	653	12
洛阳市	1175	156	91	41	7926	7110	165	454	45
平顶山市	474	44	29	23	6093	5581	53	375	18
安阳市	832	81	46	26	6056	5476	43	341	5
鹤壁市	335	30	24	12	2369	1904	21	381	4
新乡市	996	110	45	12	8538	7612	79	686	18
焦作市	647	88	27	28	3632	2962	63	442	25
濮阳市	733	91	42	23	5353	4635	30	547	25
许昌市	771	62	21	13	7885	6999	260	195	11
漯河市	370	29	27	7	3760	3470	40	184	11
三门峡市	282	35	11	6	3038	2868	45	86	3
南阳市	2500	220	114	42	17441	15009	259	1361	98
商丘市	1893	116	42	15	9400	7929	100	1011	62
信阳市	1075	116	55	55	9660	8713	149	494	177
周口市	1551	126	34	8	13946	12718	215	805	42
驻马店市	1790	172	71	103	9915	7601	171	879	113
济源市	55	9	5	1	364	277	12	62	6
男	**14990**	**1083**	**345**	**291**	**66298**	**56451**	**1226**	**5843**	**568**
郑州市	1361	132	31	52	3569	3146	80	217	62
开封市	751	58	21	6	3606	3076	40	379	9
洛阳市	1031	99	39	22	4386	3821	110	319	40
平顶山市	402	24	10	11	3479	3119	38	271	17
安阳市	696	42	23	15	2641	2286	28	242	5
鹤壁市	284	15	14	6	1173	887	13	238	3
新乡市	823	61	18	6	4185	3651	47	402	13
焦作市	544	62	9	17	1957	1523	46	298	17
濮阳市	603	57	15	12	2285	1861	19	334	20
许昌市	638	37	12	5	3838	3362	153	134	9
漯河市	325	16	12	5	2117	1917	30	132	7
三门峡市	238	19	5	4	1643	1529	31	58	3
南阳市	2049	126	48	22	9330	7782	184	897	78
商丘市	1508	74	17	5	4748	3912	61	559	42
信阳市	917	73	29	34	5275	4644	106	313	133
周口市	1293	82	13	6	6832	6075	119	522	34
驻马店市	1481	101	27	63	5035	3723	111	487	71
济源市	46	5	2		199	137	10	41	5
女	**2990**	**737**	**459**	**224**	**63312**	**57149**	**640**	**3414**	**204**
郑州市	239	99	51	32	3478	3285	23	84	35
开封市	150	46	17	10	3581	3229	18	274	3
洛阳市	144	57	52	19	3540	3289	55	135	5
平顶山市	72	20	19	12	2614	2462	15	104	1
安阳市	136	39	23	11	3415	3190	15	99	
鹤壁市	51	15	10	6	1196	1017	8	143	1
新乡市	173	49	27	6	4353	3961	32	284	5
焦作市	103	26	18	11	1675	1439	17	144	8
濮阳市	130	34	27	11	3068	2774	11	213	5
许昌市	133	25	9	8	4047	3637	107	61	2
漯河市	45	13	15	2	1643	1553	10	52	4
三门峡市	44	16	6	2	1395	1339	14	28	
南阳市	451	94	66	20	8111	7227	75	464	20
商丘市	385	42	25	10	4652	4017	39	452	20
信阳市	158	43	26	21	4385	4069	43	181	44
周口市	258	44	21	2	7114	6643	96	283	8
驻马店市	309	71	44	40	4880	3878	60	392	42
济源市	9	4	3	1	165	140	2	21	1

4-6b 续表 5

单位：人

地区 性别	农林牧渔生产辅助人员	其他农、林、牧、渔业生产加工人员	生产制造及有关人员 小计	农副产品加工人员	食品、饮料生产加工人员	烟草及其制品加工人员	纺织、针织、印染人员	纺织品、服装和皮革、毛皮制品加工制作人员	木材加工、家具与木制品制作人员
河　南	**3841**	**274**	**356614**	**8296**	**9898**	**198**	**4542**	**26607**	**9079**
郑州市	92	23	47757	459	570	29	50	1139	760
开封市	151	8	19531	888	449		229	1024	1238
洛阳市	128	24	24251	248	405	33	99	913	289
平顶山市	63	3	8570	180	162	26	106	398	142
安阳市	161	30	17328	417	322	4	131	1448	389
鹤壁市	28	31	6905	259	153		67	447	222
新乡市	140	3	23210	484	983		360	1123	449
焦作市	134	6	15180	308	510	3	224	1753	222
濮阳市	110	6	15634	382	373	5	87	1105	646
许昌市	412	8	10768	165	171	5	140	936	246
漯河市	40	15	9520	408	1096	15	43	505	686
三门峡市	31	5	4025	108	95	6	10	55	49
南阳市	657	57	35169	922	697	45	1054	1896	604
商丘市	288	10	34838	863	867	2	553	5930	1124
信阳市	122	5	21923	488	463	6	341	1918	530
周口市	160	6	28467	755	653		868	3245	719
驻马店市	1117	34	31961	944	1874	19	176	2736	754
济源市	7		1577	18	55		4	36	10
男	**2060**	**150**	**248440**	**4680**	**4681**	**117**	**1306**	**8196**	**6492**
郑州市	52	12	32416	270	294	18	19	463	642
开封市	96	6	13297	421	214		64	337	753
洛阳市	80	16	19234	133	200	17	35	224	233
平顶山市	32	2	6790	106	85	17	42	149	129
安阳市	66	14	13010	217	149	4	31	174	323
鹤壁市	17	15	4724	124	70		17	93	174
新乡市	69	3	15955	256	367		71	222	341
焦作市	69	4	9923	163	213	3	42	630	140
濮阳市	50	1	11137	195	147		19	212	461
许昌市	175	5	7391	90	67	3	27	320	171
漯河市	27	4	6299	226	526	11	19	179	466
三门峡市	18	4	3173	56	53	1	5	18	46
南阳市	354	35	25162	541	340	26	322	664	456
商丘市	166	8	21401	473	476	1	223	1997	727
信阳市	75	4	16598	290	239	3	110	615	415
周口市	80	2	19010	486	327		211	956	502
驻马店市	628	15	21775	623	889	13	49	932	504
济源市	6		1145	10	25			11	9
女	**1781**	**124**	**108174**	**3616**	**5217**	**81**	**3236**	**18411**	**2587**
郑州市	40	11	15341	189	276	11	31	676	118
开封市	55	2	6234	467	235		165	687	485
洛阳市	48	8	5017	115	205	16	64	689	56
平顶山市	31	1	1780	74	77	9	64	249	13
安阳市	95	16	4318	200	173		100	1274	66
鹤壁市	11	16	2181	135	83		50	354	48
新乡市	71		7255	228	616		289	901	108
焦作市	65	2	5257	145	297		182	1123	82
濮阳市	60	5	4497	187	226	5	68	893	185
许昌市	237	3	3377	75	104	2	113	616	75
漯河市	13	11	3221	182	570	4	24	326	220
三门峡市	13	1	852	52	42	5	5	37	3
南阳市	303	22	10007	381	357	19	732	1232	148
商丘市	122	2	13437	390	391	1	330	3933	397
信阳市	47	1	5325	198	224	3	231	1303	115
周口市	80	4	9457	269	326		657	2289	217
驻马店市	489	19	10186	321	985	6	127	1804	250
济源市	1		432	8	30		4	25	1

4-6b 续表 6　　　　单位：人

地区 性别	生产制造及有关人员								
	纸及纸制品生产加工人员	印刷和记录媒介复制人员	文教、工美、体育和娱乐用品制造人员	石油加工和炼焦、煤化工生产人员	化学原料和化学制品制造人员	医药制造人员	化学纤维制造人员	橡胶和塑料制品制造人员	非金属矿物制品制造人员
河南	**2036**	**1612**	**5826**	**420**	**2879**	**1481**	**192**	**3084**	**6786**
郑州市	210	185	96	11	117	109	1	118	1072
开封市	62	84	200	4	97	35		156	160
洛阳市	55	85	118	36	172	85	1	83	559
平顶山市	16	24	51	41	43	21	24	39	230
安阳市	61	51	71	141	136	82	2	134	192
鹤壁市	19	17	105	3	24	14	7	64	107
新乡市	302	150	78	8	549	186	71	236	307
焦作市	454	88	74	14	147	252	4	286	637
濮阳市	94	57	310	50	214	39	43	255	255
许昌市	30	47	342	47	24	44	6	31	937
漯河市	93	92	127	2	176	20	11	48	82
三门峡市	3	20	17	4	14	13		16	37
南阳市	155	172	2059	25	314	278	4	192	948
商丘市	213	126	1303	6	306	95		928	420
信阳市	24	76	344	4	44	65	9	59	240
周口市	87	181	253	2	291	61	4	109	258
驻马店市	156	151	267	4	185	79	2	318	300
济源市	2	6	11	18	26	3	3	12	45
男	**1053**	**892**	**2310**	**339**	**1877**	**695**	**93**	**1530**	**4687**
郑州市	117	114	46	10	79	47	1	74	816
开封市	34	42	65	4	74	24		88	124
洛阳市	22	47	52	29	127	36		49	396
平顶山市	12	17	29	37	33	7	20	28	183
安阳市	29	22	21	116	89	48	2	79	151
鹤壁市	5	9	51	3	21	4	2	33	77
新乡市	120	76	30	7	393	76	33	131	229
焦作市	262	45	17	11	98	96	2	140	376
濮阳市	29	32	23	33	153	20	20	88	173
许昌市	18	31	101	39	13	20	3	18	566
漯河市	55	50	23	2	130	11	3	26	64
三门峡市	2	13	8	4	12	6		4	30
南阳市	90	98	1346	17	175	139	1	103	640
商丘市	125	67	210	4	170	55		393	282
信阳市	12	46	108	4	31	37	3	34	186
周口市	37	85	66	1	132	31	2	48	129
驻马店市	84	94	106	2	126	36	1	193	237
济源市		4	8	16	21	2		1	28
女	**983**	**720**	**3516**	**81**	**1002**	**786**	**99**	**1554**	**2099**
郑州市	93	71	50	1	38	62		44	256
开封市	28	42	135		23	11		68	36
洛阳市	33	38	66	7	45	49	1	34	163
平顶山市	4	7	22	4	10	14	4	11	47
安阳市	32	29	50	25	47	34		55	41
鹤壁市	14	8	54		3	10	5	31	30
新乡市	182	74	48	1	156	110	38	105	78
焦作市	192	43	57	3	49	156	2	146	261
濮阳市	65	25	287	17	61	19	23	167	82
许昌市	12	16	241	8	11	24	3	13	371
漯河市	38	42	104		46	9	8	22	18
三门峡市	1	7	9		2	7		12	7
南阳市	65	74	713	8	139	139	3	89	308
商丘市	88	59	1093	2	136	40		535	138
信阳市	12	30	236		13	28	6	25	54
周口市	50	96	187	1	159	30	2	61	129
驻马店市	72	57	161	2	59	43	1	125	63
济源市	2	2	3	2	5	1	3	11	17

4－6b 续表 7　　　　单位：人

地区 性别	生产制造及有关人员								
	采矿人员	金属冶炼和压延加工人员	机械制造基础加工人员	金属制品制造人员	通用设备制造人员	专用设备制造人员	汽车制造人员	铁路、船舶、航空设备制造人员	电气机械和器材制造人员
河　南	**4689**	**3456**	**13151**	**5281**	**2319**	**1404**	**2402**	**569**	**2745**
郑州市	886	598	1822	535	259	198	1021	24	677
开封市	56	35	352	316	167	40	41	5	76
洛阳市	897	555	2439	373	479	73	104	126	183
平顶山市	601	90	333	172	41	29	37	4	33
安阳市	218	445	864	198	147	31	67	15	58
鹤壁市	100	15	194	56	43	17	127	5	29
新乡市	55	153	1399	335	191	579	131	19	265
焦作市	107	173	752	218	117	51	79	10	142
濮阳市	291	64	512	201	92	13	56	10	184
许昌市	267	114	742	233	109	136	95	8	82
漯河市	21	37	234	129	62	23	19	8	34
三门峡市	402	72	144	45	25	2	26	3	19
南阳市	507	343	1316	742	265	40	343	26	239
商丘市	98	170	613	594	72	17	92	38	416
信阳市	38	259	288	278	60	16	55	46	73
周口市	20	49	430	401	72	30	30	20	57
驻马店市	67	53	636	439	106	106	79	202	143
济源市	58	231	81	16	12	3			35
男	**4133**	**2861**	**11532**	**3751**	**2010**	**620**	**1828**	**421**	**1700**
郑州市	845	507	1620	408	219	124	883	21	474
开封市	55	33	320	223	131	29	30	5	52
洛阳市	780	480	2141	289	403	46	78	104	136
平顶山市	526	68	302	129	38	14	29	4	24
安阳市	200	374	798	147	138	15	49	14	38
鹤壁市	76	12	177	43	39	7	59	4	18
新乡市	43	111	1243	219	165	161	79	12	133
焦作市	95	150	628	144	103	36	61	9	96
濮阳市	251	58	485	125	82	10	34	8	88
许昌市	248	100	632	168	99	56	70	5	64
漯河市	19	25	215	101	60	9	12	6	22
三门峡市	354	58	135	33	23	1	19	3	16
南阳市	386	264	1105	508	229	19	255	25	134
商丘市	92	136	515	392	53	9	57	25	211
信阳市	31	202	252	220	58	11	36	40	45
周口市	18	42	361	278	66	18	22	16	38
驻马店市	57	47	528	313	95	53	55	120	85
济源市	57	194	75	11	9	2			26
女	**556**	**595**	**1619**	**1530**	**309**	**784**	**574**	**148**	**1045**
郑州市	41	91	202	127	40	74	138	3	203
开封市	1	2	32	93	36	11	11		24
洛阳市	117	75	298	84	76	27	26	22	47
平顶山市	75	22	31	43	3	15	8		9
安阳市	18	71	66	51	9	16	18	1	20
鹤壁市	24	3	17	13	4	10	68	1	11
新乡市	12	42	156	116	26	418	52	7	132
焦作市	12	23	124	74	14	15	18	1	46
濮阳市	40	6	27	76	10	3	22	2	96
许昌市	19	14	110	65	10	80	25	3	18
漯河市	2	12	19	28	2	14	7	2	12
三门峡市	48	14	9	12	2	1	7		3
南阳市	121	79	211	234	36	21	88	1	105
商丘市	6	34	98	202	19	8	35	13	205
信阳市	7	57	36	58	2	5	19	6	28
周口市	2	7	69	123	6	12	8	4	19
驻马店市	10	6	108	126	11	53	24	82	58
济源市	1	37	6	5	3	1			9

4-6b 续表 8

单位：人

地区 性别	生产制造及有关人员								不便分类的其他从业人员
	计算机、通信和其他电子设备制造人员	仪器仪表制造人员	废弃资源综合利用人员	电力、热力、气体、水生产和输配人员	建筑施工人员	运输设备和通用工程机械操作人员及有关人员	生产辅助人员	其他生产制造及有关人员	
河　南	**41503**	**277**	**711**	**1189**	**153009**	**8275**	**31294**	**1404**	**4588**
郑州市	19191	13	32	106	9323	1319	6631	196	279
开封市	1795	2	21	29	10668	309	953	40	141
洛阳市	1800	6	38	198	10312	895	2511	81	366
平顶山市	560	4	8	44	4078	282	722	29	139
安阳市	729	12	19	146	8707	526	1501	64	190
鹤壁市	1039	2	11	17	3212	136	369	25	71
新乡市	1281	25	28	66	10574	498	2255	70	389
焦作市	939	5	17	90	5244	359	1722	179	315
濮阳市	856	3	15	89	7946	326	1022	39	78
许昌市	830	1	30	30	3540	216	1078	86	153
漯河市	788	2	10	44	2655	266	1746	38	133
三门峡市	461	1	3	27	1560	183	597	8	52
南阳市	2520	21	59	86	15447	805	2802	243	465
商丘市	2430	152	36	39	14078	427	2779	51	256
信阳市	1167	15	106	60	13247	565	992	47	850
周口市	1913	3	16	37	16085	379	1411	28	236
驻马店市	2976	6	244	70	16031	667	2001	170	475
济源市	228	4	18	11	302	117	202	10	
男	**23388**	**172**	**483**	**917**	**128185**	**7611**	**19048**	**832**	**2855**
郑州市	10521	7	21	98	8014	1138	4398	108	165
开封市	919	1	15	23	8368	294	530	25	92
洛阳市	1180	6	27	156	9234	845	1674	55	207
平顶山市	360		6	32	3561	268	516	19	89
安阳市	433	9	16	107	7664	474	1031	48	117
鹤壁市	565	1	8	15	2643	131	232	11	33
新乡市	752	17	21	54	8929	447	1181	36	220
焦作市	592	4	12	69	4256	322	1043	65	178
濮阳市	436	2	6	67	6940	311	615	14	48
许昌市	522	1	24	19	2983	202	652	59	111
漯河市	501	2	6	33	2357	248	869	23	85
三门峡市	299	1	3	20	1329	172	442	7	38
南阳市	1424	11	40	69	13006	759	1802	168	254
商丘市	1403	97	26	30	11352	381	1391	28	148
信阳市	669	5	71	50	11528	542	667	38	623
周口市	1050	2	11	24	12939	355	741	16	142
驻马店市	1657	3	156	43	12819	617	1133	105	305
济源市	105	3	14	8	263	105	131	7	
女	**18115**	**105**	**228**	**272**	**24824**	**664**	**12246**	**572**	**1733**
郑州市	8670	6	11	8	1309	181	2233	88	114
开封市	876	1	6	6	2300	15	423	15	49
洛阳市	620		11	42	1078	50	837	26	159
平顶山市	200	4	2	12	517	14	206	10	50
安阳市	296	3	3	39	1043	52	470	16	73
鹤壁市	474	1	3	2	569	5	137	14	38
新乡市	529	8	7	12	1645	51	1074	34	169
焦作市	347	1	5	21	988	37	679	114	137
濮阳市	420	1	9	22	1006	15	407	25	30
许昌市	308		6	11	557	14	426	27	42
漯河市	287		4	11	298	18	877	15	48
三门峡市	162			7	231	11	155	1	14
南阳市	1096	10	19	17	2441	46	1000	75	211
商丘市	1027	55	10	9	2726	46	1388	23	108
信阳市	498	10	35	10	1719	23	325	9	227
周口市	863	1	5	13	3146	24	670	12	94
驻马店市	1319	3	88	27	3212	50	868	65	170
济源市	123	1	4	3	39	12	71	3	

4-6c 各地区分性别、职业中类的就业人口(乡村)

单位：人

地区 性别	合计	党的机关、国家机关、群众团体和社会组织、企事业单位负责人						
		小计	中国共产党机关负责人	国家机关负责人	民主党派和工商联负责人	人民团体和群众团体、社会组织及其他成员组织负责人	基层群众自治组织负责人	企事业单位负责人
河　南	**1920942**	**13153**	**59**	**296**		**923**	**1673**	**10202**
郑州市	128446	1875	3	22		66	118	1666
开封市	100502	547	1	17		47	36	446
洛阳市	114604	789	5	13		54	160	557
平顶山市	83637	473	1	15		44	62	351
安阳市	102199	560	3	21		65	87	384
鹤壁市	34063	174	2	2		18	24	128
新乡市	128558	956	6	27		84	116	723
焦作市	69783	691	1	15		71	71	533
濮阳市	93522	706	8	11		44	96	547
许昌市	100028	878	4	11		57	74	732
漯河市	50533	334	1	6		43	23	261
三门峡市	50606	333	4	9		8	124	188
南阳市	182426	939	5	20		91	102	721
商丘市	196500	1081	5	27		26	100	923
信阳市	115734	835	5	28		80	133	589
周口市	203631	1117	1	28		58	186	844
驻马店市	154232	726	2	22		54	127	521
济源市	11938	139	2	2		13	34	88
男	**1086427**	**10026**	**45**	**252**		**676**	**1401**	**7652**
郑州市	80181	1471	1	17		52	101	1300
开封市	56410	396	1	15		32	32	316
洛阳市	69200	621	3	10		38	132	438
平顶山市	52806	380	1	15		32	56	276
安阳市	56297	449	2	15		51	72	309
鹤壁市	19617	135	1	2		10	20	102
新乡市	69013	736	5	21		62	95	553
焦作市	40912	522		12		46	61	403
濮阳市	51079	523	7	11		31	81	393
许昌市	57933	658	4	9		40	65	540
漯河市	30381	243	1	6		29	22	185
三门峡市	29638	261	4	7		7	95	148
南阳市	102058	717	5	16		66	89	541
商丘市	103665	804	3	26		23	92	660
信阳市	66890	642	3	24		58	107	450
周口市	111964	839	1	28		47	159	604
驻马店市	81094	517	2	17		40	92	366
济源市	7289	112	1	1		12	30	68
女	**834515**	**3127**	**14**	**44**		**247**	**272**	**2550**
郑州市	48265	404	2	5		14	17	366
开封市	44092	151		2		15	4	130
洛阳市	45404	168	2	3		16	28	119
平顶山市	30831	93				12	6	75
安阳市	45902	111	1	6		14	15	75
鹤壁市	14446	39	1			8	4	26
新乡市	59545	220	1	6		22	21	170
焦作市	28871	169	1	3		25	10	130
濮阳市	42443	183	1			13	15	154
许昌市	42095	220		2		17	9	192
漯河市	20152	91				14	1	76
三门峡市	20968	72		2		1	29	40
南阳市	80368	222		4		25	13	180
商丘市	92835	277	2	1		3	8	263
信阳市	48844	193	2	4		22	26	139
周口市	91667	278				11	27	240
驻马店市	73138	209		5		14	35	155
济源市	4649	27	1	1		1	4	20

4-6c　续表 1　　　　　　　　　　　　　　　　　　　　　　　　单位：人

地区 性别	专业技术人员									
	小计	科学研究人员	工程技术人员	农业技术人员	飞机和船舶技术人员	卫生专业技术人员	经济和金融专业人员	法律、社会和宗教专业人员	教学人员	文学艺术、体育专业人员
河　南	**72001**	**216**	**13460**	**2535**	**20**	**13643**	**7508**	**691**	**31447**	**1340**
郑州市	8442	25	2176	110	5	1213	1517	105	2919	142
开封市	3701	8	648	685		631	263	34	1365	37
洛阳市	4408	15	994	88	1	882	508	61	1711	68
平顶山市	3292	4	593	43		654	276	44	1590	36
安阳市	4414	8	970	100		874	433	40	1859	70
鹤壁市	1501	4	341	63		227	139	10	644	42
新乡市	5439	15	1019	245	1	871	683	43	2376	79
焦作市	3023	11	547	58		527	390	30	1333	65
濮阳市	3786	9	750	80	3	761	353	31	1628	125
许昌市	3820	7	652	103		673	470	27	1661	162
漯河市	1751	9	371	15		339	254	21	668	44
三门峡市	1695	10	332	19		416	133	12	706	22
南阳市	5440	16	896	294	3	1190	404	52	2427	84
商丘市	5902	24	1056	153	2	1042	522	42	2892	125
信阳市	3815	14	521	174	1	772	329	49	1861	38
周口市	7011	20	815	85	3	1602	486	43	3774	120
驻马店市	3933	15	614	214	1	853	265	36	1812	71
济源市	628	2	165	6		116	83	11	221	10
男	**33164**	**136**	**11588**	**1354**	**20**	**6901**	**2548**	**442**	**8672**	**822**
郑州市	3860	14	1917	81	5	483	397	62	678	95
开封市	1619	5	543	219		315	94	24	375	26
洛阳市	2173	10	893	55	1	476	189	35	425	47
平顶山市	1544	4	534	32		362	109	33	413	19
安阳市	2066	7	863	59		433	159	27	444	37
鹤壁市	719	1	284	36		125	53	4	166	29
新乡市	2265	9	870	132	1	412	209	28	499	43
焦作市	1226	9	469	36		220	90	16	316	35
濮阳市	1646	4	661	42	3	368	130	18	328	68
许昌市	1669	6	564	56		313	163	14	400	116
漯河市	847	6	325	11		170	82	14	187	29
三门峡市	799	6	300	15		158	50	4	223	16
南阳市	2627	8	780	184	3	686	167	38	659	54
商丘市	2808	13	847	98	2	534	174	34	1015	66
信阳市	1958	8	440	118	1	447	161	37	682	25
周口市	3164	15	657	64	3	849	196	30	1243	74
驻马店市	1877	10	498	113	1	496	101	19	567	38
济源市	297	1	143	3		54	24	5	52	5
女	**38837**	**80**	**1872**	**1181**		**6742**	**4960**	**249**	**22775**	**518**
郑州市	4582	11	259	29		730	1120	43	2241	47
开封市	2082	3	105	466		316	169	10	990	11
洛阳市	2235	5	101	33		406	319	26	1286	21
平顶山市	1748		59	11		292	167	11	1177	17
安阳市	2348	1	107	41		441	274	13	1415	33
鹤壁市	782	3	57	27		102	86	6	478	13
新乡市	3174	6	149	113		459	474	15	1877	36
焦作市	1797	2	78	22		307	300	14	1017	30
濮阳市	2140	5	89	38		393	223	13	1300	57
许昌市	2151	1	88	47		360	307	13	1261	46
漯河市	904	3	46	4		169	172	7	481	15
三门峡市	896	4	32	4		258	83	8	483	6
南阳市	2813	8	116	110		504	237	14	1768	30
商丘市	3094	11	209	55		508	348	8	1877	59
信阳市	1857	6	81	56		325	168	12	1179	13
周口市	3847	5	158	21		753	290	13	2531	46
驻马店市	2056	5	116	101		357	164	17	1245	33
济源市	331	1	22	3		62	59	6	169	5

4-6c 续表 2

单位：人

地区 性别	专业技术人员		办事人员和有关人员				社会生产服务和生活服务人员		
	新闻出版、文化专业人员	其他专业技术人员	小计	办事人员	安全和消防人员	其他办事人员和有关人员	小计	批发与零售服务人员	交通运输、仓储和邮政业服务人员
河南	**484**	**657**	**30618**	**19750**	**10324**	**544**	**465071**	**209189**	**81370**
郑州市	124	106	4785	3185	1533	67	41280	16090	9439
开封市	15	15	1093	802	269	22	19008	10137	2728
洛阳市	38	42	2059	1310	711	38	27666	10451	5212
平顶山市	18	34	1530	900	595	35	21435	9562	3869
安阳市	20	40	1765	1179	538	48	23716	10669	4058
鹤壁市	8	23	610	363	239	8	9406	3201	1898
新乡市	35	72	2389	1426	883	80	33483	14732	5455
焦作市	28	34	1673	984	664	25	23549	8963	6719
濮阳市	20	26	1362	927	409	26	21295	8142	4328
许昌市	18	47	1587	958	593	36	24681	10429	4697
漯河市	11	19	888	548	334	6	12970	5671	2472
三门峡市	22	23	846	466	376	4	14694	5775	2768
南阳市	29	45	2195	1482	671	42	34107	15175	5378
商丘市	18	26	1750	1093	639	18	46091	24726	7027
信阳市	16	40	1595	1191	381	23	23014	11347	2988
周口市	40	23	2272	1566	676	30	47254	23052	6865
驻马店市	15	37	1795	1106	657	32	38080	20043	4548
济源市	9	5	424	264	156	4	3342	1024	921
男	**206**	**475**	**22253**	**12568**	**9324**	**361**	**251892**	**95024**	**68893**
郑州市	43	85	3279	1833	1398	48	25072	8194	8217
开封市	7	11	809	535	257	17	10121	4616	2257
洛阳市	12	30	1525	847	652	26	15171	4681	4560
平顶山市	12	26	1196	631	537	28	12929	5084	3445
安阳市	10	27	1251	764	455	32	12709	4830	3504
鹤壁市	5	16	433	228	201	4	4999	1332	1533
新乡市	12	50	1704	848	802	54	15757	5655	4548
焦作市	9	26	1189	600	577	12	13556	3856	5918
濮阳市	7	17	992	600	376	16	11249	3376	3641
许昌市	6	31	1173	592	548	33	14515	5098	4052
漯河市	9	14	660	344	313	3	7603	2787	2093
三门峡市	8	19	618	297	319	2	8001	2554	2310
南阳市	16	32	1571	951	596	24	17982	6846	4483
商丘市	9	16	1346	753	583	10	24305	11207	5715
信阳市	10	29	1177	809	351	17	12599	5539	2603
周口市	18	15	1712	1076	619	17	25780	10863	5680
驻马店市	8	26	1324	708	601	15	17667	8048	3500
济源市	5	5	294	152	139	3	1877	458	834
女	**278**	**182**	**8365**	**7182**	**1000**	**183**	**213179**	**114165**	**12477**
郑州市	81	21	1506	1352	135	19	16208	7896	1222
开封市	8	4	284	267	12	5	8887	5521	471
洛阳市	26	12	534	463	59	12	12495	5770	652
平顶山市	6	8	334	269	58	7	8506	4478	424
安阳市	10	13	514	415	83	16	11007	5839	554
鹤壁市	3	7	177	135	38	4	4407	1869	365
新乡市	23	22	685	578	81	26	17726	9077	907
焦作市	19	8	484	384	87	13	9993	5107	801
濮阳市	13	9	370	327	33	10	10046	4766	687
许昌市	12	16	414	366	45	3	10166	5331	645
漯河市	2	5	228	204	21	3	5367	2884	379
三门峡市	14	4	228	169	57	2	6693	3221	458
南阳市	13	13	624	531	75	18	16125	8329	895
商丘市	9	10	404	340	56	8	21786	13519	1312
信阳市	6	11	418	382	30	6	10415	5808	385
周口市	22	8	560	490	57	13	21474	12189	1185
驻马店市	7	11	471	398	56	17	20413	11995	1048
济源市	4		130	112	17	1	1465	566	87

4-6c 续表 3

单位：人

地 区 性 别	社会生产服务和生活服务人员								
	住宿和餐饮服务人 员	信息传输、软件和信息技术服务人 员	金融服务人 员	房地产服务人员	租赁和商务服务人 员	技术辅助服务人员	水利、环境和公共设施管理服务人员	居民服务人 员	电力、燃气及水供应服务人 员
河 南	**67496**	**4005**	**3460**	**3072**	**4675**	**4380**	**32039**	**32414**	**3585**
郑州市	5004	564	463	563	931	638	3540	1912	374
开封市	2308	178	134	111	108	167	1111	1067	176
洛阳市	5153	357	230	232	358	278	1875	2040	282
平顶山市	2959	172	170	173	231	402	1225	1621	141
安阳市	2924	233	194	97	193	202	1795	1980	327
鹤壁市	1645	106	72	51	101	93	817	803	71
新乡市	4243	248	263	282	370	284	2896	3244	261
焦作市	2952	201	263	94	230	242	1457	1336	169
濮阳市	3003	193	204	97	275	195	2077	1597	193
许昌市	4012	214	204	177	209	239	1265	1705	233
漯河市	1963	153	117	132	169	170	593	775	141
三门峡市	3030	171	153	108	166	141	700	953	98
南阳市	5308	217	218	184	369	225	2238	2823	231
商丘市	5730	232	223	230	210	319	2808	2682	201
信阳市	3677	221	98	111	146	137	1658	1689	178
周口市	7890	321	268	237	288	393	2340	3445	273
驻马店市	5207	185	141	176	272	192	3335	2543	192
济源市	488	39	45	17	49	63	309	199	44
男	**31789**	**2603**	**1605**	**1879**	**3550**	**2737**	**14614**	**10396**	**3228**
郑州市	2553	382	204	310	677	407	1649	662	347
开封市	1155	120	53	66	78	105	512	372	159
洛阳市	2310	210	104	169	268	192	821	624	247
平顶山市	1529	124	82	118	203	283	636	536	125
安阳市	1272	156	92	58	145	124	805	604	302
鹤壁市	767	67	44	29	67	66	316	273	65
新乡市	1712	155	108	182	266	162	1141	641	234
焦作市	1317	128	98	53	171	137	569	425	153
濮阳市	1290	124	81	41	212	130	894	487	182
许昌市	2128	148	90	114	174	153	608	656	209
漯河市	1029	108	63	86	139	107	269	281	129
三门峡市	1413	110	85	63	134	83	315	325	90
南阳市	2385	142	99	110	298	140	1129	797	201
商丘市	2905	142	128	140	141	180	1286	936	179
信阳市	1735	145	53	73	112	90	823	642	157
周口市	3922	213	138	142	221	235	1194	1398	239
驻马店市	2189	110	69	117	210	114	1525	703	172
济源市	178	19	14	8	34	29	122	34	38
女	**35707**	**1402**	**1855**	**1193**	**1125**	**1643**	**17425**	**22018**	**357**
郑州市	2451	182	259	253	254	231	1891	1250	27
开封市	1153	58	81	45	30	62	599	695	17
洛阳市	2843	147	126	63	90	86	1054	1416	35
平顶山市	1430	48	88	55	28	119	589	1085	16
安阳市	1652	77	102	39	48	78	990	1376	25
鹤壁市	878	39	28	22	34	27	501	530	6
新乡市	2531	93	155	100	104	122	1755	2603	27
焦作市	1635	73	165	41	59	105	888	911	16
濮阳市	1713	69	123	56	63	65	1183	1110	11
许昌市	1884	66	114	63	35	86	657	1049	24
漯河市	934	45	54	46	30	63	324	494	12
三门峡市	1617	61	68	45	32	58	385	628	8
南阳市	2923	75	119	74	71	85	1109	2026	30
商丘市	2825	90	95	90	69	139	1522	1746	22
信阳市	1942	76	45	38	34	47	835	1047	21
周口市	3968	108	130	95	67	158	1146	2047	34
驻马店市	3018	75	72	59	62	78	1810	1840	20
济源市	310	20	31	9	15	34	187	165	6

4-6c 续表 4

单位：人

地区 性别	社会生产服务和生活服务人员				农、林、牧、渔业生产及辅助人员				
	修理及制作服务人员	文化、体育和娱乐服务人员	健康服务人员	其他社会生产和生活服务人员	小计	农业生产人员	林业生产人员	畜牧业生产人员	渔业生产人员
河南	**16956**	**1421**	**488**	**521**	**803715**	**739921**	**6375**	**39630**	**2274**
郑州市	1528	144	48	42	36107	33879	335	1403	298
开封市	688	53	32	10	51691	49592	155	1708	52
洛阳市	984	110	42	62	47263	43440	555	2709	114
平顶山市	808	61	22	19	34805	32370	193	1895	73
安阳市	882	91	22	49	37765	33944	187	2033	28
鹤壁市	497	27	9	15	9411	7796	66	1324	11
新乡市	1042	114	28	21	46527	42605	350	2868	53
焦作市	768	68	21	66	16327	14191	259	1524	28
濮阳市	848	77	22	44	32640	29017	134	2273	64
许昌市	1137	110	32	18	40458	36707	591	1111	32
漯河市	546	44	14	10	19443	18434	85	510	24
三门峡市	574	36	14	7	23630	22585	136	772	9
南阳市	1582	84	40	35	103887	95020	1267	4674	251
商丘市	1542	119	32	10	82421	76492	311	4648	89
信阳市	630	66	30	38	62645	57840	647	2794	847
周口市	1705	105	40	32	83098	79388	416	2677	157
驻马店市	1092	86	31	37	72406	64088	644	4136	132
济源市	103	26	9	6	3191	2533	44	571	12
男	**14183**	**883**	**222**	**286**	**395585**	**358485**	**3994**	**23767**	**1658**
郑州市	1334	86	22	28	18319	16831	199	964	197
开封市	575	34	14	5	26257	24970	104	1037	43
洛阳市	863	67	20	35	23974	21436	399	1800	95
平顶山市	702	36	12	14	19031	17389	138	1293	64
安阳市	726	52	9	30	16175	14153	108	1324	24
鹤壁市	410	20	3	7	4546	3663	41	733	9
新乡市	872	64	8	9	21458	19199	201	1713	41
焦作市	639	41	11	40	8903	7582	175	962	21
濮阳市	710	47	11	23	14161	12202	88	1398	50
许昌市	970	89	13	13	20127	17985	336	734	28
漯河市	476	26	6	4	10218	9646	69	328	21
三门峡市	482	29	4	4	12649	11964	94	522	9
南阳市	1269	48	17	18	53662	48360	764	2896	189
商丘市	1250	75	15	6	38089	34829	220	2554	65
信阳市	554	39	18	16	32609	29789	437	1458	598
周口市	1422	72	23	18	39565	37290	270	1631	106
驻马店市	841	44	12	13	34133	29938	320	2036	88
济源市	88	14	4	3	1709	1259	31	384	10
女	**2773**	**538**	**266**	**235**	**408130**	**381436**	**2381**	**15863**	**616**
郑州市	194	58	26	14	17788	17048	136	439	101
开封市	113	19	18	5	25434	24622	51	671	9
洛阳市	121	43	22	27	23289	22004	156	909	19
平顶山市	106	25	10	5	15774	14981	55	602	9
安阳市	156	39	13	19	21590	19791	79	709	4
鹤壁市	87	7	6	8	4865	4133	25	591	2
新乡市	170	50	20	12	25069	23406	149	1155	12
焦作市	129	27	10	26	7424	6609	84	562	7
濮阳市	138	30	11	21	18479	16815	46	875	14
许昌市	167	21	19	5	20331	18722	255	377	4
漯河市	70	18	8	6	9225	8788	16	182	3
三门峡市	92	7	10	3	10981	10621	42	250	
南阳市	313	36	23	17	50225	46660	503	1778	62
商丘市	292	44	17	4	44332	41663	91	2094	24
信阳市	76	27	12	22	30036	28051	210	1336	249
周口市	283	33	17	14	43533	42098	146	1046	51
驻马店市	251	42	19	24	38273	34150	324	2100	44
济源市	15	12	5	3	1482	1274	13	187	2

4-6c　续表 5　　　　单位：人

地　区 性　别	农林牧渔生产辅助人员	其他农、林、牧、渔业生产加工人员	生产制造及有关人员						
			小计	农副产品加工人员	食品、饮料生产加工人员	烟草及其制品加工人员	纺织、针织、印染人员	纺织品、服装和皮革、毛皮制品加工制作人员	木材加工、家具与木制品制作人员
河　南	**14644**	**871**	**530140**	**11769**	**9826**	**291**	**6256**	**44488**	**17300**
郑州市	167	25	35592	576	777	11	117	2534	1064
开封市	170	14	24182	671	334	1	146	987	2448
洛阳市	416	29	31953	357	350	113	153	2392	708
平顶山市	268	6	21741	419	296	16	206	1236	515
安阳市	1356	217	33729	1576	353	1	250	3821	994
鹤壁市	169	45	12711	246	193		67	655	328
新乡市	639	12	39386	564	1095		783	2479	771
焦作市	311	14	24150	528	770	3	199	2749	383
濮阳市	1139	13	33548	988	633		184	2952	1720
许昌市	2011	6	28326	571	373	39	296	1753	1120
漯河市	376	14	14891	606	847	5	73	1193	646
三门峡市	115	13	9273	228	179	71	30	177	113
南阳市	2504	171	35287	1592	367	17	563	1906	794
商丘市	865	16	58715	827	790		647	7632	2002
信阳市	412	105	23351	677	622	1	357	1797	834
周口市	444	16	62329	707	1186	2	1940	7970	1694
驻马店市	3257	149	36798	569	479	8	224	2192	1113
济源市	25	6	4178	67	182	3	21	63	53
男	**7264**	**417**	**369870**	**5630**	**4183**	**134**	**1499**	**10229**	**11734**
郑州市	117	11	27935	298	388	7	51	1043	878
开封市	98	5	17041	276	133		35	294	1259
洛阳市	229	15	25445	187	152	53	52	551	566
平顶山市	143	4	17505	228	148	8	74	458	428
安阳市	496	70	23503	619	121		59	276	714
鹤壁市	76	24	8628	106	80		13	138	267
新乡市	297	7	26879	251	312		114	276	560
焦作市	157	6	15315	230	279	1	35	731	280
濮阳市	417	6	22415	382	222		27	260	1186
许昌市	1041	3	19623	272	160	13	67	515	677
漯河市	144	10	10660	314	355	4	20	363	518
三门峡市	54	6	7224	133	85	36	14	56	92
南阳市	1343	110	25147	814	183	3	185	569	604
商丘市	410	11	36014	409	347		158	1665	1267
信阳市	271	56	17635	389	372	1	96	476	584
周口市	258	10	40609	373	587	2	442	1990	1200
驻马店市	1693	58	25313	308	206	4	57	558	614
济源市	20	5	2979	41	53	2		10	40
女	**7380**	**454**	**160270**	**6139**	**5643**	**157**	**4757**	**34259**	**5566**
郑州市	50	14	7657	278	389	4	66	1491	186
开封市	72	9	7141	395	201	1	111	693	1189
洛阳市	187	14	6508	170	198	60	101	1841	142
平顶山市	125	2	4236	191	148	8	132	778	87
安阳市	860	147	10226	957	232	1	191	3545	280
鹤壁市	93	21	4083	140	113		54	517	61
新乡市	342	5	12507	313	783		669	2203	211
焦作市	154	8	8835	298	491	2	164	2018	103
濮阳市	722	7	11133	606	411		157	2692	534
许昌市	970	3	8703	299	213	26	229	1238	443
漯河市	232	4	4231	292	492	1	53	830	128
三门峡市	61	7	2049	95	94	35	16	121	21
南阳市	1161	61	10140	778	184	14	378	1337	190
商丘市	455	5	22701	418	443		489	5967	735
信阳市	141	49	5716	288	250		261	1321	250
周口市	186	6	21720	334	599		1498	5980	494
驻马店市	1564	91	11485	261	273	4	167	1634	499
济源市	5	1	1199	26	129	1	21	53	13

4-6c 续表 6

单位：人

地区 性别	生产制造及有关人员								
	纸及纸制品生产加工人员	印刷和记录媒介复制人员	文教、工美、体育和娱乐用品制造人员	石油加工和炼焦、煤化工生产人员	化学原料和化学制品制造人员	医药制造人员	化学纤维制造人员	橡胶和塑料制品制造人员	非金属矿物制品制造人员
河南	**2341**	**1541**	**13144**	**372**	**2593**	**1316**	**300**	**3383**	**9273**
郑州市	311	140	111	17	115	67	12	223	1342
开封市	23	31	199	4	117	14	2	147	191
洛阳市	92	88	201	20	88	74	12	246	510
平顶山市	46	46	138	88	62	29	8	112	579
安阳市	62	43	247	98	101	43	2	137	547
鹤壁市	17	18	114	1	39	10	2	59	310
新乡市	472	111	134	12	919	115	137	210	552
焦作市	363	87	153	21	134	355	7	415	661
濮阳市	290	75	1208	21	188	24	4	277	251
许昌市	100	87	2107	19	70	50	29	135	1371
漯河市	71	39	152	3	58	22	9	96	75
三门峡市	26	47	56	12	41	14	3	40	166
南阳市	130	72	1945	7	123	265	14	194	857
商丘市	150	111	4423	9	156	60	1	602	397
信阳市	37	31	547	11	47	23	2	69	414
周口市	76	464	892		182	77	52	193	224
驻马店市	54	41	507	4	88	58	2	155	675
济源市	21	10	10	25	65	16	2	73	151
男	**1047**	**841**	**3410**	**315**	**1835**	**520**	**107**	**1554**	**6768**
郑州市	186	80	74	16	92	32	8	123	1065
开封市	10	19	69	3	73	11		81	148
洛阳市	50	51	98	18	63	28	3	124	421
平顶山市	21	30	59	72	44	11	6	67	433
安阳市	22	19	20	82	70	13	1	56	325
鹤壁市	10	9	29	1	24	5	2	25	164
新乡市	203	50	42	11	743	43	56	99	418
焦作市	167	39	57	20	97	142	5	195	419
濮阳市	51	41	69	15	119	8		89	189
许昌市	53	53	645	18	46	16	9	77	860
漯河市	39	27	36	3	44	10	2	51	58
三门峡市	16	23	29	9	28	9	2	25	136
南阳市	66	43	1133	5	75	100	6	92	649
商丘市	59	69	565	6	99	26	1	219	321
信阳市	18	18	187	10	31	11	1	40	333
周口市	36	244	185		85	25	3	100	168
驻马店市	34	21	109	3	56	24	1	71	573
济源市	6	5	4	23	46	6	1	20	88
女	**1294**	**700**	**9734**	**57**	**758**	**796**	**193**	**1829**	**2505**
郑州市	125	60	37	1	23	35	4	100	277
开封市	13	12	130	1	44	3	2	66	43
洛阳市	42	37	103	2	25	46	9	122	89
平顶山市	25	16	79	16	18	18	2	45	146
安阳市	40	24	227	16	31	30	1	81	222
鹤壁市	7	9	85		15	5		34	146
新乡市	269	61	92	1	176	72	81	111	134
焦作市	196	48	96	1	37	213	2	220	242
濮阳市	239	34	1139	6	69	16	4	188	62
许昌市	47	34	1462	1	24	34	20	58	511
漯河市	32	12	116		14	12	7	45	17
三门峡市	10	24	27	3	13	5	1	15	30
南阳市	64	29	812	2	48	165	8	102	208
商丘市	91	42	3858	3	57	34		383	76
信阳市	19	13	360	1	16	12	1	29	81
周口市	40	220	707		97	52	49	93	56
驻马店市	20	20	398	1	32	34	1	84	102
济源市	15	5	6	2	19	10	1	53	63

4-6c 续表 7

单位：人

地区 性别	生产制造及有关人员 采矿人员	金属冶炼和压延加工人员	机械制造基础加工人员	金属制品制造人员	通用设备制造人员	专用设备制造人员	汽车制造人员	铁路、船舶、航空设备制造人员	电气机械和器材制造人员
河 南	**7149**	**3143**	**18520**	**6693**	**2847**	**1999**	**2452**	**411**	**2747**
郑州市	2018	512	2216	586	336	142	473	8	348
开封市	21	47	446	279	121	59	194	5	83
洛阳市	1375	273	2344	425	316	48	140	69	140
平顶山市	952	90	778	368	114	57	62	19	83
安阳市	161	325	1627	282	203	96	93	22	162
鹤壁市	106	23	365	129	46	35	115	9	58
新乡市	214	171	2710	470	438	1032	146	14	335
焦作市	163	118	1132	404	173	29	204	13	196
濮阳市	67	122	814	357	98	34	265	18	211
许昌市	707	304	1827	502	265	191	187	16	145
漯河市	21	15	446	178	65	41	47	1	58
三门峡市	502	110	361	96	38	9	53	7	58
南阳市	312	163	830	503	208	53	191	17	167
商丘市	281	266	830	866	108	37	95	40	273
信阳市	41	130	299	278	46	26	35	21	85
周口市	45	57	820	645	165	50	73	64	107
驻马店市	73	36	462	283	74	56	70	67	154
济源市	90	381	213	42	33	4	9	1	84
男	**6809**	**2645**	**16416**	**4476**	**2448**	**616**	**1713**	**311**	**1571**
郑州市	1962	457	2022	469	302	99	410	6	255
开封市	20	34	397	192	103	23	107	5	49
洛阳市	1313	240	2132	310	282	31	106	55	108
平顶山市	910	73	694	278	101	26	51	15	63
安阳市	149	270	1496	175	189	16	68	17	92
鹤壁市	99	20	335	87	42	19	59	6	28
新乡市	209	118	2301	310	355	153	82	13	160
焦作市	154	101	953	242	145	16	156	12	115
濮阳市	67	97	768	165	83	13	119	13	84
许昌市	692	255	1561	350	229	85	152	11	91
漯河市	19	12	418	131	57	14	34	1	40
三门峡市	457	100	335	81	35	9	44	6	44
南阳市	273	135	711	356	168	19	135	16	64
商丘市	266	215	704	529	92	18	64	30	140
信阳市	37	114	263	204	42	11	25	16	52
周口市	34	42	720	391	131	27	52	49	61
驻马店市	61	28	412	179	60	34	41	39	73
济源市	87	334	194	27	32	3	8	1	52
女	**340**	**498**	**2104**	**2217**	**399**	**1383**	**739**	**100**	**1176**
郑州市	56	55	194	117	34	43	63	2	93
开封市	1	13	49	87	18	36	87		34
洛阳市	62	33	212	115	34	17	34	14	32
平顶山市	42	17	84	90	13	31	11	4	20
安阳市	12	55	131	107	14	80	25	5	70
鹤壁市	7	3	30	42	4	16	56	3	30
新乡市	5	53	409	160	83	879	64	1	175
焦作市	9	17	179	162	28	13	48	1	81
濮阳市		25	46	192	15	21	146	5	127
许昌市	15	49	266	152	36	106	35	5	54
漯河市	2	3	28	47	8	27	13		18
三门峡市	45	10	26	15	3		9	1	14
南阳市	39	28	119	147	40	34	56	1	103
商丘市	15	51	126	337	16	19	31	10	133
信阳市	4	16	36	74	4	15	10	5	33
周口市	11	15	100	254	34	23	21	15	46
驻马店市	12	8	50	104	14	22	29	28	81
济源市	3	47	19	15	1	1	1		32

4-6c 续表 8

单位：人

地区 性别	生产制造及有关人员								不便分类的其他从业人员
	计算机、通信和其他电子设备制造人员	仪器仪表制造人员	废弃资源综合利用人员	电力、热力、气体、水生产和输配人员	建筑施工人员	运输设备和通用工程机械操作人员及有关人员	生产辅助人员	其他生产制造及有关人员	
河　南	**36681**	**493**	**969**	**798**	**280692**	**9589**	**28914**	**1850**	**6244**
郑州市	2639	25	63	103	13494	1387	3637	188	365
开封市	2859	1	24	27	13734	255	624	88	280
洛阳市	2368	11	82	87	15686	893	2193	99	466
平顶山市	1756	4	37	32	11802	597	1109	85	361
安阳市	1089	7	55	63	19248	562	1386	73	250
鹤壁市	1916	2	8	13	7112	156	527	32	250
新乡市	1789	14	38	45	19833	878	2772	133	378
焦作市	1472	11	58	56	10149	425	2342	377	370
濮阳市	1967	2	29	60	18976	429	1082	202	185
许昌市	1679	17	108	48	11553	493	2013	151	278
漯河市	1375	1	9	21	6776	237	1661	44	256
三门峡市	1438	7	8	15	4442	341	570	15	135
南阳市	3004	11	65	51	18484	710	1547	125	571
商丘市	3192	349	63	40	30650	509	3280	29	540
信阳市	1252	3	101	41	14294	517	660	53	479
周口市	3604	14	83	33	38646	527	1676	61	550
驻马店市	2704	4	129	22	24664	494	1261	76	494
济源市	578	10	9	41	1149	179	574	19	36
男	**20188**	**214**	**722**	**664**	**235748**	**9000**	**15656**	**867**	**3637**
郑州市	1545	15	44	89	11961	1286	2534	138	245
开封市	1542	1	19	22	11510	243	307	56	167
洛阳市	1507	10	68	75	14469	852	1408	62	291
平顶山市	1084	2	33	27	10692	568	744	57	221
安阳市	563	4	41	46	16725	513	702	40	144
鹤壁市	1012		7	11	5556	147	307	20	157
新乡市	926	11	26	40	16787	819	1316	75	214
焦作市	896	7	43	50	8171	401	1060	96	201
濮阳市	857	1	27	48	16498	406	486	25	93
许昌市	1068	6	68	40	9898	459	1088	89	168
漯河市	880		8	18	6114	232	814	24	150
三门峡市	953	6	7	12	3711	320	399	12	86
南阳市	1456	5	49	46	15657	665	804	61	352
商丘市	1654	129	48	33	24900	467	1496	18	299
信阳市	684	1	70	23	12574	497	426	29	270
周口市	1922	10	69	28	30345	496	771	21	295
驻马店市	1349	2	88	19	19151	473	630	35	263
济源市	290	4	7	37	1029	156	364	9	21
女	**16493**	**279**	**247**	**134**	**44944**	**589**	**13258**	**983**	**2607**
郑州市	1094	10	19	14	1533	101	1103	50	120
开封市	1317		5	5	2224	12	317	32	113
洛阳市	861	1	14	12	1217	41	785	37	175
平顶山市	672	2	4	5	1110	29	365	28	140
安阳市	526	3	14	17	2523	49	684	33	106
鹤壁市	904	2	1	2	1556	9	220	12	93
新乡市	863	3	12	5	3046	59	1456	58	164
焦作市	576	4	15	6	1978	24	1282	281	169
濮阳市	1110	1	2	12	2478	23	596	177	92
许昌市	611	11	40	8	1655	34	925	62	110
漯河市	495	1	1	3	662	5	847	20	106
三门峡市	485	1	1	3	731	21	171	3	49
南阳市	1548	6	16	5	2827	45	743	64	219
商丘市	1538	220	15	7	5750	42	1784	11	241
信阳市	568	2	31	18	1720	20	234	24	209
周口市	1682	4	14	5	8301	31	905	40	255
驻马店市	1355	2	41	3	5513	21	631	41	231
济源市	288	6	2	4	120	23	210	10	15

4-7 全省分年龄、性别、职业中类的就业人口

单位：人

年龄组 性别	合计	党的机关、国家机关、群众团体和社会组织、企事业单位负责人						
		小计	中国共产党机关负责人	国家机关负责人	民主党派和工商联负责人	人民团体和群众团体、社会组织及其他成员组织负责人	基层群众自治组织负责人	企事业单位负责人
总　计	**4225042**	**74256**	**191**	**3006**	**10**	**3660**	**2521**	**64868**
16-19岁	63024	211	1	2		12	1	195
20-24岁	231828	2018	3	32		78	22	1883
25-29岁	402294	6382	11	105	1	268	26	5971
30-34岁	672267	14408	20	234	1	583	123	13447
35-39岁	458463	11808	14	326	2	519	116	10831
40-44岁	445176	10857	27	493	2	496	203	9636
45-49岁	530912	10871	29	599	1	549	366	9327
50-54岁	532262	9145	33	651	3	508	526	7424
55-59岁	373233	5704	35	453		399	602	4215
60-64岁	194316	1475	12	50		118	273	1022
65-69岁	189684	941	4	30		89	189	629
70-74岁	85874	298	2	15		32	59	190
75岁及以上	45709	138		16		9	15	98
男	**2409067**	**53377**	**147**	**2376**	**4**	**2441**	**2075**	**46334**
16-19岁	38816	143	1	1		9	1	131
20-24岁	133670	1343	1	17		42	13	1270
25-29岁	226379	4342	5	63		160	16	4098
30-34岁	373490	9894	11	154		376	62	9291
35-39岁	251766	8155	11	235	1	306	73	7529
40-44岁	243888	7424	21	375	1	302	139	6586
45-49岁	298245	7908	20	479	1	372	291	6745
50-54岁	310490	7032	29	544	1	366	435	5657
55-59岁	224473	4756	32	408		301	545	3470
60-64岁	116684	1222	11	44		92	255	820
65-69岁	112802	788	3	28		79	176	502
70-74岁	51743	258	2	13		28	55	160
75岁及以上	26621	112		15		8	14	75
女	**1815975**	**20879**	**44**	**630**	**6**	**1219**	**446**	**18534**
16-19岁	24208	68		1		3		64
20-24岁	98158	675	2	15		36	9	613
25-29岁	175915	2040	6	42	1	108	10	1873
30-34岁	298777	4514	9	80	1	207	61	4156
35-39岁	206697	3653	3	91	1	213	43	3302
40-44岁	201288	3433	6	118	1	194	64	3050
45-49岁	232667	2963	9	120		177	75	2582
50-54岁	221772	2113	4	107	2	142	91	1767
55-59岁	148760	948	3	45		98	57	745
60-64岁	77632	253	1	6		26	18	202
65-69岁	76882	153	1	2		10	13	127
70-74岁	34131	40		2		4	4	30
75岁及以上	19088	26		1		1	1	23

4-7 续表 1 单位：人

年龄组 性别	专业技术人员 小计	科学研究人员	工程技术人员	农业技术人员	飞机和船舶技术人员	卫生专业技术人员	经济和金融专业人员	法律、社会和宗教专业人员	教学人员	文学艺术、体育专业人员
总 计	**366023**	**1581**	**64764**	**4573**	**167**	**68652**	**57390**	**6138**	**149757**	**5476**
16-19岁	5165	12	547	36	1	404	393	11	3491	165
20-24岁	31395	90	4369	190	18	5755	4577	311	14547	829
25-29岁	58949	253	9370	340	41	11246	9971	1092	24438	1083
30-34岁	79280	334	15313	584	51	14978	14439	1247	29473	1217
35-39岁	53040	232	9083	435	16	9495	8298	816	23019	578
40-44岁	44426	196	6994	394	14	7870	6414	696	20535	407
45-49岁	39062	155	7682	637	14	7230	6174	741	15159	425
50-54岁	28450	153	6250	669	8	5367	3890	599	10472	407
55-59岁	16633	129	3658	535	3	3301	2161	410	5833	251
60-64岁	4486	12	809	265		1252	563	102	1371	48
65-69岁	3013	10	472	299	1	1001	304	66	781	39
70-74岁	1255	2	139	135		458	131	30	321	16
75岁及以上	869	3	78	54		295	75	17	317	11
男	**155499**	**975**	**53544**	**2660**	**151**	**24807**	**18059**	**3654**	**44525**	**3145**
16-19岁	2013	4	443	22	1	125	123	6	1115	113
20-24岁	9832	55	3518	118	16	1254	1255	146	2688	443
25-29岁	19907	134	7636	198	36	2656	2822	527	4772	588
30-34岁	29030	195	12585	344	49	3825	3849	628	6054	694
35-39岁	21036	145	7344	250	15	3383	2361	462	6207	320
40-44岁	18940	116	5636	223	12	3138	1764	448	6885	249
45-49岁	19086	97	6244	350	11	3237	1914	460	6062	252
50-54岁	16445	106	5434	338	7	2775	1779	448	4931	238
55-59岁	12057	102	3372	333	3	2166	1430	346	3870	165
60-64岁	3240	9	732	157		858	384	88	938	34
65-69岁	2288	8	420	188	1	770	233	57	558	27
70-74岁	973	1	116	98		385	93	25	224	13
75岁及以上	652	3	64	41		235	52	13	221	9
女	**210524**	**606**	**11220**	**1913**	**16**	**43845**	**39331**	**2484**	**105232**	**2331**
16-19岁	3152	8	104	14		279	270	5	2376	52
20-24岁	21563	35	851	72	2	4501	3322	165	11859	386
25-29岁	39042	119	1734	142	5	8590	7149	565	19666	495
30-34岁	50250	139	2728	240	2	11153	10590	619	23419	523
35-39岁	32004	87	1739	185	1	6112	5937	354	16812	258
40-44岁	25486	80	1358	171	2	4732	4650	248	13650	158
45-49岁	19976	58	1438	287	3	3993	4260	281	9097	173
50-54岁	12005	47	816	331	1	2592	2111	151	5541	169
55-59岁	4576	27	286	202		1135	731	64	1963	86
60-64岁	1246	3	77	108		394	179	14	433	14
65-69岁	725	2	52	111		231	71	9	223	12
70-74岁	282	1	23	37		73	38	5	97	3
75岁及以上	217		14	13		60	23	4	96	2

4-7 续表 2

单位：人

年龄组 性别	专业技术人员		办事人员和有关人员				社会生产服务和生活服务人员		
	新闻出版、文化专业人员	其他专业技术人员	小计	办事人员	安全和消防人员	其他办事人员和有关人员	小计	批发与零售服务人员	交通运输、仓储和邮政业服务人员
总 计	**4851**	**2674**	**231330**	**181016**	**47753**	**2561**	**1494678**	**707877**	**237269**
16–19岁	63	42	1381	756	602	23	28106	11731	2343
20–24岁	492	217	11205	8257	2811	137	103719	51082	12240
25–29岁	798	317	24790	20391	4146	253	173023	88288	23991
30–34岁	1103	541	40331	34506	5394	431	286163	148152	44756
35–39岁	734	334	29186	25287	3574	325	191221	97100	34479
40–44岁	550	356	29277	24898	4037	342	174356	84005	34168
45–49岁	510	335	32668	26830	5443	395	188398	84464	36983
50–54岁	352	283	28389	20921	7151	317	158493	67011	27325
55–59岁	196	156	20481	13465	6790	226	95559	38504	13691
60–64岁	23	41	6414	2821	3546	47	41821	15730	3944
65–69岁	15	25	4734	1761	2935	38	34796	13463	2396
70–74岁	9	14	1683	667	997	19	12924	5387	652
75岁及以上	6	13	791	456	327	8	6099	2960	301
男	**2120**	**1859**	**151110**	**107136**	**42369**	**1605**	**800393**	**323049**	**197305**
16–19岁	34	27	997	417	567	13	16717	5343	1894
20–24岁	190	149	6638	3966	2588	84	58949	23398	10202
25–29岁	322	216	13792	10017	3633	142	96275	40442	20185
30–34岁	426	381	22411	17673	4494	244	152042	64371	37000
35–39岁	321	228	17149	13950	3003	196	100251	41532	28553
40–44岁	232	237	17704	14200	3303	201	89394	35550	28122
45–49岁	230	229	21002	16154	4625	223	95124	37198	30150
50–54岁	184	205	21746	14972	6535	239	83296	32947	23213
55–59岁	148	122	17899	11321	6406	172	52426	20515	11858
60–64岁	15	25	5555	2180	3335	40	23720	8942	3398
65–69岁	8	18	4140	1398	2713	29	20565	7838	1991
70–74岁	6	12	1440	536	887	17	7977	3201	522
75岁及以上	4	10	637	352	280	5	3657	1772	217
女	**2731**	**815**	**80220**	**73880**	**5384**	**956**	**694285**	**384828**	**39964**
16–19岁	29	15	384	339	35	10	11389	6388	449
20–24岁	302	68	4567	4291	223	53	44770	27684	2038
25–29岁	476	101	10998	10374	513	111	76748	47846	3806
30–34岁	677	160	17920	16833	900	187	134121	83781	7756
35–39岁	413	106	12037	11337	571	129	90970	55568	5926
40–44岁	318	119	11573	10698	734	141	84962	48455	6046
45–49岁	280	106	11666	10676	818	172	93274	47266	6833
50–54岁	168	78	6643	5949	616	78	75197	34064	4112
55–59岁	48	34	2582	2144	384	54	43133	17989	1833
60–64岁	8	16	859	641	211	7	18101	6788	546
65–69岁	7	7	594	363	222	9	14231	5625	405
70–74岁	3	2	243	131	110	2	4947	2186	130
75岁及以上	2	3	154	104	47	3	2442	1188	84

4-7 续表 3

单位：人

年龄组 性 别	社会生产服务和生活服务人员 住宿和餐饮服务人员	信息传输、软件和信息技术服务人员	金融服务人员	房地产服务人员	租赁和商务服务人员	技术辅助服务人员	水利、环境和公共设施管理服务人员	居民服务人员	电力、燃气及水供应服务人员
总 计	**203687**	**21268**	**24560**	**17631**	**21035**	**22982**	**79824**	**87351**	**13344**
16–19岁	6586	494	94	205	383	447	249	3461	61
20–24岁	14892	3204	1358	1421	1752	3011	752	7584	430
25–29岁	20042	5241	4186	2756	2560	5087	1414	10117	1131
30–34岁	34286	5784	6229	3686	3515	6281	3353	15364	2319
35–39岁	24681	2737	3389	2121	1987	3011	3282	9625	1604
40–44岁	24607	1638	2579	1652	1793	1905	5563	8428	1865
45–49岁	28809	1106	3106	1812	2147	1526	10665	9515	2368
50–54岁	24904	619	2251	1711	2576	973	15294	9132	1942
55–59岁	14431	326	1087	1164	2157	502	13494	6243	1125
60–64岁	5394	53	162	571	1079	116	10359	3043	289
65–69岁	3541	42	76	381	757	69	10281	2864	144
70–74岁	1077	11	23	116	258	32	3790	1232	50
75岁及以上	437	13	20	35	71	22	1328	743	16
男	**98924**	**14019**	**11396**	**10079**	**14869**	**14212**	**32204**	**27821**	**10900**
16–19岁	4741	321	53	141	242	271	141	1700	52
20–24岁	9820	2108	700	904	981	1804	409	3185	370
25–29岁	12011	3515	2138	1661	1435	3130	724	3574	900
30–34岁	18403	3721	2854	1974	2052	3862	1381	4761	1875
35–39岁	12206	1743	1401	1064	1207	1905	1138	2693	1253
40–44岁	10761	1060	950	780	1187	1117	1516	2291	1391
45–49岁	11007	730	1219	898	1563	912	2767	2511	1810
50–54岁	9157	465	1147	1024	2236	659	4633	2443	1745
55–59岁	5764	269	749	819	1993	379	4991	1758	1046
60–64岁	2471	41	98	421	1000	86	5083	1044	267
65–69岁	1765	31	50	287	694	49	6008	1077	134
70–74岁	607	7	19	87	223	23	2521	474	46
75岁及以上	211	8	18	19	56	15	892	310	11
女	**104763**	**7249**	**13164**	**7552**	**6166**	**8770**	**47620**	**59530**	**2444**
16–19岁	1845	173	41	64	141	176	108	1761	9
20–24岁	5072	1096	658	517	771	1207	343	4399	60
25–29岁	8031	1726	2048	1095	1125	1957	690	6543	231
30–34岁	15883	2063	3375	1712	1463	2419	1972	10603	444
35–39岁	12475	994	1988	1057	780	1106	2144	6932	351
40–44岁	13846	578	1629	872	606	788	4047	6137	474
45–49岁	17802	376	1887	914	584	614	7898	7004	558
50–54岁	15747	154	1104	687	340	314	10661	6689	197
55–59岁	8667	57	338	345	164	123	8503	4485	79
60–64岁	2923	12	64	150	79	30	5276	1999	22
65–69岁	1776	11	26	94	63	20	4273	1787	10
70–74岁	470	4	4	29	35	9	1269	758	4
75岁及以上	226	5	2	16	15	7	436	433	5

4-7　续表 4　　　　单位：人

年龄组 性别	社会生产服务和生活服务人员				农、林、牧、渔业生产及辅助人员				
	修理及制作服务人员	文化、体育和娱乐服务人员	健康服务人员	其他社会生产和生活服务人员	小计	农业生产人员	林业生产人员	畜牧业生产人员	渔业生产人员
总　计	**48302**	**5559**	**2539**	**1450**	**965672**	**882100**	**8866**	**51009**	**3281**
16–19岁	1737	257	29	29	8499	7932	43	342	22
20–24岁	4780	917	203	93	22450	20616	173	1106	83
25–29岁	6612	1097	365	136	36972	33487	308	2124	170
30–34岁	10565	1066	551	256	68056	61270	581	4169	390
35–39岁	6167	529	345	164	51329	45684	547	3565	319
40–44岁	5298	392	308	155	61074	54155	707	4340	346
45–49岁	4945	447	311	194	102605	91531	1249	6742	527
50–54岁	3952	419	212	172	154280	140191	1662	8494	560
55–59岁	2350	251	109	125	142305	130555	1464	7027	430
60–64岁	889	84	45	63	102415	95246	827	4279	177
65–69岁	647	58	35	42	119653	111673	829	4838	162
70–74岁	234	31	17	14	61723	57702	347	2510	67
75岁及以上	126	11	9	7	34311	32058	129	1473	28
男	**40593**	**3260**	**940**	**822**	**478067**	**428691**	**5622**	**31015**	**2405**
16–19岁	1629	158	16	15	5358	4957	34	245	21
20–24岁	4346	615	59	48	12561	11344	112	771	61
25–29岁	5658	687	126	89	18584	16345	211	1418	131
30–34岁	8907	569	165	147	32510	28271	390	2691	317
35–39岁	5063	283	120	90	24051	20714	332	2165	241
40–44岁	4290	185	117	77	28373	24356	405	2575	265
45–49岁	3945	221	104	89	47508	41199	805	3878	371
50–54岁	3182	246	102	97	69468	61638	1047	4797	388
55–59岁	1970	164	66	85	66006	59351	895	4112	296
60–64岁	742	57	25	45	53375	49005	533	2734	124
65–69岁	555	38	24	24	65171	60236	539	3129	117
70–74岁	199	26	10	12	35577	33057	225	1633	50
75岁及以上	107	11	6	4	19525	18218	94	867	23
女	**7709**	**2299**	**1599**	**628**	**487605**	**453409**	**3244**	**19994**	**876**
16–19岁	108	99	13	14	3141	2975	9	97	1
20–24岁	434	302	144	45	9889	9272	61	335	22
25–29岁	954	410	239	47	18388	17142	97	706	39
30–34岁	1658	497	386	109	35546	32999	191	1478	73
35–39岁	1104	246	225	74	27278	24970	215	1400	78
40–44岁	1008	207	191	78	32701	29799	302	1765	81
45–49岁	1000	226	207	105	55097	50332	444	2864	156
50–54岁	770	173	110	75	84812	78553	615	3697	172
55–59岁	380	87	43	40	76299	71204	569	2915	134
60–64岁	147	27	20	18	49040	46241	294	1545	53
65–69岁	92	20	11	18	54482	51437	290	1709	45
70–74岁	35	5	7	2	26146	24645	122	877	17
75岁及以上	19		3	3	14786	13840	35	606	5

4-7 续表 5

单位：人

年龄组 性别	农林牧渔生产辅助人员	其他农、林、牧、渔业生产加工人员	生产制造及有关人员						
			小计	农副产品加工人员	食品、饮料生产加工人员	烟草及其制品加工人员	纺织、针织、印染人员	纺织品、服装和皮革、毛皮制品加工制作人员	木材加工、家具与木制品制作人员
总　计	**19224**	**1192**	**1078808**	**22618**	**24463**	**941**	**12607**	**82060**	**29408**
16-19岁	152	8	16081	248	566	5	185	1793	280
20-24岁	443	29	59352	783	1541	26	523	5497	1118
25-29岁	833	50	101007	1363	2520	49	939	8516	2144
30-34岁	1575	71	182359	2730	4449	93	1905	16175	4210
35-39岁	1145	69	120873	2101	3289	79	1521	11039	3027
40-44岁	1441	85	124207	2417	3035	111	1696	10879	3190
45-49岁	2409	147	156007	3334	3553	203	1894	11269	4553
50-54岁	3186	187	152310	3769	2879	174	1715	8869	5063
55-59岁	2659	170	91763	2619	1523	110	965	4475	3049
60-64岁	1773	113	37325	1333	497	42	504	1610	1275
65-69岁	2010	141	26268	1205	430	34	419	1286	1000
70-74岁	1025	72	7865	504	127	9	215	412	368
75岁及以上	573	50	3391	212	54	6	126	240	131
男	**9737**	**597**	**762086**	**11766**	**11234**	**539**	**3362**	**21728**	**20736**
16-19岁	96	5	11414	180	328	5	75	775	225
20-24岁	258	15	43365	526	859	16	191	2160	871
25-29岁	457	22	72781	823	1331	32	323	2889	1632
30-34岁	801	40	126560	1518	2083	51	560	4567	3050
35-39岁	568	31	80546	1013	1407	49	327	2714	2034
40-44岁	725	47	81499	1142	1228	63	334	2357	2168
45-49岁	1186	69	106894	1555	1451	103	384	2346	3061
50-54岁	1509	89	111781	1833	1185	95	426	1917	3467
55-59岁	1274	78	70835	1371	744	79	303	1121	2185
60-64岁	917	62	29318	715	265	19	175	400	964
65-69岁	1083	67	19676	657	242	17	143	316	741
70-74岁	565	47	5441	318	83	5	82	111	257
75岁及以上	298	25	1976	115	28	5	39	55	81
女	**9487**	**595**	**316722**	**10852**	**13229**	**402**	**9245**	**60332**	**8672**
16-19岁	56	3	4667	68	238		110	1018	55
20-24岁	185	14	15987	257	682	10	332	3337	247
25-29岁	376	28	28226	540	1189	17	616	5627	512
30-34岁	774	31	55799	1212	2366	42	1345	11608	1160
35-39岁	577	38	40327	1088	1882	30	1194	8325	993
40-44岁	716	38	42708	1275	1807	48	1362	8522	1022
45-49岁	1223	78	49113	1779	2102	100	1510	8923	1492
50-54岁	1677	98	40529	1936	1694	79	1289	6952	1596
55-59岁	1385	92	20928	1248	779	31	662	3354	864
60-64岁	856	51	8007	618	232	23	329	1210	311
65-69岁	927	74	6592	548	188	17	276	970	259
70-74岁	460	25	2424	186	44	4	133	301	111
75岁及以上	275	25	1415	97	26	1	87	185	50

4-7　续表 6　　　　单位：人

年龄组 性　别	生产制造及有关人员								
	纸及纸制品生产加工人员	印刷和记录媒介复制人员	文教、工美、体育和娱乐用品制造人　员	石油加工和炼焦、煤化工生产人员	化学原料和化学制品制造人　员	医药制造人　　员	化学纤维制造人员	橡胶和塑料制品制造人员	非金属矿物制品制造人员
总　计	**5073**	**4610**	**21203**	**1596**	**7853**	**3780**	**1129**	**7726**	**19072**
16−19岁	57	99	402	6	76	53	12	97	147
20−24岁	214	409	1035	46	381	208	43	408	660
25−29岁	429	611	1560	150	815	369	109	688	1260
30−34岁	887	1025	3178	283	1547	728	276	1424	2782
35−39岁	695	617	2279	174	979	485	187	958	2125
40−44岁	683	620	2089	248	1103	447	183	944	2444
45−49岁	770	546	2462	310	1223	552	152	1129	3354
50−54岁	631	388	2835	225	945	425	104	1016	3201
55−59岁	387	197	1870	119	484	272	41	522	1834
60−64岁	151	53	1077	19	140	95	11	260	737
65−69岁	98	35	1241	11	107	91	6	179	386
70−74岁	44	6	685	4	30	39	4	70	110
75岁及以上	27	4	490	1	23	16	1	31	32
男	**2476**	**2543**	**6359**	**1269**	**5423**	**1730**	**566**	**3821**	**13595**
16−19岁	42	55	232	5	54	27	5	60	102
20−24岁	147	246	552	39	251	108	26	281	497
25−29岁	256	355	617	118	579	190	60	404	951
30−34岁	474	565	1160	211	1085	367	142	776	1971
35−39岁	328	329	771	140	645	201	95	432	1419
40−44岁	281	326	601	186	693	179	76	406	1595
45−49岁	319	273	669	228	818	222	81	476	2203
50−54岁	256	209	657	203	697	207	56	473	2306
55−59岁	198	125	403	107	375	136	19	256	1463
60−64岁	97	35	195	18	106	35	3	125	642
65−69岁	52	21	258	10	77	36	2	84	324
70−74岁	16	2	143	3	27	16	1	32	96
75岁及以上	10	2	101	1	16	6		16	26
女	**2597**	**2067**	**14844**	**327**	**2430**	**2050**	**563**	**3905**	**5477**
16−19岁	15	44	170	1	22	26	7	37	45
20−24岁	67	163	483	7	130	100	17	127	163
25−29岁	173	256	943	32	236	179	49	284	309
30−34岁	413	460	2018	72	462	361	134	648	811
35−39岁	367	288	1508	34	334	284	92	526	706
40−44岁	402	294	1488	62	410	268	107	538	849
45−49岁	451	273	1793	82	405	330	71	653	1151
50−54岁	375	179	2178	22	248	218	48	543	895
55−59岁	189	72	1467	12	109	136	22	266	371
60−64岁	54	18	882	1	34	60	8	135	95
65−69岁	46	14	983	1	30	55	4	95	62
70−74岁	28	4	542	1	3	23	3	38	14
75岁及以上	17	2	389		7	10	1	15	6

4-7 续表 7

单位：人

年龄组 性　别	生产制造及有关人员								
	采矿人员	金属冶炼和压延加工人员	机械制造基础加工人员	金属制品制造人员	通用设备制造人员	专用设备制造人员	汽车制造人员	铁路、船舶、航空设备制造人员	电气机械和器材制造人员
总　计	**22119**	**9927**	**42980**	**14641**	**7242**	**4280**	**6639**	**1931**	**6930**
16-19岁	42	56	452	210	100	64	175	26	197
20-24岁	282	342	2114	839	367	272	620	120	585
25-29岁	1003	926	4407	1550	775	439	1003	243	935
30-34岁	2991	1844	9692	2977	1511	965	1697	367	1682
35-39岁	2448	1319	5713	1935	965	642	899	226	948
40-44岁	3563	1438	5369	1904	941	635	706	246	811
45-49岁	5116	1751	6251	2032	1054	516	661	298	811
50-54岁	4284	1339	5162	1752	888	391	510	220	539
55-59岁	1631	629	2436	864	407	221	245	112	251
60-64岁	398	159	813	309	135	69	68	31	86
65-69岁	196	82	403	197	76	37	37	27	66
70-74岁	85	30	108	55	11	22	16	8	13
75岁及以上	80	12	60	17	12	7	2	7	6
男	**19748**	**8255**	**37752**	**10178**	**6225**	**1746**	**4863**	**1439**	**4282**
16-19岁	31	48	412	170	89	36	155	21	138
20-24岁	245	306	1932	667	321	140	533	102	451
25-29岁	890	818	4054	1203	678	218	826	186	652
30-34岁	2603	1535	8827	2165	1330	384	1276	268	1079
35-39岁	2148	1087	4971	1272	851	236	594	162	505
40-44岁	3132	1111	4513	1223	771	191	426	161	432
45-49岁	4471	1386	5185	1286	869	197	413	208	414
50-54岁	4025	1153	4481	1181	764	164	363	174	335
55-59岁	1530	564	2179	607	353	120	187	90	160
60-64岁	361	135	720	217	118	33	46	27	60
65-69岁	175	74	347	135	63	14	31	27	44
70-74岁	70	27	86	40	9	9	12	7	8
75岁及以上	67	11	45	12	9	4	1	6	4
女	**2371**	**1672**	**5228**	**4463**	**1017**	**2534**	**1776**	**492**	**2648**
16-19岁	11	8	40	40	11	28	20	5	59
20-24岁	37	36	182	172	46	132	87	18	134
25-29岁	113	108	353	347	97	221	177	57	283
30-34岁	388	309	865	812	181	581	421	99	603
35-39岁	300	232	742	663	114	406	305	64	443
40-44岁	431	327	856	681	170	444	280	85	379
45-49岁	645	365	1066	746	185	319	248	90	397
50-54岁	259	186	681	571	124	227	147	46	204
55-59岁	101	65	257	257	54	101	58	22	91
60-64岁	37	24	93	92	17	36	22	4	26
65-69岁	21	8	56	62	13	23	6		22
70-74岁	15	3	22	15	2	13	4	1	5
75岁及以上	13	1	15	5	3	3	1	1	2

4-7　续表 8

单位：人

年龄组 性　别	生产制造及有关人员								不便分类的其他从业人员
	计算机、通信和其他电子设备制造人员	仪器仪表制造人员	废弃资源综合利用人员	电力、热力、气体、水生产和输配人员	建筑施工人员	运输设备和通用工程机械操作人员及有关人员	生产辅助人员	其他生产制造及有关人员	
总　计	**88582**	**1041**	**1927**	**3960**	**506497**	**24568**	**86923**	**4482**	**14275**
16-19岁	4172	13	26	13	4874	376	1192	67	3581
20-24岁	13294	70	68	119	19837	1642	5693	196	1689
25-29岁	16625	152	103	307	37590	3313	9696	418	1171
30-34岁	22566	221	168	650	70305	5433	16762	836	1670
35-39岁	11094	124	157	484	49781	3191	10845	547	1006
40-44岁	8145	100	191	556	55231	2958	10798	526	979
45-49岁	6460	134	302	699	78399	3304	12346	569	1301
50-54岁	3606	104	313	636	86932	2593	10261	541	1195
55-59岁	1632	60	248	339	56883	1270	5696	372	788
60-64岁	477	29	137	97	24379	309	1816	209	380
65-69岁	314	18	118	40	16614	128	1262	125	279
70-74岁	122	12	64	11	4221	35	369	56	126
75岁及以上	75	4	32	9	1451	16	187	20	110
男	**50471**	**566**	**1399**	**3070**	**426294**	**22688**	**53468**	**2495**	**8535**
16-19岁	2784	10	17	12	4153	355	766	47	2174
20-24岁	9110	43	54	107	16990	1579	3881	134	982
25-29岁	10377	92	75	242	32104	3152	6382	272	698
30-34岁	12423	125	124	505	59504	5074	10269	489	1043
35-39岁	5415	62	111	362	41408	2898	6259	301	578
40-44岁	3534	47	141	365	45026	2630	5922	239	554
45-49岁	3033	67	194	473	64309	2928	6968	304	723
50-54岁	2097	57	214	555	72831	2424	6667	309	722
55-59岁	1076	40	186	307	49161	1195	3995	200	494
60-64岁	316	12	109	90	21694	290	1193	103	254
65-69岁	186	7	100	36	14469	117	810	61	174
70-74岁	76	3	49	10	3553	31	233	26	77
75岁及以上	44	1	25	6	1092	15	123	10	62
女	**38111**	**475**	**528**	**890**	**80203**	**1880**	**33455**	**1987**	**5740**
16-19岁	1388	3	9	1	721	21	426	20	1407
20-24岁	4184	27	14	12	2847	63	1812	62	707
25-29岁	6248	60	28	65	5486	161	3314	146	473
30-34岁	10143	96	44	145	10801	359	6493	347	627
35-39岁	5679	62	46	122	8373	293	4586	246	428
40-44岁	4611	53	50	191	10205	328	4876	287	425
45-49岁	3427	67	108	226	14090	376	5378	265	578
50-54岁	1509	47	99	81	14101	169	3594	232	473
55-59岁	556	20	62	32	7722	75	1701	172	294
60-64岁	161	17	28	7	2685	19	623	106	126
65-69岁	128	11	18	4	2145	11	452	64	105
70-74岁	46	9	15	1	668	4	136	30	49
75岁及以上	31	3	7	3	359	1	64	10	48

4-7a 全省分年龄、性别、职业中类的就业人口(城市)

单位：人

年龄组 性别	合计	党的机关、国家机关、群众团体和社会组织、企事业单位负责人						
		小计	中国共产党机关负责人	国家机关负责人	民主党派和工商联负责人	人民团体和群众团体、社会组织及其他成员组织负责人	基层群众自治组织负责人	企事业单位负责人
总计	**1037666**	**35944**	**72**	**1608**	**7**	**1372**	**289**	**32596**
16-19岁	8685	56				2		54
20-24岁	56208	828	1	14		32	6	775
25-29岁	118170	3054	6	40	1	118	4	2885
30-34岁	206136	7393	8	108	1	254	15	7007
35-39岁	147354	6338	5	181	2	211	24	5915
40-44岁	138505	5733	15	281	2	203	31	5201
45-49岁	147119	5398	12	333	1	220	59	4773
50-54岁	112563	4128	13	348		173	51	3543
55-59岁	63428	2337	11	258		114	58	1896
60-64岁	19296	371	1	21		25	22	302
65-69岁	13227	204		12		13	14	165
70-74岁	4578	64		5		5	5	49
75岁及以上	2397	40		7		2		31
男	**590838**	**25415**	**56**	**1225**	**3**	**866**	**210**	**23055**
16-19岁	5220	37				1		36
20-24岁	29950	551	1	7		17	4	522
25-29岁	63569	2056	3	18		68	2	1965
30-34岁	111174	5019	3	64		147	7	4798
35-39岁	79769	4337	4	127	1	126	13	4066
40-44岁	75308	3878	12	209	1	122	19	3515
45-49岁	82710	3844	9	251	1	139	42	3402
50-54岁	72591	3173	13	277		124	39	2720
55-59岁	45577	1987	10	231		90	50	1606
60-64岁	12445	292	1	19		17	18	237
65-69岁	8282	157		11		11	12	123
70-74岁	2836	52		4		2	4	42
75岁及以上	1407	32		7		2		23
女	**446828**	**10529**	**16**	**383**	**4**	**506**	**79**	**9541**
16-19岁	3465	19				1		18
20-24岁	26258	277		7		15	2	253
25-29岁	54601	998	3	22	1	50	2	920
30-34岁	94962	2374	5	44	1	107	8	2209
35-39岁	67585	2001	1	54	1	85	11	1849
40-44岁	63197	1855	3	72	1	81	12	1686
45-49岁	64409	1554	3	82		81	17	1371
50-54岁	39972	955		71		49	12	823
55-59岁	17851	350	1	27		24	8	290
60-64岁	6851	79		2		8	4	65
65-69岁	4945	47		1		2	2	42
70-74岁	1742	12		1		3	1	7
75岁及以上	990	8						8

4-7a 续表 1

单位：人

年龄组 性别	专业技术人员									
	小计	科学研究人员	工程技术人员	农业技术人员	飞机和船舶技术人员	卫生专业技术人员	经济和金融专业人员	法律、社会和宗教专业人员	教学人员	文学艺术、体育专业人员
总　计	**172202**	**1027**	**31987**	**602**	**95**	**32659**	**32487**	**3776**	**62613**	**2537**
16-19岁	1035	3	99	1		154	91	6	587	62
20-24岁	12721	34	1648	34	6	2641	2230	192	5164	424
25-29岁	27138	126	4180	46	23	5667	5342	700	9932	532
30-34岁	39041	211	7474	83	29	8171	8053	782	12662	580
35-39岁	27665	176	5092	77	8	5087	5075	550	10618	291
40-44岁	22299	140	3927	75	10	3668	4102	433	9175	201
45-49岁	19679	123	4153	90	9	3150	3974	459	6970	192
50-54岁	13294	104	3154	77	6	2180	2220	375	4658	149
55-59岁	7087	99	1784	77	3	1305	1100	210	2214	80
60-64岁	1146	7	254	13		307	164	38	328	12
65-69岁	630	2	134	14	1	200	81	15	160	10
70-74岁	238		44	9		68	33	12	63	3
75岁及以上	229	2	44	6		61	22	4	82	1
男	**70519**	**628**	**25931**	**389**	**81**	**9796**	**9706**	**2133**	**18241**	**1407**
16-19岁	353		80	1		49	35	4	122	44
20-24岁	3947	18	1296	14	5	541	605	87	998	217
25-29岁	9053	64	3312	30	18	1223	1467	333	2070	268
30-34岁	14068	122	6011	56	28	1828	2130	364	2781	302
35-39岁	10808	111	4008	52	7	1572	1423	296	2847	156
40-44岁	9169	80	3115	47	8	1256	1081	266	2926	127
45-49岁	9009	74	3314	49	6	1158	1156	273	2566	119
50-54岁	7377	73	2716	49	5	938	954	276	2059	93
55-59岁	5242	78	1663	63	3	841	699	177	1490	60
60-64岁	763	5	225	9		183	84	31	199	11
65-69岁	415	1	118	6	1	120	44	14	94	6
70-74岁	169		36	9		50	16	10	41	3
75岁及以上	146	2	37	4		37	12	2	48	1
女	**101683**	**399**	**6056**	**213**	**14**	**22863**	**22781**	**1643**	**44372**	**1130**
16-19岁	682	3	19			105	56	2	465	18
20-24岁	8774	16	352	20	1	2100	1625	105	4166	207
25-29岁	18085	62	868	16	5	4444	3875	367	7862	264
30-34岁	24973	89	1463	27	1	6343	5923	418	9881	278
35-39岁	16857	65	1084	25	1	3515	3652	254	7771	135
40-44岁	13130	60	812	28	2	2412	3021	167	6249	74
45-49岁	10670	49	839	41	3	1992	2818	186	4404	73
50-54岁	5917	31	438	28	1	1242	1266	99	2599	56
55-59岁	1845	21	121	14		464	401	33	724	20
60-64岁	383	2	29	4		124	80	7	129	1
65-69岁	215	1	16	8		80	37	1	66	4
70-74岁	69		8			18	17	2	22	
75岁及以上	83		7	2		24	10	2	34	

4-7a 续表 2

单位：人

年龄组 性 别	专业技术人员		办事人员和有关人员				社会生产服务和生活服务人员		
	新闻出版、文化专业人员	其他专业技术人员	小计	办事人员	安全和消防人员	其他办事人员和有关人员	小计	批发与零售服务人员	交通运输、仓储和邮政业服务人员
总 计	**3185**	**1234**	**122776**	**100858**	**20577**	**1341**	**478900**	**231050**	**69676**
16-19岁	22	10	388	233	151	4	5649	2189	357
20-24岁	275	73	4932	3938	941	53	29785	14893	2852
25-29岁	454	136	12527	10695	1721	111	57295	30066	6378
30-34岁	739	257	22327	19516	2573	238	99626	53795	12557
35-39岁	520	171	17339	15296	1859	184	68881	36858	10133
40-44岁	395	173	17221	14862	2158	201	63551	31883	10989
45-49岁	376	183	18844	15789	2806	249	66019	29423	12367
50-54岁	243	128	15182	11609	3394	179	46933	18270	8392
55-59岁	135	80	10260	7168	2992	100	24872	8658	4169
60-64岁	14	9	1951	946	995	10	8394	2540	865
65-69岁	6	7	1170	481	683	6	5467	1614	422
70-74岁	3	3	410	178	227	5	1710	559	125
75岁及以上	3	4	225	147	77	1	718	302	70
男	**1364**	**843**	**76166**	**57386**	**17977**	**803**	**256735**	**107748**	**56944**
16-19岁	13	5	269	126	142	1	3436	1042	298
20-24岁	112	54	2622	1736	856	30	16810	7166	2289
25-29岁	177	91	6564	5034	1469	61	32200	14768	5276
30-34岁	271	175	11839	9615	2103	121	52795	24441	10192
35-39岁	222	114	9767	8154	1502	111	35782	16314	8172
40-44岁	159	104	9989	8131	1740	118	32071	13727	8739
45-49岁	173	121	11577	9085	2355	137	32664	12775	9725
50-54岁	117	97	11386	8127	3129	130	26204	9452	7297
55-59岁	102	66	9051	6112	2861	78	15351	5160	3728
60-64岁	11	5	1641	696	938	7	4789	1477	745
65-69岁	4	7	969	342	622	5	3212	932	353
70-74岁	2	2	327	125	198	4	1015	325	90
75岁及以上	1	2	165	103	62		406	169	40
女	**1821**	**391**	**46610**	**43472**	**2600**	**538**	**222165**	**123302**	**12732**
16-19岁	9	5	119	107	9	3	2213	1147	59
20-24岁	163	19	2310	2202	85	23	12975	7727	563
25-29岁	277	45	5963	5661	252	50	25095	15298	1102
30-34岁	468	82	10488	9901	470	117	46831	29354	2365
35-39岁	298	57	7572	7142	357	73	33099	20544	1961
40-44岁	236	69	7232	6731	418	83	31480	18156	2250
45-49岁	203	62	7267	6704	451	112	33355	16648	2642
50-54岁	126	31	3796	3482	265	49	20729	8818	1095
55-59岁	33	14	1209	1056	131	22	9521	3498	441
60-64岁	3	4	310	250	57	3	3605	1063	120
65-69岁	2		201	139	61	1	2255	682	69
70-74岁	1	1	83	53	29	1	695	234	35
75岁及以上	2	2	60	44	15	1	312	133	30

4-7a　续表 3　　单位：人

年龄组 性　别	社会生产服务和生活服务人员 住宿和餐饮服务人员	信息传输、软件和信息技术服务人员	金融服务人员	房地产服务人员	租赁和商务服务人员	技术辅助服务人员	水利、环境和公共设施管理服务人员	居民服务人员	电力、燃气及水供应服务人员
总　计	**58665**	**10345**	**12926**	**8630**	**9508**	**11028**	**20859**	**23564**	**5304**
16−19岁	1508	139	20	76	117	117	42	710	8
20−24岁	3841	1349	595	577	771	1374	138	1778	130
25−29岁	5660	2390	2123	1241	1233	2455	367	2672	384
30−34岁	10277	2898	3367	1808	1666	2979	984	4676	861
35−39岁	7562	1533	1852	1115	1022	1616	1013	3068	678
40−44岁	7887	917	1395	894	904	957	1896	2794	873
45−49岁	9156	606	1766	1051	1078	777	3689	3045	1082
50−54岁	7203	305	1223	865	1205	443	4434	2341	747
55−59岁	3615	157	504	581	913	241	3412	1317	423
60−64岁	1137	20	44	236	316	34	2359	536	71
65−69岁	605	21	24	135	205	19	1867	385	30
70−74岁	165	6	6	34	61	8	519	165	12
75岁及以上	49	4	7	17	17	8	139	77	5
男	**29180**	**6796**	**5981**	**4881**	**6282**	**6755**	**7479**	**7290**	**4067**
16−19岁	1114	88	13	59	65	79	25	330	7
20−24岁	2539	904	302	368	361	778	80	706	108
25−29岁	3468	1574	1063	765	614	1457	206	923	278
30−34岁	5648	1853	1584	977	903	1809	430	1473	655
35−39岁	3853	992	768	572	573	1033	351	834	497
40−44岁	3542	586	521	401	577	562	484	714	609
45−49岁	3586	396	682	486	746	457	823	752	781
50−54岁	2929	233	621	524	1053	324	1273	666	648
55−59岁	1584	136	381	431	857	200	1294	463	384
60−64岁	514	14	21	171	289	29	1077	198	62
65−69岁	291	13	15	98	182	16	1039	134	25
70−74岁	88	5	4	23	52	6	313	59	10
75岁及以上	24	2	6	6	10	5	84	38	3
女	**29485**	**3549**	**6945**	**3749**	**3226**	**4273**	**13380**	**16274**	**1237**
16−19岁	394	51	7	17	52	38	17	380	1
20−24岁	1302	445	293	209	410	596	58	1072	22
25−29岁	2192	816	1060	476	619	998	161	1749	106
30−34岁	4629	1045	1783	831	763	1170	554	3203	206
35−39岁	3709	541	1084	543	449	583	662	2234	181
40−44岁	4345	331	874	493	327	395	1412	2080	264
45−49岁	5570	210	1084	565	332	320	2866	2293	301
50−54岁	4274	72	602	341	152	119	3161	1675	99
55−59岁	2031	21	123	150	56	41	2118	854	39
60−64岁	623	6	23	65	27	5	1282	338	9
65−69岁	314	8	9	37	23	3	828	251	5
70−74岁	77	1	2	11	9	2	206	106	2
75岁及以上	25	2	1	11	7	3	55	39	2

4-7a 续表 4 单位：人

年龄组 性　别	社会生产服务和生活服务人员				农、林、牧、渔业生产及辅助人员				
	修理及制作服务人员	文化、体育和娱乐服务人员	健康服务人员	其他社会生产和生活服务人员	小计	农业生产人员	林业生产人员	畜牧业生产人员	渔业生产人员
总　计	**13366**	**2318**	**1247**	**414**	**32347**	**28579**	**625**	**2122**	**235**
16-19岁	264	89	12	1	165	157	1	5	
20-24岁	964	390	110	23	595	523	8	46	8
25-29岁	1608	499	188	31	1249	1058	18	112	17
30-34岁	2904	486	293	75	2791	2419	50	208	23
35-39岁	1958	247	180	46	2154	1806	52	214	28
40-44岁	1765	186	156	55	2425	2005	61	244	35
45-49岁	1596	168	138	77	3800	3231	95	315	38
50-54岁	1209	138	107	51	5241	4606	115	353	38
55-59岁	727	84	38	33	4652	4155	96	265	33
60-64岁	195	15	14	12	3436	3165	60	148	8
65-69岁	118	8	7	7	3484	3226	50	144	6
70-74岁	41	5	3	1	1539	1445	13	52	1
75岁及以上	17	3	1	2	816	783	6	16	
男	**11420**	**1294**	**373**	**245**	**16184**	**13755**	**402**	**1405**	**179**
16-19岁	255	52	8	1	112	106	1	3	
20-24岁	903	260	32	14	341	295	5	29	6
25-29岁	1413	317	56	22	674	536	12	86	14
30-34岁	2483	235	67	45	1382	1144	31	141	19
35-39岁	1618	124	54	27	1073	836	33	148	22
40-44岁	1458	77	49	25	1222	958	39	153	28
45-49岁	1303	81	33	38	1909	1554	58	207	28
50-54岁	1033	73	41	37	2455	2051	81	227	25
55-59岁	633	57	21	22	2173	1860	65	168	26
60-64岁	169	8	7	8	1739	1568	36	96	4
65-69岁	102	4	4	4	1817	1642	29	106	6
70-74岁	35	3	1	1	842	781	9	31	1
75岁及以上	15	3		1	445	424	3	10	
女	**1946**	**1024**	**874**	**169**	**16163**	**14824**	**223**	**717**	**56**
16-19岁	9	37	4		53	51		2	
20-24岁	61	130	78	9	254	228	3	17	2
25-29岁	195	182	132	9	575	522	6	26	3
30-34岁	421	251	226	30	1409	1275	19	67	4
35-39岁	340	123	126	19	1081	970	19	66	6
40-44岁	307	109	107	30	1203	1047	22	91	7
45-49岁	293	87	105	39	1891	1677	37	108	10
50-54岁	176	65	66	14	2786	2555	34	126	13
55-59岁	94	27	17	11	2479	2295	31	97	7
60-64岁	26	7	7	4	1697	1597	24	52	4
65-69岁	16	4	3	3	1667	1584	21	38	
70-74岁	6	2	2		697	664	4	21	
75岁及以上	2		1	1	371	359	3	6	

4-7a　续表 5　　　　单位：人

年龄组 性　别			生产制造及有关人员						
	农林牧渔生产辅助人　员	其他农、林、牧、渔业生产加工人员	小计	农副产品加工人员	食品、饮料生产加工人员	烟草及其制品加工人员	纺织、针织、印染人员	纺织品、服装和皮革、毛皮制品加工制作人员	木材加工、家具与木制品制作人员
总　计	**739**	**47**	**192054**	**2553**	**4739**	**452**	**1809**	**10965**	**3029**
16-19岁	2		1159	10	107		8	103	21
20-24岁	10		7063	74	296	10	42	428	81
25-29岁	39	5	16545	171	496	22	93	895	223
30-34岁	85	6	34355	380	929	51	252	1998	492
35-39岁	51	3	24595	311	676	43	206	1540	339
40-44岁	76	4	26878	374	624	58	257	1727	387
45-49岁	116	5	32937	445	718	125	364	1888	512
50-54岁	122	7	27421	381	502	75	291	1316	519
55-59岁	93	10	14009	234	236	51	175	626	280
60-64岁	53	2	3924	82	75	4	54	226	85
65-69岁	58		2223	66	52	10	42	141	59
70-74岁	23	5	598	24	16		16	58	20
75岁及以上	11		347	1	12	3	9	19	11
男	**413**	**30**	**143776**	**1456**	**2370**	**288**	**557**	**3303**	**2510**
16-19岁	2		874	7	69		3	55	16
20-24岁	6		5513	47	181	6	21	191	72
25-29岁	22	4	12824	108	283	14	39	376	202
30-34岁	45	2	25703	223	455	27	74	631	410
35-39岁	32	2	17765	151	326	30	56	444	258
40-44岁	41	3	18766	187	290	35	59	409	324
45-49岁	60	2	23467	243	317	69	76	474	423
50-54岁	67	4	21766	235	240	49	104	375	419
55-59岁	48	6	11634	142	124	48	79	211	244
60-64岁	33	2	3167	48	43	2	20	74	77
65-69岁	34		1679	44	28	6	15	43	47
70-74岁	15	5	418	20	11		9	16	13
75岁及以上	8		200	1	3	2	2	4	5
女	**326**	**17**	**48278**	**1097**	**2369**	**164**	**1252**	**7662**	**519**
16-19岁			285	3	38		5	48	5
20-24岁	4		1550	27	115	4	21	237	9
25-29岁	17	1	3721	63	213	8	54	519	21
30-34岁	40	4	8652	157	474	24	178	1367	82
35-39岁	19	1	6830	160	350	13	150	1096	81
40-44岁	35	1	8112	187	334	23	198	1318	63
45-49岁	56	3	9470	202	401	56	288	1414	89
50-54岁	55	3	5655	146	262	26	187	941	100
55-59岁	45	4	2375	92	112	3	96	415	36
60-64岁	20		757	34	32	2	34	152	8
65-69岁	24		544	22	24	4	27	98	12
70-74岁	8		180	4	5		7	42	7
75岁及以上	3		147		9	1	7	15	6

4-7a 续表 6 单位：人

年龄组 性别	生产制造及有关人员								
	纸及纸制品生产加工人员	印刷和记录媒介复制人员	文教、工美、体育和娱乐用品制造人员	石油加工和炼焦、煤化工生产人员	化学原料和化学制品制造人员	医药制造人员	化学纤维制造人员	橡胶和塑料制品制造人员	非金属矿物制品制造人员
总　计	**696**	**1457**	**2233**	**804**	**2381**	**983**	**637**	**1259**	**3013**
16-19岁	2	17	13	1	7	3	2	6	9
20-24岁	20	92	79	19	73	33	15	47	58
25-29岁	53	158	164	71	248	101	47	105	205
30-34岁	106	281	368	135	474	184	152	253	507
35-39岁	113	212	324	102	301	145	126	159	334
40-44岁	95	217	299	127	374	128	115	189	455
45-49岁	119	217	307	168	436	185	103	219	581
50-54岁	98	159	309	124	275	109	55	157	486
55-59岁	54	77	158	44	141	69	17	68	240
60-64岁	18	13	67	5	21	13	2	34	88
65-69岁	13	12	84	5	18	6	2	17	35
70-74岁	1	1	29	2	7	4	1	4	8
75岁及以上	4	1	32	1	6	3		1	7
男	**376**	**810**	**639**	**615**	**1711**	**515**	**366**	**737**	**2140**
16-19岁	2	7	7	1	6	2	1	5	8
20-24岁	18	55	42	14	50	19	8	37	45
25-29岁	35	91	64	54	185	57	26	69	148
30-34岁	71	150	114	96	348	102	88	160	358
35-39岁	57	112	87	82	212	64	70	90	223
40-44岁	49	119	79	91	234	58	57	98	300
45-49岁	48	106	75	119	303	84	61	107	362
50-54岁	43	98	77	110	221	66	38	100	380
55-59岁	33	60	39	37	116	50	13	38	200
60-64岁	12	6	22	4	15	7	1	21	74
65-69岁	6	5	22	5	11	1	2	10	29
70-74岁			5	1	6	3	1	1	8
75岁及以上	2	1	6	1	4	2		1	5
女	**320**	**647**	**1594**	**189**	**670**	**468**	**271**	**522**	**873**
16-19岁		10	6		1	1	1	1	1
20-24岁	2	37	37	5	23	14	7	10	13
25-29岁	18	67	100	17	63	44	21	36	57
30-34岁	35	131	254	39	126	82	64	93	149
35-39岁	56	100	237	20	89	81	56	69	111
40-44岁	46	98	220	36	140	70	58	91	155
45-49岁	71	111	232	49	133	101	42	112	219
50-54岁	55	61	232	14	54	43	17	57	106
55-59岁	21	17	119	7	25	19	4	30	40
60-64岁	6	7	45	1	6	6	1	13	14
65-69岁	7	7	62		7	5		7	6
70-74岁	1	1	24	1	1	1		3	
75岁及以上	2		26		2	1			2

4-7a 续表 7

单位：人

年龄组 性 别	生产制造及有关人员								
	采矿人员	金属冶炼和压延加工人员	机械制造基础加工人员	金属制品制造人员	通用设备制造人员	专用设备制造人员	汽车制造人员	铁路、船舶、航空设备制造人员	电气机械和器材制造人员
总 计	**10281**	**3328**	**11309**	**2667**	**2076**	**877**	**1785**	**951**	**1438**
16-19岁	9	3	64	12	7	5	14	8	11
20-24岁	102	89	430	93	74	37	101	59	91
25-29岁	454	289	933	225	176	88	253	135	155
30-34岁	1590	559	2249	553	392	188	447	166	328
35-39岁	1274	429	1460	364	241	151	264	113	216
40-44岁	1817	542	1487	380	304	127	202	105	208
45-49岁	2424	672	1951	422	377	132	230	142	213
50-54岁	1760	491	1716	363	307	85	164	121	118
55-59岁	593	180	728	162	145	51	85	72	56
60-64岁	122	45	160	54	32	5	16	10	21
65-69岁	56	22	87	32	14	3	4	12	13
70-74岁	33	3	20	6	3	4	4	3	4
75岁及以上	47	4	24	1	4	1	1	5	4
男	**8806**	**2749**	**9804**	**1951**	**1767**	**510**	**1322**	**707**	**1011**
16-19岁	7	3	58	11	7	2	13	6	10
20-24岁	88	80	390	76	64	24	87	53	79
25-29岁	397	252	856	188	150	56	202	103	127
30-34岁	1349	465	2025	432	345	99	342	117	236
35-39岁	1080	358	1249	258	215	90	183	82	135
40-44岁	1529	400	1210	252	244	56	134	61	138
45-49岁	1999	541	1589	276	295	68	148	94	124
50-54岁	1613	426	1533	264	272	64	122	104	87
55-59岁	540	161	650	123	129	42	72	61	43
60-64岁	101	37	139	44	28	4	11	8	15
65-69岁	43	20	73	21	13	2	4	12	12
70-74岁	24	2	16	5	2	2	3	2	2
75岁及以上	36	4	16	1	3	1	1	4	3
女	**1475**	**579**	**1505**	**716**	**309**	**367**	**463**	**244**	**427**
16-19岁	2		6	1		3	1	2	1
20-24岁	14	9	40	17	10	13	14	6	12
25-29岁	57	37	77	37	26	32	51	32	28
30-34岁	241	94	224	121	47	89	105	49	92
35-39岁	194	71	211	106	26	61	81	31	81
40-44岁	288	142	277	128	60	71	68	44	70
45-49岁	425	131	362	146	82	64	82	48	89
50-54岁	147	65	183	99	35	21	42	17	31
55-59岁	53	19	78	39	16	9	13	11	13
60-64岁	21	8	21	10	4	1	5	2	6
65-69岁	13	2	14	11	1	1			1
70-74岁	9	1	4	1	1	2	1	1	2
75岁及以上	11		8		1			1	1

4-7a 续表 8

单位：人

年龄组 性 别	生产制造及有关人员								不便分类的其他从业人员
	计算机、通信和其他电子设备制造人员	仪器仪表制造人员	废弃资源综合利用人员	电力、热力、气体、水生产和输配人员	建筑施工人员	运输设备和通用工程机械操作人员及有关人员	生产辅助人员	其他生产制造及有关人员	
总 计	**10398**	**271**	**247**	**1973**	**72796**	**6704**	**26715**	**1228**	**3443**
16-19岁	161	3	2		372	38	133	8	233
20-24岁	825	11	2	46	2290	281	1129	36	284
25-29岁	1555	19	11	114	5759	697	2519	111	362
30-34岁	2567	49	22	286	12013	1309	4836	239	603
35-39岁	1450	39	24	238	8810	907	3523	161	382
40-44岁	1315	34	22	319	9733	917	3768	172	398
45-49岁	1262	43	53	425	12344	1128	4544	188	442
50-54岁	758	40	38	354	11575	878	3637	160	364
55-59岁	356	21	27	149	6449	436	1946	83	211
60-64岁	82	4	15	24	2070	63	381	33	74
65-69岁	37	3	20	10	1095	33	198	22	49
70-74岁	17	2	9	3	210	11	67	8	19
75岁及以上	13	3	2	5	76	6	34	7	22
男	**6895**	**180**	**194**	**1489**	**62361**	**6077**	**18764**	**796**	**2043**
16-19岁	119	3	1		312	36	90	7	139
20-24岁	620	10	2	41	1969	260	834	30	166
25-29岁	1106	14	9	94	4988	651	1800	80	198
30-34岁	1723	35	18	213	10324	1200	3317	156	368
35-39岁	903	28	18	175	7509	811	2306	103	237
40-44岁	733	15	18	196	8067	804	2429	91	213
45-49岁	707	28	40	285	10314	977	3003	112	240
50-54岁	573	25	29	316	9990	822	2862	109	230
55-59岁	299	19	21	135	5792	411	1642	60	139
60-64岁	68	2	11	22	1890	58	277	26	54
65-69岁	25	1	17	7	977	31	136	11	33
70-74岁	12		8	3	182	10	45	6	13
75岁及以上	7		2	2	47	6	23	5	13
女	**3503**	**91**	**53**	**484**	**10435**	**627**	**7951**	**432**	**1400**
16-19岁	42		1		60	2	43	1	94
20-24岁	205	1		5	321	21	295	6	118
25-29岁	449	5	2	20	771	46	719	31	164
30-34岁	844	14	4	73	1689	109	1519	83	235
35-39岁	547	11	6	63	1301	96	1217	58	145
40-44岁	582	19	4	123	1666	113	1339	81	185
45-49岁	555	15	13	140	2030	151	1541	76	202
50-54岁	185	15	9	38	1585	56	775	51	134
55-59岁	57	2	6	14	657	25	304	23	72
60-64岁	14	2	4	2	180	5	104	7	20
65-69岁	12	2	3	3	118	2	62	11	16
70-74岁	5	2	1		28	1	22	2	6
75岁及以上	6	3		3	29		11	2	9

4-7b　全省分年龄、性别、职业中类的就业人口(镇)

单位：人

年龄组 性　别	合计	党的机关、国家机关、群众团体和社会组织、企事业单位负责人						
		小计	中国共产党机关负责人	国家机关负责人	民主党派和工商联负责人	人民团体和群众团体、社会组织及其他成员组织负责人	基层群众自治组织负责人	企事业单位负责人
总　计	**1266434**	**25159**	**60**	**1102**	**3**	**1365**	**559**	**22070**
16-19岁	19118	95	1	1		4		89
20-24岁	77813	757	1	8		33	7	708
25-29岁	136727	2257	3	43		106	6	2099
30-34岁	227312	4942	5	101		235	25	4576
35-39岁	153226	3806	6	122		193	32	3453
40-44岁	145866	3631	9	179		201	48	3194
45-49岁	161842	3649	9	221		207	76	3136
50-54岁	148234	3176	10	253	3	165	121	2624
55-59岁	95464	1858	11	139		130	127	1451
60-64岁	42510	507	2	13		41	66	385
65-69岁	36700	336	1	10		35	41	249
70-74岁	14270	92	2	7		12	7	64
75岁及以上	7352	53		5		3	3	42
男	**731802**	**17936**	**46**	**899**	**1**	**899**	**464**	**15627**
16-19岁	11905	67	1	1		3		62
20-24岁	45695	496		4		18	5	469
25-29岁	77771	1521	2	29		61	4	1425
30-34岁	127315	3402	3	75		162	18	3144
35-39岁	84860	2636	4	91		119	26	2396
40-44岁	80533	2461	6	137		120	35	2163
45-49岁	92632	2651	6	187		147	62	2249
50-54岁	89371	2385	10	220	1	106	92	1956
55-59岁	59502	1510	10	123		88	116	1173
60-64岁	26535	409	2	10		27	61	309
65-69岁	22603	274		10		33	35	196
70-74岁	8725	81	2	7		12	7	53
75岁及以上	4355	43		5		3	3	32
女	**534632**	**7223**	**14**	**203**	**2**	**466**	**95**	**6443**
16-19岁	7213	28				1		27
20-24岁	32118	261	1	4		15	2	239
25-29岁	58956	736	1	14		45	2	674
30-34岁	99997	1540	2	26		73	7	1432
35-39岁	68366	1170	2	31		74	6	1057
40-44岁	65333	1170	3	42		81	13	1031
45-49岁	69210	998	3	34		60	14	887
50-54岁	58863	791		33	2	59	29	668
55-59岁	35962	348	1	16		42	11	278
60-64岁	15975	98		3		14	5	76
65-69岁	14097	62	1			2	6	53
70-74岁	5545	11						11
75岁及以上	2997	10						10

4-7b 续表 1 单位：人

年龄组 性别	专业技术人员									
	小计	科学研究人员	工程技术人员	农业技术人员	飞机和船舶技术人员	卫生专业技术人员	经济和金融专业人员	法律、社会和宗教专业人员	教学人员	文学艺术、体育专业人员
总计	**121820**	**338**	**19317**	**1436**	**52**	**22350**	**17395**	**1671**	**55697**	**1599**
16-19岁	1650	4	198	7		126	133	3	1112	37
20-24岁	10354	27	1476	45	7	1878	1407	82	4991	237
25-29岁	19535	70	3015	93	12	3805	3026	264	8637	301
30-34岁	26217	70	4818	222	16	4852	4503	343	10607	374
35-39岁	17399	44	2618	159	8	2946	2425	203	8559	177
40-44岁	15407	43	1961	132	4	2642	1858	201	8201	130
45-49岁	13289	22	2187	207	4	2437	1762	214	6122	129
50-54岁	9495	32	1671	227	1	1723	1223	160	4184	111
55-59岁	5398	22	952	150		1059	675	129	2245	72
60-64岁	1479	3	218	73		408	201	31	507	14
65-69岁	939		147	74		270	108	22	293	12
70-74岁	374		36	34		124	43	10	118	2
75岁及以上	284	1	20	13		80	31	9	121	3
男	**51816**	**211**	**16025**	**917**	**50**	**8110**	**5805**	**1079**	**17612**	**916**
16-19岁	644	1	162	4		38	44	1	356	20
20-24岁	3318	18	1192	31	6	454	400	44	950	128
25-29岁	6650	38	2474	59	12	951	916	133	1736	171
30-34岁	9782	39	4002	144	15	1344	1272	193	2313	229
35-39岁	6943	26	2170	105	8	1075	734	128	2463	89
40-44岁	6575	28	1583	86	4	1051	552	140	2923	73
45-49岁	6567	16	1776	132	4	1068	614	145	2634	72
50-54岁	5441	23	1451	129	1	876	572	124	2091	67
55-59岁	3736	19	845	94		657	436	111	1462	46
60-64岁	1016	2	196	47		256	136	28	330	9
65-69岁	682		129	49		190	84	16	200	8
70-74岁	263		29	26		95	27	8	72	1
75岁及以上	199	1	16	11		55	18	8	82	3
女	**70004**	**127**	**3292**	**519**	**2**	**14240**	**11590**	**592**	**38085**	**683**
16-19岁	1006	3	36	3		88	89	2	756	17
20-24岁	7036	9	284	14	1	1424	1007	38	4041	109
25-29岁	12885	32	541	34		2854	2110	131	6901	130
30-34岁	16435	31	816	78	1	3508	3231	150	8294	145
35-39岁	10456	18	448	54		1871	1691	75	6096	88
40-44岁	8832	15	378	46		1591	1306	61	5278	57
45-49岁	6722	6	411	75		1369	1148	69	3488	57
50-54岁	4054	9	220	98		847	651	36	2093	44
55-59岁	1662	3	107	56		402	239	18	783	26
60-64岁	463	1	22	26		152	65	3	177	5
65-69岁	257		18	25		80	24	6	93	4
70-74岁	111		7	8		29	16	2	46	1
75岁及以上	85		4	2		25	13	1	39	

4-7b 续表 2　　　　单位：人

年龄组 性别	专业技术人员		办事人员和有关人员				社会生产服务和生活服务人员		
	新闻出版、文化专业人员	其他专业技术人员	小计	办事人员	安全和消防人员	其他办事人员和有关人员	小计	批发与零售服务人员	交通运输、仓储和邮政业服务人员
总　计	**1182**	**783**	**77936**	**60408**	**16852**	**676**	**550707**	**267638**	**86223**
16–19岁	18	12	509	253	249	7	9029	3966	824
20–24岁	126	78	3928	2847	1041	40	36946	18281	4602
25–29岁	220	92	8481	6891	1509	81	63448	32659	9027
30–34岁	254	158	13344	11426	1814	104	106178	55515	16565
35–39岁	157	103	9310	8069	1147	94	71441	36691	12837
40–44岁	137	98	9786	8399	1304	83	64926	32075	12283
45–49岁	115	90	10921	9042	1782	97	69388	32418	13102
50–54岁	85	78	9688	7123	2481	84	59535	26643	9668
55–59岁	53	41	6822	4330	2434	58	35766	15354	4726
60–64岁	5	19	2345	936	1398	11	15136	6143	1390
65–69岁	7	6	1844	647	1186	11	12429	4952	891
70–74岁	3	4	639	259	377	3	4400	1846	212
75岁及以上	2	4	319	186	130	3	2085	1095	96
男	**550**	**541**	**52691**	**37182**	**15068**	**441**	**291766**	**120277**	**71468**
16–19岁	9	9	378	144	231	3	5351	1844	646
20–24岁	47	48	2477	1495	953	29	21042	8387	3838
25–29岁	98	62	4979	3607	1327	45	34937	14513	7562
30–34岁	115	116	7860	6274	1516	70	55896	23763	13635
35–39岁	75	70	5706	4654	997	55	37217	15374	10643
40–44岁	63	72	6151	5019	1082	50	33168	13435	10123
45–49岁	45	61	7324	5714	1553	57	35028	14197	10703
50–54岁	51	56	7497	5156	2276	65	30789	12897	8086
55–59岁	38	28	5935	3599	2292	44	18934	7923	4037
60–64岁	2	10	2002	682	1309	11	8398	3413	1204
65–69岁	3	3	1587	490	1090	7	7176	2818	751
70–74岁	2	3	533	200	330	3	2627	1083	172
75岁及以上	2	3	262	148	112	2	1203	630	68
女	**632**	**242**	**25245**	**23226**	**1784**	**235**	**258941**	**147361**	**14755**
16–19岁	9	3	131	109	18	4	3678	2122	178
20–24岁	79	30	1451	1352	88	11	15904	9894	764
25–29岁	122	30	3502	3284	182	36	28511	18146	1465
30–34岁	139	42	5484	5152	298	34	50282	31752	2930
35–39岁	82	33	3604	3415	150	39	34224	21317	2194
40–44岁	74	26	3635	3380	222	33	31758	18640	2160
45–49岁	70	29	3597	3328	229	40	34360	18221	2399
50–54岁	34	22	2191	1967	205	19	28746	13746	1582
55–59岁	15	13	887	731	142	14	16832	7431	689
60–64岁	3	9	343	254	89		6738	2730	186
65–69岁	4	3	257	157	96	4	5253	2134	140
70–74岁	1	1	106	59	47		1773	763	40
75岁及以上		1	57	38	18	1	882	465	28

4-7b 续表 3

单位：人

年龄组 性 别	社会生产服务和生活服务人员 住宿和餐饮服务人员	信息传输、软件和信息技术服务人员	金融服务人员	房地产服务人员	租赁和商务服务人员	技术辅助服务人员	水利、环境和公共设施管理服务人员	居民服务人员	电力、燃气及水供应服务人员
总 计	**77526**	**6918**	**8174**	**5929**	**6852**	**7574**	**26926**	**31373**	**4455**
16-19岁	1905	149	42	64	109	152	88	1070	21
20-24岁	5271	1087	498	497	543	958	289	2706	148
25-29岁	7494	1745	1405	938	791	1664	513	3813	401
30-34岁	13255	1894	1985	1288	1138	2154	1186	5730	817
35-39岁	9720	836	1112	698	603	949	1069	3659	584
40-44岁	9533	510	870	554	574	645	1776	3146	607
45-49岁	11118	347	1011	552	674	500	3431	3251	762
50-54岁	9697	206	743	583	847	318	5255	3237	600
55-59岁	5562	103	397	396	777	148	4786	2150	355
60-64岁	1995	23	74	185	386	44	3384	1045	96
65-69岁	1388	11	27	124	287	26	3457	972	46
70-74岁	423	2	7	41	100	10	1278	380	12
75岁及以上	165	5	3	9	23	6	414	214	6
男	**37955**	**4620**	**3810**	**3319**	**5037**	**4720**	**10111**	**10135**	**3605**
16-19岁	1384	103	22	41	68	86	46	538	16
20-24岁	3417	727	263	315	337	590	164	1150	121
25-29岁	4487	1234	728	543	480	1067	260	1363	314
30-34岁	7108	1206	871	655	682	1327	475	1801	659
35-39岁	4942	527	472	330	399	580	361	1063	461
40-44岁	4303	333	331	274	386	389	447	882	450
45-49岁	4441	225	411	297	509	310	791	907	568
50-54岁	3740	150	388	343	739	205	1480	890	540
55-59岁	2236	84	249	259	710	107	1617	562	331
60-64岁	896	18	49	132	355	31	1564	349	87
65-69岁	697	10	18	94	266	16	1870	384	43
70-74岁	224		5	32	86	7	781	154	11
75岁及以上	80	3	3	4	20	5	255	92	4
女	**39571**	**2298**	**4364**	**2610**	**1815**	**2854**	**16815**	**21238**	**850**
16-19岁	521	46	20	23	41	66	42	532	5
20-24岁	1854	360	235	182	206	368	125	1556	27
25-29岁	3007	511	677	395	311	597	253	2450	87
30-34岁	6147	688	1114	633	456	827	711	3929	158
35-39岁	4778	309	640	368	204	369	708	2596	123
40-44岁	5230	177	539	280	188	256	1329	2264	157
45-49岁	6677	122	600	255	165	190	2640	2344	194
50-54岁	5957	56	355	240	108	113	3775	2347	60
55-59岁	3326	19	148	137	67	41	3169	1588	24
60-64岁	1099	5	25	53	31	13	1820	696	9
65-69岁	691	1	9	30	21	10	1587	588	3
70-74岁	199	2	2	9	14	3	497	226	1
75岁及以上	85	2		5	3	1	159	122	2

4-7b　续表 4　　　　单位：人

年龄组 性　别	社会生产服务和生活服务人员				农、林、牧、渔业生产及辅助人员				
	修理及制作服务人　员	文化、体育和娱乐服务人员	健康服务人　员	其他社会生产和生活服务人　员	小计	农业生产人　员	林业生产人　员	畜牧业生产人员	渔业生产人　员
总　计	**17980**	**1820**	**804**	**515**	**129610**	**113600**	**1866**	**9257**	**772**
16-19岁	539	87	7	6	995	897	5	54	5
20-24岁	1678	310	44	34	3108	2759	30	212	18
25-29岁	2486	339	121	52	5684	4852	78	492	36
30-34岁	4060	332	162	97	10690	9102	150	899	121
35-39岁	2331	168	113	71	8287	7001	157	750	74
40-44岁	2057	132	102	62	9454	7973	177	802	96
45-49岁	1881	164	114	63	14646	12471	271	1225	144
50-54岁	1471	150	61	56	20624	17963	348	1511	121
55-59岁	839	83	43	47	18599	16540	276	1194	80
60-64岁	310	30	18	13	12806	11575	146	736	33
65-69岁	212	16	11	9	14210	12937	147	790	22
70-74岁	75	7	4	3	6803	6163	56	380	15
75岁及以上	41	2	4	2	3704	3367	25	212	7
男	**14990**	**1083**	**345**	**291**	**66298**	**56451**	**1226**	**5843**	**568**
16-19岁	499	52	2	4	645	559	4	50	5
20-24岁	1502	199	15	17	1790	1557	19	145	15
25-29岁	2099	204	52	31	3051	2504	54	337	27
30-34岁	3401	194	65	54	5422	4368	104	620	99
35-39岁	1892	93	42	38	4244	3416	105	500	56
40-44岁	1675	67	42	31	4661	3775	106	489	75
45-49岁	1513	81	47	28	7274	5956	188	739	99
50-54岁	1175	98	30	28	9894	8365	230	875	88
55-59岁	700	54	28	37	8824	7627	172	716	54
60-64岁	257	23	10	10	6766	5981	93	483	25
65-69岁	183	10	8	8	7755	6960	99	516	12
70-74岁	61	6	2	3	3871	3455	37	262	9
75岁及以上	33	2	2	2	2101	1928	15	111	4
女	**2990**	**737**	**459**	**224**	**63312**	**57149**	**640**	**3414**	**204**
16-19岁	40	35	5	2	350	338	1	4	
20-24岁	176	111	29	17	1318	1202	11	67	3
25-29岁	387	135	69	21	2633	2348	24	155	9
30-34岁	659	138	97	43	5268	4734	46	279	22
35-39岁	439	75	71	33	4043	3585	52	250	18
40-44岁	382	65	60	31	4793	4198	71	313	21
45-49岁	368	83	67	35	7372	6515	83	486	45
50-54岁	296	52	31	28	10730	9598	118	636	33
55-59岁	139	29	15	10	9775	8913	104	478	26
60-64岁	53	7	8	3	6040	5594	53	253	8
65-69岁	29	6	3	1	6455	5977	48	274	10
70-74岁	14	1	2		2932	2708	19	118	6
75岁及以上	8		2		1603	1439	10	101	3

4-7b 续表 5　　单位：人

年龄组 性　别	农林牧渔生产辅助人员	其他农、林、牧、渔业生产加工人员	生产制造及有关人员 小计	农副产品加工人员	食品、饮料生产加工人员	烟草及其制品加工人员	纺织、针织、印染人员	纺织品、服装和皮革、毛皮制品加工制作人员	木材加工、家具与木制品制作人员
总　计	**3841**	**274**	**356614**	**8296**	**9898**	**198**	**4542**	**26607**	**9079**
16-19岁	33	1	5679	124	198	1	60	592	77
20-24岁	80	9	22192	361	519	8	182	1719	362
25-29岁	209	17	36941	610	1034	10	322	2873	689
30-34岁	395	23	65405	1148	1802	24	697	5350	1418
35-39岁	281	24	42654	904	1420	15	576	3698	1004
40-44岁	375	31	42360	919	1281	28	643	3648	1031
45-49岁	494	41	49500	1200	1511	36	780	3645	1388
50-54岁	643	38	45346	1292	1145	33	586	2717	1529
55-59岁	476	33	26761	836	639	18	316	1429	911
60-64岁	294	22	10123	380	172	13	163	438	348
65-69岁	294	20	6863	339	138	6	116	326	221
70-74岁	177	12	1920	118	28	4	67	103	75
75岁及以上	90	3	870	65	11	2	34	69	26
男	**2060**	**150**	**248440**	**4680**	**4681**	**117**	**1306**	**8196**	**6492**
16-19岁	27		4028	87	106	1	29	287	65
20-24岁	48	6	16246	257	294	5	71	758	284
25-29岁	123	6	26402	375	554	8	108	1087	534
30-34岁	215	16	44611	693	876	14	246	1709	1034
35-39岁	156	11	27935	474	633	10	131	1026	687
40-44岁	197	19	27333	477	538	17	132	925	705
45-49岁	268	24	33527	582	646	17	171	903	941
50-54岁	313	23	33152	709	500	19	161	756	1095
55-59岁	243	12	20406	489	330	14	107	460	647
60-64岁	169	15	7867	213	92	6	64	147	273
65-69岁	158	10	5081	210	86	3	45	88	152
70-74岁	102	6	1325	78	18	1	26	35	56
75岁及以上	41	2	527	36	8	2	15	15	19
女	**1781**	**124**	**108174**	**3616**	**5217**	**81**	**3236**	**18411**	**2587**
16-19岁	6	1	1651	37	92		31	305	12
20-24岁	32	3	5946	104	225	3	111	961	78
25-29岁	86	11	10539	235	480	2	214	1786	155
30-34岁	180	7	20794	455	926	10	451	3641	384
35-39岁	125	13	14719	430	787	5	445	2672	317
40-44岁	178	12	15027	442	743	11	511	2723	326
45-49岁	226	17	15973	618	865	19	609	2742	447
50-54岁	330	15	12194	583	645	14	425	1961	434
55-59岁	233	21	6355	347	309	4	209	969	264
60-64岁	125	7	2256	167	80	7	99	291	75
65-69岁	136	10	1782	129	52	3	71	238	69
70-74岁	75	6	595	40	10	3	41	68	19
75岁及以上	49	1	343	29	3		19	54	7

4-7b 续表 6 单位：人

年龄组 性 别	生产制造及有关人员								
	纸及纸制品生产加工人员	印刷和记录媒介复制人员	文教、工美、体育和娱乐用品制造人员	石油加工和炼焦、煤化工生产人员	化学原料和化学制品制造人员	医药制造人员	化学纤维制造人员	橡胶和塑料制品制造人员	非金属矿物制品制造人员
总 计	**2036**	**1612**	**5826**	**420**	**2879**	**1481**	**192**	**3084**	**6786**
16-19岁	20	38	118	1	36	22	7	37	55
20-24岁	79	132	323	14	147	96	9	176	303
25-29岁	186	189	447	41	286	143	25	285	486
30-34岁	384	376	1031	76	600	304	40	581	1051
35-39岁	293	225	720	41	365	182	31	388	801
40-44岁	303	221	623	66	398	186	29	367	843
45-49岁	303	183	706	84	441	215	23	425	1106
50-54岁	238	136	716	48	345	153	14	387	1068
55-59岁	142	79	472	39	155	94	10	214	670
60-64岁	43	15	226	8	46	38	3	111	230
65-69岁	30	15	240	2	42	28		77	128
70-74岁	11	1	117		11	15	1	20	34
75岁及以上	4	2	87		7	5		16	11
男	**1053**	**892**	**2310**	**339**	**1877**	**695**	**93**	**1530**	**4687**
16-19岁	15	20	76	1	23	8	3	23	34
20-24岁	54	76	206	14	84	51	7	119	217
25-29岁	114	116	233	33	188	76	15	170	359
30-34岁	211	219	464	58	413	162	16	309	731
35-39岁	151	124	335	32	224	87	14	193	534
40-44岁	122	119	227	51	239	75	11	159	519
45-49岁	147	89	263	60	276	87	13	176	720
50-54岁	105	66	229	44	235	75	8	173	730
55-59岁	81	40	124	37	114	43	5	104	511
60-64岁	28	11	47	8	35	12	1	49	193
65-69岁	18	10	49	1	32	11		37	103
70-74岁	5	1	36		10	6		9	27
75岁及以上	2	1	21		4	2		9	9
女	**983**	**720**	**3516**	**81**	**1002**	**786**	**99**	**1554**	**2099**
16-19岁	5	18	42		13	14	4	14	21
20-24岁	25	56	117		63	45	2	57	86
25-29岁	72	73	214	8	98	67	10	115	127
30-34岁	173	157	567	18	187	142	24	272	320
35-39岁	142	101	385	9	141	95	17	195	267
40-44岁	181	102	396	15	159	111	18	208	324
45-49岁	156	94	443	24	165	128	10	249	386
50-54岁	133	70	487	4	110	78	6	214	338
55-59岁	61	39	348	2	41	51	5	110	159
60-64岁	15	4	179		11	26	2	62	37
65-69岁	12	5	191	1	10	17		40	25
70-74岁	6		81		1	9	1	11	7
75岁及以上	2	1	66		3	3		7	2

4－7b 续表 7 单位：人

年龄组 性 别	生产制造及有关人员								
	采矿人员	金属冶炼和压延加工人员	机械制造基础加工人员	金属制品制造人员	通用设备制造人员	专用设备制造人员	汽车制造人员	铁路、船舶、航空设备制造人员	电气机械和器材制造人员
总 计	**4689**	**3456**	**13151**	**5281**	**2319**	**1404**	**2402**	**569**	**2745**
16－19岁	9	20	158	76	38	22	66	7	86
20－24岁	67	143	660	315	130	93	215	44	237
25－29岁	245	340	1393	578	272	167	391	65	427
30－34岁	616	695	3074	1091	489	329	682	116	722
35－39岁	481	496	1797	751	322	211	308	71	368
40－44岁	745	485	1753	687	302	200	259	79	303
45－49岁	1086	574	1845	742	326	164	211	91	287
50－54岁	910	395	1389	577	256	115	171	55	182
55－59岁	367	208	688	289	117	62	70	23	78
60－64岁	84	54	233	88	38	25	19	11	27
65－69岁	49	29	109	60	24	7	7	4	23
70－74岁	21	13	35	21	3	5	3	2	4
75岁及以上	9	4	17	6	2	4		1	1
男	**4133**	**2861**	**11532**	**3751**	**2010**	**620**	**1828**	**421**	**1700**
16－19岁	6	17	145	66	33	17	60	7	57
20－24岁	58	126	613	257	109	50	195	36	188
25－29岁	206	298	1268	452	243	85	334	50	301
30－34岁	527	569	2801	798	422	148	526	87	462
35－39岁	418	408	1540	495	288	81	222	46	187
40－44岁	653	384	1479	457	253	76	163	58	153
45－49岁	934	445	1540	485	274	61	126	64	146
50－54岁	851	343	1200	400	227	50	126	39	114
55－59岁	334	188	611	217	102	34	57	17	52
60－64岁	77	44	210	58	35	12	12	10	19
65－69岁	42	24	87	46	19	2	6	4	18
70－74岁	18	12	27	16	3	2	1	2	3
75岁及以上	9	3	11	4	2	2		1	
女	**556**	**595**	**1619**	**1530**	**309**	**784**	**574**	**148**	**1045**
16－19岁	3	3	13	10	5	5	6		29
20－24岁	9	17	47	58	21	43	20	8	49
25－29岁	39	42	125	126	29	82	57	15	126
30－34岁	89	126	273	293	67	181	156	29	260
35－39岁	63	88	257	256	34	130	86	25	181
40－44岁	92	101	274	230	49	124	96	21	150
45－49岁	152	129	305	257	52	103	85	27	141
50－54岁	59	52	189	177	29	65	45	16	68
55－59岁	33	20	77	72	15	28	13	6	26
60－64岁	7	10	23	30	3	13	7	1	8
65－69岁	7	5	22	14	5	5	1		5
70－74岁	3	1	8	5		3	2		1
75岁及以上		1	6	2		2			1

4-7b 续表 8

单位：人

年龄组 性 别	生产制造及有关人员								不便分类的其他从业人员
	计算机、通信和其他电子设备制造人员	仪器仪表制造人员	废弃资源综合利用人员	电力、热力、气体、水生产和输配人员	建筑施工人员	运输设备和通用工程机械操作人员及有关人员	生产辅助人员	其他生产制造及有关人员	
总　计	**41503**	**277**	**711**	**1189**	**153009**	**8275**	**31294**	**1404**	**4588**
16-19岁	1843	3	9	5	1351	130	447	23	1161
20-24岁	6554	18	37	39	6085	586	2462	77	528
25-29岁	8036	50	48	114	11966	1147	3936	140	381
30-34岁	10902	73	71	225	22656	1893	6604	285	536
35-39岁	5410	32	66	150	16184	1122	4028	194	329
40-44岁	3929	25	78	154	17723	1012	3888	152	302
45-49岁	2685	35	102	182	23785	1068	4111	160	449
50-54岁	1275	14	118	166	25217	785	3168	146	370
55-59岁	557	13	91	114	15955	379	1615	111	260
60-64岁	163	7	39	28	6403	94	518	58	114
65-69岁	104	5	24	8	4260	41	363	38	79
70-74岁	31	1	17	4	1015	12	111	17	42
75岁及以上	14	1	11		409	6	43	3	37
男	**23388**	**172**	**483**	**917**	**128185**	**7611**	**19048**	**832**	**2855**
16-19岁	1272	3	5	5	1141	117	285	14	792
20-24岁	4619	11	27	37	5123	558	1691	51	326
25-29岁	5093	38	31	90	10188	1087	2572	96	231
30-34岁	5788	44	49	178	19110	1749	4038	160	342
35-39岁	2530	14	45	110	13449	1027	2305	115	179
40-44岁	1604	11	55	106	14533	901	2056	75	184
45-49岁	1191	22	62	115	19693	939	2239	100	261
50-54岁	757	8	73	139	21072	737	2024	87	213
55-59岁	348	10	66	102	13618	353	1125	66	157
60-64岁	101	5	32	24	5569	89	360	31	77
65-69岁	63	4	20	7	3582	38	252	22	48
70-74岁	16	1	12	4	808	10	70	12	25
75岁及以上	6	1	6		299	6	31	3	20
女	**18115**	**105**	**228**	**272**	**24824**	**664**	**12246**	**572**	**1733**
16-19岁	571		4		210	13	162	9	369
20-24岁	1935	7	10	2	962	28	771	26	202
25-29岁	2943	12	17	24	1778	60	1364	44	150
30-34岁	5114	29	22	47	3546	144	2566	125	194
35-39岁	2880	18	21	40	2735	95	1723	79	150
40-44岁	2325	14	23	48	3190	111	1832	77	118
45-49岁	1494	13	40	67	4092	129	1872	60	188
50-54岁	518	6	45	27	4145	48	1144	59	157
55-59岁	209	3	25	12	2337	26	490	45	103
60-64岁	62	2	7	4	834	5	158	27	37
65-69岁	41	1	4	1	678	3	111	16	31
70-74岁	15		5		207	2	41	5	17
75岁及以上	8		5		110		12		17

4-7c 全省分年龄、性别、职业中类的就业人口(乡村)

单位：人

年龄组 性别	合计	党的机关、国家机关、群众团体和社会组织、企事业单位负责人						
		小计	中国共产党机关负责人	国家机关负责人	民主党派和工商联负责人	人民团体和群众团体、社会组织及其他成员组织负责人	基层群众自治组织负责人	企事业单位负责人
总计	**1920942**	**13153**	**59**	**296**		**923**	**1673**	**10202**
16-19岁	35221	60		1		6	1	52
20-24岁	97807	433	1	10		13	9	400
25-29岁	147397	1071	2	22		44	16	987
30-34岁	238819	2073	7	25		94	83	1864
35-39岁	157883	1664	3	23		115	60	1463
40-44岁	160805	1493	3	33		92	124	1241
45-49岁	221951	1824	8	45		122	231	1418
50-54岁	271465	1841	10	50		170	354	1257
55-59岁	214341	1509	13	56		155	417	868
60-64岁	132510	597	9	16		52	185	335
65-69岁	139757	401	3	8		41	134	215
70-74岁	67026	142		3		15	47	77
75岁及以上	35960	45		4		4	12	25
男	**1086427**	**10026**	**45**	**252**		**676**	**1401**	**7652**
16-19岁	21691	39				5	1	33
20-24岁	58025	296		6		7	4	279
25-29岁	85039	765		16		31	10	708
30-34岁	135001	1473	5	15		67	37	1349
35-39岁	87137	1182	3	17		61	34	1067
40-44岁	88047	1085	3	29		60	85	908
45-49岁	122903	1413	5	41		86	187	1094
50-54岁	148528	1474	6	47		136	304	981
55-59岁	119394	1259	12	54		123	379	691
60-64岁	77704	521	8	15		48	176	274
65-69岁	81917	357	3	7		35	129	183
70-74岁	40182	125		2		14	44	65
75岁及以上	20859	37		3		3	11	20
女	**834515**	**3127**	**14**	**44**		**247**	**272**	**2550**
16-19岁	13530	21		1		1		19
20-24岁	39782	137	1	4		6	5	121
25-29岁	62358	306	2	6		13	6	279
30-34岁	103818	600	2	10		27	46	515
35-39岁	70746	482		6		54	26	396
40-44岁	72758	408		4		32	39	333
45-49岁	99048	411	3	4		36	44	324
50-54岁	122937	367	4	3		34	50	276
55-59岁	94947	250	1	2		32	38	177
60-64岁	54806	76	1	1		4	9	61
65-69岁	57840	44		1		6	5	32
70-74岁	26844	17		1		1	3	12
75岁及以上	15101	8		1		1	1	5

4-7c　续表 1　　单位：人

年龄组 性别	专业技术人员 小计	科学研究人员	工程技术人员	农业技术人员	飞机和船舶技术人员	卫生专业技术人员	经济和金融专业人员	法律、社会和宗教专业人员	教学人员	文学艺术、体育专业人员
总　计	**72001**	**216**	**13460**	**2535**	**20**	**13643**	**7508**	**691**	**31447**	**1340**
16-19岁	2480	5	250	28	1	124	169	2	1792	66
20-24岁	8320	29	1245	111	5	1236	940	37	4392	168
25-29岁	12276	57	2175	201	6	1774	1603	128	5869	250
30-34岁	14022	53	3021	279	6	1955	1883	122	6204	263
35-39岁	7976	12	1373	199		1462	798	63	3842	110
40-44岁	6720	13	1106	187		1560	454	62	3159	76
45-49岁	6094	10	1342	340	1	1643	438	68	2067	104
50-54岁	5661	17	1425	365	1	1464	447	64	1630	147
55-59岁	4148	8	922	308		937	386	71	1374	99
60-64岁	1861	2	337	179		537	198	33	536	22
65-69岁	1444	8	191	211		531	115	29	328	17
70-74岁	643	2	59	92		266	55	8	140	11
75岁及以上	356		14	35		154	22	4	114	7
男	**33164**	**136**	**11588**	**1354**	**20**	**6901**	**2548**	**442**	**8672**	**822**
16-19岁	1016	3	201	17	1	38	44	1	637	49
20-24岁	2567	19	1030	73	5	259	250	15	740	98
25-29岁	4204	32	1850	109	6	482	439	61	966	149
30-34岁	5180	34	2572	144	6	653	447	71	960	163
35-39岁	3285	8	1166	93		736	204	38	897	75
40-44岁	3196	8	938	90		831	131	42	1036	49
45-49岁	3510	7	1154	169	1	1011	144	42	862	61
50-54岁	3627	10	1267	160	1	961	253	48	781	78
55-59岁	3079	5	864	176		668	295	58	918	59
60-64岁	1461	2	311	101		419	164	29	409	14
65-69岁	1191	7	173	133		460	105	27	264	13
70-74岁	541	1	51	63		240	50	7	111	9
75岁及以上	307		11	26		143	22	3	91	5
女	**38837**	**80**	**1872**	**1181**		**6742**	**4960**	**249**	**22775**	**518**
16-19岁	1464	2	49	11		86	125	1	1155	17
20-24岁	5753	10	215	38		977	690	22	3652	70
25-29岁	8072	25	325	92		1292	1164	67	4903	101
30-34岁	8842	19	449	135		1302	1436	51	5244	100
35-39岁	4691	4	207	106		726	594	25	2945	35
40-44岁	3524	5	168	97		729	323	20	2123	27
45-49岁	2584	3	188	171		632	294	26	1205	43
50-54岁	2034	7	158	205		503	194	16	849	69
55-59岁	1069	3	58	132		269	91	13	456	40
60-64岁	400		26	78		118	34	4	127	8
65-69岁	253	1	18	78		71	10	2	64	4
70-74岁	102	1	8	29		26	5	1	29	2
75岁及以上	49		3	9		11		1	23	2

4-7c 续表 2

单位：人

年龄组 性别	专业技术人员		办事人员和有关人员				社会生产服务和生活服务人员		
	新闻出版、文化专业人员	其他专业技术人员	小计	办事人员	安全和消防人员	其他办事人员和有关人员	小计	批发与零售服务人员	交通运输、仓储和邮政业服务人员
总 计	**484**	**657**	**30618**	**19750**	**10324**	**544**	**465071**	**209189**	**81370**
16-19岁	23	20	484	270	202	12	13428	5576	1162
20-24岁	91	66	2345	1472	829	44	36988	17908	4786
25-29岁	124	89	3782	2805	916	61	52280	25563	8586
30-34岁	110	126	4660	3564	1007	89	80359	38842	15634
35-39岁	57	60	2537	1922	568	47	50899	23551	11509
40-44岁	18	85	2270	1637	575	58	45879	20047	10896
45-49岁	19	62	2903	1999	855	49	52991	22623	11514
50-54岁	24	77	3519	2189	1276	54	52025	22098	9265
55-59岁	8	35	3399	1967	1364	68	34921	14492	4796
60-64岁	4	13	2118	939	1153	26	18291	7047	1689
65-69岁	2	12	1720	633	1066	21	16900	6897	1083
70-74岁	3	7	634	230	393	11	6814	2982	315
75岁及以上	1	5	247	123	120	4	3296	1563	135
男	**206**	**475**	**22253**	**12568**	**9324**	**361**	**251892**	**95024**	**68893**
16-19岁	12	13	350	147	194	9	7930	2457	950
20-24岁	31	47	1539	735	779	25	21097	7845	4075
25-29岁	47	63	2249	1376	837	36	29138	11161	7347
30-34岁	40	90	2712	1784	875	53	43351	16167	13173
35-39岁	24	44	1676	1142	504	30	27252	9844	9738
40-44岁	10	61	1564	1050	481	33	24155	8388	9260
45-49岁	12	47	2101	1355	717	29	27432	10226	9722
50-54岁	16	52	2863	1689	1130	44	26303	10598	7830
55-59岁	8	28	2913	1610	1253	50	18141	7432	4093
60-64岁	2	10	1912	802	1088	22	10533	4052	1449
65-69岁	1	8	1584	566	1001	17	10177	4088	887
70-74岁	2	7	580	211	359	10	4335	1793	260
75岁及以上	1	5	210	101	106	3	2048	973	109
女	**278**	**182**	**8365**	**7182**	**1000**	**183**	**213179**	**114165**	**12477**
16-19岁	11	7	134	123	8	3	5498	3119	212
20-24岁	60	19	806	737	50	19	15891	10063	711
25-29岁	77	26	1533	1429	79	25	23142	14402	1239
30-34岁	70	36	1948	1780	132	36	37008	22675	2461
35-39岁	33	16	861	780	64	17	23647	13707	1771
40-44岁	8	24	706	587	94	25	21724	11659	1636
45-49岁	7	15	802	644	138	20	25559	12397	1792
50-54岁	8	25	656	500	146	10	25722	11500	1435
55-59岁		7	486	357	111	18	16780	7060	703
60-64岁	2	3	206	137	65	4	7758	2995	240
65-69岁	1	4	136	67	65	4	6723	2809	196
70-74岁	1		54	19	34	1	2479	1189	55
75岁及以上			37	22	14	1	1248	590	26

4-7c 续表 3 单位：人

年龄组 性 别	社会生产服务和生活服务人员								
	住宿和餐饮服务人员	信息传输、软件和信息技术服务人员	金融服务人员	房地产服务人员	租赁和商务服务人员	技术辅助服务人员	水利、环境和公共设施管理服务人员	居民服务人员	电力、燃气及水供应服务人员
总 计	**67496**	**4005**	**3460**	**3072**	**4675**	**4380**	**32039**	**32414**	**3585**
16-19岁	3173	206	32	65	157	178	119	1681	32
20-24岁	5780	768	265	347	438	679	325	3100	152
25-29岁	6888	1106	658	577	536	968	534	3632	346
30-34岁	10754	992	877	590	711	1148	1183	4958	641
35-39岁	7399	368	425	308	362	446	1200	2898	342
40-44岁	7187	211	314	204	315	303	1891	2488	385
45-49岁	8535	153	329	209	395	249	3545	3219	524
50-54岁	8004	108	285	263	524	212	5605	3554	595
55-59岁	5254	66	186	187	467	113	5296	2776	347
60-64岁	2262	10	44	150	377	38	4616	1462	122
65-69岁	1548	10	25	122	265	24	4957	1507	68
70-74岁	489	3	10	41	97	14	1993	687	26
75岁及以上	223	4	10	9	31	8	775	452	5
男	**31789**	**2603**	**1605**	**1879**	**3550**	**2737**	**14614**	**10396**	**3228**
16-19岁	2243	130	18	41	109	106	70	832	29
20-24岁	3864	477	135	221	283	436	165	1329	141
25-29岁	4056	707	347	353	341	606	258	1288	308
30-34岁	5647	662	399	342	467	726	476	1487	561
35-39岁	3411	224	161	162	235	292	426	796	295
40-44岁	2916	141	98	105	224	166	585	695	332
45-49岁	2980	109	126	115	308	145	1153	852	461
50-54岁	2488	82	138	157	444	130	1880	887	557
55-59岁	1944	49	119	129	426	72	2080	733	331
60-64岁	1061	9	28	118	356	26	2442	497	118
65-69岁	777	8	17	95	246	17	3099	559	66
70-74岁	295	2	10	32	85	10	1427	261	25
75岁及以上	107	3	9	9	26	5	553	180	4
女	**35707**	**1402**	**1855**	**1193**	**1125**	**1643**	**17425**	**22018**	**357**
16-19岁	930	76	14	24	48	72	49	849	3
20-24岁	1916	291	130	126	155	243	160	1771	11
25-29岁	2832	399	311	224	195	362	276	2344	38
30-34岁	5107	330	478	248	244	422	707	3471	80
35-39岁	3988	144	264	146	127	154	774	2102	47
40-44岁	4271	70	216	99	91	137	1306	1793	53
45-49岁	5555	44	203	94	87	104	2392	2367	63
50-54岁	5516	26	147	106	80	82	3725	2667	38
55-59岁	3310	17	67	58	41	41	3216	2043	16
60-64岁	1201	1	16	32	21	12	2174	965	4
65-69岁	771	2	8	27	19	7	1858	948	2
70-74岁	194	1		9	12	4	566	426	1
75岁及以上	116	1	1		5	3	222	272	1

4-7c 续表 4 单位：人

年龄组 性 别	社会生产服务和生活服务人员				农、林、牧、渔业生产及辅助人员				
	修理及制作服务人员	文化、体育和娱乐服务人员	健康服务人员	其他社会生产和生活服务人员	小计	农业生产人员	林业生产人员	畜牧业生产人员	渔业生产人员
总 计	**16956**	**1421**	**488**	**521**	**803715**	**739921**	**6375**	**39630**	**2274**
16-19岁	934	81	10	22	7339	6878	37	283	17
20-24岁	2138	217	49	36	18747	17334	135	848	57
25-29岁	2518	259	56	53	30039	27577	212	1520	117
30-34岁	3601	248	96	84	54575	49749	381	3062	246
35-39岁	1878	114	52	47	40888	36877	338	2601	217
40-44岁	1476	74	50	38	49195	44177	469	3294	215
45-49岁	1468	115	59	54	84159	75829	883	5202	345
50-54岁	1272	131	44	65	128415	117622	1199	6630	401
55-59岁	784	84	28	45	119054	109860	1092	5568	317
60-64岁	384	39	13	38	86173	80506	621	3395	136
65-69岁	317	34	17	26	101959	95510	632	3904	134
70-74岁	118	19	10	10	53381	50094	278	2078	51
75岁及以上	68	6	4	3	29791	27908	98	1245	21
男	**14183**	**883**	**222**	**286**	**395585**	**358485**	**3994**	**23767**	**1658**
16-19岁	875	54	6	10	4601	4292	29	192	16
20-24岁	1941	156	12	17	10430	9492	88	597	40
25-29岁	2146	166	18	36	14859	13305	145	995	90
30-34岁	3023	140	33	48	25706	22759	255	1930	199
35-39岁	1553	66	24	25	18734	16462	194	1517	163
40-44岁	1157	41	26	21	22490	19623	260	1933	162
45-49岁	1129	59	24	23	38325	33689	559	2932	244
50-54岁	974	75	31	32	57119	51222	736	3695	275
55-59岁	637	53	17	26	55009	49864	658	3228	216
60-64岁	316	26	8	27	44870	41456	404	2155	95
65-69岁	270	24	12	12	55599	51634	411	2507	99
70-74岁	103	17	7	8	30864	28821	179	1340	40
75岁及以上	59	6	4	1	16979	15866	76	746	19
女	**2773**	**538**	**266**	**235**	**408130**	**381436**	**2381**	**15863**	**616**
16-19岁	59	27	4	12	2738	2586	8	91	1
20-24岁	197	61	37	19	8317	7842	47	251	17
25-29岁	372	93	38	17	15180	14272	67	525	27
30-34岁	578	108	63	36	28869	26990	126	1132	47
35-39岁	325	48	28	22	22154	20415	144	1084	54
40-44岁	319	33	24	17	26705	24554	209	1361	53
45-49岁	339	56	35	31	45834	42140	324	2270	101
50-54岁	298	56	13	33	71296	66400	463	2935	126
55-59岁	147	31	11	19	64045	59996	434	2340	101
60-64岁	68	13	5	11	41303	39050	217	1240	41
65-69岁	47	10	5	14	46360	43876	221	1397	35
70-74岁	15	2	3	2	22517	21273	99	738	11
75岁及以上	9			2	12812	12042	22	499	2

4-7c 续表 5 单位：人

年龄组 性别	农林牧渔生产辅助人员	其他农、林、牧、渔业生产加工人员	生产制造及有关人员						
			小计	农副产品加工人员	食品、饮料生产加工人员	烟草及其制品加工人员	纺织、针织、印染人员	纺织品、服装和皮革、毛皮制品加工制作人员	木材加工、家具与木制品制作人员
总 计	**14644**	**871**	**530140**	**11769**	**9826**	**291**	**6256**	**44488**	**17300**
16-19岁	117	7	9243	114	261	4	117	1098	182
20-24岁	353	20	30097	348	726	8	299	3350	675
25-29岁	585	28	47521	582	990	17	524	4748	1232
30-34岁	1095	42	82599	1202	1718	18	956	8827	2300
35-39岁	813	42	53624	886	1193	21	739	5801	1684
40-44岁	990	50	54969	1124	1130	25	796	5504	1772
45-49岁	1799	101	73570	1689	1324	42	750	5736	2653
50-54岁	2421	142	79543	2096	1232	66	838	4836	3015
55-59岁	2090	127	50993	1549	648	41	474	2420	1858
60-64岁	1426	89	23278	871	250	25	287	946	842
65-69岁	1658	121	17182	800	240	18	261	819	720
70-74岁	825	55	5347	362	83	5	132	251	273
75岁及以上	472	47	2174	146	31	1	83	152	94
男	**7264**	**417**	**369870**	**5630**	**4183**	**134**	**1499**	**10229**	**11734**
16-19岁	67	5	6512	86	153	4	43	433	144
20-24岁	204	9	21606	222	384	5	99	1211	515
25-29岁	312	12	33555	340	494	10	176	1426	896
30-34岁	541	22	56246	602	752	10	240	2227	1606
35-39岁	380	18	34846	388	448	9	140	1244	1089
40-44岁	487	25	35400	478	400	11	143	1023	1139
45-49岁	858	43	49900	730	488	17	137	969	1697
50-54岁	1129	62	56863	889	445	27	161	786	1953
55-59岁	983	60	38795	740	290	17	117	450	1294
60-64岁	715	45	18284	454	130	11	91	179	614
65-69岁	891	57	12916	403	128	8	83	185	542
70-74岁	448	36	3698	220	54	4	47	60	188
75岁及以上	249	23	1249	78	17	1	22	36	57
女	**7380**	**454**	**160270**	**6139**	**5643**	**157**	**4757**	**34259**	**5566**
16-19岁	50	2	2731	28	108		74	665	38
20-24岁	149	11	8491	126	342	3	200	2139	160
25-29岁	273	16	13966	242	496	7	348	3322	336
30-34岁	554	20	26353	600	966	8	716	6600	694
35-39岁	433	24	18778	498	745	12	599	4557	595
40-44岁	503	25	19569	646	730	14	653	4481	633
45-49岁	941	58	23670	959	836	25	613	4767	956
50-54岁	1292	80	22680	1207	787	39	677	4050	1062
55-59岁	1107	67	12198	809	358	24	357	1970	564
60-64岁	711	44	4994	417	120	14	196	767	228
65-69岁	767	64	4266	397	112	10	178	634	178
70-74岁	377	19	1649	142	29	1	85	191	85
75岁及以上	223	24	925	68	14		61	116	37

4-7c 续表 6

单位：人

年龄组 性 别	生产制造及有关人员 纸及纸制品生产加工人员	印刷和记录媒介复制人员	文教、工美、体育和娱乐用品制造人员	石油加工和炼焦、煤化工生产人员	化学原料和化学制品制造人员	医药制造人员	化学纤维制造人员	橡胶和塑料制品制造人员	非金属矿物制品制造人员
总 计	**2341**	**1541**	**13144**	**372**	**2593**	**1316**	**300**	**3383**	**9273**
16-19岁	35	44	271	4	33	28	3	54	83
20-24岁	115	185	633	13	161	79	19	185	299
25-29岁	190	264	949	38	281	125	37	298	569
30-34岁	397	368	1779	72	473	240	84	590	1224
35-39岁	289	180	1235	31	313	158	30	411	990
40-44岁	285	182	1167	55	331	133	39	388	1146
45-49岁	348	146	1449	58	346	152	26	485	1667
50-54岁	295	93	1810	53	325	163	35	472	1647
55-59岁	191	41	1240	36	188	109	14	240	924
60-64岁	90	25	784	6	73	44	6	115	419
65-69岁	55	8	917	4	47	57	4	85	223
70-74岁	32	4	539	2	12	20	2	46	68
75岁及以上	19	1	371		10	8	1	14	14
男	**1047**	**841**	**3410**	**315**	**1835**	**520**	**107**	**1554**	**6768**
16-19岁	25	28	149	3	25	17	1	32	60
20-24岁	75	115	304	11	117	38	11	125	235
25-29岁	107	148	320	31	206	57	19	165	444
30-34岁	192	196	582	57	324	103	38	307	882
35-39岁	120	93	349	26	209	50	11	149	662
40-44岁	110	88	295	44	220	46	8	149	776
45-49岁	124	78	331	49	239	51	7	193	1121
50-54岁	108	45	351	49	241	66	10	200	1196
55-59岁	84	25	240	33	145	43	1	114	752
60-64岁	57	18	126	6	56	16	1	55	375
65-69岁	28	6	187	4	34	24		37	192
70-74岁	11	1	102	2	11	7		22	61
75岁及以上	6		74		8	2		6	12
女	**1294**	**700**	**9734**	**57**	**758**	**796**	**193**	**1829**	**2505**
16-19岁	10	16	122	1	8	11	2	22	23
20-24岁	40	70	329	2	44	41	8	60	64
25-29岁	83	116	629	7	75	68	18	133	125
30-34岁	205	172	1197	15	149	137	46	283	342
35-39岁	169	87	886	5	104	108	19	262	328
40-44岁	175	94	872	11	111	87	31	239	370
45-49岁	224	68	1118	9	107	101	19	292	546
50-54岁	187	48	1459	4	84	97	25	272	451
55-59岁	107	16	1000	3	43	66	13	126	172
60-64岁	33	7	658		17	28	5	60	44
65-69岁	27	2	730		13	33	4	48	31
70-74岁	21	3	437		1	13	2	24	7
75岁及以上	13	1	297		2	6	1	8	2

4-7c　续表 7　　　　　　　　　　　　　　　　　　　　　　　　　　　　单位：人

年龄组 性　别	生产制造及有关人员								
	采矿人员	金属冶炼和压延加工人员	机械制造基础加工人员	金属制品制造人员	通用设备制造人员	专用设备制造人员	汽车制造人员	铁路、船舶、航空设备制造人员	电气机械和器材制造人员
总　计	**7149**	**3143**	**18520**	**6693**	**2847**	**1999**	**2452**	**411**	**2747**
16-19岁	24	33	230	122	55	37	95	11	100
20-24岁	113	110	1024	431	163	142	304	17	257
25-29岁	304	297	2081	747	327	184	359	43	353
30-34岁	785	590	4369	1333	630	448	568	85	632
35-39岁	693	394	2456	820	402	280	327	42	364
40-44岁	1001	411	2129	837	335	308	245	62	300
45-49岁	1606	505	2455	868	351	220	220	65	311
50-54岁	1614	453	2057	812	325	191	175	44	239
55-59岁	671	241	1020	413	145	108	90	17	117
60-64岁	192	60	420	167	65	39	33	10	38
65-69岁	91	31	207	105	38	27	26	11	30
70-74岁	31	14	53	28	5	13	9	3	5
75岁及以上	24	4	19	10	6	2	1	1	1
男	**6809**	**2645**	**16416**	**4476**	**2448**	**616**	**1713**	**311**	**1571**
16-19岁	18	28	209	93	49	17	82	8	71
20-24岁	99	100	929	334	148	66	251	13	184
25-29岁	287	268	1930	563	285	77	290	33	224
30-34岁	727	501	4001	935	563	137	408	64	381
35-39岁	650	321	2182	519	348	65	189	34	183
40-44岁	950	327	1824	514	274	59	129	42	141
45-49岁	1538	400	2056	525	300	68	139	50	144
50-54岁	1561	384	1748	517	265	50	115	31	134
55-59岁	656	215	918	267	122	44	58	12	65
60-64岁	183	54	371	115	55	17	23	9	26
65-69岁	90	30	187	68	31	10	21	11	14
70-74岁	28	13	43	19	4	5	8	3	3
75岁及以上	22	4	18	7	4	1		1	1
女	**340**	**498**	**2104**	**2217**	**399**	**1383**	**739**	**100**	**1176**
16-19岁	6	5	21	29	6	20	13	3	29
20-24岁	14	10	95	97	15	76	53	4	73
25-29岁	17	29	151	184	42	107	69	10	129
30-34岁	58	89	368	398	67	311	160	21	251
35-39岁	43	73	274	301	54	215	138	8	181
40-44岁	51	84	305	323	61	249	116	20	159
45-49岁	68	105	399	343	51	152	81	15	167
50-54岁	53	69	309	295	60	141	60	13	105
55-59岁	15	26	102	146	23	64	32	5	52
60-64岁	9	6	49	52	10	22	10	1	12
65-69岁	1	1	20	37	7	17	5		16
70-74岁	3	1	10	9	1	8	1		2
75岁及以上	2		1	3	2	1	1		

4-7c 续表 8 单位：人

年龄组 性别	生产制造及有关人员 计算机、通信和其他电子设备制造人员	仪器仪表制造人员	废弃资源综合利用人员	电力、热力、气体、水生产和输配人员	建筑施工人员	运输设备和通用工程机械操作人员及有关人员	生产辅助人员	其他生产制造及有关人员	不便分类的其他从业人员
总 计	**36681**	**493**	**969**	**798**	**280692**	**9589**	**28914**	**1850**	**6244**
16-19岁	2168	7	15	8	3151	208	612	36	2187
20-24岁	5915	41	29	34	11462	775	2102	83	877
25-29岁	7034	83	44	79	19865	1469	3241	167	428
30-34岁	9097	99	75	139	35636	2231	5322	312	531
35-39岁	4234	53	67	96	24787	1162	3294	192	295
40-44岁	2901	41	91	83	27775	1029	3142	202	279
45-49岁	2513	56	147	92	42270	1108	3691	221	410
50-54岁	1573	50	157	116	50140	930	3456	235	461
55-59岁	719	26	130	76	34479	455	2135	178	317
60-64岁	232	18	83	45	15906	152	917	118	192
65-69岁	173	10	74	22	11259	54	701	65	151
70-74岁	74	9	38	4	2996	12	191	31	65
75岁及以上	48		19	4	966	4	110	10	51
男	**20188**	**214**	**722**	**664**	**235748**	**9000**	**15656**	**867**	**3637**
16-19岁	1393	4	11	7	2700	202	391	26	1243
20-24岁	3871	22	25	29	9898	761	1356	53	490
25-29岁	4178	40	35	58	16928	1414	2010	96	269
30-34岁	4912	46	57	114	30070	2125	2914	173	333
35-39岁	1982	20	48	77	20450	1060	1648	83	162
40-44岁	1197	21	68	63	22426	925	1437	73	157
45-49岁	1135	17	92	73	34302	1012	1726	92	222
50-54岁	767	24	112	100	41769	865	1781	113	279
55-59岁	429	11	99	70	29751	431	1228	74	198
60-64岁	147	5	66	44	14235	143	556	46	123
65-69岁	98	2	63	22	9910	48	422	28	93
70-74岁	48	2	29	3	2563	11	118	8	39
75岁及以上	31		17	4	746	3	69	2	29
女	**16493**	**279**	**247**	**134**	**44944**	**589**	**13258**	**983**	**2607**
16-19岁	775	3	4	1	451	6	221	10	944
20-24岁	2044	19	4	5	1564	14	746	30	387
25-29岁	2856	43	9	21	2937	55	1231	71	159
30-34岁	4185	53	18	25	5566	106	2408	139	198
35-39岁	2252	33	19	19	4337	102	1646	109	133
40-44岁	1704	20	23	20	5349	104	1705	129	122
45-49岁	1378	39	55	19	7968	96	1965	129	188
50-54岁	806	26	45	16	8371	65	1675	122	182
55-59岁	290	15	31	6	4728	24	907	104	119
60-64岁	85	13	17	1	1671	9	361	72	69
65-69岁	75	8	11		1349	6	279	37	58
70-74岁	26	7	9	1	433	1	73	23	26
75岁及以上	17		2		220	1	41	8	22

第二部分　长表数据资料

第五卷　婚姻

5-1 各地区分性别、婚姻状况的15岁及以上人口

单位：人

地区	15岁及以上人口			未婚		
	合计	男	女	小计	男	女
河南	**7532705**	**3691317**	**3841388**	**1507912**	**860245**	**647667**
郑州市	992635	501711	490924	260629	143204	117425
开封市	365551	181316	184235	72487	41997	30490
洛阳市	551049	271847	279202	112175	64031	48144
平顶山市	362825	180440	182385	64921	38576	26345
安阳市	399044	188544	210500	65433	36388	29045
鹤壁市	126274	63462	62812	23797	14093	9704
新乡市	471514	229756	241758	91788	51187	40601
焦作市	292655	145842	146813	56302	32991	23311
濮阳市	285340	137087	148253	48837	27720	21117
许昌市	348913	173226	175687	62199	36969	25230
漯河市	203389	101794	101595	39654	23965	15689
三门峡市	178309	90030	88279	32099	19219	12880
南阳市	684941	334344	350597	132712	76727	55985
商丘市	600824	291491	309333	119812	68234	51578
信阳市	450565	216003	234562	83784	46928	36856
周口市	652037	311862	340175	135247	77483	57764
驻马店市	508770	243330	265440	96034	54413	41621
济源市	58070	29232	28838	10002	6120	3882

5-1 续表

单位：人

地区	有配偶			离婚			丧偶		
	小计	男	女	小计	男	女	小计	男	女
河南	**5469220**	**2637100**	**2832120**	**111929**	**62663**	**49266**	**443644**	**131309**	**312335**
郑州市	680297	341547	338750	17981	8002	9979	33728	8958	24770
开封市	266623	130345	136278	4951	2890	2061	21490	6084	15406
洛阳市	398328	193763	204565	9079	4814	4265	31467	9239	22228
平顶山市	269285	131519	137766	6407	3718	2689	22212	6627	15585
安阳市	301421	141223	160198	6506	3620	2886	25684	7313	18371
鹤壁市	93107	46120	46987	2206	1308	898	7164	1941	5223
新乡市	345827	166773	179054	6895	3914	2981	27004	7882	19122
焦作市	214504	105509	108995	5122	2781	2341	16727	4561	12166
濮阳市	216899	103044	113855	3405	1965	1440	16199	4358	11841
许昌市	259958	126902	133056	5565	3192	2373	21191	6163	15028
漯河市	148748	72561	76187	3075	1849	1226	11912	3419	8493
三门峡市	132541	65769	66772	3196	1790	1406	10473	3252	7221
南阳市	494168	236753	257415	9154	5716	3438	48907	15148	33759
商丘市	437747	207469	230278	7638	4660	2978	35627	11128	24499
信阳市	329403	155869	173534	5849	3411	2438	31529	9795	21734
周口市	465657	216254	249403	6591	4163	2428	44542	13962	30580
驻马店市	370839	173971	196868	7489	4439	3050	34408	10507	23901
济源市	43868	21709	22159	820	431	389	3380	972	2408

5-1a　各地区分性别、婚姻状况的15岁及以上人口(城市)

单位：人

地　区	15岁及以上人口			未　婚		
	合计	男	女	小计	男	女
河　南	**2007931**	**974293**	**1033638**	**455356**	**238139**	**217217**
郑州市	544095	265991	278104	150602	77332	73270
开封市	83434	39935	43499	17915	9276	8639
洛阳市	189352	92652	96700	39157	21779	17378
平顶山市	108987	53911	55076	20822	11443	9379
安阳市	110321	52659	57662	18017	9870	8147
鹤壁市	40168	19879	20289	7827	4426	3401
新乡市	154711	74549	80162	35653	18098	17555
焦作市	90645	43680	46965	17881	9418	8463
濮阳市	50784	24347	26437	9544	4939	4605
许昌市	120096	58461	61635	24029	12957	11072
漯河市	52533	25403	27130	10910	6027	4883
三门峡市	61032	30174	30858	10426	5806	4620
南阳市	91394	43358	48036	20582	10333	10249
商丘市	96678	47013	49665	22531	11420	11111
信阳市	66844	31154	35690	15633	6944	8689
周口市	80116	38335	41781	20572	10678	9894
驻马店市	36595	17742	18853	6794	3637	3157
济源市	30146	15050	15096	6461	3756	2705

5-1a　续表

单位：人

地　区	有配偶			离　婚			丧　偶		
	小计	男	女	小计	男	女	小计	男	女
河　南	**1432014**	**699608**	**732406**	**41940**	**17264**	**24676**	**78621**	**19282**	**59339**
郑州市	366133	180578	185555	12075	4639	7436	15285	3442	11843
开封市	58960	28756	30204	2022	854	1168	4537	1049	3488
洛阳市	136765	66799	69966	4419	1881	2538	9011	2193	6818
平顶山市	81125	40216	40909	2410	1024	1386	4630	1228	3402
安阳市	84298	40426	43872	2623	1092	1531	5383	1271	4112
鹤壁市	29406	14509	14897	1026	496	530	1909	448	1461
新乡市	109271	53385	55886	2943	1280	1663	6844	1786	5058
焦作市	66163	32262	33901	2196	937	1259	4405	1063	3342
濮阳市	38553	18663	19890	906	330	576	1781	415	1366
许昌市	88805	43341	45464	2389	980	1409	4873	1183	3690
漯河市	38602	18507	20095	908	364	544	2113	505	1608
三门峡市	46695	23105	23590	1380	605	775	2531	658	1873
南阳市	65555	31533	34022	1303	550	753	3954	942	3012
商丘市	69409	33974	35435	1623	697	926	3115	922	2193
信阳市	47296	22990	24306	1399	601	798	2516	619	1897
周口市	55138	26277	28861	1089	466	623	3317	914	2403
驻马店市	27644	13417	14227	813	305	508	1344	383	961
济源市	22196	10870	11326	416	163	253	1073	261	812

5-1b 各地区分性别、婚姻状况的15岁及以上人口(镇)

单位：人

地区	15岁及以上人口			未婚		
	合计	男	女	小计	男	女
河南	**2235671**	**1112995**	**1122676**	**512840**	**288488**	**224352**
郑州市	225315	118350	106965	65218	38744	26474
开封市	109182	55221	53961	26172	15044	11128
洛阳市	168524	82644	85880	39529	21114	18415
平顶山市	82898	40708	42190	15788	8880	6908
安阳市	113250	54915	58335	25988	13246	12742
鹤壁市	33852	16884	16968	6502	3811	2691
新乡市	119621	60152	59469	27474	15349	12125
焦作市	89647	45364	44283	20585	12305	8280
濮阳市	92998	44967	48031	18650	10178	8472
许昌市	66338	33433	32905	12782	7684	5098
漯河市	57141	28843	28298	11943	7149	4794
三门峡市	37744	18882	18862	7153	4079	3074
南阳市	267346	131814	135532	57144	31823	25321
商丘市	186566	94375	92191	44186	25110	19076
信阳市	169613	81558	88055	34969	19467	15502
周口市	198004	97664	100340	48843	27579	21264
驻马店市	210312	103545	106767	48882	26271	22611
济源市	7320	3676	3644	1032	655	377

5-1b 续表

单位：人

地区	有配偶			离婚			丧偶		
	小计	男	女	小计	男	女	小计	男	女
河南	**1593810**	**780157**	**813653**	**28938**	**15466**	**13472**	**100083**	**28884**	**71199**
郑州市	151515	76754	74761	2704	1268	1436	5878	1584	4294
开封市	76965	38113	38852	1058	649	409	4987	1415	3572
洛阳市	119613	58387	61226	2125	1056	1069	7257	2087	5170
平顶山市	61321	29883	31438	1359	707	652	4430	1238	3192
安阳市	80427	39410	41017	1625	856	769	5210	1403	3807
鹤壁市	25090	12316	12774	487	283	204	1773	474	1299
新乡市	85369	42518	42851	1466	784	682	5312	1501	3811
焦作市	63241	31145	32096	1345	716	629	4476	1198	3278
濮阳市	69325	33305	36020	1008	488	520	4015	996	3019
许昌市	48824	24053	24771	896	539	357	3836	1157	2679
漯河市	41613	20418	21195	784	464	320	2801	812	1989
三门峡市	28324	13973	14351	527	299	228	1740	531	1209
南阳市	192773	93869	98904	3654	1939	1715	13775	4183	9592
商丘市	132208	65389	66819	2429	1426	1003	7743	2450	5293
信阳市	124780	58900	65880	2085	1090	995	7779	2101	5678
周口市	137069	65791	71278	1981	1156	825	10111	3138	6973
驻马店市	149635	73108	76527	3293	1678	1615	8502	2488	6014
济源市	5718	2825	2893	112	68	44	458	128	330

5–1c　各地区分性别、婚姻状况的15岁及以上人口(乡村)

单位：人

地　区	15岁及以上人口			未　婚		
	合计	男	女	小计	男	女
河　南	**3289103**	**1604029**	**1685074**	**539716**	**333618**	**206098**
郑州市	223225	117370	105855	44809	27128	17681
开封市	172935	86160	86775	28400	17677	10723
洛阳市	193173	96551	96622	33489	21138	12351
平顶山市	170940	85821	85119	28311	18253	10058
安阳市	175473	80970	94503	21428	13272	8156
鹤壁市	52254	26699	25555	9468	5856	3612
新乡市	197182	95055	102127	28661	17740	10921
焦作市	112363	56798	55565	17836	11268	6568
濮阳市	141558	67773	73785	20643	12603	8040
许昌市	162479	81332	81147	25388	16328	9060
漯河市	93715	47548	46167	16801	10789	6012
三门峡市	79533	40974	38559	14520	9334	5186
南阳市	326201	159172	167029	54986	34571	20415
商丘市	317580	150103	167477	53095	31704	21391
信阳市	214108	103291	110817	33182	20517	12665
周口市	373917	175863	198054	65832	39226	26606
驻马店市	261863	122043	139820	40358	24505	15853
济源市	20604	10506	10098	2509	1709	800

5–1c　续表

单位：人

地　区	有配偶			离　婚			丧　偶		
	小计	男	女	小计	男	女	小计	男	女
河　南	**2443396**	**1157335**	**1286061**	**41051**	**29933**	**11118**	**264940**	**83143**	**181797**
郑州市	162649	84215	78434	3202	2095	1107	12565	3932	8633
开封市	130698	63476	67222	1871	1387	484	11966	3620	8346
洛阳市	141950	68577	73373	2535	1877	658	15199	4959	10240
平顶山市	126839	61420	65419	2638	1987	651	13152	4161	8991
安阳市	136696	61387	75309	2258	1672	586	15091	4639	10452
鹤壁市	38611	19295	19316	693	529	164	3482	1019	2463
新乡市	151187	70870	80317	2486	1850	636	14848	4595	10253
焦作市	85100	42102	42998	1581	1128	453	7846	2300	5546
濮阳市	109021	51076	57945	1491	1147	344	10403	2947	7456
许昌市	122329	59508	62821	2280	1673	607	12482	3823	8659
漯河市	68533	33636	34897	1383	1021	362	6998	2102	4896
三门峡市	57522	28691	28831	1289	886	403	6202	2063	4139
南阳市	235840	111351	124489	4197	3227	970	31178	10023	21155
商丘市	236130	108106	128024	3586	2537	1049	24769	7756	17013
信阳市	157327	73979	83348	2365	1720	645	21234	7075	14159
周口市	273450	124186	149264	3521	2541	980	31114	9910	21204
驻马店市	193560	87446	106114	3383	2456	927	24562	7636	16926
济源市	15954	8014	7940	292	200	92	1849	583	1266

5-2 全省分性别、职业、婚姻状况的人口

单位：人

职业大类	15岁及以上人口			未婚		
	合计	男	女	小计	男	女
总 计	**4230802**	**2412459**	**1818343**	**531948**	**333041**	**198907**
党的机关、国家机关、群众团体和社会组织、企事业单位负责人	74262	53380	20882	5610	3648	1962
专业技术人员	366696	155837	210859	73360	26518	46842
办事人员和有关人员	231397	151146	80251	29527	17192	12335
社会生产服务和生活服务人员	1496670	801582	695088	225758	135930	89828
农、林、牧、渔业生产及辅助人员	966606	478610	487996	59918	44298	15620
生产制造及有关人员	1079607	762607	317000	130325	100906	29419
不便分类的其他从业人员	15564	9297	6267	7450	4549	2901

5-2 续表

单位：人

职业大类	有配偶			离婚			丧偶		
	小计	男	女	小计	男	女	小计	男	女
总 计	**3521379**	**1990724**	**1530655**	**77237**	**47703**	**29534**	**100238**	**40991**	**59247**
党的机关、国家机关、群众团体和社会组织、企事业单位负责人	66609	48631	17978	1589	874	715	454	227	227
专业技术人员	285677	126426	159251	5680	2067	3613	1979	826	1153
办事人员和有关人员	194664	129732	64932	5123	2889	2234	2083	1333	750
社会生产服务和生活服务人员	1216231	642332	573899	31992	15893	16099	22689	7427	15262
农、林、牧、渔业生产及辅助人员	838326	402891	435435	11792	9114	2678	56570	22307	34263
生产制造及有关人员	912174	636161	276013	20837	16733	4104	16271	8807	7464
不便分类的其他从业人员	7698	4551	3147	224	133	91	192	64	128

5-2a　全省分性别、职业、婚姻状况的人口(城市)

单位：人

职业大类	15岁及以上人口			未　婚		
	合计	男	女	小计	男	女
总　计	**1038154**	**591127**	**447027**	**145625**	**80823**	**64802**
党的机关、国家机关、群众团体和社会组织、企事业单位负责人	35945	25416	10529	2758	1735	1023
专业技术人员	172251	70547	101704	32745	11533	21212
办事人员和有关人员	122790	76174	46616	14914	7855	7059
社会生产服务和生活服务人员	479179	256906	222273	74692	43529	31163
农、林、牧、渔业生产及辅助人员	32371	16198	16173	1519	1104	415
生产制造及有关人员	192111	143814	48297	18104	14531	3573
不便分类的其他从业人员	3507	2072	1435	893	536	357

5-2a　续表

单位：人

职业大类	有配偶			离　婚			丧　偶		
	小计	男	女	小计	男	女	小计	男	女
总　计	**858624**	**495591**	**363033**	**25210**	**11836**	**13374**	**8695**	**2877**	**5818**
党的机关、国家机关、群众团体和社会组织、企事业单位负责人	32083	23144	8939	974	492	482	130	45	85
专业技术人员	135575	57744	77831	3299	1074	2225	632	196	436
办事人员和有关人员	104018	66313	37705	3201	1666	1535	657	340	317
社会生产服务和生活服务人员	387345	207139	180206	12950	5232	7718	4192	1006	3186
农、林、牧、渔业生产及辅助人员	28914	14320	14594	422	257	165	1516	517	999
生产制造及有关人员	168210	125449	42761	4267	3072	1195	1530	762	768
不便分类的其他从业人员	2479	1482	997	97	43	54	38	11	27

5-2b　全省分性别、职业、婚姻状况的人口(镇)

单位：人

职业大类	15岁及以上人口			未　婚		
	合计	男	女	小计	男	女
总　计	**1267857**	**732664**	**535193**	**166376**	**102966**	**63410**
党的机关、国家机关、群众团体和社会组织、企事业单位负责人	25163	17938	7225	1861	1233	628
专业技术人员	121987	51901	70086	22482	8257	14225
办事人员和有关人员	77960	52704	25256	9286	5754	3532
社会生产服务和生活服务人员	551275	292098	259177	75219	44887	30332
农、林、牧、渔业生产及辅助人员	129698	66349	63349	7927	5651	2276
生产制造及有关人员	356833	248584	108249	47305	35662	11643
不便分类的其他从业人员	4941	3090	1851	2296	1522	774

5-2b　续表

单位：人

职业大类	有配偶			离　婚			丧　偶		
	小计	男	女	小计	男	女	小计	男	女
总　计	**1060720**	**609871**	**450849**	**21002**	**12178**	**8824**	**19759**	**7649**	**12110**
党的机关、国家机关、群众团体和社会组织、企事业单位负责人	22738	16399	6339	429	238	191	135	68	67
专业技术人员	97339	42899	54440	1551	538	1013	615	207	408
办事人员和有关人员	66595	45712	20883	1361	771	590	718	467	251
社会生产服务和生活服务人员	458447	240025	218422	10174	4915	5259	7435	2271	5164
农、林、牧、渔业生产及辅助人员	113540	57101	56439	1635	1178	457	6596	2419	4177
生产制造及有关人员	299532	206225	93307	5795	4501	1294	4201	2196	2005
不便分类的其他从业人员	2529	1510	1019	57	37	20	59	21	38

5-2c 全省分性别、职业、婚姻状况的人口(乡村)

单位：人

职业大类	15岁及以上人口			未婚		
	合计	男	女	小计	男	女
总计	**1924791**	**1088668**	**836123**	**219947**	**149252**	**70695**
党的机关、国家机关、群众团体和社会组织、企事业单位负责人	13154	10026	3128	991	680	311
专业技术人员	72458	33389	39069	18133	6728	11405
办事人员和有关人员	30647	22268	8379	5327	3583	1744
社会生产服务和生活服务人员	466216	252578	213638	75847	47514	28333
农、林、牧、渔业生产及辅助人员	804537	396063	408474	50472	37543	12929
生产制造及有关人员	530663	370209	160454	64916	50713	14203
不便分类的其他从业人员	7116	4135	2981	4261	2491	1770

5-2c 续表

单位：人

职业大类	有配偶			离婚			丧偶		
	小计	男	女	小计	男	女	小计	男	女
总计	**1602035**	**885262**	**716773**	**31025**	**23689**	**7336**	**71784**	**30465**	**41319**
党的机关、国家机关、群众团体和社会组织、企事业单位负责人	11788	9088	2700	186	144	42	189	114	75
专业技术人员	52763	25783	26980	830	455	375	732	423	309
办事人员和有关人员	24051	17707	6344	561	452	109	708	526	182
社会生产服务和生活服务人员	370439	195168	175271	8868	5746	3122	11062	4150	6912
农、林、牧、渔业生产及辅助人员	695872	331470	364402	9735	7679	2056	48458	19371	29087
生产制造及有关人员	444432	304487	139945	10775	9160	1615	10540	5849	4691
不便分类的其他从业人员	2690	1559	1131	70	53	17	95	32	63

5-3 全省分年龄、性别、受教育

受教育程度 / 年龄	15岁及以上人口			未婚		
	合计	男	女	小计	男	女
总　计	**7532705**	**3691317**	**3841388**	**1507912**	**860245**	**647667**
15-19岁	**696801**	**376557**	**320244**	**692785**	**375320**	**317465**
15	149100	80955	68145	149046	80932	68114
16	160660	87280	73380	160462	87232	73230
17	143035	77824	65211	142584	77695	64889
18	124588	67719	56869	123516	67387	56129
19	119418	62779	56639	117177	62074	55103
20-24岁	**487340**	**249606**	**237734**	**409643**	**219325**	**190318**
20	116329	59977	56352	111495	58395	53100
21	100934	52021	48913	92126	49006	43120
22	99368	50934	48434	84145	45151	38994
23	87674	44569	43105	66719	36247	30472
24	83035	42105	40930	55158	30526	24632
25-29岁	**535596**	**264816**	**270780**	**192374**	**112011**	**80363**
25	87075	43746	43329	49226	27614	21612
26	86625	43366	43259	40073	23008	17065
27	105173	52049	53124	38202	22468	15734
28	121867	59715	62152	34831	20697	14134
29	134856	65940	68916	30042	18224	11818
30-34岁	**857929**	**416401**	**441528**	**99696**	**61995**	**37701**
30	193328	94808	98520	33442	20571	12871
31	185587	90108	95479	24518	15312	9206
32	169269	81469	87800	17774	11094	6680
33	172294	83364	88930	14286	8938	5348
34	137451	66652	70799	9676	6080	3596
35-39岁	**573118**	**279624**	**293494**	**26472**	**17108**	**9364**
35	109308	53241	56067	6620	4234	2386
36	106096	51595	54501	5556	3549	2007
37	114984	56245	58739	5223	3373	1850
38	127496	62308	65188	4986	3264	1722
39	115234	56235	58999	4087	2688	1399
40-44岁	**557152**	**273713**	**283439**	**15219**	**10883**	**4336**
40	108139	52788	55351	3435	2335	1100
41	119933	59022	60911	3460	2443	1017
42	113383	55417	57966	2980	2147	833
43	104039	51149	52890	2686	1987	699
44	111658	55337	56321	2658	1971	687
45-49岁	**689758**	**341301**	**348457**	**14331**	**11471**	**2860**
45	113952	56164	57788	2661	2059	602
46	135981	67531	68450	3041	2413	628
47	140018	69284	70734	2928	2344	584
48	149120	73783	75337	2926	2377	549
49	150687	74539	76148	2775	2278	497
50-54岁	**785385**	**376859**	**408526**	**12229**	**10419**	**1810**
50	163759	79739	84020	2768	2262	506
51	154016	74142	79874	2428	2069	359
52	169514	81072	88442	2572	2178	394
53	140168	66288	73880	2052	1790	262
54	157928	75618	82310	2409	2120	289
55-59岁	**642147**	**304865**	**337282**	**8280**	**7285**	**995**
55	142269	67794	74475	1974	1721	253
56	139486	66206	73280	1886	1681	205
57	176118	85055	91063	2181	1926	255
58	124218	58412	65806	1491	1302	189
59	60056	27398	32658	748	655	93
60-64岁	**445600**	**218299**	**227301**	**7924**	**7407**	**517**
60	74283	35753	38530	1016	900	116
61	68023	33506	34517	1136	1060	76
62	91633	45318	46315	1729	1620	109
63	111461	54955	56506	2094	1990	104
64	100200	48767	51433	1949	1837	112
65岁及以上	**1261879**	**589276**	**672603**	**28959**	**27021**	**1938**

程度、婚姻状况的人口

单位：人

有配偶			离　婚			丧　偶		
小计	男	女	小计	男	女	小计	男	女
5469220	**2637100**	**2832120**	**111929**	**62663**	**49266**	**443644**	**131309**	**312335**
3977	**1220**	**2757**	**39**	**17**	**22**			
54	23	31						
197	48	149	1		1			
449	129	320	2		2			
1058	329	729	14	3	11			
2219	691	1528	22	14	8			
76721	**29754**	**46967**	**930**	**509**	**421**	**46**	**18**	**28**
4768	1556	3212	58	23	35	8	3	5
8702	2964	5738	100	50	50	6	1	5
15066	5693	9373	151	87	64	6	3	3
20685	8162	12523	259	153	106	11	7	4
27500	11379	16121	362	196	166	15	4	11
337098	**149362**	**187736**	**5855**	**3353**	**2502**	**269**	**90**	**179**
37299	15825	21474	515	295	220	35	12	23
45832	19955	25877	684	388	296	36	15	21
65851	28966	36885	1070	600	470	50	15	35
85456	38120	47336	1520	875	645	60	23	37
102660	46496	56164	2066	1195	871	88	25	63
738281	**342869**	**395412**	**18781**	**11160**	**7621**	**1171**	**377**	**794**
156223	72080	84143	3483	2098	1385	180	59	121
157171	72569	84602	3687	2160	1527	211	67	144
147531	68063	79468	3726	2216	1510	238	96	142
153400	71760	81640	4320	2580	1740	288	86	202
123956	58397	65559	3565	2106	1459	254	69	185
528670	**252773**	**275897**	**16188**	**9252**	**6936**	**1788**	**491**	**1297**
99401	47203	52198	3025	1724	1301	262	80	182
97361	46266	51095	2932	1716	1216	247	64	183
106131	50957	55174	3263	1822	1441	367	93	274
118380	56835	61545	3689	2084	1605	441	125	316
107397	51512	55885	3279	1906	1373	471	129	342
522088	**252950**	**269138**	**16074**	**8796**	**7278**	**3771**	**1084**	**2687**
101002	48542	52460	3142	1760	1382	560	151	409
112326	54387	57939	3446	1982	1464	701	210	491
106399	51319	55080	3284	1755	1529	720	196	524
97499	47305	50194	3060	1633	1427	794	224	570
104862	51397	53465	3142	1666	1476	996	303	693
649428	**318014**	**331414**	**16992**	**9246**	**7746**	**9007**	**2570**	**6437**
107105	52123	54982	3100	1694	1406	1086	288	798
127867	62710	65157	3529	1950	1579	1544	458	1086
131803	64528	67275	3461	1894	1567	1826	518	1308
140603	68944	71659	3452	1826	1626	2139	636	1503
142050	69709	72341	3450	1882	1568	2412	670	1742
737408	**352274**	**385134**	**14830**	**8008**	**6822**	**20918**	**6158**	**14760**
154267	74677	79590	3559	1885	1674	3165	915	2250
144877	69391	75486	3111	1633	1478	3600	1049	2551
159256	75861	83395	3228	1718	1510	4458	1315	3143
131503	61921	69582	2396	1325	1071	4217	1252	2965
147505	70424	77081	2536	1447	1089	5478	1627	3851
594194	**283882**	**310312**	**9639**	**5096**	**4543**	**30034**	**8602**	**21432**
132504	63223	69281	2306	1282	1024	5485	1568	3917
129400	61641	67759	2212	1178	1034	5988	1706	4282
163068	79381	83687	2634	1363	1271	8235	2385	5850
114388	54358	60030	1605	821	784	6734	1931	4803
54834	25279	29555	882	452	430	3592	1012	2580
394118	**195644**	**198474**	**5388**	**3018**	**2370**	**38170**	**12230**	**25940**
67032	32726	34306	1163	610	553	5072	1517	3555
60822	30301	30521	892	488	404	5173	1657	3516
80963	40530	40433	1131	650	481	7810	2518	5292
98014	48979	49035	1228	708	520	10125	3278	6847
87287	43108	44179	974	562	412	9990	3260	6730
887237	**458358**	**428879**	**7213**	**4208**	**3005**	**338470**	**99689**	**238781**

5-3 续表 1

受教育程度 年　　龄	15岁及以上人口			未　婚		
	合计	男	女	小计	男	女
未上过学	**224988**	**54122**	**170866**	**17799**	**15573**	**2226**
15-19岁	**998**	**576**	**422**	**979**	**574**	**405**
15	180	111	69	180	111	69
16	187	102	85	186	102	84
17	173	91	82	171	91	80
18	225	135	90	220	135	85
19	233	137	96	222	135	87
20-24岁	**1088**	**645**	**443**	**951**	**623**	**328**
20	256	150	106	238	149	89
21	219	141	78	194	137	57
22	210	129	81	182	123	59
23	204	114	90	178	111	67
24	199	111	88	159	103	56
25-29岁	**1424**	**762**	**662**	**909**	**649**	**260**
25	238	132	106	178	118	60
26	235	130	105	158	113	45
27	285	164	121	191	143	48
28	310	159	151	186	133	53
29	356	177	179	196	142	54
30-34岁	**2432**	**1252**	**1180**	**1240**	**949**	**291**
30	529	273	256	301	221	80
31	512	284	228	288	218	70
32	487	240	247	237	174	63
33	453	232	221	201	161	40
34	451	223	228	213	175	38
35-39岁	**2152**	**1006**	**1146**	**867**	**719**	**148**
35	367	176	191	150	120	30
36	371	175	196	161	129	32
37	406	187	219	179	145	34
38	508	246	262	198	167	31
39	500	222	278	179	158	21
40-44岁	**2811**	**1152**	**1659**	**865**	**750**	**115**
40	475	197	278	168	141	27
41	574	252	322	188	165	23
42	568	240	328	179	157	22
43	541	203	338	151	130	21
44	653	260	393	179	157	22
45-49岁	**5880**	**1901**	**3979**	**1199**	**1111**	**88**
45	818	275	543	173	160	13
46	1032	396	636	281	257	24
47	1172	386	786	248	232	16
48	1371	420	951	259	237	22
49	1487	424	1063	238	225	13
50-54岁	**10682**	**2630**	**8052**	**1311**	**1215**	**96**
50	1784	487	1297	295	269	26
51	1885	472	1413	241	222	19
52	2349	574	1775	265	247	18
53	2149	477	1672	214	197	17
54	2515	620	1895	296	280	16
55-59岁	**12493**	**2465**	**10028**	**935**	**891**	**44**
55	2327	532	1795	235	222	13
56	2394	504	1890	214	202	12
57	3262	648	2614	236	225	11
58	2823	500	2323	166	160	6
59	1687	281	1406	84	82	2
60-64岁	**19162**	**3989**	**15173**	**1290**	**1238**	**52**
60	2191	406	1785	144	125	19
61	2406	533	1873	172	164	8
62	3751	788	2963	241	234	7
63	5423	1102	4321	351	343	8
64	5391	1160	4231	382	372	10
65岁及以上	**165866**	**37744**	**128122**	**7253**	**6854**	**399**

单位：人

有配偶			离婚			丧偶		
小计	男	女	小计	男	女	小计	男	女
124108	**26890**	**97218**	**1139**	**627**	**512**	**81942**	**11032**	**70910**
18	**2**	**16**	**1**		**1**			
1		1						
2		2						
4		4	1		1			
11	2	9						
135	**22**	**113**	**2**		**2**			
18	1	17						
25	4	21						
28	6	22						
24	3	21	2		2			
40	8	32						
503	**109**	**394**	**12**	**4**	**8**			
59	13	46	1	1				
76	17	59	1		1			
93	21	72	1		1			
119	23	96	5	3	2			
156	35	121	4		4			
1139	**278**	**861**	**39**	**22**	**17**	**14**	**3**	**11**
222	50	172	5	2	3	1		1
216	61	155	7	5	2	1		1
241	61	180	7	4	3	2	1	1
237	62	175	11	7	4	4	2	2
223	44	179	9	4	5	6		6
1234	**264**	**970**	**37**	**22**	**15**	**14**	**1**	**13**
206	51	155	9	5	4	2		2
200	42	158	7	4	3	3		3
220	38	182	5	4	1	2		2
299	76	223	6	3	3	5		5
309	57	252	10	6	4	2	1	1
1840	**356**	**1484**	**56**	**34**	**22**	**50**	**12**	**38**
296	52	244	5	3	2	6	1	5
362	79	283	14	8	6	10		10
374	73	301	10	7	3	5	3	2
365	62	303	10	8	2	15	3	12
443	90	353	17	8	9	14	5	9
4409	**707**	**3702**	**99**	**63**	**36**	**173**	**20**	**153**
604	97	507	19	12	7	22	6	16
717	123	594	20	14	6	14	2	12
872	140	732	15	12	3	37	2	35
1045	167	878	18	11	7	49	5	44
1171	180	991	27	14	13	51	5	46
8682	**1265**	**7417**	**120**	**79**	**41**	**569**	**71**	**498**
1405	194	1211	27	15	12	57	9	48
1537	224	1313	16	13	3	91	13	78
1935	290	1645	29	21	8	120	16	104
1772	246	1526	26	16	10	137	18	119
2033	311	1722	22	14	8	164	15	149
10303	**1381**	**8922**	**111**	**66**	**45**	**1144**	**127**	**1017**
1878	275	1603	27	17	10	187	18	169
1951	261	1690	22	14	8	207	27	180
2703	376	2327	26	18	8	297	29	268
2365	299	2066	15	7	8	277	34	243
1406	170	1236	21	10	11	176	19	157
14889	**2303**	**12586**	**124**	**75**	**49**	**2859**	**373**	**2486**
1757	242	1515	12	6	6	278	33	245
1898	315	1583	17	9	8	319	45	274
2940	479	2461	30	21	9	540	54	486
4189	622	3567	36	24	12	847	113	734
4105	645	3460	29	15	14	875	128	747
80956	**20203**	**60753**	**538**	**262**	**276**	**77119**	**10425**	**66694**

5-3 续表 2

受教育程度 年　　龄	15岁及以上人口			未　　婚		
	合计	男	女	小计	男	女
学前教育	**7901**	**2748**	**5153**	**1152**	**745**	**407**
15-19岁	**471**	**238**	**233**	**469**	**238**	**231**
15	194	103	91	194	103	91
16	111	46	65	111	46	65
17	56	31	25	56	31	25
18	66	34	32	65	34	31
19	44	24	20	43	24	19
20-24岁	**199**	**95**	**104**	**172**	**90**	**82**
20	56	28	28	53	28	25
21	41	17	24	34	16	18
22	31	17	14	27	15	12
23	29	14	15	24	13	11
24	42	19	23	34	18	16
25-29岁	**145**	**66**	**79**	**65**	**38**	**27**
25	34	15	19	23	13	10
26	18	8	10	4	3	1
27	34	20	14	17	11	6
28	27	11	16	9	5	4
29	32	12	20	12	6	6
30-34岁	**207**	**88**	**119**	**48**	**28**	**20**
30	47	19	28	14	9	5
31	49	24	25	13	8	5
32	36	14	22	10	5	5
33	37	13	24	4	1	3
34	38	18	20	7	5	2
35-39岁	**103**	**48**	**55**	**24**	**15**	**9**
35	12	4	8	1		1
36	24	12	12	9	6	3
37	20	10	10	4	3	1
38	26	10	16	5	2	3
39	21	12	9	5	4	1
40-44岁	**136**	**61**	**75**	**30**	**26**	**4**
40	20	12	8	5	5	
41	25	11	14	7	6	1
42	30	11	19	5	4	1
43	33	17	16	7	6	1
44	28	10	18	6	5	1
45-49岁	**250**	**98**	**152**	**30**	**26**	**4**
45	44	15	29	7	7	
46	44	20	24	11	10	1
47	42	18	24	6	3	3
48	57	19	38			
49	63	26	37	6	6	
50-54岁	**458**	**163**	**295**	**30**	**26**	**4**
50	83	32	51	7	6	1
51	87	30	57	6	6	
52	79	21	58	2	1	1
53	99	35	64	7	5	2
54	110	45	65	8	8	
55-59岁	**529**	**168**	**361**	**27**	**25**	**2**
55	111	38	73	5	5	
56	100	32	68	5	5	
57	147	44	103	6	6	
58	116	36	80	6	4	2
59	55	18	37	5	5	
60-64岁	**674**	**201**	**473**	**32**	**31**	**1**
60	71	24	47	2	2	
61	106	22	84	5	5	
62	134	44	90	8	8	
63	194	56	138	8	7	1
64	169	55	114	9	9	
65岁及以上	**4729**	**1522**	**3207**	**225**	**202**	**23**

单位：人

有配偶			离婚			丧偶		
小计	男	女	小计	男	女	小计	男	女
4593	**1596**	**2997**	**57**	**34**	**23**	**2099**	**373**	**1726**
2		**2**						
1		1						
1		1						
27	**5**	**22**						
3		3						
7	1	6						
4	2	2						
5	1	4						
8	1	7						
79	**27**	**52**	**1**	**1**				
10	1	9	1	1				
14	5	9						
17	9	8						
18	6	12						
20	6	14						
154	**58**	**96**	**3**	**2**	**1**	**2**		**2**
32	10	22	1		1			
36	16	20						
26	9	17						
31	11	20	1	1		1		1
29	12	17	1	1		1		1
76	**32**	**44**	**2**	**1**	**1**	**1**		**1**
11	4	7						
15	6	9						
16	7	9						
18	7	11	2	1	1	1		1
16	8	8						
99	**32**	**67**	**4**	**2**	**2**	**3**	**1**	**2**
14	6	8	1	1				
16	4	12	1		1	1	1	
24	6	18	1	1				
25	11	14				1		1
20	5	15	1		1	1		1
208	**67**	**141**	**6**	**3**	**3**	**6**	**2**	**4**
35	8	27	1		1	1		1
32	9	23				1	1	
32	12	20	2	2		2	1	1
55	18	37	2	1	1			
54	20	34	1		1	2		2
394	**128**	**266**	**9**	**7**	**2**	**25**	**2**	**23**
72	24	48	3	2	1	1		1
76	22	54	2	2		3		3
68	17	51	3	2	1	6	1	5
83	28	55	1	1		8	1	7
95	37	58				7		7
458	**134**	**324**	**5**	**4**	**1**	**39**	**5**	**34**
99	32	67				7	1	6
85	25	60	2	1	1	8	1	7
131	38	93				10		10
97	28	69	2	2		11	2	9
46	11	35	1	1		3	1	2
545	**154**	**391**	**7**	**4**	**3**	**90**	**12**	**78**
63	22	41				6		6
84	16	68				17	1	16
104	35	69	2		2	20	1	19
154	39	115	4	3	1	28	7	21
140	42	98	1	1		19	3	16
2551	**959**	**1592**	**20**	**10**	**10**	**1933**	**351**	**1582**

5-3 续表 3

受教育程度 年　　龄	15岁及以上人口 合计	15岁及以上人口 男	15岁及以上人口 女	未婚 小计	未婚 男	未婚 女
小　学	**1327635**	**540517**	**787118**	**58915**	**49260**	**9655**
15-19岁	**5891**	**3275**	**2616**	**5704**	**3235**	**2469**
15	997	543	454	994	542	452
16	1025	580	445	1014	576	438
17	1084	618	466	1059	613	446
18	1257	670	587	1207	660	547
19	1528	864	664	1430	844	586
20-24岁	**7626**	**4147**	**3479**	**5374**	**3400**	**1974**
20	1518	851	667	1333	798	535
21	1328	763	565	1065	697	368
22	1526	802	724	1088	666	422
23	1619	867	752	1029	664	365
24	1635	864	771	859	575	284
25-29岁	**12294**	**6118**	**6176**	**3974**	**2781**	**1193**
25	1757	913	844	822	560	262
26	1803	926	877	695	496	199
27	2370	1142	1228	777	507	270
28	2878	1415	1463	829	590	239
29	3486	1722	1764	851	628	223
30-34岁	**28839**	**13460**	**15379**	**4461**	**3306**	**1155**
30	5361	2580	2781	1072	762	310
31	5833	2752	3081	1071	795	276
32	5841	2749	3092	913	698	215
33	6320	2888	3432	808	602	206
34	5484	2491	2993	597	449	148
35-39岁	**27530**	**11892**	**15638**	**2527**	**2062**	**465**
35	4613	2046	2567	447	354	93
36	4665	2064	2601	485	399	86
37	5423	2308	3115	522	427	95
38	6329	2685	3644	547	446	101
39	6500	2789	3711	526	436	90
40-44岁	**46484**	**19661**	**26823**	**2879**	**2512**	**367**
40	6772	2845	3927	470	390	80
41	9032	3952	5080	634	560	74
42	9463	4014	5449	589	500	89
43	9716	4121	5595	563	505	58
44	11501	4729	6772	623	557	66
45-49岁	**96278**	**39291**	**56987**	**4208**	**3853**	**355**
45	13424	5609	7815	695	623	72
46	17217	7312	9905	843	773	70
47	19338	7941	11397	850	783	67
48	22221	8889	13332	925	846	79
49	24078	9540	14538	895	828	67
50-54岁	**166940**	**62589**	**104351**	**4832**	**4486**	**346**
50	28822	10981	17841	924	845	79
51	31217	11879	19338	932	861	71
52	36313	13624	22689	1025	951	74
53	32694	11953	20741	879	838	41
54	37894	14152	23742	1072	991	81
55-59岁	**157727**	**55940**	**101787**	**3643**	**3415**	**228**
55	33442	12278	21164	851	791	60
56	33135	11807	21328	817	775	42
57	41221	14954	26267	922	868	54
58	32889	11360	21529	710	661	49
59	17040	5541	11499	343	320	23
60-64岁	**150245**	**57504**	**92741**	**4309**	**4144**	**165**
60	20185	7208	12977	483	454	29
61	20985	7935	13050	582	565	17
62	30444	11814	18630	978	938	40
63	40037	15606	24431	1159	1128	31
64	38594	14941	23653	1107	1059	48
65岁及以上	**627781**	**266640**	**361141**	**17004**	**16066**	**938**

单位：人

有配偶			离婚			丧偶		
小计	男	女	小计	男	女	小计	男	女
1034370	**419353**	**615017**	**13986**	**9290**	**4696**	**220364**	**62614**	**157750**
185	**39**	**146**	**2**	**1**	**1**			
3	1	2						
11	4	7						
25	5	20						
49	10	39	1		1			
97	19	78	1	1				
2192	**717**	**1475**	**57**	**28**	**29**	**3**	**2**	**1**
174	50	124	9	2	7	2	1	1
256	62	194	7	4	3			
431	134	297	7	2	5			
576	194	382	14	9	5			
755	277	478	20	11	9	1	1	
8047	**3172**	**4875**	**255**	**153**	**102**	**18**	**12**	**6**
905	335	570	29	17	12	1	1	
1068	407	661	36	20	16	4	3	1
1546	607	939	45	27	18	2	1	1
1985	784	1201	62	39	23	2	2	
2543	1039	1504	83	50	33	9	5	4
23398	**9506**	**13892**	**883**	**614**	**269**	**97**	**34**	**63**
4114	1702	2412	159	112	47	16	4	12
4577	1839	2738	167	110	57	18	8	10
4748	1929	2819	162	119	43	18	3	15
5279	2129	3150	207	145	62	26	12	14
4680	1907	2773	188	128	60	19	7	12
23930	**9180**	**14750**	**881**	**582**	**299**	**192**	**68**	**124**
3981	1586	2395	153	97	56	32	9	23
3989	1544	2445	164	111	53	27	10	17
4705	1771	2934	163	102	61	33	8	25
5522	2080	3442	211	142	69	49	17	32
5733	2199	3534	190	130	60	51	24	27
41653	**15993**	**25660**	**1394**	**971**	**423**	**558**	**185**	**373**
6003	2263	3740	242	173	69	57	19	38
8040	3161	4879	270	201	69	88	30	58
8476	3277	5199	293	197	96	105	40	65
8721	3365	5356	295	209	86	137	42	95
10413	3927	6486	294	191	103	171	54	117
88032	**33408**	**54624**	**2050**	**1450**	**600**	**1988**	**580**	**1408**
12207	4699	7508	304	219	85	218	68	150
15653	6166	9487	422	291	131	299	82	217
17627	6706	10921	444	320	124	417	132	285
20354	7582	12772	464	323	141	478	138	340
22191	8255	13936	416	297	119	576	160	416
153189	**54750**	**98439**	**2415**	**1641**	**774**	**6504**	**1712**	**4792**
26563	9569	16994	485	337	148	850	230	620
28737	10393	18344	495	337	158	1053	288	765
33405	11985	21420	525	339	186	1358	349	1009
29993	10464	19529	447	292	155	1375	359	1016
34491	12339	22152	463	336	127	1868	486	1382
141817	**49007**	**92810**	**1695**	**1083**	**612**	**10572**	**2435**	**8137**
30315	10750	19565	403	281	122	1873	456	1417
29955	10327	19628	381	247	134	1982	458	1524
37078	13136	23942	452	288	164	2769	662	2107
29371	9964	19407	299	178	121	2509	557	1952
15098	4830	10268	160	89	71	1439	302	1137
127750	**48101**	**79649**	**1329**	**882**	**447**	**16857**	**4377**	**12480**
17665	6189	11476	208	127	81	1829	438	1391
18081	6682	11399	205	143	62	2117	545	1572
25734	9785	15949	278	179	99	3454	912	2542
33850	13020	20830	341	239	102	4687	1219	3468
32420	12425	19995	297	194	103	4770	1263	3507
424177	**195480**	**228697**	**3025**	**1885**	**1140**	**183575**	**53209**	**130366**

5-3 续表 4

受教育程度	15岁及以上人口			未　婚		
年　　龄	合计	男	女	小计	男	女
初　中	**3272961**	**1686227**	**1586734**	**391048**	**249701**	**141347**
15-19岁	**175030**	**101558**	**73472**	**172154**	**100688**	**71466**
15	70881	40498	30383	70843	40484	30359
16	38219	22175	16044	38069	22146	15923
17	23680	13762	9918	23357	13679	9678
18	20830	12404	8426	20060	12170	7890
19	21420	12719	8701	19825	12209	7616
20-24岁	**134605**	**75005**	**59600**	**87676**	**56524**	**31152**
20	22135	12927	9208	18880	11855	7025
21	24227	13797	10430	18513	11815	6698
22	29053	16365	12688	19435	12664	6771
23	29130	15888	13242	16563	10849	5714
24	30060	16028	14032	14285	9341	4944
25-29岁	**223130**	**112205**	**110925**	**55499**	**37271**	**18228**
25	33118	17358	15760	13047	8619	4428
26	34266	17609	16657	10647	7069	3578
27	43714	22082	21632	11106	7522	3584
28	52254	25795	26459	10846	7286	3560
29	59778	29361	30417	9853	6775	3078
30-34岁	**412029**	**198932**	**213097**	**38479**	**26324**	**12155**
30	90225	44616	45609	12208	8301	3907
31	88344	42984	45360	9394	6536	2858
32	81295	38714	42581	7044	4776	2268
33	84041	40216	43825	5784	3954	1830
34	68124	32402	35722	4049	2757	1292
35-39岁	**297407**	**143301**	**154106**	**11385**	**7829**	**3556**
35	55059	26162	28897	2839	1957	882
36	53921	25725	28196	2302	1557	745
37	59218	28792	30426	2227	1536	691
38	67258	32609	34649	2198	1519	679
39	61951	30013	31938	1819	1260	559
40-44岁	**307337**	**150003**	**157334**	**6862**	**5028**	**1834**
40	58426	28311	30115	1533	1104	429
41	65418	31797	33621	1532	1107	425
42	62767	30499	32268	1334	993	341
43	57813	28148	29665	1247	929	318
44	62913	31248	31665	1216	895	321
45-49岁	**400298**	**200095**	**200203**	**6076**	**4900**	**1176**
45	65118	32095	33023	1146	910	236
46	78750	39292	39458	1314	1037	277
47	80824	40416	40408	1233	998	235
48	86948	43563	43385	1222	1001	221
49	88658	44729	43929	1161	954	207
50-54岁	**449490**	**223933**	**225557**	**4495**	**3717**	**778**
50	95156	47639	47517	1077	874	203
51	88165	43728	44437	917	769	148
52	96903	48050	48853	961	794	167
53	80280	39839	40441	729	592	137
54	88986	44677	44309	811	688	123
55-59岁	**330169**	**165033**	**165136**	**2759**	**2337**	**422**
55	77957	38641	39316	662	558	104
56	73447	36468	36979	643	542	101
57	90707	45970	44737	766	665	101
58	60894	30546	30348	460	378	82
59	27164	13408	13756	228	194	34
60-64岁	**187813**	**103533**	**84280**	**1817**	**1648**	**169**
60	33538	17394	16144	284	247	37
61	28969	15666	13303	296	270	26
62	38288	21174	17114	394	356	38
63	46205	26098	20107	475	435	40
64	40813	23201	17612	368	340	28
65岁及以上	**355653**	**212629**	**143024**	**3846**	**3435**	**411**

单位：人

有配偶			离婚			丧偶		
小计	男	女	小计	男	女	小计	男	女
2715174	**1356111**	**1359063**	**56617**	**35104**	**21513**	**110122**	**45311**	**64811**
2847	**856**	**1991**	**29**	**14**	**15**			
38	14	24						
150	29	121						
321	83	238	2		2			
762	233	529	8	1	7			
1576	497	1079	19	13	6			
46233	**18082**	**28151**	**660**	**387**	**273**	**36**	**12**	**24**
3218	1055	2163	34	17	17	3		3
5637	1944	3693	71	37	34	6	1	5
9495	3625	5870	118	73	45	5	3	2
12371	4919	7452	187	115	72	9	5	4
15512	6539	8973	250	145	105	13	3	10
163759	**72600**	**91159**	**3700**	**2279**	**1421**	**172**	**55**	**117**
19702	8524	11178	349	211	138	20	4	16
23146	10254	12892	450	276	174	23	10	13
31870	14117	17753	704	433	271	34	10	24
40399	17906	22493	968	588	380	41	15	26
48642	21799	26843	1229	771	458	54	16	38
362024	**165295**	**196729**	**10804**	**7093**	**3711**	**722**	**220**	**502**
75831	34923	40908	2081	1357	724	105	35	70
76657	35026	41631	2168	1388	780	125	34	91
71971	32467	39504	2133	1405	728	147	66	81
75606	34564	41042	2465	1655	810	186	43	143
61959	28315	33644	1957	1288	669	159	42	117
276230	**129449**	**146781**	**8640**	**5682**	**2958**	**1152**	**341**	**811**
50384	23072	27312	1668	1082	586	168	51	117
49908	23086	26822	1552	1034	518	159	48	111
55104	26108	28996	1653	1080	573	234	68	166
62754	29689	33065	2022	1313	709	284	88	196
58080	27494	30586	1745	1173	572	307	86	221
289942	**139220**	**150722**	**8156**	**5059**	**3097**	**2377**	**696**	**1681**
54929	26089	28840	1607	1015	592	357	103	254
61608	29377	32231	1821	1168	653	457	145	312
59349	28394	30955	1626	987	639	458	125	333
54541	26143	28398	1539	934	605	486	142	344
59515	29217	30298	1563	955	608	619	181	438
380149	**188366**	**191783**	**8556**	**5166**	**3390**	**5517**	**1663**	**3854**
61689	30005	31684	1609	996	613	674	184	490
74687	36836	37851	1749	1097	652	1000	322	678
76823	38072	38751	1685	1029	656	1083	317	766
82720	41168	41552	1719	982	737	1287	412	875
84230	42285	41945	1794	1062	732	1473	428	1045
426308	**212232**	**214076**	**7319**	**4274**	**3045**	**11368**	**3710**	**7658**
90433	45126	45307	1781	1047	734	1865	592	1273
83749	41471	42278	1512	858	654	1987	630	1357
91943	45566	46377	1578	901	677	2421	789	1632
76107	37777	38330	1211	730	481	2233	740	1493
84076	42292	41784	1237	738	499	2862	959	1903
308857	**155494**	**153363**	**4250**	**2422**	**1828**	**14303**	**4780**	**9523**
73421	36562	36859	1095	606	489	2779	915	1864
68803	34376	34427	1007	573	434	2994	977	2017
84787	43310	41477	1126	657	469	4028	1338	2690
56729	28741	27988	666	382	284	3039	1045	1994
25117	12505	12612	356	204	152	1463	505	958
170202	**95004**	**75198**	**2049**	**1237**	**812**	**13745**	**5644**	**8101**
30697	16122	14575	459	273	186	2098	752	1346
26381	14439	11942	346	189	157	1946	768	1178
34685	19423	15262	411	262	149	2798	1133	1665
41764	23860	17904	457	286	171	3509	1517	1992
36675	21160	15515	376	227	149	3394	1474	1920
288623	**179513**	**109110**	**2454**	**1491**	**963**	**60730**	**28190**	**32540**

5-3 续表 5

受教育程度 年龄	15岁及以上人口 合计	男	女	未婚 小计	男	女
高 中	**1503893**	**810390**	**693503**	**546593**	**305254**	**241339**
15–19岁	**388420**	**208949**	**179471**	**387675**	**208677**	**178998**
15	74286	38264	36022	74274	38257	36017
16	115851	61405	54446	115817	61392	54425
17	105200	56740	48460	105111	56701	48410
18	60780	34093	26687	60574	34016	26558
19	32303	18447	13856	31899	18311	13588
20–24岁	**101108**	**56317**	**44791**	**83483**	**49184**	**34299**
20	25096	14158	10938	24048	13792	10256
21	19606	11013	8593	17681	10327	7354
22	20032	11259	8773	16622	9902	6720
23	18355	10144	8211	13527	8132	5395
24	18019	9743	8276	11605	7031	4574
25–29岁	**120565**	**63116**	**57449**	**41195**	**25969**	**15226**
25	18765	10083	8682	9968	6153	3815
26	19141	10265	8876	8466	5376	3090
27	23679	12439	11240	8219	5229	2990
28	27964	14523	13441	7758	4945	2813
29	31016	15806	15210	6784	4266	2518
30–34岁	**190114**	**95814**	**94300**	**22017**	**13768**	**8249**
30	43982	22314	21668	7488	4768	2720
31	41288	20885	20403	5442	3370	2072
32	37359	18724	18635	3894	2478	1416
33	37918	19017	18901	3152	1948	1204
34	29567	14874	14693	2041	1204	837
35–39岁	**117285**	**59206**	**58079**	**5263**	**3179**	**2084**
35	23046	11678	11368	1364	840	524
36	21769	10946	10823	1138	689	449
37	23334	11708	11626	1016	612	404
38	25789	13020	12769	947	561	386
39	23347	11854	11493	798	477	321
40–44岁	**108767**	**56109**	**52658**	**2505**	**1524**	**981**
40	22033	11259	10774	668	387	281
41	23847	12330	11517	592	365	227
42	22189	11391	10798	460	296	164
43	19799	10310	9489	429	262	167
44	20899	10819	10080	356	214	142
45–49岁	**114197**	**59979**	**54218**	**1778**	**1068**	**710**
45	19927	10334	9593	388	235	153
46	23142	12022	11120	374	224	150
47	23598	12326	11272	378	227	151
48	24054	12764	11290	338	197	141
49	23476	12533	10943	300	185	115
50–54岁	**106699**	**57841**	**48858**	**1091**	**718**	**373**
50	24939	13310	11629	310	194	116
51	21642	11567	10075	233	151	82
52	22878	12406	10472	228	139	89
53	17328	9545	7783	154	112	42
54	19912	11013	8899	166	122	44
55–59岁	**107232**	**60023**	**47209**	**681**	**474**	**207**
55	20329	11348	8981	153	106	47
56	22494	12479	10015	154	115	39
57	31104	17320	13784	183	125	58
58	21966	12478	9488	123	83	40
59	11339	6398	4941	68	45	23
60–64岁	**70790**	**42187**	**28603**	**402**	**306**	**96**
60	15021	8616	6405	85	61	24
61	12655	7511	5144	63	46	17
62	15473	9207	6266	94	76	18
63	15663	9569	6094	89	72	17
64	11978	7284	4694	71	51	20
65岁及以上	**78716**	**50849**	**27867**	**503**	**387**	**116**

单位：人

有配偶			离婚			丧偶		
小计	男	女	小计	男	女	小计	男	女
910057	**484255**	**425802**	**24228**	**11392**	**12836**	**23015**	**9489**	**13526**
741	**271**	**470**	**4**	**1**	**3**			
12	7	5						
33	13	20	1		1			
89	39	50						
204	76	128	2	1	1			
403	136	267	1		1			
17461	**7052**	**10409**	**158**	**78**	**80**	**6**	**3**	**3**
1034	361	673	11	3	8	3	2	1
1905	677	1228	20	9	11			
3391	1348	2043	18	9	9	1		1
4784	1988	2796	43	23	20	1	1	
6347	2678	3669	66	34	32	1		1
78118	**36498**	**41620**	**1202**	**636**	**566**	**50**	**13**	**37**
8686	3874	4812	101	51	50	10	5	5
10534	4817	5717	133	71	62	8	1	7
15229	7103	8126	222	104	118	9	3	6
19912	9417	10495	287	159	128	7	2	5
23757	11287	12470	459	251	208	16	2	14
163913	**79793**	**84120**	**3955**	**2168**	**1787**	**229**	**85**	**144**
35699	17091	18608	753	439	314	42	16	26
35048	17073	17975	749	423	326	49	19	30
32659	15813	16846	760	417	343	46	16	30
33797	16571	17226	920	477	443	49	21	28
26710	13245	13465	773	412	361	43	13	30
108344	**54274**	**54070**	**3404**	**1696**	**1708**	**274**	**57**	**217**
21033	10535	10498	602	286	316	47	17	30
19956	9912	10044	641	343	298	34	2	32
21544	10727	10817	718	356	362	56	13	43
24037	12085	11952	739	361	378	66	13	53
21774	11015	10759	704	350	354	71	12	59
102148	**52817**	**49331**	**3581**	**1635**	**1946**	**533**	**133**	**400**
20564	10514	10050	709	341	368	92	17	75
22433	11586	10847	723	353	370	99	26	73
20874	10735	10139	743	342	401	112	18	94
18587	9728	8859	684	293	391	99	27	72
19690	10254	9436	722	306	416	131	45	86
107640	**57054**	**50586**	**3771**	**1616**	**2155**	**1008**	**241**	**767**
18751	9793	8958	666	283	383	122	23	99
21826	11431	10395	776	328	448	166	39	127
22247	11733	10514	759	318	441	214	48	166
22663	12160	10503	803	341	462	250	66	184
22153	11937	10216	767	346	421	256	65	191
100298	**55130**	**45168**	**3333**	**1430**	**1903**	**1977**	**563**	**1414**
23499	12719	10780	821	323	498	309	74	235
20324	11012	9312	718	304	414	367	100	267
21454	11798	9656	759	337	422	437	132	305
16305	9108	7197	485	206	279	384	119	265
18716	10493	8223	550	260	290	480	138	342
100515	**57349**	**43166**	**2631**	**1119**	**1512**	**3405**	**1081**	**2324**
19099	10834	8265	560	268	292	517	140	377
21099	11909	9190	558	240	318	683	215	468
29197	16596	12601	754	290	464	970	309	661
20564	11937	8627	495	202	293	784	256	528
10556	6073	4483	264	119	145	451	161	290
64949	**39647**	**25302**	**1393**	**634**	**759**	**4046**	**1600**	**2446**
13815	8140	5675	360	159	201	761	256	505
11668	7088	4580	242	116	126	682	261	421
14169	8612	5557	322	145	177	888	374	514
14391	9014	5377	276	121	155	907	362	545
10906	6793	4113	193	93	100	808	347	461
65930	**44370**	**21560**	**796**	**379**	**417**	**11487**	**5713**	**5774**

5-3 续表 6

受教育程度 年 龄	15岁及以上人口			未 婚		
	合计	男	女	小计	男	女
大学专科	**694638**	**354563**	**340075**	**264485**	**136686**	**127799**
15-19岁	**80186**	**41394**	**38792**	**80023**	**41349**	**38674**
15	2407	1370	1037	2407	1370	1037
16	4820	2752	2068	4819	2751	2068
17	9679	5261	4418	9669	5260	4409
18	25841	13325	12516	25807	13316	12491
19	37439	18686	18753	37321	18652	18669
20-24岁	**123784**	**60937**	**62847**	**115382**	**57872**	**57510**
20	36441	18064	18377	36160	17992	18168
21	27059	13485	13574	26315	13254	13061
22	23393	11393	12000	21971	10907	11064
23	19546	9491	10055	17191	8633	8558
24	17345	8504	8841	13745	7086	6659
25-29岁	**98005**	**47538**	**50467**	**44493**	**24017**	**20476**
25	17729	8630	9099	12284	6398	5886
26	16540	8058	8482	9507	5103	4404
27	19106	9301	9805	8672	4825	3847
28	21518	10382	11136	7547	4137	3410
29	23112	11167	11945	6483	3554	2929
30-34岁	**131195**	**63227**	**67968**	**18394**	**10186**	**8208**
30	31296	15037	16259	6660	3688	2972
31	29257	13965	15292	4494	2480	2014
32	25975	12457	13518	3166	1767	1399
33	25458	12293	13165	2510	1373	1137
34	19209	9475	9734	1564	878	686
35-39岁	**71915**	**35686**	**36229**	**3642**	**1936**	**1706**
35	14742	7445	7297	1035	581	454
36	14012	6965	7047	820	439	381
37	14678	7226	7452	707	368	339
38	15416	7637	7779	617	333	284
39	13067	6413	6654	463	215	248
40-44岁	**55364**	**27871**	**27493**	**1287**	**660**	**627**
40	12100	5912	6188	376	198	178
41	12619	6301	6318	316	154	162
42	11125	5595	5530	255	124	131
43	9798	4976	4822	163	86	77
44	9722	5087	4635	177	98	79
45-49岁	**45788**	**24355**	**21433**	**663**	**322**	**341**
45	9101	4767	4334	152	73	79
46	9959	5223	4736	137	72	65
47	9439	4991	4448	140	61	79
48	9070	4882	4188	122	65	57
49	8219	4492	3727	112	51	61
50-54岁	**32185**	**17966**	**14219**	**300**	**165**	**135**
50	8338	4532	3806	108	50	58
51	6888	3839	3049	57	34	23
52	6798	3843	2955	50	28	22
53	4806	2678	2128	46	31	15
54	5355	3074	2281	39	22	17
55-59岁	**22376**	**13317**	**9059**	**156**	**94**	**62**
55	5140	2990	2150	38	22	16
56	5047	2999	2048	37	27	10
57	6378	3809	2569	45	26	19
58	3825	2320	1505	20	13	7
59	1986	1199	787	16	6	10
60-64岁	**12569**	**7889**	**4680**	**50**	**28**	**22**
60	2411	1494	917	12	8	4
61	2166	1351	815	11	7	4
62	2642	1652	990	10	6	4
63	2930	1844	1086	6	2	4
64	2420	1548	872	11	5	6
65岁及以上	**21271**	**14383**	**6888**	**95**	**57**	**38**

单位：人

有配偶			离婚			丧偶		
小计	男	女	小计	男	女	小计	男	女
415213	**211909**	**203304**	**10493**	**4222**	**6271**	**4447**	**1746**	**2701**
162	**45**	**117**	**1**		**1**			
1	1							
10	1	9						
34	9	25						
117	34	83	1		1			
8363	**3054**	**5309**	**38**	**10**	**28**	**1**	**1**	
277	71	206	4	1	3			
742	231	511	2		2			
1417	485	932	5	1	4			
2347	854	1493	7	3	4	1	1	
3580	1413	2167	20	5	15			
52997	**23300**	**29697**	**494**	**215**	**279**	**21**	**6**	**15**
5417	2221	3196	25	10	15	3	1	2
6982	2938	4044	51	17	34			
10361	4448	5913	69	27	42	4	1	3
13818	6171	7647	146	72	74	7	2	5
16419	7522	8897	203	89	114	7	2	5
110636	**52115**	**58521**	**2084**	**899**	**1185**	**81**	**27**	**54**
24269	11197	13072	354	149	205	13	3	10
24347	11326	13021	402	154	248	14	5	9
22326	10482	11844	461	199	262	22	9	13
22468	10700	11768	464	213	251	16	7	9
17226	8410	8816	403	184	219	16	3	13
66227	**32920**	**33307**	**1945**	**817**	**1128**	**101**	**13**	**88**
13346	6699	6647	354	164	190	7	1	6
12829	6377	6452	346	147	199	17	2	15
13520	6682	6838	426	174	252	25	2	23
14326	7123	7203	448	176	272	25	5	20
12206	6039	6167	371	156	215	27	3	24
52079	**26466**	**25613**	**1833**	**710**	**1123**	**165**	**35**	**130**
11330	5566	5764	363	141	222	31	7	24
11879	5982	5897	394	161	233	30	4	26
10460	5320	5140	382	144	238	28	7	21
9256	4752	4504	343	132	211	36	6	30
9154	4846	4308	351	132	219	40	11	29
43196	**23332**	**19864**	**1707**	**663**	**1044**	**222**	**38**	**184**
8575	4552	4023	339	139	200	35	3	32
9394	4990	4404	381	153	228	47	8	39
8867	4778	4089	381	141	240	51	11	40
8605	4704	3901	290	104	186	53	9	44
7755	4308	3447	316	126	190	36	7	29
30436	**17364**	**13072**	**1099**	**371**	**728**	**350**	**66**	**284**
7858	4377	3481	305	98	207	67	7	60
6513	3718	2795	244	75	169	74	12	62
6448	3718	2730	220	80	140	80	17	63
4547	2581	1966	151	55	96	62	11	51
5070	2970	2100	179	63	116	67	19	48
21133	**12836**	**8297**	**654**	**261**	**393**	**433**	**126**	**307**
4873	2877	1996	133	61	72	96	30	66
4751	2878	1873	171	76	95	88	18	70
6017	3674	2343	200	73	127	116	36	80
3627	2252	1375	91	29	62	87	26	61
1865	1155	710	59	22	37	46	16	30
11718	**7554**	**4164**	**358**	**139**	**219**	**443**	**168**	**275**
2234	1428	806	93	33	60	72	25	47
2030	1296	734	56	20	36	69	28	41
2482	1581	901	66	32	34	84	33	51
2720	1766	954	90	32	58	114	44	70
2252	1483	769	53	22	31	104	38	66
18266	**12923**	**5343**	**280**	**137**	**143**	**2630**	**1266**	**1364**

5-3 续表 7

受教育程度 年龄	15岁及以上人口			未婚		
	合计	男	女	小计	男	女
大学本科	**460052**	**223340**	**236712**	**211290**	**95980**	**115310**
15-19岁	**45738**	**20528**	**25210**	**45714**	**20520**	**25194**
15	155	66	89	154	65	89
16	447	220	227	446	219	227
17	3155	1313	1842	3153	1312	1841
18	15575	7051	8524	15569	7049	8520
19	26406	11878	14528	26392	11875	14517
20-24岁	**112991**	**49991**	**63000**	**110725**	**49181**	**61544**
20	30733	13750	16983	30690	13732	16958
21	28063	12641	15422	27935	12596	15339
22	23835	10426	13409	23536	10332	13204
23	16767	7235	9532	16194	7034	9160
24	13593	5939	7654	12370	5487	6883
25-29岁	**69971**	**30925**	**39046**	**38529**	**18080**	**20449**
25	13262	5728	7534	10811	4887	5924
26	12616	5549	7067	8808	4103	4705
27	13998	6125	7873	7642	3590	4052
28	14950	6658	8292	6373	3087	3286
29	15145	6865	8280	4895	2413	2482
30-34岁	**82854**	**39150**	**43704**	**12630**	**6347**	**6283**
30	19512	8971	10541	4794	2424	2370
31	18007	8273	9734	3175	1610	1565
32	16236	7646	8590	2099	1013	1086
33	16137	7849	8288	1533	761	772
34	12962	6411	6551	1029	539	490
35-39岁	**50459**	**25344**	**25115**	**2376**	**1183**	**1193**
35	10218	5117	5101	670	333	337
36	10085	5090	4995	560	290	270
37	10596	5370	5226	486	236	250
38	10812	5404	5408	407	205	202
39	8748	4363	4385	253	119	134
40-44岁	**32810**	**16910**	**15900**	**695**	**340**	**355**
40	7413	3757	3656	191	99	92
41	7509	3872	3637	167	76	91
42	6561	3280	3281	139	66	73
43	5804	3049	2755	108	59	49
44	5523	2952	2571	90	40	50
45-49岁	**25210**	**14370**	**10840**	**338**	**172**	**166**
45	5139	2837	2302	89	45	44
46	5417	2999	2418	70	36	34
47	5209	2929	2280	68	38	30
48	5046	3010	2036	56	27	29
49	4399	2595	1804	55	26	29
50-54岁	**17601**	**10804**	**6797**	**157**	**84**	**73**
50	4327	2540	1787	43	21	22
51	3863	2438	1425	41	25	16
52	3890	2352	1538	35	16	19
53	2610	1612	998	22	14	8
54	2911	1862	1049	16	8	8
55-59岁	**10678**	**7170**	**3508**	**73**	**44**	**29**
55	2694	1754	940	27	14	13
56	2628	1727	901	16	15	1
57	3026	2088	938	22	11	11
58	1592	1085	507	5	2	3
59	738	516	222	3	2	1
60-64岁	**4091**	**2796**	**1295**	**23**	**11**	**12**
60	814	570	244	5	2	3
61	692	452	240	7	3	4
62	845	595	250	4	2	2
63	940	626	314	6	3	3
64	800	553	247	1	1	
65岁及以上	**7649**	**5352**	**2297**	**30**	**18**	**12**

单位：人

有配偶			离　婚			丧　偶		
小计	男	女	小计	男	女	小计	男	女
242145	**124791**	**117354**	**5016**	**1846**	**3170**	**1601**	**723**	**878**
22	**7**	**15**	**2**	**1**	**1**			
1	1							
1	1							
2	1	1						
4	1	3	2	1	1			
14	3	11						
2252	**804**	**1448**	**14**	**6**	**8**			
43	18	25						
128	45	83						
296	92	204	3	2	1			
567	198	369	6	3	3			
1218	451	767	5	1	4			
31253	**12776**	**18477**	**181**	**65**	**116**	**8**	**4**	**4**
2441	836	1605	9	4	5	1	1	
3795	1441	2354	12	4	8	1	1	
6326	2526	3800	29	9	20	1		1
8525	3555	4970	49	14	35	3	2	1
10166	4418	5748	82	34	48	2		2
69257	**32462**	**36795**	**943**	**335**	**608**	**24**	**6**	**18**
14594	6510	8084	121	36	85	3	1	2
14645	6584	8061	183	78	105	4	1	3
13943	6564	7379	191	68	123	3	1	2
14364	7013	7351	234	74	160	6	1	5
11711	5791	5920	214	79	135	8	2	6
46856	**23733**	**23123**	**1177**	**418**	**759**	**50**	**10**	**40**
9326	4700	4626	216	82	134	6	2	4
9312	4724	4588	206	74	132	7	2	5
9809	5033	4776	286	99	187	15	2	13
10164	5119	5045	231	78	153	10	2	8
8245	4157	4088	238	85	153	12	2	10
31081	**16205**	**14876**	**954**	**346**	**608**	**80**	**19**	**61**
7016	3577	3439	190	77	113	16	4	12
7130	3711	3419	196	81	115	16	4	12
6203	3142	3061	211	72	139	8		8
5499	2935	2564	177	51	126	20	4	16
5233	2840	2393	180	65	115	20	7	13
24029	**13909**	**10120**	**752**	**263**	**489**	**91**	**26**	**65**
4886	2745	2141	150	43	107	14	4	10
5163	2898	2265	168	61	107	16	4	12
4955	2817	2138	165	67	98	21	7	14
4820	2918	1902	148	59	89	22	6	16
4205	2531	1674	121	33	88	18	5	13
16815	**10492**	**6323**	**506**	**195**	**311**	**123**	**33**	**90**
4140	2456	1684	128	60	68	16	3	13
3681	2367	1314	116	40	76	25	6	19
3708	2288	1420	111	37	74	36	11	25
2500	1571	929	71	24	47	17	3	14
2786	1810	976	80	34	46	29	10	19
10203	**6950**	**3253**	**270**	**130**	**140**	**132**	**46**	**86**
2566	1689	877	77	44	33	24	7	17
2522	1677	845	66	25	41	24	10	14
2891	2033	858	69	33	36	44	11	33
1524	1052	472	37	21	16	26	10	16
700	499	201	21	7	14	14	8	6
3823	**2686**	**1137**	**123**	**45**	**78**	**122**	**54**	**68**
751	543	208	31	12	19	27	13	14
640	431	209	23	10	13	22	8	14
798	572	226	21	10	11	22	11	11
880	605	275	23	3	20	31	15	16
754	535	219	25	10	15	20	7	13
6554	**4767**	**1787**	**94**	**42**	**52**	**971**	**525**	**446**

5-3 续表 8

受教育程度 年　　龄	15岁及以上人口			未　　婚		
	合计	男	女	小计	男	女
硕士研究生	**36456**	**16986**	**19470**	**15193**	**6333**	**8860**
15-19岁	**61**	**36**	**25**	**61**	**36**	**25**
15						
16						
17	8	8		8	8	
18	14	7	7	14	7	7
19	39	21	18	39	21	18
20-24岁	**5734**	**2378**	**3356**	**5678**	**2360**	**3318**
20	85	44	41	84	44	40
21	372	155	217	370	155	215
22	1249	524	725	1245	523	722
23	1965	795	1170	1957	790	1167
24	2063	860	1203	2022	848	1174
25-29岁	**9174**	**3654**	**5520**	**6996**	**2853**	**4143**
25	2054	826	1228	1978	806	1172
26	1844	748	1096	1645	678	967
27	1792	685	1107	1413	562	851
28	1751	672	1079	1126	442	684
29	1733	723	1010	834	365	469
30-34岁	**9156**	**3885**	**5271**	**2004**	**868**	**1136**
30	2130	871	1259	765	325	440
31	2039	813	1226	514	232	282
32	1814	797	1017	342	144	198
33	1738	750	988	242	111	131
34	1435	654	781	141	56	85
35-39岁	**5544**	**2706**	**2838**	**319**	**148**	**171**
35	1128	542	586	99	42	57
36	1095	524	571	60	30	30
37	1155	560	595	67	38	29
38	1203	598	605	54	22	32
39	963	482	481	39	16	23
40-44岁	**2911**	**1621**	**1290**	**82**	**38**	**44**
40	765	412	353	23	10	13
41	756	421	335	19	9	10
42	592	332	260	13	5	8
43	452	269	183	18	10	8
44	346	187	159	9	4	5
45-49岁	**1565**	**1010**	**555**	**33**	**17**	**16**
45	318	186	132	9	6	3
46	355	224	131	9	2	7
47	335	232	103	4	2	2
48	301	198	103	4	4	
49	256	170	86	7	3	4
50-54岁	**1125**	**779**	**346**	**10**	**5**	**5**
50	263	184	79	2	1	1
51	229	157	72	1	1	
52	260	172	88	5	1	4
53	169	121	48	1	1	
54	204	145	59	1	1	
55-59岁	**779**	**607**	**172**	**6**	**5**	**1**
55	215	166	49	3	3	
56	204	158	46			
57	225	180	45	1		1
58	99	75	24	1	1	
59	36	28	8	1	1	
60-64岁	**227**	**179**	**48**	**1**	**1**	
60	49	38	11	1	1	
61	38	31	7			
62	49	39	10			
63	60	48	12			
64	31	23	8			
65岁及以上	**180**	**131**	**49**	**3**	**2**	**1**

单位：人

有配偶			离　婚			丧　偶		
小计	男	女	小计	男	女	小计	男	女
20858	**10505**	**10353**	**358**	**130**	**228**	**47**	**18**	**29**
55	**18**	**37**	**1**		**1**			
1		1						
2		2						
4	1	3						
8	5	3						
40	12	28	1		1			
2169	**801**	**1368**	**9**		**9**			
76	20	56						
199	70	129						
379	123	256						
622	230	392	3		3			
893	358	535	6		6			
7087	**2993**	**4094**	**64**	**23**	**41**	**1**	**1**	
1357	544	813	8	2	6			
1515	579	936	10	2	8			
1460	649	811	12	4	8			
1481	633	848	15	6	9			
1274	588	686	19	9	10	1	1	
5123	**2524**	**2599**	**98**	**33**	**65**	**4**	**1**	**3**
1007	492	515	22	8	14			
1020	491	529	15	3	12			
1074	515	559	12	7	5	2		2
1118	566	552	30	10	20	1		1
904	460	444	19	5	14	1	1	
2737	**1545**	**1192**	**88**	**36**	**52**	**4**	**2**	**2**
717	393	324	24	9	15	1		1
714	404	310	23	8	15			
559	320	239	17	5	12	3	2	1
423	254	169	11	5	6			
324	174	150	13	9	4			
1486	**975**	**511**	**45**	**18**	**27**	**1**		**1**
297	178	119	12	2	10			
336	219	117	9	3	6	1		1
322	225	97	9	5	4			
289	189	100	8	5	3			
242	164	78	7	3	4			
1089	**764**	**325**	**24**	**9**	**15**	**2**	**1**	**1**
252	180	72	9	3	6			
222	153	69	6	3	3			
252	170	82	3	1	2			
163	118	45	4	1	3	1	1	
200	143	57	2	1	1	1		1
748	**591**	**157**	**20**	**9**	**11**	**5**	**2**	**3**
200	158	42	10	4	6	2	1	1
199	157	42	4	1	3	1		1
217	176	41	6	4	2	1		1
97	73	24				1	1	
35	27	8						
215	**175**	**40**	**4**	**1**	**3**	**7**	**2**	**5**
47	37	10				1		1
34	29	5	3	1	2	1	1	
46	39	7				3		3
57	47	10	1		1	2	1	1
31	23	8						
149	**119**	**30**	**5**	**1**	**4**	**23**	**9**	**14**

5-3 续表 9

受教育程度 年龄	15岁及以上人口			未婚		
	合计	男	女	小计	男	女
博士研究生	**4181**	**2424**	**1757**	**1437**	**713**	**724**
15-19岁	**6**	**3**	**3**	**6**	**3**	**3**
15						
16						
17						
18						
19	6	3	3	6	3	3
20-24岁	**205**	**91**	**114**	**202**	**91**	**111**
20	9	5	4	9	5	4
21	19	9	10	19	9	10
22	39	19	20	39	19	20
23	59	21	38	56	21	35
24	79	37	42	79	37	42
25-29岁	**888**	**432**	**456**	**714**	**353**	**361**
25	118	61	57	115	60	55
26	162	73	89	143	67	76
27	195	91	104	165	79	86
28	215	100	115	157	72	85
29	198	107	91	134	75	59
30-34岁	**1103**	**593**	**510**	**423**	**219**	**204**
30	246	127	119	140	73	67
31	258	128	130	127	63	64
32	226	128	98	69	39	30
33	192	106	86	52	27	25
34	181	104	77	35	17	18
35-39岁	**723**	**435**	**288**	**69**	**37**	**32**
35	123	71	52	15	7	8
36	154	94	60	21	10	11
37	154	84	70	15	8	7
38	155	99	56	13	9	4
39	137	87	50	5	3	2
40-44岁	**532**	**325**	**207**	**14**	**5**	**9**
40	135	83	52	1	1	
41	153	86	67	5	1	4
42	88	55	33	6	2	4
43	83	56	27			
44	73	45	28	2	1	1
45-49岁	**292**	**202**	**90**	**6**	**2**	**4**
45	63	46	17	2		2
46	65	43	22	2	2	
47	61	45	16	1		1
48	52	38	14			
49	51	30	21	1		1
50-54岁	**205**	**154**	**51**	**3**	**3**	
50	47	34	13	2	2	
51	40	32	8			
52	44	30	14	1	1	
53	33	28	5			
54	41	30	11			
55-59岁	**164**	**142**	**22**			
55	54	47	7			
56	37	32	5			
57	48	42	6			
58	14	12	2			
59	11	9	2			
60-64岁	**29**	**21**	**8**			
60	3	3				
61	6	5	1			
62	7	5	2			
63	9	6	3			
64	4	2	2			
65岁及以上	**34**	**26**	**8**			

单位：人

有配偶			离　婚			丧　偶		
小计	男	女	小计	男	女	小计	男	女
2702	**1690**	**1012**	**35**	**18**	**17**	**7**	**3**	**4**
3		**3**						
3		3						
173	**79**	**94**	**1**		**1**			
3	1	2						
18	6	12	1		1			
30	12	18						
58	28	30						
64	32	32						
673	**369**	**304**	**6**	**4**	**2**	**1**	**1**	
105	53	52	1	1				
130	65	65	1		1			
157	89	68						
137	77	60	3	2	1			
144	85	59	1	1		1	1	
650	**397**	**253**	**4**	**1**	**3**			
107	64	43	1		1			
132	84	48	1		1			
139	76	63						
142	90	52						
130	83	47	2	1	1			
509	**316**	**193**	**8**	**3**	**5**	**1**	**1**	
133	82	51	1		1			
144	83	61	4	2	2			
80	52	28	1		1	1	1	
82	55	27	1	1				
70	44	26	1		1			
279	**196**	**83**	**6**	**4**	**2**	**1**		**1**
61	46	15						
59	38	21	4	3	1			
58	45	13	1		1	1		1
52	38	14						
49	29	20	1	1				
197	**149**	**48**	**5**	**2**	**3**			
45	32	13						
38	31	7	2	1	1			
43	29	14						
33	28	5						
38	29	9	3	1	2			
160	**140**	**20**	**3**	**2**	**1**	**1**		**1**
53	46	7	1	1				
35	31	4	1	1		1		1
47	42	5	1		1			
14	12	2						
11	9	2						
27	**20**	**7**	**1**	**1**		**1**		**1**
3	3							
6	5	1						
5	4	1	1	1		1		1
9	6	3						
4	2	2						
31	**24**	**7**	**1**	**1**		**2**	**1**	**1**

5-3a 全省分年龄、性别、受教育

受教育程度 年龄	15岁及以上人口			未婚		
	合计	男	女	小计	男	女
总计	**2007931**	**974293**	**1033638**	**455356**	**238139**	**217217**
15-19岁	**193681**	**101350**	**92331**	**193320**	**101226**	**92094**
15	34778	18482	16296	34774	18480	16294
16	42720	22734	19986	42703	22727	19976
17	39297	21138	18159	39249	21123	18126
18	36846	19264	17582	36759	19228	17531
19	40040	19732	20308	39835	19668	20167
20-24岁	**155617**	**75612**	**80005**	**142950**	**70675**	**72275**
20	40409	19565	20844	39907	19393	20514
21	34346	16649	17697	33157	16236	16921
22	30867	14927	15940	28614	14088	14526
23	25916	12691	13225	22431	11279	11152
24	24079	11780	12299	18841	9679	9162
25-29岁	**155164**	**75410**	**79754**	**66473**	**36029**	**30444**
25	25034	12221	12813	16882	8857	8025
26	25480	12477	13003	14401	7713	6688
27	30353	14784	15569	13232	7263	5969
28	35259	16974	18285	11802	6486	5316
29	39038	18954	20084	10156	5710	4446
30-34岁	**259021**	**123521**	**135500**	**32229**	**18136**	**14093**
30	55696	26667	29029	10891	6183	4708
31	55222	26322	28900	7875	4439	3436
32	51862	24708	27154	5891	3298	2593
33	53323	25246	28077	4505	2493	2012
34	42918	20578	22340	3067	1723	1344
35-39岁	**182502**	**88019**	**94483**	**8038**	**4390**	**3648**
35	34268	16474	17794	2065	1160	905
36	34032	16329	17703	1722	939	783
37	37462	18100	19362	1594	868	726
38	41161	19743	21418	1510	805	705
39	35579	17373	18206	1147	618	529
40-44岁	**173447**	**84398**	**89049**	**3890**	**2180**	**1710**
40	33324	16196	17128	907	508	399
41	37845	18350	19495	873	473	400
42	35503	17145	18358	795	437	358
43	32756	16051	16705	679	384	295
44	34019	16656	17363	636	378	258
45-49岁	**193650**	**95628**	**98022**	**3162**	**1870**	**1292**
45	33952	16616	17336	660	380	280
46	39167	19239	19928	626	373	253
47	39651	19564	20087	644	378	266
48	40600	20143	20457	626	383	243
49	40280	20066	20214	606	356	250
50-54岁	**189040**	**92528**	**96512**	**2064**	**1333**	**731**
50	42569	20873	21696	562	339	223
51	38908	19172	19736	441	291	150
52	40882	20008	20874	447	285	162
53	31269	15146	16123	291	199	92
54	35412	17329	18083	323	219	104
55-59岁	**152342**	**74040**	**78302**	**1178**	**781**	**397**
55	33848	16579	17269	306	194	112
56	34160	16567	17593	265	197	68
57	43376	21201	22175	341	231	110
58	26737	12863	13874	169	102	67
59	14221	6830	7391	97	57	40
60-64岁	**105836**	**51148**	**54688**	**617**	**440**	**177**
60	19871	9626	10245	139	105	34
61	17233	8436	8797	96	61	35
62	22189	10792	11397	130	93	37
63	24958	11972	12986	130	97	33
64	21585	10322	11263	122	84	38
65岁及以上	**247631**	**112639**	**134992**	**1435**	**1079**	**356**

程度、婚姻状况的人口(城市)

单位：人

有配偶			离婚			丧偶		
小计	男	女	小计	男	女	小计	男	女
1432014	**699608**	**732406**	**41940**	**17264**	**24676**	**78621**	**19282**	**59339**
357	**121**	**236**	**4**	**3**	**1**			
4	2	2						
16	7	9	1		1			
48	15	33						
86	35	51	1	1				
203	62	141	2	2				
12553	**4891**	**7662**	**108**	**44**	**64**	**6**	**2**	**4**
499	170	329	2	1	1	1	1	
1179	409	770	10	4	6			
2241	834	1407	11	5	6	1		1
3450	1398	2052	34	13	21	1	1	
5184	2080	3104	51	21	30	3		3
87551	**38898**	**48653**	**1097**	**471**	**626**	**43**	**12**	**31**
8076	3331	4745	71	30	41	5	3	2
10970	4720	6250	101	42	59	8	2	6
16923	7432	9491	190	87	103	8	2	6
23122	10350	12772	328	135	193	7	3	4
28460	13065	15395	407	177	230	15	2	13
221662	**103092**	**118570**	**4935**	**2239**	**2696**	**195**	**54**	**141**
44002	20116	23886	774	362	412	29	6	23
46408	21481	24927	909	393	516	30	9	21
44937	20935	24002	987	460	527	47	15	32
47601	22200	25401	1180	544	636	37	9	28
38714	18360	20354	1085	480	605	52	15	37
168697	**81255**	**87442**	**5422**	**2310**	**3112**	**345**	**64**	**281**
31239	14922	16317	916	384	532	48	8	40
31319	14980	16339	948	403	545	43	7	36
34634	16716	17918	1156	497	659	78	19	59
38224	18356	19868	1328	561	767	99	21	78
33281	16281	17000	1074	465	609	77	9	68
162637	**79581**	**83056**	**6217**	**2520**	**3697**	**703**	**117**	**586**
31255	15237	16018	1064	435	629	98	16	82
35591	17297	18294	1255	561	694	126	19	107
33242	16162	17080	1325	525	800	141	21	120
30671	15156	15515	1260	486	774	146	25	121
31878	15729	16149	1313	513	800	192	36	156
181389	**90531**	**90858**	**7358**	**2893**	**4465**	**1741**	**334**	**1407**
31792	15699	16093	1291	504	787	209	33	176
36771	18234	18537	1469	570	899	301	62	239
37117	18488	18629	1534	618	916	356	80	276
38041	19090	18951	1507	588	919	426	82	344
37668	19020	18648	1557	613	944	449	77	372
176405	**87854**	**88551**	**6721**	**2606**	**4115**	**3850**	**735**	**3115**
39820	19833	19987	1583	591	992	604	110	494
36362	18202	18160	1461	557	904	644	122	522
38070	18959	19111	1507	589	918	858	175	683
29155	14388	14767	1037	402	635	786	157	629
32998	16472	16526	1133	467	666	958	171	787
140702	**70062**	**70640**	**4792**	**1965**	**2827**	**5670**	**1232**	**4438**
31383	15662	15721	1082	479	603	1077	244	833
31590	15659	15931	1122	459	663	1183	252	931
40051	20102	19949	1367	533	834	1617	335	1282
24678	12226	12452	769	300	469	1121	235	886
13000	6413	6587	452	194	258	672	166	506
95192	**47795**	**47397**	**2691**	**1119**	**1572**	**7336**	**1794**	**5542**
17944	8996	8948	667	291	376	1121	234	887
15605	7918	7687	463	193	270	1069	264	805
19986	10049	9937	570	239	331	1503	411	1092
22400	11211	11189	566	220	346	1862	444	1418
19257	9621	9636	425	176	249	1781	441	1340
184869	**95528**	**89341**	**2595**	**1094**	**1501**	**58732**	**14938**	**43794**

5-3a 续表 1

受教育程度 年　　龄	15岁及以上人口			未　　婚		
	合计	男	女	小计	男	女
未上过学	**18930**	**4136**	**14794**	**1367**	**972**	**395**
15-19岁	**156**	**77**	**79**	**155**	**76**	**79**
15	24	12	12	24	12	12
16	27	11	16	27	11	16
17	36	17	19	36	17	19
18	38	23	15	38	23	15
19	31	14	17	30	13	17
20-24岁	**147**	**87**	**60**	**136**	**84**	**52**
20	35	20	15	35	20	15
21	29	20	9	27	20	7
22	27	20	7	25	19	6
23	23	10	13	23	10	13
24	33	17	16	26	15	11
25-29岁	**206**	**116**	**90**	**146**	**94**	**52**
25	40	20	20	33	18	15
26	28	17	11	22	16	6
27	55	35	20	39	28	11
28	36	17	19	22	12	10
29	47	27	20	30	20	10
30-34岁	**277**	**151**	**126**	**131**	**93**	**38**
30	67	37	30	37	27	10
31	53	34	19	27	23	4
32	56	28	28	29	16	13
33	47	29	18	18	13	5
34	54	23	31	20	14	6
35-39岁	**211**	**105**	**106**	**82**	**57**	**25**
35	39	23	16	18	15	3
36	38	20	18	13	9	4
37	37	16	21	12	7	5
38	58	27	31	23	13	10
39	39	19	20	16	13	3
40-44岁	**270**	**128**	**142**	**102**	**68**	**34**
40	54	26	28	22	15	7
41	43	22	21	17	10	7
42	50	24	26	18	12	6
43	53	26	27	21	13	8
44	70	30	40	24	18	6
45-49岁	**513**	**210**	**303**	**122**	**97**	**25**
45	70	24	46	14	10	4
46	83	32	51	20	15	5
47	111	58	53	33	29	4
48	116	51	65	31	23	8
49	133	45	88	24	20	4
50-54岁	**823**	**240**	**583**	**114**	**88**	**26**
50	134	36	98	27	19	8
51	153	58	95	28	23	5
52	202	58	144	22	20	2
53	144	41	103	19	14	5
54	190	47	143	18	12	6
55-59岁	**911**	**196**	**715**	**52**	**43**	**9**
55	169	41	128	12	8	4
56	168	35	133	12	9	3
57	234	68	166	18	17	1
58	201	31	170	7	6	1
59	139	21	118	3	3	
60-64岁	**1539**	**280**	**1259**	**52**	**45**	**7**
60	199	40	159	12	11	1
61	203	35	168	6	4	2
62	315	59	256	14	13	1
63	397	69	328	11	9	2
64	425	77	348	9	8	1
65岁及以上	**13877**	**2546**	**11331**	**275**	**227**	**48**

单位：人

有配偶			离婚			丧偶		
小计	男	女	小计	男	女	小计	男	女
9989	**2369**	**7620**	**159**	**53**	**106**	**7415**	**742**	**6673**
1	**1**							
1	1							
11	**3**	**8**						
2		2						
2	1	1						
7	2	5						
55	**21**	**34**	**5**	**1**	**4**			
7	2	5						
5	1	4	1		1			
15	7	8	1		1			
12	4	8	2	1	1			
16	7	9	1		1			
140	**56**	**84**	**6**	**2**	**4**			
28	10	18	2		2			
24	9	15	2	2				
27	12	15						
29	16	13						
32	9	23	2		2			
121	**45**	**76**	**8**	**3**	**5**			
19	7	12	2	1	1			
23	10	13	2	1	1			
24	8	16	1	1				
32	14	18	3		3			
23	6	17						
161	**58**	**103**	**5**	**2**	**3**	**2**		**2**
32	11	21						
26	12	14						
32	12	20						
32	13	19						
39	10	29	5	2	3	2		2
367	**106**	**261**	**11**	**4**	**7**	**13**	**3**	**10**
52	12	40	2	1	1	2	1	1
59	16	43	4	1	3			
74	27	47	1	1		3	1	2
81	27	54	1	1		3		3
101	24	77	3		3	5	1	4
649	**141**	**508**	**14**	**5**	**9**	**46**	**6**	**40**
100	17	83	3		3	4		4
118	31	87	4	3	1	3	1	2
162	33	129	5	2	3	13	3	10
111	25	86	1		1	13	2	11
158	35	123	1		1	13		13
750	**132**	**618**	**21**	**11**	**10**	**88**	**10**	**78**
134	30	104	5	3	2	18		18
141	20	121	4	3	1	11	3	8
189	45	144	6	4	2	21	2	19
168	21	147	2		2	24	4	20
118	16	102	4	1	3	14	1	13
1233	**205**	**1028**	**23**	**4**	**19**	**231**	**26**	**205**
160	27	133	2	1	1	25	1	24
163	26	137	3		3	31	5	26
255	40	215	4	2	2	42	4	38
309	53	256	7		7	70	7	63
346	59	287	7	1	6	63	9	54
6501	**1601**	**4900**	**66**	**21**	**45**	**7035**	**697**	**6338**

5−3a 续表 2

受教育程度 年 龄	15岁及以上人口			未 婚		
	合计	男	女	小计	男	女
学前教育	**795**	**285**	**510**	**149**	**90**	**59**
15−19岁	**78**	**47**	**31**	**78**	**47**	**31**
15	31	24	7	31	24	7
16	25	14	11	25	14	11
17	8	3	5	8	3	5
18	7	2	5	7	2	5
19	7	4	3	7	4	3
20−24岁	**32**	**20**	**12**	**29**	**18**	**11**
20	7	5	2	7	5	2
21	7	4	3	6	3	3
22	4	3	1	4	3	1
23	6	4	2	4	3	1
24	8	4	4	8	4	4
25−29岁	**29**	**11**	**18**	**14**	**7**	**7**
25	8	2	6	6	2	4
26	2	1	1			
27	5	4	1	4	3	1
28	6	2	4	2	1	1
29	8	2	6	2	1	1
30−34岁	**39**	**19**	**20**	**9**	**5**	**4**
30	6	3	3	2		2
31	15	8	7	2	1	1
32	5	3	2	3	3	
33	7	2	5	1		1
34	6	3	3	1	1	
35−39岁	**20**	**9**	**11**	**5**	**1**	**4**
35	3		3	1		1
36	6	3	3	3	1	2
37	3		3			
38	4	2	2	1		1
39	4	4				
40−44岁	**21**	**13**	**8**	**5**	**4**	**1**
40	4	2	2	1	1	
41	3	1	2			
42	5	3	2	2	1	1
43	3	3		1	1	
44	6	4	2	1	1	
45−49岁	**25**	**14**	**11**			
45	9	5	4			
46	3	1	2			
47	1		1			
48	5	3	2			
49	7	5	2			
50−54岁	**39**	**12**	**27**	**1**	**1**	
50	7	2	5			
51	9	3	6	1	1	
52	6	1	5			
53	10	3	7			
54	7	3	4			
55−59岁	**53**	**21**	**32**	**3**	**2**	**1**
55	11	6	5			
56	18	4	14			
57	13	6	7	2	2	
58	7	3	4	1		1
59	4	2	2			
60−64岁	**50**	**16**	**34**	**1**	**1**	
60	8	6	2			
61	10	1	9			
62	9	2	7			
63	11	4	7	1	1	
64	12	3	9			
65岁及以上	**409**	**103**	**306**	**4**	**4**	

单位：人

有配偶			离婚			丧偶		
小计	男	女	小计	男	女	小计	男	女
423	**166**	**257**	**8**	**3**	**5**	**215**	**26**	**189**
3	**2**	**1**						
1	1							
2	1	1						
15	**4**	**11**						
2		2						
2	1	1						
1	1							
4	1	3						
6	1	5						
30	**14**	**16**						
4	3	1						
13	7	6						
2		2						
6	2	4						
5	2	3						
15	**8**	**7**						
2		2						
3	2	1						
3		3						
3	2	1						
4	4							
13	**7**	**6**	**3**	**2**	**1**			
2		2	1	1				
2	1	1	1		1			
2	1	1	1	1				
2	2							
5	3	2						
23	**14**	**9**	**1**		**1**	**1**		**1**
8	5	3	1		1			
3	1	2						
1		1						
5	3	2						
6	5	1				1		1
36	**11**	**25**				**2**		**2**
6	2	4				1		1
8	2	6						
6	1	5						
10	3	7						
6	3	3				1		1
48	**19**	**29**	**1**		**1**	**1**		**1**
11	6	5						
16	4	12	1		1	1		1
11	4	7						
6	3	3						
4	2	2						
42	**14**	**28**	**2**	**1**	**1**	**5**		**5**
8	6	2						
9	1	8				1		1
6	2	4	1		1	2		2
10	3	7						
9	2	7	1	1		2		2
198	**73**	**125**	**1**		**1**	**206**	**26**	**180**

5-3a 续表 3

受教育程度 年龄	15岁及以上人口			未婚		
	合计	男	女	小计	男	女
小 学	**156025**	**59095**	**96930**	**4287**	**3140**	**1147**
15-19岁	**594**	**336**	**258**	**581**	**332**	**249**
15	77	38	39	76	38	38
16	93	52	41	93	52	41
17	121	68	53	118	67	51
18	121	66	55	119	66	53
19	182	112	70	175	109	66
20-24岁	**762**	**464**	**298**	**570**	**376**	**194**
20	147	97	50	133	90	43
21	141	85	56	109	72	37
22	151	83	68	113	67	46
23	146	95	51	112	78	34
24	177	104	73	103	69	34
25-29岁	**1334**	**751**	**583**	**476**	**326**	**150**
25	192	106	86	96	65	31
26	219	120	99	89	63	26
27	247	141	106	92	58	34
28	310	172	138	95	63	32
29	366	212	154	104	77	27
30-34岁	**3633**	**1925**	**1708**	**474**	**348**	**126**
30	659	362	297	110	86	24
31	671	362	309	100	76	24
32	733	381	352	91	71	20
33	847	436	411	99	66	33
34	723	384	339	74	49	25
35-39岁	**3300**	**1543**	**1757**	**240**	**168**	**72**
35	583	279	304	48	31	17
36	610	278	332	43	29	14
37	629	312	317	49	38	11
38	781	342	439	57	37	20
39	697	332	365	43	33	10
40-44岁	**5277**	**2391**	**2886**	**209**	**156**	**53**
40	783	339	444	29	21	8
41	1037	491	546	42	32	10
42	1070	468	602	51	36	15
43	1080	506	574	40	30	10
44	1307	587	720	47	37	10
45-49岁	**9949**	**4437**	**5512**	**355**	**289**	**66**
45	1415	606	809	66	51	15
46	1893	904	989	80	66	14
47	1971	877	1094	58	46	12
48	2254	983	1271	74	59	15
49	2416	1067	1349	77	67	10
50-54岁	**16000**	**6380**	**9620**	**335**	**280**	**55**
50	2908	1170	1738	60	48	12
51	3157	1291	1866	70	57	13
52	3556	1419	2137	73	62	11
53	2983	1142	1841	57	52	5
54	3396	1358	2038	75	61	14
55-59岁	**14419**	**5302**	**9117**	**212**	**171**	**41**
55	3134	1255	1879	60	43	17
56	2996	1090	1906	47	41	6
57	3969	1501	2468	60	51	9
58	2787	957	1830	32	26	6
59	1533	499	1034	13	10	3
60-64岁	**16860**	**5971**	**10889**	**200**	**173**	**27**
60	2341	829	1512	41	36	5
61	2391	876	1515	29	25	4
62	3487	1276	2211	38	33	5
63	4408	1534	2874	42	40	2
64	4233	1456	2777	50	39	11
65岁及以上	**83897**	**29595**	**54302**	**635**	**521**	**114**

单位：人

有配偶			离婚			丧偶		
小计	男	女	小计	男	女	小计	男	女
118802	**48547**	**70255**	**2397**	**1053**	**1344**	**30539**	**6355**	**24184**
13	**4**	**9**						
1		1						
3	1	2						
2		2						
7	3	4						
192	**88**	**104**						
14	7	7						
32	13	19						
38	16	22						
34	17	17						
74	35	39						
838	**418**	**420**	**16**	**6**	**10**	**4**	**1**	**3**
94	41	53	2		2			
128	55	73	1	1		1	1	
153	83	70	1		1	1		1
208	107	101	7	2	5			
255	132	123	5	3	2	2		2
3059	**1518**	**1541**	**87**	**54**	**33**	**13**	**5**	**8**
530	265	265	16	11	5	3		3
554	275	279	15	10	5	2	1	1
620	298	322	19	12	7	3		3
730	359	371	15	9	6	3	2	1
625	321	304	22	12	10	2	2	
2910	**1302**	**1608**	**133**	**68**	**65**	**17**	**5**	**12**
507	235	272	26	13	13	2		2
537	236	301	29	12	17	1	1	
551	260	291	24	12	12	5	2	3
685	285	400	35	19	16	4	1	3
630	286	344	19	12	7	5	1	4
4852	**2138**	**2714**	**177**	**85**	**92**	**39**	**12**	**27**
724	306	418	25	12	13	5		5
956	435	521	34	22	12	5	2	3
977	413	564	34	15	19	8	4	4
994	454	540	39	21	18	7	1	6
1201	530	671	45	15	30	14	5	9
9126	**3949**	**5177**	**326**	**165**	**161**	**142**	**34**	**108**
1288	532	756	42	19	23	19	4	15
1722	801	921	73	33	40	18	4	14
1819	788	1031	63	32	31	31	11	20
2075	873	1202	72	43	29	33	8	25
2222	955	1267	76	38	38	41	7	34
14729	**5832**	**8897**	**427**	**177**	**250**	**509**	**91**	**418**
2697	1072	1625	81	36	45	70	14	56
2911	1178	1733	94	37	57	82	19	63
3291	1303	1988	93	37	56	99	17	82
2726	1037	1689	82	32	50	118	21	97
3104	1242	1862	77	35	42	140	20	120
12875	**4763**	**8112**	**330**	**144**	**186**	**1002**	**224**	**778**
2811	1128	1683	78	38	40	185	46	139
2697	974	1723	65	29	36	187	46	141
3547	1342	2205	91	45	46	271	63	208
2483	874	1609	58	19	39	214	38	176
1337	445	892	38	13	25	145	31	114
14570	**5332**	**9238**	**300**	**119**	**181**	**1790**	**347**	**1443**
2054	738	1316	58	23	35	188	32	156
2067	771	1296	53	28	25	242	52	190
3025	1144	1881	68	20	48	356	79	277
3806	1380	2426	69	28	41	491	86	405
3618	1299	2319	52	20	32	513	98	415
55638	**23203**	**32435**	**601**	**235**	**366**	**27023**	**5636**	**21387**

5-3a 续表 4

受教育程度 年龄	15岁及以上人口			未婚		
	合计	男	女	小计	男	女
初中	**601932**	**293691**	**308241**	**49249**	**31064**	**18185**
15-19岁	**21495**	**12677**	**8818**	**21307**	**12615**	**8692**
15	10588	6105	4483	10588	6105	4483
16	4227	2492	1735	4218	2489	1729
17	2518	1476	1042	2491	1470	1021
18	2064	1277	787	2013	1256	757
19	2098	1327	771	1997	1295	702
20-24岁	**13967**	**8021**	**5946**	**9819**	**6384**	**3435**
20	2149	1317	832	1911	1238	673
21	2441	1451	990	1982	1285	697
22	3013	1755	1258	2203	1445	758
23	3106	1764	1342	1945	1282	663
24	3258	1734	1524	1778	1134	644
25-29岁	**27939**	**14578**	**13361**	**7266**	**4935**	**2331**
25	3695	2003	1692	1604	1061	543
26	4042	2166	1876	1438	955	483
27	5488	2901	2587	1452	1007	445
28	6837	3452	3385	1465	980	485
29	7877	4056	3821	1307	932	375
30-34岁	**62041**	**30020**	**32021**	**5428**	**3631**	**1797**
30	12665	6340	6325	1733	1171	562
31	13042	6423	6619	1277	868	409
32	12419	5963	6456	1065	689	376
33	13063	6146	6917	777	514	263
34	10852	5148	5704	576	389	187
35-39岁	**50679**	**24090**	**26589**	**1619**	**1030**	**589**
35	8852	4160	4692	386	249	137
36	8913	4173	4740	323	206	117
37	10332	4980	5352	331	215	116
38	11771	5609	6162	328	199	129
39	10811	5168	5643	251	161	90
40-44岁	**59497**	**28212**	**31285**	**1089**	**685**	**404**
40	10519	5058	5461	241	152	89
41	12491	5863	6628	219	134	85
42	12312	5806	6506	219	143	76
43	11638	5501	6137	217	126	91
44	12537	5984	6553	193	130	63
45-49岁	**79295**	**37785**	**41510**	**1017**	**660**	**357**
45	13178	6275	6903	197	132	65
46	15587	7362	8225	183	118	65
47	16068	7627	8441	202	131	71
48	16872	8023	8849	221	146	75
49	17590	8498	9092	214	133	81
50-54岁	**86967**	**40986**	**45981**	**755**	**491**	**264**
50	18771	8851	9920	211	133	78
51	17580	8326	9254	165	113	52
52	18697	8821	9876	167	109	58
53	14996	7027	7969	99	62	37
54	16923	7961	8962	113	74	39
55-59岁	**64890**	**30242**	**34648**	**442**	**284**	**158**
55	15522	7189	8333	119	78	41
56	14760	6808	7952	99	66	33
57	18191	8545	9646	124	85	39
58	10979	5135	5844	63	34	29
59	5438	2565	2873	37	21	16
60-64岁	**42769**	**20566**	**22203**	**181**	**125**	**56**
60	7818	3689	4129	40	32	8
61	6745	3215	3530	26	14	12
62	8855	4281	4574	42	29	13
63	10256	4957	5299	40	27	13
64	9095	4424	4671	33	23	10
65岁及以上	**92393**	**46514**	**45879**	**326**	**224**	**102**

单位：人

有配偶			离婚			丧偶		
小计	男	女	小计	男	女	小计	男	女
512610	**248712**	**263898**	**14422**	**6425**	**7997**	**25651**	**7490**	**18161**
186	**60**	**126**	**2**	**2**				
9	3	6						
27	6	21						
51	21	30						
99	30	69	2	2				
4084	**1607**	**2477**	**59**	**29**	**30**	**5**	**1**	**4**
237	78	159	1	1				
452	163	289	7	3	4			
801	305	496	8	5	3	1		1
1143	474	669	17	7	10	1	1	
1451	587	864	26	13	13	3		3
20251	**9440**	**10811**	**409**	**200**	**209**	**13**	**3**	**10**
2054	925	1129	35	16	19	2	1	1
2562	1194	1368	40	16	24	2	1	1
3963	1850	2113	70	43	27	3	1	2
5241	2415	2826	129	57	72	2		2
6431	3056	3375	135	68	67	4		4
55028	**25563**	**29465**	**1506**	**805**	**701**	**79**	**21**	**58**
10653	5015	5638	265	150	115	14	4	10
11471	5410	6061	285	142	143	9	3	6
11056	5108	5948	278	158	120	20	8	12
11921	5439	6482	350	192	158	15	1	14
9927	4591	5336	328	163	165	21	5	16
47384	**22260**	**25124**	**1542**	**770**	**772**	**134**	**30**	**104**
8190	3787	4403	255	122	133	21	2	19
8298	3823	4475	275	139	136	17	5	12
9677	4601	5076	298	157	141	26	7	19
10998	5198	5800	406	199	207	39	13	26
10221	4851	5370	308	153	155	31	3	28
56173	**26644**	**29529**	**1906**	**836**	**1070**	**329**	**47**	**282**
9947	4764	5183	289	134	155	42	8	34
11832	5540	6292	384	185	199	56	4	52
11620	5474	6146	406	178	228	67	11	56
10951	5201	5750	398	161	237	72	13	59
11823	5665	6158	429	178	251	92	11	81
74770	**35885**	**38885**	**2606**	**1059**	**1547**	**902**	**181**	**721**
12453	5946	6507	433	182	251	95	15	80
14750	6993	7757	498	210	288	156	41	115
15176	7243	7933	520	216	304	170	37	133
15883	7621	8262	553	212	341	215	44	171
16508	8082	8426	602	239	363	266	44	222
81570	**39031**	**42539**	**2633**	**1073**	**1560**	**2009**	**391**	**1618**
17676	8423	9253	579	231	348	305	64	241
16541	7938	8603	552	216	336	322	59	263
17488	8391	9097	603	238	365	439	83	356
14044	6697	7347	431	185	246	422	83	339
15821	7582	8239	468	203	265	521	102	419
59959	**28597**	**31362**	**1774**	**763**	**1011**	**2715**	**598**	**2117**
14431	6818	7613	425	169	256	547	124	423
13609	6423	7186	453	189	264	599	130	469
16805	8091	8714	485	216	269	777	153	624
10132	4866	5266	266	117	149	518	118	400
4982	2399	2583	145	72	73	274	73	201
38583	**19197**	**19386**	**909**	**416**	**493**	**3096**	**828**	**2268**
7082	3442	3640	220	110	110	476	105	371
6106	3027	3079	163	64	99	450	110	340
7995	3972	4023	183	90	93	635	190	445
9234	4629	4605	187	85	102	795	216	579
8166	4127	4039	156	67	89	740	207	533
74622	**40428**	**34194**	**1076**	**472**	**604**	**16369**	**5390**	**10979**

5-3a 续表 5

受教育程度 年 龄	15岁及以上人口			未 婚		
	合计	男	女	小计	男	女
高 中	**561298**	**287459**	**273839**	**157584**	**87677**	**69907**
15-19岁	**112063**	**59970**	**52093**	**111953**	**59923**	**52030**
15	22871	11661	11210	22868	11659	11209
16	36035	18857	17178	36027	18853	17174
17	31010	16757	14253	30995	16749	14246
18	15187	8632	6555	15161	8619	6542
19	6960	4063	2897	6902	4043	2859
20-24岁	**24519**	**13894**	**10625**	**20594**	**12294**	**8300**
20	5650	3240	2410	5492	3181	2311
21	4717	2650	2067	4311	2515	1796
22	4870	2786	2084	4161	2502	1659
23	4620	2640	1980	3494	2154	1340
24	4662	2578	2084	3136	1942	1194
25-29岁	**35362**	**18678**	**16684**	**12239**	**7851**	**4388**
25	5075	2773	2302	2803	1783	1020
26	5474	2974	2500	2529	1634	895
27	6877	3637	3240	2466	1618	848
28	8323	4321	4002	2293	1458	835
29	9613	4973	4640	2148	1358	790
30-34岁	**65848**	**32473**	**33375**	**7492**	**4638**	**2854**
30	13998	7015	6983	2419	1552	867
31	13945	6903	7042	1849	1131	718
32	13137	6512	6625	1381	882	499
33	13855	6765	7090	1098	647	451
34	10913	5278	5635	745	426	319
35-39岁	**47066**	**22666**	**24400**	**2123**	**1196**	**927**
35	8616	4158	4458	525	311	214
36	8470	4113	4357	456	268	188
37	9445	4503	4942	402	233	169
38	10861	5141	5720	403	211	192
39	9674	4751	4923	337	173	164
40-44岁	**50089**	**24478**	**25611**	**1134**	**642**	**492**
40	9217	4486	4731	246	135	111
41	10918	5345	5573	260	152	108
42	10340	5057	5283	234	130	104
43	9501	4704	4797	207	117	90
44	10113	4886	5227	187	108	79
45-49岁	**55962**	**27529**	**28433**	**929**	**489**	**440**
45	9736	4740	4996	199	103	96
46	11192	5416	5776	196	100	96
47	11620	5760	5860	200	109	91
48	11810	5822	5988	165	88	77
49	11604	5791	5813	169	89	80
50-54岁	**51598**	**25948**	**25650**	**536**	**308**	**228**
50	12141	6104	6037	160	93	67
51	10795	5374	5421	109	59	50
52	11202	5625	5577	116	61	55
53	8157	4132	4025	69	42	27
54	9303	4713	4590	82	53	29
55-59岁	**48989**	**24213**	**24776**	**312**	**189**	**123**
55	9579	4820	4759	74	44	30
56	10766	5328	5438	72	53	19
57	14329	6972	7357	85	47	38
58	9129	4530	4599	52	29	23
59	5186	2563	2623	29	16	13
60-64岁	**33231**	**17236**	**15995**	**138**	**77**	**61**
60	7270	3661	3609	36	21	15
61	5962	3135	2827	21	12	9
62	7168	3701	3467	29	16	13
63	7199	3758	3441	27	16	11
64	5632	2981	2651	25	12	13
65岁及以上	**36571**	**20374**	**16197**	**134**	**70**	**64**

单位：人

有配偶			离婚			丧偶		
小计	男	女	小计	男	女	小计	男	女
379504	**191187**	**188317**	**13577**	**5479**	**8098**	**10633**	**3116**	**7517**
109	**47**	**62**	**1**		**1**			
3	2	1						
7	4	3	1		1			
15	8	7						
26	13	13						
58	20	38						
3899	**1588**	**2311**	**25**	**11**	**14**	**1**	**1**	
157	58	99				1	1	
403	134	269	3	1	2			
708	284	424	1		1			
1116	482	634	10	4	6			
1515	630	885	11	6	5			
22787	**10688**	**12099**	**319**	**134**	**185**	**17**	**5**	**12**
2248	978	1270	21	10	11	3	2	1
2913	1326	1587	27	14	13	5		5
4341	1996	2345	67	22	45	3	1	2
5940	2826	3114	89	36	53	1	1	
7345	3562	3783	115	52	63	5	1	4
56873	**27165**	**29708**	**1421**	**653**	**768**	**62**	**17**	**45**
11359	5365	5994	214	97	117	6	1	5
11818	5645	6173	263	123	140	15	4	11
11455	5493	5962	289	134	155	12	3	9
12400	5953	6447	345	161	184	12	4	8
9841	4709	5132	310	138	172	17	5	12
43331	**20827**	**22504**	**1516**	**627**	**889**	**96**	**16**	**80**
7837	3747	4090	236	95	141	18	5	13
7747	3732	4015	256	113	143	11		11
8690	4128	4562	335	136	199	18	6	12
10058	4775	5283	369	151	218	31	4	27
8999	4445	4554	320	132	188	18	1	17
46708	**22968**	**23740**	**2052**	**837**	**1215**	**195**	**31**	**164**
8593	4209	4384	350	138	212	28	4	24
10214	4998	5216	409	188	221	35	7	28
9632	4748	4884	428	176	252	46	3	43
8829	4414	4415	427	167	260	38	6	32
9440	4599	4841	438	168	270	48	11	37
52081	**26015**	**26066**	**2474**	**946**	**1528**	**478**	**79**	**399**
9042	4462	4580	434	168	266	61	7	54
10446	5146	5300	465	159	306	85	11	74
10806	5431	5375	509	201	308	105	19	86
10976	5506	5470	544	205	339	125	23	102
10811	5470	5341	522	213	309	102	19	83
47773	**24542**	**23231**	**2318**	**904**	**1414**	**971**	**194**	**777**
11251	5781	5470	561	202	359	169	28	141
10003	5076	4927	514	207	307	169	32	137
10321	5289	5032	537	220	317	228	55	173
7571	3925	3646	337	125	212	180	40	140
8627	4471	4156	369	150	219	225	39	186
45321	**23004**	**22317**	**1871**	**721**	**1150**	**1485**	**299**	**1186**
8867	4547	4320	397	180	217	241	49	192
9987	5060	4927	393	156	237	314	59	255
13253	6657	6596	547	175	372	444	93	351
8449	4322	4127	339	128	211	289	51	238
4765	2418	2347	195	82	113	197	47	150
30216	**16272**	**13944**	**1042**	**423**	**619**	**1835**	**464**	**1371**
6591	3452	3139	281	116	165	362	72	290
5480	2970	2510	173	76	97	288	77	211
6505	3484	3021	239	91	148	395	110	285
6556	3565	2991	208	80	128	408	97	311
5084	2801	2283	141	60	81	382	108	274
30406	**18071**	**12335**	**538**	**223**	**315**	**5493**	**2010**	**3483**

5－3a 续表 6

受教育程度 年　龄	15岁及以上人口 合计	男	女	未　婚 小计	男	女
大学专科	**364993**	**183554**	**181439**	**119526**	**61584**	**57942**
15－19岁	**35647**	**18220**	**17427**	**35606**	**18212**	**17394**
15	1122	616	506	1122	616	506
16	2121	1230	891	2121	1230	891
17	4159	2253	1906	4157	2253	1904
18	11491	5909	5582	11485	5908	5577
19	16754	8212	8542	16721	8205	8516
20－24岁	**53242**	**26378**	**26864**	**49952**	**25154**	**24798**
20	15988	7881	8107	15910	7859	8051
21	11583	5824	5759	11346	5747	5599
22	9709	4746	4963	9150	4560	4590
23	8262	4097	4165	7368	3764	3604
24	7700	3830	3870	6178	3224	2954
25－29岁	**45529**	**22114**	**23415**	**20704**	**11282**	**9422**
25	7853	3841	4012	5502	2892	2610
26	7617	3759	3858	4449	2433	2016
27	8732	4303	4429	3998	2250	1748
28	10120	4859	5261	3564	1959	1605
29	11207	5352	5855	3191	1748	1443
30－34岁	**68888**	**32236**	**36652**	**9546**	**5106**	**4440**
30	15376	7177	8199	3319	1801	1518
31	15071	7030	8041	2297	1212	1085
32	13876	6494	7382	1731	918	813
33	13837	6428	7409	1338	709	629
34	10728	5107	5621	861	466	395
35－39岁	**42069**	**20185**	**21884**	**2099**	**1060**	**1039**
35	8366	4049	4317	572	307	265
36	8128	3878	4250	458	221	237
37	8750	4167	4583	411	201	210
38	9207	4403	4804	367	192	175
39	7618	3688	3930	291	139	152
40－44岁	**33478**	**16323**	**17155**	**788**	**374**	**414**
40	7064	3374	3690	211	111	100
41	7553	3649	3904	195	87	108
42	6749	3251	3498	165	72	93
43	6117	2990	3127	102	47	55
44	5995	3059	2936	115	57	58
45－49岁	**29040**	**14946**	**14094**	**461**	**202**	**259**
45	5726	2881	2845	107	45	62
46	6337	3255	3082	89	48	41
47	5964	3048	2916	97	36	61
48	5779	3001	2778	90	42	48
49	5234	2761	2473	78	31	47
50－54岁	**20086**	**10713**	**9373**	**197**	**102**	**95**
50	5244	2736	2508	70	31	39
51	4331	2331	2000	39	22	17
52	4219	2277	1942	35	18	17
53	3000	1593	1407	30	18	12
54	3292	1776	1516	23	13	10
55－59岁	**14546**	**8301**	**6245**	**104**	**60**	**44**
55	3272	1828	1444	21	9	12
56	3329	1899	1430	26	19	7
57	4219	2425	1794	34	21	13
58	2383	1367	1016	11	6	5
59	1343	782	561	12	5	7
60－64岁	**8117**	**4868**	**3249**	**28**	**12**	**16**
60	1581	937	644	6	3	3
61	1389	832	557	7	3	4
62	1682	1007	675	6	2	4
63	1912	1136	776	4	2	2
64	1553	956	597	5	2	3
65岁及以上	**14351**	**9270**	**5081**	**41**	**20**	**21**

单位：人

有配偶			离婚			丧偶		
小计	男	女	小计	男	女	小计	男	女
235246	**118188**	**117058**	**7299**	**2763**	**4536**	**2922**	**1019**	**1903**
41	**8**	**33**						
2		2						
6	1	5						
33	7	26						
3272	**1221**	**2051**	**18**	**3**	**15**			
77	22	55	1		1			
237	77	160						
558	186	372	1		1			
890	332	558	4	1	3			
1510	604	906	12	2	10			
24575	**10735**	**13840**	**242**	**95**	**147**	**8**	**2**	**6**
2341	945	1396	10	4	6			
3142	1316	1826	26	10	16			
4699	2038	2661	34	15	19	1		1
6485	2869	3616	68	30	38	3	1	2
7908	3567	4341	104	36	68	4	1	3
58101	**26637**	**31464**	**1212**	**484**	**728**	**29**	**9**	**20**
11850	5295	6555	202	80	122	5	1	4
12552	5749	6803	220	68	152	2	1	1
11873	5465	6408	262	107	155	10	4	6
12211	5591	6620	283	126	157	5	2	3
9615	4537	5078	245	103	142	7	1	6
38639	**18616**	**20023**	**1271**	**505**	**766**	**60**	**4**	**56**
7570	3653	3917	220	89	131	4		4
7435	3574	3861	225	83	142	10		10
8043	3852	4191	280	112	168	16	2	14
8515	4087	4428	309	123	186	16	1	15
7076	3450	3626	237	98	139	14	1	13
31318	**15470**	**15848**	**1282**	**465**	**817**	**90**	**14**	**76**
6591	3173	3418	247	89	158	15	1	14
7082	3463	3619	257	97	160	19	2	17
6288	3081	3207	283	96	187	13	2	11
5749	2848	2901	247	92	155	19	3	16
5608	2905	2703	248	91	157	24	6	18
27125	**14229**	**12896**	**1314**	**495**	**819**	**140**	**20**	**120**
5343	2733	2610	254	100	154	22	3	19
5924	3090	2834	295	113	182	29	4	25
5536	2897	2639	300	109	191	31	6	25
5432	2876	2556	219	79	140	38	4	34
4890	2633	2257	246	94	152	20	3	17
18788	**10299**	**8489**	**880**	**281**	**599**	**221**	**31**	**190**
4880	2625	2255	251	77	174	43	3	40
4045	2244	1801	195	58	137	52	7	45
3961	2191	1770	171	60	111	52	8	44
2813	1529	1284	120	39	81	37	7	30
3089	1710	1379	143	47	96	37	6	31
13609	**7962**	**5647**	**553**	**212**	**341**	**280**	**67**	**213**
3073	1750	1323	109	50	59	69	19	50
3107	1814	1293	144	59	85	52	7	45
3944	2329	1615	171	60	111	70	15	55
2240	1322	918	77	23	54	55	16	39
1245	747	498	52	20	32	34	10	24
7509	**4648**	**2861**	**303**	**118**	**185**	**277**	**90**	**187**
1452	889	563	77	31	46	46	14	32
1295	801	494	49	16	33	38	12	26
1568	958	610	57	27	30	51	20	31
1760	1082	678	73	25	48	75	27	48
1434	918	516	47	19	28	67	17	50
12269	**8363**	**3906**	**224**	**105**	**119**	**1817**	**782**	**1035**

5-3a 续表 7

受教育程度 年 龄	15岁及以上人口			未 婚		
	合计	男	女	小计	男	女
大学本科	**276153**	**132690**	**143463**	**113793**	**49748**	**64045**
15-19岁	**23615**	**10004**	**13611**	**23607**	**10002**	**13605**
15	65	26	39	65	26	39
16	192	78	114	192	78	114
17	1442	561	881	1441	561	880
18	7932	3351	4581	7930	3350	4580
19	13984	5988	7996	13979	5987	7992
20-24岁	**59960**	**25543**	**34417**	**58895**	**25169**	**33726**
20	16396	6987	9409	16382	6982	9400
21	15255	6554	8701	15204	6533	8671
22	12480	5267	7213	12347	5225	7122
23	8715	3671	5044	8453	3582	4871
24	7114	3064	4050	6509	2847	3662
25-29岁	**38735**	**16798**	**21937**	**21157**	**9739**	**11418**
25	6958	2994	3964	5679	2567	3112
26	6938	2993	3945	4851	2211	2640
27	7758	3313	4445	4256	1940	2316
28	8411	3691	4720	3586	1704	1882
29	8670	3807	4863	2785	1317	1468
30-34岁	**51052**	**23581**	**27471**	**7602**	**3647**	**3955**
30	11377	5097	6280	2718	1309	1409
31	10836	4915	5921	1927	952	975
32	10169	4684	5485	1312	602	710
33	10246	4823	5423	969	450	519
34	8424	4062	4362	676	334	342
35-39岁	**34138**	**16936**	**17202**	**1597**	**751**	**846**
35	6847	3337	3510	444	216	228
36	6889	3390	3499	373	177	196
37	7228	3625	3603	332	144	188
38	7361	3652	3709	277	130	147
39	5813	2932	2881	171	84	87
40-44岁	**22024**	**11278**	**10746**	**490**	**218**	**272**
40	4954	2511	2443	136	64	72
41	5062	2571	2491	121	50	71
42	4425	2217	2208	95	38	57
43	3932	2059	1873	76	41	35
44	3651	1920	1731	62	25	37
45-49岁	**17350**	**9719**	**7631**	**246**	**118**	**128**
45	3505	1890	1615	67	34	33
46	3730	2055	1675	49	24	25
47	3589	1974	1615	51	25	26
48	3481	2067	1414	41	21	20
49	3045	1733	1312	38	14	24
50-54岁	**12462**	**7500**	**4962**	**116**	**58**	**58**
50	3103	1789	1314	32	14	18
51	2673	1645	1028	28	15	13
52	2761	1647	1114	29	14	15
53	1812	1080	732	16	10	6
54	2113	1339	774	11	5	6
55-59岁	**7789**	**5167**	**2622**	**48**	**28**	**20**
55	1949	1267	682	17	9	8
56	1928	1250	678	9	9	
57	2210	1509	701	17	8	9
58	1158	770	388	2		2
59	544	371	173	3	2	1
60-64岁	**3059**	**2048**	**1011**	**16**	**6**	**10**
60	612	432	180	3	1	2
61	498	315	183	7	3	4
62	627	430	197	1		1
63	717	467	250	5	2	3
64	605	404	201			
65岁及以上	**5969**	**4116**	**1853**	**19**	**12**	**7**

单位：人

有配偶			离婚			丧偶		
小计	男	女	小计	男	女	小计	男	女
157379	**81059**	**76320**	**3770**	**1361**	**2409**	**1211**	**522**	**689**
7	**1**	**6**	**1**	**1**				
1		1						
1		1	1	1				
5	1	4						
1060	**373**	**687**	**5**	**1**	**4**			
14	5	9						
51	21	30						
132	42	90	1		1			
259	88	171	3	1	2			
604	217	387	1		1			
17477	**7023**	**10454**	**100**	**35**	**65**	**1**	**1**	
1276	427	849	3		3			
2082	781	1301	5	1	4			
3485	1366	2119	17	7	10			
4793	1977	2816	31	9	22	1	1	
5841	2472	3369	44	18	26			
42791	**19715**	**23076**	**648**	**218**	**430**	**11**	**1**	**10**
8589	3765	4824	69	23	46	1		1
8789	3916	4873	118	47	71	2		2
8724	4036	4688	131	46	85	2		2
9104	4325	4779	171	48	123	2		2
7585	3673	3912	159	54	105	4	1	3
31629	**15865**	**15764**	**877**	**312**	**565**	**35**	**8**	**27**
6240	3062	3178	160	58	102	3	1	2
6363	3160	3203	149	52	97	4	1	3
6674	3405	3269	210	74	136	12	2	10
6894	3458	3436	182	62	120	8	2	6
5458	2780	2678	176	66	110	8	2	6
20779	**10794**	**9985**	**709**	**254**	**455**	**46**	**12**	**34**
4679	2392	2287	131	52	79	8	3	5
4783	2458	2325	147	59	88	11	4	7
4168	2125	2043	157	54	103	5		5
3708	1977	1731	138	39	99	10	2	8
3441	1842	1599	136	50	86	12	3	9
16452	**9378**	**7074**	**589**	**206**	**383**	**63**	**17**	**46**
3310	1821	1489	118	32	86	10	3	7
3546	1981	1565	123	48	75	12	2	10
3390	1888	1502	133	55	78	15	6	9
3315	1998	1317	113	45	68	12	3	9
2891	1690	1201	102	26	76	14	3	11
11829	**7264**	**4565**	**427**	**157**	**270**	**90**	**21**	**69**
2958	1732	1226	101	42	59	12	1	11
2533	1593	940	96	33	63	16	4	12
2610	1593	1017	95	31	64	27	9	18
1718	1047	671	63	20	43	15	3	12
2010	1299	711	72	31	41	20	4	16
7420	**5000**	**2420**	**224**	**105**	**119**	**97**	**34**	**63**
1853	1216	637	62	36	26	17	6	11
1844	1213	631	57	21	36	18	7	11
2100	1463	637	60	29	31	33	9	24
1108	749	359	27	13	14	21	8	13
515	359	156	18	6	12	8	4	4
2841	**1968**	**873**	**107**	**36**	**71**	**95**	**38**	**57**
557	411	146	29	10	19	23	10	13
453	296	157	19	8	11	19	8	11
591	414	177	17	8	9	18	8	10
670	453	217	21	2	19	21	10	11
570	394	176	21	8	13	14	2	12
5094	**3678**	**1416**	**83**	**36**	**47**	**773**	**390**	**383**

5-3a 续表 8

受教育程度 年　　龄	15岁及以上人口			未　　婚		
	合计	男	女	小计	男	女
硕士研究生	**25110**	**11809**	**13301**	**8657**	**3502**	**5155**
15-19岁	**29**	**16**	**13**	**29**	**16**	**13**
15						
16						
17	3	3		3	3	
18	6	4	2	6	4	2
19	20	9	11	20	9	11
20-24岁	**2895**	**1163**	**1732**	**2863**	**1154**	**1709**
20	32	16	16	32	16	16
21	167	58	109	166	58	108
22	595	257	338	593	257	336
23	1011	399	612	1006	395	611
24	1090	433	657	1066	428	638
25-29岁	**5562**	**2137**	**3425**	**4106**	**1615**	**2491**
25	1158	450	708	1107	438	669
26	1083	418	665	957	375	582
27	1079	399	680	829	314	515
28	1102	407	695	694	273	421
29	1140	463	677	519	215	304
30-34岁	**6571**	**2770**	**3801**	**1314**	**553**	**761**
30	1404	573	831	475	201	274
31	1438	570	868	329	141	188
32	1332	566	766	241	95	146
33	1296	553	743	171	79	92
34	1101	508	593	98	37	61
35-39岁	**4492**	**2173**	**2319**	**234**	**109**	**125**
35	883	425	458	66	30	36
36	865	404	461	40	21	19
37	925	436	489	48	26	22
38	1006	501	505	45	18	27
39	813	407	406	35	14	21
40-44岁	**2382**	**1324**	**1058**	**65**	**30**	**35**
40	624	334	290	20	8	12
41	618	340	278	16	7	9
42	488	280	208	8	4	4
43	368	218	150	15	9	6
44	284	152	132	6	2	4
45-49岁	**1299**	**838**	**461**	**29**	**14**	**15**
45	264	157	107	8	5	3
46	293	182	111	8	1	7
47	279	187	92	3	2	1
48	248	167	81	4	4	
49	215	145	70	6	2	4
50-54岁	**920**	**635**	**285**	**10**	**5**	**5**
50	227	160	67	2	1	1
51	182	121	61	1	1	
52	211	139	72	5	1	4
53	141	104	37	1	1	
54	159	111	48	1	1	
55-59岁	**628**	**498**	**130**	**5**	**4**	**1**
55	168	135	33	3	3	
56	167	129	38			
57	179	148	31	1		1
58	85	64	21	1	1	
59	29	22	7			
60-64岁	**194**	**153**	**41**	**1**	**1**	
60	41	31	10	1	1	
61	33	26	7			
62	41	32	9			
63	52	44	8			
64	27	20	7			
65岁及以上	**138**	**102**	**36**	**1**	**1**	

单位：人

有配偶			离　婚			丧　偶		
小计	男	女	小计	男	女	小计	男	女
16141	**8186**	**7955**	**281**	**111**	**170**	**31**	**10**	**21**
31	**9**	**22**	**1**		**1**			
1		1						
2		2						
5	4	1						
23	5	18	1		1			
1451	**522**	**929**	**5**		**5**			
51	12	39						
126	43	83						
250	85	165						
406	134	272	2		2			
618	248	370	3		3			
5204	**2196**	**3008**	**52**	**20**	**32**	**1**	**1**	
923	371	552	6	1	5			
1103	428	675	6	1	5			
1083	468	615	8	3	5			
1111	468	643	14	6	8			
984	461	523	18	9	9	1	1	
4183	**2039**	**2144**	**72**	**24**	**48**	**3**	**1**	**2**
801	389	412	16	6	10			
814	380	434	11	3	8			
868	405	463	8	5	3	1		1
936	476	460	24	7	17	1		1
764	389	375	13	3	10	1	1	
2239	**1258**	**981**	**77**	**36**	**41**	**1**		**1**
584	317	267	20	9	11			
582	325	257	20	8	12			
464	271	193	15	5	10	1		1
343	204	139	10	5	5			
266	141	125	12	9	3			
1237	**809**	**428**	**32**	**15**	**17**	**1**		**1**
249	150	99	7	2	5			
277	178	99	7	3	4	1		1
269	181	88	7	4	3			
239	160	79	5	3	2			
203	140	63	6	3	3			
890	**622**	**268**	**18**	**7**	**11**	**2**	**1**	**1**
218	156	62	7	3	4			
177	118	59	4	2	2			
203	137	66	3	1	2			
136	101	35	3	1	2	1	1	
156	110	46	1		1	1		1
606	**487**	**119**	**15**	**7**	**8**	**2**		**2**
160	130	30	5	2	3			
162	128	34	4	1	3	1		1
171	144	27	6	4	2	1		1
84	63	21						
29	22	7						
183	**150**	**33**	**4**	**1**	**3**	**6**	**1**	**5**
39	30	9				1		1
30	25	5	3	1	2			
38	32	6				3		3
49	43	6	1		1	2	1	1
27	20	7						
117	**94**	**23**	**5**	**1**	**4**	**15**	**6**	**9**

5-3a 续表 9

受教育程度 年　　龄	15岁及以上人口 合计	男	女	未婚 小计	男	女
博士研究生	**2695**	**1574**	**1121**	**744**	**362**	**382**
15-19岁	**4**	**3**	**1**	**4**	**3**	**1**
15						
16						
17						
18						
19	4	3	1	4	3	1
20-24岁	**93**	**42**	**51**	**92**	**42**	**50**
20	5	2	3	5	2	3
21	6	3	3	6	3	3
22	18	10	8	18	10	8
23	27	11	16	26	11	15
24	37	16	21	37	16	21
25-29岁	**468**	**227**	**241**	**365**	**180**	**185**
25	55	32	23	52	31	21
26	77	29	48	66	26	40
27	112	51	61	96	45	51
28	114	53	61	81	36	45
29	110	62	48	70	42	28
30-34岁	**672**	**346**	**326**	**233**	**115**	**118**
30	144	63	81	78	36	42
31	151	77	74	67	35	32
32	135	77	58	38	22	16
33	125	64	61	34	15	19
34	117	65	52	16	7	9
35-39岁	**527**	**312**	**215**	**39**	**18**	**21**
35	79	43	36	5	1	4
36	113	70	43	13	7	6
37	113	61	52	9	4	5
38	112	66	46	9	5	4
39	110	72	38	3	1	2
40-44岁	**409**	**251**	**158**	**8**	**3**	**5**
40	105	66	39	1	1	
41	120	68	52	3	1	2
42	64	39	25	3	1	2
43	64	44	20			
44	56	34	22	1		1
45-49岁	**217**	**150**	**67**	**3**	**1**	**2**
45	49	38	11	2		2
46	49	32	17	1	1	
47	48	33	15			
48	35	26	9			
49	36	21	15			
50-54岁	**145**	**114**	**31**			
50	34	25	9			
51	28	23	5			
52	28	21	7			
53	26	24	2			
54	29	21	8			
55-59岁	**117**	**100**	**17**			
55	44	38	6			
56	28	24	4			
57	32	27	5			
58	8	6	2			
59	5	5				
60-64岁	**17**	**10**	**7**			
60	1	1				
61	2	1	1			
62	5	4	1			
63	6	3	3			
64	3	1	2			
65岁及以上	**26**	**19**	**7**			

单位：人

有配偶			离　婚			丧　偶		
小计	男	女	小计	男	女	小计	男	女
1920	**1194**	**726**	**27**	**16**	**11**	**4**	**2**	**2**
1		**1**						
1		1						
102	**47**	**55**	**1**		**1**			
3	1	2						
10	3	7	1		1			
16	6	10						
33	17	16						
40	20	20						
436	**228**	**208**	**3**	**3**				
66	27	39						
84	42	42						
97	55	42						
89	47	42	2	2				
100	57	43	1	1				
485	**293**	**192**	**3**	**1**	**2**			
73	42	31	1		1			
99	63	36	1		1			
104	57	47						
103	61	42						
106	70	36	1	1				
394	**244**	**150**	**6**	**3**	**3**	**1**	**1**	
103	65	38	1		1			
114	65	49	3	2	1			
59	37	22	1		1	1	1	
63	43	20	1	1				
55	34	21						
208	**146**	**62**	**5**	**3**	**2**	**1**		**1**
47	38	9						
44	28	16	4	3	1			
46	33	13	1		1	1		1
35	26	9						
36	21	15						
141	**112**	**29**	**4**	**2**	**2**			
34	25	9						
26	22	4	2	1	1			
28	21	7						
26	24	2						
27	20	7	2	1	1			
114	**98**	**16**	**3**	**2**	**1**			
43	37	6	1	1				
27	23	4	1	1				
31	27	4	1		1			
8	6	2						
5	5							
15	**9**	**6**	**1**	**1**		**1**		**1**
1	1							
2	1	1						
3	3		1	1		1		1
6	3	3						
3	1	2						
24	**17**	**7**	**1**	**1**		**1**	**1**	

5-3b 全省分年龄、性别、受教育

受教育程度 年 龄	15岁及以上人口			未 婚		
	合计	男	女	小计	男	女
总 计	**2235671**	**1112995**	**1122676**	**512840**	**288488**	**224352**
15-19岁	**260530**	**140503**	**120027**	**259388**	**140122**	**119266**
15	53311	28360	24951	53294	28352	24942
16	63811	34343	29468	63759	34326	29433
17	58063	31332	26731	57947	31295	26652
18	45459	24971	20488	45168	24874	20294
19	39886	21497	18389	39220	21275	17945
20-24岁	**159630**	**84195**	**75435**	**134761**	**74002**	**60759**
20	37802	20043	17759	36358	19552	16806
21	32713	17384	15329	30055	16436	13619
22	32970	17469	15501	28205	15576	12629
23	28911	15027	13884	22102	12240	9862
24	27234	14272	12962	18041	10198	7843
25-29岁	**177289**	**89409**	**87880**	**61046**	**35841**	**25205**
25	28738	14871	13867	15992	9167	6825
26	28514	14714	13800	12878	7559	5319
27	34885	17583	17302	12092	7169	4923
28	40252	19967	20285	10794	6376	4418
29	44900	22274	22626	9290	5570	3720
30-34岁	**284610**	**139874**	**144736**	**29965**	**18192**	**11773**
30	64181	31864	32317	10168	6154	4014
31	61583	30396	31187	7428	4555	2873
32	56048	27333	28715	5222	3164	2058
33	57058	27845	29213	4247	2540	1707
34	45740	22436	23304	2900	1779	1121
35-39岁	**188565**	**92851**	**95714**	**7885**	**4791**	**3094**
35	36267	17981	18286	2010	1213	797
36	34907	17152	17755	1619	954	665
37	37750	18707	19043	1578	970	608
38	41604	20494	21110	1463	927	536
39	38037	18517	19520	1215	727	488
40-44岁	**179883**	**89127**	**90756**	**4356**	**2831**	**1525**
40	35789	17513	18276	1038	637	401
41	39072	19386	19686	995	632	363
42	36695	18116	18579	872	579	293
43	33080	16470	16610	727	505	222
44	35247	17642	17605	724	478	246
45-49岁	**207442**	**104271**	**103171**	**3468**	**2526**	**942**
45	35472	17625	17847	665	468	197
46	41719	20995	20724	742	528	214
47	42109	21124	20985	734	532	202
48	44588	22586	22002	686	494	192
49	43554	21941	21613	641	504	137
50-54岁	**218636**	**107559**	**111077**	**2958**	**2296**	**662**
50	47111	23569	23542	705	530	175
51	43432	21454	21978	591	457	134
52	47153	23144	24009	608	458	150
53	38511	18640	19871	494	386	108
54	42429	20752	21677	560	465	95
55-59岁	**168416**	**80801**	**87615**	**1825**	**1475**	**350**
55	38077	18431	19646	446	364	82
56	36890	17835	19055	415	332	83
57	45984	22484	23500	460	380	80
58	32588	15334	17254	350	274	76
59	14877	6717	8160	154	125	29
60-64岁	**108385**	**53002**	**55383**	**1552**	**1397**	**155**
60	17867	8576	9291	192	153	39
61	16795	8290	8505	206	190	16
62	22648	11228	11420	340	311	29
63	27048	13190	13858	418	384	34
64	24027	11718	12309	396	359	37
65岁及以上	**282285**	**131403**	**150882**	**5636**	**5015**	**621**

程度、婚姻状况的人口(镇)

单位：人

有配偶			离婚			丧偶		
小计	男	女	小计	男	女	小计	男	女
1593810	**780157**	**813653**	**28938**	**15466**	**13472**	**100083**	**28884**	**71199**
1129	**375**	**754**	**13**	**6**	**7**			
17	8	9						
52	17	35						
116	37	79						
285	96	189	6	1	5			
659	217	442	7	5	2			
24621	**10054**	**14567**	**236**	**134**	**102**	**12**	**5**	**7**
1429	487	942	12	3	9	3	1	2
2632	939	1693	24	9	15	2		2
4711	1853	2858	53	39	14	1	1	
6746	2747	3999	60	37	23	3	3	
9103	4028	5075	87	46	41	3		3
114434	**52555**	**61879**	**1737**	**995**	**742**	**72**	**18**	**54**
12576	5604	6972	163	99	64	7	1	6
15448	7052	8396	184	102	82	4	1	3
22471	10247	12224	308	164	144	14	3	11
29001	13314	15687	437	271	166	20	6	14
34938	16338	18600	645	359	286	27	7	20
249021	**118544**	**130477**	**5288**	**3038**	**2250**	**336**	**100**	**236**
52939	25107	27832	1022	584	438	52	19	33
53057	25217	27840	1042	611	431	56	13	43
49700	23540	26160	1061	600	461	65	29	36
51485	24577	26908	1236	711	525	90	17	73
41840	20103	21737	927	532	395	73	22	51
175714	**85478**	**90236**	**4510**	**2460**	**2050**	**456**	**122**	**334**
33330	16267	17063	856	474	382	71	27	44
32424	15726	16698	794	456	338	70	16	54
35172	17218	17954	914	499	415	86	20	66
39041	19018	20023	992	527	465	108	22	86
35747	17249	18498	954	504	450	121	37	84
170007	**83753**	**86254**	**4495**	**2265**	**2230**	**1025**	**278**	**747**
33668	16367	17301	910	459	451	173	50	123
36908	18192	18716	967	502	465	202	60	142
34717	17033	17684	937	470	467	169	34	135
31314	15502	15812	822	407	415	217	56	161
33400	16659	16741	859	427	432	264	78	186
197325	**98918**	**98407**	**4374**	**2252**	**2122**	**2275**	**575**	**1700**
33679	16671	17008	832	423	409	296	63	233
39667	19885	19782	933	480	453	377	102	275
40047	20048	19999	857	435	422	471	109	362
42445	21459	20986	925	482	443	532	151	381
41487	20855	20632	827	432	395	599	150	449
206875	**101969**	**104906**	**3598**	**1853**	**1745**	**5205**	**1441**	**3764**
44703	22351	22352	926	480	446	777	208	569
41119	20382	20737	748	361	387	974	254	720
44728	22011	22717	744	376	368	1073	299	774
36439	17669	18770	571	301	270	1007	284	723
39886	19556	20330	609	335	274	1374	396	978
157175	**76359**	**80816**	**2114**	**1035**	**1079**	**7302**	**1932**	**5370**
35793	17481	18312	530	263	267	1308	323	985
34486	16846	17640	481	248	233	1508	409	1099
42979	21275	21704	540	278	262	2005	551	1454
30205	14456	15749	367	158	209	1666	446	1220
13712	6301	7411	196	88	108	815	203	612
96581	**48168**	**48413**	**1068**	**583**	**485**	**9184**	**2854**	**6330**
16281	7987	8294	216	105	111	1178	331	847
15129	7559	7570	201	117	84	1259	424	835
20124	10195	9929	217	121	96	1967	601	1366
23932	11885	12047	246	144	102	2452	777	1675
21115	10542	10573	188	96	92	2328	721	1607
200928	**103984**	**96944**	**1505**	**845**	**660**	**74216**	**21559**	**52657**

5-3b 续表 1

受教育程度 年龄	15岁及以上人口			未婚		
	合计	男	女	小计	男	女
未上过学	**42829**	**10520**	**32309**	**3318**	**2788**	**530**
15-19岁	**212**	**108**	**104**	**207**	**108**	**99**
15	32	18	14	32	18	14
16	41	18	23	40	18	22
17	38	17	21	38	17	21
18	47	26	21	46	26	20
19	54	29	25	51	29	22
20-24岁	**268**	**165**	**103**	**235**	**156**	**79**
20	60	37	23	57	37	20
21	59	43	16	51	40	11
22	48	27	21	42	26	16
23	55	34	21	49	32	17
24	46	24	22	36	21	15
25-29岁	**307**	**162**	**145**	**190**	**131**	**59**
25	51	27	24	34	21	13
26	53	29	24	34	23	11
27	58	35	23	42	31	11
28	77	39	38	47	32	15
29	68	32	36	33	24	9
30-34岁	**569**	**304**	**265**	**278**	**204**	**74**
30	108	53	55	59	39	20
31	139	88	51	77	61	16
32	126	64	62	50	39	11
33	105	55	50	49	36	13
34	91	44	47	43	29	14
35-39岁	**465**	**232**	**233**	**173**	**144**	**29**
35	72	32	40	22	18	4
36	77	36	41	29	24	5
37	88	46	42	41	32	9
38	99	48	51	30	28	2
39	129	70	59	51	42	9
40-44岁	**576**	**270**	**306**	**155**	**137**	**18**
40	97	47	50	29	26	3
41	115	55	60	32	27	5
42	139	66	73	38	33	5
43	102	43	59	23	22	1
44	123	59	64	33	29	4
45-49岁	**1104**	**379**	**725**	**198**	**181**	**17**
45	155	57	98	32	30	2
46	211	90	121	54	48	6
47	219	69	150	38	35	3
48	230	79	151	32	29	3
49	289	84	205	42	39	3
50-54岁	**2133**	**596**	**1537**	**237**	**213**	**24**
50	325	103	222	52	45	7
51	394	106	288	39	33	6
52	449	137	312	48	45	3
53	462	111	351	41	37	4
54	503	139	364	57	53	4
55-59岁	**2567**	**568**	**1999**	**160**	**146**	**14**
55	498	132	366	51	47	4
56	471	111	360	34	30	4
57	691	142	549	35	32	3
58	579	122	457	29	26	3
59	328	61	267	11	11	
60-64岁	**3791**	**806**	**2985**	**211**	**203**	**8**
60	432	83	349	22	20	2
61	447	91	356	20	19	1
62	757	153	604	36	34	2
63	1101	237	864	63	62	1
64	1054	242	812	70	68	2
65岁及以上	**30837**	**6930**	**23907**	**1274**	**1165**	**109**

单位：人

有配偶			离婚			丧偶		
小计	男	女	小计	男	女	小计	男	女
23756	**5569**	**18187**	**265**	**132**	**133**	**15490**	**2031**	**13459**
5		**5**						
1		1						
1		1						
3		3						
32	**9**	**23**	**1**		**1**			
3		3						
8	3	5						
6	1	5						
5	2	3	1		1			
10	3	7						
117	**31**	**86**						
17	6	11						
19	6	13						
16	4	12						
30	7	23						
35	8	27						
280	**93**	**187**	**9**	**7**	**2**	**2**		**2**
49	14	35						
60	26	34	2	1	1			
72	22	50	3	3		1		1
51	16	35	4	3	1	1		1
48	15	33						
281	**84**	**197**	**8**	**3**	**5**	**3**	**1**	**2**
48	14	34	2		2			
46	11	35	1	1		1		1
45	13	32	1	1		1		1
69	20	49						
73	26	47	4	1	3	1	1	
392	**117**	**275**	**20**	**9**	**11**	**9**	**7**	**2**
66	20	46	2	1	1			
78	27	51	4	1	3	1		1
94	27	67	5	4	1	2	2	
74	19	55	2		2	3	2	1
80	24	56	7	3	4	3	3	
856	**181**	**675**	**28**	**15**	**13**	**22**	**2**	**20**
115	24	91	5	3	2	3		3
152	40	112	4	2	2	1		1
170	31	139	4	3	1	7		7
189	46	143	4	2	2	5	2	3
230	40	190	11	5	6	6		6
1770	**354**	**1416**	**27**	**18**	**9**	**99**	**11**	**88**
259	52	207	5	4	1	9	2	7
334	68	266	4	3	1	17	2	15
376	83	293	6	6		19	3	16
385	69	316	6	2	4	30	3	27
416	82	334	6	3	3	24	1	23
2162	**382**	**1780**	**30**	**17**	**13**	**215**	**23**	**192**
412	76	336	9	5	4	26	4	22
395	76	319	3	2	1	39	3	36
587	103	484	6	4	2	63	3	60
493	88	405	4	2	2	53	6	47
275	39	236	8	4	4	34	7	27
2983	**519**	**2464**	**23**	**13**	**10**	**574**	**71**	**503**
351	54	297	2	1	1	57	8	49
368	66	302				59	6	53
592	105	487	9	4	5	120	10	110
876	151	725	7	5	2	155	19	136
796	143	653	5	3	2	183	28	155
14878	**3799**	**11079**	**119**	**50**	**69**	**14566**	**1916**	**12650**

5-3b 续表 2

受教育程度 年龄	15岁及以上人口			未婚		
	合计	男	女	小计	男	女
学前教育	**1765**	**619**	**1146**	**276**	**159**	**117**
15-19岁	**121**	**57**	**64**	**120**	**57**	**63**
15	48	21	27	48	21	27
16	35	13	22	35	13	22
17	15	10	5	15	10	5
18	14	9	5	14	9	5
19	9	4	5	8	4	4
20-24岁	**61**	**32**	**29**	**54**	**31**	**23**
20	13	8	5	13	8	5
21	13	10	3	13	10	3
22	13	5	8	11	4	7
23	4	1	3	3	1	2
24	18	8	10	14	8	6
25-29岁	**42**	**20**	**22**	**21**	**14**	**7**
25	11	6	5	7	5	2
26	4	2	2	2	2	
27	10	6	4	4	3	1
28	9	3	6	4	2	2
29	8	3	5	4	2	2
30-34岁	**69**	**27**	**42**	**16**	**6**	**10**
30	14	5	9	5	3	2
31	14	6	8	4	2	2
32	15	6	9	3		3
33	12	5	7	3	1	2
34	14	5	9	1		1
35-39岁	**23**	**13**	**10**	**4**	**3**	**1**
35	4	2	2			
36	6	4	2	1	1	
37	2	1	1			
38	6	3	3	1		1
39	5	3	2	2	2	
40-44岁	**38**	**17**	**21**	**9**	**7**	**2**
40	4	3	1			
41	9	5	4	4	3	1
42	7	2	5	1	1	
43	8	4	4	1	1	
44	10	3	7	3	2	1
45-49岁	**49**	**17**	**32**	**4**	**3**	**1**
45	8	3	5	1	1	
46	11	5	6	2	2	
47	8	3	5	1		1
48	12	3	9			
49	10	3	7			
50-54岁	**105**	**35**	**70**	**7**	**4**	**3**
50	19	9	10	1	1	
51	15	5	10	1	1	
52	28	9	19	1		1
53	15	5	10	3	1	2
54	28	7	21	1	1	
55-59岁	**94**	**31**	**63**	**4**	**3**	**1**
55	23	10	13			
56	13	5	8	2	2	
57	23	7	16			
58	24	7	17	2	1	1
59	11	2	9			
60-64岁	**172**	**56**	**116**	**6**	**5**	**1**
60	17	6	11			
61	25	5	20	2	2	
62	44	16	28	1	1	
63	42	14	28	2	1	1
64	44	15	29	1	1	
65岁及以上	**991**	**314**	**677**	**31**	**26**	**5**

单位：人

有配偶			离婚			丧偶		
小计	男	女	小计	男	女	小计	男	女
1018	**355**	**663**	**11**	**6**	**5**	**460**	**99**	**361**
1		**1**						
1		1						
7	**1**	**6**						
2	1	1						
1		1						
4		4						
21	**6**	**15**						
4	1	3						
2		2						
6	3	3						
5	1	4						
4	1	3						
51	**21**	**30**				**2**		**2**
9	2	7						
10	4	6						
12	6	6						
8	4	4				1		1
12	5	7				1		1
19	**10**	**9**						
4	2	2						
5	3	2						
2	1	1						
5	3	2						
3	1	2						
27	**9**	**18**	**1**		**1**	**1**	**1**	
4	3	1						
4	1	3				1	1	
6	1	5						
7	3	4						
6	1	5	1		1			
43	**13**	**30**	**1**		**1**	**1**	**1**	
7	2	5						
8	2	6				1	1	
7	3	4						
12	3	9						
9	3	6	1		1			
90	**28**	**62**	**4**	**3**	**1**	**4**		**4**
17	7	10	1	1				
14	4	10						
23	8	15	2	1	1	2		2
10	3	7	1	1		1		1
26	6	20				1		1
78	**25**	**53**	**2**	**2**		**10**	**1**	**9**
20	10	10				3		3
9	2	7	1	1		1		1
21	7	14				2		2
18	5	13	1	1		3		3
10	1	9				1	1	
141	**46**	**95**				**25**	**5**	**20**
16	6	10				1		1
18	3	15				5		5
34	14	20				9	1	8
32	10	22				8	3	5
41	13	28				2	1	1
540	**196**	**344**	**3**	**1**	**2**	**417**	**91**	**326**

5-3b 续表 3

受教育程度 年龄	15岁及以上人口			未婚		
	合计	男	女	小计	男	女
小学	**310296**	**127101**	**183195**	**12953**	**10065**	**2888**
15-19岁	**1483**	**850**	**633**	**1450**	**841**	**609**
15	250	137	113	249	136	113
16	231	132	99	229	131	98
17	278	164	114	274	163	111
18	304	168	136	292	165	127
19	420	249	171	406	246	160
20-24岁	**2180**	**1181**	**999**	**1578**	**954**	**624**
20	416	239	177	381	225	156
21	360	202	158	303	184	119
22	437	239	198	326	201	125
23	478	238	240	305	172	133
24	489	263	226	263	172	91
25-29岁	**3589**	**1859**	**1730**	**1120**	**758**	**362**
25	492	286	206	235	167	68
26	474	259	215	187	134	53
27	717	342	375	224	138	86
28	857	451	406	242	162	80
29	1049	521	528	232	157	75
30-34岁	**8681**	**4108**	**4573**	**1136**	**777**	**359**
30	1613	786	827	302	208	94
31	1806	867	939	275	184	91
32	1704	823	881	221	152	69
33	1935	878	1057	189	124	65
34	1623	754	869	149	109	40
35-39岁	**7861**	**3610**	**4251**	**591**	**458**	**133**
35	1348	652	696	104	79	25
36	1395	657	738	115	92	23
37	1537	681	856	120	91	29
38	1722	777	945	132	110	22
39	1859	843	1016	120	86	34
40-44岁	**12921**	**5713**	**7208**	**632**	**503**	**129**
40	1874	831	1043	110	81	29
41	2552	1141	1411	134	110	24
42	2628	1179	1449	138	103	35
43	2691	1201	1490	127	108	19
44	3176	1361	1815	123	101	22
45-49岁	**25069**	**10719**	**14350**	**802**	**679**	**123**
45	3664	1592	2072	150	126	24
46	4546	2039	2507	146	125	21
47	4983	2103	2880	162	134	28
48	5805	2463	3342	182	153	29
49	6071	2522	3549	162	141	21
50-54岁	**41346**	**16669**	**24677**	**989**	**857**	**132**
50	7168	2958	4210	203	171	32
51	8007	3238	4769	201	172	29
52	9074	3702	5372	201	170	31
53	7976	3096	4880	172	156	16
54	9121	3675	5446	212	188	24
55-59岁	**37650**	**13812**	**23838**	**710**	**623**	**87**
55	7998	3036	4962	153	134	19
56	8032	3047	4985	163	143	20
57	9846	3684	6162	180	162	18
58	7842	2776	5066	157	134	23
59	3932	1269	2663	57	50	7
60-64岁	**34315**	**13174**	**21141**	**796**	**748**	**48**
60	4560	1656	2904	83	73	10
61	4900	1892	3008	111	107	4
62	7075	2762	4313	190	180	10
63	9167	3540	5627	209	200	9
64	8613	3324	5289	203	188	15
65岁及以上	**135201**	**55406**	**79795**	**3149**	**2867**	**282**

单位：人

有配偶			离婚			丧偶		
小计	男	女	小计	男	女	小计	男	女
245027	**101894**	**143133**	**3475**	**2070**	**1405**	**48841**	**13072**	**35769**
32	**8**	**24**	**1**	**1**				
1	1							
2	1	1						
4	1	3						
12	3	9						
13	2	11	1	1				
593	**223**	**370**	**9**	**4**	**5**			
34	14	20	1		1			
56	17	39	1	1				
108	37	71	3	1	2			
169	64	105	4	2	2			
226	91	135						
2398	**1064**	**1334**	**68**	**36**	**32**	**3**	**1**	**2**
248	112	136	9	7	2			
278	123	155	8	2	6	1		1
477	197	280	16	7	9			
603	281	322	12	8	4			
792	351	441	23	12	11	2	1	1
7281	**3162**	**4119**	**241**	**163**	**78**	**23**	**6**	**17**
1276	556	720	34	22	12	1		1
1473	649	824	53	33	20	5	1	4
1441	643	798	37	26	11	5	2	3
1684	709	975	56	43	13	6	2	4
1407	605	802	61	39	22	6	1	5
7018	**3005**	**4013**	**220**	**136**	**84**	**32**	**11**	**21**
1208	552	656	30	19	11	6	2	4
1230	530	700	46	33	13	4	2	2
1367	562	805	45	27	18	5	1	4
1533	635	898	47	30	17	10	2	8
1680	726	954	52	27	25	7	4	3
11779	**4927**	**6852**	**392**	**246**	**146**	**118**	**37**	**81**
1668	688	980	82	55	27	14	7	7
2323	977	1346	73	47	26	22	7	15
2391	1028	1363	76	44	32	23	4	19
2468	1037	1431	78	49	29	18	7	11
2929	1197	1732	83	51	32	41	12	29
23304	**9594**	**13710**	**548**	**343**	**205**	**415**	**103**	**312**
3389	1404	1985	77	46	31	48	16	32
4222	1834	2388	111	66	45	67	14	53
4615	1871	2744	119	74	45	87	24	63
5394	2209	3185	128	80	48	101	21	80
5684	2276	3408	113	77	36	112	28	84
38228	**15049**	**23179**	**629**	**375**	**254**	**1500**	**388**	**1112**
6648	2667	3981	125	73	52	192	47	145
7410	2917	4493	124	75	49	272	74	198
8428	3379	5049	139	73	66	306	80	226
7393	2797	4596	117	72	45	294	71	223
8349	3289	5060	124	82	42	436	116	320
34144	**12458**	**21686**	**412**	**205**	**207**	**2384**	**526**	**1858**
7334	2749	4585	92	52	40	419	101	318
7294	2743	4551	108	53	55	467	108	359
8921	3343	5578	102	47	55	643	132	511
7046	2477	4569	71	31	40	568	134	434
3549	1146	2403	39	22	17	287	51	236
29260	**11249**	**18011**	**298**	**183**	**115**	**3961**	**994**	**2967**
4033	1480	2553	39	21	18	405	82	323
4247	1607	2640	63	45	18	479	133	346
5983	2330	3653	60	36	24	842	216	626
7737	2996	4741	78	51	27	1143	293	850
7260	2836	4424	58	30	28	1092	270	822
90990	**41155**	**49835**	**657**	**378**	**279**	**40405**	**11006**	**29399**

5-3b 续表 4

受教育程度 年 龄	15岁及以上人口			未 婚		
	合计	男	女	小计	男	女
初 中	**968482**	**493871**	**474611**	**115088**	**72689**	**42399**
15-19岁	**46589**	**27341**	**19248**	**45851**	**27108**	**18743**
15	18561	10598	7963	18552	10595	7957
16	9722	5782	3940	9688	5773	3915
17	6162	3652	2510	6086	3630	2456
18	5848	3520	2328	5671	3462	2209
19	6296	3789	2507	5854	3648	2206
20-24岁	**41731**	**23871**	**17860**	**28126**	**18212**	**9914**
20	6780	4045	2735	5888	3741	2147
21	7315	4236	3079	5775	3689	2086
22	9001	5238	3763	6292	4128	2164
23	9173	5146	4027	5449	3586	1863
24	9462	5206	4256	4722	3068	1654
25-29岁	**71666**	**36837**	**34829**	**18100**	**11993**	**6107**
25	10525	5673	4852	4252	2816	1436
26	10893	5789	5104	3531	2353	1178
27	14135	7352	6783	3710	2489	1221
28	16798	8435	8363	3471	2274	1197
29	19315	9588	9727	3136	2061	1075
30-34岁	**135446**	**65736**	**69710**	**12100**	**7839**	**4261**
30	29106	14491	14615	3794	2478	1316
31	28792	14066	14726	2984	1966	1018
32	26732	12884	13848	2209	1404	805
33	27823	13340	14483	1794	1134	660
34	22993	10955	12038	1319	857	462
35-39岁	**99722**	**48049**	**51673**	**3689**	**2299**	**1390**
35	18476	8805	9671	947	594	353
36	18082	8653	9429	717	423	294
37	19897	9743	10154	738	471	267
38	22600	10870	11730	695	448	247
39	20667	9978	10689	592	363	229
40-44岁	**100668**	**48951**	**51717**	**2174**	**1411**	**763**
40	19448	9358	10090	477	307	170
41	21777	10558	11219	499	317	182
42	20678	10055	10623	438	281	157
43	18712	9103	9609	377	265	112
44	20053	9877	10176	383	241	142
45-49岁	**121831**	**60900**	**60931**	**1718**	**1229**	**489**
45	20550	10030	10520	323	220	103
46	24482	12228	12254	384	259	125
47	24571	12303	12268	365	262	103
48	26321	13261	13060	326	234	92
49	25907	13078	12829	320	254	66
50-54岁	**126709**	**62992**	**63717**	**1260**	**924**	**336**
50	27734	14005	13729	314	238	76
51	25049	12463	12586	248	181	67
52	27257	13453	13804	267	189	78
53	22397	11038	11359	206	138	68
54	24272	12033	12239	225	178	47
55-59岁	**88739**	**43506**	**45233**	**689**	**531**	**158**
55	21319	10436	10883	176	138	38
56	19886	9757	10129	157	120	37
57	24314	12165	12149	172	139	33
58	16288	7877	8411	122	86	36
59	6932	3271	3661	62	48	14
60-64岁	**47696**	**25338**	**22358**	**413**	**347**	**66**
60	8321	4176	4145	65	44	21
61	7418	3904	3514	56	51	5
62	9750	5234	4516	84	71	13
63	11781	6311	5470	114	98	16
64	10426	5713	4713	94	83	11
65岁及以上	**87685**	**50350**	**37335**	**968**	**796**	**172**

单位：人

有配偶			离婚			丧偶		
小计	男	女	小计	男	女	小计	男	女
810074	**401728**	**408346**	**15410**	**8881**	**6529**	**27910**	**10573**	**17337**
728	**228**	**500**	**10**	**5**	**5**			
9	3	6						
34	9	25						
76	22	54						
172	57	115	5	1	4			
437	137	300	5	4	1			
13440	**5563**	**7877**	**158**	**94**	**64**	**7**	**2**	**5**
882	302	580	9	2	7	1		1
1522	540	982	16	7	9	2		2
2669	1078	1591	39	31	8	1	1	
3683	1535	2148	40	24	16	1	1	
4684	2108	2576	54	30	24	2		2
52479	**24202**	**28277**	**1041**	**631**	**410**	**46**	**11**	**35**
6175	2797	3378	94	60	34	4		4
7242	3363	3879	118	72	46	2	1	1
10222	4749	5473	194	112	82	9	2	7
13040	5976	7064	273	181	92	14	4	10
15800	7317	8483	362	206	156	17	4	13
120196	**56016**	**64180**	**2957**	**1831**	**1126**	**193**	**50**	**143**
24684	11633	13051	599	369	230	29	11	18
25188	11735	13453	591	359	232	29	6	23
23911	11113	12798	579	351	228	33	16	17
25259	11748	13511	709	452	257	61	6	55
21154	9787	11367	479	300	179	41	11	30
93235	**44133**	**49102**	**2495**	**1531**	**964**	**303**	**86**	**217**
16986	7893	9093	494	300	194	49	18	31
16891	7952	8939	424	266	158	50	12	38
18625	8950	9675	478	306	172	56	16	40
21250	10068	11182	581	339	242	74	15	59
19483	9270	10213	518	320	198	74	25	49
95443	**46028**	**49415**	**2405**	**1337**	**1068**	**646**	**175**	**471**
18399	8762	9637	466	257	209	106	32	74
20600	9884	10716	546	315	231	132	42	90
19630	9484	10146	508	269	239	102	21	81
17746	8563	9183	449	243	206	140	32	108
19068	9335	9733	436	253	183	166	48	118
116282	**57986**	**58296**	**2374**	**1309**	**1065**	**1457**	**376**	**1081**
19564	9511	10053	470	260	210	193	39	154
23361	11627	11734	480	271	209	257	71	186
23470	11728	11742	447	249	198	289	64	225
25129	12632	12497	527	289	238	339	106	233
24758	12488	12270	450	240	210	379	96	283
120594	**60196**	**60398**	**1931**	**1022**	**909**	**2924**	**850**	**2074**
26409	13338	13071	532	295	237	479	134	345
23843	11941	11902	409	200	209	549	141	408
26002	12883	13119	383	204	179	605	177	428
21329	10560	10769	301	159	142	561	181	380
23011	11474	11537	306	164	142	730	217	513
83408	**41386**	**42022**	**1043**	**539**	**504**	**3599**	**1050**	**2549**
20159	9976	10183	293	145	148	691	177	514
18728	9284	9444	226	126	100	775	227	548
22871	11556	11315	260	146	114	1011	324	687
15237	7483	7754	168	82	86	761	226	535
6413	3087	3326	96	40	56	361	96	265
43330	**23407**	**19923**	**474**	**264**	**210**	**3479**	**1320**	**2159**
7649	3912	3737	110	59	51	497	161	336
6772	3602	3170	87	47	40	503	204	299
8837	4846	3991	90	51	39	739	266	473
10667	5790	4877	103	64	39	897	359	538
9405	5257	4148	84	43	41	843	330	513
70939	**42583**	**28356**	**522**	**318**	**204**	**15256**	**6653**	**8603**

5-3b 续表 5

受教育程度 年龄	15岁及以上人口 合计	男	女	未婚 小计	男	女
高 中	**545029**	**293546**	**251483**	**226173**	**124754**	**101419**
15-19岁	**171032**	**91095**	**79937**	**170751**	**90983**	**79768**
15	33628	17122	16506	33622	17119	16503
16	52007	27384	24623	51994	27379	24615
17	47278	25252	22026	47246	25239	22007
18	25915	14368	11547	25836	14340	11496
19	12204	6969	5235	12053	6906	5147
20-24岁	**35752**	**20382**	**15370**	**29142**	**17583**	**11559**
20	8597	4948	3649	8225	4815	3410
21	6659	3860	2799	5959	3586	2373
22	7224	4172	3052	5923	3643	2280
23	6616	3728	2888	4834	2964	1870
24	6656	3674	2982	4201	2575	1626
25-29岁	**45198**	**23887**	**21311**	**14696**	**9190**	**5506**
25	7022	3833	3189	3637	2252	1385
26	7235	3953	3282	3085	1960	1125
27	8840	4683	4157	2889	1831	1058
28	10434	5410	5024	2704	1690	1014
29	11667	6008	5659	2381	1457	924
30-34岁	**70890**	**36008**	**34882**	**7543**	**4569**	**2974**
30	16461	8387	8074	2564	1567	997
31	15439	7951	7488	1874	1136	738
32	13963	7037	6926	1313	801	512
33	13976	6996	6980	1100	668	432
34	11051	5637	5414	692	397	295
35-39岁	**43436**	**22209**	**21227**	**1816**	**1048**	**768**
35	8733	4537	4196	470	278	192
36	8136	4093	4043	387	210	177
37	8671	4428	4243	367	205	162
38	9353	4854	4499	323	193	130
39	8543	4297	4246	269	162	107
40-44岁	**38273**	**20069**	**18204**	**873**	**506**	**367**
40	8201	4214	3987	273	149	124
41	8368	4397	3971	201	110	91
42	7769	4038	3731	154	107	47
43	6832	3628	3204	134	76	58
44	7103	3792	3311	111	64	47
45-49岁	**38038**	**20316**	**17722**	**527**	**310**	**217**
45	6795	3565	3230	112	65	47
46	7895	4178	3717	105	69	36
47	7867	4162	3705	123	74	49
48	7964	4352	3612	111	58	53
49	7517	4059	3458	76	44	32
50-54岁	**33294**	**18223**	**15071**	**351**	**227**	**124**
50	8098	4329	3769	94	53	41
51	6685	3650	3035	80	52	28
52	7063	3872	3191	74	43	31
53	5432	3032	2400	56	43	13
54	6016	3340	2676	47	36	11
55-59岁	**30166**	**16947**	**13219**	**203**	**133**	**70**
55	5961	3402	2559	46	32	14
56	6366	3540	2826	44	26	18
57	8553	4820	3733	60	41	19
58	6301	3521	2780	31	19	12
59	2985	1664	1321	22	15	7
60-64岁	**18063**	**10743**	**7320**	**103**	**76**	**27**
60	3703	2115	1588	16	11	5
61	3196	1862	1334	13	7	6
62	4090	2443	1647	22	19	3
63	3990	2439	1551	28	22	6
64	3084	1884	1200	24	17	7
65岁及以上	**20887**	**13667**	**7220**	**168**	**129**	**39**

单位：人

有配偶			离　婚			丧　偶		
小计	男	女	小计	男	女	小计	男	女
306558	**163269**	**143289**	**6328**	**3021**	**3307**	**5970**	**2502**	**3468**
281	**112**	**169**						
6	3	3						
13	5	8						
32	13	19						
79	28	51						
151	63	88						
6561	**2773**	**3788**	**45**	**24**	**21**	**4**	**2**	**2**
369	132	237	1		1	2	1	1
695	273	422	5	1	4			
1295	525	770	6	4	2			
1771	756	1015	10	7	3	1	1	
2431	1087	1344	23	12	11	1		1
30075	**14465**	**15610**	**412**	**228**	**184**	**15**	**4**	**11**
3337	1557	1780	45	23	22	3	1	2
4108	1969	2139	41	24	17	1		1
5877	2815	3062	71	36	35	3	1	2
7635	3669	3966	92	50	42	3	1	2
9118	4455	4663	163	95	68	5	1	4
61991	**30703**	**31288**	**1281**	**706**	**575**	**75**	**30**	**45**
13615	6660	6955	267	154	113	15	6	9
13323	6674	6649	229	138	91	13	3	10
12374	6082	6292	257	145	112	19	9	10
12575	6178	6397	289	144	145	12	6	6
10104	5109	4995	239	125	114	16	6	10
40489	**20632**	**19857**	**1049**	**510**	**539**	**82**	**19**	**63**
8064	4166	3898	187	88	99	12	5	7
7547	3784	3763	193	98	95	9	1	8
8070	4112	3958	218	108	110	16	3	13
8791	4547	4244	221	110	111	18	4	14
8017	4023	3994	230	106	124	27	6	21
36227	**19087**	**17140**	**1007**	**439**	**568**	**166**	**37**	**129**
7680	3965	3715	213	94	119	35	6	29
7934	4191	3743	199	87	112	34	9	25
7374	3828	3546	214	101	113	27	2	25
6489	3464	3025	175	77	98	34	11	23
6750	3639	3111	206	80	126	36	9	27
36275	**19523**	**16752**	**940**	**406**	**534**	**296**	**77**	**219**
6470	3419	3051	176	74	102	37	7	30
7529	3995	3534	224	101	123	37	13	24
7490	3997	3493	189	75	114	65	16	49
7603	4194	3409	180	80	100	70	20	50
7183	3918	3265	171	76	95	87	21	66
31661	**17507**	**14154**	**735**	**328**	**407**	**547**	**161**	**386**
7742	4179	3563	189	76	113	73	21	52
6348	3505	2843	147	61	86	110	32	78
6718	3725	2993	158	72	86	113	32	81
5168	2913	2255	110	49	61	98	27	71
5685	3185	2500	131	70	61	153	49	104
28518	**16319**	**12199**	**497**	**212**	**285**	**948**	**283**	**665**
5675	3293	2382	97	43	54	143	34	109
6019	3402	2617	114	52	62	189	60	129
8110	4636	3474	140	67	73	243	76	167
5916	3401	2515	101	30	71	253	71	182
2798	1587	1211	45	20	25	120	42	78
16744	**10159**	**6585**	**208**	**96**	**112**	**1008**	**412**	**596**
3441	2011	1430	47	20	27	199	73	126
2954	1766	1188	41	19	22	188	70	118
3795	2303	1492	46	23	23	227	98	129
3706	2307	1399	42	18	24	214	92	122
2848	1772	1076	32	16	16	180	79	101
17736	**11989**	**5747**	**154**	**72**	**82**	**2829**	**1477**	**1352**

5-3b 续表 6

受教育程度 年　　龄	15岁及以上人口			未　婚		
	合计	男	女	小计	男	女
大学专科	**216874**	**112839**	**104035**	**81002**	**42716**	**38286**
15-19岁	**25229**	**13347**	**11882**	**25161**	**13326**	**11835**
15	740	437	303	740	437	303
16	1608	923	685	1607	922	685
17	3168	1740	1428	3165	1740	1425
18	8099	4267	3832	8081	4260	3821
19	11614	5980	5634	11568	5967	5601
20-24岁	**38792**	**19477**	**19315**	**35635**	**18308**	**17327**
20	10981	5541	5440	10860	5511	5349
21	8368	4236	4132	8068	4148	3920
22	7522	3768	3754	7013	3598	3415
23	6344	3096	3248	5440	2779	2661
24	5577	2836	2741	4254	2272	1982
25-29岁	**32135**	**15727**	**16408**	**13468**	**7364**	**6104**
25	5774	2889	2885	3820	2045	1775
26	5378	2672	2706	2890	1595	1295
27	6263	3011	3252	2599	1444	1155
28	7050	3395	3655	2263	1230	1033
29	7670	3760	3910	1896	1050	846
30-34岁	**42233**	**20884**	**21349**	**5085**	**2823**	**2262**
30	10340	5064	5276	1913	1058	855
31	9356	4637	4719	1221	688	533
32	8380	4081	4299	842	480	362
33	8169	4062	4107	679	357	322
34	5988	3040	2948	430	240	190
35-39岁	**22221**	**11238**	**10983**	**994**	**524**	**470**
35	4642	2413	2229	282	159	123
36	4359	2233	2126	232	131	101
37	4465	2240	2225	189	100	89
38	4629	2331	2298	170	86	84
39	4126	2021	2105	121	48	73
40-44岁	**17209**	**8840**	**8369**	**345**	**179**	**166**
40	3851	1897	1954	106	48	58
41	3908	1989	1919	85	44	41
42	3448	1795	1653	66	35	31
43	2965	1555	1410	40	23	17
44	3037	1604	1433	48	29	19
45-49岁	**13923**	**7582**	**6341**	**145**	**82**	**63**
45	2751	1492	1259	29	16	13
46	2991	1582	1409	35	16	19
47	2919	1571	1348	32	19	13
48	2773	1539	1234	23	15	8
49	2489	1398	1091	26	16	10
50-54岁	**10112**	**5881**	**4231**	**77**	**47**	**30**
50	2603	1449	1154	29	13	16
51	2134	1228	906	10	9	1
52	2192	1298	894	12	9	3
53	1476	863	613	12	9	3
54	1707	1043	664	14	7	7
55-59岁	**6381**	**3980**	**2401**	**37**	**24**	**13**
55	1541	935	606	11	8	3
56	1429	900	529	9	6	3
57	1751	1087	664	8	3	5
58	1148	740	408	7	6	1
59	512	318	194	2	1	1
60-64岁	**3402**	**2195**	**1207**	**18**	**14**	**4**
60	645	407	238	6	5	1
61	625	403	222	4	4	
62	736	475	261	4	4	
63	757	500	257	1		1
64	639	410	229	3	1	2
65岁及以上	**5237**	**3688**	**1549**	**37**	**25**	**12**

单位：人

有配偶			离　婚			丧　偶		
小计	男	女	小计	男	女	小计	男	女
132436	**68704**	**63732**	**2345**	**965**	**1380**	**1091**	**454**	**637**
67	**21**	**46**	**1**		**1**			
1	1							
3		3						
18	7	11						
45	13	32	1		1			
3141	**1161**	**1980**	**15**	**7**	**8**	**1**	**1**	
120	29	91	1	1				
298	88	210	2		2			
506	169	337	3	1	2			
901	314	587	2	2		1	1	
1316	561	755	7	3	4			
18512	**8286**	**10226**	**151**	**76**	**75**	**4**	**1**	**3**
1945	839	1106	9	5	4			
2477	1076	1401	11	1	10			
3643	1559	2084	20	8	12	1		1
4740	2137	2603	46	28	18	1		1
5707	2675	3032	65	34	31	2	1	1
36567	**17814**	**18753**	**552**	**238**	**314**	**29**	**9**	**20**
8342	3977	4365	80	28	52	5	1	4
8019	3891	4128	109	56	53	7	2	5
7393	3539	3854	138	60	78	7	2	5
7358	3655	3703	126	48	78	6	2	4
5455	2752	2703	99	46	53	4	2	2
20723	**10516**	**10207**	**478**	**194**	**284**	**26**	**4**	**22**
4266	2206	2060	92	47	45	2	1	1
4039	2059	1980	84	42	42	4	1	3
4163	2102	2061	107	38	69	6		6
4353	2211	2142	101	33	68	5	1	4
3902	1938	1964	94	34	60	9	1	8
16364	**8480**	**7884**	**447**	**166**	**281**	**53**	**15**	**38**
3639	1810	1829	95	35	60	11	4	7
3715	1908	1807	101	36	65	7	1	6
3287	1719	1568	85	38	47	10	3	7
2832	1502	1330	80	27	53	13	3	10
2891	1541	1350	86	30	56	12	4	8
13387	**7360**	**6027**	**328**	**130**	**198**	**63**	**10**	**53**
2641	1446	1195	70	30	40	11		11
2874	1536	1338	71	29	42	11	1	10
2803	1525	1278	67	23	44	17	4	13
2682	1502	1180	57	20	37	11	2	9
2387	1351	1036	63	28	35	13	3	10
9736	**5738**	**3998**	**196**	**75**	**121**	**103**	**21**	**82**
2503	1416	1087	50	17	33	21	3	18
2062	1200	862	45	16	29	17	3	14
2118	1269	849	40	14	26	22	6	16
1415	837	578	28	15	13	21	2	19
1638	1016	622	33	13	20	22	7	15
6147	**3880**	**2267**	**85**	**39**	**46**	**112**	**37**	**75**
1491	911	580	21	10	11	18	6	12
1369	875	494	21	11	10	30	8	22
1686	1059	627	24	11	13	33	14	19
1105	723	382	13	5	8	23	6	17
496	312	184	6	2	4	8	3	5
3211	**2117**	**1094**	**51**	**19**	**32**	**122**	**45**	**77**
606	394	212	16	2	14	17	6	11
592	385	207	6	4	2	23	10	13
697	458	239	8	5	3	27	8	19
712	486	226	15	5	10	29	9	20
604	394	210	6	3	3	26	12	14
4581	**3331**	**1250**	**41**	**21**	**20**	**578**	**311**	**267**

5-3b 续表 7

受教育程度 年龄	15岁及以上人口 合计	男	女	未婚 小计	男	女
大学本科	**140524**	**69889**	**70635**	**68897**	**33105**	**35792**
15—19岁	**15843**	**7693**	**8150**	**15827**	**7687**	**8140**
15	52	27	25	51	26	25
16	167	91	76	166	90	76
17	1122	495	627	1121	494	627
18	5226	2611	2615	5222	2610	2612
19	9276	4469	4807	9267	4467	4800
20—24岁	**38601**	**18137**	**20464**	**37763**	**17814**	**19949**
20	10913	5201	5712	10892	5191	5701
21	9773	4724	5049	9721	4706	5015
22	8212	3812	4400	8086	3769	4317
23	5473	2463	3010	5257	2385	2872
24	4230	1937	2293	3807	1763	2044
25—29岁	**21550**	**9751**	**11799**	**11251**	**5456**	**5795**
25	4158	1858	2300	3322	1568	1754
26	3881	1752	2129	2613	1252	1361
27	4335	1949	2386	2197	1059	1138
28	4516	2021	2495	1741	857	884
29	4660	2171	2489	1378	720	658
30—34岁	**24386**	**11779**	**12607**	**3235**	**1709**	**1526**
30	5951	2834	3117	1320	714	606
31	5489	2557	2932	823	437	386
32	4675	2225	2450	491	240	251
33	4625	2319	2306	374	192	182
34	3646	1844	1802	227	126	101
35—39岁	**13757**	**6940**	**6817**	**533**	**274**	**259**
35	2762	1427	1335	157	74	83
36	2624	1356	1268	115	63	52
37	2849	1441	1408	104	60	44
38	2976	1492	1484	102	56	46
39	2546	1224	1322	55	21	34
40—44岁	**9592**	**4926**	**4666**	**149**	**80**	**69**
40	2162	1080	1082	40	24	16
41	2181	1148	1033	36	19	17
42	1907	919	988	31	18	13
43	1672	877	795	23	10	13
44	1670	902	768	19	9	10
45—49岁	**7126**	**4161**	**2965**	**70**	**39**	**31**
45	1487	852	635	17	9	8
46	1513	826	687	14	7	7
47	1480	862	618	12	8	4
48	1419	849	570	12	5	7
49	1227	772	455	15	10	5
50—54岁	**4698**	**2994**	**1704**	**34**	**21**	**13**
50	1121	686	435	10	7	3
51	1094	722	372	12	9	3
52	1031	635	396	4	1	3
53	722	474	248	4	2	2
54	730	477	253	4	2	2
55—59岁	**2645**	**1825**	**820**	**22**	**15**	**7**
55	686	444	242	9	5	4
56	652	443	209	6	5	1
57	749	536	213	5	3	2
58	391	278	113	2	2	
59	167	124	43			
60—64岁	**906**	**656**	**250**	**5**	**4**	**1**
60	180	125	55			
61	175	124	51			
62	186	137	49	3	2	1
63	201	143	58	1	1	
64	164	127	37	1	1	
65岁及以上	**1420**	**1027**	**393**	**8**	**6**	**2**

单位：人

有配偶			离婚			丧偶		
小计	男	女	小计	男	女	小计	男	女
70290	**36263**	**34027**	**1028**	**374**	**654**	**309**	**147**	**162**
15	**6**	**9**	**1**		**1**			
1	1							
1	1							
1	1							
3	1	2	1		1			
9	2	7						
830	**318**	**512**	**8**	**5**	**3**			
21	10	11						
52	18	34						
124	41	83	2	2				
213	76	137	3	2	1			
420	173	247	3	1	2			
10234	**4270**	**5964**	**61**	**24**	**37**	**4**	**1**	**3**
830	286	544	6	4	2			
1262	497	765	6	3	3			
2130	889	1241	7	1	6	1		1
2760	1159	1601	13	4	9	2	1	1
3252	1439	1813	29	12	17	1		1
20905	**9977**	**10928**	**235**	**89**	**146**	**11**	**4**	**7**
4590	2110	2480	39	9	30	2	1	1
4610	2096	2514	54	23	31	2	1	1
4141	1971	2170	43	14	29			
4198	2105	2093	50	21	29	3	1	2
3366	1695	1671	49	22	27	4	1	3
12979	**6587**	**6392**	**236**	**78**	**158**	**9**	**1**	**8**
2558	1334	1224	45	18	27	2	1	1
2465	1277	1188	42	16	26	2		2
2682	1363	1319	62	18	44	1		1
2836	1424	1412	37	12	25	1		1
2438	1189	1249	50	14	36	3		3
9203	**4774**	**4429**	**211**	**68**	**143**	**29**	**4**	**25**
2067	1038	1029	49	17	32	6	1	5
2100	1113	987	40	16	24	5		5
1826	887	939	47	14	33	3		3
1603	855	748	37	11	26	9	1	8
1607	881	726	38	10	28	6	2	4
6892	**4069**	**2823**	**143**	**47**	**96**	**21**	**6**	**15**
1437	832	605	29	10	19	4	1	3
1455	806	649	41	11	30	3	2	1
1433	843	590	29	10	19	6	1	5
1374	834	540	27	10	17	6		6
1193	754	439	17	6	11	2	2	
4567	**2933**	**1634**	**69**	**30**	**39**	**28**	**10**	**18**
1086	664	422	22	14	8	3	1	2
1056	706	350	17	5	12	9	2	7
1005	627	378	16	6	10	6	1	5
709	469	240	7	3	4	2		2
711	467	244	7	2	5	8	6	2
2551	**1779**	**772**	**41**	**20**	**21**	**31**	**11**	**20**
656	431	225	14	7	7	7	1	6
632	432	200	8	3	5	6	3	3
726	528	198	8	3	5	10	2	8
376	267	109	9	7	2	4	2	2
161	121	40	2		2	4	3	1
873	**638**	**235**	**14**	**8**	**6**	**14**	**6**	**8**
176	122	54	2	2		2	1	1
170	122	48	4	2	2	1		1
176	131	45	4	2	2	3	2	1
193	139	54	1	1		6	2	4
158	124	34	3	1	2	2	1	1
1241	**912**	**329**	**9**	**5**	**4**	**162**	**104**	**58**

5-3b 续表 8

受教育程度 年龄	15岁及以上人口 合计	男	女	未婚 小计	男	女
硕士研究生	**8735**	**3965**	**4770**	**4696**	**2006**	**2690**
15-19岁	**19**	**12**	**7**	**19**	**12**	**7**
15						
16						
17	2	2		2	2	
18	6	2	4	6	2	4
19	11	8	3	11	8	3
20-24岁	**2172**	**919**	**1253**	**2156**	**913**	**1243**
20	40	23	17	40	23	17
21	156	69	87	155	69	86
22	500	203	297	499	202	297
23	747	312	435	745	312	433
24	729	312	417	717	307	410
25-29岁	**2527**	**1044**	**1483**	**1980**	**837**	**1143**
25	663	283	380	643	277	366
26	538	231	307	485	215	270
27	476	183	293	385	156	229
28	442	182	260	273	106	167
29	408	165	243	194	83	111
30-34岁	**2021**	**851**	**1170**	**458**	**206**	**252**
30	525	207	318	177	70	107
31	473	188	285	134	66	68
32	379	173	206	69	34	35
33	358	156	202	49	20	29
34	286	127	159	29	16	13
35-39岁	**912**	**455**	**457**	**65**	**28**	**37**
35	197	90	107	24	7	17
36	193	101	92	16	8	8
37	203	106	97	14	8	6
38	179	89	90	8	4	4
39	140	69	71	3	1	2
40-44岁	**491**	**272**	**219**	**15**	**7**	**8**
40	127	69	58	3	2	1
41	131	76	55	3	2	1
42	96	47	49	4	1	3
43	79	47	32	2		2
44	58	33	25	3	2	1
45-49岁	**233**	**150**	**83**	**2**	**2**	
45	48	26	22	1	1	
46	54	36	18	1	1	
47	51	41	10			
48	48	29	19			
49	32	18	14			
50-54岁	**180**	**130**	**50**			
50	30	21	9			
51	42	33	9			
52	44	30	14			
53	24	17	7			
54	40	29	11			
55-59岁	**132**	**94**	**38**			
55	42	28	14			
56	32	24	8			
57	42	29	13			
58	11	9	2			
59	5	4	1			
60-64岁	**28**	**23**	**5**			
60	7	6	1			
61	5	5				
62	8	7	1			
63	6	3	3			
64	2	2				
65岁及以上	**20**	**15**	**5**	**1**	**1**	

单位：人

有配偶			离　婚			丧　偶		
小计	男	女	小计	男	女	小计	男	女
3960	**1938**	**2022**	**70**	**16**	**54**	**9**	**5**	**4**
16	**6**	**10**						
1		1						
1	1							
2		2						
12	5	7						
543	**207**	**336**	**4**		**4**			
20	6	14						
53	16	37						
91	27	64						
168	76	92	1		1			
211	82	129	3		3			
1553	**642**	**911**	**10**	**3**	**7**			
346	136	210	2	1	1			
336	121	215	3	1	2			
306	138	168	4	1	3			
308	136	172	1		1			
257	111	146						
822	**419**	**403**	**24**	**8**	**16**	**1**		**1**
167	81	86	6	2	4			
173	93	80	4		4			
185	97	88	3	1	2	1		1
166	82	84	5	3	2			
131	66	65	6	2	4			
463	**263**	**200**	**10**		**10**	**3**	**2**	**1**
120	67	53	3		3	1		1
125	74	51	3		3			
88	44	44	2		2	2	2	
76	47	29	1		1			
54	31	23	1		1			
219	**146**	**73**	**12**	**2**	**10**			
42	25	17	5		5			
51	35	16	2		2			
49	40	9	2	1	1			
46	28	18	2	1	1			
31	18	13	1		1			
174	**128**	**46**	**6**	**2**	**4**			
28	21	7	2		2			
40	32	8	2	1	1			
44	30	14						
23	17	6	1		1			
39	28	11	1	1				
126	**92**	**34**	**4**	**1**	**3**	**2**	**1**	**1**
37	27	10	4	1	3	1		1
32	24	8						
42	29	13						
10	8	2				1	1	
5	4	1						
27	**22**	**5**				**1**	**1**	
7	6	1						
4	4					1	1	
8	7	1						
6	3	3						
2	2							
17	**13**	**4**				**2**	**1**	**1**

5-3b 续表 9

受教育程度 年龄	15岁及以上人口			未婚		
	合计	男	女	小计	男	女
博士研究生	**1137**	**645**	**492**	**437**	**206**	**231**
15-19岁	**2**		**2**	**2**		**2**
15						
16						
17						
18						
19	2		2	2		2
20-24岁	**73**	**31**	**42**	**72**	**31**	**41**
20	2	1	1	2	1	1
21	10	4	6	10	4	6
22	13	5	8	13	5	8
23	21	9	12	20	9	11
24	27	12	15	27	12	15
25-29岁	**275**	**122**	**153**	**220**	**98**	**122**
25	42	16	26	42	16	26
26	58	27	31	51	25	26
27	51	22	29	42	18	24
28	69	31	38	49	23	26
29	55	26	29	36	16	20
30-34岁	**315**	**177**	**138**	**114**	**59**	**55**
30	63	37	26	34	17	17
31	75	36	39	36	15	21
32	74	40	34	24	14	10
33	55	34	21	10	8	2
34	48	30	18	10	5	5
35-39岁	**168**	**105**	**63**	**20**	**13**	**7**
35	33	23	10	4	4	
36	35	19	16	7	2	5
37	38	21	17	5	3	2
38	40	30	10	2	2	
39	22	12	10	2	2	
40-44岁	**115**	**69**	**46**	**4**	**1**	**3**
40	25	14	11			
41	31	17	14	1		1
42	23	15	8	2		2
43	19	12	7			
44	17	11	6	1	1	
45-49岁	**69**	**47**	**22**	**2**	**1**	**1**
45	14	8	6			
46	16	11	5	1	1	
47	11	10	1	1		1
48	16	11	5			
49	12	7	5			
50-54岁	**59**	**39**	**20**	**3**	**3**	
50	13	9	4	2	2	
51	12	9	3			
52	15	8	7	1	1	
53	7	4	3			
54	12	9	3			
55-59岁	**42**	**38**	**4**			
55	9	8	1			
56	9	8	1			
57	15	14	1			
58	4	4				
59	5	4	1			
60-64岁	**12**	**11**	**1**			
60	2	2				
61	4	4				
62	2	1	1			
63	3	3				
64	1	1				
65岁及以上	**7**	**6**	**1**			

单位：人

有配偶			离　婚			丧　偶		
小计	男	女	小计	男	女	小计	男	女
691	437	254	6	1	5	3	1	2
1		1						
1		1						
55	24	31						
7	2	5						
9	4	5						
20	8	12						
19	10	9						
197	116	81	3	1	2	1	1	
28	19	9	1	1				
38	21	17	1		1			
50	26	24						
44	26	18	1		1			
37	24	13				1	1	
148	92	56						
29	19	10						
28	17	11						
33	18	15						
38	28	10						
20	10	10						
109	68	41	2		2			
25	14	11						
29	17	12	1		1			
21	15	6						
19	12	7						
15	10	5	1		1			
67	46	21						
14	8	6						
15	10	5						
10	10							
16	11	5						
12	7	5						
55	36	19	1		1			
11	7	4						
12	9	3						
14	7	7						
7	4	3						
11	9	2	1		1			
41	38	3				1		1
9	8	1						
8	8					1		1
15	14	1						
4	4							
5	4	1						
12	11	1						
2	2							
4	4							
2	1	1						
3	3							
1	1							
6	6					1		1

5-3c 全省分年龄、性别、受教育

受教育程度 年龄	15岁及以上人口 合计	男	女	未婚 小计	男	女
总 计	**3289103**	**1604029**	**1685074**	**539716**	**333618**	**206098**
15-19岁	**242590**	**134704**	**107886**	**240077**	**133972**	**106105**
15	61011	34113	26898	60978	34100	26878
16	54129	30203	23926	54000	30179	23821
17	45675	25354	20321	45388	25277	20111
18	42283	23484	18799	41589	23285	18304
19	39492	21550	17942	38122	21131	16991
20-24岁	**172093**	**89799**	**82294**	**131932**	**74648**	**57284**
20	38118	20369	17749	35230	19450	15780
21	33875	17988	15887	28914	16334	12580
22	35531	18538	16993	27326	15487	11839
23	32847	16851	15996	22186	12728	9458
24	31722	16053	15669	18276	10649	7627
25-29岁	**203143**	**99997**	**103146**	**64855**	**40141**	**24714**
25	33303	16654	16649	16352	9590	6762
26	32631	16175	16456	12794	7736	5058
27	39935	19682	20253	12878	8036	4842
28	46356	22774	23582	12235	7835	4400
29	50918	24712	26206	10596	6944	3652
30-34岁	**314298**	**153006**	**161292**	**37502**	**25667**	**11835**
30	73451	36277	37174	12383	8234	4149
31	68782	33390	35392	9215	6318	2897
32	61359	29428	31931	6661	4632	2029
33	61913	30273	31640	5534	3905	1629
34	48793	23638	25155	3709	2578	1131
35-39岁	**202051**	**98754**	**103297**	**10549**	**7927**	**2622**
35	38773	18786	19987	2545	1861	684
36	37157	18114	19043	2215	1656	559
37	39772	19438	20334	2051	1535	516
38	44731	22071	22660	2013	1532	481
39	41618	20345	21273	1725	1343	382
40-44岁	**203822**	**100188**	**103634**	**6973**	**5872**	**1101**
40	39026	19079	19947	1490	1190	300
41	43016	21286	21730	1592	1338	254
42	41185	20156	21029	1313	1131	182
43	38203	18628	19575	1280	1098	182
44	42392	21039	21353	1298	1115	183
45-49岁	**288666**	**141402**	**147264**	**7701**	**7075**	**626**
45	44528	21923	22605	1336	1211	125
46	55095	27297	27798	1673	1512	161
47	58258	28596	29662	1550	1434	116
48	63932	31054	32878	1614	1500	114
49	66853	32532	34321	1528	1418	110
50-54岁	**377709**	**176772**	**200937**	**7207**	**6790**	**417**
50	74079	35297	38782	1501	1393	108
51	71676	33516	38160	1396	1321	75
52	81479	37920	43559	1517	1435	82
53	70388	32502	37886	1267	1205	62
54	80087	37537	42550	1526	1436	90
55-59岁	**321389**	**150024**	**171365**	**5277**	**5029**	**248**
55	70344	32784	37560	1222	1163	59
56	68436	31804	36632	1206	1152	54
57	86758	41370	45388	1380	1315	65
58	64893	30215	34678	972	926	46
59	30958	13851	17107	497	473	24
60-64岁	**231379**	**114149**	**117230**	**5755**	**5570**	**185**
60	36545	17551	18994	685	642	43
61	33995	16780	17215	834	809	25
62	46796	23298	23498	1259	1216	43
63	59455	29793	29662	1546	1509	37
64	54588	26727	27861	1431	1394	37
65岁及以上	**731963**	**345234**	**386729**	**21888**	**20927**	**961**

程度、婚姻状况的人口(乡村)

单位：人

有配偶			离婚			丧偶		
小计	男	女	小计	男	女	小计	男	女
2443396	**1157335**	**1286061**	**41051**	**29933**	**11118**	**264940**	**83143**	**181797**
2491	**724**	**1767**	**22**	**8**	**14**			
33	13	20						
129	24	105						
285	77	208	2		2			
687	198	489	7	1	6			
1357	412	945	13	7	6			
39547	**14809**	**24738**	**586**	**331**	**255**	**28**	**11**	**17**
2840	899	1941	44	19	25	4	1	3
4891	1616	3275	66	37	29	4	1	3
8114	3006	5108	87	43	44	4	2	2
10489	4017	6472	165	103	62	7	3	4
13213	5271	7942	224	129	95	9	4	5
135113	**57909**	**77204**	**3021**	**1887**	**1134**	**154**	**60**	**94**
16647	6890	9757	281	166	115	23	8	15
19414	8183	11231	399	244	155	24	12	12
26457	11287	15170	572	349	223	28	10	18
33333	14456	18877	755	469	286	33	14	19
39262	17093	22169	1014	659	355	46	16	30
267598	**121233**	**146365**	**8558**	**5883**	**2675**	**640**	**223**	**417**
59282	26857	32425	1687	1152	535	99	34	65
57706	25871	31835	1736	1156	580	125	45	80
52894	23588	29306	1678	1156	522	126	52	74
54314	24983	29331	1904	1325	579	161	60	101
43402	19934	23468	1553	1094	459	129	32	97
184259	**86040**	**98219**	**6256**	**4482**	**1774**	**987**	**305**	**682**
34832	16014	18818	1253	866	387	143	45	98
33618	15560	18058	1190	857	333	134	41	93
36325	17023	19302	1193	826	367	203	54	149
41115	19461	21654	1369	996	373	234	82	152
38369	17982	20387	1251	937	314	273	83	190
189444	**89616**	**99828**	**5362**	**4011**	**1351**	**2043**	**689**	**1354**
36079	16938	19141	1168	866	302	289	85	204
39827	18898	20929	1224	919	305	373	131	242
38440	18124	20316	1022	760	262	410	141	269
35514	16647	18867	978	740	238	431	143	288
39584	19009	20575	970	726	244	540	189	351
270714	**128565**	**142149**	**5260**	**4101**	**1159**	**4991**	**1661**	**3330**
41634	19753	21881	977	767	210	581	192	389
51429	24591	26838	1127	900	227	866	294	572
54639	25992	28647	1070	841	229	999	329	670
60117	28395	31722	1020	756	264	1181	403	778
62895	29834	33061	1066	837	229	1364	443	921
354128	**162451**	**191677**	**4511**	**3549**	**962**	**11863**	**3982**	**7881**
69744	32493	37251	1050	814	236	1784	597	1187
67396	30807	36589	902	715	187	1982	673	1309
76458	34891	41567	977	753	224	2527	841	1686
65909	29864	36045	788	622	166	2424	811	1613
74621	34396	40225	794	645	149	3146	1060	2086
296317	**137461**	**158856**	**2733**	**2096**	**637**	**17062**	**5438**	**11624**
65328	30080	35248	694	540	154	3100	1001	2099
63324	29136	34188	609	471	138	3297	1045	2252
80038	38004	42034	727	552	175	4613	1499	3114
59505	27676	31829	469	363	106	3947	1250	2697
28122	12565	15557	234	170	64	2105	643	1462
202345	**99681**	**102664**	**1629**	**1316**	**313**	**21650**	**7582**	**14068**
32807	15743	17064	280	214	66	2773	952	1821
30088	14824	15264	228	178	50	2845	969	1876
40853	20286	20567	344	290	54	4340	1506	2834
51682	25883	25799	416	344	72	5811	2057	3754
46915	22945	23970	361	290	71	5881	2098	3783
501440	**258846**	**242594**	**3113**	**2269**	**844**	**205522**	**63192**	**142330**

5-3c 续表 1

受教育程度 年 龄	15岁及以上人口			未 婚		
	合计	男	女	小计	男	女
未上过学	**163229**	**39466**	**123763**	**13114**	**11813**	**1301**
15-19岁	**630**	**391**	**239**	**617**	**390**	**227**
15	124	81	43	124	81	43
16	119	73	46	119	73	46
17	99	57	42	97	57	40
18	140	86	54	136	86	50
19	148	94	54	141	93	48
20-24岁	**673**	**393**	**280**	**580**	**383**	**197**
20	161	93	68	146	92	54
21	131	78	53	116	77	39
22	135	82	53	115	78	37
23	126	70	56	106	69	37
24	120	70	50	97	67	30
25-29岁	**911**	**484**	**427**	**573**	**424**	**149**
25	147	85	62	111	79	32
26	154	84	70	102	74	28
27	172	94	78	110	84	26
28	197	103	94	117	89	28
29	241	118	123	133	98	35
30-34岁	**1586**	**797**	**789**	**831**	**652**	**179**
30	354	183	171	205	155	50
31	320	162	158	184	134	50
32	305	148	157	158	119	39
33	301	148	153	134	112	22
34	306	156	150	150	132	18
35-39岁	**1476**	**669**	**807**	**612**	**518**	**94**
35	256	121	135	110	87	23
36	256	119	137	119	96	23
37	281	125	156	126	106	20
38	351	171	180	145	126	19
39	332	133	199	112	103	9
40-44岁	**1965**	**754**	**1211**	**608**	**545**	**63**
40	324	124	200	117	100	17
41	416	175	241	139	128	11
42	379	150	229	123	112	11
43	386	134	252	107	95	12
44	460	171	289	122	110	12
45-49岁	**4263**	**1312**	**2951**	**879**	**833**	**46**
45	593	194	399	127	120	7
46	738	274	464	207	194	13
47	842	259	583	177	168	9
48	1025	290	735	196	185	11
49	1065	295	770	172	166	6
50-54岁	**7726**	**1794**	**5932**	**960**	**914**	**46**
50	1325	348	977	216	205	11
51	1338	308	1030	174	166	8
52	1698	379	1319	195	182	13
53	1543	325	1218	154	146	8
54	1822	434	1388	221	215	6
55-59岁	**9015**	**1701**	**7314**	**723**	**702**	**21**
55	1660	359	1301	172	167	5
56	1755	358	1397	168	163	5
57	2337	438	1899	183	176	7
58	2043	347	1696	130	128	2
59	1220	199	1021	70	68	2
60-64岁	**13832**	**2903**	**10929**	**1027**	**990**	**37**
60	1560	283	1277	110	94	16
61	1756	407	1349	146	141	5
62	2679	576	2103	191	187	4
63	3925	796	3129	277	272	5
64	3912	841	3071	303	296	7
65岁及以上	**121152**	**28268**	**92884**	**5704**	**5462**	**242**

单位：人

有配偶			离婚			丧偶		
小计	男	女	小计	男	女	小计	男	女
90363	**18952**	**71411**	**715**	**442**	**273**	**59037**	**8259**	**50778**
12	**1**	**11**	**1**		**1**			
2		2						
3		3	1		1			
7	1	6						
92	**10**	**82**	**1**		**1**			
15	1	14						
15	1	14						
20	4	16						
19	1	18	1		1			
23	3	20						
331	**57**	**274**	**7**	**3**	**4**			
35	5	30	1	1				
52	10	42						
62	10	52						
77	12	65	3	2	1			
105	20	85	3		3			
719	**129**	**590**	**24**	**13**	**11**	**12**	**3**	**9**
145	26	119	3	2	1	1		1
132	26	106	3	2	1	1		1
142	27	115	4	1	3	1	1	
157	30	127	7	4	3	3	2	1
143	20	123	7	4	3	6		6
832	**135**	**697**	**21**	**16**	**5**	**11**		**11**
139	30	109	5	4	1	2		2
131	21	110	4	2	2	2		2
151	17	134	3	2	1	1		1
198	42	156	3	3		5		5
213	25	188	6	5	1	1		1
1287	**181**	**1106**	**31**	**23**	**8**	**39**	**5**	**34**
198	21	177	3	2	1	6	1	5
258	40	218	10	7	3	9		9
248	34	214	5	3	2	3	1	2
259	30	229	8	8		12	1	11
324	56	268	5	3	2	9	2	7
3186	**420**	**2766**	**60**	**44**	**16**	**138**	**15**	**123**
437	61	376	12	8	4	17	5	12
506	67	439	12	11	1	13	2	11
628	82	546	10	8	2	27	1	26
775	94	681	13	8	5	41	3	38
840	116	724	13	9	4	40	4	36
6263	**770**	**5493**	**79**	**56**	**23**	**424**	**54**	**370**
1046	125	921	19	11	8	44	7	37
1085	125	960	8	7	1	71	10	61
1397	174	1223	18	13	5	88	10	78
1276	152	1124	19	14	5	94	13	81
1459	194	1265	15	11	4	127	14	113
7391	**867**	**6524**	**60**	**38**	**22**	**841**	**94**	**747**
1332	169	1163	13	9	4	143	14	129
1415	165	1250	15	9	6	157	21	136
1927	228	1699	14	10	4	213	24	189
1704	190	1514	9	5	4	200	24	176
1013	115	898	9	5	4	128	11	117
10673	**1579**	**9094**	**78**	**58**	**20**	**2054**	**276**	**1778**
1246	161	1085	8	4	4	196	24	172
1367	223	1144	14	9	5	229	34	195
2093	334	1759	17	15	2	378	40	338
3004	418	2586	22	19	3	622	87	535
2963	443	2520	17	11	6	629	91	538
59577	**14803**	**44774**	**353**	**191**	**162**	**55518**	**7812**	**47706**

5-3c 续表 2

受教育程度 年龄	15岁及以上人口			未婚		
	合计	男	女	小计	男	女
学前教育	**5341**	**1844**	**3497**	**727**	**496**	**231**
15-19岁	**272**	**134**	**138**	**271**	**134**	**137**
15	115	58	57	115	58	57
16	51	19	32	51	19	32
17	33	18	15	33	18	15
18	45	23	22	44	23	21
19	28	16	12	28	16	12
20-24岁	**106**	**43**	**63**	**89**	**41**	**48**
20	36	15	21	33	15	18
21	21	3	18	15	3	12
22	14	9	5	12	8	4
23	19	9	10	17	9	8
24	16	7	9	12	6	6
25-29岁	**74**	**35**	**39**	**30**	**17**	**13**
25	15	7	8	10	6	4
26	12	5	7	2	1	1
27	19	10	9	9	5	4
28	12	6	6	3	2	1
29	16	7	9	6	3	3
30-34岁	**99**	**42**	**57**	**23**	**17**	**6**
30	27	11	16	7	6	1
31	20	10	10	7	5	2
32	16	5	11	4	2	2
33	18	6	12			
34	18	10	8	5	4	1
35-39岁	**60**	**26**	**34**	**15**	**11**	**4**
35	5	2	3			
36	12	5	7	5	4	1
37	15	9	6	4	3	1
38	16	5	11	3	2	1
39	12	5	7	3	2	1
40-44岁	**77**	**31**	**46**	**16**	**15**	**1**
40	12	7	5	4	4	
41	13	5	8	3	3	
42	18	6	12	2	2	
43	22	10	12	5	4	1
44	12	3	9	2	2	
45-49岁	**176**	**67**	**109**	**26**	**23**	**3**
45	27	7	20	6	6	
46	30	14	16	9	8	1
47	33	15	18	5	3	2
48	40	13	27			
49	46	18	28	6	6	
50-54岁	**314**	**116**	**198**	**22**	**21**	**1**
50	57	21	36	6	5	1
51	63	22	41	4	4	
52	45	11	34	1	1	
53	74	27	47	4	4	
54	75	35	40	7	7	
55-59岁	**382**	**116**	**266**	**20**	**20**	
55	77	22	55	5	5	
56	69	23	46	3	3	
57	111	31	80	4	4	
58	85	26	59	3	3	
59	40	14	26	5	5	
60-64岁	**452**	**129**	**323**	**25**	**25**	
60	46	12	34	2	2	
61	71	16	55	3	3	
62	81	26	55	7	7	
63	141	38	103	5	5	
64	113	37	76	8	8	
65岁及以上	**3329**	**1105**	**2224**	**190**	**172**	**18**

单位：人

有配偶			离婚			丧偶		
小计	男	女	小计	男	女	小计	男	女
3152	**1075**	**2077**	**38**	**25**	**13**	**1424**	**248**	**1176**
1		**1**						
1		1						
17	**2**	**15**						
3		3						
6		6						
2	1	1						
2		2						
4	1	3						
43	**17**	**26**	**1**	**1**				
4		4	1	1				
10	4	6						
10	5	5						
9	4	5						
10	4	6						
73	**23**	**50**	**3**	**2**	**1**			
19	5	14	1		1			
13	5	8						
12	3	9						
17	5	12	1	1				
12	5	7	1	1				
42	**14**	**28**	**2**	**1**	**1**	**1**		**1**
5	2	3						
7	1	6						
11	6	5						
10	2	8	2	1	1	1		1
9	3	6						
59	**16**	**43**				**2**		**2**
8	3	5						
10	2	8						
16	4	12						
16	6	10				1		1
9	1	8				1		1
142	**40**	**102**	**4**	**3**	**1**	**4**	**1**	**3**
20	1	19				1		1
21	6	15						
24	9	15	2	2		2	1	1
38	12	26	2	1	1			
39	12	27				1		1
268	**89**	**179**	**5**	**4**	**1**	**19**	**2**	**17**
49	15	34	2	1	1			
54	16	38	2	2		3		3
39	8	31	1	1		4	1	3
63	22	41				7	1	6
63	28	35				5		5
332	**90**	**242**	**2**	**2**		**28**	**4**	**24**
68	16	52				4	1	3
60	19	41				6	1	5
99	27	72				8		8
73	20	53	1	1		8	2	6
32	8	24	1	1		2		2
362	**94**	**268**	**5**	**3**	**2**	**60**	**7**	**53**
39	10	29				5		5
57	12	45				11	1	10
64	19	45	1		1	9		9
112	26	86	4	3	1	20	4	16
90	27	63				15	2	13
1813	**690**	**1123**	**16**	**9**	**7**	**1310**	**234**	**1076**

5-3c 续表 3

受教育程度 年　　龄	15岁及以上人口			未　　婚		
	合计	男	女	小计	男	女
小　学	**861314**	**354321**	**506993**	**41675**	**36055**	**5620**
15—19岁	**3814**	**2089**	**1725**	**3673**	**2062**	**1611**
15	670	368	302	669	368	301
16	701	396	305	692	393	299
17	685	386	299	667	383	284
18	832	436	396	796	429	367
19	926	503	423	849	489	360
20—24岁	**4684**	**2502**	**2182**	**3226**	**2070**	**1156**
20	955	515	440	819	483	336
21	827	476	351	653	441	212
22	938	480	458	649	398	251
23	995	534	461	612	414	198
24	969	497	472	493	334	159
25—29岁	**7371**	**3508**	**3863**	**2378**	**1697**	**681**
25	1073	521	552	491	328	163
26	1110	547	563	419	299	120
27	1406	659	747	461	311	150
28	1711	792	919	492	365	127
29	2071	989	1082	515	394	121
30—34岁	**16525**	**7427**	**9098**	**2851**	**2181**	**670**
30	3089	1432	1657	660	468	192
31	3356	1523	1833	696	535	161
32	3404	1545	1859	601	475	126
33	3538	1574	1964	520	412	108
34	3138	1353	1785	374	291	83
35—39岁	**16369**	**6739**	**9630**	**1696**	**1436**	**260**
35	2682	1115	1567	295	244	51
36	2660	1129	1531	327	278	49
37	3257	1315	1942	353	298	55
38	3826	1566	2260	358	299	59
39	3944	1614	2330	363	317	46
40—44岁	**28286**	**11557**	**16729**	**2038**	**1853**	**185**
40	4115	1675	2440	331	288	43
41	5443	2320	3123	458	418	40
42	5765	2367	3398	400	361	39
43	5945	2414	3531	396	367	29
44	7018	2781	4237	453	419	34
45—49岁	**61260**	**24135**	**37125**	**3051**	**2885**	**166**
45	8345	3411	4934	479	446	33
46	10778	4369	6409	617	582	35
47	12384	4961	7423	630	603	27
48	14162	5443	8719	669	634	35
49	15591	5951	9640	656	620	36
50—54岁	**109594**	**39540**	**70054**	**3508**	**3349**	**159**
50	18746	6853	11893	661	626	35
51	20053	7350	12703	661	632	29
52	23683	8503	15180	751	719	32
53	21735	7715	14020	650	630	20
54	25377	9119	16258	785	742	43
55—59岁	**105658**	**36826**	**68832**	**2721**	**2621**	**100**
55	22310	7987	14323	638	614	24
56	22107	7670	14437	607	591	16
57	27406	9769	17637	682	655	27
58	22260	7627	14633	521	501	20
59	11575	3773	7802	273	260	13
60—64岁	**99070**	**38359**	**60711**	**3313**	**3223**	**90**
60	13284	4723	8561	359	345	14
61	13694	5167	8527	442	433	9
62	19882	7776	12106	750	725	25
63	26462	10532	15930	908	888	20
64	25748	10161	15587	854	832	22
65岁及以上	**408683**	**181639**	**227044**	**13220**	**12678**	**542**

单位：人

有配偶			离婚			丧偶		
小计	男	女	小计	男	女	小计	男	女
670541	**268912**	**401629**	**8114**	**6167**	**1947**	**140984**	**43187**	**97797**
140	**27**	**113**	**1**		**1**			
1		1						
9	3	6						
18	3	15						
35	7	28	1		1			
77	14	63						
1407	**406**	**1001**	**48**	**24**	**24**	**3**	**2**	**1**
126	29	97	8	2	6	2	1	1
168	32	136	6	3	3			
285	81	204	4	1	3			
373	113	260	10	7	3			
455	151	304	20	11	9	1	1	
4811	**1690**	**3121**	**171**	**111**	**60**	**11**	**10**	**1**
563	182	381	18	10	8	1	1	
662	229	433	27	17	10	2	2	
916	327	589	28	20	8	1	1	
1174	396	778	43	29	14	2	2	
1496	556	940	55	35	20	5	4	1
13058	**4826**	**8232**	**555**	**397**	**158**	**61**	**23**	**38**
2308	881	1427	109	79	30	12	4	8
2550	915	1635	99	67	32	11	6	5
2687	988	1699	106	81	25	10	1	9
2865	1061	1804	136	93	43	17	8	9
2648	981	1667	105	77	28	11	4	7
14002	**4873**	**9129**	**528**	**378**	**150**	**143**	**52**	**91**
2266	799	1467	97	65	32	24	7	17
2222	778	1444	89	66	23	22	7	15
2787	949	1838	94	63	31	23	5	18
3304	1160	2144	129	93	36	35	14	21
3423	1187	2236	119	91	28	39	19	20
25022	**8928**	**16094**	**825**	**640**	**185**	**401**	**136**	**265**
3611	1269	2342	135	106	29	38	12	26
4761	1749	3012	163	132	31	61	21	40
5108	1836	3272	183	138	45	74	32	42
5259	1874	3385	178	139	39	112	34	78
6283	2200	4083	166	125	41	116	37	79
55602	**19865**	**35737**	**1176**	**942**	**234**	**1431**	**443**	**988**
7530	2763	4767	185	154	31	151	48	103
9709	3531	6178	238	192	46	214	64	150
11193	4047	7146	262	214	48	299	97	202
12885	4500	8385	264	200	64	344	109	235
14285	5024	9261	227	182	45	423	125	298
100232	**33869**	**66363**	**1359**	**1089**	**270**	**4495**	**1233**	**3262**
17218	5830	11388	279	228	51	588	169	419
18416	6298	12118	277	225	52	699	195	504
21686	7303	14383	293	229	64	953	252	701
19874	6630	13244	248	188	60	963	267	696
23038	7808	15230	262	219	43	1292	350	942
94798	**31786**	**63012**	**953**	**734**	**219**	**7186**	**1685**	**5501**
20170	6873	13297	233	191	42	1269	309	960
19964	6610	13354	208	165	43	1328	304	1024
24610	8451	16159	259	196	63	1855	467	1388
19842	6613	13229	170	128	42	1727	385	1342
10212	3239	6973	83	54	29	1007	220	787
83920	**31520**	**52400**	**731**	**580**	**151**	**11106**	**3036**	**8070**
11578	3971	7607	111	83	28	1236	324	912
11767	4304	7463	89	70	19	1396	360	1036
16726	6311	10415	150	123	27	2256	617	1639
22307	8644	13663	194	160	34	3053	840	2213
21542	8290	13252	187	144	43	3165	895	2270
277549	**131122**	**146427**	**1767**	**1272**	**495**	**116147**	**36567**	**79580**

5-3c 续表 4

受教育程度 年 龄	15岁及以上人口			未 婚		
	合计	男	女	小计	男	女
初 中	**1702547**	**898665**	**803882**	**226711**	**145948**	**80763**
15-19岁	**106946**	**61540**	**45406**	**104996**	**60965**	**44031**
15	41732	23795	17937	41703	23784	17919
16	24270	13901	10369	24163	13884	10279
17	15000	8634	6366	14780	8579	6201
18	12918	7607	5311	12376	7452	4924
19	13026	7603	5423	11974	7266	4708
20-24岁	**78907**	**43113**	**35794**	**49731**	**31928**	**17803**
20	13206	7565	5641	11081	6876	4205
21	14471	8110	6361	10756	6841	3915
22	17039	9372	7667	10940	7091	3849
23	16851	8978	7873	9169	5981	3188
24	17340	9088	8252	7785	5139	2646
25-29岁	**123525**	**60790**	**62735**	**30133**	**20343**	**9790**
25	18898	9682	9216	7191	4742	2449
26	19331	9654	9677	5678	3761	1917
27	24091	11829	12262	5944	4026	1918
28	28619	13908	14711	5910	4032	1878
29	32586	15717	16869	5410	3782	1628
30-34岁	**214542**	**103176**	**111366**	**20951**	**14854**	**6097**
30	48454	23785	24669	6681	4652	2029
31	46510	22495	24015	5133	3702	1431
32	42144	19867	22277	3770	2683	1087
33	43155	20730	22425	3213	2306	907
34	34279	16299	17980	2154	1511	643
35-39岁	**147006**	**71162**	**75844**	**6077**	**4500**	**1577**
35	27731	13197	14534	1506	1114	392
36	26926	12899	14027	1262	928	334
37	28989	14069	14920	1158	850	308
38	32887	16130	16757	1175	872	303
39	30473	14867	15606	976	736	240
40-44岁	**147172**	**72840**	**74332**	**3599**	**2932**	**667**
40	28459	13895	14564	815	645	170
41	31150	15376	15774	814	656	158
42	29777	14638	15139	677	569	108
43	27463	13544	13919	653	538	115
44	30323	15387	14936	640	524	116
45-49岁	**199172**	**101410**	**97762**	**3341**	**3011**	**330**
45	31390	15790	15600	626	558	68
46	38681	19702	18979	747	660	87
47	40185	20486	19699	666	605	61
48	43755	22279	21476	675	621	54
49	45161	23153	22008	627	567	60
50-54岁	**235814**	**119955**	**115859**	**2480**	**2302**	**178**
50	48651	24783	23868	552	503	49
51	45536	22939	22597	504	475	29
52	50949	25776	25173	527	496	31
53	42887	21774	21113	424	392	32
54	47791	24683	23108	473	436	37
55-59岁	**176540**	**91285**	**85255**	**1628**	**1522**	**106**
55	41116	21016	20100	367	342	25
56	38801	19903	18898	387	356	31
57	48202	25260	22942	470	441	29
58	33627	17534	16093	275	258	17
59	14794	7572	7222	129	125	4
60-64岁	**97348**	**57629**	**39719**	**1223**	**1176**	**47**
60	17399	9529	7870	179	171	8
61	14806	8547	6259	214	205	9
62	19683	11659	8024	268	256	12
63	24168	14830	9338	321	310	11
64	21292	13064	8228	241	234	7
65岁及以上	**175575**	**115765**	**59810**	**2552**	**2415**	**137**

单位：人

有配偶			离婚			丧偶		
小计	男	女	小计	男	女	小计	男	女
1392490	**705671**	**686819**	**26785**	**19798**	**6987**	**56561**	**27248**	**29313**
1933	**568**	**1365**	**17**	**7**	**10**			
29	11	18						
107	17	90						
218	55	163	2		2			
539	155	384	3		3			
1040	330	710	12	7	5			
28709	**10912**	**17797**	**443**	**264**	**179**	**24**	**9**	**15**
2099	675	1424	24	14	10	2		2
3663	1241	2422	48	27	21	4	1	3
6025	2242	3783	71	37	34	3	2	1
7545	2910	4635	130	84	46	7	3	4
9377	3844	5533	170	102	68	8	3	5
91029	**38958**	**52071**	**2250**	**1448**	**802**	**113**	**41**	**72**
11473	4802	6671	220	135	85	14	3	11
13342	5697	7645	292	188	104	19	8	11
17685	7518	10167	440	278	162	22	7	15
22118	9515	12603	566	350	216	25	11	14
26411	11426	14985	732	497	235	33	12	21
186800	**83716**	**103084**	**6341**	**4457**	**1884**	**450**	**149**	**301**
40494	18275	22219	1217	838	379	62	20	42
39998	17881	22117	1292	887	405	87	25	62
37004	16246	20758	1276	896	380	94	42	52
38426	17377	21049	1406	1011	395	110	36	74
30878	13937	16941	1150	825	325	97	26	71
135611	**63056**	**72555**	**4603**	**3381**	**1222**	**715**	**225**	**490**
25208	11392	13816	919	660	259	98	31	67
24719	11311	13408	853	629	224	92	31	61
26802	12557	14245	877	617	260	152	45	107
30506	14423	16083	1035	775	260	171	60	111
28376	13373	15003	919	700	219	202	58	144
138326	**66548**	**71778**	**3845**	**2886**	**959**	**1402**	**474**	**928**
26583	12563	14020	852	624	228	209	63	146
29176	13953	15223	891	668	223	269	99	170
28099	13436	14663	712	540	172	289	93	196
25844	12379	13465	692	530	162	274	97	177
28624	14217	14407	698	524	174	361	122	239
189097	**94495**	**94602**	**3576**	**2798**	**778**	**3158**	**1106**	**2052**
29672	14548	15124	706	554	152	386	130	256
36576	18216	18360	771	616	155	587	210	377
38177	19101	19076	718	564	154	624	216	408
41708	20915	20793	639	481	158	733	262	471
42964	21715	21249	742	583	159	828	288	540
224144	**113005**	**111139**	**2755**	**2179**	**576**	**6435**	**2469**	**3966**
46348	23365	22983	670	521	149	1081	394	687
43365	21592	21773	551	442	109	1116	430	686
48453	24292	24161	592	459	133	1377	529	848
40734	20520	20214	479	386	93	1250	476	774
45244	23236	22008	463	371	92	1611	640	971
165490	**85511**	**79979**	**1433**	**1120**	**313**	**7989**	**3132**	**4857**
38831	19768	19063	377	292	85	1541	614	927
36466	18669	17797	328	258	70	1620	620	1000
45111	23663	21448	381	295	86	2240	861	1379
31360	16392	14968	232	183	49	1760	701	1059
13722	7019	6703	115	92	23	828	336	492
88289	**52400**	**35889**	**666**	**557**	**109**	**7170**	**3496**	**3674**
15966	8768	7198	129	104	25	1125	486	639
13503	7810	5693	96	78	18	993	454	539
17853	10605	7248	138	121	17	1424	677	747
21863	13441	8422	167	137	30	1817	942	875
19104	11776	7328	136	117	19	1811	937	874
143062	**96502**	**46560**	**856**	**701**	**155**	**29105**	**16147**	**12958**

5-3c 续表 5

受教育程度 年龄	15岁及以上人口			未婚		
	合计	男	女	小计	男	女
高 中	**397566**	**229385**	**168181**	**162836**	**92823**	**70013**
15-19岁	**105325**	**57884**	**47441**	**104971**	**57771**	**47200**
15	17787	9481	8306	17784	9479	8305
16	27809	15164	12645	27796	15160	12636
17	26912	14731	12181	26870	14713	12157
18	19678	11093	8585	19577	11057	8520
19	13139	7415	5724	12944	7362	5582
20-24岁	**40837**	**22041**	**18796**	**33747**	**19307**	**14440**
20	10849	5970	4879	10331	5796	4535
21	8230	4503	3727	7411	4226	3185
22	7938	4301	3637	6538	3757	2781
23	7119	3776	3343	5199	3014	2185
24	6701	3491	3210	4268	2514	1754
25-29岁	**40005**	**20551**	**19454**	**14260**	**8928**	**5332**
25	6668	3477	3191	3528	2118	1410
26	6432	3338	3094	2852	1782	1070
27	7962	4119	3843	2864	1780	1084
28	9207	4792	4415	2761	1797	964
29	9736	4825	4911	2255	1451	804
30-34岁	**53376**	**27333**	**26043**	**6982**	**4561**	**2421**
30	13523	6912	6611	2505	1649	856
31	11904	6031	5873	1719	1103	616
32	10259	5175	5084	1200	795	405
33	10087	5256	4831	954	633	321
34	7603	3959	3644	604	381	223
35-39岁	**26783**	**14331**	**12452**	**1324**	**935**	**389**
35	5697	2983	2714	369	251	118
36	5163	2740	2423	295	211	84
37	5218	2777	2441	247	174	73
38	5575	3025	2550	221	157	64
39	5130	2806	2324	192	142	50
40-44岁	**20405**	**11562**	**8843**	**498**	**376**	**122**
40	4615	2559	2056	149	103	46
41	4561	2588	1973	131	103	28
42	4080	2296	1784	72	59	13
43	3466	1978	1488	88	69	19
44	3683	2141	1542	58	42	16
45-49岁	**20197**	**12134**	**8063**	**322**	**269**	**53**
45	3396	2029	1367	77	67	10
46	4055	2428	1627	73	55	18
47	4111	2404	1707	55	44	11
48	4280	2590	1690	62	51	11
49	4355	2683	1672	55	52	3
50-54岁	**21807**	**13670**	**8137**	**204**	**183**	**21**
50	4700	2877	1823	56	48	8
51	4162	2543	1619	44	40	4
52	4613	2909	1704	38	35	3
53	3739	2381	1358	29	27	2
54	4593	2960	1633	37	33	4
55-59岁	**28077**	**18863**	**9214**	**166**	**152**	**14**
55	4789	3126	1663	33	30	3
56	5362	3611	1751	38	36	2
57	8222	5528	2694	38	37	1
58	6536	4427	2109	40	35	5
59	3168	2171	997	17	14	3
60-64岁	**19496**	**14208**	**5288**	**161**	**153**	**8**
60	4048	2840	1208	33	29	4
61	3497	2514	983	29	27	2
62	4215	3063	1152	43	41	2
63	4474	3372	1102	34	34	
64	3262	2419	843	22	22	
65岁及以上	**21258**	**16808**	**4450**	**201**	**188**	**13**

单位：人

有配偶			离婚			丧偶		
小计	男	女	小计	男	女	小计	男	女
223995	**129799**	**94196**	**4323**	**2892**	**1431**	**6412**	**3871**	**2541**
351	**112**	**239**	**3**	**1**	**2**			
3	2	1						
13	4	9						
42	18	24						
99	35	64	2	1	1			
194	53	141	1		1			
7001	**2691**	**4310**	**88**	**43**	**45**	**1**		**1**
508	171	337	10	3	7			
807	270	537	12	7	5			
1388	539	849	11	5	6	1		1
1897	750	1147	23	12	11			
2401	961	1440	32	16	16			
25256	**11345**	**13911**	**471**	**274**	**197**	**18**	**4**	**14**
3101	1339	1762	35	18	17	4	2	2
3513	1522	1991	65	33	32	2	1	1
5011	2292	2719	84	46	38	3	1	2
6337	2922	3415	106	73	33	3		3
7294	3270	4024	181	104	77	6		6
45049	**21925**	**23124**	**1253**	**809**	**444**	**92**	**38**	**54**
10725	5066	5659	272	188	84	21	9	12
9907	4754	5153	257	162	95	21	12	9
8830	4238	4592	214	138	76	15	4	11
8822	4440	4382	286	172	114	25	11	14
6765	3427	3338	224	149	75	10	2	8
24524	**12815**	**11709**	**839**	**559**	**280**	**96**	**22**	**74**
5132	2622	2510	179	103	76	17	7	10
4662	2396	2266	192	132	60	14	1	13
4784	2487	2297	165	112	53	22	4	18
5188	2763	2425	149	100	49	17	5	12
4758	2547	2211	154	112	42	26	5	21
19213	**10762**	**8451**	**522**	**359**	**163**	**172**	**65**	**107**
4291	2340	1951	146	109	37	29	7	22
4285	2397	1888	115	78	37	30	10	20
3868	2159	1709	101	65	36	39	13	26
3269	1850	1419	82	49	33	27	10	17
3500	2016	1484	78	58	20	47	25	22
19284	**11516**	**7768**	**357**	**264**	**93**	**234**	**85**	**149**
3239	1912	1327	56	41	15	24	9	15
3851	2290	1561	87	68	19	44	15	29
3951	2305	1646	61	42	19	44	13	31
4084	2460	1624	79	56	23	55	23	32
4159	2549	1610	74	57	17	67	25	42
20864	**13081**	**7783**	**280**	**198**	**82**	**459**	**208**	**251**
4506	2759	1747	71	45	26	67	25	42
3973	2431	1542	57	36	21	88	36	52
4415	2784	1631	64	45	19	96	45	51
3566	2270	1296	38	32	6	106	52	54
4404	2837	1567	50	40	10	102	50	52
26676	**18026**	**8650**	**263**	**186**	**77**	**972**	**499**	**473**
4557	2994	1563	66	45	21	133	57	76
5093	3447	1646	51	32	19	180	96	84
7834	5303	2531	67	48	19	283	140	143
6199	4214	1985	55	44	11	242	134	108
2993	2068	925	24	17	7	134	72	62
17989	**13216**	**4773**	**143**	**115**	**28**	**1203**	**724**	**479**
3783	2677	1106	32	23	9	200	111	89
3234	2352	882	28	21	7	206	114	92
3869	2825	1044	37	31	6	266	166	100
4129	3142	987	26	23	3	285	173	112
2974	2220	754	20	17	3	246	160	86
17788	**14310**	**3478**	**104**	**84**	**20**	**3165**	**2226**	**939**

5-3c 续表 6

受教育程度 年龄	15岁及以上人口			未婚		
	合计	男	女	小计	男	女
大学专科	**112771**	**58170**	**54601**	**63957**	**32386**	**31571**
15-19岁	**19310**	**9827**	**9483**	**19256**	**9811**	**9445**
15	545	317	228	545	317	228
16	1091	599	492	1091	599	492
17	2352	1268	1084	2347	1267	1080
18	6251	3149	3102	6241	3148	3093
19	9071	4494	4577	9032	4480	4552
20-24岁	**31750**	**15082**	**16668**	**29795**	**14410**	**15385**
20	9472	4642	4830	9390	4622	4768
21	7108	3425	3683	6901	3359	3542
22	6162	2879	3283	5808	2749	3059
23	4940	2298	2642	4383	2090	2293
24	4068	1838	2230	3313	1590	1723
25-29岁	**20341**	**9697**	**10644**	**10321**	**5371**	**4950**
25	4102	1900	2202	2962	1461	1501
26	3545	1627	1918	2168	1075	1093
27	4111	1987	2124	2075	1131	944
28	4348	2128	2220	1720	948	772
29	4235	2055	2180	1396	756	640
30-34岁	**20074**	**10107**	**9967**	**3763**	**2257**	**1506**
30	5580	2796	2784	1428	829	599
31	4830	2298	2532	976	580	396
32	3719	1882	1837	593	369	224
33	3452	1803	1649	493	307	186
34	2493	1328	1165	273	172	101
35-39岁	**7625**	**4263**	**3362**	**549**	**352**	**197**
35	1734	983	751	181	115	66
36	1525	854	671	130	87	43
37	1463	819	644	107	67	40
38	1580	903	677	80	55	25
39	1323	704	619	51	28	23
40-44岁	**4677**	**2708**	**1969**	**154**	**107**	**47**
40	1185	641	544	59	39	20
41	1158	663	495	36	23	13
42	928	549	379	24	17	7
43	716	431	285	21	16	5
44	690	424	266	14	12	2
45-49岁	**2825**	**1827**	**998**	**57**	**38**	**19**
45	624	394	230	16	12	4
46	631	386	245	13	8	5
47	556	372	184	11	6	5
48	518	342	176	9	8	1
49	496	333	163	8	4	4
50-54岁	**1987**	**1372**	**615**	**26**	**16**	**10**
50	491	347	144	9	6	3
51	423	280	143	8	3	5
52	387	268	119	3	1	2
53	330	222	108	4	4	
54	356	255	101	2	2	
55-59岁	**1449**	**1036**	**413**	**15**	**10**	**5**
55	327	227	100	6	5	1
56	289	200	89	2	2	
57	408	297	111	3	2	1
58	294	213	81	2	1	1
59	131	99	32	2		2
60-64岁	**1050**	**826**	**224**	**4**	**2**	**2**
60	185	150	35			
61	152	116	36			
62	224	170	54			
63	261	208	53	1		1
64	228	182	46	3	2	1
65岁及以上	**1683**	**1425**	**258**	**17**	**12**	**5**

单位：人

有配偶			离婚			丧偶		
小计	男	女	小计	男	女	小计	男	女
47531	**25017**	**22514**	**849**	**494**	**355**	**434**	**273**	**161**
54	**16**	**38**						
5	1	4						
10	1	9						
39	14	25						
1950	**672**	**1278**	**5**		**5**			
80	20	60	2		2			
207	66	141						
353	130	223	1		1			
556	208	348	1		1			
754	248	506	1		1			
9910	**4279**	**5631**	**101**	**44**	**57**	**9**	**3**	**6**
1131	437	694	6	1	5	3	1	2
1363	546	817	14	6	8			
2019	851	1168	15	4	11	2	1	1
2593	1165	1428	32	14	18	3	1	2
2804	1280	1524	34	19	15	1		1
15968	**7664**	**8304**	**320**	**177**	**143**	**23**	**9**	**14**
4077	1925	2152	72	41	31	3	1	2
3776	1686	2090	73	30	43	5	2	3
3060	1478	1582	61	32	29	5	3	2
2899	1454	1445	55	39	16	5	3	2
2156	1121	1035	59	35	24	5		5
6865	**3788**	**3077**	**196**	**118**	**78**	**15**	**5**	**10**
1510	840	670	42	28	14	1		1
1355	744	611	37	22	15	3	1	2
1314	728	586	39	24	15	3		3
1458	825	633	38	20	18	4	3	1
1228	651	577	40	24	16	4	1	3
4397	**2516**	**1881**	**104**	**79**	**25**	**22**	**6**	**16**
1100	583	517	21	17	4	5	2	3
1082	611	471	36	28	8	4	1	3
885	520	365	14	10	4	5	2	3
675	402	273	16	13	3	4		4
655	400	255	17	11	6	4	1	3
2684	**1743**	**941**	**65**	**38**	**27**	**19**	**8**	**11**
591	373	218	15	9	6	2		2
596	364	232	15	11	4	7	3	4
528	356	172	14	9	5	3	1	2
491	326	165	14	5	9	4	3	1
478	324	154	7	4	3	3	1	2
1912	**1327**	**585**	**23**	**15**	**8**	**26**	**14**	**12**
475	336	139	4	4		3	1	2
406	274	132	4	1	3	5	2	3
369	258	111	9	6	3	6	3	3
319	215	104	3	1	2	4	2	2
343	244	99	3	3		8	6	2
1377	**994**	**383**	**16**	**10**	**6**	**41**	**22**	**19**
309	216	93	3	1	2	9	5	4
275	189	86	6	6		6	3	3
387	286	101	5	2	3	13	7	6
282	207	75	1	1		9	4	5
124	96	28	1		1	4	3	1
998	**789**	**209**	**4**	**2**	**2**	**44**	**33**	**11**
176	145	31				9	5	4
143	110	33	1		1	8	6	2
217	165	52	1		1	6	5	1
248	198	50	2	2		10	8	2
214	171	43				11	9	2
1416	**1229**	**187**	**15**	**11**	**4**	**235**	**173**	**62**

5-3c 续表 7

受教育程度 年　龄	15岁及以上人口			未　婚		
	合计	男	女	小计	男	女
大学本科	**43375**	**20761**	**22614**	**28600**	**13127**	**15473**
15-19岁	**6280**	**2831**	**3449**	**6280**	**2831**	**3449**
15	38	13	25	38	13	25
16	88	51	37	88	51	37
17	591	257	334	591	257	334
18	2417	1089	1328	2417	1089	1328
19	3146	1421	1725	3146	1421	1725
20-24岁	**14430**	**6311**	**8119**	**14067**	**6198**	**7869**
20	3424	1562	1862	3416	1559	1857
21	3035	1363	1672	3010	1357	1653
22	3143	1347	1796	3103	1338	1765
23	2579	1101	1478	2484	1067	1417
24	2249	938	1311	2054	877	1177
25-29岁	**9686**	**4376**	**5310**	**6121**	**2885**	**3236**
25	2146	876	1270	1810	752	1058
26	1797	804	993	1344	640	704
27	1905	863	1042	1189	591	598
28	2023	946	1077	1046	526	520
29	1815	887	928	732	376	356
30-34岁	**7416**	**3790**	**3626**	**1793**	**991**	**802**
30	2184	1040	1144	756	401	355
31	1682	801	881	425	221	204
32	1392	737	655	296	171	125
33	1266	707	559	190	119	71
34	892	505	387	126	79	47
35-39岁	**2564**	**1468**	**1096**	**246**	**158**	**88**
35	609	353	256	69	43	26
36	572	344	228	72	50	22
37	519	304	215	50	32	18
38	475	260	215	28	19	9
39	389	207	182	27	14	13
40-44岁	**1194**	**706**	**488**	**56**	**42**	**14**
40	297	166	131	15	11	4
41	266	153	113	10	7	3
42	229	144	85	13	10	3
43	200	113	87	9	8	1
44	202	130	72	9	6	3
45-49岁	**734**	**490**	**244**	**22**	**15**	**7**
45	147	95	52	5	2	3
46	174	118	56	7	5	2
47	140	93	47	5	5	
48	146	94	52	3	1	2
49	127	90	37	2	2	
50-54岁	**441**	**310**	**131**	**7**	**5**	**2**
50	103	65	38	1		1
51	96	71	25	1	1	
52	98	70	28	2	1	1
53	76	58	18	2	2	
54	68	46	22	1	1	
55-59岁	**244**	**178**	**66**	**3**	**1**	**2**
55	59	43	16	1		1
56	48	34	14	1	1	
57	67	43	24			
58	43	37	6	1		1
59	27	21	6			
60-64岁	**126**	**92**	**34**	**2**	**1**	**1**
60	22	13	9	2	1	1
61	19	13	6			
62	32	28	4			
63	22	16	6			
64	31	22	9			
65岁及以上	**260**	**209**	**51**	**3**		**3**

单位：人

有配偶			离　婚			丧　偶		
小计	男	女	小计	男	女	小计	男	女
14476	**7469**	**7007**	**218**	**111**	**107**	**81**	**54**	**27**
362	**113**	**249**	**1**		**1**			
8	3	5						
25	6	19						
40	9	31						
95	34	61						
194	61	133	1		1			
3542	**1483**	**2059**	**20**	**6**	**14**	**3**	**2**	**1**
335	123	212				1	1	
451	163	288	1		1	1	1	
711	271	440	5	1	4			
972	419	553	5	1	4			
1073	507	566	9	4	5	1		1
5561	**2770**	**2791**	**60**	**28**	**32**	**2**	**1**	**1**
1415	635	780	13	4	9			
1246	572	674	11	8	3			
1078	557	521	17	8	9	1	1	
1062	583	479	13	5	8	1		1
760	423	337	6	3	3			
2248	**1281**	**967**	**64**	**28**	**36**	**6**	**1**	**5**
528	304	224	11	6	5	1		1
484	287	197	15	6	9	1	1	
453	265	188	14	7	7	2		2
434	237	197	12	4	8	1		1
349	188	161	12	5	7	1		1
1099	**637**	**462**	**34**	**24**	**10**	**5**	**3**	**2**
270	147	123	10	8	2	2		2
247	140	107	9	6	3			
209	130	79	7	4	3			
188	103	85	2	1	1	1	1	
185	117	68	6	5	1	2	2	
685	**462**	**223**	**20**	**10**	**10**	**7**	**3**	**4**
139	92	47	3	1	2			
162	111	51	4	2	2	1		1
132	86	46	3	2	1			
131	86	45	8	4	4	4	3	1
121	87	34	2	1	1	2		2
419	**295**	**124**	**10**	**8**	**2**	**5**	**2**	**3**
96	60	36	5	4	1	1	1	
92	68	24	3	2	1			
93	68	25				3	1	2
73	55	18	1	1				
65	44	21	1	1		1		1
232	**171**	**61**	**5**	**5**		**4**	**1**	**3**
57	42	15	1	1				
46	32	14	1	1				
65	42	23	1	1		1		1
40	36	4	1	1		1		1
24	19	5	1	1		2	1	1
109	**80**	**29**	**2**	**1**	**1**	**13**	**10**	**3**
18	10	8				2	2	
17	13	4				2		2
31	27	4				1	1	
17	13	4	1		1	4	3	1
26	17	9	1	1		4	4	
219	**177**	**42**	**2**	**1**	**1**	**36**	**31**	**5**

5-3c 续表 8

受教育程度 年　　龄	15岁及以上人口 合计	男	女	未　婚 小计	男	女
硕士研究生	**2611**	**1212**	**1399**	**1840**	**825**	**1015**
15-19岁	**13**	**8**	**5**	**13**	**8**	**5**
15						
16						
17	3	3		3	3	
18	2	1	1	2	1	1
19	8	4	4	8	4	4
20-24岁	**667**	**296**	**371**	**659**	**293**	**366**
20	13	5	8	12	5	7
21	49	28	21	49	28	21
22	154	64	90	153	64	89
23	207	84	123	206	83	123
24	244	115	129	239	113	126
25-29岁	**1085**	**473**	**612**	**910**	**401**	**509**
25	233	93	140	228	91	137
26	223	99	124	203	88	115
27	237	103	134	199	92	107
28	207	83	124	159	63	96
29	185	95	90	121	67	54
30-34岁	**564**	**264**	**300**	**232**	**109**	**123**
30	201	91	110	113	54	59
31	128	55	73	51	25	26
32	103	58	45	32	15	17
33	84	41	43	22	12	10
34	48	19	29	14	3	11
35-39岁	**140**	**78**	**62**	**20**	**11**	**9**
35	48	27	21	9	5	4
36	37	19	18	4	1	3
37	27	18	9	5	4	1
38	18	8	10	1		1
39	10	6	4	1	1	
40-44岁	**38**	**25**	**13**	**2**	**1**	**1**
40	14	9	5			
41	7	5	2			
42	8	5	3	1		1
43	5	4	1	1	1	
44	4	2	2			
45-49岁	**33**	**22**	**11**	**2**	**1**	**1**
45	6	3	3			
46	8	6	2			
47	5	4	1	1		1
48	5	2	3			
49	9	7	2	1	1	
50-54岁	**25**	**14**	**11**			
50	6	3	3			
51	5	3	2			
52	5	3	2			
53	4		4			
54	5	5				
55-59岁	**19**	**15**	**4**	**1**	**1**	
55	5	3	2			
56	5	5				
57	4	3	1			
58	3	2	1			
59	2	2		1	1	
60-64岁	**5**	**3**	**2**			
60	1	1				
61						
62						
63	2	1	1			
64	2	1	1			
65岁及以上	**22**	**14**	**8**	**1**		**1**

单位：人

有配偶			离婚			丧偶		
小计	男	女	小计	男	女	小计	男	女
757	**381**	**376**	**7**	**3**	**4**	**7**	**3**	**4**
8	**3**	**5**						
1		1						
1		1						
1	1							
5	2	3						
175	**72**	**103**						
5	2	3						
20	11	9						
38	11	27						
48	20	28						
64	28	36						
330	**155**	**175**	**2**		**2**			
88	37	51						
76	30	46	1		1			
71	43	28						
62	29	33						
33	16	17	1		1			
118	**66**	**52**	**2**	**1**	**1**			
39	22	17						
33	18	15						
21	13	8	1	1				
16	8	8	1		1			
9	5	4						
35	**24**	**11**	**1**		**1**			
13	9	4	1		1			
7	5	2						
7	5	2						
4	3	1						
4	2	2						
30	**20**	**10**	**1**	**1**				
6	3	3						
8	6	2						
4	4							
4	1	3	1	1				
8	6	2						
25	**14**	**11**						
6	3	3						
5	3	2						
5	3	2						
4		4						
5	5							
16	**12**	**4**	**1**	**1**		**1**	**1**	
3	1	2	1	1		1	1	
5	5							
4	3	1						
3	2	1						
1	1							
5	**3**	**2**						
1	1							
2	1	1						
2	1	1						
15	**12**	**3**				**6**	**2**	**4**

5-3c 续表 9

受教育程度 年龄	15岁及以上人口			未婚		
	合计	男	女	小计	男	女
博士研究生	**349**	**205**	**144**	**256**	**145**	**111**
15-19岁						
15						
16						
17						
18						
19						
20-24岁	**39**	**18**	**21**	**38**	**18**	**20**
20	2	2		2	2	
21	3	2	1	3	2	1
22	8	4	4	8	4	4
23	11	1	10	10	1	9
24	15	9	6	15	9	6
25-29岁	**145**	**83**	**62**	**129**	**75**	**54**
25	21	13	8	21	13	8
26	27	17	10	26	16	10
27	32	18	14	27	16	11
28	32	16	16	27	13	14
29	33	19	14	28	17	11
30-34岁	**116**	**70**	**46**	**76**	**45**	**31**
30	39	27	12	28	20	8
31	32	15	17	24	13	11
32	17	11	6	7	3	4
33	12	8	4	8	4	4
34	16	9	7	9	5	4
35-39岁	**28**	**18**	**10**	**10**	**6**	**4**
35	11	5	6	6	2	4
36	6	5	1	1	1	
37	3	2	1	1	1	
38	3	3		2	2	
39	5	3	2			
40-44岁	**8**	**5**	**3**	**2**	**1**	**1**
40	5	3	2			
41	2	1	1	1		1
42	1	1		1	1	
43						
44						
45-49岁	**6**	**5**	**1**	**1**		**1**
45						
46						
47	2	2				
48	1	1				
49	3	2	1	1		1
50-54岁	**1**	**1**				
50						
51						
52	1	1				
53						
54						
55-59岁	**5**	**4**	**1**			
55	1	1				
56						
57	1	1				
58	2	2				
59	1		1			
60-64岁						
60						
61						
62						
63						
64						
65岁及以上	**1**	**1**				

单位：人

有配偶			离　婚			丧　偶		
小计	男	女	小计	男	女	小计	男	女
91	**59**	**32**	**2**	**1**	**1**			
1		**1**						
1		1						
16	**8**	**8**						
1	1							
5	2	3						
5	3	2						
5	2	3						
40	**25**	**15**						
11	7	4						
8	2	6						
10	8	2						
4	4							
7	4	3						
17	**12**	**5**	**1**		**1**			
5	3	2						
5	4	1						
2	1	1						
1	1							
4	3	1	1		1			
6	**4**	**2**						
5	3	2						
1	1							
4	**4**		**1**	**1**				
2	2							
1	1							
1	1		1	1				
1	**1**							
1	1							
5	**4**	**1**						
1	1							
1	1							
2	2							
1		1						
1	**1**							

5-4 全省分初婚年龄、性别、初婚年份的人口

单位：人

初婚年龄	初婚年份								
	合计			1980年			1981年		
	合计	男	女	小计	男	女	小计	男	女
总　计	**4770896**	**2282637**	**2488259**	**135576**	**64979**	**70597**	**75360**	**35887**	**39473**
15岁以下	**5548**	**1539**	**4009**	**325**	**88**	**237**	**176**	**58**	**118**
15-19岁	**585604**	**211465**	**374139**	**15766**	**4697**	**11069**	**12065**	**4135**	**7930**
15	22600	7257	15343	1191	371	820	598	193	405
16	40165	12462	27703	2016	567	1449	794	223	571
17	77569	25084	52485	3837	1095	2742	1895	599	1296
18	148180	50569	97611	4122	1162	2960	3780	1226	2554
19	297090	116093	180997	4600	1502	3098	4998	1894	3104
20-24岁	**2884513**	**1359560**	**1524953**	**81572**	**39007**	**42565**	**43210**	**20417**	**22793**
20	488700	205327	283373	9437	3796	5641	4883	2008	2875
21	627697	287766	339931	13760	6559	7201	7688	3448	4240
22	704617	347379	357238	20235	9963	10272	8979	4347	4632
23	594210	286231	307979	21273	10242	11031	11174	5346	5828
24	469289	232857	236432	16867	8447	8420	10486	5268	5218
25-29岁	**1000070**	**541167**	**458903**	**32982**	**18122**	**14860**	**17521**	**9773**	**7748**
25	355520	184627	170893	13880	7346	6534	7028	3724	3304
26	252609	135819	116790	8768	4773	3995	4915	2780	2135
27	178475	99259	79216	5024	2847	2177	2842	1634	1208
28	125589	71227	54362	3254	1911	1343	1653	967	686
29	87877	50235	37642	2056	1245	811	1083	668	415
30-34岁	**197008**	**112865**	**84143**	**3759**	**2326**	**1433**	**1850**	**1165**	**685**
30	65170	37888	27282	1368	855	513	711	425	286
31	47678	27160	20518	906	547	359	461	282	179
32	36449	20802	15647	646	413	233	301	207	94
33	27249	15204	12045	483	304	179	195	121	74
34	20462	11811	8651	356	207	149	182	130	52
35-39岁	**52506**	**30835**	**21671**	**893**	**582**	**311**	**398**	**262**	**136**
35	15892	9185	6707	276	197	79	135	87	48
36	12309	7271	5038	204	126	78	94	63	31
37	9626	5686	3940	147	83	64	68	47	21
38	7948	4658	3290	149	105	44	47	28	19
39	6731	4035	2696	117	71	46	54	37	17
40-44岁	**23183**	**13298**	**9885**	**191**	**113**	**78**	**96**	**62**	**34**
40	6117	3534	2583	69	42	27	33	22	11
41	5181	2991	2190	40	29	11	28	20	8
42	4667	2676	1991	32	19	13	10	5	5
43	3997	2265	1732	26	12	14	14	7	7
44	3221	1832	1389	24	11	13	11	8	3
45-49岁	**10776**	**5954**	**4822**	**72**	**38**	**34**	**30**	**12**	**18**
45	2868	1636	1232	28	14	14	4	2	2
46	2417	1332	1085	18	10	8	5	4	1
47	2085	1180	905	8	4	4	10	2	8
48	1781	946	835	8	3	5	6	2	4
49	1625	860	765	10	7	3	5	2	3
50岁及以上	**11688**	**5954**	**5734**	**16**	**6**	**10**	**14**	**3**	**11**
平均初婚年龄	**23.68**	**24.12**	**23.27**	**23.53**	**24.05**	**23.05**	**23.34**	**23.86**	**22.86**

5-4　续表 1　　　　单位：人

初婚年龄	1982年 小计	1982年 男	1982年 女	1983年 小计	1983年 男	1983年 女	1984年 小计	1984年 男	1984年 女
总　计	**100268**	**47710**	**52558**	**102471**	**48569**	**53902**	**108093**	**51167**	**56926**
15岁以下	**216**	**61**	**155**	**220**	**59**	**161**	**171**	**53**	**118**
15—19岁	**20437**	**7385**	**13052**	**19057**	**6967**	**12090**	**17597**	**6471**	**11126**
15	795	246	549	848	292	556	836	271	565
16	1409	439	970	1318	407	911	1295	432	863
17	2341	764	1577	2433	764	1669	2280	717	1563
18	4874	1621	3253	4217	1366	2851	4587	1533	3054
19	11018	4315	6703	10241	4138	6103	8599	3518	5081
20—24岁	**55006**	**26164**	**28842**	**60842**	**28597**	**32245**	**70564**	**33119**	**37445**
20	11739	5058	6681	18583	8220	10363	16354	7177	9177
21	8572	3816	4756	14621	6710	7911	23084	10829	12255
22	12226	6019	6207	9533	4438	5095	15938	7701	8237
23	11035	5492	5543	10299	5083	5216	7667	3532	4135
24	11434	5779	5655	7806	4146	3660	7521	3880	3641
25—29岁	**21272**	**12023**	**9249**	**18866**	**10787**	**8079**	**15788**	**9106**	**6682**
25	8744	4824	3920	7368	4061	3307	5065	2821	2244
26	5216	2917	2299	4948	2803	2145	4260	2470	1790
27	3619	2083	1536	2994	1759	1235	3053	1806	1247
28	2275	1341	934	2137	1272	865	1881	1102	779
29	1418	858	560	1419	892	527	1529	907	622
30—34岁	**2547**	**1603**	**944**	**2657**	**1653**	**1004**	**3069**	**1879**	**1190**
30	994	624	370	940	573	367	1106	679	427
31	633	398	235	656	396	260	770	471	299
32	432	267	165	489	316	173	536	318	218
33	277	172	105	354	216	138	391	242	149
34	211	142	69	218	152	66	266	169	97
35—39岁	**559**	**350**	**209**	**562**	**366**	**196**	**606**	**374**	**232**
35	192	117	75	159	102	57	182	119	63
36	132	89	43	153	101	52	137	85	52
37	93	59	34	113	74	39	121	84	37
38	71	43	28	70	47	23	91	48	43
39	71	42	29	67	42	25	75	38	37
40—44岁	**159**	**95**	**64**	**192**	**116**	**76**	**190**	**110**	**80**
40	43	30	13	63	33	30	57	28	29
41	51	24	27	45	30	15	41	25	16
42	29	13	16	46	29	17	43	28	15
43	19	16	3	30	19	11	28	17	11
44	17	12	5	8	5	3	21	12	9
45—49岁	**51**	**19**	**32**	**53**	**18**	**35**	**65**	**39**	**26**
45	16	8	8	11	3	8	11	8	3
46	15	5	10	18	6	12	18	11	7
47	7	4	3	9	5	4	12	7	5
48	9	2	7	7	2	5	12	7	5
49	4		4	8	2	6	12	6	6
50岁及以上	**21**	**10**	**11**	**22**	**6**	**16**	**43**	**16**	**27**
平均初婚年龄	**22.97**	**23.51**	**22.48**	**22.66**	**23.19**	**22.19**	**22.59**	**23.04**	**22.18**

5-4 续表 2

单位：人

初婚年龄	初婚年份								
	1985年			1986年			1987年		
	小计	男	女	小计	男	女	小计	男	女
总 计	**162615**	**76980**	**85635**	**146876**	**69537**	**77339**	**135232**	**63938**	**71294**
15岁以下	**221**	**46**	**175**	**146**	**38**	**108**	**112**	**32**	**80**
15-19岁	**25697**	**9351**	**16346**	**23017**	**8718**	**14299**	**21337**	**8257**	**13080**
15	1079	344	735	672	213	459	607	207	400
16	2115	723	1392	1460	488	972	1171	393	778
17	3577	1181	2396	3298	1113	2185	2516	891	1625
18	6190	2073	4117	5800	2099	3701	5712	2043	3669
19	12736	5030	7706	11787	4805	6982	11331	4723	6608
20-24岁	**109395**	**51757**	**57638**	**103213**	**48960**	**54253**	**94704**	**44915**	**49789**
20	19356	8393	10963	20242	9026	11216	17685	7757	9928
21	28393	13195	15198	23134	10786	12348	22963	10692	12271
22	35411	17476	17935	26352	12778	13574	21745	10676	11069
23	17987	8626	9361	22993	11150	11843	18466	8870	9596
24	8248	4067	4181	10492	5220	5272	13845	6920	6925
25-29岁	**20434**	**11704**	**8730**	**14467**	**8267**	**6200**	**13378**	**7328**	**6050**
25	7077	3923	3154	4505	2331	2174	6032	3188	2844
26	4352	2501	1851	3598	2068	1530	2443	1307	1136
27	3880	2282	1598	2314	1419	895	1990	1137	853
28	2968	1716	1252	2138	1296	842	1392	793	599
29	2157	1282	875	1912	1153	759	1521	903	618
30-34岁	**5225**	**3145**	**2080**	**4403**	**2620**	**1783**	**4231**	**2519**	**1712**
30	1767	1075	692	1435	847	588	1359	813	546
31	1255	751	504	1108	663	445	996	589	407
32	962	593	369	845	502	343	846	509	337
33	763	452	311	583	341	242	578	321	257
34	478	274	204	432	267	165	452	287	165
35-39岁	**1126**	**703**	**423**	**1074**	**647**	**427**	**992**	**619**	**373**
35	387	230	157	340	205	135	371	234	137
36	233	154	79	239	145	94	250	152	98
37	193	124	69	176	112	64	169	109	60
38	161	103	58	154	88	66	107	65	42
39	152	92	60	165	97	68	95	59	36
40-44岁	**353**	**208**	**145**	**387**	**210**	**177**	**314**	**194**	**120**
40	122	80	42	129	67	62	100	64	36
41	65	34	31	98	63	35	79	49	30
42	66	40	26	63	36	27	59	35	24
43	63	34	29	49	21	28	43	29	14
44	37	20	17	48	23	25	33	17	16
45-49岁	**109**	**51**	**58**	**98**	**51**	**47**	**113**	**58**	**55**
45	37	19	18	36	22	14	30	14	16
46	19	8	11	17	8	9	29	13	16
47	17	10	7	21	9	12	24	13	11
48	17	7	10	12	4	8	12	7	5
49	19	7	12	12	8	4	18	11	7
50岁及以上	**55**	**15**	**40**	**71**	**26**	**45**	**51**	**16**	**35**
平均初婚年龄	**22.70**	**23.13**	**22.31**	**22.67**	**23.05**	**22.34**	**22.70**	**23.06**	**22.39**

5-4 续表 3

单位：人

初婚年龄	初婚年份								
	1988年			1989年			1990年		
	小计	男	女	小计	男	女	小计	男	女
总　计	**157541**	**74467**	**83074**	**139581**	**66414**	**73167**	**180101**	**86143**	**93958**
15岁以下	**179**	**53**	**126**	**149**	**47**	**102**	**286**	**82**	**204**
15-19岁	**24329**	**9440**	**14889**	**20706**	**8329**	**12377**	**27279**	**10967**	**16312**
15	697	267	430	616	222	394	975	392	583
16	1221	422	799	1225	423	802	1735	621	1114
17	2768	923	1845	2476	907	1569	3416	1297	2119
18	6030	2145	3885	5156	1941	3215	6951	2680	4271
19	13613	5683	7930	11233	4836	6397	14202	5977	8225
20-24岁	**107461**	**50913**	**56548**	**96258**	**45654**	**50604**	**124731**	**59705**	**65026**
20	21019	9363	11656	19477	8737	10740	23903	10686	13217
21	24339	11258	13081	23529	11112	12417	31364	15088	16276
22	27661	13593	14068	22628	10997	11631	31510	15346	16164
23	19891	9516	10375	18799	8954	9845	21771	10561	11210
24	14551	7183	7368	11825	5854	5971	16183	8024	8159
25-29岁	**19246**	**10267**	**8979**	**17639**	**9466**	**8173**	**22381**	**12057**	**10324**
25	10639	5599	5040	7986	4227	3759	9410	4938	4472
26	4205	2256	1949	5384	2954	2430	5985	3240	2745
27	1789	932	857	2336	1245	1091	4174	2355	1819
28	1515	837	678	1037	541	496	1904	1043	861
29	1098	643	455	896	499	397	908	481	427
30-34岁	**4501**	**2694**	**1807**	**3205**	**1928**	**1277**	**3234**	**1984**	**1250**
30	1231	747	484	720	444	276	818	472	346
31	1103	661	442	734	452	282	582	371	211
32	863	520	343	690	410	280	712	428	284
33	722	427	295	599	357	242	652	402	250
34	582	339	243	462	265	197	470	311	159
35-39岁	**1226**	**747**	**479**	**1121**	**690**	**431**	**1407**	**889**	**518**
35	420	243	177	383	239	144	415	260	155
36	314	206	108	255	154	101	339	220	119
37	223	134	89	214	125	89	264	169	95
38	168	99	69	149	92	57	218	136	82
39	101	65	36	120	80	40	171	104	67
40-44岁	**403**	**253**	**150**	**333**	**208**	**125**	**480**	**300**	**180**
40	103	72	31	102	70	32	149	98	51
41	100	64	36	69	36	33	109	65	44
42	84	48	36	66	42	24	85	57	28
43	65	39	26	60	41	19	75	46	29
44	51	30	21	36	19	17	62	34	28
45-49岁	**119**	**65**	**54**	**108**	**63**	**45**	**203**	**114**	**89**
45	33	19	14	23	13	10	72	50	22
46	29	19	10	21	14	7	38	22	16
47	26	16	10	19	5	14	41	20	21
48	18	7	11	30	24	6	33	14	19
49	13	4	9	15	7	8	19	8	11
50岁及以上	**77**	**35**	**42**	**62**	**29**	**33**	**100**	**45**	**55**
平均初婚年龄	**22.74**	**23.08**	**22.45**	**22.70**	**23.00**	**22.43**	**22.65**	**22.96**	**22.38**

5-4 续表 4 单位：人

初婚年龄	初婚年份								
	1991年			1992年			1993年		
	小计	男	女	小计	男	女	小计	男	女
总　计	**103576**	**49206**	**54370**	**126803**	**60421**	**66382**	**123406**	**58754**	**64652**
15岁以下	**131**	**49**	**82**	**159**	**53**	**106**	**131**	**32**	**99**
15-19岁	**14344**	**5925**	**8419**	**14272**	**5544**	**8728**	**12095**	**4494**	**7601**
15	431	170	261	501	179	322	454	166	288
16	760	274	486	782	278	504	769	247	522
17	1528	598	930	1511	562	949	1356	445	911
18	3547	1372	2175	3316	1195	2121	2781	988	1793
19	8078	3511	4567	8162	3330	4832	6735	2648	4087
20-24岁	**73793**	**34688**	**39105**	**92087**	**43593**	**48494**	**88755**	**41968**	**46787**
20	14182	6512	7670	15167	6769	8398	13589	5664	7925
21	18140	8491	9649	21774	10323	11451	19518	9086	10432
22	18804	8948	9856	24217	11955	12262	23277	11679	11598
23	14173	6601	7572	18517	8592	9925	19388	9126	10262
24	8494	4136	4358	12412	5954	6458	12983	6413	6570
25-29岁	**12899**	**7105**	**5794**	**16669**	**9147**	**7522**	**18101**	**9798**	**8303**
25	5719	3049	2670	6919	3600	3319	8006	4181	3825
26	3070	1683	1387	4455	2529	1926	4348	2364	1984
27	2001	1166	835	2386	1363	1023	2836	1601	1235
28	1442	830	612	1687	971	716	1655	944	711
29	667	377	290	1222	684	538	1256	708	548
30-34岁	**1352**	**795**	**557**	**1960**	**1122**	**838**	**2541**	**1440**	**1101**
30	367	198	169	679	382	297	1102	647	455
31	304	173	131	353	206	147	558	313	245
32	224	134	90	375	203	172	333	178	155
33	255	159	96	285	159	126	312	165	147
34	202	131	71	268	172	96	236	137	99
35-39岁	**613**	**391**	**222**	**877**	**547**	**330**	**933**	**589**	**344**
35	146	86	60	240	153	87	257	168	89
36	148	101	47	204	115	89	209	132	77
37	134	94	40	183	117	66	145	90	55
38	104	60	44	127	79	48	164	100	64
39	81	50	31	123	83	40	158	99	59
40-44岁	**258**	**160**	**98**	**485**	**277**	**208**	**524**	**281**	**243**
40	71	44	27	143	84	59	158	88	70
41	77	49	28	125	77	48	128	73	55
42	41	28	13	99	52	47	95	53	42
43	38	21	17	68	37	31	80	34	46
44	31	18	13	50	27	23	63	33	30
45-49岁	**111**	**60**	**51**	**169**	**86**	**83**	**188**	**98**	**90**
45	23	16	7	41	24	17	46	25	21
46	26	13	13	32	14	18	48	25	23
47	19	9	10	38	21	17	40	24	16
48	20	11	9	25	11	14	26	11	15
49	23	11	12	33	16	17	28	13	15
50岁及以上	**75**	**33**	**42**	**125**	**52**	**73**	**138**	**54**	**84**
平均初婚年龄	**22.64**	**22.90**	**22.41**	**22.93**	**23.19**	**22.69**	**23.16**	**23.46**	**22.89**

5-4 续表 5　　单位：人

初婚年龄	初婚年份								
	1994年			1995年			1996年		
	小计	男	女	小计	男	女	小计	男	女
总　计	**113549**	**54253**	**59296**	**143977**	**68930**	**75047**	**124807**	**59755**	**65052**
15岁以下	**110**	**31**	**79**	**119**	**25**	**94**	**100**	**25**	**75**
15-19岁	**10158**	**3690**	**6468**	**11853**	**4058**	**7795**	**10013**	**3435**	**6578**
15	525	191	334	557	175	382	358	95	263
16	675	204	471	1005	313	692	729	217	512
17	1061	368	693	1524	458	1066	1380	440	940
18	2328	802	1526	2684	878	1806	2333	726	1607
19	5569	2125	3444	6083	2234	3849	5213	1957	3256
20-24岁	**80190**	**37991**	**42199**	**97234**	**46155**	**51079**	**82541**	**38937**	**43604**
20	11442	4688	6754	12258	4734	7524	10203	4024	6179
21	17669	8182	9487	20235	9391	10844	16241	7366	8875
22	20981	10479	10502	25788	12965	12823	22159	11167	10992
23	17408	8342	9066	22140	10732	11408	19220	9109	10111
24	12690	6300	6390	16813	8333	8480	14718	7271	7447
25-29岁	**18484**	**9922**	**8562**	**27701**	**14841**	**12860**	**25192**	**13533**	**11659**
25	7942	4166	3776	11923	6249	5674	10057	5266	4791
26	4861	2580	2281	6950	3756	3194	6541	3530	3011
27	2561	1419	1142	4369	2388	1981	4131	2298	1833
28	1894	1068	826	2570	1399	1171	2753	1504	1249
29	1226	689	537	1889	1049	840	1710	935	775
30-34岁	**2865**	**1597**	**1268**	**4507**	**2441**	**2066**	**4643**	**2561**	**2082**
30	968	557	411	1314	725	589	1492	808	684
31	919	483	436	1162	636	526	1033	551	482
32	499	284	215	1138	621	517	919	533	386
33	227	127	100	589	297	292	805	433	372
34	252	146	106	304	162	142	394	236	158
35-39岁	**794**	**491**	**303**	**1115**	**649**	**466**	**867**	**514**	**353**
35	157	92	65	276	156	120	176	94	82
36	174	121	53	216	127	89	185	109	76
37	182	110	72	221	120	101	139	86	53
38	136	83	53	215	131	84	177	114	63
39	145	85	60	187	115	72	190	111	79
40-44岁	**575**	**328**	**247**	**790**	**447**	**343**	**710**	**392**	**318**
40	147	88	59	184	108	76	161	93	68
41	124	71	53	183	100	83	127	70	57
42	125	78	47	154	88	66	183	100	83
43	100	51	49	149	78	71	138	74	64
44	79	40	39	120	73	47	101	55	46
45-49岁	**212**	**123**	**89**	**301**	**158**	**143**	**371**	**190**	**181**
45	62	38	24	83	51	32	91	47	44
46	43	28	15	60	28	32	79	36	43
47	38	20	18	57	29	28	70	36	34
48	44	22	22	47	26	21	49	25	24
49	25	15	10	54	24	30	82	46	36
50岁及以上	**161**	**80**	**81**	**357**	**156**	**201**	**370**	**168**	**202**
平均初婚年龄	**23.36**	**23.68**	**23.07**	**23.68**	**24.01**	**23.38**	**23.85**	**24.20**	**23.53**

5-4 续表 6 单位：人

初婚年龄	初婚年份								
	1997年			1998年			1999年		
	小计	男	女	小计	男	女	小计	男	女
总 计	**112739**	**54121**	**58618**	**131431**	**63058**	**68373**	**104868**	**50331**	**54537**
15岁以下	**93**	**27**	**66**	**128**	**24**	**104**	**155**	**42**	**113**
15-19岁	**9807**	**3406**	**6401**	**12389**	**4187**	**8202**	**10400**	**3443**	**6957**
15	377	111	266	473	128	345	409	121	288
16	566	151	415	811	222	589	720	188	532
17	1178	365	813	1428	434	994	1304	381	923
18	2522	863	1659	2902	934	1968	2363	698	1665
19	5164	1916	3248	6775	2469	4306	5604	2055	3549
20-24岁	**71043**	**33215**	**37828**	**79046**	**37116**	**41930**	**64138**	**29983**	**34155**
20	9053	3405	5648	11434	4268	7166	10754	4092	6662
21	13448	5962	7486	15070	6590	8480	13372	5886	7486
22	17914	9054	8860	19422	9922	9500	15442	7849	7593
23	17270	8209	9061	17750	8520	9230	13808	6726	7082
24	13358	6585	6773	15370	7816	7554	10762	5430	5332
25-29岁	**24601**	**13545**	**11056**	**29750**	**16288**	**13462**	**23555**	**13159**	**10396**
25	9649	5087	4562	10979	5793	5186	8533	4580	3953
26	6096	3380	2716	7252	4013	3239	5831	3225	2606
27	4190	2437	1753	5097	2890	2207	4159	2458	1701
28	2676	1524	1152	3720	2111	1609	2898	1703	1195
29	1990	1117	873	2702	1481	1221	2134	1193	941
30-34岁	**4559**	**2494**	**2065**	**7165**	**3789**	**3376**	**4852**	**2693**	**2159**
30	1437	780	657	2281	1219	1062	1630	916	714
31	1131	627	504	1654	841	813	1270	706	564
32	768	406	362	1465	802	663	923	493	430
33	659	363	296	1035	499	536	629	352	277
34	564	318	246	730	428	302	400	226	174
35-39岁	**868**	**488**	**380**	**1493**	**811**	**682**	**946**	**554**	**392**
35	257	140	117	642	355	287	328	198	130
36	146	80	66	349	186	163	312	181	131
37	133	71	62	173	96	77	161	98	63
38	138	75	63	181	92	89	62	33	29
39	194	122	72	148	82	66	83	44	39
40-44岁	**1046**	**557**	**489**	**806**	**500**	**306**	**405**	**233**	**172**
40	257	133	124	208	133	75	67	39	28
41	200	112	88	175	102	73	82	49	33
42	217	110	107	168	107	61	88	47	41
43	202	111	91	134	85	49	80	45	35
44	170	91	79	121	73	48	88	53	35
45-49岁	**469**	**253**	**216**	**363**	**192**	**171**	**232**	**133**	**99**
45	150	78	72	110	60	50	70	47	23
46	119	71	48	81	40	41	51	23	28
47	77	40	37	56	33	23	40	25	15
48	68	35	33	52	26	26	36	21	15
49	55	29	26	64	33	31	35	17	18
50岁及以上	**253**	**136**	**117**	**291**	**151**	**140**	**185**	**91**	**94**
平均初婚年龄	**24.04**	**24.45**	**23.66**	**24.12**	**24.57**	**23.71**	**23.83**	**24.31**	**23.37**

5-4　续表 7　　单位：人

初婚年龄	初婚年份								
	2000年			2001年			2002年		
	小计	男	女	小计	男	女	小计	男	女
总　计	**137270**	**66707**	**70563**	**84368**	**40526**	**43842**	**102935**	**49544**	**53391**
15岁以下	**428**	**144**	**284**	**204**	**71**	**133**	**229**	**69**	**160**
15—19岁	**16580**	**5754**	**10826**	**10272**	**3476**	**6796**	**12316**	**4084**	**8232**
15	882	320	562	481	154	327	800	257	543
16	1304	434	870	681	212	469	981	307	674
17	2279	758	1521	1172	380	792	1392	410	982
18	4239	1417	2822	2462	813	1649	2713	861	1852
19	7876	2825	5051	5476	1917	3559	6430	2249	4181
20—24岁	**83051**	**39558**	**43493**	**52092**	**24381**	**27711**	**64629**	**30535**	**34094**
20	13160	5090	8070	8785	3447	5338	11218	4457	6761
21	19027	8642	10385	11157	5022	6135	13793	6112	7681
22	20407	10399	10008	13499	6723	6776	15541	7816	7725
23	16836	8428	8408	10604	5089	5515	14013	6989	7024
24	13621	6999	6622	8047	4100	3947	10064	5161	4903
25—29岁	**29145**	**16486**	**12659**	**17372**	**9936**	**7436**	**20124**	**11465**	**8659**
25	10151	5481	4670	6184	3273	2911	7033	3790	3243
26	7537	4328	3209	4269	2435	1834	5040	2862	2178
27	5184	3038	2146	3230	1913	1317	3600	2115	1485
28	3686	2132	1554	2151	1339	812	2583	1549	1034
29	2587	1507	1080	1538	976	562	1868	1149	719
30—34岁	**5664**	**3312**	**2352**	**3282**	**1922**	**1360**	**4175**	**2501**	**1674**
30	2026	1196	830	1093	663	430	1349	816	533
31	1371	799	572	881	519	362	1097	667	430
32	1052	620	432	580	336	244	735	443	292
33	680	375	305	459	253	206	607	360	247
34	535	322	213	269	151	118	387	215	172
35—39岁	**1236**	**760**	**476**	**645**	**427**	**218**	**873**	**536**	**337**
35	390	228	162	223	145	78	272	163	109
36	316	216	100	140	96	44	198	124	74
37	264	161	103	117	73	44	152	97	55
38	178	104	74	107	74	33	135	78	57
39	88	51	37	58	39	19	116	74	42
40—44岁	**470**	**307**	**163**	**213**	**141**	**72**	**224**	**139**	**85**
40	95	55	40	46	32	14	75	42	33
41	92	63	29	42	25	17	23	16	7
42	105	77	28	34	22	12	36	19	17
43	92	59	33	48	32	16	47	31	16
44	86	53	33	43	30	13	43	31	12
45—49岁	**380**	**212**	**168**	**147**	**95**	**52**	**211**	**140**	**71**
45	101	56	45	35	23	12	44	32	12
46	100	58	42	37	22	15	49	40	9
47	65	35	30	33	22	11	42	29	13
48	61	32	29	24	15	9	39	17	22
49	53	31	22	18	13	5	37	22	15
50岁及以上	**316**	**174**	**142**	**141**	**77**	**64**	**154**	**75**	**79**
平均初婚年龄	**23.62**	**24.15**	**23.12**	**23.49**	**24.05**	**22.98**	**23.48**	**24.04**	**22.97**

5-4 续表 8

单位：人

初婚年龄	初婚年份								
	2003年			2004年			2005年		
	小计	男	女	小计	男	女	小计	男	女
总　计	**104397**	**50268**	**54129**	**101900**	**48969**	**52931**	**118142**	**56822**	**61320**
15岁以下	**173**	**51**	**122**	**179**	**48**	**131**	**168**	**43**	**125**
15-19岁	**11703**	**3726**	**7977**	**12109**	**3969**	**8140**	**17127**	**5851**	**11276**
15	820	273	547	707	246	461	1038	345	693
16	1174	327	847	1178	374	804	1556	517	1039
17	1678	493	1185	1842	551	1291	2752	875	1877
18	2586	793	1793	2991	923	2068	4692	1548	3144
19	5445	1840	3605	5391	1875	3516	7089	2566	4523
20-24岁	**64306**	**30388**	**33918**	**61320**	**28832**	**32488**	**67641**	**32164**	**35477**
20	10181	3901	6280	9033	3486	5547	10376	4117	6259
21	14535	6511	8024	13095	5875	7220	13395	6198	7197
22	15513	7812	7701	16055	7942	8113	16946	8457	8489
23	12983	6524	6459	12882	6357	6525	15552	7618	7934
24	11094	5640	5454	10255	5172	5083	11372	5774	5598
25-29岁	**21554**	**12141**	**9413**	**21810**	**12285**	**9525**	**24818**	**13821**	**10997**
25	7860	4151	3709	8182	4378	3804	9078	4868	4210
26	5314	2997	2317	5408	2969	2439	6442	3562	2880
27	3672	2144	1528	3735	2200	1535	4318	2417	1901
28	2681	1635	1046	2604	1577	1027	2910	1723	1187
29	2027	1214	813	1881	1161	720	2070	1251	819
30-34岁	**4792**	**2825**	**1967**	**4625**	**2776**	**1849**	**5707**	**3402**	**2305**
30	1535	947	588	1511	957	554	1658	1007	651
31	1154	661	493	1106	652	454	1357	812	545
32	904	538	366	894	512	382	1142	677	465
33	690	392	298	586	345	241	813	472	341
34	509	287	222	528	310	218	737	434	303
35-39岁	**1138**	**686**	**452**	**1155**	**670**	**485**	**1593**	**904**	**689**
35	379	211	168	397	223	174	545	305	240
36	266	166	100	280	155	125	385	218	167
37	200	122	78	200	120	80	295	174	121
38	147	88	59	154	100	54	204	112	92
39	146	99	47	124	72	52	164	95	69
40-44岁	**302**	**191**	**111**	**313**	**182**	**131**	**512**	**305**	**207**
40	123	75	48	117	74	43	140	81	59
41	75	53	22	87	55	32	141	84	57
42	40	24	16	57	25	32	126	84	42
43	27	16	11	27	16	11	77	40	37
44	37	23	14	25	12	13	28	16	12
45-49岁	**206**	**135**	**71**	**155**	**93**	**62**	**205**	**131**	**74**
45	43	24	19	23	12	11	38	26	12
46	49	33	16	38	28	10	22	14	8
47	42	31	11	33	16	17	43	30	13
48	36	21	15	31	20	11	49	32	17
49	36	26	10	30	17	13	53	29	24
50岁及以上	**223**	**125**	**98**	**234**	**114**	**120**	**371**	**201**	**170**
平均初婚年龄	**23.68**	**24.26**	**23.14**	**23.70**	**24.25**	**23.18**	**23.70**	**24.28**	**23.17**

5-4 续表 9

单位：人

初婚年龄	初婚年份								
	2006年			2007年			2008年		
	小计	男	女	小计	男	女	小计	男	女
总　计	**116353**	**55958**	**60395**	**108288**	**52112**	**56176**	**139686**	**67002**	**72684**
15岁以下	**120**	**35**	**85**	**77**	**19**	**58**	**89**	**21**	**68**
15-19岁	**18150**	**6365**	**11785**	**17699**	**6402**	**11297**	**21895**	**8029**	**13866**
15	563	171	392	482	147	335	593	168	425
16	1387	437	950	1011	289	722	1212	362	850
17	2557	803	1754	2679	874	1805	2634	861	1773
18	4753	1549	3204	4672	1657	3015	6430	2271	4159
19	8890	3405	5485	8855	3435	5420	11026	4367	6659
20-24岁	**64624**	**30523**	**34101**	**60514**	**28738**	**31776**	**79207**	**37274**	**41933**
20	11654	4814	6840	14022	5954	8068	16918	7086	9832
21	12892	5873	7019	13736	6240	7496	20046	9101	10945
22	14183	7082	7101	12601	6388	6213	17964	9029	8935
23	13549	6658	6891	10523	5248	5275	13089	6426	6663
24	12346	6096	6250	9632	4908	4724	11190	5632	5558
25-29岁	**25830**	**14385**	**11445**	**23058**	**12822**	**10236**	**29498**	**16316**	**13182**
25	8925	4627	4298	8515	4512	4003	9997	5223	4774
26	6665	3692	2973	5558	3031	2527	8077	4416	3661
27	5001	2908	2093	4057	2345	1712	5192	2963	2229
28	3178	1915	1263	2951	1730	1221	3629	2178	1451
29	2061	1243	818	1977	1204	773	2603	1536	1067
30-34岁	**5145**	**3170**	**1975**	**4474**	**2675**	**1799**	**5564**	**3320**	**2244**
30	1548	937	611	1327	819	508	1761	1074	687
31	1147	727	420	1068	638	430	1229	735	494
32	987	610	377	793	461	332	979	563	416
33	829	502	327	702	410	292	865	512	353
34	634	394	240	584	347	237	730	436	294
35-39岁	**1538**	**942**	**596**	**1544**	**915**	**629**	**1989**	**1219**	**770**
35	506	307	199	454	264	190	592	367	225
36	372	218	154	389	225	164	417	267	150
37	289	181	108	296	173	123	384	233	151
38	210	128	82	225	139	86	326	185	141
39	161	108	53	180	114	66	270	167	103
40-44岁	**499**	**294**	**205**	**473**	**297**	**176**	**731**	**446**	**285**
40	136	78	58	129	84	45	236	154	82
41	121	76	45	105	60	45	162	95	67
42	109	62	47	97	59	38	127	77	50
43	84	54	30	80	52	28	115	70	45
44	49	24	25	62	42	20	91	50	41
45-49岁	**171**	**100**	**71**	**183**	**105**	**78**	**271**	**140**	**131**
45	28	12	16	68	44	24	95	55	40
46	34	19	15	21	12	9	67	31	36
47	33	21	12	27	16	11	32	13	19
48	35	22	13	35	16	19	43	22	21
49	41	26	15	32	17	15	34	19	15
50岁及以上	**276**	**144**	**132**	**266**	**139**	**127**	**442**	**237**	**205**
平均初婚年龄	**23.66**	**24.26**	**23.11**	**23.47**	**24.04**	**22.95**	**23.51**	**24.06**	**23.00**

5-4 续表 10

单位：人

初婚年龄	初婚年份								
	2009年			2010年			2011年		
	小计	男	女	小计	男	女	小计	男	女
总 计	**131145**	**62984**	**68161**	**161524**	**77227**	**84297**	**116647**	**55827**	**60820**
15岁以下	**62**	**15**	**47**	**106**	**24**	**82**	**61**	**7**	**54**
15-19岁	**19485**	**7380**	**12105**	**20495**	**7457**	**13038**	**12906**	**4734**	**8172**
15	400	99	301	561	145	416	369	85	284
16	941	287	654	1155	317	838	677	184	493
17	2248	737	1511	2732	909	1823	1620	497	1123
18	4809	1726	3083	5471	1939	3532	3455	1224	2231
19	11087	4531	6556	10576	4147	6429	6785	2744	4041
20-24岁	**76059**	**35710**	**40349**	**100255**	**47212**	**53043**	**71702**	**33417**	**38285**
20	15695	6761	8934	19870	8501	11369	11204	4811	6393
21	18255	8220	10035	22865	10381	12484	16773	7593	9180
22	19349	9504	9845	23833	11719	12114	17304	8336	8968
23	13194	6431	6763	20183	9829	10354	14248	6726	7522
24	9566	4794	4772	13504	6782	6722	12173	5951	6222
25-29岁	**26616**	**14612**	**12004**	**29752**	**16216**	**13536**	**24413**	**13204**	**11209**
25	7996	4061	3935	9411	4822	4589	8325	4191	4134
26	7110	3867	3243	7191	3908	3283	5714	3010	2704
27	5585	3170	2415	5961	3360	2601	4382	2473	1909
28	3508	2053	1455	4404	2540	1864	3496	2085	1411
29	2417	1461	956	2785	1586	1199	2496	1445	1051
30-34岁	**5453**	**3222**	**2231**	**6745**	**3861**	**2884**	**5052**	**2929**	**2123**
30	1845	1130	715	2158	1264	894	1565	935	630
31	1264	719	545	1715	975	740	1238	735	503
32	923	543	380	1225	676	549	1050	578	472
33	800	444	356	904	516	388	685	392	293
34	621	386	235	743	430	313	514	289	225
35-39岁	**1986**	**1200**	**786**	**2319**	**1359**	**960**	**1414**	**882**	**532**
35	571	355	216	624	361	263	363	231	132
36	444	260	184	551	313	238	328	208	120
37	368	217	151	448	261	187	293	176	117
38	351	215	136	388	230	158	248	149	99
39	252	153	99	308	194	114	182	118	64
40-44岁	**816**	**467**	**349**	**948**	**585**	**363**	**583**	**358**	**225**
40	256	141	115	265	157	108	167	101	66
41	207	121	86	208	135	73	130	88	42
42	125	67	58	189	117	72	111	68	43
43	133	81	52	157	98	59	105	58	47
44	95	57	38	129	78	51	70	43	27
45-49岁	**305**	**190**	**115**	**424**	**245**	**179**	**266**	**159**	**107**
45	93	61	32	123	76	47	66	46	20
46	100	60	40	106	63	43	51	28	23
47	51	33	18	93	51	42	72	38	34
48	33	20	13	72	35	37	45	32	13
49	28	16	12	30	20	10	32	15	17
50岁及以上	**363**	**188**	**175**	**480**	**268**	**212**	**250**	**137**	**113**
平均初婚年龄	**23.59**	**24.10**	**23.11**	**23.61**	**24.09**	**23.16**	**23.80**	**24.27**	**23.37**

5-4 续表 11

单位：人

初婚年龄	初婚年份								
	2012年			2013年			2014年		
	小计	男	女	小计	男	女	小计	男	女
总　计	**135580**	**64922**	**70658**	**119413**	**57083**	**62330**	**109519**	**52587**	**56932**
15岁以下	**62**	**11**	**51**	**51**	**13**	**38**	**42**	**10**	**32**
15—19岁	**12670**	**4482**	**8188**	**10063**	**3462**	**6601**	**8708**	**2963**	**5745**
15	405	94	311	395	99	296	312	83	229
16	797	219	578	789	213	576	676	169	507
17	1642	516	1126	1509	428	1081	1354	400	954
18	3118	1054	2064	2618	868	1750	2446	785	1661
19	6708	2599	4109	4752	1854	2898	3920	1526	2394
20—24岁	**80473**	**37459**	**43014**	**65129**	**30095**	**35034**	**53465**	**24894**	**28571**
20	10462	4333	6129	7994	3264	4730	6026	2458	3568
21	14600	6527	8073	10687	4711	5976	8682	3893	4789
22	21717	10513	11204	14002	6689	7313	10942	5245	5697
23	18085	8622	9463	17497	8351	9146	12055	5678	6377
24	15609	7464	8145	14949	7080	7869	15760	7620	8140
25—29岁	**32522**	**17207**	**15315**	**33942**	**17650**	**16292**	**37351**	**19129**	**18222**
25	12465	6245	6220	12484	6085	6399	12941	6276	6665
26	8153	4273	3880	9543	4908	4635	10184	5075	5109
27	5119	2764	2355	5696	3060	2636	7457	4007	3450
28	3860	2188	1672	3665	2089	1576	4172	2312	1860
29	2925	1737	1188	2554	1508	1046	2597	1459	1138
30—34岁	**6620**	**3837**	**2783**	**6649**	**3806**	**2843**	**6415**	**3553**	**2862**
30	2268	1342	926	2102	1239	863	1932	1081	851
31	1567	904	663	1647	955	692	1623	894	729
32	1175	667	508	1173	647	526	1242	707	535
33	945	541	404	968	538	430	884	458	426
34	665	383	282	759	427	332	734	413	321
35—39岁	**1752**	**1059**	**693**	**1894**	**1111**	**783**	**1856**	**1062**	**794**
35	482	282	200	577	314	263	572	315	257
36	384	234	150	398	210	188	442	257	185
37	338	208	130	353	213	140	337	198	139
38	285	174	111	284	188	96	284	172	112
39	263	161	102	282	186	96	221	120	101
40—44岁	**821**	**498**	**323**	**942**	**538**	**404**	**870**	**519**	**351**
40	212	133	79	234	133	101	192	115	77
41	189	120	69	222	115	107	197	118	79
42	160	96	64	178	102	76	192	119	73
43	144	85	59	172	108	64	158	93	65
44	116	64	52	136	80	56	131	74	57
45—49岁	**350**	**190**	**160**	**374**	**209**	**165**	**409**	**236**	**173**
45	79	43	36	111	62	49	112	65	47
46	87	46	41	73	42	31	83	43	40
47	66	40	26	67	38	29	92	59	33
48	64	32	32	65	40	25	69	41	28
49	54	29	25	58	27	31	53	28	25
50岁及以上	**310**	**179**	**131**	**369**	**199**	**170**	**403**	**221**	**182**
平均初婚年龄	**24.16**	**24.62**	**23.74**	**24.62**	**25.09**	**24.19**	**25.01**	**25.46**	**24.59**

5-4 续表 12

单位：人

初婚年龄	初婚年份								
	2015年			2016年			2017年		
	小计	男	女	小计	男	女	小计	男	女
总　计	**110249**	**53009**	**57240**	**89365**	**43316**	**46049**	**77116**	**37439**	**39677**
15岁以下	**43**	**7**	**36**	**28**	**8**	**20**	**30**	**8**	**22**
15-19岁	**8349**	**2775**	**5574**	**6560**	**2221**	**4339**	**5461**	**1940**	**3521**
15	228	62	166	133	30	103	140	38	102
16	641	179	462	432	111	321	299	91	208
17	1273	377	896	934	271	663	769	245	524
18	2313	721	1592	1888	642	1246	1528	515	1013
19	3894	1436	2458	3173	1167	2006	2725	1051	1674
20-24岁	**46366**	**21441**	**24925**	**34227**	**15917**	**18310**	**27249**	**12582**	**14667**
20	5429	2260	3169	4423	1804	2619	3681	1452	2229
21	7050	3215	3835	5712	2580	3132	4620	2063	2557
22	10060	4686	5374	6767	3297	3470	5730	2756	2974
23	11130	5230	5900	8137	3839	4298	5831	2739	3092
24	12697	6050	6647	9188	4397	4791	7387	3572	3815
25-29岁	**44529**	**22779**	**21750**	**38412**	**19600**	**18812**	**34296**	**17405**	**16891**
25	15209	7553	7656	9884	4803	5081	7823	3762	4061
26	11560	5709	5851	11158	5660	5498	8130	4017	4113
27	8467	4390	4077	8009	4164	3845	8542	4387	4155
28	5975	3272	2703	5682	3028	2654	5863	3124	2739
29	3318	1855	1463	3679	1945	1734	3938	2115	1823
30-34岁	**6866**	**3760**	**3106**	**6571**	**3622**	**2949**	**6604**	**3603**	**3001**
30	2134	1177	957	2291	1311	980	2680	1507	1173
31	1578	865	713	1415	773	642	1508	819	689
32	1349	738	611	1101	613	488	1006	538	468
33	1048	555	493	969	517	452	772	411	361
34	757	425	332	795	408	387	638	328	310
35-39岁	**2041**	**1124**	**917**	**1782**	**979**	**803**	**1751**	**959**	**792**
35	654	366	288	538	294	244	545	296	249
36	555	297	258	419	229	190	417	217	200
37	352	188	164	340	192	148	312	174	138
38	254	142	112	278	153	125	257	149	108
39	226	131	95	207	111	96	220	123	97
40-44岁	**1027**	**571**	**456**	**889**	**487**	**402**	**752**	**416**	**336**
40	214	116	98	203	109	94	179	93	86
41	249	135	114	170	96	74	135	74	61
42	231	136	95	199	113	86	166	95	71
43	179	89	90	151	83	68	164	96	68
44	154	95	59	166	86	80	108	58	50
45-49岁	**499**	**272**	**227**	**442**	**235**	**207**	**439**	**247**	**192**
45	140	73	67	119	61	58	108	64	44
46	110	59	51	119	67	52	109	60	49
47	110	66	44	79	48	31	96	60	36
48	69	35	34	69	35	34	74	36	38
49	70	39	31	56	24	32	52	27	25
50岁及以上	**529**	**280**	**249**	**454**	**247**	**207**	**534**	**279**	**255**
平均初婚年龄	**25.41**	**25.84**	**25.02**	**25.75**	**26.16**	**25.36**	**26.08**	**26.50**	**25.69**

5-4　续表 13　　　　　　　　　　　　　　　　单位：人

初婚年龄	初婚年份								
	2018年			2019年			2020年		
	小计	男	女	小计	男	女	小计	男	女
总　计	**83054**	**39248**	**43806**	**58282**	**28330**	**29952**	**36793**	**18137**	**18656**
15岁以下	**38**	**7**	**31**	**25**	**1**	**24**	**6**	**2**	**4**
15-19岁	**5403**	**1754**	**3649**	**3560**	**1228**	**2332**	**1475**	**514**	**961**
15	129	35	94	108	27	81	55	25	30
16	337	88	249	242	79	163	119	34	85
17	700	194	506	482	138	344	214	65	149
18	1491	470	1021	924	316	608	386	132	254
19	2746	967	1779	1804	668	1136	701	258	443
20-24岁	**27641**	**12212**	**15429**	**18965**	**8715**	**10250**	**9815**	**4659**	**5156**
20	4006	1541	2465	2611	964	1647	1192	449	743
21	4839	2033	2806	3398	1492	1906	1626	714	912
22	5789	2636	3153	4006	1897	2109	2187	1101	1086
23	6191	2828	3363	4342	2132	2210	2257	1160	1097
24	6816	3174	3642	4608	2230	2378	2553	1235	1318
25-29岁	**36504**	**18236**	**18268**	**23992**	**12244**	**11748**	**13606**	**6990**	**6616**
25	8088	3888	4200	4769	2340	2429	2739	1345	1394
26	8054	3974	4080	5287	2602	2685	2737	1395	1342
27	7578	3801	3777	4859	2524	2335	3086	1597	1489
28	7821	4028	3793	4591	2414	2177	2730	1443	1287
29	4963	2545	2418	4486	2364	2122	2314	1210	1104
30-34岁	**9050**	**4721**	**4329**	**7814**	**4172**	**3642**	**6616**	**3428**	**3188**
30	3516	1867	1649	2853	1577	1276	2299	1256	1043
31	2395	1244	1151	2077	1100	977	1653	850	803
32	1448	764	684	1501	798	703	1224	636	588
33	964	478	486	834	421	413	852	403	449
34	727	368	359	549	276	273	588	283	305
35-39岁	**2202**	**1147**	**1055**	**1656**	**849**	**807**	**1672**	**782**	**890**
35	658	318	340	443	204	239	368	161	207
36	562	307	255	417	230	187	336	177	159
37	377	198	179	333	171	162	326	154	172
38	309	153	156	287	140	147	348	164	184
39	296	171	125	176	104	72	294	126	168
40-44岁	**940**	**498**	**442**	**911**	**439**	**472**	**1250**	**576**	**674**
40	226	118	108	222	91	131	284	136	148
41	202	106	96	186	84	102	292	130	162
42	198	99	99	178	92	86	256	108	148
43	154	84	70	194	100	94	228	103	125
44	160	91	69	131	72	59	190	99	91
45-49岁	**537**	**292**	**245**	**683**	**347**	**336**	**682**	**360**	**322**
45	137	77	60	150	76	74	178	90	88
46	112	65	47	138	65	73	146	79	67
47	101	53	48	153	83	70	126	66	60
48	87	41	46	130	68	62	120	67	53
49	100	56	44	112	55	57	112	58	54
50岁及以上	**739**	**381**	**358**	**676**	**335**	**341**	**1671**	**826**	**845**
平均初婚年龄	**26.48**	**26.93**	**26.07**	**26.96**	**27.35**	**26.60**	**29.02**	**29.21**	**28.84**

5-4a 全省分初婚年龄、性别、初婚年份的人口(城市)

单位：人

初婚年龄	初婚年份								
	合　计			1980年			1981年		
	合计	男	女	小计	男	女	小计	男	女
总　计	**1315689**	**634147**	**681542**	**30340**	**14231**	**16109**	**20920**	**9760**	**11160**
15岁以下	**987**	**303**	**684**	**50**	**13**	**37**	**37**	**15**	**22**
15-19岁	**95012**	**33462**	**61550**	**2196**	**696**	**1500**	**1776**	**600**	**1176**
15	3981	1439	2542	186	66	120	87	36	51
16	6412	2174	4238	289	82	207	147	51	96
17	11963	4081	7882	483	149	334	274	101	173
18	23620	8010	15610	529	150	379	532	163	369
19	49036	17758	31278	709	249	460	736	249	487
20-24岁	**713231**	**316581**	**396650**	**18005**	**7864**	**10141**	**12438**	**5325**	**7113**
20	87610	32649	54961	1702	607	1095	911	305	606
21	127540	53249	74291	2538	1103	1435	1823	721	1102
22	168267	76400	91867	4205	1888	2317	2467	1041	1426
23	171402	77692	93710	4950	2161	2789	3566	1538	2028
24	158412	76591	81821	4610	2105	2505	3671	1720	1951
25-29岁	**404271**	**222910**	**181361**	**9246**	**5104**	**4142**	**6191**	**3520**	**2671**
25	135545	70574	64971	3975	2059	1916	2632	1375	1257
26	104339	57044	47295	2712	1524	1188	1822	1068	754
27	76031	43186	32845	1293	758	535	973	592	381
28	52808	31058	21750	817	489	328	477	299	178
29	35548	21048	14500	449	274	175	287	186	101
30-34岁	**70968**	**42052**	**28916**	**658**	**428**	**230**	**378**	**236**	**142**
30	24724	14822	9902	240	162	78	170	107	63
31	16986	10193	6793	170	108	62	88	51	37
32	12614	7416	5198	120	71	49	59	37	22
33	9480	5381	4099	70	49	21	29	20	9
34	7164	4240	2924	58	38	20	32	21	11
35-39岁	**18120**	**11071**	**7049**	**131**	**96**	**35**	**72**	**46**	**26**
35	5636	3354	2282	41	32	9	22	12	10
36	4331	2659	1672	36	25	11	14	10	4
37	3323	2060	1263	13	7	6	16	12	4
38	2677	1634	1043	24	19	5	9	4	5
39	2153	1364	789	17	13	4	11	8	3
40-44岁	**6922**	**4248**	**2674**	**40**	**24**	**16**	**20**	**15**	**5**
40	1889	1164	725	17	10	7	6	4	2
41	1517	946	571	8	4	4	4	4	
42	1369	829	540	6	5	1	1		1
43	1197	731	466	4	2	2	5	4	1
44	950	578	372	5	3	2	4	3	1
45-49岁	**3205**	**1900**	**1305**	**10**	**5**	**5**	**4**	**1**	**3**
45	888	545	343	4	2	2	1		1
46	716	415	301	1	1				
47	616	370	246	2		2	1		1
48	531	308	223	1		1	1	1	
49	454	262	192	2	2		1		1
50岁及以上	**2973**	**1620**	**1353**	**4**	**1**	**3**	**4**	**2**	**2**
平均初婚年龄	**24.63**	**25.18**	**24.12**	**23.97**	**24.45**	**23.54**	**23.92**	**24.42**	**23.49**

5-4a　续表 1　　　　单位：人

初婚年龄	初婚年份								
	1982年			1983年			1984年		
	小计	男	女	小计	男	女	小计	男	女
总　计	**24473**	**11485**	**12988**	**23434**	**10924**	**12510**	**22946**	**10712**	**12234**
15岁以下	**34**	**9**	**25**	**48**	**20**	**28**	**31**	**13**	**18**
15–19岁	**3228**	**1162**	**2066**	**3145**	**1153**	**1992**	**2602**	**938**	**1664**
15	131	38	93	164	67	97	157	65	92
16	216	74	142	184	58	126	188	67	121
17	364	134	230	379	118	261	272	89	183
18	788	262	526	670	232	438	661	220	441
19	1729	654	1075	1748	678	1070	1324	497	827
20–24岁	**13876**	**6056**	**7820**	**13572**	**5911**	**7661**	**14645**	**6462**	**8183**
20	1770	672	1098	3138	1251	1887	2750	1137	1613
21	1786	715	1071	2510	1053	1457	4198	1784	2414
22	3158	1307	1851	2249	914	1335	3085	1371	1714
23	3337	1496	1841	3086	1382	1704	2152	929	1223
24	3825	1866	1959	2589	1311	1278	2460	1241	1219
25–29岁	**6714**	**3863**	**2851**	**5984**	**3417**	**2567**	**4914**	**2856**	**2058**
25	2925	1627	1298	2608	1430	1178	1719	975	744
26	1824	1056	768	1570	904	666	1411	819	592
27	1085	624	461	896	535	361	926	560	366
28	587	376	211	604	355	249	526	318	208
29	293	180	113	306	193	113	332	184	148
30–34岁	**479**	**298**	**181**	**535**	**333**	**202**	**570**	**343**	**227**
30	191	112	79	200	131	69	237	143	94
31	117	74	43	124	75	49	138	79	59
32	87	52	35	104	65	39	82	49	33
33	51	35	16	73	39	34	69	40	29
34	33	25	8	34	23	11	44	32	12
35–39岁	**93**	**64**	**29**	**95**	**65**	**30**	**116**	**61**	**55**
35	30	20	10	27	18	9	33	20	13
36	31	18	13	27	18	9	25	13	12
37	15	12	3	21	16	5	25	14	11
38	11	10	1	12	9	3	19	9	10
39	6	4	2	8	4	4	14	5	9
40–44岁	**35**	**26**	**9**	**37**	**22**	**15**	**36**	**21**	**15**
40	12	10	2	11	4	7	7	4	3
41	9	5	4	10	7	3	5	4	1
42	6	5	1	9	6	3	13	7	6
43	3	3		3	3		7	3	4
44	5	3	2	4	2	2	4	3	1
45–49岁	**6**	**1**	**5**	**13**	**2**	**11**	**21**	**12**	**9**
45	1		1	5	1	4	1	1	
46	2	1	1	3		3	7	4	3
47				1		1	4	3	1
48	2		2	1	1		6	2	4
49	1		1	3		3	3	2	1
50岁及以上	**8**	**6**	**2**	**5**	**1**	**4**	**11**	**6**	**5**
平均初婚年龄	**23.60**	**24.14**	**23.12**	**23.30**	**23.83**	**22.85**	**23.21**	**23.68**	**22.79**

5-4a 续表 2

单位：人

初婚年龄	初婚年份								
	1985年			1986年			1987年		
	小计	男	女	小计	男	女	小计	男	女
总 计	**35522**	**16670**	**18852**	**34111**	**15997**	**18114**	**32191**	**15166**	**17025**
15岁以下	**48**	**7**	**41**	**26**	**7**	**19**	**16**	**3**	**13**
15-19岁	**4078**	**1417**	**2661**	**3677**	**1322**	**2355**	**3685**	**1357**	**2328**
15	188	65	123	103	39	64	116	42	74
16	361	123	238	261	91	170	213	69	144
17	573	187	386	583	188	395	446	171	275
18	956	312	644	896	333	563	1021	356	665
19	2000	730	1270	1834	671	1163	1889	719	1170
20-24岁	**23953**	**10769**	**13184**	**24430**	**10968**	**13462**	**23087**	**10560**	**12527**
20	3326	1356	1970	3477	1386	2091	3000	1182	1818
21	5805	2494	3311	4628	1951	2677	4643	1979	2664
22	7939	3529	4410	6746	2994	3752	5246	2415	2831
23	4228	1996	2232	6633	3090	3543	5676	2669	3007
24	2655	1394	1261	2946	1547	1399	4522	2315	2207
25-29岁	**6170**	**3727**	**2443**	**4773**	**3014**	**1759**	**4223**	**2550**	**1673**
25	2367	1387	980	1632	984	648	1814	1069	745
26	1400	852	548	1322	867	455	886	548	338
27	1160	720	440	761	510	251	692	437	255
28	744	458	286	596	376	220	419	250	169
29	499	310	189	462	277	185	412	246	166
30-34岁	**1006**	**586**	**420**	**904**	**507**	**397**	**892**	**528**	**364**
30	362	204	158	307	163	144	306	177	129
31	222	124	98	198	113	85	210	131	79
32	206	135	71	201	119	82	165	94	71
33	137	78	59	111	62	49	125	72	53
34	79	45	34	87	50	37	86	54	32
35-39岁	**188**	**121**	**67**	**187**	**118**	**69**	**186**	**116**	**70**
35	68	38	30	71	44	27	67	45	22
36	36	25	11	41	27	14	43	30	13
37	30	23	7	29	19	10	37	23	14
38	27	20	7	26	14	12	23	11	12
39	27	15	12	20	14	6	16	7	9
40-44岁	**42**	**24**	**18**	**67**	**36**	**31**	**51**	**27**	**24**
40	14	10	4	19	10	9	13	6	7
41	7	2	5	19	14	5	12	8	4
42	9	7	2	11	5	6	11	3	8
43	6	1	5	10	3	7	8	5	3
44	6	4	2	8	4	4	7	5	2
45-49岁	**27**	**15**	**12**	**31**	**17**	**14**	**37**	**20**	**17**
45	9	6	3	10	6	4	14	6	8
46	5	4	1	4	2	2	9	4	5
47	3	2	1	7	4	3	5	3	2
48	5	2	3	4	2	2	4	3	1
49	5	1	4	6	3	3	5	4	1
50岁及以上	**10**	**4**	**6**	**16**	**8**	**8**	**14**	**5**	**9**
平均初婚年龄	**23.09**	**23.59**	**22.64**	**23.11**	**23.58**	**22.70**	**23.15**	**23.58**	**22.78**

5-4a　续表 3　　　　　　　　　　　　　　　　　　　　　　单位：人

初婚年龄	初婚年份								
	1988年			1989年			1990年		
	小计	男	女	小计	男	女	小计	男	女
总　计	**35399**	**16785**	**18614**	**33158**	**15841**	**17317**	**40665**	**19598**	**21067**
15岁以下	**33**	**15**	**18**	**31**	**9**	**22**	**57**	**16**	**41**
15–19岁	**4183**	**1586**	**2597**	**3842**	**1488**	**2354**	**4902**	**1930**	**2972**
15	134	58	76	143	49	94	178	75	103
16	194	68	126	220	79	141	306	117	189
17	434	131	303	486	183	303	574	215	359
18	1068	387	681	937	344	593	1295	497	798
19	2353	942	1411	2056	833	1223	2549	1026	1523
20–24岁	**23896**	**10852**	**13044**	**22216**	**10119**	**12097**	**27563**	**12691**	**14872**
20	3618	1449	2169	3678	1501	2177	4432	1801	2631
21	4509	1919	2590	4676	2039	2637	6354	2798	3556
22	5886	2683	3203	5009	2281	2728	6913	3123	3790
23	5259	2455	2804	5083	2330	2753	5334	2563	2771
24	4624	2346	2278	3770	1968	1802	4530	2406	2124
25–29岁	**5968**	**3551**	**2417**	**6000**	**3576**	**2424**	**7031**	**4247**	**2784**
25	3478	2000	1478	2846	1641	1205	2970	1749	1221
26	1206	748	458	1892	1146	746	1952	1187	765
27	541	330	211	691	434	257	1344	830	514
28	453	288	165	322	193	129	510	309	201
29	290	185	105	249	162	87	255	172	83
30–34岁	**964**	**569**	**395**	**742**	**442**	**300**	**728**	**458**	**270**
30	289	168	121	191	121	70	219	138	81
31	238	143	95	182	109	73	144	87	57
32	158	97	61	146	90	56	144	94	50
33	151	88	63	126	71	55	127	75	52
34	128	73	55	97	51	46	94	64	30
35–39岁	**241**	**147**	**94**	**225**	**142**	**83**	**259**	**170**	**89**
35	86	49	37	78	42	36	77	53	24
36	66	47	19	58	40	18	65	42	23
37	43	24	19	44	29	15	43	28	15
38	23	15	8	25	18	7	44	26	18
39	23	12	11	20	13	7	30	21	9
40–44岁	**71**	**45**	**26**	**61**	**40**	**21**	**75**	**56**	**19**
40	21	16	5	21	15	6	27	19	8
41	17	9	8	8	2	6	21	15	6
42	15	9	6	13	7	6	12	11	1
43	13	7	6	12	10	2	8	4	4
44	5	4	1	7	6	1	7	7	
45–49岁	**17**	**8**	**9**	**27**	**17**	**10**	**28**	**16**	**12**
45	4	4					7	5	2
46	4	3	1	5	4	1	9	6	3
47	6	1	5	5	2	3	3	1	2
48	1		1	11	10	1	5	2	3
49	2		2	6	1	5	4	2	2
50岁及以上	**26**	**12**	**14**	**14**	**8**	**6**	**22**	**14**	**8**
平均初婚年龄	**23.20**	**23.63**	**22.81**	**23.15**	**23.59**	**22.75**	**23.03**	**23.49**	**22.61**

5-4a 续表 4

单位：人

初婚年龄	初婚年份								
	1991年			1992年			1993年		
	小计	男	女	小计	男	女	小计	男	女
总　计	**26023**	**12442**	**13581**	**31162**	**14925**	**16237**	**31588**	**15254**	**16334**
15岁以下	**29**	**13**	**16**	**30**	**11**	**19**	**21**	**3**	**18**
15-19岁	**2605**	**1010**	**1595**	**2505**	**941**	**1564**	**2267**	**837**	**1430**
15	101	42	59	94	29	65	90	30	60
16	155	62	93	141	46	95	157	61	96
17	268	102	166	283	118	165	250	77	173
18	639	235	404	583	218	365	532	200	332
19	1442	569	873	1404	530	874	1238	469	769
20-24岁	**18014**	**8073**	**9941**	**22010**	**9809**	**12201**	**21922**	**9849**	**12073**
20	2739	1117	1622	2798	1077	1721	2426	931	1495
21	3812	1640	2172	4401	1939	2462	4076	1730	2346
22	4720	2101	2619	5595	2487	3108	5488	2513	2975
23	4131	1866	2265	5378	2401	2977	5593	2433	3160
24	2612	1349	1263	3838	1905	1933	4339	2242	2097
25-29岁	**4719**	**2952**	**1767**	**5715**	**3620**	**2095**	**6251**	**3878**	**2373**
25	2059	1237	822	2219	1324	895	2774	1637	1137
26	1131	733	398	1574	1032	542	1470	896	574
27	797	525	272	891	593	298	1035	691	344
28	534	340	194	622	419	203	560	380	180
29	198	117	81	409	252	157	412	274	138
30-34岁	**403**	**239**	**164**	**539**	**328**	**211**	**706**	**425**	**281**
30	112	70	42	170	108	62	313	200	113
31	106	61	45	121	76	45	135	79	56
32	69	38	31	96	58	38	89	49	40
33	61	34	27	82	44	38	87	53	34
34	55	36	19	70	42	28	82	44	38
35-39岁	**158**	**102**	**56**	**208**	**132**	**76**	**237**	**161**	**76**
35	42	24	18	70	44	26	79	52	27
36	38	26	12	39	19	20	59	43	16
37	40	29	11	41	28	13	33	21	12
38	27	16	11	36	22	14	33	22	11
39	11	7	4	22	19	3	33	23	10
40-44岁	**52**	**32**	**20**	**91**	**53**	**38**	**99**	**58**	**41**
40	11	7	4	19	15	4	34	21	13
41	14	9	5	29	17	12	17	9	8
42	8	7	1	15	8	7	23	12	11
43	9	4	5	14	8	6	15	10	5
44	10	5	5	14	5	9	10	6	4
45-49岁	**24**	**11**	**13**	**37**	**18**	**19**	**50**	**32**	**18**
45	4	2	2	11	7	4	13	8	5
46	9	5	4	4		4	14	7	7
47	3	2	1	10	6	4	12	9	3
48	5	1	4	3	1	2	5	3	2
49	3	1	2	9	4	5	6	5	1
50岁及以上	**19**	**10**	**9**	**27**	**13**	**14**	**35**	**11**	**24**
平均初婚年龄	**23.17**	**23.61**	**22.77**	**23.43**	**23.89**	**23.01**	**23.65**	**24.12**	**23.20**

5-4a 续表 5

单位：人

初婚年龄	初婚年份								
	1994年			1995年			1996年		
	小计	男	女	小计	男	女	小计	男	女
总 计	**28428**	**13743**	**14685**	**36832**	**17827**	**19005**	**33260**	**16130**	**17130**
15岁以下	**17**	**6**	**11**	**17**	**5**	**12**	**15**	**7**	**8**
15-19岁	**1789**	**637**	**1152**	**2133**	**747**	**1386**	**1749**	**597**	**1152**
15	102	38	64	111	30	81	59	25	34
16	139	49	90	205	69	136	129	49	80
17	186	68	118	262	91	171	256	84	172
18	422	149	273	478	168	310	397	125	272
19	940	333	607	1077	389	688	908	314	594
20-24岁	**19206**	**8579**	**10627**	**23456**	**10430**	**13026**	**20650**	**9111**	**11539**
20	2134	745	1389	2127	714	1413	1846	623	1223
21	3468	1515	1953	3949	1638	2311	3230	1320	1910
22	4839	2232	2607	5939	2694	3245	5211	2377	2834
23	4836	2163	2673	6044	2696	3348	5557	2437	3120
24	3929	1924	2005	5397	2688	2709	4806	2354	2452
25-29岁	**6296**	**3853**	**2443**	**9439**	**5593**	**3846**	**9023**	**5312**	**3711**
25	2774	1633	1141	4051	2218	1833	3684	2007	1677
26	1683	1021	662	2577	1563	1014	2411	1434	977
27	875	573	302	1460	944	516	1537	953	584
28	581	380	201	782	506	276	875	583	292
29	383	246	137	569	362	207	516	335	181
30-34岁	**746**	**460**	**286**	**1207**	**725**	**482**	**1268**	**782**	**486**
30	262	174	88	372	236	136	414	259	155
31	239	134	105	323	194	129	283	170	113
32	111	69	42	284	173	111	239	144	95
33	65	44	21	139	72	67	237	142	95
34	69	39	30	89	50	39	95	67	28
35-39岁	**177**	**104**	**73**	**292**	**169**	**123**	**237**	**150**	**87**
35	45	26	19	81	52	29	55	36	19
36	45	27	18	56	36	20	66	39	27
37	36	23	13	61	25	36	37	27	10
38	25	11	14	53	33	20	38	23	15
39	26	17	9	41	23	18	41	25	16
40-44岁	**116**	**62**	**54**	**142**	**92**	**50**	**150**	**84**	**66**
40	32	22	10	37	24	13	33	21	12
41	20	14	6	31	25	6	24	14	10
42	25	11	14	15	8	7	46	26	20
43	22	7	15	35	17	18	19	10	9
44	17	8	9	24	18	6	28	13	15
45-49岁	**41**	**22**	**19**	**55**	**30**	**25**	**83**	**45**	**38**
45	8	5	3	13	8	5	18	11	7
46	8	3	5	10	5	5	24	12	12
47	9	5	4	10	6	4	15	6	9
48	12	7	5	11	5	6	12	8	4
49	4	2	2	11	6	5	14	8	6
50岁及以上	**40**	**20**	**20**	**91**	**36**	**55**	**85**	**42**	**43**
平均初婚年龄	**23.81**	**24.27**	**23.38**	**24.15**	**24.63**	**23.70**	**24.35**	**24.86**	**23.86**

5-4a 续表 6

单位：人

初婚年龄	初婚年份								
	1997年			1998年			1999年		
	小计	男	女	小计	男	女	小计	男	女
总　计	**32413**	**15776**	**16637**	**37538**	**18238**	**19300**	**30923**	**15023**	**15900**
15岁以下	**19**	**8**	**11**	**24**	**6**	**18**	**30**	**13**	**17**
15-19岁	**1691**	**566**	**1125**	**2100**	**687**	**1413**	**1768**	**592**	**1176**
15	71	23	48	101	26	75	90	28	62
16	107	30	77	133	39	94	128	40	88
17	203	68	135	218	70	148	235	86	149
18	435	135	300	464	150	314	369	125	244
19	875	310	565	1184	402	782	946	313	633
20-24岁	**19192**	**8338**	**10854**	**21209**	**9178**	**12031**	**17586**	**7608**	**9978**
20	1804	569	1235	2177	681	1496	2079	698	1381
21	2838	1120	1718	3251	1243	2008	2941	1138	1803
22	4348	1986	2362	4794	2216	2578	4073	1853	2220
23	5347	2323	3024	5479	2387	3092	4515	2004	2511
24	4855	2340	2515	5508	2651	2857	3978	1915	2063
25-29岁	**9577**	**5697**	**3880**	**11464**	**6712**	**4752**	**9607**	**5599**	**4008**
25	3755	2015	1740	4352	2318	2034	3462	1846	1616
26	2475	1493	982	2912	1712	1200	2525	1465	1060
27	1644	1069	575	2037	1273	764	1760	1089	671
28	1038	666	372	1326	887	439	1150	762	388
29	665	454	211	837	522	315	710	437	273
30-34岁	**1276**	**788**	**488**	**1944**	**1158**	**786**	**1423**	**893**	**530**
30	382	229	153	631	365	266	519	329	190
31	315	205	110	417	252	165	343	222	121
32	228	139	89	370	224	146	260	147	113
33	197	123	74	290	158	132	183	113	70
34	154	92	62	236	159	77	118	82	36
35-39岁	**248**	**163**	**85**	**428**	**270**	**158**	**291**	**190**	**101**
35	64	39	25	191	121	70	102	72	30
36	45	33	12	95	62	33	108	67	41
37	36	26	10	45	30	15	41	24	17
38	48	29	19	55	30	25	18	10	8
39	55	36	19	42	27	15	22	17	5
40-44岁	**229**	**113**	**116**	**208**	**134**	**74**	**99**	**57**	**42**
40	48	24	24	64	43	21	15	8	7
41	44	25	19	39	22	17	19	12	7
42	54	24	30	41	23	18	22	13	9
43	46	22	24	28	23	5	24	14	10
44	37	18	19	36	23	13	19	10	9
45-49岁	**123**	**71**	**52**	**86**	**50**	**36**	**76**	**45**	**31**
45	47	29	18	34	20	14	25	15	10
46	40	22	18	15	7	8	10	4	6
47	18	9	9	8	6	2	15	9	6
48	6	5	1	9	5	4	11	7	4
49	12	6	6	20	12	8	15	10	5
50岁及以上	**58**	**32**	**26**	**75**	**43**	**32**	**43**	**26**	**17**
平均初婚年龄	**24.57**	**25.15**	**24.02**	**24.69**	**25.33**	**24.09**	**24.50**	**25.12**	**23.91**

5-4a 续表 7 单位：人

初婚年龄	初婚年份								
	2000年			2001年			2002年		
	小计	男	女	小计	男	女	小计	男	女
总 计	**41162**	**20063**	**21099**	**25042**	**12149**	**12893**	**29643**	**14398**	**15245**
15岁以下	**89**	**30**	**59**	**41**	**13**	**28**	**44**	**12**	**32**
15-19岁	**3228**	**1051**	**2177**	**1839**	**578**	**1261**	**2139**	**680**	**1459**
15	202	74	128	104	39	65	151	52	99
16	290	110	180	152	45	107	169	63	106
17	445	150	295	223	79	144	221	76	145
18	827	266	561	420	132	288	460	144	316
19	1464	451	1013	940	283	657	1138	345	793
20-24岁	**23156**	**10230**	**12926**	**14032**	**6148**	**7884**	**16830**	**7431**	**9399**
20	2723	933	1790	1618	533	1085	2125	715	1410
21	4379	1760	2619	2459	1007	1452	2800	1091	1709
22	5529	2517	3012	3590	1643	1947	3936	1826	2110
23	5487	2547	2940	3323	1454	1869	4345	1998	2347
24	5038	2473	2565	3042	1511	1531	3624	1801	1823
25-29岁	**12269**	**7169**	**5100**	**7612**	**4414**	**3198**	**8669**	**4985**	**3684**
25	4210	2267	1943	2581	1313	1268	2926	1542	1384
26	3298	1908	1390	1937	1125	812	2224	1260	964
27	2259	1396	863	1457	872	585	1575	957	618
28	1483	942	541	955	630	325	1129	697	432
29	1019	656	363	682	474	208	815	529	286
30-34岁	**1785**	**1153**	**632**	**1167**	**748**	**419**	**1536**	**1010**	**526**
30	738	488	250	419	276	143	550	353	197
31	429	286	143	325	218	107	416	278	138
32	283	181	102	193	115	78	245	172	73
33	196	104	92	147	85	62	214	137	77
34	139	94	45	83	54	29	111	70	41
35-39岁	**359**	**258**	**101**	**207**	**151**	**56**	**274**	**183**	**91**
35	109	71	38	61	44	17	94	58	36
36	92	71	21	58	44	14	50	29	21
37	84	63	21	41	31	10	42	30	12
38	46	33	13	31	20	11	45	29	16
39	28	20	8	16	12	4	43	37	6
40-44岁	**107**	**74**	**33**	**71**	**52**	**19**	**63**	**46**	**17**
40	28	20	8	19	16	3	17	10	7
41	16	12	4	17	13	4	10	8	2
42	27	17	10	11	7	4	10	6	4
43	20	15	5	12	8	4	14	13	1
44	16	10	6	12	8	4	12	9	3
45-49岁	**94**	**55**	**39**	**36**	**24**	**12**	**50**	**32**	**18**
45	28	17	11	9	5	4	18	14	4
46	24	15	9	9	3	6	9	7	2
47	18	9	9	9	7	2	10	5	5
48	13	8	5	4	4		6	3	3
49	11	6	5	5	5		7	3	4
50岁及以上	**75**	**43**	**32**	**37**	**21**	**16**	**38**	**19**	**19**
平均初婚年龄	**24.28**	**24.95**	**23.63**	**24.36**	**25.06**	**23.69**	**24.37**	**25.06**	**23.72**

5−4a 续表 8

单位：人

初婚年龄	初婚年份								
	2003年			2004年			2005年		
	小计	男	女	小计	男	女	小计	男	女
总　计	**31165**	**15081**	**16084**	**31070**	**15036**	**16034**	**33937**	**16345**	**17592**
15岁以下	**34**	**9**	**25**	**31**	**8**	**23**	**37**	**6**	**31**
15−19岁	**2060**	**618**	**1442**	**2098**	**685**	**1413**	**2923**	**932**	**1991**
15	162	59	103	132	56	76	200	74	126
16	185	56	129	202	83	119	263	96	167
17	274	93	181	304	101	203	473	144	329
18	460	132	328	535	148	387	759	243	516
19	979	278	701	925	297	628	1228	375	853
20−24岁	**16879**	**7358**	**9521**	**16449**	**7121**	**9328**	**17055**	**7567**	**9488**
20	2055	661	1394	1778	574	1204	1907	666	1241
21	3145	1262	1883	2908	1143	1765	2802	1146	1656
22	3795	1773	2022	4149	1846	2303	4160	1940	2220
23	3900	1789	2111	3900	1780	2120	4452	2034	2418
24	3984	1873	2111	3714	1778	1936	3734	1781	1953
25−29岁	**9741**	**5537**	**4204**	**10008**	**5635**	**4373**	**10748**	**5869**	**4879**
25	3340	1744	1596	3492	1787	1705	3475	1783	1692
26	2481	1417	1064	2517	1361	1156	2841	1554	1287
27	1727	1022	705	1860	1111	749	2050	1103	947
28	1278	801	477	1257	801	456	1410	836	574
29	915	553	362	882	575	307	972	593	379
30−34岁	**1861**	**1165**	**696**	**1890**	**1216**	**674**	**2337**	**1453**	**884**
30	625	410	215	650	423	227	716	446	270
31	458	283	175	461	294	167	583	374	209
32	343	203	140	365	234	131	452	281	171
33	259	153	106	219	144	75	312	179	133
34	176	116	60	195	121	74	274	173	101
35−39岁	**396**	**262**	**134**	**362**	**226**	**136**	**537**	**315**	**222**
35	114	63	51	130	75	55	193	111	82
36	91	64	27	87	53	34	118	68	50
37	77	49	28	51	34	17	96	63	33
38	56	42	14	51	36	15	78	44	34
39	58	44	14	43	28	15	52	29	23
40−44岁	**94**	**73**	**21**	**115**	**83**	**32**	**157**	**116**	**41**
40	45	31	14	35	28	7	41	31	10
41	20	18	2	31	23	8	51	34	17
42	14	12	2	23	13	10	30	22	8
43	6	4	2	15	12	3	23	20	3
44	9	8	1	11	7	4	12	9	3
45−49岁	**45**	**34**	**11**	**53**	**29**	**24**	**58**	**37**	**21**
45	7	5	2	11	8	3	12	6	6
46	11	9	2	11	7	4	7	5	2
47	11	8	3	10	3	7	12	7	5
48	4	3	1	11	6	5	14	10	4
49	12	9	3	10	5	5	13	9	4
50岁及以上	**55**	**25**	**30**	**64**	**33**	**31**	**85**	**50**	**35**
平均初婚年龄	**24.63**	**25.33**	**23.97**	**24.69**	**25.37**	**24.04**	**24.77**	**25.46**	**24.13**

5-4a 续表 9

单位：人

初婚年龄	初婚年份								
	2006年			2007年			2008年		
	小计	男	女	小计	男	女	小计	男	女
总　计	**36031**	**17434**	**18597**	**30804**	**14943**	**15861**	**40475**	**19621**	**20854**
15岁以下	**21**	**7**	**14**	**14**	**4**	**10**	**15**	**4**	**11**
15–19岁	**3084**	**1042**	**2042**	**2833**	**991**	**1842**	**3410**	**1223**	**2187**
15	101	39	62	87	30	57	87	32	55
16	214	70	144	145	43	102	162	53	109
17	430	150	280	376	132	244	382	132	250
18	824	261	563	732	253	479	964	329	635
19	1515	522	993	1493	533	960	1815	677	1138
20–24岁	**17494**	**7584**	**9910**	**14666**	**6507**	**8159**	**19503**	**8511**	**10992**
20	2237	797	1440	2558	972	1586	3163	1169	1994
21	2808	1131	1677	2751	1130	1621	4337	1792	2545
22	3685	1640	2045	2976	1404	1572	4267	1990	2277
23	4214	1925	2289	2993	1382	1611	3744	1707	2037
24	4550	2091	2459	3388	1619	1769	3992	1853	2139
25–29岁	**12269**	**6730**	**5539**	**10359**	**5644**	**4715**	**13777**	**7541**	**6236**
25	3718	1851	1867	3485	1758	1727	4343	2167	2176
26	3174	1660	1514	2481	1318	1163	3854	2061	1793
27	2636	1512	1124	2014	1134	880	2508	1427	1081
28	1678	1044	634	1426	836	590	1788	1102	686
29	1063	663	400	953	598	355	1284	784	500
30–34岁	**2297**	**1490**	**807**	**2009**	**1211**	**798**	**2514**	**1532**	**982**
30	746	465	281	642	395	247	864	536	328
31	510	339	171	496	303	193	548	344	204
32	440	281	159	330	188	142	430	254	176
33	350	229	121	296	178	118	357	212	145
34	251	176	75	245	147	98	315	186	129
35–39岁	**551**	**377**	**174**	**611**	**387**	**224**	**810**	**533**	**277**
35	184	126	58	194	120	74	262	167	95
36	133	89	44	143	89	54	173	118	55
37	107	78	29	112	72	40	154	103	51
38	75	48	27	91	57	34	132	89	43
39	52	36	16	71	49	22	89	56	33
40–44岁	**172**	**115**	**57**	**181**	**125**	**56**	**237**	**152**	**85**
40	51	29	22	50	35	15	85	57	28
41	39	30	9	34	22	12	47	29	18
42	36	23	13	38	27	11	37	24	13
43	28	23	5	33	24	9	35	22	13
44	18	10	8	26	17	9	33	20	13
45–49岁	**67**	**40**	**27**	**71**	**43**	**28**	**81**	**50**	**31**
45	13	5	8	29	20	9	28	20	8
46	10	6	4	8	4	4	23	9	14
47	19	12	7	10	5	5	8	4	4
48	14	10	4	15	9	6	14	10	4
49	11	7	4	9	5	4	8	7	1
50岁及以上	**76**	**49**	**27**	**60**	**31**	**29**	**128**	**75**	**53**
平均初婚年龄	**24.87**	**25.61**	**24.17**	**24.83**	**25.49**	**24.20**	**24.84**	**25.52**	**24.20**

5-4a 续表 10

单位：人

初婚年龄	初婚年份								
	2009年			2010年			2011年		
	小计	男	女	小计	男	女	小计	男	女
总 计	**39024**	**18983**	**20041**	**45007**	**21772**	**23235**	**36531**	**17729**	**18802**
15岁以下	**5**	**1**	**4**	**12**	**4**	**8**	**3**		**3**
15-19岁	**3031**	**1145**	**1886**	**3024**	**1068**	**1956**	**1987**	**712**	**1275**
15	63	22	41	50	17	33	41	8	33
16	119	35	84	135	38	97	86	21	65
17	317	107	210	376	126	250	222	79	143
18	705	258	447	844	298	546	528	194	334
19	1827	723	1104	1619	589	1030	1110	410	700
20-24岁	**18924**	**8359**	**10565**	**23997**	**10798**	**13199**	**18901**	**8436**	**10465**
20	2817	1063	1754	3434	1360	2074	1991	751	1240
21	3879	1619	2260	4492	1885	2607	3484	1483	2001
22	4819	2193	2626	5679	2639	3040	4376	2032	2344
23	3940	1842	2098	5790	2719	3071	4466	2006	2460
24	3469	1642	1827	4602	2195	2407	4584	2164	2420
25-29岁	**13231**	**7095**	**6136**	**13555**	**7283**	**6272**	**12256**	**6492**	**5764**
25	3528	1685	1843	3819	1875	1944	3842	1862	1980
26	3658	1945	1713	3350	1777	1573	2848	1423	1425
27	2961	1642	1319	2906	1614	1292	2327	1298	1029
28	1850	1078	772	2176	1243	933	1915	1135	780
29	1234	745	489	1304	774	530	1324	774	550
30-34岁	**2525**	**1558**	**967**	**2934**	**1699**	**1235**	**2323**	**1413**	**910**
30	920	575	345	982	586	396	764	487	277
31	571	351	220	714	412	302	542	351	191
32	409	250	159	518	290	228	468	258	210
33	345	198	147	402	227	175	305	177	128
34	280	184	96	318	184	134	244	140	104
35-39岁	**846**	**534**	**312**	**928**	**563**	**365**	**647**	**415**	**232**
35	261	169	92	259	159	100	171	112	59
36	210	128	82	222	132	90	149	92	57
37	137	80	57	191	111	80	141	90	51
38	138	91	47	141	86	55	117	75	42
39	100	66	34	115	75	40	69	46	23
40-44岁	**269**	**180**	**89**	**322**	**213**	**109**	**245**	**160**	**85**
40	89	61	28	99	63	36	74	41	33
41	63	40	23	77	55	22	65	51	14
42	36	21	15	63	43	20	46	31	15
43	50	36	14	49	31	18	35	21	14
44	31	22	9	34	21	13	25	16	9
45-49岁	**100**	**62**	**38**	**125**	**81**	**44**	**98**	**61**	**37**
45	30	16	14	39	22	17	24	19	5
46	37	24	13	28	21	7	14	8	6
47	15	11	4	30	19	11	30	14	16
48	10	7	3	20	13	7	17	13	4
49	8	4	4	8	6	2	13	7	6
50岁及以上	**93**	**49**	**44**	**110**	**63**	**47**	**71**	**40**	**31**
平均初婚年龄	**24.97**	**25.60**	**24.37**	**24.89**	**25.46**	**24.36**	**25.09**	**25.65**	**24.57**

5-4a　续表 11　　　　单位：人

初婚年龄	初婚年份								
	2012年			2013年			2014年		
	小计	男	女	小计	男	女	小计	男	女
总　计	**42293**	**20622**	**21671**	**38733**	**18868**	**19865**	**37021**	**18103**	**18918**
15岁以下	**10**	**1**	**9**	**3**		**3**	**3**	**1**	**2**
15-19岁	**1763**	**612**	**1151**	**1253**	**404**	**849**	**1080**	**360**	**720**
15	45	15	30	43	15	28	31	15	16
16	72	17	55	82	25	57	71	19	52
17	206	56	150	155	50	105	127	37	90
18	425	142	283	317	87	230	299	92	207
19	1015	382	633	656	227	429	552	197	355
20-24岁	**20813**	**9366**	**11447**	**17107**	**7612**	**9495**	**14331**	**6386**	**7945**
20	1753	687	1066	1317	487	830	974	359	615
21	2938	1281	1657	2102	876	1226	1729	755	974
22	5255	2453	2802	3380	1600	1780	2681	1227	1454
23	5289	2420	2869	4997	2267	2730	3543	1562	1981
24	5578	2525	3053	5311	2382	2929	5404	2483	2921
25-29岁	**15288**	**7987**	**7301**	**15778**	**8102**	**7676**	**17161**	**8751**	**8410**
25	5288	2540	2748	5284	2500	2784	5384	2589	2795
26	3806	1948	1858	4453	2211	2242	4672	2293	2379
27	2607	1400	1207	2889	1540	1349	3700	1965	1735
28	2070	1174	896	1818	1051	767	2090	1151	939
29	1517	925	592	1334	800	534	1315	753	562
30-34岁	**3063**	**1804**	**1259**	**3076**	**1822**	**1254**	**2987**	**1726**	**1261**
30	1099	647	452	1070	644	426	933	553	380
31	703	411	292	765	472	293	765	444	321
32	539	321	218	476	275	201	586	335	251
33	425	239	186	412	232	180	372	203	169
34	297	186	111	353	199	154	331	191	140
35-39岁	**824**	**511**	**313**	**904**	**543**	**361**	**847**	**504**	**343**
35	255	147	108	276	152	124	275	156	119
36	174	110	64	185	98	87	199	118	81
37	149	95	54	178	110	68	160	101	59
38	128	76	52	133	90	43	124	78	46
39	118	83	35	132	93	39	89	51	38
40-44岁	**327**	**219**	**108**	**371**	**230**	**141**	**336**	**209**	**127**
40	104	68	36	89	55	34	74	42	32
41	75	50	25	89	53	36	69	42	27
42	57	40	17	73	41	32	75	54	21
43	49	34	15	73	50	23	72	41	31
44	42	27	15	47	31	16	46	30	16
45-49岁	**118**	**75**	**43**	**135**	**90**	**45**	**143**	**87**	**56**
45	24	15	9	45	28	17	43	25	18
46	28	19	9	30	23	7	27	16	11
47	24	17	7	21	15	6	37	27	10
48	22	9	13	25	15	10	27	15	12
49	20	15	5	14	9	5	9	4	5
50岁及以上	**87**	**47**	**40**	**106**	**65**	**41**	**133**	**79**	**54**
平均初婚年龄	**25.41**	**25.92**	**24.93**	**25.86**	**26.38**	**25.37**	**26.17**	**26.63**	**25.74**

5-4a 续表 12 单位：人

初婚年龄	初婚年份								
	2015年			2016年			2017年		
	小计	男	女	小计	男	女	小计	男	女
总　计	**36687**	**17908**	**18779**	**30668**	**15132**	**15536**	**26922**	**13207**	**13715**
15岁以下	**5**	**1**	**4**	**1**		**1**	**2**	**2**	
15-19岁	**949**	**290**	**659**	**725**	**241**	**484**	**592**	**218**	**374**
15	25	9	16	9	2	7	14	3	11
16	57	19	38	53	19	34	24	11	13
17	126	45	81	91	31	60	66	23	43
18	242	63	179	184	57	127	161	62	99
19	499	154	345	388	132	256	327	119	208
20-24岁	**11926**	**5335**	**6591**	**8655**	**3818**	**4837**	**6952**	**3050**	**3902**
20	834	299	535	648	207	441	546	195	351
21	1341	585	756	1041	401	640	808	313	495
22	2314	1030	1284	1548	727	821	1311	589	722
23	3176	1460	1716	2274	1043	1231	1728	767	961
24	4261	1961	2300	3144	1440	1704	2559	1186	1373
25-29岁	**18934**	**9528**	**9406**	**16701**	**8436**	**8265**	**14924**	**7468**	**7456**
25	5631	2641	2990	3818	1804	2014	3089	1446	1643
26	5002	2447	2555	4692	2332	2360	3477	1664	1813
27	3899	2018	1881	3724	1895	1829	3725	1870	1855
28	2866	1564	1302	2730	1458	1272	2746	1474	1272
29	1536	858	678	1737	947	790	1887	1014	873
30-34岁	**3127**	**1746**	**1381**	**3045**	**1733**	**1312**	**3014**	**1651**	**1363**
30	990	555	435	1071	626	445	1230	690	540
31	740	426	314	644	373	271	678	380	298
32	576	317	259	495	296	199	444	239	205
33	510	271	239	454	243	211	361	189	172
34	311	177	134	381	195	186	301	153	148
35-39岁	**990**	**563**	**427**	**864**	**491**	**373**	**822**	**463**	**359**
35	314	187	127	251	141	110	275	144	131
36	278	151	127	209	110	99	186	104	82
37	177	95	82	186	117	69	141	88	53
38	120	74	46	127	70	57	120	70	50
39	101	56	45	91	53	38	100	57	43
40-44岁	**405**	**237**	**168**	**367**	**215**	**152**	**321**	**192**	**129**
40	96	53	43	94	55	39	80	46	34
41	104	60	44	67	39	28	68	39	29
42	75	45	30	84	48	36	65	40	25
43	75	43	32	61	35	26	67	42	25
44	55	36	19	61	38	23	41	25	16
45-49岁	**189**	**112**	**77**	**164**	**103**	**61**	**147**	**90**	**57**
45	53	26	27	47	25	22	39	31	8
46	51	30	21	46	33	13	38	21	17
47	30	22	8	28	23	5	27	19	8
48	32	21	11	23	13	10	23	9	14
49	23	13	10	20	9	11	20	10	10
50岁及以上	**162**	**96**	**66**	**146**	**95**	**51**	**148**	**73**	**75**
平均初婚年龄	**26.60**	**27.03**	**26.20**	**26.99**	**27.44**	**26.55**	**27.26**	**27.64**	**26.90**

5-4a 续表 13 单位：人

初婚年龄	初婚年份								
	2018年			2019年			2020年		
	小计	男	女	小计	男	女	小计	男	女
总　计	**28285**	**13660**	**14625**	**20719**	**10144**	**10575**	**13144**	**6422**	**6722**
15岁以下	**2**	**1**	**1**	**2**		**2**			
15-19岁	**517**	**160**	**357**	**398**	**128**	**270**	**158**	**61**	**97**
15	14	1	13	7	2	5	7	4	3
16	26	12	14	21	8	13	11	7	4
17	56	23	33	41	10	31	23	7	16
18	127	41	86	86	28	58	49	19	30
19	294	83	211	243	80	163	68	24	44
20-24岁	**6839**	**2904**	**3935**	**4977**	**2228**	**2749**	**2819**	**1280**	**1539**
20	579	208	371	418	143	275	203	68	135
21	895	336	559	652	271	381	354	143	211
22	1354	593	761	964	443	521	589	290	299
23	1690	721	969	1284	615	669	683	335	348
24	2321	1046	1275	1659	756	903	990	444	546
25-29岁	**15208**	**7496**	**7712**	**10409**	**5145**	**5264**	**6069**	**2962**	**3107**
25	3107	1452	1655	1942	917	1025	1147	520	627
26	3292	1590	1702	2303	1091	1212	1224	591	633
27	3252	1604	1648	2136	1076	1060	1421	690	731
28	3335	1729	1606	2036	1046	990	1249	632	617
29	2222	1121	1101	1992	1015	977	1028	529	499
30-34岁	**3969**	**2139**	**1830**	**3474**	**1861**	**1613**	**2667**	**1396**	**1271**
30	1582	857	725	1265	693	572	981	521	460
31	1027	553	474	875	477	398	623	337	286
32	626	352	274	687	363	324	491	267	224
33	406	214	192	396	201	195	332	154	178
34	328	163	165	251	127	124	240	117	123
35-39岁	**1002**	**544**	**458**	**721**	**388**	**333**	**549**	**273**	**276**
35	300	153	147	185	90	95	144	70	74
36	271	161	110	191	114	77	119	69	50
37	161	83	78	155	82	73	97	45	52
38	139	70	69	110	58	52	99	47	52
39	131	77	54	80	44	36	90	42	48
40-44岁	**359**	**194**	**165**	**312**	**155**	**157**	**370**	**187**	**183**
40	98	56	42	80	34	46	80	40	40
41	78	41	37	63	31	32	77	35	42
42	75	40	35	58	36	22	81	42	39
43	46	23	23	66	34	32	77	40	37
44	62	34	28	45	20	25	55	30	25
45-49岁	**197**	**120**	**77**	**231**	**126**	**105**	**207**	**111**	**96**
45	51	36	15	46	28	18	63	38	25
46	34	20	14	46	22	24	42	19	23
47	37	20	17	52	29	23	41	20	21
48	37	21	16	53	26	27	32	18	14
49	38	23	15	34	21	13	29	16	13
50岁及以上	**192**	**102**	**90**	**195**	**113**	**82**	**305**	**152**	**153**
平均初婚年龄	**27.63**	**28.04**	**27.25**	**27.99**	**28.34**	**27.65**	**29.00**	**29.24**	**28.77**

5-4b 全省分初婚年龄、性别、初婚年份的人口(镇)

单位：人

初婚年龄	初婚年份								
	合计			1980年			1981年		
	合计	男	女	小计	男	女	小计	男	女
总 计	**1439190**	**699562**	**739628**	**33281**	**15984**	**17297**	**18141**	**8709**	**9432**
15岁以下	**1778**	**525**	**1253**	**86**	**22**	**64**	**48**	**18**	**30**
15-19岁	**182209**	**69464**	**112745**	**3889**	**1237**	**2652**	**3170**	**1144**	**2026**
15	7068	2482	4586	325	113	212	167	53	114
16	12394	4153	8241	503	157	346	205	60	145
17	23655	8235	15420	973	317	656	509	178	331
18	45785	16530	29255	1012	282	730	1011	359	652
19	93307	38064	55243	1076	368	708	1278	494	784
20-24岁	**895086**	**433477**	**461609**	**20579**	**9945**	**10634**	**10502**	**5090**	**5412**
20	154364	66775	87589	2375	1014	1361	1215	523	692
21	198256	93051	105205	3585	1733	1852	1898	857	1041
22	219487	110926	108561	5217	2552	2665	2255	1135	1120
23	182260	90486	91774	5371	2577	2794	2695	1330	1365
24	140719	72239	68480	4031	2069	1962	2439	1245	1194
25-29岁	**280004**	**151644**	**128360**	**7611**	**4090**	**3521**	**3848**	**2111**	**1737**
25	103257	54324	48933	3286	1720	1566	1528	806	722
26	70566	38059	32507	1916	1010	906	1073	602	471
27	48752	27047	21705	1185	654	531	622	339	283
28	34024	19092	14932	768	433	335	361	205	156
29	23405	13122	10283	456	273	183	264	159	105
30-34岁	**53830**	**29923**	**23907**	**862**	**515**	**347**	**437**	**262**	**175**
30	17627	10036	7591	322	196	126	162	87	75
31	13124	7193	5931	207	114	93	107	67	40
32	9983	5576	4407	133	90	43	83	54	29
33	7448	4021	3427	113	70	43	49	27	22
34	5648	3097	2551	87	45	42	36	27	9
35-39岁	**13874**	**7882**	**5992**	**197**	**142**	**55**	**94**	**60**	**34**
35	4181	2322	1859	67	51	16	32	20	12
36	3294	1911	1383	37	26	11	29	21	8
37	2589	1480	1109	38	26	12	13	8	5
38	2084	1185	899	33	24	9	10	5	5
39	1726	984	742	22	15	7	10	6	4
40-44岁	**6202**	**3425**	**2777**	**40**	**23**	**17**	**28**	**20**	**8**
40	1630	897	733	9	6	3	12	10	2
41	1408	774	634	8	6	2	7	5	2
42	1246	678	568	6	3	3	2	2	
43	1068	597	471	10	5	5	5	1	4
44	850	479	371	7	3	4	2	2	
45-49岁	**2916**	**1556**	**1360**	**14**	**9**	**5**	**10**	**4**	**6**
45	731	382	349	7	5	2	2	1	1
46	660	357	303	2		2	1	1	
47	588	324	264	1	1		3	1	2
48	473	252	221	2	1	1	2		2
49	464	241	223	2	2		2	1	1
50岁及以上	**3291**	**1666**	**1625**	**3**	**1**	**2**	**4**		**4**
平均初婚年龄	**23.50**	**23.85**	**23.16**	**23.41**	**23.86**	**22.99**	**23.18**	**23.63**	**22.76**

5-4b　续表 1　　　　　　　　　　　　　　　　　　　　　　单位：人

初婚年龄	初婚年份								
	1982年			1983年			1984年		
	小计	男	女	小计	男	女	小计	男	女
总　计	**24972**	**11953**	**13019**	**25649**	**12187**	**13462**	**27763**	**13285**	**14478**
15岁以下	**57**	**17**	**40**	**59**	**17**	**42**	**51**	**16**	**35**
15–19岁	**5427**	**2069**	**3358**	**4963**	**1905**	**3058**	**4698**	**1863**	**2835**
15	205	71	134	229	85	144	226	72	154
16	355	110	245	336	119	217	360	141	219
17	569	194	375	617	209	408	578	199	379
18	1305	469	836	1147	399	748	1211	450	761
19	2993	1225	1768	2634	1093	1541	2323	1001	1322
20–24岁	**13883**	**6732**	**7151**	**15495**	**7320**	**8175**	**18490**	**8852**	**9638**
20	3125	1351	1774	4934	2206	2728	4438	2027	2411
21	2232	1019	1213	3787	1744	2043	6197	2966	3231
22	2992	1544	1448	2380	1092	1288	4143	1998	2145
23	2771	1412	1359	2502	1273	1229	1898	900	998
24	2763	1406	1357	1892	1005	887	1814	961	853
25–29岁	**4837**	**2669**	**2168**	**4348**	**2453**	**1895**	**3579**	**2001**	**1578**
25	2044	1118	926	1675	920	755	1146	616	530
26	1119	617	502	1147	648	499	972	560	412
27	812	455	357	699	407	292	688	387	301
28	519	294	225	490	279	211	426	235	191
29	343	185	158	337	199	138	347	203	144
30–34岁	**592**	**363**	**229**	**609**	**384**	**225**	**723**	**417**	**306**
30	225	139	86	219	131	88	265	152	113
31	159	94	65	143	83	60	187	107	80
32	102	62	40	115	74	41	127	72	55
33	62	35	27	74	53	21	93	53	40
34	44	33	11	58	43	15	51	33	18
35–39岁	**130**	**80**	**50**	**115**	**77**	**38**	**157**	**99**	**58**
35	58	33	25	33	24	9	53	35	18
36	21	12	9	32	23	9	27	17	10
37	20	15	5	21	11	10	34	23	11
38	16	11	5	17	12	5	23	12	11
39	15	9	6	12	7	5	20	12	8
40–44岁	**29**	**18**	**11**	**46**	**25**	**21**	**42**	**26**	**16**
40	6	4	2	16	9	7	14	6	8
41	13	7	6	9	5	4	12	7	5
42	4	1	3	8	4	4	11	10	1
43	3	3		12	6	6	2	2	
44	3	3		1	1		3	1	2
45–49岁	**13**	**3**	**10**	**11**	**4**	**7**	**13**	**8**	**5**
45	6	2	4	1		1	1	1	
46	2		2	2	1	1	3	3	
47	2	1	1	3	2	1	5	2	3
48	3		3	5	1	4	1	1	
49							3	1	2
50岁及以上	**4**	**2**	**2**	**3**	**2**	**1**	**10**	**3**	**7**
平均初婚年龄	**22.79**	**23.24**	**22.38**	**22.50**	**22.96**	**22.08**	**22.42**	**22.76**	**22.10**

5-4b 续表 2

单位：人

初婚年龄	初婚年份								
	1985年			1986年			1987年		
	小计	男	女	小计	男	女	小计	男	女
总　计	**42922**	**20602**	**22320**	**38418**	**18490**	**19928**	**36051**	**17306**	**18745**
15岁以下	**62**	**17**	**45**	**55**	**15**	**40**	**37**	**12**	**25**
15-19岁	**6896**	**2728**	**4168**	**6336**	**2611**	**3725**	**5900**	**2418**	**3482**
15	293	109	184	190	64	126	168	58	110
16	582	230	352	387	147	240	319	111	208
17	944	330	614	911	338	573	725	290	435
18	1622	590	1032	1610	636	974	1532	560	972
19	3455	1469	1986	3238	1426	1812	3156	1399	1757
20-24岁	**29521**	**14282**	**15239**	**27211**	**13195**	**14016**	**25490**	**12393**	**13097**
20	5384	2385	2999	5546	2604	2942	5046	2292	2754
21	7807	3718	4089	6336	2992	3344	6238	2962	3276
22	9617	4925	4692	6835	3397	3438	5808	2908	2900
23	4765	2302	2463	5838	2892	2946	4844	2408	2436
24	1948	952	996	2656	1310	1346	3554	1823	1731
25-29岁	**4807**	**2629**	**2178**	**3343**	**1839**	**1504**	**3247**	**1687**	**1560**
25	1688	898	790	1048	544	504	1576	821	755
26	1030	550	480	829	448	381	547	262	285
27	911	537	374	512	309	203	415	229	186
28	688	368	320	497	288	209	345	177	168
29	490	276	214	457	250	207	364	198	166
30-34岁	**1259**	**730**	**529**	**1073**	**604**	**469**	**1044**	**596**	**448**
30	399	232	167	380	210	170	316	182	134
31	310	179	131	274	164	110	256	144	112
32	249	154	95	179	95	84	204	121	83
33	192	104	88	133	79	54	144	75	69
34	109	61	48	107	56	51	124	74	50
35-39岁	**255**	**158**	**97**	**262**	**149**	**113**	**216**	**129**	**87**
35	87	52	35	76	43	33	81	47	34
36	48	30	18	55	30	25	55	33	22
37	47	30	17	45	26	19	35	21	14
38	39	25	14	43	27	16	27	15	12
39	34	21	13	43	23	20	18	13	5
40-44岁	**72**	**40**	**32**	**90**	**53**	**37**	**73**	**50**	**23**
40	19	12	7	37	19	18	27	17	10
41	16	11	5	21	16	5	19	13	6
42	12	6	6	10	5	5	18	15	3
43	22	11	11	11	7	4	5	3	2
44	3		3	11	6	5	4	2	2
45-49岁	**25**	**11**	**14**	**27**	**14**	**13**	**26**	**14**	**12**
45	10	4	6	9	6	3	3	1	2
46	7	3	4	6	3	3	7	4	3
47	2	2		7	2	5	6	3	3
48	1		1	2		2	3	2	1
49	5	2	3	3	3		7	4	3
50岁及以上	**25**	**7**	**18**	**21**	**10**	**11**	**18**	**7**	**11**
平均初婚年龄	**22.55**	**22.85**	**22.27**	**22.52**	**22.79**	**22.28**	**22.56**	**22.82**	**22.32**

5-4b　续表 3　　　　单位：人

初婚年龄	初婚年份								
	1988年			1989年			1990年		
	小计	男	女	小计	男	女	小计	男	女
总　计	**42495**	**20522**	**21973**	**38479**	**18686**	**19793**	**50667**	**24793**	**25874**
15岁以下	**47**	**15**	**32**	**47**	**16**	**31**	**96**	**30**	**66**
15-19岁	**7028**	**2915**	**4113**	**5956**	**2549**	**3407**	**8013**	**3337**	**4676**
15	221	86	135	187	73	114	282	119	163
16	377	141	236	353	136	217	516	195	321
17	761	283	478	686	271	415	1021	406	615
18	1686	648	1038	1471	601	870	2033	833	1200
19	3983	1757	2226	3259	1468	1791	4161	1784	2377
20-24岁	**29202**	**14311**	**14891**	**26855**	**13118**	**13737**	**35493**	**17657**	**17836**
20	5863	2752	3111	5671	2623	3048	6905	3234	3671
21	6735	3223	3512	6726	3289	3437	9191	4619	4572
22	7630	3846	3784	6283	3108	3175	8924	4523	4401
23	5309	2601	2708	5028	2491	2537	6062	3022	3040
24	3665	1889	1776	3147	1607	1540	4411	2259	2152
25-29岁	**4764**	**2454**	**2310**	**4457**	**2344**	**2113**	**5794**	**3036**	**2758**
25	2597	1322	1275	1997	1071	926	2471	1282	1189
26	1123	579	544	1358	706	652	1533	808	725
27	430	209	221	603	315	288	1068	584	484
28	344	187	157	277	138	139	503	269	234
29	270	157	113	222	114	108	219	93	126
30-34岁	**1063**	**598**	**465**	**768**	**432**	**336**	**752**	**437**	**315**
30	292	172	120	168	95	73	194	101	93
31	262	143	119	170	97	73	120	75	45
32	200	111	89	163	91	72	176	95	81
33	162	87	75	146	80	66	146	93	53
34	147	85	62	121	69	52	116	73	43
35-39岁	**268**	**153**	**115**	**271**	**156**	**115**	**347**	**205**	**142**
35	95	48	47	94	58	36	100	53	47
36	69	42	27	64	36	28	87	59	28
37	50	35	15	53	27	26	73	47	26
38	38	17	21	36	23	13	40	21	19
39	16	11	5	24	12	12	47	25	22
40-44岁	**78**	**52**	**26**	**83**	**51**	**32**	**114**	**68**	**46**
40	18	13	5	29	18	11	33	21	12
41	20	13	7	15	8	7	25	16	9
42	14	6	8	22	13	9	17	10	7
43	15	11	4	10	9	1	26	14	12
44	11	9	2	7	3	4	13	7	6
45-49岁	**27**	**15**	**12**	**23**	**14**	**9**	**39**	**16**	**23**
45	9	5	4	3	3		12	5	7
46	9	5	4	5	3	2	5	4	1
47	3	3		7	1	6	8	1	7
48	5	1	4	5	4	1	9	4	5
49	1	1		3	3		5	2	3
50岁及以上	**18**	**9**	**9**	**19**	**6**	**13**	**19**	**7**	**12**
平均初婚年龄	**22.56**	**22.79**	**22.35**	**22.56**	**22.76**	**22.37**	**22.50**	**22.70**	**22.30**

5-4b 续表 4 单位：人

初婚年龄	初婚年份								
	1991年			1992年			1993年		
	小计	男	女	小计	男	女	小计	男	女
总　计	**29121**	**14177**	**14944**	**36296**	**17731**	**18565**	**36220**	**17577**	**18643**
15岁以下	**34**	**13**	**21**	**44**	**15**	**29**	**41**	**12**	**29**
15-19岁	**4439**	**1957**	**2482**	**4437**	**1824**	**2613**	**3968**	**1549**	**2419**
15	141	55	86	171	66	105	165	65	100
16	236	95	141	258	92	166	270	81	189
17	467	197	270	442	176	266	463	165	298
18	1135	470	665	1008	367	641	891	337	554
19	2460	1140	1320	2558	1123	1435	2179	901	1278
20-24岁	**20926**	**10190**	**10736**	**26747**	**13192**	**13555**	**26503**	**12948**	**13555**
20	4307	2020	2287	4643	2159	2484	4408	1908	2500
21	5287	2604	2683	6394	3095	3299	5890	2795	3095
22	5307	2584	2723	7067	3662	3405	7009	3641	3368
23	3790	1852	1938	5242	2550	2692	5601	2748	2853
24	2235	1130	1105	3401	1726	1675	3595	1856	1739
25-29岁	**3180**	**1716**	**1464**	**4217**	**2245**	**1972**	**4626**	**2494**	**2132**
25	1437	762	675	1828	930	898	2083	1098	985
26	766	410	356	1085	611	474	1114	610	504
27	454	244	210	613	330	283	704	392	312
28	359	206	153	398	219	179	423	233	190
29	164	94	70	293	155	138	302	161	141
30-34岁	**287**	**155**	**132**	**473**	**244**	**229**	**676**	**364**	**312**
30	85	39	46	167	81	86	301	172	129
31	58	30	28	82	44	38	154	90	64
32	54	32	22	94	44	50	87	43	44
33	46	29	17	68	39	29	82	32	50
34	44	25	19	62	36	26	52	27	25
35-39岁	**151**	**91**	**60**	**187**	**112**	**75**	**218**	**126**	**92**
35	29	15	14	49	31	18	56	39	17
36	42	28	14	44	24	20	52	28	24
37	29	22	7	41	28	13	33	18	15
38	26	15	11	29	17	12	39	20	19
39	25	11	14	24	12	12	38	21	17
40-44岁	**57**	**33**	**24**	**122**	**66**	**56**	**115**	**54**	**61**
40	20	12	8	39	19	20	32	17	15
41	10	6	4	35	20	15	26	13	13
42	9	6	3	19	9	10	22	12	10
43	11	6	5	17	9	8	21	4	17
44	7	3	4	12	9	3	14	8	6
45-49岁	**29**	**18**	**11**	**36**	**21**	**15**	**39**	**16**	**23**
45	5	4	1	6	5	1	10	6	4
46	8	3	5	8	5	3	12	3	9
47	4	2	2	8	2	6	7	4	3
48	6	4	2	9	7	2	4	3	1
49	6	5	1	5	2	3	6		6
50岁及以上	**18**	**4**	**14**	**33**	**12**	**21**	**34**	**14**	**20**
平均初婚年龄	**22.42**	**22.59**	**22.26**	**22.72**	**22.90**	**22.55**	**22.91**	**23.13**	**22.71**

5-4b　续表 5　　单位：人

初婚年龄	初婚年份								
	1994年			1995年			1996年		
	小计	男	女	小计	男	女	小计	男	女
总　计	**33525**	**16428**	**17097**	**43632**	**21284**	**22348**	**38224**	**18572**	**19652**
15岁以下	**45**	**15**	**30**	**44**	**11**	**33**	**45**	**11**	**34**
15-19岁	**3287**	**1269**	**2018**	**3865**	**1379**	**2486**	**3302**	**1174**	**2128**
15	179	80	99	193	62	131	111	29	82
16	220	62	158	340	112	228	227	62	165
17	354	138	216	511	166	345	441	152	289
18	746	274	472	835	281	554	783	254	529
19	1788	715	1073	1986	758	1228	1740	677	1063
20-24岁	**24115**	**11907**	**12208**	**30367**	**14864**	**15503**	**26020**	**12685**	**13335**
20	3538	1542	1996	4083	1648	2435	3442	1417	2025
21	5530	2622	2908	6463	3087	3376	5350	2505	2845
22	6322	3289	3033	8136	4182	3954	7015	3612	3403
23	5085	2561	2524	6843	3479	3364	5872	2903	2969
24	3640	1893	1747	4842	2468	2374	4341	2248	2093
25-29岁	**4896**	**2595**	**2301**	**7528**	**4054**	**3474**	**7058**	**3764**	**3294**
25	2163	1141	1022	3364	1832	1532	2927	1551	1376
26	1283	693	590	1809	957	852	1845	992	853
27	646	333	313	1176	617	559	1080	606	474
28	498	273	225	695	371	324	757	382	375
29	306	155	151	484	277	207	449	233	216
30-34岁	**795**	**417**	**378**	**1209**	**655**	**554**	**1238**	**651**	**587**
30	280	148	132	357	197	160	392	207	185
31	258	131	127	286	157	129	281	139	142
32	125	62	63	330	184	146	264	146	118
33	68	38	30	152	70	82	196	105	91
34	64	38	26	84	47	37	105	54	51
35-39岁	**190**	**125**	**65**	**251**	**131**	**120**	**191**	**103**	**88**
35	39	25	14	50	25	25	48	24	24
36	45	39	6	61	33	28	37	17	20
37	43	23	20	49	25	24	31	18	13
38	29	18	11	50	28	22	31	21	10
39	34	20	14	41	20	21	44	23	21
40-44岁	**120**	**63**	**57**	**201**	**108**	**93**	**183**	**102**	**81**
40	19	11	8	51	27	24	48	27	21
41	36	19	17	49	20	29	29	18	11
42	28	15	13	43	28	15	52	28	24
43	21	10	11	37	22	15	33	17	16
44	16	8	8	21	11	10	21	12	9
45-49岁	**45**	**19**	**26**	**84**	**44**	**40**	**93**	**42**	**51**
45	13	6	7	26	15	11	25	12	13
46	7	4	3	18	10	8	20	6	14
47	11	4	7	14	6	8	16	9	7
48	9	3	6	8	4	4	13	6	7
49	5	2	3	18	9	9	19	9	10
50岁及以上	**32**	**18**	**14**	**83**	**38**	**45**	**94**	**40**	**54**
平均初婚年龄	**23.13**	**23.36**	**22.91**	**23.43**	**23.70**	**23.17**	**23.59**	**23.85**	**23.34**

5-4b 续表 6

单位：人

初婚年龄	初婚年份								
	1997年			1998年			1999年		
	小计	男	女	小计	男	女	小计	男	女
总 计	**34420**	**16775**	**17645**	**40696**	**19744**	**20952**	**33293**	**16123**	**17170**
15岁以下	**35**	**10**	**25**	**52**	**6**	**46**	**51**	**14**	**37**
15-19岁	**3339**	**1246**	**2093**	**4195**	**1510**	**2685**	**3667**	**1267**	**2400**
15	114	36	78	147	43	104	150	45	105
16	185	53	132	278	79	199	236	61	175
17	401	136	265	468	166	302	449	148	301
18	871	322	549	1021	342	679	803	245	558
19	1768	699	1069	2281	880	1401	2029	768	1261
20-24岁	**22504**	**10832**	**11672**	**25499**	**12330**	**13169**	**21314**	**10265**	**11049**
20	2996	1175	1821	3822	1532	2290	3775	1501	2274
21	4452	2021	2431	5126	2303	2823	4673	2133	2540
22	5837	3019	2818	6398	3290	3108	5154	2676	2478
23	5313	2589	2724	5509	2770	2739	4385	2217	2168
24	3906	2028	1878	4644	2435	2209	3327	1738	1589
25-29岁	**6686**	**3690**	**2996**	**8346**	**4544**	**3802**	**6544**	**3649**	**2895**
25	2772	1533	1239	3158	1695	1463	2486	1356	1130
26	1630	894	736	2018	1120	898	1610	885	725
27	1088	627	461	1382	766	616	1102	656	446
28	685	384	301	1067	580	487	748	424	324
29	511	252	259	721	383	338	598	328	270
30-34岁	**1224**	**652**	**572**	**1885**	**978**	**907**	**1277**	**682**	**595**
30	403	223	180	604	329	275	427	228	199
31	285	146	139	443	219	224	369	201	168
32	205	104	101	366	194	172	211	113	98
33	170	88	82	286	136	150	174	89	85
34	161	91	70	186	100	86	96	51	45
35-39岁	**200**	**110**	**90**	**393**	**197**	**196**	**249**	**144**	**105**
35	61	32	29	176	93	83	79	44	35
36	42	18	24	100	52	48	83	52	31
37	32	19	13	44	22	22	46	30	16
38	32	21	11	47	19	28	18	10	8
39	33	20	13	26	11	15	23	8	15
40-44岁	**255**	**134**	**121**	**182**	**104**	**78**	**101**	**59**	**42**
40	63	35	28	43	24	19	16	9	7
41	51	29	22	34	21	13	20	9	11
42	47	23	24	40	27	13	29	16	13
43	49	24	25	35	18	17	17	11	6
44	45	23	22	30	14	16	19	14	5
45-49岁	**109**	**61**	**48**	**83**	**42**	**41**	**37**	**18**	**19**
45	27	14	13	25	13	12	10	6	4
46	25	16	9	15	8	7	14	6	8
47	23	11	12	17	8	9	6	4	2
48	19	11	8	14	6	8	3	1	2
49	15	9	6	12	7	5	4	1	3
50岁及以上	**68**	**40**	**28**	**61**	**33**	**28**	**53**	**25**	**28**
平均初婚年龄	**23.72**	**24.05**	**23.40**	**23.78**	**24.13**	**23.46**	**23.47**	**23.88**	**23.09**

5-4b　续表 7　　　　单位：人

初婚年龄	初婚年份								
	2000年			2001年			2002年		
	小计	男	女	小计	男	女	小计	男	女
总　计	**44480**	**21829**	**22651**	**27272**	**13149**	**14123**	**33777**	**16403**	**17374**
15岁以下	**143**	**50**	**93**	**66**	**26**	**40**	**81**	**26**	**55**
15—19岁	**5623**	**2064**	**3559**	**3598**	**1275**	**2323**	**4240**	**1528**	**2712**
15	297	125	172	165	55	110	271	106	165
16	417	138	279	204	69	135	338	110	228
17	820	304	516	417	133	284	469	146	323
18	1445	496	949	895	320	575	912	307	605
19	2644	1001	1643	1917	698	1219	2250	859	1391
20—24岁	**28105**	**13691**	**14414**	**17550**	**8347**	**9203**	**21998**	**10576**	**11422**
20	4565	1821	2744	3081	1229	1852	3902	1597	2305
21	6705	3062	3643	3894	1780	2114	4928	2239	2689
22	7038	3708	3330	4534	2293	2241	5280	2652	2628
23	5498	2820	2678	3522	1732	1790	4633	2383	2250
24	4299	2280	2019	2519	1313	1206	3255	1705	1550
25—29岁	**8443**	**4780**	**3663**	**4910**	**2855**	**2055**	**5887**	**3363**	**2524**
25	3100	1689	1411	1864	1026	838	2122	1170	952
26	2190	1279	911	1190	694	496	1458	825	633
27	1403	825	578	876	524	352	1063	622	441
28	1012	578	434	588	377	211	724	428	296
29	738	409	329	392	234	158	520	318	202
30—34岁	**1548**	**867**	**681**	**852**	**465**	**387**	**1179**	**669**	**510**
30	559	318	241	281	160	121	374	220	154
31	366	200	166	228	118	110	306	174	132
32	306	173	133	160	91	69	206	123	83
33	175	94	81	115	64	51	180	93	87
34	142	82	60	68	32	36	113	59	54
35—39岁	**320**	**205**	**115**	**174**	**113**	**61**	**227**	**143**	**84**
35	106	65	41	60	38	22	62	36	26
36	74	58	16	32	17	15	55	37	18
37	69	39	30	37	28	9	37	27	10
38	50	30	20	28	19	9	42	27	15
39	21	13	8	17	11	6	31	16	15
40—44岁	**115**	**70**	**45**	**54**	**28**	**26**	**68**	**41**	**27**
40	31	13	18	6		6	22	12	10
41	22	16	6	18	8	10	7	5	2
42	19	15	4	10	6	4	11	7	4
43	22	15	7	8	5	3	14	6	8
44	21	11	10	12	9	3	14	11	3
45—49岁	**99**	**53**	**46**	**35**	**21**	**14**	**58**	**36**	**22**
45	29	13	16	8	3	5	13	6	7
46	22	13	9	13	9	4	10	9	1
47	19	10	9	6	4	2	13	9	4
48	13	8	5	6	3	3	13	7	6
49	16	9	7	2	2		9	5	4
50岁及以上	**84**	**49**	**35**	**33**	**19**	**14**	**39**	**21**	**18**
平均初婚年龄	**23.33**	**23.77**	**22.91**	**23.18**	**23.64**	**22.74**	**23.24**	**23.69**	**22.80**

5-4b 续表 8 单位：人

初婚年龄	初婚年份								
	2003年			2004年			2005年		
	小计	男	女	小计	男	女	小计	男	女
总 计	**34379**	**16682**	**17697**	**33711**	**16280**	**17431**	**39846**	**19318**	**20528**
15岁以下	**57**	**15**	**42**	**63**	**18**	**45**	**55**	**15**	**40**
15-19岁	**4067**	**1372**	**2695**	**4215**	**1461**	**2754**	**6114**	**2217**	**3897**
15	288	100	188	266	94	172	398	142	256
16	438	140	298	416	143	273	550	194	356
17	573	169	404	630	212	418	977	354	623
18	855	287	568	1020	323	697	1670	599	1071
19	1913	676	1237	1883	689	1194	2519	928	1591
20-24岁	**22286**	**10751**	**11535**	**21306**	**10167**	**11139**	**23810**	**11502**	**12308**
20	3511	1401	2110	3212	1253	1959	3702	1480	2222
21	5155	2334	2821	4660	2132	2528	4838	2330	2508
22	5493	2778	2715	5640	2829	2811	5940	2960	2980
23	4475	2289	2186	4407	2201	2206	5403	2706	2697
24	3652	1949	1703	3387	1752	1635	3927	2026	1901
25-29岁	**6176**	**3507**	**2669**	**6318**	**3610**	**2708**	**7545**	**4266**	**3279**
25	2364	1266	1098	2543	1418	1125	3032	1661	1371
26	1527	877	650	1555	883	672	1927	1060	867
27	1042	612	430	1018	602	416	1216	708	508
28	704	417	287	707	406	301	798	493	305
29	539	335	204	495	301	194	572	344	228
30-34岁	**1303**	**748**	**555**	**1309**	**768**	**541**	**1560**	**903**	**657**
30	410	243	167	445	283	162	440	256	184
31	301	175	126	297	171	126	382	228	154
32	243	145	98	234	130	104	302	171	131
33	192	109	83	176	91	85	231	135	96
34	157	76	81	157	93	64	205	113	92
35-39岁	**294**	**169**	**125**	**323**	**165**	**158**	**481**	**260**	**221**
35	111	68	43	109	50	59	161	84	77
36	61	35	26	81	40	41	128	68	60
37	50	23	27	69	37	32	91	52	39
38	37	18	19	34	21	13	57	32	25
39	35	25	10	30	17	13	44	24	20
40-44岁	**88**	**53**	**35**	**77**	**36**	**41**	**123**	**72**	**51**
40	35	18	17	31	14	17	33	18	15
41	26	17	9	24	15	9	28	14	14
42	12	7	5	12	3	9	38	25	13
43	5	4	1	2	1	1	18	11	7
44	10	7	3	8	3	5	6	4	2
45-49岁	**49**	**28**	**21**	**37**	**21**	**16**	**55**	**31**	**24**
45	11	4	7	2	1	1	7	5	2
46	9	4	5	10	6	4	6	4	2
47	14	11	3	10	4	6	12	8	4
48	11	5	6	9	7	2	12	7	5
49	4	4		6	3	3	18	7	11
50岁及以上	**59**	**39**	**20**	**63**	**34**	**29**	**103**	**52**	**51**
平均初婚年龄	**23.37**	**23.87**	**22.90**	**23.39**	**23.86**	**22.96**	**23.39**	**23.87**	**22.95**

5-4b 续表 9 单位：人

初婚年龄	初婚年份								
	2006年			2007年			2008年		
	小计	男	女	小计	男	女	小计	男	女
总　计	**38324**	**18561**	**19763**	**36161**	**17585**	**18576**	**46534**	**22597**	**23937**
15岁以下	**38**	**13**	**25**	**33**	**8**	**25**	**27**	**8**	**19**
15–19岁	**6204**	**2230**	**3974**	**6069**	**2292**	**3777**	**7524**	**2928**	**4596**
15	187	58	129	160	51	109	179	65	114
16	465	152	313	353	114	239	430	153	277
17	837	276	561	890	303	587	878	294	584
18	1612	542	1070	1578	581	997	2177	822	1355
19	3103	1202	1901	3088	1243	1845	3860	1594	2266
20–24岁	**22527**	**10880**	**11647**	**21315**	**10396**	**10919**	**27759**	**13383**	**14376**
20	4145	1736	2409	5021	2158	2863	5988	2573	3415
21	4600	2134	2466	4972	2326	2646	7009	3254	3755
22	4980	2539	2441	4458	2333	2125	6307	3215	3092
23	4679	2361	2318	3632	1852	1780	4675	2355	2320
24	4123	2110	2013	3232	1727	1505	3780	1986	1794
25–29岁	**7484**	**4243**	**3241**	**6833**	**3790**	**3043**	**8732**	**4835**	**3897**
25	2870	1495	1375	2683	1452	1231	3142	1665	1477
26	1914	1150	764	1639	895	744	2392	1328	1064
27	1317	783	534	1104	638	466	1493	861	632
28	830	489	341	856	493	363	1017	594	423
29	553	326	227	551	312	239	688	387	301
30–34岁	**1403**	**821**	**582**	**1282**	**741**	**541**	**1560**	**910**	**650**
30	402	226	176	358	213	145	483	299	184
31	318	193	125	303	179	124	342	186	156
32	274	169	105	249	145	104	284	168	116
33	233	134	99	204	112	92	248	140	108
34	176	99	77	168	92	76	203	117	86
35–39岁	**414**	**243**	**171**	**396**	**229**	**167**	**554**	**325**	**229**
35	130	71	59	112	60	52	148	86	62
36	110	63	47	108	65	43	124	78	46
37	74	39	35	82	46	36	114	64	50
38	54	38	16	54	30	24	90	43	47
39	46	32	14	40	28	12	78	54	24
40–44岁	**135**	**74**	**61**	**105**	**58**	**47**	**206**	**124**	**82**
40	34	20	14	25	14	11	65	44	21
41	35	20	15	30	15	15	44	25	19
42	26	11	15	19	11	8	39	24	15
43	25	15	10	17	10	7	36	21	15
44	15	8	7	14	8	6	22	10	12
45–49岁	**43**	**22**	**21**	**53**	**30**	**23**	**73**	**32**	**41**
45	6	3	3	17	9	8	25	12	13
46	9	4	5	9	6	3	17	6	11
47	5	3	2	7	5	2	8	3	5
48	5	3	2	9	4	5	11	6	5
49	18	9	9	11	6	5	12	5	7
50岁及以上	**76**	**35**	**41**	**75**	**41**	**34**	**99**	**52**	**47**
平均初婚年龄	**23.35**	**23.85**	**22.89**	**23.17**	**23.62**	**22.74**	**23.22**	**23.65**	**22.82**

5-4b 续表 10 单位：人

初婚年龄	初婚年份								
	2009年			2010年			2011年		
	小计	男	女	小计	男	女	小计	男	女
总　计	**43397**	**21094**	**22303**	**54122**	**26302**	**27820**	**37967**	**18545**	**19422**
15岁以下	**19**	**8**	**11**	**34**	**10**	**24**	**30**	**6**	**24**
15–19岁	**6559**	**2521**	**4038**	**6871**	**2642**	**4229**	**4416**	**1717**	**2699**
15	129	31	98	170	49	121	114	36	78
16	314	107	207	369	111	258	222	77	145
17	728	262	466	886	290	596	566	180	386
18	1628	591	1037	1817	664	1153	1158	414	744
19	3760	1530	2230	3629	1528	2101	2356	1010	1346
20–24岁	**26664**	**12877**	**13787**	**35145**	**16959**	**18186**	**24437**	**11766**	**12671**
20	5547	2438	3109	6854	3005	3849	3857	1700	2157
21	6486	2993	3493	8120	3736	4384	5917	2770	3147
22	6842	3407	3435	8450	4297	4153	5892	2961	2931
23	4583	2320	2263	7108	3505	3603	4836	2337	2499
24	3206	1719	1487	4613	2416	2197	3935	1998	1937
25–29岁	**7633**	**4265**	**3368**	**8893**	**4901**	**3992**	**6922**	**3821**	**3101**
25	2521	1337	1184	3051	1627	1424	2526	1272	1254
26	1999	1091	908	2139	1156	983	1638	941	697
27	1526	876	650	1738	998	740	1209	690	519
28	931	558	373	1198	701	497	889	537	352
29	656	403	253	767	419	348	660	381	279
30–34岁	**1529**	**863**	**666**	**2007**	**1121**	**886**	**1473**	**829**	**644**
30	481	287	194	628	370	258	433	249	184
31	374	193	181	521	284	237	377	210	167
32	269	158	111	390	210	180	308	169	139
33	230	122	108	264	144	120	203	118	85
34	175	103	72	204	113	91	152	83	69
35–39岁	**553**	**317**	**236**	**674**	**380**	**294**	**363**	**218**	**145**
35	160	88	72	186	104	82	96	62	34
36	125	74	51	155	83	72	76	50	26
37	107	61	46	127	75	52	72	38	34
38	94	53	41	120	71	49	50	24	26
39	67	41	26	86	47	39	69	44	25
40–44岁	**236**	**128**	**108**	**258**	**160**	**98**	**178**	**104**	**74**
40	77	39	38	79	45	34	52	31	21
41	62	34	28	60	37	23	32	19	13
42	40	21	19	49	31	18	37	24	13
43	37	23	14	41	26	15	32	16	16
44	20	11	9	29	21	8	25	14	11
45–49岁	**105**	**64**	**41**	**119**	**66**	**53**	**83**	**49**	**34**
45	32	22	10	33	21	12	16	11	5
46	36	20	16	27	19	8	19	9	10
47	12	9	3	33	15	18	25	16	9
48	16	10	6	20	7	13	15	9	6
49	9	3	6	6	4	2	8	4	4
50岁及以上	**99**	**51**	**48**	**121**	**63**	**58**	**65**	**35**	**30**
平均初婚年龄	**23.30**	**23.73**	**22.90**	**23.37**	**23.76**	**23.01**	**23.53**	**23.90**	**23.17**

5-4b　续表 11　　　　　　　　　　　　　　　　　　　　　　　　　　　　单位：人

初婚年龄	初婚年份								
	2012年			2013年			2014年		
	小计	男	女	小计	男	女	小计	男	女
总　计	**45036**	**21983**	**23053**	**39110**	**19095**	**20015**	**35495**	**17445**	**18050**
15岁以下	**19**	**5**	**14**	**17**	**3**	**14**	**15**	**4**	**11**
15-19岁	**4335**	**1608**	**2727**	**3312**	**1224**	**2088**	**2787**	**987**	**1800**
15	130	35	95	136	40	96	103	37	66
16	273	83	190	262	77	185	203	58	145
17	548	175	373	483	162	321	406	125	281
18	1051	364	687	830	293	537	799	258	541
19	2333	951	1382	1601	652	949	1276	509	767
20-24岁	**28076**	**13459**	**14617**	**22493**	**10730**	**11763**	**18576**	**9045**	**9531**
20	3732	1593	2139	2684	1122	1562	2006	882	1124
21	5141	2320	2821	3715	1686	2029	3050	1397	1653
22	7530	3720	3810	4910	2429	2481	3772	1882	1890
23	6346	3141	3205	6191	3028	3163	4225	2105	2120
24	5327	2685	2642	4993	2465	2528	5523	2779	2744
25-29岁	**9781**	**5299**	**4482**	**10281**	**5495**	**4786**	**11310**	**5827**	**5483**
25	3990	2038	1952	4002	2012	1990	4146	2073	2073
26	2507	1380	1127	2900	1538	1362	3162	1566	1596
27	1427	791	636	1647	908	739	2151	1146	1005
28	1064	614	450	1043	614	429	1176	665	511
29	793	476	317	689	423	266	675	377	298
30-34岁	**1946**	**1113**	**833**	**1975**	**1070**	**905**	**1833**	**1014**	**819**
30	637	383	254	580	333	247	534	298	236
31	479	268	211	482	264	218	469	260	209
32	346	194	152	373	190	183	345	201	144
33	290	170	120	292	144	148	273	135	138
34	194	98	96	248	139	109	212	120	92
35-39岁	**463**	**269**	**194**	**551**	**314**	**237**	**498**	**279**	**219**
35	117	75	42	168	89	79	151	73	78
36	104	58	46	120	64	56	123	70	53
37	93	53	40	102	62	40	83	52	31
38	72	43	29	82	50	32	79	46	33
39	77	40	37	79	49	30	62	38	24
40-44岁	**220**	**124**	**96**	**255**	**142**	**113**	**244**	**149**	**95**
40	50	26	24	76	44	32	63	44	19
41	55	35	20	59	28	31	56	31	25
42	47	24	23	39	20	19	49	29	20
43	39	24	15	44	28	16	33	23	10
44	29	15	14	37	22	15	43	22	21
45-49岁	**105**	**50**	**55**	**100**	**55**	**45**	**132**	**82**	**50**
45	23	9	14	28	17	11	31	17	14
46	23	10	13	14	6	8	26	17	9
47	21	14	7	23	16	7	22	16	6
48	19	11	8	18	8	10	20	14	6
49	19	6	13	17	8	9	33	18	15
50岁及以上	**91**	**56**	**35**	**126**	**62**	**64**	**100**	**58**	**42**
平均初婚年龄	**23.91**	**24.29**	**23.55**	**24.41**	**24.77**	**24.07**	**24.76**	**25.13**	**24.41**

5-4b 续表 12　　单位：人

初婚年龄	初婚年份								
	2015年			2016年			2017年		
	小计	男	女	小计	男	女	小计	男	女
总　计	**36384**	**17883**	**18501**	**28955**	**14355**	**14600**	**24317**	**12154**	**12163**
15岁以下	**14**	**3**	**11**	**7**	**2**	**5**	**8**	**2**	**6**
15-19岁	**2614**	**937**	**1677**	**2083**	**758**	**1325**	**1670**	**645**	**1025**
15	56	15	41	40	11	29	39	14	25
16	199	63	136	118	38	80	83	29	54
17	390	120	270	268	88	180	219	70	149
18	717	251	466	595	224	371	471	180	291
19	1252	488	764	1062	397	665	858	352	506
20-24岁	**16444**	**7829**	**8615**	**12000**	**5808**	**6192**	**9229**	**4444**	**4785**
20	1841	801	1040	1462	649	813	1228	490	738
21	2472	1175	1297	1977	941	1036	1572	758	814
22	3662	1750	1912	2426	1229	1197	2016	1015	1001
23	4032	1949	2083	2975	1433	1542	1954	933	1021
24	4437	2154	2283	3160	1556	1604	2459	1248	1211
25-29岁	**14107**	**7384**	**6723**	**11899**	**6194**	**5705**	**10429**	**5428**	**5001**
25	5124	2631	2493	3334	1697	1637	2519	1255	1264
26	3657	1842	1815	3503	1806	1697	2512	1301	1211
27	2571	1370	1201	2407	1298	1109	2628	1382	1246
28	1765	977	788	1619	865	754	1684	892	792
29	990	564	426	1036	528	508	1086	598	488
30-34岁	**2066**	**1114**	**952**	**1943**	**1056**	**887**	**1959**	**1084**	**875**
30	615	344	271	691	399	292	762	437	325
31	476	248	228	445	231	214	468	260	208
32	424	221	203	314	166	148	295	162	133
33	290	159	131	273	150	123	239	130	109
34	261	142	119	220	110	110	195	95	100
35-39岁	**584**	**327**	**257**	**513**	**275**	**238**	**487**	**259**	**228**
35	199	110	89	161	89	72	145	82	63
36	154	87	67	124	67	57	116	61	55
37	96	54	42	91	42	49	93	46	47
38	73	38	35	86	48	38	67	36	31
39	62	38	24	51	29	22	66	34	32
40-44岁	**299**	**158**	**141**	**265**	**143**	**122**	**226**	**121**	**105**
40	57	34	23	61	32	29	58	29	29
41	81	35	46	50	26	24	35	22	13
42	65	38	27	52	28	24	51	25	26
43	46	19	27	49	30	19	46	27	19
44	50	32	18	53	27	26	36	18	18
45-49岁	**129**	**69**	**60**	**121**	**55**	**66**	**142**	**78**	**64**
45	42	23	19	28	11	17	34	16	18
46	16	9	7	38	18	20	33	17	16
47	31	13	18	25	13	12	38	24	14
48	16	8	8	15	7	8	19	12	7
49	24	16	8	15	6	9	18	9	9
50岁及以上	**127**	**62**	**65**	**124**	**64**	**60**	**167**	**93**	**74**
平均初婚年龄	**25.19**	**25.51**	**24.87**	**25.50**	**25.78**	**25.23**	**25.91**	**26.24**	**25.58**

5-4b 续表 13

单位：人

初婚年龄	初婚年份								
	2018年			2019年			2020年		
	小计	男	女	小计	男	女	小计	男	女
总　计	**26379**	**12824**	**13555**	**17991**	**8869**	**9122**	**11288**	**5681**	**5607**
15岁以下	**11**		**11**	**3**		**3**	**2**	**1**	**1**
15—19岁	**1617**	**550**	**1067**	**1069**	**391**	**678**	**447**	**166**	**281**
15	36	15	21	21	8	13	19	11	8
16	98	26	72	60	17	43	39	10	29
17	196	53	143	134	41	93	50	19	31
18	442	157	285	272	100	172	108	38	70
19	845	299	546	582	225	357	231	88	143
20—24岁	**9424**	**4382**	**5042**	**6184**	**2890**	**3294**	**3042**	**1487**	**1555**
20	1335	514	821	835	304	531	340	116	224
21	1592	701	891	1075	488	587	481	208	273
22	1946	940	1006	1361	657	704	681	349	332
23	2191	1067	1124	1430	696	734	742	396	346
24	2360	1160	1200	1483	745	738	798	418	380
25—29岁	**11429**	**5877**	**5552**	**7347**	**3791**	**3556**	**3929**	**2049**	**1880**
25	2680	1338	1342	1526	771	755	844	415	429
26	2523	1274	1249	1627	802	825	800	409	391
27	2409	1227	1182	1487	752	735	830	438	392
28	2398	1286	1112	1388	737	651	785	426	359
29	1419	752	667	1319	729	590	670	361	309
30—34岁	**2622**	**1368**	**1254**	**2260**	**1225**	**1035**	**1975**	**1038**	**937**
30	1025	533	492	850	473	377	681	391	290
31	685	358	327	609	321	288	485	248	237
32	423	224	199	425	242	183	346	183	163
33	290	148	142	224	119	105	270	128	142
34	199	105	94	152	70	82	193	88	105
35—39岁	**635**	**325**	**310**	**484**	**244**	**240**	**544**	**276**	**268**
35	183	85	98	143	66	77	110	49	61
36	158	80	78	123	65	58	113	71	42
37	119	65	54	90	46	44	116	57	59
38	95	52	43	85	44	41	112	61	51
39	80	43	37	43	23	20	93	38	55
40—44岁	**273**	**139**	**134**	**287**	**144**	**143**	**459**	**208**	**251**
40	64	31	33	67	29	38	93	44	49
41	61	31	30	55	24	31	113	55	58
42	55	26	29	62	26	36	101	38	63
43	45	28	17	68	40	28	79	32	47
44	48	23	25	35	25	10	73	39	34
45—49岁	**158**	**80**	**78**	**174**	**97**	**77**	**263**	**144**	**119**
45	37	16	21	35	21	14	64	28	36
46	43	27	16	46	23	23	58	33	25
47	21	11	10	36	20	16	54	31	23
48	24	7	17	29	16	13	50	34	16
49	33	19	14	28	17	11	37	18	19
50岁及以上	**210**	**103**	**107**	**183**	**87**	**96**	**627**	**312**	**315**
平均初婚年龄	**26.27**	**26.62**	**25.95**	**26.76**	**27.12**	**26.41**	**29.46**	**29.63**	**29.29**

5-4c 全省分初婚年龄、性别、初婚年份的人口(乡村)

单位：人

初婚年龄	初婚年份								
	合计			1980年			1981年		
	合计	男	女	小计	男	女	小计	男	女
总　计	**2016017**	**948928**	**1067089**	**71955**	**34764**	**37191**	**36299**	**17418**	**18881**
15岁以下	**2783**	**711**	**2072**	**189**	**53**	**136**	**91**	**25**	**66**
15-19岁	**308383**	**108539**	**199844**	**9681**	**2764**	**6917**	**7119**	**2391**	**4728**
15	11551	3336	8215	680	192	488	344	104	240
16	21359	6135	15224	1224	328	896	442	112	330
17	41951	12768	29183	2381	629	1752	1112	320	792
18	78775	26029	52746	2581	730	1851	2237	704	1533
19	154747	60271	94476	2815	885	1930	2984	1151	1833
20-24岁	**1276196**	**609502**	**666694**	**42988**	**21198**	**21790**	**20270**	**10002**	**10268**
20	246726	105903	140823	5360	2175	3185	2757	1180	1577
21	301901	141466	160435	7637	3723	3914	3967	1870	2097
22	316863	160053	156810	10813	5523	5290	4257	2171	2086
23	240548	118053	122495	10952	5504	5448	4913	2478	2435
24	170158	84027	86131	8226	4273	3953	4376	2303	2073
25-29岁	**315795**	**166613**	**149182**	**16125**	**8928**	**7197**	**7482**	**4142**	**3340**
25	116718	59729	56989	6619	3567	3052	2868	1543	1325
26	77704	40716	36988	4140	2239	1901	2020	1110	910
27	53692	29026	24666	2546	1435	1111	1247	703	544
28	38757	21077	17680	1669	989	680	815	463	352
29	28924	16065	12859	1151	698	453	532	323	209
30-34岁	**72210**	**40890**	**31320**	**2239**	**1383**	**856**	**1035**	**667**	**368**
30	22819	13030	9789	806	497	309	379	231	148
31	17568	9774	7794	529	325	204	266	164	102
32	13852	7810	6042	393	252	141	159	116	43
33	10321	5802	4519	300	185	115	117	74	43
34	7650	4474	3176	211	124	87	114	82	32
35-39岁	**20512**	**11882**	**8630**	**565**	**344**	**221**	**232**	**156**	**76**
35	6075	3509	2566	168	114	54	81	55	26
36	4684	2701	1983	131	75	56	51	32	19
37	3714	2146	1568	96	50	46	39	27	12
38	3187	1839	1348	92	62	30	28	19	9
39	2852	1687	1165	78	43	35	33	23	10
40-44岁	**10059**	**5625**	**4434**	**111**	**66**	**45**	**48**	**27**	**21**
40	2598	1473	1125	43	26	17	15	8	7
41	2256	1271	985	24	19	5	17	11	6
42	2052	1169	883	20	11	9	7	3	4
43	1732	937	795	12	5	7	4	2	2
44	1421	775	646	12	5	7	5	3	2
45-49岁	**4655**	**2498**	**2157**	**48**	**24**	**24**	**16**	**7**	**9**
45	1249	709	540	17	7	10	1	1	
46	1041	560	481	15	9	6	4	3	1
47	881	486	395	5	3	2	6	1	5
48	777	386	391	5	2	3	3	1	2
49	707	357	350	6	3	3	2	1	1
50岁及以上	**5424**	**2668**	**2756**	**9**	**4**	**5**	**6**	**1**	**5**
平均初婚年龄	**23.18**	**23.61**	**22.80**	**23.40**	**23.97**	**22.86**	**23.08**	**23.66**	**22.54**

5-4c　续表 1

单位：人

初婚年龄	初婚年份								
	1982年			1983年			1984年		
	小计	男	女	小计	男	女	小计	男	女
总　计	**50823**	**24272**	**26551**	**53388**	**25458**	**27930**	**57384**	**27170**	**30214**
15岁以下	**125**	**35**	**90**	**113**	**22**	**91**	**89**	**24**	**65**
15-19岁	**11782**	**4154**	**7628**	**10949**	**3909**	**7040**	**10297**	**3670**	**6627**
15	459	137	322	455	140	315	453	134	319
16	838	255	583	798	230	568	747	224	523
17	1408	436	972	1437	437	1000	1430	429	1001
18	2781	890	1891	2400	735	1665	2715	863	1852
19	6296	2436	3860	5859	2367	3492	4952	2020	2932
20-24岁	**27247**	**13376**	**13871**	**31775**	**15366**	**16409**	**37429**	**17805**	**19624**
20	6844	3035	3809	10511	4763	5748	9166	4013	5153
21	4554	2082	2472	8324	3913	4411	12689	6079	6610
22	6076	3168	2908	4904	2432	2472	8710	4332	4378
23	4927	2584	2343	4711	2428	2283	3617	1703	1914
24	4846	2507	2339	3325	1830	1495	3247	1678	1569
25-29岁	**9721**	**5491**	**4230**	**8534**	**4917**	**3617**	**7295**	**4249**	**3046**
25	3775	2079	1696	3085	1711	1374	2200	1230	970
26	2273	1244	1029	2231	1251	980	1877	1091	786
27	1722	1004	718	1399	817	582	1439	859	580
28	1169	671	498	1043	638	405	929	549	380
29	782	493	289	776	500	276	850	520	330
30-34岁	**1476**	**942**	**534**	**1513**	**936**	**577**	**1776**	**1119**	**657**
30	578	373	205	521	311	210	604	384	220
31	357	230	127	389	238	151	445	285	160
32	243	153	90	270	177	93	327	197	130
33	164	102	62	207	124	83	229	149	80
34	134	84	50	126	86	40	171	104	67
35-39岁	**336**	**206**	**130**	**352**	**224**	**128**	**333**	**214**	**119**
35	104	64	40	99	60	39	96	64	32
36	80	59	21	94	60	34	85	55	30
37	58	32	26	71	47	24	62	47	15
38	44	22	22	41	26	15	49	27	22
39	50	29	21	47	31	16	41	21	20
40-44岁	**95**	**51**	**44**	**109**	**69**	**40**	**112**	**63**	**49**
40	25	16	9	36	20	16	36	18	18
41	29	12	17	26	18	8	24	14	10
42	19	7	12	29	19	10	19	11	8
43	13	10	3	15	10	5	19	12	7
44	9	6	3	3	2	1	14	8	6
45-49岁	**32**	**15**	**17**	**29**	**12**	**17**	**31**	**19**	**12**
45	9	6	3	5	2	3	9	6	3
46	11	4	7	13	5	8	8	4	4
47	5	3	2	5	3	2	3	2	1
48	4	2	2	1		1	5	4	1
49	3		3	5	2	3	6	3	3
50岁及以上	**9**	**2**	**7**	**14**	**3**	**11**	**22**	**7**	**15**
平均初婚年龄	**22.75**	**23.34**	**22.22**	**22.46**	**23.02**	**21.96**	**22.43**	**22.93**	**21.98**

5-4c 续表 2

单位：人

初婚年龄	初婚年份								
	1985年			1986年			1987年		
	小计	男	女	小计	男	女	小计	男	女
总　计	**84171**	**39708**	**44463**	**74347**	**35050**	**39297**	**66990**	**31466**	**35524**
15岁以下	**111**	**22**	**89**	**65**	**16**	**49**	**59**	**17**	**42**
15-19岁	**14723**	**5206**	**9517**	**13004**	**4785**	**8219**	**11752**	**4482**	**7270**
15	598	170	428	379	110	269	323	107	216
16	1172	370	802	812	250	562	639	213	426
17	2060	664	1396	1804	587	1217	1345	430	915
18	3612	1171	2441	3294	1130	2164	3159	1127	2032
19	7281	2831	4450	6715	2708	4007	6286	2605	3681
20-24岁	**55921**	**26706**	**29215**	**51572**	**24797**	**26775**	**46127**	**21962**	**24165**
20	10646	4652	5994	11219	5036	6183	9639	4283	5356
21	14781	6983	7798	12170	5843	6327	12082	5751	6331
22	17855	9022	8833	12771	6387	6384	10691	5353	5338
23	8994	4328	4666	10522	5168	5354	7946	3793	4153
24	3645	1721	1924	4890	2363	2527	5769	2782	2987
25-29岁	**9457**	**5348**	**4109**	**6351**	**3414**	**2937**	**5908**	**3091**	**2817**
25	3022	1638	1384	1825	803	1022	2642	1298	1344
26	1922	1099	823	1447	753	694	1010	497	513
27	1809	1025	784	1041	600	441	883	471	412
28	1536	890	646	1045	632	413	628	366	262
29	1168	696	472	993	626	367	745	459	286
30-34岁	**2960**	**1829**	**1131**	**2426**	**1509**	**917**	**2295**	**1395**	**900**
30	1006	639	367	748	474	274	737	454	283
31	723	448	275	636	386	250	530	314	216
32	507	304	203	465	288	177	477	294	183
33	434	270	164	339	200	139	309	174	135
34	290	168	122	238	161	77	242	159	83
35-39岁	**683**	**424**	**259**	**625**	**380**	**245**	**590**	**374**	**216**
35	232	140	92	193	118	75	223	142	81
36	149	99	50	143	88	55	152	89	63
37	116	71	45	102	67	35	97	65	32
38	95	58	37	85	47	38	57	39	18
39	91	56	35	102	60	42	61	39	22
40-44岁	**239**	**144**	**95**	**230**	**121**	**109**	**190**	**117**	**73**
40	89	58	31	73	38	35	60	41	19
41	42	21	21	58	33	25	48	28	20
42	45	27	18	42	26	16	30	17	13
43	35	22	13	28	11	17	30	21	9
44	28	16	12	29	13	16	22	10	12
45-49岁	**57**	**25**	**32**	**40**	**20**	**20**	**50**	**24**	**26**
45	18	9	9	17	10	7	13	7	6
46	7	1	6	7	3	4	13	5	8
47	12	6	6	7	3	4	13	7	6
48	11	5	6	6	2	4	5	2	3
49	9	4	5	3	2	1	6	3	3
50岁及以上	**20**	**4**	**16**	**34**	**8**	**26**	**19**	**4**	**15**
平均初婚年龄	**22.61**	**23.08**	**22.19**	**22.55**	**22.94**	**22.19**	**22.56**	**22.93**	**22.24**

5-4c 续表 3

单位：人

初婚年龄	初婚年份								
	1988年			1989年			1990年		
	小计	男	女	小计	男	女	小计	男	女
总 计	**79647**	**37160**	**42487**	**67944**	**31887**	**36057**	**88769**	**41752**	**47017**
15岁以下	**99**	**23**	**76**	**71**	**22**	**49**	**133**	**36**	**97**
15-19岁	**13118**	**4939**	**8179**	**10908**	**4292**	**6616**	**14364**	**5700**	**8664**
15	342	123	219	286	100	186	515	198	317
16	650	213	437	652	208	444	913	309	604
17	1573	509	1064	1304	453	851	1821	676	1145
18	3276	1110	2166	2748	996	1752	3623	1350	2273
19	7277	2984	4293	5918	2535	3383	7492	3167	4325
20-24岁	**54363**	**25750**	**28613**	**47187**	**22417**	**24770**	**61675**	**29357**	**32318**
20	11538	5162	6376	10128	4613	5515	12566	5651	6915
21	13095	6116	6979	12127	5784	6343	15819	7671	8148
22	14145	7064	7081	11336	5608	5728	15673	7700	7973
23	9323	4460	4863	8688	4133	4555	10375	4976	5399
24	6262	2948	3314	4908	2279	2629	7242	3359	3883
25-29岁	**8514**	**4262**	**4252**	**7182**	**3546**	**3636**	**9556**	**4774**	**4782**
25	4564	2277	2287	3143	1515	1628	3969	1907	2062
26	1876	929	947	2134	1102	1032	2500	1245	1255
27	818	393	425	1042	496	546	1762	941	821
28	718	362	356	438	210	228	891	465	426
29	538	301	237	425	223	202	434	216	218
30-34岁	**2474**	**1527**	**947**	**1695**	**1054**	**641**	**1754**	**1089**	**665**
30	650	407	243	361	228	133	405	233	172
31	603	375	228	382	246	136	318	209	109
32	505	312	193	381	229	152	392	239	153
33	409	252	157	327	206	121	379	234	145
34	307	181	126	244	145	99	260	174	86
35-39岁	**717**	**447**	**270**	**625**	**392**	**233**	**801**	**514**	**287**
35	239	146	93	211	139	72	238	154	84
36	179	117	62	133	78	55	187	119	68
37	130	75	55	117	69	48	148	94	54
38	107	67	40	88	51	37	134	89	45
39	62	42	20	76	55	21	94	58	36
40-44岁	**254**	**156**	**98**	**189**	**117**	**72**	**291**	**176**	**115**
40	64	43	21	52	37	15	89	58	31
41	63	42	21	46	26	20	63	34	29
42	55	33	22	31	22	9	56	36	20
43	37	21	16	38	22	16	41	28	13
44	35	17	18	22	10	12	42	20	22
45-49岁	**75**	**42**	**33**	**58**	**32**	**26**	**136**	**82**	**54**
45	20	10	10	20	10	10	53	40	13
46	16	11	5	11	7	4	24	12	12
47	17	12	5	7	2	5	30	18	12
48	12	6	6	14	10	4	19	8	11
49	10	3	7	6	3	3	10	4	6
50岁及以上	**33**	**14**	**19**	**29**	**15**	**14**	**59**	**24**	**35**
平均初婚年龄	**22.64**	**22.99**	**22.33**	**22.57**	**22.86**	**22.31**	**22.57**	**22.86**	**22.32**

5-4c 续表 4

单位：人

初婚年龄	初婚年份								
	1991年			1992年			1993年		
	小计	男	女	小计	男	女	小计	男	女
总　计	**48432**	**22587**	**25845**	**59345**	**27765**	**31580**	**55598**	**25923**	**29675**
15岁以下	**68**	**23**	**45**	**85**	**27**	**58**	**69**	**17**	**52**
15-19岁	**7300**	**2958**	**4342**	**7330**	**2779**	**4551**	**5860**	**2108**	**3752**
15	189	73	116	236	84	152	199	71	128
16	369	117	252	383	140	243	342	105	237
17	793	299	494	786	268	518	643	203	440
18	1773	667	1106	1725	610	1115	1358	451	907
19	4176	1802	2374	4200	1677	2523	3318	1278	2040
20-24岁	**34853**	**16425**	**18428**	**43330**	**20592**	**22738**	**40330**	**19171**	**21159**
20	7136	3375	3761	7726	3533	4193	6755	2825	3930
21	9041	4247	4794	10979	5289	5690	9552	4561	4991
22	8777	4263	4514	11555	5806	5749	10780	5525	5255
23	6252	2883	3369	7897	3641	4256	8194	3945	4249
24	3647	1657	1990	5173	2323	2850	5049	2315	2734
25-29岁	**5000**	**2437**	**2563**	**6737**	**3282**	**3455**	**7224**	**3426**	**3798**
25	2223	1050	1173	2872	1346	1526	3149	1446	1703
26	1173	540	633	1796	886	910	1764	858	906
27	750	397	353	882	440	442	1097	518	579
28	549	284	265	667	333	334	672	331	341
29	305	166	139	520	277	243	542	273	269
30-34岁	**662**	**401**	**261**	**948**	**550**	**398**	**1159**	**651**	**508**
30	170	89	81	342	193	149	488	275	213
31	140	82	58	150	86	64	269	144	125
32	101	64	37	185	101	84	157	86	71
33	148	96	52	135	76	59	143	80	63
34	103	70	33	136	94	42	102	66	36
35-39岁	**304**	**198**	**106**	**482**	**303**	**179**	**478**	**302**	**176**
35	75	47	28	121	78	43	122	77	45
36	68	47	21	121	72	49	98	61	37
37	65	43	22	101	61	40	79	51	28
38	51	29	22	62	40	22	92	58	34
39	45	32	13	77	52	25	87	55	32
40-44岁	**149**	**95**	**54**	**272**	**158**	**114**	**310**	**169**	**141**
40	40	25	15	85	50	35	92	50	42
41	53	34	19	61	40	21	85	51	34
42	24	15	9	65	35	30	50	29	21
43	18	11	7	37	20	17	44	20	24
44	14	10	4	24	13	11	39	19	20
45-49岁	**58**	**31**	**27**	**96**	**47**	**49**	**99**	**50**	**49**
45	14	10	4	24	12	12	23	11	12
46	9	5	4	20	9	11	22	15	7
47	12	5	7	20	13	7	21	11	10
48	9	6	3	13	3	10	17	5	12
49	14	5	9	19	10	9	16	8	8
50岁及以上	**38**	**19**	**19**	**65**	**27**	**38**	**69**	**29**	**40**
平均初婚年龄	**22.49**	**22.70**	**22.31**	**22.79**	**23.00**	**22.60**	**23.05**	**23.29**	**22.84**

5-4c 续表 5

单位：人

初婚年龄	初婚年份								
	1994年			1995年			1996年		
	小计	男	女	小计	男	女	小计	男	女
总　计	**51596**	**24082**	**27514**	**63513**	**29819**	**33694**	**53323**	**25053**	**28270**
15岁以下	**48**	**10**	**38**	**58**	**9**	**49**	**40**	**7**	**33**
15-19岁	**5082**	**1784**	**3298**	**5855**	**1932**	**3923**	**4962**	**1664**	**3298**
15	244	73	171	253	83	170	188	41	147
16	316	93	223	460	132	328	373	106	267
17	521	162	359	751	201	550	683	204	479
18	1160	379	781	1371	429	942	1153	347	806
19	2841	1077	1764	3020	1087	1933	2565	966	1599
20-24岁	**36869**	**17505**	**19364**	**43411**	**20861**	**22550**	**35871**	**17141**	**18730**
20	5770	2401	3369	6048	2372	3676	4915	1984	2931
21	8671	4045	4626	9823	4666	5157	7661	3541	4120
22	9820	4958	4862	11713	6089	5624	9933	5178	4755
23	7487	3618	3869	9253	4557	4696	7791	3769	4022
24	5121	2483	2638	6574	3177	3397	5571	2669	2902
25-29岁	**7292**	**3474**	**3818**	**10734**	**5194**	**5540**	**9111**	**4457**	**4654**
25	3005	1392	1613	4508	2199	2309	3446	1708	1738
26	1895	866	1029	2564	1236	1328	2285	1104	1181
27	1040	513	527	1733	827	906	1514	739	775
28	815	415	400	1093	522	571	1121	539	582
29	537	288	249	836	410	426	745	367	378
30-34岁	**1324**	**720**	**604**	**2091**	**1061**	**1030**	**2137**	**1128**	**1009**
30	426	235	191	585	292	293	686	342	344
31	422	218	204	553	285	268	469	242	227
32	263	153	110	524	264	260	416	243	173
33	94	45	49	298	155	143	372	186	186
34	119	69	50	131	65	66	194	115	79
35-39岁	**427**	**262**	**165**	**572**	**349**	**223**	**439**	**261**	**178**
35	73	41	32	145	79	66	73	34	39
36	84	55	29	99	58	41	82	53	29
37	103	64	39	111	70	41	71	41	30
38	82	54	28	112	70	42	108	70	38
39	85	48	37	105	72	33	105	63	42
40-44岁	**339**	**203**	**136**	**447**	**247**	**200**	**377**	**206**	**171**
40	96	55	41	96	57	39	80	45	35
41	68	38	30	103	55	48	74	38	36
42	72	52	20	96	52	44	85	46	39
43	57	34	23	77	39	38	86	47	39
44	46	24	22	75	44	31	52	30	22
45-49岁	**126**	**82**	**44**	**162**	**84**	**78**	**195**	**103**	**92**
45	41	27	14	44	28	16	48	24	24
46	28	21	7	32	13	19	35	18	17
47	18	11	7	33	17	16	39	21	18
48	23	12	11	28	17	11	24	11	13
49	16	11	5	25	9	16	49	29	20
50岁及以上	**89**	**42**	**47**	**183**	**82**	**101**	**191**	**86**	**105**
平均初婚年龄	**23.26**	**23.56**	**22.99**	**23.57**	**23.85**	**23.33**	**23.73**	**24.02**	**23.46**

5-4c　续表 6　　　　单位：人

初婚年龄	初婚年份								
	1997年			1998年			1999年		
	小计	男	女	小计	男	女	小计	男	女
总　计	**45906**	**21570**	**24336**	**53197**	**25076**	**28121**	**40652**	**19185**	**21467**
15岁以下	**39**	**9**	**30**	**52**	**12**	**40**	**74**	**15**	**59**
15-19岁	**4777**	**1594**	**3183**	**6094**	**1990**	**4104**	**4965**	**1584**	**3381**
15	192	52	140	225	59	166	169	48	121
16	274	68	206	400	104	296	356	87	269
17	574	161	413	742	198	544	620	147	473
18	1216	406	810	1417	442	975	1191	328	863
19	2521	907	1614	3310	1187	2123	2629	974	1655
20-24岁	**29347**	**14045**	**15302**	**32338**	**15608**	**16730**	**25238**	**12110**	**13128**
20	4253	1661	2592	5435	2055	3380	4900	1893	3007
21	6158	2821	3337	6693	3044	3649	5758	2615	3143
22	7729	4049	3680	8230	4416	3814	6215	3320	2895
23	6610	3297	3313	6762	3363	3399	4908	2505	2403
24	4597	2217	2380	5218	2730	2488	3457	1777	1680
25-29岁	**8338**	**4158**	**4180**	**9940**	**5032**	**4908**	**7404**	**3911**	**3493**
25	3122	1539	1583	3469	1780	1689	2585	1378	1207
26	1991	993	998	2322	1181	1141	1696	875	821
27	1458	741	717	1678	851	827	1297	713	584
28	953	474	479	1327	644	683	1000	517	483
29	814	411	403	1144	576	568	826	428	398
30-34岁	**2059**	**1054**	**1005**	**3336**	**1653**	**1683**	**2152**	**1118**	**1034**
30	652	328	324	1046	525	521	684	359	325
31	531	276	255	794	370	424	558	283	275
32	335	163	172	729	384	345	452	233	219
33	292	152	140	459	205	254	272	150	122
34	249	135	114	308	169	139	186	93	93
35-39岁	**420**	**215**	**205**	**672**	**344**	**328**	**406**	**220**	**186**
35	132	69	63	275	141	134	147	82	65
36	59	29	30	154	72	82	121	62	59
37	65	26	39	84	44	40	74	44	30
38	58	25	33	79	43	36	26	13	13
39	106	66	40	80	44	36	38	19	19
40-44岁	**562**	**310**	**252**	**416**	**262**	**154**	**205**	**117**	**88**
40	146	74	72	101	66	35	36	22	14
41	105	58	47	102	59	43	43	28	15
42	116	63	53	87	57	30	37	18	19
43	107	65	42	71	44	27	39	20	19
44	88	50	38	55	36	19	50	29	21
45-49岁	**237**	**121**	**116**	**194**	**100**	**94**	**119**	**70**	**49**
45	76	35	41	51	27	24	35	26	9
46	54	33	21	51	25	26	27	13	14
47	36	20	16	31	19	12	19	12	7
48	43	19	24	29	15	14	22	13	9
49	28	14	14	32	14	18	16	6	10
50岁及以上	**127**	**64**	**63**	**155**	**75**	**80**	**89**	**40**	**49**
平均初婚年龄	**23.91**	**24.25**	**23.61**	**23.97**	**24.36**	**23.63**	**23.60**	**24.05**	**23.20**

5-4c 续表 7

单位：人

初婚年龄	初婚年份								
	2000年			2001年			2002年		
	小计	男	女	小计	男	女	小计	男	女
总　计	**51628**	**24815**	**26813**	**32054**	**15228**	**16826**	**39515**	**18743**	**20772**
15岁以下	**196**	**64**	**132**	**97**	**32**	**65**	**104**	**31**	**73**
15-19岁	**7729**	**2639**	**5090**	**4835**	**1623**	**3212**	**5937**	**1876**	**4061**
15	383	121	262	212	60	152	378	99	279
16	597	186	411	325	98	227	474	134	340
17	1014	304	710	532	168	364	702	188	514
18	1967	655	1312	1147	361	786	1341	410	931
19	3768	1373	2395	2619	936	1683	3042	1045	1997
20-24岁	**31790**	**15637**	**16153**	**20510**	**9886**	**10624**	**25801**	**12528**	**13273**
20	5872	2336	3536	4086	1685	2401	5191	2145	3046
21	7943	3820	4123	4804	2235	2569	6065	2782	3283
22	7840	4174	3666	5375	2787	2588	6325	3338	2987
23	5851	3061	2790	3759	1903	1856	5035	2608	2427
24	4284	2246	2038	2486	1276	1210	3185	1655	1530
25-29岁	**8433**	**4537**	**3896**	**4850**	**2667**	**2183**	**5568**	**3117**	**2451**
25	2841	1525	1316	1739	934	805	1985	1078	907
26	2049	1141	908	1142	616	526	1358	777	581
27	1522	817	705	897	517	380	962	536	426
28	1191	612	579	608	332	276	730	424	306
29	830	442	388	464	268	196	533	302	231
30-34岁	**2331**	**1292**	**1039**	**1263**	**709**	**554**	**1460**	**822**	**638**
30	729	390	339	393	227	166	425	243	182
31	576	313	263	328	183	145	375	215	160
32	463	266	197	227	130	97	284	148	136
33	309	177	132	197	104	93	213	130	83
34	254	146	108	118	65	53	163	86	77
35-39岁	**557**	**297**	**260**	**264**	**163**	**101**	**372**	**210**	**162**
35	175	92	83	102	63	39	116	69	47
36	150	87	63	50	35	15	93	58	35
37	111	59	52	39	14	25	73	40	33
38	82	41	41	48	35	13	48	22	26
39	39	18	21	25	16	9	42	21	21
40-44岁	**248**	**163**	**85**	**88**	**61**	**27**	**93**	**52**	**41**
40	36	22	14	21	16	5	36	20	16
41	54	35	19	7	4	3	6	3	3
42	59	45	14	13	9	4	15	6	9
43	50	29	21	28	19	9	19	12	7
44	49	32	17	19	13	6	17	11	6
45-49岁	**187**	**104**	**83**	**76**	**50**	**26**	**103**	**72**	**31**
45	44	26	18	18	15	3	13	12	1
46	54	30	24	15	10	5	30	24	6
47	28	16	12	18	11	7	19	15	4
48	35	16	19	14	8	6	20	7	13
49	26	16	10	11	6	5	21	14	7
50岁及以上	**157**	**82**	**75**	**71**	**37**	**34**	**77**	**35**	**42**
平均初婚年龄	**23.35**	**23.83**	**22.91**	**23.09**	**23.60**	**22.63**	**23.02**	**23.55**	**22.55**

5-4c 续表 8 单位：人

初婚年龄	初婚年份								
	2003年			2004年			2005年		
	小计	男	女	小计	男	女	小计	男	女
总 计	**38853**	**18505**	**20348**	**37119**	**17653**	**19466**	**44359**	**21159**	**23200**
15岁以下	**82**	**27**	**55**	**85**	**22**	**63**	**76**	**22**	**54**
15-19岁	**5576**	**1736**	**3840**	**5796**	**1823**	**3973**	**8090**	**2702**	**5388**
15	370	114	256	309	96	213	440	129	311
16	551	131	420	560	148	412	743	227	516
17	831	231	600	908	238	670	1302	377	925
18	1271	374	897	1436	452	984	2263	706	1557
19	2553	886	1667	2583	889	1694	3342	1263	2079
20-24岁	**25141**	**12279**	**12862**	**23565**	**11544**	**12021**	**26776**	**13095**	**13681**
20	4615	1839	2776	4043	1659	2384	4767	1971	2796
21	6235	2915	3320	5527	2600	2927	5755	2722	3033
22	6225	3261	2964	6266	3267	2999	6846	3557	3289
23	4608	2446	2162	4575	2376	2199	5697	2878	2819
24	3458	1818	1640	3154	1642	1512	3711	1967	1744
25-29岁	**5637**	**3097**	**2540**	**5484**	**3040**	**2444**	**6525**	**3686**	**2839**
25	2156	1141	1015	2147	1173	974	2571	1424	1147
26	1306	703	603	1336	725	611	1674	948	726
27	903	510	393	857	487	370	1052	606	446
28	699	417	282	640	370	270	702	394	308
29	573	326	247	504	285	219	526	314	212
30-34岁	**1628**	**912**	**716**	**1426**	**792**	**634**	**1810**	**1046**	**764**
30	500	294	206	416	251	165	502	305	197
31	395	203	192	348	187	161	392	210	182
32	318	190	128	295	148	147	388	225	163
33	239	130	109	191	110	81	270	158	112
34	176	95	81	176	96	80	258	148	110
35-39岁	**448**	**255**	**193**	**470**	**279**	**191**	**575**	**329**	**246**
35	154	80	74	158	98	60	191	110	81
36	114	67	47	112	62	50	139	82	57
37	73	50	23	80	49	31	108	59	49
38	54	28	26	69	43	26	69	36	33
39	53	30	23	51	27	24	68	42	26
40-44岁	**120**	**65**	**55**	**121**	**63**	**58**	**232**	**117**	**115**
40	43	26	17	51	32	19	66	32	34
41	29	18	11	32	17	15	62	36	26
42	14	5	9	22	9	13	58	37	21
43	16	8	8	10	3	7	36	9	27
44	18	8	10	6	2	4	10	3	7
45-49岁	**112**	**73**	**39**	**65**	**43**	**22**	**92**	**63**	**29**
45	25	15	10	10	3	7	19	15	4
46	29	20	9	17	15	2	9	5	4
47	17	12	5	13	9	4	19	15	4
48	21	13	8	11	7	4	23	15	8
49	20	13	7	14	9	5	22	13	9
50岁及以上	**109**	**61**	**48**	**107**	**47**	**60**	**183**	**99**	**84**
平均初婚年龄	**23.20**	**23.74**	**22.70**	**23.14**	**23.66**	**22.67**	**23.16**	**23.74**	**22.63**

5-4c 续表 9

单位：人

初婚年龄	初婚年份								
	2006年			2007年			2008年		
	小计	男	女	小计	男	女	小计	男	女
总　计	**41998**	**19963**	**22035**	**41323**	**19584**	**21739**	**52677**	**24784**	**27893**
15岁以下	**61**	**15**	**46**	**30**	**7**	**23**	**47**	**9**	**38**
15-19岁	**8862**	**3093**	**5769**	**8797**	**3119**	**5678**	**10961**	**3878**	**7083**
15	275	74	201	235	66	169	327	71	256
16	708	215	493	513	132	381	620	156	464
17	1290	377	913	1413	439	974	1374	435	939
18	2317	746	1571	2362	823	1539	3289	1120	2169
19	4272	1681	2591	4274	1659	2615	5351	2096	3255
20-24岁	**24603**	**12059**	**12544**	**24533**	**11835**	**12698**	**31945**	**15380**	**16565**
20	5272	2281	2991	6443	2824	3619	7767	3344	4423
21	5484	2608	2876	6013	2784	3229	8700	4055	4645
22	5518	2903	2615	5167	2651	2516	7390	3824	3566
23	4656	2372	2284	3898	2014	1884	4670	2364	2306
24	3673	1895	1778	3012	1562	1450	3418	1793	1625
25-29岁	**6077**	**3412**	**2665**	**5866**	**3388**	**2478**	**6989**	**3940**	**3049**
25	2337	1281	1056	2347	1302	1045	2512	1391	1121
26	1577	882	695	1438	818	620	1831	1027	804
27	1048	613	435	939	573	366	1191	675	516
28	670	382	288	669	401	268	824	482	342
29	445	254	191	473	294	179	631	365	266
30-34岁	**1445**	**859**	**586**	**1183**	**723**	**460**	**1490**	**878**	**612**
30	400	246	154	327	211	116	414	239	175
31	319	195	124	269	156	113	339	205	134
32	273	160	113	214	128	86	265	141	124
33	246	139	107	202	120	82	260	160	100
34	207	119	88	171	108	63	212	133	79
35-39岁	**573**	**322**	**251**	**537**	**299**	**238**	**625**	**361**	**264**
35	192	110	82	148	84	64	182	114	68
36	129	66	63	138	71	67	120	71	49
37	108	64	44	102	55	47	116	66	50
38	81	42	39	80	52	28	104	53	51
39	63	40	23	69	37	32	103	57	46
40-44岁	**192**	**105**	**87**	**187**	**114**	**73**	**288**	**170**	**118**
40	51	29	22	54	35	19	86	53	33
41	47	26	21	41	23	18	71	41	30
42	47	28	19	40	21	19	51	29	22
43	31	16	15	30	18	12	44	27	17
44	16	6	10	22	17	5	36	20	16
45-49岁	**61**	**38**	**23**	**59**	**32**	**27**	**117**	**58**	**59**
45	9	4	5	22	15	7	42	23	19
46	15	9	6	4	2	2	27	16	11
47	9	6	3	10	6	4	16	6	10
48	16	9	7	11	3	8	18	6	12
49	12	10	2	12	6	6	14	7	7
50岁及以上	**124**	**60**	**64**	**131**	**67**	**64**	**215**	**110**	**105**
平均初婚年龄	**22.92**	**23.47**	**22.42**	**22.73**	**23.30**	**22.22**	**22.75**	**23.29**	**22.27**

5-4c 续表 10

单位：人

初婚年龄	初婚年份								
	2009年			2010年			2011年		
	小计	男	女	小计	男	女	小计	男	女
总　计	**48724**	**22907**	**25817**	**62395**	**29153**	**33242**	**42149**	**19553**	**22596**
15岁以下	**38**	**6**	**32**	**60**	**10**	**50**	**28**	**1**	**27**
15-19岁	**9895**	**3714**	**6181**	**10600**	**3747**	**6853**	**6503**	**2305**	**4198**
15	208	46	162	341	79	262	214	41	173
16	508	145	363	651	168	483	369	86	283
17	1203	368	835	1470	493	977	832	238	594
18	2476	877	1599	2810	977	1833	1769	616	1153
19	5500	2278	3222	5328	2030	3298	3319	1324	1995
20-24岁	**30471**	**14474**	**15997**	**41113**	**19455**	**21658**	**28364**	**13215**	**15149**
20	7331	3260	4071	9582	4136	5446	5356	2360	2996
21	7890	3608	4282	10253	4760	5493	7372	3340	4032
22	7688	3904	3784	9704	4783	4921	7036	3343	3693
23	4671	2269	2402	7285	3605	3680	4946	2383	2563
24	2891	1433	1458	4289	2171	2118	3654	1789	1865
25-29岁	**5752**	**3252**	**2500**	**7304**	**4032**	**3272**	**5235**	**2891**	**2344**
25	1947	1039	908	2541	1320	1221	1957	1057	900
26	1453	831	622	1702	975	727	1228	646	582
27	1098	652	446	1317	748	569	846	485	361
28	727	417	310	1030	596	434	692	413	279
29	527	313	214	714	393	321	512	290	222
30-34岁	**1399**	**801**	**598**	**1804**	**1041**	**763**	**1256**	**687**	**569**
30	444	268	176	548	308	240	368	199	169
31	319	175	144	480	279	201	319	174	145
32	245	135	110	317	176	141	274	151	123
33	225	124	101	238	145	93	177	97	80
34	166	99	67	221	133	88	118	66	52
35-39岁	**587**	**349**	**238**	**717**	**416**	**301**	**404**	**249**	**155**
35	150	98	52	179	98	81	96	57	39
36	109	58	51	174	98	76	103	66	37
37	124	76	48	130	75	55	80	48	32
38	119	71	48	127	73	54	81	50	31
39	85	46	39	107	72	35	44	28	16
40-44岁	**311**	**159**	**152**	**368**	**212**	**156**	**160**	**94**	**66**
40	90	41	49	87	49	38	41	29	12
41	82	47	35	71	43	28	33	18	15
42	49	25	24	77	43	34	28	13	15
43	46	22	24	67	41	26	38	21	17
44	44	24	20	66	36	30	20	13	7
45-49岁	**100**	**64**	**36**	**180**	**98**	**82**	**85**	**49**	**36**
45	31	23	8	51	33	18	26	16	10
46	27	16	11	51	23	28	18	11	7
47	24	13	11	30	17	13	17	8	9
48	7	3	4	32	15	17	13	10	3
49	11	9	2	16	10	6	11	4	7
50岁及以上	**171**	**88**	**83**	**249**	**142**	**107**	**114**	**62**	**52**
平均初婚年龄	**22.73**	**23.19**	**22.32**	**22.88**	**23.37**	**22.45**	**22.93**	**23.38**	**22.54**

5-4c　续表 11　　　　单位：人

初婚年龄	初婚年份								
	2012年			2013年			2014年		
	小计	男	女	小计	男	女	小计	男	女
总　计	**48251**	**22317**	**25934**	**41570**	**19120**	**22450**	**37003**	**17039**	**19964**
15岁以下	**33**	**5**	**28**	**31**	**10**	**21**	**24**	**5**	**19**
15-19岁	**6572**	**2262**	**4310**	**5498**	**1834**	**3664**	**4841**	**1616**	**3225**
15	230	44	186	216	44	172	178	31	147
16	452	119	333	445	111	334	402	92	310
17	888	285	603	871	216	655	821	238	583
18	1642	548	1094	1471	488	983	1348	435	913
19	3360	1266	2094	2495	975	1520	2092	820	1272
20-24岁	**31584**	**14634**	**16950**	**25529**	**11753**	**13776**	**20558**	**9463**	**11095**
20	4977	2053	2924	3993	1655	2338	3046	1217	1829
21	6521	2926	3595	4870	2149	2721	3903	1741	2162
22	8932	4340	4592	5712	2660	3052	4489	2136	2353
23	6450	3061	3389	6309	3056	3253	4287	2011	2276
24	4704	2254	2450	4645	2233	2412	4833	2358	2475
25-29岁	**7453**	**3921**	**3532**	**7883**	**4053**	**3830**	**8880**	**4551**	**4329**
25	3187	1667	1520	3198	1573	1625	3411	1614	1797
26	1840	945	895	2190	1159	1031	2350	1216	1134
27	1085	573	512	1160	612	548	1606	896	710
28	726	400	326	804	424	380	906	496	410
29	615	336	279	531	285	246	607	329	278
30-34岁	**1611**	**920**	**691**	**1598**	**914**	**684**	**1595**	**813**	**782**
30	532	312	220	452	262	190	465	230	235
31	385	225	160	400	219	181	389	190	199
32	290	152	138	324	182	142	311	171	140
33	230	132	98	264	162	102	239	120	119
34	174	99	75	158	89	69	191	102	89
35-39岁	**465**	**279**	**186**	**439**	**254**	**185**	**511**	**279**	**232**
35	110	60	50	133	73	60	146	86	60
36	106	66	40	93	48	45	120	69	51
37	96	60	36	73	41	32	94	45	49
38	85	55	30	69	48	21	81	48	33
39	68	38	30	71	44	27	70	31	39
40-44岁	**274**	**155**	**119**	**316**	**166**	**150**	**290**	**161**	**129**
40	58	39	19	69	34	35	55	29	26
41	59	35	24	74	34	40	72	45	27
42	56	32	24	66	41	25	68	36	32
43	56	27	29	55	30	25	53	29	24
44	45	22	23	52	27	25	42	22	20
45-49岁	**127**	**65**	**62**	**139**	**64**	**75**	**134**	**67**	**67**
45	32	19	13	38	17	21	38	23	15
46	36	17	19	29	13	16	30	10	20
47	21	9	12	23	7	16	33	16	17
48	23	12	11	22	17	5	22	12	10
49	15	8	7	27	10	17	11	6	5
50岁及以上	**132**	**76**	**56**	**137**	**72**	**65**	**170**	**84**	**86**
平均初婚年龄	**23.31**	**23.76**	**22.93**	**23.67**	**24.14**	**23.26**	**24.07**	**24.55**	**23.67**

5-4c 续表 12

单位：人

初婚年龄	初婚年份								
	2015年			2016年			2017年		
	小计	男	女	小计	男	女	小计	男	女
总　计	**37178**	**17218**	**19960**	**29742**	**13829**	**15913**	**25877**	**12078**	**13799**
15岁以下	**24**	**3**	**21**	**20**	**6**	**14**	**20**	**4**	**16**
15-19岁	**4786**	**1548**	**3238**	**3752**	**1222**	**2530**	**3199**	**1077**	**2122**
15	147	38	109	84	17	67	87	21	66
16	385	97	288	261	54	207	192	51	141
17	757	212	545	575	152	423	484	152	332
18	1354	407	947	1109	361	748	896	273	623
19	2143	794	1349	1723	638	1085	1540	580	960
20-24岁	**17996**	**8277**	**9719**	**13572**	**6291**	**7281**	**11068**	**5088**	**5980**
20	2754	1160	1594	2313	948	1365	1907	767	1140
21	3237	1455	1782	2694	1238	1456	2240	992	1248
22	4084	1906	2178	2793	1341	1452	2403	1152	1251
23	3922	1821	2101	2888	1363	1525	2149	1039	1110
24	3999	1935	2064	2884	1401	1483	2369	1138	1231
25-29岁	**11488**	**5867**	**5621**	**9812**	**4970**	**4842**	**8943**	**4509**	**4434**
25	4454	2281	2173	2732	1302	1430	2215	1061	1154
26	2901	1420	1481	2963	1522	1441	2141	1052	1089
27	1997	1002	995	1878	971	907	2189	1135	1054
28	1344	731	613	1333	705	628	1433	758	675
29	792	433	359	906	470	436	965	503	462
30-34岁	**1673**	**900**	**773**	**1583**	**833**	**750**	**1631**	**868**	**763**
30	529	278	251	529	286	243	688	380	308
31	362	191	171	326	169	157	362	179	183
32	349	200	149	292	151	141	267	137	130
33	248	125	123	242	124	118	172	92	80
34	185	106	79	194	103	91	142	80	62
35-39岁	**467**	**234**	**233**	**405**	**213**	**192**	**442**	**237**	**205**
35	141	69	72	126	64	62	125	70	55
36	123	59	64	86	52	34	115	52	63
37	79	39	40	63	33	30	78	40	38
38	61	30	31	65	35	30	70	43	27
39	63	37	26	65	29	36	54	32	22
40-44岁	**323**	**176**	**147**	**257**	**129**	**128**	**205**	**103**	**102**
40	61	29	32	48	22	26	41	18	23
41	64	40	24	53	31	22	32	13	19
42	91	53	38	63	37	26	50	30	20
43	58	27	31	41	18	23	51	27	24
44	49	27	22	52	21	31	31	15	16
45-49岁	**181**	**91**	**90**	**157**	**77**	**80**	**150**	**79**	**71**
45	45	24	21	44	25	19	35	17	18
46	43	20	23	35	16	19	38	22	16
47	49	31	18	26	12	14	31	17	14
48	21	6	15	31	15	16	32	15	17
49	23	10	13	21	9	12	14	8	6
50岁及以上	**240**	**122**	**118**	**184**	**88**	**96**	**219**	**113**	**106**
平均初婚年龄	**24.46**	**24.94**	**24.04**	**24.70**	**25.16**	**24.31**	**25.02**	**25.52**	**24.58**

5-4c 续表 13

单位：人

初婚年龄	初婚年份								
	2018年			2019年			2020年		
	小计	男	女	小计	男	女	小计	男	女
总 计	**28390**	**12764**	**15626**	**19572**	**9317**	**10255**	**12361**	**6034**	**6327**
15岁以下	**25**	**6**	**19**	**20**	**1**	**19**	**4**	**1**	**3**
15-19岁	**3269**	**1044**	**2225**	**2093**	**709**	**1384**	**870**	**287**	**583**
15	79	19	60	80	17	63	29	10	19
16	213	50	163	161	54	107	69	17	52
17	448	118	330	307	87	220	141	39	102
18	922	272	650	566	188	378	229	75	154
19	1607	585	1022	979	363	616	402	146	256
20-24岁	**11378**	**4926**	**6452**	**7804**	**3597**	**4207**	**3954**	**1892**	**2062**
20	2092	819	1273	1358	517	841	649	265	384
21	2352	996	1356	1671	733	938	791	363	428
22	2489	1103	1386	1681	797	884	917	462	455
23	2310	1040	1270	1628	821	807	832	429	403
24	2135	968	1167	1466	729	737	765	373	392
25-29岁	**9867**	**4863**	**5004**	**6236**	**3308**	**2928**	**3608**	**1979**	**1629**
25	2301	1098	1203	1301	652	649	748	410	338
26	2239	1110	1129	1357	709	648	713	395	318
27	1917	970	947	1236	696	540	835	469	366
28	2088	1013	1075	1167	631	536	696	385	311
29	1322	672	650	1175	620	555	616	320	296
30-34岁	**2459**	**1214**	**1245**	**2080**	**1086**	**994**	**1974**	**994**	**980**
30	909	477	432	738	411	327	637	344	293
31	683	333	350	593	302	291	545	265	280
32	399	188	211	389	193	196	387	186	201
33	268	116	152	214	101	113	250	121	129
34	200	100	100	146	79	67	155	78	77
35-39岁	**565**	**278**	**287**	**451**	**217**	**234**	**579**	**233**	**346**
35	175	80	95	115	48	67	114	42	72
36	133	66	67	103	51	52	104	37	67
37	97	50	47	88	43	45	113	52	61
38	75	31	44	92	38	54	137	56	81
39	85	51	34	53	37	16	111	46	65
40-44岁	**308**	**165**	**143**	**312**	**140**	**172**	**421**	**181**	**240**
40	64	31	33	75	28	47	111	52	59
41	63	34	29	68	29	39	102	40	62
42	68	33	35	58	30	28	74	28	46
43	63	33	30	60	26	34	72	31	41
44	50	34	16	51	27	24	62	30	32
45-49岁	**182**	**92**	**90**	**278**	**124**	**154**	**212**	**105**	**107**
45	49	25	24	69	27	42	51	24	27
46	35	18	17	46	20	26	46	27	19
47	43	22	21	65	34	31	31	15	16
48	26	13	13	48	26	22	38	15	23
49	29	14	15	50	17	33	46	24	22
50岁及以上	**337**	**176**	**161**	**298**	**135**	**163**	**739**	**362**	**377**
平均初婚年龄	**25.51**	**26.07**	**25.06**	**26.07**	**26.48**	**25.69**	**28.65**	**28.79**	**28.51**

5-5 全省分年龄、性别、初婚年龄的人口

单位：人

年 龄	初婚年龄					
	合 计			15岁以下		
	合计	男	女	小计	男	女
总 计	**6024793**	**2831072**	**3193721**	**9331**	**2425**	**6906**
20岁以下	**4016**	**1237**	**2779**	**169**	**34**	**135**
20-24岁	**77697**	**30281**	**47416**	**353**	**73**	**280**
20	4834	1582	3252	55	13	42
21	8808	3015	5793	64	11	53
22	15223	5783	9440	61	13	48
23	20955	8322	12633	72	19	53
24	27877	11579	16298	101	17	84
25-29岁	**343222**	**152805**	**190417**	**562**	**150**	**412**
25	37849	16132	21717	88	20	68
26	46552	20358	26194	89	23	66
27	66971	29581	37390	102	28	74
28	87036	39018	48018	122	35	87
29	104814	47716	57098	161	44	117
30-34岁	**758233**	**354406**	**403827**	**1209**	**376**	**833**
30	159886	74237	85649	242	66	176
31	161069	74796	86273	277	88	189
32	151495	70375	81120	248	83	165
33	158008	74426	83582	259	86	173
34	127775	60572	67203	183	53	130
35-39岁	**546646**	**262516**	**284130**	**551**	**127**	**424**
35	102688	49007	53681	173	48	125
36	100540	48046	52494	113	18	95
37	109761	52872	56889	85	17	68
38	122510	59044	63466	89	22	67
39	111147	53547	57600	91	22	69
40-44岁	**541933**	**262830**	**279103**	**854**	**267**	**587**
40	104704	50453	54251	123	31	92
41	116473	56579	59894	149	50	99
42	110403	53270	57133	198	55	143
43	101353	49162	52191	177	62	115
44	109000	53366	55634	207	69	138
45-49岁	**675427**	**329830**	**345597**	**782**	**208**	**574**
45	111291	54105	57186	187	49	138
46	132940	65118	67822	161	49	112
47	137090	66940	70150	128	32	96
48	146194	71406	74788	151	34	117
49	147912	72261	75651	155	44	111
50-54岁	**773156**	**366440**	**406716**	**1101**	**313**	**788**
50	160991	77477	83514	208	54	154
51	151588	72073	79515	248	73	175
52	166942	78894	88048	247	72	175
53	138116	64498	73618	189	58	131
54	155519	73498	82021	209	56	153
55-59岁	**633867**	**297580**	**336287**	**663**	**123**	**540**
55	140295	66073	74222	225	56	169
56	137600	64525	73075	123	25	98
57	173937	83129	90808	124	22	102
58	122727	57110	65617	129	14	115
59	59308	26743	32565	62	6	56
60-64岁	**437676**	**210892**	**226784**	**710**	**180**	**530**
60	73267	34853	38414	104	23	81
61	66887	32446	34441	110	30	80
62	89904	43698	46206	166	45	121
63	109367	52965	56402	164	46	118
64	98251	46930	51321	166	36	130
65岁及以上	**1232920**	**562255**	**670665**	**2377**	**574**	**1803**

5-5 续表 1

单位：人

年 龄	初婚年龄								
	15岁			16岁			17岁		
	小计	男	女	小计	男	女	小计	男	女
总 计	**37439**	**10579**	**26860**	**64904**	**17831**	**47073**	**120580**	**35050**	**85530**
20岁以下	**508**	**142**	**366**	**873**	**250**	**623**	**1115**	**326**	**789**
20-24岁	**1642**	**412**	**1230**	**3150**	**840**	**2310**	**5562**	**1626**	**3936**
20	195	52	143	368	102	266	762	213	549
21	283	73	210	574	152	422	857	271	586
22	386	100	286	693	191	502	1189	336	853
23	384	93	291	737	188	549	1311	390	921
24	394	94	300	778	207	571	1443	416	1027
25-29岁	**2529**	**702**	**1827**	**4906**	**1418**	**3488**	**10364**	**3341**	**7023**
25	498	125	373	743	203	540	1609	497	1112
26	427	103	324	939	267	672	1605	484	1121
27	538	148	390	1052	300	752	2297	750	1547
28	523	157	366	1107	328	779	2460	813	1647
29	543	169	374	1065	320	745	2393	797	1596
30-34岁	**3912**	**1297**	**2615**	**6369**	**1988**	**4381**	**12073**	**3786**	**8287**
30	900	284	616	1292	388	904	2828	898	1930
31	826	295	531	1594	553	1041	2660	872	1788
32	777	254	523	1254	382	872	2575	813	1762
33	851	277	574	1218	355	863	2298	697	1601
34	558	187	371	1011	310	701	1712	506	1206
35-39岁	**2508**	**771**	**1737**	**4195**	**1240**	**2955**	**7590**	**2362**	**5228**
35	719	243	476	768	236	532	1381	406	975
36	570	197	373	1053	342	711	1268	404	864
37	459	124	335	928	285	643	1838	598	1240
38	393	112	281	801	208	593	1708	528	1180
39	367	95	272	645	169	476	1395	426	969
40-44岁	**2431**	**857**	**1574**	**3898**	**1231**	**2667**	**6537**	**2091**	**4446**
40	451	138	313	623	164	459	1212	367	845
41	587	210	377	982	323	659	1353	432	921
42	470	168	302	785	223	562	1492	459	1033
43	482	160	322	712	232	480	1209	398	811
44	441	181	260	796	289	507	1271	435	836
45-49岁	**3453**	**1282**	**2171**	**5911**	**2067**	**3844**	**11082**	**4065**	**7017**
45	777	301	476	704	242	462	1300	470	830
46	746	297	449	1418	503	915	1634	607	1027
47	678	253	425	1374	479	895	2707	1027	1680
48	628	217	411	1245	444	801	2774	1048	1726
49	624	214	410	1170	399	771	2667	913	1754
50-54岁	**4237**	**1357**	**2880**	**7561**	**2498**	**5063**	**14286**	**4756**	**9530**
50	937	285	652	1328	420	908	2596	891	1705
51	937	310	627	1917	669	1248	2974	1037	1937
52	887	300	587	1639	553	1086	3662	1238	2424
53	753	230	523	1203	380	823	2582	813	1769
54	723	232	491	1474	476	998	2472	777	1695
55-59岁	**3207**	**849**	**2358**	**5348**	**1340**	**4008**	**10609**	**3066**	**7543**
55	977	327	650	989	270	719	2313	742	1571
56	751	204	547	1472	415	1057	1980	640	1340
57	719	177	542	1508	409	1099	3326	987	2339
58	501	88	413	970	183	787	2208	542	1666
59	259	53	206	409	63	346	782	155	627
60-64岁	**2429**	**577**	**1852**	**3747**	**847**	**2900**	**6224**	**1336**	**4888**
60	352	84	268	447	101	346	769	123	646
61	396	94	302	694	158	536	902	189	713
62	475	116	359	746	160	586	1447	299	1148
63	652	157	495	923	207	716	1617	373	1244
64	554	126	428	937	221	716	1489	352	1137
65岁及以上	**10583**	**2333**	**8250**	**18946**	**4112**	**14834**	**35138**	**8295**	**26843**

5-5 续表 2

单位：人

年龄	初婚年龄								
	18岁			19岁			20岁		
	小计	男	女	小计	男	女	小计	男	女
总 计	**217975**	**69320**	**148655**	**430205**	**162812**	**267393**	**675944**	**281243**	**394701**
20岁以下	**962**	**338**	**624**	**389**	**147**	**242**			
20-24岁	**9134**	**2940**	**6194**	**13213**	**4827**	**8386**	**14510**	**5628**	**8882**
20	1318	416	902	1440	510	930	696	276	420
21	1461	471	990	2429	864	1565	2226	787	1439
22	1826	606	1220	2845	1065	1780	3711	1411	2300
23	2182	699	1483	2943	1065	1878	3811	1536	2275
24	2347	748	1599	3556	1323	2233	4066	1618	2448
25-29岁	**18479**	**6395**	**12084**	**30014**	**11671**	**18343**	**38676**	**16058**	**22618**
25	2494	821	1673	3943	1493	2450	5236	2141	3095
26	2984	1008	1976	4394	1737	2657	5730	2369	3361
27	3344	1140	2204	5984	2290	3694	7329	2976	4353
28	4760	1684	3076	6824	2670	4154	9783	4007	5776
29	4897	1742	3155	8869	3481	5388	10598	4565	6033
30-34岁	**24482**	**8364**	**16118**	**48915**	**19197**	**29718**	**79130**	**33621**	**45509**
30	6210	2249	3961	11566	4692	6874	18109	7703	10406
31	5264	1860	3404	11080	4421	6659	17100	7431	9669
32	4590	1523	3067	9148	3631	5517	15999	6735	9264
33	4921	1632	3289	9312	3583	5729	15645	6648	8997
34	3497	1100	2397	7809	2870	4939	12277	5104	7173
35-39岁	**14523**	**4667**	**9856**	**29993**	**10479**	**19514**	**50034**	**19602**	**30432**
35	2561	787	1774	5595	2011	3584	10161	4065	6096
36	2629	846	1783	5272	1816	3456	9416	3620	5796
37	2608	838	1770	6002	2058	3944	9610	3673	5937
38	3707	1222	2485	6088	2131	3957	11304	4496	6808
39	3018	974	2044	7036	2463	4573	9543	3748	5795
40-44岁	**12659**	**4136**	**8523**	**29312**	**10823**	**18489**	**53972**	**20629**	**33343**
40	2573	763	1810	6150	2238	3912	11085	4198	6887
41	2749	957	1792	6623	2388	4235	12205	4736	7469
42	2444	774	1670	5649	2161	3488	11429	4325	7104
43	2442	780	1662	4994	1860	3134	9349	3492	5857
44	2451	862	1589	5896	2176	3720	9904	3878	6026
45-49岁	**20675**	**7738**	**12937**	**39634**	**16112**	**23522**	**65318**	**27608**	**37710**
45	2529	865	1664	5458	2035	3423	11210	4355	6855
46	3193	1144	2049	6552	2534	4018	12056	4820	7236
47	3395	1314	2081	7496	3031	4465	12864	5348	7516
48	5846	2264	3582	8194	3450	4744	14686	6482	8204
49	5712	2151	3561	11934	5062	6872	14502	6603	7899
50-54岁	**28685**	**10079**	**18606**	**61475**	**25542**	**35933**	**101304**	**45178**	**56126**
50	5790	2084	3706	12460	5333	7127	21056	9422	11634
51	5717	2026	3691	12317	5177	7140	20339	9102	11237
52	6145	2240	3905	12834	5387	7447	22038	9891	12147
53	5666	1928	3738	11025	4496	6529	17349	7653	9696
54	5367	1801	3566	12839	5149	7690	20522	9110	11412
55-59岁	**19330**	**6083**	**13247**	**42233**	**16593**	**25640**	**74760**	**32553**	**42207**
55	4237	1395	2842	10039	4081	5958	19229	8382	10847
56	4330	1409	2921	8781	3470	5311	16138	7019	9119
57	4572	1530	3042	11656	4694	6962	19397	8643	10754
58	4441	1300	3141	7568	2929	4639	14199	6117	8082
59	1750	449	1301	4189	1419	2770	5797	2392	3405
60-64岁	**10677**	**2662**	**8015**	**23014**	**8319**	**14695**	**40360**	**16773**	**23587**
60	1598	399	1199	3867	1380	2487	8239	3308	4931
61	1380	349	1031	3452	1188	2264	6533	2720	3813
62	2000	492	1508	4151	1504	2647	8104	3344	4760
63	3144	826	2318	5679	2100	3579	9027	3830	5197
64	2555	596	1959	5865	2147	3718	8457	3571	4886
65岁及以上	**58369**	**15918**	**42451**	**112013**	**39102**	**72911**	**157880**	**63593**	**94287**

5-5 续表 3

单位：人

年龄	初婚年龄								
	21岁			22岁			23岁		
	小计	男	女	小计	男	女	小计	男	女
总计	**814977**	**372477**	**442500**	**883090**	**434308**	**448782**	**725072**	**350100**	**374972**
20岁以下									
20-24岁	**12994**	**5637**	**7357**	**10317**	**4911**	**5406**	**5330**	**2661**	**2669**
20									
21	914	386	528						
22	2995	1313	1682	1517	748	769			
23	4449	1858	2591	3551	1687	1864	1515	787	728
24	4636	2080	2556	5249	2476	2773	3815	1874	1941
25-29岁	**42932**	**19121**	**23811**	**44554**	**21269**	**23285**	**40677**	**19055**	**21622**
25	5412	2367	3045	5949	2787	3162	5834	2729	3105
26	6464	2974	3490	6263	3023	3240	5779	2671	3108
27	8246	3680	4566	9138	4334	4804	7474	3526	3948
28	10065	4474	5591	10777	5127	5650	10311	4828	5483
29	12745	5626	7119	12427	5998	6429	11279	5301	5978
30-34岁	**93500**	**42322**	**51178**	**100935**	**49322**	**51613**	**84343**	**40474**	**43869**
30	17349	7860	9489	20738	9964	10774	17068	8159	8909
31	21434	9690	11744	18801	9119	9682	18130	8671	9459
32	18929	8577	10352	21828	10631	11197	14874	6996	7878
33	20234	9129	11105	21260	10492	10768	19562	9474	10088
34	15554	7066	8488	18308	9116	9192	14709	7174	7535
35-39岁	**67194**	**30420**	**36774**	**75320**	**37718**	**37602**	**65343**	**32226**	**33117**
35	12585	5761	6824	13406	6777	6629	12647	6193	6454
36	12764	5789	6975	13434	6781	6653	10976	5438	5538
37	13209	5967	7242	16077	8054	8023	12702	6296	6406
38	14464	6501	7963	16937	8373	8564	15610	7606	8004
39	14172	6402	7770	15466	7733	7733	13408	6693	6715
40-44岁	**71866**	**31953**	**39913**	**83535**	**42359**	**41176**	**68204**	**33749**	**34455**
40	11566	5163	6403	14933	7525	7408	12385	6155	6230
41	16883	7563	9320	14692	7336	7356	14135	7100	7035
42	15470	6924	8546	18607	9499	9108	11679	5637	6042
43	14024	6137	7887	16592	8419	8173	14749	7300	7449
44	13923	6166	7757	18711	9580	9131	15256	7557	7699
45-49岁	**92544**	**42850**	**49694**	**108605**	**54678**	**53927**	**92526**	**44330**	**48196**
45	14934	6613	8321	17596	8924	8672	16153	7784	8369
46	19635	9069	10566	21873	11030	10843	17931	8530	9401
47	18100	8460	9640	24418	12306	12112	18671	8808	9863
48	19118	8880	10238	22396	11168	11228	21602	10466	11136
49	20757	9828	10929	22322	11250	11072	18169	8742	9427
50-54岁	**121005**	**57136**	**63869**	**124962**	**60935**	**64027**	**93146**	**44064**	**49082**
50	20317	9590	10727	24816	12305	12511	19654	9244	10410
51	26049	12479	13570	19501	9328	10173	17760	8302	9458
52	27849	13238	14611	29552	14356	15196	16365	7535	8830
53	22650	10454	12196	23649	11522	12127	18948	9141	9807
54	24140	11375	12765	27444	13424	14020	20419	9842	10577
55-59岁	**101203**	**46910**	**54293**	**112181**	**54615**	**57566**	**88772**	**42508**	**46264**
55	22962	10644	12318	22776	11178	11598	19307	9170	10137
56	24575	11352	13223	23756	11510	12246	17777	8509	9268
57	27501	12950	14551	35690	17566	18124	23607	11506	12101
58	17709	8151	9558	20765	10090	10675	19859	9569	10290
59	8456	3813	4643	9194	4271	4923	8222	3754	4468
60-64岁	**53937**	**25107**	**28830**	**68555**	**33389**	**35166**	**64458**	**31304**	**33154**
60	8610	3932	4678	12156	5874	6282	10217	5033	5184
61	10975	5134	5841	9056	4479	4577	9851	4920	4931
62	11352	5299	6053	16989	8286	8703	11306	5468	5838
63	13059	6168	6891	16360	8031	8329	19482	9382	10100
64	9941	4574	5367	13994	6719	7275	13602	6501	7101
65岁及以上	**157802**	**71021**	**86781**	**154126**	**75112**	**79014**	**122273**	**59729**	**62544**

5-5 续表 4 单位：人

年 龄	初婚年龄								
	24岁			25岁			26岁		
	小计	男	女	小计	男	女	小计	男	女
总 计	**566303**	**282041**	**284262**	**420800**	**219546**	**201254**	**291656**	**157614**	**134042**
20岁以下									
20-24岁	**1492**	**726**	**766**						
20									
21									
22									
23									
24	1492	726	766						
25-29岁	**37427**	**17801**	**19626**	**30039**	**14584**	**15455**	**21546**	**10667**	**10879**
25	4180	2028	2152	1863	921	942			
26	6065	2845	3220	4074	1988	2086	1739	866	873
27	7341	3466	3875	7300	3518	3782	4674	2320	2354
28	8663	4169	4494	7903	3819	4084	7437	3675	3762
29	11178	5293	5885	8899	4338	4561	7696	3806	3890
30-34岁	**73374**	**35570**	**37804**	**62723**	**30877**	**31846**	**51380**	**25914**	**25466**
30	15765	7685	8080	14631	7180	7451	10981	5566	5415
31	15403	7283	8120	13556	6621	6935	11516	5642	5874
32	15088	7174	7914	12057	5865	6192	10256	5147	5109
33	13636	6658	6978	13235	6594	6641	10002	5086	4916
34	13482	6770	6712	9244	4617	4627	8625	4473	4152
35-39岁	**54275**	**27260**	**27015**	**44651**	**23157**	**21494**	**34156**	**18490**	**15666**
35	10017	4962	5055	8989	4619	4370	6057	3230	2827
36	10455	5287	5168	8268	4207	4061	6831	3650	3181
37	10052	5042	5010	9327	4840	4487	7079	3858	3221
38	12226	6151	6075	9270	4915	4355	8001	4374	3627
39	11525	5818	5707	8797	4576	4221	6188	3378	2810
40-44岁	**52361**	**26636**	**25725**	**39002**	**20740**	**18262**	**28990**	**16122**	**12868**
40	10135	5072	5063	8870	4663	4207	6265	3442	2823
41	11208	5716	5492	8535	4611	3924	6710	3742	2968
42	10385	5294	5091	7945	4230	3715	5624	3104	2520
43	8373	4292	4081	7051	3740	3311	5188	2896	2292
44	12260	6262	5998	6601	3496	3105	5203	2938	2265
45-49岁	**70224**	**35097**	**35127**	**48446**	**25720**	**22726**	**30793**	**17283**	**13510**
45	11424	5858	5566	8933	4799	4134	4377	2488	1889
46	14800	7489	7311	9318	5035	4283	6951	4002	2949
47	13567	6698	6869	10356	5468	4888	6143	3416	2727
48	14618	7248	7370	9972	5250	4722	7135	3907	3228
49	15815	7804	8011	9867	5168	4699	6187	3470	2717
50-54岁	**63493**	**31146**	**32347**	**41684**	**21896**	**19788**	**27595**	**15004**	**12591**
50	14259	7083	7176	11901	6245	5656	6694	3645	3049
51	12415	6170	6245	8441	4430	4011	6440	3465	2975
52	13276	6374	6902	8322	4346	3976	5697	3059	2638
53	8789	4225	4564	6896	3605	3291	4207	2257	1950
54	14754	7294	7460	6124	3270	2854	4557	2578	1979
55-59岁	**60249**	**29910**	**30339**	**38622**	**20298**	**18324**	**21374**	**11612**	**9762**
55	12811	6369	6442	8628	4542	4086	3397	1906	1491
56	13344	6598	6746	8040	4164	3876	5123	2719	2404
57	14904	7440	7464	10605	5664	4941	5936	3297	2639
58	11683	5833	5850	7133	3733	3400	4594	2472	2122
59	7507	3670	3837	4216	2195	2021	2324	1218	1106
60-64岁	**51801**	**26338**	**25463**	**34728**	**19075**	**15653**	**21763**	**12398**	**9365**
60	8277	4297	3980	6852	3791	3061	3620	2034	1586
61	7108	3712	3396	5073	2805	2268	3862	2244	1618
62	10331	5264	5067	6872	3825	3047	4262	2495	1767
63	11319	5727	5592	8610	4725	3885	5011	2874	2137
64	14766	7338	7428	7321	3929	3392	5008	2751	2257
65岁及以上	**101607**	**51557**	**50050**	**80905**	**43199**	**37706**	**54059**	**30124**	**23935**

5-5　续表 5　　　　单位：人

年　龄	初婚年龄								
	27岁			28岁			29岁		
	小计	男	女	小计	男	女	小计	男	女
总　计	**202963**	**113578**	**89385**	**141466**	**80621**	**60845**	**98969**	**56955**	**42014**
20岁以下									
20-24岁									
20									
21									
22									
23									
24									
25-29岁	**13204**	**6743**	**6461**	**5860**	**3075**	**2785**	**1453**	**755**	**698**
25									
26									
27	2152	1105	1047						
28	4355	2233	2122	1946	999	947			
29	6697	3405	3292	3914	2076	1838	1453	755	698
30-34岁	**39131**	**20439**	**18692**	**30024**	**15994**	**14030**	**20481**	**10828**	**9653**
30	8781	4476	4305	7432	3865	3567	4291	2262	2029
31	8139	4206	3933	6349	3336	3013	4929	2526	2403
32	8178	4251	3927	5614	2972	2642	4004	2145	1859
33	8025	4293	3732	6083	3310	2773	3886	2065	1821
34	6008	3213	2795	4546	2511	2035	3371	1830	1541
35-39岁	**26276**	**14719**	**11557**	**19017**	**10994**	**8023**	**13492**	**7798**	**5694**
35	5091	2740	2351	3684	2117	1567	2647	1516	1131
36	4504	2511	1993	3792	2132	1660	2486	1418	1068
37	5592	3150	2442	3573	2107	1466	2898	1726	1172
38	5940	3380	2560	4317	2473	1844	2699	1582	1117
39	5149	2938	2211	3651	2165	1486	2762	1556	1206
40-44岁	**21172**	**12215**	**8957**	**15474**	**9228**	**6246**	**11203**	**6761**	**4442**
40	4261	2433	1828	3528	2097	1431	2397	1448	949
41	4935	2904	2031	3207	1893	1314	2577	1537	1040
42	4499	2516	1983	3150	1884	1266	2152	1271	881
43	3712	2156	1556	2915	1752	1163	2055	1267	788
44	3765	2206	1559	2674	1602	1072	2022	1238	784
45-49岁	**20947**	**12251**	**8696**	**13941**	**8360**	**5581**	**9785**	**5922**	**3863**
45	3490	2034	1456	2611	1574	1037	1903	1139	764
46	3501	2078	1423	2673	1624	1049	2027	1229	798
47	4569	2694	1875	2230	1369	861	1903	1170	733
48	4550	2647	1903	3370	1960	1410	1664	1063	601
49	4837	2798	2039	3057	1833	1224	2288	1321	967
50-54岁	**18693**	**10465**	**8228**	**13902**	**7750**	**6152**	**10644**	**5914**	**4730**
50	4592	2637	1955	3653	2042	1611	2327	1320	1007
51	3888	2188	1700	2752	1605	1147	2412	1334	1078
52	4611	2567	2044	2929	1592	1337	2275	1265	1010
53	2752	1482	1270	2424	1322	1102	1697	932	765
54	2850	1591	1259	2144	1189	955	1933	1063	870
55-59岁	**12819**	**7204**	**5615**	**7875**	**4440**	**3435**	**5444**	**3050**	**2394**
55	2428	1405	1023	1716	991	725	1361	782	579
56	2053	1191	862	1610	926	684	1172	642	530
57	3824	2169	1655	1638	942	696	1311	762	549
58	2889	1566	1323	1853	1028	825	869	477	392
59	1625	873	752	1058	553	505	731	387	344
60-64岁	**14010**	**8229**	**5781**	**9694**	**5604**	**4090**	**7269**	**4280**	**2989**
60	2090	1144	946	1478	806	672	969	525	444
61	2048	1228	820	1300	746	554	966	556	410
62	3501	2096	1405	1954	1171	783	1394	834	560
63	3407	2027	1380	2851	1666	1185	1873	1115	758
64	2964	1734	1230	2111	1215	896	2067	1250	817
65岁及以上	**36711**	**21313**	**15398**	**25679**	**15176**	**10503**	**19198**	**11647**	**7551**

5-5 续表 6　　　　单位：人

年　龄	初婚年龄								
	30岁			31岁			32岁		
	小计	男	女	小计	男	女	小计	男	女
总　计	**73213**	**42627**	**30586**	**53041**	**30282**	**22759**	**40364**	**23032**	**17332**
20岁以下									
20-24岁									
20									
21									
22									
23									
24									
25-29岁									
25									
26									
27									
28									
29									
30-34岁	**13127**	**7218**	**5909**	**7300**	**3825**	**3475**	**3874**	**2044**	**1830**
30	1703	940	763						
31	2789	1544	1245	1222	638	584			
32	3275	1746	1529	1946	1012	934	855	438	417
33	3003	1660	1343	2440	1269	1171	1532	830	702
34	2357	1328	1029	1692	906	786	1487	776	711
35-39岁	**10155**	**5849**	**4306**	**7743**	**4338**	**3405**	**5888**	**3236**	**2652**
35	2061	1158	903	1390	757	633	1039	545	494
36	1997	1097	900	1525	831	694	1092	600	492
37	2044	1203	841	1578	877	701	1268	704	564
38	2347	1388	959	1719	988	731	1290	721	569
39	1706	1003	703	1531	885	646	1199	666	533
40-44岁	**8648**	**5233**	**3415**	**6645**	**3875**	**2770**	**5353**	**3022**	**2331**
40	1974	1149	825	1302	769	533	1114	625	489
41	1938	1205	733	1643	939	704	1145	644	501
42	1794	1084	710	1426	803	623	1199	666	533
43	1402	864	538	1184	703	481	950	544	406
44	1540	931	609	1090	661	429	945	543	402
45-49岁	**7231**	**4445**	**2786**	**5842**	**3503**	**2339**	**4753**	**2828**	**1925**
45	1574	943	631	1120	689	431	850	496	354
46	1535	969	566	1309	805	504	960	592	368
47	1555	978	577	1178	679	499	1101	657	444
48	1381	838	543	1150	683	467	948	540	408
49	1186	717	469	1085	647	438	894	543	351
50-54岁	**8780**	**4886**	**3894**	**6341**	**3527**	**2814**	**4683**	**2651**	**2032**
50	1878	1104	774	975	575	400	812	467	345
51	1617	916	701	1195	703	492	598	360	238
52	2248	1235	1013	1386	783	603	978	562	416
53	1572	840	732	1541	782	759	940	517	423
54	1465	791	674	1244	684	560	1355	745	610
55-59岁	**4673**	**2649**	**2024**	**4187**	**2272**	**1915**	**3874**	**2147**	**1727**
55	1329	734	595	1068	573	495	912	488	424
56	1030	581	449	1079	589	490	839	463	376
57	1157	660	497	1047	557	490	1153	666	487
58	775	472	303	629	344	285	658	358	300
59	382	202	180	364	209	155	312	172	140
60-64岁	**5345**	**3196**	**2149**	**3599**	**2180**	**1419**	**2752**	**1613**	**1139**
60	752	414	338	341	191	150	406	215	191
61	681	430	251	475	302	173	233	137	96
62	1126	683	443	708	448	260	565	337	228
63	1327	810	517	1041	615	426	726	446	280
64	1459	859	600	1034	624	410	822	478	344
65岁及以上	**15254**	**9151**	**6103**	**11384**	**6762**	**4622**	**9187**	**5491**	**3696**

5-5 续表 7 单位：人

年龄	初婚年龄								
	33岁			34岁			35岁		
	小计	男	女	小计	男	女	小计	男	女
总 计	**30066**	**16767**	**13299**	**22534**	**12957**	**9577**	**17475**	**10053**	**7422**
20岁以下									
20-24岁									
20									
21									
22									
23									
24									
25-29岁									
25									
26									
27									
28									
29									
30-34岁	**1505**	**741**	**764**	**446**	**209**	**237**			
30									
31									
32									
33	606	288	318						
34	899	453	446	446	209	237			
35-39岁	**4598**	**2392**	**2206**	**3406**	**1775**	**1631**	**2395**	**1184**	**1211**
35	907	447	460	544	275	269	266	114	152
36	774	393	381	665	343	322	426	202	224
37	944	507	437	664	332	332	593	289	304
38	1045	551	494	787	415	372	590	295	295
39	928	494	434	746	410	336	520	284	236
40-44岁	**4345**	**2448**	**1897**	**3438**	**1949**	**1489**	**2708**	**1543**	**1165**
40	943	509	434	737	406	331	645	358	287
41	970	549	421	777	429	348	597	332	265
42	750	438	312	688	400	288	570	304	266
43	831	476	355	534	303	231	497	290	207
44	851	476	375	702	411	291	399	259	140
45-49岁	**3820**	**2243**	**1577**	**3285**	**1963**	**1322**	**2713**	**1628**	**1085**
45	815	476	339	634	386	248	565	321	244
46	746	429	317	713	406	307	591	365	226
47	783	470	313	621	379	242	580	361	219
48	830	489	341	615	383	232	479	282	197
49	646	379	267	702	409	293	498	299	199
50-54岁	**3075**	**1735**	**1340**	**2289**	**1334**	**955**	**1899**	**1093**	**806**
50	676	378	298	610	367	243	562	309	253
51	599	362	237	473	274	199	404	240	164
52	520	291	229	451	255	196	385	220	165
53	626	341	285	287	156	131	294	163	131
54	654	363	291	468	282	186	254	161	93
55-59岁	**3396**	**1774**	**1622**	**2447**	**1406**	**1041**	**1792**	**1020**	**772**
55	950	489	461	446	252	194	352	209	143
56	701	355	346	650	377	273	344	204	140
57	840	457	383	629	353	276	582	336	246
58	637	328	309	441	278	163	349	191	158
59	268	145	123	281	146	135	165	80	85
60-64岁	**2005**	**1187**	**818**	**1385**	**862**	**523**	**1090**	**668**	**422**
60	302	160	142	285	164	121	276	155	121
61	265	145	120	219	130	89	162	95	67
62	277	166	111	271	163	108	225	144	81
63	561	349	212	205	137	68	252	158	94
64	600	367	233	405	268	137	175	116	59
65岁及以上	**7322**	**4247**	**3075**	**5838**	**3459**	**2379**	**4878**	**2917**	**1961**

5-5 续表 8　　单位：人

年　龄	初婚年龄								
	36岁			37岁			38岁		
	小计	男	女	小计	男	女	小计	男	女
总　计	**13386**	**7773**	**5613**	**10414**	**6089**	**4325**	**8519**	**4971**	**3548**
20岁以下									
20-24岁									
20									
21									
22									
23									
24									
25-29岁									
25									
26									
27									
28									
29									
30-34岁									
30									
31									
32									
33									
34									
35-39岁	**1643**	**886**	**757**	**947**	**479**	**468**	**559**	**264**	**295**
35									
36	230	124	106						
37	398	215	183	233	112	121			
38	564	315	249	359	174	185	255	123	132
39	451	232	219	355	193	162	304	141	163
40-44岁	**2174**	**1205**	**969**	**1685**	**936**	**749**	**1376**	**760**	**616**
40	400	212	188	311	173	138	306	152	154
41	502	272	230	355	189	166	262	146	116
42	498	285	213	346	185	161	287	167	120
43	395	215	180	328	198	130	237	129	108
44	379	221	158	345	191	154	284	166	118
45-49岁	**2141**	**1278**	**863**	**1834**	**1115**	**719**	**1553**	**956**	**597**
45	337	211	126	331	218	113	299	189	110
46	514	298	216	322	195	127	276	172	104
47	451	254	197	399	233	166	245	152	93
48	449	288	161	408	248	160	382	224	158
49	390	227	163	374	221	153	351	219	132
50-54岁	**1555**	**915**	**640**	**1328**	**795**	**533**	**1172**	**694**	**478**
50	389	227	162	330	193	137	331	183	148
51	365	213	152	276	169	107	243	151	92
52	326	182	144	306	180	126	216	132	84
53	247	150	97	195	122	73	197	112	85
54	228	143	85	221	131	90	185	116	69
55-59岁	**1271**	**767**	**504**	**858**	**516**	**342**	**644**	**383**	**261**
55	144	96	48	164	100	64	139	78	61
56	267	186	81	119	74	45	139	88	51
57	340	194	146	234	148	86	115	74	41
58	354	199	155	195	116	79	172	102	70
59	166	92	74	146	78	68	79	41	38
60-64岁	**970**	**586**	**384**	**837**	**488**	**349**	**824**	**486**	**338**
60	191	104	87	156	88	68	176	94	82
61	189	118	71	130	77	53	117	60	57
62	186	127	59	195	110	85	162	102	60
63	211	129	82	208	126	82	203	126	77
64	193	108	85	148	87	61	166	104	62
65岁及以上	**3632**	**2136**	**1496**	**2925**	**1760**	**1165**	**2391**	**1428**	**963**

5-5 续表 9

单位：人

年 龄	初婚年龄					
	39岁			40岁及以上		
	小计	男	女	小计	男	女
总 计	**7174**	**4243**	**2931**	**46933**	**25778**	**21155**
20岁以下						
20-24岁						
20						
21						
22						
23						
24						
25-29岁						
25						
26						
27						
28						
29						
30-34岁						
30						
31						
32						
33						
34						
35-39岁	**194**	**83**	**111**			
35						
36						
37						
38						
39	194	83	111			
40-44岁	**1169**	**649**	**520**	**2922**	**1413**	**1509**
40	212	113	99	203	90	113
41	299	172	127	455	204	251
42	229	126	103	638	288	350
43	209	115	94	762	382	380
44	220	123	97	864	449	415
45-49岁	**1227**	**760**	**467**	**6362**	**3540**	**2822**
45	213	121	92	967	525	442
46	269	169	100	1236	678	558
47	276	179	97	1302	725	577
48	203	126	77	1400	777	623
49	266	165	101	1457	835	622
50-54岁	**1071**	**665**	**406**	**7190**	**4112**	**3078**
50	270	171	99	1570	903	667
51	272	164	108	1439	826	613
52	190	118	72	1608	923	685
53	174	108	66	1264	709	555
54	165	104	61	1309	751	558
55-59岁	**545**	**347**	**198**	**5491**	**3145**	**2346**
55	129	76	53	1267	738	529
56	136	84	52	1271	731	540
57	146	100	46	1376	826	550
58	66	44	22	1081	586	495
59	68	43	25	496	264	232
60-64岁	**767**	**454**	**313**	**4726**	**2754**	**1972**
60	97	47	50	640	367	273
61	125	65	60	585	335	250
62	160	106	54	979	614	365
63	210	126	84	1245	689	556
64	175	110	65	1277	749	528
65岁及以上	**2201**	**1285**	**916**	**20242**	**10814**	**9428**

5-5a 全省分年龄、性别、初婚年龄的人口(城市)

单位：人

年　龄	初婚年龄					
	合　计			15岁以下		
	合计	男	女	小计	男	女
总　计	**1552575**	**736154**	**816421**	**1588**	**458**	**1130**
20岁以下	**361**	**124**	**237**	**14**	**3**	**11**
20-24岁	**12667**	**4937**	**7730**	**38**	**8**	**30**
20	502	172	330	5	1	4
21	1189	413	776	7	2	5
22	2253	839	1414	5		5
23	3485	1412	2073	8	1	7
24	5238	2101	3137	13	4	9
25-29岁	**88691**	**39381**	**49310**	**87**	**21**	**66**
25	8152	3364	4788	10	3	7
26	11079	4764	6315	8	3	5
27	17121	7521	9600	18	5	13
28	23457	10488	12969	22	4	18
29	28882	13244	15638	29	6	23
30-34岁	**226792**	**105385**	**121407**	**244**	**81**	**163**
30	44805	20484	24321	44	11	33
31	47347	21883	25464	60	19	41
32	45971	21410	24561	53	18	35
33	48818	22753	26065	59	21	38
34	39851	18855	20996	28	12	16
35-39岁	**174464**	**83629**	**90835**	**104**	**29**	**75**
35	32203	15314	16889	33	8	25
36	32310	15390	16920	21	7	14
37	35868	17232	18636	20	3	17
38	39651	18938	20713	19	5	14
39	34432	16755	17677	11	6	5
40-44岁	**169557**	**82218**	**87339**	**154**	**55**	**99**
40	32417	15688	16729	15	5	10
41	36972	17877	19095	21	8	13
42	34708	16708	18000	40	12	28
43	32077	15667	16410	40	19	21
44	33383	16278	17105	38	11	27
45-49岁	**190488**	**93758**	**96730**	**150**	**42**	**108**
45	33292	16236	17056	36	9	27
46	38541	18866	19675	30	10	20
47	39007	19186	19821	26	7	19
48	39974	19760	20214	32	8	24
49	39674	19710	19964	26	8	18
50-54岁	**186976**	**91195**	**95781**	**208**	**69**	**139**
50	42007	20534	21473	46	8	38
51	38467	18881	19586	43	16	27
52	40435	19723	20712	43	14	29
53	30978	14947	16031	34	16	18
54	35089	17110	17979	42	15	27
55-59岁	**151164**	**73259**	**77905**	**80**	**16**	**64**
55	33542	16385	17157	33	7	26
56	33895	16370	17525	16	4	12
57	43035	20970	22065	17	3	14
58	26568	12761	13807	6		6
59	14124	6773	7351	8	2	6
60-64岁	**105219**	**50708**	**54511**	**110**	**27**	**83**
60	19732	9521	10211	19	4	15
61	17137	8375	8762	19	4	15
62	22059	10699	11360	17	4	13
63	24828	11875	12953	25	5	20
64	21463	10238	11225	30	10	20
65岁及以上	**246196**	**111560**	**134636**	**399**	**107**	**292**

5-5a 续表 1

单位：人

年 龄	初婚年龄								
	15岁			16岁			17岁		
	小计	男	女	小计	男	女	小计	男	女
总 计	**6263**	**1934**	**4329**	**10254**	**3006**	**7248**	**18830**	**5583**	**13247**
20岁以下	**46**	**12**	**34**	**70**	**34**	**36**	**97**	**27**	**70**
20-24岁	**173**	**60**	**113**	**319**	**99**	**220**	**523**	**172**	**351**
20	16	5	11	45	17	28	58	25	33
21	34	18	16	63	23	40	85	32	53
22	43	13	30	55	12	43	123	39	84
23	38	15	23	76	23	53	113	37	76
24	42	9	33	80	24	56	144	39	105
25-29岁	**362**	**129**	**233**	**616**	**178**	**438**	**1400**	**471**	**929**
25	48	14	34	75	16	59	187	60	127
26	48	16	32	115	32	83	218	69	149
27	81	29	52	124	38	86	315	109	206
28	95	36	59	152	43	109	326	109	217
29	90	34	56	150	49	101	354	124	230
30-34岁	**760**	**281**	**479**	**1041**	**365**	**676**	**1931**	**645**	**1286**
30	171	57	114	191	55	136	419	139	280
31	162	72	90	267	104	163	403	156	247
32	156	52	104	218	80	138	460	141	319
33	156	59	97	203	67	136	389	124	265
34	115	41	74	162	59	103	260	85	175
35-39岁	**532**	**178**	**354**	**819**	**269**	**550**	**1354**	**464**	**890**
35	179	66	113	154	51	103	221	72	149
36	121	43	78	232	81	151	244	91	153
37	93	22	71	188	67	121	349	114	235
38	82	26	56	139	40	99	310	104	206
39	57	21	36	106	30	76	230	83	147
40-44岁	**481**	**166**	**315**	**768**	**274**	**494**	**1149**	**391**	**758**
40	93	25	68	103	32	71	211	78	133
41	114	43	71	203	80	123	239	73	166
42	87	31	56	164	53	111	260	87	173
43	87	20	67	157	54	103	201	73	128
44	100	47	53	141	55	86	238	80	158
45-49岁	**664**	**257**	**407**	**1053**	**385**	**668**	**1972**	**719**	**1253**
45	154	62	92	127	48	79	257	96	161
46	154	56	98	272	103	169	289	111	178
47	143	59	84	250	95	155	445	167	278
48	122	47	75	201	78	123	510	195	315
49	91	33	58	203	61	142	471	150	321
50-54岁	**746**	**275**	**471**	**1213**	**414**	**799**	**2268**	**761**	**1507**
50	157	50	107	239	75	164	427	147	280
51	182	76	106	321	112	209	521	187	334
52	167	70	97	258	93	165	614	202	412
53	132	40	92	165	54	111	348	114	234
54	108	39	69	230	80	150	358	111	247
55-59岁	**484**	**151**	**333**	**787**	**214**	**573**	**1458**	**473**	**985**
55	155	62	93	172	53	119	386	136	250
56	113	36	77	219	66	153	281	104	177
57	105	24	81	215	62	153	433	144	289
58	55	12	43	127	23	104	254	64	190
59	56	17	39	54	10	44	104	25	79
60-64岁	**340**	**94**	**246**	**511**	**140**	**371**	**777**	**221**	**556**
60	50	13	37	76	18	58	114	35	79
61	55	12	43	108	33	75	127	32	95
62	70	18	52	96	29	67	180	51	129
63	89	29	60	136	36	100	194	52	142
64	76	22	54	95	24	71	162	51	111
65岁及以上	**1675**	**331**	**1344**	**3057**	**634**	**2423**	**5901**	**1239**	**4662**

5-5a 续表 2

单位：人

年龄	初婚年龄								
	18岁			19岁			20岁		
	小计	男	女	小计	男	女	小计	男	女
总　计	**34944**	**10903**	**24041**	**70375**	**24494**	**45881**	**116155**	**42943**	**73212**
20岁以下	**98**	**38**	**60**	**36**	**10**	**26**			
20-24岁	**932**	**285**	**647**	**1572**	**506**	**1066**	**2162**	**743**	**1419**
20	105	32	73	170	57	113	103	35	68
21	151	52	99	286	85	201	369	127	242
22	196	65	131	314	104	210	541	184	357
23	210	59	151	357	119	238	564	210	354
24	270	77	193	445	141	304	585	187	398
25-29岁	**2639**	**906**	**1733**	**4470**	**1635**	**2835**	**6315**	**2372**	**3943**
25	286	85	201	523	174	349	776	266	510
26	415	122	293	611	222	389	923	349	574
27	474	171	303	897	327	570	1169	428	741
28	748	266	482	1132	419	713	1624	610	1014
29	716	262	454	1307	493	814	1823	719	1104
30-34岁	**3938**	**1289**	**2649**	**8167**	**2940**	**5227**	**14372**	**5433**	**8939**
30	920	316	604	1874	713	1161	3138	1221	1917
31	822	287	535	1844	676	1168	3083	1180	1903
32	749	251	498	1550	601	949	2884	1082	1802
33	842	264	578	1514	510	1004	2917	1083	1834
34	605	171	434	1385	440	945	2350	867	1483
35-39岁	**2578**	**813**	**1765**	**5266**	**1596**	**3670**	**9586**	**3199**	**6387**
35	453	142	311	962	305	657	1901	669	1232
36	469	139	330	962	305	657	1806	589	1217
37	414	131	283	1049	302	747	1959	613	1346
38	714	211	503	1080	324	756	2177	754	1423
39	528	190	338	1213	360	853	1743	574	1169
40-44岁	**2177**	**714**	**1463**	**5145**	**1773**	**3372**	**10554**	**3476**	**7078**
40	406	132	274	1117	368	749	2215	725	1490
41	463	147	316	1135	365	770	2492	855	1637
42	418	134	284	990	353	637	2139	696	1443
43	429	135	294	863	308	555	1894	599	1295
44	461	166	295	1040	379	661	1814	601	1213
45-49岁	**3775**	**1428**	**2347**	**6991**	**2670**	**4321**	**11917**	**4416**	**7501**
45	470	170	300	940	316	624	1944	635	1309
46	584	225	359	1132	416	716	2203	760	1443
47	585	220	365	1345	519	826	2329	882	1447
48	1085	411	674	1443	555	888	2645	1010	1635
49	1051	402	649	2131	864	1267	2796	1129	1667
50-54岁	**4727**	**1647**	**3080**	**10365**	**4021**	**6344**	**18044**	**7275**	**10769**
50	1000	356	644	2274	899	1375	3891	1571	2320
51	1047	370	677	2197	890	1307	3849	1569	2280
52	989	363	626	2158	848	1310	3876	1577	2299
53	894	305	589	1748	647	1101	2974	1166	1808
54	797	253	544	1988	737	1251	3454	1392	2062
55-59岁	**2858**	**916**	**1942**	**6691**	**2481**	**4210**	**12598**	**5006**	**7592**
55	654	231	423	1607	600	1007	3309	1357	1952
56	699	223	476	1428	529	899	2805	1114	1691
57	686	226	460	1920	754	1166	3300	1354	1946
58	567	169	398	1133	393	740	2226	839	1387
59	252	67	185	603	205	398	958	342	616
60-64岁	**1377**	**404**	**973**	**3150**	**1109**	**2041**	**6119**	**2317**	**3802**
60	238	63	175	621	235	386	1497	522	975
61	193	59	134	517	171	346	1145	433	712
62	274	83	191	577	211	366	1131	451	680
63	358	115	243	733	262	471	1235	459	776
64	314	84	230	702	230	472	1111	452	659
65岁及以上	**9845**	**2463**	**7382**	**18522**	**5753**	**12769**	**24488**	**8706**	**15782**

5-5a　续表 3　　　　　　　　　　　　　　　　　　　　　　　　　　单位：人

年　龄	初婚年龄								
	21岁			22岁			23岁		
	小计	男	女	小计	男	女	小计	男	女
总　计	**157382**	**65219**	**92163**	**199611**	**90086**	**109525**	**198967**	**90376**	**108591**
20岁以下									
20-24岁	**2402**	**937**	**1465**	**2446**	**1134**	**1312**	**1561**	**753**	**808**
20									
21	194	74	120						
22	583	235	348	393	187	206			
23	806	318	488	859	407	452	454	223	231
24	819	310	509	1194	540	654	1107	530	577
25-29岁	**8246**	**3477**	**4769**	**10393**	**4774**	**5619**	**11545**	**5189**	**6356**
25	974	372	602	1370	602	768	1602	719	883
26	1188	495	693	1433	673	760	1654	721	933
27	1600	690	910	2047	924	1123	2123	959	1164
28	1969	826	1143	2584	1171	1413	2854	1309	1545
29	2515	1094	1421	2959	1404	1555	3312	1481	1831
30-34岁	**19359**	**8102**	**11257**	**24631**	**11410**	**13221**	**24782**	**11371**	**13411**
30	3498	1489	2009	4969	2301	2668	4812	2164	2648
31	4319	1821	2498	4742	2220	2522	5259	2403	2856
32	3959	1678	2281	5242	2417	2825	4604	2078	2526
33	4345	1766	2579	5270	2417	2853	5751	2669	3082
34	3238	1348	1890	4408	2055	2353	4356	2057	2299
35-39岁	**14353**	**5757**	**8596**	**18797**	**8620**	**10177**	**19230**	**8829**	**10401**
35	2688	1105	1583	3183	1487	1696	3656	1675	1981
36	2674	1056	1618	3372	1540	1832	3149	1453	1696
37	2918	1166	1752	4064	1877	2187	3826	1744	2082
38	3157	1246	1911	4263	1905	2358	4548	2052	2496
39	2916	1184	1732	3915	1811	2104	4051	1905	2146
40-44岁	**15745**	**6190**	**9555**	**21587**	**9920**	**11667**	**21411**	**9691**	**11720**
40	2455	1012	1443	3723	1745	1978	3718	1675	2043
41	3765	1468	2297	3813	1752	2061	4342	1995	2347
42	3566	1398	2168	4976	2284	2692	3667	1603	2064
43	3001	1163	1838	4503	2033	2470	4678	2175	2503
44	2958	1149	1809	4572	2106	2466	5006	2243	2763
45-49岁	**18596**	**7893**	**10703**	**25501**	**11670**	**13831**	**27097**	**11932**	**15165**
45	3059	1218	1841	4341	2010	2331	4985	2171	2814
46	3836	1589	2247	5147	2368	2779	5569	2445	3124
47	3583	1558	2025	5572	2504	3068	5507	2400	3107
48	3885	1653	2232	5194	2389	2805	5874	2604	3270
49	4233	1875	2358	5247	2399	2848	5162	2312	2850
50-54岁	**24033**	**10447**	**13586**	**28195**	**12721**	**15474**	**25645**	**11614**	**14031**
50	4235	1820	2415	5777	2602	3175	5601	2427	3174
51	5210	2292	2918	4743	2091	2652	5153	2283	2870
52	5676	2530	3146	6623	2974	3649	4798	2147	2651
53	4224	1759	2465	5282	2424	2858	4633	2199	2434
54	4688	2046	2642	5770	2630	3140	5460	2558	2902
55-59岁	**19710**	**8313**	**11397**	**26061**	**11591**	**14470**	**24448**	**11402**	**13046**
55	4698	1955	2743	5395	2437	2958	5071	2341	2730
56	4904	2072	2832	5919	2651	3268	5189	2418	2771
57	5428	2360	3068	8439	3747	4692	7124	3367	3757
58	3052	1264	1788	4272	1920	2352	4921	2327	2594
59	1628	662	966	2036	836	1200	2143	949	1194
60-64岁	**9540**	**3994**	**5546**	**14776**	**6310**	**8466**	**17483**	**7707**	**9776**
60	2012	814	1198	3130	1255	1875	3085	1374	1711
61	2093	884	1209	2365	1038	1327	2889	1314	1575
62	2036	849	1187	3714	1609	2105	3535	1524	2011
63	1915	832	1083	3237	1415	1822	4822	2098	2724
64	1484	615	869	2330	993	1337	3152	1397	1755
65岁及以上	**25398**	**10109**	**15289**	**27224**	**11936**	**15288**	**25765**	**11888**	**13877**

5-5a 续表 4　　　　单位：人

年　龄	初婚年龄								
	24岁			25岁			26岁		
	小计	男	女	小计	男	女	小计	男	女
总　计	**182528**	**88475**	**94053**	**153310**	**80223**	**73087**	**115703**	**63655**	**52048**
20岁以下									
20-24岁	**539**	**240**	**299**						
20									
21									
22									
23									
24	539	240	299						
25-29岁	**12740**	**5830**	**6910**	**11722**	**5514**	**6208**	**9095**	**4362**	**4733**
25	1527	690	837	774	363	411			
26	2040	939	1101	1643	748	895	783	375	408
27	2504	1122	1382	2791	1320	1471	2004	944	1060
28	2994	1382	1612	3064	1438	1626	3054	1473	1581
29	3675	1697	1978	3450	1645	1805	3254	1570	1684
30-34岁	**25991**	**11991**	**14000**	**25803**	**12256**	**13547**	**22867**	**11282**	**11585**
30	5317	2442	2875	5424	2511	2913	4521	2239	2282
31	5439	2450	2989	5430	2590	2840	5021	2408	2613
32	5460	2505	2955	5055	2428	2627	4630	2321	2309
33	5018	2321	2697	5738	2734	3004	4614	2276	2338
34	4757	2273	2484	4156	1993	2163	4081	2038	2043
35-39岁	**19192**	**9008**	**10184**	**18884**	**9334**	**9550**	**16493**	**8690**	**7803**
35	3589	1666	1923	3739	1839	1900	2955	1516	1439
36	3669	1732	1937	3573	1732	1841	3230	1680	1550
37	3602	1687	1915	4023	1976	2047	3578	1889	1689
38	4460	2069	2391	3918	1954	1964	3887	2092	1795
39	3872	1854	2018	3631	1833	1798	2843	1513	1330
40-44岁	**18993**	**9175**	**9818**	**16135**	**8305**	**7830**	**13307**	**7274**	**6033**
40	3511	1678	1833	3437	1716	1721	2865	1487	1378
41	4145	1934	2211	3585	1851	1734	3072	1686	1386
42	3750	1845	1905	3375	1770	1605	2614	1406	1208
43	3136	1550	1586	3004	1571	1433	2432	1369	1063
44	4451	2168	2283	2734	1397	1337	2324	1326	998
45-49岁	**24403**	**11883**	**12520**	**19142**	**10228**	**8914**	**13091**	**7623**	**5468**
45	4299	2110	2189	3683	1953	1730	1960	1118	842
46	5243	2512	2731	3823	2047	1776	3016	1757	1259
47	4972	2394	2578	4106	2169	1937	2713	1557	1156
48	4852	2363	2489	3916	2112	1804	2869	1674	1195
49	5037	2504	2533	3614	1947	1667	2533	1517	1016
50-54岁	**19672**	**9969**	**9703**	**14339**	**8298**	**6041**	**9946**	**6070**	**3876**
50	4560	2232	2328	4120	2253	1867	2499	1501	998
51	4064	2073	1991	2955	1724	1231	2408	1454	954
52	4254	2115	2139	2958	1739	1219	2040	1242	798
53	2692	1388	1304	2203	1320	883	1407	855	552
54	4102	2161	1941	2103	1262	841	1592	1018	574
55-59岁	**18843**	**9764**	**9079**	**12764**	**7459**	**5305**	**7185**	**4458**	**2727**
55	4010	2111	1899	2764	1632	1132	1261	844	417
56	4185	2146	2039	2780	1589	1191	1696	1033	663
57	4982	2549	2433	3633	2118	1515	2094	1287	807
58	3360	1743	1617	2179	1278	901	1360	821	539
59	2306	1215	1091	1408	842	566	774	473	301
60-64岁	**16661**	**8079**	**8582**	**12027**	**6729**	**5298**	**7315**	**4389**	**2926**
60	2720	1398	1322	2351	1391	960	1331	854	477
61	2353	1200	1153	1735	987	748	1251	786	465
62	3409	1655	1754	2379	1324	1055	1411	846	565
63	3903	1868	2035	2912	1590	1322	1617	941	676
64	4276	1958	2318	2650	1437	1213	1705	962	743
65岁及以上	**25494**	**12536**	**12958**	**22494**	**12100**	**10394**	**16404**	**9507**	**6897**

5-5a　续表 5　　　　单位：人

年　龄	初婚年龄								
	27岁			28岁			29岁		
	小计	男	女	小计	男	女	小计	男	女
总　计	**83001**	**47454**	**35547**	**57143**	**33827**	**23316**	**38316**	**22894**	**15422**
20岁以下									
20-24岁									
20									
21									
22									
23									
24									
25-29岁	**5792**	**2856**	**2936**	**2631**	**1330**	**1301**	**638**	**337**	**301**
25									
26									
27	974	455	519						
28	1937	959	978	902	443	459			
29	2881	1442	1439	1729	887	842	638	337	301
30-34岁	**18179**	**9377**	**8802**	**13903**	**7420**	**6483**	**9409**	**4949**	**4460**
30	3733	1849	1884	3153	1632	1521	1892	957	935
31	3750	1902	1848	2902	1568	1334	2194	1100	1094
32	3783	1960	1823	2654	1400	1254	1903	1022	881
33	3920	2080	1840	2952	1582	1370	1814	976	838
34	2993	1586	1407	2242	1238	1004	1606	894	712
35-39岁	**13395**	**7405**	**5990**	**9905**	**5727**	**4178**	**6854**	**4039**	**2815**
35	2615	1405	1210	1818	1053	765	1304	749	555
36	2377	1302	1075	2028	1151	877	1304	747	557
37	2777	1558	1219	1931	1129	802	1497	924	573
38	3083	1698	1385	2204	1245	959	1418	828	590
39	2543	1442	1101	1924	1149	775	1331	791	540
40-44岁	**10488**	**5990**	**4498**	**7665**	**4660**	**3005**	**5527**	**3408**	**2119**
40	2074	1164	910	1716	1029	687	1171	716	455
41	2607	1508	1099	1599	958	641	1297	793	504
42	2195	1190	1005	1595	978	617	1058	637	421
43	1821	1057	764	1461	893	568	1034	659	375
44	1791	1071	720	1294	802	492	967	603	364
45-49岁	**9027**	**5528**	**3499**	**6039**	**3860**	**2179**	**4294**	**2753**	**1541**
45	1590	954	636	1253	780	473	893	556	337
46	1545	929	616	1174	743	431	906	555	351
47	1995	1224	771	1044	668	376	880	568	312
48	1959	1216	743	1335	837	498	718	506	212
49	1938	1205	733	1233	832	401	897	568	329
50-54岁	**6832**	**4396**	**2436**	**4749**	**3111**	**1638**	**3449**	**2207**	**1242**
50	1858	1196	662	1356	885	471	841	525	316
51	1451	911	540	1017	682	335	757	478	279
52	1587	1027	560	980	630	350	756	503	253
53	912	584	328	719	476	243	516	330	186
54	1024	678	346	677	438	239	579	371	208
55-59岁	**4356**	**2793**	**1563**	**2594**	**1682**	**912**	**1722**	**1113**	**609**
55	927	611	316	585	394	191	420	280	140
56	775	528	247	567	386	181	390	245	145
57	1322	830	492	603	383	220	443	290	153
58	848	523	325	539	339	200	260	152	108
59	484	301	183	300	180	120	209	146	63
60-64岁	**4396**	**2733**	**1663**	**2710**	**1659**	**1051**	**1842**	**1131**	**711**
60	707	437	270	447	276	171	261	166	95
61	704	461	243	400	247	153	260	160	100
62	1045	673	372	567	359	208	364	230	134
63	1049	638	411	714	429	285	478	282	196
64	891	524	367	582	348	234	479	293	186
65岁及以上	**10536**	**6376**	**4160**	**6947**	**4378**	**2569**	**4581**	**2957**	**1624**

5-5a 续表 6　　单位：人

年龄	初婚年龄								
	30岁			31岁			32岁		
	小计	男	女	小计	男	女	小计	男	女
总　计	**26536**	**15950**	**10586**	**18175**	**10954**	**7221**	**13445**	**7936**	**5509**
20岁以下									
20-24岁									
20									
21									
22									
23									
24									
25-29岁									
25									
26									
27									
28									
29									
30-34岁	**5869**	**3228**	**2641**	**3059**	**1666**	**1393**	**1663**	**901**	**762**
30	729	388	341						
31	1199	670	529	451	257	194			
32	1476	779	697	812	424	388	323	173	150
33	1359	753	606	1027	559	468	694	383	311
34	1106	638	468	769	426	343	646	345	301
35-39岁	**4929**	**2916**	**2013**	**3554**	**2082**	**1472**	**2593**	**1467**	**1126**
35	961	544	417	612	344	268	457	250	207
36	960	563	397	713	416	297	493	283	210
37	1018	611	407	772	451	321	546	311	235
38	1167	707	460	774	471	303	592	334	258
39	823	491	332	683	400	283	505	289	216
40-44岁	**4164**	**2575**	**1589**	**2948**	**1807**	**1141**	**2357**	**1366**	**991**
40	888	548	340	585	370	215	513	304	209
41	977	601	376	698	414	284	502	285	217
42	848	527	321	630	373	257	520	301	219
43	713	443	270	510	325	185	421	242	179
44	738	456	282	525	325	200	401	234	167
45-49岁	**3027**	**1940**	**1087**	**2434**	**1561**	**873**	**1971**	**1223**	**748**
45	695	423	272	495	322	173	354	218	136
46	677	437	240	563	371	192	431	261	170
47	623	421	202	494	302	192	439	271	168
48	579	365	214	469	300	169	402	259	143
49	453	294	159	413	266	147	345	214	131
50-54岁	**2680**	**1676**	**1004**	**1874**	**1217**	**657**	**1340**	**827**	**513**
50	688	455	233	373	250	123	285	182	103
51	535	345	190	364	253	111	190	119	71
52	647	391	256	423	270	153	267	166	101
53	416	242	174	380	235	145	259	155	104
54	394	243	151	334	209	125	339	205	134
55-59岁	**1307**	**839**	**468**	**1148**	**688**	**460**	**1026**	**621**	**405**
55	394	256	138	296	186	110	265	153	112
56	272	170	102	297	172	125	237	142	95
57	327	204	123	285	168	117	294	182	112
58	200	138	62	151	88	63	149	95	54
59	114	71	43	119	74	45	81	49	32
60-64岁	**1274**	**752**	**522**	**858**	**513**	**345**	**604**	**363**	**241**
60	209	135	74	110	62	48	102	57	45
61	186	111	75	128	75	53	71	40	31
62	267	160	107	178	113	65	114	78	36
63	293	175	118	226	129	97	158	90	68
64	319	171	148	216	134	82	159	98	61
65岁及以上	**3286**	**2024**	**1262**	**2300**	**1420**	**880**	**1891**	**1168**	**723**

5-5a 续表 7 单位：人

年 龄	初婚年龄								
	33岁			34岁			35岁		
	小计	男	女	小计	男	女	小计	男	女
总 计	**10109**	**5762**	**4347**	**7606**	**4512**	**3094**	**5968**	**3571**	**2397**
20岁以下									
20-24岁									
20									
21									
22									
23									
24									
25-29岁									
25									
26									
27									
28									
29									
30-34岁	**651**	**315**	**336**	**173**	**83**	**90**			
30									
31									
32									
33	236	109	127						
34	415	206	209	173	83	90			
35-39岁	**2066**	**1101**	**965**	**1558**	**808**	**750**	**1067**	**549**	**518**
35	388	204	184	243	121	122	92	43	49
36	336	175	161	310	158	152	188	98	90
37	446	243	203	294	149	145	264	135	129
38	493	257	236	387	200	187	280	136	144
39	403	222	181	324	180	144	243	137	106
40-44岁	**1917**	**1085**	**832**	**1547**	**899**	**648**	**1328**	**774**	**554**
40	404	223	181	308	172	136	310	177	133
41	442	240	202	351	197	154	294	172	122
42	338	207	131	329	200	129	276	152	124
43	351	197	154	256	148	108	254	146	108
44	382	218	164	303	182	121	194	127	67
45-49岁	**1564**	**956**	**608**	**1357**	**849**	**508**	**1164**	**737**	**427**
45	343	202	141	294	184	110	234	145	89
46	314	189	125	297	173	124	269	171	98
47	338	209	129	260	159	101	264	167	97
48	329	201	128	242	168	74	211	129	82
49	240	155	85	264	165	99	186	125	61
50-54岁	**998**	**585**	**413**	**745**	**483**	**262**	**624**	**373**	**251**
50	246	141	105	228	144	84	203	119	84
51	223	140	83	173	118	55	128	82	46
52	169	103	66	142	90	52	125	65	60
53	174	97	77	85	54	31	87	51	36
54	186	104	82	117	77	40	81	56	25
55-59岁	**966**	**569**	**397**	**711**	**468**	**243**	**514**	**334**	**180**
55	279	164	115	139	97	42	98	64	34
56	204	119	85	205	137	68	104	71	33
57	248	150	98	178	110	68	179	118	61
58	161	87	74	112	81	31	94	58	36
59	74	49	25	77	43	34	39	23	16
60-64岁	**471**	**266**	**205**	**368**	**217**	**151**	**326**	**209**	**117**
60	83	51	32	76	43	33	86	54	32
61	78	42	36	82	47	35	52	31	21
62	68	35	33	71	35	36	64	44	20
63	109	63	46	56	39	17	77	49	28
64	133	75	58	83	53	30	47	31	16
65岁及以上	**1476**	**885**	**591**	**1147**	**705**	**442**	**945**	**595**	**350**

5-5a 续表 8 单位：人

年 龄	初婚年龄								
	36岁			37岁			38岁		
	小计	男	女	小计	男	女	小计	男	女
总 计	**4550**	**2780**	**1770**	**3475**	**2145**	**1330**	**2791**	**1703**	**1088**
20岁以下									
20-24岁									
20									
21									
22									
23									
24									
25-29岁									
25									
26									
27									
28									
29									
30-34岁									
30									
31									
32									
33									
34									
35-39岁	**729**	**429**	**300**	**378**	**194**	**184**	**186**	**95**	**91**
35									
36	79	49	30						
37	169	98	71	71	32	39			
38	277	167	110	149	74	75	73	39	34
39	204	115	89	158	88	70	113	56	57
40-44岁	**1038**	**577**	**461**	**824**	**491**	**333**	**623**	**357**	**266**
40	189	96	93	128	79	49	119	61	58
41	246	136	110	188	112	76	131	68	63
42	233	134	99	181	97	84	128	79	49
43	192	105	87	162	106	56	110	61	49
44	178	106	72	165	97	68	135	88	47
45-49岁	**906**	**560**	**346**	**788**	**492**	**296**	**655**	**414**	**241**
45	146	94	52	154	103	51	130	82	48
46	201	121	80	148	92	56	127	80	47
47	213	128	85	168	105	63	113	68	45
48	190	119	71	167	95	72	150	94	56
49	156	98	58	151	97	54	135	90	45
50-54岁	**503**	**324**	**179**	**458**	**306**	**152**	**447**	**287**	**160**
50	136	94	42	123	79	44	130	80	50
51	118	72	46	104	74	30	100	68	32
52	100	60	40	99	65	34	80	52	28
53	85	57	28	62	42	20	76	45	31
54	64	41	23	70	46	24	61	42	19
55-59岁	**401**	**278**	**123**	**260**	**179**	**81**	**204**	**136**	**68**
55	54	39	15	55	34	21	53	37	16
56	76	61	15	36	28	8	42	31	11
57	115	71	44	77	60	17	42	26	16
58	109	71	38	51	33	18	43	29	14
59	47	36	11	41	24	17	24	13	11
60-64岁	**262**	**164**	**98**	**208**	**128**	**80**	**215**	**126**	**89**
60	66	39	27	43	34	9	50	28	22
61	48	30	18	31	22	9	44	25	19
62	46	32	14	61	29	32	42	29	13
63	57	40	17	39	20	19	42	24	18
64	45	23	22	34	23	11	37	20	17
65岁及以上	**711**	**448**	**263**	**559**	**355**	**204**	**461**	**288**	**173**

5-5a　续表 9

单位：人

年　龄	初婚年龄					
	39岁			40岁及以上		
	小计	男	女	小计	男	女
总　计	**2225**	**1411**	**814**	**13325**	**7900**	**5425**
20岁以下						
20-24岁						
20						
21						
22						
23						
24						
25-29岁						
25						
26						
27						
28						
29						
30-34岁						
30						
31						
32						
33						
34						
35-39岁	**62**	**31**	**31**			
35						
36						
37						
38						
39	62	31	31			
40-44岁	**507**	**284**	**223**	**1018**	**541**	**477**
40	85	45	40	58	26	32
41	122	71	51	129	65	64
42	102	55	47	229	106	123
43	97	57	40	270	159	111
44	101	56	45	332	185	147
45-49岁	**506**	**336**	**170**	**2404**	**1403**	**1001**
45	87	48	39	369	209	160
46	125	84	41	466	261	205
47	123	89	34	477	276	201
48	75	54	21	520	318	202
49	96	61	35	572	339	233
50-54岁	**392**	**255**	**137**	**2484**	**1567**	**917**
50	113	74	39	601	369	232
51	98	62	36	516	340	176
52	64	43	21	542	344	198
53	66	41	25	405	251	154
54	51	35	16	420	263	157
55-59岁	**191**	**141**	**50**	**1797**	**1174**	**623**
55	39	26	13	423	278	145
56	51	31	20	405	264	141
57	61	53	8	485	330	155
58	18	15	3	321	199	122
59	22	16	6	163	103	60
60-64岁	**195**	**128**	**67**	**1304**	**799**	**505**
60	27	20	7	221	143	78
61	36	23	13	167	108	59
62	49	36	13	294	192	102
63	45	25	20	309	170	139
64	38	24	14	313	186	127
65岁及以上	**372**	**236**	**136**	**4318**	**2416**	**1902**

5−5b 全省分年龄、性别、初婚年龄的人口(镇)

单位：人

年 龄	初婚年龄					
	合 计			15岁以下		
	合计	男	女	小计	男	女
总 计	**1722831**	**824507**	**898324**	**2622**	**729**	**1893**
20岁以下	**1142**	**381**	**761**	**47**	**7**	**40**
20−24岁	**24869**	**10193**	**14676**	**125**	**34**	**91**
20	1444	491	953	21	6	15
21	2658	948	1710	27	8	19
22	4765	1893	2872	17	5	12
23	6809	2787	4022	22	6	16
24	9193	4074	5119	38	9	29
25−29岁	**116243**	**53568**	**62675**	**174**	**52**	**122**
25	12746	5704	7042	28	8	20
26	15636	7155	8481	23	8	15
27	22793	10414	12379	35	11	24
28	29458	13591	15867	35	10	25
29	35610	16704	18906	53	15	38
30−34岁	**254645**	**121682**	**132963**	**427**	**134**	**293**
30	54013	25710	28303	83	20	63
31	54155	25841	28314	100	34	66
32	50826	24169	26657	84	26	58
33	52811	25305	27506	103	38	65
34	42840	20657	22183	57	16	41
35−39岁	**180680**	**88060**	**92620**	**195**	**48**	**147**
35	34257	16768	17489	62	16	46
36	33288	16198	17090	45	8	37
37	36172	17737	18435	33	8	25
38	40141	19567	20574	22	7	15
39	36822	17790	19032	33	9	24
40−44岁	**175527**	**86296**	**89231**	**278**	**92**	**186**
40	34751	16876	17875	48	16	32
41	38077	18754	19323	54	17	37
42	35823	17537	18286	63	19	44
43	32353	15965	16388	50	20	30
44	34523	17164	17359	63	20	43
45−49岁	**203974**	**101745**	**102229**	**246**	**70**	**176**
45	34807	17157	17650	57	14	43
46	40977	20467	20510	38	13	25
47	41375	20592	20783	47	11	36
48	43902	22092	21810	51	18	33
49	42913	21437	21476	53	14	39
50−54岁	**215678**	**105263**	**110415**	**283**	**88**	**195**
50	46406	23039	23367	54	17	37
51	42841	20997	21844	66	20	46
52	46545	22686	23859	58	21	37
53	38017	18254	19763	57	15	42
54	41869	20287	21582	48	15	33
55−59岁	**166591**	**79326**	**87265**	**182**	**41**	**141**
55	37631	18067	19564	66	16	50
56	36475	17503	18972	34	8	26
57	45524	22104	23420	26	8	18
58	32238	15060	17178	40	7	33
59	14723	6592	8131	16	2	14
60−64岁	**106833**	**51605**	**55228**	**182**	**46**	**136**
60	17675	8423	9252	20	4	16
61	16589	8100	8489	35	7	28
62	22308	10917	11391	52	16	36
63	26630	12806	13824	38	14	24
64	23631	11359	12272	37	5	32
65岁及以上	**276649**	**126388**	**150261**	**483**	**117**	**366**

5-5b 续表 1

单位：人

年 龄	初婚年龄								
	15岁			16岁			17岁		
	小计	男	女	小计	男	女	小计	男	女
总 计	**10267**	**3227**	**7040**	**17717**	**5325**	**12392**	**32686**	**10379**	**22307**
20岁以下	**138**	**55**	**83**	**242**	**67**	**175**	**304**	**96**	**208**
20-24岁	**521**	**156**	**365**	**982**	**294**	**688**	**1659**	**525**	**1134**
20	53	14	39	101	37	64	208	59	149
21	74	26	48	162	47	115	249	80	169
22	138	43	95	228	73	155	349	110	239
23	136	37	99	239	68	171	401	128	273
24	120	36	84	252	69	183	452	148	304
25-29岁	**795**	**247**	**548**	**1654**	**552**	**1102**	**3443**	**1152**	**2291**
25	155	46	109	258	87	171	539	173	366
26	137	35	102	298	93	205	536	165	371
27	147	47	100	349	114	235	777	263	514
28	185	62	123	380	133	247	794	264	530
29	171	57	114	369	125	244	797	287	510
30-34岁	**1410**	**509**	**901**	**2250**	**761**	**1489**	**4076**	**1363**	**2713**
30	349	117	232	448	152	296	935	295	640
31	306	115	191	556	201	355	890	312	578
32	275	92	183	452	152	300	882	306	576
33	295	111	184	424	135	289	780	275	505
34	185	74	111	370	121	249	589	175	414
35-39岁	**827**	**276**	**551**	**1357**	**406**	**951**	**2645**	**902**	**1743**
35	237	88	149	249	80	169	480	146	334
36	204	76	128	319	102	217	420	139	281
37	153	46	107	305	94	211	668	244	424
38	118	33	85	266	70	196	596	193	403
39	115	33	82	218	60	158	481	180	301
40-44岁	**831**	**313**	**518**	**1283**	**400**	**883**	**2165**	**756**	**1409**
40	152	50	102	212	60	152	382	122	260
41	202	75	127	321	106	215	451	161	290
42	169	72	97	250	64	186	508	171	337
43	170	61	109	233	81	152	396	145	251
44	138	55	83	267	89	178	428	157	271
45-49岁	**1030**	**403**	**627**	**1765**	**664**	**1101**	**3228**	**1280**	**1948**
45	233	97	136	231	85	146	399	157	242
46	223	94	129	427	159	268	484	191	293
47	207	82	125	409	161	248	838	329	509
48	190	63	127	355	127	228	784	324	460
49	177	67	110	343	132	211	723	279	444
50-54岁	**1137**	**391**	**746**	**2026**	**755**	**1271**	**3863**	**1400**	**2463**
50	240	77	163	367	133	234	729	281	448
51	270	97	173	535	203	332	842	306	536
52	239	87	152	433	179	254	975	364	611
53	192	69	123	329	114	215	696	245	451
54	196	61	135	362	126	236	621	204	417
55-59岁	**804**	**237**	**567**	**1311**	**369**	**942**	**2672**	**848**	**1824**
55	266	98	168	252	72	180	558	190	368
56	197	59	138	358	113	245	532	186	346
57	179	51	128	390	119	271	825	278	547
58	107	22	85	222	51	171	579	159	420
59	55	7	48	89	14	75	178	35	143
60-64岁	**634**	**164**	**470**	**901**	**218**	**683**	**1487**	**347**	**1140**
60	91	26	65	113	27	86	168	31	137
61	124	32	92	160	37	123	216	50	166
62	112	27	85	191	47	144	382	76	306
63	167	38	129	206	49	157	367	102	265
64	140	41	99	231	58	173	354	88	266
65岁及以上	**2140**	**476**	**1664**	**3946**	**839**	**3107**	**7144**	**1710**	**5434**

5-5b 续表 2

单位：人

年龄	初婚年龄								
	18岁			19岁			20岁		
	小计	男	女	小计	男	女	小计	男	女
总计	**60706**	**20530**	**40176**	**122437**	**48413**	**74024**	**196678**	**83869**	**112809**
20岁以下	**282**	**105**	**177**	**129**	**51**	**78**			
20-24岁	**2812**	**996**	**1816**	**4233**	**1609**	**2624**	**4723**	**1858**	**2865**
20	388	141	247	464	165	299	209	69	140
21	443	156	287	759	279	480	675	235	440
22	543	205	338	872	338	534	1229	468	761
23	700	250	450	948	352	596	1248	496	752
24	738	244	494	1190	475	715	1362	590	772
25-29岁	**6148**	**2189**	**3959**	**10232**	**4199**	**6033**	**13253**	**5733**	**7520**
25	819	278	541	1267	497	770	1764	759	1005
26	957	350	607	1457	595	862	1890	831	1059
27	1156	388	768	2080	838	1242	2470	1063	1407
28	1532	564	968	2340	967	1373	3447	1435	2012
29	1684	609	1075	3088	1302	1786	3682	1645	2037
30-34岁	**8370**	**3005**	**5365**	**17016**	**6827**	**10189**	**27895**	**12083**	**15812**
30	2083	798	1285	3898	1598	2300	6220	2687	3533
31	1786	655	1131	3848	1607	2241	5971	2644	3327
32	1580	536	1044	3156	1288	1868	5705	2491	3214
33	1745	627	1118	3288	1294	1994	5586	2407	3179
34	1176	389	787	2826	1040	1786	4413	1854	2559
35-39岁	**4986**	**1683**	**3303**	**10388**	**3838**	**6550**	**17547**	**7042**	**10505**
35	873	270	603	1912	725	1187	3572	1450	2122
36	876	327	549	1857	652	1205	3364	1301	2063
37	913	296	617	2098	793	1305	3306	1290	2016
38	1289	445	844	2095	766	1329	3953	1638	2315
39	1035	345	690	2426	902	1524	3352	1363	1989
40-44岁	**4222**	**1455**	**2767**	**9992**	**3862**	**6130**	**18382**	**7331**	**11051**
40	895	275	620	2125	796	1329	3843	1482	2361
41	937	354	583	2341	912	1429	4246	1710	2536
42	855	282	573	1889	761	1128	3910	1591	2319
43	773	267	506	1638	628	1010	3091	1187	1904
44	762	277	485	1999	765	1234	3292	1361	1931
45-49岁	**6257**	**2487**	**3770**	**12255**	**5235**	**7020**	**20692**	**9074**	**11618**
45	820	300	520	1792	696	1096	3762	1523	2239
46	979	356	623	2069	861	1208	3847	1632	2215
47	1069	438	631	2342	992	1350	4097	1755	2342
48	1760	728	1032	2592	1183	1409	4602	2112	2490
49	1629	665	964	3460	1503	1957	4384	2052	2332
50-54岁	**7796**	**2943**	**4853**	**17458**	**7694**	**9764**	**28920**	**13463**	**15457**
50	1653	617	1036	3718	1668	2050	6152	2897	3255
51	1567	600	967	3508	1550	1958	5889	2724	3165
52	1650	644	1006	3682	1641	2041	6254	2922	3332
53	1540	564	976	3071	1328	1743	4892	2271	2621
54	1386	518	868	3479	1507	1972	5733	2649	3084
55-59岁	**5087**	**1701**	**3386**	**11138**	**4574**	**6564**	**20196**	**9008**	**11188**
55	1143	401	742	2706	1167	1539	5296	2381	2915
56	1175	433	742	2275	944	1331	4418	1977	2441
57	1212	430	782	3151	1307	1844	5168	2360	2808
58	1152	339	813	2024	794	1230	3804	1657	2147
59	405	98	307	982	362	620	1510	633	877
60-64岁	**2541**	**695**	**1846**	**5667**	**2185**	**3482**	**10153**	**4297**	**5856**
60	384	94	290	920	335	585	2042	856	1186
61	331	93	238	856	317	539	1684	742	942
62	482	133	349	1055	411	644	2080	874	1206
63	778	222	556	1431	582	849	2291	958	1333
64	566	153	413	1405	540	865	2056	867	1189
65岁及以上	**12205**	**3271**	**8934**	**23929**	**8339**	**15590**	**34917**	**13980**	**20937**

5-5b　续表 3

单位：人

年　龄	初婚年龄								
	21岁			22岁			23岁		
	小计	男	女	小计	男	女	小计	男	女
总　计	**241094**	**112477**	**128617**	**261004**	**131381**	**129623**	**213024**	**105450**	**107574**
20岁以下									
20-24岁	**4183**	**1904**	**2279**	**3410**	**1679**	**1731**	**1741**	**876**	**865**
20									
21	269	117	152						
22	906	409	497	483	242	241			
23	1445	616	829	1166	560	606	504	274	230
24	1563	762	801	1761	877	884	1237	602	635
25-29岁	**15027**	**6894**	**8133**	**15779**	**7816**	**7963**	**14401**	**6994**	**7407**
25	1886	879	1007	2083	1029	1054	2035	1001	1034
26	2245	1073	1172	2223	1114	1109	1991	945	1046
27	2871	1320	1551	3336	1650	1686	2677	1291	1386
28	3521	1609	1912	3782	1857	1925	3764	1779	1985
29	4504	2013	2491	4355	2166	2189	3934	1978	1956
30-34岁	**33061**	**15312**	**17749**	**35261**	**17654**	**17607**	**29531**	**14561**	**14970**
30	6090	2813	3277	7114	3485	3629	6038	2976	3062
31	7589	3494	4095	6468	3272	3196	6405	3184	3221
32	6717	3137	3580	7727	3920	3807	5128	2448	2680
33	7138	3296	3842	7496	3728	3768	6830	3371	3459
34	5527	2572	2955	6456	3249	3207	5130	2582	2548
35-39岁	**24006**	**11102**	**12904**	**26451**	**13426**	**13025**	**22717**	**11444**	**11273**
35	4572	2145	2427	4751	2472	2279	4445	2222	2223
36	4565	2123	2442	4699	2428	2271	3847	1954	1893
37	4693	2207	2486	5635	2858	2777	4381	2242	2139
38	5141	2322	2819	5955	2977	2978	5410	2702	2708
39	5035	2305	2730	5411	2691	2720	4634	2324	2310
40-44岁	**24971**	**11365**	**13606**	**28281**	**14605**	**13676**	**22602**	**11502**	**11100**
40	4088	1855	2233	5169	2611	2558	4208	2161	2047
41	5996	2730	3266	4961	2502	2459	4738	2423	2315
42	5433	2483	2950	6376	3342	3034	3893	1939	1954
43	4763	2177	2586	5618	2949	2669	4884	2443	2441
44	4691	2120	2571	6157	3201	2956	4879	2536	2343
45-49岁	**28868**	**13693**	**15175**	**33974**	**17547**	**16427**	**28290**	**14114**	**14176**
45	4893	2226	2667	5721	2934	2787	5041	2538	2503
46	6303	2971	3332	7034	3640	3394	5516	2697	2819
47	5624	2749	2875	7665	3924	3741	5665	2754	2911
48	5946	2793	3153	6883	3558	3325	6737	3434	3303
49	6102	2954	3148	6671	3491	3180	5331	2691	2640
50-54岁	**34549**	**16921**	**17628**	**35435**	**17797**	**17638**	**25920**	**12786**	**13134**
50	5986	2927	3059	7295	3783	3512	5667	2792	2875
51	7613	3839	3774	5561	2741	2820	5047	2510	2537
52	8043	3937	4106	8402	4240	4162	4519	2166	2353
53	6356	3062	3294	6601	3276	3325	5238	2608	2630
54	6551	3156	3395	7576	3757	3819	5449	2710	2739
55-59岁	**27310**	**12881**	**14429**	**29730**	**14851**	**14879**	**23209**	**11363**	**11846**
55	6240	2945	3295	6106	3115	2991	5202	2546	2656
56	6767	3205	3562	6271	3113	3158	4773	2367	2406
57	7487	3595	3892	9512	4849	4663	5927	2943	2984
58	4636	2148	2488	5573	2748	2825	5212	2517	2695
59	2180	988	1192	2268	1026	1242	2095	990	1105
60-64岁	**13758**	**6523**	**7235**	**17242**	**8563**	**8679**	**15980**	**7885**	**8095**
60	2175	1019	1156	2968	1484	1484	2460	1255	1205
61	2783	1327	1456	2338	1208	1130	2451	1257	1194
62	2965	1427	1538	4340	2148	2192	2850	1428	1422
63	3290	1563	1727	4088	1985	2103	4847	2337	2510
64	2545	1187	1358	3508	1738	1770	3372	1608	1764
65岁及以上	**35361**	**15882**	**19479**	**35441**	**17443**	**17998**	**28633**	**13925**	**14708**

5-5b 续表 4

单位：人

年龄	初婚年龄								
	24岁			25岁			26岁		
	小计	男	女	小计	男	女	小计	男	女
总　计	**163113**	**83802**	**79311**	**118081**	**62217**	**55864**	**79346**	**42868**	**36478**
20岁以下									
20-24岁	**480**	**262**	**218**						
20									
21									
22									
23									
24	480	262	218						
25-29岁	**12773**	**6289**	**6484**	**9834**	**4933**	**4901**	**6624**	**3366**	**3258**
25	1340	672	668	572	275	297			
26	2074	1032	1042	1300	667	633	505	247	258
27	2486	1216	1270	2370	1157	1213	1441	729	712
28	2935	1474	1461	2617	1338	1279	2313	1167	1146
29	3938	1895	2043	2975	1496	1479	2365	1223	1142
30-34岁	**24848**	**12552**	**12296**	**20278**	**10260**	**10018**	**16021**	**8249**	**7772**
30	5491	2781	2710	4958	2535	2423	3480	1771	1709
31	5275	2583	2692	4409	2239	2170	3623	1821	1802
32	5024	2523	2501	3884	1899	1985	3240	1633	1607
33	4531	2292	2239	4170	2152	2018	3037	1559	1478
34	4527	2373	2154	2857	1435	1422	2641	1465	1176
35-39岁	**18313**	**9582**	**8731**	**14155**	**7529**	**6626**	**9962**	**5500**	**4462**
35	3377	1778	1599	2885	1539	1346	1789	1020	769
36	3581	1919	1662	2626	1369	1257	2005	1085	920
37	3361	1757	1604	2946	1571	1375	2024	1113	911
38	4036	2108	1928	2900	1585	1315	2314	1260	1054
39	3958	2020	1938	2798	1465	1333	1830	1022	808
40-44岁	**16967**	**8937**	**8030**	**12180**	**6640**	**5540**	**8409**	**4795**	**3614**
40	3454	1772	1682	2995	1591	1404	1808	1059	749
41	3633	1968	1665	2659	1506	1153	2010	1132	878
42	3348	1721	1627	2414	1303	1111	1617	927	690
43	2672	1423	1249	2109	1155	954	1481	840	641
44	3860	2053	1807	2003	1085	918	1493	837	656
45-49岁	**20933**	**10867**	**10066**	**14227**	**7714**	**6513**	**8604**	**4868**	**3736**
45	3559	1874	1685	2713	1487	1226	1244	720	524
46	4543	2372	2171	2779	1518	1261	2020	1177	843
47	3976	2029	1947	3010	1636	1374	1720	959	761
48	4311	2280	2031	2830	1525	1305	1985	1098	887
49	4544	2312	2232	2895	1548	1347	1635	914	721
50-54岁	**17537**	**8980**	**8557**	**11227**	**5970**	**5257**	**7294**	**3956**	**3338**
50	4082	2100	1982	3361	1832	1529	1904	1025	879
51	3490	1820	1670	2297	1224	1073	1714	909	805
52	3633	1833	1800	2160	1138	1022	1480	790	690
53	2301	1157	1144	1833	946	887	1067	598	469
54	4031	2070	1961	1576	830	746	1129	634	495
55-59岁	**15415**	**7838**	**7577**	**9731**	**5044**	**4687**	**5404**	**2806**	**2598**
55	3429	1736	1693	2279	1185	1094	830	442	388
56	3386	1760	1626	2035	1058	977	1304	677	627
57	3753	1938	1815	2595	1344	1251	1544	817	727
58	3035	1519	1516	1807	942	865	1174	604	570
59	1812	885	927	1015	515	500	552	266	286
60-64岁	**12292**	**6306**	**5986**	**7997**	**4316**	**3681**	**4998**	**2762**	**2236**
60	1966	1027	939	1621	863	758	826	435	391
61	1740	889	851	1166	630	536	929	507	422
62	2521	1306	1215	1564	875	689	976	552	424
63	2616	1343	1273	1996	1078	918	1152	654	498
64	3449	1741	1708	1650	870	780	1115	614	501
65岁及以上	**23555**	**12189**	**11366**	**18452**	**9811**	**8641**	**12030**	**6566**	**5464**

5-5b　续表 5　　　　单位：人

年　龄	初婚年龄								
	27岁			28岁			29岁		
	小计	男	女	小计	男	女	小计	男	女
总　计	**54266**	**30209**	**24057**	**37512**	**21147**	**16365**	**25830**	**14539**	**11291**
20岁以下									
20-24岁									
20									
21									
22									
23									
24									
25-29岁	**3975**	**2027**	**1948**	**1717**	**910**	**807**	**414**	**215**	**199**
25									
26									
27	598	327	271						
28	1268	634	634	545	298	247			
29	2109	1066	1043	1172	612	560	414	215	199
30-34岁	**11804**	**6300**	**5504**	**8850**	**4787**	**4063**	**5859**	**3165**	**2694**
30	2768	1453	1315	2302	1246	1056	1257	688	569
31	2460	1289	1171	1822	966	856	1424	773	651
32	2455	1331	1124	1646	855	791	1124	609	515
33	2357	1252	1105	1764	997	767	1087	576	511
34	1764	975	789	1316	723	593	967	519	448
35-39岁	**7379**	**4204**	**3175**	**5117**	**3019**	**2098**	**3651**	**2117**	**1534**
35	1427	795	632	1054	624	430	720	417	303
36	1213	688	525	1020	592	428	669	399	270
37	1645	936	709	946	565	381	793	470	323
38	1637	943	694	1140	673	467	725	445	280
39	1457	842	615	957	565	392	744	386	358
40-44岁	**5817**	**3400**	**2417**	**4303**	**2539**	**1764**	**3052**	**1802**	**1250**
40	1192	675	517	1023	598	425	657	404	253
41	1311	786	525	887	518	369	708	407	301
42	1217	713	504	872	508	364	575	327	248
43	1049	614	435	770	477	293	551	317	234
44	1048	612	436	751	438	313	561	347	214
45-49岁	**5741**	**3358**	**2383**	**3757**	**2219**	**1538**	**2670**	**1577**	**1093**
45	994	578	416	669	394	275	501	289	212
46	985	589	396	741	430	311	550	348	202
47	1249	736	513	594	374	220	511	316	195
48	1202	701	501	959	560	399	437	263	174
49	1311	754	557	794	461	333	671	361	310
50-54岁	**4874**	**2671**	**2203**	**3759**	**2014**	**1745**	**2807**	**1506**	**1301**
50	1210	686	524	1014	540	474	625	347	278
51	994	559	435	723	414	309	650	358	292
52	1240	671	569	805	415	390	571	285	286
53	725	368	357	682	361	321	462	232	230
54	705	387	318	535	284	251	499	284	215
55-59岁	**3190**	**1709**	**1481**	**2020**	**1106**	**914**	**1322**	**683**	**639**
55	612	337	275	464	258	206	339	179	160
56	486	257	229	383	215	168	297	159	138
57	954	517	437	395	232	163	298	159	139
58	740	397	343	485	250	235	219	122	97
59	398	201	197	293	151	142	169	64	105
60-64岁	**3185**	**1837**	**1348**	**2254**	**1231**	**1023**	**1725**	**950**	**775**
60	463	241	222	321	177	144	241	119	122
61	442	265	177	325	163	162	244	139	105
62	816	482	334	470	269	201	341	189	152
63	782	448	334	649	355	294	439	240	199
64	682	401	281	489	267	222	460	263	197
65岁及以上	**8301**	**4703**	**3598**	**5735**	**3322**	**2413**	**4330**	**2524**	**1806**

5-5b 续表 6

单位：人

年龄	初婚年龄								
	30岁			31岁			32岁		
	小计	男	女	小计	男	女	小计	男	女
总计	**19376**	**11060**	**8316**	**14333**	**7904**	**6429**	**10864**	**6051**	**4813**
20岁以下									
20-24岁									
20									
21									
22									
23									
24									
25-29岁									
25									
26									
27									
28									
29									
30-34岁	**3853**	**2140**	**1713**	**2140**	**1125**	**1015**	**1114**	**606**	**508**
30	499	295	204						
31	850	466	384	373	186	187			
32	939	497	442	546	289	257	262	137	125
33	864	497	367	715	372	343	418	236	182
34	701	385	316	506	278	228	434	233	201
35-39岁	**2855**	**1645**	**1210**	**2332**	**1266**	**1066**	**1731**	**931**	**800**
35	601	354	247	434	229	205	301	158	143
36	562	295	267	480	244	236	303	161	142
37	570	333	237	439	244	195	410	224	186
38	651	378	273	508	281	227	368	206	162
39	471	285	186	471	268	203	349	182	167
40-44岁	**2367**	**1400**	**967**	**1956**	**1074**	**882**	**1610**	**899**	**711**
40	574	326	248	405	227	178	340	181	159
41	524	329	195	509	271	238	353	199	154
42	501	299	202	396	211	185	360	190	170
43	360	215	145	356	196	160	289	170	119
44	408	231	177	290	169	121	268	159	109
45-49岁	**1975**	**1184**	**791**	**1606**	**938**	**668**	**1319**	**775**	**544**
45	419	244	175	325	184	141	277	156	121
46	431	268	163	365	218	147	257	169	88
47	428	254	174	319	188	131	311	180	131
48	381	232	149	297	176	121	227	117	110
49	316	186	130	300	172	128	247	153	94
50-54岁	**2351**	**1281**	**1070**	**1698**	**895**	**803**	**1238**	**686**	**552**
50	517	294	223	256	137	119	221	123	98
51	418	212	206	331	175	156	166	102	64
52	589	330	259	379	214	165	293	163	130
53	437	235	202	414	201	213	232	126	106
54	390	210	180	318	168	150	326	172	154
55-59岁	**1253**	**676**	**577**	**1110**	**583**	**527**	**1065**	**570**	**495**
55	363	200	163	292	144	148	234	123	111
56	285	149	136	266	140	126	235	124	111
57	324	179	145	284	148	136	340	194	146
58	201	112	89	177	102	75	179	93	86
59	80	36	44	91	49	42	77	36	41
60-64岁	**1304**	**736**	**568**	**830**	**468**	**362**	**656**	**358**	**298**
60	181	89	92	75	39	36	102	47	55
61	159	93	66	98	58	40	59	31	28
62	258	151	107	160	96	64	141	79	62
63	330	191	139	238	125	113	174	99	75
64	376	212	164	259	150	109	180	102	78
65岁及以上	**3418**	**1998**	**1420**	**2661**	**1555**	**1106**	**2131**	**1226**	**905**

5-5b 续表 7

单位：人

年 龄	初婚年龄								
	33岁			34岁			35岁		
	小计	男	女	小计	男	女	小计	男	女
总 计	**8121**	**4387**	**3734**	**6090**	**3329**	**2761**	**4568**	**2527**	**2041**
20岁以下									
20-24岁									
20									
21									
22									
23									
24									
25-29岁									
25									
26									
27									
28									
29									
30-34岁	**434**	**222**	**212**	**147**	**67**	**80**			
30									
31									
32									
33	183	90	93						
34	251	132	119	147	67	80			
35-39岁	**1365**	**723**	**642**	**993**	**503**	**490**	**708**	**350**	**358**
35	267	125	142	166	77	89	83	38	45
36	251	135	116	174	92	82	127	58	69
37	272	156	116	201	94	107	170	84	86
38	294	156	138	213	117	96	169	84	85
39	281	151	130	239	123	116	159	86	73
40-44岁	**1295**	**703**	**592**	**1040**	**571**	**469**	**741**	**417**	**324**
40	295	141	154	239	135	104	196	109	87
41	278	159	119	248	133	115	149	75	74
42	227	128	99	197	100	97	166	83	83
43	247	138	109	163	95	68	120	75	45
44	248	137	111	193	108	85	110	75	35
45-49岁	**1084**	**603**	**481**	**936**	**516**	**420**	**727**	**401**	**326**
45	225	124	101	169	97	72	163	87	76
46	224	117	107	214	115	99	173	97	76
47	213	122	91	167	95	72	145	85	60
48	243	148	95	169	93	76	108	62	46
49	179	92	87	217	116	101	138	70	68
50-54岁	**852**	**456**	**396**	**650**	**358**	**292**	**520**	**285**	**235**
50	203	115	88	168	103	65	155	82	73
51	163	84	79	141	75	66	122	60	62
52	146	81	65	130	66	64	105	66	39
53	165	82	83	78	39	39	78	42	36
54	175	94	81	133	75	58	60	35	25
55-59岁	**890**	**449**	**441**	**639**	**345**	**294**	**477**	**267**	**210**
55	256	130	126	103	50	53	97	63	34
56	191	94	97	168	95	73	91	49	42
57	207	103	104	173	91	82	158	83	75
58	157	81	76	117	68	49	85	50	35
59	79	41	38	78	41	37	46	22	24
60-64岁	**462**	**261**	**201**	**325**	**194**	**131**	**227**	**137**	**90**
60	83	34	49	73	42	31	52	24	28
61	64	35	29	46	27	19	37	24	13
62	54	31	23	64	35	29	43	27	16
63	125	79	46	49	28	21	56	36	20
64	136	82	54	93	62	31	39	26	13
65岁及以上	**1739**	**970**	**769**	**1360**	**775**	**585**	**1168**	**670**	**498**

5－5b 续表 8

单位：人

年 龄	初婚年龄								
	36岁			37岁			38岁		
	小计	男	女	小计	男	女	小计	男	女
总 计	**3546**	**2028**	**1518**	**2771**	**1581**	**1190**	**2235**	**1269**	**966**
20岁以下									
20－24岁									
20									
21									
22									
23									
24									
25－29岁									
25									
26									
27									
28									
29									
30－34岁									
30									
31									
32									
33									
34									
35－39岁	**479**	**259**	**220**	**290**	**151**	**139**	**167**	**90**	**77**
35									
36	81	51	30						
37	123	69	54	87	43	44			
38	154	79	75	100	52	48	87	47	40
39	121	60	61	103	56	47	80	43	37
40－44岁	**619**	**343**	**276**	**471**	**249**	**222**	**405**	**217**	**188**
40	127	72	55	109	54	55	106	53	53
41	145	77	68	95	44	51	66	41	25
42	136	77	59	87	47	40	87	46	41
43	114	64	50	85	51	34	67	38	29
44	97	53	44	95	53	42	79	39	40
45－49岁	**592**	**354**	**238**	**517**	**301**	**216**	**416**	**245**	**171**
45	87	52	35	90	61	29	84	51	33
46	150	83	67	87	45	42	75	46	29
47	111	60	51	112	65	47	54	32	22
48	144	100	44	118	71	47	113	63	50
49	100	59	41	110	59	51	90	53	37
50－54岁	**453**	**249**	**204**	**383**	**208**	**175**	**306**	**171**	**135**
50	123	67	56	92	53	39	95	45	50
51	111	58	53	72	35	37	66	37	29
52	101	55	46	86	52	34	50	32	18
53	62	34	28	64	36	28	51	30	21
54	56	35	21	69	32	37	44	27	17
55－59岁	**333**	**202**	**131**	**222**	**138**	**84**	**181**	**108**	**73**
55	33	23	10	38	27	11	38	18	20
56	66	49	17	33	23	10	41	27	14
57	88	56	32	60	37	23	31	20	11
58	95	52	43	56	33	23	45	29	16
59	51	22	29	35	18	17	26	14	12
60－64岁	**239**	**137**	**102**	**199**	**110**	**89**	**185**	**107**	**78**
60	46	20	26	41	21	20	46	19	27
61	53	31	22	35	23	12	26	15	11
62	49	37	12	36	21	15	31	20	11
63	53	28	25	50	23	27	41	26	15
64	38	21	17	37	22	15	41	27	14
65岁及以上	**831**	**484**	**347**	**689**	**424**	**265**	**575**	**331**	**244**

5-5b 续表 9

单位：人

年 龄	初婚年龄					
	39岁			40岁及以上		
	小计	男	女	小计	男	女
总 计	**1828**	**1031**	**797**	**12716**	**6778**	**5938**
20岁以下						
20–24岁						
20						
21						
22						
23						
24						
25–29岁						
25						
26						
27						
28						
29						
30–34岁						
30						
31						
32						
33						
34						
35–39岁	**64**	**24**	**40**			
35						
36						
37						
38						
39	64	24	40			
40–44岁	**318**	**173**	**145**	**970**	**456**	**514**
40	49	24	25	60	27	33
41	87	47	40	168	72	96
42	69	38	31	208	95	113
43	49	26	23	255	113	142
44	64	38	26	279	149	130
45–49岁	**370**	**217**	**153**	**1895**	**1041**	**854**
45	60	36	24	279	153	126
46	73	50	23	390	211	179
47	78	42	36	414	224	190
48	75	44	31	403	219	184
49	84	45	39	409	234	175
50–54岁	**283**	**182**	**101**	**2059**	**1157**	**902**
50	68	41	27	451	257	194
51	76	52	24	409	233	176
52	52	35	17	470	259	211
53	38	27	11	356	188	168
54	49	27	22	373	220	153
55–59岁	**137**	**86**	**51**	**1563**	**843**	**720**
55	29	19	10	360	202	158
56	36	23	13	372	199	173
57	38	23	15	405	223	182
58	16	9	7	301	155	146
59	18	12	6	125	64	61
60–64岁	**164**	**82**	**82**	**1246**	**690**	**556**
60	23	7	16	174	88	86
61	23	9	14	165	91	74
62	32	21	11	243	139	104
63	44	22	22	333	181	152
64	42	23	19	331	191	140
65岁及以上	**492**	**267**	**225**	**4983**	**2591**	**2392**

5-5c 全省分年龄、性别、初婚年龄的人口(乡村)

单位：人

年龄	初婚年龄					
	合计			15岁以下		
	合计	男	女	小计	男	女
总计	**2749387**	**1270411**	**1478976**	**5121**	**1238**	**3883**
20岁以下	**2513**	**732**	**1781**	**108**	**24**	**84**
20-24岁	**40161**	**15151**	**25010**	**190**	**31**	**159**
20	2888	919	1969	29	6	23
21	4961	1654	3307	30	1	29
22	8205	3051	5154	39	8	31
23	10661	4123	6538	42	12	30
24	13446	5404	8042	50	4	46
25-29岁	**138288**	**59856**	**78432**	**301**	**77**	**224**
25	16951	7064	9887	50	9	41
26	19837	8439	11398	58	12	46
27	27057	11646	15411	49	12	37
28	34121	14939	19182	65	21	44
29	40322	17768	22554	79	23	56
30-34岁	**276796**	**127339**	**149457**	**538**	**161**	**377**
30	61068	28043	33025	115	35	80
31	59567	27072	32495	117	35	82
32	54698	24796	29902	111	39	72
33	56379	26368	30011	97	27	70
34	45084	21060	24024	98	25	73
35-39岁	**191502**	**90827**	**100675**	**252**	**50**	**202**
35	36228	16925	19303	78	24	54
36	34942	16458	18484	47	3	44
37	37721	17903	19818	32	6	26
38	42718	20539	22179	48	10	38
39	39893	19002	20891	47	7	40
40-44岁	**196849**	**94316**	**102533**	**422**	**120**	**302**
40	37536	17889	19647	60	10	50
41	41424	19948	21476	74	25	49
42	39872	19025	20847	95	24	71
43	36923	17530	19393	87	23	64
44	41094	19924	21170	106	38	68
45-49岁	**280965**	**134327**	**146638**	**386**	**96**	**290**
45	43192	20712	22480	94	26	68
46	53422	25785	27637	93	26	67
47	56708	27162	29546	55	14	41
48	62318	29554	32764	68	8	60
49	65325	31114	34211	76	22	54
50-54岁	**370502**	**169982**	**200520**	**610**	**156**	**454**
50	72578	33904	38674	108	29	79
51	70280	32195	38085	139	37	102
52	79962	36485	43477	146	37	109
53	69121	31297	37824	98	27	71
54	78561	36101	42460	119	26	93
55-59岁	**316112**	**144995**	**171117**	**401**	**66**	**335**
55	69122	31621	37501	126	33	93
56	67230	30652	36578	73	13	60
57	85378	40055	45323	81	11	70
58	63921	29289	34632	83	7	76
59	30461	13378	17083	38	2	36
60-64岁	**225624**	**108579**	**117045**	**418**	**107**	**311**
60	35860	16909	18951	65	15	50
61	33161	15971	17190	56	19	37
62	45537	22082	23455	97	25	72
63	57909	28284	29625	101	27	74
64	53157	25333	27824	99	21	78
65岁及以上	**710075**	**324307**	**385768**	**1495**	**350**	**1145**

5-5c 续表 1

单位：人

年龄	初婚年龄								
	15岁			16岁			17岁		
	小计	男	女	小计	男	女	小计	男	女
总 计	**20909**	**5418**	**15491**	**36933**	**9500**	**27433**	**69064**	**19088**	**49976**
20岁以下	**324**	**75**	**249**	**561**	**149**	**412**	**714**	**203**	**511**
20-24岁	**948**	**196**	**752**	**1849**	**447**	**1402**	**3380**	**929**	**2451**
20	126	33	93	222	48	174	496	129	367
21	175	29	146	349	82	267	523	159	364
22	205	44	161	410	106	304	717	187	530
23	210	41	169	422	97	325	797	225	572
24	232	49	183	446	114	332	847	229	618
25-29岁	**1372**	**326**	**1046**	**2636**	**688**	**1948**	**5521**	**1718**	**3803**
25	295	65	230	410	100	310	883	264	619
26	242	52	190	526	142	384	851	250	601
27	310	72	238	579	148	431	1205	378	827
28	243	59	184	575	152	423	1340	440	900
29	282	78	204	546	146	400	1242	386	856
30-34岁	**1742**	**507**	**1235**	**3078**	**862**	**2216**	**6066**	**1778**	**4288**
30	380	110	270	653	181	472	1474	464	1010
31	358	108	250	771	248	523	1367	404	963
32	346	110	236	584	150	434	1233	366	867
33	400	107	293	591	153	438	1129	298	831
34	258	72	186	479	130	349	863	246	617
35-39岁	**1149**	**317**	**832**	**2019**	**565**	**1454**	**3591**	**996**	**2595**
35	303	89	214	365	105	260	680	188	492
36	245	78	167	502	159	343	604	174	430
37	213	56	157	435	124	311	821	240	581
38	193	53	140	396	98	298	802	231	571
39	195	41	154	321	79	242	684	163	521
40-44岁	**1119**	**378**	**741**	**1847**	**557**	**1290**	**3223**	**944**	**2279**
40	206	63	143	308	72	236	619	167	452
41	271	92	179	458	137	321	663	198	465
42	214	65	149	371	106	265	724	201	523
43	225	79	146	322	97	225	612	180	432
44	203	79	124	388	145	243	605	198	407
45-49岁	**1759**	**622**	**1137**	**3093**	**1018**	**2075**	**5882**	**2066**	**3816**
45	390	142	248	346	109	237	644	217	427
46	369	147	222	719	241	478	861	305	556
47	328	112	216	715	223	492	1424	531	893
48	316	107	209	689	239	450	1480	529	951
49	356	114	242	624	206	418	1473	484	989
50-54岁	**2354**	**691**	**1663**	**4322**	**1329**	**2993**	**8155**	**2595**	**5560**
50	540	158	382	722	212	510	1440	463	977
51	485	137	348	1061	354	707	1611	544	1067
52	481	143	338	948	281	667	2073	672	1401
53	429	121	308	709	212	497	1538	454	1084
54	419	132	287	882	270	612	1493	462	1031
55-59岁	**1919**	**461**	**1458**	**3250**	**757**	**2493**	**6479**	**1745**	**4734**
55	556	167	389	565	145	420	1369	416	953
56	441	109	332	895	236	659	1167	350	817
57	435	102	333	903	228	675	2068	565	1503
58	339	54	285	621	109	512	1375	319	1056
59	148	29	119	266	39	227	500	95	405
60-64岁	**1455**	**319**	**1136**	**2335**	**489**	**1846**	**3960**	**768**	**3192**
60	211	45	166	258	56	202	487	57	430
61	217	50	167	426	88	338	559	107	452
62	293	71	222	459	84	375	885	172	713
63	396	90	306	581	122	459	1056	219	837
64	338	63	275	611	139	472	973	213	760
65岁及以上	**6768**	**1526**	**5242**	**11943**	**2639**	**9304**	**22093**	**5346**	**16747**

5-5c 续表 2

单位：人

年龄	初婚年龄								
	18岁			19岁			20岁		
	小计	男	女	小计	男	女	小计	男	女
总计	**122325**	**37887**	**84438**	**237393**	**89905**	**147488**	**363111**	**154431**	**208680**
20岁以下	**582**	**195**	**387**	**224**	**86**	**138**			
20-24岁	**5390**	**1659**	**3731**	**7408**	**2712**	**4696**	**7625**	**3027**	**4598**
20	825	243	582	806	288	518	384	172	212
21	867	263	604	1384	500	884	1182	425	757
22	1087	336	751	1659	623	1036	1941	759	1182
23	1272	390	882	1638	594	1044	1999	830	1169
24	1339	427	912	1921	707	1214	2119	841	1278
25-29岁	**9692**	**3300**	**6392**	**15312**	**5837**	**9475**	**19108**	**7953**	**11155**
25	1389	458	931	2153	822	1331	2696	1116	1580
26	1612	536	1076	2326	920	1406	2917	1189	1728
27	1714	581	1133	3007	1125	1882	3690	1485	2205
28	2480	854	1626	3352	1284	2068	4712	1962	2750
29	2497	871	1626	4474	1686	2788	5093	2201	2892
30-34岁	**12174**	**4070**	**8104**	**23732**	**9430**	**14302**	**36863**	**16105**	**20758**
30	3207	1135	2072	5794	2381	3413	8751	3795	4956
31	2656	918	1738	5388	2138	3250	8046	3607	4439
32	2261	736	1525	4442	1742	2700	7410	3162	4248
33	2334	741	1593	4510	1779	2731	7142	3158	3984
34	1716	540	1176	3598	1390	2208	5514	2383	3131
35-39岁	**6959**	**2171**	**4788**	**14339**	**5045**	**9294**	**22901**	**9361**	**13540**
35	1235	375	860	2721	981	1740	4688	1946	2742
36	1284	380	904	2453	859	1594	4246	1730	2516
37	1281	411	870	2855	963	1892	4345	1770	2575
38	1704	566	1138	2913	1041	1872	5174	2104	3070
39	1455	439	1016	3397	1201	2196	4448	1811	2637
40-44岁	**6260**	**1967**	**4293**	**14175**	**5188**	**8987**	**25036**	**9822**	**15214**
40	1272	356	916	2908	1074	1834	5027	1991	3036
41	1349	456	893	3147	1111	2036	5467	2171	3296
42	1171	358	813	2770	1047	1723	5380	2038	3342
43	1240	378	862	2493	924	1569	4364	1706	2658
44	1228	419	809	2857	1032	1825	4798	1916	2882
45-49岁	**10643**	**3823**	**6820**	**20388**	**8207**	**12181**	**32709**	**14118**	**18591**
45	1239	395	844	2726	1023	1703	5504	2197	3307
46	1630	563	1067	3351	1257	2094	6006	2428	3578
47	1741	656	1085	3809	1520	2289	6438	2711	3727
48	3001	1125	1876	4159	1712	2447	7439	3360	4079
49	3032	1084	1948	6343	2695	3648	7322	3422	3900
50-54岁	**16162**	**5489**	**10673**	**33652**	**13827**	**19825**	**54340**	**24440**	**29900**
50	3137	1111	2026	6468	2766	3702	11013	4954	6059
51	3103	1056	2047	6612	2737	3875	10601	4809	5792
52	3506	1233	2273	6994	2898	4096	11908	5392	6516
53	3232	1059	2173	6206	2521	3685	9483	4216	5267
54	3184	1030	2154	7372	2905	4467	11335	5069	6266
55-59岁	**11385**	**3466**	**7919**	**24404**	**9538**	**14866**	**41966**	**18539**	**23427**
55	2440	763	1677	5726	2314	3412	10624	4644	5980
56	2456	753	1703	5078	1997	3081	8915	3928	4987
57	2674	874	1800	6585	2633	3952	10929	4929	6000
58	2722	792	1930	4411	1742	2669	8169	3621	4548
59	1093	284	809	2604	852	1752	3329	1417	1912
60-64岁	**6759**	**1563**	**5196**	**14197**	**5025**	**9172**	**24088**	**10159**	**13929**
60	976	242	734	2326	810	1516	4700	1930	2770
61	856	197	659	2079	700	1379	3704	1545	2159
62	1244	276	968	2519	882	1637	4893	2019	2874
63	2008	489	1519	3515	1256	2259	5501	2413	3088
64	1675	359	1316	3758	1377	2381	5290	2252	3038
65岁及以上	**36319**	**10184**	**26135**	**69562**	**25010**	**44552**	**98475**	**40907**	**57568**

5-5c 续表 3 单位：人

年 龄	初婚年龄								
	21岁			22岁			23岁		
	小计	男	女	小计	男	女	小计	男	女
总 计	**416501**	**194781**	**221720**	**422475**	**212841**	**209634**	**313081**	**154274**	**158807**
20岁以下									
20-24岁	**6409**	**2796**	**3613**	**4461**	**2098**	**2363**	**2028**	**1032**	**996**
20									
21	451	195	256						
22	1506	669	837	641	319	322			
23	2198	924	1274	1526	720	806	557	290	267
24	2254	1008	1246	2294	1059	1235	1471	742	729
25-29岁	**19659**	**8750**	**10909**	**18382**	**8679**	**9703**	**14731**	**6872**	**7859**
25	2552	1116	1436	2496	1156	1340	2197	1009	1188
26	3031	1406	1625	2607	1236	1371	2134	1005	1129
27	3775	1670	2105	3755	1760	1995	2674	1276	1398
28	4575	2039	2536	4411	2099	2312	3693	1740	1953
29	5726	2519	3207	5113	2428	2685	4033	1842	2191
30-34岁	**41080**	**18908**	**22172**	**41043**	**20258**	**20785**	**30030**	**14542**	**15488**
30	7761	3558	4203	8655	4178	4477	6218	3019	3199
31	9526	4375	5151	7591	3627	3964	6466	3084	3382
32	8253	3762	4491	8859	4294	4565	5142	2470	2672
33	8751	4067	4684	8494	4347	4147	6981	3434	3547
34	6789	3146	3643	7444	3812	3632	5223	2535	2688
35-39岁	**28835**	**13561**	**15274**	**30072**	**15672**	**14400**	**23396**	**11953**	**11443**
35	5325	2511	2814	5472	2818	2654	4546	2296	2250
36	5525	2610	2915	5363	2813	2550	3980	2031	1949
37	5598	2594	3004	6378	3319	3059	4495	2310	2185
38	6166	2933	3233	6719	3491	3228	5652	2852	2800
39	6221	2913	3308	6140	3231	2909	4723	2464	2259
40-44岁	**31150**	**14398**	**16752**	**33667**	**17834**	**15833**	**24191**	**12556**	**11635**
40	5023	2296	2727	6041	3169	2872	4459	2319	2140
41	7122	3365	3757	5918	3082	2836	5055	2682	2373
42	6471	3043	3428	7255	3873	3382	4119	2095	2024
43	6260	2797	3463	6471	3437	3034	5187	2682	2505
44	6274	2897	3377	7982	4273	3709	5371	2778	2593
45-49岁	**45080**	**21264**	**23816**	**49130**	**25461**	**23669**	**37139**	**18284**	**18855**
45	6982	3169	3813	7534	3980	3554	6127	3075	3052
46	9496	4509	4987	9692	5022	4670	6846	3388	3458
47	8893	4153	4740	11181	5878	5303	7499	3654	3845
48	9287	4434	4853	10319	5221	5098	8991	4428	4563
49	10422	4999	5423	10404	5360	5044	7676	3739	3937
50-54岁	**62423**	**29768**	**32655**	**61332**	**30417**	**30915**	**41581**	**19664**	**21917**
50	10096	4843	5253	11744	5920	5824	8386	4025	4361
51	13226	6348	6878	9197	4496	4701	7560	3509	4051
52	14130	6771	7359	14527	7142	7385	7048	3222	3826
53	12070	5633	6437	11766	5822	5944	9077	4334	4743
54	12901	6173	6728	14098	7037	7061	9510	4574	4936
55-59岁	**54183**	**25716**	**28467**	**56390**	**28173**	**28217**	**41115**	**19743**	**21372**
55	12024	5744	6280	11275	5626	5649	9034	4283	4751
56	12904	6075	6829	11566	5746	5820	7815	3724	4091
57	14586	6995	7591	17739	8970	8769	10556	5196	5360
58	10021	4739	5282	10920	5422	5498	9726	4725	5001
59	4648	2163	2485	4890	2409	2481	3984	1815	2169
60-64岁	**30639**	**14590**	**16049**	**36537**	**18516**	**18021**	**30995**	**15712**	**15283**
60	4423	2099	2324	6058	3135	2923	4672	2404	2268
61	6099	2923	3176	4353	2233	2120	4511	2349	2162
62	6351	3023	3328	8935	4529	4406	4921	2516	2405
63	7854	3773	4081	9035	4631	4404	9813	4947	4866
64	5912	2772	3140	8156	3988	4168	7078	3496	3582
65岁及以上	**97043**	**45030**	**52013**	**91461**	**45733**	**45728**	**67875**	**33916**	**33959**

5-5c 续表 4

单位：人

年 龄	初婚年龄								
	24岁			25岁			26岁		
	小计	男	女	小计	男	女	小计	男	女
总 计	**220662**	**109764**	**110898**	**149409**	**77106**	**72303**	**96607**	**51091**	**45516**
20岁以下									
20-24岁	**473**	**224**	**249**						
20									
21									
22									
23									
24	473	224	249						
25-29岁	**11914**	**5682**	**6232**	**8483**	**4137**	**4346**	**5827**	**2939**	**2888**
25	1313	666	647	517	283	234			
26	1951	874	1077	1131	573	558	451	244	207
27	2351	1128	1223	2139	1041	1098	1229	647	582
28	2734	1313	1421	2222	1043	1179	2070	1035	1035
29	3565	1701	1864	2474	1197	1277	2077	1013	1064
30-34岁	**22535**	**11027**	**11508**	**16642**	**8361**	**8281**	**12492**	**6383**	**6109**
30	4957	2462	2495	4249	2134	2115	2980	1556	1424
31	4689	2250	2439	3717	1792	1925	2872	1413	1459
32	4604	2146	2458	3118	1538	1580	2386	1193	1193
33	4087	2045	2042	3327	1708	1619	2351	1251	1100
34	4198	2124	2074	2231	1189	1042	1903	970	933
35-39岁	**16770**	**8670**	**8100**	**11612**	**6294**	**5318**	**7701**	**4300**	**3401**
35	3051	1518	1533	2365	1241	1124	1313	694	619
36	3205	1636	1569	2069	1106	963	1596	885	711
37	3089	1598	1491	2358	1293	1065	1477	856	621
38	3730	1974	1756	2452	1376	1076	1800	1022	778
39	3695	1944	1751	2368	1278	1090	1515	843	672
40-44岁	**16401**	**8524**	**7877**	**10687**	**5795**	**4892**	**7274**	**4053**	**3221**
40	3170	1622	1548	2438	1356	1082	1592	896	696
41	3430	1814	1616	2291	1254	1037	1628	924	704
42	3287	1728	1559	2156	1157	999	1393	771	622
43	2565	1319	1246	1938	1014	924	1275	687	588
44	3949	2041	1908	1864	1014	850	1386	775	611
45-49岁	**24888**	**12347**	**12541**	**15077**	**7778**	**7299**	**9098**	**4792**	**4306**
45	3566	1874	1692	2537	1359	1178	1173	650	523
46	5014	2605	2409	2716	1470	1246	1915	1068	847
47	4619	2275	2344	3240	1663	1577	1710	900	810
48	5455	2605	2850	3226	1613	1613	2281	1135	1146
49	6234	2988	3246	3358	1673	1685	2019	1039	980
50-54岁	**26284**	**12197**	**14087**	**16118**	**7628**	**8490**	**10355**	**4978**	**5377**
50	5617	2751	2866	4420	2160	2260	2291	1119	1172
51	4861	2277	2584	3189	1482	1707	2318	1102	1216
52	5389	2426	2963	3204	1469	1735	2177	1027	1150
53	3796	1680	2116	2860	1339	1521	1733	804	929
54	6621	3063	3558	2445	1178	1267	1836	926	910
55-59岁	**25991**	**12308**	**13683**	**16127**	**7795**	**8332**	**8785**	**4348**	**4437**
55	5372	2522	2850	3585	1725	1860	1306	620	686
56	5773	2692	3081	3225	1517	1708	2123	1009	1114
57	6169	2953	3216	4377	2202	2175	2298	1193	1105
58	5288	2571	2717	3147	1513	1634	2060	1047	1013
59	3389	1570	1819	1793	838	955	998	479	519
60-64岁	**22848**	**11953**	**10895**	**14704**	**8030**	**6674**	**9450**	**5247**	**4203**
60	3591	1872	1719	2880	1537	1343	1463	745	718
61	3015	1623	1392	2172	1188	984	1682	951	731
62	4401	2303	2098	2929	1626	1303	1875	1097	778
63	4800	2516	2284	3702	2057	1645	2242	1279	963
64	7041	3639	3402	3021	1622	1399	2188	1175	1013
65岁及以上	**52558**	**26832**	**25726**	**39959**	**21288**	**18671**	**25625**	**14051**	**11574**

5-5c 续表 5

单位：人

年 龄	初婚年龄								
	27岁			28岁			29岁		
	小计	男	女	小计	男	女	小计	男	女
总 计	**65696**	**35915**	**29781**	**46811**	**25647**	**21164**	**34823**	**19522**	**15301**
20岁以下									
20-24岁									
20									
21									
22									
23									
24									
25-29岁	**3437**	**1860**	**1577**	**1512**	**835**	**677**	**401**	**203**	**198**
25									
26									
27	580	323	257						
28	1150	640	510	499	258	241			
29	1707	897	810	1013	577	436	401	203	198
30-34岁	**9148**	**4762**	**4386**	**7271**	**3787**	**3484**	**5213**	**2714**	**2499**
30	2280	1174	1106	1977	987	990	1142	617	525
31	1929	1015	914	1625	802	823	1311	653	658
32	1940	960	980	1314	717	597	977	514	463
33	1748	961	787	1367	731	636	985	513	472
34	1251	652	599	988	550	438	798	417	381
35-39岁	**5502**	**3110**	**2392**	**3995**	**2248**	**1747**	**2987**	**1642**	**1345**
35	1049	540	509	812	440	372	623	350	273
36	914	521	393	744	389	355	513	272	241
37	1170	656	514	696	413	283	608	332	276
38	1220	739	481	973	555	418	556	309	247
39	1149	654	495	770	451	319	687	379	308
40-44岁	**4867**	**2825**	**2042**	**3506**	**2029**	**1477**	**2624**	**1551**	**1073**
40	995	594	401	789	470	319	569	328	241
41	1017	610	407	721	417	304	572	337	235
42	1087	613	474	683	398	285	519	307	212
43	842	485	357	684	382	302	470	291	179
44	926	523	403	629	362	267	494	288	206
45-49岁	**6179**	**3365**	**2814**	**4145**	**2281**	**1864**	**2821**	**1592**	**1229**
45	906	502	404	689	400	289	509	294	215
46	971	560	411	758	451	307	571	326	245
47	1325	734	591	592	327	265	512	286	226
48	1389	730	659	1076	563	513	509	294	215
49	1588	839	749	1030	540	490	720	392	328
50-54岁	**6987**	**3398**	**3589**	**5394**	**2625**	**2769**	**4388**	**2201**	**2187**
50	1524	755	769	1283	617	666	861	448	413
51	1443	718	725	1012	509	503	1005	498	507
52	1784	869	915	1144	547	597	948	477	471
53	1115	530	585	1023	485	538	719	370	349
54	1121	526	595	932	467	465	855	408	447
55-59岁	**5273**	**2702**	**2571**	**3261**	**1652**	**1609**	**2400**	**1254**	**1146**
55	889	457	432	667	339	328	602	323	279
56	792	406	386	660	325	335	485	238	247
57	1548	822	726	640	327	313	570	313	257
58	1301	646	655	829	439	390	390	203	187
59	743	371	372	465	222	243	353	177	176
60-64岁	**6429**	**3659**	**2770**	**4730**	**2714**	**2016**	**3702**	**2199**	**1503**
60	920	466	454	710	353	357	467	240	227
61	902	502	400	575	336	239	462	257	205
62	1640	941	699	917	543	374	689	415	274
63	1576	941	635	1488	882	606	956	593	363
64	1391	809	582	1040	600	440	1128	694	434
65岁及以上	**17874**	**10234**	**7640**	**12997**	**7476**	**5521**	**10287**	**6166**	**4121**

5-5c 续表 6

单位：人

年 龄	初婚年龄								
	30岁			31岁			32岁		
	小计	男	女	小计	男	女	小计	男	女
总 计	**27301**	**15617**	**11684**	**20533**	**11424**	**9109**	**16055**	**9045**	**7010**
20岁以下									
20-24岁									
20									
21									
22									
23									
24									
25-29岁									
25									
26									
27									
28									
29									
30-34岁	**3405**	**1850**	**1555**	**2101**	**1034**	**1067**	**1097**	**537**	**560**
30	475	257	218						
31	740	408	332	398	195	203			
32	860	470	390	588	299	289	270	128	142
33	780	410	370	698	338	360	420	211	209
34	550	305	245	417	202	215	407	198	209
35-39岁	**2371**	**1288**	**1083**	**1857**	**990**	**867**	**1564**	**838**	**726**
35	499	260	239	344	184	160	281	137	144
36	475	239	236	332	171	161	296	156	140
37	456	259	197	367	182	185	312	169	143
38	529	303	226	437	236	201	330	181	149
39	412	227	185	377	217	160	345	195	150
40-44岁	**2117**	**1258**	**859**	**1741**	**994**	**747**	**1386**	**757**	**629**
40	512	275	237	312	172	140	261	140	121
41	437	275	162	436	254	182	290	160	130
42	445	258	187	400	219	181	319	175	144
43	329	206	123	318	182	136	240	132	108
44	394	244	150	275	167	108	276	150	126
45-49岁	**2229**	**1321**	**908**	**1802**	**1004**	**798**	**1463**	**830**	**633**
45	460	276	184	300	183	117	219	122	97
46	427	264	163	381	216	165	272	162	110
47	504	303	201	365	189	176	351	206	145
48	421	241	180	384	207	177	319	164	155
49	417	237	180	372	209	163	302	176	126
50-54岁	**3749**	**1929**	**1820**	**2769**	**1415**	**1354**	**2105**	**1138**	**967**
50	673	355	318	346	188	158	306	162	144
51	664	359	305	500	275	225	242	139	103
52	1012	514	498	584	299	285	418	233	185
53	719	363	356	747	346	401	449	236	213
54	681	338	343	592	307	285	690	368	322
55-59岁	**2113**	**1134**	**979**	**1929**	**1001**	**928**	**1783**	**956**	**827**
55	572	278	294	480	243	237	413	212	201
56	473	262	211	516	277	239	367	197	170
57	506	277	229	478	241	237	519	290	229
58	374	222	152	301	154	147	330	170	160
59	188	95	93	154	86	68	154	87	67
60-64岁	**2767**	**1708**	**1059**	**1911**	**1199**	**712**	**1492**	**892**	**600**
60	362	190	172	156	90	66	202	111	91
61	336	226	110	249	169	80	103	66	37
62	601	372	229	370	239	131	310	180	130
63	704	444	260	577	361	216	394	257	137
64	764	476	288	559	340	219	483	278	205
65岁及以上	**8550**	**5129**	**3421**	**6423**	**3787**	**2636**	**5165**	**3097**	**2068**

5-5c　续表 7　　　　单位：人

年　龄	初婚年龄								
	33岁			34岁			35岁		
	小计	男	女	小计	男	女	小计	男	女
总　计	**11836**	**6618**	**5218**	**8838**	**5116**	**3722**	**6939**	**3955**	**2984**
20岁以下									
20—24岁									
20									
21									
22									
23									
24									
25—29岁									
25									
26									
27									
28									
29									
30—34岁	**420**	**204**	**216**	**126**	**59**	**67**			
30									
31									
32									
33	187	89	98						
34	233	115	118	126	59	67			
35—39岁	**1167**	**568**	**599**	**855**	**464**	**391**	**620**	**285**	**335**
35	252	118	134	135	77	58	91	33	58
36	187	83	104	181	93	88	111	46	65
37	226	108	118	169	89	80	159	70	89
38	258	138	120	187	98	89	141	75	66
39	244	121	123	183	107	76	118	61	57
40—44岁	**1133**	**660**	**473**	**851**	**479**	**372**	**639**	**352**	**287**
40	244	145	99	190	99	91	139	72	67
41	250	150	100	178	99	79	154	85	69
42	185	103	82	162	100	62	128	69	59
43	233	141	92	115	60	55	123	69	54
44	221	121	100	206	121	85	95	57	38
45—49岁	**1172**	**684**	**488**	**992**	**598**	**394**	**822**	**490**	**332**
45	247	150	97	171	105	66	168	89	79
46	208	123	85	202	118	84	149	97	52
47	232	139	93	194	125	69	171	109	62
48	258	140	118	204	122	82	160	91	69
49	227	132	95	221	128	93	174	104	70
50—54岁	**1225**	**694**	**531**	**894**	**493**	**401**	**755**	**435**	**320**
50	227	122	105	214	120	94	204	108	96
51	213	138	75	159	81	78	154	98	56
52	205	107	98	179	99	80	155	89	66
53	287	162	125	124	63	61	129	70	59
54	293	165	128	218	130	88	113	70	43
55—59岁	**1540**	**756**	**784**	**1097**	**593**	**504**	**801**	**419**	**382**
55	415	195	220	204	105	99	157	82	75
56	306	142	164	277	145	132	149	84	65
57	385	204	181	278	152	126	245	135	110
58	319	160	159	212	129	83	170	83	87
59	115	55	60	126	62	64	80	35	45
60—64岁	**1072**	**660**	**412**	**692**	**451**	**241**	**537**	**322**	**215**
60	136	75	61	136	79	57	138	77	61
61	123	68	55	91	56	35	73	40	33
62	155	100	55	136	93	43	118	73	45
63	327	207	120	100	70	30	119	73	46
64	331	210	121	229	153	76	89	59	30
65岁及以上	**4107**	**2392**	**1715**	**3331**	**1979**	**1352**	**2765**	**1652**	**1113**

5－5c 续表 8 单位：人

年龄	初婚年龄								
	36岁			37岁			38岁		
	小计	男	女	小计	男	女	小计	男	女
总　计	**5290**	**2965**	**2325**	**4168**	**2363**	**1805**	**3493**	**1999**	**1494**
20岁以下									
20－24岁									
20									
21									
22									
23									
24									
25－29岁									
25									
26									
27									
28									
29									
30－34岁									
30									
31									
32									
33									
34									
35－39岁	**435**	**198**	**237**	**279**	**134**	**145**	**206**	**79**	**127**
35									
36	70	24	46						
37	106	48	58	75	37	38			
38	133	69	64	110	48	62	95	37	58
39	126	57	69	94	49	45	111	42	69
40－44岁	**517**	**285**	**232**	**390**	**196**	**194**	**348**	**186**	**162**
40	84	44	40	74	40	34	81	38	43
41	111	59	52	72	33	39	65	37	28
42	129	74	55	78	41	37	72	42	30
43	89	46	43	81	41	40	60	30	30
44	104	62	42	85	41	44	70	39	31
45－49岁	**643**	**364**	**279**	**529**	**322**	**207**	**482**	**297**	**185**
45	104	65	39	87	54	33	85	56	29
46	163	94	69	87	58	29	74	46	28
47	127	66	61	119	63	56	78	52	26
48	115	69	46	123	82	41	119	67	52
49	134	70	64	113	65	48	126	76	50
50－54岁	**599**	**342**	**257**	**487**	**281**	**206**	**419**	**236**	**183**
50	130	66	64	115	61	54	106	58	48
51	136	83	53	100	60	40	77	46	31
52	125	67	58	121	63	58	86	48	38
53	100	59	41	69	44	25	70	37	33
54	108	67	41	82	53	29	80	47	33
55－59岁	**537**	**287**	**250**	**376**	**199**	**177**	**259**	**139**	**120**
55	57	34	23	71	39	32	48	23	25
56	125	76	49	50	23	27	56	30	26
57	137	67	70	97	51	46	42	28	14
58	150	76	74	88	50	38	84	44	40
59	68	34	34	70	36	34	29	14	15
60－64岁	**469**	**285**	**184**	**430**	**250**	**180**	**424**	**253**	**171**
60	79	45	34	72	33	39	80	47	33
61	88	57	31	64	32	32	47	20	27
62	91	58	33	98	60	38	89	53	36
63	101	61	40	119	83	36	120	76	44
64	110	64	46	77	42	35	88	57	31
65岁及以上	**2090**	**1204**	**886**	**1677**	**981**	**696**	**1355**	**809**	**546**

5-5c 续表 9

单位：人

年 龄	初婚年龄					
	39岁			40岁及以上		
	小计	男	女	小计	男	女
总 计	**3121**	**1801**	**1320**	**20892**	**11100**	**9792**
20岁以下						
20-24岁						
20						
21						
22						
23						
24						
25-29岁						
25						
26						
27						
28						
29						
30-34岁						
30						
31						
32						
33						
34						
35-39岁	**68**	**28**	**40**			
35						
36						
37						
38						
39	68	28	40			
40-44岁	**344**	**192**	**152**	**934**	**416**	**518**
40	78	44	34	85	37	48
41	90	54	36	158	67	91
42	58	33	25	201	87	114
43	63	32	31	237	110	127
44	55	29	26	253	115	138
45-49岁	**351**	**207**	**144**	**2063**	**1096**	**967**
45	66	37	29	319	163	156
46	71	35	36	380	206	174
47	75	48	27	411	225	186
48	53	28	25	477	240	237
49	86	59	27	476	262	214
50-54岁	**396**	**228**	**168**	**2647**	**1388**	**1259**
50	89	56	33	518	277	241
51	98	50	48	514	253	261
52	74	40	34	596	320	276
53	70	40	30	503	270	233
54	65	42	23	516	268	248
55-59岁	**217**	**120**	**97**	**2131**	**1128**	**1003**
55	61	31	30	484	258	226
56	49	30	19	494	268	226
57	47	24	23	486	273	213
58	32	20	12	459	232	227
59	28	15	13	208	97	111
60-64岁	**408**	**244**	**164**	**2176**	**1265**	**911**
60	47	20	27	245	136	109
61	66	33	33	253	136	117
62	79	49	30	442	283	159
63	121	79	42	603	338	265
64	95	63	32	633	372	261
65岁及以上	**1337**	**782**	**555**	**10941**	**5807**	**5134**

5-6 全省分性别、受教育程度、初婚年龄的人口

单位：人

受教育程度	初婚年龄					
	合计			15岁以下		
	合计	男	女	小计	男	女
总 计	**6024793**	**2831072**	**3193721**	**9331**	**2425**	**6906**
未上过学	207189	38549	168640	714	60	654
学前教育	6749	2003	4746	22	4	18
小 学	1268720	491257	777463	2862	516	2346
初 中	2881913	1436526	1445387	4169	1285	2884
高 中	957300	505136	452164	1076	393	683
大学专科	430153	217877	212276	348	115	233
大学本科	248762	127360	121402	135	48	87
硕士研究生	21263	10653	10610	5	4	1
博士研究生	2744	1711	1033			

5-6 续表 1

单位：人

受教育程度	初婚年龄								
	15岁			16岁			17岁		
	小计	男	女	小计	男	女	小计	男	女
总 计	**37439**	**10579**	**26860**	**64904**	**17831**	**47073**	**120580**	**35050**	**85530**
未上过学	2771	223	2548	4885	402	4483	8684	750	7934
学前教育	82	10	72	131	15	116	269	42	227
小 学	11779	2337	9442	20177	3809	16368	37049	7783	29266
初 中	16750	5616	11134	30281	9929	20352	58049	20054	37995
高 中	4161	1628	2533	6784	2609	4175	12463	4779	7684
大学专科	1310	538	772	1881	758	1123	2908	1171	1737
大学本科	557	215	342	738	298	440	1113	456	657
硕士研究生	23	9	14	22	8	14	40	13	27
博士研究生	6	3	3	5	3	2	5	2	3

5-6　续表 2

单位：人

受教育程度	初婚年龄								
	18岁			19岁			20岁		
	小计	男	女	小计	男	女	小计	男	女
总　计	**217975**	**69320**	**148655**	**430205**	**162812**	**267393**	**675944**	**281243**	**394701**
未上过学	13488	1283	12205	24072	3273	20799	31075	5056	26019
学前教育	420	60	360	693	128	565	937	243	694
小　学	62340	14925	47415	117931	36362	81569	172172	60405	111767
初　中	110874	40680	70194	222774	94647	128127	358359	163754	194605
高　中	23819	9546	14273	49661	22027	27634	85731	40409	45322
大学专科	5337	2093	3244	11475	4811	6664	20776	8532	12244
大学本科	1632	700	932	3473	1504	1969	6687	2738	3949
硕士研究生	53	26	27	116	56	60	186	93	93
博士研究生	12	7	5	10	4	6	21	13	8

5-6　续表 3

单位：人

受教育程度	初婚年龄								
	21岁			22岁			23岁		
	小计	男	女	小计	男	女	小计	男	女
总　计	**814977**	**372477**	**442500**	**883090**	**434308**	**448782**	**725072**	**350100**	**374972**
未上过学	28109	5225	22884	25115	5173	19942	17836	3626	14210
学前教育	940	289	651	821	265	556	625	222	403
小　学	183880	70651	113229	179201	74463	104738	133733	54578	79155
初　中	439015	217257	221758	465534	245847	219687	357210	184169	173041
高　中	118422	59580	58842	144993	77320	67673	132168	68889	63279
大学专科	33186	14505	18681	48081	22501	25580	56372	26361	30011
大学本科	11051	4788	6263	18665	8388	10277	25978	11643	14335
硕士研究生	327	157	170	593	306	287	1022	531	491
博士研究生	47	25	22	87	45	42	128	81	47

5-6 续表 4

单位：人

受教育程度	初婚年龄								
	24岁			25岁			26岁		
	小计	男	女	小计	男	女	小计	男	女
总　计	**566303**	**282041**	**284262**	**420800**	**219546**	**201254**	**291656**	**157614**	**134042**
未上过学	12797	2810	9987	9023	2157	6866	5770	1478	4292
学前教育	458	163	295	318	123	195	201	71	130
小　学	96200	40820	55380	66367	29818	36549	42771	20270	22501
初　中	254864	134085	120779	170085	93007	77078	108675	61070	47605
高　中	109042	59000	50042	82540	46920	35620	55727	32808	22919
大学专科	58104	28724	29380	53599	28210	25389	42154	23115	19039
大学本科	32909	15524	17385	36223	18055	18168	32868	17185	15683
硕士研究生	1695	788	907	2365	1081	1284	3160	1430	1730
博士研究生	234	127	107	280	175	105	330	187	143

5-6 续表 5

单位：人

受教育程度	初婚年龄								
	27岁			28岁			29岁		
	小计	男	女	小计	男	女	小计	男	女
总　计	**202963**	**113578**	**89385**	**141466**	**80621**	**60845**	**98969**	**56955**	**42014**
未上过学	4202	1202	3000	3140	916	2224	2552	782	1770
学前教育	139	60	79	103	35	68	101	49	52
小　学	29837	14867	14970	21663	11130	10533	16910	9043	7867
初　中	71661	41332	30329	49567	28718	20849	35879	20885	14994
高　中	37084	22259	14825	25219	15341	9878	16931	10305	6626
大学专科	30526	17648	12878	20670	12332	8338	13032	7773	5259
大学本科	25855	14433	11422	17875	10508	7367	11276	6887	4389
硕士研究生	3301	1567	1734	2914	1452	1462	2017	1041	976
博士研究生	358	210	148	315	189	126	271	190	81

5-6　续表 6　　单位：人

受教育程度	初婚年龄								
	30岁			31岁			32岁		
	小计	男	女	小计	男	女	小计	男	女
总　计	**73213**	**42627**	**30586**	**53041**	**30282**	**22759**	**40364**	**23032**	**17332**
未上过学	2153	684	1469	1627	496	1131	1346	429	917
学前教育	82	39	43	54	26	28	58	23	35
小　学	13927	7499	6428	10671	5673	4998	8442	4566	3876
初　中	27751	16347	11404	21276	12192	9084	16633	9490	7143
高　中	12044	7392	4652	8681	5198	3483	6745	4083	2662
大学专科	8719	5355	3364	5541	3400	2141	3887	2363	1524
大学本科	7076	4467	2609	4313	2761	1552	2715	1718	997
硕士研究生	1264	718	546	739	445	294	446	287	159
博士研究生	197	126	71	139	91	48	92	73	19

5-6　续表 7　　单位：人

受教育程度	初婚年龄								
	33岁			34岁			35岁		
	小计	男	女	小计	男	女	小计	男	女
总　计	**30066**	**16767**	**13299**	**22534**	**12957**	**9577**	**17475**	**10053**	**7422**
未上过学	1066	365	701	871	275	596	782	258	524
学前教育	49	19	30	33	13	20	35	19	16
小　学	6544	3427	3117	5147	2875	2272	4068	2297	1771
初　中	12380	6993	5387	9157	5361	3796	6996	4085	2911
高　中	4957	2928	2029	3708	2245	1463	2813	1680	1133
大学专科	2815	1642	1173	2068	1215	853	1597	953	644
大学本科	1886	1138	748	1321	828	493	1041	666	375
硕士研究生	301	201	100	183	113	70	121	76	45
博士研究生	68	54	14	46	32	14	22	19	3

5-6 续表 8

单位：人

受教育程度	初婚年龄								
	36岁			37岁			38岁		
	小计	男	女	小计	男	女	小计	男	女
总　计	**13386**	**7773**	**5613**	**10414**	**6089**	**4325**	**8519**	**4971**	**3548**
未上过学	610	200	410	484	166	318	425	147	278
学前教育	13	8	5	15	9	6	10	6	4
小　学	3158	1717	1441	2605	1452	1153	2196	1251	945
初　中	5408	3195	2213	4139	2422	1717	3377	1988	1389
高　中	2093	1289	804	1620	1029	591	1341	825	516
大学专科	1227	775	452	881	554	327	699	420	279
大学本科	769	517	252	581	399	182	406	287	119
硕士研究生	88	59	29	79	50	29	54	37	17
博士研究生	20	13	7	10	8	2	11	10	1

5-6 续表 9

单位：人

受教育程度	初婚年龄					
	39岁			40岁及以上		
	小计	男	女	小计	男	女
总　计	**7174**	**4243**	**2931**	**46933**	**25778**	**21155**
未上过学	416	138	278	3176	975	2201
学前教育	13	5	8	127	57	70
小　学	2002	1129	873	15088	7594	7494
初　中	2798	1703	1095	18252	10415	7837
高　中	1058	655	403	6419	3999	2420
大学专科	524	350	174	2436	1663	773
大学本科	325	239	86	1294	970	324
硕士研究生	31	17	14	118	88	30
博士研究生	7	7		23	17	6

5−6a 全省分性别、受教育程度、初婚年龄的人口(城市)

单位：人

受教育程度	初婚年龄					
	合计			15岁以下		
	合计	男	女	小计	男	女
总　计	**1552575**	**736154**	**816421**	**1588**	**458**	**1130**
未上过学	17563	3164	14399	56	7	49
学前教育	646	195	451			
小　学	151738	55955	95783	287	56	231
初　中	552683	262627	290056	631	189	442
高　中	403714	199782	203932	359	116	243
大学专科	245467	121970	123497	167	59	108
大学本科	162360	82942	79418	84	28	56
硕士研究生	16453	8307	8146	4	3	1
博士研究生	1951	1212	739			

5−6a 续表 1

单位：人

受教育程度	初婚年龄								
	15岁			16岁			17岁		
	小计	男	女	小计	男	女	小计	男	女
总　计	**6263**	**1934**	**4329**	**10254**	**3006**	**7248**	**18830**	**5583**	**13247**
未上过学	217	15	202	413	34	379	807	67	740
学前教育	13	1	12	5	2	3	28	3	25
小　学	1182	209	973	2124	353	1771	4124	803	3321
初　中	2472	814	1658	4294	1374	2920	8205	2646	5559
高　中	1453	546	907	2129	730	1399	3771	1332	2439
大学专科	606	230	376	856	333	523	1304	500	804
大学本科	301	111	190	417	176	241	568	224	344
硕士研究生	15	5	10	13	2	11	19	7	12
博士研究生	4	3	1	3	2	1	4	1	3

5-6a 续表 2

单位：人

受教育程度	初婚年龄								
	18岁			19岁			20岁		
	小计	男	女	小计	男	女	小计	男	女
总　计	**34944**	**10903**	**24041**	**70375**	**24494**	**45881**	**116155**	**42943**	**73212**
未上过学	1180	103	1077	2120	242	1878	2485	351	2134
学前教育	46	6	40	52	9	43	77	11	66
小　学	7017	1516	5501	13214	3568	9646	18495	5551	12944
初　中	16345	5493	10852	33469	12455	21014	55765	21888	33877
高　中	7205	2553	4652	14980	5647	9333	26875	10514	16361
大学专科	2317	872	1445	4751	1805	2946	9084	3316	5768
大学本科	792	339	453	1700	720	980	3243	1248	1995
硕士研究生	35	17	18	80	44	36	120	57	63
博士研究生	7	4	3	9	4	5	11	7	4

5-6a 续表 3

单位：人

受教育程度	初婚年龄								
	21岁			22岁			23岁		
	小计	男	女	小计	男	女	小计	男	女
总　计	**157382**	**65219**	**92163**	**199611**	**90086**	**109525**	**198967**	**90376**	**108591**
未上过学	2153	330	1823	1977	352	1625	1543	330	1213
学前教育	85	24	61	74	26	48	69	27	42
小　学	20225	7038	13187	20773	8012	12761	17098	6696	10402
初　中	72855	31991	40864	85826	41005	44821	74095	35696	38399
高　中	40713	17321	23392	55251	25372	29879	57859	26648	31211
大学专科	15399	6075	9324	24487	10568	13919	31334	13597	17737
大学本科	5713	2324	3389	10734	4507	6227	16083	6912	9171
硕士研究生	213	102	111	431	215	216	795	410	385
博士研究生	26	14	12	58	29	29	91	60	31

5-6a　续表 4

单位：人

受教育程度	初婚年龄								
	24岁			25岁			26岁		
	小计	男	女	小计	男	女	小计	男	女
总　计	**182528**	**88475**	**94053**	**153310**	**80223**	**73087**	**115703**	**63655**	**52048**
未上过学	1193	297	896	854	218	636	532	150	382
学前教育	56	24	32	30	11	19	25	10	15
小　学	13422	5642	7780	9496	4267	5229	6171	2960	3211
初　中	58692	29629	29063	41615	22512	19103	27629	15735	11894
高　中	51980	26061	25919	42049	23153	18896	29420	17178	12242
大学专科	34222	16212	18010	32799	16982	15817	26591	14553	12038
大学本科	21487	9914	11573	24438	12117	12321	22630	11814	10816
硕士研究生	1307	608	699	1833	839	994	2462	1124	1338
博士研究生	169	88	81	196	124	72	243	131	112

5-6a　续表 5

单位：人

受教育程度	初婚年龄								
	27岁			28岁			29岁		
	小计	男	女	小计	男	女	小计	男	女
总　计	**83001**	**47454**	**35547**	**57143**	**33827**	**23316**	**38316**	**22894**	**15422**
未上过学	386	111	275	298	96	202	236	86	150
学前教育	23	10	13	12	6	6	13	7	6
小　学	4116	2042	2074	2924	1528	1396	2129	1137	992
初　中	18413	10680	7733	12263	7252	5011	8672	5136	3536
高　中	19805	11911	7894	13387	8350	5037	9002	5569	3433
大学专科	19391	11210	8181	13252	7916	5336	8485	5109	3376
大学本科	18006	10085	7921	12540	7412	5128	8016	4891	3125
硕士研究生	2604	1256	1348	2248	1131	1117	1560	822	738
博士研究生	257	149	108	219	136	83	203	137	66

5-6a 续表 6

单位：人

受教育程度	初婚年龄								
	30岁			31岁			32岁		
	小计	男	女	小计	男	女	小计	男	女
总 计	**26536**	**15950**	**10586**	**18175**	**10954**	**7221**	**13445**	**7936**	**5509**
未上过学	190	52	138	124	39	85	113	35	78
学前教育	8	4	4	5	4	1	4	2	2
小 学	1692	880	812	1247	666	581	943	497	446
初 中	6521	3808	2713	4961	2881	2080	3899	2196	1703
高 中	6300	3888	2412	4466	2688	1778	3563	2135	1428
大学专科	5677	3467	2210	3663	2289	1374	2543	1545	998
大学本科	5019	3202	1817	3037	1974	1063	1954	1234	720
硕士研究生	989	561	428	580	348	232	355	235	120
博士研究生	140	88	52	92	65	27	71	57	14

5-6a 续表 7

单位：人

受教育程度	初婚年龄								
	33岁			34岁			35岁		
	小计	男	女	小计	男	女	小计	男	女
总 计	**10109**	**5762**	**4347**	**7606**	**4512**	**3094**	**5968**	**3571**	**2397**
未上过学	105	39	66	86	26	60	75	31	44
学前教育	4		4	1	1		3		3
小 学	796	393	403	629	338	291	497	268	229
初 中	3029	1673	1356	2259	1343	916	1827	1070	757
高 中	2625	1539	1086	2020	1207	813	1591	974	617
大学专科	1919	1111	808	1460	877	583	1098	664	434
大学本科	1354	818	536	964	599	365	764	488	276
硕士研究生	230	151	79	152	96	56	98	63	35
博士研究生	47	38	9	35	25	10	15	13	2

5-6a　续表 8

单位：人

受教育程度	初婚年龄								
	36岁			37岁			38岁		
	小计	男	女	小计	男	女	小计	男	女
总　计	**4550**	**2780**	**1770**	**3475**	**2145**	**1330**	**2791**	**1703**	**1088**
未上过学	56	25	31	36	13	23	43	18	25
学前教育				2	1	1			
小　学	377	183	194	324	178	146	232	114	118
初　中	1422	852	570	1038	614	424	919	542	377
高　中	1196	744	452	924	591	333	731	457	274
大学专科	847	545	302	635	398	237	504	308	196
大学本科	563	374	189	447	305	142	307	222	85
硕士研究生	75	50	25	62	40	22	45	33	12
博士研究生	14	7	7	7	5	2	10	9	1

5-6a　续表 9

单位：人

受教育程度	初婚年龄					
	39岁			40岁及以上		
	小计	男	女	小计	男	女
总　计	**2225**	**1411**	**814**	**13325**	**7900**	**5425**
未上过学	32	13	19	253	84	169
学前教育	1		1	10	6	4
小　学	213	129	84	1991	931	1060
初　中	729	454	275	4838	2699	2139
高　中	604	370	234	3456	2188	1268
大学专科	377	249	128	1699	1180	519
大学本科	241	179	62	958	725	233
硕士研究生	24	13	11	104	75	29
博士研究生	4	4		16	12	4

5-6b 全省分性别、受教育程度、初婚年龄的人口(镇)

单位：人

受教育程度	初婚年龄					
	合计			15岁以下		
	合计	男	女	小计	男	女
总　计	**1722831**	**824507**	**898324**	**2622**	**729**	**1893**
未上过学	39511	7732	31779	128	10	118
学前教育	1489	460	1029	6	2	4
小　学	297343	117036	180307	632	128	504
初　中	853394	421182	432212	1247	372	875
高　中	318856	168792	150064	423	158	265
大学专科	135872	70123	65749	142	42	100
大学本科	71627	36784	34843	43	16	27
硕士研究生	4039	1959	2080	1	1	
博士研究生	700	439	261			

5-6b 续表 1

单位：人

受教育程度	初婚年龄								
	15岁			16岁			17岁		
	小计	男	女	小计	男	女	小计	男	女
总　计	**10267**	**3227**	**7040**	**17717**	**5325**	**12392**	**32686**	**10379**	**22307**
未上过学	447	41	406	859	67	792	1517	134	1383
学前教育	13	4	9	29	3	26	64	11	53
小　学	2569	548	2021	4345	850	3495	8116	1796	6320
初　中	4920	1706	3214	8917	2994	5923	16798	5999	10799
高　中	1590	617	973	2560	1007	1553	4618	1789	2829
大学专科	506	221	285	734	298	436	1113	448	665
大学本科	213	87	126	263	100	163	447	195	252
硕士研究生	7	3	4	8	5	3	12	6	6
博士研究生	2		2	2	1	1	1	1	

5-6b　续表 2

单位：人

受教育程度	初婚年龄								
	18岁			19岁			20岁		
	小计	男	女	小计	男	女	小计	男	女
总　计	**60706**	**20530**	**40176**	**122437**	**48413**	**74024**	**196678**	**83869**	**112809**
未上过学	2488	254	2234	4492	649	3843	5968	1019	4949
学前教育	93	16	77	137	36	101	191	46	145
小　学	13869	3421	10448	26949	8658	18291	40498	14528	25970
初　中	32675	12158	20517	66287	28251	38036	107247	48579	58668
高　中	8765	3552	5213	18389	8129	10260	31448	14833	16615
大学专科	2102	822	1280	4672	2037	2635	8409	3617	4792
大学本科	696	297	399	1483	644	839	2859	1215	1644
硕士研究生	14	8	6	28	9	19	51	29	22
博士研究生	4	2	2				7	3	4

5-6b　续表 3

单位：人

受教育程度	初婚年龄								
	21岁			22岁			23岁		
	小计	男	女	小计	男	女	小计	男	女
总　计	**241094**	**112477**	**128617**	**261004**	**131381**	**129623**	**213024**	**105450**	**107574**
未上过学	5354	1034	4320	4877	1086	3791	3568	724	2844
学前教育	200	67	133	187	64	123	150	48	102
小　学	43462	16986	26476	42781	18126	24655	32100	13197	18903
初　中	131973	64737	67236	138449	72711	65738	106417	54532	51885
高　中	42798	21742	21056	50596	27547	23049	43500	23465	20035
大学专科	12785	5861	6924	17300	8547	8753	18743	9401	9342
大学本科	4413	1992	2421	6655	3210	3445	8312	3963	4349
硕士研究生	92	48	44	134	77	57	201	103	98
博士研究生	17	10	7	25	13	12	33	17	16

5-6b 续表 4

单位：人

受教育程度	初婚年龄								
	24岁			25岁			26岁		
	小计	男	女	小计	男	女	小计	男	女
总　计	**163113**	**83802**	**79311**	**118081**	**62217**	**55864**	**79346**	**42868**	**36478**
未上过学	2507	571	1936	1759	443	1316	1095	301	794
学前教育	99	35	64	70	27	43	60	24	36
小　学	22961	10008	12953	15650	7019	8631	10132	4788	5344
初　中	74878	39331	35547	49723	26770	22953	31219	17058	14161
高　中	34729	19456	15273	24941	14314	10627	16213	9524	6689
大学专科	17863	9425	8438	15603	8434	7169	11536	6400	5136
大学本科	9683	4790	4893	9818	4971	4847	8411	4458	3953
硕士研究生	335	150	185	443	194	249	600	262	338
博士研究生	58	36	22	74	45	29	80	53	27

5-6b 续表 5

单位：人

受教育程度	初婚年龄								
	27岁			28岁			29岁		
	小计	男	女	小计	男	女	小计	男	女
总　计	**54266**	**30209**	**24057**	**37512**	**21147**	**16365**	**25830**	**14539**	**11291**
未上过学	871	270	601	578	188	390	518	153	365
学前教育	27	11	16	17	4	13	20	6	14
小　学	7037	3476	3561	5053	2611	2442	3868	2032	1836
初　中	20557	11520	9037	14313	8050	6263	10222	5669	4553
高　中	10631	6325	4306	7358	4302	3056	4817	2841	1976
大学专科	8121	4759	3362	5258	3181	2077	3358	2012	1346
大学本科	6351	3538	2813	4289	2501	1788	2603	1599	1004
硕士研究生	583	258	325	566	266	300	364	180	184
博士研究生	88	52	36	80	44	36	60	47	13

5-6b　续表 6

单位：人

受教育程度	初婚年龄								
	30岁			31岁			32岁		
	小计	男	女	小计	男	女	小计	男	女
总　计	**19376**	**11060**	**8316**	**14333**	**7904**	**6429**	**10864**	**6051**	**4813**
未上过学	440	136	304	304	93	211	245	71	174
学前教育	21	13	8	9	4	5	12	2	10
小　学	3188	1660	1528	2519	1287	1232	1983	1044	939
初　中	7997	4571	3426	6265	3390	2875	4868	2668	2200
高　中	3571	2129	1442	2646	1554	1092	1995	1186	809
大学专科	2219	1372	847	1368	833	535	1044	624	420
大学本科	1664	1020	644	1047	640	407	618	395	223
硕士研究生	226	126	100	133	81	52	79	46	33
博士研究生	50	33	17	42	22	20	20	15	5

5-6b　续表 7

单位：人

受教育程度	初婚年龄								
	33岁			34岁			35岁		
	小计	男	女	小计	男	女	小计	男	女
总　计	**8121**	**4387**	**3734**	**6090**	**3329**	**2761**	**4568**	**2527**	**2041**
未上过学	200	71	129	141	44	97	139	44	95
学前教育	19	6	13	9	5	4	8	4	4
小　学	1538	752	786	1230	638	592	943	511	432
初　中	3611	1923	1688	2765	1510	1255	2011	1135	876
高　中	1531	910	621	1131	660	471	797	432	365
大学专科	700	403	297	473	261	212	405	231	174
大学本科	441	263	178	301	188	113	238	151	87
硕士研究生	61	44	17	29	16	13	20	13	7
博士研究生	20	15	5	11	7	4	7	6	1

5-6b 续表 8 单位：人

受教育程度	初婚年龄								
	36岁			37岁			38岁		
	小计	男	女	小计	男	女	小计	男	女
总 计	**3546**	**2028**	**1518**	**2771**	**1581**	**1190**	**2235**	**1269**	**966**
未上过学	125	42	83	104	38	66	78	21	57
学前教育	3	2	1	3	3		4	3	1
小 学	730	389	341	593	325	268	518	283	235
初 中	1588	915	673	1246	692	554	935	539	396
高 中	593	355	238	482	297	185	429	266	163
大学专科	307	186	121	204	128	76	173	96	77
大学本科	183	126	57	123	87	36	89	57	32
硕士研究生	11	7	4	13	8	5	8	3	5
博士研究生	6	6		3	3		1	1	

5-6b 续表 9 单位：人

受教育程度	初婚年龄					
	39岁			40岁及以上		
	小计	男	女	小计	男	女
总 计	**1828**	**1031**	**797**	**12716**	**6778**	**5938**
未上过学	72	31	41	637	197	440
学前教育	1		1	37	14	23
小 学	470	242	228	3609	1733	1876
初 中	776	425	351	5490	2977	2513
高 中	309	194	115	1996	1208	788
大学专科	113	75	38	621	409	212
大学本科	77	57	20	307	224	83
硕士研究生	7	4	3	13	12	1
博士研究生	3	3		6	4	2

5-6c 全省分性别、受教育程度、初婚年龄的人口(乡村)

单位：人

受教育程度	初婚年龄					
	合计			15岁以下		
	合计	男	女	小计	男	女
总 计	**2749387**	**1270411**	**1478976**	**5121**	**1238**	**3883**
未上过学	150115	27653	122462	530	43	487
学前教育	4614	1348	3266	16	2	14
小 学	819639	318266	501373	1943	332	1611
初 中	1475836	752717	723119	2291	724	1567
高 中	234730	136562	98168	294	119	175
大学专科	48814	25784	23030	39	14	25
大学本科	14775	7634	7141	8	4	4
硕士研究生	771	387	384			
博士研究生	93	60	33			

5-6c 续表 1

单位：人

受教育程度	初婚年龄								
	15岁			16岁			17岁		
	小计	男	女	小计	男	女	小计	男	女
总 计	**20909**	**5418**	**15491**	**36933**	**9500**	**27433**	**69064**	**19088**	**49976**
未上过学	2107	167	1940	3613	301	3312	6360	549	5811
学前教育	56	5	51	97	10	87	177	28	149
小 学	8028	1580	6448	13708	2606	11102	24809	5184	19625
初 中	9358	3096	6262	17070	5561	11509	33046	11409	21637
高 中	1118	465	653	2095	872	1223	4074	1658	2416
大学专科	198	87	111	291	127	164	491	223	268
大学本科	43	17	26	58	22	36	98	37	61
硕士研究生	1	1		1	1		9		9
博士研究生									

5-6c 续表 2

单位：人

受教育程度	初婚年龄								
	18岁			19岁			20岁		
	小计	男	女	小计	男	女	小计	男	女
总　计	**122325**	**37887**	**84438**	**237393**	**89905**	**147488**	**363111**	**154431**	**208680**
未上过学	9820	926	8894	17460	2382	15078	22622	3686	18936
学前教育	281	38	243	504	83	421	669	186	483
小　学	41454	9988	31466	77768	24136	53632	113179	40326	72853
初　中	61854	23029	38825	123018	53941	69077	195347	93287	102060
高　中	7849	3441	4408	16292	8251	8041	27408	15062	12346
大学专科	918	399	519	2052	969	1083	3283	1599	1684
大学本科	144	64	80	290	140	150	585	275	310
硕士研究生	4	1	3	8	3	5	15	7	8
博士研究生	1	1		1		1	3	3	

5-6c 续表 3

单位：人

受教育程度	初婚年龄								
	21岁			22岁			23岁		
	小计	男	女	小计	男	女	小计	男	女
总　计	**416501**	**194781**	**221720**	**422475**	**212841**	**209634**	**313081**	**154274**	**158807**
未上过学	20602	3861	16741	18261	3735	14526	12725	2572	10153
学前教育	655	198	457	560	175	385	406	147	259
小　学	120193	46627	73566	115647	48325	67322	84535	34685	49850
初　中	234187	120529	113658	241259	132131	109128	176698	93941	82757
高　中	34911	20517	14394	39146	24401	14745	30809	18776	12033
大学专科	5002	2569	2433	6294	3386	2908	6295	3363	2932
大学本科	925	472	453	1276	671	605	1583	768	815
硕士研究生	22	7	15	28	14	14	26	18	8
博士研究生	4	1	3	4	3	1	4	4	

5-6c　续表 4

单位：人

受教育程度	初婚年龄								
	24岁			25岁			26岁		
	小计	男	女	小计	男	女	小计	男	女
总　计	**220662**	**109764**	**110898**	**149409**	**77106**	**72303**	**96607**	**51091**	**45516**
未上过学	9097	1942	7155	6410	1496	4914	4143	1027	3116
学前教育	303	104	199	218	85	133	116	37	79
小　学	59817	25170	34647	41221	18532	22689	26468	12522	13946
初　中	121294	65125	56169	78747	43725	35022	49827	28277	21550
高　中	22333	13483	8850	15550	9453	6097	10094	6106	3988
大学专科	6019	3087	2932	5197	2794	2403	4027	2162	1865
大学本科	1739	820	919	1967	967	1000	1827	913	914
硕士研究生	53	30	23	89	48	41	98	44	54
博士研究生	7	3	4	10	6	4	7	3	4

5-6c　续表 5

单位：人

受教育程度	初婚年龄								
	27岁			28岁			29岁		
	小计	男	女	小计	男	女	小计	男	女
总　计	**65696**	**35915**	**29781**	**46811**	**25647**	**21164**	**34823**	**19522**	**15301**
未上过学	2945	821	2124	2264	632	1632	1798	543	1255
学前教育	89	39	50	74	25	49	68	36	32
小　学	18684	9349	9335	13686	6991	6695	10913	5874	5039
初　中	32691	19132	13559	22991	13416	9575	16985	10080	6905
高　中	6648	4023	2625	4474	2689	1785	3112	1895	1217
大学专科	3014	1679	1335	2160	1235	925	1189	652	537
大学本科	1498	810	688	1046	595	451	657	397	260
硕士研究生	114	53	61	100	55	45	93	39	54
博士研究生	13	9	4	16	9	7	8	6	2

5-6c　续表 6

单位：人

受教育程度	初婚年龄								
	30岁			31岁			32岁		
	小计	男	女	小计	男	女	小计	男	女
总　计	**27301**	**15617**	**11684**	**20533**	**11424**	**9109**	**16055**	**9045**	**7010**
未上过学	1523	496	1027	1199	364	835	988	323	665
学前教育	53	22	31	40	18	22	42	19	23
小　学	9047	4959	4088	6905	3720	3185	5516	3025	2491
初　中	13233	7968	5265	10050	5921	4129	7866	4626	3240
高　中	2173	1375	798	1569	956	613	1187	762	425
大学专科	823	516	307	510	278	232	300	194	106
大学本科	393	245	148	229	147	82	143	89	54
硕士研究生	49	31	18	26	16	10	12	6	6
博士研究生	7	5	2	5	4	1	1	1	

5-6c　续表 7

单位：人

受教育程度	初婚年龄								
	33岁			34岁			35岁		
	小计	男	女	小计	男	女	小计	男	女
总　计	**11836**	**6618**	**5218**	**8838**	**5116**	**3722**	**6939**	**3955**	**2984**
未上过学	761	255	506	644	205	439	568	183	385
学前教育	26	13	13	23	7	16	24	15	9
小　学	4210	2282	1928	3288	1899	1389	2628	1518	1110
初　中	5740	3397	2343	4133	2508	1625	3158	1880	1278
高　中	801	479	322	557	378	179	425	274	151
大学专科	196	128	68	135	77	58	94	58	36
大学本科	91	57	34	56	41	15	39	27	12
硕士研究生	10	6	4	2	1	1	3		3
博士研究生	1	1							

5-6c　续表 8

单位：人

受教育程度	初婚年龄								
	36岁			37岁			38岁		
	小计	男	女	小计	男	女	小计	男	女
总　计	**5290**	**2965**	**2325**	**4168**	**2363**	**1805**	**3493**	**1999**	**1494**
未上过学	429	133	296	344	115	229	304	108	196
学前教育	10	6	4	10	5	5	6	3	3
小　学	2051	1145	906	1688	949	739	1446	854	592
初　中	2398	1428	970	1855	1116	739	1523	907	616
高　中	304	190	114	214	141	73	181	102	79
大学专科	73	44	29	42	28	14	22	16	6
大学本科	23	17	6	11	7	4	10	8	2
硕士研究生	2	2		4	2	2	1	1	
博士研究生									

5-6c　续表 9

单位：人

受教育程度	初婚年龄					
	39岁			40岁及以上		
	小计	男	女	小计	男	女
总　计	**3121**	**1801**	**1320**	**20892**	**11100**	**9792**
未上过学	312	94	218	2286	694	1592
学前教育	11	5	6	80	37	43
小　学	1319	758	561	9488	4930	4558
初　中	1293	824	469	7924	4739	3185
高　中	145	91	54	967	603	364
大学专科	34	26	8	116	74	42
大学本科	7	3	4	29	21	8
硕士研究生				1	1	
博士研究生				1	1	

第二部分　长表数据资料

第六卷　生育

6-1 各地区分性别、孩次的出生人口
(2019.11.1-2020.10.31)

单位：人

地区	出生人数				第一孩			
	合计	男	女	性别比(女=100)	小计	男	女	性别比(女=100)
河南	**88569**	**46601**	**41968**	**111.04**	**36039**	**19383**	**16656**	**116.37**
郑州市	13517	7097	6420	110.55	6199	3236	2963	109.21
开封市	4141	2228	1913	116.47	1611	906	705	128.51
洛阳市	6944	3576	3368	106.18	3004	1584	1420	111.55
平顶山市	4166	2191	1975	110.94	1510	823	687	119.80
安阳市	4536	2306	2230	103.41	1684	887	797	111.29
鹤壁市	1406	722	684	105.56	592	319	273	116.85
新乡市	5391	2837	2554	111.08	2026	1103	923	119.50
焦作市	3287	1677	1610	104.16	1469	776	693	111.98
濮阳市	3742	1919	1823	105.27	1269	643	626	102.72
许昌市	3709	1973	1736	113.65	1530	832	698	119.20
漯河市	2084	1068	1016	105.12	947	507	440	115.23
三门峡市	1922	987	935	105.56	886	454	432	105.09
南阳市	6721	3634	3087	117.72	2521	1384	1137	121.72
商丘市	7702	4134	3568	115.86	2993	1652	1341	123.19
信阳市	4422	2375	2047	116.02	1810	979	831	117.81
周口市	8732	4579	4153	110.26	3453	1893	1560	121.35
驻马店市	5365	2907	2458	118.27	2229	1255	974	128.85
济源市	782	391	391	100.00	306	150	156	96.15

6-1 续表 1

单位：人

地区	第二孩				第三孩			
	小计	男	女	性别比(女=100)	小计	男	女	性别比(女=100)
河南	**39125**	**19683**	**19442**	**101.24**	**11559**	**6391**	**5168**	**123.66**
郑州市	6025	3097	2928	105.77	1133	667	466	143.13
开封市	1721	882	839	105.13	687	367	320	114.69
洛阳市	3115	1579	1536	102.80	695	335	360	93.06
平顶山市	1888	955	933	102.36	650	337	313	107.67
安阳市	2081	1006	1075	93.58	706	367	339	108.26
鹤壁市	630	298	332	89.76	168	93	75	124.00
新乡市	2282	1175	1107	106.14	959	486	473	102.75
焦作市	1512	730	782	93.35	272	151	121	124.79
濮阳市	1617	830	787	105.46	750	394	356	110.67
许昌市	1699	857	842	101.78	434	261	173	150.87
漯河市	952	455	497	91.55	167	97	70	138.57
三门峡市	938	480	458	104.80	88	49	39	125.64
南阳市	2846	1472	1374	107.13	1133	637	496	128.43
商丘市	3361	1685	1676	100.54	1169	676	493	137.12
信阳市	1956	989	967	102.28	559	345	214	161.21
周口市	3786	1829	1957	93.46	1254	705	549	128.42
驻马店市	2290	1156	1134	101.94	688	392	296	132.43
济源市	426	208	218	95.41	47	32	15	213.33

6-1　续表 2　　单位：人

地　区	第四孩				第五孩及以上			
	小计	男	女	性别比(女=100)	小计	男	女	性别比(女=100)
河　南	**1529**	**949**	**580**	**163.62**	**317**	**195**	**122**	**159.84**
郑州市	139	82	57	143.86	21	15	6	250.00
开封市	103	61	42	145.24	19	12	7	171.43
洛阳市	96	55	41	134.15	34	23	11	209.09
平顶山市	100	68	32	212.50	18	8	10	80.00
安阳市	53	37	16	231.25	12	9	3	300.00
鹤壁市	15	11	4	275.00	1	1		
新乡市	117	68	49	138.78	7	5	2	250.00
焦作市	28	17	11	154.55	6	3	3	100.00
濮阳市	85	46	39	117.95	21	6	15	40.00
许昌市	35	16	19	84.21	11	7	4	175.00
漯河市	16	8	8	100.00	2	1	1	100.00
三门峡市	8	3	5	60.00	2	1	1	100.00
南阳市	182	116	66	175.76	39	25	14	178.57
商丘市	149	102	47	217.02	30	19	11	172.73
信阳市	81	52	29	179.31	16	10	6	166.67
周口市	192	122	70	174.29	47	30	17	176.47
驻马店市	127	84	43	195.35	31	20	11	181.82
济源市	3	1	2	50.00				

6-1a　各地区分性别、孩次的出生人口
(2019.11.1-2020.10.31)(城市)

单位：人

地　区	出生人数				第一孩			
	合计	男	女	性别比(女=100)	小计	男	女	性别比(女=100)
河　南	**24135**	**12674**	**11461**	**110.58**	**11247**	**5988**	**5259**	**113.86**
郑州市	7383	3850	3533	108.97	3578	1874	1704	109.98
开封市	824	447	377	118.57	399	214	185	115.68
洛阳市	2295	1196	1099	108.83	1166	617	549	112.39
平顶山市	1194	650	544	119.49	542	311	231	134.63
安阳市	1351	707	644	109.78	544	287	257	111.67
鹤壁市	430	236	194	121.65	193	106	87	121.84
新乡市	1707	910	797	114.18	745	402	343	117.20
焦作市	980	481	499	96.39	492	263	229	114.85
濮阳市	612	325	287	113.24	225	113	112	100.89
许昌市	1357	716	641	111.70	614	313	301	103.99
漯河市	577	296	281	105.34	302	161	141	114.18
三门峡市	738	367	371	98.92	352	186	166	112.05
南阳市	946	521	425	122.59	387	206	181	113.81
商丘市	1142	614	528	116.29	539	301	238	126.47
信阳市	770	401	369	108.67	367	203	164	123.78
周口市	964	504	460	109.57	442	238	204	116.67
驻马店市	415	221	194	113.92	195	110	85	129.41
济源市	450	232	218	106.42	165	83	82	101.22

6-1a 续表 1

单位：人

地　区	第 二 孩				第 三 孩			
	小计	男	女	性别比(女=100)	小计	男	女	性别比(女=100)
河　南	**11133**	**5634**	**5499**	**102.45**	**1588**	**941**	**647**	**145.44**
郑州市	3382	1719	1663	103.37	386	232	154	150.65
开封市	362	199	163	122.09	58	31	27	114.81
洛阳市	1020	525	495	106.06	101	47	54	87.04
平顶山市	554	280	274	102.19	85	48	37	129.73
安阳市	696	356	340	104.71	103	58	45	128.89
鹤壁市	204	107	97	110.31	30	21	9	233.33
新乡市	733	375	358	104.75	214	127	87	145.98
焦作市	447	192	255	75.29	35	21	14	150.00
濮阳市	325	180	145	124.14	57	28	29	96.55
许昌市	642	341	301	113.29	96	60	36	166.67
漯河市	251	120	131	91.60	23	15	8	187.50
三门峡市	373	173	200	86.50	13	8	5	160.00
南阳市	459	244	215	113.49	90	61	29	210.34
商丘市	489	241	248	97.18	102	64	38	168.42
信阳市	336	158	178	88.76	55	36	19	189.47
周口市	411	201	210	95.71	89	50	39	128.21
驻马店市	194	96	98	97.96	24	13	11	118.18
济源市	255	127	128	99.22	27	21	6	350.00

6-1a 续表 2

单位：人

地　区	第 四 孩				第五孩及以上			
	小计	男	女	性别比(女=100)	小计	男	女	性别比(女=100)
河　南	**145**	**90**	**55**	**163.64**	**22**	**21**	**1**	**2100.00**
郑州市	33	21	12	175.00	4	4		
开封市	2		2		3	3		
洛阳市	7	6	1	600.00	1	1		
平顶山市	13	11	2	550.00				
安阳市	7	5	2	250.00	1	1		
鹤壁市	3	2	1	200.00				
新乡市	14	5	9	55.56	1	1		
焦作市	6	5	1	500.00				
濮阳市	4	3	1	300.00	1	1		
许昌市	4	1	3	33.33	1	1		
漯河市	1		1					
三门峡市								
南阳市	9	9			1	1		
商丘市	11	7	4	175.00	1	1		
信阳市	10	3	7	42.86	2	1	1	100.00
周口市	17	10	7	142.86	5	5		
驻马店市	1	1			1	1		
济源市	3	1	2	50.00				

6-1b 各地区分性别、孩次的出生人口
(2019.11.1-2020.10.31)(镇)

单位：人

地区	出生人数				第一孩			
	合计	男	女	性别比(女=100)	小计	男	女	性别比(女=100)
河南	**27039**	**14356**	**12683**	**113.19**	**11053**	**6028**	**5025**	**119.96**
郑州市	3270	1731	1539	112.48	1468	753	715	105.31
开封市	1279	700	579	120.90	504	296	208	142.31
洛阳市	2328	1185	1143	103.67	966	514	452	113.72
平顶山市	1039	541	498	108.63	362	190	172	110.47
安阳市	1254	625	629	99.36	474	243	231	105.19
鹤壁市	398	189	209	90.43	173	87	86	101.16
新乡市	1380	759	621	122.22	517	292	225	129.78
焦作市	1050	533	517	103.09	441	227	214	106.07
濮阳市	1269	642	627	102.39	469	236	233	101.29
许昌市	688	376	312	120.51	301	177	124	142.74
漯河市	611	295	316	93.35	289	147	142	103.52
三门峡市	478	257	221	116.29	211	107	104	102.88
南阳市	2976	1609	1367	117.70	1156	642	514	124.90
商丘市	2314	1280	1034	123.79	907	524	383	136.81
信阳市	1933	1049	884	118.67	783	417	366	113.93
周口市	2391	1295	1096	118.16	1021	601	420	143.10
驻马店市	2277	1236	1041	118.73	968	554	414	133.82
济源市	104	54	50	108.00	43	21	22	95.45

6-1b 续表 1

单位：人

地区	第二孩				第三孩			
	小计	男	女	性别比(女=100)	小计	男	女	性别比(女=100)
河南	**12124**	**6165**	**5959**	**103.46**	**3388**	**1884**	**1504**	**125.27**
郑州市	1416	747	669	111.66	337	203	134	151.49
开封市	548	270	278	97.12	193	115	78	147.44
洛阳市	1092	539	553	97.47	226	108	118	91.53
平顶山市	491	255	236	108.05	162	80	82	97.56
安阳市	570	271	299	90.64	196	100	96	104.17
鹤壁市	175	75	100	75.00	48	25	23	108.70
新乡市	607	334	273	122.34	232	112	120	93.33
焦作市	498	251	247	101.62	97	48	49	97.96
濮阳市	537	275	262	104.96	228	117	111	105.41
许昌市	289	140	149	93.96	89	56	33	169.70
漯河市	273	121	152	79.61	43	24	19	126.32
三门峡市	234	134	100	134.00	32	16	16	100.00
南阳市	1323	686	637	107.69	437	246	191	128.80
商丘市	1045	538	507	106.11	320	192	128	150.00
信阳市	897	470	427	110.07	214	139	75	185.33
周口市	1045	507	538	94.24	291	166	125	132.80
驻马店市	1030	524	506	103.56	236	132	104	126.92
济源市	54	28	26	107.69	7	5	2	250.00

6-1b 续表 2

单位：人

地　区	第四孩				第五孩及以上			
	小计	男	女	性别比(女=100)	小计	男	女	性别比(女=100)
河　南	**401**	**238**	**163**	**146.01**	**73**	**41**	**32**	**128.13**
郑州市	42	22	20	110.00	7	6	1	600.00
开封市	29	16	13	123.08	5	3	2	150.00
洛阳市	33	17	16	106.25	11	7	4	175.00
平顶山市	18	15	3	500.00	6	1	5	20.00
安阳市	13	10	3	333.33	1	1		
鹤壁市	1	1			1	1		
新乡市	23	20	3	666.67	1	1		
焦作市	11	5	6	83.33	3	2	1	200.00
濮阳市	29	13	16	81.25	6	1	5	20.00
许昌市	7	2	5	40.00	2	1	1	100.00
漯河市	6	3	3	100.00				
三门峡市					1		1	
南阳市	50	29	21	138.10	10	6	4	150.00
商丘市	38	23	15	153.33	4	3	1	300.00
信阳市	34	21	13	161.54	5	2	3	66.67
周口市	27	17	10	170.00	7	4	3	133.33
驻马店市	40	24	16	150.00	3	2	1	200.00
济源市								

6-1c 各地区分性别、孩次的出生人口
(2019.11.1-2020.10.31)(乡村)

单位：人

地　区	出生人数				第一孩			
	合计	男	女	性别比(女=100)	小计	男	女	性别比(女=100)
河　南	**37395**	**19571**	**17824**	**109.80**	**13739**	**7367**	**6372**	**115.62**
郑州市	2864	1516	1348	112.46	1153	609	544	111.95
开封市	2038	1081	957	112.96	708	396	312	126.92
洛阳市	2321	1195	1126	106.13	872	453	419	108.11
平顶山市	1933	1000	933	107.18	606	322	284	113.38
安阳市	1931	974	957	101.78	666	357	309	115.53
鹤壁市	578	297	281	105.69	226	126	100	126.00
新乡市	2304	1168	1136	102.82	764	409	355	115.21
焦作市	1257	663	594	111.62	536	286	250	114.40
濮阳市	1861	952	909	104.73	575	294	281	104.63
许昌市	1664	881	783	112.52	615	342	273	125.27
漯河市	896	477	419	113.84	356	199	157	126.75
三门峡市	706	363	343	105.83	323	161	162	99.38
南阳市	2799	1504	1295	116.14	978	536	442	121.27
商丘市	4246	2240	2006	111.67	1547	827	720	114.86
信阳市	1719	925	794	116.50	660	359	301	119.27
周口市	5377	2780	2597	107.05	1990	1054	936	112.61
驻马店市	2673	1450	1223	118.56	1066	591	475	124.42
济源市	228	105	123	85.37	98	46	52	88.46

6-1c 续表 1

单位：人

地区	第二孩				第三孩			
	小计	男	女	性别比(女=100)	小计	男	女	性别比(女=100)
河南	**15868**	**7884**	**7984**	**98.75**	**6583**	**3566**	**3017**	**118.20**
郑州市	1227	631	596	105.87	410	232	178	130.34
开封市	811	413	398	103.77	436	221	215	102.79
洛阳市	1003	515	488	105.53	368	180	188	95.74
平顶山市	843	420	423	99.29	403	209	194	107.73
安阳市	815	379	436	86.93	407	209	198	105.56
鹤壁市	251	116	135	85.93	90	47	43	109.30
新乡市	942	466	476	97.90	513	247	266	92.86
焦作市	567	287	280	102.50	140	82	58	141.38
濮阳市	755	375	380	98.68	465	249	216	115.28
许昌市	768	376	392	95.92	249	145	104	139.42
漯河市	428	214	214	100.00	101	58	43	134.88
三门峡市	331	173	158	109.49	43	25	18	138.89
南阳市	1064	542	522	103.83	606	330	276	119.57
商丘市	1827	906	921	98.37	747	420	327	128.44
信阳市	723	361	362	99.72	290	170	120	141.67
周口市	2330	1121	1209	92.72	874	489	385	127.01
驻马店市	1066	536	530	101.13	428	247	181	136.46
济源市	117	53	64	82.81	13	6	7	85.71

6-1c 续表 2

单位：人

地区	第四孩				第五孩及以上			
	小计	男	女	性别比(女=100)	小计	男	女	性别比(女=100)
河南	**983**	**621**	**362**	**171.55**	**222**	**133**	**89**	**149.44**
郑州市	64	39	25	156.00	10	5	5	100.00
开封市	72	45	27	166.67	11	6	5	120.00
洛阳市	56	32	24	133.33	22	15	7	214.29
平顶山市	69	42	27	155.56	12	7	5	140.00
安阳市	33	22	11	200.00	10	7	3	233.33
鹤壁市	11	8	3	266.67				
新乡市	80	43	37	116.22	5	3	2	150.00
焦作市	11	7	4	175.00	3	1	2	50.00
濮阳市	52	30	22	136.36	14	4	10	40.00
许昌市	24	13	11	118.18	8	5	3	166.67
漯河市	9	5	4	125.00	2	1	1	100.00
三门峡市	8	3	5	60.00	1	1		
南阳市	123	78	45	173.33	28	18	10	180.00
商丘市	100	72	28	257.14	25	15	10	150.00
信阳市	37	28	9	311.11	9	7	2	350.00
周口市	148	95	53	179.25	35	21	14	150.00
驻马店市	86	59	27	218.52	27	17	10	170.00
济源市								

6-2 全省按年龄、受教育程度、生育孩次

受教育程度 年龄	合计	生男孩的妇女人数	生女孩的妇女人数	一孩 小计	一孩 男	一孩 女
总计	**88569**	**46601**	**41968**	**36039**	**19383**	**16656**
15–19岁	**1037**	**533**	**504**	**926**	**477**	**449**
15	12	8	4	11	8	3
16	68	35	33	63	32	31
17	136	62	74	128	58	70
18	281	151	130	250	133	117
19	540	277	263	474	246	228
20–24岁	**12707**	**6602**	**6105**	**8518**	**4554**	**3964**
20	1116	603	513	893	497	396
21	1856	957	899	1387	728	659
22	2685	1388	1297	1870	1001	869
23	3252	1687	1565	2113	1139	974
24	3798	1967	1831	2255	1189	1066
25–29岁	**29824**	**15770**	**14054**	**14478**	**7790**	**6688**
25	4488	2376	2112	2520	1349	1171
26	4793	2598	2195	2514	1374	1140
27	6120	3224	2896	3124	1710	1414
28	7143	3729	3414	3254	1706	1548
29	7280	3843	3437	3066	1651	1415
30–34岁	**33440**	**17620**	**15820**	**9978**	**5381**	**4597**
30	9519	5065	4454	3468	1873	1595
31	8097	4264	3833	2640	1425	1215
32	6442	3392	3050	1727	931	796
33	5533	2876	2657	1317	700	617
34	3849	2023	1826	826	452	374
35–39岁	**8764**	**4597**	**4167**	**1580**	**868**	**712**
35	2497	1255	1242	492	254	238
36	2024	1094	930	365	207	158
37	1679	868	811	284	153	131
38	1530	826	704	262	160	102
39	1034	554	480	177	94	83
40–44岁	**2120**	**1105**	**1015**	**400**	**209**	**191**
40	739	378	361	135	73	62
41	532	284	248	93	46	47
42	394	210	184	81	37	44
43	263	128	135	55	32	23
44	192	105	87	36	21	15
45–49岁	**677**	**374**	**303**	**159**	**104**	**55**
45	157	91	66	36	24	12
46	140	70	70	36	20	16
47	107	61	46	27	17	10
48	132	73	59	28	20	8
49	141	79	62	32	23	9

分的育龄妇女人数(2019.11.1—2020.10.31)

单位：人

二孩			三孩及以上		
小计	男	女	小计	男	女
39125	**19683**	**19442**	**13405**	**7535**	**5870**
105	**53**	**52**	**6**	**3**	**3**
1		1			
5	3	2			
8	4	4			
29	16	13	2	2	
62	30	32	4	1	3
3754	**1809**	**1945**	**435**	**239**	**196**
210	102	108	13	4	9
426	205	221	43	24	19
744	348	396	71	39	32
1015	490	525	124	58	66
1359	664	695	184	114	70
12426	**6295**	**6131**	**2920**	**1685**	**1235**
1676	859	817	292	168	124
1931	1026	905	348	198	150
2478	1213	1265	518	301	217
3073	1557	1516	816	466	350
3268	1640	1628	946	552	394
16828	**8447**	**8381**	**6634**	**3792**	**2842**
4540	2281	2259	1511	911	600
4005	2026	1979	1452	813	639
3353	1670	1683	1362	791	571
2895	1451	1444	1321	725	596
2035	1019	1016	988	552	436
4607	**2349**	**2258**	**2577**	**1380**	**1197**
1344	662	682	661	339	322
1054	543	511	605	344	261
904	466	438	491	249	242
790	408	382	478	258	220
515	270	245	342	190	152
1080	**553**	**527**	**640**	**343**	**297**
377	185	192	227	120	107
286	156	130	153	82	71
195	101	94	118	72	46
127	60	67	81	36	45
95	51	44	61	33	28
325	**177**	**148**	**193**	**93**	**100**
76	45	31	45	22	23
62	29	33	42	21	21
48	28	20	32	16	16
67	35	32	37	18	19
72	40	32	37	16	21

6-2 续表 1

受教育程度 年 龄	合 计	生男孩的 妇女人数	生女孩的 妇女人数	一 孩		
				小计	男	女
未上过学	**225**	**108**	**117**	**85**	**42**	**43**
15-19岁	**4**	**3**	**1**	**3**	**2**	**1**
15						
16						
17	1	1		1	1	
18	2	1	1	1		1
19	1	1		1	1	
20-24岁	**27**	**13**	**14**	**21**	**12**	**9**
20	3	2	1	3	2	1
21	8	4	4	7	4	3
22	6	3	3	5	3	2
23	2	2		1	1	
24	8	2	6	5	2	3
25-29岁	**55**	**22**	**33**	**22**	**9**	**13**
25	11	4	7	7	3	4
26	15	9	6	10	5	5
27	10	2	8	1		1
28	9	2	7	2	1	1
29	10	5	5	2		2
30-34岁	**71**	**34**	**37**	**21**	**10**	**11**
30	26	10	16	8	4	4
31	15	7	8	5	2	3
32	9	3	6	5	2	3
33	14	8	6	2	1	1
34	7	6	1	1	1	
35-39岁	**34**	**15**	**19**	**10**	**4**	**6**
35	12	3	9	3	1	2
36	3	2	1	1		1
37	3	2	1	1		1
38	8	4	4	3	2	1
39	8	4	4	2	1	1
40-44岁	**23**	**14**	**9**	**6**	**4**	**2**
40	8	6	2	1	1	
41	2	2		1	1	
42	4	3	1			
43	5	2	3	3	1	2
44	4	1	3	1	1	
45-49岁	**11**	**7**	**4**	**2**	**1**	**1**
45	1		1			
46	6	4	2	1	1	
47	1	1				
48						
49	3	2	1	1		1

单位：人

二孩			三孩及以上		
小计	男	女	小计	男	女
82	**33**	**49**	**58**	**33**	**25**
1	**1**				
1	1				
5		**5**	**1**	**1**	
1		1			
1		1			
			1	1	
3		3			
26	**10**	**16**	**7**	**3**	**4**
3	1	2	1		1
3	3		2	1	1
7	2	5	2		2
6		6	1	1	
7	4	3	1	1	
26	**10**	**16**	**24**	**14**	**10**
10	2	8	8	4	4
6	3	3	4	2	2
2		2	2	1	1
6	3	3	6	4	2
2	2		4	3	1
13	**6**	**7**	**11**	**5**	**6**
4	1	3	5	1	4
			2	2	
2	2				
2	1	1	3	1	2
5	2	3	1	1	
7	**3**	**4**	**10**	**7**	**3**
3	2	1	4	3	1
			1	1	
1	1		3	2	1
1		1	1	1	
2		2	1		1
4	**3**	**1**	**5**	**3**	**2**
			1		1
2	1	1	3	2	1
			1	1	
2	2				

6-2 续表 2

受教育程度 年 龄	合 计	生男孩的 妇女人数	生女孩的 妇女人数	一 孩		
				小计	男	女
学前教育	**22**	**15**	**7**	**10**	**7**	**3**
15-19岁	**1**	**1**		**1**	**1**	
15						
16						
17						
18	1	1		1	1	
19						
20-24岁	**5**	**3**	**2**	**3**	**1**	**2**
20	1		1	1		1
21	1	1		1	1	
22						
23						
24	3	2	1	1		1
25-29岁	**7**	**4**	**3**	**3**	**2**	**1**
25	1		1	1		1
26	2	2		1	1	
27	1		1			
28	2	1	1			
29	1	1		1	1	
30-34岁	**8**	**6**	**2**	**2**	**2**	
30	4	2	2	2	2	
31						
32	2	2				
33	1	1				
34	1	1				
35-39岁	**1**	**1**		**1**	**1**	
35						
36						
37	1	1		1	1	
38						
39						
40-44岁						
40						
41						
42						
43						
44						
45-49岁						
45						
46						
47						
48						
49						

单位：人

二孩			三孩及以上		
小计	男	女	小计	男	女
8	**6**	**2**	**4**	**2**	**2**
2	**2**				
2	2				
2	**2**		**2**		**2**
1	1				
			1		1
1	1		1		1
4	**2**	**2**	**2**	**2**	
2		2			
1	1		1	1	
1	1				
			1	1	

6-2 续表 3

受教育程度 年　　龄	合　计	生男孩的 妇女人数	生女孩的 妇女人数	一　孩		
				小计	男	女
小　学	**2752**	**1422**	**1330**	**843**	**461**	**382**
15-19岁	**37**	**17**	**20**	**32**	**15**	**17**
15	1	1		1	1	
16	2	2		2	2	
17	5	3	2	5	3	2
18	7	3	4	4	1	3
19	22	8	14	20	8	12
20-24岁	**379**	**190**	**189**	**219**	**116**	**103**
20	32	17	15	23	13	10
21	61	35	26	35	24	11
22	80	42	38	51	28	23
23	103	49	54	65	32	33
24	103	47	56	45	19	26
25-29岁	**655**	**339**	**316**	**228**	**125**	**103**
25	107	47	60	51	26	25
26	115	64	51	46	24	22
27	131	64	67	51	25	26
28	145	76	69	43	24	19
29	157	88	69	37	26	11
30-34岁	**962**	**482**	**480**	**229**	**122**	**107**
30	226	118	108	64	39	25
31	241	123	118	65	32	33
32	194	90	104	44	21	23
33	175	83	92	24	13	11
34	126	68	58	32	17	15
35-39岁	**411**	**230**	**181**	**71**	**42**	**29**
35	97	55	42	18	10	8
36	97	56	41	18	10	8
37	88	45	43	15	7	8
38	61	31	30	10	8	2
39	68	43	25	10	7	3
40-44岁	**177**	**101**	**76**	**36**	**22**	**14**
40	41	23	18	9	5	4
41	42	22	20	9	4	5
42	40	26	14	7	5	2
43	32	16	16	7	5	2
44	22	14	8	4	3	1
45-49岁	**131**	**63**	**68**	**28**	**19**	**9**
45	29	17	12	7	6	1
46	25	8	17	6	3	3
47	20	7	13	4	2	2
48	29	19	10	5	5	
49	28	12	16	6	3	3

单位：人

二孩			三孩及以上		
小计	男	女	小计	男	女
1088	**518**	**570**	**821**	**443**	**378**
5	**2**	**3**			
3	2	1			
2		2			
131	**55**	**76**	**29**	**19**	**10**
8	3	5	1	1	
20	7	13	6	4	2
26	11	15	3	3	
29	13	16	9	4	5
48	21	27	10	7	3
301	**142**	**159**	**126**	**72**	**54**
43	15	28	13	6	7
52	31	21	17	9	8
64	31	33	16	8	8
67	32	35	35	20	15
75	33	42	45	29	16
393	**171**	**222**	**340**	**189**	**151**
109	45	64	53	34	19
94	40	54	82	51	31
79	33	46	71	36	35
68	28	40	83	42	41
43	25	18	51	26	25
149	**84**	**65**	**191**	**104**	**87**
40	22	18	39	23	16
36	24	12	43	22	21
37	19	18	36	19	17
17	5	12	34	18	16
19	14	5	39	22	17
57	**37**	**20**	**84**	**42**	**42**
18	11	7	14	7	7
11	7	4	22	11	11
12	8	4	21	13	8
8	5	3	17	6	11
8	6	2	10	5	5
52	**27**	**25**	**51**	**17**	**34**
11	7	4	11	4	7
7	2	5	12	3	9
6	3	3	10	2	8
17	9	8	7	5	2
11	6	5	11	3	8

6-2 续表 4

受教育程度 年　　龄	合　计	生男孩的妇女人数	生女孩的妇女人数	一　孩		
				小计	男	女
初　中	**41680**	**21967**	**19713**	**13884**	**7504**	**6380**
15-19岁	**791**	**418**	**373**	**704**	**371**	**333**
15	10	6	4	9	6	3
16	60	32	28	55	29	26
17	111	49	62	103	45	58
18	219	121	98	201	110	91
19	391	210	181	336	181	155
20-24岁	**7791**	**4049**	**3742**	**4810**	**2597**	**2213**
20	761	408	353	592	323	269
21	1212	626	586	861	459	402
22	1731	892	839	1129	612	517
23	1973	1011	962	1143	605	538
24	2114	1112	1002	1085	598	487
25-29岁	**13172**	**6968**	**6204**	**4548**	**2439**	**2109**
25	2309	1222	1087	1033	539	494
26	2276	1223	1053	911	490	421
27	2645	1410	1235	928	523	405
28	2981	1560	1421	877	458	419
29	2961	1553	1408	799	429	370
30-34岁	**14409**	**7677**	**6732**	**2942**	**1620**	**1322**
30	4077	2232	1845	951	529	422
31	3445	1795	1650	730	398	332
32	2758	1465	1293	515	290	225
33	2400	1253	1147	447	241	206
34	1729	932	797	299	162	137
35-39岁	**4055**	**2091**	**1964**	**629**	**343**	**286**
35	1142	548	594	190	96	94
36	966	521	445	149	89	60
37	777	401	376	114	64	50
38	690	371	319	98	59	39
39	480	250	230	78	35	43
40-44岁	**1075**	**545**	**530**	**181**	**88**	**93**
40	378	192	186	65	32	33
41	266	140	126	43	21	22
42	196	94	102	32	11	21
43	125	61	64	23	14	9
44	110	58	52	18	10	8
45-49岁	**387**	**219**	**168**	**70**	**46**	**24**
45	83	49	34	15	9	6
46	80	46	34	17	12	5
47	66	42	24	16	12	4
48	71	35	36	11	7	4
49	87	47	40	11	6	5

单位：人

二孩			三孩及以上		
小计	男	女	小计	男	女
18656	**9378**	**9278**	**9140**	**5085**	**4055**
82	**45**	**37**	**5**	**2**	**3**
1		1			
5	3	2			
8	4	4			
17	10	7	1	1	
51	28	23	4	1	3
2645	**1272**	**1373**	**336**	**180**	**156**
159	83	76	10	2	8
320	151	169	31	16	15
543	250	293	59	30	29
731	360	371	99	46	53
892	428	464	137	86	51
6570	**3344**	**3226**	**2054**	**1185**	**869**
1053	549	504	223	134	89
1117	592	525	248	141	107
1339	668	671	378	219	159
1550	788	762	554	314	240
1511	747	764	651	377	274
6933	**3503**	**3430**	**4534**	**2554**	**1980**
2059	1065	994	1067	638	429
1720	859	861	995	538	457
1316	643	673	927	532	395
1081	545	536	872	467	405
757	391	366	673	379	294
1722	**847**	**875**	**1704**	**901**	**803**
504	228	276	448	224	224
417	209	208	400	223	177
331	163	168	332	174	158
285	149	136	307	163	144
185	98	87	217	117	100
499	**251**	**248**	**395**	**206**	**189**
169	85	84	144	75	69
127	67	60	96	52	44
97	48	49	67	35	32
52	24	28	50	23	27
54	27	27	38	21	17
205	**116**	**89**	**112**	**57**	**55**
43	27	16	25	13	12
43	22	21	20	12	8
32	20	12	18	10	8
35	18	17	25	10	15
52	29	23	24	12	12

6-2 续表 5

受教育程度 年龄	合计	生男孩的妇女人数	生女孩的妇女人数	一孩 小计	一孩 男	一孩 女
高中	**18209**	**9613**	**8596**	**7719**	**4183**	**3536**
15-19岁	**161**	**72**	**89**	**147**	**68**	**79**
15	1	1		1	1	
16	6	1	5	6	1	5
17	17	8	9	17	8	9
18	44	20	24	37	18	19
19	93	42	51	86	40	46
20-24岁	**2808**	**1459**	**1349**	**2047**	**1076**	**971**
20	248	136	112	208	120	88
21	404	207	197	331	165	166
22	569	292	277	425	217	208
23	729	391	338	538	308	230
24	858	433	425	545	266	279
25-29岁	**6460**	**3469**	**2991**	**3073**	**1699**	**1374**
25	1017	549	468	604	332	272
26	1009	551	458	511	289	222
27	1336	694	642	672	369	303
28	1527	848	679	655	370	285
29	1571	827	744	631	339	292
30-34岁	**6631**	**3454**	**3177**	**1971**	**1059**	**912**
30	1969	1017	952	713	385	328
31	1557	811	746	503	272	231
32	1253	655	598	317	161	156
33	1133	604	529	280	150	130
34	719	367	352	158	91	67
35-39岁	**1668**	**897**	**771**	**367**	**210**	**157**
35	480	252	228	107	57	50
36	382	211	171	88	44	44
37	302	170	132	74	50	24
38	301	162	139	60	38	22
39	203	102	101	38	21	17
40-44岁	**407**	**220**	**187**	**83**	**48**	**35**
40	138	69	69	23	13	10
41	106	56	50	18	8	10
42	82	52	30	21	14	7
43	50	26	24	13	8	5
44	31	17	14	8	5	3
45-49岁	**74**	**42**	**32**	**31**	**23**	**8**
45	19	11	8	8	5	3
46	15	4	11	6	2	4
47	9	7	2	2	2	
48	15	8	7	6	5	1
49	16	12	4	9	9	

单位：人

二孩			三孩及以上		
小计	男	女	小计	男	女
8338	**4188**	**4150**	**2152**	**1242**	**910**
13	**3**	**10**	**1**	**1**	
6	1	5	1	1	
7	2	5			
708	**352**	**356**	**53**	**31**	**22**
38	15	23	2	1	1
68	39	29	5	3	2
135	69	66	9	6	3
181	79	102	10	4	6
286	150	136	27	17	10
2874	**1466**	**1408**	**513**	**304**	**209**
372	194	178	41	23	18
434	225	209	64	37	27
572	267	305	92	58	34
726	390	336	146	88	58
770	390	380	170	98	72
3584	**1775**	**1809**	**1076**	**620**	**456**
1004	482	522	252	150	102
825	413	412	229	126	103
717	357	360	219	137	82
639	332	307	214	122	92
399	191	208	162	85	77
911	**471**	**440**	**390**	**216**	**174**
265	138	127	108	57	51
199	109	90	95	58	37
168	93	75	60	27	33
164	79	85	77	45	32
115	52	63	50	29	21
220	**111**	**109**	**104**	**61**	**43**
76	33	43	39	23	16
64	36	28	24	12	12
39	20	19	22	18	4
26	14	12	11	4	7
15	8	7	8	4	4
28	**10**	**18**	**15**	**9**	**6**
7	3	4	4	3	1
5		5	4	2	2
5	3	2	2	2	
6	2	4	3	1	2
5	2	3	2	1	1

6-2 续表 6

受教育程度 年　　龄	合　计	生男孩的 妇女人数	生女孩的 妇女人数	一　　孩		
				小计	男	女
大学专科	**14690**	**7679**	**7011**	**7345**	**3910**	**3435**
15-19岁	**37**	**19**	**18**	**34**	**18**	**16**
15						
16						
17	2	1	1	2	1	1
18	7	4	3	6	3	3
19	28	14	14	26	14	12
20-24岁	**1386**	**724**	**662**	**1148**	**603**	**545**
20	64	37	27	59	36	23
21	142	66	76	127	59	68
22	246	130	116	213	114	99
23	369	194	175	301	156	145
24	565	297	268	448	238	210
25-29岁	**5526**	**2886**	**2640**	**3540**	**1883**	**1657**
25	707	359	348	533	282	251
26	856	463	393	596	323	273
27	1160	627	533	797	442	355
28	1364	682	682	827	420	407
29	1439	755	684	787	416	371
30-34岁	**6144**	**3215**	**2929**	**2272**	**1220**	**1052**
30	1753	894	859	805	411	394
31	1570	846	724	648	354	294
32	1202	653	549	394	230	164
33	981	501	480	271	140	131
34	638	321	317	154	85	69
35-39岁	**1303**	**684**	**619**	**275**	**149**	**126**
35	382	193	189	93	46	47
36	298	151	147	59	36	23
37	234	122	112	44	25	19
38	237	126	111	49	24	25
39	152	92	60	30	18	12
40-44岁	**250**	**131**	**119**	**57**	**27**	**30**
40	98	50	48	22	14	8
41	65	38	27	10	5	5
42	43	17	26	15	3	12
43	29	17	12	7	4	3
44	15	9	6	3	1	2
45-49岁	**44**	**20**	**24**	**19**	**10**	**9**
45	13	4	9	4	2	2
46	7	4	3	4	2	2
47	7	1	6	4	1	3
48	11	6	5	3	1	2
49	6	5	1	4	4	

单位：人

二孩			三孩及以上		
小计	男	女	小计	男	女
6447	**3231**	**3216**	**898**	**538**	**360**
3	**1**	**2**			
1	1				
2		2			
225	**114**	**111**	**13**	**7**	**6**
5	1	4			
15	7	8			
33	16	17			
64	35	29	4	3	1
108	55	53	9	4	5
1803	**906**	**897**	**183**	**97**	**86**
161	73	88	13	4	9
243	130	113	17	10	7
341	173	168	22	12	10
471	228	243	66	34	32
587	302	285	65	37	28
3389	**1682**	**1707**	**483**	**313**	**170**
850	414	436	98	69	29
820	420	400	102	72	30
695	356	339	113	67	46
603	296	307	107	65	42
421	196	225	63	40	23
851	**439**	**412**	**177**	**96**	**81**
248	125	123	41	22	19
195	89	106	44	26	18
158	83	75	32	14	18
152	84	68	36	18	18
98	58	40	24	16	8
159	**84**	**75**	**34**	**20**	**14**
57	27	30	19	9	10
48	29	19	7	4	3
24	11	13	4	3	1
20	11	9	2	2	
10	6	4	2	2	
17	**5**	**12**	**8**	**5**	**3**
6	1	5	3	1	2
			3	2	1
3		3			
6	3	3	2	2	
2	1	1			

6-2 续表 7

受教育程度 年 龄	合 计	生男孩的妇女人数	生女孩的妇女人数	一 孩		
				小计	男	女
大学本科	**9814**	**5186**	**4628**	**5420**	**2893**	**2527**
15-19岁	**6**	**3**	**3**	**5**	**2**	**3**
15						
16						
17						
18	1	1				
19	5	2	3	5	2	3
20-24岁	**306**	**162**	**144**	**265**	**147**	**118**
20	7	3	4	7	3	4
21	28	18	10	25	16	9
22	53	29	24	47	27	20
23	76	40	36	65	37	28
24	142	72	70	121	64	57
25-29岁	**3676**	**1936**	**1740**	**2815**	**1499**	**1316**
25	331	192	139	287	164	123
26	494	270	224	415	227	188
27	794	401	393	634	326	308
28	1028	523	505	770	399	371
29	1029	550	479	709	383	326
30-34岁	**4541**	**2411**	**2130**	**2113**	**1124**	**989**
30	1306	709	597	798	434	364
31	1087	596	491	554	302	252
32	889	443	446	370	179	191
33	711	375	336	241	130	111
34	548	288	260	150	79	71
35-39岁	**1097**	**570**	**527**	**182**	**100**	**82**
35	326	168	158	67	37	30
36	231	127	104	38	21	17
37	234	111	123	25	6	19
38	202	113	89	38	26	12
39	104	51	53	14	10	4
40-44岁	**160**	**82**	**78**	**33**	**17**	**16**
40	67	35	32	13	7	6
41	43	21	22	11	6	5
42	28	17	11	6	4	2
43	17	6	11	2		2
44	5	3	2	1		1
45-49岁	**28**	**22**	**6**	**7**	**4**	**3**
45	12	10	2	2	2	
46	6	4	2	1		1
47	4	3	1	1		1
48	5	4	1	2	1	1
49	1	1		1	1	

单位：人

二孩			三孩及以上		
小计	男	女	小计	男	女
4077	**2112**	**1965**	**317**	**181**	**136**
1	**1**				
1	1				
38	**14**	**24**	**3**	**1**	**2**
2	1	1	1	1	
6	2	4			
10	3	7	1		1
20	8	12	1		1
826	**413**	**413**	**35**	**24**	**11**
43	27	16	1	1	
79	43	36			
153	71	82	7	4	3
245	115	130	13	9	4
306	157	149	14	10	4
2256	**1189**	**1067**	**172**	**98**	**74**
476	259	217	32	16	16
493	270	223	40	24	16
491	248	243	28	16	12
432	221	211	38	24	14
364	191	173	34	18	16
819	**419**	**400**	**96**	**51**	**45**
241	121	120	18	10	8
173	94	79	20	12	8
180	91	89	29	14	15
145	76	69	19	11	8
80	37	43	10	4	6
118	**60**	**58**	**9**	**5**	**4**
48	25	23	6	3	3
30	14	16	2	1	1
21	12	9	1	1	
15	6	9			
4	3	1			
19	**16**	**3**	**2**	**2**	
9	7	2	1	1	
5	4	1			
2	2		1	1	
3	3				

6-2 续表 8

受教育程度 年龄	合计	生男孩的妇女人数	生女孩的妇女人数	一孩		
				小计	男	女
硕士研究生	**1086**	**557**	**529**	**678**	**349**	**329**
15-19岁						
15						
16						
17						
18						
19						
20-24岁	**5**	**2**	**3**	**5**	**2**	**3**
20						
21						
22						
23						
24	5	2	3	5	2	3
25-29岁	**259**	**138**	**121**	**239**	**128**	**111**
25	5	3	2	4	3	1
26	22	14	8	20	13	7
27	39	24	15	38	24	14
28	85	36	49	79	33	46
29	108	61	47	98	55	43
30-34岁	**623**	**309**	**314**	**388**	**199**	**189**
30	149	77	72	118	63	55
31	170	78	92	124	58	66
32	121	70	51	70	39	31
33	109	47	62	47	23	24
34	74	37	37	29	16	13
35-39岁	**177**	**99**	**78**	**40**	**16**	**24**
35	52	32	20	12	5	7
36	44	23	21	11	6	5
37	37	16	21	9		9
38	27	17	10	4	3	1
39	17	11	6	4	2	2
40-44岁	**20**	**8**	**12**	**4**	**3**	**1**
40	7	3	4	2	1	1
41	6	3	3	1	1	
42	1	1				
43	4		4			
44	2	1	1	1	1	
45-49岁	**2**	**1**	**1**	**2**	**1**	**1**
45						
46	1		1	1		1
47						
48	1	1		1	1	
49						

单位：人

二孩			三孩及以上		
小计	男	女	小计	男	女
396	**199**	**197**	**12**	**9**	**3**
20	**10**	**10**			
1		1			
2	1	1			
1		1			
6	3	3			
10	6	4			
232	**108**	**124**	**3**	**2**	**1**
30	14	16	1		1
46	20	26			
50	30	20	1	1	
61	23	38	1	1	
45	21	24			
129	**76**	**53**	**8**	**7**	**1**
38	25	13	2	2	
32	16	16	1	1	
26	15	11	2	1	1
21	12	9	2	2	
12	8	4	1	1	
15	**5**	**10**	**1**		**1**
4	2	2	1		1
5	2	3			
1	1				
4		4			
1		1			

6-2 续表 9

受教育程度 年 龄	合 计	生男孩的妇女人数	生女孩的妇女人数	一 孩		
				小计	男	女
博士研究生	**91**	**54**	**37**	**55**	**34**	**21**
15-19岁						
15						
16						
17						
18						
19						
20-24岁						
20						
21						
22						
23						
24						
25-29岁	**14**	**8**	**6**	**10**	**6**	**4**
25						
26	4	2	2	4	2	2
27	4	2	2	3	1	2
28	2	1	1	1	1	
29	4	3	1	2	2	
30-34岁	**51**	**32**	**19**	**40**	**25**	**15**
30	9	6	3	9	6	3
31	12	8	4	11	7	4
32	14	11	3	12	9	3
33	9	4	5	5	2	3
34	7	3	4	3	1	2
35-39岁	**18**	**10**	**8**	**5**	**3**	**2**
35	6	4	2	2	2	
36	3	3		1	1	
37	3		3	1		1
38	4	2	2			
39	2	1	1	1		1
40-44岁	**8**	**4**	**4**			
40	2		2			
41	2	2				
42						
43	1		1			
44	3	2	1			
45-49岁						
45						
46						
47						
48						
49						

单位：人

二孩			三孩及以上		
小计	男	女	小计	男	女
33	**18**	**15**	**3**	**2**	**1**
4	**2**	**2**			
1	1				
1		1			
2	1	1			
11	**7**	**4**			
1	1				
2	2				
4	2	2			
4	2	2			
13	**7**	**6**			
4	2	2			
2	2				
2		2			
4	2	2			
1	1				
5	**2**	**3**	**3**	**2**	**1**
2		2			
1	1		1	1	
1		1			
1	1		2	1	1

6-2a 全省按年龄、受教育程度、生育孩次

受教育程度 年　　龄	合　计	生男孩的妇女人数	生女孩的妇女人数	一　孩		
				小计	男	女
总　计	**24135**	**12674**	**11461**	**11247**	**5988**	**5259**
15-19岁	**81**	**38**	**43**	**74**	**33**	**41**
15						
16	5	1	4	5	1	4
17	12	5	7	11	5	6
18	14	6	8	12	4	8
19	50	26	24	46	23	23
20-24岁	**1786**	**910**	**876**	**1402**	**722**	**680**
20	103	54	49	86	47	39
21	219	104	115	189	89	100
22	336	179	157	267	138	129
23	471	254	217	377	202	175
24	657	319	338	483	246	237
25-29岁	**7604**	**4031**	**3573**	**4856**	**2611**	**2245**
25	893	476	417	649	349	300
26	1057	582	475	738	412	326
27	1546	797	749	1033	541	492
28	1985	1072	913	1215	654	561
29	2123	1104	1019	1221	655	566
30-34岁	**10648**	**5572**	**5076**	**4059**	**2159**	**1900**
30	2874	1502	1372	1378	723	655
31	2498	1316	1182	1060	566	494
32	2099	1087	1012	719	388	331
33	1867	978	889	559	292	267
34	1310	689	621	343	190	153
35-39岁	**3116**	**1645**	**1471**	**644**	**347**	**297**
35	879	464	415	200	106	94
36	696	379	317	145	80	65
37	583	290	293	111	56	55
38	582	309	273	109	66	43
39	376	203	173	79	39	40
40-44岁	**750**	**394**	**356**	**160**	**84**	**76**
40	248	123	125	45	27	18
41	204	118	86	44	23	21
42	144	73	71	37	17	20
43	91	43	48	22	11	11
44	63	37	26	12	6	6
45-49岁	**150**	**84**	**66**	**52**	**32**	**20**
45	42	24	18	12	6	6
46	30	16	14	11	6	5
47	23	14	9	10	7	3
48	26	12	14	9	6	3
49	29	18	11	10	7	3

分的育龄妇女人数(2019.11.1—2020.10.31)(城市)

单位：人

二孩			三孩及以上		
小计	男	女	小计	男	女
11133	**5634**	**5499**	**1755**	**1052**	**703**
6	**4**	**2**	**1**	**1**	
1		1			
1	1		1	1	
4	3	1			
356	**175**	**181**	**28**	**13**	**15**
16	7	9	1		1
28	14	14	2	1	1
65	39	26	4	2	2
90	49	41	4	3	1
157	66	91	17	7	10
2472	**1242**	**1230**	**276**	**178**	**98**
227	117	110	17	10	7
285	151	134	34	19	15
458	214	244	55	42	13
688	367	321	82	51	31
814	393	421	88	56	32
5737	**2910**	**2827**	**852**	**503**	**349**
1333	680	653	163	99	64
1264	653	611	174	97	77
1198	586	612	182	113	69
1109	573	536	199	113	86
833	418	415	134	81	53
2029	**1029**	**1000**	**443**	**269**	**174**
572	292	280	107	66	41
460	241	219	91	58	33
380	183	197	92	51	41
384	191	193	89	52	37
233	122	111	64	42	22
461	**238**	**223**	**129**	**72**	**57**
160	76	84	43	20	23
129	76	53	31	19	12
81	37	44	26	19	7
55	27	28	14	5	9
36	22	14	15	9	6
72	**36**	**36**	**26**	**16**	**10**
28	17	11	2	1	1
11	4	7	8	6	2
7	3	4	6	4	2
11	4	7	6	2	4
15	8	7	4	3	1

6-2a 续表 1

受教育程度 年龄	合计	生男孩的妇女人数	生女孩的妇女人数	一孩		
				小计	男	女
未上过学	**20**	**8**	**12**	**9**	**4**	**5**
15-19岁						
15						
16						
17						
18						
19						
20-24岁	**4**	**1**	**3**	**3**	**1**	**2**
20						
21	1		1	1		1
22	1	1		1	1	
23						
24	2		2	1		1
25-29岁	**5**	**3**	**2**	**3**	**2**	**1**
25	2	2		2	2	
26	1		1	1		1
27						
28						
29	2	1	1			
30-34岁	**4**	**2**	**2**			
30	1		1			
31	2	1	1			
32						
33						
34	1	1				
35-39岁	**4**	**1**	**3**	**3**	**1**	**2**
35	4	1	3	3	1	2
36						
37						
38						
39						
40-44岁	**2**		**2**			
40						
41						
42						
43	1		1			
44	1		1			
45-49岁	**1**	**1**				
45						
46	1	1				
47						
48						
49						

单位：人

二孩			三孩及以上		
小计	男	女	小计	男	女
9	**2**	**7**	**2**	**2**	
1		**1**			
1		1			
1		**1**	**1**	**1**	
1		1	1	1	
3	**1**	**2**	**1**	**1**	
1		1			
2	1	1			
			1	1	
1		**1**			
1		1			
2		**2**			
1		1			
1		1			
1	**1**				
1	1				

6-2a 续表 2

受教育程度 年 龄	合 计	生男孩的 妇女人数	生女孩的 妇女人数	一 孩		
				小计	男	女
学前教育	**1**	**1**		**1**	**1**	
15-19岁						
15						
16						
17						
18						
19						
20-24岁						
20						
21						
22						
23						
24						
25-29岁						
25						
26						
27						
28						
29						
30-34岁						
30						
31						
32						
33						
34						
35-39岁	**1**	**1**		**1**	**1**	
35						
36						
37	1	1		1	1	
38						
39						
40-44岁						
40						
41						
42						
43						
44						
45-49岁						
45						
46						
47						
48						
49						

单位：人

二孩			三孩及以上		
小计	男	女	小计	男	女

6-2a 续表 3

受教育程度 年 龄	合 计	生男孩的妇女人数	生女孩的妇女人数	一 孩		
				小计	男	女
小 学	**246**	**134**	**112**	**86**	**46**	**40**
15-19岁	**1**		**1**	**1**		**1**
15						
16						
17						
18						
19	1		1	1		1
20-24岁	**30**	**10**	**20**	**20**	**8**	**12**
20						
21	5	2	3	4	2	2
22	7	3	4	5	3	2
23	9	3	6	7	2	5
24	9	2	7	4	1	3
25-29岁	**53**	**35**	**18**	**23**	**17**	**6**
25	12	6	6	7	4	3
26	15	8	7	8	6	2
27	6	3	3	1	1	
28	13	11	2	4	3	1
29	7	7		3	3	
30-34岁	**103**	**49**	**54**	**31**	**15**	**16**
30	26	11	15	4	3	1
31	28	9	19	13	4	9
32	16	8	8	7	4	3
33	20	14	6	2	1	1
34	13	7	6	5	3	2
35-39岁	**40**	**31**	**9**	**6**	**4**	**2**
35	8	8		1	1	
36	12	8	4	3	2	1
37	7	3	4	2	1	1
38	5	5				
39	8	7	1			
40-44岁	**10**	**4**	**6**	**2**	**1**	**1**
40						
41	3	2	1			
42	3	1	2	1	1	
43	1		1			
44	3	1	2	1		1
45-49岁	**9**	**5**	**4**	**3**	**1**	**2**
45	3	1	2	1		1
46	2	1	1			
47	1	1		1	1	
48						
49	3	2	1	1		1

单位：人

二孩			三孩及以上		
小计	男	女	小计	男	女
123	**62**	**61**	**37**	**26**	**11**
9	**2**	**7**	**1**		**1**
1		1			
2		2			
2	1	1			
4	1	3	1		1
25	**13**	**12**	**5**	**5**	
5	2	3			
6	1	5	1	1	
3		3	2	2	
8	7	1	1	1	
3	3		1	1	
59	**26**	**33**	**13**	**8**	**5**
19	6	13	3	2	1
14	5	9	1		1
6	2	4	3	2	1
13	10	3	5	3	2
7	3	4	1	1	
20	**16**	**4**	**14**	**11**	**3**
4	4		3	3	
8	5	3	1	1	
3	2	1	2		2
1	1		4	4	
4	4		4	3	1
5	**2**	**3**	**3**	**1**	**2**
1	1		2	1	1
2		2			
1		1			
1	1		1		1
5	**3**	**2**	**1**	**1**	
2	1	1			
1		1	1	1	
2	2				

6-2a 续表 4

受教育程度 年 龄	合 计	生男孩的 妇女人数	生女孩的 妇女人数	一 孩		
				小计	男	女
初 中	**4738**	**2499**	**2239**	**1638**	**863**	**775**
15-19岁	**52**	**25**	**27**	**47**	**21**	**26**
15						
16	3	1	2	3	1	2
17	10	4	6	9	4	5
18	10	3	7	9	2	7
19	29	17	12	26	14	12
20-24岁	**582**	**303**	**279**	**404**	**211**	**193**
20	54	27	27	44	23	21
21	85	43	42	68	35	33
22	125	64	61	86	42	44
23	154	90	64	111	63	48
24	164	79	85	95	48	47
25-29岁	**1332**	**707**	**625**	**569**	**301**	**268**
25	199	107	92	110	56	54
26	195	102	93	106	61	45
27	280	154	126	110	58	52
28	337	190	147	130	67	63
29	321	154	167	113	59	54
30-34岁	**1862**	**979**	**883**	**429**	**226**	**203**
30	492	257	235	133	64	69
31	438	237	201	105	61	44
32	344	179	165	66	31	35
33	340	167	173	67	36	31
34	248	139	109	58	34	24
35-39岁	**634**	**329**	**305**	**129**	**68**	**61**
35	158	84	74	42	23	19
36	158	88	70	33	20	13
37	112	58	54	18	10	8
38	117	56	61	15	9	6
39	89	43	46	21	6	15
40-44岁	**224**	**124**	**100**	**44**	**24**	**20**
40	69	39	30	12	8	4
41	57	34	23	13	6	7
42	47	22	25	9	4	5
43	28	13	15	7	4	3
44	23	16	7	3	2	1
45-49岁	**52**	**32**	**20**	**16**	**12**	**4**
45	14	11	3	5	3	2
46	8	6	2	4	4	
47	8	5	3	3	3	
48	9	3	6			
49	13	7	6	4	2	2

单位：人

二孩			三孩及以上		
小计	男	女	小计	男	女
2369	**1213**	**1156**	**731**	**423**	**308**
5	**4**	**1**			
1		1			
1	1				
3	3				
159	**82**	**77**	**19**	**10**	**9**
9	4	5	1		1
15	7	8	2	1	1
35	20	15	4	2	2
40	24	16	3	3	
60	27	33	9	4	5
638	**324**	**314**	**125**	**82**	**43**
83	46	37	6	5	1
75	36	39	14	5	9
140	74	66	30	22	8
174	100	74	33	23	10
166	68	98	42	27	15
1083	**560**	**523**	**350**	**193**	**157**
292	152	140	67	41	26
254	137	117	79	39	40
201	101	100	77	47	30
200	100	100	73	31	42
136	70	66	54	35	19
338	**160**	**178**	**167**	**101**	**66**
82	41	41	34	20	14
86	46	40	39	22	17
55	21	34	39	27	12
72	31	41	30	16	14
43	21	22	25	16	9
121	**69**	**52**	**59**	**31**	**28**
42	25	17	15	6	9
29	18	11	15	10	5
25	11	14	13	7	6
11	5	6	10	4	6
14	10	4	6	4	2
25	**14**	**11**	**11**	**6**	**5**
9	8	1			
3	1	2	1	1	
2	1	1	3	1	2
4	1	3	5	2	3
7	3	4	2	2	

6-2a 续表 5

受教育程度 年龄	合计	生男孩的妇女人数	生女孩的妇女人数	一孩		
				小计	男	女
高 中	**5512**	**2921**	**2591**	**2332**	**1266**	**1066**
15-19岁	**16**	**8**	**8**	**15**	**7**	**8**
15						
16	2		2	2		2
17	1	1		1	1	
18	3	2	1	2	1	1
19	10	5	5	10	5	5
20-24岁	**573**	**287**	**286**	**450**	**221**	**229**
20	30	15	15	23	12	11
21	81	41	40	73	36	37
22	106	58	48	88	44	44
23	153	79	74	118	60	58
24	203	94	109	148	69	79
25-29岁	**1733**	**933**	**800**	**940**	**522**	**418**
25	245	127	118	174	94	80
26	246	146	100	143	86	57
27	333	156	177	196	90	106
28	446	256	190	210	122	88
29	463	248	215	217	130	87
30-34岁	**2246**	**1195**	**1051**	**714**	**393**	**321**
30	611	317	294	244	128	116
31	491	266	225	168	95	73
32	444	225	219	111	65	46
33	417	238	179	123	66	57
34	283	149	134	68	39	29
35-39岁	**688**	**363**	**325**	**153**	**89**	**64**
35	198	107	91	41	24	17
36	147	82	65	38	16	22
37	128	63	65	30	21	9
38	124	62	62	23	16	7
39	91	49	42	21	12	9
40-44岁	**215**	**113**	**102**	**46**	**24**	**22**
40	64	32	32	8	3	5
41	59	30	29	14	6	8
42	48	28	20	12	8	4
43	28	15	13	9	5	4
44	16	8	8	3	2	1
45-49岁	**41**	**22**	**19**	**14**	**10**	**4**
45	9	3	6	3	1	2
46	9	3	6	3	1	2
47	6	6		2	2	
48	7	4	3	3	3	
49	10	6	4	3	3	

单位：人

二孩			三孩及以上		
小计	男	女	小计	男	女
2692	**1348**	**1344**	**488**	**307**	**181**
			1	**1**	
			1	1	
119	**65**	**54**	**4**	**1**	**3**
7	3	4			
8	5	3			
18	14	4			
34	19	15	1		1
52	24	28	3	1	2
709	**353**	**356**	**84**	**58**	**26**
64	28	36	7	5	2
89	50	39	14	10	4
128	57	71	9	9	
208	117	91	28	17	11
220	101	119	26	17	9
1300	**659**	**641**	**232**	**143**	**89**
319	158	161	48	31	17
280	147	133	43	24	19
285	126	159	48	34	14
239	137	102	55	35	20
177	91	86	38	19	19
416	**201**	**215**	**119**	**73**	**46**
124	62	62	33	21	12
85	49	36	24	17	7
78	33	45	20	9	11
75	32	43	26	14	12
54	25	29	16	12	4
129	**63**	**66**	**40**	**26**	**14**
40	17	23	16	12	4
38	21	17	7	3	4
26	11	15	10	9	1
16	10	6	3		3
9	4	5	4	2	2
19	**7**	**12**	**8**	**5**	**3**
6	2	4			
3		3	3	2	1
2	2		2	2	
3	1	2	1		1
5	2	3	2	1	1

6-2a 续表 6

受教育程度 年龄	合计	生男孩的妇女人数	生女孩的妇女人数	一孩		
				小计	男	女
大学专科	**7006**	**3633**	**3373**	**3524**	**1872**	**1652**
15-19岁	**10**	**4**	**6**	**9**	**4**	**5**
15						
16						
17	1		1	1		1
18	1	1		1	1	
19	8	3	5	7	3	4
20-24岁	**473**	**244**	**229**	**416**	**221**	**195**
20	17	10	7	17	10	7
21	35	10	25	32	9	23
22	80	46	34	72	42	30
23	123	65	58	113	60	53
24	218	113	105	182	100	82
25-29岁	**2370**	**1237**	**1133**	**1617**	**861**	**756**
25	286	151	135	223	122	101
26	323	181	142	246	137	109
27	506	261	245	370	200	170
28	585	299	286	386	202	184
29	670	345	325	392	200	192
30-34岁	**3134**	**1620**	**1514**	**1243**	**660**	**583**
30	851	443	408	428	225	203
31	763	388	375	341	179	162
32	628	338	290	220	123	97
33	541	271	270	160	78	82
34	351	180	171	94	55	39
35-39岁	**826**	**434**	**392**	**186**	**102**	**84**
35	240	121	119	58	30	28
36	176	92	84	34	23	11
37	148	78	70	32	18	14
38	163	84	79	39	19	20
39	99	59	40	23	12	11
40-44岁	**166**	**84**	**82**	**41**	**19**	**22**
40	62	27	35	16	11	5
41	47	29	18	6	4	2
42	27	10	17	11	1	10
43	19	11	8	5	2	3
44	11	7	4	3	1	2
45-49岁	**27**	**10**	**17**	**12**	**5**	**7**
45	7	2	5	1		1
46	5	3	2	2	1	1
47	7	1	6	4	1	3
48	5	1	4	3	1	2
49	3	3		2	2	

单位：人

二孩			三孩及以上		
小计	男	女	小计	男	女
3163	**1569**	**1594**	**319**	**192**	**127**
1		**1**			
1		1			
53	**21**	**32**	**4**	**2**	**2**
3	1	2			
8	4	4			
10	5	5			
32	11	21	4	2	2
701	**349**	**352**	**52**	**27**	**25**
59	29	30	4		4
72	41	31	5	3	2
125	53	72	11	8	3
183	89	94	16	8	8
262	137	125	16	8	8
1729	**855**	**874**	**162**	**105**	**57**
400	202	198	23	16	7
389	186	203	33	23	10
369	194	175	39	21	18
335	163	172	46	30	16
236	110	126	21	15	6
560	**286**	**274**	**80**	**46**	**34**
161	79	82	21	12	9
130	60	70	12	9	3
98	52	46	18	8	10
107	56	51	17	9	8
64	39	25	12	8	4
109	**56**	**53**	**16**	**9**	**7**
40	16	24	6		6
37	22	15	4	3	1
13	6	7	3	3	
13	8	5	1	1	
6	4	2	2	2	
10	**2**	**8**	**5**	**3**	**2**
4	1	3	2	1	1
			3	2	1
3		3			
2		2			
1	1				

6-2a 续表 7

受教育程度 年龄	合计	生男孩的 妇女人数	生女孩的 妇女人数	一孩		
				小计	男	女
大学本科	**5761**	**3029**	**2732**	**3154**	**1664**	**1490**
15-19岁	**2**	**1**	**1**	**2**	**1**	**1**
15						
16						
17						
18						
19	2	1	1	2	1	1
20-24岁	**122**	**64**	**58**	**107**	**59**	**48**
20	2	2		2	2	
21	12	8	4	11	7	4
22	17	7	10	15	6	9
23	32	17	15	28	17	11
24	59	30	29	51	27	24
25-29岁	**1936**	**1019**	**917**	**1546**	**819**	**727**
25	146	82	64	131	70	61
26	260	133	127	219	111	108
27	402	212	190	338	182	156
28	547	290	257	433	235	198
29	581	302	279	425	221	204
30-34岁	**2804**	**1470**	**1334**	**1333**	**695**	**638**
30	785	414	371	487	256	231
31	644	352	292	334	179	155
32	563	272	291	251	124	127
33	457	247	210	165	89	76
34	355	185	170	96	47	49
35-39岁	**770**	**404**	**366**	**137**	**74**	**63**
35	226	116	110	48	25	23
36	172	95	77	30	16	14
37	153	73	80	20	5	15
38	148	86	62	30	21	9
39	71	34	37	9	7	2
40-44岁	**109**	**58**	**51**	**24**	**13**	**11**
40	47	23	24	8	4	4
41	30	18	12	10	6	4
42	18	11	7	4	3	1
43	10	4	6	1		1
44	4	2	2	1		1
45-49岁	**18**	**13**	**5**	**5**	**3**	**2**
45	9	7	2	2	2	
46	4	2	2	1		1
47	1	1				
48	4	3	1	2	1	1
49						

单位：人

二孩			三孩及以上		
小计	男	女	小计	男	女
2442	**1273**	**1169**	**165**	**92**	**73**
15	**5**	**10**			
1	1				
2	1	1			
4		4			
8	3	5			
381	**195**	**186**	**9**	**5**	**4**
15	12	3			
41	22	19			
61	29	32	3	1	2
110	53	57	4	2	2
154	79	75	2	2	
1380	**724**	**656**	**91**	**51**	**40**
277	149	128	21	9	12
292	162	130	18	11	7
298	140	158	14	8	6
273	145	128	19	13	6
240	128	112	19	10	9
576	**298**	**278**	**57**	**32**	**25**
164	83	81	14	8	6
127	70	57	15	9	6
121	62	59	12	6	6
108	58	50	10	7	3
56	25	31	6	2	4
78	**42**	**36**	**7**	**3**	**4**
34	17	17	5	2	3
18	11	7	2	1	1
14	8	6			
9	4	5			
3	2	1			
12	**9**	**3**	**1**	**1**	
7	5	2			
3	2	1			
			1	1	
2	2				

6-2a 续表 8

受教育程度 年龄	合计	生男孩的妇女人数	生女孩的妇女人数	一孩 小计	一孩 男	一孩 女
硕士研究生	**784**	**409**	**375**	**464**	**245**	**219**
15-19岁						
15						
16						
17						
18						
19						
20-24岁	**2**	**1**	**1**	**2**	**1**	**1**
20						
21						
22						
23						
24	2	1	1	2	1	1
25-29岁	**164**	**90**	**74**	**151**	**84**	**67**
25	3	1	2	2	1	1
26	15	10	5	13	9	4
27	16	10	6	16	10	6
28	55	25	30	51	24	27
29	75	44	31	69	40	29
30-34岁	**460**	**234**	**226**	**281**	**150**	**131**
30	102	55	47	76	42	34
31	123	57	66	91	43	48
32	95	57	38	56	34	22
33	86	39	47	38	20	18
34	54	26	28	20	11	9
35-39岁	**139**	**76**	**63**	**25**	**6**	**19**
35	41	25	16	6	1	5
36	30	13	17	6	2	4
37	31	14	17	7		7
38	21	14	7	2	1	1
39	16	10	6	4	2	2
40-44岁	**17**	**7**	**10**	**3**	**3**	
40	5	2	3	1	1	
41	6	3	3	1	1	
42	1	1				
43	3		3			
44	2	1	1	1	1	
45-49岁	**2**	**1**	**1**	**2**	**1**	**1**
45						
46	1		1	1		1
47						
48	1	1		1	1	
49						

单位：人

二孩			三孩及以上		
小计	男	女	小计	男	女
310	**156**	**154**	**10**	**8**	**2**
13	**6**	**7**			
1		1			
2	1	1			
4	1	3			
6	4	2			
176	**82**	**94**	**3**	**2**	**1**
25	13	12	1		1
32	14	18			
38	22	16	1	1	
47	18	29	1	1	
34	15	19			
108	**64**	**44**	**6**	**6**	
33	22	11	2	2	
24	11	13			
23	13	10	1	1	
17	11	6	2	2	
11	7	4	1	1	
13	**4**	**9**	**1**		**1**
3	1	2	1		1
5	2	3			
1	1				
3		3			
1		1			

6-2a 续表 9

受教育程度 年 龄	合 计	生男孩的 妇女人数	生女孩的 妇女人数	一 孩		
				小计	男	女
博士研究生	**67**	**40**	**27**	**39**	**27**	**12**
15-19岁						
15						
16						
17						
18						
19						
20-24岁						
20						
21						
22						
23						
24						
25-29岁	**11**	**7**	**4**	**7**	**5**	**2**
25						
26	2	2		2	2	
27	3	1	2	2		2
28	2	1	1	1	1	
29	4	3	1	2	2	
30-34岁	**35**	**23**	**12**	**28**	**20**	**8**
30	6	5	1	6	5	1
31	9	6	3	8	5	3
32	9	8	1	8	7	1
33	6	2	4	4	2	2
34	5	2	3	2	1	1
35-39岁	**14**	**6**	**8**	**4**	**2**	**2**
35	4	2	2	1	1	
36	1	1		1	1	
37	3		3	1		1
38	4	2	2			
39	2	1	1	1		1
40-44岁	**7**	**4**	**3**			
40	1		1			
41	2	2				
42						
43	1		1			
44	3	2	1			
45-49岁						
45						
46						
47						
48						
49						

单位：人

二孩			三孩及以上		
小计	男	女	小计	男	女
25	**11**	**14**	**3**	**2**	**1**
4	**2**	**2**			
1	1				
1		1			
2	1	1			
7	**3**	**4**			
1	1				
1	1				
2		2			
3	1	2			
10	**4**	**6**			
3	1	2			
2		2			
4	2	2			
1	1				
4	**2**	**2**	**3**	**2**	**1**
1		1			
1	1		1	1	
1		1			
1	1		2	1	1

6-2b 全省按年龄、受教育程度、生育孩次

受教育程度 年龄	合计	生男孩的妇女人数	生女孩的妇女人数	一孩		
				小计	男	女
总计	**27039**	**14356**	**12683**	**11053**	**6028**	**5025**
15-19岁	**265**	**137**	**128**	**244**	**125**	**119**
15	2	1	1	2	1	1
16	14	6	8	11	4	7
17	32	14	18	32	14	18
18	68	39	29	61	34	27
19	149	77	72	138	72	66
20-24岁	**3764**	**2006**	**1758**	**2591**	**1417**	**1174**
20	297	164	133	244	140	104
21	536	295	241	418	232	186
22	784	405	379	569	310	259
23	987	517	470	669	365	304
24	1160	625	535	691	370	321
25-29岁	**9409**	**5034**	**4375**	**4621**	**2530**	**2091**
25	1378	731	647	791	420	371
26	1538	838	700	820	465	355
27	2009	1090	919	1055	597	458
28	2185	1117	1068	1005	513	492
29	2299	1258	1041	950	535	415
30-34岁	**10205**	**5378**	**4827**	**2970**	**1590**	**1380**
30	2920	1554	1366	1040	552	488
31	2432	1257	1175	800	421	379
32	1979	1055	924	506	268	238
33	1661	880	781	382	218	164
34	1213	632	581	242	131	111
35-39岁	**2572**	**1367**	**1205**	**450**	**263**	**187**
35	745	377	368	150	78	72
36	616	335	281	109	68	41
37	494	266	228	81	46	35
38	426	239	187	71	48	23
39	291	150	141	39	23	16
40-44岁	**616**	**313**	**303**	**122**	**68**	**54**
40	227	122	105	50	29	21
41	151	73	78	22	10	12
42	108	62	46	23	12	11
43	69	28	41	13	10	3
44	61	28	33	14	7	7
45-49岁	**208**	**121**	**87**	**55**	**35**	**20**
45	38	25	13	10	6	4
46	47	26	21	14	8	6
47	25	10	15	8	3	5
48	50	32	18	10	8	2
49	48	28	20	13	10	3

分的育龄妇女人数(2019.11.1—2020.10.31)(镇)

单位：人

二孩			三孩及以上		
小计	男	女	小计	男	女
12124	**6165**	**5959**	**3862**	**2163**	**1699**
19	**11**	**8**	**2**	**1**	**1**
3	2	1			
7	5	2			
9	4	5	2	1	1
1063	**529**	**534**	**110**	**60**	**50**
49	23	26	4	1	3
108	56	52	10	7	3
203	90	113	12	5	7
286	139	147	32	13	19
417	221	196	52	34	18
3997	**2058**	**1939**	**791**	**446**	**345**
519	273	246	68	38	30
629	317	312	89	56	33
812	417	395	142	76	66
956	484	472	224	120	104
1081	567	514	268	156	112
5238	**2633**	**2605**	**1997**	**1155**	**842**
1410	706	704	470	296	174
1227	614	613	405	222	183
1092	567	525	381	220	161
873	429	444	406	233	173
636	317	319	335	184	151
1371	**721**	**650**	**751**	**383**	**368**
406	209	197	189	90	99
308	158	150	199	109	90
286	159	127	127	61	66
215	117	98	140	74	66
156	78	78	96	49	47
327	**156**	**171**	**167**	**89**	**78**
107	52	55	70	41	29
89	41	48	40	22	18
59	36	23	26	14	12
39	12	27	17	6	11
33	15	18	14	6	8
109	**57**	**52**	**44**	**29**	**15**
19	12	7	9	7	2
21	11	10	12	7	5
11	3	8	6	4	2
29	16	13	11	8	3
29	15	14	6	3	3

6-2b 续表 1

受教育程度 年龄	合计	生男孩的妇女人数	生女孩的妇女人数	一孩		
				小计	男	女
未上过学	**41**	**24**	**17**	**22**	**13**	**9**
15-19岁	**1**	**1**				
15						
16						
17						
18	1	1				
19						
20-24岁	**4**	**2**	**2**	**4**	**2**	**2**
20						
21	1		1	1		1
22	1	1		1	1	
23						
24	2	1	1	2	1	1
25-29岁	**11**	**6**	**5**	**5**	**2**	**3**
25	2	1	1	1		1
26	4	2	2	2	1	1
27						
28	3	2	1	2	1	1
29	2	1	1			
30-34岁	**14**	**8**	**6**	**9**	**6**	**3**
30	7	4	3	3	2	1
31	3	1	2	3	1	2
32	2	2		2	2	
33	2	1	1	1	1	
34						
35-39岁	**4**	**2**	**2**	**1**	**1**	
35	2	1	1			
36						
37						
38	1	1		1	1	
39	1		1			
40-44岁	**5**	**4**	**1**	**3**	**2**	**1**
40	2	2		1	1	
41	1	1		1	1	
42	1	1				
43	1		1	1		1
44						
45-49岁	**2**	**1**	**1**			
45						
46	1		1			
47						
48						
49	1	1				

单位：人

二孩			三孩及以上		
小计	男	女	小计	男	女
13	**8**	**5**	**6**	**3**	**3**
1	**1**				
1	1				
4	**3**	**1**	**2**	**1**	**1**
1	1				
1	1		1		1
			1	1	
2	1	1			
3	**1**	**2**	**2**	**1**	**1**
2	1	1	2	1	1
1		1			
2	**1**	**1**	**1**		**1**
1	1		1		1
1		1			
1	**1**		**1**	**1**	
			1	1	
1	1				
2	**1**	**1**			
1		1			
1	1				

6-2b 续表 2

受教育程度 年龄	合计	生男孩的妇女人数	生女孩的妇女人数	一孩 小计	一孩 男	一孩 女
学前教育	**7**	**5**	**2**	**4**	**2**	**2**
15-19岁						
15						
16						
17						
18						
19						
20-24岁	**2**	**1**	**1**	**1**		**1**
20						
21						
22						
23						
24	2	1	1	1		1
25-29岁	**1**		**1**	**1**		**1**
25	1		1	1		1
26						
27						
28						
29						
30-34岁	**4**	**4**		**2**	**2**	
30	2	2		2	2	
31						
32	1	1				
33						
34	1	1				
35-39岁						
35						
36						
37						
38						
39						
40-44岁						
40						
41						
42						
43						
44						
45-49岁						
45						
46						
47						
48						
49						

单位：人

二孩			三孩及以上		
小计	男	女	小计	男	女
2	**2**		**1**	**1**	
1	**1**				
1	1				
1	**1**		**1**	**1**	
1	1				
			1	1	

6-2b 续表 3

受教育程度 年龄	合计	生男孩的妇女人数	生女孩的妇女人数	一孩		
				小计	男	女
小学	**704**	**377**	**327**	**225**	**130**	**95**
15-19岁	**4**	**1**	**3**	**4**	**1**	**3**
15						
16	1	1		1	1	
17	1		1	1		1
18						
19	2		2	2		2
20-24岁	**85**	**47**	**38**	**50**	**32**	**18**
20	3	3		2	2	
21	14	10	4	7	6	1
22	19	14	5	15	11	4
23	22	12	10	13	8	5
24	27	8	19	13	5	8
25-29岁	**165**	**86**	**79**	**65**	**37**	**28**
25	23	13	10	11	6	5
26	22	11	11	11	4	7
27	37	22	15	19	12	7
28	36	19	17	13	8	5
29	47	21	26	11	7	4
30-34岁	**266**	**137**	**129**	**66**	**33**	**33**
30	65	33	32	17	10	7
31	61	29	32	14	6	8
32	57	33	24	18	10	8
33	52	23	29	7	3	4
34	31	19	12	10	4	6
35-39岁	**114**	**64**	**50**	**21**	**16**	**5**
35	28	18	10	7	6	1
36	33	16	17	5	3	2
37	23	15	8	5	4	1
38	14	7	7	2	2	
39	16	8	8	2	1	1
40-44岁	**33**	**21**	**12**	**11**	**6**	**5**
40	8	4	4	2	1	1
41	12	8	4	3	1	2
42	8	5	3	4	3	1
43	3	2	1	2	1	1
44	2	2				
45-49岁	**37**	**21**	**16**	**8**	**5**	**3**
45	6	5	1			
46	8	3	5	3	1	2
47	3	1	2	1		1
48	11	7	4	2	2	
49	9	5	4	2	2	

单位：人

二孩			三孩及以上		
小计	男	女	小计	男	女
289	**132**	**157**	**190**	**115**	**75**
30	**11**	**19**	**5**	**4**	**1**
1	1				
5	2	3	2	2	
4	3	1			
6	2	4	3	2	1
14	3	11			
76	**33**	**43**	**24**	**16**	**8**
8	4	4	4	3	1
10	6	4	1	1	
14	8	6	4	2	2
18	6	12	5	5	
26	9	17	10	5	5
118	**54**	**64**	**82**	**50**	**32**
33	14	19	15	9	6
28	11	17	19	12	7
25	13	12	14	10	4
20	7	13	25	13	12
12	9	3	9	6	3
39	**21**	**18**	**54**	**27**	**27**
13	7	6	8	5	3
8	5	3	20	8	12
8	4	4	10	7	3
4	1	3	8	4	4
6	4	2	8	3	5
12	**7**	**5**	**10**	**8**	**2**
4	1	3	2	2	
5	3	2	4	4	
2	2		2		2
			1	1	
1	1		1	1	
14	**6**	**8**	**15**	**10**	**5**
2	2		4	3	1
2	1	1	3	1	2
1		1	1	1	
5	2	3	4	3	1
4	1	3	3	2	1

6-2b 续表 4

受教育程度 年　　龄	合　计	生男孩的妇女人数	生女孩的妇女人数	一　孩		
				小计	男	女
初　中	**11905**	**6256**	**5649**	**4040**	**2204**	**1836**
15-19岁	**177**	**88**	**89**	**163**	**80**	**83**
15	1		1	1		1
16	12	5	7	9	3	6
17	24	9	15	24	9	15
18	43	27	16	41	25	16
19	97	47	50	88	43	45
20-24岁	**2049**	**1091**	**958**	**1295**	**723**	**572**
20	185	104	81	146	87	59
21	310	172	138	231	133	98
22	445	228	217	302	168	134
23	526	266	260	315	165	150
24	583	321	262	301	170	131
25-29岁	**3728**	**1982**	**1746**	**1373**	**754**	**619**
25	629	325	304	293	145	148
26	656	354	302	280	161	119
27	767	407	360	292	169	123
28	818	416	402	255	134	121
29	858	480	378	253	145	108
30-34岁	**4263**	**2236**	**2027**	**925**	**491**	**434**
30	1196	649	547	297	159	138
31	997	484	513	235	110	125
32	803	411	392	149	82	67
33	707	393	314	148	91	57
34	560	299	261	96	49	47
35-39岁	**1222**	**624**	**598**	**192**	**106**	**86**
35	352	171	181	64	32	32
36	297	163	134	49	34	15
37	223	109	114	35	17	18
38	211	116	95	27	17	10
39	139	65	74	17	6	11
40-44岁	**339**	**163**	**176**	**64**	**34**	**30**
40	122	64	58	28	15	13
41	80	38	42	10	5	5
42	54	29	25	11	4	7
43	40	15	25	6	6	
44	43	17	26	9	4	5
45-49岁	**127**	**72**	**55**	**28**	**16**	**12**
45	20	13	7	5	3	2
46	31	19	12	8	5	3
47	19	8	11	6	3	3
48	27	17	10	5	4	1
49	30	15	15	4	1	3

单位：人

二孩			三孩及以上		
小计	男	女	小计	男	女
5427	**2744**	**2683**	**2438**	**1308**	**1130**
12	**7**	**5**	**2**	**1**	**1**
3	2	1			
2	2				
7	3	4	2	1	1
676	**327**	**349**	**78**	**41**	**37**
35	16	19	4	1	3
73	36	37	6	3	3
132	56	76	11	4	7
189	92	97	22	9	13
247	127	120	35	24	11
1863	**963**	**900**	**492**	**265**	**227**
289	155	134	47	25	22
317	155	162	59	38	21
383	191	192	92	47	45
422	214	208	141	68	73
452	248	204	153	87	66
2067	**1036**	**1031**	**1271**	**709**	**562**
590	300	290	309	190	119
500	242	258	262	132	130
416	199	217	238	130	108
317	163	154	242	139	103
244	132	112	220	118	102
566	**292**	**274**	**464**	**226**	**238**
166	84	82	122	55	67
140	70	70	108	59	49
107	56	51	81	36	45
96	55	41	88	44	44
57	27	30	65	32	33
168	**78**	**90**	**107**	**51**	**56**
52	25	27	42	24	18
44	20	24	26	13	13
29	18	11	14	7	7
20	6	14	14	3	11
23	9	14	11	4	7
75	**41**	**34**	**24**	**15**	**9**
13	8	5	2	2	
14	8	6	9	6	3
8	2	6	5	3	2
17	10	7	5	3	2
23	13	10	3	1	2

6-2b 续表 5

受教育程度 年龄	合计	生男孩的妇女人数	生女孩的妇女人数	一孩		
				小计	男	女
高 中	**6229**	**3379**	**2850**	**2607**	**1461**	**1146**
15-19岁	**61**	**34**	**27**	**57**	**33**	**24**
15	1	1		1	1	
16	1		1	1		1
17	6	4	2	6	4	2
18	19	8	11	17	8	9
19	34	21	13	32	20	12
20-24岁	**961**	**509**	**452**	**698**	**371**	**327**
20	79	39	40	68	34	34
21	137	72	65	113	57	56
22	204	98	106	152	75	77
23	255	141	114	193	114	79
24	286	159	127	172	91	81
25-29岁	**2247**	**1255**	**992**	**1031**	**597**	**434**
25	369	200	169	211	114	97
26	353	205	148	160	103	57
27	501	283	218	249	150	99
28	486	278	208	201	116	85
29	538	289	249	210	114	96
30-34岁	**2264**	**1195**	**1069**	**668**	**364**	**304**
30	687	377	310	242	141	101
31	512	264	248	167	91	76
32	434	236	198	120	57	63
33	384	193	191	90	46	44
34	247	125	122	49	29	20
35-39岁	**557**	**310**	**247**	**120**	**73**	**47**
35	166	81	85	34	16	18
36	124	65	59	26	13	13
37	109	73	36	26	18	8
38	95	58	37	25	18	7
39	63	33	30	9	8	1
40-44岁	**118**	**62**	**56**	**22**	**14**	**8**
40	47	22	25	9	6	3
41	28	14	14	3	2	1
42	21	15	6	3	2	1
43	11	5	6	2	1	1
44	11	6	5	5	3	2
45-49岁	**21**	**14**	**7**	**11**	**9**	**2**
45	6	5	1	3	2	1
46	3	1	2	1	1	
47	1		1			
48	7	4	3	3	2	1
49	4	4		4	4	

单位：人

二孩			三孩及以上		
小计	男	女	小计	男	女
2856	**1469**	**1387**	**766**	**449**	**317**
4	**1**	**3**			
2		2			
2	1	1			
243	**126**	**117**	**20**	**12**	**8**
11	5	6			
23	14	9	1	1	
51	22	29	1	1	
57	26	31	5	1	4
101	59	42	13	9	4
1030	**549**	**481**	**186**	**109**	**77**
146	78	68	12	8	4
172	90	82	21	12	9
214	112	102	38	21	17
237	134	103	48	28	20
261	135	126	67	40	27
1209	**602**	**607**	**387**	**229**	**158**
347	171	176	98	65	33
268	128	140	77	45	32
246	138	108	68	41	27
214	103	111	80	44	36
134	62	72	64	34	30
302	**160**	**142**	**135**	**77**	**58**
92	45	47	40	20	20
59	30	29	39	22	17
64	44	20	19	11	8
45	23	22	25	17	8
42	18	24	12	7	5
61	**29**	**32**	**35**	**19**	**16**
23	10	13	15	6	9
17	8	9	8	4	4
10	7	3	8	6	2
7	2	5	2	2	
4	2	2	2	1	1
7	**2**	**5**	**3**	**3**	
1	1		2	2	
2		2			
1		1			
3	1	2	1	1	

6-2b 续表 6

受教育程度 年 龄	合 计	生男孩的妇女人数	生女孩的妇女人数	一孩 小计	一孩 男	一孩 女
大学专科	**4866**	**2556**	**2310**	**2333**	**1233**	**1100**
15-19岁	**18**	**11**	**7**	**17**	**10**	**7**
15						
16						
17	1	1		1	1	
18	4	2	2	3	1	2
19	13	8	5	13	8	5
20-24岁	**541**	**288**	**253**	**436**	**229**	**207**
20	27	18	9	25	17	8
21	66	34	32	59	30	29
22	92	48	44	78	40	38
23	152	77	75	120	60	60
24	204	111	93	154	82	72
25-29岁	**1913**	**997**	**916**	**1162**	**612**	**550**
25	225	114	111	168	90	78
26	330	170	160	218	111	107
27	396	222	174	260	144	116
28	476	231	245	275	135	140
29	486	260	226	241	132	109
30-34岁	**1940**	**1008**	**932**	**628**	**328**	**300**
30	560	266	294	227	99	128
31	487	276	211	179	104	75
32	398	215	183	111	66	45
33	291	157	134	70	41	29
34	204	94	110	41	18	23
35-39岁	**370**	**206**	**164**	**70**	**42**	**28**
35	106	58	48	25	13	12
36	97	53	44	20	12	8
37	67	35	32	9	6	3
38	56	31	25	9	5	4
39	44	29	15	7	6	1
40-44岁	**70**	**39**	**31**	**14**	**8**	**6**
40	27	18	9	5	3	2
41	17	9	8	4	1	3
42	14	6	8	3	2	1
43	8	4	4	2	2	
44	4	2	2			
45-49岁	**14**	**7**	**7**	**6**	**4**	**2**
45	5	1	4	2	1	1
46	2	1	1	2	1	1
47						
48	4	3	1			
49	3	2	1	2	2	

单位：人

二孩			三孩及以上		
小计	男	女	小计	男	女
2184	**1105**	**1079**	**349**	**218**	**131**
1	**1**				
1	1				
99	**57**	**42**	**6**	**2**	**4**
2	1	1			
7	4	3			
14	8	6			
30	16	14	2	1	1
46	28	18	4	1	3
682	**343**	**339**	**69**	**42**	**27**
53	23	30	4	1	3
105	54	51	7	5	2
132	75	57	4	3	1
174	80	94	27	16	11
218	111	107	27	17	10
1120	**552**	**568**	**192**	**128**	**64**
292	140	152	41	27	14
276	148	128	32	24	8
236	116	120	51	33	18
180	89	91	41	27	14
136	59	77	27	17	10
232	**127**	**105**	**68**	**37**	**31**
66	37	29	15	8	7
51	25	26	26	16	10
52	27	25	6	2	4
34	20	14	13	6	7
29	18	11	8	5	3
44	**23**	**21**	**12**	**8**	**4**
13	8	5	9	7	2
11	7	4	2	1	1
10	4	6	1		1
6	2	4			
4	2	2			
6	**2**	**4**	**2**	**1**	**1**
2		2	1		1
3	2	1	1	1	
1		1			

6-2b 续表 7

受教育程度 年 龄	合 计	生男孩的 妇女人数	生女孩的 妇女人数	一 孩		
				小计	男	女
大学本科	**3027**	**1634**	**1393**	**1646**	**905**	**741**
15-19岁	**4**	**2**	**2**	**3**	**1**	**2**
15						
16						
17						
18	1	1				
19	3	1	2	3	1	2
20-24岁	**119**	**67**	**52**	**104**	**59**	**45**
20	3		3	3		3
21	8	7	1	7	6	1
22	23	16	7	21	15	6
23	32	21	11	28	18	10
24	53	23	30	45	20	25
25-29岁	**1275**	**676**	**599**	**920**	**498**	**422**
25	128	77	51	105	64	41
26	164	92	72	140	81	59
27	291	145	146	219	111	108
28	344	164	180	238	113	125
29	348	198	150	218	129	89
30-34岁	**1307**	**723**	**584**	**576**	**325**	**251**
30	365	207	158	219	124	95
31	331	186	145	174	97	77
32	256	142	114	90	45	45
33	203	104	99	56	33	23
34	152	84	68	37	26	11
35-39岁	**267**	**137**	**130**	**33**	**17**	**16**
35	80	41	39	15	8	7
36	50	27	23	5	3	2
37	67	32	35	4	1	3
38	43	23	20	5	3	2
39	27	14	13	4	2	2
40-44岁	**48**	**23**	**25**	**8**	**4**	**4**
40	19	11	8	5	3	2
41	13	3	10	1		1
42	10	6	4	2	1	1
43	5	2	3			
44	1	1				
45-49岁	**7**	**6**	**1**	**2**	**1**	**1**
45	1	1				
46	2	2				
47	2	1	1	1		1
48	1	1				
49	1	1		1	1	

单位：人

二孩			三孩及以上		
小计	男	女	小计	男	女
1270	**661**	**609**	**111**	**68**	**43**
1	**1**				
1	1				
14	**7**	**7**	**1**	**1**	
			1	1	
2	1	1			
4	3	1			
8	3	5			
337	**165**	**172**	**18**	**13**	**5**
22	12	10	1	1	
24	11	13			
68	31	37	4	3	1
104	49	55	2	2	
119	62	57	11	7	4
669	**361**	**308**	**62**	**37**	**25**
141	79	62	5	4	1
142	80	62	15	9	6
156	91	65	10	6	4
129	61	68	18	10	8
101	50	51	14	8	6
206	**105**	**101**	**28**	**15**	**13**
62	31	31	3	2	1
40	21	19	5	3	2
52	26	26	11	5	6
32	17	15	6	3	3
20	10	10	3	2	1
38	**17**	**21**	**2**	**2**	
13	7	6	1	1	
12	3	9			
7	4	3	1	1	
5	2	3			
1	1				
5	**5**				
1	1				
2	2				
1	1				
1	1				

6-2b 续表 8

受教育程度 年　龄	合　计	生男孩的妇女人数	生女孩的妇女人数	一　孩		
				小计	男	女
硕士研究生	**238**	**113**	**125**	**162**	**75**	**87**
15-19岁						
15						
16						
17						
18						
19						
20-24岁	**3**	**1**	**2**	**3**	**1**	**2**
20						
21						
22						
23						
24	3	1	2	3	1	2
25-29岁	**67**	**32**	**35**	**62**	**30**	**32**
25	1	1		1	1	
26	7	4	3	7	4	3
27	17	11	6	16	11	5
28	22	7	15	21	6	15
29	20	9	11	17	8	9
30-34岁	**132**	**59**	**73**	**85**	**37**	**48**
30	35	15	20	30	14	16
31	39	16	23	26	11	15
32	23	12	11	12	4	8
33	19	7	12	9	3	6
34	16	9	7	8	5	3
35-39岁	**34**	**20**	**14**	**12**	**7**	**5**
35	9	5	4	4	2	2
36	13	9	4	4	3	1
37	5	2	3	2		2
38	6	3	3	2	2	
39	1	1				
40-44岁	**2**	**1**	**1**			
40	1	1				
41						
42						
43	1		1			
44						
45-49岁						
45						
46						
47						
48						
49						

单位：人

二孩			三孩及以上		
小计	男	女	小计	男	女
75	**37**	**38**	**1**	**1**	
5	**2**	**3**			
1		1			
1	1				
3	1	2			
47	**22**	**25**			
5	1	4			
13	5	8			
11	8	3			
10	4	6			
8	4	4			
21	**12**	**9**	**1**	**1**	
5	3	2			
8	5	3	1	1	
3	2	1			
4	1	3			
1	1				
2	**1**	**1**			
1	1				
1		1			

6-2b 续表 9

受教育程度 年龄	合计	生男孩的妇女人数	生女孩的妇女人数	一孩 小计	一孩 男	一孩 女
博士研究生	**22**	**12**	**10**	**14**	**5**	**9**
15-19岁						
15						
16						
17						
18						
19						
20-24岁						
20						
21						
22						
23						
24						
25-29岁	**2**		**2**	**2**		**2**
25						
26	2		2	2		2
27						
28						
29						
30-34岁	**15**	**8**	**7**	**11**	**4**	**7**
30	3	1	2	3	1	2
31	2	1	1	2	1	1
32	5	3	2	4	2	2
33	3	2	1	1		1
34	2	1	1	1		1
35-39岁	**4**	**4**		**1**	**1**	
35	2	2		1	1	
36	2	2				
37						
38						
39						
40-44岁	**1**		**1**			
40	1		1			
41						
42						
43						
44						
45-49岁						
45						
46						
47						
48						
49						

单位：人

二孩			三孩及以上		
小计	男	女	小计	男	女
8	**7**	**1**			
4	**4**				
1	1				
2	2				
1	1				
3	**3**				
1	1				
2	2				
1		**1**			
1		1			

6-2c 全省按年龄、受教育程度、生育孩次

受教育程度 年　龄	合　计	生男孩的妇女人数	生女孩的妇女人数	一　孩		
				小计	男	女
总　计	**37395**	**19571**	**17824**	**13739**	**7367**	**6372**
15-19岁	**691**	**358**	**333**	**608**	**319**	**289**
15	10	7	3	9	7	2
16	49	28	21	47	27	20
17	92	43	49	85	39	46
18	199	106	93	177	95	82
19	341	174	167	290	151	139
20-24岁	**7157**	**3686**	**3471**	**4525**	**2415**	**2110**
20	716	385	331	563	310	253
21	1101	558	543	780	407	373
22	1565	804	761	1034	553	481
23	1794	916	878	1067	572	495
24	1981	1023	958	1081	573	508
25-29岁	**12811**	**6705**	**6106**	**5001**	**2649**	**2352**
25	2217	1169	1048	1080	580	500
26	2198	1178	1020	956	497	459
27	2565	1337	1228	1036	572	464
28	2973	1540	1433	1034	539	495
29	2858	1481	1377	895	461	434
30-34岁	**12587**	**6670**	**5917**	**2949**	**1632**	**1317**
30	3725	2009	1716	1050	598	452
31	3167	1691	1476	780	438	342
32	2364	1250	1114	502	275	227
33	2005	1018	987	376	190	186
34	1326	702	624	241	131	110
35-39岁	**3076**	**1585**	**1491**	**486**	**258**	**228**
35	873	414	459	142	70	72
36	712	380	332	111	59	52
37	602	312	290	92	51	41
38	522	278	244	82	46	36
39	367	201	166	59	32	27
40-44岁	**754**	**398**	**356**	**118**	**57**	**61**
40	264	133	131	40	17	23
41	177	93	84	27	13	14
42	142	75	67	21	8	13
43	103	57	46	20	11	9
44	68	40	28	10	8	2
45-49岁	**319**	**169**	**150**	**52**	**37**	**15**
45	77	42	35	14	12	2
46	63	28	35	11	6	5
47	59	37	22	9	7	2
48	56	29	27	9	6	3
49	64	33	31	9	6	3

分的育龄妇女人数(2019.11.1—2020.10.31)(乡村)

单位：人

二孩			三孩及以上		
小计	男	女	小计	男	女
15868	**7884**	**7984**	**7788**	**4320**	**3468**
80	**38**	**42**	**3**	**1**	**2**
1		1			
2	1	1			
7	4	3			
21	10	11	1	1	
49	23	26	2		2
2335	**1105**	**1230**	**297**	**166**	**131**
145	72	73	8	3	5
290	135	155	31	16	15
476	219	257	55	32	23
639	302	337	88	42	46
785	377	408	115	73	42
5957	**2995**	**2962**	**1853**	**1061**	**792**
930	469	461	207	120	87
1017	558	459	225	123	102
1208	582	626	321	183	138
1429	706	723	510	295	215
1373	680	693	590	340	250
5853	**2904**	**2949**	**3785**	**2134**	**1651**
1797	895	902	878	516	362
1514	759	755	873	494	379
1063	517	546	799	458	341
913	449	464	716	379	337
566	284	282	519	287	232
1207	**599**	**608**	**1383**	**728**	**655**
366	161	205	365	183	182
286	144	142	315	177	138
238	124	114	272	137	135
191	100	91	249	132	117
126	70	56	182	99	83
292	**159**	**133**	**344**	**182**	**162**
110	57	53	114	59	55
68	39	29	82	41	41
55	28	27	66	39	27
33	21	12	50	25	25
26	14	12	32	18	14
144	**84**	**60**	**123**	**48**	**75**
29	16	13	34	14	20
30	14	16	22	8	14
30	22	8	20	8	12
27	15	12	20	8	12
28	17	11	27	10	17

6-2c 续表 1

受教育程度 年龄	合计	生男孩的妇女人数	生女孩的妇女人数	一孩		
				小计	男	女
未上过学	**164**	**76**	**88**	**54**	**25**	**29**
15-19岁	**3**	**2**	**1**	**3**	**2**	**1**
15						
16						
17	1	1		1	1	
18	1		1	1		1
19	1	1		1	1	
20-24岁	**19**	**10**	**9**	**14**	**9**	**5**
20	3	2	1	3	2	1
21	6	4	2	5	4	1
22	4	1	3	3	1	2
23	2	2		1	1	
24	4	1	3	2	1	1
25-29岁	**39**	**13**	**26**	**14**	**5**	**9**
25	7	1	6	4	1	3
26	10	7	3	7	4	3
27	10	2	8	1		1
28	6		6			
29	6	3	3	2		2
30-34岁	**53**	**24**	**29**	**12**	**4**	**8**
30	18	6	12	5	2	3
31	10	5	5	2	1	1
32	7	1	6	3		3
33	12	7	5	1		1
34	6	5	1	1	1	
35-39岁	**26**	**12**	**14**	**6**	**2**	**4**
35	6	1	5			
36	3	2	1	1		1
37	3	2	1	1		1
38	7	3	4	2	1	1
39	7	4	3	2	1	1
40-44岁	**16**	**10**	**6**	**3**	**2**	**1**
40	6	4	2			
41	1	1				
42	3	2	1			
43	3	2	1	2	1	1
44	3	1	2	1	1	
45-49岁	**8**	**5**	**3**	**2**	**1**	**1**
45	1		1			
46	4	3	1	1	1	
47	1	1				
48						
49	2	1	1	1		1

单位：人

二孩			三孩及以上		
小计	男	女	小计	男	女
60	**23**	**37**	**50**	**28**	**22**
4		**4**	**1**	**1**	
1		1			
1		1			
			1	1	
2		2			
21	**7**	**14**	**4**	**1**	**3**
2		2	1		1
2	2		1	1	
7	2	5	2		2
6		6			
4	3	1			
20	**8**	**12**	**21**	**12**	**9**
7	1	6	6	3	3
4	2	2	4	2	2
2		2	2	1	1
5	3	2	6	4	2
2	2		3	2	1
10	**5**	**5**	**10**	**5**	**5**
2		2	4	1	3
			2	2	
2	2				
2	1	1	3	1	2
4	2	2	1	1	
4	**2**	**2**	**9**	**6**	**3**
3	2	1	3	2	1
			1	1	
			3	2	1
			1	1	
1		1	1		1
1	**1**		**5**	**3**	**2**
			1		1
			3	2	1
			1	1	
1	1				

6-2c 续表 2

受教育程度 年龄	合计	生男孩的妇女人数	生女孩的妇女人数	一孩		
				小计	男	女
学前教育	**14**	**9**	**5**	**5**	**4**	**1**
15-19岁	**1**	**1**		**1**	**1**	
15						
16						
17						
18	1	1		1	1	
19						
20-24岁	**3**	**2**	**1**	**2**	**1**	**1**
20	1		1	1		1
21	1	1		1	1	
22						
23						
24	1	1				
25-29岁	**6**	**4**	**2**	**2**	**2**	
25						
26	2	2		1	1	
27	1		1			
28	2	1	1			
29	1	1		1	1	
30-34岁	**4**	**2**	**2**			
30	2		2			
31						
32	1	1				
33	1	1				
34						
35-39岁						
35						
36						
37						
38						
39						
40-44岁						
40						
41						
42						
43						
44						
45-49岁						
45						
46						
47						
48						
49						

单位：人

二孩			三孩及以上		
小计	男	女	小计	男	女
6	**4**	**2**	**3**	**1**	**2**
1	**1**				
1	1				
2	**2**		**2**		**2**
1	1				
			1		1
1	1		1		1
3	**1**	**2**	**1**	**1**	
2		2			
			1	1	
1	1				

6-2c 续表 3

受教育程度 年龄	合计	生男孩的妇女人数	生女孩的妇女人数	一孩		
				小计	男	女
小学	**1802**	**911**	**891**	**532**	**285**	**247**
15-19岁	**32**	**16**	**16**	**27**	**14**	**13**
15	1	1		1	1	
16	1	1		1	1	
17	4	3	1	4	3	1
18	7	3	4	4	1	3
19	19	8	11	17	8	9
20-24岁	**264**	**133**	**131**	**149**	**76**	**73**
20	29	14	15	21	11	10
21	42	23	19	24	16	8
22	54	25	29	31	14	17
23	72	34	38	45	22	23
24	67	37	30	28	13	15
25-29岁	**437**	**218**	**219**	**140**	**71**	**69**
25	72	28	44	33	16	17
26	78	45	33	27	14	13
27	88	39	49	31	12	19
28	96	46	50	26	13	13
29	103	60	43	23	16	7
30-34岁	**593**	**296**	**297**	**132**	**74**	**58**
30	135	74	61	43	26	17
31	152	85	67	38	22	16
32	121	49	72	19	7	12
33	103	46	57	15	9	6
34	82	42	40	17	10	7
35-39岁	**257**	**135**	**122**	**44**	**22**	**22**
35	61	29	32	10	3	7
36	52	32	20	10	5	5
37	58	27	31	8	2	6
38	42	19	23	8	6	2
39	44	28	16	8	6	2
40-44岁	**134**	**76**	**58**	**23**	**15**	**8**
40	33	19	14	7	4	3
41	27	12	15	6	3	3
42	29	20	9	2	1	1
43	28	14	14	5	4	1
44	17	11	6	3	3	
45-49岁	**85**	**37**	**48**	**17**	**13**	**4**
45	20	11	9	6	6	
46	15	4	11	3	2	1
47	16	5	11	2	1	1
48	18	12	6	3	3	
49	16	5	11	3	1	2

单位：人

二孩			三孩及以上		
小计	男	女	小计	男	女
676	**324**	**352**	**594**	**302**	**292**
5	**2**	**3**			
3	2	1			
2		2			
92	**42**	**50**	**23**	**15**	**8**
7	2	5	1	1	
14	5	9	4	2	2
20	8	12	3	3	
21	10	11	6	2	4
30	17	13	9	7	2
200	**96**	**104**	**97**	**51**	**46**
30	9	21	9	3	6
36	24	12	15	7	8
47	23	24	10	4	6
41	19	22	29	14	15
46	21	25	34	23	11
216	**91**	**125**	**245**	**131**	**114**
57	25	32	35	23	12
52	24	28	62	39	23
48	18	30	54	24	30
35	11	24	53	26	27
24	13	11	41	19	22
90	**47**	**43**	**123**	**66**	**57**
23	11	12	28	15	13
20	14	6	22	13	9
26	13	13	24	12	12
12	3	9	22	10	12
9	6	3	27	16	11
40	**28**	**12**	**71**	**33**	**38**
14	10	4	12	5	7
5	3	2	16	6	10
8	6	2	19	13	6
7	5	2	16	5	11
6	4	2	8	4	4
33	**18**	**15**	**35**	**6**	**29**
7	4	3	7	1	6
4	1	3	8	1	7
5	3	2	9	1	8
12	7	5	3	2	1
5	3	2	8	1	7

6-2c 续表 4

受教育程度 年　龄	合　计	生男孩的 妇女人数	生女孩的 妇女人数	一　孩		
				小计	男	女
初　中	**25037**	**13212**	**11825**	**8206**	**4437**	**3769**
15-19岁	**562**	**305**	**257**	**494**	**270**	**224**
15	9	6	3	8	6	2
16	45	26	19	43	25	18
17	77	36	41	70	32	38
18	166	91	75	151	83	68
19	265	146	119	222	124	98
20-24岁	**5160**	**2655**	**2505**	**3111**	**1663**	**1448**
20	522	277	245	402	213	189
21	817	411	406	562	291	271
22	1161	600	561	741	402	339
23	1293	655	638	717	377	340
24	1367	712	655	689	380	309
25-29岁	**8112**	**4279**	**3833**	**2606**	**1384**	**1222**
25	1481	790	691	630	338	292
26	1425	767	658	525	268	257
27	1598	849	749	526	296	230
28	1826	954	872	492	257	235
29	1782	919	863	433	225	208
30-34岁	**8284**	**4462**	**3822**	**1588**	**903**	**685**
30	2389	1326	1063	521	306	215
31	2010	1074	936	390	227	163
32	1611	875	736	300	177	123
33	1353	693	660	232	114	118
34	921	494	427	145	79	66
35-39岁	**2199**	**1138**	**1061**	**308**	**169**	**139**
35	632	293	339	84	41	43
36	511	270	241	67	35	32
37	442	234	208	61	37	24
38	362	199	163	56	33	23
39	252	142	110	40	23	17
40-44岁	**512**	**258**	**254**	**73**	**30**	**43**
40	187	89	98	25	9	16
41	129	68	61	20	10	10
42	95	43	52	12	3	9
43	57	33	24	10	4	6
44	44	25	19	6	4	2
45-49岁	**208**	**115**	**93**	**26**	**18**	**8**
45	49	25	24	5	3	2
46	41	21	20	5	3	2
47	39	29	10	7	6	1
48	35	15	20	6	3	3
49	44	25	19	3	3	

单位：人

二孩			三孩及以上		
小计	男	女	小计	男	女
10860	**5421**	**5439**	**5971**	**3354**	**2617**
65	**34**	**31**	**3**	**1**	**2**
1		1			
2	1	1			
7	4	3			
14	7	7	1	1	
41	22	19	2		2
1810	**863**	**947**	**239**	**129**	**110**
115	63	52	5	1	4
232	108	124	23	12	11
376	174	202	44	24	20
502	244	258	74	34	40
585	274	311	93	58	35
4069	**2057**	**2012**	**1437**	**838**	**599**
681	348	333	170	104	66
725	401	324	175	98	77
816	403	413	256	150	106
954	474	480	380	223	157
893	431	462	456	263	193
3783	**1907**	**1876**	**2913**	**1652**	**1261**
1177	613	564	691	407	284
966	480	486	654	367	287
699	343	356	612	355	257
564	282	282	557	297	260
377	189	188	399	226	173
818	**395**	**423**	**1073**	**574**	**499**
256	103	153	292	149	143
191	93	98	253	142	111
169	86	83	212	111	101
117	63	54	189	103	86
85	50	35	127	69	58
210	**104**	**106**	**229**	**124**	**105**
75	35	40	87	45	42
54	29	25	55	29	26
43	19	24	40	21	19
21	13	8	26	16	10
17	8	9	21	13	8
105	**61**	**44**	**77**	**36**	**41**
21	11	10	23	11	12
26	13	13	10	5	5
22	17	5	10	6	4
14	7	7	15	5	10
22	13	9	19	9	10

6-2c 续表 5

受教育程度 年龄	合计	生男孩的妇女人数	生女孩的妇女人数	一孩		
				小计	男	女
高中	**6468**	**3313**	**3155**	**2780**	**1456**	**1324**
15-19岁	**84**	**30**	**54**	**75**	**28**	**47**
15						
16	3	1	2	3	1	2
17	10	3	7	10	3	7
18	22	10	12	18	9	9
19	49	16	33	44	15	29
20-24岁	**1274**	**663**	**611**	**899**	**484**	**415**
20	139	82	57	117	74	43
21	186	94	92	145	72	73
22	259	136	123	185	98	87
23	321	171	150	227	134	93
24	369	180	189	225	106	119
25-29岁	**2480**	**1281**	**1199**	**1102**	**580**	**522**
25	403	222	181	219	124	95
26	410	200	210	208	100	108
27	502	255	247	227	129	98
28	595	314	281	244	132	112
29	570	290	280	204	95	109
30-34岁	**2121**	**1064**	**1057**	**589**	**302**	**287**
30	671	323	348	227	116	111
31	554	281	273	168	86	82
32	375	194	181	86	39	47
33	332	173	159	67	38	29
34	189	93	96	41	23	18
35-39岁	**423**	**224**	**199**	**94**	**48**	**46**
35	116	64	52	32	17	15
36	111	64	47	24	15	9
37	65	34	31	18	11	7
38	82	42	40	12	4	8
39	49	20	29	8	1	7
40-44岁	**74**	**45**	**29**	**15**	**10**	**5**
40	27	15	12	6	4	2
41	19	12	7	1		1
42	13	9	4	6	4	2
43	11	6	5	2	2	
44	4	3	1			
45-49岁	**12**	**6**	**6**	**6**	**4**	**2**
45	4	3	1	2	2	
46	3		3	2		2
47	2	1	1			
48	1		1			
49	2	2		2	2	

单位：人

二孩			三孩及以上		
小计	男	女	小计	男	女
2790	**1371**	**1419**	**898**	**486**	**412**
9	**2**	**7**			
4	1	3			
5	1	4			
346	**161**	**185**	**29**	**18**	**11**
20	7	13	2	1	1
37	20	17	4	2	2
66	33	33	8	5	3
90	34	56	4	3	1
133	67	66	11	7	4
1135	**564**	**571**	**243**	**137**	**106**
162	88	74	22	10	12
173	85	88	29	15	14
230	98	132	45	28	17
281	139	142	70	43	27
289	154	135	77	41	36
1075	**514**	**561**	**457**	**248**	**209**
338	153	185	106	54	52
277	138	139	109	57	52
186	93	93	103	62	41
186	92	94	79	43	36
88	38	50	60	32	28
193	**110**	**83**	**136**	**66**	**70**
49	31	18	35	16	19
55	30	25	32	19	13
26	16	10	21	7	14
44	24	20	26	14	12
19	9	10	22	10	12
30	**19**	**11**	**29**	**16**	**13**
13	6	7	8	5	3
9	7	2	9	5	4
3	2	1	4	3	1
3	2	1	6	2	4
2	2		2	1	1
2	**1**	**1**	**4**	**1**	**3**
			2	1	1
			1		1
2	1	1			
			1		1

6-2c 续表 6

受教育程度 年　　龄	合　计	生男孩的 妇女人数	生女孩的 妇女人数	一　孩		
				小计	男	女
大学专科	**2818**	**1490**	**1328**	**1488**	**805**	**683**
15-19岁	**9**	**4**	**5**	**8**	**4**	**4**
15						
16						
17						
18	2	1	1	2	1	1
19	7	3	4	6	3	3
20-24岁	**372**	**192**	**180**	**296**	**153**	**143**
20	20	9	11	17	9	8
21	41	22	19	36	20	16
22	74	36	38	63	32	31
23	94	52	42	68	36	32
24	143	73	70	112	56	56
25-29岁	**1243**	**652**	**591**	**761**	**410**	**351**
25	196	94	102	142	70	72
26	203	112	91	132	75	57
27	258	144	114	167	98	69
28	303	152	151	166	83	83
29	283	150	133	154	84	70
30-34岁	**1070**	**587**	**483**	**401**	**232**	**169**
30	342	185	157	150	87	63
31	320	182	138	128	71	57
32	176	100	76	63	41	22
33	149	73	76	41	21	20
34	83	47	36	19	12	7
35-39岁	**107**	**44**	**63**	**19**	**5**	**14**
35	36	14	22	10	3	7
36	25	6	19	5	1	4
37	19	9	10	3	1	2
38	18	11	7	1		1
39	9	4	5			
40-44岁	**14**	**8**	**6**	**2**		**2**
40	9	5	4	1		1
41	1		1			
42	2	1	1	1		1
43	2	2				
44						
45-49岁	**3**	**3**		**1**	**1**	
45	1	1		1	1	
46						
47						
48	2	2				
49						

单位：人

二孩			三孩及以上		
小计	男	女	小计	男	女
1100	**557**	**543**	**230**	**128**	**102**
1		**1**			
1		1			
73	**36**	**37**	**3**	**3**	
3		3			
5	2	3			
11	4	7			
24	14	10	2	2	
30	16	14	1	1	
420	**214**	**206**	**62**	**28**	**34**
49	21	28	5	3	2
66	35	31	5	2	3
84	45	39	7	1	6
114	59	55	23	10	13
107	54	53	22	12	10
540	**275**	**265**	**129**	**80**	**49**
158	72	86	34	26	8
155	86	69	37	25	12
90	46	44	23	13	10
88	44	44	20	8	12
49	27	22	15	8	7
59	**26**	**33**	**29**	**13**	**16**
21	9	12	5	2	3
14	4	10	6	1	5
8	4	4	8	4	4
11	8	3	6	3	3
5	1	4	4	3	1
6	**5**	**1**	**6**	**3**	**3**
4	3	1	4	2	2
			1		1
1	1				
1	1		1	1	
1	**1**		**1**	**1**	
1	1		1	1	

6-2c 续表 7

受教育程度 年龄	合计	生男孩的妇女人数	生女孩的妇女人数	一孩		
				小计	男	女
大学本科	**1026**	**523**	**503**	**620**	**324**	**296**
15-19岁						
15						
16						
17						
18						
19						
20-24岁	**65**	**31**	**34**	**54**	**29**	**25**
20	2	1	1	2	1	1
21	8	3	5	7	3	4
22	13	6	7	11	6	5
23	12	2	10	9	2	7
24	30	19	11	25	17	8
25-29岁	**465**	**241**	**224**	**349**	**182**	**167**
25	57	33	24	51	30	21
26	70	45	25	56	35	21
27	101	44	57	77	33	44
28	137	69	68	99	51	48
29	100	50	50	66	33	33
30-34岁	**430**	**218**	**212**	**204**	**104**	**100**
30	156	88	68	92	54	38
31	112	58	54	46	26	20
32	70	29	41	29	10	19
33	51	24	27	20	8	12
34	41	19	22	17	6	11
35-39岁	**60**	**29**	**31**	**12**	**9**	**3**
35	20	11	9	4	4	
36	9	5	4	3	2	1
37	14	6	8	1		1
38	11	4	7	3	2	1
39	6	3	3	1	1	
40-44岁	**3**	**1**	**2**	**1**		**1**
40	1	1				
41						
42						
43	2		2	1		1
44						
45-49岁	**3**	**3**				
45	2	2				
46						
47	1	1				
48						
49						

单位：人

二孩			三孩及以上		
小计	男	女	小计	男	女
365	**178**	**187**	**41**	**21**	**20**
9	**2**	**7**	**2**		**2**
1		1			
2		2			
2		2	1		1
4	2	2	1		1
108	**53**	**55**	**8**	**6**	**2**
6	3	3			
14	10	4			
24	11	13			
31	13	18	7	5	2
33	16	17	1	1	
207	**104**	**103**	**19**	**10**	**9**
58	31	27	6	3	3
59	28	31	7	4	3
37	17	20	4	2	2
30	15	15	1	1	
23	13	10	1		1
37	**16**	**21**	**11**	**4**	**7**
15	7	8	1		1
6	3	3			
7	3	4	6	3	3
5	1	4	3	1	2
4	2	2	1		1
2	**1**	**1**			
1	1				
1		1			
2	**2**		**1**	**1**	
1	1		1	1	
1	1				

6–2c 续表 8

受教育程度 年 龄	合 计	生男孩的 妇女人数	生女孩的 妇女人数	一 孩		
				小计	男	女
硕士研究生	**64**	**35**	**29**	**52**	**29**	**23**
15–19岁						
15						
16						
17						
18						
19						
20–24岁						
20						
21						
22						
23						
24						
25–29岁	**28**	**16**	**12**	**26**	**14**	**12**
25	1	1		1	1	
26						
27	6	3	3	6	3	3
28	8	4	4	7	3	4
29	13	8	5	12	7	5
30–34岁	**31**	**16**	**15**	**22**	**12**	**10**
30	12	7	5	12	7	5
31	8	5	3	7	4	3
32	3	1	2	2	1	1
33	4	1	3			
34	4	2	2	1		1
35–39岁	**4**	**3**	**1**	**3**	**3**	
35	2	2		2	2	
36	1	1		1	1	
37	1		1			
38						
39						
40–44岁	**1**		**1**	**1**		**1**
40	1		1	1		1
41						
42						
43						
44						
45–49岁						
45						
46						
47						
48						
49						

单位：人

二孩			三孩及以上		
小计	男	女	小计	男	女
11	**6**	**5**	**1**		**1**
2	**2**				
1	1				
1	1				
9	**4**	**5**			
1	1				
1		1			
4	1	3			
3	2	1			
			1		**1**
			1		1

6-2c 续表 9

受教育程度 年龄	合计	生男孩的妇女人数	生女孩的妇女人数	一孩		
				小计	男	女
博士研究生	**2**	**2**		**2**	**2**	
15-19岁						
15						
16						
17						
18						
19						
20-24岁						
20						
21						
22						
23						
24						
25-29岁	**1**	**1**		**1**	**1**	
25						
26						
27	1	1		1	1	
28						
29						
30-34岁	**1**	**1**		**1**	**1**	
30						
31	1	1		1	1	
32						
33						
34						
35-39岁						
35						
36						
37						
38						
39						
40-44岁						
40						
41						
42						
43						
44						
45-49岁						
45						
46						
47						
48						
49						

单位：人

二孩			三孩及以上		
小计	男	女	小计	男	女

6-3 全省育龄妇女分年龄、孩次的生育状况

(2019.11.1-2020.10.31)

单位：人、‰

年 龄	平均育龄妇女人数	出生人数	生育率	第一孩		第二孩		第三孩及以上	
				出生数	生育率	出生数	生育率	出生数	生育率
总 计	**2203624**	**88641**	**40.23**	**36046**	**16.36**	**39168**	**17.77**	**13427**	**6.09**
15-19岁	**313629**	**1486**	**4.74**	**1287**	**4.10**	**187**	**0.60**	**12**	**0.04**
15	70409	33	0.47	29	0.41	4	0.06		
16	70073	94	1.34	89	1.27	5	0.07		
17	61679	189	3.06	172	2.79	17	0.28		
18	55285	432	7.81	386	6.98	42	0.76	4	0.07
19	56183	738	13.14	611	10.88	119	2.12	8	0.14
20-24岁	**232408**	**14541**	**62.57**	**9416**	**40.51**	**4563**	**19.63**	**562**	**2.42**
20	53944	1501	27.83	1164	21.58	310	5.75	27	0.50
21	49047	2290	46.69	1654	33.72	579	11.81	57	1.16
22	44502	2938	66.02	1989	44.69	860	19.32	89	2.00
23	42314	3653	86.33	2253	53.24	1239	29.28	161	3.80
24	42601	4159	97.63	2356	55.30	1575	36.97	228	5.35
25-29岁	**294212**	**32091**	**109.07**	**14943**	**50.79**	**13679**	**46.49**	**3469**	**11.79**
25	42449	4517	106.41	2475	58.31	1721	40.54	321	7.56
26	46045	5286	114.80	2745	59.62	2123	46.11	418	9.08
27	58852	6820	115.88	3319	56.40	2829	48.07	672	11.42
28	65879	7241	109.91	3112	47.24	3198	48.54	931	14.13
29	80987	8227	101.58	3292	40.65	3808	47.02	1127	13.92
30-34岁	**424687**	**30199**	**71.11**	**8528**	**20.08**	**15376**	**36.21**	**6295**	**14.82**
30	100743	9094	90.27	3119	30.96	4401	43.69	1574	15.62
31	91222	7352	80.59	2176	23.85	3750	41.11	1426	15.63
32	91326	6074	66.51	1551	16.98	3173	34.74	1350	14.78
33	78427	4539	57.88	1011	12.89	2400	30.60	1128	14.38
34	62969	3140	49.87	671	10.66	1652	26.24	817	12.97
35-39岁	**292979**	**7859**	**26.82**	**1378**	**4.70**	**4132**	**14.10**	**2349**	**8.02**
35	54921	2240	40.79	415	7.56	1210	22.03	615	11.20
36	56335	1875	33.28	318	5.64	987	17.52	570	10.12
37	62441	1584	25.37	275	4.40	837	13.40	472	7.56
38	62456	1317	21.09	212	3.39	673	10.78	432	6.92
39	56826	843	14.83	158	2.78	425	7.48	260	4.58
40-44岁	**284043**	**1804**	**6.35**	**348**	**1.23**	**912**	**3.21**	**544**	**1.92**
40	59926	654	10.91	111	1.85	339	5.66	204	3.40
41	58169	408	7.01	78	1.34	206	3.54	124	2.13
42	55037	342	6.21	71	1.29	172	3.13	99	1.80
43	54764	222	4.05	48	0.88	107	1.95	67	1.22
44	56147	178	3.17	40	0.71	88	1.57	50	0.89
45-49岁	**361666**	**661**	**1.83**	**146**	**0.40**	**319**	**0.88**	**196**	**0.54**
45	62824	139	2.21	33	0.53	59	0.94	47	0.75
46	68935	120	1.74	26	0.38	58	0.84	36	0.52
47	75241	129	1.71	33	0.44	60	0.80	36	0.48
48	74829	133	1.78	25	0.33	70	0.94	38	0.51
49	79837	140	1.75	29	0.36	72	0.90	39	0.49

6−3a 全省育龄妇女分年龄、孩次的生育状况(2019.11.1−2020.10.31)(城市)

单位：人、‰

年龄	平均育龄妇女人数	出生人数	生育率	第一孩		第二孩		第三孩及以上	
				出生数	生育率	出生数	生育率	出生数	生育率
总计	**672186**	**24144**	**35.92**	**11248**	**16.73**	**11138**	**16.57**	**1758**	**2.62**
15−19岁	**94779**	**121**	**1.28**	**105**	**1.11**	**15**	**0.16**	**1**	**0.01**
15	18534	2	0.11	2	0.11				
16	18949	8	0.42	7	0.37	1	0.05		
17	18068	12	0.66	12	0.66				
18	18483	36	1.95	32	1.73	3	0.16	1	0.05
19	20745	63	3.04	52	2.51	11	0.53		
20−24岁	**76134**	**2179**	**28.62**	**1683**	**22.11**	**460**	**6.04**	**36**	**0.47**
20	19847	170	8.57	143	7.21	25	1.26	2	0.10
21	16897	252	14.91	211	12.49	40	2.37	1	0.06
22	14062	402	28.59	321	22.83	75	5.33	6	0.43
23	12732	584	45.87	444	34.87	127	9.97	13	1.02
24	12596	771	61.21	564	44.78	193	15.32	14	1.11
25−29岁	**86798**	**8567**	**98.70**	**5250**	**60.49**	**2978**	**34.31**	**339**	**3.91**
25	12787	947	74.06	683	53.41	240	18.77	24	1.88
26	13710	1254	91.47	855	62.36	359	26.19	40	2.92
27	17290	1821	105.32	1154	66.74	596	34.47	71	4.11
28	19236	2074	107.82	1225	63.68	749	38.94	100	5.20
29	23775	2471	103.93	1333	56.07	1034	43.49	104	4.37
30−34岁	**131108**	**9695**	**73.95**	**3459**	**26.38**	**5405**	**41.23**	**831**	**6.34**
30	29937	2752	91.93	1234	41.22	1336	44.63	182	6.08
31	28013	2311	82.50	885	31.59	1253	44.73	173	6.18
32	28311	1988	70.22	634	22.39	1157	40.87	197	6.96
33	24929	1601	64.22	441	17.69	986	39.55	174	6.98
34	19918	1043	52.36	265	13.30	673	33.79	105	5.27
35−39岁	**94145**	**2818**	**29.93**	**564**	**5.99**	**1835**	**19.49**	**419**	**4.45**
35	17529	801	45.70	183	10.44	521	29.72	97	5.53
36	18652	643	34.47	108	5.79	426	22.84	109	5.84
37	20491	582	28.40	123	6.00	387	18.89	72	3.51
38	20083	478	23.80	89	4.43	299	14.89	90	4.48
39	17390	314	18.06	61	3.51	202	11.62	51	2.93
40−44岁	**89103**	**632**	**7.09**	**141**	**1.58**	**387**	**4.34**	**104**	**1.17**
40	18946	230	12.14	43	2.27	152	8.02	35	1.85
41	18500	158	8.54	38	2.05	93	5.03	27	1.46
42	17328	113	6.52	29	1.67	65	3.75	19	1.10
43	17206	73	4.24	19	1.10	40	2.32	14	0.81
44	17123	58	3.39	12	0.70	37	2.16	9	0.53
45−49岁	**100119**	**132**	**1.32**	**46**	**0.46**	**58**	**0.58**	**28**	**0.28**
45	18460	29	1.57	9	0.49	16	0.87	4	0.22
46	19954	31	1.55	11	0.55	10	0.50	10	0.50
47	20716	24	1.16	11	0.53	9	0.43	4	0.19
48	20175	28	1.39	9	0.45	13	0.64	6	0.30
49	20814	20	0.96	6	0.29	10	0.48	4	0.19

6-3b 全省育龄妇女分年龄、孩次的生育状况
(2019.11.1-2020.10.31)(镇)

单位：人、‰

年 龄	平均育龄妇女人数	出生人数	生育率	第一孩		第二孩		第三孩及以上	
				出生数	生育率	出生数	生育率	出生数	生育率
总 计	**717598**	**27059**	**37.71**	**11057**	**15.41**	**12135**	**16.91**	**3867**	**5.39**
15-19岁	**116587**	**384**	**3.29**	**340**	**2.92**	**41**	**0.35**	**3**	**0.03**
15	27226	4	0.15	2	0.07	2	0.07		
16	28868	20	0.69	19	0.66	1	0.03		
17	24056	47	1.95	44	1.83	3	0.12		
18	18643	111	5.95	103	5.52	6	0.32	2	0.11
19	17794	202	11.35	172	9.67	29	1.63	1	0.06
20-24岁	**73957**	**4373**	**59.13**	**2902**	**39.24**	**1334**	**18.04**	**137**	**1.85**
20	17029	403	23.67	326	19.14	70	4.11	7	0.41
21	15484	687	44.37	520	33.58	154	9.95	13	0.84
22	14350	886	61.74	629	43.83	239	16.66	18	1.25
23	13500	1120	82.96	698	51.70	374	27.70	48	3.56
24	13594	1277	93.94	729	53.63	497	36.56	51	3.75
25-29岁	**95834**	**10103**	**105.42**	**4743**	**49.49**	**4384**	**45.75**	**976**	**10.18**
25	13525	1399	103.44	779	57.60	529	39.11	91	6.73
26	14847	1737	116.99	929	62.57	703	47.35	105	7.07
27	19198	2144	111.68	1074	55.94	894	46.57	176	9.17
28	21571	2223	103.06	936	43.39	1022	47.38	265	12.29
29	26693	2600	97.40	1025	38.40	1236	46.30	339	12.70
30-34岁	**139108**	**9160**	**65.85**	**2531**	**18.19**	**4759**	**34.21**	**1870**	**13.44**
30	32960	2708	82.16	924	28.03	1330	40.35	454	13.77
31	29804	2261	75.86	647	21.71	1209	40.57	405	13.59
32	29893	1856	62.09	456	15.25	994	33.25	406	13.58
33	25786	1378	53.44	296	11.48	737	28.58	345	13.38
34	20665	957	46.31	208	10.07	489	23.66	260	12.58
35-39岁	**95686**	**2313**	**24.17**	**388**	**4.05**	**1227**	**12.82**	**698**	**7.29**
35	17862	685	38.35	110	6.16	373	20.88	202	11.31
36	18295	579	31.65	108	5.90	302	16.51	169	9.24
37	20228	447	22.10	69	3.41	245	12.11	133	6.58
38	20421	367	17.97	56	2.74	191	9.35	120	5.88
39	18880	235	12.45	45	2.38	116	6.14	74	3.92
40-44岁	**90413**	**519**	**5.74**	**99**	**1.09**	**282**	**3.12**	**138**	**1.53**
40	19542	194	9.93	30	1.54	103	5.27	61	3.12
41	18737	121	6.46	23	1.23	65	3.47	33	1.76
42	17363	91	5.24	20	1.15	53	3.05	18	1.04
43	17206	60	3.49	12	0.70	33	1.92	15	0.87
44	17565	53	3.02	14	0.80	28	1.59	11	0.63
45-49岁	**106013**	**207**	**1.95**	**54**	**0.51**	**108**	**1.02**	**45**	**0.42**
45	19087	41	2.15	13	0.68	16	0.84	12	0.63
46	20738	33	1.59	8	0.39	18	0.87	7	0.34
47	22151	39	1.76	9	0.41	21	0.95	9	0.41
48	21477	47	2.19	11	0.51	29	1.35	7	0.33
49	22560	47	2.08	13	0.58	24	1.06	10	0.44

6-3c　全省育龄妇女分年龄、孩次的生育状况
(2019.11.1-2020.10.31)(乡村)

单位：人、‰

年　龄	平均育龄妇女人数	出生人数	生育率	第一孩		第二孩		第三孩及以上	
				出生数	生育率	出生数	生育率	出生数	生育率
总　计	**813840**	**37438**	**46.00**	**13741**	**16.88**	**15895**	**19.53**	**7802**	**9.59**
15-19岁	**102263**	**981**	**9.59**	**842**	**8.23**	**131**	**1.28**	**8**	**0.08**
15	24649	27	1.10	25	1.01	2	0.08		
16	22256	66	2.97	63	2.83	3	0.13		
17	19555	130	6.65	116	5.93	14	0.72		
18	18159	285	15.69	251	13.82	33	1.82	1	0.06
19	17644	473	26.81	387	21.93	79	4.48	7	0.40
20-24岁	**82317**	**7989**	**97.05**	**4831**	**58.69**	**2769**	**33.64**	**389**	**4.73**
20	17068	928	54.37	695	40.72	215	12.60	18	1.05
21	16666	1351	81.06	923	55.38	385	23.10	43	2.58
22	16090	1650	102.55	1039	64.57	546	33.93	65	4.04
23	16082	1949	121.19	1111	69.08	738	45.89	100	6.22
24	16411	2111	128.63	1063	64.77	885	53.93	163	9.93
25-29岁	**111580**	**13421**	**120.28**	**4950**	**44.36**	**6317**	**56.61**	**2154**	**19.30**
25	16137	2171	134.54	1013	62.77	952	58.99	206	12.77
26	17488	2295	131.23	961	54.95	1061	60.67	273	15.61
27	22364	2855	127.66	1091	48.78	1339	59.87	425	19.00
28	25072	2944	117.42	951	37.93	1427	56.92	566	22.57
29	30519	3156	103.41	934	30.60	1538	50.39	684	22.41
30-34岁	**154471**	**11344**	**73.44**	**2538**	**16.43**	**5212**	**33.74**	**3594**	**23.27**
30	37846	3634	96.02	961	25.39	1735	45.84	938	24.78
31	33405	2780	83.22	644	19.28	1288	38.56	848	25.39
32	33122	2230	67.33	461	13.92	1022	30.86	747	22.55
33	27712	1560	56.29	274	9.89	677	24.43	609	21.98
34	22386	1140	50.92	198	8.84	490	21.89	452	20.19
35-39岁	**103148**	**2728**	**26.45**	**426**	**4.13**	**1070**	**10.37**	**1232**	**11.94**
35	19530	754	38.61	122	6.25	316	16.18	316	16.18
36	19388	653	33.68	102	5.26	259	13.36	292	15.06
37	21722	555	25.55	83	3.82	205	9.44	267	12.29
38	21952	472	21.50	67	3.05	183	8.34	222	10.11
39	20556	294	14.30	52	2.53	107	5.21	135	6.57
40-44岁	**104527**	**653**	**6.25**	**108**	**1.03**	**243**	**2.32**	**302**	**2.89**
40	21438	230	10.73	38	1.77	84	3.92	108	5.04
41	20932	129	6.16	17	0.81	48	2.29	64	3.06
42	20346	138	6.78	22	1.08	54	2.65	62	3.05
43	20352	89	4.37	17	0.84	34	1.67	38	1.87
44	21459	67	3.12	14	0.65	23	1.07	30	1.40
45-49岁	**155534**	**322**	**2.07**	**46**	**0.30**	**153**	**0.98**	**123**	**0.79**
45	25277	69	2.73	11	0.44	27	1.07	31	1.23
46	28243	56	1.98	7	0.25	30	1.06	19	0.67
47	32374	66	2.04	13	0.40	30	0.93	23	0.71
48	33177	58	1.75	5	0.15	28	0.84	25	0.75
49	36463	73	2.00	10	0.27	38	1.04	25	0.69

6-4 各地区育龄妇女年龄别生育率

单位：‰

地 区	15-19岁	20-24岁	25-29岁	30-34岁	35-39岁	40-44岁	45-49岁	总和生育率
河 南	**4.74**	**62.57**	**109.07**	**71.11**	**26.82**	**6.35**	**1.83**	**1412.46**
郑州市	2.37	27.41	95.06	78.62	32.20	7.02	1.36	1220.13
开封市	7.55	72.22	109.31	67.19	24.10	5.76	1.73	1439.29
洛阳市	3.21	55.26	116.63	76.51	29.47	6.51	1.97	1447.79
平顶山市	4.29	66.28	122.16	75.64	32.88	8.63	1.56	1557.16
安阳市	8.07	81.27	106.00	66.77	21.43	4.24	0.92	1443.53
鹤壁市	10.81	82.92	102.59	54.36	19.47	5.19	1.05	1382.01
新乡市	4.58	62.17	109.84	67.88	23.36	4.84	1.49	1370.81
焦作市	2.11	59.31	114.92	66.58	23.08	6.50	1.31	1369.00
濮阳市	8.54	89.14	113.82	72.78	24.83	6.38	1.22	1583.52
许昌市	4.45	69.24	109.19	64.74	23.79	5.55	1.46	1392.14
漯河市	2.09	51.72	96.28	76.59	26.96	5.48	1.63	1303.74
三门峡市	2.19	40.58	109.95	75.39	31.69	7.56	0.47	1339.16
南阳市	5.10	76.87	113.53	67.80	25.76	7.75	2.39	1496.01
商丘市	4.82	79.47	102.73	65.40	23.95	5.89	3.48	1428.65
信阳市	3.76	63.36	110.76	62.97	22.26	5.09	1.66	1349.33
周口市	5.83	83.31	125.41	78.67	28.44	6.84	2.47	1654.87
驻马店市	6.01	80.37	106.83	65.14	27.62	6.36	2.52	1474.25
济源市	0.51	46.38	138.03	85.03	33.01	6.16	0.74	1549.35

6-4a 各地区育龄妇女年龄别生育率(城市)

单位：‰

地 区	15-19岁	20-24岁	25-29岁	30-34岁	35-39岁	40-44岁	45-49岁	总和生育率
河 南	**1.28**	**28.62**	**98.70**	**73.95**	**29.93**	**7.09**	**1.32**	**1204.44**
郑州市	1.03	16.45	88.14	82.64	33.26	7.71	1.56	1153.91
开封市	2.48	26.86	92.33	72.26	27.86	7.45	1.27	1152.57
洛阳市	0.71	30.65	110.01	76.84	31.68	6.07	1.16	1285.59
平顶山市	0.97	37.50	113.81	68.68	32.94	8.24	1.40	1317.70
安阳市	2.59	57.80	104.92	71.41	24.85	6.44	0.75	1343.81
鹤壁市	0.68	33.33	105.26	65.96	27.22	7.87	1.74	1210.36
新乡市	0.86	28.13	100.91	70.67	26.18	6.86	0.68	1171.42
焦作市	0.25	32.67	110.06	72.01	27.52	10.01	1.00	1267.60
濮阳市	3.51	41.80	96.22	74.26	29.11	7.61	0.95	1267.34
许昌市	2.13	51.44	101.28	61.90	24.01	5.27	1.71	1238.72
漯河市		31.67	89.20	74.51	28.20	4.22	0.75	1142.73
三门峡市	0.54	32.95	114.67	75.18	34.48	6.39	0.25	1322.31
南阳市	1.38	39.41	111.00	64.25	28.19	6.27	1.68	1260.81
商丘市	1.70	37.97	89.59	60.20	25.56	6.84	2.71	1122.83
信阳市	0.99	22.53	105.63	67.84	27.15	8.50	2.53	1175.84
周口市	2.38	36.80	100.12	70.43	33.55	8.13	0.82	1261.11
驻马店市	0.76	49.73	90.27	71.79	27.43	4.46	1.01	1227.28
济源市		38.08	130.47	87.50	33.56	7.07	0.68	1486.76

6-4b　各地区育龄妇女年龄别生育率(镇)

单位：‰

地　区	15-19岁	20-24岁	25-29岁	30-34岁	35-39岁	40-44岁	45-49岁	总和生育率
河　南	**3.29**	**59.13**	**105.42**	**65.85**	**24.17**	**5.74**	**1.95**	**1327.79**
郑州市	3.00	34.59	93.47	70.23	29.31	6.05	0.75	1187.00
开封市	4.44	74.17	107.31	63.33	20.35	4.81	1.43	1379.18
洛阳市	1.96	50.59	117.18	75.31	26.83	6.15	2.10	1400.61
平顶山市	1.51	49.49	123.23	74.87	31.67	9.17	2.34	1461.46
安阳市	3.58	49.65	107.46	61.43	21.92	3.21	0.71	1239.84
鹤壁市	13.56	87.12	105.55	46.58	15.94	6.32		1375.33
新乡市	4.09	65.30	106.79	60.35	21.54	3.45	1.61	1315.63
焦作市	0.95	58.06	118.98	64.67	21.64	3.76	1.65	1348.59
濮阳市	6.10	72.41	115.25	69.45	21.19	5.28	1.55	1456.22
许昌市	4.50	63.35	110.30	62.55	18.23	5.06	1.61	1328.02
漯河市	2.68	48.40	96.94	73.04	29.16	4.65	0.38	1276.22
三门峡市	4.15	43.10	109.33	83.67	28.98	10.64		1399.28
南阳市	3.35	75.50	112.69	66.26	25.09	7.11	2.44	1462.15
商丘市	2.53	66.01	92.11	63.62	22.11	4.52	2.74	1268.17
信阳市	2.36	67.29	108.21	59.76	22.03	4.33	1.76	1328.70
周口市	3.10	72.65	108.22	66.86	21.75	6.07	3.50	1410.74
驻马店市	3.20	58.56	93.07	57.72	24.87	6.93	2.90	1236.23
济源市	6.13	81.48	134.62	77.25	40.40	3.77	2.93	1732.98

6-4c　各地区育龄妇女年龄别生育率(乡村)

单位：‰

地　区	15-19岁	20-24岁	25-29岁	30-34岁	35-39岁	40-44岁	45-49岁	总和生育率
河　南	**9.59**	**97.05**	**120.28**	**73.44**	**26.45**	**6.25**	**2.07**	**1675.64**
郑州市	5.77	59.65	118.34	78.33	32.23	5.68	1.37	1506.88
开封市	14.75	102.55	118.69	67.39	24.65	5.35	2.14	1677.56
洛阳市	8.16	89.92	123.26	77.51	29.47	7.50	2.66	1692.40
平顶山市	8.52	101.40	127.99	81.59	33.60	8.63	1.28	1815.12
安阳市	20.04	135.75	105.81	67.31	18.19	3.10	1.18	1756.89
鹤壁市	15.87	112.40	98.14	49.78	14.36	1.66	1.12	1466.70
新乡市	10.63	109.11	119.38	70.79	21.78	3.93	2.03	1688.28
焦作市	6.45	85.09	115.27	63.39	20.13	5.02	1.33	1483.39
濮阳市	13.85	118.26	119.41	74.94	25.63	6.53	1.14	1798.82
许昌市	7.32	90.09	116.28	68.60	26.38	6.09	1.21	1579.83
漯河市	3.40	66.47	101.02	81.04	24.02	7.30	3.11	1431.78
三门峡市	2.27	45.29	105.99	70.20	30.21	6.77	0.94	1308.37
南阳市	9.26	97.04	115.69	71.15	25.56	9.00	2.59	1651.39
商丘市	8.85	105.04	114.15	68.73	24.67	6.50	4.14	1660.38
信阳市	7.24	92.13	116.54	64.43	19.50	4.30	1.28	1527.04
周口市	9.71	102.85	141.19	88.41	31.36	6.96	2.30	1913.84
驻马店市	11.19	107.92	126.95	73.64	31.45	6.14	2.44	1798.72
济源市		52.63	153.95	83.50	28.05	5.05		1615.96

6-5 各地区按活产子女数分的15-64岁妇女人数

单位：人

地　区	15-64岁妇女人数	活产0个	活产1个	活产2个	活产3个	活产4个	活产5个及以上
河　南	**3168785**	**765910**	**669434**	**1324659**	**343251**	**54525**	**11006**
郑州市	434120	136442	114968	149454	29005	3643	608
开封市	149375	36602	27684	62132	19069	3236	652
洛阳市	232725	56976	58358	87333	25234	4047	777
平顶山市	149470	32085	33313	62889	18027	2650	506
安阳市	173555	34234	34047	83633	18865	2367	409
鹤壁市	52729	11542	10278	24200	5793	763	153
新乡市	200352	46942	36378	88628	24309	3500	595
焦作市	122094	27059	30705	53374	9498	1198	260
濮阳市	122331	25380	19900	54362	18725	3311	653
许昌市	142369	30525	32306	66253	11852	1221	212
漯河市	81925	18992	22122	34639	5443	616	113
三门峡市	73835	16218	23580	28794	4550	591	102
南阳市	285731	64740	57736	125893	32613	4016	733
商丘市	252685	63103	40511	102997	36334	8098	1642
信阳市	188174	42188	38943	83803	19600	2992	648
周口市	271578	68591	37201	113225	41612	8812	2137
驻马店市	211916	49717	45616	91900	20679	3235	769
济源市	23821	4574	5788	11150	2043	229	37

6-6 全省按受教育程度、活产子女数分的15-64岁妇女人数

单位：人

受教育程度	15-64岁妇女人数	活产0个	活产1个	活产2个	活产3个	活产4个	活产5个及以上
总　计	**3168785**	**765910**	**669434**	**1324659**	**343251**	**54525**	**11006**
未上过学	42744	3812	5607	19217	10478	2917	713
学前教育	1946	456	253	802	338	85	12
小　学	425977	21989	61305	229172	90772	18587	4152
初　中	1443710	190391	267773	753782	198444	27988	5332
高　中	665636	263632	162978	200419	33933	3999	675
大学专科	333187	145372	101002	78886	7110	716	101
大学本科	234415	128762	63917	39403	2101	216	16
硕士研究生	19421	10606	6001	2727	68	15	4
博士研究生	1749	890	598	251	7	2	1

6-7　全省按职业、活产子女数分的15-64岁妇女人数

单位：人

职业大类	15-64岁妇女人数	活产0个	活产1个	活产2个	活产3个	活产4个	活产5个及以上	妇女平均活产子女数
总　计	**1688242**	**273016**	**379562**	**803046**	**196274**	**30304**	**6040**	**1.61**
党的机关、国家机关、群众团体和社会组织、企事业单位负责人	20663	3046	6755	9082	1547	201	32	1.48
专业技术人员	209635	60327	70997	69538	7765	874	134	1.13
办事人员和有关人员	79260	17121	33121	26193	2505	278	42	1.19
社会生产服务和生活服务人员	673468	120984	162152	313928	65954	8831	1619	1.53
农、林、牧、渔业生产及辅助人员	392582	27395	50714	218354	78478	14500	3141	2.03
生产制造及有关人员	306569	41055	54907	164328	39667	5550	1062	1.73
不便分类的其他从业人员	6065	3088	916	1623	358	70	10	0.92

6-8　各地区按存活子女数分的15-64岁妇女人数

单位：人

地　　区	15-64岁妇女人数	存活0个	存活1个	存活2个	存活3个	存活4个	存活5个及以上
河　南	**3168785**	**802696**	**663955**	**1308056**	**334034**	**51250**	**8794**
郑州市	434120	140711	113932	147418	28221	3376	462
开封市	149375	38700	27325	61257	18514	3062	517
洛阳市	232725	59340	58037	86236	24666	3804	642
平顶山市	149470	34315	32961	61894	17498	2443	359
安阳市	173555	36810	33747	82272	18202	2219	305
鹤壁市	52729	12341	10169	23743	5651	698	127
新乡市	200352	48839	36232	87692	23763	3330	496
焦作市	122094	28532	30579	52560	9129	1094	200
濮阳市	122331	26895	19702	53791	18321	3121	501
许昌市	142369	32138	32162	65401	11434	1110	124
漯河市	81925	19843	22031	34210	5216	554	71
三门峡市	73835	17371	23258	28299	4341	503	63
南阳市	285731	68362	57171	124163	31743	3738	554
商丘市	252685	65705	40137	102114	35590	7756	1383
信阳市	188174	44275	38797	82874	18968	2761	499
周口市	271578	71680	36824	112207	40671	8390	1806
驻马店市	211916	52025	45123	90883	20143	3085	657
济源市	23821	4814	5768	11042	1963	206	28

6-9 全省按受教育程度、存活子女数分的15-64岁妇女人数

单位：人

受教育程度	15-64岁妇女人数	存活0个	存活1个	存活2个	存活3个	存活4个	存活5个及以上
总 计	**3168785**	**802696**	**663955**	**1308056**	**334034**	**51250**	**8794**
未上过学	42744	4337	5762	19026	10223	2783	613
学前教育	1946	479	256	793	330	79	9
小 学	425977	27988	61823	226742	88331	17618	3475
初 中	1443710	208906	266042	744935	193396	26289	4142
高 中	665636	270221	160803	197497	32919	3709	487
大学专科	333187	148599	99603	77521	6805	602	57
大学本科	234415	130520	63137	38625	1960	164	9
硕士研究生	19421	10743	5937	2671	62	6	2
博士研究生	1749	903	592	246	8		

6-10 全省按职业、存活子女数分的15-64岁妇女人数

单位：人

职业大类	15-64岁妇女人数	存活0个	存活1个	存活2个	存活3个	存活4个	存活5个及以上	妇女平均存活子女数
总 计	**1688242**	**293127**	**376528**	**794078**	**191197**	**28478**	**4834**	**1.59**
党的机关、国家机关、群众团体和社会组织、企事业单位负责人	20663	3323	6646	8979	1497	192	26	1.45
专业技术人员	209635	62692	70134	68498	7455	756	100	1.11
办事人员和有关人员	79260	18239	32635	25710	2399	247	30	1.17
社会生产服务和生活服务人员	673468	129325	160429	310113	64125	8243	1233	1.50
农、林、牧、渔业生产及辅助人员	392582	31771	51238	216548	76650	13753	2622	1.99
生产制造及有关人员	306569	44636	54534	162625	38734	5227	813	1.70
不便分类的其他从业人员	6065	3141	912	1605	337	60	10	0.89

6-11 各地区15-64岁妇女平均活产子女数和平均存活子女数

单位：人、%

地 区	15-64岁妇女人数	活产子女总数			存活子女总数			存活子女数占活产子女数的百分比	妇女平均活产子女数	妇女平均存活子女数
		合计	男	女	合计	男	女			
河 南	**3168785**	**4625084**	**2528556**	**2096528**	**4533377**	**2470320**	**2063057**	**98.02**	**1.46**	**1.43**
郑州市	434120	518655	281349	237306	509325	275639	233686	98.20	1.19	1.17
开封市	149375	225542	124286	101256	220351	121047	99304	97.70	1.51	1.48
洛阳市	232725	329013	175143	153870	323085	171422	151663	98.20	1.41	1.39
平顶山市	149470	226459	123665	102794	220880	120208	100672	97.54	1.52	1.48
安阳市	173555	269538	145484	124054	263349	141621	121728	97.70	1.55	1.52
鹤壁市	52729	79909	43784	36125	78060	42615	35445	97.69	1.52	1.48
新乡市	200352	303762	165847	137915	298857	162676	136181	98.39	1.52	1.49
焦作市	122094	172119	93610	78509	168520	91327	77193	97.91	1.41	1.38
濮阳市	122331	201475	109413	92062	197320	106708	90612	97.94	1.65	1.61
许昌市	142369	206368	114150	92218	202350	111496	90854	98.05	1.45	1.42
漯河市	81925	110796	61499	49297	108696	60171	48525	98.10	1.35	1.33
三门峡市	73835	97739	52530	45209	95230	50919	44311	97.43	1.32	1.29
南阳市	285731	427341	236578	190763	418599	230912	187687	97.95	1.50	1.47
商丘市	252685	396630	217790	178840	389443	213340	176103	98.19	1.57	1.54
信阳市	188174	280793	156099	124694	275127	152453	122674	97.98	1.49	1.46
周口市	271578	435103	238286	196817	426333	232569	193764	97.98	1.60	1.57
驻马店市	211916	308505	170328	138177	303139	166852	136287	98.26	1.46	1.43
济源市	23821	35337	18715	16622	34713	18345	16368	98.23	1.48	1.46

6-12 全省按年龄分的15-64岁妇女平均活产子女数和平均存活子女数

单位：人、%

年 龄	15-64岁妇女人数	活产子女总数			存活子女总数			存活子女数占活产子女数的百分比	妇女平均活产子女数	妇女平均存活子女数
		合计	男	女	合计	男	女			
总 计	**3168785**	**4625084**	**2528556**	**2096528**	**4533377**	**2470320**	**2063057**	**98.02**	**1.46**	**1.43**
15-19岁	**320244**	**1757**	**897**	**860**	**1736**	**885**	**851**	**98.80**	**0.01**	**0.01**
15	68145	21	12	9	21	12	9	100.00		
16	73380	88	47	41	87	46	41	98.86		
17	65211	190	90	100	190	90	100	100.00		
18	56869	480	254	226	477	252	225	99.38	0.01	0.01
19	56639	978	494	484	961	485	476	98.26	0.02	0.02
20-24岁	**237734**	**48681**	**25340**	**23341**	**47781**	**24747**	**23034**	**98.15**	**0.20**	**0.20**
20	56352	2715	1418	1297	2673	1389	1284	98.45	0.05	0.05
21	48913	5215	2739	2476	5125	2678	2447	98.27	0.11	0.10
22	48434	9155	4760	4395	8987	4650	4337	98.16	0.19	0.19
23	43105	13234	6914	6320	12985	6751	6234	98.12	0.31	0.30
24	40930	18362	9509	8853	18011	9279	8732	98.09	0.45	0.44
25-29岁	**270780**	**260889**	**136341**	**124548**	**256214**	**133476**	**122738**	**98.21**	**0.96**	**0.95**
25	43329	25584	13364	12220	25125	13075	12050	98.21	0.59	0.58
26	43259	32892	17275	15617	32282	16893	15389	98.15	0.76	0.75
27	53124	49279	25681	23598	48385	25160	23225	98.19	0.93	0.91
28	62152	67577	35343	32234	66379	34603	31776	98.23	1.09	1.07
29	68916	85557	44678	40879	84043	43745	40298	98.23	1.24	1.22
30-34岁	**441528**	**685732**	**361080**	**324652**	**673470**	**353745**	**319725**	**98.21**	**1.55**	**1.53**
30	98520	135523	70742	64781	133048	69273	63775	98.17	1.38	1.35
31	95479	142367	74699	67668	139853	73199	66654	98.23	1.49	1.46
32	87800	138666	72982	65684	136110	71434	64676	98.16	1.58	1.55
33	88930	147579	78056	69523	145033	76542	68491	98.27	1.66	1.63
34	70799	121597	64601	56996	119426	63297	56129	98.21	1.72	1.69
35-39岁	**293494**	**536134**	**287430**	**248704**	**526379**	**281579**	**244800**	**98.18**	**1.83**	**1.79**
35	56067	99063	52739	46324	97228	51649	45579	98.15	1.77	1.73
36	54501	98165	52390	45775	96417	51356	45061	98.22	1.80	1.77
37	58739	107459	57544	49915	105538	56405	49133	98.21	1.83	1.80
38	65188	120816	65011	55805	118536	63616	54920	98.11	1.85	1.82
39	58999	110631	59746	50885	108660	58553	50107	98.22	1.88	1.84
40-44岁	**283439**	**529699**	**288889**	**240810**	**519965**	**282917**	**237048**	**98.16**	**1.87**	**1.83**
40	55351	104265	56498	47767	102381	55336	47045	98.19	1.88	1.85
41	60911	114245	62198	52047	112054	60871	51183	98.08	1.88	1.84
42	57966	108518	59284	49234	106496	58053	48443	98.14	1.87	1.84
43	52890	98315	53748	44567	96579	52662	43917	98.23	1.86	1.83
44	56321	104356	57161	47195	102455	55995	46460	98.18	1.85	1.82
45-49岁	**348457**	**642990**	**358299**	**284691**	**630676**	**350417**	**280259**	**98.08**	**1.85**	**1.81**
45	57788	107228	59157	48071	105222	57879	47343	98.13	1.86	1.82
46	68450	126698	70254	56444	124355	68801	55554	98.15	1.85	1.82
47	70734	130601	72723	57878	128097	71106	56991	98.08	1.85	1.81
48	75337	138739	77627	61112	135945	75842	60103	97.99	1.84	1.80
49	76148	139724	78538	61186	137057	76789	60268	98.09	1.83	1.80
50-54岁	**408526**	**763364**	**428529**	**334835**	**747444**	**418132**	**329312**	**97.91**	**1.87**	**1.83**
50	84020	154011	86694	67317	150967	84709	66258	98.02	1.83	1.80
51	79874	147490	82934	64556	144444	80971	63473	97.93	1.85	1.81
52	88442	164449	92512	71937	160910	90198	70712	97.85	1.86	1.82
53	73880	139933	78398	61535	136948	76452	60496	97.87	1.89	1.85
54	82310	157481	87991	69490	154175	85802	68373	97.90	1.91	1.87
55-59岁	**337282**	**670177**	**373641**	**296536**	**655495**	**363957**	**291538**	**97.81**	**1.99**	**1.94**
55	74475	143491	80021	63470	140377	77976	62401	97.83	1.93	1.88
56	73280	143129	79984	63145	140029	77937	62092	97.83	1.95	1.91
57	91063	182422	101320	81102	178493	98701	79792	97.85	2.00	1.96
58	65806	134084	74901	59183	131054	72913	58141	97.74	2.04	1.99
59	32658	67051	37415	29636	65542	36430	29112	97.75	2.05	2.01
60-64岁	**227301**	**485661**	**268110**	**217551**	**474217**	**260465**	**213752**	**97.64**	**2.14**	**2.09**
60	38530	79684	44179	35505	77968	43032	34936	97.85	2.07	2.02
61	34517	72459	40134	32325	70767	38997	31770	97.66	2.10	2.05
62	46315	98497	54336	44161	96198	52802	43396	97.67	2.13	2.08
63	56506	122615	67496	55119	119727	65565	54162	97.64	2.17	2.12
64	51433	112406	61965	50441	109557	60069	49488	97.47	2.19	2.13

6-13　全省按受教育程度分的15-64岁妇女平均活产子女数和平均存活子女数

单位：人、%

受教育程度	15-64岁妇女人数	活产子女总数			存活子女总数			存活子女数占活产子女数的百分比	妇女平均活产子女数	妇女平均存活子女数
		合计	男	女	合计	男	女			
总　计	**3168785**	**4625084**	**2528556**	**2096528**	**4533377**	**2470320**	**2063057**	**98.02**	**1.46**	**1.43**
未上过学	42744	90940	50287	40653	88833	48863	39970	97.68	2.13	2.08
学前教育	1946	3281	1827	1454	3203	1777	1426	97.62	1.69	1.65
小　学	425977	888363	494557	393806	869043	481724	387319	97.83	2.09	2.04
初　中	1443710	2510959	1369047	1141912	2463019	1338721	1124298	98.09	1.74	1.71
高　中	665636	685183	372035	313148	671941	363870	308071	98.07	1.03	1.01
大学专科	333187	283513	153365	130148	277762	149877	127885	97.97	0.85	0.83
大学本科	234415	149972	80758	69214	146969	78949	68020	98.00	0.64	0.63
硕士研究生	19421	11739	6076	5663	11499	5951	5548	97.96	0.60	0.59
博士研究生	1749	1134	604	530	1108	588	520	97.71	0.65	0.63

第二部分　长表数据资料

第七卷　迁移和户口登记地

7-1　全省按现住地、户口登记地类型分的户口登记地在外乡镇街道人口

单位：人

现住地	合计					省内				
	合计	乡	镇的村委会	镇的居委会	街道	小计	乡	镇的村委会	镇的居委会	街道
河南	**2212529**	**705274**	**841307**	**161202**	**504746**	**2100394**	**677607**	**794765**	**151818**	**476204**
郑州市	598606	136129	284553	33262	144662	549027	124853	261264	29664	133246
开封市	71484	27117	16197	4429	23741	68564	26058	15351	4264	22891
洛阳市	178287	38727	72767	16964	49829	167895	36734	69076	15848	46237
平顶山市	80727	25517	20254	7640	27316	78154	24861	19392	7405	26496
安阳市	106005	27946	46217	5153	26689	101051	26838	43957	4882	25374
鹤壁市	24018	5056	9552	1687	7723	23269	4931	9251	1630	7457
新乡市	112516	36773	46238	10813	18692	108194	35757	44473	10277	17687
焦作市	67178	14754	22743	4359	25322	63715	14049	21540	4069	24057
濮阳市	80837	37028	24212	5535	14062	76067	35377	22563	5168	12959
许昌市	89746	20694	39031	9415	20606	87357	20272	38027	9130	19928
漯河市	42469	14433	17657	3902	6477	41367	14120	17211	3788	6248
三门峡市	45138	14548	16332	5476	8782	42580	13993	15474	5101	8012
南阳市	194213	67255	75449	13100	38409	188083	65738	72917	12593	36835
商丘市	117911	52729	32371	9796	23015	113810	51438	30883	9449	22040
信阳市	152666	80189	33427	10932	28118	148169	78529	32040	10513	27087
周口市	97858	41154	34648	6811	15245	94450	40149	33326	6535	14440
驻马店市	126668	62692	30620	10704	22652	123681	61584	29748	10361	21988
济源市	26202	2533	19039	1224	3406	24961	2326	18272	1141	3222

7-1　续表 1　　单位：人

现住地	省外									
	小计					北京				
	小计	乡	镇的村委会	镇的居委会	街道	小计	乡	镇的村委会	镇的居委会	街道
河南	**112135**	**27667**	**46542**	**9384**	**28542**	**1412**	**203**	**300**	**110**	**799**
郑州市	49579	11276	23289	3598	11416	462	26	56	48	332
开封市	2920	1059	846	165	850	30	8	5		17
洛阳市	10392	1993	3691	1116	3592	134	5	13	8	108
平顶山市	2573	656	862	235	820	46	4	7	7	28
安阳市	4954	1108	2260	271	1315	58	8	9	2	39
鹤壁市	749	125	301	57	266	19	4	3	2	10
新乡市	4322	1016	1765	536	1005	64	6	12	7	39
焦作市	3463	705	1203	290	1265	49	6	3	4	36
濮阳市	4770	1651	1649	367	1103	98	18	17	4	59
许昌市	2389	422	1004	285	678	38	2	15	1	20
漯河市	1102	313	446	114	229	25	5	12	1	7
三门峡市	2558	555	858	375	770	15	1	4	3	7
南阳市	6130	1517	2532	507	1574	86	13	33	6	34
商丘市	4101	1291	1488	347	975	36	10	14	2	10
信阳市	4497	1660	1387	419	1031	61	18	12	6	25
周口市	3408	1005	1322	276	805	122	46	58		18
驻马店市	2987	1108	872	343	664	64	23	23	9	9
济源市	1241	207	767	83	184	5		4		1

7-1 续表 2 单位：人

现住地	省外									
	天津					河北				
	小计	乡	镇的村委会	镇的居委会	街道	小计	乡	镇的村委会	镇的居委会	街道
河　南	**2462**	**197**	**284**	**229**	**1752**	**9131**	**2627**	**4115**	**643**	**1746**
郑州市	731	41	109	81	500	3859	1082	1865	237	675
开封市	66	31	4	3	28	172	51	54	4	63
洛阳市	301	22	29	19	231	666	159	249	66	192
平顶山市	125	5	7	12	101	104	25	39	9	31
安阳市	317	14	32	21	250	1658	465	884	85	224
鹤壁市	33	2	1	2	28	82	23	25	6	28
新乡市	87	3	5	22	57	378	98	173	24	83
焦作市	147	8	4	10	125	238	49	81	30	78
濮阳市	267	24	11	22	210	559	259	191	23	86
许昌市	65	2	13	6	44	164	29	75	16	44
漯河市	24		11		13	64	20	26	10	8
三门峡市	9	2		1	6	81	26	16	28	11
南阳市	128	21	16	16	75	264	54	122	17	71
商丘市	42	13	5	4	20	206	60	88	17	41
信阳市	38	2	10	3	23	226	76	84	23	43
周口市	51	5	22	7	17	160	72	65	10	13
驻马店市	24	2	3		19	173	65	38	33	37
济源市	7		2		5	77	14	40	5	18

7-1 续表 3 单位：人

现住地	省外									
	山西					内蒙古				
	小计	乡	镇的村委会	镇的居委会	街道	小计	乡	镇的村委会	镇的居委会	街道
河　南	**5465**	**1310**	**2577**	**439**	**1139**	**1691**	**320**	**603**	**188**	**580**
郑州市	2431	554	1275	151	451	737	121	290	84	242
开封市	104	35	35	4	30	44	10	9	7	18
洛阳市	502	106	222	54	120	226	40	69	19	98
平顶山市	102	36	26	9	31	28	6	6	4	12
安阳市	361	82	188	15	76	69	11	25	7	26
鹤壁市	49	8	19	4	18	14	1	2	2	9
新乡市	423	120	183	61	59	92	21	38	5	28
焦作市	343	67	136	28	112	51	5	22	14	10
濮阳市	73	19	31	4	19	84	27	30	3	24
许昌市	91	18	43	8	22	49	7	12	14	16
漯河市	41	11	18	7	5	18	3	5		10
三门峡市	215	51	86	33	45	20	2	9	2	7
南阳市	181	45	59	21	56	65	14	28	4	19
商丘市	124	35	51	8	30	34	8	9	9	8
信阳市	62	26	15	1	20	40	11	8	7	14
周口市	60	20	31	2	7	65	18	22	4	21
驻马店市	116	47	24	18	27	30	13	6	1	10
济源市	187	30	135	11	11	25	2	13	2	8

7-1　续表 4　　　　单位：人

现住地	省外									
	辽宁					吉林				
	小计	乡	镇的村委会	镇的居委会	街道	小计	乡	镇的村委会	镇的居委会	街道
河　南	**2174**	**432**	**654**	**211**	**877**	**1753**	**349**	**573**	**159**	**672**
郑州市	1035	176	365	81	413	852	159	299	61	333
开封市	49	25	8	1	15	47	15	9	6	17
洛阳市	270	45	65	41	119	178	24	60	21	73
平顶山市	49	5	11	9	24	26	3	2	1	20
安阳市	89	21	21	4	43	72	11	25	2	34
鹤壁市	6		4		2	22		5	4	13
新乡市	105	12	40	11	42	86	17	31	15	23
焦作市	58	10	11	5	32	73	7	21	5	40
濮阳市	77	27	20	9	21	66	17	31	9	9
许昌市	45	8	11	12	14	55	12	16	7	20
漯河市	8	1	4	2	1	11	3	5	2	1
三门峡市	33	12	5	5	11	20	9	5	1	5
南阳市	91	18	22	10	41	81	14	17	6	44
商丘市	74	26	9	3	36	28	11	8	4	5
信阳市	52	19	10	2	21	44	16	8	6	14
周口市	57	14	18	10	15	53	14	21	7	11
驻马店市	60	12	18	6	24	30	15	6	2	7
济源市	16	1	12		3	9	2	4		3

7-1　续表 5　　　　单位：人

现住地	省外									
	黑龙江					上海				
	小计	乡	镇的村委会	镇的居委会	街道	小计	乡	镇的村委会	镇的居委会	街道
河　南	**3360**	**763**	**1017**	**395**	**1185**	**768**	**136**	**188**	**59**	**385**
郑州市	1596	337	546	172	541	228	12	29	20	167
开封市	58	14	15	9	20	18	10	2	1	5
洛阳市	358	59	102	50	147	108	10	24	12	62
平顶山市	71	11	20	11	29	29	3	8		18
安阳市	109	31	28	9	41	30	1	4		25
鹤壁市	44	13	13	4	14	6	2	1		3
新乡市	162	47	48	17	50	22	2	5	4	11
焦作市	82	17	7	14	44	25	2	7	1	15
濮阳市	233	64	79	31	59	18	3	1	2	12
许昌市	113	17	29	15	52	17	4	4	2	7
漯河市	63	13	20	9	21	11	1	5		5
三门峡市	30	8	11	5	6	8		1	2	5
南阳市	113	26	28	15	44	34	8	17	1	8
商丘市	84	17	25	6	36	39	13	20	3	3
信阳市	82	34	14	5	29	58	31	9		18
周口市	63	30	15	4	14	66	17	34	7	8
驻马店市	80	19	10	17	34	47	17	15	4	11
济源市	19	6	7	2	4	4		2		2

7-1 续表 6

单位：人

现住地	省外									
	江苏					浙江				
	小计	乡	镇的村委会	镇的居委会	街道	小计	乡	镇的村委会	镇的居委会	街道
河南	**5336**	**1154**	**2304**	**518**	**1360**	**4560**	**987**	**2025**	**373**	**1175**
郑州市	2422	477	1159	223	563	2039	324	1033	154	528
开封市	121	30	46	9	36	109	28	48	7	26
洛阳市	473	75	191	47	160	391	64	144	45	138
平顶山市	185	50	71	6	58	122	29	43	16	34
安阳市	163	28	72	15	48	121	34	48	14	25
鹤壁市	27	3	18	1	5	35	1	11	2	21
新乡市	197	33	78	40	46	152	26	65	13	48
焦作市	151	34	56	8	53	81	9	35	4	33
濮阳市	156	38	67	16	35	85	27	26	9	23
许昌市	129	15	69	13	32	118	11	54	20	33
漯河市	60	25	17	5	13	28	5	17	5	1
三门峡市	139	16	52	12	59	47	8	21	7	11
南阳市	201	46	74	16	65	269	48	130	12	79
商丘市	276	82	108	30	56	223	86	89	10	38
信阳市	189	56	50	26	57	226	106	65	22	33
周口市	203	71	80	14	38	285	109	112	16	48
驻马店市	175	75	35	32	33	182	69	53	15	45
济源市	69		61	5	3	47	3	31	2	11

7-1 续表 7

单位：人

现住地	省外									
	安徽					福建				
	小计	乡	镇的村委会	镇的居委会	街道	小计	乡	镇的村委会	镇的居委会	街道
河南	**12165**	**3544**	**6070**	**770**	**1781**	**3523**	**813**	**1623**	**300**	**787**
郑州市	5698	1578	3246	264	610	1919	427	940	155	397
开封市	289	116	73	18	82	66	17	25	8	16
洛阳市	756	174	367	75	140	305	69	126	32	78
平顶山市	194	75	64	14	41	104	9	39	22	34
安阳市	225	51	134	5	35	108	20	62	8	18
鹤壁市	44	4	28	3	9	14	1	6	2	5
新乡市	477	135	230	37	75	72	12	33	17	10
焦作市	365	96	166	14	89	92	25	34	8	25
濮阳市	192	78	82	8	24	63	10	34		19
许昌市	176	43	85	24	24	71	11	34	10	16
漯河市	97	44	44	2	7	28	6	12	1	9
三门峡市	145	32	59	19	35	31	8	14	1	8
南阳市	307	70	152	21	64	219	65	95	5	54
商丘市	1077	296	565	109	107	82	17	37	6	22
信阳市	874	416	302	79	77	114	52	36	2	24
周口市	742	133	275	36	298	139	28	61	14	36
驻马店市	320	145	92	38	45	76	31	23	9	13
济源市	187	58	106	4	19	20	5	12		3

7-1　续表 8　　　　单位：人

现住地	省外									
	江西					山东				
	小计	乡	镇的村委会	镇的居委会	街道	小计	乡	镇的村委会	镇的居委会	街道
河　南	**3237**	**858**	**1363**	**299**	**717**	**10615**	**2948**	**4674**	**797**	**2196**
郑州市	1673	430	765	150	328	4436	1054	2305	276	801
开封市	87	39	32	1	15	455	175	144	28	108
洛阳市	262	55	96	28	83	736	140	295	94	207
平顶山市	75	11	41	4	19	145	23	52	19	51
安阳市	83	21	43	6	13	332	79	182	16	55
鹤壁市	6		4		2	69	10	35	4	20
新乡市	91	15	41	11	24	536	158	227	46	105
焦作市	77	22	22	10	23	287	75	107	24	81
濮阳市	83	38	26	5	14	1651	696	652	117	186
许昌市	68	18	28	4	18	156	32	71	24	29
漯河市	47	21	12	10	4	72	19	30	6	17
三门峡市	23	5	13	5		96	22	36	16	22
南阳市	243	56	90	28	69	365	51	188	22	104
商丘市	74	21	20	5	28	705	228	163	57	257
信阳市	167	59	47	14	47	153	46	49	12	46
周口市	75	25	36	9	5	179	61	58	10	50
驻马店市	82	20	32	8	22	146	52	32	18	44
济源市	21	2	15	1	3	96	27	48	8	13

7-1　续表 9　　　　单位：人

现住地	省外				
	湖北				
	小计	乡	镇的村委会	镇的居委会	街道
河　南	**8940**	**2205**	**4048**	**757**	**1930**
郑州市	4054	923	2047	316	768
开封市	204	50	75	14	65
洛阳市	808	157	387	77	187
平顶山市	224	62	108	6	48
安阳市	146	43	53	7	43
鹤壁市	47	10	14	1	22
新乡市	205	32	84	35	54
焦作市	290	59	107	22	102
濮阳市	216	63	87	20	46
许昌市	171	22	86	16	47
漯河市	84	23	30	13	18
三门峡市	142	46	55	20	21
南阳市	915	258	431	77	149
商丘市	158	75	45	7	31
信阳市	790	228	264	75	223
周口市	167	56	51	20	40
驻马店市	262	90	91	26	55
济源市	57	8	33	5	11

7-1 续表 10

单位：人

现住地	省外									
	湖南					广东				
	小计	乡	镇的村委会	镇的居委会	街道	小计	乡	镇的村委会	镇的居委会	街道
河南	**3738**	**996**	**1620**	**332**	**790**	**3291**	**597**	**952**	**318**	**1424**
郑州市	1792	444	841	150	357	1257	167	350	106	634
开封市	129	66	41	6	16	96	39	12	4	41
洛阳市	345	83	145	26	91	351	25	46	51	229
平顶山市	84	21	36	10	17	111	15	41	10	45
安阳市	101	24	47	3	27	67	2	16	5	44
鹤壁市	15	4	5	1	5	19		8	2	9
新乡市	124	28	53	19	24	70	9	16	17	28
焦作市	96	16	45	9	26	76	10	20	1	45
濮阳市	43	23	14	2	4	55	10	17	4	24
许昌市	118	20	58	6	34	84	8	24	15	37
漯河市	50	10	23	6	11	77	17	37	2	21
三门峡市	48	16	12	10	10	21		7		14
南阳市	246	62	106	13	65	335	74	147	34	80
商丘市	79	32	16	9	22	80	25	25	8	22
信阳市	188	59	61	24	44	205	66	54	22	63
周口市	100	28	42	15	15	151	39	56	22	34
驻马店市	145	59	52	15	19	218	87	73	14	44
济源市	35	1	23	8	3	18	4	3	1	10

7-1 续表 11

单位：人

现住地	省外									
	广西					海南				
	小计	乡	镇的村委会	镇的居委会	街道	小计	乡	镇的村委会	镇的居委会	街道
河南	**1493**	**374**	**599**	**154**	**366**	**865**	**88**	**202**	**148**	**427**
郑州市	639	126	282	63	168	362	19	98	53	192
开封市	51	16	14	7	14	14	4		1	9
洛阳市	97	36	28	3	30	66	15	6	19	26
平顶山市	46	18	14	8	6	29	1	2	11	15
安阳市	73	9	29	6	29	48	1	11	10	26
鹤壁市	18	1	5	5	7	5		1		4
新乡市	45	14	13	4	14	66	8	23	20	15
焦作市	49	12	20	2	15	52	6	14	5	27
濮阳市	22	7	8	2	5	24	2	1	1	20
许昌市	39	9	15	7	8	9	1	1		7
漯河市	17	5	9		3	2	1		1	
三门峡市	18	1	2	8	7	2				2
南阳市	156	44	68	21	23	67	8	18	10	31
商丘市	28	13	11		4	20	7	4		9
信阳市	74	35	28	3	8	43	3	10	12	18
周口市	49	11	18	4	16	12	5	1	2	4
驻马店市	65	17	31	8	9	36	7	6	2	21
济源市	7		4	3		8		6	1	1

7-1　续表 12　　　　单位：人

现 住 地	省外									
	重庆					四川				
	小计	乡	镇的村委会	镇的居委会	街道	小计	乡	镇的村委会	镇的居委会	街道
河　南	**2843**	**673**	**1297**	**216**	**657**	**6224**	**1920**	**2915**	**393**	**996**
郑州市	1260	323	627	81	229	3126	904	1632	151	439
开封市	54	20	11	5	18	156	61	73		22
洛阳市	364	60	180	29	95	594	147	242	72	133
平顶山市	82	20	31	12	19	163	64	68	6	25
安阳市	86	22	34	2	28	138	40	67	7	24
鹤壁市	34	6	25		3	36	4	28	2	2
新乡市	90	25	40	11	14	201	77	80	14	30
焦作市	88	18	40	6	24	169	49	74	16	30
濮阳市	106	17	30	14	45	194	90	63	8	33
许昌市	37	4	18	4	11	118	32	45	16	25
漯河市	23	7	11		5	65	24	22	5	14
三门峡市	92	13	50	6	23	260	88	124	18	30
南阳市	190	45	87	10	48	331	105	130	29	67
商丘市	81	11	15	5	50	116	52	33	5	26
信阳市	95	34	32	5	24	207	77	84	17	29
周口市	51	16	29	1	5	91	36	26	13	16
驻马店市	82	30	21	17	14	121	50	38	8	25
济源市	28	2	16	8	2	138	20	86	6	26

7-1　续表 13　　　　单位：人

现 住 地	省外									
	贵州					云南				
	小计	乡	镇的村委会	镇的居委会	街道	小计	乡	镇的村委会	镇的居委会	街道
河　南	**2421**	**820**	**1113**	**132**	**356**	**1610**	**537**	**698**	**115**	**260**
郑州市	1159	374	591	46	148	616	188	273	43	112
开封市	42	22	11	3	6	44	19	17	3	5
洛阳市	161	54	54	10	43	182	65	60	18	39
平顶山市	103	65	19	6	13	60	19	26	4	11
安阳市	79	14	47	2	16	50	17	23	3	7
鹤壁市	18	6	11		1	13	9	3	1	
新乡市	71	29	28	8	6	66	13	39	4	10
焦作市	77	20	29	9	19	52	12	17	6	17
濮阳市	43	11	22	3	7	53	16	31	1	5
许昌市	100	26	63	2	9	31	4	19	4	4
漯河市	12	3	7		2	9	2	5	1	1
三门峡市	44	9	28	2	5	60	23	29	1	7
南阳市	190	60	93	6	31	110	37	50	10	13
商丘市	66	33	12	5	16	38	23	9	2	4
信阳市	92	36	33	10	13	77	42	22	4	9
周口市	69	26	34	5	4	70	25	30	4	11
驻马店市	87	29	29	15	14	64	20	35	5	4
济源市	8	3	2		3	15	3	10	1	1

7-1 续表 14 单位：人

现住地	省外									
	西藏					陕西				
	小计	乡	镇的村委会	镇的居委会	街道	小计	乡	镇的村委会	镇的居委会	街道
河南	**419**	**79**	**71**	**68**	**201**	**6213**	**1263**	**2370**	**569**	**2011**
郑州市	166	30	31	29	76	2397	460	1190	135	612
开封市	19	7			12	145	58	36	9	42
洛阳市	23	3	4	4	12	1018	168	282	110	458
平顶山市	12	3	2		7	135	31	49	14	41
安阳市	28	4	7	1	16	155	24	82	5	44
鹤壁市	7		3	1	3	42	10	18	4	10
新乡市	13	2	3	3	5	165	35	60	25	45
焦作市	15	2	3		10	211	31	58	17	105
濮阳市	11	3	1	1	6	144	28	30	24	62
许昌市	13	2		6	5	113	12	56	13	32
漯河市	14	4	3	4	3	40	11	16	5	8
三门峡市	7			3	4	828	126	175	152	375
南阳市	27	2	5	8	12	329	93	134	26	76
商丘市	20	3	1	3	13	112	40	36	7	29
信阳市	16	5	2	2	7	114	47	27	7	33
周口市	15	5	4	2	4	88	33	34	6	15
驻马店市	12	4	1	1	6	99	46	31	5	17
济源市	1		1			78	10	56	5	7

7-1 续表 15 单位：人

现住地	省外									
	甘肃					青海				
	小计	乡	镇的村委会	镇的居委会	街道	小计	乡	镇的村委会	镇的居委会	街道
河南	**2673**	**634**	**1185**	**228**	**626**	**1193**	**242**	**380**	**138**	**433**
郑州市	1249	275	606	93	275	385	53	154	41	137
开封市	91	33	28	2	28	56	22	8	2	24
洛阳市	347	63	133	37	114	152	23	34	15	80
平顶山市	44	20	16		8	21	4	4	4	9
安阳市	111	18	63	5	25	29	4	14	3	8
鹤壁市	9	1	4		4	4				4
新乡市	121	12	67	22	20	56	12	18	7	19
焦作市	64	14	27	6	17	41	7	22	6	6
濮阳市	45	16	21		8	50	10	12	16	12
许昌市	69	19	34	4	12	51	10	8	7	26
漯河市	32	9	19	2	2	33	15	7	6	5
三门峡市	63	21	22	9	11	30	4	11	5	10
南阳市	164	60	50	21	33	130	20	47	10	53
商丘市	59	19	22	7	11	28	10	6	5	7
信阳市	74	30	23	8	13	38	11	13		14
周口市	46	11	17	5	13	24	10	5	5	4
驻马店市	56	12	17	5	22	46	23	6	5	12
济源市	29	1	16	2	10	19	4	11	1	3

7-1 续表 16

单位：人

现住地	省外									
	宁夏					新疆				
	小计	乡	镇的村委会	镇的居委会	街道	小计	乡	镇的村委会	镇的居委会	街道
河南	**640**	**142**	**181**	**71**	**246**	**1920**	**456**	**541**	**255**	**668**
郑州市	298	57	101	30	110	701	135	184	104	278
开封市	16	3	2		11	88	35	9	3	41
洛阳市	67	18	7	8	34	151	29	31	26	65
平顶山市	9	2	3		4	45	16	7	1	21
安阳市	15	4	4		7	33	5	6	3	19
鹤壁市	4				4	8	2	1	4	1
新乡市	25	3	7	7	8	60	12	25	10	13
焦作市	22	7	9	2	4	42	10	6	4	22
濮阳市	19		6	2	11	40	10	8	7	15
许昌市	18	3	4	1	10	63	21	14	8	20
漯河市	8	2	4	2		39	3	15	7	14
三门峡市	7	2	1		4	24	4	10	1	9
南阳市	64	26	13	7	18	229	74	82	25	48
商丘市	16	4	6		6	96	21	36	11	28
信阳市	19	2	3	7	7	79	17	12	15	35
周口市	17	4	6	3	4	138	37	61	19	21
驻马店市	15	5	4	2	4	74	24	27	5	18
济源市	1		1			10	1	7	2	

7-1a 全省按现住地、户口登记地类型分的户口登记地在外乡镇街道人口(城市)

单位：人

现住地	合计					省内				
	合计	乡	镇的村委会	镇的居委会	街道	小计	乡	镇的村委会	镇的居委会	街道
河南	**1160274**	**271284**	**440388**	**87369**	**361233**	**1100632**	**258891**	**417671**	**81616**	**342454**
郑州市	390640	76402	177688	24752	111798	363596	71281	165586	22394	104335
开封市	35620	8975	5264	2061	19320	33882	8346	4930	1960	18646
洛阳市	98469	16163	34516	8218	39572	91022	14690	32102	7416	36814
平顶山市	46044	12610	8948	3589	20897	44940	12342	8671	3521	20406
安阳市	56160	10374	22959	2593	20234	53653	9836	21947	2463	19407
鹤壁市	12171	2182	3747	837	5405	11841	2133	3678	812	5218
新乡市	71199	19302	29172	8740	13985	68416	18789	28131	8281	13215
焦作市	37386	5818	10309	1998	19261	35597	5506	9817	1852	18422
濮阳市	33171	11577	10391	2611	8592	31014	11001	9742	2431	7840
许昌市	71522	16359	31344	5256	18563	69821	16031	30702	5071	18017
漯河市	23882	6020	9591	3107	5164	23276	5865	9389	3023	4999
三门峡市	26804	7280	9504	3321	6699	25085	6901	8968	3047	6169
南阳市	65409	20878	19201	3930	21400	63489	20427	18581	3744	20737
商丘市	58524	14878	18734	5892	19020	56102	14303	17968	5631	18200
信阳市	49621	17772	12505	4621	14723	47884	17365	12041	4402	14076
周口市	38362	12469	14311	3123	8459	37123	12191	13875	2964	8093
驻马店市	22430	10248	5586	1592	5004	21960	10058	5468	1547	4887
济源市	22860	1977	16618	1128	3137	21931	1826	16075	1057	2973

7-1a 续表 1　　　　单位：人

现住地	省外									
	小计					北京				
	小计	乡	镇的村委会	镇的居委会	街道	小计	乡	镇的村委会	镇的居委会	街道
河南	**59642**	**12393**	**22717**	**5753**	**18779**	**801**	**47**	**81**	**76**	**597**
郑州市	27044	5121	12102	2358	7463	368	14	39	45	270
开封市	1738	629	334	101	674	18	5			13
洛阳市	7447	1473	2414	802	2758	110	3	7	8	92
平顶山市	1104	268	277	68	491	20	2			18
安阳市	2507	538	1012	130	827	31		1	2	28
鹤壁市	330	49	69	25	187	12	2	1	1	8
新乡市	2783	513	1041	459	770	45	1	6	7	31
焦作市	1789	312	492	146	839	27		1	2	24
濮阳市	2157	576	649	180	752	38	4	1	1	32
许昌市	1701	328	642	185	546	21	2	1	1	17
漯河市	606	155	202	84	165	10	1	3	1	5
三门峡市	1719	379	536	274	530	12	1	2	3	6
南阳市	1920	451	620	186	663	31	3	3	2	23
商丘市	2422	575	766	261	820	15	3	3	2	7
信阳市	1737	407	464	219	647	18	2	2	1	13
周口市	1239	278	436	159	366	17	4	5		8
驻马店市	470	190	118	45	117	4		2		2
济源市	929	151	543	71	164	4		4		

7-1a 续表 2　　　　单位：人

现住地	省外									
	天津					河北				
	小计	乡	镇的村委会	镇的居委会	街道	小计	乡	镇的村委会	镇的居委会	街道
河南	**1839**	**130**	**138**	**161**	**1410**	**4951**	**1288**	**2165**	**377**	**1121**
郑州市	530	28	65	61	376	2027	503	936	153	435
开封市	59	29	3	1	26	110	31	22	4	53
洛阳市	265	20	22	15	208	473	119	188	36	130
平顶山市	105	4	1	8	92	40	10	8	1	21
安阳市	231	5	8	11	207	1068	309	554	57	148
鹤壁市	28			2	26	45	9	8	6	22
新乡市	69	2	2	20	45	243	50	105	21	67
焦作市	104	4		8	92	92	4	30	9	49
濮阳市	223	18	2	14	189	169	67	57	9	36
许昌市	55	1	9	4	41	136	28	59	11	38
漯河市	18		8		10	33	12	8	10	3
三门峡市	4	1			3	53	16	10	18	9
南阳市	67	13	9	6	39	83	16	41	8	18
商丘市	21	2	2	4	13	91	27	25	10	29
信阳市	26	1	3	3	19	124	38	49	7	30
周口市	23	2	2	4	15	69	21	28	9	11
驻马店市	4				4	28	15	4	4	5
济源市	7		2		5	67	13	33	4	17

7-1a　续表 3　　　　单位：人

现住地	省外									
	山西					内蒙古				
	小计	乡	镇的村委会	镇的居委会	街道	小计	乡	镇的村委会	镇的居委会	街道
河　南	**2825**	**646**	**1235**	**270**	**674**	**1013**	**165**	**345**	**121**	**382**
郑州市	1199	268	580	88	263	446	67	181	48	150
开封市	71	25	18	4	24	33	8	4	6	15
洛阳市	361	76	155	40	90	185	35	56	19	75
平顶山市	32	7	9	1	15	11	3			8
安阳市	133	22	71	7	33	26	3	11	2	10
鹤壁市	21	1	7		13	11		1	1	9
新乡市	270	66	111	50	43	55	10	22	1	22
焦作市	188	37	64	16	71	17	1	6	7	3
濮阳市	12	4	6		2	23	10	3	1	9
许昌市	61	14	20	8	19	44	3	12	13	16
漯河市	18	4	7	4	3	11		2		9
三门峡市	136	39	50	26	21	14	1	7		6
南阳市	69	21	22	6	20	23	6	5	3	9
商丘市	68	20	16	7	25	29	8	6	7	8
信阳市	32	10	8	1	13	21	3	3	6	9
周口市	17	4	5	2	6	42	4	16	4	18
驻马店市	9	4	1		4	4	1	1	1	1
济源市	128	24	85	10	9	18	2	9	2	5

7-1a　续表 4　　　　单位：人

现住地	省外									
	辽宁					吉林				
	小计	乡	镇的村委会	镇的居委会	街道	小计	乡	镇的村委会	镇的居委会	街道
河　南	**1321**	**220**	**340**	**146**	**615**	**1084**	**201**	**321**	**111**	**451**
郑州市	651	98	215	59	279	516	84	168	46	218
开封市	29	12	3	1	13	36	11	8	5	12
洛阳市	210	31	35	37	107	142	18	45	16	63
平顶山市	29	2	5	6	16	20	2		1	17
安阳市	33	4	3	1	25	40	7	11	1	21
鹤壁市	3		1		2	17		2	2	13
新乡市	71	7	22	10	32	55	11	16	12	16
焦作市	33	1	5	3	24	33	3	7	2	21
濮阳市	34	8	8	5	13	24	4	12	3	5
许昌市	25	8	6	4	7	41	9	11	4	17
漯河市	6	1	2	2	1	5	1	3	1	
三门峡市	24	10	3	2	9	15	8	2	1	4
南阳市	31	6	4	4	17	33	11	8	1	13
商丘市	48	10	2	2	34	17	6	2	4	5
信阳市	25	11	1	1	12	30	9	3	5	13
周口市	38	5	11	7	15	46	10	18	7	11
驻马店市	17	5	4	2	6	7	5	2		
济源市	14	1	10		3	7	2	3		2

7-1a 续表 5 单位：人

现住地	省外									
	黑龙江					上海				
	小计	乡	镇的村委会	镇的居委会	街道	小计	乡	镇的村委会	镇的居委会	街道
河南	**2049**	**386**	**586**	**237**	**840**	**379**	**28**	**42**	**40**	**269**
郑州市	977	179	323	108	367	146	6	14	17	109
开封市	39	11	4	6	18	13	8		1	4
洛阳市	269	48	72	36	113	72		7	9	56
平顶山市	48	4	17	6	21	14	1			13
安阳市	57	16	12	1	28	23		3		20
鹤壁市	21	6	7		8	4	1			3
新乡市	106	18	32	13	43	16	1	2	4	9
焦作市	49	3	7	8	31	15	1	1		13
濮阳市	111	22	34	16	39	14	1		2	11
许昌市	93	13	21	13	46	11	3	1	1	6
漯河市	48	11	11	6	20	4				4
三门峡市	19	6	4	3	6	3				3
南阳市	42	6	3	8	25	2				2
商丘市	61	7	19	4	31	14	1	8	2	3
信阳市	36	11	4	3	18	13	3	3		7
周口市	42	17	9	3	13	6	2		1	3
驻马店市	14	2	2	1	9	7		2	3	2
济源市	17	6	5	2	4	2		1		1

7-1a 续表 6 单位：人

现住地	省外									
	江苏					浙江				
	小计	乡	镇的村委会	镇的居委会	街道	小计	乡	镇的村委会	镇的居委会	街道
河南	**2848**	**492**	**1156**	**304**	**896**	**2330**	**331**	**1028**	**233**	**738**
郑州市	1440	244	651	150	395	1311	164	681	111	355
开封市	72	18	20	6	28	52	13	11	4	24
洛阳市	336	50	129	31	126	302	51	112	30	109
平顶山市	77	12	29	1	35	39	5	8	6	20
安阳市	49	4	20	1	24	45	9	14	5	17
鹤壁市	10	1	4	1	4	8		1	2	5
新乡市	130	19	39	36	36	91	7	31	12	41
焦作市	82	19	22	3	38	45	6	19	1	19
濮阳市	64	16	22	6	20	34	8	8	8	10
许昌市	75	11	41	7	16	59	5	19	11	24
漯河市	37	11	10	3	13	17	4	8	4	1
三门峡市	54	7	25	7	15	37	5	17	7	8
南阳市	80	14	25	8	33	73	6	40	3	24
商丘市	114	15	34	15	50	36	6	6	1	23
信阳市	73	10	14	14	35	40	9	7	11	13
周口市	91	32	26	9	24	70	23	20	10	17
驻马店市	15	9	4	1	1	35	7	5	5	18
济源市	49		41	5	3	36	3	21	2	10

7-1a　续表 7

单位：人

现住地	省外									
	安徽					福建				
	小计	乡	镇的村委会	镇的居委会	街道	小计	乡	镇的村委会	镇的居委会	街道
河　南	**6142**	**1516**	**3175**	**482**	**969**	**1871**	**406**	**786**	**190**	**489**
郑州市	2881	629	1702	182	368	1045	207	480	110	248
开封市	199	68	43	18	70	48	13	13	7	15
洛阳市	539	142	255	53	89	230	52	90	28	60
平顶山市	91	38	26	2	25	20	3	8	1	8
安阳市	98	22	49	4	23	31	5	15	5	6
鹤壁市	12	3	3		6	4				4
新乡市	316	80	152	26	58	54	5	26	16	7
焦作市	172	46	64	5	57	42	12	12	3	15
濮阳市	86	37	32	1	16	42	8	16		18
许昌市	137	40	63	12	22	49	11	23	1	14
漯河市	56	23	25	2	6	12	3	1	1	7
三门峡市	101	21	43	18	19	18	7	10		1
南阳市	109	22	51	8	28	60	25	15	1	19
商丘市	821	188	449	98	86	37	9	4	6	18
信阳市	176	50	67	28	31	47	13	14		20
周口市	135	27	54	14	40	94	15	46	11	22
驻马店市	77	44	17	9	7	26	16	5		5
济源市	136	36	80	2	18	12	2	8		2

7-1a　续表 8

单位：人

现住地	省外									
	江西					山东				
	小计	乡	镇的村委会	镇的居委会	街道	小计	乡	镇的村委会	镇的居委会	街道
河　南	**1620**	**376**	**656**	**158**	**430**	**5830**	**1419**	**2455**	**508**	**1448**
郑州市	893	185	417	72	219	2502	528	1280	199	495
开封市	48	26	9		13	197	79	33	7	78
洛阳市	182	50	64	24	44	500	97	190	66	147
平顶山市	20	3	9		8	64	16	19	8	21
安阳市	35	5	19	3	8	126	41	64	3	18
鹤壁市	5		4		1	32	7	14		11
新乡市	70	10	28	10	22	341	91	136	38	76
焦作市	23	4	4	3	12	188	45	64	15	64
濮阳市	13	7	2		4	751	254	311	61	125
许昌市	40	11	13	3	13	122	24	55	21	22
漯河市	30	10	8	9	3	50	9	18	6	17
三门峡市	12	4	5	3		52	13	21	10	8
南阳市	84	20	26	15	23	130	24	54	5	47
商丘市	37	9	3	3	22	512	134	100	44	234
信阳市	78	18	25	6	29	69	15	17	10	27
周口市	33	11	12	6	4	95	9	35	6	45
驻马店市	6	1	2	1	2	22	8	7	4	3
济源市	11	2	6		3	77	25	37	5	10

7—1a 续表 9 单位：人

现住地	省外				
	湖北				
	小计	乡	镇的村委会	镇的居委会	街道
河　南	**4545**	**928**	**1929**	**430**	**1258**
郑州市	2095	406	998	189	502
开封市	129	32	47	9	41
洛阳市	585	103	275	57	150
平顶山市	107	21	54	2	30
安阳市	62	13	18	5	26
鹤壁市	21	3	4	1	13
新乡市	123	10	45	31	37
焦作市	194	39	67	9	79
濮阳市	113	27	47	12	27
许昌市	105	14	48	10	33
漯河市	49	15	16	8	10
三门峡市	90	35	29	10	16
南阳市	248	70	83	23	72
商丘市	60	27	6	4	23
信阳市	386	66	129	38	153
周口市	77	18	23	14	22
驻马店市	60	24	18	4	14
济源市	41	5	22	4	10

7—1a 续表 10 单位：人

现住地	省外									
	湖南					广东				
	小计	乡	镇的村委会	镇的居委会	街道	小计	乡	镇的村委会	镇的居委会	街道
河　南	**1857**	**443**	**731**	**200**	**483**	**1702**	**187**	**327**	**183**	**1005**
郑州市	880	178	389	91	222	805	91	191	80	443
开封市	72	42	15	3	12	64	21	6	2	35
洛阳市	236	65	93	18	60	288	15	26	44	203
平顶山市	20	3	10	4	3	36	3	4	3	26
安阳市	47	10	23	1	13	41	1	7	1	32
鹤壁市	4		1	1	2	16		6	2	8
新乡市	67	7	22	16	22	50	4	11	16	19
焦作市	30	6	5	1	18	46	5	10	1	30
濮阳市	11	4	2	1	4	29	2	5	2	20
许昌市	83	18	35	5	25	49	4	11	2	32
漯河市	27	3	14	5	5	29	6	6	2	15
三门峡市	36	10	10	7	9	16		6		10
南阳市	85	18	37	5	25	74	13	13	6	42
商丘市	48	18	5	7	18	29	3	4	6	16
信阳市	101	32	25	15	29	77	9	13	11	44
周口市	54	18	19	10	7	21	5	3	3	10
驻马店市	26	11	7	2	6	19	5	3	1	10
济源市	30		19	8	3	13		2	1	10

7−1a　续表 11　　　　单位：人

现住地	省外									
	广西					海南				
	小计	乡	镇的村委会	镇的居委会	街道	小计	乡	镇的村委会	镇的居委会	街道
河南	**712**	**152**	**263**	**80**	**217**	**527**	**55**	**96**	**95**	**281**
郑州市	344	52	156	39	97	215	12	41	33	129
开封市	30	10	5	3	12	13	4		1	8
洛阳市	56	29	12	2	13	58	13	6	17	22
平顶山市	12	5	2	5		11	1		1	9
安阳市	29	2	5	4	18	24	1		5	18
鹤壁市	6				6	4				4
新乡市	35	9	9	4	13	56	8	21	14	13
焦作市	23	4	7		12	30	2	6	5	17
濮阳市	9	1	2	2	4	12	1	1	1	9
许昌市	31	9	13	4	5	9	1	1		7
漯河市	7	1	4		2	2	1		1	
三门峡市	12	1	2	3	6	2				2
南阳市	54	15	24	4	11	30	4	9	4	13
商丘市	12	4	4		4	10	3			7
信阳市	14	4	2	3	5	35	2	4	12	17
周口市	30	5	12	4	9	4				4
驻马店市	5	1	4			6	2	2		2
济源市	3			3		6		5	1	

7−1a　续表 12　　　　单位：人

现住地	省外									
	重庆					四川				
	小计	乡	镇的村委会	镇的居委会	街道	小计	乡	镇的村委会	镇的居委会	街道
河南	**1518**	**345**	**649**	**118**	**406**	**3052**	**842**	**1326**	**238**	**646**
郑州市	652	155	316	50	131	1516	359	798	96	263
开封市	26	9	5	2	10	70	31	25		14
洛阳市	252	49	127	15	61	361	107	98	43	113
平顶山市	40	18	11		11	82	40	26	2	14
安阳市	40	11	11	2	16	54	23	12	1	18
鹤壁市	6	4			2	8	1	4	2	1
新乡市	50	16	16	10	8	104	30	38	13	23
焦作市	47	13	14	6	14	71	16	25	10	20
濮阳市	78	12	17	8	41	107	43	26	7	31
许昌市	30	4	13	2	11	90	23	35	14	18
漯河市	17	2	11		4	29	12	5	2	10
三门峡市	70	7	41	5	17	158	53	83	6	16
南阳市	59	20	21	4	14	123	33	42	19	29
商丘市	60	3	7	1	49	48	18	6	4	20
信阳市	31	9	9	2	11	57	21	14	7	15
周口市	26	5	16	1	4	42	10	15	8	9
驻马店市	11	6	3	2		23	5	12		6
济源市	23	2	11	8	2	109	17	62	4	26

7-1a 续表 13

单位：人

现住地	省外									
	贵州					云南				
	小计	乡	镇的村委会	镇的居委会	街道	小计	乡	镇的村委会	镇的居委会	街道
河南	**968**	**296**	**409**	**70**	**193**	**630**	**179**	**239**	**59**	**153**
郑州市	443	117	217	26	83	259	61	111	25	62
开封市	25	14	4	1	6	22	11	5	1	5
洛阳市	100	40	30	6	24	112	41	37	12	22
平顶山市	38	26	4	2	6	18	7	5		6
安阳市	11	2	5	1	3	9	2	3		4
鹤壁市	1	1				2	2			
新乡市	34	8	14	8	4	35	3	18	4	10
焦作市	36	9	6	6	15	25	3	6	4	12
濮阳市	7	1	2	1	3	7	2	3		2
许昌市	88	24	53	2	9	9	2	3	2	2
漯河市	5	1	2		2	6		4	1	1
三门峡市	30	6	20	1	3	27	20	4		3
南阳市	46	14	21	2	9	16	3	5	2	6
商丘市	32	11	2	3	16	12	6	3	1	2
信阳市	27	9	8	6	4	27	7	11	3	6
周口市	30	7	17	3	3	30	6	12	3	9
驻马店市	7	3	2	2		1	1			
济源市	8	3	2		3	13	2	9	1	1

7-1a 续表 14

单位：人

现住地	省外									
	西藏					陕西				
	小计	乡	镇的村委会	镇的居委会	街道	小计	乡	镇的村委会	镇的居委会	街道
河南	**258**	**33**	**36**	**35**	**154**	**3490**	**583**	**1095**	**394**	**1418**
郑州市	101	9	23	7	62	1215	198	530	82	405
开封市	16	7			9	83	31	13	4	35
洛阳市	17		2	3	12	702	117	157	78	350
平顶山市	9	1	1		7	53	14	14	6	19
安阳市	16	2	4		10	88	9	45	3	31
鹤壁市	3				3	17	6	1	3	7
新乡市	12	2	2	3	5	97	15	35	21	26
焦作市	5	1			4	91	8	14	11	58
濮阳市	9	2	1	1	5	83	5	14	14	50
许昌市	10	1		4	5	75	5	37	8	25
漯河市	6	3	1	1	1	21	5	10	2	4
三门峡市	5			3	2	646	88	115	127	316
南阳市	13		1	6	6	104	28	28	15	33
商丘市	19	2	1	3	13	65	23	15	7	20
信阳市	10	2		2	6	56	19	12	5	20
周口市	6	1		2	3	29	5	11	3	10
驻马店市	1				1	12	3	6	1	2
济源市						53	4	38	4	7

7-1a 续表 15

单位：人

现 住 地	省外									
	甘肃					青海				
	小计	乡	镇 的村委会	镇 的居委会	街道	小计	乡	镇 的村委会	镇 的居委会	街道
河　南	**1423**	**313**	**590**	**150**	**370**	**635**	**100**	**185**	**71**	**279**
郑州市	684	137	307	70	170	240	27	98	23	92
开封市	56	21	13	1	21	40	14	4	2	20
洛阳市	232	51	84	23	74	108	17	15	11	65
平顶山市	14	8	4		2	12	1	1	1	9
安阳市	30	7	18	1	4	10	2	3		5
鹤壁市	1				1	2				2
新乡市	84	7	44	20	13	41	7	14	6	14
焦作市	28	8	9	3	8	25	4	12	4	5
濮阳市	22	7	9		6	5		2	2	1
许昌市	61	17	28	4	12	40	6	6	6	22
漯河市	12	4	5	2	1	16	8	4	2	2
三门峡市	44	15	17	8	4	18	4	6	5	3
南阳市	39	9	9	6	15	34	3	6	2	23
商丘市	40	7	17	5	11	11		3	2	6
信阳市	29	7	5	5	12	8	3			5
周口市	20	7	8		5	7	2		2	3
驻马店市	4	1			3	3	1		2	
济源市	23		13	2	8	15	1	11	1	2

7-1a 续表 16

单位：人

现 住 地	省外									
	宁夏					新疆				
	小计	乡	镇 的村委会	镇 的居委会	街道	小计	乡	镇 的村委会	镇 的居委会	街道
河　南	**376**	**73**	**89**	**48**	**166**	**1046**	**213**	**244**	**168**	**421**
郑州市	172	26	56	18	72	491	89	139	80	183
开封市	13	3			10	55	22	1	2	30
洛阳市	52	13	4	8	27	112	21	21	17	53
平顶山市	3		2		1	19	8		1	10
安阳市	7	1			6	13		3	3	7
鹤壁市	2				2	4	2		1	1
新乡市	22	3	6	7	6	41	6	16	10	9
焦作市	7		3	1	3	21	8	2		11
濮阳市	15		2	2	11	12	1	2		9
许昌市	11	3	3		5	41	14	2	8	17
漯河市	7	2	3	2		18	2	3	7	6
三门峡市	2				2	9	1	4	1	3
南阳市	36	16	5	5	10	42	12	10	5	15
商丘市	4	2			2	51	3	14	9	25
信阳市	12	1	3	2	6	59	13	9	12	25
周口市	10	2	2	3	3	35	1	11	10	13
驻马店市	1	1				16	9	3		4
济源市						7	1	4	2	

7-1b 全省按现住地、户口登记地类型分的户口登记地在外乡镇街道人口(镇)

单位：人

现住地	合计					省内				
	合计	乡	镇的村委会	镇的居委会	街道	小计	乡	镇的村委会	镇的居委会	街道
河南	**937629**	**394321**	**346466**	**68246**	**128596**	**901405**	**384731**	**331114**	**65281**	**120279**
郑州市	155376	42440	81685	6234	25017	139902	38756	74159	5295	21692
开封市	33932	17241	10168	2279	4244	33065	16940	9816	2227	4082
洛阳市	73814	21041	34922	8203	9648	71565	20751	33990	7923	8901
平顶山市	30425	11329	9466	3730	5900	29501	11137	9159	3588	5617
安阳市	45540	16102	21155	2360	5923	43684	15739	20203	2234	5508
鹤壁市	10184	2532	4954	732	1966	9941	2495	4824	705	1917
新乡市	37593	16003	15338	1863	4389	36469	15630	14844	1800	4195
焦作市	26715	8246	11055	2152	5262	25421	7949	10531	2028	4913
濮阳市	45364	24396	12931	2774	5263	43275	23517	12172	2634	4952
许昌市	14239	3329	5744	3928	1238	13916	3282	5614	3848	1172
漯河市	17424	7747	7657	759	1261	17081	7641	7499	737	1204
三门峡市	15613	6593	5262	1983	1775	15026	6482	5081	1896	1567
南阳市	120925	43533	51963	8844	16585	117871	42798	50768	8567	15738
商丘市	57005	36738	12619	3847	3801	56033	36340	12248	3774	3671
信阳市	95477	58600	18203	5942	12732	93652	57749	17720	5773	12410
周口市	55867	27381	18663	3578	6245	54689	26994	18330	3481	5884
驻马店市	100418	50662	23534	8988	17234	98747	50150	23121	8724	16752
济源市	1718	408	1147	50	113	1567	381	1035	47	104

7-1b 续表 1

单位：人

现住地	省外									
	小计					北京				
	小计	乡	镇的村委会	镇的居委会	街道	小计	乡	镇的村委会	镇的居委会	街道
河南	**36224**	**9590**	**15352**	**2965**	**8317**	**317**	**58**	**68**	**25**	**166**
郑州市	15474	3684	7526	939	3325	71	9	7	1	54
开封市	867	301	352	52	162	4		1		3
洛阳市	2249	290	932	280	747	19	1	4		14
平顶山市	924	192	307	142	283	15		1	6	8
安阳市	1856	363	952	126	415	12	2	2		8
鹤壁市	243	37	130	27	49	3			1	2
新乡市	1124	373	494	63	194	12	4	2		6
焦作市	1294	297	524	124	349	20	6	1	2	11
濮阳市	2089	879	759	140	311	36	3	5	1	27
许昌市	323	47	130	80	66	3		1		2
漯河市	343	106	158	22	57	7	3	3		1
三门峡市	587	111	181	87	208	2		1		1
南阳市	3054	735	1195	277	847	31	4	17	2	8
商丘市	972	398	371	73	130	3		1		2
信阳市	1825	851	483	169	322	21	4	3	3	11
周口市	1178	387	333	97	361	32	17	13		2
驻马店市	1671	512	413	264	482	26	5	6	9	6
济源市	151	27	112	3	9					

7-1b 续表 2

单位：人

现住地	省外									
	天津					河北				
	小计	乡	镇的村委会	镇的居委会	街道	小计	乡	镇的村委会	镇的居委会	街道
河南	**517**	**44**	**86**	**64**	**323**	**3137**	**936**	**1456**	**217**	**528**
郑州市	178	12	35	19	112	1351	396	702	52	201
开封市	5		1	2	2	39	14	17		8
洛阳市	32	1	4	4	23	153	26	45	28	54
平顶山市	16		4	4	8	48	10	22	7	9
安阳市	76	8	16	9	43	428	88	256	24	60
鹤壁市	4	2			2	17	7	8		2
新乡市	16	1	2	2	11	114	41	59	3	11
焦作市	38	3	1	2	32	130	41	47	20	22
濮阳市	38	4	6	8	20	326	164	107	11	44
许昌市	7		3	2	2	16		11	4	1
漯河市	6		3		3	25	6	15		4
三门峡市	5	1		1	3	25	8	6	10	1
南阳市	54	4	5	9	36	137	25	52	8	52
商丘市	14	6	1		7	87	23	46	6	12
信阳市	6	1	1		4	77	23	27	15	12
周口市	4		2	2		47	30	14	1	2
驻马店市	18	1	2		15	112	33	20	27	32
济源市						5	1	2	1	1

7-1b 续表 3

单位：人

现住地	省外									
	山西					内蒙古				
	小计	乡	镇的村委会	镇的居委会	街道	小计	乡	镇的村委会	镇的居委会	街道
河南	**1922**	**437**	**956**	**136**	**393**	**533**	**105**	**186**	**62**	**180**
郑州市	1008	219	579	47	163	231	35	81	33	82
开封市	22	7	10		5	9	2	3	1	3
洛阳市	102	14	50	12	26	36	5	9		22
平顶山市	48	16	9	8	15	15	1	6	4	4
安阳市	133	32	59	6	36	34	6	8	5	15
鹤壁市	15	2	8	3	2	1			1	
新乡市	92	34	40	6	12	24	4	12	3	5
焦作市	128	27	57	12	32	29	4	12	6	7
濮阳市	40	12	13	2	13	55	15	25	2	13
许昌市	16	3	11		2	1			1	
漯河市	16	5	9	2		2		1		1
三门峡市	66	9	27	7	23	6	1	2	2	1
南阳市	94	21	25	14	34	31	4	16	1	10
商丘市	27	8	14	1	4	3		1	2	
信阳市	19	9	3		7	15	7	3	1	4
周口市	18	7	10		1	18	12	3		3
驻马店市	50	10	7	16	17	19	9	1		9
济源市	28	2	25		1	4		3		1

7-1b 续表 4

单位：人

现住地	省外									
	辽宁					吉林				
	小计	乡	镇的村委会	镇的居委会	街道	小计	乡	镇的村委会	镇的居委会	街道
河　南	**649**	**152**	**230**	**44**	**223**	**536**	**108**	**197**	**42**	**189**
郑州市	306	60	115	11	120	262	56	99	13	94
开封市	11	4	5		2	9	3		1	5
洛阳市	46	11	22	3	10	29	4	12	5	8
平顶山市	16	2	4	2	8	3				3
安阳市	50	16	15	3	16	27	4	13	1	9
鹤壁市	3		3			4		2	2	
新乡市	30	5	18	1	6	28	4	14	3	7
焦作市	20	4	6	2	8	35	3	13	3	16
濮阳市	32	14	8	3	7	33	6	18	5	4
许昌市	6		1	3	2	6	2	2	1	1
漯河市	2		2			5	2	1	1	1
三门峡市	8	2	2	3	1	3	1	1		1
南阳市	42	11	9	5	17	45	2	8	4	31
商丘市	14	8	3	1	2	7	2	5		
信阳市	24	7	7	1	9	12	7	3	1	1
周口市	8	5	1	2		4	3	1		
驻马店市	30	3	8	4	15	22	9	4	2	7
济源市	1		1			2		1		1

7-1b 续表 5

单位：人

现住地	省外									
	黑龙江					上海				
	小计	乡	镇的村委会	镇的居委会	街道	小计	乡	镇的村委会	镇的居委会	街道
河　南	**1038**	**268**	**323**	**139**	**308**	**215**	**32**	**67**	**11**	**105**
郑州市	490	107	167	56	160	70	4	11	2	53
开封市	15		10	3	2	2		1		1
洛阳市	79	9	26	14	30	25	6	14		5
平顶山市	16	1	3	5	7	9		5		4
安阳市	41	10	15	5	11	5		1		4
鹤壁市	20	6	5	4	5	1		1		
新乡市	50	27	12	4	7	4		2		2
焦作市	25	10		3	12	4		1	1	2
濮阳市	99	36	38	12	13	2		1		1
许昌市	13	4	3	2	4	1	1			
漯河市	13	2	7	3	1	7	1	5		1
三门峡市	8	1	5	2		3			2	1
南阳市	56	10	20	7	19	11	2	3		6
商丘市	11	7		1	3	7	4	3		
信阳市	28	10	7	2	9	20	8	1		11
周口市	15	12	2		1	32	6	15	6	5
驻马店市	59	16	3	16	24	12		3		9
济源市										

7-1b 续表 6

单位：人

现住地	省外									
	江苏					浙江				
	小计	乡	镇的村委会	镇的居委会	街道	小计	乡	镇的村委会	镇的居委会	街道
河　南	**1550**	**354**	**606**	**181**	**409**	**1330**	**297**	**549**	**116**	**368**
郑州市	589	116	273	54	146	478	65	229	34	150
开封市	36	6	21	1	8	35	6	24	3	2
洛阳市	107	18	42	15	32	73	10	22	14	27
平顶山市	53	15	17	4	17	58	15	24	7	12
安阳市	93	17	43	12	21	64	17	30	9	8
鹤壁市	11	2	8		1	19		8		11
新乡市	35	5	17	4	9	48	17	24	1	6
焦作市	45	13	16	5	11	29	2	13	1	13
濮阳市	69	15	30	9	15	42	18	10	1	13
许昌市	33	3	9	6	15	22	1	12	9	
漯河市	20	12	6	2		4		3	1	
三门峡市	67	6	14	5	42	8	2	3		3
南阳市	88	24	29	6	29	148	29	58	7	54
商丘市	66	27	21	14	4	57	28	12	5	12
信阳市	81	32	17	10	22	89	37	26	10	16
周口市	45	14	12	5	14	68	19	25	5	19
驻马店市	99	29	18	29	23	86	31	24	9	22
济源市	13		13			2		2		

7-1b 续表 7

单位：人

现住地	省外									
	安徽					福建				
	小计	乡	镇的村委会	镇的居委会	街道	小计	乡	镇的村委会	镇的居委会	街道
河　南	**4135**	**1336**	**1858**	**251**	**690**	**1168**	**256**	**561**	**90**	**261**
郑州市	1654	485	929	63	177	640	146	330	34	130
开封市	75	43	21		11	16	3	11	1	1
洛阳市	177	23	84	20	50	51	7	24	3	17
平顶山市	71	27	20	12	12	59	4	10	21	24
安阳市	115	24	78	1	12	66	13	38	3	12
鹤壁市	28	1	23	1	3	4	1	1	2	
新乡市	122	42	59	7	14	15	6	5	1	3
焦作市	147	37	81	9	20	47	12	20	5	10
濮阳市	78	32	34	7	5	19	1	17		1
许昌市	18	1	5	11	1	17		9	8	
漯河市	29	15	13		1	13	2	9		2
三门峡市	34	10	8		16	9		3	1	5
南阳市	171	37	85	13	36	96	20	40	3	33
商丘市	171	57	84	11	19	20	3	13		4
信阳市	562	316	163	45	38	35	21	9	2	3
周口市	431	85	87	22	237	27	9	8	3	7
驻马店市	217	85	65	29	38	30	7	12	3	8
济源市	35	16	19			4	1	2		1

7-1b 续表 8

单位：人

现住地	省外									
	江西					山东				
	小计	乡	镇的村委会	镇的居委会	街道	小计	乡	镇的村委会	镇的居委会	街道
河南	**1159**	**300**	**497**	**108**	**254**	**3657**	**1145**	**1625**	**219**	**668**
郑州市	496	117	234	56	89	1393	338	743	52	260
开封市	36	12	21	1	2	210	74	88	18	30
洛阳市	75	2	30	4	39	191	27	79	27	58
平顶山市	39	3	21	4	11	66	6	20	11	29
安阳市	35	8	20	2	5	175	25	103	12	35
鹤壁市	1				1	16	1	7	3	5
新乡市	17	3	11	1	2	152	49	67	7	29
焦作市	42	12	17	2	11	77	21	31	8	17
濮阳市	61	30	17	4	10	758	392	275	35	56
许昌市	8	3	3	1	1	27	8	11	3	5
漯河市	14	10	2	1	1	19	9	10		
三门峡市	9		7	2		29	9	10		10
南阳市	134	33	43	12	46	193	22	100	15	56
商丘市	26	8	11	2	5	149	70	44	12	23
信阳市	70	35	11	8	16	47	24	10	2	11
周口市	32	11	17	3	1	54	42	10		2
驻马店市	57	13	25	5	14	98	28	15	14	41
济源市	7		7			3		2		1

7-1b 续表 9

单位：人

现住地	省外				
	湖北				
	小计	乡	镇的村委会	镇的居委会	街道
河南	**2920**	**764**	**1349**	**260**	**547**
郑州市	1221	258	650	93	220
开封市	62	13	22	5	22
洛阳市	139	10	80	16	33
平顶山市	71	20	32	2	17
安阳市	69	24	33	2	10
鹤壁市	13	6	5		2
新乡市	71	21	33	2	15
焦作市	62	9	23	12	18
濮阳市	79	26	33	6	14
许昌市	39	6	20	6	7
漯河市	30	8	10	4	8
三门峡市	38	8	20	6	4
南阳市	471	139	221	44	67
商丘市	81	42	29	3	7
信阳市	247	104	58	32	53
周口市	70	29	19	6	16
驻马店市	151	41	56	20	34
济源市	6		5	1	

7-1b　续表 10　　　　单位：人

现住地	省外									
	湖南					广东				
	小计	乡	镇的村委会	镇的居委会	街道	小计	乡	镇的村委会	镇的居委会	街道
河　南	**1361**	**385**	**594**	**112**	**270**	**937**	**206**	**280**	**115**	**336**
郑州市	668	180	317	50	121	370	58	126	21	165
开封市	44	16	22	3	3	21	10	5	1	5
洛阳市	91	14	40	7	30	45	5	12	6	22
平顶山市	47	13	17	4	13	38	4	17	5	12
安阳市	43	10	20	1	12	20	1	5	4	10
鹤壁市	6	3	1		2	2		1		1
新乡市	39	16	19	3	1	13	4	3	1	5
焦作市	58	8	34	8	8	18	2	5		11
濮阳市	21	12	8	1		17	5	7	1	4
许昌市	15		7		8	19	1	3	12	3
漯河市	14	4	5	1	4	21	3	12		6
三门峡市	9	6		3		2				2
南阳市	127	34	47	8	38	134	36	40	24	34
商丘市	21	10	7	2	2	26	8	10	2	6
信阳市	54	16	24	4	10	65	31	9	8	17
周口市	24	6	8	4	6	51	11	12	19	9
驻马店市	80	37	18	13	12	71	23	13	11	24
济源市						4	4			

7-1b　续表 11　　　　单位：人

现住地	省外									
	广西					海南				
	小计	乡	镇的村委会	镇的居委会	街道	小计	乡	镇的村委会	镇的居委会	街道
河　南	**563**	**143**	**217**	**66**	**137**	**307**	**20**	**96**	**50**	**141**
郑州市	254	60	110	20	64	141	7	55	18	61
开封市	12	5	3	2	2	1				1
洛阳市	31	4	9	1	17	6			2	4
平顶山市	20	7	4	3	6	18		2	10	6
安阳市	34	3	19	2	10	23		10	5	8
鹤壁市	7	1	1	5		1		1		
新乡市	4	2	2			10		2	6	2
焦作市	19	7	7	2	3	21	4	7		10
濮阳市	5	2	2		1	11				11
许昌市	6			3	3					
漯河市	4	1	3							
三门峡市	6			5	1					
南阳市	74	18	29	15	12	34	3	9	6	16
商丘市	8	7	1			10	4	4		2
信阳市	32	18	12		2	4	1	2		1
周口市	11	2	2		7	2		1	1	
驻马店市	36	6	13	8	9	23	1	2	2	18
济源市						2		1		1

7-1b　续表 12　　　　单位：人

现住地	省外									
	重庆					四川				
	小计	乡	镇的村委会	镇的居委会	街道	小计	乡	镇的村委会	镇的居委会	街道
河　南	**914**	**193**	**417**	**80**	**224**	**1906**	**641**	**870**	**133**	**262**
郑州市	373	87	176	22	88	837	277	401	43	116
开封市	19	7	1	3	8	54	25	24		5
洛阳市	94	7	40	14	33	164	12	106	28	18
平顶山市	26	1	6	11	8	57	19	24	3	11
安阳市	36	7	17		12	58	7	41	6	4
鹤壁市	24	1	23			4		4		
新乡市	20	3	15		2	75	44	23	1	7
焦作市	38	5	23		10	69	19	35	5	10
濮阳市	25	4	11	6	4	73	38	32	1	2
许昌市	1		1			7	4	1	1	1
漯河市	2	1			1	24	7	10	3	4
三门峡市	16	3	7	1	5	66	22	21	12	11
南阳市	101	21	47	6	27	153	48	62	9	34
商丘市	15	3	8	3	1	49	26	19	1	3
信阳市	47	19	14	3	11	93	42	29	10	12
周口市	16	6	9		1	37	22	6	3	6
驻马店市	58	18	16	11	13	69	29	16	6	18
济源市	3		3			17		16	1	

7-1b　续表 13　　　　单位：人

现住地	省外									
	贵州					云南				
	小计	乡	镇的村委会	镇的居委会	街道	小计	乡	镇的村委会	镇的居委会	街道
河　南	**846**	**305**	**365**	**45**	**131**	**507**	**153**	**228**	**37**	**89**
郑州市	481	189	219	20	53	226	57	115	13	41
开封市	6	4	2			9	4	5		
洛阳市	44	8	16	4	16	40	5	13	5	17
平顶山市	15	4	3	1	7	10	3	3	2	2
安阳市	40	8	24	1	7	19	7	6	3	3
鹤壁市	6	1	5			1		1		
新乡市	12	9	2		1	11	7	4		
焦作市	16	6	7		3	24	8	11	2	3
濮阳市	18	7	8	2	1	31	9	21		1
许昌市	2	1	1			9		6	1	2
漯河市	2		2							
三门峡市	3	1		1	1	6	1		1	4
南阳市	82	23	36	2	21	42	16	15	5	6
商丘市	22	12	8	2		12	6	4		2
信阳市	33	14	10	2	7	19	14	2		3
周口市	15	3	10	2		20	9	9	1	1
驻马店市	49	15	12	8	14	28	7	13	4	4
济源市										

7-1b　续表 14

单位：人

现住地	省外									
	西藏					陕西				
	小计	乡	镇的村委会	镇的居委会	街道	小计	乡	镇的村委会	镇的居委会	街道
河　南	**86**	**21**	**17**	**11**	**37**	**1869**	**427**	**843**	**148**	**451**
郑州市	15	3	3	3	6	871	178	479	49	165
开封市	3				3	43	17	15	5	6
洛阳市	4	3		1		222	36	87	22	77
平顶山市						46	8	22	3	13
安阳市	9	2	2	1	4	45	8	26	2	9
鹤壁市	4		3	1		15	3	8	1	3
新乡市	1		1			58	18	19	4	17
焦作市	10	1	3		6	71	16	24	5	26
濮阳市	2	1			1	52	19	12	9	12
许昌市	2			2		15	3	7	4	1
漯河市	3	1			2	14	3	5	2	4
三门峡市	2				2	129	16	37	23	53
南阳市	11	2	1	2	6	143	45	53	10	35
商丘市						17	5	10		2
信阳市	4	2	1		1	44	24	6	2	12
周口市	5	2	2		1	28	8	12	3	5
驻马店市	11	4	1	1	5	48	20	13	4	11
济源市						8		8		

7-1b　续表 15

单位：人

现住地	省外									
	甘肃					青海				
	小计	乡	镇的村委会	镇的居委会	街道	小计	乡	镇的村委会	镇的居委会	街道
河　南	**912**	**204**	**434**	**62**	**212**	**453**	**107**	**155**	**56**	**135**
郑州市	416	91	227	17	81	118	21	45	14	38
开封市	26	9	9	1	7	16	8	4		4
洛阳市	99	8	41	14	36	34	5	17	2	10
平顶山市	17	8	5		4	7	3	1	3	
安阳市	73	7	43	4	19	11	1	4	3	3
鹤壁市	6		3		3	2				2
新乡市	32	4	21	2	5	7		3	1	3
焦作市	25	5	12	2	6	16	3	10	2	1
濮阳市	14	6	6		2	32	2	8	12	10
许昌市	3	1	2			3		1		2
漯河市	18	5	12		1	14	6	3	2	3
三门峡市	8		2		6	7				7
南阳市	86	29	26	14	17	92	17	37	8	30
商丘市	7	5	2			14	9	1	3	1
信阳市	28	16	9	3		29	7	13		9
周口市	10	1	2		7	12	6	2	3	1
驻马店市	41	9	10	5	17	35	16	6	3	10
济源市	3		2		1	4	3			1

7-1b 续表 16

单位：人

现住地	省外									
	宁夏					新疆				
	小计	乡	镇的村委会	镇的居委会	街道	小计	乡	镇的村委会	镇的居委会	街道
河南	**189**	**49**	**62**	**17**	**61**	**591**	**144**	**160**	**68**	**219**
郑州市	93	18	36	10	29	173	35	33	19	86
开封市	2		1		1	25	9	5	1	10
洛阳市	13	5	1		7	28	4	3	9	12
平顶山市	6	2	1		3	14		4		10
安阳市	6	3	3			16	5	2		9
鹤壁市	2				2	3			3	
新乡市	3		1		2	9	3	2		4
焦作市	15	7	6	1	1	16	2	1	4	9
濮阳市	4		4			17	6	3	2	6
许昌市	1				1	7	5			2
漯河市	1		1			14		6		8
三门峡市	2	2				11	2	5		4
南阳市	24	9	5	2	8	149	47	57	16	29
商丘市	6	1	1		4	22	9	8	2	3
信阳市	2			2		18	2	3	3	10
周口市	2	1	1			40	9	18	6	7
驻马店市	7	1	1	2	3	29	6	10	3	10
济源市										

7-1c 全省按现住地、户口登记地类型分的户口登记地在外乡镇街道人口(乡村)

单位：人

现住地	合计					省内				
	合计	乡	镇的村委会	镇的居委会	街道	小计	乡	镇的村委会	镇的居委会	街道
河南	**114626**	**39669**	**54453**	**5587**	**14917**	**98357**	**33985**	**45980**	**4921**	**13471**
郑州市	52590	17287	25180	2276	7847	45529	14816	21519	1975	7219
开封市	1932	901	765	89	177	1617	772	605	77	163
洛阳市	6004	1523	3329	543	609	5308	1293	2984	509	522
平顶山市	4258	1578	1840	321	519	3713	1382	1562	296	473
安阳市	4305	1470	2103	200	532	3714	1263	1807	185	459
鹤壁市	1663	342	851	118	352	1487	303	749	113	322
新乡市	3724	1468	1728	210	318	3309	1338	1498	196	277
焦作市	3077	690	1379	209	799	2697	594	1192	189	722
濮阳市	2302	1055	890	150	207	1778	859	649	103	167
许昌市	3985	1006	1943	231	805	3620	959	1711	211	739
漯河市	1163	666	409	36	52	1010	614	323	28	45
三门峡市	2721	675	1566	172	308	2469	610	1425	158	276
南阳市	7879	2844	4285	326	424	6723	2513	3568	282	360
商丘市	2382	1113	1018	57	194	1675	795	667	44	169
信阳市	7568	3817	2719	369	663	6633	3415	2279	338	601
周口市	3629	1304	1674	110	541	2638	964	1121	90	463
驻马店市	3820	1782	1500	124	414	2974	1376	1159	90	349
济源市	1624	148	1274	46	156	1463	119	1162	37	145

7-1c　续表 1

单位：人

现住地	省外									
	小计					北京				
	小计	乡	镇的村委会	镇的居委会	街道	小计	乡	镇的村委会	镇的居委会	街道
河　南	**16269**	**5684**	**8473**	**666**	**1446**	**294**	**98**	**151**	**9**	**36**
郑州市	7061	2471	3661	301	628	23	3	10	2	8
开封市	315	129	160	12	14	8	3	4		1
洛阳市	696	230	345	34	87	5	1	2		2
平顶山市	545	196	278	25	46	11	2	6	1	2
安阳市	591	207	296	15	73	15	6	6		3
鹤壁市	176	39	102	5	30	4	2	2		
新乡市	415	130	230	14	41	7	1	4		2
焦作市	380	96	187	20	77	2		1		1
濮阳市	524	196	241	47	40	24	11	11	2	
许昌市	365	47	232	20	66	14		13		1
漯河市	153	52	86	8	7	8	1	6		1
三门峡市	252	65	141	14	32	1		1		
南阳市	1156	331	717	44	64	24	6	13	2	3
商丘市	707	318	351	13	25	18	7	10		1
信阳市	935	402	440	31	62	22	12	7	2	1
周口市	991	340	553	20	78	73	25	40		8
驻马店市	846	406	341	34	65	34	18	15		1
济源市	161	29	112	9	11	1				1

7-1c　续表 2

单位：人

现住地	省外									
	天津					河北				
	小计	乡	镇的村委会	镇的居委会	街道	小计	乡	镇的村委会	镇的居委会	街道
河　南	**106**	**23**	**60**	**4**	**19**	**1043**	**403**	**494**	**49**	**97**
郑州市	23	1	9	1	12	481	183	227	32	39
开封市	2	2				23	6	15		2
洛阳市	4	1	3			40	14	16	2	8
平顶山市	4	1	2		1	16	5	9	1	1
安阳市	10	1	8	1		162	68	74	4	16
鹤壁市	1		1			20	7	9		4
新乡市	2		1		1	21	7	9		5
焦作市	5	1	3		1	16	4	4	1	7
濮阳市	6	2	3		1	64	28	27	3	6
许昌市	3	1	1		1	12	1	5	1	5
漯河市						6	2	3		1
三门峡市						3	2			1
南阳市	7	4	2	1		44	13	29	1	1
商丘市	7	5	2			28	10	17	1	
信阳市	6		6			25	15	8	1	1
周口市	24	3	18	1	2	44	21	23		
驻马店市	2	1	1			33	17	14	2	
济源市						5		5		

7-1c　续表 3

单位：人

现住地	省外									
	山西					内蒙古				
	小计	乡	镇的村委会	镇的居委会	街道	小计	乡	镇的村委会	镇的居委会	街道
河　南	**718**	**227**	**386**	**33**	**72**	**145**	**50**	**72**	**5**	**18**
郑州市	224	67	116	16	25	60	19	28	3	10
开封市	11	3	7		1	2		2		
洛阳市	39	16	17	2	4	5		4		1
平顶山市	22	13	8		1	2	2			
安阳市	95	28	58	2	7	9	2	6		1
鹤壁市	13	5	4	1	3	2	1	1		
新乡市	61	20	32	5	4	13	7	4	1	1
焦作市	27	3	15		9	5		4	1	
濮阳市	21	3	12	2	4	6	2	2		2
许昌市	14	1	12		1	4	4			
漯河市	7	2	2	1	2	5	3	2		
三门峡市	13	3	9		1					
南阳市	18	3	12	1	2	11	4	7		
商丘市	29	7	21		1	2		2		
信阳市	11	7	4			4	1	2		1
周口市	25	9	16			5	2	3		
驻马店市	57	33	16	2	6	7	3	4		
济源市	31	4	25	1	1	3		1		2

7-1c　续表 4

单位：人

现住地	省外									
	辽宁					吉林				
	小计	乡	镇的村委会	镇的居委会	街道	小计	乡	镇的村委会	镇的居委会	街道
河　南	**204**	**60**	**84**	**21**	**39**	**133**	**40**	**55**	**6**	**32**
郑州市	78	18	35	11	14	74	19	32	2	21
开封市	9	9				2	1	1		
洛阳市	14	3	8	1	2	7	2	3		2
平顶山市	4	1	2	1		3	1	2		
安阳市	6	1	3		2	5		1		4
鹤壁市						1		1		
新乡市	4				4	3	2	1		
焦作市	5	5				5	1	1		3
濮阳市	11	5	4	1	1	9	7	1	1	
许昌市	14		4	5	5	8	1	3	2	2
漯河市						1		1		
三门峡市	1				1	2		2		
南阳市	18	1	9	1	7	3	1	1	1	
商丘市	12	8	4			4	3	1		
信阳市	3	1	2			2		2		
周口市	11	4	6	1		3	1	2		
驻马店市	13	4	6		3	1	1			
济源市	1		1							

7-1c 续表 5

单位：人

现住地	省外									
	黑龙江					上海				
	小计	乡	镇的村委会	镇的居委会	街道	小计	乡	镇的村委会	镇的居委会	街道
河南	**273**	**109**	**108**	**19**	**37**	**174**	**76**	**79**	**8**	**11**
郑州市	129	51	56	8	14	12	2	4	1	5
开封市	4	3	1			3	2	1		
洛阳市	10	2	4		4	11	4	3	3	1
平顶山市	7	6			1	6	2	3		1
安阳市	11	5	1	3	2	2	1			1
鹤壁市	3	1	1		1	1	1			
新乡市	6	2	4			2	1	1		
焦作市	8	4		3	1	6	1	5		
濮阳市	23	6	7	3	7	2	2			
许昌市	7		5		2	5		3	1	1
漯河市	2		2							
三门峡市	3	1	2			2		1		1
南阳市	15	10	5			21	6	14	1	
商丘市	12	3	6	1	2	18	8	9	1	
信阳市	18	13	3		2	25	20	5		
周口市	6	1	4	1		28	9	19		
驻马店市	7	1	5		1	28	17	10	1	
济源市	2		2			2		1		1

7-1c 续表 6

单位：人

现住地	省外									
	江苏					浙江				
	小计	乡	镇的村委会	镇的居委会	街道	小计	乡	镇的村委会	镇的居委会	街道
河南	**938**	**308**	**542**	**33**	**55**	**900**	**359**	**448**	**24**	**69**
郑州市	393	117	235	19	22	250	95	123	9	23
开封市	13	6	5	2		22	9	13		
洛阳市	30	7	20	1	2	16	3	10	1	2
平顶山市	55	23	25	1	6	25	9	11	3	2
安阳市	21	7	9	2	3	12	8	4		
鹤壁市	6		6			8	1	2		5
新乡市	32	9	22		1	13	2	10		1
焦作市	24	2	18		4	7	1	3	2	1
濮阳市	23	7	15	1		9	1	8		
许昌市	21	1	19		1	37	5	23		9
漯河市	3	2	1			7	1	6		
三门峡市	18	3	13		2	2	1	1		
南阳市	33	8	20	2	3	48	13	32	2	1
商丘市	96	40	53	1	2	130	52	71	4	3
信阳市	35	14	19	2		97	60	32	1	4
周口市	67	25	42			147	67	67	1	12
驻马店市	61	37	13	2	9	61	31	24	1	5
济源市	7		7			9		8		1

7-1c　续表 7　　　　　　　　　　　　单位：人

现住地	省外									
	安徽					福建				
	小计	乡	镇的村委会	镇的居委会	街道	小计	乡	镇的村委会	镇的居委会	街道
河　南	**1888**	**692**	**1037**	**37**	**122**	**484**	**151**	**276**	**20**	**37**
郑州市	1163	464	615	19	65	234	74	130	11	19
开封市	15	5	9		1	2	1	1		
洛阳市	40	9	28	2	1	24	10	12	1	1
平顶山市	32	10	18		4	25	2	21		2
安阳市	12	5	7			11	2	9		
鹤壁市	4		2	2		6		5		1
新乡市	39	13	19	4	3	3	1	2		
焦作市	46	13	21		12	3	1	2		
濮阳市	28	9	16		3	2	1	1		
许昌市	21	2	17	1	1	5		2	1	2
漯河市	12	6	6			3	1	2		
三门峡市	10	1	8	1		4	1	1		2
南阳市	27	11	16			63	20	40	1	2
商丘市	85	51	32		2	25	5	20		
信阳市	136	50	72	6	8	32	18	13		1
周口市	176	21	134		21	18	4	7		7
驻马店市	26	16	10			20	8	6	6	
济源市	16	6	7	2	1	4	2	2		

7-1c　续表 8　　　　　　　　　　　　单位：人

现住地	省外									
	江西					山东				
	小计	乡	镇的村委会	镇的居委会	街道	小计	乡	镇的村委会	镇的居委会	街道
河　南	**458**	**182**	**210**	**33**	**33**	**1128**	**384**	**594**	**70**	**80**
郑州市	284	128	114	22	20	541	188	282	25	46
开封市	3	1	2			48	22	23	3	
洛阳市	5	3	2			45	16	26	1	2
平顶山市	16	5	11			15	1	13		1
安阳市	13	8	4	1		31	13	15	1	2
鹤壁市						21	2	14	1	4
新乡市	4	2	2			43	18	24	1	
焦作市	12	6	1	5		22	9	12	1	
濮阳市	9	1	7	1		142	50	66	21	5
许昌市	20	4	12		4	7		5		2
漯河市	3	1	2			3	1	2		
三门峡市	2	1	1			15		5	6	4
南阳市	25	3	21	1		42	5	34	2	1
商丘市	11	4	6		1	44	24	19	1	
信阳市	19	6	11		2	37	7	22		8
周口市	10	3	7			30	10	13	4	3
驻马店市	19	6	5	2	6	26	16	10		
济源市	3		2	1		16	2	9	3	2

7-1c　续表 9　　　　单位：人

现住地	省外				
	湖北				
	小计	乡	镇的村委会	镇的居委会	街道
河　南	**1475**	**513**	**770**	**67**	**125**
郑州市	738	259	399	34	46
开封市	13	5	6		2
洛阳市	84	44	32	4	4
平顶山市	46	21	22	2	1
安阳市	15	6	2		7
鹤壁市	13	1	5		7
新乡市	11	1	6	2	2
焦作市	34	11	17	1	5
濮阳市	24	10	7	2	5
许昌市	27	2	18		7
漯河市	5		4	1	
三门峡市	14	3	6	4	1
南阳市	196	49	127	10	10
商丘市	17	6	10		1
信阳市	157	58	77	5	17
周口市	20	9	9		2
驻马店市	51	25	17	2	7
济源市	10	3	6		1

7-1c　续表 10　　　　单位：人

现住地	省外									
	湖南					广东				
	小计	乡	镇的村委会	镇的居委会	街道	小计	乡	镇的村委会	镇的居委会	街道
河　南	**520**	**168**	**295**	**20**	**37**	**652**	**204**	**345**	**20**	**83**
郑州市	244	86	135	9	14	82	18	33	5	26
开封市	13	8	4		1	11	8	1	1	1
洛阳市	18	4	12	1	1	18	5	8	1	4
平顶山市	17	5	9	2	1	37	8	20	2	7
安阳市	11	4	4	1	2	6		4		2
鹤壁市	5	1	3		1	1		1		
新乡市	18	5	12		1	7	1	2		4
焦作市	8	2	6			12	3	5		4
濮阳市	11	7	4			9	3	5	1	
许昌市	20	2	16	1	1	16	3	10	1	2
漯河市	9	3	4		2	27	8	19		
三门峡市	3		2		1	3		1		2
南阳市	34	10	22		2	127	25	94	4	4
商丘市	10	4	4		2	25	14	11		
信阳市	33	11	12	5	5	63	26	32	3	2
周口市	22	4	15	1	2	79	23	41		15
驻马店市	39	11	27		1	128	59	57	2	10
济源市	5	1	4			1		1		

7－1c 续表 11

单位：人

现住地	省外									
	广西					海南				
	小计	乡	镇的村委会	镇的居委会	街道	小计	乡	镇的村委会	镇的居委会	街道
河　南	**218**	**79**	**119**	**8**	**12**	**31**	**13**	**10**	**3**	**5**
郑州市	41	14	16	4	7	6		2	2	2
开封市	9	1	6	2						
洛阳市	10	3	7			2	2			
平顶山市	14	6	8							
安阳市	10	4	5		1	1		1		
鹤壁市	5		4		1					
新乡市	6	3	2		1					
焦作市	7	1	6			1		1		
濮阳市	8	4	4			1	1			
许昌市	2		2							
漯河市	6	3	2		1					
三门峡市										
南阳市	28	11	15	2		3	1			2
商丘市	8	2	6							
信阳市	28	13	14		1	4		4		
周口市	8	4	4			6	5		1	
驻马店市	24	10	14			7	4	2		1
济源市	4		4							

7－1c 续表 12

单位：人

现住地	省外									
	重庆					四川				
	小计	乡	镇的村委会	镇的居委会	街道	小计	乡	镇的村委会	镇的居委会	街道
河　南	**411**	**135**	**231**	**18**	**27**	**1266**	**437**	**719**	**22**	**88**
郑州市	235	81	135	9	10	773	268	433	12	60
开封市	9	4	5			32	5	24		3
洛阳市	18	4	13		1	69	28	38	1	2
平顶山市	16	1	14	1		24	5	18	1	
安阳市	10	4	6			26	10	14		2
鹤壁市	4	1	2		1	24	3	20		1
新乡市	20	6	9	1	4	22	3	19		
焦作市	3		3			29	14	14	1	
濮阳市	3	1	2			14	9	5		
许昌市	6		4	2		21	5	9	1	6
漯河市	4	4				12	5	7		
三门峡市	6	3	2		1	36	13	20		3
南阳市	30	4	19		7	55	24	26	1	4
商丘市	6	5		1		19	8	8		3
信阳市	17	6	9		2	57	14	41		2
周口市	9	5	4			12	4	5	2	1
驻马店市	13	6	2	4	1	29	16	10	2	1
济源市	2		2			12	3	8	1	

7-1c 续表 13

单位：人

现住地	省外									
	贵州					云南				
	小计	乡	镇的村委会	镇的居委会	街道	小计	乡	镇的村委会	镇的居委会	街道
河　南	**607**	**219**	**339**	**17**	**32**	**473**	**205**	**231**	**19**	**18**
郑州市	235	68	155		12	131	70	47	5	9
开封市	11	4	5	2		13	4	7	2	
洛阳市	17	6	8		3	30	19	10	1	
平顶山市	50	35	12	3		32	9	18	2	3
安阳市	28	4	18		6	22	8	14		
鹤壁市	11	4	6		1	10	7	2	1	
新乡市	25	12	12		1	20	3	17		
焦作市	25	5	16	3	1	3	1			2
濮阳市	18	3	12		3	15	5	7	1	2
许昌市	10	1	9			13	2	10	1	
漯河市	5	2	3			3	2	1		
三门峡市	11	2	8		1	27	2	25		
南阳市	62	23	36	2	1	52	18	30	3	1
商丘市	12	10	2			14	11	2	1	
信阳市	32	13	15	2	2	31	21	9	1	
周口市	24	16	7		1	20	10	9		1
驻马店市	31	11	15	5		35	12	22	1	
济源市						2	1	1		

7-1c 续表 14

单位：人

现住地	省外									
	西藏					陕西				
	小计	乡	镇的村委会	镇的居委会	街道	小计	乡	镇的村委会	镇的居委会	街道
河　南	**75**	**25**	**18**	**22**	**10**	**854**	**253**	**432**	**27**	**142**
郑州市	50	18	5	19	8	311	84	181	4	42
开封市						19	10	8		1
洛阳市	2		2			94	15	38	10	31
平顶山市	3	2	1			36	9	13	5	9
安阳市	3		1		2	22	7	11		4
鹤壁市						10	1	9		
新乡市						10	2	6		2
焦作市						49	7	20	1	21
濮阳市						9	4	4	1	
许昌市	1	1				23	4	12	1	6
漯河市	5		2	3		5	3	1	1	
三门峡市						53	22	23	2	6
南阳市	3		3			82	20	53	1	8
商丘市	1	1				30	12	11		7
信阳市	2	1	1			14	4	9		1
周口市	4	2	2			31	20	11		
驻马店市						39	23	12		4
济源市	1		1			17	6	10	1	

7-1c 续表 15

单位：人

现住地	省外									
	甘肃					青海				
	小计	乡	镇的村委会	镇的居委会	街道	小计	乡	镇的村委会	镇的居委会	街道
河南	**338**	**117**	**161**	**16**	**44**	**105**	**35**	**40**	**11**	**19**
郑州市	149	47	72	6	24	27	5	11	4	7
开封市	9	3	6							
洛阳市	16	4	8		4	10	1	2	2	5
平顶山市	13	4	7		2	2		2		
安阳市	8	4	2		2	8	1	7		
鹤壁市	2	1	1							
新乡市	5	1	2		2	8	5	1		2
焦作市	11	1	6	1	3					
濮阳市	9	3	6			13	8	2	2	1
许昌市	5	1	4			8	4	1	1	2
漯河市	2		2			3	1		2	
三门峡市	11	6	3	1	1	5		5		
南阳市	39	22	15	1	1	4		4		
商丘市	12	7	3	2		3	1	2		
信阳市	17	7	9		1	1	1			
周口市	16	3	7	5	1	5	2	3		
驻马店市	11	2	7		2	8	6			2
济源市	3	1	1		1					

7-1c 续表 16

单位：人

现住地	省外									
	宁夏					新疆				
	小计	乡	镇的村委会	镇的居委会	街道	小计	乡	镇的村委会	镇的居委会	街道
河南	**75**	**20**	**30**	**6**	**19**	**283**	**99**	**137**	**19**	**28**
郑州市	33	13	9	2	9	37	11	12	5	9
开封市	1		1			8	4	3		1
洛阳市	2		2			11	4	7		
平顶山市						12	8	3		1
安阳市	2		1		1	4		1		3
鹤壁市						1		1		
新乡市						10	3	7		
焦作市						5		3		2
濮阳市						11	3	3	5	
许昌市	6		1	1	4	15	2	12		1
漯河市						7	1	6		
三门峡市	3		1		2	4	1	1		2
南阳市	4	1	3			38	15	15	4	4
商丘市	6	1	5			23	9	14		
信阳市	5	1		3	1	2	2			
周口市	5	1	3		1	63	27	32	3	1
驻马店市	7	3	3		1	29	9	14	2	4
济源市	1		1			3		3		

7-2　全省按现住地、职业和性别分的户口登记地在本省其他乡镇街道人口

单位：人

现住地	合计			党的机关、国家机关、群众团体和社会组织、企事业单位负责人		
	合计	男	女	小计	男	女
河　南	**905339**	**516300**	**389039**	**29341**	**20956**	**8385**
郑州市	271271	157511	113760	11189	8072	3117
开封市	27911	14859	13052	990	715	275
洛阳市	68669	40172	28497	2226	1617	609
平顶山市	28923	16818	12105	437	336	101
安阳市	39114	22744	16370	1182	874	308
鹤壁市	11095	5941	5154	287	210	77
新乡市	48427	26602	21825	1356	953	403
焦作市	24852	13791	11061	812	541	271
濮阳市	31354	17348	14006	1193	899	294
许昌市	38181	21336	16845	1333	925	408
漯河市	17356	9757	7599	484	333	151
三门峡市	16490	10173	6317	460	334	126
南阳市	75430	42431	32999	1797	1294	503
商丘市	53617	29244	24373	1248	820	428
信阳市	55812	33835	21977	1415	1052	363
周口市	33002	18418	14584	1067	733	334
驻马店市	53226	29192	24034	1567	1029	538
济源市	10609	6128	4481	298	219	79

7-2　续表 1

单位：人

现住地	专业技术人员			办事人员和有关人员			社会生产服务和生活服务人员		
	小计	男	女	小计	男	女	小计	男	女
河　南	**137814**	**56182**	**81632**	**83888**	**51795**	**32093**	**423252**	**227820**	**195432**
郑州市	45362	18600	26762	25450	14287	11163	125163	72017	53146
开封市	4664	1778	2886	2717	1752	965	12805	6314	6491
洛阳市	11506	4855	6651	6891	4111	2780	31545	16943	14602
平顶山市	4456	1702	2754	3467	2225	1242	12929	7090	5839
安阳市	6907	2789	4118	3986	2464	1522	16489	8895	7594
鹤壁市	1497	567	930	1128	705	423	4779	2210	2569
新乡市	7135	2823	4312	4212	2610	1602	22007	11006	11001
焦作市	3797	1407	2390	2793	1696	1097	11254	5997	5257
濮阳市	5710	2257	3453	3538	2227	1311	13456	6768	6688
许昌市	5923	2336	3587	4307	2793	1514	17951	9526	8425
漯河市	2119	884	1235	1412	883	529	8274	4517	3757
三门峡市	2375	992	1383	1813	1180	633	7404	4239	3165
南阳市	10679	4394	6285	6281	4219	2062	37688	19365	18323
商丘市	6022	2571	3451	3841	2561	1280	27932	14494	13438
信阳市	7346	3105	4241	4713	3210	1503	26670	14464	12206
周口市	4454	1837	2617	2447	1654	793	16080	8622	7458
驻马店市	6295	2666	3629	3737	2502	1235	26784	13231	13553
济源市	1567	619	948	1155	716	439	4042	2122	1920

7-2 续表 2

单位：人

现住地	农、林、牧、渔业生产及辅助人员			生产制造及有关人员			不便分类的其他从业人员		
	小计	男	女	小计	男	女	小计	男	女
河　南	**22993**	**12223**	**10770**	**204618**	**145105**	**59513**	**3433**	**2219**	**1214**
郑州市	3084	1478	1606	60332	42656	17676	691	401	290
开封市	899	440	459	5749	3799	1950	87	61	26
洛阳市	1355	788	567	14890	11697	3193	256	161	95
平顶山市	1334	709	625	6252	4726	1526	48	30	18
安阳市	1066	545	521	9405	7133	2272	79	44	35
鹤壁市	501	257	244	2851	1961	890	52	31	21
新乡市	1802	865	937	11557	8149	3408	358	196	162
焦作市	817	417	400	5268	3673	1595	111	60	51
濮阳市	784	352	432	6604	4798	1806	69	47	22
许昌市	979	529	450	7560	5148	2412	128	79	49
漯河市	566	316	250	4414	2769	1645	87	55	32
三门峡市	1082	658	424	3234	2700	534	122	70	52
南阳市	2819	1632	1187	15987	11424	4563	179	103	76
商丘市	883	445	438	13575	8276	5299	116	77	39
信阳市	1951	1135	816	13095	10362	2733	622	507	115
周口市	870	554	316	8020	4978	3042	64	40	24
驻马店市	1985	971	1014	12555	8573	3982	303	220	83
济源市	216	132	84	3270	2283	987	61	37	24

7-3 全省按现住地、职业和性别分的户口登记地在外省人口

单位：人

现住地	合计			党的机关、国家机关、群众团体和社会组织、企事业单位负责人		
	合计	男	女	小计	男	女
河　南	**59152**	**39212**	**19940**	**2535**	**1996**	**539**
郑州市	27529	19183	8346	1447	1152	295
开封市	1476	906	570	67	54	13
洛阳市	4915	3321	1594	208	160	48
平顶山市	1180	770	410	13	8	5
安阳市	2166	1350	816	88	70	18
鹤壁市	462	287	175	14	11	3
新乡市	2181	1367	814	65	49	16
焦作市	1446	885	561	65	49	16
濮阳市	2776	1723	1053	145	118	27
许昌市	1261	836	425	62	49	13
漯河市	529	316	213	12	7	5
三门峡市	1391	922	469	53	40	13
南阳市	2950	1838	1112	80	60	20
商丘市	2409	1523	886	55	46	9
信阳市	2439	1448	991	57	43	14
周口市	1640	1041	599	22	16	6
驻马店市	1738	1045	693	59	43	16
济源市	664	451	213	23	21	2

7-3　续表 1

单位：人

现住地	专业技术人员			办事人员和有关人员			社会生产服务和生活服务人员		
	小计	男	女	小计	男	女	小计	男	女
河　南	**6729**	**3785**	**2944**	**3644**	**2273**	**1371**	**24479**	**14598**	**9881**
郑州市	3099	1828	1271	1586	1004	582	11514	7275	4239
开封市	182	98	84	84	49	35	597	314	283
洛阳市	737	424	313	361	225	136	1997	1206	791
平顶山市	131	69	62	71	42	29	385	230	155
安阳市	328	174	154	189	109	80	968	582	386
鹤壁市	40	22	18	50	32	18	150	76	74
新乡市	254	147	107	136	88	48	1000	554	446
焦作市	170	86	84	122	70	52	582	302	280
濮阳市	355	179	176	205	124	81	1087	585	502
许昌市	140	85	55	65	47	18	518	337	181
漯河市	57	29	28	45	27	18	243	140	103
三门峡市	177	73	104	155	88	67	454	256	198
南阳市	300	164	136	140	85	55	1290	720	570
商丘市	208	110	98	93	53	40	996	546	450
信阳市	259	137	122	136	92	44	1129	606	523
周口市	97	45	52	52	30	22	602	353	249
驻马店市	136	76	60	91	61	30	744	398	346
济源市	59	39	20	63	47	16	223	118	105

7-3　续表 2

单位：人

现住地	农、林、牧、渔业生产及辅助人员			生产制造及有关人员			不便分类的其他从业人员		
	小计	男	女	小计	男	女	小计	男	女
河　南	**1394**	**505**	**889**	**20204**	**15951**	**4253**	**167**	**104**	**63**
郑州市	186	86	100	9627	7794	1833	70	44	26
开封市	39	15	24	501	370	131	6	6	
洛阳市	83	37	46	1514	1260	254	15	9	6
平顶山市	68	14	54	506	404	102	6	3	3
安阳市	79	33	46	510	378	132	4	4	
鹤壁市	14	3	11	193	142	51	1	1	
新乡市	68	26	42	650	498	152	8	5	3
焦作市	31	15	16	471	362	109	5	1	4
濮阳市	70	21	49	911	695	216	3	1	2
许昌市	97	34	63	375	282	93	4	2	2
漯河市	19	5	14	150	106	44	3	2	1
三门峡市	39	23	16	505	436	69	8	6	2
南阳市	169	55	114	964	752	212	7	2	5
商丘市	61	19	42	995	749	246	1		1
信阳市	134	43	91	714	521	193	10	6	4
周口市	121	44	77	739	547	192	7	6	1
驻马店市	109	30	79	597	435	162	2	2	
济源市	7	2	5	282	220	62	7	4	3

7-4 全省按现住地、户口登记地类型、受教育程度分的户口登记地在本省其他乡镇街道人口

单位：人

现住地	合计					未上过学				
	合计	乡	镇的村委会	镇的居委会	街道	小计	乡	镇的村委会	镇的居委会	街道
河南	**2053652**	**662896**	**776598**	**148529**	**465629**	**18614**	**6827**	**6744**	**1156**	**3887**
郑州市	536751	122317	255385	29026	130023	5005	1303	2435	229	1038
开封市	67084	25466	15015	4163	22440	582	204	129	40	209
洛阳市	163615	35796	67197	15479	45143	1375	304	563	108	400
平顶山市	76196	24276	18871	7203	25846	785	262	166	98	259
安阳市	98805	26264	42953	4781	24807	752	213	297	40	202
鹤壁市	22861	4832	9085	1596	7348	249	76	85	15	73
新乡市	106020	35015	43548	10081	17376	491	184	195	50	62
焦作市	62421	13770	21081	3991	23579	466	93	139	26	208
濮阳市	74198	34499	22012	5029	12658	948	511	264	50	123
许昌市	85339	19779	37058	8954	19548	453	124	195	29	105
漯河市	40463	13811	16827	3707	6118	408	150	172	37	49
三门峡市	41428	13580	15022	4986	7840	265	88	95	15	67
南阳市	184145	64303	71409	12340	36093	1371	557	529	74	211
商丘市	111410	50417	30232	9234	21527	950	400	227	79	244
信阳市	144728	76743	31247	10264	26474	2329	1366	518	131	314
周口市	92753	39388	32807	6411	14147	1220	594	386	77	163
驻马店市	121247	60374	29143	10188	21542	782	372	212	51	147
济源市	24188	2266	17706	1096	3120	183	26	137	7	13

7-4 续表 1

单位：人

现住地	学前教育					小学				
	小计	乡	镇的村委会	镇的居委会	街道	小计	乡	镇的村委会	镇的居委会	街道
河南	**81172**	**26707**	**31174**	**5642**	**17649**	**284744**	**108704**	**108206**	**18310**	**49524**
郑州市	19680	4168	9332	1024	5156	55530	14478	27732	2479	10841
开封市	2397	1000	537	177	683	8711	3813	2115	575	2208
洛阳市	6772	1616	3025	552	1579	19860	5068	9255	1569	3968
平顶山市	3319	1075	831	327	1086	11455	4246	3097	991	3121
安阳市	3857	935	1828	187	907	14733	4272	7057	579	2825
鹤壁市	754	189	291	53	221	3355	831	1430	188	906
新乡市	3821	1324	1638	319	540	11786	4381	4969	813	1623
焦作市	2192	458	781	142	811	6583	1502	2425	377	2279
濮阳市	3225	1553	971	208	493	12070	6490	3699	649	1232
许昌市	3580	858	1649	298	775	11362	2972	5293	1075	2022
漯河市	1580	522	685	161	212	4927	1707	2155	418	647
三门峡市	1867	663	749	200	255	5742	2267	2156	533	786
南阳市	7704	2843	2903	513	1445	32008	12868	12747	1976	4417
商丘市	4745	2045	1355	413	932	15988	7345	4517	1454	2672
信阳市	6469	3560	1427	420	1062	32975	19046	7391	1981	4557
周口市	3478	1531	1077	278	592	14246	6516	4751	1015	1964
驻马店市	4558	2258	1198	324	778	20242	10581	4989	1518	3154
济源市	1174	109	897	46	122	3171	321	2428	120	302

7-4 续表 2

单位：人

现住地	初中					高中				
	小计	乡	镇的村委会	镇的居委会	街道	小计	乡	镇的村委会	镇的居委会	街道
河　南	**583729**	**214808**	**236183**	**37754**	**94984**	**540509**	**171675**	**209468**	**38979**	**120387**
郑州市	127440	34488	69744	4944	18264	116133	24158	58057	6199	27719
开封市	17195	7307	4144	1041	4703	20678	8105	5597	1076	5900
洛阳市	46411	12363	22043	3610	8395	46295	9065	19439	5232	12559
平顶山市	25060	8986	7262	2179	6633	18200	5818	3765	1611	7006
安阳市	31214	9342	14484	1363	6025	25759	6801	11240	1194	6524
鹤壁市	7596	1895	3320	427	1954	6371	1198	2440	445	2288
新乡市	26848	10275	11392	1992	3189	32260	11525	13361	2714	4660
焦作市	15666	3727	5636	1017	5286	19420	4165	6489	1147	7619
濮阳市	21258	11202	6815	1181	2060	19525	8759	6093	1244	3429
许昌市	26186	7107	12208	2491	4380	23443	4661	10322	3138	5322
漯河市	12004	4204	5431	856	1513	12484	4354	5260	1015	1855
三门峡市	13185	5147	5061	1146	1831	11513	3414	4109	1562	2428
南阳市	61210	24549	24575	3823	8263	48429	15181	20407	3100	9741
商丘市	36120	16978	10556	2967	5619	31944	15416	8439	2262	5827
信阳市	43666	24042	10235	2889	6500	32940	17691	6519	2324	6406
周口市	27345	11833	9706	2137	3669	31022	12601	12821	1644	3956
驻马店市	39827	20780	9391	3467	6189	36766	18185	9578	2779	6224
济源市	5498	583	4180	224	511	7327	578	5532	293	924

7-4 续表 3

单位：人

现住地	大学专科					大学本科				
	小计	乡	镇的村委会	镇的居委会	街道	小计	乡	镇的村委会	镇的居委会	街道
河　南	**301146**	**80797**	**107767**	**24786**	**87796**	**225897**	**50589**	**72933**	**20327**	**82048**
郑州市	112421	25020	50755	7120	29526	90800	17430	34991	6336	32043
开封市	10434	3336	1666	769	4663	6590	1600	787	453	3750
洛阳市	23085	3969	7859	2459	8798	18068	3188	4614	1789	8477
平顶山市	10437	2559	2362	1194	4322	6591	1271	1347	756	3217
安阳市	11945	2616	4354	749	4226	10066	2007	3564	631	3864
鹤壁市	2874	432	1014	279	1149	1558	196	473	177	712
新乡市	14408	4153	5339	1610	3306	15421	3010	6366	2367	3678
焦作市	9945	2039	3096	749	4061	7644	1722	2395	505	3022
濮阳市	10061	3802	2585	960	2714	6743	2073	1517	708	2445
许昌市	12554	2631	4964	1180	3779	7327	1363	2320	710	2934
漯河市	6340	2243	2277	705	1115	2574	598	806	483	687
三门峡市	5798	1386	1969	913	1530	2911	587	855	580	889
南阳市	19721	5268	6499	1631	6323	13016	2906	3603	1180	5327
商丘市	12658	5135	3097	1197	3229	8700	3026	1980	814	2880
信阳市	13212	6187	2227	1294	3504	12484	4660	2811	1161	3852
周口市	8687	3944	2174	660	1909	6459	2284	1842	579	1754
驻马店市	11902	5607	2369	1036	2890	6870	2494	1350	979	2047
济源市	4664	470	3161	281	752	2075	174	1312	119	470

7-4 续表 4

单位：人

现住地	硕士研究生					博士研究生				
	小计	乡	镇的村委会	镇的居委会	街道	小计	乡	镇的村委会	镇的居委会	街道
河南	**16229**	**2603**	**3877**	**1447**	**8302**	**1612**	**186**	**246**	**128**	**1052**
郑州市	8834	1199	2211	650	4774	908	73	128	45	662
开封市	414	84	39	23	268	83	17	1	9	56
洛阳市	1609	219	375	141	874	140	4	24	19	93
平顶山市	324	54	38	45	187	25	5	3	2	15
安阳市	443	72	120	34	217	36	6	9	4	17
鹤壁市	101	15	31	12	43	3		1		2
新乡市	895	149	267	190	289	90	14	21	26	29
焦作市	451	58	112	24	257	54	6	8	4	36
濮阳市	353	107	63	28	155	15	2	5	1	7
许昌市	405	61	102	31	211	29	2	5	2	20
漯河市	141	30	40	32	39	5	3	1		1
三门峡市	134	26	26	36	46	13	2	2	1	8
南阳市	617	121	130	40	326	69	10	16	3	40
商丘市	277	64	54	44	115	28	8	7	4	9
信阳市	601	177	112	61	251	52	14	7	3	28
周口市	266	77	44	20	125	30	8	6	1	15
驻马店市	271	86	55	30	100	29	11	1	4	13
济源市	93	4	58	6	25	3	1	1		1

7-5 全省按现住地、户口登记地类型、受教育程度分的户口登记地在外省人口

单位：人

现住地	合计					未上过学				
	合计	乡	镇的村委会	镇的居委会	街道	小计	乡	镇的村委会	镇的居委会	街道
河南	**110425**	**27286**	**45798**	**9255**	**28086**	**1080**	**310**	**488**	**70**	**212**
郑州市	48912	11136	22938	3561	11277	461	134	232	25	70
开封市	2871	1041	837	161	832	16	9	6	1	
洛阳市	10190	1968	3603	1096	3523	107	13	62	7	25
平顶山市	2533	647	853	232	801	19	10	5		4
安阳市	4869	1089	2226	266	1288	59	16	30	3	10
鹤壁市	732	122	298	54	258	7	3	3		1
新乡市	4258	998	1737	532	991	28	5	12	2	9
焦作市	3406	698	1186	284	1238	33	8	11		14
濮阳市	4682	1621	1618	364	1079	90	33	37	9	11
许昌市	2361	420	992	281	668	14		6	4	4
漯河市	1085	309	438	111	227	16	5	9	2	
三门峡市	2515	546	844	365	760	12	5	4	1	2
南阳市	6062	1498	2504	503	1557	43	16	16	3	8
商丘市	4041	1278	1460	342	961	59	14	11	4	30
信阳市	4400	1625	1354	410	1011	49	19	20	4	6
周口市	3352	994	1300	273	785	41	14	11	2	14
驻马店市	2942	1090	861	339	652	14	3	6	2	3
济源市	1214	206	749	81	178	12	3	7	1	1

7-5　续表 1　　单位：人

现住地	学前教育					小学				
	小计	乡	镇的村委会	镇的居委会	街道	小计	乡	镇的村委会	镇的居委会	街道
河　南	**3048**	**705**	**1351**	**267**	**725**	**13420**	**3872**	**6422**	**936**	**2190**
郑州市	1259	283	633	81	262	5723	1600	3104	294	725
开封市	75	25	25	5	20	322	99	127	22	74
洛阳市	274	40	126	34	74	1092	198	486	136	272
平顶山市	57	12	20	6	19	328	112	124	17	75
安阳市	150	36	60	9	45	715	195	380	33	107
鹤壁市	27	7	7	2	11	90	17	38	7	28
新乡市	117	26	49	16	26	450	133	208	38	71
焦作市	106	15	42	10	39	418	77	175	31	135
濮阳市	166	53	63	12	38	679	245	298	52	84
许昌市	59	4	28	6	21	265	75	97	35	58
漯河市	44	11	15	5	13	127	37	65	8	17
三门峡市	79	11	31	16	21	281	76	106	36	63
南阳市	145	39	74	8	24	759	254	350	47	108
商丘市	118	31	51	12	24	467	140	193	45	89
信阳市	167	55	53	24	35	714	313	237	62	102
周口市	87	26	27	5	29	434	122	178	30	104
驻马店市	77	21	23	13	20	351	136	123	35	57
济源市	41	10	24	3	4	205	43	133	8	21

7-5　续表 2　　单位：人

现住地	初中					高中				
	小计	乡	镇的村委会	镇的居委会	街道	小计	乡	镇的村委会	镇的居委会	街道
河　南	**33682**	**10435**	**16480**	**2151**	**4616**	**19779**	**4925**	**8542**	**1763**	**4549**
郑州市	13448	3993	7396	677	1382	8824	2167	4446	640	1571
开封市	849	298	367	36	148	470	138	145	40	147
洛阳市	2775	636	1300	286	553	1814	269	760	231	554
平顶山市	916	305	406	60	145	376	93	118	38	127
安阳市	1453	431	725	84	213	879	177	452	44	206
鹤壁市	294	52	161	16	65	109	15	42	11	41
新乡市	1127	329	558	75	165	768	218	309	83	158
焦作市	847	204	336	59	248	644	103	208	70	263
濮阳市	1749	727	695	104	223	888	314	286	84	204
许昌市	844	161	424	102	157	485	80	179	58	168
漯河市	343	99	160	28	56	240	70	86	32	52
三门峡市	802	249	344	86	123	478	119	158	71	130
南阳市	2168	627	1134	144	263	890	230	359	77	224
商丘市	1571	592	680	89	210	771	225	263	69	214
信阳市	1653	726	589	115	223	729	243	209	75	202
周口市	1292	421	566	74	231	488	149	162	52	125
驻马店市	1174	516	390	89	179	667	274	203	70	120
济源市	377	69	249	27	32	259	41	157	18	43

7-5 续表 3

单位：人

现住地	大学专科					大学本科				
	小计	乡	镇的村委会	镇的居委会	街道	小计	乡	镇的村委会	镇的居委会	街道
河南	**13530**	**2775**	**4995**	**1360**	**4400**	**23821**	**4029**	**7077**	**2500**	**10215**
郑州市	6349	1265	2680	578	1826	11705	1563	4150	1151	4841
开封市	436	129	106	30	171	667	329	54	24	260
洛阳市	1227	137	402	173	515	2660	655	435	206	1364
平顶山市	271	46	65	39	121	519	63	110	70	276
安阳市	596	104	228	30	234	934	127	336	57	414
鹤壁市	96	20	27	9	40	94	7	20	7	60
新乡市	479	94	167	66	152	1213	185	419	230	379
焦作市	437	74	153	37	173	812	204	234	73	301
濮阳市	543	146	157	58	182	494	96	78	45	275
许昌市	282	41	105	31	105	386	57	151	42	136
漯河市	205	71	69	17	48	100	16	32	18	34
三门峡市	455	40	151	68	196	386	43	49	84	210
南阳市	563	113	204	61	185	1431	210	353	157	711
商丘市	386	108	117	50	111	654	165	144	71	274
信阳市	440	130	109	44	157	578	130	124	75	249
周口市	298	146	66	15	71	699	113	285	94	207
驻马店市	248	78	60	37	73	393	59	56	89	189
济源市	219	33	129	17	40	96	7	47	7	35

7-5 续表 4

单位：人

现住地	硕士研究生					博士研究生				
	小计	乡	镇的村委会	镇的居委会	街道	小计	乡	镇的村委会	镇的居委会	街道
河南	**1859**	**214**	**422**	**184**	**1039**	**206**	**21**	**21**	**24**	**140**
郑州市	1046	122	284	105	535	97	9	13	10	65
开封市	32	10	7	3	12	4	4			
洛阳市	221	20	32	19	150	20			4	16
平顶山市	44	5	5	2	32	3	1			2
安阳市	77	2	15	5	55	6	1		1	4
鹤壁市	12	1		2	9	3				3
新乡市	65	7	10	19	29	11	1	5	3	2
焦作市	91	12	27	4	48	18	1			17
濮阳市	67	6	4		57	6	1			5
许昌市	24	2	2	3	17	2				2
漯河市	9		1	1	7	1		1		
三门峡市	20	3	1	3	13	2				2
南阳市	55	9	12	6	28	8		2		6
商丘市	11	2	1	2	6	4	1			3
信阳市	59	7	13	8	31	11	2		3	6
周口市	10	3	5		2	3			1	2
驻马店市	11	3		2	6	7			2	5
济源市	5		3		2					

7-6　全省按现住地和出生地分的人口

单位：人

现住地	出生地							
	合计	省内		省外				
		本县市区	本省其他县市区	北京	天津	河北	山西	内蒙古
河　南	**9725229**	**8644491**	**932270**	**2037**	**1145**	**12252**	**7343**	**2179**
郑州市	1221942	694030	469826	829	457	4693	2999	969
开封市	474208	452491	17837	39	40	244	137	39
洛阳市	692358	600863	74793	294	171	1159	818	284
平顶山市	478262	440921	33448	34	26	216	130	63
安阳市	525949	487503	31491	93	72	2444	534	112
鹤壁市	159371	146356	11678	25	12	157	117	20
新乡市	610476	565796	39314	66	74	463	545	88
焦作市	357679	322365	30755	44	29	322	529	68
濮阳市	381446	336624	31240	100	63	1031	177	124
许昌市	446221	419852	23279	20	20	169	116	68
漯河市	252295	235212	15793	18	16	53	33	21
三门峡市	216364	198292	15521	18	6	129	261	17
南阳市	917449	859134	49160	97	74	388	287	88
商丘市	795864	774339	17380	17	9	173	128	37
信阳市	585428	556114	23594	252	31	238	75	36
周口市	863629	842048	18318	39	14	116	66	39
驻马店市	674240	646750	24252	44	29	148	118	24
济源市	72048	65801	4591	8	2	109	273	82

7-6　续表 1

单位：人

现住地	出生地								
	省外								
	辽宁	吉林	黑龙江	上海	江苏	浙江	安徽	福建	江西
河　南	**4436**	**2851**	**5940**	**1299**	**6800**	**3987**	**13202**	**3107**	**3409**
郑州市	1759	1283	2437	505	3078	1906	5566	1698	1682
开封市	73	63	103	35	147	98	277	53	107
洛阳市	1034	472	781	336	895	452	930	293	314
平顶山市	282	76	206	32	172	96	187	91	95
安阳市	180	131	213	39	218	112	204	109	96
鹤壁市	39	34	77	4	51	28	64	8	13
新乡市	147	131	200	32	245	133	459	66	95
焦作市	113	94	143	23	199	78	432	74	86
濮阳市	174	126	741	27	424	113	414	60	102
许昌市	98	73	232	19	145	88	177	58	67
漯河市	9	22	54	9	59	25	79	20	58
三门峡市	93	79	57	21	124	26	153	28	23
南阳市	179	102	288	25	254	243	392	185	217
商丘市	51	20	97	15	180	75	1304	81	71
信阳市	62	53	113	102	264	255	969	100	184
周口市	48	45	55	31	129	106	1056	94	69
驻马店市	53	33	93	41	138	116	367	68	104
济源市	42	14	50	3	78	37	172	21	26

7-6 续表 2

单位：人

现住地	出生地 省外 山东	湖北	湖南	广东	广西	海南	重庆	四川
河　南	**18453**	**12588**	**4983**	**3076**	**2001**	**616**	**2893**	**10564**
郑州市	5802	4872	2146	1155	682	260	1234	3757
开封市	763	277	172	80	67	13	48	234
洛阳市	1537	1079	567	322	170	60	409	1314
平顶山市	286	383	153	122	74	22	87	330
安阳市	657	251	135	49	70	17	89	302
鹤壁市	151	92	50	19	17	3	41	78
新乡市	679	238	134	59	47	40	92	411
焦作市	457	346	122	54	53	28	85	394
濮阳市	5711	1114	227	70	68	15	152	826
许昌市	202	227	148	66	81	15	46	269
漯河市	76	113	82	77	56	8	17	112
三门峡市	184	146	56	27	21	1	78	295
南阳市	502	1712	337	348	184	55	198	1282
商丘市	717	205	93	42	48	15	75	143
信阳市	220	1012	243	266	154	28	84	287
周口市	154	185	106	112	89	9	55	155
驻马店市	157	272	178	191	111	20	73	212
济源市	198	64	34	17	9	7	30	163

7-6 续表 3

单位：人

现住地	出生地 省外 贵州	云南	西藏	陕西	甘肃	青海	宁夏	新疆	港澳台或国外
河　南	**3361**	**2809**	**228**	**7835**	**4149**	**1227**	**690**	**2780**	**228**
郑州市	1184	835	118	2839	1508	412	281	1073	67
开封市	68	126	12	186	180	54	25	113	7
洛阳市	215	240	13	1389	556	186	96	292	24
平顶山市	139	184	2	155	62	28	8	121	31
安阳市	240	116	18	196	132	28	20	74	4
鹤壁市	85	37	1	53	20	11	3	26	1
新乡市	204	133	7	259	147	47	30	88	7
焦作市	90	61	7	372	115	36	34	68	3
濮阳市	181	113	4	569	534	91	45	181	5
许昌市	125	64	4	191	111	43	30	109	9
漯河市	41	44	4	63	48	25	7	38	3
三门峡市	39	61		453	77	21	7	46	4
南阳市	255	188	12	584	263	116	53	222	25
商丘市	92	108	14	119	104	26	7	73	6
信阳市	142	163	4	129	101	33	16	89	15
周口市	116	113	4	94	64	15	11	67	7
驻马店市	129	202	4	90	82	38	15	78	10
济源市	16	21		94	45	17	2	22	

7-7　全省按现住地和五年前常住地分的人口

单位：人

现住地	五年前常住地							
	合计	省内		省外				
		本县市区	本省其他县市区	北京	天津	河北	山西	内蒙古
河　南	**9138976**	**8723923**	**338740**	**4972**	**1283**	**4950**	**3573**	**1033**
郑州市	1145810	928862	182780	2167	534	2212	1682	480
开封市	445597	435930	7836	62	35	109	62	24
洛阳市	648911	617079	26239	255	74	305	287	138
平顶山市	448660	440707	6430	56	24	56	61	21
安阳市	495083	479625	12749	197	72	709	253	45
鹤壁市	151084	148168	2452	41	10	40	23	6
新乡市	575081	556253	16549	85	40	180	180	53
焦作市	337466	325792	9861	51	19	142	171	22
濮阳市	357161	344292	10175	301	65	241	64	33
许昌市	421483	411464	8118	80	28	99	66	29
漯河市	238929	233589	4450	41	15	28	19	6
三门峡市	204427	200178	3137	33	8	40	86	4
南阳市	868164	848463	15267	204	78	177	130	44
商丘市	741641	730999	7546	147	51	187	107	33
信阳市	552840	538468	9307	775	89	156	63	23
周口市	805045	796417	5103	269	85	121	119	28
驻马店市	634396	623368	8405	194	52	119	111	26
济源市	67198	64269	2336	14	4	29	89	18

7-7　续表 1

单位：人

现住地	五年前常住地								
	省外								
	辽宁	吉林	黑龙江	上海	江苏	浙江	安徽	福建	江西
河　南	**1551**	**1020**	**1595**	**2256**	**4769**	**4473**	**5148**	**1903**	**1908**
郑州市	818	570	859	947	1864	1436	2427	910	982
开封市	31	22	24	35	89	79	120	42	70
洛阳市	135	76	161	123	305	241	285	139	129
平顶山市	39	8	27	41	166	97	71	57	26
安阳市	72	42	50	32	109	66	95	73	41
鹤壁市	7	10	14	11	24	6	19	8	10
新乡市	62	43	68	28	146	85	177	41	50
焦作市	19	35	28	30	72	56	179	63	50
濮阳市	39	33	97	56	141	66	78	21	60
许昌市	25	24	35	41	231	122	70	59	33
漯河市	11	9	12	26	57	33	25	24	25
三门峡市	19	13	9	22	115	38	57	14	11
南阳市	47	59	57	71	208	311	149	159	148
商丘市	34	15	46	155	328	370	455	48	49
信阳市	66	21	40	337	511	652	289	91	114
周口市	66	9	17	188	212	557	478	88	40
驻马店市	49	28	40	104	159	227	120	53	52
济源市	12	3	11	9	32	31	54	13	18

7-7 续表 2

单位：人

现住地	五年前常住地							
	省外							
	山东	湖北	湖南	广东	广西	海南	重庆	四川
河　南	**5579**	**4472**	**2117**	**5139**	**1027**	**583**	**1636**	**3589**
郑州市	2348	2147	1134	1711	483	270	838	1951
开封市	202	104	87	110	34	8	29	76
洛阳市	366	305	187	269	73	39	189	365
平顶山市	104	84	45	131	25	26	44	78
安阳市	156	82	42	61	27	24	40	87
鹤壁市	43	27	12	23	5		25	27
新乡市	261	93	56	70	29	34	41	96
焦作市	97	141	68	69	29	25	41	87
濮阳市	798	95	26	66	9	6	30	107
许昌市	102	82	57	172	37	12	22	71
漯河市	29	60	29	205	24	6	9	34
三门峡市	52	57	15	40	7		36	154
南阳市	245	403	124	650	99	47	104	164
商丘市	333	118	50	102	24	17	58	58
信阳市	111	422	71	623	45	31	48	77
周口市	154	100	28	406	23	7	39	52
驻马店市	137	129	65	413	49	27	33	67
济源市	41	23	21	18	5	4	10	38

7-7 续表 3

单位：人

现住地	五年前常住地								
	省外								港澳台或国外
	贵州	云南	西藏	陕西	甘肃	青海	宁夏	新疆	
河　南	**1709**	**1250**	**195**	**3012**	**1648**	**544**	**506**	**1778**	**1095**
郑州市	856	571	110	1465	792	211	235	669	489
开封市	28	38	10	91	48	37	19	67	39
洛阳市	94	127	8	370	170	48	49	110	171
平顶山市	53	27	5	46	23	21	8	30	23
安阳市	61	37	9	73	58	6	19	26	45
鹤壁市	13	17		18	7	4	1	8	5
新乡市	34	46	4	89	71	24	22	51	20
焦作市	53	28	5	76	50	27	20	28	32
濮阳市	38	41	1	61	23	17	4	29	48
许昌市	102	27	6	66	66	12	17	88	20
漯河市	9	11	5	36	24	22	8	42	6
三门峡市	18	43		147	37	10	4	18	5
南阳市	148	68	5	148	94	52	38	157	46
商丘市	44	28	7	74	39	6	10	96	7
信阳市	47	37	8	66	48	13	18	89	84
周口市	41	51	7	88	31	10	20	164	27
驻马店市	59	41	4	62	46	22	13	101	21
济源市	11	12	1	36	21	2	1	5	7

第二部分　长表数据资料

第八卷　老年人口

8-1　各地区分性别、健康状况的60岁及以上老年人口

单位：人

地　区	60岁及以上人口			健　康		
	合计	男	女	小计	男	女
河　南	**1707479**	**807575**	**899904**	**963865**	**477490**	**486375**
郑州市	154356	73305	81051	101656	49563	52093
开封市	88592	41600	46992	55132	27054	28078
洛阳市	124379	59303	65076	74868	37468	37400
平顶山市	86258	41826	44432	41595	21481	20114
安阳市	94177	43240	50937	52317	25096	27221
鹤壁市	25461	11806	13655	13599	6635	6964
新乡市	105311	49266	56045	64594	31419	33175
焦作市	65713	30572	35141	37802	18370	19432
濮阳市	63815	29268	34547	36881	17617	19264
许昌市	83596	39505	44091	47954	23724	24230
漯河市	48985	23130	25855	27359	13623	13736
三门峡市	40324	19594	20730	20669	10662	10007
南阳市	169760	83075	86685	82378	42590	39788
商丘市	136799	64126	72673	79768	39289	40479
信阳市	112886	54465	58421	54009	27879	26130
周口市	165708	76725	88983	95634	46499	49135
驻马店市	127939	60438	67501	70101	34804	35297
济源市	13420	6331	7089	7549	3717	3832

8-1　续表

单位：人

地　区	基本健康			不健康，但生活能自理			不健康，生活不能自理		
	小计	男	女	小计	男	女	小计	男	女
河　南	**516161**	**229731**	**286430**	**185452**	**83056**	**102396**	**42001**	**17298**	**24703**
郑州市	37190	16614	20576	11554	5380	6174	3956	1748	2208
开封市	23992	10395	13597	7622	3371	4251	1846	780	1066
洛阳市	34113	15173	18940	12080	5334	6746	3318	1328	1990
平顶山市	29594	13605	15989	12227	5592	6635	2842	1148	1694
安阳市	28774	12360	16414	10187	4549	5638	2899	1235	1664
鹤壁市	8118	3480	4638	2899	1319	1580	845	372	473
新乡市	29207	12757	16450	9026	4023	5003	2484	1067	1417
焦作市	19275	8337	10938	6588	3001	3587	2048	864	1184
濮阳市	18490	7942	10548	6716	3011	3705	1728	698	1030
许昌市	25037	11089	13948	8642	3910	4732	1963	782	1181
漯河市	15307	6787	8520	5167	2254	2913	1152	466	686
三门峡市	13747	6285	7462	4820	2161	2659	1088	486	602
南阳市	59518	27747	31771	23570	11016	12554	4294	1722	2572
商丘市	40535	17821	22714	13954	6009	7945	2542	1007	1535
信阳市	40452	18440	22012	16128	7201	8927	2297	945	1352
周口市	48344	21014	27330	18014	7759	10255	3716	1453	2263
驻马店市	40600	18179	22421	14786	6475	8311	2452	980	1472
济源市	3868	1706	2162	1472	691	781	531	217	314

8-1a 各地区分性别、健康状况的60岁及以上老年人口(城市)

单位：人

地 区	60岁及以上人口			健 康		
	合计	男	女	小计	男	女
河 南	**353467**	**163787**	**189680**	**227793**	**108859**	**118934**
郑州市	78922	36584	42338	56446	26661	29785
开封市	19656	9020	10636	12995	6170	6825
洛阳市	40444	18814	21630	26774	12858	13916
平顶山市	21059	9882	11177	11825	5800	6025
安阳市	20648	9346	11302	12667	5975	6692
鹤壁市	7510	3447	4063	4488	2126	2362
新乡市	29271	13572	15699	19048	9052	9996
焦作市	19026	8835	10191	11950	5747	6203
濮阳市	8577	3931	4646	5336	2518	2818
许昌市	21951	10214	11737	13914	6719	7195
漯河市	9628	4369	5259	6234	2924	3310
三门峡市	11565	5535	6030	5786	2891	2895
南阳市	15820	7278	8542	9578	4606	4972
商丘市	13825	6518	7307	8798	4322	4476
信阳市	10747	5061	5686	6371	3110	3261
周口市	13736	6207	7529	8307	3889	4418
驻马店市	6186	2899	3287	3988	1932	2056
济源市	4896	2275	2621	3288	1559	1729

8-1a 续表

单位：人

地 区	基本健康			不健康，但生活能自理			不健康，生活不能自理		
	小计	男	女	小计	男	女	小计	男	女
河 南	**94798**	**41372**	**53426**	**23495**	**10300**	**13195**	**7381**	**3256**	**4125**
郑州市	17054	7456	9598	3843	1737	2106	1579	730	849
开封市	5097	2166	2931	1171	510	661	393	174	219
洛阳市	10378	4520	5858	2404	1055	1349	888	381	507
平顶山市	7034	3125	3909	1736	760	976	464	197	267
安阳市	5774	2397	3377	1595	705	890	612	269	343
鹤壁市	2133	926	1207	668	289	379	221	106	115
新乡市	7789	3426	4363	1830	816	1014	604	278	326
焦作市	5262	2291	2971	1371	607	764	443	190	253
濮阳市	2518	1093	1425	549	242	307	174	78	96
许昌市	6041	2627	3414	1578	698	880	418	170	248
漯河市	2538	1089	1449	683	274	409	173	82	91
三门峡市	4539	2077	2462	1004	449	555	236	118	118
南阳市	4783	2096	2687	1173	475	698	286	101	185
商丘市	3803	1671	2132	996	427	569	228	98	130
信阳市	3298	1469	1829	906	414	492	172	68	104
周口市	3870	1664	2206	1274	532	742	285	122	163
驻马店市	1713	770	943	410	165	245	75	32	43
济源市	1174	509	665	304	145	159	130	62	68

8-1b　各地区分性别、健康状况的60岁及以上老年人口(镇)

单位：人

地　　区	60岁及以上人口			健　　康		
	合计	男	女	小计	男	女
河　南	**390670**	**184405**	**206265**	**221468**	**108954**	**112514**
郑州市	26065	12441	13624	16822	8214	8608
开封市	20760	9682	11078	12695	6156	6539
洛阳市	29366	13993	15373	17674	8785	8889
平顶山市	16993	8078	8915	8539	4266	4273
安阳市	19250	8902	10348	10944	5252	5692
鹤壁市	6151	2797	3354	3417	1611	1806
新乡市	21412	10022	11390	13705	6688	7017
焦作市	17341	7988	9353	10421	4966	5455
濮阳市	16548	7574	8974	9740	4599	5141
许昌市	14798	6992	7806	8689	4260	4429
漯河市	11919	5694	6225	6514	3255	3259
三门峡市	6826	3373	3453	3827	1960	1867
南阳市	49052	23766	25286	24148	12220	11928
商丘市	30968	14684	16284	17950	8917	9033
信阳市	28739	13460	15279	14793	7396	7397
周口市	38685	17976	20709	21945	10688	11257
驻马店市	33993	16139	17854	18673	9249	9424
济源市	1804	844	960	972	472	500

8-1b　续表

单位：人

地　　区	基本健康			不健康，但生活能自理			不健康，生活不能自理		
	小计	男	女	小计	男	女	小计	男	女
河　南	**120647**	**53819**	**66828**	**39836**	**17941**	**21895**	**8719**	**3691**	**5028**
郑州市	6439	2916	3523	2107	989	1118	697	322	375
开封市	5898	2578	3320	1839	805	1034	328	143	185
洛阳市	8297	3720	4577	2727	1211	1516	668	277	391
平顶山市	5717	2593	3124	2188	988	1200	549	231	318
安阳市	5903	2548	3355	1843	852	991	560	250	310
鹤壁市	1889	805	1084	631	285	346	214	96	118
新乡市	5682	2438	3244	1619	741	878	406	155	251
焦作市	4745	2046	2699	1630	759	871	545	217	328
濮阳市	4788	2049	2739	1605	745	860	415	181	234
许昌市	4226	1862	2364	1520	723	797	363	147	216
漯河市	3988	1827	2161	1155	492	663	262	120	142
三门峡市	2083	994	1089	733	330	403	183	89	94
南阳市	17905	8311	9594	5893	2796	3097	1106	439	667
商丘市	9630	4287	5343	2919	1281	1638	469	199	270
信阳市	9918	4362	5556	3502	1471	2031	526	231	295
周口市	11730	5147	6583	4208	1814	2394	802	327	475
驻马店市	11274	5099	6175	3496	1563	1933	550	228	322
济源市	535	237	298	221	96	125	76	39	37

8-1c 各地区分性别、健康状况的60岁及以上老年人口(乡村)

单位：人

地 区	60岁及以上人口			健 康		
	合计	男	女	小计	男	女
河 南	**963342**	**459383**	**503959**	**514604**	**259677**	**254927**
郑州市	49369	24280	25089	28388	14688	13700
开封市	48176	22898	25278	29442	14728	14714
洛阳市	54569	26496	28073	30420	15825	14595
平顶山市	48206	23866	24340	21231	11415	9816
安阳市	54279	24992	29287	28706	13869	14837
鹤壁市	11800	5562	6238	5694	2898	2796
新乡市	54628	25672	28956	31841	15679	16162
焦作市	29346	13749	15597	15431	7657	7774
濮阳市	38690	17763	20927	21805	10500	11305
许昌市	46847	22299	24548	25351	12745	12606
漯河市	27438	13067	14371	14611	7444	7167
三门峡市	21933	10686	11247	11056	5811	5245
南阳市	104888	52031	52857	48652	25764	22888
商丘市	92006	42924	49082	53020	26050	26970
信阳市	73400	35944	37456	32845	17373	15472
周口市	113287	52542	60745	65382	31922	33460
驻马店市	87760	41400	46360	47440	23623	23817
济源市	6720	3212	3508	3289	1686	1603

8-1c 续表

单位：人

地 区	基本健康			不健康，但生活能自理			不健康，生活不能自理		
	小计	男	女	小计	男	女	小计	男	女
河 南	**300716**	**134540**	**166176**	**122121**	**54815**	**67306**	**25901**	**10351**	**15550**
郑州市	13697	6242	7455	5604	2654	2950	1680	696	984
开封市	12997	5651	7346	4612	2056	2556	1125	463	662
洛阳市	15438	6933	8505	6949	3068	3881	1762	670	1092
平顶山市	16843	7887	8956	8303	3844	4459	1829	720	1109
安阳市	17097	7415	9682	6749	2992	3757	1727	716	1011
鹤壁市	4096	1749	2347	1600	745	855	410	170	240
新乡市	15736	6893	8843	5577	2466	3111	1474	634	840
焦作市	9268	4000	5268	3587	1635	1952	1060	457	603
濮阳市	11184	4800	6384	4562	2024	2538	1139	439	700
许昌市	14770	6600	8170	5544	2489	3055	1182	465	717
漯河市	8781	3871	4910	3329	1488	1841	717	264	453
三门峡市	7125	3214	3911	3083	1382	1701	669	279	390
南阳市	36830	17340	19490	16504	7745	8759	2902	1182	1720
商丘市	27102	11863	15239	10039	4301	5738	1845	710	1135
信阳市	27236	12609	14627	11720	5316	6404	1599	646	953
周口市	32744	14203	18541	12532	5413	7119	2629	1004	1625
驻马店市	27613	12310	15303	10880	4747	6133	1827	720	1107
济源市	2159	960	1199	947	450	497	325	116	209

8-2　全省分年龄、性别、健康状况的60岁及以上老年人口

单位：人

年　龄	60岁及以上人口			健　康		
	合计	男	女	小计	男	女
总　计	**1707479**	**807575**	**899904**	**963865**	**477490**	**486375**
60−64岁	**445600**	**218299**	**227301**	**323447**	**161259**	**162188**
60	74283	35753	38530	57128	27894	29234
61	68023	33506	34517	50595	25372	25223
62	91633	45318	46315	66474	33498	32976
63	111461	54955	56506	79539	39879	39660
64	100200	48767	51433	69711	34616	35095
65−69岁	**511833**	**248023**	**263810**	**322833**	**161538**	**161295**
65	112046	54631	57415	75302	37689	37613
66	109211	53240	55971	71233	35749	35484
67	100440	48692	51748	63151	31575	31576
68	100851	48699	52152	61298	30618	30680
69	89285	42761	46524	51849	25907	25942
70−74岁	**336991**	**163081**	**173910**	**172017**	**86637**	**85380**
70	80220	38969	41251	44699	22496	22203
71	74685	36221	38464	38863	19530	19333
72	63657	30816	32841	31906	16068	15838
73	62639	30392	32247	30450	15508	14942
74	55790	26683	29107	26099	13035	13064
75−79岁	**203284**	**94226**	**109058**	**84441**	**41330**	**43111**
75	52771	25116	27655	23618	11864	11754
76	41005	19399	21606	17624	8770	8854
77	35749	16066	19683	14711	6953	7758
78	37970	17379	20591	14989	7239	7750
79	35789	16266	19523	13499	6504	6995
80−84岁	**118725**	**51573**	**67152**	**38520**	**17876**	**20644**
80	31077	13891	17186	11162	5300	5862
81	23064	10098	12966	7541	3477	4064
82	23173	10267	12906	7396	3484	3912
83	21620	9153	12467	6534	2992	3542
84	19791	8164	11627	5887	2623	3264
85−89岁	**64779**	**24453**	**40326**	**17055**	**6997**	**10058**
85	18326	7191	11135	5096	2137	2959
86	15374	5880	9494	4158	1754	2404
87	13776	5238	8538	3639	1499	2140
88	9261	3296	5965	2293	889	1404
89	8042	2848	5194	1869	718	1151
90−94岁	**20784**	**6625**	**14159**	**4514**	**1556**	**2958**
90	7151	2452	4699	1661	635	1026
91	4751	1513	3238	1008	329	679
92	3953	1216	2737	836	279	557
93	2806	842	1964	567	186	381
94	2123	602	1521	442	127	315
95−99岁	**4776**	**1179**	**3597**	**917**	**274**	**643**
95	1750	472	1278	366	112	254
96	1226	289	937	214	69	145
97	783	198	585	153	47	106
98	580	133	447	98	24	74
99	437	87	350	86	22	64
100岁及以上	**707**	**116**	**591**	**121**	**23**	**98**

8-2 续表

单位：人

年 龄	基本健康			不健康，但生活能自理			不健康，生活不能自理		
	小计	男	女	小计	男	女	小计	男	女
总 计	**516161**	**229731**	**286430**	**185452**	**83056**	**102396**	**42001**	**17298**	**24703**
60–64岁	**96499**	**43956**	**52543**	**21256**	**10899**	**10357**	**4398**	**2185**	**2213**
60	13728	6112	7616	2786	1407	1379	641	340	301
61	13850	6347	7503	2966	1494	1472	612	293	319
62	19882	9097	10785	4400	2268	2132	877	455	422
63	25174	11583	13591	5648	2966	2682	1100	527	573
64	23865	10817	13048	5456	2764	2692	1168	570	598
65–69岁	**144409**	**64709**	**79700**	**37606**	**18402**	**19204**	**6985**	**3374**	**3611**
65	28521	12810	15711	6977	3532	3445	1246	600	646
66	29360	13194	16166	7215	3607	3608	1403	690	713
67	28496	12770	15726	7388	3670	3718	1405	677	728
68	30050	13502	16548	8066	3918	4148	1437	661	776
69	27982	12433	15549	7960	3675	4285	1494	746	748
70–74岁	**118009**	**54142**	**63867**	**39827**	**18949**	**20878**	**7138**	**3353**	**3785**
70	26302	11976	14326	7855	3860	3995	1364	637	727
71	26003	11989	14014	8306	3995	4311	1513	707	806
72	22736	10472	12264	7691	3662	4029	1324	614	710
73	22475	10346	12129	8258	3823	4435	1456	715	741
74	20493	9359	11134	7717	3609	4108	1481	680	801
75–79岁	**78343**	**35061**	**43282**	**34140**	**15030**	**19110**	**6360**	**2805**	**3555**
75	19931	9025	10906	7787	3573	4214	1435	654	781
76	15675	7136	8539	6548	2968	3580	1158	525	633
77	13845	6048	7797	6136	2604	3532	1057	461	596
78	14773	6567	8206	6882	3003	3879	1326	570	756
79	14119	6285	7834	6787	2882	3905	1384	595	789
80–84岁	**46267**	**19817**	**26450**	**27356**	**11352**	**16004**	**6582**	**2528**	**4054**
80	12101	5327	6774	6465	2705	3760	1349	559	790
81	9224	3970	5254	5103	2152	2951	1196	499	697
82	8984	3968	5016	5477	2306	3171	1316	509	807
83	8413	3465	4948	5321	2216	3105	1352	480	872
84	7545	3087	4458	4990	1973	3017	1369	481	888
85–89岁	**24110**	**9303**	**14807**	**17634**	**6205**	**11429**	**5980**	**1948**	**4032**
85	6905	2778	4127	4853	1742	3111	1472	534	938
86	5766	2177	3589	4134	1503	2631	1316	446	870
87	5089	1972	3117	3762	1341	2421	1286	426	860
88	3437	1285	2152	2565	843	1722	966	279	687
89	2913	1091	1822	2320	776	1544	940	263	677
90–94岁	**6942**	**2353**	**4589**	**6080**	**1853**	**4227**	**3248**	**863**	**2385**
90	2482	872	1610	2078	678	1400	930	267	663
91	1560	546	1014	1438	451	987	745	187	558
92	1323	454	869	1168	317	851	626	166	460
93	929	275	654	801	235	566	509	146	363
94	648	206	442	595	172	423	438	97	341
95–99岁	**1376**	**357**	**1019**	**1371**	**335**	**1036**	**1112**	**213**	**899**
95	483	145	338	505	138	367	396	77	319
96	384	89	295	355	77	278	273	54	219
97	227	58	169	230	61	169	173	32	141
98	172	38	134	156	40	116	154	31	123
99	110	27	83	125	19	106	116	19	97
100岁及以上	**206**	**33**	**173**	**182**	**31**	**151**	**198**	**29**	**169**

8-2a　全省分年龄、性别、健康状况的60岁及以上老年人口(城市)

单位：人

年龄	60岁及以上人口			健康		
	合计	男	女	小计	男	女
总　计	**353467**	**163787**	**189680**	**227793**	**108859**	**118934**
60–64岁	**105836**	**51148**	**54688**	**82381**	**39979**	**42402**
60	19871	9626	10245	15941	7767	8174
61	17233	8436	8797	13623	6675	6948
62	22189	10792	11397	17200	8425	8775
63	24958	11972	12986	19254	9231	10023
64	21585	10322	11263	16363	7881	8482
65–69岁	**99764**	**46901**	**52863**	**70502**	**33636**	**36866**
65	22724	10738	11986	16889	8031	8858
66	21986	10400	11586	15903	7670	8233
67	19379	9077	10302	13601	6457	7144
68	18621	8833	9788	12852	6167	6685
69	17054	7853	9201	11257	5311	5946
70–74岁	**62948**	**29185**	**33763**	**37665**	**18076**	**19589**
70	15280	7177	8103	9786	4691	5095
71	14138	6596	7542	8539	4078	4461
72	11734	5439	6295	7035	3417	3618
73	11327	5173	6154	6519	3130	3389
74	10469	4800	5669	5786	2760	3026
75–79岁	**39597**	**17457**	**22140**	**20222**	**9305**	**10917**
75	9876	4434	5442	5300	2480	2820
76	7393	3314	4079	3882	1812	2070
77	6878	2976	3902	3517	1574	1943
78	7811	3427	4384	3868	1788	2080
79	7639	3306	4333	3655	1651	2004
80–84岁	**27009**	**11590**	**15419**	**11151**	**5173**	**5978**
80	6795	2893	3902	3020	1391	1629
81	5391	2263	3128	2251	1013	1238
82	5459	2376	3083	2216	1014	1202
83	4912	2148	2764	1946	942	1004
84	4452	1910	2542	1718	813	905
85–89岁	**13336**	**5571**	**7765**	**4552**	**2115**	**2437**
85	3900	1593	2307	1408	646	762
86	3107	1296	1811	1071	505	566
87	2675	1140	1535	922	420	502
88	1971	829	1142	644	301	343
89	1683	713	970	507	243	264
90–94岁	**4091**	**1656**	**2435**	**1119**	**495**	**624**
90	1438	626	812	424	213	211
91	989	391	598	268	106	162
92	726	275	451	184	78	106
93	535	217	318	138	58	80
94	403	147	256	105	40	65
95–99岁	**792**	**262**	**530**	**186**	**75**	**111**
95	292	110	182	81	36	45
96	224	77	147	48	21	27
97	117	39	78	24	9	15
98	86	19	67	17	5	12
99	73	17	56	16	4	12
100岁及以上	**94**	**17**	**77**	**15**	**5**	**10**

8-2a 续表 单位：人

年 龄	基本健康			不健康，但生活能自理			不健康，生活不能自理		
	小计	男	女	小计	男	女	小计	男	女
总 计	**94798**	**41372**	**53426**	**23495**	**10300**	**13195**	**7381**	**3256**	**4125**
60-64岁	**19511**	**9008**	**10503**	**3183**	**1709**	**1474**	**761**	**452**	**309**
60	3291	1496	1795	494	269	225	145	94	51
61	3015	1439	1576	483	262	221	112	60	52
62	4152	1911	2241	693	372	321	144	84	60
63	4735	2208	2527	803	436	367	166	97	69
64	4318	1954	2364	710	370	340	194	117	77
65-69岁	**23785**	**10518**	**13267**	**4453**	**2197**	**2256**	**1024**	**550**	**474**
65	4818	2150	2668	828	457	371	189	100	89
66	5030	2191	2839	835	413	422	218	126	92
67	4667	2061	2606	893	445	448	218	114	104
68	4629	2102	2527	935	458	477	205	106	99
69	4641	2014	2627	962	424	538	194	104	90
70-74岁	**19757**	**8571**	**11186**	**4440**	**2011**	**2429**	**1086**	**527**	**559**
70	4464	1973	2491	836	413	423	194	100	94
71	4364	1920	2444	965	465	500	270	133	137
72	3683	1565	2118	838	383	455	178	74	104
73	3704	1565	2139	880	368	512	224	110	114
74	3542	1548	1994	921	382	539	220	110	110
75-79岁	**14330**	**6009**	**8321**	**3926**	**1636**	**2290**	**1119**	**507**	**612**
75	3447	1478	1969	889	371	518	240	105	135
76	2602	1092	1510	706	310	396	203	100	103
77	2510	1047	1463	665	262	403	186	93	93
78	2871	1171	1700	833	359	474	239	109	130
79	2900	1221	1679	833	334	499	251	100	151
80-84岁	**10539**	**4402**	**6137**	**3964**	**1493**	**2471**	**1355**	**522**	**833**
80	2629	1086	1543	887	318	569	259	98	161
81	2119	857	1262	765	295	470	256	98	158
82	2137	933	1204	794	316	478	312	113	199
83	1952	813	1139	765	296	469	249	97	152
84	1702	713	989	753	268	485	279	116	163
85-89岁	**5200**	**2163**	**3037**	**2427**	**867**	**1560**	**1157**	**426**	**731**
85	1504	591	913	686	242	444	302	114	188
86	1234	485	749	574	216	358	228	90	138
87	1049	470	579	459	161	298	245	89	156
88	768	320	448	366	134	232	193	74	119
89	645	297	348	342	114	228	189	59	130
90-94岁	**1417**	**609**	**808**	**907**	**328**	**579**	**648**	**224**	**424**
90	511	234	277	317	115	202	186	64	122
91	347	151	196	211	77	134	163	57	106
92	257	107	150	174	52	122	111	38	73
93	183	72	111	123	53	70	91	34	57
94	119	45	74	82	31	51	97	31	66
95-99岁	**238**	**88**	**150**	**174**	**56**	**118**	**194**	**43**	**151**
95	88	37	51	59	20	39	64	17	47
96	70	32	38	56	14	42	50	10	40
97	35	10	25	29	12	17	29	8	21
98	27	4	23	14	5	9	28	5	23
99	18	5	13	16	5	11	23	3	20
100岁及以上	**21**	**4**	**17**	**21**	**3**	**18**	**37**	**5**	**32**

8-2b　全省分年龄、性别、健康状况的60岁及以上老年人口(镇)

单位：人

年　龄	60岁及以上人口			健　康		
	合计	男	女	小计	男	女
总　计	**390670**	**184405**	**206265**	**221468**	**108954**	**112514**
60-64岁	**108385**	**53002**	**55383**	**77810**	**38786**	**39024**
60	17867	8576	9291	13569	6580	6989
61	16795	8290	8505	12455	6263	6192
62	22648	11228	11420	16162	8176	7986
63	27048	13190	13858	19083	9506	9577
64	24027	11718	12309	16541	8261	8280
65-69岁	**118847**	**57032**	**61815**	**74459**	**36737**	**37722**
65	26663	12926	13737	17703	8798	8905
66	25477	12235	13242	16456	8064	8392
67	23313	11234	12079	14702	7321	7381
68	23188	11122	12066	14046	6879	7167
69	20206	9515	10691	11552	5675	5877
70-74岁	**74480**	**35828**	**38652**	**37691**	**18698**	**18993**
70	18067	8732	9335	9990	4952	5038
71	16628	7965	8663	8490	4198	4292
72	13826	6641	7185	6851	3369	3482
73	13714	6696	7018	6662	3373	3289
74	12245	5794	6451	5698	2806	2892
75-79岁	**44137**	**20593**	**23544**	**18359**	**9033**	**9326**
75	11558	5535	6023	5217	2615	2602
76	8846	4173	4673	3767	1869	1898
77	7670	3495	4175	3185	1520	1665
78	8240	3816	4424	3274	1607	1667
79	7823	3574	4249	2916	1422	1494
80-84岁	**25491**	**11051**	**14440**	**8296**	**3854**	**4442**
80	6769	3056	3713	2467	1187	1280
81	4854	2090	2764	1530	686	844
82	4962	2203	2759	1623	771	852
83	4608	1971	2637	1438	679	759
84	4298	1731	2567	1238	531	707
85-89岁	**13744**	**5181**	**8563**	**3669**	**1452**	**2217**
85	3956	1549	2407	1109	447	662
86	3236	1212	2024	889	360	529
87	2923	1128	1795	772	312	460
88	1925	689	1236	485	181	304
89	1704	603	1101	414	152	262
90-94岁	**4385**	**1415**	**2970**	**955**	**329**	**626**
90	1489	539	950	336	131	205
91	1031	304	727	207	60	147
92	823	257	566	194	63	131
93	581	171	410	117	41	76
94	461	144	317	101	34	67
95-99岁	**1055**	**274**	**781**	**201**	**59**	**142**
95	386	104	282	82	20	62
96	252	60	192	44	14	30
97	187	50	137	34	16	18
98	136	41	95	23	5	18
99	94	19	75	18	4	14
100岁及以上	**146**	**29**	**117**	**28**	**6**	**22**

8-2b 续表

单位：人

年 龄	基本健康			不健康，但生活能自理			不健康，生活不能自理		
	小计	男	女	小计	男	女	小计	男	女
总 计	**120647**	**53819**	**66828**	**39836**	**17941**	**21895**	**8719**	**3691**	**5028**
60-64岁	**24719**	**11188**	**13531**	**4874**	**2515**	**2359**	**982**	**513**	**469**
60	3565	1620	1945	611	307	304	122	69	53
61	3514	1618	1896	691	341	350	135	68	67
62	5257	2402	2855	1027	544	483	202	106	96
63	6426	2873	3553	1284	683	601	255	128	127
64	5957	2675	3282	1261	640	621	268	142	126
65-69岁	**34754**	**15546**	**19208**	**8167**	**4004**	**4163**	**1467**	**745**	**722**
65	7129	3205	3924	1584	790	794	247	133	114
66	7089	3185	3904	1628	827	801	304	159	145
67	6764	2998	3766	1563	775	788	284	140	144
68	7169	3285	3884	1665	813	852	308	145	163
69	6603	2873	3730	1727	799	928	324	168	156
70-74岁	**26755**	**12324**	**14431**	**8601**	**4111**	**4490**	**1433**	**695**	**738**
70	6054	2776	3278	1750	874	876	273	130	143
71	6006	2745	3261	1816	882	934	316	140	176
72	5059	2341	2718	1651	798	853	265	133	132
73	5034	2365	2669	1723	807	916	295	151	144
74	4602	2097	2505	1661	750	911	284	141	143
75-79岁	**17414**	**7871**	**9543**	**7035**	**3121**	**3914**	**1329**	**568**	**761**
75	4483	2043	2440	1561	740	821	297	137	160
76	3464	1592	1872	1367	610	757	248	102	146
77	3041	1347	1694	1239	549	690	205	79	126
78	3272	1475	1797	1417	619	798	277	115	162
79	3154	1414	1740	1451	603	848	302	135	167
80-84岁	**10015**	**4283**	**5732**	**5818**	**2386**	**3432**	**1362**	**528**	**834**
80	2639	1189	1450	1379	572	807	284	108	176
81	1999	857	1142	1077	437	640	248	110	138
82	1932	856	1076	1158	480	678	249	96	153
83	1768	718	1050	1126	467	659	276	107	169
84	1677	663	1014	1078	430	648	305	107	198
85-89岁	**5131**	**2022**	**3109**	**3712**	**1295**	**2417**	**1232**	**412**	**820**
85	1514	634	880	1024	347	677	309	121	188
86	1196	439	757	885	322	563	266	91	175
87	1118	447	671	774	280	494	259	89	170
88	682	273	409	555	180	375	203	55	148
89	621	229	392	474	166	308	195	56	139
90-94岁	**1473**	**491**	**982**	**1294**	**421**	**873**	**663**	**174**	**489**
90	521	190	331	444	152	292	188	66	122
91	353	110	243	318	100	218	153	34	119
92	272	95	177	237	74	163	120	25	95
93	186	49	137	169	53	116	109	28	81
94	141	47	94	126	42	84	93	21	72
95-99岁	**338**	**83**	**255**	**304**	**83**	**221**	**212**	**49**	**163**
95	122	34	88	115	34	81	67	16	51
96	85	13	72	74	20	54	49	13	36
97	63	19	44	51	9	42	39	6	33
98	46	12	34	36	14	22	31	10	21
99	22	5	17	28	6	22	26	4	22
100岁及以上	**48**	**11**	**37**	**31**	**5**	**26**	**39**	**7**	**32**

8-2c 全省分年龄、性别、健康状况的60岁及以上老年人口(乡村)

单位：人

年 龄	60岁及以上人口			健 康		
	合计	男	女	小计	男	女
总 计	**963342**	**459383**	**503959**	**514604**	**259677**	**254927**
60-64岁	**231379**	**114149**	**117230**	**163256**	**82494**	**80762**
60	36545	17551	18994	27618	13547	14071
61	33995	16780	17215	24517	12434	12083
62	46796	23298	23498	33112	16897	16215
63	59455	29793	29662	41202	21142	20060
64	54588	26727	27861	36807	18474	18333
65-69岁	**293222**	**144090**	**149132**	**177872**	**91165**	**86707**
65	62659	30967	31692	40710	20860	19850
66	61748	30605	31143	38874	20015	18859
67	57748	28381	29367	34848	17797	17051
68	59042	28744	30298	34400	17572	16828
69	52025	25393	26632	29040	14921	14119
70-74岁	**199563**	**98068**	**101495**	**96661**	**49863**	**46798**
70	46873	23060	23813	24923	12853	12070
71	43919	21660	22259	21834	11254	10580
72	38097	18736	19361	18020	9282	8738
73	37598	18523	19075	17269	9005	8264
74	33076	16089	16987	14615	7469	7146
75-79岁	**119550**	**56176**	**63374**	**45860**	**22992**	**22868**
75	31337	15147	16190	13101	6769	6332
76	24766	11912	12854	9975	5089	4886
77	21201	9595	11606	8009	3859	4150
78	21919	10136	11783	7847	3844	4003
79	20327	9386	10941	6928	3431	3497
80-84岁	**66225**	**28932**	**37293**	**19073**	**8849**	**10224**
80	17513	7942	9571	5675	2722	2953
81	12819	5745	7074	3760	1778	1982
82	12752	5688	7064	3557	1699	1858
83	12100	5034	7066	3150	1371	1779
84	11041	4523	6518	2931	1279	1652
85-89岁	**37699**	**13701**	**23998**	**8834**	**3430**	**5404**
85	10470	4049	6421	2579	1044	1535
86	9031	3372	5659	2198	889	1309
87	8178	2970	5208	1945	767	1178
88	5365	1778	3587	1164	407	757
89	4655	1532	3123	948	323	625
90-94岁	**12308**	**3554**	**8754**	**2440**	**732**	**1708**
90	4224	1287	2937	901	291	610
91	2731	818	1913	533	163	370
92	2404	684	1720	458	138	320
93	1690	454	1236	312	87	225
94	1259	311	948	236	53	183
95-99岁	**2929**	**643**	**2286**	**530**	**140**	**390**
95	1072	258	814	203	56	147
96	750	152	598	122	34	88
97	479	109	370	95	22	73
98	358	73	285	58	14	44
99	270	51	219	52	14	38
100岁及以上	**467**	**70**	**397**	**78**	**12**	**66**

8-2c 续表

单位：人

年 龄	基本健康			不健康，但生活能自理			不健康，生活不能自理		
	小计	男	女	小计	男	女	小计	男	女
总 计	**300716**	**134540**	**166176**	**122121**	**54815**	**67306**	**25901**	**10351**	**15550**
60-64岁	**52269**	**23760**	**28509**	**13199**	**6675**	**6524**	**2655**	**1220**	**1435**
60	6872	2996	3876	1681	831	850	374	177	197
61	7321	3290	4031	1792	891	901	365	165	200
62	10473	4784	5689	2680	1352	1328	531	265	266
63	14013	6502	7511	3561	1847	1714	679	302	377
64	13590	6188	7402	3485	1754	1731	706	311	395
65-69岁	**85870**	**38645**	**47225**	**24986**	**12201**	**12785**	**4494**	**2079**	**2415**
65	16574	7455	9119	4565	2285	2280	810	367	443
66	17241	7818	9423	4752	2367	2385	881	405	476
67	17065	7711	9354	4932	2450	2482	903	423	480
68	18252	8115	10137	5466	2647	2819	924	410	514
69	16738	7546	9192	5271	2452	2819	976	474	502
70-74岁	**71497**	**33247**	**38250**	**26786**	**12827**	**13959**	**4619**	**2131**	**2488**
70	15784	7227	8557	5269	2573	2696	897	407	490
71	15633	7324	8309	5525	2648	2877	927	434	493
72	13994	6566	7428	5202	2481	2721	881	407	474
73	13737	6416	7321	5655	2648	3007	937	454	483
74	12349	5714	6635	5135	2477	2658	977	429	548
75-79岁	**46599**	**21181**	**25418**	**23179**	**10273**	**12906**	**3912**	**1730**	**2182**
75	12001	5504	6497	5337	2462	2875	898	412	486
76	9609	4452	5157	4475	2048	2427	707	323	384
77	8294	3654	4640	4232	1793	2439	666	289	377
78	8630	3921	4709	4632	2025	2607	810	346	464
79	8065	3650	4415	4503	1945	2558	831	360	471
80-84岁	**25713**	**11132**	**14581**	**17574**	**7473**	**10101**	**3865**	**1478**	**2387**
80	6833	3052	3781	4199	1815	2384	806	353	453
81	5106	2256	2850	3261	1420	1841	692	291	401
82	4915	2179	2736	3525	1510	2015	755	300	455
83	4693	1934	2759	3430	1453	1977	827	276	551
84	4166	1711	2455	3159	1275	1884	785	258	527
85-89岁	**13779**	**5118**	**8661**	**11495**	**4043**	**7452**	**3591**	**1110**	**2481**
85	3887	1553	2334	3143	1153	1990	861	299	562
86	3336	1253	2083	2675	965	1710	822	265	557
87	2922	1055	1867	2529	900	1629	782	248	534
88	1987	692	1295	1644	529	1115	570	150	420
89	1647	565	1082	1504	496	1008	556	148	408
90-94岁	**4052**	**1253**	**2799**	**3879**	**1104**	**2775**	**1937**	**465**	**1472**
90	1450	448	1002	1317	411	906	556	137	419
91	860	285	575	909	274	635	429	96	333
92	794	252	542	757	191	566	395	103	292
93	560	154	406	509	129	380	309	84	225
94	388	114	274	387	99	288	248	45	203
95-99岁	**800**	**186**	**614**	**893**	**196**	**697**	**706**	**121**	**585**
95	273	74	199	331	84	247	265	44	221
96	229	44	185	225	43	182	174	31	143
97	129	29	100	150	40	110	105	18	87
98	99	22	77	106	21	85	95	16	79
99	70	17	53	81	8	73	67	12	55
100岁及以上	**137**	**18**	**119**	**130**	**23**	**107**	**122**	**17**	**105**

8-3 全省分性别、婚姻状况、健康状况的60岁及以上老年人口

单位：人

婚姻状况	60岁及以上人口			健康		
	合计	男	女	小计	男	女
总计	**1707479**	**807575**	**899904**	**963865**	**477490**	**486375**
未婚	36883	34428	2455	14314	12947	1367
有配偶	1281355	654002	627353	796416	414903	381513
离婚	12601	7226	5375	7615	4167	3448
丧偶	376640	111919	264721	145520	45473	100047

8-3 续表

单位：人

婚姻状况	基本健康			不健康，但生活能自理			不健康，生活不能自理		
	小计	男	女	小计	男	女	小计	男	女
总计	**516161**	**229731**	**286430**	**185452**	**83056**	**102396**	**42001**	**17298**	**24703**
未婚	13302	12629	673	8194	7881	313	1073	971	102
有配偶	358298	174049	184249	103607	53369	50238	23034	11681	11353
离婚	3558	2104	1454	1232	830	402	196	125	71
丧偶	141003	40949	100054	72419	20976	51443	17698	4521	13177

8-3a 全省分性别、婚姻状况、健康状况的60岁及以上老年人口(城市)

单位：人

婚姻状况	60岁及以上人口			健康		
	合计	男	女	小计	男	女
总计	**353467**	**163787**	**189680**	**227793**	**108859**	**118934**
未婚	2052	1519	533	1015	668	347
有配偶	280061	143323	136738	193528	99453	94075
离婚	5286	2213	3073	3543	1385	2158
丧偶	66068	16732	49336	29707	7353	22354

8-3a 续表

单位：人

婚姻状况	基本健康			不健康，但生活能自理			不健康，生活不能自理		
	小计	男	女	小计	男	女	小计	男	女
总　计	**94798**	**41372**	**53426**	**23495**	**10300**	**13195**	**7381**	**3256**	**4125**
未　婚	578	453	125	343	303	40	116	95	21
有配偶	68932	34246	34686	13727	7398	6329	3874	2226	1648
离　婚	1315	580	735	352	201	151	76	47	29
丧　偶	23973	6093	17880	9073	2398	6675	3315	888	2427

8-3b 全省分性别、婚姻状况、健康状况的60岁及以上老年人口(镇)

单位：人

婚姻状况	60岁及以上人口			健　康		
	合计	男	女	小计	男	女
总　计	**390670**	**184405**	**206265**	**221468**	**108954**	**112514**
未　婚	7188	6412	776	2829	2389	440
有配偶	297509	152152	145357	185318	96198	89120
离　婚	2573	1428	1145	1546	834	712
丧　偶	83400	24413	58987	31775	9533	22242

8-3b 续表

单位：人

婚姻状况	基本健康			不健康，但生活能自理			不健康，生活不能自理		
	小计	男	女	小计	男	女	小计	男	女
总　计	**120647**	**53819**	**66828**	**39836**	**17941**	**21895**	**8719**	**3691**	**5028**
未　婚	2451	2243	208	1617	1526	91	291	254	37
有配偶	85325	41840	43485	22223	11681	10542	4643	2433	2210
离　婚	764	435	329	231	139	92	32	20	12
丧　偶	32107	9301	22806	15765	4595	11170	3753	984	2769

8-3c　全省分性别、婚姻状况、健康状况的60岁及以上老年人口(乡村)

单位：人

婚姻状况	60岁及以上人口			健　康		
	合计	男	女	小计	男	女
总　计	**963342**	**459383**	**503959**	**514604**	**259677**	**254927**
未　婚	27643	26497	1146	10470	9890	580
有配偶	703785	358527	345258	417570	219252	198318
离　婚	4742	3585	1157	2526	1948	578
丧　偶	227172	70774	156398	84038	28587	55451

8-3c　续表

单位：人

婚姻状况	基本健康			不健康，但生活能自理			不健康，生活不能自理		
	小计	男	女	小计	男	女	小计	男	女
总　计	**300716**	**134540**	**166176**	**122121**	**54815**	**67306**	**25901**	**10351**	**15550**
未　婚	10273	9933	340	6234	6052	182	666	622	44
有配偶	204041	97963	106078	67657	34290	33367	14517	7022	7495
离　婚	1479	1089	390	649	490	159	88	58	30
丧　偶	84923	25555	59368	47581	13983	33598	10630	2649	7981

8-4 全省分性别、主要生活来源、健康状况的60岁及以上老年人口

单位：人

主要生活来源	60岁及以上人口			健康		
	合计	男	女	小计	男	女
总　计	**1707479**	**807575**	**899904**	**963865**	**477490**	**486375**
劳动收入	515491	310204	205287	388535	236074	152461
离退休金/养老金	309627	170900	138727	198208	109274	88934
最低生活保障金	73691	40320	33371	19006	10118	8888
失业保险金	58	36	22	31	18	13
财产性收入	15801	8339	7462	9567	5059	4508
家庭其他成员供养	655456	213450	442006	272892	81764	191128
其　他	137355	64326	73029	75626	35183	40443

8-4 续表

单位：人

主要生活来源	基本健康			不健康，但生活能自理			不健康，生活不能自理		
	小计	男	女	小计	男	女	小计	男	女
总　计	**516161**	**229731**	**286430**	**185452**	**83056**	**102396**	**42001**	**17298**	**24703**
劳动收入	115427	67306	48121	11007	6544	4463	522	280	242
离退休金/养老金	87342	47584	39758	19176	11047	8129	4901	2995	1906
最低生活保障金	26366	14546	11820	23406	13313	10093	4913	2343	2570
失业保险金	14	9	5	10	7	3	3	2	1
财产性收入	4813	2479	2334	1279	721	558	142	80	62
家庭其他成员供养	236992	76878	160114	116972	44577	72395	28600	10231	18369
其　他	45207	20929	24278	13602	6847	6755	2920	1367	1553

8-4a　全省分性别、主要生活来源、健康状况的60岁及以上老年人口(城市)

单位：人

主要生活来源	60岁及以上人口			健　康		
	合计	男	女	小计	男	女
总　计	**353467**	**163787**	**189680**	**227793**	**108859**	**118934**
劳动收入	37397	23933	13464	30621	19722	10899
离退休金/养老金	191331	97652	93679	129469	66676	62793
最低生活保障金	5905	2663	3242	2186	910	1276
失业保险金	8	5	3	3	1	2
财产性收入	1898	959	939	1304	665	639
家庭其他成员供养	95947	29130	66817	50839	14774	36065
其　他	20981	9445	11536	13371	6111	7260

8-4a　续表

单位：人

主要生活来源	基本健康			不健康，但生活能自理			不健康，生活不能自理		
	小计	男	女	小计	男	女	小计	男	女
总　计	**94798**	**41372**	**53426**	**23495**	**10300**	**13195**	**7381**	**3256**	**4125**
劳动收入	6250	3872	2378	483	313	170	43	26	17
离退休金/养老金	49965	24726	25239	9040	4681	4359	2857	1569	1288
最低生活保障金	1956	873	1083	1416	726	690	347	154	193
失业保险金	3	2	1	1	1		1	1	
财产性收入	468	218	250	105	63	42	21	13	8
家庭其他成员供养	30394	9157	21237	11093	3922	7171	3621	1277	2344
其　他	5762	2524	3238	1357	594	763	491	216	275

8-4b 全省分性别、主要生活来源、健康状况的60岁及以上老年人口(镇)

单位：人

主要生活来源	60岁及以上人口			健康		
	合计	男	女	小计	男	女
总 计	**390670**	**184405**	**206265**	**221468**	**108954**	**112514**
劳动收入	99619	61960	37659	76997	48260	28737
离退休金/养老金	76074	44068	32006	46997	27119	19878
最低生活保障金	15709	8119	7590	4319	2108	2211
失业保险金	15	10	5	7	5	2
财产性收入	3356	1769	1587	2026	1066	960
家庭其他成员供养	162095	52638	109457	72383	21685	50698
其 他	33802	15841	17961	18739	8711	10028

8-4b 续表

单位：人

主要生活来源	基本健康			不健康，但生活能自理			不健康，生活不能自理		
	小计	男	女	小计	男	女	小计	男	女
总 计	**120647**	**53819**	**66828**	**39836**	**17941**	**21895**	**8719**	**3691**	**5028**
劳动收入	20901	12658	8243	1628	989	639	93	53	40
离退休金/养老金	23140	13352	9788	4930	2919	2011	1007	678	329
最低生活保障金	5855	3013	2842	4613	2543	2070	922	455	467
失业保险金	5	2	3	3	3				
财产性收入	1062	555	507	241	133	108	27	15	12
家庭其他成员供养	58412	19033	39379	25386	9802	15584	5914	2118	3796
其 他	11272	5206	6066	3035	1552	1483	756	372	384

8-4c　全省分性别、主要生活来源、健康状况的60岁及以上老年人口(乡村)

单位：人

主要生活来源	60岁及以上人口			健　康		
	合计	男	女	小计	男	女
总　计	**963342**	**459383**	**503959**	**514604**	**259677**	**254927**
劳动收入	378475	224311	154164	280917	168092	112825
离退休金/养老金	42222	29180	13042	21742	15479	6263
最低生活保障金	52077	29538	22539	12501	7100	5401
失业保险金	35	21	14	21	12	9
财产性收入	10547	5611	4936	6237	3328	2909
家庭其他成员供养	397414	131682	265732	149670	45305	104365
其　他	82572	39040	43532	43516	20361	23155

8-4c　续表

单位：人

主要生活来源	基本健康			不健康，但生活能自理			不健康，生活不能自理		
	小计	男	女	小计	男	女	小计	男	女
总　计	**300716**	**134540**	**166176**	**122121**	**54815**	**67306**	**25901**	**10351**	**15550**
劳动收入	88276	50776	37500	8896	5242	3654	386	201	185
离退休金/养老金	14237	9506	4731	5206	3447	1759	1037	748	289
最低生活保障金	18555	10660	7895	17377	10044	7333	3644	1734	1910
失业保险金	6	5	1	6	3	3	2	1	1
财产性收入	3283	1706	1577	933	525	408	94	52	42
家庭其他成员供养	148186	48688	99498	80493	30853	49640	19065	6836	12229
其　他	28173	13199	14974	9210	4701	4509	1673	779	894

8-5 全省分性别、居住状况、健康状况的60岁及以上老年人口

单位：人

居住状况	60岁及以上人口			健康		
	合计	男	女	小计	男	女
总 计	**1707479**	**807575**	**899904**	**963865**	**477490**	**486375**
与配偶和子女同住	452152	234334	217818	299307	157551	141756
与配偶同住	687284	353760	333524	405898	214730	191168
与子女同住	298586	90879	207707	133668	43582	90086
独居(有保姆)	2321	1147	1174	842	406	436
独居(无保姆)	183390	81910	101480	83546	39280	44266
养老机构	12367	8835	3532	2356	1705	651
其 他	71379	36710	34669	38248	20236	18012

8-5 续表

单位：人

居住状况	基本健康			不健康，但生活能自理			不健康，生活不能自理		
	小计	男	女	小计	男	女	小计	男	女
总 计	**516161**	**229731**	**286430**	**185452**	**83056**	**102396**	**42001**	**17298**	**24703**
与配偶和子女同住	112064	54929	57135	32691	17520	15171	8090	4334	3756
与配偶同住	207724	101612	106112	61082	31200	29882	12580	6218	6362
与子女同住	101797	29826	71971	48654	13875	34779	14467	3596	10871
独居(有保姆)	715	384	331	447	230	217	317	127	190
独居(无保姆)	67781	28886	38895	30126	12979	17147	1937	765	1172
养老机构	4083	3136	947	3926	2911	1015	2002	1083	919
其 他	21997	10958	11039	8526	4341	4185	2608	1175	1433

8-5a　全省分性别、居住状况、健康状况的60岁及以上老年人口(城市)

单位：人

居住状况	60岁及以上人口			健　康		
	合计	男	女	小计	男	女
总　计	**353467**	**163787**	**189680**	**227793**	**108859**	**118934**
与配偶和子女同住	108648	56730	51918	78320	41102	37218
与配偶同住	133301	69693	63608	88060	46423	41637
与子女同住	65369	17904	47465	36070	10116	25954
独居(有保姆)	852	415	437	283	130	153
独居(无保姆)	30748	12010	18738	17017	7068	9949
养老机构	2113	1015	1098	257	109	148
其　他	12436	6020	6416	7786	3911	3875

8-5a　续表

单位：人

居住状况	基本健康			不健康，但生活能自理			不健康，生活不能自理		
	小计	男	女	小计	男	女	小计	男	女
总　计	**94798**	**41372**	**53426**	**23495**	**10300**	**13195**	**7381**	**3256**	**4125**
与配偶和子女同住	23849	11947	11902	5008	2802	2206	1471	879	592
与配偶同住	36243	18378	17865	7166	3846	3320	1832	1046	786
与子女同住	20227	5400	14827	6611	1741	4870	2461	647	1814
独居(有保姆)	262	155	107	152	77	75	155	53	102
独居(无保姆)	10383	3721	6662	3078	1134	1944	270	87	183
养老机构	502	249	253	582	302	280	772	355	417
其　他	3332	1522	1810	898	398	500	420	189	231

8-5b 全省分性别、居住状况、健康状况的60岁及以上老年人口(镇)

单位：人

居住状况	60岁及以上人口			健康		
	合计	男	女	小计	男	女
总计	**390670**	**184405**	**206265**	**221468**	**108954**	**112514**
与配偶和子女同住	117187	60584	56603	77606	40592	37014
与配偶同住	139857	72215	67642	82553	43547	39006
与子女同住	74070	22377	51693	33349	10552	22797
独居(有保姆)	556	278	278	188	103	85
独居(无保姆)	36479	16208	20271	16871	8108	8763
养老机构	3963	2867	1096	770	555	215
其他	18558	9876	8682	10131	5497	4634

8-5b 续表

单位：人

居住状况	基本健康			不健康，但生活能自理			不健康，生活不能自理		
	小计	男	女	小计	男	女	小计	男	女
总计	**120647**	**53819**	**66828**	**39836**	**17941**	**21895**	**8719**	**3691**	**5028**
与配偶和子女同住	29754	14620	15134	8026	4397	3629	1801	975	826
与配偶同住	43517	21477	22040	11532	6020	5512	2255	1171	1084
与子女同住	26089	7746	18343	11521	3319	8202	3111	760	2351
独居(有保姆)	187	92	95	106	47	59	75	36	39
独居(无保姆)	13822	5782	8040	5443	2182	3261	343	136	207
养老机构	1296	985	311	1336	1005	331	561	322	239
其他	5982	3117	2865	1872	971	901	573	291	282

8-5c 全省分性别、居住状况、健康状况的60岁及以上老年人口(乡村)

单位：人

居住状况	60岁及以上人口			健康		
	合计	男	女	小计	男	女
总 计	**963342**	**459383**	**503959**	**514604**	**259677**	**254927**
与配偶和子女同住	226317	117020	109297	143381	75857	67524
与配偶同住	414126	211852	202274	235285	124760	110525
与子女同住	159147	50598	108549	64249	22914	41335
独居(有保姆)	913	454	459	371	173	198
独居(无保姆)	116163	53692	62471	49658	24104	25554
养老机构	6291	4953	1338	1329	1041	288
其 他	40385	20814	19571	20331	10828	9503

8-5c 续表

单位：人

居住状况	基本健康			不健康，但生活能自理			不健康，生活不能自理		
	小计	男	女	小计	男	女	小计	男	女
总 计	**300716**	**134540**	**166176**	**122121**	**54815**	**67306**	**25901**	**10351**	**15550**
与配偶和子女同住	58461	28362	30099	19657	10321	9336	4818	2480	2338
与配偶同住	127964	61757	66207	42384	21334	21050	8493	4001	4492
与子女同住	55481	16680	38801	30522	8815	21707	8895	2189	6706
独居(有保姆)	266	137	129	189	106	83	87	38	49
独居(无保姆)	43576	19383	24193	21605	9663	11942	1324	542	782
养老机构	2285	1902	383	2008	1604	404	669	406	263
其 他	12683	6319	6364	5756	2972	2784	1615	695	920

8-6 各地区分性别、主要生活来源的60岁及以上老年人口

单位：人

地　区	60岁及以上人口			劳动收入		
	合计	男	女	小计	男	女
河　南	**1707479**	**807575**	**899904**	**515491**	**310204**	**205287**
郑州市	154356	73305	81051	27296	18079	9217
开封市	88592	41600	46992	30690	17535	13155
洛阳市	124379	59303	65076	30704	19821	10883
平顶山市	86258	41826	44432	20607	13740	6867
安阳市	94177	43240	50937	25910	15913	9997
鹤壁市	25461	11806	13655	6581	4034	2547
新乡市	105311	49266	56045	30745	18304	12441
焦作市	65713	30572	35141	15129	9362	5767
濮阳市	63815	29268	34547	21714	12552	9162
许昌市	83596	39505	44091	26046	15690	10356
漯河市	48985	23130	25855	12787	8019	4768
三门峡市	40324	19594	20730	12639	7695	4944
南阳市	169760	83075	86685	56446	34628	21818
商丘市	136799	64126	72673	55517	30445	25072
信阳市	112886	54465	58421	33742	21315	12427
周口市	165708	76725	88983	58530	33891	24639
驻马店市	127939	60438	67501	47631	27346	20285
济源市	13420	6331	7089	2777	1835	942

8-6 续表 1

单位：人

地　区	离退休金/养老金			最低生活保障金			失业保险金		
	小计	男	女	小计	男	女	小计	男	女
河　南	**309627**	**170900**	**138727**	**73691**	**40320**	**33371**	**58**	**36**	**22**
郑州市	53270	27960	25310	3873	2081	1792	8	6	2
开封市	18786	9452	9334	3327	1695	1632	4	2	2
洛阳市	33062	17976	15086	5281	2683	2598	5	4	1
平顶山市	15255	8969	6286	4660	2757	1903	1	1	
安阳市	18445	10575	7870	3023	1638	1385	2		2
鹤壁市	6219	3408	2811	905	467	438	1	1	
新乡市	22508	12178	10330	2725	1498	1227	2	2	
焦作市	17581	10091	7490	1820	864	956	4		4
濮阳市	11006	6013	4993	3369	1737	1632	1	1	
许昌市	12511	7125	5386	2815	1656	1159	1	1	
漯河市	7383	4172	3211	1847	1056	791			
三门峡市	8720	5114	3606	1748	865	883	3	2	1
南阳市	21265	11867	9398	9011	5748	3263	3	2	1
商丘市	14340	8427	5913	9525	4648	4877	6	4	2
信阳市	16852	9174	7678	6288	3614	2674	2	1	1
周口市	15933	9109	6824	7374	3775	3599	10	6	4
驻马店市	13578	7424	6154	5599	3303	2296	5	3	2
济源市	2913	1866	1047	501	235	266			

8-6　续表 2

单位：人

地　区	财产性收入			家庭其他成员供养			其　他		
	小计	男	女	小计	男	女	小计	男	女
河　南	**15801**	**8339**	**7462**	**655456**	**213450**	**442006**	**137355**	**64326**	**73029**
郑州市	1132	606	526	57799	19315	38484	10978	5258	5720
开封市	1010	520	490	27643	9101	18542	7132	3295	3837
洛阳市	861	440	421	46151	14539	31612	8315	3840	4475
平顶山市	951	534	417	34379	10914	23465	10405	4911	5494
安阳市	760	387	373	39746	11886	27860	6291	2841	3450
鹤壁市	101	48	53	9889	3076	6813	1765	772	993
新乡市	801	411	390	41885	13886	27999	6645	2987	3658
焦作市	275	153	122	26735	8201	18534	4169	1901	2268
濮阳市	506	250	256	24107	7335	16772	3112	1380	1732
许昌市	674	353	321	36032	12003	24029	5517	2677	2840
漯河市	827	439	388	20945	6907	14038	5196	2537	2659
三门峡市	281	157	124	13191	4034	9157	3742	1727	2015
南阳市	1324	769	555	65377	22174	43203	16334	7887	8447
商丘市	2138	1060	1078	43819	14379	29440	11454	5163	6291
信阳市	567	344	223	47264	16031	31233	8171	3986	4185
周口市	1971	1035	936	66336	21721	44615	15554	7188	8366
驻马店市	1537	787	750	47814	15996	31818	11775	5579	6196
济源市	85	46	39	6344	1952	4392	800	397	403

8-6a　各地区分性别、主要生活来源的60岁及以上老年人口(城市)

单位：人

地　区	60岁及以上人口			劳动收入		
	合计	男	女	小计	男	女
河　南	**353467**	**163787**	**189680**	**37397**	**23933**	**13464**
郑州市	78922	36584	42338	5931	4024	1907
开封市	19656	9020	10636	2180	1214	966
洛阳市	40444	18814	21630	3064	2110	954
平顶山市	21059	9882	11177	2283	1471	812
安阳市	20648	9346	11302	2032	1411	621
鹤壁市	7510	3447	4063	932	560	372
新乡市	29271	13572	15699	3977	2460	1517
焦作市	19026	8835	10191	1634	1007	627
濮阳市	8577	3931	4646	630	409	221
许昌市	21951	10214	11737	3073	2038	1035
漯河市	9628	4369	5259	966	633	333
三门峡市	11565	5535	6030	1279	845	434
南阳市	15820	7278	8542	1772	1126	646
商丘市	13825	6518	7307	3136	1746	1390
信阳市	10747	5061	5686	932	647	285
周口市	13736	6207	7529	2589	1554	1035
驻马店市	6186	2899	3287	476	322	154
济源市	4896	2275	2621	511	356	155

8-6a 续表 1

单位：人

地 区	离退休金/养老金			最低生活保障金			失业保险金		
	小计	男	女	小计	男	女	小计	男	女
河 南	**191331**	**97652**	**93679**	**5905**	**2663**	**3242**	**8**	**5**	**3**
郑州市	45521	22889	22632	864	413	451	3	3	
开封市	13829	6550	7279	203	101	102			
洛阳市	24244	12261	11983	701	307	394	2	1	1
平顶山市	10152	5599	4553	418	191	227			
安阳市	11256	5721	5535	289	121	168	1		1
鹤壁市	4425	2223	2202	134	55	79			
新乡市	15826	7910	7916	434	209	225			
焦作市	11462	5993	5469	243	100	143	1		1
濮阳市	5551	2744	2807	112	57	55			
许昌市	8849	4660	4189	481	238	243			
漯河市	4508	2303	2205	166	75	91			
三门峡市	5612	3140	2472	395	179	216	1	1	
南阳市	7891	4061	3830	142	72	70			
商丘市	5851	3088	2763	335	137	198			
信阳市	6119	3150	2969	245	91	154			
周口市	5053	2545	2508	462	203	259			
驻马店市	3239	1677	1562	121	53	68			
济源市	1943	1138	805	160	61	99			

8-6a 续表 2

单位：人

地 区	财产性收入			家庭其他成员供养			其 他		
	小计	男	女	小计	男	女	小计	男	女
河 南	**1898**	**959**	**939**	**95947**	**29130**	**66817**	**20981**	**9445**	**11536**
郑州市	588	298	290	21028	6644	14384	4987	2313	2674
开封市	58	23	35	2617	788	1829	769	344	425
洛阳市	213	101	112	10477	3253	7224	1743	781	962
平顶山市	60	29	31	5718	1568	4150	2428	1024	1404
安阳市	49	24	25	6072	1635	4437	949	434	515
鹤壁市	11	4	7	1594	436	1158	414	169	245
新乡市	89	44	45	7840	2476	5364	1105	473	632
焦作市	52	31	21	4679	1262	3417	955	442	513
濮阳市	76	35	41	1910	543	1367	298	143	155
许昌市	110	57	53	7864	2490	5374	1574	731	843
漯河市	55	29	26	2987	908	2079	946	421	525
三门峡市	111	56	55	3149	872	2277	1018	442	576
南阳市	106	54	52	4977	1552	3425	932	413	519
商丘市	89	44	45	3719	1204	2515	695	299	396
信阳市	57	32	25	2842	889	1953	552	252	300
周口市	71	39	32	4566	1402	3164	995	464	531
驻马店市	64	38	26	1955	647	1308	331	162	169
济源市	39	21	18	1953	561	1392	290	138	152

8-6b　各地区分性别、主要生活来源的60岁及以上老年人口(镇)

单位：人

地　区	60岁及以上人口			劳动收入		
	合计	男	女	小计	男	女
河　南	**390670**	**184405**	**206265**	**99619**	**61960**	**37659**
郑州市	26065	12441	13624	5363	3716	1647
开封市	20760	9682	11078	6892	3992	2900
洛阳市	29366	13993	15373	6175	4174	2001
平顶山市	16993	8078	8915	3574	2455	1119
安阳市	19250	8902	10348	4308	2805	1503
鹤壁市	6151	2797	3354	1459	900	559
新乡市	21412	10022	11390	6240	3747	2493
焦作市	17341	7988	9353	3843	2459	1384
濮阳市	16548	7574	8974	4175	2537	1638
许昌市	14798	6992	7806	4889	2904	1985
漯河市	11919	5694	6225	2480	1637	843
三门峡市	6826	3373	3453	1430	921	509
南阳市	49052	23766	25286	11783	7506	4277
商丘市	30968	14684	16284	10353	5888	4465
信阳市	28739	13460	15279	5835	3865	1970
周口市	38685	17976	20709	10784	6467	4317
驻马店市	33993	16139	17854	9705	5763	3942
济源市	1804	844	960	331	224	107

8-6b　续表 1

单位：人

地　区	离退休金/养老金			最低生活保障金			失业保险金		
	小计	男	女	小计	男	女	小计	男	女
河　南	**76074**	**44068**	**32006**	**15709**	**8119**	**7590**	**15**	**10**	**5**
郑州市	4366	2646	1720	940	480	460	3	2	1
开封市	3169	1733	1436	939	441	498			
洛阳市	5916	3644	2272	1293	660	633	1	1	
平顶山市	2889	1785	1104	884	466	418			
安阳市	4204	2519	1685	486	257	229			
鹤壁市	1209	721	488	224	113	111	1	1	
新乡市	3970	2288	1682	481	263	218	1	1	
焦作市	3788	2303	1485	455	214	241			
濮阳市	3820	2121	1699	803	418	385	1	1	
许昌市	1779	1090	689	425	238	187			
漯河市	1906	1160	746	514	288	226			
三门峡市	1915	1188	727	255	140	115			
南阳市	10889	6137	4752	1834	1146	688	1		1
商丘市	5089	3005	2084	2079	974	1105	3	2	1
信阳市	7469	4079	3390	1189	562	627			
周口市	5970	3440	2530	1668	804	864			
驻马店市	7397	3985	3412	1201	636	565	4	2	2
济源市	329	224	105	39	19	20			

8-6b 续表 2

单位：人

地区	财产性收入			家庭其他成员供养			其他		
	小计	男	女	小计	男	女	小计	男	女
河南	**3356**	**1769**	**1587**	**162095**	**52638**	**109457**	**33802**	**15841**	**17961**
郑州市	232	124	108	13202	4502	8700	1959	971	988
开封市	228	112	116	7779	2595	5184	1753	809	944
洛阳市	315	160	155	12935	4066	8869	2731	1288	1443
平顶山市	182	99	83	7388	2348	5040	2076	925	1151
安阳市	217	108	109	8638	2585	6053	1397	628	769
鹤壁市	14	6	8	2631	795	1836	613	261	352
新乡市	137	75	62	9194	3009	6185	1389	639	750
焦作市	55	28	27	7979	2420	5559	1221	564	657
濮阳市	130	65	65	6710	2030	4680	909	402	507
许昌市	107	50	57	6614	2217	4397	984	493	491
漯河市	141	77	64	5547	1868	3679	1331	664	667
三门峡市	61	36	25	2440	739	1701	725	349	376
南阳市	372	210	162	19449	6534	12915	4724	2233	2491
商丘市	429	226	203	10297	3348	6949	2718	1241	1477
信阳市	117	69	48	12209	3970	8239	1920	915	1005
周口市	373	199	174	15793	5182	10611	4097	1884	2213
驻马店市	245	124	121	12323	4126	8197	3118	1503	1615
济源市	1	1		967	304	663	137	72	65

8-6c 各地区分性别、主要生活来源的60岁及以上老年人口(乡村)

单位：人

地区	60岁及以上人口			劳动收入		
	合计	男	女	小计	男	女
河南	**963342**	**459383**	**503959**	**378475**	**224311**	**154164**
郑州市	49369	24280	25089	16002	10339	5663
开封市	48176	22898	25278	21618	12329	9289
洛阳市	54569	26496	28073	21465	13537	7928
平顶山市	48206	23866	24340	14750	9814	4936
安阳市	54279	24992	29287	19570	11697	7873
鹤壁市	11800	5562	6238	4190	2574	1616
新乡市	54628	25672	28956	20528	12097	8431
焦作市	29346	13749	15597	9652	5896	3756
濮阳市	38690	17763	20927	16909	9606	7303
许昌市	46847	22299	24548	18084	10748	7336
漯河市	27438	13067	14371	9341	5749	3592
三门峡市	21933	10686	11247	9930	5929	4001
南阳市	104888	52031	52857	42891	25996	16895
商丘市	92006	42924	49082	42028	22811	19217
信阳市	73400	35944	37456	26975	16803	10172
周口市	113287	52542	60745	45157	25870	19287
驻马店市	87760	41400	46360	37450	21261	16189
济源市	6720	3212	3508	1935	1255	680

8-6c　续表 1

单位：人

地　区	离退休金/养老金			最低生活保障金			失业保险金		
	小计	男	女	小计	男	女	小计	男	女
河　南	**42222**	**29180**	**13042**	**52077**	**29538**	**22539**	**35**	**21**	**14**
郑州市	3383	2425	958	2069	1188	881	2	1	1
开封市	1788	1169	619	2185	1153	1032	4	2	2
洛阳市	2902	2071	831	3287	1716	1571	2	2	
平顶山市	2214	1585	629	3358	2100	1258	1	1	
安阳市	2985	2335	650	2248	1260	988	1		1
鹤壁市	585	464	121	547	299	248			
新乡市	2712	1980	732	1810	1026	784	1	1	
焦作市	2331	1795	536	1122	550	572	3		3
濮阳市	1635	1148	487	2454	1262	1192			
许昌市	1883	1375	508	1909	1180	729	1	1	
漯河市	969	709	260	1167	693	474			
三门峡市	1193	786	407	1098	546	552	2	1	1
南阳市	2485	1669	816	7035	4530	2505	2	2	
商丘市	3400	2334	1066	7111	3537	3574	3	2	1
信阳市	3264	1945	1319	4854	2961	1893	2	1	1
周口市	4910	3124	1786	5244	2768	2476	10	6	4
驻马店市	2942	1762	1180	4277	2614	1663	1	1	
济源市	641	504	137	302	155	147			

8-6c　续表 2

单位：人

地　区	财产性收入			家庭其他成员供养			其　他		
	小计	男	女	小计	男	女	小计	男	女
河　南	**10547**	**5611**	**4936**	**397414**	**131682**	**265732**	**82572**	**39040**	**43532**
郑州市	312	184	128	23569	8169	15400	4032	1974	2058
开封市	724	385	339	17247	5718	11529	4610	2142	2468
洛阳市	333	179	154	22739	7220	15519	3841	1771	2070
平顶山市	709	406	303	21273	6998	14275	5901	2962	2939
安阳市	494	255	239	25036	7666	17370	3945	1779	2166
鹤壁市	76	38	38	5664	1845	3819	738	342	396
新乡市	575	292	283	24851	8401	16450	4151	1875	2276
焦作市	168	94	74	14077	4519	9558	1993	895	1098
濮阳市	300	150	150	15487	4762	10725	1905	835	1070
许昌市	457	246	211	21554	7296	14258	2959	1453	1506
漯河市	631	333	298	12411	4131	8280	2919	1452	1467
三门峡市	109	65	44	7602	2423	5179	1999	936	1063
南阳市	846	505	341	40951	14088	26863	10678	5241	5437
商丘市	1620	790	830	29803	9827	19976	8041	3623	4418
信阳市	393	243	150	32213	11172	21041	5699	2819	2880
周口市	1527	797	730	45977	15137	30840	10462	4840	5622
驻马店市	1228	625	603	33536	11223	22313	8326	3914	4412
济源市	45	24	21	3424	1087	2337	373	187	186

8-7 全省分年龄、性别、主要生活来源的人口

单位：人

年龄	15岁及以上人口			劳动收入		
	合计	男	女	小计	男	女
总计	**7532705**	**3691317**	**3841388**	**4282390**	**2452693**	**1829697**
45岁以下	**3707936**	**1860717**	**1847219**	**2302950**	**1289144**	**1013806**
45-49岁	**689758**	**341301**	**348457**	**539800**	**304442**	**235358**
45	113952	56164	57788	90734	50476	40258
46	135981	67531	68450	107961	60574	47387
47	140018	69284	70734	110013	61814	48199
48	149120	73783	75337	115798	65490	50308
49	150687	74539	76148	115294	66088	49206
50-54岁	**785385**	**376859**	**408526**	**543413**	**318534**	**224879**
50	163759	79739	84020	120058	69727	50331
51	154016	74142	79874	108396	63383	45013
52	169514	81072	88442	116979	68598	48381
53	140168	66288	73880	94377	55034	39343
54	157928	75618	82310	103603	61792	41811
55-59岁	**642147**	**304865**	**337282**	**380736**	**230369**	**150367**
55	142269	67794	74475	89052	53597	35455
56	139486	66206	73280	83886	50739	33147
57	176118	85055	91063	103474	63934	39540
58	124218	58412	65806	71839	43136	28703
59	60056	27398	32658	32485	18963	13522
60-64岁	**445600**	**218299**	**227301**	**196896**	**119043**	**77853**
60	74283	35753	38530	35261	20972	14289
61	68023	33506	34517	30383	18616	11767
62	91633	45318	46315	40048	24426	15622
63	111461	54955	56506	48679	29569	19110
64	100200	48767	51433	42525	25460	17065
65-69岁	**511833**	**248023**	**263810**	**191662**	**114811**	**76851**
65	112046	54631	57415	45973	27514	18459
66	109211	53240	55971	42764	25733	17031
67	100440	48692	51748	37510	22473	15037
68	100851	48699	52152	36103	21518	14585
69	89285	42761	46524	29312	17573	11739

8-7 续表 1 单位：人

年 龄	15岁及以上人口			劳动收入		
	合计	男	女	小计	男	女
70—74岁	**336991**	**163081**	**173910**	**84462**	**51393**	**33069**
70	80220	38969	41251	23786	14277	9509
71	74685	36221	38464	19601	11887	7714
72	63657	30816	32841	15639	9537	6102
73	62639	30392	32247	14144	8740	5404
74	55790	26683	29107	11292	6952	4340
75—79岁	**203284**	**94226**	**109058**	**31308**	**18862**	**12446**
75	52771	25116	27655	9780	6065	3715
76	41005	19399	21606	7029	4280	2749
77	35749	16066	19683	5412	3140	2272
78	37970	17379	20591	5019	2916	2103
79	35789	16266	19523	4068	2461	1607
80—84岁	**118725**	**51573**	**67152**	**7902**	**4582**	**3320**
80	31077	13891	17186	2811	1662	1149
81	23064	10098	12966	1585	938	647
82	23173	10267	12906	1363	799	564
83	21620	9153	12467	1169	659	510
84	19791	8164	11627	974	524	450
85—89岁	**64779**	**24453**	**40326**	**2636**	**1281**	**1355**
85	18326	7191	11135	833	432	401
86	15374	5880	9494	662	327	335
87	13776	5238	8538	553	273	280
88	9261	3296	5965	328	143	185
89	8042	2848	5194	260	106	154
90—94岁	**20784**	**6625**	**14159**	**502**	**194**	**308**
90	7151	2452	4699	204	80	124
91	4751	1513	3238	93	37	56
92	3953	1216	2737	97	34	63
93	2806	842	1964	60	20	40
94	2123	602	1521	48	23	25
95—99岁	**4776**	**1179**	**3597**	**104**	**32**	**72**
95	1750	472	1278	43	10	33
96	1226	289	937	19	8	11
97	783	198	585	19	6	13
98	580	133	447	12	5	7
99	437	87	350	11	3	8
100岁及以上	**707**	**116**	**591**	**19**	**6**	**13**

8-7　续表 2

单位：人

年　龄	离退休金/养老金			最低生活保障金			失业保险金		
	小计	男	女	小计	男	女	小计	男	女
总　计	**417517**	**196567**	**220950**	**105346**	**59240**	**46106**	**1435**	**910**	**525**
45岁以下	**169**	**69**	**100**	**12279**	**7416**	**4863**	**579**	**319**	**260**
45-49岁	**4218**	**181**	**4037**	**5314**	**3251**	**2063**	**415**	**208**	**207**
45	266	13	253	823	464	359	65	29	36
46	489	24	465	1024	650	374	74	40	34
47	706	41	665	1080	661	419	97	46	51
48	992	49	943	1216	772	444	81	42	39
49	1765	54	1711	1171	704	467	98	51	47
50-54岁	**40284**	**6386**	**33898**	**6952**	**4188**	**2764**	**303**	**270**	**33**
50	6373	637	5736	1277	775	502	83	58	25
51	7762	965	6797	1310	808	502	68	65	3
52	9062	1375	7687	1457	864	593	62	61	1
53	7522	1391	6131	1324	785	539	47	45	2
54	9565	2018	7547	1584	956	628	43	41	2
55-59岁	**63219**	**19031**	**44188**	**7110**	**4065**	**3045**	**80**	**77**	**3**
55	11757	2961	8796	1477	860	617	47	46	1
56	13541	3746	9795	1462	870	592	10	9	1
57	18071	5428	12643	1940	1161	779	12	11	1
58	12181	4036	8145	1424	771	653	8	8	
59	7669	2860	4809	807	403	404	3	3	
60-64岁	**83391**	**43888**	**39503**	**10570**	**6109**	**4461**	**11**	**8**	**3**
60	14390	7312	7078	1218	677	541	2	2	
61	13614	7095	6519	1447	805	642			
62	17753	9368	8385	2220	1312	908	1		1
63	20054	10667	9387	2916	1726	1190	7	6	1
64	17580	9446	8134	2769	1589	1180	1		1
65-69岁	**84204**	**46150**	**38054**	**18753**	**10782**	**7971**	**15**	**9**	**6**
65	18566	10123	8443	3508	2041	1467	8	6	2
66	18427	9955	8472	3742	2157	1585	3	1	2
67	16344	8906	7438	3867	2245	1622			
68	16077	8975	7102	3997	2283	1714	2		2
69	14790	8191	6599	3639	2056	1583	2	2	

8-7 续表 3

单位：人

年 龄	离退休金/养老金			最低生活保障金			失业保险金		
	小计	男	女	小计	男	女	小计	男	女
70—74岁	**59489**	**34249**	**25240**	**17204**	**9698**	**7506**	**13**	**9**	**4**
70	14075	8005	6070	3607	2027	1580	4	4	
71	13130	7476	5654	3632	2095	1537	5	3	2
72	11124	6408	4716	3287	1832	1455			
73	11074	6471	4603	3442	1960	1482	1	1	
74	10086	5889	4197	3236	1784	1452	3	1	2
75—79岁	**39735**	**22364**	**17371**	**12809**	**7072**	**5737**	**13**	**7**	**6**
75	9575	5602	3973	3136	1735	1401	4	1	3
76	7400	4119	3281	2616	1490	1126	3	3	
77	7048	3870	3178	2226	1208	1018	3	2	1
78	7942	4467	3475	2424	1347	1077	1	1	
79	7770	4306	3464	2407	1292	1115	2		2
80—84岁	**26913**	**14974**	**11939**	**7983**	**4106**	**3877**	**6**	**3**	**3**
80	6999	3884	3115	2123	1134	989	4	2	2
81	5308	2884	2424	1558	818	740			
82	5524	3104	2420	1535	817	718			
83	4781	2719	2062	1450	734	716	2	1	1
84	4301	2383	1918	1317	603	714			
85—89岁	**12125**	**7017**	**5108**	**4513**	**1944**	**2569**			
85	3603	2021	1582	1277	620	657			
86	2895	1612	1283	1118	493	625			
87	2470	1459	1011	941	377	564			
88	1683	995	688	652	254	398			
89	1474	930	544	525	200	325			
90—94岁	**3209**	**1940**	**1269**	**1430**	**504**	**926**			
90	1220	774	446	487	179	308			
91	749	433	316	316	106	210			
92	533	322	211	252	90	162			
93	418	239	179	203	76	127			
94	289	172	117	172	53	119			
95—99岁	**510**	**298**	**212**	**366**	**94**	**272**			
95	207	123	84	127	43	84			
96	140	85	55	97	17	80			
97	80	49	31	61	16	45			
98	45	24	21	55	14	41			
99	38	17	21	26	4	22			
100岁及以上	**51**	**20**	**31**	**63**	**11**	**52**			

8-7 续表 4

单位：人

年 龄	财产性收入			家庭其他成员供养			其 他		
	小计	男	女	小计	男	女	小计	男	女
总 计	**65398**	**33227**	**32171**	**2138506**	**710773**	**1427733**	**522113**	**237907**	**284206**
45岁以下	**25708**	**12937**	**12771**	**1128272**	**441531**	**686741**	**237979**	**109301**	**128678**
45-49岁	**7433**	**3730**	**3703**	**87491**	**9737**	**77754**	**45087**	**19752**	**25335**
45	1229	598	631	13471	1354	12117	7364	3230	4134
46	1419	683	736	16288	1723	14565	8726	3837	4889
47	1498	794	704	17484	1934	15550	9140	3994	5146
48	1695	845	850	19538	2241	17297	9800	4344	5456
49	1592	810	782	20710	2485	18225	10057	4347	5710
50-54岁	**9006**	**4481**	**4525**	**130649**	**19178**	**111471**	**54778**	**23822**	**30956**
50	1763	865	898	23276	2908	20368	10929	4769	6160
51	1790	890	900	24042	3356	20686	10648	4675	5973
52	1965	971	994	28196	4122	24074	11793	5081	6712
53	1627	803	824	25249	3918	21331	10022	4312	5710
54	1861	952	909	29886	4874	25012	11386	4985	6401
55-59岁	**7450**	**3740**	**3710**	**136638**	**26877**	**109761**	**46914**	**20706**	**26208**
55	1666	816	850	28162	5090	23072	10108	4424	5684
56	1542	773	769	28834	5557	23277	10211	4512	5699
57	2032	1053	979	37738	7630	30108	12851	5838	7013
58	1525	764	761	28047	5713	22334	9194	3984	5210
59	685	334	351	13857	2887	10970	4550	1948	2602
60-64岁	**4680**	**2414**	**2266**	**116713**	**31232**	**85481**	**33339**	**15605**	**17734**
60	794	404	390	17337	4016	13321	5281	2370	2911
61	712	348	364	16968	4343	12625	4899	2299	2600
62	927	496	431	23857	6446	17411	6827	3270	3557
63	1167	606	561	30141	8402	21739	8497	3979	4518
64	1080	560	520	28410	8025	20385	7835	3687	4148
65-69岁	**5448**	**2897**	**2551**	**169856**	**53437**	**116419**	**41895**	**19937**	**21958**
65	1179	617	562	33899	10090	23809	8913	4240	4673
66	1192	633	559	34234	10501	23733	8849	4260	4589
67	1115	603	512	33436	10627	22809	8168	3838	4330
68	1073	564	509	35132	11312	23820	8467	4047	4420
69	889	480	409	33155	10907	22248	7498	3552	3946

8-7　续表 5

单位：人

年　龄	财产性收入			家庭其他成员供养			其　他		
	小计	男	女	小计	男	女	小计	男	女
70—74岁	**3219**	**1759**	**1460**	**144008**	**52154**	**91854**	**28596**	**13819**	**14777**
70	815	446	369	31278	11028	20250	6655	3182	3473
71	766	427	339	31186	11266	19920	6365	3067	3298
72	562	292	270	27615	10129	17486	5430	2618	2812
73	599	322	277	28054	10285	17769	5325	2613	2712
74	477	272	205	25875	9446	16429	4821	2339	2482
75—79岁	**1526**	**816**	**710**	**100539**	**36801**	**63738**	**17354**	**8304**	**9050**
75	485	254	231	25420	9362	16058	4371	2097	2274
76	304	174	130	20004	7532	12472	3649	1801	1848
77	274	137	137	17747	6327	11420	3039	1382	1657
78	225	122	103	19033	6935	12098	3326	1591	1735
79	238	129	109	18335	6645	11690	2969	1433	1536
80—84岁	**586**	**305**	**281**	**66012**	**23384**	**42628**	**9323**	**4219**	**5104**
80	158	88	70	16418	5926	10492	2564	1195	1369
81	110	61	49	12681	4600	8081	1822	797	1025
82	118	58	60	12862	4634	8228	1771	855	916
83	113	51	62	12468	4295	8173	1637	694	943
84	87	47	40	11583	3929	7654	1529	678	851
85—89岁	**264**	**114**	**150**	**40418**	**12277**	**28141**	**4823**	**1820**	**3003**
85	72	36	36	11169	3535	7634	1372	547	825
86	64	24	40	9451	2980	6471	1184	444	740
87	66	33	33	8718	2709	6009	1028	387	641
88	38	13	25	5878	1648	4230	682	243	439
89	24	8	16	5202	1405	3797	557	199	358
90—94岁	**63**	**29**	**34**	**14013**	**3456**	**10557**	**1567**	**502**	**1065**
90	21	9	12	4681	1219	3462	538	191	347
91	9	6	3	3228	832	2396	356	99	257
92	16	6	10	2744	655	2089	311	109	202
93	12	6	6	1898	445	1453	215	56	159
94	5	2	3	1462	305	1157	147	47	100
95—99岁	**14**	**5**	**9**	**3382**	**641**	**2741**	**400**	**109**	**291**
95	3		3	1228	255	973	142	41	101
96	4	2	2	864	151	713	102	26	76
97	2		2	563	108	455	58	19	39
98	2	2		414	79	335	52	9	43
99	3	1	2	313	48	265	46	14	32
100岁及以上	**1**		**1**	**515**	**68**	**447**	**58**	**11**	**47**

8-7a 全省分年龄、性别、主要生活来源的人口(城市)

单位：人

年 龄	15岁及以上人口			劳动收入		
	合计	男	女	小计	男	女
总 计	**2007931**	**974293**	**1033638**	**1040452**	**594233**	**446219**
45岁以下	**1119432**	**548310**	**571122**	**679014**	**367924**	**311090**
45-49岁	**193650**	**95628**	**98022**	**148073**	**83526**	**64547**
45	33952	16616	17336	26715	14709	12006
46	39167	19239	19928	30562	16976	13586
47	39651	19564	20087	30514	17084	13430
48	40600	20143	20457	30735	17524	13211
49	40280	20066	20214	29547	17233	12314
50-54岁	**189040**	**92528**	**96512**	**112939**	**73204**	**39735**
50	42569	20873	21696	28264	17559	10705
51	38908	19172	19736	24048	15510	8538
52	40882	20008	20874	24180	15814	8366
53	31269	15146	16123	17652	11569	6083
54	35412	17329	18083	18795	12752	6043
55-59岁	**152342**	**74040**	**78302**	**63029**	**45646**	**17383**
55	33848	16579	17269	15914	11354	4560
56	34160	16567	17593	14690	10559	4131
57	43376	21201	22175	17712	12996	4716
58	26737	12863	13874	10128	7392	2736
59	14221	6830	7391	4585	3345	1240
60-64岁	**105836**	**51148**	**54688**	**18727**	**12219**	**6508**
60	19871	9626	10245	4046	2664	1382
61	17233	8436	8797	3118	2088	1030
62	22189	10792	11397	3787	2487	1300
63	24958	11972	12986	4295	2728	1567
64	21585	10322	11263	3481	2252	1229
65-69岁	**99764**	**46901**	**52863**	**12708**	**8025**	**4683**
65	22724	10738	11986	3365	2102	1263
66	21986	10400	11586	2944	1871	1073
67	19379	9077	10302	2444	1535	909
68	18621	8833	9788	2244	1445	799
69	17054	7853	9201	1711	1072	639

8-7a　续表 1　　　　单位：人

年　龄	15岁及以上人口			劳动收入		
	合计	男	女	小计	男	女
70-74岁	**62948**	**29185**	**33763**	**4139**	**2606**	**1533**
70	15280	7177	8103	1243	798	445
71	14138	6596	7542	1022	643	379
72	11734	5439	6295	770	492	278
73	11327	5173	6154	611	370	241
74	10469	4800	5669	493	303	190
75-79岁	**39597**	**17457**	**22140**	**1290**	**790**	**500**
75	9876	4434	5442	417	267	150
76	7393	3314	4079	264	164	100
77	6878	2976	3902	221	140	81
78	7811	3427	4384	203	113	90
79	7639	3306	4333	185	106	79
80-84岁	**27009**	**11590**	**15419**	**377**	**213**	**164**
80	6795	2893	3902	120	71	49
81	5391	2263	3128	70	33	37
82	5459	2376	3083	60	37	23
83	4912	2148	2764	72	43	29
84	4452	1910	2542	55	29	26
85-89岁	**13336**	**5571**	**7765**	**127**	**69**	**58**
85	3900	1593	2307	39	26	13
86	3107	1296	1811	34	16	18
87	2675	1140	1535	27	13	14
88	1971	829	1142	13	8	5
89	1683	713	970	14	6	8
90-94岁	**4091**	**1656**	**2435**	**22**	**9**	**13**
90	1438	626	812	5	2	3
91	989	391	598	8	4	4
92	726	275	451	5	2	3
93	535	217	318	2		2
94	403	147	256	2	1	1
95-99岁	**792**	**262**	**530**	**6**	**1**	**5**
95	292	110	182	3		3
96	224	77	147	1	1	
97	117	39	78	1		1
98	86	19	67			
99	73	17	56	1		1
100岁及以上	**94**	**17**	**77**	**1**	**1**	

8-7a　续表 2

单位：人

年　龄	离退休金/养老金			最低生活保障金			失业保险金		
	小计	男	女	小计	男	女	小计	男	女
总　计	**269885**	**115109**	**154776**	**10036**	**5014**	**5022**	**828**	**516**	**312**
45岁以下	**104**	**40**	**64**	**1547**	**873**	**674**	**318**	**161**	**157**
45-49岁	**3118**	**119**	**2999**	**780**	**424**	**356**	**269**	**135**	**134**
45	187	7	180	124	63	61	36	16	20
46	370	14	356	135	73	62	51	24	27
47	526	25	501	157	91	66	65	32	33
48	726	32	694	183	99	84	52	29	23
49	1309	41	1268	181	98	83	65	34	31
50-54岁	**29578**	**4172**	**25406**	**926**	**543**	**383**	**189**	**172**	**17**
50	4872	425	4447	187	107	80	56	41	15
51	5771	621	5150	180	106	74	41	40	1
52	6663	912	5751	193	113	80	37	36	1
53	5426	875	4551	173	102	71	23	23	
54	6846	1339	5507	193	115	78	32	32	
55-59岁	**45754**	**13126**	**32628**	**878**	**511**	**367**	**44**	**43**	**1**
55	8493	2010	6483	205	124	81	26	26	
56	9952	2602	7350	182	110	72	5	4	1
57	13215	3797	9418	264	154	110	7	7	
58	8541	2720	5821	139	78	61	6	6	
59	5553	1997	3556	88	45	43			
60-64岁	**55892**	**28152**	**27740**	**1239**	**603**	**636**	**4**	**3**	**1**
60	10386	5171	5215	201	108	93	1	1	
61	9256	4666	4590	189	86	103			
62	12015	6061	5954	251	127	124			
63	13084	6588	6496	300	154	146	3	2	1
64	11151	5666	5485	298	128	170			
65-69岁	**51414**	**26291**	**25123**	**1577**	**778**	**799**			
65	11543	5937	5606	325	164	161			
66	11550	5821	5729	318	150	168			
67	10020	5095	4925	319	157	162			
68	9510	4968	4542	305	163	142			
69	8791	4470	4321	310	144	166			

8-7a　续表 3　　　　单位：人

年　龄	离退休金/养老金			最低生活保障金			失业保险金		
	小计	男	女	小计	男	女	小计	男	女
70-74岁	**33988**	**17833**	**16155**	**1258**	**576**	**682**	**4**	**2**	**2**
70	8235	4311	3924	272	126	146	1	1	
71	7570	3952	3618	275	125	150	2	1	1
72	6276	3279	2997	240	107	133			
73	6161	3246	2915	237	109	128			
74	5746	3045	2701	234	109	125	1		1
75-79岁	**23143**	**11580**	**11563**	**837**	**358**	**479**			
75	5336	2794	2542	245	101	144			
76	4227	2103	2124	160	64	96			
77	4153	2018	2135	117	53	64			
78	4761	2378	2383	157	66	91			
79	4666	2287	2379	158	74	84			
80-84岁	**16932**	**8395**	**8537**	**532**	**205**	**327**			
80	4259	2082	2177	139	48	91			
81	3372	1608	1764	116	46	70			
82	3488	1735	1753	96	38	58			
83	3080	1598	1482	94	40	54			
84	2733	1372	1361	87	33	54			
85-89岁	**7610**	**4054**	**3556**	**317**	**101**	**216**			
85	2274	1152	1122	91	31	60			
86	1835	938	897	78	31	47			
87	1483	811	672	54	16	38			
88	1112	613	499	50	13	37			
89	906	540	366	44	10	34			
90-94岁	**2034**	**1177**	**857**	**113**	**33**	**80**			
90	775	461	314	40	16	24			
91	492	273	219	25	8	17			
92	335	193	142	16	3	13			
93	259	153	106	14	2	12			
94	173	97	76	18	4	14			
95-99岁	**296**	**160**	**136**	**28**	**7**	**21**			
95	120	65	55	8	4	4			
96	88	50	38	7	1	6			
97	43	26	17	6	1	5			
98	23	10	13	6	1	5			
99	22	9	13	1		1			
100岁及以上	**22**	**10**	**12**	**4**	**2**	**2**			

8-7a 续表 4

单位：人

年龄	财产性收入			家庭其他成员供养			其他		
	小计	男	女	小计	男	女	小计	男	女
总计	**12645**	**6568**	**6077**	**552093**	**194674**	**357419**	**121992**	**58179**	**63813**
45岁以下	**5663**	**2801**	**2862**	**369408**	**146513**	**222895**	**63378**	**29998**	**33380**
45-49岁	**1925**	**1002**	**923**	**25872**	**4024**	**21848**	**13613**	**6398**	**7215**
45	336	163	173	4258	614	3644	2296	1044	1252
46	381	178	203	4987	727	4260	2681	1247	1434
47	383	224	159	5254	819	4435	2752	1289	1463
48	416	209	207	5578	871	4707	2910	1379	1531
49	409	228	181	5795	993	4802	2974	1439	1535
50-54岁	**1753**	**995**	**758**	**30228**	**6572**	**23656**	**13427**	**6870**	**6557**
50	380	194	186	5887	1089	4798	2923	1458	1465
51	394	234	160	5730	1254	4476	2744	1407	1337
52	373	225	148	6525	1403	5122	2911	1505	1406
53	255	141	114	5518	1295	4223	2222	1141	1081
54	351	201	150	6568	1531	5037	2627	1359	1268
55-59岁	**1406**	**811**	**595**	**30638**	**8435**	**22203**	**10593**	**5468**	**5125**
55	339	183	156	6503	1690	4813	2368	1192	1176
56	321	184	137	6632	1869	4763	2378	1239	1139
57	377	229	148	8810	2423	6387	2991	1595	1396
58	245	133	112	5795	1592	4203	1883	942	941
59	124	82	42	2898	861	2037	973	500	473
60-64岁	**692**	**364**	**328**	**22820**	**6703**	**16117**	**6462**	**3104**	**3358**
60	139	71	68	3886	1031	2855	1212	580	632
61	102	51	51	3530	1049	2481	1038	496	542
62	144	72	72	4614	1366	3248	1378	679	699
63	184	107	77	5656	1726	3930	1436	667	769
64	123	63	60	5134	1531	3603	1398	682	716
65-69岁	**630**	**313**	**317**	**27124**	**8539**	**18585**	**6311**	**2955**	**3356**
65	150	78	72	5918	1797	4121	1423	660	763
66	150	69	81	5605	1806	3799	1419	683	736
67	126	69	57	5345	1715	3630	1125	506	619
68	100	43	57	5247	1628	3619	1215	586	629
69	104	54	50	5009	1593	3416	1129	520	609

8-7a　续表 5

单位：人

年　龄	财产性收入			家庭其他成员供养			其　他		
	小计	男	女	小计	男	女	小计	男	女
70–74岁	**324**	**166**	**158**	**19360**	**6286**	**13074**	**3875**	**1716**	**2159**
70	85	47	38	4477	1462	3015	967	432	535
71	88	45	43	4311	1446	2865	870	384	486
72	47	26	21	3684	1215	2469	717	320	397
73	57	25	32	3568	1116	2452	693	307	386
74	47	23	24	3320	1047	2273	628	273	355
75–79岁	**171**	**81**	**90**	**11972**	**3743**	**8229**	**2184**	**905**	**1279**
75	57	24	33	3226	997	2229	595	251	344
76	39	23	16	2285	783	1502	418	177	241
77	26	12	14	1987	616	1371	374	137	237
78	24	13	11	2253	679	1574	413	178	235
79	25	9	16	2221	668	1553	384	162	222
80–84岁	**57**	**24**	**33**	**7893**	**2285**	**5608**	**1218**	**468**	**750**
80	13	7	6	1958	559	1399	306	126	180
81	10	3	7	1580	482	1098	243	91	152
82	12	4	8	1565	472	1093	238	90	148
83	16	8	8	1428	375	1053	222	84	138
84	6	2	4	1362	397	965	209	77	132
85–89岁	**16**	**6**	**10**	**4589**	**1109**	**3480**	**677**	**232**	**445**
85	4	2	2	1303	317	986	189	65	124
86	2		2	1003	257	746	155	54	101
87	5	2	3	960	249	711	146	49	97
88	3	1	2	685	158	527	108	36	72
89	2	1	1	638	128	510	79	28	51
90–94岁	**7**	**4**	**3**	**1717**	**381**	**1336**	**198**	**52**	**146**
90	2	1	1	551	130	421	65	16	49
91	1	1		426	96	330	37	9	28
92	2	1	1	324	62	262	44	14	30
93				227	56	171	33	6	27
94	2	1	1	189	37	152	19	7	12
95–99岁	**1**	**1**		**410**	**80**	**330**	**51**	**13**	**38**
95				144	36	108	17	5	12
96				110	19	91	18	6	12
97				65	12	53	2		2
98	1	1		50	7	43	6		6
99				41	6	35	8	2	6
100岁及以上				**62**	**4**	**58**	**5**		**5**

8-7b 全省分年龄、性别、主要生活来源的人口(镇)

单位：人

年龄	15岁及以上人口			劳动收入		
	合计	男	女	小计	男	女
总计	**2235671**	**1112995**	**1122676**	**1274968**	**739793**	**535175**
45岁以下	**1250507**	**635959**	**614548**	**765884**	**432664**	**333220**
45-49岁	**207442**	**104271**	**103171**	**163390**	**93855**	**69535**
45	35472	17625	17847	28390	15947	12443
46	41719	20995	20724	33325	18965	14360
47	42109	21124	20985	33297	19089	14208
48	44588	22586	22002	34899	20222	14677
49	43554	21941	21613	33479	19632	13847
50-54岁	**218636**	**107559**	**111077**	**149936**	**90951**	**58985**
50	47111	23569	23542	34760	20703	14057
51	43432	21454	21978	30469	18424	12045
52	47153	23144	24009	32270	19571	12699
53	38511	18640	19871	25344	15446	9898
54	42429	20752	21677	27093	16807	10286
55-59岁	**168416**	**80801**	**87615**	**96139**	**60363**	**35776**
55	38077	18431	19646	23278	14503	8775
56	36890	17835	19055	21538	13532	8006
57	45984	22484	23500	26056	16748	9308
58	32588	15334	17254	17759	11065	6694
59	14877	6717	8160	7508	4515	2993
60-64岁	**108385**	**53002**	**55383**	**42346**	**26676**	**15670**
60	17867	8576	9291	8046	4955	3091
61	16795	8290	8505	6713	4284	2429
62	22648	11228	11420	8754	5592	3162
63	27048	13190	13858	10125	6369	3756
64	24027	11718	12309	8708	5476	3232
65-69岁	**118847**	**57032**	**61815**	**36658**	**22727**	**13931**
65	26663	12926	13737	9196	5739	3457
66	25477	12235	13242	8222	5156	3066
67	23313	11234	12079	7280	4508	2772
68	23188	11122	12066	6641	4075	2566
69	20206	9515	10691	5319	3249	2070

8-7b 续表 1

单位：人

年 龄	15岁及以上人口			劳动收入		
	合计	男	女	小计	男	女
70-74岁	**74480**	**35828**	**38652**	**13800**	**8529**	**5271**
70	18067	8732	9335	4120	2535	1585
71	16628	7965	8663	3213	1973	1240
72	13826	6641	7185	2429	1497	932
73	13714	6696	7018	2252	1410	842
74	12245	5794	6451	1786	1114	672
75-79岁	**44137**	**20593**	**23544**	**4989**	**3041**	**1948**
75	11558	5535	6023	1599	992	607
76	8846	4173	4673	1095	697	398
77	7670	3495	4175	833	486	347
78	8240	3816	4424	772	453	319
79	7823	3574	4249	690	413	277
80-84岁	**25491**	**11051**	**14440**	**1249**	**712**	**537**
80	6769	3056	3713	447	261	186
81	4854	2090	2764	219	134	85
82	4962	2203	2759	229	131	98
83	4608	1971	2637	192	114	78
84	4298	1731	2567	162	72	90
85-89岁	**13744**	**5181**	**8563**	**452**	**224**	**228**
85	3956	1549	2407	143	75	68
86	3236	1212	2024	107	52	55
87	2923	1128	1795	100	53	47
88	1925	689	1236	59	26	33
89	1704	603	1101	43	18	25
90-94岁	**4385**	**1415**	**2970**	**101**	**42**	**59**
90	1489	539	950	49	20	29
91	1031	304	727	19	8	11
92	823	257	566	15	3	12
93	581	171	410	5	2	3
94	461	144	317	13	9	4
95-99岁	**1055**	**274**	**781**	**20**	**8**	**12**
95	386	104	282	7	2	5
96	252	60	192	4	1	3
97	187	50	137	4	3	1
98	136	41	95	4	2	2
99	94	19	75	1		1
100岁及以上	**146**	**29**	**117**	**4**	**1**	**3**

8-7b 续表 2

单位：人

年 龄	离退休金/养老金			最低生活保障金			失业保险金		
	小计	男	女	小计	男	女	小计	男	女
总 计	**102082**	**50858**	**51224**	**22530**	**12080**	**10450**	**395**	**244**	**151**
45岁以下	**56**	**25**	**31**	**2518**	**1463**	**1055**	**173**	**96**	**77**
45-49岁	**995**	**51**	**944**	**1127**	**654**	**473**	**116**	**57**	**59**
45	71	6	65	166	92	74	23	10	13
46	106	8	98	222	128	94	21	14	7
47	161	12	149	231	139	92	22	9	13
48	244	14	230	273	170	103	26	11	15
49	413	11	402	235	125	110	24	13	11
50-54岁	**9745**	**1890**	**7855**	**1534**	**919**	**615**	**66**	**58**	**8**
50	1378	180	1198	288	190	98	17	11	6
51	1833	298	1535	267	160	107	11	11	
52	2202	403	1799	324	202	122	14	14	
53	1892	436	1456	304	167	137	17	16	1
54	2440	573	1867	351	200	151	7	6	1
55-59岁	**15212**	**4824**	**10388**	**1642**	**925**	**717**	**25**	**23**	**2**
55	2920	782	2138	360	201	159	13	12	1
56	3144	939	2205	326	200	126	3	3	
57	4207	1333	2874	427	243	184	5	4	1
58	3135	1069	2066	324	171	153	2	2	
59	1806	701	1105	205	110	95	2	2	
60-64岁	**20692**	**11225**	**9467**	**2412**	**1327**	**1085**	**1**	**1**	
60	3189	1620	1569	273	150	123			
61	3413	1818	1595	321	183	138			
62	4363	2428	1935	518	296	222			
63	5111	2818	2293	667	354	313	1	1	
64	4616	2541	2075	633	344	289			
65-69岁	**21925**	**12378**	**9547**	**4015**	**2157**	**1858**	**6**	**4**	**2**
65	4893	2722	2171	753	439	314	4	4	
66	4683	2646	2037	838	441	397	1		1
67	4281	2388	1893	793	426	367			
68	4295	2454	1841	872	463	409	1		1
69	3773	2168	1605	759	388	371			

8-7b　续表 3　　单位：人

年　龄	离退休金/养老金			最低生活保障金			失业保险金		
	小计	男	女	小计	男	女	小计	男	女
70–74岁	**15197**	**9170**	**6027**	**3632**	**1927**	**1705**	**3**	**3**	
70	3612	2131	1481	758	422	336	2	2	
71	3351	1974	1377	781	419	362	1	1	
72	2827	1720	1107	667	348	319			
73	2909	1797	1112	718	381	337			
74	2498	1548	950	708	357	351			
75–79岁	**9471**	**5791**	**3680**	**2536**	**1332**	**1204**	**5**	**2**	**3**
75	2374	1494	880	615	330	285	2	1	1
76	1796	1072	724	538	294	244			
77	1680	1024	656	430	227	203	2	1	1
78	1824	1123	701	464	247	217			
79	1797	1078	719	489	234	255	1		1
80–84岁	**5621**	**3443**	**2178**	**1724**	**853**	**871**			
80	1555	946	609	472	244	228			
81	1066	636	430	334	166	168			
82	1128	714	414	340	172	168			
83	977	605	372	308	150	158			
84	895	542	353	270	121	149			
85–89岁	**2461**	**1587**	**874**	**979**	**388**	**591**			
85	756	485	271	284	133	151			
86	577	354	223	228	84	144			
87	553	365	188	210	80	130			
88	282	190	92	143	49	94			
89	293	193	100	114	42	72			
90–94岁	**586**	**398**	**188**	**323**	**113**	**210**			
90	225	165	60	112	47	65			
91	131	83	48	71	19	52			
92	104	72	32	56	15	41			
93	70	38	32	54	21	33			
94	56	40	16	30	11	19			
95–99岁	**110**	**72**	**38**	**74**	**20**	**54**			
95	39	26	13	26	11	15			
96	27	19	8	20	4	16			
97	25	16	9	8		8			
98	10	6	4	12	4	8			
99	9	5	4	8	1	7			
100岁及以上	**11**	**4**	**7**	**14**	**2**	**12**			

8-7b　续表 4

单位：人

年　龄	财产性收入			家庭其他成员供养			其　他		
	小计	男	女	小计	男	女	小计	男	女
总　计	**17468**	**9128**	**8340**	**668465**	**232178**	**436287**	**149763**	**68714**	**81049**
45岁以下	**7785**	**4028**	**3757**	**399039**	**163009**	**236030**	**75052**	**34674**	**40378**
45-49岁	**2089**	**1085**	**1004**	**26740**	**2755**	**23985**	**12985**	**5814**	**7171**
45	384	181	203	4258	400	3858	2180	989	1191
46	416	215	201	5081	503	4578	2548	1162	1386
47	410	207	203	5388	525	4863	2600	1143	1457
48	471	256	215	5861	651	5210	2814	1262	1552
49	408	226	182	6152	676	5476	2843	1258	1585
50-54岁	**2407**	**1287**	**1120**	**39741**	**5759**	**33982**	**15207**	**6695**	**8512**
50	493	271	222	7114	864	6250	3061	1350	1711
51	463	240	223	7345	1003	6342	3044	1318	1726
52	509	267	242	8574	1250	7324	3260	1437	1823
53	468	237	231	7735	1149	6586	2751	1189	1562
54	474	272	202	8973	1493	7480	3091	1401	1690
55-59岁	**1831**	**959**	**872**	**40850**	**8017**	**32833**	**12717**	**5690**	**7027**
55	417	216	201	8327	1493	6834	2762	1224	1538
56	381	213	168	8639	1637	7002	2859	1311	1548
57	521	275	246	11311	2294	9017	3457	1587	1870
58	338	172	166	8523	1775	6748	2507	1080	1427
59	174	83	91	4050	818	3232	1132	488	644
60-64岁	**1113**	**565**	**548**	**33125**	**9149**	**23976**	**8696**	**4059**	**4637**
60	175	88	87	4831	1132	3699	1353	631	722
61	171	84	87	4887	1322	3565	1290	599	691
62	230	115	115	6984	1943	5041	1799	854	945
63	277	142	135	8589	2449	6140	2278	1057	1221
64	260	136	124	7834	2303	5531	1976	918	1058
65-69岁	**1136**	**625**	**511**	**44637**	**14182**	**30455**	**10470**	**4959**	**5511**
65	242	128	114	9273	2814	6459	2302	1080	1222
66	244	134	110	9266	2808	6458	2223	1050	1173
67	254	133	121	8616	2797	5819	2089	982	1107
68	204	117	87	9068	2984	6084	2107	1029	1078
69	192	113	79	8414	2779	5635	1749	818	931

8-7b 续表 5

单位：人

年 龄	财产性收入			家庭其他成员供养			其 他		
	小计	男	女	小计	男	女	小计	男	女
70—74岁	**617**	**341**	**276**	**34490**	**12560**	**21930**	**6741**	**3298**	**3443**
70	152	86	66	7856	2783	5073	1567	773	794
71	151	84	67	7573	2748	4825	1558	766	792
72	114	58	56	6522	2410	4112	1267	608	659
73	114	68	46	6526	2454	4072	1195	586	609
74	86	45	41	6013	2165	3848	1154	565	589
75—79岁	**310**	**160**	**150**	**22799**	**8336**	**14463**	**4027**	**1931**	**2096**
75	100	51	49	5846	2175	3671	1022	492	530
76	57	36	21	4534	1686	2848	826	388	438
77	57	26	31	3977	1400	2577	691	331	360
78	47	22	25	4317	1563	2754	816	408	408
79	49	25	24	4125	1512	2613	672	312	360
80—84岁	**109**	**50**	**59**	**14565**	**4987**	**9578**	**2223**	**1006**	**1217**
80	29	17	12	3649	1307	2342	617	281	336
81	21	15	6	2768	939	1829	446	200	246
82	21	6	15	2817	983	1834	427	197	230
83	22	7	15	2724	923	1801	385	172	213
84	16	5	11	2607	835	1772	348	156	192
85—89岁	**52**	**20**	**32**	**8659**	**2542**	**6117**	**1141**	**420**	**721**
85	11	4	7	2436	719	1717	326	133	193
86	11	5	6	2051	625	1426	262	92	170
87	13	6	7	1797	525	1272	250	99	151
88	10	2	8	1263	369	894	168	53	115
89	7	3	4	1112	304	808	135	43	92
90—94岁	**17**	**6**	**11**	**2978**	**719**	**2259**	**380**	**137**	**243**
90	5	2	3	962	242	720	136	63	73
91	3	1	2	711	166	545	96	27	69
92	4	2	2	574	143	431	70	22	48
93	3	1	2	404	95	309	45	14	31
94	2		2	327	73	254	33	11	22
95—99岁	**2**	**2**		**738**	**144**	**594**	**111**	**28**	**83**
95				276	58	218	38	7	31
96	1	1		173	29	144	27	6	21
97				132	24	108	18	7	11
98				96	26	70	14	3	11
99	1	1		61	7	54	14	5	9
100岁及以上				**104**	**19**	**85**	**13**	**3**	**10**

8-7c 全省分年龄、性别、主要生活来源的人口(乡村)

单位：人

年 龄	15岁及以上人口			劳动收入		
	合计	男	女	小计	男	女
总 计	**3289103**	**1604029**	**1685074**	**1966970**	**1118667**	**848303**
45岁以下	**1337997**	**676448**	**661549**	**858052**	**488556**	**369496**
45-49岁	**288666**	**141402**	**147264**	**228337**	**127061**	**101276**
45	44528	21923	22605	35629	19820	15809
46	55095	27297	27798	44074	24633	19441
47	58258	28596	29662	46202	25641	20561
48	63932	31054	32878	50164	27744	22420
49	66853	32532	34321	52268	29223	23045
50-54岁	**377709**	**176772**	**200937**	**280538**	**154379**	**126159**
50	74079	35297	38782	57034	31465	25569
51	71676	33516	38160	53879	29449	24430
52	81479	37920	43559	60529	33213	27316
53	70388	32502	37886	51381	28019	23362
54	80087	37537	42550	57715	32233	25482
55-59岁	**321389**	**150024**	**171365**	**221568**	**124360**	**97208**
55	70344	32784	37560	49860	27740	22120
56	68436	31804	36632	47658	26648	21010
57	86758	41370	45388	59706	34190	25516
58	64893	30215	34678	43952	24679	19273
59	30958	13851	17107	20392	11103	9289
60-64岁	**231379**	**114149**	**117230**	**135823**	**80148**	**55675**
60	36545	17551	18994	23169	13353	9816
61	33995	16780	17215	20552	12244	8308
62	46796	23298	23498	27507	16347	11160
63	59455	29793	29662	34259	20472	13787
64	54588	26727	27861	30336	17732	12604
65-69岁	**293222**	**144090**	**149132**	**142296**	**84059**	**58237**
65	62659	30967	31692	33412	19673	13739
66	61748	30605	31143	31598	18706	12892
67	57748	28381	29367	27786	16430	11356
68	59042	28744	30298	27218	15998	11220
69	52025	25393	26632	22282	13252	9030

8-7c　续表 1

单位：人

年　龄	15岁及以上人口			劳动收入		
	合计	男	女	小计	男	女
70-74岁	**199563**	**98068**	**101495**	**66523**	**40258**	**26265**
70	46873	23060	23813	18423	10944	7479
71	43919	21660	22259	15366	9271	6095
72	38097	18736	19361	12440	7548	4892
73	37598	18523	19075	11281	6960	4321
74	33076	16089	16987	9013	5535	3478
75-79岁	**119550**	**56176**	**63374**	**25029**	**15031**	**9998**
75	31337	15147	16190	7764	4806	2958
76	24766	11912	12854	5670	3419	2251
77	21201	9595	11606	4358	2514	1844
78	21919	10136	11783	4044	2350	1694
79	20327	9386	10941	3193	1942	1251
80-84岁	**66225**	**28932**	**37293**	**6276**	**3657**	**2619**
80	17513	7942	9571	2244	1330	914
81	12819	5745	7074	1296	771	525
82	12752	5688	7064	1074	631	443
83	12100	5034	7066	905	502	403
84	11041	4523	6518	757	423	334
85-89岁	**37699**	**13701**	**23998**	**2057**	**988**	**1069**
85	10470	4049	6421	651	331	320
86	9031	3372	5659	521	259	262
87	8178	2970	5208	426	207	219
88	5365	1778	3587	256	109	147
89	4655	1532	3123	203	82	121
90-94岁	**12308**	**3554**	**8754**	**379**	**143**	**236**
90	4224	1287	2937	150	58	92
91	2731	818	1913	66	25	41
92	2404	684	1720	77	29	48
93	1690	454	1236	53	18	35
94	1259	311	948	33	13	20
95-99岁	**2929**	**643**	**2286**	**78**	**23**	**55**
95	1072	258	814	33	8	25
96	750	152	598	14	6	8
97	479	109	370	14	3	11
98	358	73	285	8	3	5
99	270	51	219	9	3	6
100岁及以上	**467**	**70**	**397**	**14**	**4**	**10**

8－7c 续表 2 单位：人

年龄	离退休金/养老金			最低生活保障金			失业保险金		
	小计	男	女	小计	男	女	小计	男	女
总计	**45550**	**30600**	**14950**	**72780**	**42146**	**30634**	**212**	**150**	**62**
45岁以下	**9**	**4**	**5**	**8214**	**5080**	**3134**	**88**	**62**	**26**
45－49岁	**105**	**11**	**94**	**3407**	**2173**	**1234**	**30**	**16**	**14**
45	8		8	533	309	224	6	3	3
46	13	2	11	667	449	218	2	2	
47	19	4	15	692	431	261	10	5	5
48	22	3	19	760	503	257	3	2	1
49	43	2	41	755	481	274	9	4	5
50－54岁	**961**	**324**	**637**	**4492**	**2726**	**1766**	**48**	**40**	**8**
50	123	32	91	802	478	324	10	6	4
51	158	46	112	863	542	321	16	14	2
52	197	60	137	940	549	391	11	11	
53	204	80	124	847	516	331	7	6	1
54	279	106	173	1040	641	399	4	3	1
55－59岁	**2253**	**1081**	**1172**	**4590**	**2629**	**1961**	**11**	**11**	
55	344	169	175	912	535	377	8	8	
56	445	205	240	954	560	394	2	2	
57	649	298	351	1249	764	485			
58	505	247	258	961	522	439			
59	310	162	148	514	248	266	1	1	
60－64岁	**6807**	**4511**	**2296**	**6919**	**4179**	**2740**	**6**	**4**	**2**
60	815	521	294	744	419	325	1	1	
61	945	611	334	937	536	401			
62	1375	879	496	1451	889	562	1		1
63	1859	1261	598	1949	1218	731	3	3	
64	1813	1239	574	1838	1117	721	1		1
65－69岁	**10865**	**7481**	**3384**	**13161**	**7847**	**5314**	**9**	**5**	**4**
65	2130	1464	666	2430	1438	992	4	2	2
66	2194	1488	706	2586	1566	1020	2	1	1
67	2043	1423	620	2755	1662	1093			
68	2272	1553	719	2820	1657	1163	1		1
69	2226	1553	673	2570	1524	1046	2	2	

8-7c　续表 3　　　　单位：人

年　龄	离退休金/养老金			最低生活保障金			失业保险金		
	小计	男	女	小计	男	女	小计	男	女
70–74岁	**10304**	**7246**	**3058**	**12314**	**7195**	**5119**	**6**	**4**	**2**
70	2228	1563	665	2577	1479	1098	1	1	
71	2209	1550	659	2576	1551	1025	2	1	1
72	2021	1409	612	2380	1377	1003			
73	2004	1428	576	2487	1470	1017	1	1	
74	1842	1296	546	2294	1318	976	2	1	1
75–79岁	**7121**	**4993**	**2128**	**9436**	**5382**	**4054**	**8**	**5**	**3**
75	1865	1314	551	2276	1304	972	2		2
76	1377	944	433	1918	1132	786	3	3	
77	1215	828	387	1679	928	751	1	1	
78	1357	966	391	1803	1034	769	1	1	
79	1307	941	366	1760	984	776	1		1
80–84岁	**4360**	**3136**	**1224**	**5727**	**3048**	**2679**	**6**	**3**	**3**
80	1185	856	329	1512	842	670	4	2	2
81	870	640	230	1108	606	502			
82	908	655	253	1099	607	492			
83	724	516	208	1048	544	504	2	1	1
84	673	469	204	960	449	511			
85–89岁	**2054**	**1376**	**678**	**3217**	**1455**	**1762**			
85	573	384	189	902	456	446			
86	483	320	163	812	378	434			
87	434	283	151	677	281	396			
88	289	192	97	459	192	267			
89	275	197	78	367	148	219			
90–94岁	**589**	**365**	**224**	**994**	**358**	**636**			
90	220	148	72	335	116	219			
91	126	77	49	220	79	141			
92	94	57	37	180	72	108			
93	89	48	41	135	53	82			
94	60	35	25	124	38	86			
95–99岁	**104**	**66**	**38**	**264**	**67**	**197**			
95	48	32	16	93	28	65			
96	25	16	9	70	12	58			
97	12	7	5	47	15	32			
98	12	8	4	37	9	28			
99	7	3	4	17	3	14			
100岁及以上	**18**	**6**	**12**	**45**	**7**	**38**			

8-7c 续表 4 单位：人

年 龄	财产性收入			家庭其他成员供养			其 他		
	小计	男	女	小计	男	女	小计	男	女
总 计	**35285**	**17531**	**17754**	**917948**	**283921**	**634027**	**250358**	**111014**	**139344**
45岁以下	**12260**	**6108**	**6152**	**359825**	**132009**	**227816**	**99549**	**44629**	**54920**
45-49岁	**3419**	**1643**	**1776**	**34879**	**2958**	**31921**	**18489**	**7540**	**10949**
45	509	254	255	4955	340	4615	2888	1197	1691
46	622	290	332	6220	493	5727	3497	1428	2069
47	705	363	342	6842	590	6252	3788	1562	2226
48	808	380	428	8099	719	7380	4076	1703	2373
49	775	356	419	8763	816	7947	4240	1650	2590
50-54岁	**4846**	**2199**	**2647**	**60680**	**6847**	**53833**	**26144**	**10257**	**15887**
50	890	400	490	10275	955	9320	4945	1961	2984
51	933	416	517	10967	1099	9868	4860	1950	2910
52	1083	479	604	13097	1469	11628	5622	2139	3483
53	904	425	479	11996	1474	10522	5049	1982	3067
54	1036	479	557	14345	1850	12495	5668	2225	3443
55-59岁	**4213**	**1970**	**2243**	**65150**	**10425**	**54725**	**23604**	**9548**	**14056**
55	910	417	493	13332	1907	11425	4978	2008	2970
56	840	376	464	13563	2051	11512	4974	1962	3012
57	1134	549	585	17617	2913	14704	6403	2656	3747
58	942	459	483	13729	2346	11383	4804	1962	2842
59	387	169	218	6909	1208	5701	2445	960	1485
60-64岁	**2875**	**1485**	**1390**	**60768**	**15380**	**45388**	**18181**	**8442**	**9739**
60	480	245	235	8620	1853	6767	2716	1159	1557
61	439	213	226	8551	1972	6579	2571	1204	1367
62	553	309	244	12259	3137	9122	3650	1737	1913
63	706	357	349	15896	4227	11669	4783	2255	2528
64	697	361	336	15442	4191	11251	4461	2087	2374
65-69岁	**3682**	**1959**	**1723**	**98095**	**30716**	**67379**	**25114**	**12023**	**13091**
65	787	411	376	18708	5479	13229	5188	2500	2688
66	798	430	368	19363	5887	13476	5207	2527	2680
67	735	401	334	19475	6115	13360	4954	2350	2604
68	769	404	365	20817	6700	14117	5145	2432	2713
69	593	313	280	19732	6535	13197	4620	2214	2406

8-7c 续表 5

单位：人

年 龄	财产性收入			家庭其他成员供养			其 他		
	小计	男	女	小计	男	女	小计	男	女
70—74岁	**2278**	**1252**	**1026**	**90158**	**33308**	**56850**	**17980**	**8805**	**9175**
70	578	313	265	18945	6783	12162	4121	1977	2144
71	527	298	229	19302	7072	12230	3937	1917	2020
72	401	208	193	17409	6504	10905	3446	1690	1756
73	428	229	199	17960	6715	11245	3437	1720	1717
74	344	204	140	16542	6234	10308	3039	1501	1538
75—79岁	**1045**	**575**	**470**	**65768**	**24722**	**41046**	**11143**	**5468**	**5675**
75	328	179	149	16348	6190	10158	2754	1354	1400
76	208	115	93	13185	5063	8122	2405	1236	1169
77	191	99	92	11783	4311	7472	1974	914	1060
78	154	87	67	12463	4693	7770	2097	1005	1092
79	164	95	69	11989	4465	7524	1913	959	954
80—84岁	**420**	**231**	**189**	**43554**	**16112**	**27442**	**5882**	**2745**	**3137**
80	116	64	52	10811	4060	6751	1641	788	853
81	79	43	36	8333	3179	5154	1133	506	627
82	85	48	37	8480	3179	5301	1106	568	538
83	75	36	39	8316	2997	5319	1030	438	592
84	65	40	25	7614	2697	4917	972	445	527
85—89岁	**196**	**88**	**108**	**27170**	**8626**	**18544**	**3005**	**1168**	**1837**
85	57	30	27	7430	2499	4931	857	349	508
86	51	19	32	6397	2098	4299	767	298	469
87	48	25	23	5961	1935	4026	632	239	393
88	25	10	15	3930	1121	2809	406	154	252
89	15	4	11	3452	973	2479	343	128	215
90—94岁	**39**	**19**	**20**	**9318**	**2356**	**6962**	**989**	**313**	**676**
90	14	6	8	3168	847	2321	337	112	225
91	5	4	1	2091	570	1521	223	63	160
92	10	3	7	1846	450	1396	197	73	124
93	9	5	4	1267	294	973	137	36	101
94	1	1		946	195	751	95	29	66
95—99岁	**11**	**2**	**9**	**2234**	**417**	**1817**	**238**	**68**	**170**
95	3		3	808	161	647	87	29	58
96	3	1	2	581	103	478	57	14	43
97	2		2	366	72	294	38	12	26
98	1	1		268	46	222	32	6	26
99	2		2	211	35	176	24	7	17
100岁及以上	**1**		**1**	**349**	**45**	**304**	**40**	**8**	**32**

8－8 全省分性别、婚姻状况、主要生活来源的60岁及以上老年人口

单位：人

婚姻状况	60岁及以上人口			劳动收入		
	合计	男	女	小计	男	女
总 计	**1707479**	**807575**	**899904**	**515491**	**310204**	**205287**
未 婚	36883	34428	2455	8992	8467	525
有配偶	1281355	654002	627353	444903	272728	172175
离 婚	12601	7226	5375	3467	2675	792
丧 偶	376640	111919	264721	58129	26334	31795

8－8 续表 1

单位：人

婚姻状况	离退休金/养老金			最低生活保障金			失业保险金		
	小计	男	女	小计	男	女	小计	男	女
总 计	**309627**	**170900**	**138727**	**73691**	**40320**	**33371**	**58**	**36**	**22**
未 婚	1398	1070	328	15195	14869	326	4	4	
有配偶	251551	148591	102960	36432	18197	18235	35	25	10
离 婚	4648	1997	2651	715	579	136			
丧 偶	52030	19242	32788	21349	6675	14674	19	7	12

8－8 续表 2

单位：人

婚姻状况	财产性收入			家庭其他成员供养			其 他		
	小计	男	女	小计	男	女	小计	男	女
总 计	**15801**	**8339**	**7462**	**655456**	**213450**	**442006**	**137355**	**64326**	**73029**
未 婚	459	439	20	2950	2622	328	7885	6957	928
有配偶	12935	6967	5968	435387	159395	275992	100112	48099	52013
离 婚	78	52	26	2672	1318	1354	1021	605	416
丧 偶	2329	881	1448	214447	50115	164332	28337	8665	19672

8-8a　全省分性别、婚姻状况、主要生活来源的60岁及以上老年人口(城市)

单位：人

婚姻状况	60岁及以上人口			劳动收入		
	合计	男	女	小计	男	女
总　计	**353467**	**163787**	**189680**	**37397**	**23933**	**13464**
未　婚	2052	1519	533	389	322	67
有配偶	280061	143323	136738	33494	22103	11391
离　婚	5286	2213	3073	465	268	197
丧　偶	66068	16732	49336	3049	1240	1809

8-8a　续表 1

单位：人

婚姻状况	离退休金/养老金			最低生活保障金			失业保险金		
	小计	男	女	小计	男	女	小计	男	女
总　计	**191331**	**97652**	**93679**	**5905**	**2663**	**3242**	**8**	**5**	**3**
未　婚	402	196	206	444	423	21	1	1	
有配偶	156222	86710	69512	3654	1769	1885	5	4	1
离　婚	3753	1523	2230	118	80	38			
丧　偶	30954	9223	21731	1689	391	1298	2		2

8-8a　续表 2

单位：人

婚姻状况	财产性收入			家庭其他成员供养			其　他		
	小计	男	女	小计	男	女	小计	男	女
总　计	**1898**	**959**	**939**	**95947**	**29130**	**66817**	**20981**	**9445**	**11536**
未　婚	16	10	6	306	232	74	494	335	159
有配偶	1640	886	754	68492	23784	44708	16554	8067	8487
离　婚	21	7	14	658	216	442	271	119	152
丧　偶	221	56	165	26491	4898	21593	3662	924	2738

8-8b 全省分性别、婚姻状况、主要生活来源的60岁及以上老年人口(镇)

单位：人

婚姻状况	60岁及以上人口			劳动收入		
	合计	男	女	小计	男	女
总　计	**390670**	**184405**	**206265**	**99619**	**61960**	**37659**
未　婚	7188	6412	776	1486	1317	169
有配偶	297509	152152	145357	87341	55672	31669
离　婚	2573	1428	1145	764	537	227
丧　偶	83400	24413	58987	10028	4434	5594

8-8b 续表 1

单位：人

婚姻状况	离退休金/养老金			最低生活保障金			失业保险金		
	小计	男	女	小计	男	女	小计	男	女
总　计	**76074**	**44068**	**32006**	**15709**	**8119**	**7590**	**15**	**10**	**5**
未　婚	294	217	77	2681	2587	94			
有配偶	63291	38474	24817	8267	4062	4205	10	8	2
离　婚	676	316	360	131	96	35			
丧　偶	11813	5061	6752	4630	1374	3256	5	2	3

8-8b 续表 2

单位：人

婚姻状况	财产性收入			家庭其他成员供养			其　他		
	小计	男	女	小计	男	女	小计	男	女
总　计	**3356**	**1769**	**1587**	**162095**	**52638**	**109457**	**33802**	**15841**	**17961**
未　婚	56	47	9	739	631	108	1932	1613	319
有配偶	2784	1520	1264	110831	40356	70475	24985	12060	12925
离　婚	18	12	6	696	314	382	288	153	135
丧　偶	498	190	308	49829	11337	38492	6597	2015	4582

8-8c 全省分性别、婚姻状况、主要生活来源的60岁及以上老年人口(乡村)

单位：人

婚姻状况	60岁及以上人口			劳动收入		
	合计	男	女	小计	男	女
总　计	**963342**	**459383**	**503959**	**378475**	**224311**	**154164**
未　婚	27643	26497	1146	7117	6828	289
有配偶	703785	358527	345258	324068	194953	129115
离　婚	4742	3585	1157	2238	1870	368
丧　偶	227172	70774	156398	45052	20660	24392

8-8c 续表 1

单位：人

婚姻状况	离退休金/养老金			最低生活保障金			失业保险金		
	小计	男	女	小计	男	女	小计	男	女
总　计	**42222**	**29180**	**13042**	**52077**	**29538**	**22539**	**35**	**21**	**14**
未　婚	702	657	45	12070	11859	211	3	3	
有配偶	32038	23407	8631	24511	12366	12145	20	13	7
离　婚	219	158	61	466	403	63			
丧　偶	9263	4958	4305	15030	4910	10120	12	5	7

8-8c 续表 2

单位：人

婚姻状况	财产性收入			家庭其他成员供养			其　他		
	小计	男	女	小计	男	女	小计	男	女
总　计	**10547**	**5611**	**4936**	**397414**	**131682**	**265732**	**82572**	**39040**	**43532**
未　婚	387	382	5	1905	1759	146	5459	5009	450
有配偶	8511	4561	3950	256064	95255	160809	58573	27972	30601
离　婚	39	33	6	1318	788	530	462	333	129
丧　偶	1610	635	975	138127	33880	104247	18078	5726	12352

8-9 全省分性别、居住状况、主要生活来源的60岁及以上老年人口

单位：人

居住状况	60岁及以上人口			劳动收入		
	合计	男	女	小计	男	女
总　计	**1707479**	**807575**	**899904**	**515491**	**310204**	**205287**
与配偶和子女同住	452152	234334	217818	161287	102044	59243
与配偶同住	687284	353760	333524	243142	146670	96472
与子女同住	298586	90879	207707	51822	24884	26938
独居(有保姆)	2321	1147	1174	352	208	144
独居(无保姆)	183390	81910	101480	40472	24269	16203
养老机构	12367	8835	3532	469	350	119
其　他	71379	36710	34669	17947	11779	6168

8-9　续表 1

单位：人

居住状况	离退休金/养老金			最低生活保障金			失业保险金		
	小计	男	女	小计	男	女	小计	男	女
总　计	**309627**	**170900**	**138727**	**73691**	**40320**	**33371**	**58**	**36**	**22**
与配偶和子女同住	82649	49428	33221	9566	4847	4719	6	4	2
与配偶同住	139099	82463	56636	24022	12038	11984	26	19	7
与子女同住	43030	16124	26906	11499	3495	8004	8	4	4
独居(有保姆)	887	516	371	140	90	50			
独居(无保姆)	33075	16091	16984	19451	12495	6956	13	4	9
养老机构	1553	898	655	3913	3451	462	1	1	
其　他	9334	5380	3954	5100	3904	1196	4	4	

8-9　续表 2

单位：人

居住状况	财产性收入			家庭其他成员供养			其　他		
	小计	男	女	小计	男	女	小计	男	女
总　计	**15801**	**8339**	**7462**	**655456**	**213450**	**442006**	**137355**	**64326**	**73029**
与配偶和子女同住	4123	2256	1867	165710	61488	104222	28811	14267	14544
与配偶同住	7731	4163	3568	219697	82386	137311	53567	26021	27546
与子女同住	1693	678	1015	172042	39753	132289	18492	5941	12551
独居(有保姆)	14	8	6	799	269	530	129	56	73
独居(无保姆)	1692	865	827	73827	21357	52470	14860	6829	8031
养老机构	92	76	16	3213	1517	1696	3126	2542	584
其　他	456	293	163	20168	6680	13488	18370	8670	9700

8-9a 全省分性别、居住状况、主要生活来源的60岁及以上老年人口(城市)

单位：人

居住状况	60岁及以上人口			劳动收入		
	合计	男	女	小计	男	女
总 计	**353467**	**163787**	**189680**	**37397**	**23933**	**13464**
与配偶和子女同住	108648	56730	51918	15396	10417	4979
与配偶同住	133301	69693	63608	13340	8680	4660
与子女同住	65369	17904	47465	4069	1900	2169
独居(有保姆)	852	415	437	32	15	17
独居(无保姆)	30748	12010	18738	2430	1537	893
养老机构	2113	1015	1098	26	12	14
其 他	12436	6020	6416	2104	1372	732

8-9a 续表 1

单位：人

居住状况	离退休金/养老金			最低生活保障金			失业保险金		
	小计	男	女	小计	男	女	小计	男	女
总 计	**191331**	**97652**	**93679**	**5905**	**2663**	**3242**	**8**	**5**	**3**
与配偶和子女同住	52660	29983	22677	1384	685	699			
与配偶同住	85696	47686	38010	1941	957	984	5	4	1
与子女同住	27585	8990	18595	1222	288	934			
独居(有保姆)	614	332	282	10	6	4			
独居(无保姆)	18838	7696	11142	964	462	502	2		2
养老机构	851	407	444	95	77	18			
其 他	5087	2558	2529	289	188	101	1	1	

8-9a 续表 2

单位：人

居住状况	财产性收入			家庭其他成员供养			其 他		
	小计	男	女	小计	男	女	小计	男	女
总 计	**1898**	**959**	**939**	**95947**	**29130**	**66817**	**20981**	**9445**	**11536**
与配偶和子女同住	701	401	300	32407	12121	20286	6100	3123	2977
与配偶同住	791	416	375	24867	8587	16280	6661	3363	3298
与子女同住	219	62	157	28525	5574	22951	3749	1090	2659
独居(有保姆)	5	3	2	151	41	110	40	18	22
独居(无保姆)	138	53	85	6811	1702	5109	1565	560	1005
养老机构	1		1	881	369	512	259	150	109
其 他	43	24	19	2305	736	1569	2607	1141	1466

8-9b 全省分性别、居住状况、主要生活来源的60岁及以上老年人口(镇)

单位：人

居住状况	60岁及以上人口			劳动收入		
	合计	男	女	小计	男	女
总　计	**390670**	**184405**	**206265**	**99619**	**61960**	**37659**
与配偶和子女同住	117187	60584	56603	36802	24174	12628
与配偶同住	139857	72215	67642	40209	25184	15025
与子女同住	74070	22377	51693	11034	5274	5760
独居(有保姆)	556	278	278	66	41	25
独居(无保姆)	36479	16208	20271	6903	4233	2670
养老机构	3963	2867	1096	97	69	28
其　他	18558	9876	8682	4508	2985	1523

8-9b 续表 1

单位：人

居住状况	离退休金/养老金			最低生活保障金			失业保险金		
	小计	男	女	小计	男	女	小计	男	女
总　计	**76074**	**44068**	**32006**	**15709**	**8119**	**7590**	**15**	**10**	**5**
与配偶和子女同住	21373	13092	8281	2484	1258	1226	3	2	1
与配偶同住	33258	20159	13099	4923	2410	2513	7	6	1
与子女同住	9958	4226	5732	2752	810	1942	3	1	2
独居(有保姆)	193	119	74	36	18	18			
独居(无保姆)	8021	4339	3682	3340	1893	1447	1		1
养老机构	427	291	136	1254	1090	164			
其　他	2844	1842	1002	920	640	280	1	1	

8-9b 续表 2

单位：人

居住状况	财产性收入			家庭其他成员供养			其　他		
	小计	男	女	小计	男	女	小计	男	女
总　计	**3356**	**1769**	**1587**	**162095**	**52638**	**109457**	**33802**	**15841**	**17961**
与配偶和子女同住	989	544	445	47694	17697	29997	7842	3817	4025
与配偶同住	1511	826	685	48249	17897	30352	11700	5733	5967
与子女同住	388	166	222	45023	10313	34710	4912	1587	3325
独居(有保姆)	2	1	1	229	83	146	30	16	14
独居(无保姆)	341	151	190	14898	4332	10566	2975	1260	1715
养老机构	32	26	6	1091	538	553	1062	853	209
其　他	93	55	38	4911	1778	3133	5281	2575	2706

8-9c　全省分性别、居住状况、主要生活来源的60岁及以上老年人口(乡村)

单位：人

居住状况	60岁及以上人口			劳动收入		
	合计	男	女	小计	男	女
总　计	**963342**	**459383**	**503959**	**378475**	**224311**	**154164**
与配偶和子女同住	226317	117020	109297	109089	67453	41636
与配偶同住	414126	211852	202274	189593	112806	76787
与子女同住	159147	50598	108549	36719	17710	19009
独居(有保姆)	913	454	459	254	152	102
独居(无保姆)	116163	53692	62471	31139	18499	12640
养老机构	6291	4953	1338	346	269	77
其　他	40385	20814	19571	11335	7422	3913

8-9c　续表 1

单位：人

居住状况	离退休金/养老金			最低生活保障金			失业保险金		
	小计	男	女	小计	男	女	小计	男	女
总　计	**42222**	**29180**	**13042**	**52077**	**29538**	**22539**	**35**	**21**	**14**
与配偶和子女同住	8616	6353	2263	5698	2904	2794	3	2	1
与配偶同住	20145	14618	5527	17158	8671	8487	14	9	5
与子女同住	5487	2908	2579	7525	2397	5128	5	3	2
独居(有保姆)	80	65	15	94	66	28			
独居(无保姆)	6216	4056	2160	15147	10140	5007	10	4	6
养老机构	275	200	75	2564	2284	280	1	1	
其　他	1403	980	423	3891	3076	815	2	2	

8-9c　续表 2

单位：人

居住状况	财产性收入			家庭其他成员供养			其　他		
	小计	男	女	小计	男	女	小计	男	女
总　计	**10547**	**5611**	**4936**	**397414**	**131682**	**265732**	**82572**	**39040**	**43532**
与配偶和子女同住	2433	1311	1122	85609	31670	53939	14869	7327	7542
与配偶同住	5429	2921	2508	146581	55902	90679	35206	16925	18281
与子女同住	1086	450	636	98494	23866	74628	9831	3264	6567
独居(有保姆)	7	4	3	419	145	274	59	22	37
独居(无保姆)	1213	661	552	52118	15323	36795	10320	5009	5311
养老机构	59	50	9	1241	610	631	1805	1539	266
其　他	320	214	106	12952	4166	8786	10482	4954	5528

8-10 各地区分性别、居住状况的60岁及以上老年人口

单位：人

地 区	60岁及以上人口			与配偶和子女同住		
	合计	男	女	小计	男	女
河 南	**1707479**	**807575**	**899904**	**452152**	**234334**	**217818**
郑州市	154356	73305	81051	50831	26794	24037
开封市	88592	41600	46992	24119	12489	11630
洛阳市	124379	59303	65076	36996	19553	17443
平顶山市	86258	41826	44432	25103	13218	11885
安阳市	94177	43240	50937	23274	11827	11447
鹤壁市	25461	11806	13655	7419	3858	3561
新乡市	105311	49266	56045	37992	19466	18526
焦作市	65713	30572	35141	26626	13738	12888
濮阳市	63815	29268	34547	13762	6932	6830
许昌市	83596	39505	44091	26160	13496	12664
漯河市	48985	23130	25855	15579	7963	7616
三门峡市	40324	19594	20730	9291	4994	4297
南阳市	169760	83075	86685	38756	20655	18101
商丘市	136799	64126	72673	18097	9199	8898
信阳市	112886	54465	58421	20973	11203	9770
周口市	165708	76725	88983	41957	20915	21042
驻马店市	127939	60438	67501	30113	15366	14747
济源市	13420	6331	7089	5104	2668	2436

8-10 续表 1

单位：人

地 区	与配偶同住			与子女同住			独居(有保姆)		
	小计	男	女	小计	男	女	小计	男	女
河 南	**687284**	**353760**	**333524**	**298586**	**90879**	**207707**	**2321**	**1147**	**1174**
郑州市	53759	28150	25609	31020	9065	21955	378	200	178
开封市	37418	19188	18230	14757	4339	10418	90	41	49
洛阳市	47808	24999	22809	22415	6935	15480	214	113	101
平顶山市	31437	16404	15033	15808	5060	10748	112	62	50
安阳市	40585	20573	20012	15418	4486	10932	128	73	55
鹤壁市	9481	4890	4591	5194	1527	3667	22	16	6
新乡市	34234	17540	16694	21266	6594	14672	118	66	52
焦作市	19672	10169	9503	13090	3854	9236	78	39	39
濮阳市	30466	15457	15009	9974	2671	7303	86	40	46
许昌市	30498	15741	14757	15120	4528	10592	100	43	57
漯河市	17525	8990	8535	9006	2773	6233	57	30	27
三门峡市	17368	9174	8194	6646	2129	4517	53	23	30
南阳市	66359	34853	31506	30964	10119	20845	227	106	121
商丘市	74725	37815	36910	16513	4881	11632	232	105	127
信阳市	52717	27519	25198	16189	4766	11423	126	55	71
周口市	67455	33837	33618	30429	9614	20815	157	68	89
驻马店市	51359	26170	25189	22102	6768	15334	121	56	65
济源市	4418	2291	2127	2675	770	1905	22	11	11

8-10　续表 2

单位：人

地　区	独居(无保姆)			养老机构			其　他		
	小计	男	女	小计	男	女	小计	男	女
河　南	**183390**	**81910**	**101480**	**12367**	**8835**	**3532**	**71379**	**36710**	**34669**
郑州市	12050	5377	6673	761	469	292	5557	3250	2307
开封市	8455	3627	4828	642	396	246	3111	1520	1591
洛阳市	12057	5007	7050	839	565	274	4050	2131	1919
平顶山市	8803	4270	4533	509	403	106	4486	2409	2077
安阳市	11409	4594	6815	347	206	141	3016	1481	1535
鹤壁市	2202	939	1263	124	61	63	1019	515	504
新乡市	8213	3713	4500	547	376	171	2941	1511	1430
焦作市	4166	1716	2450	381	214	167	1700	842	858
濮阳市	7726	3177	4549	207	167	40	1594	824	770
许昌市	7866	3569	4297	667	479	188	3185	1649	1536
漯河市	4416	2048	2368	442	331	111	1960	995	965
三门峡市	4492	1932	2560	318	232	86	2156	1110	1046
南阳市	20555	9894	10661	2172	1670	502	10727	5778	4949
商丘市	21261	9035	12226	823	562	261	5148	2529	2619
信阳市	17176	7986	9190	759	521	238	4946	2415	2531
周口市	15760	7049	8711	1709	1329	380	8241	3913	4328
驻马店市	15943	7585	8358	1037	810	227	7264	3683	3581
济源市	840	392	448	83	44	39	278	155	123

8-10a　各地区分性别、居住状况的60岁及以上老年人口(城市)

单位：人

地　区	60岁及以上人口			与配偶和子女同住		
	合计	男	女	小计	男	女
河　南	**353467**	**163787**	**189680**	**108648**	**56730**	**51918**
郑州市	78922	36584	42338	24591	12951	11640
开封市	19656	9020	10636	5442	2860	2582
洛阳市	40444	18814	21630	11255	5911	5344
平顶山市	21059	9882	11177	5875	3066	2809
安阳市	20648	9346	11302	6380	3305	3075
鹤壁市	7510	3447	4063	2049	1061	988
新乡市	29271	13572	15699	10471	5412	5059
焦作市	19026	8835	10191	7204	3743	3461
濮阳市	8577	3931	4646	2112	1067	1045
许昌市	21951	10214	11737	7452	3884	3568
漯河市	9628	4369	5259	3481	1780	1701
三门峡市	11565	5535	6030	2581	1396	1185
南阳市	15820	7278	8542	4527	2383	2144
商丘市	13825	6518	7307	3560	1852	1708
信阳市	10747	5061	5686	2826	1524	1302
周口市	13736	6207	7529	4618	2322	2296
驻马店市	6186	2899	3287	1923	1008	915
济源市	4896	2275	2621	2301	1205	1096

8-10a 续表 1

单位：人

地 区	与配偶同住			与子女同住			独居(有保姆)		
	小计	男	女	小计	男	女	小计	男	女
河 南	**133301**	**69693**	**63608**	**65369**	**17904**	**47465**	**852**	**415**	**437**
郑州市	28674	15061	13613	15717	4140	11577	297	152	145
开封市	8072	4198	3874	3249	836	2413	32	11	21
洛阳市	17019	8936	8083	6916	1861	5055	91	47	44
平顶山市	7957	4192	3765	3872	1207	2665	51	26	25
安阳市	7742	4012	3730	3952	1048	2904	54	32	22
鹤壁市	2936	1547	1389	1506	411	1095	12	9	3
新乡市	9742	5063	4679	5714	1636	4078	56	31	25
焦作市	6308	3302	3006	3545	971	2574	33	10	23
濮阳市	4090	2109	1981	1308	339	969	24	10	14
许昌市	7766	4075	3691	3919	1040	2879	33	14	19
漯河市	3124	1614	1510	1865	498	1367	13	5	8
三门峡市	5285	2794	2491	1749	506	1243	22	10	12
南阳市	6070	3169	2901	2957	787	2170	40	14	26
商丘市	5790	3004	2786	2410	727	1683	37	23	14
信阳市	4703	2504	2199	1616	412	1204	18	6	12
周口市	4656	2353	2303	2827	845	1982	22	8	14
驻马店市	2096	1093	1003	1198	357	841	5	2	3
济源市	1271	667	604	1049	283	766	12	5	7

8-10a 续表 2

单位：人

地 区	独居(无保姆)			养老机构			其 他		
	小计	男	女	小计	男	女	小计	男	女
河 南	**30748**	**12010**	**18738**	**2113**	**1015**	**1098**	**12436**	**6020**	**6416**
郑州市	6291	2513	3778	384	195	189	2968	1572	1396
开封市	2077	776	1301	215	92	123	569	247	322
洛阳市	3904	1439	2465	254	131	123	1005	489	516
平顶山市	1991	779	1212	80	32	48	1233	580	653
安阳市	1760	609	1151	143	61	82	617	279	338
鹤壁市	595	234	361	52	23	29	360	162	198
新乡市	2287	938	1349	173	91	82	828	401	427
焦作市	1178	447	731	119	57	62	639	305	334
濮阳市	827	301	526	24	7	17	192	98	94
许昌市	1879	763	1116	132	56	76	770	382	388
漯河市	742	278	464	75	40	35	328	154	174
三门峡市	1253	503	750	84	43	41	591	283	308
南阳市	1589	626	963	73	30	43	564	269	295
商丘市	1417	613	804	94	47	47	517	252	265
信阳市	1222	441	781	86	42	44	276	132	144
周口市	969	396	573	58	42	16	586	241	345
驻马店市	592	281	311	59	24	35	313	134	179
济源市	175	73	102	8	2	6	80	40	40

8-10b　各地区分性别、居住状况的60岁及以上老年人口(镇)

单位：人

地　区	60岁及以上人口			与配偶和子女同住		
	合计	男	女	小计	男	女
河　南	**390670**	**184405**	**206265**	**117187**	**60584**	**56603**
郑州市	26065	12441	13624	9252	4838	4414
开封市	20760	9682	11078	6519	3323	3196
洛阳市	29366	13993	15373	10129	5370	4759
平顶山市	16993	8078	8915	5328	2782	2546
安阳市	19250	8902	10348	5791	2936	2855
鹤壁市	6151	2797	3354	2036	1042	994
新乡市	21412	10022	11390	8581	4384	4197
焦作市	17341	7988	9353	7659	3907	3752
濮阳市	16548	7574	8974	4100	2059	2041
许昌市	14798	6992	7806	4934	2513	2421
漯河市	11919	5694	6225	3932	2019	1913
三门峡市	6826	3373	3453	1685	904	781
南阳市	49052	23766	25286	13154	7001	6153
商丘市	30968	14684	16284	4914	2496	2418
信阳市	28739	13460	15279	7731	4144	3587
周口市	38685	17976	20709	10869	5405	5464
驻马店市	33993	16139	17854	9809	5063	4746
济源市	1804	844	960	764	398	366

8-10b　续表 1

单位：人

地　区	与配偶同住			与子女同住			独居(有保姆)		
	小计	男	女	小计	男	女	小计	男	女
河　南	**139857**	**72215**	**67642**	**74070**	**22377**	**51693**	**556**	**278**	**278**
郑州市	8276	4342	3934	5687	1687	4000	28	20	8
开封市	7669	3900	3769	3825	1140	2685	17	9	8
洛阳市	9663	5056	4607	5645	1734	3911	49	25	24
平顶山市	5899	3062	2837	3190	948	2242	23	11	12
安阳市	7369	3740	3629	3349	979	2370	26	14	12
鹤壁市	2042	1037	1005	1293	364	929	3	2	1
新乡市	5939	3008	2931	4531	1379	3152	26	13	13
焦作市	4468	2299	2169	3601	1026	2575	27	17	10
濮阳市	7322	3733	3589	2847	725	2122	24	14	10
许昌市	4875	2517	2358	2768	838	1930	23	11	12
漯河市	4027	2076	1951	2261	723	1538	12	8	4
三门峡市	2606	1388	1218	1257	423	834	11	4	7
南阳市	17041	9010	8031	9986	3210	6776	95	50	45
商丘市	15595	7985	7610	4075	1246	2829	46	12	34
信阳市	11012	5770	5242	5253	1477	3776	46	17	29
周口市	14103	7130	6973	7533	2355	5178	45	24	21
驻马店市	11422	5892	5530	6606	2020	4586	54	26	28
济源市	529	270	259	363	103	260	1	1	

8-10b 续表 2

单位：人

地　　区	独居(无保姆)			养老机构			其　　他		
	小计	男	女	小计	男	女	小计	男	女
河　南	**36479**	**16208**	**20271**	**3963**	**2867**	**1096**	**18558**	**9876**	**8682**
郑州市	1742	841	901	167	125	42	913	588	325
开封市	1658	744	914	206	130	76	866	436	430
洛阳市	2499	998	1501	327	248	79	1054	562	492
平顶山市	1550	707	843	125	107	18	878	461	417
安阳市	1992	832	1160	88	57	31	635	344	291
鹤壁市	468	193	275	50	23	27	259	136	123
新乡市	1543	750	793	158	127	31	634	361	273
焦作市	1016	435	581	159	90	69	411	214	197
濮阳市	1711	723	988	86	79	7	458	241	217
许昌市	1283	576	707	238	178	60	677	359	318
漯河市	938	424	514	181	137	44	568	307	261
三门峡市	787	378	409	60	45	15	420	231	189
南阳市	4981	2306	2675	775	577	198	3020	1612	1408
商丘市	4515	1970	2545	262	164	98	1561	811	750
信阳市	3224	1325	1899	226	140	86	1247	587	660
周口市	3207	1445	1762	501	368	133	2427	1249	1178
驻马店市	3265	1518	1747	337	264	73	2500	1356	1144
济源市	100	43	57	17	8	9	30	21	9

8-10c 各地区分性别、居住状况的60岁及以上老年人口(乡村)

单位：人

地　　区	60岁及以上人口			与配偶和子女同住		
	合计	男	女	小计	男	女
河　南	**963342**	**459383**	**503959**	**226317**	**117020**	**109297**
郑州市	49369	24280	25089	16988	9005	7983
开封市	48176	22898	25278	12158	6306	5852
洛阳市	54569	26496	28073	15612	8272	7340
平顶山市	48206	23866	24340	13900	7370	6530
安阳市	54279	24992	29287	11103	5586	5517
鹤壁市	11800	5562	6238	3334	1755	1579
新乡市	54628	25672	28956	18940	9670	9270
焦作市	29346	13749	15597	11763	6088	5675
濮阳市	38690	17763	20927	7550	3806	3744
许昌市	46847	22299	24548	13774	7099	6675
漯河市	27438	13067	14371	8166	4164	4002
三门峡市	21933	10686	11247	5025	2694	2331
南阳市	104888	52031	52857	21075	11271	9804
商丘市	92006	42924	49082	9623	4851	4772
信阳市	73400	35944	37456	10416	5535	4881
周口市	113287	52542	60745	26470	13188	13282
驻马店市	87760	41400	46360	18381	9295	9086
济源市	6720	3212	3508	2039	1065	974

8-10c　续表 1

单位：人

地　区	与配偶同住			与子女同住			独居(有保姆)		
	小计	男	女	小计	男	女	小计	男	女
河　南	**414126**	**211852**	**202274**	**159147**	**50598**	**108549**	**913**	**454**	**459**
郑州市	16809	8747	8062	9616	3238	6378	53	28	25
开封市	21677	11090	10587	7683	2363	5320	41	21	20
洛阳市	21126	11007	10119	9854	3340	6514	74	41	33
平顶山市	17581	9150	8431	8746	2905	5841	38	25	13
安阳市	25474	12821	12653	8117	2459	5658	48	27	21
鹤壁市	4503	2306	2197	2395	752	1643	7	5	2
新乡市	18553	9469	9084	11021	3579	7442	36	22	14
焦作市	8896	4568	4328	5944	1857	4087	18	12	6
濮阳市	19054	9615	9439	5819	1607	4212	38	16	22
许昌市	17857	9149	8708	8433	2650	5783	44	18	26
漯河市	10374	5300	5074	4880	1552	3328	32	17	15
三门峡市	9477	4992	4485	3640	1200	2440	20	9	11
南阳市	43248	22674	20574	18021	6122	11899	92	42	50
商丘市	53340	26826	26514	10028	2908	7120	149	70	79
信阳市	37002	19245	17757	9320	2877	6443	62	32	30
周口市	48696	24354	24342	20069	6414	13655	90	36	54
驻马店市	37841	19185	18656	14298	4391	9907	62	28	34
济源市	2618	1354	1264	1263	384	879	9	5	4

8-10c　续表 2

单位：人

地　区	独居(无保姆)			养老机构			其　他		
	小计	男	女	小计	男	女	小计	男	女
河　南	**116163**	**53692**	**62471**	**6291**	**4953**	**1338**	**40385**	**20814**	**19571**
郑州市	4017	2023	1994	210	149	61	1676	1090	586
开封市	4720	2107	2613	221	174	47	1676	837	839
洛阳市	5654	2570	3084	258	186	72	1991	1080	911
平顶山市	5262	2784	2478	304	264	40	2375	1368	1007
安阳市	7657	3153	4504	116	88	28	1764	858	906
鹤壁市	1139	512	627	22	15	7	400	217	183
新乡市	4383	2025	2358	216	158	58	1479	749	730
焦作市	1972	834	1138	103	67	36	650	323	327
濮阳市	5188	2153	3035	97	81	16	944	485	459
许昌市	4704	2230	2474	297	245	52	1738	908	830
漯河市	2736	1346	1390	186	154	32	1064	534	530
三门峡市	2452	1051	1401	174	144	30	1145	596	549
南阳市	13985	6962	7023	1324	1063	261	7143	3897	3246
商丘市	15329	6452	8877	467	351	116	3070	1466	1604
信阳市	12730	6220	6510	447	339	108	3423	1696	1727
周口市	11584	5208	6376	1150	919	231	5228	2423	2805
驻马店市	12086	5786	6300	641	522	119	4451	2193	2258
济源市	565	276	289	58	34	24	168	94	74

8-11 全省分年龄、性别、居住状况的60岁及以上老年人口

单位：人

年 龄	60岁及以上人口			与配偶和子女同住		
	合计	男	女	小计	男	女
总 计	**1707479**	**807575**	**899904**	**452152**	**234334**	**217818**
60-64岁	**445600**	**218299**	**227301**	**164330**	**83579**	**80751**
60	74283	35753	38530	29450	14816	14634
61	68023	33506	34517	26036	13175	12861
62	91633	45318	46315	34243	17564	16679
63	111461	54955	56506	39907	20377	19530
64	100200	48767	51433	34694	17647	17047
65-69岁	**511833**	**248023**	**263810**	**156279**	**78921**	**77358**
65	112046	54631	57415	37704	18882	18822
66	109211	53240	55971	34561	17435	17126
67	100440	48692	51748	30701	15569	15132
68	100851	48699	52152	28911	14573	14338
69	89285	42761	46524	24402	12462	11940
70-74岁	**336991**	**163081**	**173910**	**76587**	**40761**	**35826**
70	80220	38969	41251	20558	10678	9880
71	74685	36221	38464	17682	9354	8328
72	63657	30816	32841	14234	7589	6645
73	62639	30392	32247	13024	7105	5919
74	55790	26683	29107	11089	6035	5054
75-79岁	**203284**	**94226**	**109058**	**33706**	**18584**	**15122**
75	52771	25116	27655	9850	5363	4487
76	41005	19399	21606	6976	3879	3097
77	35749	16066	19683	5777	3055	2722
78	37970	17379	20591	5866	3290	2576
79	35789	16266	19523	5237	2997	2240
80-84岁	**118725**	**51573**	**67152**	**14462**	**8530**	**5932**
80	31077	13891	17186	4205	2419	1786
81	23064	10098	12966	3047	1808	1239
82	23173	10267	12906	2753	1669	1084
83	21620	9153	12467	2437	1454	983
84	19791	8164	11627	2020	1180	840
85-89岁	**64779**	**24453**	**40326**	**5516**	**3206**	**2310**
85	18326	7191	11135	1814	1025	789
86	15374	5880	9494	1347	773	574
87	13776	5238	8538	1071	631	440
88	9261	3296	5965	704	423	281
89	8042	2848	5194	580	354	226
90-94岁	**20784**	**6625**	**14159**	**1125**	**672**	**453**
90	7151	2452	4699	438	271	167
91	4751	1513	3238	276	158	118
92	3953	1216	2737	211	123	88
93	2806	842	1964	111	62	49
94	2123	602	1521	89	58	31
95-99岁	**4776**	**1179**	**3597**	**130**	**76**	**54**
95	1750	472	1278	44	24	20
96	1226	289	937	33	19	14
97	783	198	585	25	13	12
98	580	133	447	19	14	5
99	437	87	350	9	6	3
100岁及以上	**707**	**116**	**591**	**17**	**5**	**12**

8-11 续表 1

单位：人

年 龄	与配偶同住			与子女同住			独居(有保姆)		
	小计	男	女	小计	男	女	小计	男	女
总 计	**687284**	**353760**	**333524**	**298586**	**90879**	**207707**	**2321**	**1147**	**1174**
60-64岁	**181403**	**90182**	**91221**	**51301**	**17025**	**34276**	**249**	**129**	**120**
60	28673	14077	14596	8236	2575	5661	34	17	17
61	27031	13530	13501	7717	2626	5091	37	20	17
62	36806	18445	18361	10574	3545	7029	46	26	20
63	46442	23247	23195	12943	4368	8575	69	31	38
64	42451	20883	21568	11831	3911	7920	63	35	28
65-69岁	**226765**	**112643**	**114122**	**65445**	**22230**	**43215**	**354**	**191**	**163**
65	48133	23854	24279	13439	4634	8805	74	43	31
66	48326	24069	24257	13274	4564	8710	72	39	33
67	44341	22017	22324	12958	4397	8561	65	34	31
68	45533	22638	22895	13267	4464	8803	74	42	32
69	40432	20065	20367	12507	4171	8336	69	33	36
70-74岁	**151411**	**78741**	**72670**	**54656**	**17573**	**37083**	**357**	**177**	**180**
70	36349	18630	17719	11785	3863	7922	55	29	26
71	34047	17517	16530	11565	3766	7799	87	48	39
72	28788	15013	13775	10234	3284	6950	84	40	44
73	27819	14634	13185	10844	3496	7348	59	25	34
74	24408	12947	11461	10228	3164	7064	72	35	37
75-79岁	**80005**	**43674**	**36331**	**45004**	**13062**	**31942**	**339**	**160**	**179**
75	22101	11973	10128	10545	3215	7330	57	25	32
76	16976	9226	7750	8354	2476	5878	53	23	30
77	14104	7494	6610	7892	2231	5661	66	40	26
78	14209	7872	6337	8964	2529	6435	76	31	45
79	12615	7109	5506	9249	2611	6638	87	41	46
80-84岁	**34204**	**20143**	**14061**	**38116**	**10365**	**27751**	**421**	**185**	**236**
80	10322	5888	4434	8597	2347	6250	75	27	48
81	6932	4040	2892	6971	1886	5085	65	30	35
82	6592	3939	2653	7554	2154	5400	96	38	58
83	5642	3368	2274	7549	2022	5527	90	40	50
84	4716	2908	1808	7445	1956	5489	95	50	45
85-89岁	**11290**	**6966**	**4324**	**28783**	**7335**	**21448**	**379**	**190**	**189**
85	3791	2300	1491	7462	1944	5518	98	48	50
86	2815	1743	1072	6535	1661	4874	82	37	45
87	2331	1459	872	6232	1627	4605	82	35	47
88	1324	807	517	4504	1091	3413	62	37	25
89	1029	657	372	4050	1012	3038	55	33	22
90-94岁	**1946**	**1245**	**701**	**11673**	**2636**	**9037**	**165**	**94**	**71**
90	843	531	312	3699	891	2808	55	32	23
91	465	279	186	2607	588	2019	52	28	24
92	319	223	96	2368	524	1844	25	16	9
93	194	124	70	1700	376	1324	18	9	9
94	125	88	37	1299	257	1042	15	9	6
95-99岁	**236**	**153**	**83**	**3106**	**594**	**2512**	**45**	**16**	**29**
95	93	68	25	1152	235	917	15	4	11
96	67	41	26	796	142	654	13	5	8
97	35	26	9	506	99	407	8	4	4
98	22	10	12	366	76	290	6	2	4
99	19	8	11	286	42	244	3	1	2
100岁及以上	**24**	**13**	**11**	**502**	**59**	**443**	**12**	**5**	**7**

8-11 续表 2

单位：人

年 龄	独居(无保姆)			养老机构			其 他		
	小计	男	女	小计	男	女	小计	男	女
总 计	**183390**	**81910**	**101480**	**12367**	**8835**	**3532**	**71379**	**36710**	**34669**
60-64岁	**28674**	**15927**	**12747**	**1324**	**1097**	**227**	**18319**	**10360**	**7959**
60	4506	2405	2101	132	94	38	3252	1769	1483
61	4130	2370	1760	165	133	32	2907	1652	1255
62	5913	3354	2559	303	258	45	3748	2126	1622
63	7322	4078	3244	369	310	59	4409	2544	1865
64	6803	3720	3083	355	302	53	4003	2269	1734
65-69岁	**41518**	**21345**	**20173**	**2474**	**2062**	**412**	**18998**	**10631**	**8367**
65	7998	4333	3665	487	418	69	4211	2467	1744
66	8374	4454	3920	459	374	85	4145	2305	1840
67	8162	4168	3994	526	433	93	3687	2074	1613
68	8739	4432	4307	551	466	85	3776	2084	1692
69	8245	3958	4287	451	371	80	3179	1701	1478
70-74岁	**38656**	**17255**	**21401**	**2393**	**1890**	**503**	**12931**	**6684**	**6247**
70	7782	3687	4095	510	396	114	3181	1686	1495
71	8078	3689	4389	505	408	97	2721	1439	1282
72	7420	3292	4128	440	353	87	2457	1245	1212
73	8018	3514	4504	463	375	88	2412	1243	1169
74	7358	3073	4285	475	358	117	2160	1071	1089
75-79岁	**33115**	**12878**	**20237**	**2347**	**1679**	**668**	**8768**	**4189**	**4579**
75	7587	3098	4489	530	406	124	2101	1036	1065
76	6438	2605	3833	424	302	122	1784	888	896
77	5960	2248	3712	441	317	124	1509	681	828
78	6644	2512	4132	477	336	141	1734	809	925
79	6486	2415	4071	475	318	157	1640	775	865
80-84岁	**23389**	**8416**	**14973**	**2002**	**1241**	**761**	**6131**	**2693**	**3438**
80	5898	2206	3692	454	304	150	1526	700	826
81	4507	1599	2908	397	242	155	1145	493	652
82	4585	1687	2898	406	262	144	1187	518	669
83	4377	1543	2834	380	226	154	1145	500	645
84	4022	1381	2641	365	207	158	1128	482	646
85-89岁	**13448**	**4612**	**8836**	**1227**	**612**	**615**	**4136**	**1532**	**2604**
85	3783	1314	2469	338	170	168	1040	390	650
86	3281	1101	2180	309	163	146	1005	402	603
87	2857	1004	1853	253	132	121	950	350	600
88	1852	635	1217	180	80	100	635	223	412
89	1675	558	1117	147	67	80	506	167	339
90-94岁	**3801**	**1263**	**2538**	**483**	**216**	**267**	**1591**	**499**	**1092**
90	1402	460	942	173	77	96	541	190	351
91	877	292	585	110	54	56	364	114	250
92	668	220	448	74	24	50	288	86	202
93	487	171	316	83	45	38	213	55	158
94	367	120	247	43	16	27	185	54	131
95-99岁	**712**	**199**	**513**	**108**	**36**	**72**	**439**	**105**	**334**
95	261	89	172	41	12	29	144	40	104
96	171	41	130	27	9	18	119	32	87
97	127	37	90	18	6	12	64	13	51
98	97	19	78	10	5	5	60	7	53
99	56	13	43	12	4	8	52	13	39
100岁及以上	**77**	**15**	**62**	**9**	**2**	**7**	**66**	**17**	**49**

8-11a　全省分年龄、性别、居住状况的60岁及以上老年人口(城市)

单位：人

年　龄	60岁及以上人口			与配偶和子女同住		
	合计	男	女	小计	男	女
总　计	**353467**	**163787**	**189680**	**108648**	**56730**	**51918**
60-64岁	**105836**	**51148**	**54688**	**41533**	**21514**	**20019**
60	19871	9626	10245	7942	4120	3822
61	17233	8436	8797	6820	3527	3293
62	22189	10792	11397	8679	4542	4137
63	24958	11972	12986	9731	5008	4723
64	21585	10322	11263	8361	4317	4044
65-69岁	**99764**	**46901**	**52863**	**35425**	**17948**	**17477**
65	22724	10738	11986	8606	4320	4286
66	21986	10400	11586	8048	4093	3955
67	19379	9077	10302	6872	3463	3409
68	18621	8833	9788	6396	3235	3161
69	17054	7853	9201	5503	2837	2666
70-74岁	**62948**	**29185**	**33763**	**17489**	**9187**	**8302**
70	15280	7177	8103	4717	2431	2286
71	14138	6596	7542	4106	2142	1964
72	11734	5439	6295	3192	1689	1503
73	11327	5173	6154	2910	1537	1373
74	10469	4800	5669	2564	1388	1176
75-79岁	**39597**	**17457**	**22140**	**8232**	**4461**	**3771**
75	9876	4434	5442	2261	1217	1044
76	7393	3314	4079	1560	850	710
77	6878	2976	3902	1415	734	681
78	7811	3427	4384	1566	852	714
79	7639	3306	4333	1430	808	622
80-84岁	**27009**	**11590**	**15419**	**4075**	**2429**	**1646**
80	6795	2893	3902	1137	641	496
81	5391	2263	3128	847	513	334
82	5459	2376	3083	813	494	319
83	4912	2148	2764	688	427	261
84	4452	1910	2542	590	354	236
85-89岁	**13336**	**5571**	**7765**	**1537**	**959**	**578**
85	3900	1593	2307	477	274	203
86	3107	1296	1811	364	224	140
87	2675	1140	1535	303	195	108
88	1971	829	1142	217	151	66
89	1683	713	970	176	115	61
90-94岁	**4091**	**1656**	**2435**	**318**	**207**	**111**
90	1438	626	812	122	81	41
91	989	391	598	71	40	31
92	726	275	451	61	43	18
93	535	217	318	37	23	14
94	403	147	256	27	20	7
95-99岁	**792**	**262**	**530**	**35**	**23**	**12**
95	292	110	182	13	8	5
96	224	77	147	12	8	4
97	117	39	78	5	3	2
98	86	19	67	3	3	
99	73	17	56	2	1	1
100岁及以上	**94**	**17**	**77**	**4**	**2**	**2**

8-11a 续表 1 单位：人

年 龄	与配偶同住			与子女同住			独居(有保姆)		
	小计	男	女	小计	男	女	小计	男	女
总 计	**133301**	**69693**	**63608**	**65369**	**17904**	**47465**	**852**	**415**	**437**
60-64岁	**39592**	**20227**	**19365**	**13980**	**3943**	**10037**	**72**	**28**	**44**
60	7246	3680	3566	2493	685	1808	12	4	8
61	6443	3352	3091	2229	656	1573	13	6	7
62	8325	4262	4063	2923	838	2085	11	5	6
63	9406	4817	4589	3417	947	2470	20	5	15
64	8172	4116	4056	2918	817	2101	16	8	8
65-69岁	**39503**	**19811**	**19692**	**14703**	**4328**	**10375**	**75**	**35**	**40**
65	8678	4398	4280	3240	938	2302	17	11	6
66	8587	4302	4285	3111	944	2167	16	7	9
67	7626	3848	3778	2915	861	2054	11	7	4
68	7549	3848	3701	2762	809	1953	13	6	7
69	7063	3415	3648	2675	776	1899	18	4	14
70-74岁	**26377**	**13570**	**12807**	**11242**	**3204**	**8038**	**90**	**47**	**43**
70	6352	3269	3083	2524	718	1806	9	5	4
71	5977	3045	2932	2435	729	1706	21	11	10
72	4923	2504	2419	2082	606	1476	27	13	14
73	4744	2452	2292	2098	570	1528	13	6	7
74	4381	2300	2081	2103	581	1522	20	12	8
75-79岁	**15545**	**8395**	**7150**	**9122**	**2332**	**6790**	**110**	**46**	**64**
75	4070	2167	1903	2109	548	1561	16	8	8
76	2998	1610	1388	1591	423	1168	17	7	10
77	2715	1436	1279	1595	399	1196	26	15	11
78	2991	1653	1338	1846	452	1394	22	5	17
79	2771	1529	1242	1981	510	1471	29	11	18
80-84岁	**8762**	**5245**	**3517**	**8299**	**2019**	**6280**	**198**	**86**	**112**
80	2415	1376	1039	1892	422	1470	42	17	25
81	1765	1011	754	1620	381	1239	29	12	17
82	1762	1063	699	1683	436	1247	47	18	29
83	1542	972	570	1561	395	1166	35	15	20
84	1278	823	455	1543	385	1158	45	24	21
85-89岁	**2884**	**1964**	**920**	**5418**	**1387**	**4031**	**184**	**96**	**88**
85	964	627	337	1471	361	1110	54	26	28
86	690	471	219	1196	303	893	28	17	11
87	552	390	162	1121	282	839	43	16	27
88	386	261	125	864	226	638	33	20	13
89	292	215	77	766	215	551	26	17	9
90-94岁	**580**	**438**	**142**	**2050**	**554**	**1496**	**94**	**64**	**30**
90	250	191	59	659	194	465	34	22	12
91	143	100	43	491	131	360	26	19	7
92	92	74	18	378	89	289	19	14	5
93	59	43	16	284	83	201	9	4	5
94	36	30	6	238	57	181	6	5	1
95-99岁	**54**	**40**	**14**	**495**	**130**	**365**	**21**	**10**	**11**
95	22	20	2	184	57	127	9	3	6
96	17	12	5	132	34	98	7	4	3
97	7	6	1	74	20	54	3	2	1
98	4	1	3	61	12	49	1		1
99	4	1	3	44	7	37	1	1	
100岁及以上	**4**	**3**	**1**	**60**	**7**	**53**	**8**	**3**	**5**

8-11a 续表 2

单位：人

年 龄	独居(无保姆)			养老机构			其 他		
	小计	男	女	小计	男	女	小计	男	女
总 计	**30748**	**12010**	**18738**	**2113**	**1015**	**1098**	**12436**	**6020**	**6416**
60—64岁	**6449**	**3138**	**3311**	**174**	**112**	**62**	**4036**	**2186**	**1850**
60	1307	661	646	30	17	13	841	459	382
61	1026	516	510	19	13	6	683	366	317
62	1350	672	678	39	25	14	862	448	414
63	1484	688	796	49	32	17	851	475	376
64	1282	601	681	37	25	12	799	438	361
65—69岁	**6560**	**2950**	**3610**	**244**	**162**	**82**	**3254**	**1667**	**1587**
65	1373	643	730	60	42	18	750	386	364
66	1409	612	797	42	23	19	773	419	354
67	1312	580	732	47	30	17	596	288	308
68	1234	585	649	52	39	13	615	311	304
69	1232	530	702	43	28	15	520	263	257
70—74岁	**5522**	**2098**	**3424**	**280**	**154**	**126**	**1948**	**925**	**1023**
70	1111	473	638	56	31	25	511	250	261
71	1153	450	703	62	36	26	384	183	201
72	1077	417	660	56	31	25	377	179	198
73	1164	414	750	48	29	19	350	165	185
74	1017	344	673	58	27	31	326	148	178
75—79岁	**4968**	**1535**	**3433**	**353**	**169**	**184**	**1267**	**519**	**748**
75	1053	331	722	76	38	38	291	125	166
76	917	297	620	74	39	35	236	88	148
77	835	263	572	55	29	26	237	100	137
78	1063	333	730	69	32	37	254	100	154
79	1100	311	789	79	31	48	249	106	143
80—84岁	**4242**	**1239**	**3003**	**489**	**199**	**290**	**944**	**373**	**571**
80	1002	309	693	89	39	50	218	89	129
81	868	249	619	89	33	56	173	64	109
82	866	244	622	92	42	50	196	79	117
83	800	233	567	110	41	69	176	65	111
84	706	204	502	109	44	65	181	76	105
85—89岁	**2289**	**781**	**1508**	**372**	**139**	**233**	**652**	**245**	**407**
85	666	211	455	105	33	72	163	61	102
86	576	185	391	81	34	47	172	62	110
87	440	164	276	79	35	44	137	58	79
88	316	113	203	55	20	35	100	38	62
89	291	108	183	52	17	35	80	26	54
90—94岁	**626**	**240**	**386**	**161**	**67**	**94**	**262**	**86**	**176**
90	219	85	134	62	26	36	92	27	65
91	151	56	95	38	17	21	69	28	41
92	101	32	69	30	9	21	45	14	31
93	94	43	51	19	10	9	33	11	22
94	61	24	37	12	5	7	23	6	17
95—99岁	**85**	**28**	**57**	**37**	**13**	**24**	**65**	**18**	**47**
95	32	14	18	14	4	10	18	4	14
96	23	6	17	10	4	6	23	9	14
97	11	5	6	6	1	5	11	2	9
98	15	2	13	1	1		1		1
99	4	1	3	6	3	3	12	3	9
100岁及以上	**7**	**1**	**6**	**3**		**3**	**8**	**1**	**7**

8-11b 全省分年龄、性别、居住状况的60岁及以上老年人口(镇)

单位：人

年 龄	60岁及以上人口			与配偶和子女同住		
	合计	男	女	小计	男	女
总 计	**390670**	**184405**	**206265**	**117187**	**60584**	**56603**
60-64岁	**108385**	**53002**	**55383**	**44190**	**22470**	**21720**
60	17867	8576	9291	7668	3856	3812
61	16795	8290	8505	7056	3589	3467
62	22648	11228	11420	9252	4778	4474
63	27048	13190	13858	10832	5424	5408
64	24027	11718	12309	9382	4823	4559
65-69岁	**118847**	**57032**	**61815**	**40799**	**20526**	**20273**
65	26663	12926	13737	9954	4962	4992
66	25477	12235	13242	9113	4549	4564
67	23313	11234	12079	8111	4097	4014
68	23188	11122	12066	7483	3783	3700
69	20206	9515	10691	6138	3135	3003
70-74岁	**74480**	**35828**	**38652**	**19076**	**10130**	**8946**
70	18067	8732	9335	5260	2766	2494
71	16628	7965	8663	4362	2272	2090
72	13826	6641	7185	3503	1866	1637
73	13714	6696	7018	3221	1764	1457
74	12245	5794	6451	2730	1462	1268
75-79岁	**44137**	**20593**	**23544**	**8162**	**4579**	**3583**
75	11558	5535	6023	2421	1325	1096
76	8846	4173	4673	1662	937	725
77	7670	3495	4175	1404	784	620
78	8240	3816	4424	1395	784	611
79	7823	3574	4249	1280	749	531
80-84岁	**25491**	**11051**	**14440**	**3406**	**1989**	**1417**
80	6769	3056	3713	1023	578	445
81	4854	2090	2764	729	429	300
82	4962	2203	2759	614	380	234
83	4608	1971	2637	576	341	235
84	4298	1731	2567	464	261	203
85-89岁	**13744**	**5181**	**8563**	**1247**	**715**	**532**
85	3956	1549	2407	426	247	179
86	3236	1212	2024	289	159	130
87	2923	1128	1795	256	149	107
88	1925	689	1236	152	88	64
89	1704	603	1101	124	72	52
90-94岁	**4385**	**1415**	**2970**	**266**	**152**	**114**
90	1489	539	950	85	53	32
91	1031	304	727	66	33	33
92	823	257	566	60	32	28
93	581	171	410	30	16	14
94	461	144	317	25	18	7
95-99岁	**1055**	**274**	**781**	**35**	**21**	**14**
95	386	104	282	9	6	3
96	252	60	192	11	7	4
97	187	50	137	6	3	3
98	136	41	95	5	3	2
99	94	19	75	4	2	2
100岁及以上	**146**	**29**	**117**	**6**	**2**	**4**

8-11b　续表 1

单位：人

年　龄	与配偶同住			与子女同住			独居(有保姆)		
	小计	男	女	小计	男	女	小计	男	女
总　计	**139857**	**72215**	**67642**	**74070**	**22377**	**51693**	**556**	**278**	**278**
60–64岁	**38512**	**19256**	**19256**	**13826**	**4497**	**9329**	**63**	**36**	**27**
60	6110	3003	3107	2141	649	1492	6	4	2
61	5882	2916	2966	2116	743	1373	10	6	4
62	7981	4047	3934	2949	964	1985	11	9	2
63	9697	4867	4830	3520	1170	2350	17	10	7
64	8842	4423	4419	3100	971	2129	19	7	12
65–69岁	**46501**	**23043**	**23458**	**17186**	**5652**	**11534**	**84**	**44**	**40**
65	10153	5055	5098	3552	1205	2347	18	9	9
66	9917	4931	4986	3506	1148	2358	17	7	10
67	9023	4478	4545	3408	1142	2266	18	12	6
68	9254	4589	4665	3477	1118	2359	16	9	7
69	8154	3990	4164	3243	1039	2204	15	7	8
70–74岁	**29822**	**15574**	**14248**	**13705**	**4284**	**9421**	**97**	**44**	**53**
70	7285	3728	3557	2937	930	2007	14	6	8
71	6743	3482	3261	2983	921	2062	34	18	16
72	5541	2886	2655	2553	808	1745	15	8	7
73	5464	2953	2511	2703	831	1872	15	5	10
74	4789	2525	2264	2529	794	1735	19	7	12
75–79岁	**15706**	**8677**	**7029**	**10867**	**3211**	**7656**	**88**	**43**	**45**
75	4354	2376	1978	2585	797	1788	18	6	12
76	3314	1835	1479	2069	597	1472	12	5	7
77	2703	1453	1250	1869	546	1323	12	9	3
78	2836	1605	1231	2128	631	1497	27	13	14
79	2499	1408	1091	2216	640	1576	19	10	9
80–84岁	**6683**	**3998**	**2685**	**8784**	**2353**	**6431**	**99**	**46**	**53**
80	2034	1187	847	2021	581	1440	12	4	8
81	1294	759	535	1595	412	1183	19	9	10
82	1316	783	533	1737	501	1236	21	8	13
83	1123	710	413	1697	425	1272	26	12	14
84	916	559	357	1734	434	1300	21	13	8
85–89岁	**2201**	**1388**	**813**	**6432**	**1664**	**4768**	**77**	**44**	**33**
85	728	448	280	1746	465	1281	14	8	6
86	548	346	202	1438	371	1067	24	11	13
87	453	289	164	1412	374	1038	16	9	7
88	253	161	92	977	251	726	10	7	3
89	219	144	75	859	203	656	13	9	4
90–94岁	**391**	**253**	**138**	**2478**	**561**	**1917**	**33**	**16**	**17**
90	174	110	64	756	196	560	9	5	4
91	95	57	38	582	122	460	12	5	7
92	62	45	17	505	111	394	1	1	
93	32	19	13	347	72	275	5	2	3
94	28	22	6	288	60	228	6	3	3
95–99岁	**39**	**26**	**13**	**689**	**139**	**550**	**14**	**4**	**10**
95	13	9	4	262	50	212	3		3
96	13	9	4	159	28	131	3	1	2
97	7	4	3	124	28	96	5	2	3
98	4	3	1	81	23	58	3	1	2
99	2	1	1	63	10	53			
100岁及以上	**2**		**2**	**103**	**16**	**87**	**1**	**1**	

8-11b 续表 2

单位：人

年　龄	独居(无保姆)			养老机构			其　他		
	小计	男	女	小计	男	女	小计	男	女
总　计	**36479**	**16208**	**20271**	**3963**	**2867**	**1096**	**18558**	**9876**	**8682**
60-64岁	**6282**	**3503**	**2779**	**436**	**359**	**77**	**5076**	**2881**	**2195**
60	1008	553	455	40	28	12	894	483	411
61	866	526	340	62	50	12	803	460	343
62	1318	741	577	93	83	10	1044	606	438
63	1617	900	717	129	105	24	1236	714	522
64	1473	783	690	112	93	19	1099	618	481
65-69岁	**8440**	**4283**	**4157**	**775**	**644**	**131**	**5062**	**2840**	**2222**
65	1714	909	805	141	118	23	1131	668	463
66	1684	897	787	148	117	31	1092	586	506
67	1597	822	775	157	129	28	999	554	445
68	1774	894	880	186	162	24	998	567	431
69	1671	761	910	143	118	25	842	465	377
70-74岁	**7660**	**3383**	**4277**	**781**	**613**	**168**	**3339**	**1800**	**1539**
70	1601	733	868	155	119	36	815	450	365
71	1615	739	876	170	137	33	721	396	325
72	1422	629	793	152	120	32	640	324	316
73	1549	688	861	153	121	32	609	334	275
74	1473	594	879	151	116	35	554	296	258
75-79岁	**6389**	**2458**	**3931**	**764**	**554**	**210**	**2161**	**1071**	**1090**
75	1466	623	843	181	145	36	533	263	270
76	1248	498	750	119	84	35	422	217	205
77	1154	417	737	153	113	40	375	173	202
78	1266	463	803	158	107	51	430	213	217
79	1255	457	798	153	105	48	401	205	196
80-84岁	**4403**	**1522**	**2881**	**625**	**413**	**212**	**1491**	**730**	**761**
80	1153	406	747	165	115	50	361	185	176
81	823	277	546	109	70	39	285	134	151
82	821	290	531	137	89	48	316	152	164
83	816	281	535	104	72	32	266	130	136
84	790	268	522	110	67	43	263	129	134
85-89岁	**2472**	**803**	**1669**	**389**	**193**	**196**	**926**	**374**	**552**
85	706	235	471	102	51	51	234	95	139
86	621	193	428	92	45	47	224	87	137
87	502	180	322	81	41	40	203	86	117
88	322	94	228	64	32	32	147	56	91
89	321	101	220	50	24	26	118	50	68
90-94岁	**690**	**221**	**469**	**155**	**75**	**80**	**372**	**137**	**235**
90	275	88	187	54	28	26	136	59	77
91	156	43	113	38	20	18	82	24	58
92	114	38	76	22	9	13	59	21	38
93	98	33	65	26	15	11	43	14	29
94	47	19	28	15	3	12	52	19	33
95-99岁	**128**	**32**	**96**	**35**	**15**	**20**	**115**	**37**	**78**
95	40	16	24	17	7	10	42	16	26
96	33	4	29	6	3	3	27	8	19
97	23	8	15	5	1	4	17	4	13
98	22	3	19	4	3	1	17	5	12
99	10	1	9	3	1	2	12	4	8
100岁及以上	**15**	**3**	**12**	**3**	**1**	**2**	**16**	**6**	**10**

8-11c　全省分年龄、性别、居住状况的60岁及以上老年人口(乡村)

单位：人

年　龄	60岁及以上人口			与配偶和子女同住		
	合计	男	女	小计	男	女
总　计	**963342**	**459383**	**503959**	**226317**	**117020**	**109297**
60-64岁	**231379**	**114149**	**117230**	**78607**	**39595**	**39012**
60	36545	17551	18994	13840	6840	7000
61	33995	16780	17215	12160	6059	6101
62	46796	23298	23498	16312	8244	8068
63	59455	29793	29662	19344	9945	9399
64	54588	26727	27861	16951	8507	8444
65-69岁	**293222**	**144090**	**149132**	**80055**	**40447**	**39608**
65	62659	30967	31692	19144	9600	9544
66	61748	30605	31143	17400	8793	8607
67	57748	28381	29367	15718	8009	7709
68	59042	28744	30298	15032	7555	7477
69	52025	25393	26632	12761	6490	6271
70-74岁	**199563**	**98068**	**101495**	**40022**	**21444**	**18578**
70	46873	23060	23813	10581	5481	5100
71	43919	21660	22259	9214	4940	4274
72	38097	18736	19361	7539	4034	3505
73	37598	18523	19075	6893	3804	3089
74	33076	16089	16987	5795	3185	2610
75-79岁	**119550**	**56176**	**63374**	**17312**	**9544**	**7768**
75	31337	15147	16190	5168	2821	2347
76	24766	11912	12854	3754	2092	1662
77	21201	9595	11606	2958	1537	1421
78	21919	10136	11783	2905	1654	1251
79	20327	9386	10941	2527	1440	1087
80-84岁	**66225**	**28932**	**37293**	**6981**	**4112**	**2869**
80	17513	7942	9571	2045	1200	845
81	12819	5745	7074	1471	866	605
82	12752	5688	7064	1326	795	531
83	12100	5034	7066	1173	686	487
84	11041	4523	6518	966	565	401
85-89岁	**37699**	**13701**	**23998**	**2732**	**1532**	**1200**
85	10470	4049	6421	911	504	407
86	9031	3372	5659	694	390	304
87	8178	2970	5208	512	287	225
88	5365	1778	3587	335	184	151
89	4655	1532	3123	280	167	113
90-94岁	**12308**	**3554**	**8754**	**541**	**313**	**228**
90	4224	1287	2937	231	137	94
91	2731	818	1913	139	85	54
92	2404	684	1720	90	48	42
93	1690	454	1236	44	23	21
94	1259	311	948	37	20	17
95-99岁	**2929**	**643**	**2286**	**60**	**32**	**28**
95	1072	258	814	22	10	12
96	750	152	598	10	4	6
97	479	109	370	14	7	7
98	358	73	285	11	8	3
99	270	51	219	3	3	
100岁及以上	**467**	**70**	**397**	**7**	**1**	**6**

8－11c 续表 1　　单位：人

年 龄	与配偶同住			与子女同住			独居(有保姆)		
	小计	男	女	小计	男	女	小计	男	女
总 计	**414126**	**211852**	**202274**	**159147**	**50598**	**108549**	**913**	**454**	**459**
60－64岁	**103299**	**50699**	**52600**	**23495**	**8585**	**14910**	**114**	**65**	**49**
60	15317	7394	7923	3602	1241	2361	16	9	7
61	14706	7262	7444	3372	1227	2145	14	8	6
62	20500	10136	10364	4702	1743	2959	24	12	12
63	27339	13563	13776	6006	2251	3755	32	16	16
64	25437	12344	13093	5813	2123	3690	28	20	8
65－69岁	**140761**	**69789**	**70972**	**33556**	**12250**	**21306**	**195**	**112**	**83**
65	29302	14401	14901	6647	2491	4156	39	23	16
66	29822	14836	14986	6657	2472	4185	39	25	14
67	27692	13691	14001	6635	2394	4241	36	15	21
68	28730	14201	14529	7028	2537	4491	45	27	18
69	25215	12660	12555	6589	2356	4233	36	22	14
70－74岁	**95212**	**49597**	**45615**	**29709**	**10085**	**19624**	**170**	**86**	**84**
70	22712	11633	11079	6324	2215	4109	32	18	14
71	21327	10990	10337	6147	2116	4031	32	19	13
72	18324	9623	8701	5599	1870	3729	42	19	23
73	17611	9229	8382	6043	2095	3948	31	14	17
74	15238	8122	7116	5596	1789	3807	33	16	17
75－79岁	**48754**	**26602**	**22152**	**25015**	**7519**	**17496**	**141**	**71**	**70**
75	13677	7430	6247	5851	1870	3981	23	11	12
76	10664	5781	4883	4694	1456	3238	24	11	13
77	8686	4605	4081	4428	1286	3142	28	16	12
78	8382	4614	3768	4990	1446	3544	27	13	14
79	7345	4172	3173	5052	1461	3591	39	20	19
80－84岁	**18759**	**10900**	**7859**	**21033**	**5993**	**15040**	**124**	**53**	**71**
80	5873	3325	2548	4684	1344	3340	21	6	15
81	3873	2270	1603	3756	1093	2663	17	9	8
82	3514	2093	1421	4134	1217	2917	28	12	16
83	2977	1686	1291	4291	1202	3089	29	13	16
84	2522	1526	996	4168	1137	3031	29	13	16
85－89岁	**6205**	**3614**	**2591**	**16933**	**4284**	**12649**	**118**	**50**	**68**
85	2099	1225	874	4245	1118	3127	30	14	16
86	1577	926	651	3901	987	2914	30	9	21
87	1326	780	546	3699	971	2728	23	10	13
88	685	385	300	2663	614	2049	19	10	9
89	518	298	220	2425	594	1831	16	7	9
90－94岁	**975**	**554**	**421**	**7145**	**1521**	**5624**	**38**	**14**	**24**
90	419	230	189	2284	501	1783	12	5	7
91	227	122	105	1534	335	1199	14	4	10
92	165	104	61	1485	324	1161	5	1	4
93	103	62	41	1069	221	848	4	3	1
94	61	36	25	773	140	633	3	1	2
95－99岁	**143**	**87**	**56**	**1922**	**325**	**1597**	**10**	**2**	**8**
95	58	39	19	706	128	578	3	1	2
96	37	20	17	505	80	425	3		3
97	21	16	5	308	51	257			
98	14	6	8	224	41	183	2	1	1
99	13	6	7	179	25	154	2		2
100岁及以上	**18**	**10**	**8**	**339**	**36**	**303**	**3**	**1**	**2**

8-11c　续表 2　　单位：人

年　龄	独居(无保姆)			养老机构			其　他		
	小计	男	女	小计	男	女	小计	男	女
总　计	**116163**	**53692**	**62471**	**6291**	**4953**	**1338**	**40385**	**20814**	**19571**
60−64岁	**15943**	**9286**	**6657**	**714**	**626**	**88**	**9207**	**5293**	**3914**
60	2191	1191	1000	62	49	13	1517	827	690
61	2238	1328	910	84	70	14	1421	826	595
62	3245	1941	1304	171	150	21	1842	1072	770
63	4221	2490	1731	191	173	18	2322	1355	967
64	4048	2336	1712	206	184	22	2105	1213	892
65−69岁	**26518**	**14112**	**12406**	**1455**	**1256**	**199**	**10682**	**6124**	**4558**
65	4911	2781	2130	286	258	28	2330	1413	917
66	5281	2945	2336	269	234	35	2280	1300	980
67	5253	2766	2487	322	274	48	2092	1232	860
68	5731	2953	2778	313	265	48	2163	1206	957
69	5342	2667	2675	265	225	40	1817	973	844
70−74岁	**25474**	**11774**	**13700**	**1332**	**1123**	**209**	**7644**	**3959**	**3685**
70	5070	2481	2589	299	246	53	1855	986	869
71	5310	2500	2810	273	235	38	1616	860	756
72	4921	2246	2675	232	202	30	1440	742	698
73	5305	2412	2893	262	225	37	1453	744	709
74	4868	2135	2733	266	215	51	1280	627	653
75−79岁	**21758**	**8885**	**12873**	**1230**	**956**	**274**	**5340**	**2599**	**2741**
75	5068	2144	2924	273	223	50	1277	648	629
76	4273	1810	2463	231	179	52	1126	583	543
77	3971	1568	2403	233	175	58	897	408	489
78	4315	1716	2599	250	197	53	1050	496	554
79	4131	1647	2484	243	182	61	990	464	526
80−84岁	**14744**	**5655**	**9089**	**888**	**629**	**259**	**3696**	**1590**	**2106**
80	3743	1491	2252	200	150	50	947	426	521
81	2816	1073	1743	199	139	60	687	295	392
82	2898	1153	1745	177	131	46	675	287	388
83	2761	1029	1732	166	113	53	703	305	398
84	2526	909	1617	146	96	50	684	277	407
85−89岁	**8687**	**3028**	**5659**	**466**	**280**	**186**	**2558**	**913**	**1645**
85	2411	868	1543	131	86	45	643	234	409
86	2084	723	1361	136	84	52	609	253	356
87	1915	660	1255	93	56	37	610	206	404
88	1214	428	786	61	28	33	388	129	259
89	1063	349	714	45	26	19	308	91	217
90−94岁	**2485**	**802**	**1683**	**167**	**74**	**93**	**957**	**276**	**681**
90	908	287	621	57	23	34	313	104	209
91	570	193	377	34	17	17	213	62	151
92	453	150	303	22	6	16	184	51	133
93	295	95	200	38	20	18	137	30	107
94	259	77	182	16	8	8	110	29	81
95−99岁	**499**	**139**	**360**	**36**	**8**	**28**	**259**	**50**	**209**
95	189	59	130	10	1	9	84	20	64
96	115	31	84	11	2	9	69	15	54
97	93	24	69	7	4	3	36	7	29
98	60	14	46	5	1	4	42	2	40
99	42	11	31	3		3	28	6	22
100岁及以上	**55**	**11**	**44**	**3**	**1**	**2**	**42**	**10**	**32**

8-12 全省分性别、婚姻状况、居住状况的60岁及以上老年人口

单位：人

居住状况	60岁及以上人口			未婚		
	合计	男	女	小计	男	女
总　计	**1707479**	**807575**	**899904**	**36883**	**34428**	**2455**
与配偶和子女同住	452152	234334	217818			
与配偶同住	687284	353760	333524			
与子女同住	298586	90879	207707	1196	1042	154
独居(有保姆)	2321	1147	1174	131	111	20
独居(无保姆)	183390	81910	101480	18505	17710	795
养老机构	12367	8835	3532	5976	5691	285
其　他	71379	36710	34669	11075	9874	1201

8-12 续表

单位：人

居住状况	有配偶			离婚			丧偶		
	小计	男	女	小计	男	女	小计	男	女
总　计	**1281355**	**654002**	**627353**	**12601**	**7226**	**5375**	**376640**	**111919**	**264721**
与配偶和子女同住	452152	234334	217818						
与配偶同住	687284	353760	333524						
与子女同住	72052	29201	42851	5419	2760	2659	219919	57876	162043
独居(有保姆)	523	274	249	62	43	19	1605	719	886
独居(无保姆)	34200	17980	16220	5438	3379	2059	125247	42841	82406
养老机构	1819	988	831	140	109	31	4432	2047	2385
其　他	33325	17465	15860	1542	935	607	25437	8436	17001

8-12a　全省分性别、婚姻状况、居住状况的60岁及以上老年人口(城市)

单位：人

居住状况	60岁及以上人口			未　婚		
	合计	男	女	小计	男	女
总　计	**353467**	**163787**	**189680**	**2052**	**1519**	**533**
与配偶和子女同住	108648	56730	51918			
与配偶同住	133301	69693	63608			
与子女同住	65369	17904	47465	90	63	27
独居(有保姆)	852	415	437	16	8	8
独居(无保姆)	30748	12010	18738	827	644	183
养老机构	2113	1015	1098	169	146	23
其　他	12436	6020	6416	950	658	292

8-12a　续表

单位：人

居住状况	有 配 偶			离　婚			丧　偶		
	小计	男	女	小计	男	女	小计	男	女
总　计	**280061**	**143323**	**136738**	**5286**	**2213**	**3073**	**66068**	**16732**	**49336**
与配偶和子女同住	108648	56730	51918						
与配偶同住	133301	69693	63608						
与子女同住	21391	7846	13545	2216	686	1530	41672	9309	32363
独居(有保姆)	170	84	86	30	15	15	636	308	328
独居(无保姆)	8453	4619	3834	2357	1148	1209	19111	5599	13512
养老机构	607	318	289	43	29	14	1294	522	772
其　他	7491	4033	3458	640	335	305	3355	994	2361

8-12b　全省分性别、婚姻状况、居住状况的60岁及以上老年人口(镇)

单位：人

居住状况	60岁及以上人口			未　婚		
	合计	男	女	小计	男	女
总　计	**390670**	**184405**	**206265**	**7188**	**6412**	**776**
与配偶和子女同住	117187	60584	56603			
与配偶同住	139857	72215	67642			
与子女同住	74070	22377	51693	265	220	45
独居(有保姆)	556	278	278	25	19	6
独居(无保姆)	36479	16208	20271	2749	2536	213
养老机构	3963	2867	1096	1809	1703	106
其　他	18558	9876	8682	2340	1934	406

8-12b　续表

单位：人

居住状况	有配偶			离　婚			丧　偶		
	小计	男	女	小计	男	女	小计	男	女
总　计	**297509**	**152152**	**145357**	**2573**	**1428**	**1145**	**83400**	**24413**	**58987**
与配偶和子女同住	117187	60584	56603						
与配偶同住	139857	72215	67642						
与子女同住	20307	8070	12237	1166	569	597	52332	13518	38814
独居(有保姆)	129	74	55	14	12	2	388	173	215
独居(无保姆)	8989	5049	3940	1031	626	405	23710	7997	15713
养老机构	670	390	280	39	31	8	1445	743	702
其　他	10370	5770	4600	323	190	133	5525	1982	3543

8-12c　全省分性别、婚姻状况、居住状况的60岁及以上老年人口(乡村)

单位：人

居住状况	60岁及以上人口			未　婚		
	合计	男	女	小计	男	女
总　计	**963342**	**459383**	**503959**	**27643**	**26497**	**1146**
与配偶和子女同住	226317	117020	109297			
与配偶同住	414126	211852	202274			
与子女同住	159147	50598	108549	841	759	82
独居(有保姆)	913	454	459	90	84	6
独居(无保姆)	116163	53692	62471	14929	14530	399
养老机构	6291	4953	1338	3998	3842	156
其　他	40385	20814	19571	7785	7282	503

8-12c　续表

单位：人

居住状况	有配偶			离　婚			丧　偶		
	小计	男	女	小计	男	女	小计	男	女
总　计	**703785**	**358527**	**345258**	**4742**	**3585**	**1157**	**227172**	**70774**	**156398**
与配偶和子女同住	226317	117020	109297						
与配偶同住	414126	211852	202274						
与子女同住	30354	13285	17069	2037	1505	532	125915	35049	90866
独居(有保姆)	224	116	108	18	16	2	581	238	343
独居(无保姆)	16758	8312	8446	2050	1605	445	82426	29245	53181
养老机构	542	280	262	58	49	9	1693	782	911
其　他	15464	7662	7802	579	410	169	16557	5460	11097

第二部分 长表数据资料

第九卷 住房

9-1 各地区按建筑层数、承重类型分的家庭户户数

单位：户

地区	合计	建筑层数				承重类型				
		平房	多层(7层及以下)	高层(8-33层)	超高层(34层及以上)	钢及钢筋混凝土结构	混合结构	砖木结构	竹草土坯结构	其他结构
河南	**2975955**	**1126186**	**1458169**	**373794**	**17806**	**1222880**	**1425552**	**315188**	**2794**	**9541**
郑州市	342578	43026	151579	133026	14947	214698	123190	3332	71	1287
开封市	139899	56183	75036	8680		51547	72391	15657	8	296
洛阳市	214621	75772	103114	33819	1916	83896	125032	4741	357	595
平顶山市	145680	76534	55619	13362	165	66533	66441	11507	320	879
安阳市	169771	76722	73031	19912	106	54368	84785	29788	242	588
鹤壁市	45603	16422	24199	4982		16501	22545	6339	2	216
新乡市	172833	60917	91969	19922	25	64879	94383	13053	63	455
焦作市	100006	29680	61094	9227	5	29357	61410	8949	134	156
濮阳市	118240	71801	32570	13868	1	34093	48801	35071	13	262
许昌市	131563	50765	64890	15891	17	44074	78574	8700	24	191
漯河市	74726	29273	37116	8319	18	29955	40060	4528	23	160
三门峡市	72434	33329	30509	8472	124	33200	33033	4859	651	691
南阳市	283113	110854	151102	20776	381	135847	133672	12309	270	1015
商丘市	266683	120729	126059	19889	6	74214	129930	61901	76	562
信阳市	192245	68261	109801	14146	37	107886	67558	15697	273	831
周口市	269022	109493	149601	9916	12	76852	129271	62086	71	742
驻马店市	216307	94407	105618	16252	30	99837	101515	14334	90	531
济源市	20631	2018	15262	3335	16	5143	12961	2337	106	84

注：本表数据为居住在普通住宅的家庭户，下表同。

9-1a 各地区按建筑层数、承重类型分的家庭户户数(城市)

单位：户

地　区	合　计	建筑层数				承重类型				
		平房	多层(7层及以下)	高层(8-33层)	超高层(34层及以上)	钢及钢筋混凝土结构	混合结构	砖木结构	竹草土坯结构	其他结构
河　南	**771058**	**59742**	**459208**	**239594**	**12514**	**449767**	**309791**	**10361**	**95**	**1044**
郑州市	204624	4187	96464	93866	10107	140409	63694	360	2	159
开封市	32954	4998	22618	5338		17276	15245	423		10
洛阳市	75870	3483	47960	22749	1678	37467	37864	459	1	79
平顶山市	43624	6870	27526	9063	165	26125	16577	707	4	211
安阳市	44527	3873	27905	12657	92	23046	20464	935	47	35
鹤壁市	15267	1697	10424	3146		7772	6755	710		30
新乡市	56226	7577	33512	15113	24	29841	25179	1130	6	70
焦作市	33191	3581	23124	6483	3	15699	17063	411	5	13
濮阳市	21516	1548	14181	5787		12243	8530	668	1	74
许昌市	44787	5585	26089	13103	10	26247	17963	543	1	33
漯河市	20505	1361	13555	5571	18	12278	7848	352	1	26
三门峡市	26196	2773	16798	6508	117	13641	12331	142	8	74
南阳市	35418	2196	22978	10002	242	20003	15089	211	4	111
商丘市	36859	3732	21583	11540	4	21152	14744	904	6	53
信阳市	25792	1393	17354	7014	31	19362	6066	344	2	18
周口市	28582	4178	19625	4772	7	13868	12923	1748	4	39
驻马店市	15049	556	10392	4100	1	9633	5332	79		5
济源市	10071	154	7120	2782	15	3705	6124	235	3	4

9-1b　各地区按建筑层数、承重类型分的家庭户户数(镇)

单位：户

地　区	合　计	建筑层数				承重类型				
		平房	多层（7层及以下）	高层（8-33层）	超高层（34层及以上）	钢及钢筋混凝土结构	混合结构	砖木结构	竹草土坯结构	其他结构
河　南	**789061**	**216918**	**446087**	**122140**	**3916**	**395696**	**336578**	**54568**	**317**	**1902**
郑州市	67437	7828	25489	30654	3466	47030	19037	956	12	402
开封市	35770	12857	19601	3312		15137	17537	3024	2	70
洛阳市	61239	15142	35204	10656	237	29318	31115	661	53	92
平顶山市	31665	13427	13997	4241		16961	12777	1713	50	164
安阳市	40388	14935	18478	6961	14	16644	19511	4069	28	136
鹤壁市	11843	4057	6111	1675		5111	5168	1543		21
新乡市	38499	9002	24933	4564		17362	19053	2049	6	29
焦作市	28319	7070	18707	2540	2	8510	17629	2081	47	52
濮阳市	35560	15025	12514	8020	1	15752	12881	6836	2	89
许昌市	22816	9031	11714	2064	7	6130	15285	1365		36
漯河市	19917	6878	10313	2726		9543	9433	902	1	38
三门峡市	15505	3778	9795	1925	7	9429	5663	351	28	34
南阳市	100097	19311	70024	10623	139	54890	43281	1732	34	160
商丘市	70469	28091	34379	7997	2	26544	32457	11304	6	158
信阳市	64414	11966	45551	6891	6	45199	17108	1916	19	172
周口市	70011	21767	43258	4981	5	25918	32622	11330	7	134
驻马店市	72544	16597	43902	12016	29	45506	24545	2361	18	114
济源市	2568	156	2117	294	1	712	1476	375	4	1

9-1c 各地区按建筑层数、承重类型分的家庭户户数(乡村)

单位：户

地 区	合 计	建筑层数				承重类型				
		平房	多层(7层及以下)	高层(8-33层)	超高层(34层及以上)	钢及钢筋混凝土结构	混合结构	砖木结构	竹草土坯结构	其他结构
河 南	**1415836**	**849526**	**552874**	**12060**	**1376**	**377417**	**779183**	**250259**	**2382**	**6595**
郑州市	70517	31011	29626	8506	1374	27259	40459	2016	57	726
开封市	71175	38328	32817	30		19134	39609	12210	6	216
洛阳市	77512	57147	19950	414	1	17111	56053	3621	303	424
平顶山市	70391	56237	14096	58		23447	37087	9087	266	504
安阳市	84856	57914	26648	294		14678	44810	24784	167	417
鹤壁市	18493	10668	7664	161		3618	10622	4086	2	165
新乡市	78108	44338	33524	245	1	17676	50151	9874	51	356
焦作市	38496	19029	19263	204		5148	26718	6457	82	91
濮阳市	61164	55228	5875	61		6098	27390	27567	10	99
许昌市	63960	36149	27087	724		11697	45326	6792	23	122
漯河市	34304	21034	13248	22		8134	22779	3274	21	96
三门峡市	30733	26778	3916	39		10130	15039	4366	615	583
南阳市	147598	89347	58100	151		60954	75302	10366	232	744
商丘市	159355	88906	70097	352		26518	82729	49693	64	351
信阳市	102039	54902	46896	241		43325	44384	13437	252	641
周口市	170429	83548	86718	163		37066	83726	49008	60	569
驻马店市	128714	77254	51324	136		44698	71638	11894	72	412
济源市	7992	1708	6025	259		726	5361	1727	99	79

9-2 各地区按住房建成时间分的家庭户住房状况

单位：户、间、平方米

地区	合计			1949年以前		
	户数	间数	面积	户数	间数	面积
河 南	**2975955**	**12568010**	**402126772**	**2888**	**10117**	**293198**
郑州市	342578	1110234	41028358	153	545	15982
开封市	139899	669623	18645000	190	663	19007
洛阳市	214621	835215	29359570	268	962	33553
平顶山市	145680	570091	18386853	221	714	21392
安阳市	169771	759362	22919179	210	877	18663
鹤壁市	45603	192174	6476555	121	440	9036
新乡市	172833	834872	28915099	148	457	14252
焦作市	100006	437763	16640321	126	452	13415
濮阳市	118240	494111	14097458	44	164	4377
许昌市	131563	591219	19653153	95	295	8133
漯河市	74726	296286	10433119	88	291	10347
三门峡市	72434	253237	8114063	107	331	9805
南阳市	283113	1218407	35801498	310	1244	34195
商丘市	266683	1211809	34860586	289	995	25829
信阳市	192245	671509	23572057	138	370	13095
周口市	269022	1403442	41027152	248	858	29454
驻马店市	216307	927300	28971219	116	407	11378
济源市	20631	91356	3225532	16	52	1285

9-2 续表 1

单位：户、间、平方米

地区	1949-1959年			1960-1969年		
	户数	间数	面积	户数	间数	面积
河 南	**5657**	**19338**	**556785**	**14629**	**52884**	**1472579**
郑州市	481	1184	35335	785	2686	85695
开封市	295	1046	28287	984	3202	75837
洛阳市	600	2067	67239	1550	5689	180072
平顶山市	219	773	22101	748	2516	74903
安阳市	393	1520	36485	1025	4082	95764
鹤壁市	103	357	9073	231	931	21542
新乡市	247	786	23718	835	3032	84340
焦作市	208	771	26518	499	1842	60266
濮阳市	117	427	12279	338	1415	37077
许昌市	170	554	15978	562	1949	54393
漯河市	124	375	11229	381	1326	41037
三门峡市	185	553	14260	521	1602	41194
南阳市	589	2195	64101	1573	6309	169325
商丘市	721	2615	63788	1924	7054	178139
信阳市	493	1473	47791	796	2240	74284
周口市	315	1205	32401	947	3611	97836
驻马店市	379	1376	44741	873	3178	96096
济源市	18	61	1461	57	220	4779

9-2 续表 2 单位：户、间、平方米

地区	1970-1979年			1980-1989年			1990-1999年		
	户数	间数	面积	户数	间数	面积	户数	间数	面积
河南	**56701**	**204763**	**5675770**	**268837**	**1043240**	**29730761**	**633884**	**2610096**	**78955802**
郑州市	4481	15044	465993	26822	101408	3236916	52390	189823	6581417
开封市	3437	11691	292975	11945	45607	1100757	29132	125253	3280534
洛阳市	5292	19110	591692	21760	82305	2583086	47970	191747	6382353
平顶山市	3829	12437	358990	15957	57682	1686711	33243	122750	3856826
安阳市	4506	18167	440382	21736	95181	2403928	41985	195412	5367399
鹤壁市	1055	4326	105878	4416	19285	507905	9038	39301	1200378
新乡市	3107	11820	361903	15822	64859	2074945	35173	163373	5481359
焦作市	2069	7679	250108	11432	45500	1555396	25562	109914	4018715
濮阳市	1510	6183	153764	10186	39618	1010861	25388	106792	2811631
许昌市	2342	8571	246832	14092	53720	1593098	28906	120337	3835257
漯河市	1619	5240	161512	7356	26617	828477	17226	67635	2328556
三门峡市	2010	6289	168732	9108	31910	893751	18814	68581	2096061
南阳市	5621	21168	557544	26898	107900	2969701	71385	310762	8717010
商丘市	5408	20211	483908	20904	81712	1981694	51947	218315	5820640
信阳市	2902	8344	258485	13384	42363	1309297	44488	154288	4970063
周口市	3828	14803	385433	19968	80182	2060497	49113	211918	5803734
驻马店市	3413	12657	361699	14876	56577	1581918	46102	184346	5412507
济源市	272	1023	29940	2175	10814	351823	6022	29549	991362

9-2 续表 3 单位：户、间、平方米

地区	2000-2009年			2010-2014年			2015年以后		
	户数	间数	面积	户数	间数	面积	户数	间数	面积
河南	**938566**	**4114268**	**133927411**	**676057**	**2946457**	**98583331**	**378736**	**1566847**	**52931135**
郑州市	91725	313326	12150562	81910	250083	9616362	83831	236135	8840096
开封市	44962	227061	6311439	32602	168598	4885505	16352	86502	2650659
洛阳市	66491	271414	9816740	46522	178518	6586334	24168	83403	3118501
平顶山市	45100	183425	5985525	30246	124334	4165533	16117	65460	2214872
安阳市	48662	226516	7022868	32735	137564	4748632	18519	80043	2785058
鹤壁市	15059	64091	2279666	10511	42581	1572989	5069	20862	770088
新乡市	53211	266239	9458812	42876	211504	7466367	21414	112802	3949403
焦作市	30250	134918	5287736	20129	89553	3525224	9731	47134	1902943
濮阳市	36939	160238	4560020	25086	103288	3087424	18632	75986	2420025
许昌市	42757	204798	6894631	27593	129767	4504800	15046	71228	2500031
漯河市	25950	108073	3875365	14736	59706	2181327	7246	27023	995269
三门峡市	20406	73163	2415766	13622	46702	1638290	7661	24106	836204
南阳市	99507	448520	13229683	54284	231001	7284286	22946	89308	2775653
商丘市	89975	417855	12319265	68444	337883	10188241	27071	125169	3799082
信阳市	66117	238436	8573455	42972	152473	5738274	20955	71522	2587313
周口市	83180	427723	12686660	73611	427185	12873113	37812	235957	7058024
驻马店市	72232	321365	10070858	54120	240395	7935039	24196	106999	3456983
济源市	6043	27107	988360	4058	15322	585591	1970	7208	270931

9-2a 各地区按住房建成时间分的家庭户住房状况(城市)

单位：户、间、平方米

地区	合计			1949年以前		
	户数	间数	面积	户数	间数	面积
河南	**771058**	**2431143**	**90960129**	**445**	**1397**	**43089**
郑州市	204624	539435	20797562	44	166	5326
开封市	32954	121945	4000356	34	88	2512
洛阳市	75870	227647	8594916	51	143	4939
平顶山市	43624	135081	4868797	27	97	2761
安阳市	44527	150335	5676800	36	114	2454
鹤壁市	15267	48036	1649438	22	82	1936
新乡市	56226	204309	7612798	49	127	3906
焦作市	33191	109552	4259622	9	24	554
濮阳市	21516	62867	2144913	8	19	647
许昌市	44787	158581	6079679	20	52	1716
漯河市	20505	69183	2795451	50	171	6202
三门峡市	26196	78961	2907905	10	24	827
南阳市	35418	114678	4342095	22	91	2466
商丘市	36859	129202	4664421	18	60	1990
信阳市	25792	75584	3006106	32	79	2736
周口市	28582	120117	4348870	9	46	1682
驻马店市	15049	47938	1776992	1	2	25
济源市	10071	37692	1433408	3	12	410

9-2a 续表 1

单位：户、间、平方米

地区	1949-1959年			1960-1969年		
	户数	间数	面积	户数	间数	面积
河南	**1271**	**3275**	**95583**	**2854**	**8292**	**237294**
郑州市	336	670	19005	377	905	28199
开封市	99	241	7411	382	904	20166
洛阳市	259	617	16628	404	1008	30960
平顶山市	37	134	3332	164	484	15397
安阳市	62	138	3686	180	476	12000
鹤壁市	55	173	4732	60	246	5203
新乡市	85	223	5952	376	1223	30941
焦作市	47	155	4930	137	403	12308
濮阳市	8	22	810	19	107	2266
许昌市	36	99	3662	125	458	14071
漯河市	32	78	2701	90	286	8666
三门峡市	30	90	2482	102	276	7356
南阳市	40	141	4332	100	354	10033
商丘市	41	170	5479	111	487	16851
信阳市	76	234	5610	104	283	8005
周口市	26	86	4721	92	283	11484
驻马店市	2	4	110	24	81	2695
济源市				7	28	693

9-2a 续表 2　　单位：户、间、平方米

地　区	1970-1979年			1980-1989年			1990-1999年		
	户数	间数	面积	户数	间数	面积	户数	间数	面积
河　南	**13639**	**38116**	**1105437**	**68343**	**213206**	**6633830**	**159547**	**520366**	**18171680**
郑州市	2546	6280	178666	14410	39693	1200044	33513	92469	3276799
开封市	1269	3272	80649	3719	11088	282200	7238	24885	762057
洛阳市	1734	4217	124194	7908	22584	694289	16826	51452	1773526
平顶山市	1475	3942	119051	5153	15968	505587	12025	35871	1242754
安阳市	1078	3076	82281	5573	17701	531661	10339	36553	1261888
鹤壁市	409	1566	34916	1141	4821	110651	2400	7994	247699
新乡市	1237	4126	121085	6462	23258	760956	11471	43656	1518026
焦作市	679	1973	61866	4149	12940	450571	8906	29359	1086946
濮阳市	84	364	9332	2315	6115	166337	4115	12350	370828
许昌市	395	1318	42565	3332	11261	382771	10121	35575	1296637
漯河市	390	1128	39536	1430	5177	187068	4432	16446	654128
三门峡市	558	1365	41266	2539	7452	227593	6724	21379	733804
南阳市	626	1981	60967	3819	12485	408973	8240	27295	984386
商丘市	270	1092	31154	1517	6169	180686	6271	25952	858426
信阳市	424	956	28848	1436	3884	131066	4724	13853	519603
周口市	293	931	31593	1812	6629	219781	5423	21113	753668
驻马店市	134	404	13244	941	2826	88547	4070	12807	432726
济源市	38	125	4224	687	3155	105049	2709	11357	397779

9-2a 续表 3　　单位：户、间、平方米

地　区	2000-2009年			2010-2014年			2015年以后		
	户数	间数	面积	户数	间数	面积	户数	间数	面积
河　南	**239539**	**791921**	**31038249**	**175070**	**532939**	**21080416**	**110350**	**321631**	**12554551**
郑州市	63501	172641	7093474	49343	124570	5059895	40554	102041	3936154
开封市	9788	41514	1434460	6523	25804	892708	3902	14149	518193
洛阳市	22492	72492	2864140	15993	47075	1928583	10203	28059	1157657
平顶山市	12442	40067	1513149	7868	24572	948454	4433	13946	518312
安阳市	11728	42632	1726107	10231	32877	1356148	5300	16768	700575
鹤壁市	5973	18236	684850	3414	9700	363369	1793	5218	196082
新乡市	15422	60813	2360577	14051	47531	1895434	7073	23352	915921
焦作市	10247	34670	1424259	6552	21448	863468	2465	8580	354720
濮阳市	7139	22253	799637	4531	12855	459897	3297	8782	335159
许昌市	14316	54349	2132176	10319	34520	1375563	6123	20949	830518
漯河市	7390	25455	1071711	4069	12490	511826	2622	7952	313613
三门峡市	7266	22106	839000	5864	17703	711571	3103	8566	344006
南阳市	10496	35807	1416802	8329	25343	1005732	3746	11181	448404
商丘市	15106	53865	1977694	7937	24972	954735	5588	16435	637406
信阳市	8766	26313	1101848	6886	20106	822990	3344	9876	385400
周口市	9776	41317	1525151	7544	34098	1238124	3607	15614	562666
驻马店市	4651	16012	624493	3130	9487	372977	2096	6315	242175
济源市	3040	11379	448721	2486	7788	318942	1101	3848	157590

9-2b　各地区按住房建成时间分的家庭户住房状况(镇)

单位：户、间、平方米

地　区	合　计			1949年以前		
	户数	间数	面积	户数	间数	面积
河　南	**789061**	**3152726**	**108223577**	**607**	**2047**	**64111**
郑州市	67437	215029	7912988	17	57	1887
开封市	35770	165229	4994481	96	337	11700
洛阳市	61239	233482	8755373	39	158	5467
平顶山市	31665	121266	4134012	41	119	3199
安阳市	40388	168139	5516527	50	218	4938
鹤壁市	11843	48929	1734623	35	81	2141
新乡市	38499	179160	6567815	6	30	980
焦作市	28319	129264	5051116	41	144	4479
濮阳市	35560	138404	4317996	7	23	696
许昌市	22816	106997	3490529	18	62	1524
漯河市	19917	76155	2686701	13	46	1625
三门峡市	15505	50895	1697721	10	27	813
南阳市	100097	390505	12856711	59	193	5832
商丘市	70469	287235	9240912	45	177	5215
信阳市	64414	211463	8367019	49	129	5658
周口市	70011	346172	10937182	54	165	5475
驻马店市	72544	272478	9535826	27	81	2482
济源市	2568	11924	426045			

9-2b　续表 1

单位：户、间、平方米

地　区	1949-1959年			1960-1969年		
	户数	间数	面积	户数	间数	面积
河　南	**1375**	**4709**	**156863**	**3465**	**12450**	**383588**
郑州市	41	97	3430	65	262	8273
开封市	61	233	6942	152	585	16183
洛阳市	105	442	16991	341	1379	48096
平顶山市	36	112	3222	154	502	16608
安阳市	123	512	13586	213	929	22953
鹤壁市	9	26	1025	35	109	3243
新乡市	16	61	2238	57	252	7266
焦作市	85	359	13388	136	544	19326
濮阳市	33	113	3653	90	388	10850
许昌市	21	85	2085	119	446	11726
漯河市	44	143	4445	132	521	15800
三门峡市	19	47	1495	54	170	4263
南阳市	222	732	23883	445	1562	46641
商丘市	127	450	12859	488	1627	47491
信阳市	215	575	22326	353	883	33630
周口市	58	200	5886	270	1089	29588
驻马店市	160	522	19409	361	1202	41651
济源市						

9－2b 续表 2

单位：户、间、平方米

地　区	1970－1979年			1980－1989年			1990－1999年		
	户数	间数	面积	户数	间数	面积	户数	间数	面积
河　南	**11935**	**43005**	**1290246**	**53107**	**206420**	**6308301**	**142385**	**581259**	**18774813**
郑州市	353	1585	52221	2814	13886	461941	5177	23838	822450
开封市	700	2620	75993	2173	8808	232655	6747	29358	822031
洛阳市	994	3912	135143	4003	15888	551770	11167	45172	1612338
平顶山市	602	2062	60644	2791	10412	313509	6367	24484	779624
安阳市	776	3182	78537	3929	17369	448188	8626	40542	1140485
鹤壁市	170	607	18276	1031	4067	117510	2125	9408	295051
新乡市	325	1310	42722	1937	8114	274299	6750	31114	1125269
焦作市	446	1803	59958	2609	11075	396381	6659	29972	1150592
濮阳市	377	1484	38691	2564	10118	268207	6678	27811	758131
许昌市	482	1880	53969	2412	9712	280166	4508	19905	615989
漯河市	442	1489	45059	1845	6915	212135	4120	16135	540982
三门峡市	257	751	20435	1331	4276	127100	3006	10175	318648
南阳市	1516	4888	141067	7434	27820	860361	21776	87142	2760759
商丘市	1257	4368	123441	4363	15968	446262	11913	46478	1397820
信阳市	1077	3005	101189	3412	9581	351588	10848	34503	1312618
周口市	895	3601	99676	4230	16677	470317	12242	53220	1598125
驻马店市	1211	4296	138889	3975	14385	450961	13058	48544	1608070
济源市	55	162	4336	254	1349	44951	618	3458	115831

9－2b 续表 3

单位：户、间、平方米

地　区	2000－2009年			2010－2014年			2015年以后		
	户数	间数	面积	户数	间数	面积	户数	间数	面积
河　南	**249682**	**1034882**	**36070140**	**213567**	**842205**	**29912799**	**112938**	**425749**	**15262716**
郑州市	13156	49653	1880283	18585	53283	1968632	27229	72368	2713871
开封市	11348	54348	1612883	9985	46368	1473617	4508	22572	742477
洛阳市	20503	81312	3101514	16457	59985	2317747	7630	25234	966307
平顶山市	9546	37435	1298315	8101	30829	1096137	4027	15311	562754
安阳市	11097	48256	1624045	10057	37310	1416405	5517	19821	767390
鹤壁市	3037	13657	491536	3702	14002	535039	1699	6972	270802
新乡市	12896	61780	2323798	11285	50995	1861334	5227	25504	929909
焦作市	8329	38612	1559296	6634	29693	1169887	3380	17062	677809
濮阳市	8931	37098	1143687	8890	32957	1089579	7990	28412	1004502
许昌市	7521	36696	1228005	5383	25943	884566	2352	12268	412499
漯河市	6329	25591	915782	4598	16994	636728	2394	8321	314145
三门峡市	4889	16571	564967	3891	12631	439574	2048	6247	220426
南阳市	36510	146061	4844918	23558	90339	3098632	8577	31768	1074618
商丘市	23317	97826	3186661	21807	90698	3031512	7152	29643	989651
信阳市	25103	83909	3394767	17174	57939	2311677	6183	20939	833566
周口市	22643	110711	3532222	20782	108873	3526710	8837	51636	1669183
驻马店市	23836	92147	3246558	21954	80469	2944922	7962	30832	1082884
济源市	691	3219	120903	724	2897	110101	226	839	29923

9-2c　各地区按住房建成时间分的家庭户住房状况(乡村)

单位：户、间、平方米

地　区	合　计			1949年以前		
	户数	间数	面积	户数	间数	面积
河　南	**1415836**	**6984141**	**202943066**	**1836**	**6673**	**185998**
郑州市	70517	355770	12317808	92	322	8769
开封市	71175	382449	9650163	60	238	4795
洛阳市	77512	374086	12009281	178	661	23147
平顶山市	70391	313744	9384044	153	498	15432
安阳市	84856	440888	11725852	124	545	11271
鹤壁市	18493	95209	3092494	64	277	4959
新乡市	78108	451403	14734486	93	300	9366
焦作市	38496	198947	7329583	76	284	8382
濮阳市	61164	292840	7634549	29	122	3034
许昌市	63960	325641	10082945	57	181	4893
漯河市	34304	150948	4950967	25	74	2520
三门峡市	30733	123381	3508437	87	280	8165
南阳市	147598	713224	18602692	229	960	25897
商丘市	159355	795372	20955253	226	758	18624
信阳市	102039	384462	12198932	57	162	4701
周口市	170429	937153	25741100	185	647	22297
驻马店市	128714	606884	17658401	88	324	8871
济源市	7992	41740	1366079	13	40	875

9-2c　续表 1

单位：户、间、平方米

地　区	1949-1959年			1960-1969年		
	户数	间数	面积	户数	间数	面积
河　南	**3011**	**11354**	**304339**	**8310**	**32142**	**851697**
郑州市	104	417	12900	343	1519	49223
开封市	135	572	13934	450	1713	39488
洛阳市	236	1008	33620	805	3302	101016
平顶山市	146	527	15547	430	1530	42898
安阳市	208	870	19213	632	2677	60811
鹤壁市	39	158	3316	136	576	13096
新乡市	146	502	15528	402	1557	46133
焦作市	76	257	8200	226	895	28632
濮阳市	76	292	7816	229	920	23961
许昌市	113	370	10231	318	1045	28596
漯河市	48	154	4083	159	519	16571
三门峡市	136	416	10283	365	1156	29575
南阳市	327	1322	35886	1028	4393	112651
商丘市	553	1995	45450	1325	4940	113797
信阳市	202	664	19855	339	1074	32649
周口市	231	919	21794	585	2239	56764
驻马店市	217	850	25222	488	1895	51750
济源市	18	61	1461	50	192	4086

9-2c 续表 2

单位：户、间、平方米

地区	1970—1979年			1980—1989年			1990—1999年		
	户数	间数	面积	户数	间数	面积	户数	间数	面积
河南	**31127**	**123642**	**3280087**	**147387**	**623614**	**16788630**	**331952**	**1508471**	**42009309**
郑州市	1582	7179	235106	9598	47829	1574931	13700	73516	2482168
开封市	1468	5799	136333	6053	25711	585902	15147	71010	1696446
洛阳市	2564	10981	332355	9849	43833	1337027	19977	95123	2996489
平顶山市	1752	6433	179295	8013	31302	867615	14851	62395	1834448
安阳市	2652	11909	279564	12234	60111	1424079	23020	118317	2965026
鹤壁市	476	2153	52686	2244	10397	279744	4513	21899	657628
新乡市	1545	6384	198096	7423	33487	1039690	16952	88603	2838064
焦作市	944	3903	128284	4674	21485	708444	9997	50583	1781177
濮阳市	1049	4335	105741	5307	23385	576317	14595	66631	1682672
许昌市	1465	5373	150298	8348	32747	930161	14277	64857	1922631
漯河市	787	2623	76917	4081	14525	429274	8674	35054	1133446
三门峡市	1195	4173	107031	5238	20182	539058	9084	37027	1043609
南阳市	3479	14299	355510	15645	67595	1700367	41369	196325	4971865
商丘市	3881	14751	329313	15024	59575	1354746	33763	145885	3564394
信阳市	1401	4383	128448	8536	28898	826643	28916	105932	3137842
周口市	2640	10271	254164	13926	56876	1370399	31448	137585	3451941
驻马店市	2068	7957	209566	9960	39366	1042410	28974	122995	3371711
济源市	179	736	21380	1234	6310	201823	2695	14734	477752

9-2c 续表 3

单位：户、间、平方米

地区	2000—2009年			2010—2014年			2015年以后		
	户数	间数	面积	户数	间数	面积	户数	间数	面积
河南	**449345**	**2287465**	**66819022**	**287420**	**1571313**	**47590116**	**155448**	**819467**	**25113868**
郑州市	15068	91032	3176805	13982	72230	2587835	16048	61726	2190071
开封市	23826	131199	3264096	16094	96426	2519180	7942	49781	1389989
洛阳市	23496	117610	3851086	14072	71458	2340004	6335	30110	994537
平顶山市	23112	105923	3174061	14277	68933	2120942	7657	36203	1133806
安阳市	25837	135628	3672716	12447	67377	1976079	7702	43454	1317093
鹤壁市	6049	32198	1103280	3395	18879	674581	1577	8672	303204
新乡市	24893	143646	4774437	17540	112978	3709599	9114	63946	2103573
焦作市	11674	61636	2304181	6943	38412	1491869	3886	21492	870414
濮阳市	20869	100887	2616696	11665	57476	1537948	7345	38792	1080364
许昌市	20920	113753	3534450	11891	69304	2244671	6571	38011	1257014
漯河市	12231	57027	1887872	6069	30222	1032773	2230	10750	367511
三门峡市	8251	34486	1011799	3867	16368	487145	2510	9293	271772
南阳市	52501	266652	6967963	22397	115319	3179922	10623	46359	1252631
商丘市	51552	266164	7154910	38700	222213	6201994	14331	79091	2172025
信阳市	32248	128214	4076840	18912	74428	2603607	11428	40707	1368347
周口市	50761	275695	7629287	45285	284214	8108279	25368	168707	4826175
驻马店市	43745	213206	6199807	29036	150439	4617140	14138	69852	2131924
济源市	2312	12509	418736	848	4637	156548	643	2521	83418

9-3　各地区按住房设施状况分的家庭户户数

单位：户

地　区	合　计	住房所在建筑有无电梯		主要炊事燃料				
		有	无	燃气	电	煤炭	柴草	其他
河　南	**2975955**	**456448**	**2519507**	**1987018**	**779827**	**23773**	**137166**	**48171**
郑州市	342578	157664	184914	294693	42264	537	153	4931
开封市	139899	12484	127415	86787	51030	104	831	1147
洛阳市	214621	39388	175233	138336	67491	1223	4597	2974
平顶山市	145680	15141	130539	104098	30331	1542	4123	5586
安阳市	169771	24491	145280	102052	64283	1705	572	1159
鹤壁市	45603	6071	39532	30144	13736	991	158	574
新乡市	172833	24952	147881	112970	52159	5441	559	1704
焦作市	100006	10904	89102	54753	41530	2989	37	697
濮阳市	118240	15639	102601	90047	27731	39	28	395
许昌市	131563	19161	112402	105588	21859	1599	536	1981
漯河市	74726	9791	64935	59704	10252	1020	1103	2647
三门峡市	72434	9990	62444	26884	36755	968	6063	1764
南阳市	283113	26481	256632	137546	92097	552	46953	5965
商丘市	266683	26934	239749	195205	57080	1689	10006	2703
信阳市	192245	17332	174913	124153	41767	2174	18049	6102
周口市	269022	15365	253657	163804	79169	550	21587	3912
驻马店市	216307	20821	195486	143274	47111	547	21615	3760
济源市	20631	3839	16792	16980	3182	103	196	170

9-3　续表 1

单位：户

地　区	住房内有无管道自来水		住房内有无厨房			住房内有无厕所	
	有	无	独立使用	与其他户合用	无	水冲式卫生厕所	水冲式非卫生厕所
河　南	**2685237**	**290718**	**2888882**	**12370**	**74703**	**2004238**	**205598**
郑州市	318749	23829	336151	1620	4807	311556	6513
开封市	129160	10739	133400	493	6006	81207	7622
洛阳市	182962	31659	209736	924	3961	148065	12662
平顶山市	109350	36330	136103	706	8871	91498	11791
安阳市	144888	24883	160730	1367	7674	99497	9384
鹤壁市	39797	5806	43650	220	1733	28746	3530
新乡市	162368	10465	169460	482	2891	114915	14634
焦作市	95216	4790	98752	356	898	70464	6468
濮阳市	114523	3717	115399	614	2227	74175	6774
许昌市	123988	7575	129169	310	2084	84648	7897
漯河市	69625	5101	71395	218	3113	50192	5519
三门峡市	62410	10024	68324	913	3197	43797	3391
南阳市	237185	45928	278482	1114	3517	169138	25825
商丘市	251352	15331	257558	630	8495	178840	25923
信阳市	165699	26546	189296	794	2155	146010	10540
周口市	255686	13336	258931	869	9222	148182	27782
驻马店市	203531	12776	212216	654	3437	149066	17705
济源市	18748	1883	20130	86	415	14242	1638

9－3 续表 2

单位：户

地 区	住房内有无厕所			住房内有无洗澡设施			
	卫生旱厕	普通旱厕	无	统一供热水	家庭自装热水器	其他	无
河 南	**384279**	**306405**	**75435**	**44918**	**2479173**	**168880**	**282984**
郑州市	13287	8710	2512	6973	311936	6039	17630
开封市	21965	21813	7292	7516	114745	5041	12597
洛阳市	25588	24976	3330	3758	176528	10325	24010
平顶山市	17126	18641	6624	2022	110639	9843	23176
安阳市	29105	22849	8936	2310	121655	18297	27509
鹤壁市	6410	5227	1690	1303	30682	6595	7023
新乡市	25398	11157	6729	2686	145411	11199	13537
焦作市	14752	6177	2145	870	86037	6636	6463
濮阳市	21999	13425	1867	1521	98898	8657	9164
许昌市	26957	10094	1967	1167	109764	9010	11622
漯河市	8507	7797	2711	1717	62225	4129	6655
三门峡市	9834	11770	3642	1756	47565	5569	17544
南阳市	38243	45747	4160	2237	238356	15140	27380
商丘市	33661	21662	6597	2930	229043	12453	22257
信阳市	16855	13810	5030	1972	164434	12472	13367
周口市	45727	40581	6750	1888	220231	17773	29130
驻马店市	25632	20709	3195	2070	192767	9261	12209
济源市	3233	1260	258	222	18257	441	1711

9－3a 各地区按住房设施状况分的家庭户户数(城市)

单位：户

地 区	合 计	住房所在建筑有无电梯		主要炊事燃料				
		有	无	燃气	电	煤炭	柴草	其他
河 南	**771058**	**273164**	**497894**	**693611**	**67678**	**1315**	**527**	**7927**
郑州市	204624	108750	95874	191468	11327	69	3	1757
开封市	32954	6566	26388	28822	4018	2	3	109
洛阳市	75870	25570	50300	69650	5184	127	3	906
平顶山市	43624	9872	33752	38758	3646	139	71	1010
安阳市	44527	13974	30553	41062	3243	57	1	164
鹤壁市	15267	3560	11707	13245	1948	16	1	57
新乡市	56226	17164	39062	51400	4442	59	3	322
焦作市	33191	7240	25951	28322	4502	290	4	73
濮阳市	21516	6416	15100	20687	775			54
许昌市	44787	15035	29752	40863	3372	100	8	444
漯河市	20505	6046	14459	19749	543	5	9	199
三门峡市	26196	7236	18960	17097	8098	64	28	909
南阳市	35418	10825	24593	27691	6914	37	131	645
商丘市	36859	13849	23010	34316	2199	152	51	141
信阳市	25792	7610	18182	23280	1513	175	118	706
周口市	28582	5899	22683	23981	4360	9	74	158
驻马店市	15049	4421	10628	13662	1169	2	19	197
济源市	10071	3131	6940	9558	425	12		76

9-3a　续表 1

单位：户

地　区	住房内有无管道自来水		住房内有无厨房			住房内有无厕所	
	有	无	独立使用	与其他户合用	无	水冲式卫生厕所	水冲式非卫生厕所
河　南	**744015**	**27043**	**760334**	**2761**	**7963**	**720720**	**13858**
郑州市	201032	3592	201558	1064	2002	201492	1077
开封市	31438	1516	32238	154	562	28408	1014
洛阳市	74119	1751	74831	320	719	71463	1264
平顶山市	40018	3606	42570	113	941	39146	1103
安阳市	42537	1990	43992	103	432	40146	730
鹤壁市	14772	495	14998	17	252	14217	150
新乡市	54025	2201	55538	96	592	50673	1685
焦作市	32055	1136	32983	70	138	30357	706
濮阳市	21416	100	21268	55	193	20387	210
许昌市	42557	2230	44308	154	325	38412	1557
漯河市	19812	693	20341	82	82	19059	276
三门峡市	25177	1019	25450	132	614	23870	526
南阳市	32262	3156	35054	107	257	33744	641
商丘市	35885	974	36733	40	86	35539	804
信阳市	24729	1063	25563	66	163	24661	334
周口市	27945	637	28150	126	306	25518	1280
驻马店市	14466	583	14973	16	60	14453	204
济源市	9770	301	9786	46	239	9175	297

9-3a　续表 2

单位：户

地　区	住房内有无厕所			住房内有无洗澡设施			
	卫生旱厕	普通旱厕	无	统一供热水	家庭自装热水器	其他	无
河　南	**15972**	**10456**	**10052**	**27023**	**703523**	**16195**	**24317**
郑州市	787	459	809	5436	194754	1216	3218
开封市	686	1073	1773	6023	25015	537	1379
洛阳市	1541	976	626	2517	68842	1599	2912
平顶山市	1461	1121	793	1646	37989	1330	2659
安阳市	1277	915	1459	1380	38976	1825	2346
鹤壁市	296	340	264	998	12017	1342	910
新乡市	1914	949	1005	1257	51412	1321	2236
焦作市	1182	472	474	554	30592	955	1090
濮阳市	468	354	97	768	20044	366	338
许昌市	2919	1454	445	801	41048	1459	1479
漯河市	469	443	258	1005	18608	482	410
三门峡市	652	541	607	1512	20745	1635	2304
南阳市	325	307	401	513	33505	491	909
商丘市	269	139	108	936	35509	204	210
信阳市	264	223	310	580	24439	242	531
周口市	906	473	405	395	26265	1009	913
驻马店市	170	147	75	508	14284	111	146
济源市	386	70	143	194	9479	71	327

9-3b 各地区按住房设施状况分的家庭户户数(镇)

单位：户

地区	合计	住房所在建筑有无电梯		主要炊事燃料				
		有	无	燃气	电	煤炭	柴草	其他
河南	**789061**	**157183**	**631878**	**557469**	**204601**	**4248**	**11110**	**11633**
郑州市	67437	36951	30486	56296	9871	137	10	1123
开封市	35770	5258	30512	20970	14410	23	66	301
洛阳市	61239	12832	48407	38784	21307	188	190	770
平顶山市	31665	4950	26715	22884	7160	252	279	1090
安阳市	40388	9670	30718	28801	11214	151	57	165
鹤壁市	11843	2211	9632	8286	3092	311	28	126
新乡市	38499	6707	31792	26502	10975	709	10	303
焦作市	28319	3157	25162	15761	11639	753	1	165
濮阳市	35560	9032	26528	31125	4339	4	3	89
许昌市	22816	2851	19965	18127	4127	198	38	326
漯河市	19917	3462	16455	16793	2263	248	149	464
三门峡市	15505	2599	12906	4907	10303	48	150	97
南阳市	100097	14376	85721	59779	34343	182	4152	1641
商丘市	70469	11347	59122	53537	14879	323	930	800
信阳市	64414	8611	55803	47683	13484	392	782	2073
周口市	70011	7469	62542	47947	18391	143	2531	999
驻马店市	72544	15311	57233	57071	12519	133	1734	1087
济源市	2568	389	2179	2216	285	53		14

9-3b 续表 1

单位：户

地区	住房内有无管道自来水		住房内有无厨房			住房内有无厕所	
	有	无	独立使用	与其他户合用	无	水冲式卫生厕所	水冲式非卫生厕所
河南	**725822**	**63239**	**771705**	**2954**	**14402**	**620080**	**47072**
郑州市	60103	7334	65719	240	1478	61654	2110
开封市	33782	1988	34374	89	1307	24694	2236
洛阳市	53050	8189	60259	240	740	49487	3181
平顶山市	24452	7213	30054	118	1493	23264	2378
安阳市	35784	4604	38608	352	1428	28592	1791
鹤壁市	10668	1175	11357	62	424	8212	787
新乡市	36599	1900	37877	92	530	30263	2061
焦作市	27233	1086	27974	106	239	20390	1844
濮阳市	34532	1028	34887	139	534	25590	2034
许昌市	22062	754	22500	36	280	15238	1254
漯河市	18995	922	19318	43	556	14836	1174
三门峡市	13887	1618	14761	214	530	11843	803
南阳市	87794	12303	99004	359	734	81751	7484
商丘市	67255	3214	68834	136	1499	52908	6234
信阳市	60128	4286	63710	230	474	59000	1880
周口市	66833	3178	68133	276	1602	47305	5850
驻马店市	70283	2261	71786	217	541	63052	3811
济源市	2382	186	2550	5	13	2001	160

9-3b　续表 2

单位：户

地　区	住房内有无厕所			住房内有无洗澡设施			
	卫生旱厕	普通旱厕	无	统一供热水	家庭自装热水器	其他	无
河　南	**63919**	**45484**	**12506**	**12702**	**701482**	**31561**	**43316**
郑州市	2135	1217	321	1180	62374	926	2957
开封市	4253	3320	1267	1229	31660	1040	1841
洛阳市	3716	4359	496	933	54394	2213	3699
平顶山市	2900	2103	1020	266	26045	1843	3511
安阳市	5590	3086	1329	594	31428	4056	4310
鹤壁市	1416	1038	390	264	8403	1557	1619
新乡市	3708	1346	1121	960	34058	1676	1805
焦作市	3633	2002	450	180	24972	1586	1581
濮阳市	4255	3147	534	515	31387	1653	2005
许昌市	4286	1720	318	143	19712	1375	1586
漯河市	1846	1587	474	587	17470	773	1087
三门峡市	1158	1279	422	134	12451	827	2093
南阳市	4754	5274	834	1206	91859	3070	3962
商丘市	6937	3296	1094	1428	63210	2600	3231
信阳市	1520	1230	784	915	60273	1671	1555
周口市	8173	7409	1274	972	61107	3147	4785
驻马店市	3354	1971	356	1183	68284	1510	1567
济源市	285	100	22	13	2395	38	122

9-3c　各地区按住房设施状况分的家庭户户数(乡村)

单位：户

地　区	合　计	住房所在建筑有无电梯		主要炊事燃料				
		有	无	燃气	电	煤炭	柴草	其他
河　南	**1415836**	**26101**	**1389735**	**735938**	**507548**	**18210**	**125529**	**28611**
郑州市	70517	11963	58554	46929	21066	331	140	2051
开封市	71175	660	70515	36995	32602	79	762	737
洛阳市	77512	986	76526	29902	41000	908	4404	1298
平顶山市	70391	319	70072	42456	19525	1151	3773	3486
安阳市	84856	847	84009	32189	49826	1497	514	830
鹤壁市	18493	300	18193	8613	8696	664	129	391
新乡市	78108	1081	77027	35068	36742	4673	546	1079
焦作市	38496	507	37989	10670	25389	1946	32	459
濮阳市	61164	191	60973	38235	22617	35	25	252
许昌市	63960	1275	62685	46598	14360	1301	490	1211
漯河市	34304	283	34021	23162	7446	767	945	1984
三门峡市	30733	155	30578	4880	18354	856	5885	758
南阳市	147598	1280	146318	50076	50840	333	42670	3679
商丘市	159355	1738	157617	107352	40002	1214	9025	1762
信阳市	102039	1111	100928	53190	26770	1607	17149	3323
周口市	170429	1997	168432	91876	56418	398	18982	2755
驻马店市	128714	1089	127625	72541	33423	412	19862	2476
济源市	7992	319	7673	5206	2472	38	196	80

9-3c 续表 1

单位：户

地　区	住房内有无管道自来水		住房内有无厨房			住房内有无厕所	
	有	无	独立使用	与其他户合用	无	水冲式卫生厕所	水冲式非卫生厕所
河　南	**1215400**	**200436**	**1356843**	**6655**	**52338**	**663438**	**144668**
郑州市	57614	12903	68874	316	1327	48410	3326
开封市	63940	7235	66788	250	4137	28105	4372
洛阳市	55793	21719	74646	364	2502	27115	8217
平顶山市	44880	25511	63479	475	6437	29088	8310
安阳市	66567	18289	78130	912	5814	30759	6863
鹤壁市	14357	4136	17295	141	1057	6317	2593
新乡市	71744	6364	76045	294	1769	33979	10888
焦作市	35928	2568	37795	180	521	19717	3918
濮阳市	58575	2589	59244	420	1500	28198	4530
许昌市	59369	4591	62361	120	1479	30998	5086
漯河市	30818	3486	31736	93	2475	16297	4069
三门峡市	23346	7387	28113	567	2053	8084	2062
南阳市	117129	30469	144424	648	2526	53643	17700
商丘市	148212	11143	151991	454	6910	90393	18885
信阳市	80842	21197	100023	498	1518	62349	8326
周口市	160908	9521	162648	467	7314	75359	20652
驻马店市	118782	9932	125457	421	2836	71561	13690
济源市	6596	1396	7794	35	163	3066	1181

9-3c 续表 2

单位：户

地　区	住房内有无厕所			住房内有无洗澡设施			
	卫生旱厕	普通旱厕	无	统一供热水	家庭自装热水器	其他	无
河　南	**304388**	**250465**	**52877**	**5193**	**1074168**	**121124**	**215351**
郑州市	10365	7034	1382	357	54808	3897	11455
开封市	17026	17420	4252	264	58070	3464	9377
洛阳市	20331	19641	2208	308	53292	6513	17399
平顶山市	12765	15417	4811	110	46605	6670	17006
安阳市	22238	18848	6148	336	51251	12416	20853
鹤壁市	4698	3849	1036	41	10262	3696	4494
新乡市	19776	8862	4603	469	59941	8202	9496
焦作市	9937	3703	1221	136	30473	4095	3792
濮阳市	17276	9924	1236	238	47467	6638	6821
许昌市	19752	6920	1204	223	49004	6176	8557
漯河市	6192	5767	1979	125	26147	2874	5158
三门峡市	8024	9950	2613	110	14369	3107	13147
南阳市	33164	40166	2925	518	112992	11579	22509
商丘市	26455	18227	5395	566	130324	9649	18816
信阳市	15071	12357	3936	477	79722	10559	11281
周口市	36648	32699	5071	521	132859	13617	23432
驻马店市	22108	18591	2764	379	110199	7640	10496
济源市	2562	1090	93	15	6383	332	1262

9-4　各地区按住房来源分的家庭户户数

单位：户

地　区	合　计	租赁廉租住房/公租房	租　赁其他住房	购买新建商品房	购　买二手房	购买原公有住房	购买经济适用房/两限房	自建住房	继承或赠　予	其　他
河　南	**2975955**	**38267**	**122444**	**527559**	**100637**	**105535**	**54583**	**1922142**	**16704**	**88084**
郑州市	342578	8825	59682	102853	28090	23493	8779	73397	3699	33760
开封市	139899	803	2113	18759	3387	4502	2019	105794	670	1852
洛阳市	214621	3647	9875	45499	8212	14985	7281	113636	1370	10116
平顶山市	145680	1344	2526	22945	3730	10718	3151	95982	1058	4226
安阳市	169771	2035	4236	28689	6302	4906	2251	117344	1132	2876
鹤壁市	45603	488	818	8994	2687	1356	2599	27069	228	1364
新乡市	172833	3521	2566	35806	4263	6268	1565	115503	830	2511
焦作市	100006	906	1481	19006	3176	5610	1477	65202	571	2577
濮阳市	118240	1330	5486	18856	4609	2458	5066	79008	340	1087
许昌市	131563	1391	2609	23956	3573	3563	834	92504	438	2695
漯河市	74726	1248	896	16164	1918	1814	928	49868	351	1539
三门峡市	72434	1427	2731	16162	3193	4175	2949	37562	601	3634
南阳市	283113	2402	7205	37844	10006	6667	4845	205620	1791	6733
商丘市	266683	1496	3085	33581	4975	2844	3771	213623	946	2362
信阳市	192245	1901	6684	41172	4623	5724	3167	123344	1270	4360
周口市	269022	1404	3370	20237	2332	2796	2047	233424	668	2744
驻马店市	216307	3625	6034	32049	4334	3261	1634	161572	647	3151
济源市	20631	474	1047	4987	1227	395	220	11690	94	497

9-4a　各地区按住房来源分的家庭户户数(城市)

单位：户

地　区	合　计	租赁廉租住房/公租房	租　赁其他住房	购买新建商品房	购　买二手房	购买原公有住房	购买经济适用房/两限房	自建住房	继承或赠　予	其　他
河　南	**771058**	**18386**	**74017**	**302983**	**70695**	**87023**	**33652**	**135392**	**6222**	**42688**
郑州市	204624	6127	41239	75555	24710	22457	7066	8032	1840	17598
开封市	32954	548	1137	12288	2521	4248	1218	9282	419	1293
洛阳市	75870	1895	6672	24504	5957	12675	5670	11932	599	5966
平顶山市	43624	590	1577	14688	2574	9590	2417	9679	442	2067
安阳市	44527	880	2732	17349	4812	4264	1626	10981	405	1478
鹤壁市	15267	174	500	6011	2433	1160	2016	2000	102	871
新乡市	56226	1874	1717	24456	3179	5628	1040	16152	429	1751
焦作市	33191	462	1016	13071	2522	4981	1160	7665	322	1992
濮阳市	21516	524	2627	8146	3289	1749	2875	1911	73	322
许昌市	44787	1001	2090	19774	3165	3408	636	12344	256	2113
漯河市	20505	578	607	10619	1412	1428	674	4524	116	547
三门峡市	26196	1086	1418	10852	2319	3002	1635	4230	204	1450
南阳市	35418	775	3047	12388	3382	3607	1587	8740	200	1692
商丘市	36859	630	1631	17938	3510	2051	2057	7876	189	977
信阳市	25792	372	1885	13360	1377	3535	716	3091	324	1132
周口市	28582	584	1665	9469	1070	1628	618	12407	187	954
驻马店市	15049	200	1553	7939	1285	1332	470	1948	65	257
济源市	10071	86	904	4576	1178	280	171	2598	50	228

9-4b 各地区按住房来源分的家庭户户数(镇)

单位：户

地　区	合　计	租赁廉租住房/公租房	租　赁其他住房	购买新建商品房	购　买二手房	购买原公有住房	购买经济适用房/两限房	自建住房	继承或赠　予	其　他
河　南	**789061**	**18208**	**40825**	**207191**	**27168**	**17247**	**17850**	**427836**	**4946**	**27790**
郑州市	67437	2231	13244	23349	3131	916	1366	13143	1039	9018
开封市	35770	235	941	6289	850	243	691	26060	126	335
洛阳市	61239	1669	2977	19824	2125	2201	1469	27423	411	3140
平顶山市	31665	739	845	7481	1032	920	606	18432	257	1353
安阳市	40388	1034	1364	10908	1394	606	576	23175	335	996
鹤壁市	11843	314	291	2807	241	192	307	7241	58	392
新乡市	38499	1603	771	10171	1000	610	435	23343	152	414
焦作市	28319	437	398	5830	601	598	208	19892	92	263
濮阳市	35560	790	2751	10359	1309	703	2119	16897	131	501
许昌市	22816	266	418	3470	321	136	185	17618	75	327
漯河市	19917	665	235	5412	487	372	244	11556	99	847
三门峡市	15505	319	1140	4808	721	1086	1005	4930	133	1363
南阳市	100097	1576	3875	24357	5956	2956	3081	54536	717	3043
商丘市	70469	831	1344	14883	1399	657	1349	48852	325	829
信阳市	64414	1360	4296	23318	2493	1963	1807	27121	478	1578
周口市	70011	778	1523	10460	1213	1134	1310	52028	224	1341
驻马店市	72544	3229	4326	23107	2860	1853	1051	34039	276	1803
济源市	2568	132	86	358	35	101	41	1550	18	247

9-4c 各地区按住房来源分的家庭户户数(乡村)

单位：户

地　区	合　计	租赁廉租住房/公租房	租　赁其他住房	购买新建商品房	购　买二手房	购买原公有住房	购买经济适用房/两限房	自建住房	继承或赠　予	其　他
河　南	**1415836**	**1673**	**7602**	**17385**	**2774**	**1265**	**3081**	**1358914**	**5536**	**17606**
郑州市	70517	467	5199	3949	249	120	347	52222	820	7144
开封市	71175	20	35	182	16	11	110	70452	125	224
洛阳市	77512	83	226	1171	130	109	142	74281	360	1010
平顶山市	70391	15	104	776	124	208	128	67871	359	806
安阳市	84856	121	140	432	96	36	49	83188	392	402
鹤壁市	18493		27	176	13	4	276	17828	68	101
新乡市	78108	44	78	1179	84	30	90	76008	249	346
焦作市	38496	7	67	105	53	31	109	37645	157	322
濮阳市	61164	16	108	351	11	6	72	60200	136	264
许昌市	63960	124	101	712	87	19	13	62542	107	255
漯河市	34304	5	54	133	19	14	10	33788	136	145
三门峡市	30733	22	173	502	153	87	309	28402	264	821
南阳市	147598	51	283	1099	668	104	177	142344	874	1998
商丘市	159355	35	110	760	66	136	365	156895	432	556
信阳市	102039	169	503	4494	753	226	644	93132	468	1650
周口市	170429	42	182	308	49	34	119	168989	257	449
驻马店市	128714	196	155	1003	189	76	113	125585	306	1091
济源市	7992	256	57	53	14	14	8	7542	26	22

9-5　各地区按月租房费用分的家庭户户数

单位：户

地　区	合　计	200元以下	200-499元	500-999元	1000-1999元
河　南	**160711**	**26533**	**43062**	**32831**	**42244**
郑州市	68507	2764	11747	10824	30517
开封市	2916	742	858	758	456
洛阳市	13522	2997	4382	3636	2134
平顶山市	3870	863	1526	1008	353
安阳市	6271	1817	1496	1932	859
鹤壁市	1306	243	549	246	228
新乡市	6087	2557	1722	948	759
焦作市	2387	987	612	510	225
濮阳市	6816	1109	1891	2019	1605
许昌市	4000	1065	1239	1021	555
漯河市	2144	364	976	577	200
三门峡市	4158	1797	1489	515	267
南阳市	9607	2289	3351	2112	1329
商丘市	4581	982	1983	974	512
信阳市	8585	1867	3113	2077	970
周口市	4774	1104	1528	1368	454
驻马店市	9659	2735	3771	2043	688
济源市	1521	251	829	263	133

9-5　续表

单位：户

地　区	2000-2999元	3000-3999元	4000-5999元	6000-7999元	8000-9999元	10000元及以上
河　南	**11429**	**2474**	**1150**	**383**	**201**	**404**
郑州市	10019	1852	613	89	38	44
开封市	37	29	25	3	3	5
洛阳市	254	49	33	17	3	17
平顶山市	45	31	19	9	2	14
安阳市	83	26	18	16	9	15
鹤壁市	12	6	14	4		4
新乡市	48	10	6	7	5	25
焦作市	23	6	9	7	2	6
濮阳市	76	21	18	20	26	31
许昌市	73	19	12	7	5	4
漯河市	12	2	7	2	2	2
三门峡市	36	25	14	9	1	5
南阳市	212	91	97	42	36	48
商丘市	44	27	24	7	9	19
信阳市	213	121	105	52	25	42
周口市	70	63	72	45	14	56
驻马店市	167	85	52	42	14	62
济源市	5	11	12	5	7	5

9-5a 各地区按月租房费用分的家庭户户数(城市)

单位：户

地 区	合 计	200元以下	200-499元	500-999元	1000-1999元
河 南	**92403**	**10672**	**18926**	**19524**	**31058**
郑州市	47366	1483	4895	6560	23321
开封市	1685	532	366	469	288
洛阳市	8567	1045	2455	2921	1879
平顶山市	2167	414	793	706	219
安阳市	3612	801	808	1404	546
鹤壁市	674	143	184	150	186
新乡市	3591	1320	1031	666	500
焦作市	1478	447	426	386	196
濮阳市	3151	356	890	862	991
许昌市	3091	766	958	832	462
漯河市	1185	148	449	418	161
三门峡市	2504	1022	875	339	223
南阳市	3822	778	1097	1027	777
商丘市	2261	316	1235	415	250
信阳市	2257	302	691	697	489
周口市	2249	418	712	757	266
驻马店市	1753	184	684	666	176
济源市	990	197	377	249	128

9-5a 续表

单位：户

地 区	2000-2999元	3000-3999元	4000-5999元	6000-7999元	8000-9999元	10000元及以上
河 南	**9369**	**1843**	**683**	**169**	**60**	**99**
郑州市	8748	1686	558	77	12	26
开封市	19	4	3	2	1	1
洛阳市	220	29	12	5		1
平顶山市	17	7	3	2	1	5
安阳市	32	6	3	5	1	6
鹤壁市	7	2		1		1
新乡市	39	6	4	5	3	17
焦作市	9	2	6	2	1	3
濮阳市	30	6	3	1	4	8
许昌市	57	9	2	2		3
漯河市	6	2	1			
三门峡市	25	4	8	4	1	3
南阳市	71	24	17	12	15	4
商丘市	14	12	10	1	4	4
信阳市	42	13	11	6	2	4
周口市	12	16	32	25	3	8
驻马店市	16	5	1	16	5	
济源市	5	10	9	3	7	5

9-5b 各地区按月租房费用分的家庭户户数(镇)

单位：户

地 区	合 计	200元以下	200-499元	500-999元	1000-1999元
河 南	**59033**	**14069**	**20825**	**11661**	**9171**
郑州市	15475	691	4791	3182	5515
开封市	1176	206	474	264	163
洛阳市	4646	1826	1805	680	242
平顶山市	1584	411	704	276	119
安阳市	2398	887	636	498	283
鹤壁市	605	90	357	92	38
新乡市	2374	1183	651	273	253
焦作市	835	504	170	112	26
濮阳市	3541	726	974	1115	595
许昌市	684	248	195	153	45
漯河市	900	207	509	141	37
三门峡市	1459	676	547	149	43
南阳市	5451	1401	2144	1029	518
商丘市	2175	637	703	533	240
信阳市	5656	1306	2233	1266	416
周口市	2301	640	780	555	153
驻马店市	7555	2400	2981	1334	482
济源市	218	30	171	9	3

9-5b 续表

单位：户

地 区	2000-2999元	3000-3999元	4000-5999元	6000-7999元	8000-9999元	10000元及以上
河 南	**1792**	**549**	**405**	**188**	**104**	**269**
郑州市	1103	136	33	6	4	14
开封市	17	24	22	1	1	4
洛阳市	31	16	19	10	2	15
平顶山市	21	23	14	7	1	8
安阳市	42	16	14	8	6	8
鹤壁市	4	4	14	3		3
新乡市	1	3	1	2	1	6
焦作市	8	4	3	4	1	3
濮阳市	41	14	14	17	22	23
许昌市	14	9	9	5	5	1
漯河市	3			2		1
三门峡市	11	20	6	5		2
南阳市	131	65	75	29	19	40
商丘市	28	10	10	2	3	9
信阳市	152	96	92	43	22	30
周口市	43	31	26	18	9	46
驻马店市	142	78	50	24	8	56
济源市			3	2		

9-5c　各地区按月租房费用分的家庭户户数(乡村)

单位：户

地　区	合　计	200元以下	200-499元	500-999元	1000-1999元
河　南	**9275**	**1792**	**3311**	**1646**	**2015**
郑州市	5666	590	2061	1082	1681
开封市	55	4	18	25	5
洛阳市	309	126	122	35	13
平顶山市	119	38	29	26	15
安阳市	261	129	52	30	30
鹤壁市	27	10	8	4	4
新乡市	122	54	40	9	6
焦作市	74	36	16	12	3
濮阳市	124	27	27	42	19
许昌市	225	51	86	36	48
漯河市	59	9	18	18	2
三门峡市	195	99	67	27	1
南阳市	334	110	110	56	34
商丘市	145	29	45	26	22
信阳市	672	259	189	114	65
周口市	224	46	36	56	35
驻马店市	351	151	106	43	30
济源市	313	24	281	5	2

9-5c　续表

单位：户

地　区	2000-2999元	3000-3999元	4000-5999元	6000-7999元	8000-9999元	10000元及以上
河　南	**268**	**82**	**62**	**26**	**37**	**36**
郑州市	168	30	22	6	22	4
开封市	1	1			1	
洛阳市	3	4	2	2	1	1
平顶山市	7	1	2			1
安阳市	9	4	1	3	2	1
鹤壁市	1					
新乡市	8	1	1		1	2
焦作市	6			1		
濮阳市	5	1	1	2		
许昌市	2	1	1			
漯河市	3		6		2	1
三门峡市		1				
南阳市	10	2	5	1	2	4
商丘市	2	5	4	4	2	6
信阳市	19	12	2	3	1	8
周口市	15	16	14	2	2	2
驻马店市	9	2	1	2	1	6
济源市		1				

9-6　各地区按住房来源分的同时拥有厨房和厕所的家庭户户数

单位：户

地　区	合　计	租赁廉租住房/公租房	租赁其他住房	购买新建商品房	购买二手房	购买原公有住房	购买经济适用房/两限房	自建住房	继承或赠予	其他
河　南	**2863136**	**37150**	**114611**	**527015**	**99937**	**104189**	**54487**	**1824969**	**15508**	**85270**
郑州市	336353	8387	56823	102640	27963	23387	8774	71433	3621	33325
开封市	130219	758	1974	18736	3347	4348	2017	96810	570	1659
洛阳市	208984	3584	8918	45463	8195	14942	7272	109353	1310	9947
平顶山市	135245	1309	2124	22923	3671	10633	3148	86491	931	4015
安阳市	157421	1943	3789	28674	6236	4801	2249	105997	1013	2719
鹤壁市	42980	477	775	8993	2661	1318	2598	24667	198	1293
新乡市	164744	3411	2424	35783	4220	6118	1561	108045	749	2433
焦作市	97296	894	1357	18995	3155	5521	1477	62842	544	2511
濮阳市	115095	1291	5187	18842	4603	2431	5064	76348	319	1010
许昌市	128504	1383	2385	23932	3557	3541	834	89833	413	2626
漯河市	70762	1232	845	16151	1907	1773	928	46169	278	1479
三门峡市	67187	1408	1964	16147	3156	4132	2942	33504	498	3436
南阳市	276992	2332	6803	37809	9926	6609	4836	200571	1662	6444
商丘市	256203	1486	3052	33571	4965	2816	3758	203438	903	2214
信阳市	186139	1833	6298	41149	4552	5533	3152	118383	1174	4065
周口市	257438	1369	3253	20197	2279	2691	2026	222404	630	2589
驻马店市	211437	3593	5758	32033	4324	3222	1631	157255	607	3014
济源市	20137	460	882	4977	1220	373	220	11426	88	491

9-6a　各地区按住房来源分的同时拥有厨房和厕所的家庭户户数(城市)

单位：户

地　区	合　计	租赁廉租住房/公租房	租赁其他住房	购买新建商品房	购买二手房	购买原公有住房	购买经济适用房/两限房	自建住房	继承或赠予	其他
河　南	**756717**	**17874**	**69486**	**302674**	**70399**	**86120**	**33639**	**128647**	**5965**	**41913**
郑州市	202269	5906	39731	75415	24591	22356	7066	7941	1820	17443
开封市	31014	506	1014	12281	2493	4096	1216	7875	351	1182
洛阳市	74837	1870	6004	24486	5954	12643	5667	11716	595	5902
平顶山市	42479	580	1273	14681	2565	9539	2417	9007	410	2007
安阳市	42954	868	2477	17340	4784	4189	1626	9867	371	1432
鹤壁市	14868	164	485	6011	2430	1137	2015	1672	94	860
新乡市	54938	1786	1611	24436	3155	5481	1040	15313	403	1713
焦作市	32654	454	943	13060	2508	4904	1160	7350	319	1956
濮阳市	21280	520	2459	8145	3288	1742	2875	1878	70	303
许昌市	44139	994	1876	19752	3155	3389	636	12008	254	2075
漯河市	20203	573	569	10609	1402	1393	674	4329	112	542
三门峡市	25344	1082	978	10847	2309	2972	1635	3932	189	1400
南阳市	34894	753	2786	12381	3364	3582	1587	8586	191	1664
商丘市	36681	629	1615	17934	3510	2027	2057	7775	177	957
信阳市	25414	353	1762	13356	1369	3468	710	3012	314	1070
周口市	27993	579	1627	9438	1066	1599	617	11954	185	928
驻马店市	14951	185	1524	7936	1285	1327	470	1907	62	255
济源市	9805	72	752	4566	1171	276	171	2525	48	224

9-6b 各地区按住房来源分的同时拥有厨房和厕所的家庭户户数(镇)

单位：户

地区	合计	租赁廉租住房/公租房	租赁其他住房	购买新建商品房	购买二手房	购买原公有住房	购买经济适用房/两限房	自建住房	继承或赠予	其他
河南	**768438**	**17673**	**38142**	**207059**	**26915**	**16893**	**17809**	**412222**	**4723**	**27002**
郑州市	65779	2027	12245	23321	3127	911	1361	12929	1020	8838
开封市	33924	234	927	6278	839	242	691	24301	118	294
洛阳市	60300	1636	2715	19807	2120	2193	1464	26885	397	3083
平顶山市	29996	717	766	7479	1007	908	605	16963	235	1316
安阳市	38311	959	1223	10905	1370	585	576	21458	299	936
鹤壁市	11253	313	266	2806	221	179	307	6729	51	381
新乡市	37166	1589	744	10169	989	608	434	22093	139	401
焦作市	27682	434	358	5830	599	589	208	19333	82	249
濮阳市	34716	756	2624	10347	1305	684	2117	16304	116	463
许昌市	22346	266	409	3469	317	133	185	17175	72	320
漯河市	19150	654	227	5411	487	366	244	10855	95	811
三门峡市	14793	308	847	4804	709	1077	1005	4605	129	1309
南阳市	98858	1531	3743	24340	5928	2926	3074	53659	694	2963
商丘市	68626	824	1336	14882	1391	655	1337	47073	317	811
信阳市	63396	1328	4086	23305	2453	1854	1804	26598	459	1509
周口市	67780	750	1457	10453	1165	1063	1306	50072	213	1301
驻马店市	71826	3215	4090	23095	2853	1834	1050	33649	270	1770
济源市	2536	132	79	358	35	86	41	1541	17	247

9-6c 各地区按住房来源分的同时拥有厨房和厕所的家庭户户数(乡村)

单位：户

地区	合计	租赁廉租住房/公租房	租赁其他住房	购买新建商品房	购买二手房	购买原公有住房	购买经济适用房/两限房	自建住房	继承或赠予	其他
河南	**1337981**	**1603**	**6983**	**17282**	**2623**	**1176**	**3039**	**1284100**	**4820**	**16355**
郑州市	68305	454	4847	3904	245	120	347	50563	781	7044
开封市	65281	18	33	177	15	10	110	64634	101	183
洛阳市	73847	78	199	1170	121	106	141	70752	318	962
平顶山市	62770	12	85	763	99	186	126	60521	286	692
安阳市	76156	116	89	429	82	27	47	74672	343	351
鹤壁市	16859		24	176	10	2	276	16266	53	52
新乡市	72640	36	69	1178	76	29	87	70639	207	319
焦作市	36960	6	56	105	48	28	109	36159	143	306
濮阳市	59099	15	104	350	10	5	72	58166	133	244
许昌市	62019	123	100	711	85	19	13	60650	87	231
漯河市	31409	5	49	131	18	14	10	30985	71	126
三门峡市	27050	18	139	496	138	83	302	24967	180	727
南阳市	143240	48	274	1088	634	101	175	138326	777	1817
商丘市	150896	33	101	755	64	134	364	148590	409	446
信阳市	97329	152	450	4488	730	211	638	88773	401	1486
周口市	161665	40	169	306	48	29	103	160378	232	360
驻马店市	124660	193	144	1002	186	61	111	121699	275	989
济源市	7796	256	51	53	14	11	8	7360	23	20

9-7　全省按户主的受教育程度、住房来源分的家庭户户数

单位：户

受教育程度	合　计	租赁廉租住房/公租房	租　赁其他住房	购买新建商品房	购　买二手房	购买原公有住房	购买经济适用房/两限房	自建住房	继承或赠　予	其　他
总　计	**2662534**	**37860**	**120314**	**516938**	**98467**	**102252**	**53216**	**1632123**	**15708**	**85656**
未上过学	69506	473	818	2650	617	1151	549	60020	811	2417
学前教育	2880	18	46	211	37	56	26	2372	33	81
小　学	554215	4229	10073	36321	7198	10510	5605	461256	3451	15572
初　中	1257981	15272	46627	166010	32359	31395	18994	903707	6326	37291
高　中	433221	9736	27929	135635	26088	30748	14448	168622	3020	16995
大学专科	203287	4875	20272	98742	18047	16372	8252	27774	1237	7716
大学本科	127833	2896	12905	70701	12355	10582	4926	8060	722	4686
硕士研究生	11973	330	1456	6036	1607	1144	360	274	89	677
博士研究生	1638	31	188	632	159	294	56	38	19	221

9-7a　全省按户主的受教育程度、住房来源分的家庭户户数(城市)

单位：户

受教育程度	合　计	租赁廉租住房/公租房	租　赁其他住房	购买新建商品房	购　买二手房	购买原公有住房	购买经济适用房/两限房	自建住房	继承或赠　予	其　他
总　计	**753675**	**18235**	**72757**	**298121**	**69376**	**84198**	**32988**	**130110**	**6055**	**41835**
未上过学	6563	242	397	1192	301	933	298	2555	122	523
学前教育	328	8	27	95	18	42	8	103	7	20
小　学	67072	1621	4808	14995	3714	8376	2697	25100	703	5058
初　中	255457	6454	23375	79293	20136	24745	10218	71956	2154	17126
高　中	195025	4993	17429	82354	19032	26041	9741	23315	1737	10383
大学专科	128937	2915	15312	65602	14364	13778	5974	5207	769	5016
大学本科	89674	1771	10124	49443	10245	9003	3677	1769	480	3162
硕士研究生	9459	210	1163	4699	1421	1026	321	98	73	448
博士研究生	1160	21	122	448	145	254	54	7	10	99

9-7b 全省按户主的受教育程度、住房来源分的家庭户户数(镇)

单位：户

受教育程度	合 计	租赁廉租住房/公租房	租 赁其他住房	购买新建商品房	购 买二手房	购买原公有住房	购买经济适用房/两限房	自建住房	继承或赠 予	其 他
总 计	**753102**	**18022**	**40193**	**203614**	**26670**	**16888**	**17491**	**398237**	**4785**	**27202**
未上过学	13463	202	347	1244	234	190	192	10327	149	578
学前教育	664	6	14	96	17	13	11	477	7	23
小 学	131105	2310	4318	18599	2783	1882	2155	93019	1006	5033
初 中	369673	8041	19263	79270	11017	6097	7392	223417	2136	13040
高 中	140652	4442	9194	51036	6778	4526	4364	54599	898	4815
大学专科	60809	1834	4276	31745	3581	2491	2153	12253	363	2113
大学本科	34083	1059	2463	20255	2064	1533	1186	4039	204	1280
硕士研究生	2205	118	255	1192	182	116	36	90	13	203
博士研究生	448	10	63	177	14	40	2	16	9	117

9-7c 全省按户主的受教育程度、住房来源分的家庭户户数(乡村)

单位：户

受教育程度	合 计	租赁廉租住房/公租房	租 赁其他住房	购买新建商品房	购 买二手房	购买原公有住房	购买经济适用房/两限房	自建住房	继承或赠 予	其 他
总 计	**1155757**	**1603**	**7364**	**15203**	**2421**	**1166**	**2737**	**1103776**	**4868**	**16619**
未上过学	49480	29	74	214	82	28	59	47138	540	1316
学前教育	1888	4	5	20	2	1	7	1792	19	38
小 学	356038	298	947	2727	701	252	753	343137	1742	5481
初 中	632851	777	3989	7447	1206	553	1384	608334	2036	7125
高 中	97544	301	1306	2245	278	181	343	90708	385	1797
大学专科	13541	126	684	1395	102	103	125	10314	105	587
大学本科	4076	66	318	1003	46	46	63	2252	38	244
硕士研究生	309	2	38	145	4	2	3	86	3	26
博士研究生	30		3	7				15		5

9-8 全省按户主的受教育程度、月租房费用分的家庭户户数

单位：户

受教育程度	合 计	200元以下	200-499元	500-999元	1000-1999元
总 计	**158174**	**26265**	**42555**	**32340**	**41482**
未上过学	1291	476	389	208	160
学前教育	64	23	13	11	13
小 学	14302	4066	4825	2788	1940
初 中	61899	12794	21141	13272	11093
高 中	37665	6136	9999	8387	9854
大学专科	25147	1744	4015	4821	10550
大学本科	15801	884	1964	2616	7024
硕士研究生	1786	128	196	204	755
博士研究生	219	14	13	33	93

9-8 续表

单位：户

受教育程度	2000-2999元	3000-3999元	4000-5999元	6000-7999元	8000-9999元	10000元及以上
总 计	**11072**	**2396**	**1094**	**374**	**200**	**396**
未上过学	38	10	5		1	4
学前教育	4					
小 学	405	102	70	45	17	44
初 中	2262	544	328	161	107	197
高 中	2322	490	246	84	51	96
大学专科	3149	576	193	45	15	39
大学本科	2467	567	220	35	8	16
硕士研究生	372	96	30	4	1	
博士研究生	53	11	2			

9-8a 全省按户主的受教育程度、月租房费用分的家庭户户数(城市)

单位：户

受教育程度	合 计	200元以下	200-499元	500-999元	1000-1999元
总 计	**90992**	**10586**	**18750**	**19275**	**30541**
未上过学	639	214	163	117	106
学前教育	35	11	9	5	9
小 学	6429	1439	1912	1449	1276
初 中	29829	5028	8282	7126	7303
高 中	22422	2640	4813	5160	7334
大学专科	18227	811	2247	3387	8325
大学本科	11895	391	1187	1858	5539
硕士研究生	1373	47	129	149	597
博士研究生	143	5	8	24	52

9-8a 续表

单位：户

受教育程度	2000-2999元	3000-3999元	4000-5999元	6000-7999元	8000-9999元	10000元及以上
总 计	**9088**	**1786**	**646**	**163**	**60**	**97**
未上过学	30	6	3			
学前教育	1					
小 学	278	40	14	10	2	9
初 中	1580	277	119	51	24	39
高 中	1927	343	122	35	22	26
大学专科	2749	501	153	35	7	12
大学本科	2155	519	203	28	4	11
硕士研究生	324	92	30	4	1	
博士研究生	44	8	2			

9-8b 全省按户主的受教育程度、月租房费用分的家庭户户数(镇)

单位：户

受教育程度	合 计	200元以下	200-499元	500-999元	1000-1999元
总 计	**58215**	**13942**	**20565**	**11491**	**8999**
未上过学	549	205	198	81	48
学前教育	20	7	3	5	2
小 学	6628	2233	2464	1147	511
初 中	27304	6774	10876	5355	3045
高 中	13636	3273	4658	2899	2081
大学专科	6110	890	1564	1271	1875
大学本科	3522	471	732	680	1266
硕士研究生	373	80	65	44	133
博士研究生	73	9	5	9	38

9-8b 续表

单位：户

受教育程度	2000-2999元	3000-3999元	4000-5999元	6000-7999元	8000-9999元	10000元及以上
总 计	**1730**	**536**	**396**	**187**	**104**	**265**
未上过学	8	3	2			4
学前教育	3					
小 学	105	48	50	28	11	31
初 中	554	226	176	96	65	137
高 中	343	138	113	46	21	64
大学专科	365	69	38	10	4	24
大学本科	296	45	17	7	3	5
硕士研究生	47	4				
博士研究生	9	3				

9-8c 全省按户主的受教育程度、月租房费用分的家庭户户数(乡村)

单位：户

受教育程度	合 计	200元以下	200-499元	500-999元	1000-1999元
总 计	**8967**	**1737**	**3240**	**1574**	**1942**
未上过学	103	57	28	10	6
学前教育	9	5	1	1	2
小 学	1245	394	449	192	153
初 中	4766	992	1983	791	745
高 中	1607	223	528	328	439
大学专科	810	43	204	163	350
大学本科	384	22	45	78	219
硕士研究生	40	1	2	11	25
博士研究生	3				3

9-8c 续表

单位：户

受教育程度	2000-2999元	3000-3999元	4000-5999元	6000-7999元	8000-9999元	10000元及以上
总 计	**254**	**74**	**52**	**24**	**36**	**34**
未上过学		1			1	
学前教育						
小 学	22	14	6	7	4	4
初 中	128	41	33	14	18	21
高 中	52	9	11	3	8	6
大学专科	35	6	2		4	3
大学本科	16	3			1	
硕士研究生	1					
博士研究生						

9-9 全省按户主的职业、住房来源分的家庭户户数

单位：户

职业大类	合　计	租赁廉租住房/公租房	租　赁其他住房	购买新建商品房	购　买二手房
总　计	**1773260**	**25010**	**92166**	**359742**	**69409**
党的机关、国家机关、群众团体和社会组织、企事业单位负责人	40473	534	3354	17283	3038
专业技术人员	132056	2850	11433	56820	11049
办事人员和有关人员	111683	2366	5801	48191	8100
社会生产服务和生活服务人员	573418	12108	51867	154642	32382
农、林、牧、渔业生产及辅助人员	418401	688	1323	10423	1629
生产制造及有关人员	493151	6348	18098	71326	13039
不便分类的其他从业人员	4078	116	290	1057	172

9-9 续表

单位：户

职业大类	购买原公有住房	购买经济适用房/两限房	自建住房	继承或赠　予	其　他
总　计	**43576**	**32276**	**1095989**	**8477**	**46615**
党的机关、国家机关、群众团体和社会组织、企事业单位负责人	1407	989	12408	183	1277
专业技术人员	8226	4558	31389	744	4987
办事人员和有关人员	8151	3848	29432	803	4991
社会生产服务和生活服务人员	16012	13585	270181	3338	19303
农、林、牧、渔业生产及辅助人员	558	1225	396638	1295	4622
生产制造及有关人员	9124	7987	353849	2092	11288
不便分类的其他从业人员	98	84	2092	22	147

9-9a 全省按户主的职业、住房来源分的家庭户户数(城市)

单位：户

职业大类	合 计	租赁廉租住房/公租房	租 赁其他住房	购买新建商品房	购 买二手房
总 计	**467704**	**11574**	**55637**	**198702**	**48808**
党的机关、国家机关、群众团体和社会组织、企事业单位负责人	19898	284	2199	10973	2341
专业技术人员	70869	1642	8506	35494	8636
办事人员和有关人员	60329	1302	4172	30762	6252
社会生产服务和生活服务人员	206281	5924	31949	84153	22462
农、林、牧、渔业生产及辅助人员	14145	161	336	2696	472
生产制造及有关人员	94743	2190	8300	33989	8532
不便分类的其他从业人员	1439	71	175	635	113

9-9a 续表

单位：户

职业大类	购买原公有住房	购买经济适用房/两限房	自建住房	继承或赠 予	其 他
总 计	**33455**	**19385**	**75468**	**3056**	**21619**
党的机关、国家机关、群众团体和社会组织、企事业单位负责人	1076	706	1590	79	650
专业技术人员	6449	3100	3811	408	2823
办事人员和有关人员	6637	2683	5111	447	2963
社会生产服务和生活服务人员	12240	8227	30067	1415	9844
农、林、牧、渔业生产及辅助人员	215	241	9444	48	532
生产制造及有关人员	6757	4376	25202	648	4749
不便分类的其他从业人员	81	52	243	11	58

9-9b　全省按户主的职业、住房来源分的家庭户户数(镇)

单位：户

职业大类	合　计	租赁廉租住房/公租房	租　赁其他住房	购买新建商品房	购　买二手房
总　计	**518711**	**12349**	**30628**	**149918**	**18927**
党的机关、国家机关、群众团体和社会组织、企事业单位负责人	13671	231	957	6031	665
专业技术人员	42064	1127	2552	20335	2308
办事人员和有关人员	37585	1026	1428	16917	1801
社会生产服务和生活服务人员	213020	5778	16888	66572	9351
农、林、牧、渔业生产及辅助人员	57163	392	736	5573	665
生产制造及有关人员	153898	3756	7981	34095	4081
不便分类的其他从业人员	1310	39	86	395	56

9-9b　续表

单位：户

职业大类	购买原公有住房	购买经济适用房/两限房	自建住房	继承或赠　予	其　他
总　计	**9385**	**11026**	**267137**	**2932**	**16409**
党的机关、国家机关、群众团体和社会组织、企事业单位负责人	319	262	4669	74	463
专业技术人员	1676	1341	10775	237	1713
办事人员和有关人员	1473	1091	12032	279	1538
社会生产服务和生活服务人员	3548	4783	98033	1267	6800
农、林、牧、渔业生产及辅助人员	191	472	47429	289	1416
生产制造及有关人员	2163	3051	93583	781	4407
不便分类的其他从业人员	15	26	616	5	72

9-9c 全省按户主的职业、住房来源分的家庭户户数(乡村)

单位：户

职业大类	合计	租赁廉租住房/公租房	租赁其他住房	购买新建商品房	购买二手房
总计	**786845**	**1087**	**5901**	**11122**	**1674**
党的机关、国家机关、群众团体和社会组织、企事业单位负责人	6904	19	198	279	32
专业技术人员	19123	81	375	991	105
办事人员和有关人员	13769	38	201	512	47
社会生产服务和生活服务人员	154117	406	3030	3917	569
农、林、牧、渔业生产及辅助人员	347093	135	251	2154	492
生产制造及有关人员	244510	402	1817	3242	426
不便分类的其他从业人员	1329	6	29	27	3

9-9c 续表

单位：户

职业大类	购买原公有住房	购买经济适用房/两限房	自建住房	继承或赠予	其他
总计	**736**	**1865**	**753384**	**2489**	**8587**
党的机关、国家机关、群众团体和社会组织、企事业单位负责人	12	21	6149	30	164
专业技术人员	101	117	16803	99	451
办事人员和有关人员	41	74	12289	77	490
社会生产服务和生活服务人员	224	575	142081	656	2659
农、林、牧、渔业生产及辅助人员	152	512	339765	958	2674
生产制造及有关人员	204	560	235064	663	2132
不便分类的其他从业人员	2	6	1233	6	17

9-10 全省按户主的职业、月租房费用分的家庭户户数

单位：户

职业大类	合 计	200元以下	200-499元	500-999元	1000-1999元
总 计	**117176**	**16421**	**31268**	**24489**	**32785**
党的机关、国家机关、群众团体和社会组织、企事业单位负责人	3888	225	517	705	1520
专业技术人员	14283	1264	2486	2758	5579
办事人员和有关人员	8167	1147	1707	1494	2649
社会生产服务和生活服务人员	63975	8055	16129	13902	19085
农、林、牧、渔业生产及辅助人员	2011	684	657	356	203
生产制造及有关人员	24446	4953	9649	5208	3659
不便分类的其他从业人员	406	93	123	66	90

9-10 续表

单位：户

职业大类	2000-2999元	3000-3999元	4000-5999元	6000-7999元	8000-9999元	10000元及以上
总 计	**8712**	**1835**	**865**	**285**	**166**	**350**
党的机关、国家机关、群众团体和社会组织、企事业单位负责人	598	178	96	28	3	18
专业技术人员	1695	341	117	23	5	15
办事人员和有关人员	860	185	84	16	13	12
社会生产服务和生活服务人员	4917	965	451	152	104	215
农、林、牧、渔业生产及辅助人员	36	17	9	9	6	34
生产制造及有关人员	583	143	106	54	35	56
不便分类的其他从业人员	23	6	2	3		

9-10a　全省按户主的职业、月租房费用分的家庭户户数(城市)

单位：户

职业大类	合　计	200元以下	200-499元	500-999元	1000-1999元
总　计	**67211**	**6252**	**13470**	**14236**	**23977**
党的机关、国家机关、群众团体和社会组织、企事业单位负责人	2483	93	237	380	1061
专业技术人员	10148	501	1390	1915	4431
办事人员和有关人员	5474	484	926	1010	2037
社会生产服务和生活服务人员	37873	3241	7424	8116	14077
农、林、牧、渔业生产及辅助人员	497	139	123	120	89
生产制造及有关人员	10490	1738	3313	2660	2211
不便分类的其他从业人员	246	56	57	35	71

9-10a　续表

单位：户

职业大类	2000-2999元	3000-3999元	4000-5999元	6000-7999元	8000-9999元	10000元及以上
总　计	**7158**	**1363**	**513**	**123**	**46**	**73**
党的机关、国家机关、群众团体和社会组织、企事业单位负责人	477	144	71	15	2	3
专业技术人员	1484	306	96	14	2	9
办事人员和有关人员	768	164	66	12	4	3
社会生产服务和生活服务人员	3980	671	238	56	26	44
农、林、牧、渔业生产及辅助人员	13	6		3	2	2
生产制造及有关人员	417	67	41	21	10	12
不便分类的其他从业人员	19	5	1	2		

9-10b　全省按户主的职业、月租房费用分的家庭户户数(镇)

单位：户

职业大类	合　计	200元以下	200-499元	500-999元	1000-1999元
总　计	**42977**	**8945**	**15211**	**8995**	**7295**
党的机关、国家机关、群众团体和社会组织、企事业单位负责人	1188	121	243	287	370
专业技术人员	3679	711	980	742	976
办事人员和有关人员	2454	631	721	445	521
社会生产服务和生活服务人员	22666	4382	7549	5086	4101
农、林、牧、渔业生产及辅助人员	1128	350	431	195	89
生产制造及有关人员	11737	2720	5241	2213	1222
不便分类的其他从业人员	125	30	46	27	16

9-10b　续表

单位：户

职业大类	2000-2999元	3000-3999元	4000-5999元	6000-7999元	8000-9999元	10000元及以上
总　计	**1333**	**411**	**307**	**143**	**92**	**245**
党的机关、国家机关、群众团体和社会组织、企事业单位负责人	96	25	19	11	1	15
专业技术人员	201	35	19	9	3	3
办事人员和有关人员	84	20	16	3	7	6
社会生产服务和生活服务人员	799	258	188	85	63	155
农、林、牧、渔业生产及辅助人员	13	8	6	5	2	29
生产制造及有关人员	136	64	59	29	16	37
不便分类的其他从业人员	4	1		1		

9-10c 全省按户主的职业、月租房费用分的家庭户户数(乡村)

单位：户

职业大类	合 计	200元以下	200-499元	500-999元	1000-1999元
总 计	**6988**	**1224**	**2587**	**1258**	**1513**
党的机关、国家机关、群众团体和社会组织、企事业单位负责人	217	11	37	38	89
专业技术人员	456	52	116	101	172
办事人员和有关人员	239	32	60	39	91
社会生产服务和生活服务人员	3436	432	1156	700	907
农、林、牧、渔业生产及辅助人员	386	195	103	41	25
生产制造及有关人员	2219	495	1095	335	226
不便分类的其他从业人员	35	7	20	4	3

9-10c 续表

单位：户

职业大类	2000-2999元	3000-3999元	4000-5999元	6000-7999元	8000-9999元	10000元及以上
总 计	**221**	**61**	**45**	**19**	**28**	**32**
党的机关、国家机关、群众团体和社会组织、企事业单位负责人	25	9	6	2		
专业技术人员	10		2			3
办事人员和有关人员	8	1	2	1	2	3
社会生产服务和生活服务人员	138	36	25	11	15	16
农、林、牧、渔业生产及辅助人员	10	3	3	1	2	3
生产制造及有关人员	30	12	6	4	9	7
不便分类的其他从业人员			1			

9-11　全省按户主的职业分的家庭户住房状况

职业大类	户　数 (户)	人　数 (人)	平均每户 住房间数 (间/户)	人均住房 建筑面积 (平方米/人)	人均住房 间　数 (间/人)
总　计	**1773260**	**5864862**	**4.24**	**41.75**	**1.28**
党的机关、国家机关、群众团体和社会组织、企事业单位负责人	40473	131927	3.67	41.63	1.13
专业技术人员	132056	387927	3.34	41.53	1.14
办事人员和有关人员	111683	341780	3.45	41.98	1.13
社会生产服务和生活服务人员	573418	1854551	3.87	41.03	1.20
农、林、牧、渔业生产及辅助人员	418401	1391842	4.87	42.47	1.47
生产制造及有关人员	493151	1743701	4.60	41.96	1.30
不便分类的其他从业人员	4078	13134	4.05	43.22	1.26

9-11a　全省按户主的职业分的家庭户住房状况(城市)

职业大类	户　数 (户)	人　数 (人)	平均每户 住房间数 (间/户)	人均住房 建筑面积 (平方米/人)	人均住房 间　数 (间/人)
总　计	**467704**	**1419192**	**3.15**	**39.24**	**1.04**
党的机关、国家机关、群众团体和社会组织、企事业单位负责人	19898	61811	3.06	39.45	0.98
专业技术人员	70869	199695	2.82	38.97	1.00
办事人员和有关人员	60329	176854	3.01	40.33	1.03
社会生产服务和生活服务人员	206281	613538	3.03	38.33	1.02
农、林、牧、渔业生产及辅助人员	14145	50600	4.79	47.42	1.34
生产制造及有关人员	94743	312484	3.51	39.21	1.07
不便分类的其他从业人员	1439	4210	3.16	41.18	1.08

9-11b 全省按户主的职业分的家庭户住房状况(镇)

职业大类	户　数 (户)	人　数 (人)	平均每户住房间数 (间/户)	人均住房建筑面积 (平方米/人)	人均住房间　数 (间/人)
总　计	**518711**	**1760612**	**4.01**	**40.98**	**1.18**
党的机关、国家机关、群众团体和社会组织、企事业单位负责人	13671	45858	3.77	41.68	1.12
专业技术人员	42064	126077	3.45	42.70	1.15
办事人员和有关人员	37585	119330	3.59	42.79	1.13
社会生产服务和生活服务人员	213020	703579	3.84	40.92	1.16
农、林、牧、渔业生产及辅助人员	57163	208194	4.64	40.18	1.27
生产制造及有关人员	153898	553236	4.30	40.52	1.20
不便分类的其他从业人员	1310	4338	3.99	41.59	1.20

9-11c 全省按户主的职业分的家庭户住房状况(乡村)

职业大类	户　数 (户)	人　数 (人)	平均每户住房间数 (间/户)	人均住房建筑面积 (平方米/人)	人均住房间　数 (间/人)
总　计	**786845**	**2685058**	**5.04**	**43.59**	**1.48**
党的机关、国家机关、群众团体和社会组织、企事业单位负责人	6904	24258	5.26	47.08	1.50
专业技术人员	19123	62155	5.07	47.41	1.56
办事人员和有关人员	13769	45596	4.96	46.21	1.50
社会生产服务和生活服务人员	154117	537434	5.04	44.25	1.44
农、林、牧、渔业生产及辅助人员	347093	1133048	4.92	42.67	1.51
生产制造及有关人员	244510	877981	5.22	43.86	1.45
不便分类的其他从业人员	1329	4586	5.07	46.62	1.47

9–12 全省按户主的职业、人均住房建筑面积分的家庭户户数

单位：户

职业大类	合 计	人均住房建筑面积(平方米)			
		8及以下	9–12	13–16	17–19
总 计	**1773260**	**7358**	**28198**	**65791**	**46539**
党的机关、国家机关、群众团体和社会组织、企事业单位负责人	40473	108	446	1143	1265
专业技术人员	132056	303	1307	3657	3896
办事人员和有关人员	111683	284	1097	3022	2914
社会生产服务和生活服务人员	573418	2638	9638	21569	16433
农、林、牧、渔业生产及辅助人员	418401	1773	7270	17128	9113
生产制造及有关人员	493151	2237	8398	19127	12816
不便分类的其他从业人员	4078	15	42	145	102

9–12 续表

单位：户

职业大类	人均住房建筑面积(平方米)					
	20–29	30–39	40–49	50–59	60–69	70及以上
总 计	**345552**	**349251**	**269697**	**156625**	**159251**	**344998**
党的机关、国家机关、群众团体和社会组织、企事业单位负责人	8279	8388	6492	3109	3287	7956
专业技术人员	25702	27118	22439	10580	11075	25979
办事人员和有关人员	20450	23137	19943	9417	10034	21385
社会生产服务和生活服务人员	117345	115127	85849	47503	48344	108972
农、林、牧、渔业生产及辅助人员	75073	76701	61705	40544	41919	87175
生产制造及有关人员	97917	98003	72665	45101	44226	92661
不便分类的其他从业人员	786	777	604	371	366	870

9-12a 全省按户主的职业、人均住房建筑面积分的家庭户户数(城市)

单位：户

职业大类	合 计	人均住房建筑面积(平方米)			
		8及以下	9-12	13-16	17-19
总 计	**467704**	**1706**	**6777**	**16967**	**17691**
党的机关、国家机关、群众团体和社会组织、企事业单位负责人	19898	36	190	578	746
专业技术人员	70869	130	640	2114	2638
办事人员和有关人员	60329	126	559	1656	1903
社会生产服务和生活服务人员	206281	907	3568	8347	8273
农、林、牧、渔业生产及辅助人员	14145	33	131	383	359
生产制造及有关人员	94743	470	1675	3833	3717
不便分类的其他从业人员	1439	4	14	56	55

9-12a 续表

单位：户

职业大类	人均住房建筑面积(平方米)					
	20-29	30-39	40-49	50-59	60-69	70及以上
总 计	**106076**	**96015**	**73728**	**35240**	**33343**	**80161**
党的机关、国家机关、群众团体和社会组织、企事业单位负责人	4528	4259	3230	1419	1344	3568
专业技术人员	15442	14787	12433	5385	5059	12241
办事人员和有关人员	12032	12682	11267	4928	4796	10380
社会生产服务和生活服务人员	48509	41890	30918	14964	13885	35020
农、林、牧、渔业生产及辅助人员	2387	2447	1960	1363	1437	3645
生产制造及有关人员	22891	19663	13700	7073	6717	15004
不便分类的其他从业人员	287	287	220	108	105	303

9−12b　全省按户主的职业、人均住房建筑面积分的家庭户户数(镇)

单位：户

职业大类	合　计	人均住房建筑面积(平方米)			
		8及以下	9−12	13−16	17−19
总　计	**518711**	**2289**	**8171**	**17566**	**12471**
党的机关、国家机关、群众团体和社会组织、企事业单位负责人	13671	48	138	331	363
专业技术人员	42064	116	394	900	864
办事人员和有关人员	37585	99	337	857	744
社会生产服务和生活服务人员	213020	953	3415	7061	4973
农、林、牧、渔业生产及辅助人员	57163	312	1147	2520	1475
生产制造及有关人员	153898	757	2725	5849	4029
不便分类的其他从业人员	1310	4	15	48	23

9−12b　续表

单位：户

职业大类	人均住房建筑面积(平方米)					
	20−29	30−39	40−49	50−59	60−69	70及以上
总　计	**101906**	**109808**	**80501**	**43389**	**47974**	**94636**
党的机关、国家机关、群众团体和社会组织、企事业单位负责人	2643	3022	2307	997	1231	2591
专业技术人员	7317	9159	7262	3320	4113	8619
办事人员和有关人员	6310	8146	6765	3125	3808	7394
社会生产服务和生活服务人员	41843	45427	32674	17313	19608	39753
农、林、牧、渔业生产及辅助人员	11464	10937	8450	5273	5311	10274
生产制造及有关人员	32076	32848	22839	13259	13767	25749
不便分类的其他从业人员	253	269	204	102	136	256

9-12c 全省按户主的职业、人均住房建筑面积分的家庭户户数(乡村)

单位：户

职业大类	合 计	人均住房建筑面积(平方米)			
		8及以下	9-12	13-16	17-19
总 计	**786845**	**3363**	**13250**	**31258**	**16377**
党的机关、国家机关、群众团体和社会组织、企事业单位负责人	6904	24	118	234	156
专业技术人员	19123	57	273	643	394
办事人员和有关人员	13769	59	201	509	267
社会生产服务和生活服务人员	154117	778	2655	6161	3187
农、林、牧、渔业生产及辅助人员	347093	1428	5992	14225	7279
生产制造及有关人员	244510	1010	3998	9445	5070
不便分类的其他从业人员	1329	7	13	41	24

9-12c 续表

单位：户

职业大类	人均住房建筑面积(平方米)					
	20-29	30-39	40-49	50-59	60-69	70及以上
总 计	**137570**	**143428**	**115468**	**77996**	**77934**	**170201**
党的机关、国家机关、群众团体和社会组织、企事业单位负责人	1108	1107	955	693	712	1797
专业技术人员	2943	3172	2744	1875	1903	5119
办事人员和有关人员	2108	2309	1911	1364	1430	3611
社会生产服务和生活服务人员	26993	27810	22257	15226	14851	34199
农、林、牧、渔业生产及辅助人员	61222	63317	51295	33908	35171	73256
生产制造及有关人员	42950	45492	36126	24769	23742	51908
不便分类的其他从业人员	246	221	180	161	125	311

9-13 各地区按拥有全部家用汽车总价分的家庭户户数

单位：户

地　区	合　计	不　满10万元	10万元以上，不满20万元	20万元以上，不满30万元	30万元以上，不满50万元	50万元以上，不满100万元	100万元及以上	没有汽车
河　南	**2975955**	**647865**	**543362**	**89877**	**33802**	**10963**	**3286**	**1646800**
郑州市	342578	72882	87432	23617	11007	4334	1165	142141
开封市	139899	34227	24988	3465	1130	326	102	75661
洛阳市	214621	52011	36185	5304	1800	602	188	118531
平顶山市	145680	34117	21362	2711	1073	340	140	85937
安阳市	169771	47479	22018	3232	1382	448	147	95065
鹤壁市	45603	14100	6740	945	394	111	36	23277
新乡市	172833	53794	35517	4980	1788	538	161	76055
焦作市	100006	25373	17332	2402	837	234	64	53764
濮阳市	118240	34891	17074	2542	1120	325	152	62136
许昌市	131563	31208	27426	3810	1326	438	92	67263
漯河市	74726	16049	13255	1785	577	222	54	42784
三门峡市	72434	17441	7955	1217	439	91	26	45265
南阳市	283113	47585	44605	6129	2142	588	160	181904
商丘市	266683	55385	53824	6493	1845	392	150	148594
信阳市	192245	20307	33998	7040	2348	689	190	127673
周口市	269022	46719	50377	7985	2607	739	267	160328
驻马店市	216307	36294	38405	5452	1688	432	175	133861
济源市	20631	8003	4869	768	299	114	17	6561

9-13a 各地区按拥有全部家用汽车总价分的家庭户户数(城市)

单位：户

地　区	合　计	不　满10万元	10万元以上，不满20万元	20万元以上，不满30万元	30万元以上，不满50万元	50万元以上，不满100万元	100万元及以上	没有汽车
河　南	**771058**	**159750**	**173714**	**36527**	**15080**	**5334**	**1525**	**379128**
郑州市	204624	34380	52975	16173	7711	3007	855	89523
开封市	32954	6692	6328	1030	387	134	26	18357
洛阳市	75870	15112	15286	3026	1121	385	115	40825
平顶山市	43624	9294	8038	1077	379	125	39	24672
安阳市	44527	12579	7143	1170	499	164	53	22919
鹤壁市	15267	3966	2279	354	149	54	20	8445
新乡市	56226	14742	12487	2091	776	239	100	25791
焦作市	33191	7258	6206	880	288	103	28	18428
濮阳市	21516	5571	4895	922	353	109	76	9590
许昌市	44787	9743	11205	1756	698	213	41	21131
漯河市	20505	4617	5197	795	276	150	22	9448
三门峡市	26196	6672	3676	524	205	35	10	15074
南阳市	35418	6184	7998	1401	473	138	31	19193
商丘市	36859	9415	11134	1713	420	92	21	14064
信阳市	25792	2538	6091	1486	458	126	37	15056
周口市	28582	4836	6555	1184	519	127	32	15329
驻马店市	15049	2575	3272	450	155	48	8	8541
济源市	10071	3576	2949	495	213	85	11	2742

9-13b 各地区按拥有全部家用汽车总价分的家庭户户数(镇)

单位：户

地区	合计	不满10万元	10万元以上，不满20万元	20万元以上，不满30万元	30万元以上，不满50万元	50万元以上，不满100万元	100万元及以上	没有汽车
河南	**789061**	**180259**	**155325**	**25858**	**9781**	**2953**	**769**	**414116**
郑州市	67437	15879	18787	4655	2169	904	208	24835
开封市	35770	9200	7450	1186	406	103	23	17402
洛阳市	61239	16576	11009	1453	396	112	36	31657
平顶山市	31665	7461	5051	772	332	124	28	17897
安阳市	40388	12128	5832	914	423	129	55	20907
鹤壁市	11843	3911	1836	242	151	29	8	5666
新乡市	38499	12536	9007	1278	459	139	32	15048
焦作市	28319	7595	5114	768	263	85	16	14478
濮阳市	35560	11628	5833	818	405	126	35	16715
许昌市	22816	5604	5014	648	218	74	12	11246
漯河市	19917	4488	3360	371	128	22	4	11544
三门峡市	15505	3558	1939	387	152	23	2	9444
南阳市	100097	18654	18100	2600	1052	244	57	59390
商丘市	70469	16234	15964	2195	683	118	25	35250
信阳市	64414	7123	11837	2473	875	288	68	41750
周口市	70011	12994	14115	2530	768	216	91	39297
驻马店市	72544	13664	14477	2475	867	205	68	40788
济源市	2568	1026	600	93	34	12	1	802

9-13c 各地区按拥有全部家用汽车总价分的家庭户户数(乡村)

单位：户

地区	合计	不满10万元	10万元以上，不满20万元	20万元以上，不满30万元	30万元以上，不满50万元	50万元以上，不满100万元	100万元及以上	没有汽车
河南	**1415836**	**307856**	**214323**	**27492**	**8941**	**2676**	**992**	**853556**
郑州市	70517	22623	15670	2789	1127	423	102	27783
开封市	71175	18335	11210	1249	337	89	53	39902
洛阳市	77512	20323	9890	825	283	105	37	46049
平顶山市	70391	17362	8273	862	362	91	73	43368
安阳市	84856	22772	9043	1148	460	155	39	51239
鹤壁市	18493	6223	2625	349	94	28	8	9166
新乡市	78108	26516	14023	1611	553	160	29	35216
焦作市	38496	10520	6012	754	286	46	20	20858
濮阳市	61164	17692	6346	802	362	90	41	35831
许昌市	63960	15861	11207	1406	410	151	39	34886
漯河市	34304	6944	4698	619	173	50	28	21792
三门峡市	30733	7211	2340	306	82	33	14	20747
南阳市	147598	22747	18507	2128	617	206	72	103321
商丘市	159355	29736	26726	2585	742	182	104	99280
信阳市	102039	10646	16070	3081	1015	275	85	70867
周口市	170429	28889	29707	4271	1320	396	144	105702
驻马店市	128714	20055	20656	2527	666	179	99	84532
济源市	7992	3401	1320	180	52	17	5	3017

第三部分 附录

附录 1 2020 年第七次全国人口普查主要数据公报

第七次全国人口普查公报[1]（第一号）

——第七次全国人口普查工作基本情况

国家统计局

国务院第七次全国人口普查领导小组办公室

2021 年 5 月 11 日

根据《中华人民共和国统计法》《全国人口普查条例》规定和《国务院关于开展第七次全国人口普查的通知》（国发〔2019〕24 号）要求，我国进行了第七次全国人口普查[2]。一年多以来，在以习近平同志为核心的党中央坚强领导下，在各地区各有关部门的大力支持下，在全国各级普查机构和普查人员的共同努力下，在广大普查对象的积极配合下，第七次全国人口普查圆满完成普查现场登记和普查主要数据的汇总评估工作，取得重大成果和显著成效。

一、领导高度重视

习近平总书记参加人口普查现场登记并发表重要讲话，明确指出第七次全国人口普查是新时代开展的一次重大国情国力调查，是党和国家工作中的一件大事。李克强、栗战书、汪洋、王沪宁、赵乐际、韩正、王岐山等中央领导同志在中南海分别参加人口普查登记。李克强总理对人口普查工作作出重要指示。国务院成立了由韩正副总理担任组长的第七次全国人口普查领导小组，领导小组办公室设在国家统计局，由 25 个部门组成，全国乡镇、街道和县以上各级人民政府均建立普查机构，为普查工作开展提供了坚实的组织保障。地方各级政府全面加强组织领导，精心组织实施，确保人员到位、措施到位、经费到位。各成员单位积极主动履职，充分发挥各自职能，提供多方保障，确保了普查的顺利实施。

二、科学制定方案

按照“科学与可行、需要与可能、继承与创新”的原则，国务院第七次全国人口普查领导小组办公室（以下简称领导小组办公室）借鉴历次普查经验，广泛征求多方意见，切实加强顶层设计。在全国组织开展了 6 项专项试点和 1 项综合试点，着力提高普查的科学性、规范性和可操作性。研究制定了《第七次全国人口普查方案》和 7 项工作实施细则，对普查内容、普查方法，以及普查各个环节的工作流程、工作任务和工作要求作了明确规定，为人口普查工作有序开展提供了制度性保障。

三、坚持依法普查

把依法依规普查贯穿于人口普查全过程各方面，深入贯彻《关于深化统计管理体制改革提高统计数据真实性的意见》《统计违纪违法责任人处分处理建议办法》《防范和惩治统计造假弄虚作假督察工作规定》，认真实施《全国人口普查条例》，严格落实普查方案的各项要求，严肃普查纪律。将人口普查工作落实情况作为统计督察重要内容，加大统计执法监督力度，依法查处普查违法违纪行为，确保普查数据真实准确。

四、着力普查创新

为提高普查工作质量和效率，领导小组办公室充分利用信息化技术手段，对普查内容和普查方式进行创新。全面采用电子化数据采集方式，由普查员使用电子设备采集，实时直接上报数据；实现普查对象通过互联网进行自主填报；强化部门行政记录和大数据的应用；充分利用互联网云技术、云服务和云应用完成数据处理工作，按照国家网络安全三级等保标准对普查数据采集、传输、存储进行安全管理，确保公民个人信息安全；首次对700多万普查人员实行线上集中统一管理。

五、精心组织登记

组织各级普查机构认真选聘普查人员，强化各级培训，确保"两员"经考试合格后上岗。按时完成软件开发、户口整顿、区划绘图、入户摸底等前期准备工作。新冠肺炎疫情发生后，领导小组办公室及时研究疫情对人口普查工作的影响，制定工作预案，调整工作进度，扎实推进普查工作。从2020年11月1日到12月10日，全国700多万普查人员严格执行普查方案，认真落实常态化疫情防控的各项要求，对全国所有家庭和人口进行了全面普查，圆满完成普查入户登记任务。

六、确保数据质量

第七次全国人口普查实行严格的质量控制制度，建立健全普查数据追溯和问责机制，确保普查数据可核查、可追溯、可问责。充分利用部门行政记录和企业大数据，对普查数据开展精细化比对核查。各级普查机构严格执行质量控制要求，认真开展质量验收，确保普查各阶段工作质量。为客观全面评价全国人口普查登记质量，领导小组办公室统一组织了事后质量抽查，结果显示，第七次全国人口普查人口漏登率为0.05%，普查结果真实可靠。

七、全面摸清家底

第七次全国人口普查全面查清了我国人口数量、结构、分布等方面情况，掌握了人口变化的趋势性特征，为完善我国人口发展战略和政策体系、制定经济社会发展规划、推动经济高质量发展提供了准确统计信息支持。这次普查，既摸清了我国人口总量，掌握了人口规模的变化趋势；也查清了人口结构和分布状况、人口迁移流动状况，反映了人口结构演变和人口社会变迁等情况。

注释：

[1]本公报数据均为初步汇总数据。

[2]普查标准时点为2020年11月1日零时，普查对象是普查标准时点在中华人民共和国境内的自然人以及在中华人民共和国境外但未定居的中国公民，不包括在中华人民共和国境内短期停留的境外人员。

第七次全国人口普查公报[1]（第二号）

——全国人口情况

国家统计局

国务院第七次全国人口普查领导小组办公室

2021年5月11日

根据第七次全国人口普查结果，现将2020年11月1日零时我国人口的基本情况公布如下：

一、总人口

全国总人口[2]为1443497378人，其中：

普查登记的大陆31个省、自治区、直辖市和现役军人的人口共1411778724人；

香港特别行政区人口[3]为7474200人；

澳门特别行政区人口[4]为683218人；

台湾地区人口[5]为23561236人。

二、人口增长

全国人口[6]与2010年第六次全国人口普查的1339724852人相比，增加72053872人，增长5.38%，年平均增长率为0.53%。

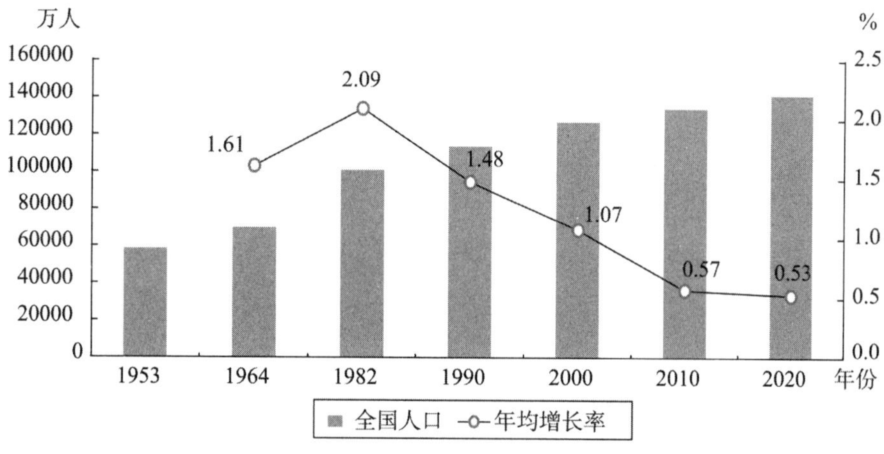

图2-1 历次人口普查全国人口及年均增长率

三、户别人口

全国共有家庭户[7]494157423户，集体户28531842户，家庭户人口为1292809300人，集体户人口为118969424人。平均每个家庭户的人口为2.62人，比2010年第六次全国人口普查的3.10人减少0.48人。

四、民族人口

全国人口中，汉族人口为1286311334人，占91.11%；各少数民族人口为125467390人，占8.89%。

与2010年第六次全国人口普查相比，汉族人口增加60378693人，增长4.93%；各少数民族人口增加11675179人，增长10.26%。

注释：

[1]本公报数据均为初步汇总数据。

[2]全国总人口包括大陆31个省、自治区、直辖市和现役军人的人口、香港特别行政区人口、澳门特别行政区人口和台湾地区人口。

[3]香港特别行政区的人口数为香港特别行政区政府提供的2020年底的数据。

[4]澳门特别行政区的人口数为澳门特别行政区政府提供的2020年底的数据。

[5]台湾地区的人口数为台湾地区有关主管部门公布的2020年底的户籍登记人口数据。

[6]全国人口是指大陆31个省、自治区、直辖市和现役军人的人口，不包括居住在31个省、自治区、直辖市的港澳台居民和外籍人员。

[7]家庭户是指以家庭成员关系为主、居住一处共同生活的人组成的户。

第七次全国人口普查公报[1]（第三号）

——地区人口情况

国家统计局

国务院第七次全国人口普查领导小组办公室

2021 年 5 月 11 日

根据第七次全国人口普查结果，现将 2020 年 11 月 1 日零时我国大陆 31 个省、自治区、直辖市（以下简称省份）的常住人口[2]有关数据公布如下：

一、地区人口

31 个省份中，人口超过 1 亿人的省份有 2 个，在 5000 万人至 1 亿人之间的省份有 9 个，在 1000 万人至 5000 万人之间的省份有 17 个，少于 1000 万人的省份有 3 个。其中，人口居前五位的省份合计人口占全国人口[3]比重为 35.09%。

分区域[4]看，东部地区人口为 563717119 人，占 39.93%；中部地区人口为 364694362 人，占 25.83%；西部地区人口为 382852295 人，占 27.12%；东北地区人口为 98514948 人，占 6.98%。

表 3-1　各地区人口

单位：人、%

地　区	人口数	比重[6]	
		2020 年	2010 年
全　国[5]	**1411778724**	**100.00**	**100.00**
北　京	21893095	1.55	1.46
天　津	13866009	0.98	0.97
河　北	74610235	5.28	5.36
山　西	34915616	2.47	2.67
内蒙古	24049155	1.70	1.84
辽　宁	42591407	3.02	3.27
吉　林	24073453	1.71	2.05
黑龙江	31850088	2.26	2.86
上　海	24870895	1.76	1.72
江　苏	84748016	6.00	5.87
浙　江	64567588	4.57	4.06
安　徽	61027171	4.32	4.44
福　建	41540086	2.94	2.75
江　西	45188635	3.20	3.33
山　东	101527453	7.19	7.15
河　南	99365519	7.04	7.02
湖　北	57752557	4.09	4.27
湖　南	66444864	4.71	4.90

续表

地　区	人口数	比重[6]	
		2020年	2010年
广　东	126012510	8.93	7.79
广　西	50126804	3.55	3.44
海　南	10081232	0.71	0.65
重　庆	32054159	2.27	2.15
四　川	83674866	5.93	6.00
贵　州	38562148	2.73	2.59
云　南	47209277	3.34	3.43
西　藏	3648100	0.26	0.22
陕　西	39528999	2.80	2.79
甘　肃	25019831	1.77	1.91
青　海	5923957	0.42	0.42
宁　夏	7202654	0.51	0.47
新　疆	25852345	1.83	1.63
现役军人	2000000		

二、地区人口变化

与2010年第六次全国人口普查相比，31个省份中，有25个省份人口增加。人口增长较多的5个省份依次为：广东、浙江、江苏、山东、河南，分别增加21709378人、10140697人、6088113人、5734388人、5341952人。

分区域看，与2010年第六次全国人口普查相比，东部地区人口所占比重上升2.15个百分点，中部地区人口所占比重下降0.79个百分点，西部地区人口所占比重上升0.22个百分点，东北地区人口所占比重下降1.20个百分点。

注释：

[1]本公报数据均为初步汇总数据。部分数据因四舍五入的原因，存在总计与分项合计不等的情况。

[2]常住人口包括：居住在本乡镇街道且户口在本乡镇街道或户口待定的人；居住在本乡镇街道且离开户口登记地所在的乡镇街道半年以上的人；户口在本乡镇街道且外出不满半年或在境外工作学习的人。

[3]全国人口是指大陆31个省、自治区、直辖市和现役军人的人口，不包括居住在31个省、自治区、直辖市的港澳台居民和外籍人员。

[4]东部地区是指北京、天津、河北、上海、江苏、浙江、福建、山东、广东和海南10省（市）；中部地区是指山西、安徽、江西、河南、湖北和湖南6省；西部地区是指内蒙古、广西、重庆、四川、贵州、云南、西藏、陕西、甘肃、青海、宁夏和新疆12省（区、市）；东北地区是指辽宁、吉林和黑龙江3省。

[5]本表全国合计不包括香港特别行政区、澳门特别行政区和台湾地区的人口数。

[6]指各省、自治区、直辖市的常住人口占全国人口的比重。

第七次全国人口普查公报[1]（第四号）

——人口性别构成情况

国家统计局

国务院第七次全国人口普查领导小组办公室

2021 年 5 月 11 日

根据第七次全国人口普查结果，现将 2020 年 11 月 1 日零时我国大陆 31 个省、自治区、直辖市（以下简称省份）和现役军人的人口性别构成情况公布如下：

一、全国人口性别构成

全国人口[2]中，男性人口为 723339956 人，占 51.24%；女性人口为 688438768 人，占 48.76%。总人口性别比（以女性为 100，男性对女性的比例）为 105.07，与 2010 年第六次全国人口普查基本持平。

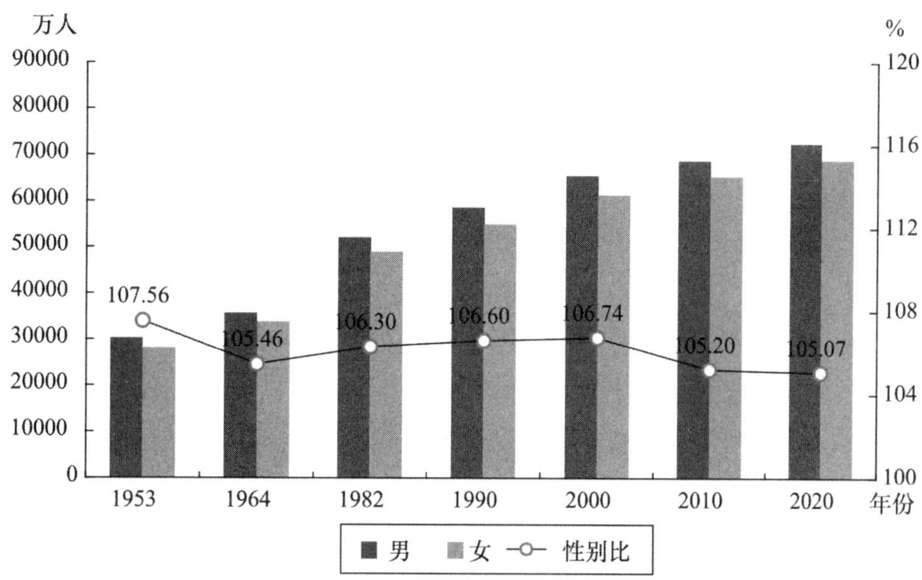

图 4-1 历次人口普查人口性别构成

二、地区人口性别构成

31 个省份中，总人口性别比在 100 以下的省份有 2 个，在 100 至 105 之间的省份有 17 个，在 105 至 110 之间的省份有 9 个，在 110 以上的省份有 3 个。

表 4-1　各地区人口性别构成

单位：%

地 区	比重		性别比
	男	女	
全 国	**51.24**	**48.76**	**105.07**
北 京	51.14	48.86	104.65
天 津	51.53	48.47	106.31
河 北	50.50	49.50	102.02
山 西	50.99	49.01	104.06
内蒙古	51.04	48.96	104.26
辽 宁	49.92	50.08	99.70
吉 林	49.92	50.08	99.69
黑龙江	50.09	49.91	100.35
上 海	51.77	48.23	107.33
江 苏	50.78	49.22	103.15
浙 江	52.16	47.84	109.04
安 徽	50.97	49.03	103.94
福 建	51.68	48.32	106.94
江 西	51.60	48.40	106.62
山 东	50.66	49.34	102.67
河 南	50.15	49.85	100.60
湖 北	51.42	48.58	105.83
湖 南	51.16	48.84	104.77
广 东	53.07	46.93	113.08
广 西	51.70	48.30	107.04
海 南	53.02	46.98	112.86
重 庆	50.55	49.45	102.21
四 川	50.54	49.46	102.19
贵 州	51.10	48.90	104.50
云 南	51.73	48.27	107.16
西 藏	52.45	47.55	110.32
陕 西	51.17	48.83	104.79
甘 肃	50.76	49.24	103.10
青 海	51.21	48.79	104.97
宁 夏	50.94	49.06	103.83
新 疆	51.66	48.34	106.85

注释：

[1]本公报数据均为初步汇总数据。

[2]全国人口指大陆 31 个省、自治区、直辖市和现役军人的人口，不包括居住在 31 个省、自治区、直辖市的港澳台居民和外籍人员。

第七次全国人口普查公报[1]（第五号）

——人口年龄构成情况

国家统计局

国务院第七次全国人口普查领导小组办公室

2021 年 5 月 11 日

根据第七次全国人口普查结果，现将 2020 年 11 月 1 日零时我国大陆 31 个省、自治区、直辖市（以下简称省份）和现役军人的人口年龄构成情况公布如下：

一、全国人口年龄构成

全国人口[2]中，0—14 岁[3]人口为 253383938 人，占 17.95%；15—59 岁人口为 894376020 人，占 63.35%；60 岁及以上人口为 264018766 人，占 18.70%，其中 65 岁及以上人口为 190635280 人，占 13.50%。与 2010 年第六次全国人口普查相比，0—14 岁人口的比重上升 1.35 个百分点，15—59 岁人口的比重下降 6.79 个百分点，60 岁及以上人口的比重上升 5.44 个百分点，65 岁及以上人口的比重上升 4.63 个百分点。

表 5-1 全国人口年龄构成

单位：人、%

年 龄	人口数	比重
总 计	**1411778724**	**100.00**
0—14 岁	253383938	17.95
15—59 岁	894376020	63.35
60 岁及以上	264018766	18.70
其中：65 岁及以上	190635280	13.50

二、地区人口年龄构成

31 个省份中，15—59 岁人口比重在 65%以上的省份有 13 个，在 60%—65%之间的省份有 15 个，在 60%以下的省份有 3 个。

除西藏外，其他 30 个省份 65 岁及以上老年人口比重均超过 7%，其中，12 个省份 65 岁及以上老年人口比重超过 14%。

表 5-2 各地区人口年龄构成

单位：%

地 区	比重			
	0—14 岁	15—59 岁	60 岁及以上	其中：65 岁及以上
全 国	**17.95**	**63.35**	**18.70**	**13.50**
北 京	11.84	68.53	19.63	13.30
天 津	13.47	64.87	21.66	14.75
河 北	20.22	59.92	19.85	13.92

续表

地 区	比重			
	0—14 岁	15—59 岁	60 岁及以上	其中：65 岁及以上
山 西	16.35	64.72	18.92	12.90
内蒙古	14.04	66.17	19.78	13.05
辽 宁	11.12	63.16	25.72	17.42
吉 林	11.71	65.23	23.06	15.61
黑龙江	10.32	66.46	23.22	15.61
上 海	9.80	66.82	23.38	16.28
江 苏	15.21	62.95	21.84	16.20
浙 江	13.45	67.86	18.70	13.27
安 徽	19.24	61.96	18.79	15.01
福 建	19.32	64.70	15.98	11.10
江 西	21.96	61.17	16.87	11.89
山 东	18.78	60.32	20.90	15.13
河 南	23.14	58.79	18.08	13.49
湖 北	16.31	63.26	20.42	14.59
湖 南	19.52	60.60	19.88	14.81
广 东	18.85	68.80	12.35	8.58
广 西	23.63	59.69	16.69	12.20
海 南	19.97	65.38	14.65	10.43
重 庆	15.91	62.22	21.87	17.08
四 川	16.10	62.19	21.71	16.93
贵 州	23.97	60.65	15.38	11.56
云 南	19.57	65.52	14.91	10.75
西 藏	24.53	66.95	8.52	5.67
陕 西	17.33	63.46	19.20	13.32
甘 肃	19.40	63.57	17.03	12.58
青 海	20.81	67.04	12.14	8.68
宁 夏	20.38	66.09	13.52	9.62
新 疆	22.46	66.26	11.28	7.76

注释：

[1] 本公报数据均为初步汇总数据。部分数据因四舍五入的原因，存在总计与分项合计不等的情况。

[2] 全国人口是指大陆 31 个省、自治区、直辖市和现役军人的人口，不包括居住在 31 个省、自治区、直辖市的港澳台居民和外籍人员。

[3] 0—15 岁人口为 268707162 人，16—59 岁人口为 879052796 人。

第七次全国人口普查公报[1]（第六号）

——人口受教育情况

国家统计局

国务院第七次全国人口普查领导小组办公室

2021 年 5 月 11 日

根据第七次全国人口普查结果，现将 2020 年 11 月 1 日零时我国大陆 31 个省、自治区、直辖市（以下简称省份）和现役军人的人口受教育基本情况公布如下：

一、受教育程度人口

全国人口[2]中，拥有大学（指大专及以上）文化程度的人口为 218360767 人；拥有高中（含中专）文化程度的人口为 213005258 人；拥有初中文化程度的人口为 487163489 人；拥有小学文化程度的人口为 349658828 人（以上各种受教育程度的人包括各类学校的毕业生、肄业生和在校生）。与 2010 年第六次全国人口普查相比，每 10 万人中拥有大学文化程度的由 8930 人上升为 15467 人；拥有高中文化程度的由 14032 人上升为 15088 人；拥有初中文化程度的由 38788 人下降为 34507 人；拥有小学文化程度的由 26779 人下降为 24767 人。

表 6-1　各地区每 10 万人口中拥有的各类受教育程度人数

单位：人/10 万人

地 区	大学（大专及以上）	高中（含中专）	初中	小学
全 国	**15467**	**15088**	**34507**	**24767**
北 京	41980	17593	23289	10503
天 津	26940	17719	32294	16123
河 北	12418	13861	39950	24664
山 西	17358	16485	38950	19506
内蒙古	18688	14814	33861	23627
辽 宁	18216	14670	42799	18888
吉 林	16738	17080	38234	22318
黑龙江	14793	15525	42793	21863
上 海	33872	19020	28935	11929
江 苏	18663	16191	33308	22742
浙 江	16990	14555	32706	26384
安 徽	13280	13294	33724	26875
福 建	14148	14212	32218	28031
江 西	11897	15145	35501	27514
山 东	14384	14334	35778	23693
河 南	11744	15239	37518	24557
湖 北	15502	17428	34280	23520

续表

地　区	大学（大专及以上）	高中（含中专）	初中	小学
湖　南	12239	17776	35636	25214
广　东	15699	18224	35484	20676
广　西	10806	12962	36388	27855
海　南	13919	15561	40174	19701
重　庆	15412	15956	30582	29894
四　川	13267	13301	31443	31317
贵　州	10952	9951	30464	31921
云　南	11601	10338	29241	35667
西　藏	11019	7051	15757	32108
陕　西	18397	15581	33979	21686
甘　肃	14506	12937	27423	29808
青　海	14880	10568	24344	32725
宁　夏	17340	13432	29717	26111
新　疆	16536	13208	31559	28405

二、平均受教育年限[3]

与2010年第六次全国人口普查相比，全国人口中，15岁及以上人口的平均受教育年限由9.08年提高至9.91年。

31个省份中，平均受教育年限在10年以上的省份有13个，在9年至10年之间的省份有14个，在9年以下的省份有4个。

表6-2　各地区15岁及以上人口平均受教育年限

单位：年

地　区	2020年	2010年
全　国	**9.91**	**9.08**
北　京	12.64	11.71
天　津	11.29	10.38
河　北	9.84	9.12
山　西	10.45	9.52
内蒙古	10.08	9.22
辽　宁	10.34	9.67
吉　林	10.17	9.49
黑龙江	9.93	9.36
上　海	11.81	10.73
江　苏	10.21	9.32
浙　江	9.79	8.79
安　徽	9.35	8.28
福　建	9.66	9.02
江　西	9.70	8.86
山　东	9.75	8.97
河　南	9.79	8.95
湖　北	10.02	9.20
湖　南	9.88	9.16

续表

地　区	2020 年	2010 年
广　东	10.38	9.55
广　西	9.54	8.76
海　南	10.10	9.22
重　庆	9.80	8.75
四　川	9.24	8.35
贵　州	8.75	7.65
云　南	8.82	7.76
西　藏	6.75	5.25
陕　西	10.26	9.36
甘　肃	9.13	8.19
青　海	8.85	7.85
宁　夏	9.81	8.82
新　疆	10.11	9.27

三、文盲人口

全国人口中，文盲人口（15 岁及以上不识字的人）为 37750200 人，与 2010 年第六次全国人口普查相比，文盲人口减少 16906373 人，文盲率[4]由 4.08%下降为 2.67%，下降 1.41 个百分点。

注释：

[1]本公报数据均为初步汇总数据。

[2]全国人口是指大陆 31 个省、自治区、直辖市和现役军人的人口，不包括居住在 31 个省、自治区、直辖市的港澳台居民和外籍人员。

[3]平均受教育年限是将各种受教育程度折算成受教育年限计算平均数得出的，具体的折算标准是：小学=6 年，初中=9 年，高中=12 年，大专及以上=16 年。

[4]文盲率是指大陆 31 个省、自治区、直辖市和现役军人的人口中 15 岁及以上不识字人口所占比例。

第七次全国人口普查公报[1]（第七号）

——城乡人口和流动人口情况

国家统计局

国务院第七次全国人口普查领导小组办公室

2021 年 5 月 11 日

根据第七次全国人口普查结果，现将 2020 年 11 月 1 日零时我国大陆 31 个省、自治区、直辖市和现役军人的人口城乡分布及流动情况公布如下：

一、城乡[2]人口

全国人口[3]中，居住在城镇的人口为 901991162 人，占 63.89%（2020 年我国户籍人口城镇化率为 45.4%[4]）；居住在乡村的人口为 509787562 人，占 36.11%。与 2010 年第六次全国人口普查相比，城镇人口增加 236415856 人，乡村人口减少 164361984 人，城镇人口比重上升 14.21 个百分点。

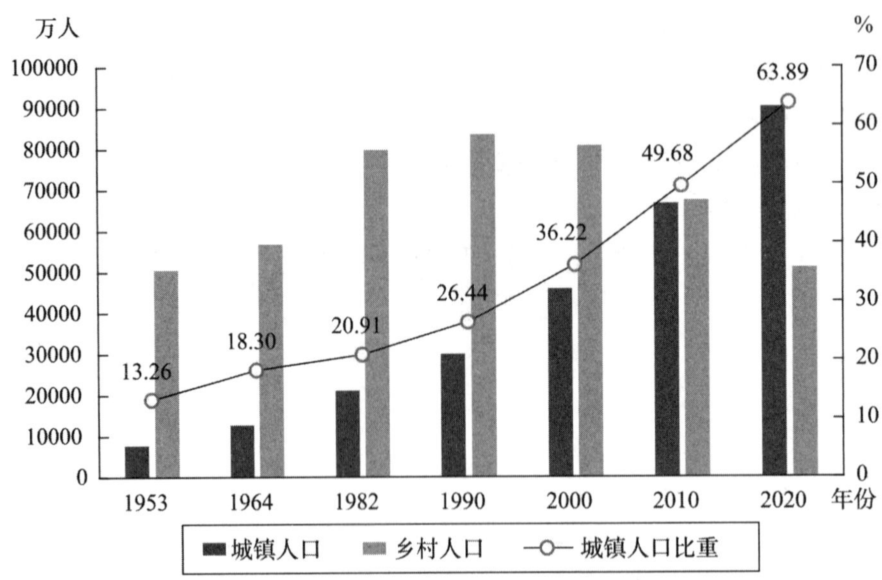

图 7-1　历次人口普查城乡人口

二、流动人口[5]

全国人口中，人户分离人口[6]为 492762506 人，其中，市辖区内人户分离[7]人口为 116945747 人，流动人口为 375816759 人。流动人口中，跨省流动人口为 124837153 人，省内流动人口为 250979606 人。

与 2010 年第六次全国人口普查相比，人户分离人口增加 231376431 人，增长 88.52%；市辖区内人户分离人口增加 76986324 人，增长 192.66%；流动人口增加 154390107 人，增长 69.73%。

注释：

[1] 本公报数据均为初步汇总数据。

[2]城镇、乡村是按国家统计局《统计上划分城乡的规定》划分的。

[3]全国人口是指大陆 31 个省、自治区、直辖市和现役军人的人口，不包括居住在 31 个省、自治区、直辖市的港澳台居民和外籍人员。

[4]此数据由公安部提供。

[5]流动人口是指人户分离人口中扣除市辖区内人户分离的人口。

[6]人户分离人口是指居住地与户口登记地所在的乡镇街道不一致且离开户口登记地半年以上的人口。

[7]市辖区内人户分离人口是指一个直辖市或地级市所辖的区内和区与区之间，居住地和户口登记地不在同一乡镇街道的人口。

第七次全国人口普查公报[1]（第八号）

——接受普查登记的港澳台居民和外籍人员情况

国家统计局

国务院第七次全国人口普查领导小组办公室

2021年5月11日

根据第七次全国人口普查结果，现将2020年11月1日零时居住在我国大陆31个省、自治区、直辖市（以下简称省份）接受普查登记的港澳台居民和外籍人员主要数据公布如下：

一、人口数

居住在31个省份并接受普查登记的香港特别行政区居民371380人、澳门特别行政区居民55732人、台湾地区居民157886人，外籍人员845697人，合计1430695人。

二、性别构成

上述人员[2]中，男性736286人，女性694409人。

其中：香港特别行政区居民，男性为202296人，女性为169084人。澳门特别行政区居民，男性为29067人，女性为26665人。台湾地区居民，男性为102897人，女性为54989人。外籍人员，男性为402026人，女性为443671人。

三、居住时间

上述人员中，居住时间三个月以下的40659人；居住时间三个月至半年的56342人；居住时间半年至一年的166884人；居住时间一年至两年的248174人；居住时间两年至五年的314954人；居住时间五年以上的603682人。

四、来内地（大陆）或来华目的

上述人员中，以商务为目的77008人；以就业为目的444336人；以学习为目的219761人；以定居为目的419517人；以探亲为目的74735人；其他目的195338人。

五、地区分布

上述人员按居住地分，人数排在前十位的省份是：广东418509人，云南379281人，上海163954人，福建106248人，北京62812人，江苏58201人，浙江46189人，广西26043人，山东21829人，辽宁20562人。居住在其他省份的127067人。

注释：

[1]本公报数据均为初步汇总数据。

[2]上述人员指普查标准时点居住在我国大陆31个省、自治区、直辖市接受普查登记的港澳台居民和外籍人员，不包括因出差、旅游等原因短期停留的港澳台居民和外籍人员。

第三部分 附录

附录2 河南省第七次全国人口普查公报

河南省第七次全国人口普查公报[1]（第一号）
——全省常住人口情况

河南省统计局

河南省第七次全国人口普查领导小组办公室

2021 年 5 月 14 日

根据第七次全国人口普查结果，现将 2020 年 11 月 1 日零时全省常住人口[2]的基本情况公布如下：

一、常住人口

全省常住人口为 99365519 人。

二、人口增长

全省常住人口与 2010 年第六次全国人口普查的 94023567 人相比，十年共增加 5341952 人，增长 5.68%，年平均增长率为 0.55%。

三、户别人口

全省常住人口中共有家庭户[3]31782693 户，集体户 1442292 户，家庭户人口为 90744073 人，集体户人口为 8621446 人。平均每个家庭户的人口为 2.86 人，比 2010 年第六次全国人口普查的 3.47 人减少 0.61 人。

四、民族人口

全省常住人口中，汉族人口为 98210038 人，占 98.84%；各少数民族人口为 1155481 人，占 1.16%。与 2010 年第六次全国人口普查相比，汉族人口增加 5314754 人，增长 5.72%；各少数民族人口增加 27198 人，增长 2.41%。

注释：

[1] 本公报数据均为初步汇总数据。

[2] 常住人口包括：居住在本乡镇街道且户口在本乡镇街道或户口待定的人；居住在本乡镇街道且离开户口登记地所在的乡镇街道半年以上的人；户口在本乡镇街道且外出不满半年或在境外工作学习的人。

[3] 家庭户是指以家庭成员关系为主、居住一处共同生活的人组成的户。

河南省第七次全国人口普查公报[1]（第二号）

——地区常住人口情况

河南省统计局

河南省第七次全国人口普查领导小组办公室

2021 年 5 月 14 日

根据第七次全国人口普查结果，现将 2020 年 11 月 1 日零时全省分地区的常住人口[2]有关数据公布如下：

表 2-1　各地区常住人口

单位：人、%

地　区	人口数	比重[3]	
		2020 年	2010 年
全　省	**99365519**	**100.00**	**100.00**
郑州市	12600574	12.68	9.17
#巩义市	785242	0.79	0.86
开封市	4824016	4.85	4.97
#兰考县	777278	0.78	0.72
洛阳市	7056699	7.10	6.97
平顶山市	4987137	5.02	5.22
#汝州市	974541	0.98	0.99
安阳市	5477614	5.51	5.50
#滑县	1169072	1.18	1.34
鹤壁市	1565973	1.58	1.67
新乡市	6251929	6.29	6.07
#长垣市	905436	0.91	0.86
焦作市	3521078	3.54	3.76
濮阳市	3772088	3.80	3.83
许昌市	4379998	4.41	4.58
漯河市	2367490	2.38	2.71
三门峡市	2034872	2.05	2.38
南阳市	9713112	9.78	10.92
#邓州市	1247807	1.26	1.56
商丘市	7816831	7.87	7.83
#永城市	1256409	1.26	1.32
信阳市	6234401	6.27	6.50
#固始县	1041399	1.05	1.09
周口市	9026015	9.08	9.52
#鹿邑县	958617	0.96	0.97
驻马店市	7008427	7.05	7.69
#新蔡县	823829	0.83	0.91
济源示范区	727265	0.73	0.72

注释：

[1]本公报数据均为初步汇总数据。

[2]常住人口包括：居住在本乡镇街道且户口在本乡镇街道或户口待定的人；居住在本乡镇街道且离开户口登记地所在的乡镇街道半年以上的人；户口在本乡镇街道且外出不满半年或在境外工作学习的人。

[3]指各省辖市、省直管县（市）的常住人口占全省常住人口的比重。

[4]带#的为省直管县（市），各省辖市数据含省直管县（市）。

[5]部分数据因四舍五入的原因，存在总计与分项合计不等的情况。

河南省第七次全国人口普查公报[1]（第三号）

——常住人口性别构成情况

河南省统计局

河南省第七次全国人口普查领导小组办公室

2021 年 5 月 14 日

根据第七次全国人口普查结果，现将 2020 年 11 月 1 日零时全省常住人口[2]的性别构成情况公布如下：

一、全省常住人口性别构成

全省常住人口中，男性人口为 49832349 人，占 50.15%；女性人口为 49533170 人，占 49.85%。人口性别比（以女性为 100，男性对女性的比例）为 100.60，2010 年第六次全国人口普查为 102.06。

二、地区常住人口性别构成

表 3-1　各地区常住人口性别构成

单位：%

地　区	占常住人口比重		性别比
	男	女	
全　省	**50.15**	**49.85**	**100.60**
郑州市	51.32	48.68	105.44
#巩义市	50.98	49.02	104.02
开封市	50.69	49.31	102.81
#兰考县	50.23	49.77	100.93
洛阳市	50.30	49.70	101.20
平顶山市	50.52	49.48	102.12
#汝州市	50.34	49.66	101.37
安阳市	49.08	50.92	96.37
#滑县	48.95	51.05	95.90
鹤壁市	50.60	49.40	102.41
新乡市	50.23	49.77	100.91
#长垣市	49.42	50.58	97.70
焦作市	50.42	49.58	101.70
濮阳市	49.55	50.45	98.21
许昌市	50.51	49.49	102.06
漯河市	50.14	49.86	100.55
三门峡市	50.57	49.43	102.32
南阳市	50.21	49.79	100.83
#邓州市	49.13	50.87	96.59

续表

地 区	占常住人口比重		性别比
	男	女	
商丘市	49.72	50.28	98.89
#永城市	49.86	50.14	99.45
信阳市	49.67	50.33	98.68
#固始县	50.39	49.61	101.58
周口市	49.35	50.65	97.43
#鹿邑县	48.64	51.36	94.70
驻马店市	49.57	50.43	98.31
#新蔡县	49.24	50.76	96.99
济源示范区	50.71	49.29	102.86

注释：

[1]本公报数据均为初步汇总数据。

[2]常住人口包括：居住在本乡镇街道且户口在本乡镇街道或户口待定的人；居住在本乡镇街道且离开户口登记地所在的乡镇街道半年以上的人；户口在本乡镇街道且外出不满半年或在境外工作学习的人。

[3]带#的为省直管县（市），各省辖市数据含省直管县（市）。

河南省第七次全国人口普查公报[1]（第四号）

——常住人口年龄构成情况

河南省统计局

河南省第七次全国人口普查领导小组办公室

2021 年 5 月 14 日

根据第七次全国人口普查结果，现将 2020 年 11 月 1 日零时全省常住人口[2]的年龄构成情况公布如下：

一、全省常住人口年龄构成

全省常住人口中，0–14 岁[3]人口为 22988954 人，占 23.14%；15–59 岁人口为 58412517 人，占 58.78%；60 岁及以上人口为 17964048 人，占 18.08%，其中 65 岁及以上人口为 13401904 人，占 13.49%。与 2010 年第六次全国人口普查相比，0–14 岁人口的比重上升 2.14 个百分点，15–59 岁人口的比重下降 7.49 个百分点，60 岁及以上人口的比重上升 5.35 个百分点，65 岁及以上人口的比重上升 5.13 个百分点。

表 4-1　全省常住人口年龄构成

单位：人、%

年　龄	人口数	比　重
总　计	**99365519**	**100.00**
0-14 岁	22988954	23.14
15-59 岁	58412517	58.78
60 岁及以上	17964048	18.08
其中：65 岁及以上	13401904	13.49

二、地区常住人口年龄构成

表 4-2　各地区常住人口年龄构成

单位：%

地　区	占常住人口比重			
	0-14 岁	15-59 岁	60 岁及以上	其中：65 岁及以上
全　省	**23.14**	**58.78**	**18.08**	**13.49**
郑州市	19.05	68.11	12.84	8.98
#巩义市	18.12	61.75	20.13	14.38
开封市	23.57	57.14	19.29	14.20
#兰考县	26.85	55.14	18.01	13.55
洛阳市	20.85	60.84	18.31	12.97
平顶山市	24.78	56.92	18.30	13.53
#汝州市	28.28	54.76	16.95	12.11
安阳市	24.41	57.27	18.32	13.27
#滑县	28.70	52.49	18.81	14.74
鹤壁市	21.66	61.90	16.44	11.95

续表

地 区	占常住人口比重			
	0-14 岁	15-59 岁	60 岁及以上	其中：65 岁及以上
新乡市	23.17	59.15	17.68	13.04
#长垣市	25.94	56.80	17.26	13.44
焦作市	18.71	62.41	18.88	13.28
濮阳市	25.70	56.63	17.67	13.15
许昌市	22.30	58.01	19.70	14.96
漯河市	20.34	58.64	21.03	16.00
三门峡市	18.33	61.88	19.79	13.68
南阳市	26.23	54.99	18.79	14.22
#邓州市	28.73	52.15	19.12	14.54
商丘市	25.42	56.44	18.14	14.02
#永城市	27.19	55.58	17.23	14.07
信阳市	23.67	57.06	19.27	15.20
#固始县	24.32	53.47	22.21	18.01
周口市	24.92	55.33	19.75	15.18
#鹿邑县	25.56	55.50	18.94	15.19
驻马店市	25.10	55.10	19.80	15.72
#新蔡县	26.56	54.30	19.14	15.93
济源示范区	19.47	61.86	18.66	12.99

注释：

[1] 本公报数据均为初步汇总数据。

[2] 常住人口包括：居住在本乡镇街道且户口在本乡镇街道或户口待定的人；居住在本乡镇街道且离开户口登记地所在的乡镇街道半年以上的人；户口在本乡镇街道且外出不满半年或在境外工作学习的人。

[3] 0-15 岁人口为 24405618 人，16-59 岁人口为 56995853 人。

[4] 带 # 的为省直管县（市），各省辖市数据含省直管县（市）。

[5] 部分数据因四舍五入的原因，存在总计与分项合计不等的情况。

河南省第七次全国人口普查公报[1]（第五号）

——常住人口受教育情况

河南省统计局

河南省第七次全国人口普查领导小组办公室

2021 年 5 月 14 日

根据第七次全国人口普查结果，现将 2020 年 11 月 1 日零时全省常住人口[2]的受教育基本情况公布如下：

一、受教育程度人口

全省常住人口中，拥有大学（指大专及以上）文化程度的人口为 11669874 人；拥有高中（含中专）文化程度的人口为 15142251 人；拥有初中文化程度的人口为 37279870 人；拥有小学文化程度的人口为 24400943 人（以上各种受教育程度的人包括各类学校的毕业生、肄业生和在校生）。与 2010 年第六次全国人口普查相比，每 10 万人中拥有大学文化程度的由 6398 人上升为 11744 人；拥有高中文化程度的由 13212 人上升为 15239 人；拥有初中文化程度的由 42460 人下降为 37518 人；拥有小学文化程度的由 24108 人上升为 24557 人。

表 5-1　各地区每 10 万人口中拥有的各类受教育程度人数

单位：人/10 万人

地　区	大学（大专及以上）	高中（含中专）	初中	小学
全　省	**11744**	**15239**	**37518**	**24557**
郑州市	28992	18436	27520	15592
#巩义市	13917	19596	37152	19697
开封市	10029	14005	38568	25137
#兰考县	7075	11743	39933	27473
洛阳市	13339	17436	39872	19724
平顶山市	9656	13622	41481	24458
#汝州市	5352	12431	43197	27139
安阳市	9301	13159	40940	26243
#滑县	5439	10947	40699	29940
鹤壁市	10908	15182	40611	23631
新乡市	11743	20163	37885	20994
#长垣市	7304	16605	41700	23065
焦作市	12751	22411	39642	16605
濮阳市	10019	12625	37855	26961
许昌市	9119	14650	44393	22815
漯河市	10716	16423	41551	21192
三门峡市	11801	18977	39636	21117
南阳市	7271	12923	39061	30444
#邓州市	4496	10968	39686	33914

续表

地　区	大学（大专及以上）	高中（含中专）	初中	小学
商丘市	7726	12021	38787	27864
#永城市	6676	11330	41049	28920
信阳市	8466	14082	32447	32530
#固始县	5628	13656	32249	34998
周口市	6085	11902	38883	28501
#鹿邑县	4433	12708	39150	29137
驻马店市	6467	14375	38287	29978
#新蔡县	3727	10555	33958	38528
济源示范区	18572	24488	30543	16888

二、平均受教育年限[3]

与 2010 年第六次全国人口普查相比，全省常住人口中，15 岁及以上人口的平均受教育年限由 8.95 年上升至 9.79 年。

表 5-2　各地区 15 岁及以上人口平均受教育年限

单位：年

地　区	2020 年
全　省	**9.79**
郑州市	11.76
#巩义市	10.30
开封市	9.43
#兰考县	9.05
洛阳市	10.27
平顶山市	9.63
#汝州市	9.15
安阳市	9.50
#滑县	8.83
鹤壁市	9.76
新乡市	10.28
#长垣市	9.63
焦作市	10.49
濮阳市	9.37
许昌市	9.72
漯河市	9.78
三门峡市	10.09
南阳市	9.14
#邓州市	8.67
商丘市	9.07
#永城市	9.05
信阳市	8.89
#固始县	8.39
周口市	8.70
#鹿邑县	8.65
驻马店市	9.10
#新蔡县	8.12
济源示范区	11.07

三、文盲人口

全省常住人口中，文盲人口（15 岁及以上不识字的人）为 2228594 人，与 2010 年第六次全国人口普查相比，文盲人口减少 1762856 人，文盲率[4]由 4.25%下降为 2.24%，下降 2.01 个百分点。

注释：

[1] 本公报数据均为初步汇总数据。

[2] 常住人口包括：居住在本乡镇街道且户口在本乡镇街道或户口待定的人；居住在本乡镇街道且离开户口登记地所在的乡镇街道半年以上的人；户口在本乡镇街道且外出不满半年或在境外工作学习的人。

[3] 平均受教育年限是将各种受教育程度折算成受教育年限计算平均数得出的，具体的折算标准是：小学=6 年，初中=9 年，高中=12 年，大专及以上=16 年。

[4] 文盲率是指全省常住人口中 15 岁及以上不识字人口所占比例。

[5] 带 # 的为省直管县（市），各省辖市数据含省直管县（市）。

河南省第七次全国人口普查公报[1]（第六号）
——城乡人口和流动人口情况

河南省统计局
河南省第七次全国人口普查领导小组办公室
2021 年 5 月 14 日

根据第七次全国人口普查结果，现将 2020 年 11 月 1 日零时全省常住人口[2]的城乡分布及流动情况公布如下：

一、城乡[3]人口

全省常住人口中，居住在城镇的人口为 55078554 人，占 55.43%；居住在乡村的人口为 44286965 人，占 44.57%。与 2010 年第六次全国人口普查相比，城镇人口增加 18858787 人，乡村人口减少 13523207 人，城镇人口比重上升 16.91 个百分点。

二、流动人口[4]

全省常住人口中，人户分离人口[5]为 25639605 人，其中，市辖区内人户分离[6]人口为 4437883 人，流动人口为 21201722 人。流动人口中，省内流动人口为 19928072 人，外省流入人口为 1273650 人。

与 2010 年第六次全国人口普查相比，人户分离人口增加 15875538 人，增长 162.59 %，其中，市辖区内人户分离人口增加 2711827 人，增长 157.11%，流动人口增加 13163711 人，增长 163.77%。流动人口中，省内流动人口增加 12482195 人，增长 167.64%，外省流入人口增加 681516 人，增长 115.09%。

注释：

[1] 本公报数据均为初步汇总数据。

[2] 常住人口包括：居住在本乡镇街道且户口在本乡镇街道或户口待定的人；居住在本乡镇街道且离开户口登记地所在的乡镇街道半年以上的人；户口在本乡镇街道且外出不满半年或在境外工作学习的人。

[3] 城镇、乡村是按国家统计局《统计上划分城乡的规定》划分的。

[4] 流动人口是指人户分离人口中扣除市辖区内人户分离的人口。

[5] 人户分离人口是指居住地与户口登记地所在的乡镇街道不一致且离开户口登记地半年以上的人口。

[6] 市辖区内人户分离人口是指一个直辖市或地级市所辖的区内和区与区之间，居住地和户口登记地不在同一乡镇街道的人口。

第三部分　附录

附录3　国务院关于开展第七次全国人口普查的通知

国务院关于开展第七次全国人口普查的通知

国发〔2019〕24号

各省、自治区、直辖市人民政府，国务院各部委、各直属机构：

根据《中华人民共和国统计法》和《全国人口普查条例》规定，国务院决定于2020年开展第七次全国人口普查。现将有关事项通知如下：

一、总体要求

（一）指导思想。以习近平新时代中国特色社会主义思想为指导，全面贯彻党的十九大和十九届二中、三中、四中全会精神，认真落实党中央、国务院关于统计改革发展的决策部署，坚持实事求是、改革创新，科学设计、精心组织，周密部署、依法实施，确保第七次全国人口普查数据真实准确，全面客观反映我国人口发展状况。

（二）普查目的。第七次全国人口普查是在中国特色社会主义进入新时代开展的重大国情国力调查，将全面查清我国人口数量、结构、分布、城乡住房等方面情况，为完善人口发展战略和政策体系，促进人口长期均衡发展，科学制定国民经济和社会发展规划，推动经济高质量发展，开启全面建设社会主义现代化国家新征程，向第二个百年奋斗目标进军，提供科学准确的统计信息支持。

二、普查对象、内容和时间

普查对象是普查标准时点在中华人民共和国境内的自然人以及在中华人民共和国境外但未定居的中国公民，不包括在中华人民共和国境内短期停留的境外人员。

普查主要调查人口和住户的基本情况，内容包括：姓名、公民身份号码、性别、年龄、民族、受教育程度、行业、职业、迁移流动、婚姻生育、死亡、住房情况等。

普查标准时点是2020年11月1日零时。

三、组织实施

第七次全国人口普查涉及范围广、参与部门多、技术要求高、工作难度大，各地区、各部门要按照“全国统一领导、部门分工协作、地方分级负责、各方共同参与”的原则，认真做好普查的宣传动员和组织实施工作。

为加强组织领导，国务院决定成立第七次全国人口普查领导小组，负责普查组织实施中重大问题的研究和决策。普查领导小组办公室设在国家统计局，具体负责普查的组织实施。各成员单位要按照职能分工，各负其责、通力协作、密切配合，共同做好普查工作。对普查工作中遇到的困难和问题，要及时采取措施予以解决。

地方各级人民政府要设立相应的普查领导小组及其办公室，认真做好本地区普查工作。要充分发挥街道办事处和乡镇政府、居民委员会和村民委员会的作用，广泛引导、动员和组织社会力量积极参与并认真配合做好普查工作。

地方普查机构可根据工作需要，招聘或者从有关单位借调符合条件的普查指导员和普查员。为稳定普查工作队伍，确保普查工作顺利进行，应及时支付招聘人员的劳动报酬，保证借调人员在原单位的工资、福利及其他待遇不变，并保留其原有工作岗位。

四、经费保障

第七次全国人口普查所需经费，由中央和地方各级人民政府共同负担，并列入相应年度的财政预算，按时拨付、确保到位。

五、工作要求

（一）坚持依法普查。各地区、各部门要按照《中华人民共和国统计法》、《中华人民共和国统计法实施条例》、《全国人口普查条例》等法律法规要求，认真做好普查各项工作。普查取得的数据，严格限定用于普查目的，不得作为任何部门和单位对各级行政管理工作实施考核、奖惩的依据。普查中获得的能够识别或者推断单个普查对象身份的资料，不得作为对普查对象实施处罚等具体行政行为的依据。

（二）确保数据质量。建立健全普查数据质量追溯和问责机制，各级人民政府统计机构要加大对普查工作中违纪违法行为的查处和通报曝光力度，坚决杜绝人为干扰普查工作的现象，确保普查工作顺利进行和普查数据真实准确。对普查中发现应当给予党纪政务处分或组织处理的统计违纪违法责任人，由统计机构按规定提出处分处理建议并及时移送任免机关、纪检监察机关或组织（人事）部门。

（三）提升信息化水平。采取电子化方式开展普查登记，探索使用智能手机采集数据。广泛应用部门行政记录，推进大数据在普查中的应用，提高普查数据采集处理效能。全流程加强对公民个人信息的保护，各级普查机构及其工作人员必须严格履行保密义务，严禁向任何机构、单位、个人泄露或出售公民个人信息。

（四）加强宣传工作。各级普查机构要会同宣传部门认真做好普查宣传的策划和组织工作。采用多种手段，广泛深入宣传第七次全国人口普查的重要意义和要求，引导广大普查对象依法配合普查，如实申报普查项目，为普查工作顺利实施创造良好舆论环境。

附件：国务院第七次全国人口普查领导小组组成人员名单（略）

国务院

2019 年 10 月 31 日

（此件公开发布）

第三部分 附录

附录 4 河南省人民政府关于认真做好第七次全国人口普查工作的通知

河南省人民政府
关于认真做好第七次全国人口普查工作的通知

豫政〔2020〕1号

各省辖市人民政府、济源示范区管委会、各省直管县（市）人民政府，省人民政府各部门：

根据《中华人民共和国统计法》和《全国人口普查条例》规定，国务院决定于2020年开展第七次全国人口普查。为切实做好我省第七次全国人口普查工作，按照《国务院关于开展第七次全国人口普查的通知》（国发〔2019〕24号）要求，现将有关事项通知如下：

一、重大意义

第七次全国人口普查是中国特色社会主义进入新时代开展的重大国情国力调查。通过人口普查，将全面查清人口数量、结构、分布、城乡住房等方面的情况，为完善人口发展战略和政策体系，促进人口长期均衡发展，科学制定国民经济和社会发展规划，推动经济高质量发展提供科学准确的统计信息支持。

各级、各部门要以习近平新时代中国特色社会主义思想为指导，全面贯彻党的十九大和十九届二中、三中、四中全会精神，深入落实习近平总书记视察河南重要讲话精神，认真落实党中央、国务院关于统计改革发展的决策部署，坚持实事求是、改革创新，科学设计、精心组织，周密部署、依法实施，确保人口普查数据真实准确，全面客观反映我省人口发展状况。

二、普查对象、内容和时间

普查对象是普查标准时点在河南省行政区域内居住的自然人，以及户籍登记地在我省、现在省外居住的自然人，不包括在我省行政区域内短期停留的境外人员。

普查主要调查人口和住户的基本情况，包括姓名、公民身份号码、性别、年龄、民族、受教育程度、行业、职业、迁移流动、婚姻生育、死亡、住房情况等。

普查标准时点是2020年11月1日零时。

三、工作要求

（一）坚持依法普查。各级、各部门要按照《中华人民共和国统计法》《中华人民共和国统计法实施条例》《全国人口普查条例》《河南省统计管理条例》等法律、法规要求，认真做好普查各项工作。普查取得的数据，严格限定用于普查目的，不得作为任何部门和单位对各级行政管理工作实施考核、奖惩的依据。普查中获得的能够识别或推断单个普查对象身份的资料，不得作为对普查对象作出处罚等具体行政行为的依据。要加强对公民个人信息的保护，各级普查机构及其工作人员必须严格履行保密义务，严禁向任何机构、单位、个人泄露或出售公民个人信息。

（二）严格质量控制。各级、各部门要牢固树立“数据质量是普查工作的生命线”意识，秉承实事求是原则，坚持查实情、报真数。要严格普查工作流程，加强全过程管理，建立严格的数据质量检查制度，制定完善数据质量控制办法，把普查质量控制落实到普查的各个工作阶段和环节，确保普查数据全面准确、真实可靠。

（三）强化执纪问责。建立健全普查数据质量追溯和问责机制，各级政府统计机构要加大对普查工作中违纪违法行为的查处和通报曝光力度，坚决杜绝人为干扰普查工作的现象。对普查中发现应当给予党纪政务处分或组织处理的统计违纪、违法责任人，由统计机构按规定提出处分处理建议并及时移送任免机关、纪检监察机关或组织（人事）部门。

（四）提升信息化水平。本次人口普查采取电子化方式开展普查登记，使用平板电脑或智能手机等采集数据。各地要按照有关要求，加强普查指导员和普查员业务培训，提高其业务能力。各级普查机构要广泛应用部门行政记录，推进大数据在普查中的应用，提高普查数据采集处理效能。

四、保障措施

（一）加强组织领导。人口普查涉及范围广、参与部门多、技术要求高、工作难度大，各级、各部门要按照“全国统一领导、部门分工协作、地方分级负责、各方共同参与”的原则，认真抓好工作落实。为加强对我省人口普查工作的组织领导，省政府决定成立河南省第七次全国人口普查领导小组，负责协调解决普查中的重大问题；领导小组办公室设在省统计局，具体负责普查的组织实施。各级政府要成立相应的领导小组及其办公室，认真组织做好本地人口普查工作。要充分发挥街道办事处（乡镇政府）和居民委员会（村民委员会）作用，广泛引导、动员和组织社会力量积极参与并认真配合做好普查工作。各级普查机构可根据工作需要，招聘或从有关单位借调符合条件的普查指导员和普查员。

（二）强化协同配合。领导小组各成员单位要按照职能分工，各负其责、通力协作、密切配合，共同做好普查工作，及时协调解决普查工作中遇到的困难和问题。公安、卫生健康、医保、民政等部门要积极配合做好入户登记调查工作,及时提供有关基础资料。

（三）保障工作经费。本次人口普查所需经费，由中央和地方各级政府共同负担。各级政府要将人口普查经费列入相应年度的财政预算，确保按时拨付到位；各级领导小组办公室要切实做到专款专用。各级普查机构要及时支付普查指导员、普查员的劳动报酬和补贴，保证借调人员在原单位的工资、福利及其他待遇不变，并保留其原有工作岗位，确保普查工作队伍稳定、普查工作顺利进行。

（四）加强宣传动员。各级普查机构要会同宣传部门认真做好普查宣传的策划和组织工作。要充分发挥各类媒体作用，采用多种手段，广泛深入宣传第七次全国人口普查的重要意义和要求，引导广大普查对象依法配合普查，如实申报普查项目，为普查顺利实施营造良好舆论环境。

附件：河南省第七次全国人口普查领导小组组成人员名单

河南省人民政府

2020 年 1 月 2 日

附件：

河南省第七次全国人口普查领导小组组成人员名单

组　长：黄　强　（常务副省长）
副组长：冯先志　（省政府副秘书长、省地方金融监管局局长）
王世炎　（省统计局局长）
王　红　（省发展改革委副主任）
范玉龙　（省公安厅副厅长）
陈治胜　（省自然资源厅副厅长）
张　达　（省住房城乡建设厅副厅长）
刘延军　（省卫生健康委副主任）
成　员：刘春阳　（省政府办公厅副巡视员）
李文良　（省委宣传部副巡视员）
张红林　（省委统战部副部长）
蔡新民　（省委网信办副主任）
崔兴莉　（省委台办副主任）
陈垠亭　（省教育厅副厅长）
黄旭东　（省民族宗教委副主任）
高东海　（省民政厅副厅长）
石　英　（省司法厅副厅长）
张中亮　（省财政厅副厅长）
李海龙　（省人力资源社会保障厅副厅长）
刘保仓　（省农业农村厅副厅长）
郑文超　（省市场监管局副局长）
翟国选　（省广电局副局长）
冯文元　（省统计局副局长）
尹　建　（省医保局巡视员）
魏世春　（省事管局副局长）
皇甫小雷　（省政府研究室副主任）
赵　璐　（省大数据局副局长）
李宝华　（省监狱管理局副局长）
孙　力　（省通信管理局巡视员）
桂　军　（省军区保障局副局长）
谷振军　（武警河南省总队政治工作部主任）

领导小组办公室主任由冯文元同志兼任。

第三部分 附录

附录 5 全国人口普查条例

中华人民共和国国务院令

第 576 号

《全国人口普查条例》已经 2010 年 5 月 12 日国务院第 111 次常务会议通过，现予公布，自 2010 年 6 月 1 日起施行。

总理 温家宝

二〇一〇年五月二十四日

全国人口普查条例

第一章 总 则

第一条 为了科学、有效地组织实施全国人口普查，保障人口普查数据的真实性、准确性、完整性和及时性，根据《中华人民共和国统计法》，制定本条例。

第二条 人口普查的目的是全面掌握全国人口的基本情况，为研究制定人口政策和经济社会发展规划提供依据，为社会公众提供人口统计信息服务。

第三条 人口普查工作按照全国统一领导、部门分工协作、地方分级负责、各方共同参与的原则组织实施。

国务院统一领导全国人口普查工作，研究决定人口普查中的重大问题。地方各级人民政府按照国务院的统一规定和要求，领导本行政区域的人口普查工作。

在人口普查工作期间，各级人民政府设立由统计机构和有关部门组成的人口普查机构（以下简称普查机构），负责人口普查的组织实施工作。

村民委员会、居民委员会应当协助所在地人民政府动员和组织社会力量，做好本区域的人口普查工作。

国家机关、社会团体、企业事业单位应当按照《中华人民共和国统计法》和本条例的规定，参与并配合人口普查工作。

第四条 人口普查对象应当按照《中华人民共和国统计法》和本条例的规定，真实、准确、完整、及时地提供人口普查所需的资料。

人口普查对象提供的资料，应当依法予以保密。

第五条 普查机构和普查机构工作人员、普查指导员、普查员（以下统称普查人员）依法独立行使调查、报告、监督的职权，任何单位和个人不得干涉。

地方各级人民政府、各部门、各单位及其负责人，不得自行修改普查机构和普查人员依法搜集、整理的人口普查资料，不得以任何方式要求普查机构和普查人员及其他单位和个人伪造、篡改人口普查资料，不得对依法履行职责或者拒绝、抵制人口普查违法行为的普查人员打击报复。

第六条 各级人民政府应当利用报刊、广播、电视、互联网和户外广告等媒介，开展人口普查的宣传动员工作。

第七条 人口普查所需经费，由国务院和地方各级人民政府共同负担，并列入相应年度的财政预算，按时拨付，确保足额到位。

人口普查经费应当统一管理、专款专用，从严控制支出。

第八条 人口普查每10年进行一次，尾数逢0的年份为普查年度，标准时点为普查年度的11月1日零时。

第九条 国家统计局会同国务院有关部门制定全国人口普查方案（以下简称普查方案），报国务院批准。

人口普查应当按照普查方案的规定执行。

第十条 对认真执行本条例，忠于职守、坚持原则，做出显著成绩的单位和个人，按照国家有关规定给予表彰和奖励。

第二章 人口普查的对象、内容和方法

第十一条 人口普查对象是指普查标准时点在中华人民共和国境内的自然人以及在中华人民共和国境外但未定居的中国公民，不包括在中华人民共和国境内短期停留的境外人员。

第十二条 人口普查主要调查人口和住户的基本情况，内容包括姓名、性别、年龄、民族、国籍、受教育程度、行业、职业、迁移流动、社会保障、婚姻、生育、死亡、住房情况等。

第十三条 人口普查采用全面调查的方法，以户为单位进行登记。

第十四条 人口普查采用国家统计分类标准。

第三章 人口普查的组织实施

第十五条 人口普查登记前，公安机关应当按照普查方案的规定完成户口整顿工作，并将有关资料提交本级人口普查机构。

第十六条 人口普查登记前应当划分普查区，普查区以村民委员会、居民委员会所辖区域为基础划分，每个普查区划分为若干普查小区。

第十七条 每个普查小区应当至少有一名普查员，负责入户登记等普查工作。每个普查区应当至少有一名普查指导员，负责安排、指导、督促和检查普查员的工作，也可以直接进行入户登记。

第十八条 普查指导员和普查员应当具有初中以上文化水平，身体健康，责任心强。

第十九条 普查指导员和普查员可以从国家机关、社会团体、企业事业单位借调，也可以从村民委员会、居民委员会或者社会招聘。借调和招聘工作由县级人民政府负责。

国家鼓励符合条件的公民作为志愿者参与人口普查工作。

第二十条 借调的普查指导员和普查员的工资由原单位支付，其福利待遇保持不变，并保留其原有工作岗位。

招聘的普查指导员和普查员的劳动报酬，在人口普查经费中予以安排，由聘用单位支付。

第二十一条 普查机构应当对普查指导员和普查员进行业务培训，并对考核合格的人员颁发全国统一的普查指导员证或者普查员证。

普查指导员和普查员执行人口普查任务时，应当出示普查指导员证或者普查员证。

第二十二条 人口普查登记前，普查指导员、普查员应当绘制普查小区图，编制普查小区户主姓名底册。

第二十三条 普查指导员、普查员入户登记时，应当向人口普查对象说明人口普查的目的、法律依据以及人口普查对象的权利和义务。

第二十四条 人口普查对象应当按时提供人口普查所需的资料，如实回答相关问题，不得隐瞒有关情况，不得提供虚假信息，不得拒绝或者阻碍人口普查工作。

第二十五条 人口普查对象应当在普查表上签字或者盖章确认，并对其内容的真实性负责。

第二十六条 普查人员应当坚持实事求是，恪守职业道德，拒绝、抵制人口普查工作中的违法行为。

普查机构和普查人员不得伪造、篡改普查资料，不得以任何方式要求任何单位和个人提供虚假的普查资料。

第二十七条 人口普查实行质量控制岗位责任制，普查机构应当对人口普查实施中的每个环节实行质量控制和检查，对人口普查数据进行审核、复查和验收。

第二十八条 国家统计局统一组织人口普查数据的事后质量抽查工作。

第四章 人口普查资料的管理和公布

第二十九条 地方各级普查机构应当按照普查方案的规定进行数据处理，并按时上报人口普查资料。

第三十条 人口普查汇总资料，除依法应当保密的外，应当予以公布。

全国和各省、自治区、直辖市主要人口普查数据，由国家统计局以公报形式公布。

地方人民政府统计机构公布本行政区域主要人口普查数据，应当报经上一级人民政府统计机构核准。

第三十一条 各级人民政府统计机构应当做好人口普查资料的管理、开发和应用，为社会公众提供查询、咨询等服务。

第三十二条 人口普查中获得的原始普查资料，按照国家有关规定保存、销毁。

第三十三条 人口普查中获得的能够识别或者推断单个普查对象身份的资料，任何单位和个人不得对外提供、泄露，不得作为对人口普查对象作出具体行政行为的依据，不得用于人口普查以外的目的。

人口普查数据不得作为对地方人民政府进行政绩考核和责任追究的依据。

第五章 法律责任

第三十四条 地方人民政府、政府统计机构或者有关部门、单位的负责人有下列行为之一的，由任免机关或者监察机关依法给予处分，并由县级以上人民政府统计机构予以通报；构成犯罪的，依法追究刑事责任：

（一）自行修改人口普查资料、编造虚假人口普查数据的；

（二）要求有关单位和个人伪造、篡改人口普查资料的；

（三）不按照国家有关规定保存、销毁人口普查资料的；

（四）违法公布人口普查资料的；

（五）对依法履行职责或者拒绝、抵制人口普查违法行为的普查人员打击报复的；

（六）对本地方、本部门、本单位发生的严重人口普查违法行为失察的。

第三十五条 普查机构在组织实施人口普查活动中有下列违法行为之一的，由本级人民政府或者上级人民政府统计机构责令改正，予以通报；对直接负责的主管人员和其他直接责任人员，由任免机关或者监察机关依法给予处分：

（一）不执行普查方案的；

（二）伪造、篡改人口普查资料的；

（三）要求人口普查对象提供不真实的人口普查资料的；

（四）未按照普查方案的规定报送人口普查资料的；

（五）违反国家有关规定，造成人口普查资料毁损、灭失的；

（六）泄露或者向他人提供能够识别或者推断单个普查对象身份的资料的。

普查人员有前款所列行为之一的，责令其停止执行人口普查任务，予以通报，依法给予处分。

第三十六条 人口普查对象拒绝提供人口普查所需的资料，或者提供不真实、不完整的人口普查资料的，由县级以上人民政府统计机构责令改正，予以批评教育。

人口普查对象阻碍普查机构和普查人员依法开展人口普查工作，构成违反治安管理行为的，由公安机关依法给予处罚。

第三十七条 县级以上人民政府统计机构应当设立举报电话和信箱，接受社会各界对人口普查违法行为的检举和监督。

第六章 附 则

第三十八条 中国人民解放军现役军人、人民武装警察等人员的普查内容和方法，由国家统计局会同国务院有关部门、军队有关部门规定。

交通极为不便地区的人口普查登记的时间和方法，由国家统计局会同国务院有关部门规定。

第三十九条 香港特别行政区、澳门特别行政区的人口数，按照香港特别行政区政府、澳门特别行政区政府公布的资料计算。

台湾地区的人口数，按照台湾地区有关主管部门公布的资料计算。

第四十条 为及时掌握人口发展变化情况，在两次人口普查之间进行全国1%人口抽样调查。全国1%人口抽样调查参照本条例执行。

第四十一条 本条例自2010年6月1日起施行。

第三部分 附录

附录 6　第七次全国人口普查方案

第七次全国人口普查方案

国家统计局
国务院第七次全国人口普查领导小组办公室

第一部分 总说明

根据《中华人民共和国统计法》《中华人民共和国统计法实施条例》《全国人口普查条例》和《国务院关于开展第七次全国人口普查的通知》，制定本方案。

一、普查目的

全面查清我国人口数量、结构、分布、城乡住房等方面情况，为完善人口发展战略和政策体系，促进人口长期均衡发展，科学制定国民经济和社会发展规划，推动经济高质量发展，开启全面建设社会主义现代化国家新征程，向第二个百年奋斗目标进军，提供科学准确的统计信息支持。

二、普查时点

普查的标准时点是2020年11月1日零时。

三、普查对象

普查对象是指普查标准时点在中华人民共和国境内的自然人以及在中华人民共和国境外但未定居的中国公民，不包括在中华人民共和国境内短期停留的境外人员。

四、普查内容和普查表

普查登记的主要内容包括：姓名、公民身份号码、性别、年龄、民族、受教育程度、行业、职业、迁移流动、婚姻生育、死亡、住房情况等。

根据不同的普查对象和普查内容，具体分为四种普查表。

（一）第七次全国人口普查短表

普查短表包括反映人口基本状况的项目，由全部住户（不包括港澳台居民和外籍人员）填报。

（二）第七次全国人口普查长表

普查长表包括所有短表项目和人口的经济活动、婚姻生育和住房等情况的项目，在全部住户中抽取10%的户（不包括港澳台居民和外籍人员）填报。

（三）第七次全国人口普查港澳台居民和外籍人员普查表

港澳台居民和外籍人员普查表包括反映人口基本状况的项目以及入境目的、居住时间、身份或国籍、就业情况等项目，由在境内居住的港澳台居民和外籍人员填报。

（四）第七次全国人口普查死亡人口调查表

死亡人口调查表包括死亡人口的基本信息，由2019年11月1日至2020年10月31日期间有死亡人口的户填报。

五、普查方法

普查采用全面调查的方法，以户为单位进行登记。

普查采用按现住地登记的原则，每个人必须在现住地进行登记。普查对象不在户口登记地居住的，户口登记地要登记相应信息。

普查登记采用普查员入户询问、当场填报，或由普查对象自主填报等方式进行。

普查数据采集原则上采用电子化的方式。采取普查员使用电子采集设备（PAD 或智能手机）登记普查对象信息并联网实时上报，或由普查对象通过互联网自主填报等方式进行。

普查员应按照工作要求，在户口整顿基础上对所负责普查小区进行全面摸底，掌握普查小区内的人口和居住情况，编制《户主姓名底册》，根据《户主姓名底册》进行入户登记工作，并参考部门行政记录等资料进行比对复查，确保普查登记真实准确、不重不漏。

六、普查数据处理

各级普查机构负责普查数据处理。国务院人口普查办公室统一编制数据采集、审核、编辑、汇总程序。

国务院人口普查办公室集中部署数据采集处理环境。各级普查机构应保障必要的数据处理办公环境和网络条件，采取必要的安全措施，确保数据处理工作安全、顺利地进行。

七、普查组织实施

（一）全国统一领导

国务院第七次全国人口普查领导小组负责普查组织实施中重大问题的研究和决策。普查领导小组办公室设在国家统计局，具体负责普查的组织实施。

（二）部门分工协作

领导小组各成员单位要按照职能分工，各负其责、通力协作、密切配合，共同做好普查工作。对普查工作中遇到的困难和问题，要及时采取措施予以解决。

（三）地方分级负责

地方各级人民政府设立相应的普查领导小组及其办公室，领导和组织实施本区域内的普查工作。村民委员会和居民委员会设立人口普查小组，协助街道办事处和乡镇政府动员和组织社会力量，做好本区域内的普查工作。

普查指导员和普查员可以从国家机关、社会团体、企业事业单位借调，也可以从村民委员会、居民委员会或者社会招聘。借调和招聘工作由县级人民政府负责。

（四）各方共同参与

国家机关、社会团体、企业事业单位应当按照《中华人民共和国统计法》《中华人民共和国统计法实施条例》和《全国人口普查条例》的规定，参与并配合普查工作。

八、普查质量控制

普查实行严格的质量控制制度，建立健全普查数据质量追溯和问责机制，确保普查数据可核查、可追溯、可问责。国务院人口普查办公室统一领导、统筹协调普查全过程质量控制的有关工作。地方各级普查机构主要负责人对本行政区域普查数据质量负总责，确保普查数据真实、准确、完整、及时。各级普查办公室必须严格执行各阶段工作要求，保证各阶段工作质量达到规定标准，确保普查工作质量与数据质量合格达标。

九、普查宣传

各级宣传部门和普查机构应制定宣传工作方案，深入开展普查宣传。

各级宣传部门应组织协调新闻媒体及有关部门，通过报刊、广播、电视、互联网、手机和户外广告等多种渠道，充分利用微博、微信、短视频等新媒体传播手段，宣传普查的重大意义、政策规定和工作要求，积极营造良好的普查氛围。

各级普查机构要组织开展形式多样的宣传活动，动员社会各界支持、参与普查。

十、普查法规与纪律要求

坚持依法普查，普查工作要严格按照《中华人民共和国统计法》《中华人民共和国统计法实施条例》《全国人口普查条例》《国务院关于开展第七次全国人口普查的通知》及相关规定组织开展。

普查对象应当依法履行普查义务，如实提供普查信息，不得虚报、瞒报、拒报。拒绝提供普查所需的资料，或者提供不真实、不完整的普查资料的，由县级以上人民政府统计机构责令改正，予以批评教育，情节严重的依法严肃处理。普查取得的数据，严格限定用于普查目的，不得作为任何部门和单位对各级行政管理工作实施考核、奖惩的依据。普查中获得的能够识别或者推断单个普查对象身份的资料，任何单位和个人不得对外提供、泄露，不得作为对普查对象实施处罚等具体行政行为的依据，不得用于普查以外的目的。各级普查机构及其工作人员，必须严格履行保密义务。

十一、普查主要工作阶段

普查工作分三个阶段进行：

一是准备阶段（2019 年 10 月—2020 年 10 月）。这一阶段的主要工作是：组建各级普查机构，制定普查方案和工作计划，进行普查试点，落实普查经费和物资，准备数据采集处理环境，开展普查宣传，选聘培训普查指导员和普查员，普查区域划分及绘图，进行户口整顿，开展摸底等。

二是普查登记阶段（2020 年 11 月—12 月）。这一阶段的主要工作是：普查员入户登记，进行比对复查，开展事后质量抽查等。

三是数据汇总和发布阶段（2020 年 12 月—2022 年 12 月）。这一阶段的主要工作是：数据处理、汇总、评估，发布主要数据公报，普查资料开发利用等。

十二、其他

（一）香港特别行政区、澳门特别行政区的人口数，按照香港特别行政区政府、澳门特别行政区政府公布的资料计算。

台湾地区的人口数，按照台湾地区有关主管部门公布的资料计算。

（二）因交通极为不便等特殊因素，需采用其他登记时间和方法的地区，须报请国务院人口普查办公室批准。

（三）对认真执行本方案，忠于职守，坚持原则，在普查工作中做出显著成绩的单位和个人，按照国家有关规定给予表彰奖励。

（四）本方案由国务院人口普查办公室负责解释。

第二部分　普查表式

第七次全国人口普查短表

经国务院批准进行第七次全国人口普查
人口普查的标准时点为2020年11月1日零时
人口普查的原始资料不向任何单位和个人提供，
仅供汇总使用
公民应履行如实申报普查项目的义务

表　　号：R 6 0 1 表
制定机关：国 家 统 计 局
国务院人口普查办公室
批准文号：国发（2019）24号
有效期至：2021年3月

地址：_____省（区、市）_____市（地、州、盟）_____县（市、区、旗）_____乡（镇、街道）_____普查区_____普查小区_____户编号

一、住户项目

H1．户别

1．家庭户
2．集体户

H2．本户应登记人数

2020年10月31日晚居住本户的人数_____人
户口在本户，2020年10月31日晚未住本户的人数_____人

H3．本户2019年11月1日至2020年10月31日期间的出生人口

男_____人 女_____人

H4．本户2019年11月1日至2020年10月31日期间的死亡人口

男_____人 女_____人

H5．住所类型

1．普通住宅
2．集体住所
3．工作地住所
4．其他住房
5．无住房

（选择2—5的，跳至个人项目。）

H6．本户现住房建筑面积

_____平方米

H7．本户现住房间数

____间

二、个人项目

每个人都填报的项目

D1．姓名

______

D2．与户主关系

0．户主

1．配偶

2．子女

3．父母

4．岳父母或公婆

5．祖父母

6．媳婿

7．孙子女

8．兄弟姐妹

9．其他

D3．公民身份号码

□□□□□□□□□□□□□□□□□□

D4．性别

1．男

2．女

D5．出生年月

出生于：______年______月

D6．民族

______族

D7．普查时点（2020 年 11 月 1 日零时）居住地

1．本普查小区

2．本村（居）委会其他普查小区

3．本乡（镇、街道）其他村（居）委会

4．本县（市、区、旗）其他乡（镇、街道）

5．其他县（市、区、旗），请在下面填写地址

______省（区、市）
______市（地、州、盟）
______县（市、区、旗）
6．香港特别行政区、澳门特别行政区、台湾地区
7．国外

D8．户口登记地

1．本村（居）委会
2．本乡（镇、街道）其他村（居）委会
3．本县（市、区、旗）其他乡（镇、街道）
4．其他县（市、区、旗），请在下面填写地址
______省（区、市）
______市（地、州、盟）
______县（市、区、旗）
5．户口待定→D11

D9．离开户口登记地时间

1．没有离开户口登记地→D11
2．不满半年
3．半年以上，不满一年
4．一年以上，不满二年
5．二年以上，不满三年
6．三年以上，不满四年
7．四年以上，不满五年
8．五年以上，不满十年
9．十年以上

D10．离开户口登记地原因

0．工作就业
1．学习培训
2．随同离开/投亲靠友
3．拆迁/搬家
4．寄挂户口
5．婚姻嫁娶
6．照料孙子女
7．为子女就学
8．养老/康养
9．其他

3 周岁及以上（2017 年 10 月 31 日以前出生）的人填报的项目

D11．受教育程度

1．未上过学

2．学前教育
3．小学
4．初中
5．高中
6．大学专科
7．大学本科
8．硕士研究生
9．博士研究生

15周岁及以上（2005年10月31日以前出生）的人填报的项目

D12．是否识字

1．是
2．否

第七次全国人口普查长表

经国务院批准进行第七次全国人口普查
人口普查的标准时点为2020年11月1日零时
人口普查的原始资料不向任何单位和个人提供，
仅供汇总使用
公民应履行如实申报普查项目的义务

表　　号：R 6 0 2 表
制定机关：国家统计局
　　　　　国务院人口普查办公室
批准文号：国发（2019）24号
有效期至：2021年3月

地址：____省（区、市）____市（地、州、盟）____县（市、区、旗）____乡（镇、街道）____普查区____普查小区____户编号

一、住户项目

H1．户别
1．家庭户
2．集体户

H2．本户应登记人数
2020年10月31日晚居住本户的人数____人
户口在本户，2020年10月31日晚未住本户的人数____人

H3．本户2019年11月1日至2020年10月31日期间的出生人口
男____人　女____人

H4．本户2019年11月1日至2020年10月31日期间的死亡人口
男____人　女____人

H5．住所类型
1．普通住宅
2．集体住所
3．工作地住所
4．其他住房
5．无住房
（选择2—5的，跳至个人项目。）

H6．本户现住房建筑面积
____平方米

H7．本户现住房间数
____间

H8．住房所在建筑的总层数

1．平房

2．多层（7 层及以下）

3．高层（8—33 层）

4．超高层（34 层及以上）

H9．承重类型

1．钢及钢筋混凝土结构

2．混合结构

3．砖木结构

4．竹草土坯结构

5．其他结构

H10．住房建成年代

1．1949 年以前

2．1949—1959 年

3．1960—1969 年

4．1970—1979 年

5．1980—1989 年

6．1990—1999 年

7．2000—2009 年

8．2010—2014 年

9．2015 年以后

H11．住房所在建筑有无电梯

1．有

2．无

H12．主要炊事燃料

1．燃气

2．电

3．煤炭

4．柴草

5．其他

H13．住房内有无管道自来水

1．有

2．无

H14．住房内有无厨房

1．独立使用

2．与其他户合用

3．无

H15．住房内有无厕所

1．水冲式卫生厕所
2．水冲式非卫生厕所
3．卫生旱厕
4．普通旱厕
5．无

H16．住房内有无洗澡设施

1．统一供热水
2．家庭自装热水器
3．其他
4．无

H17．住房来源

1．租赁廉租房/公租房
2．租赁其他住房
3．购买新建商品房
4．购买二手房
5．购买原公有住房
6．购买经济适用房/两限房
7．自建住房
8．继承或赠予
9．其他
（选择 3—9 的，跳至 H19。）

H18．月租房费用

0．200 元以下
1．200—499 元
2．500—999 元
3．1000—1999 元
4．2000—2999 元
5．3000—3999 元
6．4000—5999 元
7．6000—7999 元
8．8000—9999 元
9．10000 元以上

H19．拥有全部家用汽车的总价

1．不满 10 万元
2．10 万元以上，不满 20 万元

3．20万元以上，不满30万元
4．30万元以上，不满50万元
5．50万元以上，不满100万元
6．100万元以上
7．没有汽车

二、个人项目

每个人都填报的项目

C1．姓名

______

C2．与户主关系

0．户主
1．配偶
2．子女
3．父母
4．岳父母或公婆
5．祖父母
6．媳婿
7．孙子女
8．兄弟姐妹
9．其他

C3．公民身份号码

□□□□□□□□□□□□□□□□□□

C4．性别

1．男
2．女

C5．出生年月

出生于：______年______月

C6．民族

______族

C7．普查时点（2020年11月1日零时）居住地

1．本普查小区
2．本村（居）委会其他普查小区
3．本乡（镇、街道）其他村（居）委会
4．本县（市、区、旗）其他乡（镇、街道）

5．其他县（市、区、旗），请在下面填写地址
______省（区、市）
______市（地、州、盟）
______县（市、区、旗）
6．香港特别行政区、澳门特别行政区、台湾地区
7．国外

C8．户口登记地
1．本村（居）委会
2．本乡（镇、街道）其他村（居）委会
3．本县（市、区、旗）其他乡（镇、街道）
4．其他县（市、区、旗），请在下面填写地址
______省（区、市）
______市（地、州、盟）
______县（市、区、旗）
5．户口待定→C12

C9．离开户口登记地时间
1．没有离开户口登记地→C12
2．不满半年
3．半年以上，不满一年
4．一年以上，不满二年
5．二年以上，不满三年
6．三年以上，不满四年
7．四年以上，不满五年
8．五年以上，不满十年
9．十年以上

C10．离开户口登记地原因
0．工作就业
1．学习培训
2．随同离开/投亲靠友
3．拆迁/搬家
4．寄挂户口
5．婚姻嫁娶
6．照料孙子女
7．为子女就学
8．养老/康养
9．其他

C11．户口登记地类型
1．乡

2．镇的村委会
3．镇的居委会
4．街道

C12．是否有农村土地承包经营权

1．有
2．无

C13．出生地

1．本县（市、区、旗）
2．本省其他县（市、区、旗）
3．省外：________省（区、市）

5周岁及以上（2015年10月31日以前出生）的人填报的项目

C14．五年前常住地

2015年11月1日常住地：
1．本县（市、区、旗）
2．其他地区，请在下面填写地址
______省（区、市）
______市（地、州、盟）
______县（市、区、旗）

3周岁及以上（2017年10月31日以前出生）的人填报的项目

C15．受教育程度

1．未上过学→C17
2．学前教育→C17
3．小学
4．初中
5．高中
6．大学专科
7．大学本科
8．硕士研究生
9．博士研究生

C16．学业完成情况

1．在校
2．毕业
3．肄业
4．辍学
5．其他

15 周岁及以上（2005 年 10 月 31 日以前出生）的人填报的项目

C17．是否识字

1．是

2．否

C18．工作情况

10 月 25—31 日是否为取得收入而工作了一小时以上（包括临时工、依托互联网平台灵活就业、家庭经营无酬帮工等）

1．是，上周工作时间______小时

2．在职休假、在职学习培训、临时停工（保留工资）

3．未做任何工作→C22

C19．工作单位或生产经营活动所属类型

1．企业、事业、机关或社会团体等法人单位

2．个体经营户

3．经营农村家庭承包地（家庭农林牧渔生产经营活动）

4．自由职业/灵活就业

C20．行业

单位详细名称：______________________________

主要产品或主要业务：__________________________

C21．职业

本人从事的具体工作：__________________________→C23

C22．未工作原因

1．在校学习

2．离退休

3．料理家务

4．丧失工作能力

5．其他

C23．主要生活来源

1．劳动收入

2．离退休金/养老金

3．最低生活保障金

4．失业保险金

5．财产性收入

6．家庭其他成员供养

7．其他

C24．婚姻状况

1．未婚→C28

2．有配偶

3．离婚

4．丧偶

C25．初婚年月

______年______月

15至64周岁（1955年11月1日—2005年10月31日出生）的妇女填报的项目

C26．生育子女数

1．未生育→C28

2．有生育（请填报生育的子女数）

生过几个孩子：

男______人

女______人

其中现在存活几个孩子：

男______人

女______人

15至50周岁（1969年11月1日—2005年10月31日出生）的妇女填报的项目

C27．过去一年（2019年11月1日—2020年10月31日）的生育状况

1．一年内未生育（结束）

2．一年内有生育（请填报生育时间和孩子性别）

生育时间：

____月

婴儿性别：

1．男

2．女

一年内生育两个以上孩子的，请填报第二个孩子的状况。

生育时间：

____月

婴儿性别：

1．男

2．女

60周岁及以上（1960年10月31日以前出生）的人填报的项目

C28．居住状况

1．与配偶和子女同住

2．与配偶同住

3. 与子女同住
4. 独居（有保姆）
5. 独居（无保姆）
6. 养老机构
7. 其他

C29. 身体健康状况

1. 健康
2. 基本健康
3. 不健康，但生活能自理
4. 不健康，生活不能自理

第七次全国人口普查港澳台居民和外籍人员普查表

The Seventh National Population Census Form for Residents from Hong Kong, Macao, Taiwan and from Foreign Countries

中国政府决定进行第七次全国人口普查人口普查标准时点为2020年11月1日零时我们将对您在普查表中填写的信息给予保密，敬请合作。

The Government of China has decided to conduct the 7th National Population Census, with zero hour on 1 November 2020 as the reference time.
Information provided will be kept confidential.
Your cooperation is highly appreciated.

表　号：R603表
制定机关：国家统计局
国务院人口普查办公室
批准文号：国发（2019）24号
有效期至：2021年3月
Form number: R603
Form issued by: National Bureau of Statistics
Office of the State Council for the Seventh National Population Census
Approval number: （2019）24
Valid until: March 2021

地址 Address：

_____**省（区、市）Province**

_____**市（地、州、盟）City (prefecture)**

_____**县（市、区、旗）County (city, district)**

_____**乡（镇、街道）Town (township, street)**

_____**普查区 Enumeration area (village/community committee)**

_____**普查小区 Enumeration block**

_____**户编号 Household number**

一、住户项目

Household Information

F1. 户别

Type of household

1. 家庭户 Family household
2. 集体户 Collective household

F2. 住所类型

Type of dwelling

1. 普通住宅 Conventional dwellings
2. 集体住所 Collective living quarters
3. 工作地住所 Living in work places
4. 其他住房 Other dwellings
5. 无住房 With no dwellings

（选择2—5的，跳至个人项目。）

(If the answer is 2-5, then skip to 'Individual Information'.)

F3. 本户现住房建筑面积
Floor space for this household
_____平方米 m^2

F4. 本户现住房间数
Number of rooms for this household
_____间 rooms

二、个人项目

Individual Information

R1. 姓名 Full name

____

R2. 与户主关系
Relationship with head of household
0. 户主 Head of household
1. 配偶 Spouse
2. 子女 Son or daughter
3. 父母 Parent
4. 岳父母或公婆 Parent-in-law
5. 祖父母 Grandparent
6. 媳婿 Son-in-law or daughter-in-law
7. 孙子女 Grandchild
8. 兄弟姐妹 Brother or sister
9. 其他 Other relationship

R3. 性别
Sex
1. 男 Male
2. 女 Female

R4. 出生年月
Date of birth
出生于 Born in：_______年 year_______月 month

R5. 来内地（大陆）或来华目的
Purpose for stay in the mainland of China
1. 商务 Business
2. 就业 Work
3. 学习 Study
4. 定居 Residence
5. 探亲 Visiting relatives

6. 其他 Others

R6. 已在内地（大陆）或在华居住时间

Duration of stay in the mainland of China

1. 不满三个月 Less than 3 months
2. 三个月以上，不满半年 3 months to less than 6 months
3. 半年以上，不满一年 6 months to less than 12 months
4. 一年以上，不满二年 1 year to less than 2 years
5. 二年以上，不满五年 2 years to less than 5 years
6. 五年以上 5 years or more

R7. 受教育程度

3 周岁及以上（2017 年 10 月 31 日以前出生）的人填报

Educational attainment

For persons aged 3 and over（Born before 31st Oct. 2017）

1. 未上过学 No schooling
2. 学前教育 Pre-primary education
3. 小学 Primary education
4. 初中 Junior secondary education
5. 高中 Senior secondary education
6. 大学专科 College
7. 大学本科 University
8. 硕士研究生 Master
9. 博士研究生 Doctor

R8. 身份或国籍

Citizenship

1. 香港特别行政区居民 Hong Kong SAR resident
2. 澳门特别行政区居民 Macao SAR resident
3. 台湾地区居民 Taiwan resident
4. 外国人 Foreigner：国籍 Country_______ （结束）(End)

15 周岁及以上（2005 年 10 月 31 日以前出生）港澳台居民填报的项目

For persons aged 15 and over (Born before 31st Oct. 2005) from Hong Kong, Macao and Taiwan

R9. 工作情况

10 月 25—31 日是否为取得收入而工作了一小时以上

1．是

2．在职休假、在职学习培训、临时停工（保留工资）

3．未做任何工作→R12

R10．行业

1．农、林、牧、渔业

2．采矿业
3．制造业
4．电力、热力、燃气及水生产和供应业
5．建筑业
6．批发和零售业
7．交通运输、仓储和邮政业
8．住宿和餐饮业
9．信息传输、软件和信息技术服务业
10．金融业
11．房地产业
12．租赁和商务服务业
13．科学研究和技术服务业
14．水利、环境和公共设施管理业
15．居民服务、修理和其他服务业
16．教育
17．卫生和社会工作
18．文化、体育和娱乐业
19．公共管理、社会保障和社会组织
20．国际组织

R11．职业

1．党的机关、国家机关、群众团体和社会组织、企事业单位负责人
2．专业技术人员
3．办事人员和有关人员
4．社会生产服务和生活服务人员
5．农、林、牧、渔业生产及辅助人员
6．生产制造及有关人员
7．不便分类的其他从业人员

R12．婚姻状况

1．未婚
2．有配偶
3．离婚
4．丧偶

第七次全国人口普查死亡人口调查表

（2019 年 11 月 1 日至 2020 年 10 月 31 日死亡的人口登记）

经国务院批准进行第七次全国人口普查
人口普查的标准时点为 2020 年 11 月 1 日零时
人口普查的原始资料不向任何单位和个人提供，
仅供汇总使用
公民应履行如实申报普查项目的义务

表　　号：R 6 0 4 表
制定机关：国 家 统 计 局
国务院人口普查办公室
批准文号：国发（2019）24 号
有效期至：2 0 2 1 年 3 月

地址：_____省（区、市）_____市（地、州、盟）_____县（市、区、旗）_____乡（镇、街道）_____普查区_____普查小区_____户编号

每个死亡人口都登记的项目

S1．姓名

____

S2．公民身份号码

□□□□□□□□□□□□□□□□□□

S3．性别

1．男

2．女

S4．出生年月

出生于：_______年_______月

S5．死亡时间

死亡于：_______月

S6．民族

_______族

死亡时满 3 周岁的人登记的项目

S7．受教育程度

1．未上过学

2．学前教育

3．小学

4．初中

5．高中

6．大学专科

7．大学本科

8．硕士研究生

9．博士研究生

死亡时满15周岁的人登记的项目

S8．婚姻状况

1．未婚

2．有配偶

3．离婚

4．丧偶

第三部分　普查表填写说明

一、普查表的种类

第七次全国人口普查表分为《第七次全国人口普查短表》《第七次全国人口普查长表》《第七次全国人口普查港澳台居民和外籍人员普查表》和《第七次全国人口普查死亡人口调查表》四种表。

二、标准时点

第七次全国人口普查的标准时点为2020年11月1日零时。

普查员在掌握普查标准时点时，应注意以下两点：

（一）2020年11月1日零时以后出生的人不登记；2020年11月1日零时以后死亡的人仍要在普查短表中登记。

（二）2020年11月1日零时以后居住地发生变化的人，仍在原居住地登记。

三、普查对象

普查对象是指普查标准时点在中华人民共和国境内的自然人以及在中华人民共和国境外但未定居的中国公民，不包括在中华人民共和国境内短期停留的境外人员。

（一）普查短表和普查长表的普查对象具体是指2020年10月31日晚住本普查小区的人，以及户口登记在本普查小区但2020年10月31日晚未住本普查小区的人。

1.2020年10月31日晚住本普查小区的人，无论其户口登记在何处。

2.户口登记在本普查小区，但2020年10月31日晚未住本普查小区的人，无论其外出时间长短、外出原因如何。

（二）港澳台居民和外籍人员普查表的普查对象具体是指2020年10月31日晚住本普查小区的港澳台居民和外籍人员。

（三）死亡人口调查表的登记对象具体是指2019年11月1日至2020年10月31日期间本普查小区的死亡人口。

四、登记原则

人口普查采用按现住地登记的原则，每个人必须在现住地进行登记。普查对象不在户口登记地居住的，户口登记地要登记相应信息。

人口普查以户为单位进行登记，户分为家庭户和集体户。集体户以一个住房单元为一户进行普查登记。

为便于理解登记对象，并考虑到普查中可能遇到的特殊情况，普查员在入户登记时可采取以下方式询问住户：

应在您家普查登记的人包括：

•2020年10月31日晚住在您家里的人。

•经常居住在您家，由于临时出差、探亲、旅游或值夜班等原因，2020年10月31日晚未住在您家的人（视为2020年10月31日晚住在您家）。

•幼儿园全托孩子，小学、初中住校生（视为2020年10月31日晚住在您家）。

•户口登记在现住房地址的其他人。

不包括：

•现役军人和武警。

•由于临时出差、探亲、旅游等原因，2020 年 10 月 31 日晚暂住在您家的人。

•2020 年 11 月 1 日零时以后出生的人。

五、普查项目

（一）普查短表

按户填报的项目有：户别、本户应登记人数、本户 2019 年 11 月 1 日至 2020 年 10 月 31 日期间的出生人口、本户 2019 年 11 月 1 日至 2020 年 10 月 31 日期间的死亡人口、住所类型、本户现住房建筑面积、本户现住房间数。

按人填报的项目有：姓名、与户主关系、公民身份号码、性别、出生年月、民族、普查时点（2020 年 11 月 1 日零时）居住地、户口登记地、离开户口登记地时间、离开户口登记地原因、受教育程度、是否识字。

（二）普查长表

按户填报的项目有：户别、本户应登记人数、本户 2019 年 11 月 1 日至 2020 年 10 月 31 日期间的出生人口、本户 2019 年 11 月 1 日至 2020 年 10 月 31 日期间的死亡人口、住所类型、本户现住房建筑面积、本户现住房间数、住房所在建筑的总层数、承重类型、住房建成年代、住房所在建筑有无电梯、主要炊事燃料、住房内有无管道自来水、住房内有无厨房、住房内有无厕所、住房内有无洗澡设施、住房来源、月租房费用、拥有全部家用汽车的总价。

按人填报的项目有：姓名、与户主关系、公民身份号码、性别、出生年月、民族、普查时点（2020 年 11 月 1 日零时）居住地、户口登记地、离开户口登记地时间、离开户口登记地原因、户口登记地类型、是否有农村土地承包经营权、出生地、五年前常住地、受教育程度、学业完成情况、是否识字、工作情况、经常工作单位或生产经营活动所属类型、行业、职业、未工作原因、主要生活来源、婚姻状况、初婚年月、生育子女数、过去一年（2019 年 11 月 1 日—2020 年 10 月 31 日）的生育状况、居住状况、身体健康状况。

（三）港澳台居民和外籍人员普查表

按户填报的项目有：户别、住所类型、本户现住房建筑面积、本户现住房间数。

按人填报的项目有：姓名、与户主关系、性别、出生年月、来内地（大陆）或来华目的、已在内地（大陆）或在华居住时间、受教育程度、身份或国籍、工作情况、行业、职业、婚姻状况。

（四）死亡人口调查表

填报的项目有：姓名、公民身份号码、性别、出生年月、死亡时间、民族、受教育程度、婚姻状况。

六、普查表的填写方法

（一）普查表以户为单位进行登记。普查短表、死亡人口调查表采用普查员入户询问、当场填报，或由普查对象通过互联网自主填报等方式进行。普查长表、港澳台居民和外籍人员普查表采用普查指导员和普查员入户询问、当场填报的登记方式。

（二）普查小区中的每一户有且只有一个户编号，为“001”开始的 3 位顺序码，在《户主姓名底册》编制完成后自动生成，普查表上的户编号与其一致，不可修改。

（三）普查表的填写顺序：先填写住户项目，再逐人填写个人项目。

普查员填写普查短表时，填写按人登记的项目时，表内第一人应填户主，然后依次填户主的配偶和其他关系的人。全户死亡的户，只填写“H4.本户 2019 年 11 月 1 日至 2020 年 10 月 31 日期间的死亡人口”，其他住户项目和个人项目均不再登记。

普查员填写普查长表时，与普查短表相同的项目直接代入短表信息，经向普查对象核实确认后，再填报其他项目。

（四）普查表每户最多可以填写 20 人。对于超过 20 人的大集体户，可酌情分成若干集体户填写。

（五）有标准选项的项目，根据实际情况选填，并且每个问题只能选择一个标准选项。民族、普查时点（2020 年 11 月 1 日零时）居住地、户口登记地、出生地、五年前常住地等项目可根据列表栏进行选择。没有标准选项的项目，用文字或阿拉伯数字据情填报。

（六）如果填写错误或发生逻辑关系异常，数据采集程序会给出审核提示。审核类型分为强制性审核和确认性审核，若为强制性审核错误，必须根据提示信息对错误项目进行修改；若为确认性审核提示，应根据提示信息对异常项目进行核实，确认无误后，继续进行填报。

（七）普查员每填完一户，应即刻进行审核，将通过审核的信息向申报人当面宣读，核对无误后，由申报人签字确认。

第四部分　指标解释

一、普查短表

（一）住户项目

H1.户别——按家庭户、集体户的类别填报。

1.家庭户：以家庭成员关系为主，居住一处共同生活的人口，作为一个家庭户。单身居住独自生活的，也作为一个家庭户。

2.集体户：相互之间没有家庭成员关系，集体居住共同生活的人口作为一个集体户。

H2.本户应登记人数——包括两个部分。一部分是 2020 年 10 月 31 日晚居住本户的人数，既包括户口在本户、2020 年 10 月 31 日晚居住本户的人数，也包括户口不在本户、2020 年 10 月 31 日晚居住本户的人数，填写 H2 的第一项；另一部分是户口在本户，2020 年 10 月 31 日晚未居住本户的人数，填写 H2 的第二项。

H3.本户 2019 年 11 月 1 日至 2020 年 10 月 31 日期间的出生人口——填写本户在 2019 年 11 月 1 日至 2020 年 10 月 31 日期间出生的人数。分别填写男、女的合计数。若本户在此期间没有出生人口，请填写“0”。

H4.本户 2019 年 11 月 1 日至 2020 年 10 月 31 日期间的死亡人口——填写本户在 2019 年 11 月 1 日至 2020 年 10 月 31 日期间死亡的人数。分别填写男、女的合计数。若本户在此期间没有死亡人口，请填写“0”。

填写 H3、H4 时应注意：

不要漏掉出生时有某种生命现象（如在胎儿脱离母体时，有呼吸或心跳，脐带搏动、随意肌收缩等）不久即死亡的婴儿，既要填写出生人数，也要填写死亡人数。

H5.住所类型——按居住的住所类型填报。

1.普通住宅：指人工建造的，有墙、顶、门、窗等结构，具有独立入口，专门供人居住的房屋或场所。如单元房、平房、四合院、独栋别墅、筒子楼、窑洞等传统意义上的住宅。

2.集体住所：指学生宿舍、职工宿舍、工棚、养老院、福利院、宗教场所等。

3.工作地住所：指居住在办公楼、发廊、商铺、餐馆等工作场所。

4.其他住房：指居住在上述场所以外的其他房屋或场所。

5.无住房：指本户没有住房，居无定所（如流动人口中那些睡在桥下、公园、车站或睡在运载货物、商品车辆上的人等）。

H6.本户现住房建筑面积——本户现住房的建筑面积以房屋所有权证（不动产权证）或租赁凭证上的相关信息为准。

若只知道使用面积的，可用使用面积乘以 1.33，换算成建筑面积。填写本项目时应注意：

1.在租借房屋居住的户，按租借住房的实际情况填写其住房建筑面积。

2.合住在同一所住房里的住户，其建筑面积为各户所独立使用的房间面积加上公共使用面积（包括厨房、厕所、门厅、阳台等）的分摊部分：两户合住的，各按二分之一计算；三户合住的，各按三分之一计算，依此类推。

3.建筑面积应填写整数，不为整数时四舍五入获得。

H7.本户现住房间数——指除厨房、厕所、过道和厅以外的所有自然间数（包括扩建的房间）。填写本项目时应注意：

1.在租借房屋居住的户，按租借住房的实际居住情况填写其住房间数。

2.合住同一所住房的，在填写住房间数时，填写其独立使用的房间数。

（二）个人项目

D1.姓名——填写被登记人的正式姓名。没有正式姓名的可填小名或某某氏，但不能填笔名、代号等。婴儿未起名的，可填“未取名”。

D2.与户主关系——指被登记人与本户户主的关系。申报人不是户主的，不要将被登记人与申报人的关系错填为与户主的关系。

0.户主：按家庭日常生活习惯确定户主。

1.配偶：指户主的妻子或丈夫。

2.子女：指户主的子女。

3.父母：指户主的父母或继父母、养父母。

4.岳父母或公婆：指户主配偶的父母或继父母、养父母。

5.祖父母：指户主或配偶的祖父母、外祖父母、曾祖父母、外曾祖父母。

6.媳婿：指户主子女的配偶。

7.孙子女：指户主的孙子女、外孙子女、孙媳婿、外孙媳婿、重孙子女、重孙媳婿、重外孙子女、重外孙媳婿。

8.兄弟姐妹：指户主及其配偶的兄弟姐妹以及他们的配偶。

9.其他：指以上九种人以外的成员。

在登记家庭户时，户主应登记为第一人，选填“0.户主”。如果户主的配偶也在本户登记，应登记为第二人，选填“1.配偶”，然后再登记该户的其他成员；如果户主没有配偶，或户主配偶不在本户登记，第二人登记本户其他成员。

在登记集体户时，任选一人登记为户主，选填“0.户主”，本户其他成员与户主关系一律登记为其他，选填“9.其他”。

D3.公民身份号码——指18位公民身份号码。无公民身份号码的填写18位0。

D4.性别——指被登记人的性别。

D5.出生年月——指被登记人的出生年、月。

出生年月按公历填写，只知道农历的，要换算成公历。按照一般的规律，农历的月份与公历的月份相差一个月左右，换算时农历的月份加1即可作为公历的月份，但要注意农历的12月应当是公历下一年的1月。

D6.民族——指被登记人的民族。

外国人加入中国籍，其民族和我国的某一民族相同的，就选填某一民族；没有相同民族的，按外国人加入中国籍填写，选填“入籍”。

D7.普查时点（2020年11月1日零时）居住地——指被登记人在普查标准时点居住的地址。

1.本普查小区：指普查时点居住在本普查小区的人。如果本户在本普查小区拥有一套以上的住房，可确定其中一处进行登记。

2.本村（居）委会其他普查小区：指户口登记地在本普查小区，普查时点居住在本村（居）委会其他普查小区的人。

3.本乡（镇、街道）其他村（居）委会：指户口登记地在本普查小区，普查时点居住在本乡（镇、街道）其他村（居）委会的人。

4.本县（市、区、旗）其他乡（镇、街道）：指户口登记地在本普查小区，普查时点居住在本县（市、区、旗）的其他乡（镇、街道）的人。

5.其他县（市、区、旗）：指户口登记地在本普查小区，普查时点居住在本县（市、区、旗）以外地区的人。填报本选项的人还需选填普查时点居住地所在省（区、市）、市（地、州、盟）、县（市、区、旗）

的具体名称。

6.香港特别行政区、澳门特别行政区、台湾地区：指户口登记地在本户，普查时点居住在香港特别行政区、澳门特别行政区、台湾地区的人。

7.国外：指户口登记地在本户，普查时点居住在国外的人。

D8.户口登记地——指被登记人的居民户口簿上的地址。

1.本村（居）委会：指户口登记地在本村（居）委会的人。

2.本乡（镇、街道）其他村（居）委会：指普查时点居住本普查小区，户口登记地在本乡（镇、街道）其他村（居）委会的人。

3.本县（市、区、旗）其他乡（镇、街道）：指普查时点居住本普查小区，户口登记地在本县（市、区、旗）的其他乡（镇、街道）的人。

4.其他县（市、区、旗）：指普查时点居住本普查小区，户口登记地在本县（市、区、旗）以外地区的人。填报本选项的人还需填写户口登记地所在省（区、市）、市（地、州、盟）、县（市、区、旗）的具体名称。

5.户口待定：指普查时点居住本普查小区，在任何地方都没有登记户口的人。包括手持户口迁移证、出生证、退伍证等情况。

D9.离开户口登记地时间——指到普查标准时点为止，被登记人离开户口登记地（居住地与户口登记地不一致）的时间。

没有离开户口登记地是指户口登记地在本村（居）委会，普查标准时点居住在本普查小区或本村（居）委会其他普查小区。

若常年外出的人由于农忙、节假日等原因偶尔回家的，或回家后因疫情原因推迟外出的，还应该从第一次离开户口登记地的时间开始计算。

D10.离开户口登记地原因——指被登记人离开户口登记地（居住地与户口登记地不一致）的原因。

0.工作就业：指十五周岁及以上因务工经商、工作招聘、调动等原因离开户口登记地的人。

1.学习培训：指六周岁及以上因考入各级各类学校或参加各种学习班、培训班而离开户口登记地的人。

2.随同离开/投亲靠友：指因跟随亲属、投亲靠友而离开户口登记地的人。

3.拆迁/搬家：指因房屋拆迁、改造或者搬家而离开户口登记地的人。

4.寄挂户口：指户口落在集体户或没有在户口登记地居住过、只落户口的人。

5.婚姻嫁娶：指十五周岁及以上因结婚而离开户口登记地的人。

6.照料孙子女：指为照料孙子女而离开户口登记地的人。

7.为子女就学：指为子女就学而离开户口登记地的人。

8.养老/康养：指因旅游（度假）养老/康养、候鸟式养老/康养、回籍贯地养老/康养、居住在养老院而离开户口登记地的人，不包括跟随子女养老。

9.其他：指上述几种以外的原因。

凡具有两种以上原因的，按其主要的原因选填一个标准选项。

D11.受教育程度——指按照国家教育体制，被登记人接受教育的情况。通过自学或成人学历教育经国家统一考试合格的，分别归入相应的受教育程度。

1.未上过学：指从未接受过各级各类学校教育。包括参加过各种扫盲班或成人识字班学习，且以后再没有接受过各级各类学校教育的人。

2.学前教育：指仅接受过或正在接受专门学前教育机构教育，即在幼儿园或附设幼儿班接受保育和教育。

3.小学：指接受的最高一级教育为小学，无论其是否在校、毕业、肄业或辍学。

4.初中：指接受的最高一级教育为初中，无论其是否在校、毕业、肄业或辍学。

5.高中：指接受的最高一级教育为普通高中、成人高中和中等职业学校，无论其是否在校、毕业、肄业或辍学。

6.大学专科：指接受的最高一级教育为大学专科。在普通高等学校学习大学专科的，无论其是否在校、毕业、肄业或辍学，都填报此项。

凡国家授权承认学历的开放大学、广播电视大学、职工大学等成人高校和普通高等学校举办的函授大学、夜大学和其他形式的大学，按教育部颁布的大学专科教学大纲进行授课的，其毕业生选填此项；其肄业生、在校生按原有受教育程度填报。含成人专科和网络专科。

通过自学，经国家统一举办的自学考试合格，并取得大学专科毕业证书的，也选填此项。

7.大学本科：指接受的最高一级教育为大学本科。在普通高等学校学习大学本科的，无论其是否在校、毕业、肄业或辍学，都填报此项。

凡国家授权承认学历的开放大学、广播电视大学、职工大学等成人高校和普通高等学校举办的函授大学、夜大学和其他形式的大学，按教育部颁布的大学本科教学大纲进行授课的，其毕业生选填此项；其肄业生、在校生按原有受教育程度填报。含成人本科和网络本科。

通过自学和进修大学课程，经考试合格，并取得大学本科毕业证书的，也选填此项。

8.硕士研究生：指接受的最高一级教育为硕士研究生，无论其是否在校、毕业、肄业或辍学。含 2016 年 12 月 1 日以后录取的非全日制硕士研究生。

在职接受硕士研究生教育的，其毕业生选填此项；肄业生和在校生按原有受教育程度填报。

9.博士研究生：指接受的最高一级教育为博士研究生，无论其是否在校、毕业、肄业或辍学。含 2016 年 12 月 1 日以后录取的非全日制博士研究生。

在职接受博士研究生教育的，其毕业生选填此项；肄业生和在校生按原有受教育程度填报。

凡是没有按教育部的教学大纲培养或只学单科的人，不能填报“大学专科”“大学本科”“硕士研究生”或“博士研究生”，一律按原有受教育程度填报。

D12.是否识字：指被登记人是否达到国家规定的脱盲标准（城镇居民和企、事业单位职工识字 2000 个，农村居民识字 1500 个）。登记时可询问，日常生活中是否能读懂简单的书信或书写简短的句子。如果能阅读通俗书报、能写便条就认为具有识字能力。

二、普查长表

（一）住户项目

H1.户别——与短表 H1 相同。

H2.本户应登记人数——与短表 H2 相同。

H3.本户 2019 年 11 月 1 日至 2020 年 10 月 31 日期间的出生人口——与短表 H3 相同。

H4.本户 2019 年 11 月 1 日至 2020 年 10 月 31 日期间的死亡人口——与短表 H4 相同。

H5.住所类型——与短表 H5 相同。

H6.本户现住房建筑面积——与短表 H6 相同。

H7.本户现住房间数——与短表 H7 相同。

H8.住房所在建筑的总层数——层数是指建筑物的自然层数，一般按室内地坪以上计算。

采光窗在室外地坪以上的半地下室，其室内层高在 2.20m 以上（不含 2.20m）的，计算自然层数；假层、附层（夹层）、插层、阁楼（暗楼）、装饰性塔楼，以及突出屋面的楼梯间、水箱间不计层数。

其中，平房是指只有一层的房子。

H9.承重类型——指在房屋建筑中，由各种构件（屋架、梁、板、柱等）组成的能够承受各种作用的体系。

1.钢及钢筋混凝土结构：指承重的主要构件是用钢及钢筋混凝土建造的。它包括“钢结构”“钢、钢筋混凝土”和“钢筋混凝土”三种结构类型。

钢结构：承重的主要构件是钢材料建成的，包括悬索结构。

钢、钢筋混凝土结构：承重的主要构件是用钢、钢筋混凝土建造的。如一幢房屋一部分梁柱采用钢、钢筋混凝土构架建成。

钢筋混凝土结构：承重的主要构件是用钢筋混凝土建造的。包括薄壳结构、大模板现浇结构及使用滑模、升板等建造的钢筋混凝土结构的建筑物。

2.混合结构：指承重的主要构件是用钢筋混凝土和砖木建造的。如一幢房屋的梁是用钢筋混凝土制成，以砖墙为承重墙，或者梁是用木材建造，柱是用钢筋混凝土建造。

3.砖木结构：指承重的主要构件是用砖、木材建造的。如一幢房屋是木制房架、砖墙、木柱建成的。

4.竹草土坯结构：指承重的主要构件是用竹、草、土坯等建造的。如竹楼、土窑洞等。

5.其他结构：指不属于上述类型的结构。

H10.住房建成年代——指本户住房所属建筑物的建成年份。

本户住房所属建筑物翻修过的，按翻修时的年份选填。经过改建的，如改建面积大于原面积的，按改建时的年份选填；如改建面积小于原面积的，按原建成年份选填。

H11.住房所在建筑有无电梯——指本户住房所属建筑物内部、外部是否安装电梯。

H12.主要炊事燃料——指本户用于炊事的主要燃料。

如果本户用于炊事的燃料有两种以上，选填主要的一种。

H13.住房内有无管道自来水——指本户住房内是否有经过公用设施净化处理的管道输送水。

在院子里自己打的机井不能算作有自来水。

H14.住房内有无厨房——指本户住房内是否有专供做饭使用的房间，无论是否装有上下水道及固定灶具。

在公用过道、客堂等处烧饭的和在庭院、路边搭建的、临时简陋设施中做饭的都不算有厨房。

H15.住房内有无厕所——指本户住房内是否有厕所。

1.水冲式卫生厕所：指有上下水系统，或厕间有备水桶（瓢冲），坐便或蹲便器有水封或无水封的厕所，且粪便及污水冲入到下水道、化粪池和厕坑，无蝇，不会造成环境污染。

2.水冲式非卫生厕所：指虽然是水冲式厕所，但是粪便被冲到开放的水渠、沟塘等开放水体或者不确定冲到何处，会污染环境。

3.卫生旱厕：指有固定盖板的厕所，粪便基本无暴露，保持无蝇。比如通风改良厕所、堆肥厕所、双坑交替厕所、粪尿分集厕所、阁楼厕所、深坑防冻厕所等。

4.普通旱厕：包括无盖板的敞开式旱厕，有或无防渗处理。通常粪便暴露、有蛆蝇。

5.无：指没有厕所。

H16.住房内有无洗澡设施——指住房内是否有固定浴缸（浴盆）或淋浴龙头等能使用的洗浴设施。

1.统一供热水：指本户洗浴用热水由社区、物业管理部门或其他公共设施统一供应。

2.家庭自装热水器：指本户洗浴用热水是由自己安装的各种热水器，如电热水器、燃气（罐装、管道）热水器等。

3.其他：指上述两种以外的洗浴设施。

4.无：指住房内没有洗浴设施。

H17.住房来源——指本户获取现住房的方式。

1.租赁廉租房/公租房：指向政府相关部门申请并租住廉租房、公租房。

2.租赁其他住房：指通过私人、单位或房屋中介等渠道租住住房。

3.购买新建商品房：指按市场价购买的新建商品房。

4.购买二手房：指购买那些进入房屋市场进行交易，第二次及以上进行产权登记的住房，包括二手商品房、允许上市交易的已售公房、经济适用房等。

5.购买原公有住房：指个人以成本价或优惠价购买的、原作为福利分配给本单位职工的住房。

6.购买经济适用房/两限房：指向政府相关部门申请并购买经济适用房、两限房。

7.自建住房：指个人建造的住房，其产权属于个人所有。

8.继承或赠予：指从亲属处继承而来或者受他人赠予而获取住房。

9.其他：指上述几种住房来源以外的情况。

H18.月租房费用——指最近用于交纳房租的单月金额，不包括水电费、物业费、取暖费等附加费用。月租房费用不为整数时，按四舍五入计算。

若多人合租作一户登记时，则需将每人月租费加总计算。

H19.拥有全部家用汽车的总价——是指住户拥有的全部供家庭生活使用的汽车价格之和。

汽车价格按汽车实际购买价格（含税）的方式计算。

若住户有多辆家用汽车，则按全部家用汽车的价格总和选填。

（二）个人项目

C1.姓名——与短表 D1 相同。

C2.与户主关系——与短表 D2 相同。

C3.公民身份号码——与短表 D3 相同。

C4.性别——与短表 D4 相同。

C5.出生年月——与短表 D5 相同。

C6.民族——与短表 D6 相同。

C7.普查时点（2020 年 11 月 1 日零时）居住地——与短表 D7 相同。

C8.户口登记地——与短表 D8 相同。

C9.离开户口登记地时间——与短表 D9 相同。

C10.离开户口登记地原因——与短表 D10 相同。

C11.户口登记地类型——指离开户口登记地（居住地与户口登记地不一致）时的户口登记地类型。

若离开时户口登记地的类型是“乡”，而现在已改成“镇”，应选填“1.乡”，不要填报“2.镇的村委会”或“3.镇的居委会”。

C12.是否有农村土地承包经营权——指被登记人户口所在的户是否有农村土地承包经营权。

户口所在的户应以被登记人的户口簿为准。拥有农村土地承包经营权是指被登记人户口登记地在农村地区或以前的农村地区，目前户口所在的户与集体经济组织签订了农村土地承包合同。

拥有农村土地承包经营权的户，目前可能实际经营承包地，也可能因各种原因不再经营承包地，包括以转包、出租、入股、托管等方式流转所承包土地经营权。

C13.出生地——指被登记人的出生地点。

1.本县（市、区、旗）：指出生在本县、县级市、区、旗。

2.本省其他县（市、区、旗）：指出生在本省的其他县、县级市、区、旗。

3.省外：指出生在本省（区、市）以外其他地区，并选填出生地所在省（区、市）的名称。在港、澳、台或国外出生的，根据实际情况选填 “香港特别行政区”“澳门特别行政区”“台湾地区”或“国外”。

C14.五年前常住地——指被登记人在普查标准时点的五年前，即 2015 年 11 月 1 日零时的常住地。

五年前居住在本县（市、区、旗）以外其他地区的人，还需选填五年前常住地的地址。

五年前居住在港、澳、台或国外的，根据实际情况选填“香港特别行政区”“澳门特别行政区”“台湾地区”或“国外”。

C15.受教育程度——与短表 D11 项相同。

C16.学业完成情况——指受教育程度为小学及以上的人完成学业的情况。

1.在校：正在接受各级各类学校教育并有学籍。

2.毕业：已修完全部课程，并经过考试鉴定合格。

3.肄业：修完全部课程，但考试不及格或因种种原因未取得毕业资格。

4.辍学：未能修完所规定的全部课程，中途退学。

5.其他：私塾、自学等其他方式。

C17.是否识字——与短表 D12 项相同。

C18.工作情况——指被登记人在 10 月 25—31 日期间，即普查标准时点前一周，是否为取得收入而工作了 1 小时以上，包括临时工、互联网灵活就业、家庭经营无酬帮工。

工作是指为获取工资、实物报酬或经营收入而从事的各种生产、经营或服务性活动，其目的是为了取得收入，无论实际是否取得。不包括义务劳动和公益性劳动。

1.是：指在 10 月 25—31 日期间，为取得收入而干过固定的、临时的或兼职的工作，并且工作时间超过 1 小时。在校学生利用课余或假期以及退休人员为取得收入而从事了工作，也选填此项。

家庭成员在自家或亲属经营的公司、企业、商铺或网店工作，即使本人没有劳动报酬，也选填此项。

选填“1.是”的人，还需填写工作时间。工作时间按在 10 月 25—31 日期间实际的工作时间填写，而不是按国家或企业规定的制度工作时间填写。

计算工作时间，要注意把握以下几种情况：

（1）从事一种以上有收入工作的，几项工作时间相加计算。

（2）在规定的工作时间以外加班工作的，加班时间一并计算在内。

（3）农村既干家务又从事农业或其他有收入工作的人，家务劳动时间除外。

2.在职休假、在职学习培训、临时停工（保留工资）：

在职休假是指在 10 月 25—31 日期间，因各种休假或请假临时未工作，包括公休假、年休假、空勤人员、船员、火车乘务人员的轮休假、病假、工伤假、产假、事假、探亲假、婚丧假等。个人档案、人事关系已在某单位，但因各种原因尚未到新单位报到上班，如军人转业或工作调动等，也视为休假。

在职学习培训是指有工作单位，在 10 月 25—31 日期间参加脱产学习或培训。

临时停工（保留工资）是指在 10 月 25—31 日期间，由于机械或电力故障、原料或燃料短缺、天气或其他灾害等原因导致的暂时未工作，但仍可以有工资收入。

打零工、计件工等临时就业或灵活就业的人，因为上述原因停工并且没有收入，不填此项，应填“3.未做任何工作”。

3.未做任何工作：指在 10 月 25—31 日期间，没有工作单位，也未从事过任何可以有收入的工作。

对于下岗、内退人员，如果未与原单位解除劳动合同，仍有工资性收入的，选填“2.在职休假、在职学习培训、临时停工”；如果没有工资性收入，选填“3.未做任何工作”。对于承包土地的农民，在 10 月 25—31 日期间，如果干农活或其他有收入的工作超过 1 小时，选填“1.是”；如果外出打工，未从事任何工作，选填“3.未做任何工作”；如果正处于农业生产季节，没有外出打工，期间临时没有干农活，选填“2.在职休假、在职学习培训、临时停工”。

对于从事季节性生产经营的人，如果生产经营仍在进行中，只是在 10 月 25—31 日期间没有工作，选填“2.在职休假、在职学习培训、临时停工”；如果正处于季节性歇业，选填“3.未做任何工作”。

C19.工作单位或生产经营活动所属类型——指普查标准时点前一周的主要工作单位或生产经营活动类型。

1.企业、事业、机关或社会团体等法人单位：法人单位指依法成立，有自己的名称、组织机构和场所，能够独立承担民事责任，独立拥有和使用（或授权使用）资产承担负债，有权与其他单位签订合同，会计上独立核算，能够编制资产负债表的单位。包括企业、事业、机关、社会团体、民办非企业单位、基金会、居委会、村委会、农民专业合作社、农村集体经济组织和其他组织机构。

2.个体经营户：指资产归个人所有，以个体劳动为基础，劳动成果归劳动者个人占有和支配的一种经济组织。既包括在各级工商行政管理机关登记注册、领取《营业执照》的个体工商户，也包括没有领取《营业执照》，但实际从事个体经营活动的人。

3.经营农村家庭承包地（家庭农林牧渔生产经营活动）：指在自家承包的耕地、林地、草地、池塘以及其他合法用于农业的土地上，从事农林牧渔业生产经营活动，也包括家庭在转包和租用他人农业用地上从事农林牧渔业生产经营活动，所从事的农业生产活动以自营劳动为主，不雇佣长期雇工，但可能雇佣临时短工。

农业生产季节在承包土地上从事农业生产，但上周未做任何工作的人，也选填此项。

普查标准时点前一周未在自家承包土地上工作而从事其他生产经营活动的人，或外出务工经商的人不填此项，选填上周实际工作单位或生产经营活动。

4.自由职业/灵活就业：指除个体经营户以外的自雇就业或自主型的个体就业。包括律师、自由撰稿人、歌手、模特等自主就业人员，也包括家庭自雇家政服务、街头小贩、其他类型打零工的临时就业人员，还包括依赖平台承接工作任务、不隶属于任何雇主的劳动者。

C20.行业——指普查标准时点前一周主要工作所在单位的生产经营活动。如果前一周从事两项不同工作，按工作时间长短确定主要工作；如果工作时间相同，再按报酬高低确定主要工作。

行业是按照经济活动的同一性进行分类的，不是按其所属的行政管理系统来分的。产业活动单位是划分行业的分类标准。产业活动单位是指：(1) 具有一个场所、从事一种或主要从事一种经济活动；(2) 单独组织生产、经营或业务活动；(3) 掌握收入和支出的会计核算资料。

填写行业时要注意以下情况：

有工作单位的，既要填写单位名称，也要填写单位的主要产品或从事的主要业务。单位名称要具体到分厂、分公司或营业部，即产业活动单位，不能笼统地只填写总厂名称。最重要的是单位的主要产品或主要业务要详细填写，要用动宾词组表达，如“生产服装”或“销售服装”，不能简写为“服装”。保密单位，填写其公开使用的名称和公开的主要产品或主要业务。

没有工作单位的，只填写主要产品或主要业务，如“送外卖”“当滴滴司机”。务农人员不能笼统地填写“农业”，要根据其具体的农业生产活动或农户具体从事的主要业务填写。如“种粮食”“养猪”等。

C21.职业——指普查标准时点前一周主要工作具体是干什么。如果前一周从事两项不同工作，按工作时间长短确定主要工作；如果工作时间相同，再按报酬高低确定主要工作。

职业分类是以工作性质的同一性为基本原则。所谓“同一性”，是指不论其所在工作单位是什么经济类型，不论用工形式是固定工还是临时工，也不论其隶属于哪个行业，凡是从事同一性质工作的人都划分为同一类。

填写职业时应注意以下情况：

填写职业要具体、详细。不能笼统地写“工人”“农民”“公务员”“工程师”等，而应具体填写其实际工作种类，如“铸轧工”“捕鱼”“统计人员”“通信工程技术员”等。具有专业技术职称的行政领导人员，应按行政领导职务填写其职业；同时担任两个以上职务的领导干部，应按主要职务填写其职业。工种尚未确定，暂时又无具体工作岗位的，要填写“工种未定”。

C22.未工作原因——指被登记人在普查标准时点前一周没有工作的主要原因。

1.在校学习：指在各级各类学校学习，并有正式学籍的人员。不包括有工作单位，脱产学习的人员。

2.离退休：指已办理离休、退休手续，定期领取离退休生活费，且未从事任何有收入劳动的人。

3.料理家务：指主要在自己家里从事家务劳动，且没有劳动收入的人。离、退休人员从事家务劳动的，选填“2.离退休”。为自家经营的摊位、商店、门市部、工厂工作的人，农村中既料理家务又务农或从事家庭副业的人，在别人家干家务活的临时工或小时工，均属于有工作的人，不选填此项。

4.丧失工作能力：指经专门机构鉴定或虽未鉴定但本人或其法定监护人认为，其因生理或心理疾患已丧失了从事劳动的能力。包括年老体弱生活不能自理的人员，但不包括离休、退休人员，这些人不论是身体残疾还是年老体弱生活不能自理，均选填“2.离退休”。

5.其他：指上述几种以外的原因。

C23.主要生活来源——指被登记人主要依靠什么生活。

如果被登记人同时有几种生活来源，选填其认为最主要的一项。

1.劳动收入：指主要依靠劳动报酬、经营利润或家庭收益（包括现金和实物收入）生活。

2.离退休金/养老金：指办理了离休、退休或退职手续，主要依靠从原工作单位或社会保险经办机构领取的离退休金（包括退职费）生活。

3.最低生活保障金：指建立最低生活保障制度的地区，家庭人均收入低于当地规定的最低生活保障线，主要依靠从政府有关部门或集体领取最低生活保障金生活，以及依靠民政部门发放的烈军属、五保户、残疾人等的生活抚恤金生活。

4.失业保险金：指失业保险经办机构依法支付给符合条件的失业人员的基本生活费用，是对失业人员在失业期间失去工资收入的一种临时补偿。

5.财产性收入：指以资金储蓄、借贷入股以及财产运营、房屋租赁等所取得的利息、股息、红利、租金等收入。

6.家庭其他成员供养：指主要依靠家庭其他成员或亲属的供养和资助生活。

7.其他：指上述几种以外的情况。

C24.婚姻状况——指被登记人在普查标准时点的实际婚姻状况。

1.未婚：指从未结过婚。

2.有配偶：指有配偶，处于婚姻中。

3.离婚：指曾经结过婚，但已办理了离婚手续且没有再婚，或正在办理离婚手续。

4.丧偶：指配偶已去世，且没有再婚。

人口普查的婚姻是指事实婚姻，不是单指法律意义上的婚姻，对不到法定结婚年龄，或未办理结婚手续而同居、实际结婚的人，应根据其在普查标准时点的实际情况，按照被登记人的申报选填。

C25.初婚年月——指被登记人第一次结婚时的年、月。

C26.生育子女数——指截止到普查标准时点，15至64周岁妇女的生育状况。

1.未生育：指被登记妇女没有生育过子女。

2.有生育：指被登记妇女生育过子女，需分别填写生过和存活的子女数。

生过几个孩子：指生育的活产男孩和女孩数，包括产后不久就死亡的婴儿。胎儿脱离母体时（不管孕期长短），凡有过呼吸或心跳、脐带搏动、随意肌收缩等生命现象的，都视为“活产”。这里所说的“子女”是指该妇女的亲生子女，不包括丈夫前妻的子女和领养的子女，但鉴于有些家庭不愿公开领养关系，可尊重申报人的意愿，按亲生子女填报。

其中现在存活几个孩子：指活产子女中，仍然存活的男孩和女孩数，无论是否与父母一起居住。在普查标准时点前已死亡的孩子不包括在内。无存活子女的填写“0”。

C27.过去一年（2019年11月1日—2020年10月31日）的生育状况——指普查标准时点前12个月内，15至50周岁被登记妇女的生育状况。

1.一年内未生育：指过去一年内没有生育过子女。

2.一年内有生育：指过去一年内生育过子女，需选填生育时间和孩子性别。

一年内生育两个以上孩子的，包括两次生育或生育多胞胎，还需填报第二个孩子的状况，第三个或以上的孩子不用填报。

C28.居住状况——指普查标准时点前一个月，60周岁及以上被登记人的主要居住状况。

1.与配偶和子女同住：指与配偶和子女住在一起。

2.与配偶同住：指子女不在身边，与配偶住在一起。

3.与子女同住：指配偶不在身边，与子女住在一起。

4.独居（有保姆）：指本户中只有老人和保姆。

5.独居（无保姆）：指独身一人居住。

6.养老机构：指在提供养老服务的场所，包括敬老院、老年公寓等居住的情况。凡在养老机构居住的老年人，不论与谁同住。

7.其他：指上述几种以外的状况。

C29.身体健康状况——指60周岁及以上被登记人根据自身健康状况，对普查标准时点前一个月能否保证正常生活做出的自我判断。

1.健康：指过去一个月健康状况良好，完全可以保证日常的生活。

2.基本健康：指过去一个月健康状况一般，可以保证日常的生活。

3.不健康，但生活能自理：指普查标准时点前一个月健康状况不是太好，但可以基本保证正常的生活。

4.不健康，生活不能自理：指普查标准时点前一个月健康状况较差，不能照顾自己日常的生活起居，如吃饭、穿衣、自行走动等。

三、港澳台居民和外籍人员普查表

（一）住户项目

F1.户别——与短表H1相同。

F2.住所类型——与短表H5相同。

F3.本户现住房建筑面积——与短表H6相同。

F4.本户现住房间数——与短表H7相同。

（二）个人项目

R1.姓名——填写被登记人的正式姓名。婴儿未起名的，可填“未取名”。外籍人员的姓名最好用中文填写，也可以用其它文字填写。

R2.与户主关系——与短表D2相同。

R3.性别——与短表D4相同。

R4.出生年月——与短表D5相同。

R5.来内地（大陆）或来华目的——指被登记人来中华人民共和国境内居住的原因。

1.商务：指进行各种商务活动的人。

2.就业：指已有工作或正在寻找工作的人。

3.学习：指已经或准备在各类学校学习的人。

4.定居：指在中华人民共和国境内定居但没有工作或上学的人。包括在中华人民共和国境内工作人士的家属。

5.探亲：指探望亲戚或朋友的人。

6.其他：指上述以外的其他原因。

R6.已在内地（大陆）或在华居住时间——指到普查标准时点为止，被登记人在中华人民共和国境内居住的时间。

R7.受教育程度——指被登记人接受教育情况。按照被登记人的申报选填。

R8.身份或国籍——指被登记人是香港特别行政区居民、澳门特别行政区居民还是台湾地区居民。如果是外国人，还应填写国籍。

R9.工作情况——参照长表C18。

R10.行业——指被登记人的工作单位主要生产的产品或提供的服务类别，参照《国民经济行业分类(GB/T4754—2017)》，按标准选项据情选填。

R11.职业——指被登记人所从事的工作类别，按标准选项据情选填。

1.党的机关、国家机关、群众团体和社会组织、企事业单位负责人：指在中国共产党机关，国家机关，民主党派和工商联，人民团体和群众团体、社会组织及其工作机构，基层群众自治组织，企业、事业单位中担任领导职务并具有决策、管理权的人员。

2.专业技术人员：指从事科学研究和专业技术工作的人员。

3.办事人员和有关人员：指在公共管理和社会组织机构中从事行政业务、行政事务、行政执法和仲裁、安全保卫、消防和应急救援等工作的人员。

4.社会生产服务和生活服务人员：指从事商品批发零售、交通运输、仓储、邮政和快递、信息传输、软件和信息技术、住宿和餐饮以及金融、房地产、租赁和商务技术辅助、生态保护、文化、体育和娱乐等社会生产服务与生活服务工作的人员。

5.农、林、牧、渔业生产及辅助人员：指从事农、林、牧、渔业生产活动及辅助生产的人员。

6.生产制造及有关人员：指从事产品生产及设备制造，矿产开采，工程施工和运输设备操作的人员及有关人员。

7.不便分类的其他从业人员。

R12.婚姻状况——参照长表 C24。

四、死亡人口调查表

凡在普查短表户记录 H4 中，登记了 2019 年 11 月 1 日至 2020 年 10 月 31 日期间有死亡人口的户，还要登记死亡人口的具体情况。

S1.姓名——与短表 D1 相同。

S2.公民身份号码——与短表 D3 相同。

S3.性别——与短表 D4 相同。

S4.出生年月——与短表 D5 相同。

S5.死亡时间——指死亡人口死亡时的月份。

S6.民族——与短表 D6 相同。

S7.受教育程度——与短表 D11 相同。

S8.婚姻状况——与长表 C24 相同。

为保证死亡人口的登记质量，普查员在入户登记时应注意以下几点：

1.登记死亡人口时，一般以死亡前的常住地为登记地，而不以死亡发生时的地点（如医院等）为登记地。

2.本户常住人口中有死亡的，不论其与该户有无亲属关系，都应作为该户死亡人口予以登记。

3.对于无法确定死亡人口常住地，或登记时与死亡人口常住地联系不上的，如孤寡老人、流动人口等，一律在死亡发生地登记。